新民事訴訟法講義

〔第3版〕

中野貞一郎
松浦　　馨　編
鈴木正裕

有斐閣
大学双書

有　斐　閣

第3版はしがき

　本書の第1版は，現在の民事訴訟法が施行された年（1998年・平成10年）に刊行された。本書の第2版は，法科大学院が発足した年（2004年）に刊行された。第2版の刊行後も，ときどきの状況，とくに新しい法律の制定を契機に，補訂版（2006年），補訂2版（2008年）が刊行された。しかし，その後も法律の整備はやむことなく行われ（非訟事件手続法・家事事件手続法の制定，民事裁判権・国際裁判管轄の法文化，民法の一部［債権関係］を改正する法律の公布など），裁判所の判例は集積され，学説は深化し続けている。補訂2版の刊行から10年，本書を全面的に見直し，場合によっては説明文を改訂，引用する判例・学説を変更するなど，面目を一新して，第3版を世に送ることにした。

　第2版補訂2版からこの第3版までの間，本書の編集・執筆陣は大きな変動をこうむった。本書の前身は，『民事訴訟法講義』といい，その第1版が刊行されたのは，1976年（昭和51年）であった。そのとき以来，つねに編集陣のリーダーであったのは，中野貞一郎先生である。その中野先生が逝去された（2017年2月）。中野先生の才能・人柄・指導力がなければ，前身も本書も刊行されなかったであろう。前身も本書も，冒頭にモデルケース（設例）を掲げ，本文もできるだけこのモデルケースに従って執筆する，というのが基本の方針である。編集陣の最初の集まりのとき，この基本方針の採用は早々に決まったが，モデルケースにどのような例を掲げるのかをめぐって，3人の意見が分かれた。その際，「それでは，私が例を考えて下書きを書いてみましょう。貴方がたは，それに遠慮会釈なしに筆を入れてください」といい，その場を取りまとめられたのが，中野先生であった。この調子で中野先生は，40年余り，編集陣をリードし続けられた。中野先生に先立ち，福永有利先生が逝去された（2015年5月）。前身から本書への移行のさい，執筆陣をかなり

大幅にチェンジしたが，先生は，前身も本書も執筆をお願いした数少な
いお一人であった。

　第3版の刊行にあたり，中野・福永両先生の執筆された原稿の校正を，
徳田和幸先生にお願いした。また，故井上治典先生の執筆部分の改訂は，
第2版補訂2版では松浦が行ったが，第3版では安西明子先生にお願い
した。徳田先生は，福永先生の後輩にあたり，中野先生の信頼も厚かっ
たお人であり，安西先生は井上先生の指導を親しく受けられたお人であ
る。

　中野先生の逝去により，すっかり気落ちしていた編集・執筆陣を励ま
し，中野・福永両先生の追善のためにもと，第3版の刊行にまで漕ぎつ
けられたのは，有斐閣編集部の神田裕司さん・藤木雄さんの努力による。
両先生ともこのお二人の努力を嬉しく思っておられるであろう。

　　2017年12月20日

　　　　　　　　　^故中野貞一郎　　松浦　馨　　鈴木正裕

第2版はしがき

本書「新民事訴訟法講義」も，初版刊行からすでに6年，いま新たに改訂のときを迎えた。

ひとつには，このところ，民事手続法の改正や制定が相次ぎ，それらを取り込んで叙述を全面的に見直す必要に迫られている。

新民事訴訟法（平成8年法律109号）は，平成10年に施行されたばかりであるが，司法制度改革の一環として民事訴訟手続の一層の充実・迅速化が要請され，これに応えて「民事訴訟法等の一部を改正する法律」（平成15年法律108号）が，平成15年7月，「裁判の迅速化に関する法律」とともに成立し，後者は直ちに施行され，前者も，これに続いた民事訴訟規則の改正（平成15年最高裁判所規則19号）その他を併せて平成16年4月1日に施行される。また，新たに，人事訴訟法（平成15年法律109号）が制定されて人事訴訟手続法（明治31年法律13号）が廃止されたほか，旧々民事訴訟法（明治23年法律29号）の制定当時の旧態のまま生き残っていた仲裁手続も，斬新な仲裁法（平成15年法律138号）に生まれ変わった。裁判所法等にも，本書の内容に関わる重要な改正が加えられている。これらの法改正の内容を把捉し，最近の裁判例や学説の展開をフォローして改訂を加え，ここに第2版とする。

さらに，われわれは，いま，法学教育・法曹養成の変革のさなかにある。司法制度改革の一環として，大学での法学教育と法曹養成教育とが切り離されて別個に行われてきた従来の制度を改め，法学教育・司法試験・司法修習を有機的に連携させた「プロセス」としての法曹養成を行うことになり，法曹養成に特化した法科大学院がすでに設置されて，本年4月からの発進を迎えることになった。本書の内容は，法科大学院の教育にも対応できるものでなければならない。改訂に当たっては，この点に配慮し，多数の裁判例や脚注を利用して，叙述を精細なものとした。

改訂に加わって下さった先生方は，いずれも，法科大学院の設置準備に追われるご多忙のなかで，熱をこめてご執筆くださった。貴重なご尽力に対して，心から厚く御礼を申し上げる。旧版に引き続き第2版の上梓についても，有斐閣書籍編集第一部の神田裕司さんに万端のお世話をいただいた。深く謝意を表したい。

　2004年3月10日

中 野 貞 一 郎　　松 浦 　馨　　鈴 木 正 裕

　第2版刊行後に，民事関係手続の改善のための民事訴訟法等の一部を改正する法律（平成16法152），民法の一部を改正する法律（平成16法147），会社法（平成17法86），破産法（平成16法75）のほか，裁判所法等の一部を改正する法律（平成16法120），不動産登記法等の一部を改正する法律（平成17法29），労働審判法（平成16法45），総合法律支援法（平成16法74），裁判外紛争解決手続の利用の促進に関する法律（平成16法151）等が成立し，あるいは施行されるに至ったので，これらに基づき必要な補訂を行った。

　2006年2月1日

　第2版補訂版刊行後に，犯罪被害者等の権利利益の保護を図るための刑事訴訟法等の一部を改正する法律（平成19法95），一般社団法人及び一般財団法人に関する法律（平成18法48），信託法（平成18法108）等が成立したことに伴い，必要な補訂を行った。

　2008年2月1日

初版はしがき

　本書は，新民事訴訟法の総合的な概説書である。

　新民事訴訟法（平成8年法律109号）が，新民事訴訟規則（平成8年最高裁判所規則5号）とともに，本年1月1日から施行されて，旧民事訴訟法（明治23年法律29号）は，108年におよぶその歴史を閉じた。外国の法典をそのまま継受した旧民事訴訟法から，「国民に利用しやすく分かりやすい」民事訴訟をめざして立案された新民事訴訟法への移行により，全体としての法規の編成が大きく改められ，各個の規定の内容や表現に数多くの手直しがなされ，注目される斬新な手続規整が要所に加えられた。未だ司法制度の改革に至らず，従来どおりの古くて固い民事司法の大地の上にも，爽やかな新風が満ち，希望の陽光が拡がっている。もちろん，これまでに形成されてきた民事訴訟法の理論は，新旧民事訴訟法の交替によって根本的な変革を迫られるわけではなく，その多くが新法のもとでも受け継がれて，向後の展開を迎えることになるのであるが，いま，法典の変改を受けて全面的な対応を迫られている。本書は，この要請に応え，新民事訴訟法に即して民事訴訟の基礎理論と手続を概説し，関連する諸問題を含めて民事訴訟法の基本的な理解を促進し確保しようとするものである。

　本書の前身である「民事訴訟法講義」（有斐閣大学双書）が16名の学者の共同執筆によって発刊されたのは1976年であった。大学における講義との直結を図り基本書としての完結性を志向した同書は，幸いに版を重ね，長い年月の間，「最良の基準書」として声価を保つことができた。本書は，概ね旧講義の構成を踏襲しつつも，現在の民事訴訟法学界で活躍中の有力な学者の方々の参加を得て陣容をほとんど一新するとともに，最近までの学説・判例の展開を豊かに受容して理論的な展開を図り，新民事訴訟法に即した平明な概説を心がけた。ここに21名の共同執筆が

一体となって，十分に所期の目的を達成しえていることを祈りつつ，世に送る次第である。

　本書の成ったこの機会に，あらためて旧講義をご執筆いただいた先生方のそれぞれに対し深い感謝を捧げるとともに，こころよく本書の企画に応じてご執筆くださった先生方に対して，貴重なご尽力に心から厚くお礼を申し上げたい。本書の上梓を起動し万端のお世話をしてくださった有斐閣の稼勢政夫・神田裕司両氏にも深く謝意を表する。

　　1998 年 3 月 31 日

　　　　　　　　中野貞一郎　　松浦　　馨　　鈴木正裕

　民法の一部を改正する法律（平成 11 法 149），民法の一部を改正する法律の施行に伴う関係法律の整備等に関する法律（平成 11 法 151）の成立に伴い，必要な補訂を行った。

　　2000 年 2 月 29 日

編者・執筆者紹介 (五十音順)

＊は編者

青 山 善 充	東京大学名誉教授
安 西 明 子	上智大学法学部教授
池 田 辰 夫	大阪大学名誉教授，弁護士
伊 藤 　 眞	東京大学名誉教授
井 上 治 典	元立教大学教授
上 野 泰 男	早稲田大学名誉教授
上 原 敏 夫	明治大学法科大学院教授
春 日 偉 知 郎	筑波大学名誉教授
加 波 眞 一	立命館大学大学院法務研究科特任教授
河 野 正 憲	名古屋大学名誉教授，弁護士
栗 田 　 隆	関西大学法学部教授
坂 原 正 夫	慶應義塾大学名誉教授
＊鈴 木 正 裕	神戸大学名誉教授
高 橋 宏 志	東京大学名誉教授
堤 　 龍 弥	関西学院大学大学院司法研究科教授
徳 田 和 幸	京都大学名誉教授
＊中 野 貞 一 郎	大阪大学名誉教授
長 谷 部 由 起 子	学習院大学大学院法務研究科教授
福 永 有 利	神戸大学名誉教授
本 間 靖 規	早稲田大学法学学術院教授
＊松 浦 　 馨	名古屋大学名誉教授
松 本 博 之	大阪市立大学名誉教授

凡　例

〔1〕　主要文献の略語

青山古稀　　　　　　青山善充先生古稀祝賀・民事手続法学の新たな地平
　　　　　　　　　　（平 21）

秋山＝伊藤ほか I〜VII　秋山幹男＝伊藤眞＝加藤新太郎＝高田裕成＝福田剛
　　　　　　　　　　久＝山本和彦・コンメンタール民事訴訟法 I〔第 2 版
　　　　　　　　　　追補版〕（平 26），II〔第 2 版〕（平 18），III（平 20），
　　　　　　　　　　IV（平 22），V（平 24），VI（平 26），VII（平 28）

石川古稀上，下　　　石川明先生古稀祝賀・現代社会における民事手続法の
　　　　　　　　　　展開上，下（平 14）

一問一答　　　　　　法務省民事局参事官室編・一問一答　新民事訴訟法
　　　　　　　　　　（平 8）

一問一答平成 15 年　　小野瀬厚＝武智克典編著・一問一答　平成 15 年改正
　　　　　　　　　　民事訴訟法（平 16）

一問一答平成 16 年　　小野瀬厚＝原司編著・一問一答　平成 16 年改正　民事
　　　　　　　　　　訴訟法　非訟事件手続法　民事執行法（平 17）

一問一答平成 23 年　　佐藤達文＝小林康彦編著・一問一答　平成 23 年民事
　　　　　　　　　　訴訟法等改正（平 24）

伊　藤　　　　　　　伊藤眞・民事訴訟法〔第 5 版〕（平 28）

伊藤・当事者　　　　伊藤眞・民事訴訟の当事者（昭 53）

伊藤古稀　　　　　　伊藤眞先生古稀祝賀・民事手続の現代的使命（平 27）

井上・訴訟　　　　　井上治典・多数当事者の訴訟（平 4）

井上・手続論　　　　井上治典・民事手続論（平 5）

井上・法理　　　　　井上治典・多数当事者訴訟の法理（昭 56）

井上追悼　　　　　　井上治典先生追悼・民事紛争と手続理論の現在（平
　　　　　　　　　　20）

上　田　　　　　　　上田徹一郎・民事訴訟法〔第 7 版〕（平 23）

上野古稀　　　　　　上野泰男先生古稀記念・現代民事手続の法理（平 29）

梅　本　　　　　　　梅本吉彦・民事訴訟法〔第 4 版〕（平 21）

演習民訴上，下	小山昇＝中野貞一郎＝松浦馨＝竹下守夫編・演習民事訴訟法(上)(下)（昭48）
演習民訴〔新版〕	小山昇＝中野貞一郎＝松浦馨＝竹下守夫編・演習民事訴訟法〔新版〕（昭62）
春日・論集	春日偉知郎・民事証拠法論集（平7）
兼　子	兼子一・新修民事訴訟法体系（増補版・昭40）
兼子・研究(1)〜(3)	兼子一・民事法研究第1巻（昭15，昭25），第2巻（昭25），第3巻（昭44）
兼子・条解	兼子一・条解民事訴訟法上（昭30）
兼子・判例民訴	兼子一・判例民事訴訟法（昭25）
兼子＝竹下・民訴	兼子一＝竹下守夫・民事訴訟法〔新版〕（法律学講座双書）（平5）
兼子還暦上，中，下	兼子一博士還暦記念・裁判法の諸問題上（昭44），中，下（昭45）
河　野	河野正憲・民事訴訟法（平21）
木川・講義上，中，下	木川統一郎・民事訴訟法重要問題講義上，中，下（平4，平5）
基本法(1)〜(3)	賀集唱＝松本博之＝加藤新太郎編・基本法コンメンタール新民事訴訟法1・2・3〔第3版追補版〕（平24）
菊井＝村松 I，II，III	菊井維大＝村松俊夫・民事訴訟法（法律学体系・コンメンタール篇）I 全訂版補訂版（平5），II 全訂版（平元），III 全訂版（昭61）
研究会	竹下守夫＝青山善充＝伊藤眞編・研究会　新民事訴訟法〔ジュリスト増刊〕（平11）
講　義	中野貞一郎＝松浦馨＝鈴木正裕編・民事訴訟法講義〔第3版〕（平7）
講座民訴①〜⑦	新堂幸司編集代表・講座民事訴訟①〜⑦（昭58〜昭60）
講座新民訴 I〜III	竹下守夫編集代表・講座新民事訴訟法 I〜III（平11）
小　島	小島武司・民事訴訟法（平25）
小島古稀上，下	小島武司先生古稀祝賀・民事司法の法理と政策上，下

	（平 20）
小　林	小林秀之・プロブレムメソッド新民事訴訟法〔補訂版〕（平 11）
小室・研究	小室直人・上訴制度の研究（昭 36）
小室＝小山還暦 　　上，中，下	小室直人先生＝小山昇先生還暦記念・裁判と上訴上，中，下（昭 55）
小　山	小山昇・民事訴訟法〔五訂版〕（現代法律学全集）（平元）
小山・新版	小山昇・民事訴訟法〔新版〕（平 13）
これからの民訴	井上治典＝伊藤眞＝佐上善和・これからの民事訴訟法（昭 59）
斎　藤	斎藤秀夫・民事訴訟法概論〔新版〕（昭 57）
斎藤編(1)〜(12)	斎藤秀夫＝小室直人＝西村宏一＝林屋礼二編著・注解民事訴訟法〔第 2 版〕(1)〜(12)（平 3〜平 8）
最判解説	最高裁判所判例解説・民事篇
事実認定	伊藤眞＝加藤新太郎編・判例から学ぶ民事事実認定（ジュリスト増刊）（平 18）
実務民訴(1)〜(10)	鈴木忠一＝三ケ月章監修・実務民事訴訟講座 1 巻〜10 巻（昭 44〜昭 46）
新実務民訴(1)〜(14)	鈴木忠一＝三ケ月章監修・新・実務民事訴訟講座(1)〜(14)（昭 56〜昭 59）
実務民訴〔第 3 期〕 　　　(1)〜(6)	新堂幸司監修・実務民事訴訟講座〔第 3 期〕1 巻〜6 巻（平 24〜平 26）
重要判解	重要判例解説〔ジュリスト増刊〕昭 41・42 年度（昭 48），昭和 43 年度〜平成 28 年度（昭 44〜平 29）
条解民訴	兼子一＝原著，松浦馨＝新堂幸司＝竹下守夫＝高橋宏志＝加藤新太郎＝上原敏夫＝高田裕成・条解民事訴訟法〔第 2 版〕（平 23）
条解民訴規則	最高裁判所事務総局民事局監修・条解民事訴訟規則（平 9）
条解民訴規則〔増補版〕	最高裁判所事務総局民事局監修・条解民事訴訟規則

	〔増補版〕（平16）
証拠法大系(1)～(5)	門口正人編集代表・民事証拠法大系1巻～5巻（平15～18）
新　堂	新堂幸司・新民事訴訟法〔第5版〕（平23）
新堂・基礎	新堂幸司・民事訴訟法学の基礎（平10）
新堂・権利実行	新堂幸司・権利実行法の基礎（平13）
新堂・争点効上，下	新堂幸司・訴訟物と争点効上（昭63），下（平3）
新堂・展開	新堂幸司・民事訴訟法学の展開（平12）
新堂・判例	新堂幸司・判例民事手続法（平6）
新堂・役割	新堂幸司・民事訴訟制度の役割（平5）
新堂編・特別講義	新堂幸司編著・特別講義民事訴訟法（昭63）
新堂古稀上，下	新堂幸司先生古稀祝賀・民事訴訟法理論の新たな構築上，下（平13）
鈴木（正）古稀	鈴木正裕先生古稀祝賀・民事訴訟法の史的展開（平14）
争点〔初版〕	三ヶ月章＝青山善充編・民事訴訟法の争点〔ジュリスト増刊〕（昭54）
争点〔2版〕	三ヶ月章＝青山善充編・民事訴訟法の争点〔新版〕〔ジュリスト増刊〕（昭63）
争点〔3版〕	青山善充＝伊藤眞編・民事訴訟法の争点〔第3版〕〔ジュリスト増刊〕（平10）
新・争点	伊藤眞＝山本和彦編・民事訴訟法の争点〔ジュリスト増刊〕（平21）
大系1巻～4巻	三宅省三＝塩崎勤＝小林秀之編集代表・新民事訴訟法大系―理論と実務第1巻～第4巻（平9）
高橋・概論	高橋宏志・民事訴訟法概論（平28）
高橋・重点講義上，下	高橋宏志・重点講義民事訴訟法上巻〔第2版補訂版〕（平25），下巻〔第2版補訂版〕（平26）
谷　口	谷口安平・口述民事訴訟法（昭62）
谷口＝井上編(1)～(6)	谷口安平＝井上治典編・新判例コンメンタール民事訴訟法第1巻～第6巻（平5～7）

旧注釈民訴(1)～(9)	新堂幸司＝鈴木正裕＝竹下守夫編集代表・注釈民事訴訟法(1)～(9)（平3～平10）
注釈民訴(4)(5)	高田裕成＝三木浩一＝山本克己＝山本和彦編集・注釈民事訴訟法(4)(5)（平29・平27）
徳田古稀	徳田和幸先生古稀祝賀・民事手続法の現代的課題と理論的解明（平29）
中田還暦上，下	中田淳一先生還暦記念・民事訴訟の理論(上)(下)（昭44，昭45）
中野・解説	中野貞一郎・解説新民事訴訟法（平9）
中野・現在問題	中野貞一郎・民事手続の現在問題（平元）
中野・推認	中野貞一郎・過失の推認〔増補版〕（昭62）
中野・訴訟関係	中野貞一郎・訴訟関係と訴訟行為（昭36）
中野・論点 I，II	中野貞一郎・民事訴訟法の論点 I（平6），II（平13）
中野古稀上，下	中野貞一郎先生古稀祝賀・判例民事訴訟法の理論(上)(下)（平7）
中村（英）古稀	中村英郎教授古稀祝賀論集上巻・民事訴訟法学の新たな展開（平8）
長谷部	長谷部由起子・民事訴訟法〔新版〕（平29）
林　屋	林屋礼二・新民事訴訟法概要〔第2版〕（平16）
百選〔初版〕	民事訴訟法判例百選〔別冊ジュリスト5号〕（昭40）
続百選	続民事訴訟法判例百選〔別冊ジュリスト36号〕（昭47）
百選〔2版〕	民事訴訟法判例百選〔第2版〕〔別冊ジュリスト76号〕（昭57）
百選 I，II〔初版〕	民事訴訟法判例百選 I，II〔別冊ジュリスト114号，115号〕（平4）
百選 I，II	民事訴訟法判例百選 I，II〔新法対応補正版〕〔別冊ジュリスト145号，146号〕（平10）
百選〔3版〕	民事訴訟法判例百選〔第3版〕〔別冊ジュリスト169号〕（平15）
百選〔4版〕	民事訴訟法判例百選〔第4版〕〔別冊ジュリスト201

	号〕（平 22）	
百選〔5 版〕	民事訴訟法判例百選〔第 5 版〕〔別冊ジュリスト 226 号〕（平 27）	
福永・当事者論	福永有利・民事訴訟当事者論（平 16）	
福永古稀	福永有利先生古稀記念・企業紛争と民事手続法理論（平 17）	
法律実務 1 巻～6 巻	岩松三郎 = 兼子一編・法律実務講座民事訴訟編第 1 巻～第 6 巻（昭 33～昭 38）	
松本 = 上野	松本博之 = 上野泰男・民事訴訟法〔第 8 版〕（平 27）	
松本・人訴	松本博之・人事訴訟法〔第 3 版〕（平 24）	
松本古稀	松本博之先生古稀祝賀・民事手続法制の展開と手続原則（平 28）	
三ケ月	三ケ月章・民事訴訟法（法律学全集）（昭 34）	
三ケ月・研究 1 巻～10 巻	三ケ月章・民事訴訟法研究第 1 巻～第 10 巻（昭 37～平元）	
三ケ月・双書	三ケ月章・民事訴訟法（法律学講座双書）〔第三版〕（平 4）	
三ケ月古稀上，中，下	三ケ月章先生古稀祝賀・民事手続法学の革新上巻，中巻，下巻（平 3）	
三木ほか	三木浩一 = 笠井正俊 = 垣内秀介 = 菱田雄郷・民事訴訟法（LEGAL QUEST）〔第 2 版〕（平 27）	
三宅編 I，II	三宅省三 = 塩崎勤 = 小林秀之編集代表・注解民事訴訟法 I，II（平 14・12）	
民執保全百選	民事執行・保全判例百選〔別冊ジュリスト 177 号〕（平 17）	
民執保全百選〔2 版〕	民事執行・保全判例百選〔第 2 版〕〔別冊ジュリスト 208 号〕（平 24）	
民訴演習 I，II	三ケ月章 = 中野貞一郎 = 竹下守夫編・新版民事訴訟法演習 I，II（昭 58）	
民訴講座(1)～(5)	民事訴訟法学会編・民事訴訟法講座第 1 巻～第 5 巻（昭 29～昭 31）	

xiv 凡 例

山木戸・研究	山木戸克己・民事訴訟理論の基礎的研究（昭36）
山木戸・論集	山木戸克己・民事訴訟法論集（平2）
山木戸還暦上，下	山木戸克己教授還暦記念・実体法と手続法の交錯上，下（昭49，昭53）
山本・基本問題	山本和彦・民事訴訟法の基本問題（平14）
吉村古稀	吉村徳重先生古稀記念・弁論と証拠調べの理論と実践（平14）
リマークス	私法判例リマークス〔法律時報別冊〕

〔2〕 判例の略語

大連判	大審院（連合部）判決	地 判	地方裁判所判決
最大判	最高裁（大法廷）判決	支 判	支部判決
高 判	高等裁判所判決	中間判	中間判決
控 判	控訴院判決	……決	決 定

家 月	家庭裁判月報	東高民時報	東京高等裁判所判
下 民	下級裁判所民事裁判例集		決時報 民事
行 裁	行政事件裁判例集	判決全集	大審院判決全集
高 民	高等裁判所民事判例集	評 論	法律学説判例評論全集
裁判集民	最高裁判所裁判集 民事	民 集	大審院民事判例集
訟 月	訟務月報		最高裁判所民事判例集
新 聞	法律新聞	民 録	大審院民事判決録

〔3〕 法令名略語

　民事訴訟法の条文は数字のみで表示し，民事訴訟規則は「規」と，平成8法109による改正前の民事訴訟法（明治23法29）は「旧」（ただし，特に，大正15法61による改正前の民事訴訟法を言及する場合は，「旧々」）と略記した。それ以外の法令については，原則として，「六法全書」（有斐閣版）巻末の法令名略語表によった。

〔4〕 雑誌名略語

金　判	金融・商事判例	法　教	法学教室
金　法	金融法務事情	法　協	法学協会雑誌
ジュリ	ジュリスト	法　時	法律時報
曹　時	法曹時報	法　セ	法学セミナー
判　時	判例時報	民　商	民商法雑誌
判　タ	判例タイムズ	民訴雑誌	民事訴訟雑誌
判　評	判例評論	論　叢	法学論叢

★モデルケース★

本書の叙述には，説明のために下記の設例を用いた（文中の〔 〕の部分は省いてよい。加えて読めば共同訴訟の例となる）。

設例1──**損害賠償請求事件**　　甲は，道路を歩行中，前方から乙会社所有・従業員丙運転のトラックが猛スピードで接近し，はねられて重傷を負った。その損害の賠償についての交渉がまとまらず，甲は，乙会社〔および丙〕を相手どって訴えを提起し，入院治療費・逸失利益・慰謝料等の損害の合計額から自賠責保険により給付をすでに受けた金額を差し引いて，「乙会社〔および丙〕は〔各自〕金5,100万円を甲に支払え」との判決を求めた。

設例2──**貸金返還請求事件**　　Yは，〔親族のY₂・Y₃を連帯保証人として〕X銀行から金2,000万円の貸付けを受けたが，期限がきても返済できず，X銀行は，Y〔およびY₂・Y₃〕を相手どって訴えを提起し，Y〔およびY₂・Y₃〕はXに対し〔それぞれ〕元利金合計2,230万円を支払え，との判決を求めた。

設例3──**家屋収去土地明渡請求事件**　　甲は，いずれ自己の住居を建てるつもりで，330平方メートルの土地を買い，所有権移転の登記を経たが，その後，乙が不法にこの土地を占拠し，家屋を建築して居住し〔乙₂が乙からこの家屋の2階部分を賃借して居住し〕ていることが判明したので，甲は，訴えを提起して，乙に対し家屋を収去して土地を明け渡せ，との判決〔および乙₂に対し家屋から退去して土地を明け渡せとの判決〕を求めた。

設例4──**所有権確認・登記請求事件**　　X〔およびX₂〕が所有する建物につき，AはX〔およびX₂〕の委任状を偽造し，その代理人として建物をYに売却し，所有権移転登記がなされた。〔Yは，さらに，Y₂に転売して，YからY₂への所有権移転登記もなされている。〕これを知ったX〔およびX₂〕は，Y〔およびY₂〕を相手どって訴えを提起し，その建物がX〔およびX₂〕の所有であることを確認する旨の判決，および，Y〔およびY₂〕は所有権移転登記の抹消登記手続をせよとの判決を求めた。

設例5──**離婚請求事件**　　甲男は，乙女と結婚して平穏に暮らしていたが，最近，乙は，他の男Aと親密に交際するようになり，いまでは家を出てAと同棲し，家庭をかえりみない。甲は，乙を相手方としてS家庭裁判所に調停を申し立てたが，不調に終わったので，さらにS家庭裁判所に訴えを提起し，「甲と乙とを離婚する」との判決を求めた。

目　　次

第1編　民事訴訟

第1章　民事紛争と民事訴訟 ……………………………〔中野〕… 1

I　民事訴訟の世界 …………………………………………… 1

1-1-1　社会と法と訴訟（1）　**1-1-2**　訴訟の意義と種類（3）
1-1-3　訴訟手続の基本的な流れ（5）　**1-1-4**　紛争解決手段の多様化（6）

II　訴訟と非訟 ……………………………………………… 8

1-1-5　両者の区別（8）　**1-1-6**　訴訟事件の非訟化──非訟法の再構成（10）

III　訴訟制度と国民の利用 ………………………………… 12

1-1-7　民事訴訟制度の目的（12）　**1-1-8**　訴権と「裁判を受ける権利」（12）　**1-1-9**　司法審判権の限界（16）

第2章　民事訴訟の法的規律 ……………………………〔中野〕… 18

I　民事訴訟法 ……………………………………………… 18

1-2-1　意義（18）　**1-2-2**　手続立法の回顧と展望（18）　**1-2-3**　訴訟法規の種類（21）

II　実体法と訴訟法 ………………………………………… 22

1-2-4　対立と対応（22）　**1-2-5**　裁判と要件事実（22）

III　公正迅速の原則と信義誠実の原則 …………………… 24

1-2-6　両原則と責務規定（24）　**1-2-7**　公正迅速の原則（25）
1-2-8　信義誠実の原則（26）

第2編　訴訟の開始・進行

第1章　訴えの提起 ………………………………………〔徳田〕… 29

I 訴　　え ……………………………………………………………… 29

2-1-1 訴えの意義（29）　**2-1-2** 訴えの種類（30）　**2-1-3** 形式的形成訴訟（34）　**2-1-4** 訴えの3類型の意義（36）

II 訴訟上の請求 …………………………………………………… 37

2-1-5 訴訟上の請求の意義（37）　**2-1-6** 請求特定の必要性（39）　**2-1-7** 請求（訴訟物）の範囲——特定識別・単複異同の決定基準（39）

III 訴え提起の方式 ………………………………………………… 46

2-1-8 訴状の提出（47）　**2-1-9** 訴状の記載事項（47）
2-1-10 印紙の貼用（51）

IV 訴え提起後の措置 ……………………………………………… 53

2-1-11 事件の配付（53）　**2-1-12** 訴状の審査と送達（53）
2-1-13 口頭弁論期日の指定と呼出し（54）　**2-1-14** 送達一般（55）

V 訴訟救助 ………………………………………………………… 58

2-1-15 訴訟救助と法律扶助（58）　**2-1-16** 訴訟救助の内容（59）　**2-1-17** 法律扶助（60）

第2章　受訴裁判所 ……………………………〔長谷部〕… 61

I 裁判所 ……………………………………………………………… 61

2-2-1 裁判所の構成（61）　**2-2-2** 合議制と単独制（62）

II 裁判所構成員の除斥・忌避・回避 ………………………… 64

2-2-3 制度の趣旨（64）　**2-2-4** 除斥（65）　**2-2-5** 忌避（66）　**2-2-6** 回避（69）

III 民事裁判権 ……………………………………………………… 69

2-2-7 意義（69）　**2-2-8** 民事裁判権の人的範囲（70）　**2-2-9** 民事裁判権の物的範囲（72）

IV 管　　轄 ………………………………………………………… 78

目　次　　　　　　　xix

2-2-10 管轄一般（78）　**2-2-11** 事物管轄（79）　**2-2-12** 土地管轄（79）　**2-2-13** 合意管轄（82）　**2-2-14** その他の管轄（84）　**2-2-15** 管轄の調査（85）　**2-2-16** 移送（85）

第3章　訴訟当事者 ……………………………………〔本間〕… 89

I　総　説 ………………………………………………………… 89

2-3-1 当事者概念（89）　**2-3-2** 二当事者対立の構造（90）

II　当事者の確定 ………………………………………………… 91

2-3-3 当事者確定の必要（91）　**2-3-4** 当事者確定の基準（92）　**2-3-5** 具体例（95）　**2-3-6** 任意的当事者変更と表示の訂正（100）

III　当事者能力 …………………………………………………102

2-3-7 一般（102）　**2-3-8** 法人でない社団，財団の当事者能力（103）　**2-3-9** 民法上の組合（110）　**2-3-10** 当事者能力を欠く場合の措置（111）

IV　訴訟能力 ……………………………………………………112

2-3-11 訴訟における制限能力者の保護（112）　**2-3-12** 訴訟無能力者（114）　**2-3-13** 訴訟能力を欠く場合の取扱い（116）

V　弁論能力 ……………………………………………………121

2-3-14 弁論能力の訴訟上の意義（121）

第4章　訴訟上の代理人・代表者………………………〔坂原〕…123

I　総　説 ………………………………………………………123

2-4-1 代理人の概念（123）　**2-4-2** 代理制度の必要性（123）　**2-4-3** 訴訟上の代理人の種類（125）　**2-4-4** 訴訟上の代理権（126）　**2-4-5** 双方代理の禁止（127）

II　法定代理人 …………………………………………………129

2-4-6 法定代理人の種類（129）　**2-4-7** 法定代理人の地位と権

限（131） **2-4-8** 法定代理権の消滅と通知による効果の発生
（133）

III 法人等の代表者 ……………………………………………135

2-4-9 法人等の代表者とその権限（135） **2-4-10** 国等の代表者
とその訴訟（136） **2-4-11** 法人の代表と表見法理（137）

IV 訴訟代理人 ……………………………………………………139

2-4-12 訴訟代理人の意義と種類（139） **2-4-13** 訴訟委任によ
る訴訟代理人（141） **2-4-14** 弁護士法違反の代理行為の効力
（147） **2-4-15** 法令による訴訟代理人（151）

V 補佐人 ……………………………………………………………153

2-4-16 意義と地位（153）

第5章 訴えの利益 ……………………………〔福永〕…155

I 総説 ……………………………………………………………155

2-5-1 訴えの利益の意義（155） **2-5-2** 発現の態様（155）
2-5-3 訴えの利益の性質・内容（156）

II 客体についての正当な利益 ……………………………157

2-5-4 各種の訴えに共通の要件（157） **2-5-5** 各種の訴えに特
殊な要件（160）

III 主体についての正当な利益 ……………………………170

2-5-6 正当な当事者は誰か（170） **2-5-7** 法定訴訟担当（175）
2-5-8 任意的訴訟担当（178） **2-5-9** 判決効の拡張と当事者適
格（181） **2-5-10** 当事者適格の訴訟上の意義（183）

第6章 訴えの提起の効果 ……………………………〔堤〕…185

I 総説 ……………………………………………………………185

2-6-1 訴訟係属に伴う訴訟法上の効果（185） **2-6-2** 訴えの提
起の実体法上の効果（185）

目　次　　xxi

II　重複訴訟の禁止 ……………………………………186

2-6-3　制度の趣旨（186）　　**2-6-4**　重複訴訟にあたる場合（188）

2-6-5　重複訴訟の処理（195）

III　時効の完成猶予 ……………………………………197

2-6-6　効果の発生と消滅（197）

第7章　訴訟手続の進行 ………………………………〔堤〕…201

I　総　　説 ………………………………………………201

2-7-1　職権進行主義（201）　　**2-7-2**　進行参考事項の事前聴取

（202）

II　進行協議期日 ………………………………………203

2-7-3　制度の趣旨（203）　　**2-7-4**　進行協議期日における手続

（203）

III　訴訟手続の停止 ……………………………………205

2-7-5　制度の趣旨（205）　　**2-7-6**　訴訟手続停止の効果（206）

2-7-7　訴訟手続の中断（207）　　**2-7-8**　訴訟手続の中止（211）

第3編　訴訟の審理

第1章　審理における裁判所と当事者の役割 …………〔鈴木〕…213

I　訴訟における当事者主義と職権主義 ………………………213

3-1-1　審理（213）　　**3-1-2**　訴訟における当事者権（214）

II　裁判資料の収集 ……………………………………216

3-1-3　弁論主義（216）　　**3-1-4**　訴訟における事実（220）

3-1-5　主張事実と認定事実（226）　　**3-1-6**　釈明権（228）

3-1-7　真実義務（233）　　**3-1-8**　職権探知と職権調査（234）

III　審理の進行 …………………………………………236

3-1-9　進行の主導権（236）　　**3-1-10**　期日・期間（236）

3-1-11　訴訟指揮権（243）　　**3-1-12**　責問権（訴訟手続に関する

異議権）(244)　**3-1-13**　計画審理 (246)

第2章　口頭弁論 ……………………………………〔池田〕…249

Ⅰ　総　説………………………………………………………249

3-2-1　必要的口頭弁論 (249)　**3-2-2**　口頭弁論の基本構造 (252)　**3-2-3**　適時提出主義と口頭弁論 (253)

Ⅱ　口頭弁論における審理原則 ……………………………256

3-2-4　公開主義 (256)　**3-2-5**　口頭主義 (258)　**3-2-6**　直接主義 (260)　**3-2-7**　集中審理主義 (261)　**3-2-8**　計画審理主義（計画的進行主義）(262)

Ⅲ　当事者の訴訟行為と弁論の実施 ……………………263

3-2-9　本案の申立てと攻撃防御方法 (263)　**3-2-10**　訴訟行為の意義と種類 (264)　**3-2-11**　訴訟上の合意（訴訟契約）(267)　**3-2-12**　訴訟行為の評価と瑕疵ある訴訟行為 (269)　**3-2-13**　訴訟行為と私法法規 (270)　**3-2-14**　形成権の訴訟内行使 (273)　**3-2-15**　口頭弁論の制限・分離・併合・再開 (275)　**3-2-16**　口頭弁論調書と訴訟記録 (277)

Ⅳ　当事者の不熱心訴訟追行 ………………………………279

3-2-17　当事者の欠席などの不熱心訴訟追行 (279)　**3-2-18**　当事者の一方の欠席 (280)　**3-2-19**　当事者双方の欠席 (283)

第3章　弁論の準備と争点整理………………〔上原〕…286

Ⅰ　争点中心審理の重要性……………………………………286

3-3-1　旧法下の実務の問題点とその改善の努力 (286)　**3-3-2**　現行民事訴訟法による制度の整備 (288)

Ⅱ　準備書面 …………………………………………………289

3-3-3　意義 (289)　**3-3-4**　記載事項 (290)　**3-3-5**　提出および交換 (291)　**3-3-6**　準備書面の提出・不提出の効果 (292)

目　次　　xxiii

III　争点整理 ··293

3-3-7　制度の趣旨・目的（293）　　**3-3-8**　整理手続の種類（294）

3-3-9　手続の選択と当事者の意思の尊重（296）　　**3-3-10**　手続の終結および口頭弁論との関係（299）　　**3-3-11**　専門的知見の活用（301）

IV　当事者照会 ··303

3-3-12　当事者照会の意義と効果（303）　　**3-3-13**　訴えの提起前の照会（303）

第4章　証 拠 調 べ ···························〔春日〕···305

I　総　　説 ···305

3-4-1　事実認定と証拠（305）　　**3-4-2**　証拠の概念（307）

3-4-3　証明と疎明（308）　　**3-4-4**　厳格な証明と自由な証明（309）

II　証 明 の 対 象 ··310

3-4-5　事実（310）　　**3-4-6**　法規（310）　　**3-4-7**　経験則（311）

III　証明を要しない事項（不要証事実）·················312

3-4-8　顕著な事実（312）　　**3-4-9**　自白（312）　　**3-4-10**　相手方による援用のない自己に不利益な事実の陳述（319）　　**3-4-11**　権利自白（320）　　**3-4-12**　擬制自白（322）

IV　訴え提起前における証拠収集手続 ·················323

3-4-13　訴え提起前の証拠収集手続と訴え提起の予告通知（323）

3-4-14　訴え提起前における照会（326）　　**3-4-15**　訴え提起前における証拠収集の処分（327）　　**3-4-16**　収集された情報・証拠の利用（328）

V　証拠調べの開始 ··329

3-4-17　証拠申出およびその方式（329）　　**3-4-18**　証拠決定（330）　　**3-4-19**　唯一の証拠方法（331）

VI 証拠調べの実施 ……………………………………331

3-4-20 一般（331） **3-4-21** 証人尋問（335） **3-4-22** 当事者尋問（346） **3-4-23** 鑑定（348） **3-4-24** 書証（352） **3-4-25** 検証（377） **3-4-26** 調査の嘱託（379） **3-4-27** 証拠保全（379）

第5章 証拠の評価と証明責任 ………………………〔青山〕…382

I 自由心証主義 ……………………………………382

3-5-1 意義（382） **3-5-2** 自由心証主義の内容（384） **3-5-3** 事実上の推定（387） **3-5-4** 立証負担の軽減（390） **3-5-5** 自由心証主義と上告（393）

II 証明責任 ……………………………………395

3-5-6 証明責任の意義および機能（395） **3-5-7** 証明責任の分配（399） **3-5-8** 証明責任の転換と法律上の推定（405） **3-5-9** 否認と抗弁（408） **3-5-10** 本証と反証（409） **3-5-11** 間接反証（410）

第4編 訴訟の終了

第1章 当事者の行為による訴訟の終了 ……………〔河野〕…415

I 総 論 ……………………………………415

4-1-1 当事者の自主的な行為による訴訟終了（415） **4-1-2** 自主的な訴訟終了の基礎（416）

II 訴えの取下げ ……………………………………417

4-1-3 意義（417） **4-1-4** 訴え取下げと処分権主義（418） **4-1-5** 訴え取下げの合意（419） **4-1-6** 訴え取下げの要件と方式（421） **4-1-7** 訴え取下げの効果（423） **4-1-8** 訴え取下げについての調査（425）

III 請求の放棄・認諾 ……………………………………426

4-1-**9** 意義（426） 4-1-**10** 法的性質（427） 4-1-**11** 要件
と方式（428） 4-1-**12** 効果（429） 4-1-**13** 効果をめぐる争
い（431）

Ⅳ 訴訟上の和解 ……………………………………………………432
4-1-**14** 意義と効用（432） 4-1-**15** 和解の試みと和解の類型お
よび手続（435） 4-1-**16** 訴訟上の和解の法的性質（437）
4-1-**17** 訴訟上の和解の要件（438） 4-1-**18** 訴訟上の和解の効
果（440） 4-1-**19** 訴訟上の和解の効果をめぐる争い（442）

第2章　終局判決による訴訟の終了 ……………………〔松本〕…447

Ⅰ 裁判と判決の種類…………………………………………………447
4-2-**1** 裁判（447） 4-2-**2** 終局判決と中間判決（449） 4-2-**3**
全部判決と一部判決（453） 4-2-**4** 裁判の脱漏 —— 追加判決
（458） 4-2-**5** 訴訟判決と本案判決（459） 4-2-**6** 給付判決,
確認判決および形成判決（459）

Ⅱ 訴訟要件とその審理 ……………………………………………460
4-2-**7** 訴訟要件の概念（460） 4-2-**8** 訴訟要件の調査（462）

Ⅲ 申立事項と判決事項 ……………………………………………466
4-2-**9** 当事者の申立事項と判決事項の一致（466） 4-2-**10** 判決
できる範囲と限度（467）

Ⅳ 判決とその言渡し ………………………………………………473
4-2-**11** 判決の成立（473） 4-2-**12** 判決の言渡しと送達（476）

Ⅴ 判決の瑕疵 ………………………………………………………477
4-2-**13** 判決の更正（478） 4-2-**14** 判決の変更（479）
4-2-**15** 非判決と無効判決（480）

Ⅵ 訴訟費用の裁判 …………………………………………………481
4-2-**16** 訴訟費用の意義と負担（481） 4-2-**17** 訴訟費用の裁判
と費用額の確定（482） 4-2-**18** 訴訟費用の担保（485）

VII 判決の確定···486

　4-2-19　形式的確定力（486）　4-2-20　定期金による賠償を命じた確定判決の変更を求める訴え（487）

第3章　判決の効力 ···491

I 総　　説·································〔高橋〕···491

　4-3-1　判決の自己拘束力，羈束力（491）　4-3-2　確定判決の効力（491）　4-3-3　既判力本質論，根拠論（494）　4-3-4　既判力の作用，性質（496）　4-3-5　既判力を持つ裁判（500）

II 判決の効力の客観的範囲 ·····················〔高橋〕···502

　4-3-6　既判力の時的範囲（限界）（502）　4-3-7　時的限界の具体例（505）　4-3-8　既判力の客観的範囲（物的限界）（510）

　4-3-9　争点効（判決理由中の判断の拘束力）（514）　4-3-10　その他の拘束力（521）

III 判決の効力の主観的範囲 ·····················〔伊藤〕···523

　4-3-11　概説（523）　4-3-12　既判力の主観的範囲――既判力が及ぶ主体（524）　4-3-13　特別規定に基づく既判力の主観的範囲の拡張（541）　4-3-14　判決の反射効（544）　4-3-15　法人格否認の法理と既判力の拡張（546）

第5編　複雑訴訟形態

第1章　複数請求訴訟 ·····················〔栗田〕···549

I 総　　説·································549

　5-1-1　複数請求訴訟の発現形態（549）

II 請求の併合 ·································551

　5-1-2　意義と要件（551）　5-1-3　併合の態様（553）　5-1-4　併合訴訟の審判（556）

III 訴えの変更 ·································560

目　次　　xxvii

5-1-5　意義（560）　　**5-1-6**　変更の態様（561）　　**5-1-7**　訴え変更の要件（563）　　**5-1-8**　訴え変更をめぐる手続（566）　　**5-1-9**　選定者に係る請求の追加（569）

Ⅳ　反　　　訴 ……………………………………………………………570

5-1-10　意義（570）　　**5-1-11**　反訴の要件（571）　　**5-1-12**　反訴の手続（573）

Ⅴ　中間確認の訴え ………………………………………………………574

5-1-13　意義（574）　　**5-1-14**　要件と手続（574）

第2章　多数当事者訴訟 ……………………………………………576

Ⅰ　総　　　説 ……………………………〔井上［補訂・安西］〕…576

5-2-1　多数当事者紛争と訴訟（576）

Ⅱ　共同訴訟 ………………………………〔井上［補訂・安西］〕…577

5-2-2　共同訴訟の目的と種類（577）　　**5-2-3**　通常共同訴訟（578）　　**5-2-4**　必要的共同訴訟（579）　　**5-2-5**　共同所有関係と必要的共同訴訟（581）　　**5-2-6**　共同訴訟の審判（584）　　**5-2-7**　共同訴訟人間の主張共通・証拠共通（587）　　**5-2-8**　共同訴訟の発生（588）　　**5-2-9**　訴えの主観的予備的併合（589）　　**5-2-10**　同時審判共同訴訟（590）　　**5-2-11**　訴えの主観的追加的併合（592）

Ⅲ　選定当事者 ……………………………〔井上［補訂・安西］〕…594

5-2-12　制度の趣旨（594）　　**5-2-13**　選定の要件と方法（594）　　**5-2-14**　選定当事者の地位（596）

Ⅳ　補　助　参　加 ………………………〔井上［補訂・安西］〕…597

5-2-15　制度の趣旨（597）　　**5-2-16**　補助参加の要件（597）　　**5-2-17**　参加手続（601）　　**5-2-18**　補助参加人の地位（601）　　**5-2-19**　補助参加人に対する判決の効力（603）　　**5-2-20**　共同訴訟的補助参加（606）　　**5-2-21**　訴訟告知（607）

Ⅴ　三当事者訴訟 …………………………〔井上［補訂・安西］〕…610

5-2-**22** 多角的紛争と独立当事者参加（610）　5-2-**23** 独立参加の要件（611）　5-2-**24** 片面的参加の許容性（614）　5-2-**25** 参加手続（614）　5-2-**26** 独立参加訴訟の審判（615）　5-2-**27** 二当事者訴訟への還元（618）

VI 任意的当事者変更 ……………〔松浦・井上［補訂・安西］〕…620

5-2-**28** 当事者変更の性質（620）　5-2-**29** 任意的当事者変更の要件（622）　5-2-**30** 訴訟手続への影響（622）

VII 訴訟の承継 …………………〔松浦・井上［補訂・安西］〕…623

5-2-**31** 制度の趣旨（623）　5-2-**32** 当然承継（624）　5-2-**33** 参加承継・引受承継（626）　5-2-**34** 参加後の手続（628）

第6編　上 訴・再 審

第1章　総　　説………………………………………〔上野〕…631

I 裁判に対する不服申立て………………………………………631

6-1-**1** 通常の不服申立て（631）　6-1-**2** 特別の不服申立て（632）

II 上 訴 制 度 ………………………………………………634

6-1-**3** 上訴の概念と目的（634）　6-1-**4** 上訴の種類（635）　6-1-**5** 上訴の要件（636）

第2章　控　　訴 ……………………………………………〔上野〕…639

I 控訴の意義………………………………………………639

6-2-**1** 控訴の概念（639）　6-2-**2** 控訴権（641）

II 控訴の提起 ………………………………………………643

6-2-**3** 控訴提起の方式（643）　6-2-**4** 控訴提起の効果（控訴不可分の原則）（645）　6-2-**5** 控訴の取下げ（646）　6-2-**6** 附帯控訴（647）

III 控訴審の審判 ………………………………………………648

6-2-7 審理の対象（648）　**6-2-8** 審理の構造（649）　**6-2-9** 口頭弁論（652）　**6-2-10** 終局判決（652）

第3章　上　　告 ……………………………………………〔上野〕…659

I　上告の意義 …………………………………………………………659

6-3-1 上告の概念（659）　**6-3-2** 上告権および上告受理申立権（659）

II　上告理由および上告受理申立ての理由 ………………………660

6-3-3 上告理由の意義（660）　**6-3-4** 憲法違反（662）　**6-3-5** 法令違反（662）　**6-3-6** 絶対的上告理由（312条2項）（665）　**6-3-7** その他の上告理由（667）　**6-3-8** 上告受理申立ての理由（669）

III　上告の提起 …………………………………………………………670

6-3-9 上告の提起（670）　**6-3-10** 上告受理申立て（671）　**6-3-11** 附帯上告・附帯上告受理申立て（672）

IV　上告審の審判 ………………………………………………………673

6-3-12 書面審理（673）　**6-3-13** 口頭弁論による審理（674）　**6-3-14** 差戻し（移送）後の手続（678）

第4章　抗　　告 ……………………………………………〔上野〕…681

I　意　　義 ……………………………………………………………681

6-4-1 概念（681）　**6-4-2** 種類（681）

II　抗　　告 ……………………………………………………………682

6-4-3 抗告のできる裁判（682）　**6-4-4** （最初の）抗告の提起（684）　**6-4-5** 抗告審の審判（686）　**6-4-6** 抗告審の裁判に対する不服申立て（再抗告）（687）

III　最高裁判所への許可抗告 …………………………………………689

6-4-7 意義（689）　**6-4-8** 許可抗告の手続（691）

xxx　　　　　　　目　次

第5章　再　　審 ……………………………………………〔加波〕…694

I　判決確定後の救済方法（不服申立方法）としての再審 ……………694

6-5-1　再審の意義と特色（694）　　**6-5-2**　再審の要件（695）

II　再 審 手 続 …………………………………………………703

6-5-3　再審の手続と訴訟物（703）　　**6-5-4**　再審の裁判形式と判決効（706）

第7編　略式訴訟手続

7-0-0　略式訴訟とは（709）

第1章　手形・小切手訴訟 ……………………………〔松浦〕…711

I　手形厳正と訴訟 ………………………………………………711

7-1-1　手形・小切手訴訟の必要性と利用状況（711）

II　手形訴訟の提起 ………………………………………………712

7-1-2　請求適格・訴え提起（712）　　**7-1-3**　通常訴訟への移行（714）　　**7-1-4**　反訴・参加（715）

III　手形訴訟の審理・判決 ………………………………………716

7-1-5　審理（716）　　**7-1-6**　手形訴訟の終局判決（717）

IV　異　　議 ………………………………………………………717

7-1-7　異議の申立て（717）　　**7-1-8**　異議後の手続（719）

V　小 切 手 訴 訟 ………………………………………………719

7-1-9　小切手訴訟の請求適格等（719）

第2章　少額訴訟手続 …………………………………〔松浦〕…720

I　少額訴訟制度の創設とその意義 ………………………………720

7-2-1　少額訴訟制度の創設（720）　　**7-2-2**　少額訴訟の性質（722）

II　少額訴訟の提起 ………………………………………………723

目　次　　　xxxi

7-2-**3**　請求適格と利用回数制限（723）　　7-2-**4**　通常手続への移行（723）　　7-2-**5**　反訴・参加等（725）

III　少額訴訟の審理・判決 ……………………………………725

7-2-**6**　口頭弁論（725）　　7-2-**7**　証拠調べの特則（726）　　7-2-**8**少額訴訟の終局判決（727）

IV　異　　議 ………………………………………………………729

7-2-**9**　少額訴訟判決に対する不服申立て（729）　　7-2-**10**　異議後の手続（729）

第3章　督促手続 ……………………………〔松浦〕…732

I　督促手続を利用できる場合 ………………………………732

7-3-**1**　督促手続の特別要件と利用状況（732）

II　支払督促 …………………………………………………733

7-3-**2**　支払督促の申立て（733）　　7-3-**3**　支払督促と仮執行宣言（735）

III　督促異議 …………………………………………………736

7-3-**4**　督促異議の性質（736）　　7-3-**5**　督促異議の申立て（737）

7-3-**6**　督促異議後の手続（740）

IV　電子情報処理支払督促手続 ……………………………741

7-3-**7**　電子情報処理組織（EDPS）による支払督促手続（741）

判　例　索　引 …………………………………………………748

事　項　索　引 …………………………………………………758

第1編　民事訴訟

第1章　民事紛争と民事訴訟

I　民事訴訟の世界

1-1-1　社会と法と訴訟

（1）　近年，民事訴訟の世界は，大きな変革の時期を迎えている。

その変革のなかにあって，変わることのない本質的なものを見出し，なにがどのように変わりつつあるかを見定め，これからどのように変わるのかを見極めていかなければならない。

（2）　人間社会のあるところ，必ず紛争がある。生起する紛争の解決は，その社会にとって必然的な課題であり，紛争解決のための社会的機構（裁判所）が設けられ，そこでの裁判例の堆積がやがて裁判規準としての法の定立と固定を導く。法の歴史は，裁判の歴史なのである。

裁判の歴史は，裁判の合理化の過程であるといわれる。時代に応じ，それぞれの社会における経済構造や文化のあり方に従って，その社会が要請する裁判の合理性は，さまざまの発現を示す。現代の社会において，とくに資本主義的な継続的経営にとっては，裁判の内容が予測可能性（形式的合理性）を欠くことはできない。裁判が，あらかじめ国民一般の確知できる状態におかれた法規に従い，専門法曹たる公平な裁判官によって，予測されたとおりの内容をもって行われることが必要なのであり，これを前提としてはじめて，企業は，将来のあらゆる事態における法の保障を，確実にその資本計算に織り込むことが可能になる。紛争が生じた場合に裁判がどっちにどう転ぶか，

1-1-1

全く予想がつかないというのでは，継続的な企業活動は困難となり，とくに長期的・計画的な資本投下はきわめて危険な投機となってしまう。そこで，近代国家は，民法・商法等の法典を編纂して裁判規準を明確に国民一般に公示するとともに，裁判が正しくこの規準に則ってなされることを保障するため，裁判所の機構を整備し，訴訟手続の厳格な規制を定めた。紛争の当事者を対立的に手続に関与させ，訴えの提起には明確な権利主張（請求）を立てさせ，判決は実体私法を大前提とし，証拠によって認定された事実を小前提とする，いわゆる判決三段論法によって理由づけ，判決が確定すれば既判力が発生する，というような近代訴訟の基本構成は，なによりも裁判の予測可能性の確保を主眼とする。

　しかし，当事者がそれぞれに予測する裁判の内容は必ずしも同一でなく，その不一致が紛争の実体である。そのため，民事訴訟法は，訴訟に紛争当事者を関与させるとともに，その双方に平等の武器を与えて自由に闘わせ，それぞれの当事者が展開した訴訟活動（主張・立証）の結果に基づいて，裁判所が判決するものとした。適切有効な訴訟追行は勝訴に連なり，必要な訴訟活動の懈怠は敗訴を招く。訴訟結果は，おおむね直接には各当事者の自己責任に帰すべきものとされ，個人の自由・平等という近代市民社会の基本理念は，民事訴訟法の基底をも貫流しているのである。

　(3)　時が進むにつれて，社会における訴訟のあり方にも，変化が生じた。制定法と社会生活とのギャップは次第に大きくなり，いたるところで立法当時には予測できなかった新たな法的問題が出てくる。その結果，既存の法規を直接の手がかりとするだけでは法的解決を得られず，あるいは現実の社会生活に適合した解決とならない事件が多く生じている。実体法上すでに，一定の法律効果がしばしば「信義誠実」「権利濫用」「公序良俗」「正当の事由」といった不特定概念を含む法律要件と結びつけられているが，訴訟でも，各個の具体的事案における社会的現実に即しての裁判官の創造的な法活動が期待されることによって，裁判に予測不可能な要素がますます多くなり，裁判による法形成が説かれるに至っている。闘う当事者の双方に訴訟法が与えている，形式的には平等な武器も，それぞれの当事者がおかれている社会的な地位や状況が異なるため，平等には行使されえない場合が多く，真実と正義

Ⅰ　民事訴訟の世界　　3

にかなう適正・迅速な裁判に向けた裁判官および両当事者の協働にまつところが大きい。最近では，多種多様な裁判外紛争処理（⇒ **1 - 1 - 4**）がさかんに行われ，正規の紛争解決方式である訴訟との関係のあり方が問われている。

1 - 1 - 2　訴訟の意義と種類

　（1）　訴訟は，広義では，国家機関（とくに裁判所）が，主体間の紛争または利害の衝突を強制的に解決調整するために，対立する利害関係人を当事者として関与させて行う法的手続をいい，狭義では，訴えの提起から判決確定に至る判決手続だけをいう（本書では，おおむね，狭義で用いる）。

　（ア）　訴訟は，「手続」である。

　訴訟は，裁判所・当事者その他の関係人が一手，一手と打っていって終局に至る行為の連鎖（手続）であり，しかも法規によって規律された法的手続である。手続を構成する各個の行為は，先行の行為が後に続く行為の基礎となり，後続の行為は先行の行為のすべてによって作り出された訴訟状態のうえに展開される。そのため，いったん進行した手続をできるだけ維持し，後続の行為が重なったあとで先行行為の効力が覆滅されることを極力おさえようとする手続安定の要請が働く。

　手続の内容・順序は，おおむね法定され，原則として当事者の合意で各個の事件につき任意に変更することを許さない（任意（便宜）訴訟の禁止。なお，⇒ **1 - 2 - 4**）。裁判権行使の公正を確保し，裁判所に係属する多数かつ多種多様な事件の定型的・集団的処理を可能にするためである。

　（イ）　訴訟は，手続に関与する主体間に成立し進展する，全体として1つの継続的法律関係（「訴訟法律関係」）である。

　原告・被告・裁判所間の三面関係とみるのが通説であり，訴訟係属（⇒ **2 - 6 - 1**）とともに成立・消滅する。私法上の法律関係と異なり，独立に訴求できる権利義務を内包するものではないが，訴訟法に規律された手続上の権利義務を含む法律関係である。

　（2）　民事訴訟は，「民事」についての訴訟である。

　「民事」とは，民商法などの私法によって規律される対等な主体の間の身分上または経済上の生活関係に関する事件をいう。この点で，国家の私人に

1 - 1 - 2

対する刑罰権の行使に関する事件についての刑事訴訟や，刑罰権の行使以外の行政権の行使その他の公法上の権利関係に関する事件についての行政訴訟と区別される。同一の生活事実（たとえば交通事故・公害など）に関して，民事訴訟と刑事訴訟・行政訴訟が継起あるいは並行することもありうるが，相互に別個独立である[1]。

（3）　民事訴訟の手続に関しては，通常訴訟と特別訴訟とが区別される。

民事訴訟の理念として，裁判の適正・公平・迅速・経済が追求されるが，そのすべてを完全に充足することは不可能であり，これら諸要求のどれをどれだけ重視し他とどのように調整するかが立法政策上の問題となる。この調整は，あらゆる種類の事件につき同一ではありえない。民事訴訟法（広義）が，多種多様な訴訟事件をできるかぎり画一的に処理できるだけの幅をもった通常訴訟を基本と定めながら，なお，対象となる事件の特質に応じて手続上の特則を定めた特別訴訟を設けているのは，そのためである。

特別訴訟には，人事訴訟法（平15法109）の規定する人事訴訟および会社法（平17法86）に特則をおく会社訴訟（会社828〜867）などがある。人事訴訟とされるのは，婚姻事件・親子関係事件・養子縁組事件その他の身分関係の形成または確認を目的とする訴えであり，これらの訴えについては，実体

---

1)　ただし，注目される制度がある。「犯罪被害者等の権利利益の保護を図るための刑事手続に付随する措置に関する法律」（犯罪被害者等保護法）（平12法75）の改正（平19法95）により，刑事被告事件の訴因として特定された事実を原因とする不法行為に基づく被害者の損害賠償請求について，被告事件に付随して，刑事を担当した裁判所が民事の審理をも行って損害賠償を被告人に命ずる手続が生まれた。この損害賠償命令の対象となるのは，故意の犯罪行為により人を死傷させた罪や強制わいせつ・強制性交等の罪など，所定の犯罪に限られる（同法23。過失相殺等の審理を避けて業務上過失致死傷罪・重過失致死傷罪等は除かれた）。被害者またはその一般承継人の損害賠償命令の申立てがあれば，裁判所は，刑事被告事件の有罪判決をした場合には，直ちに損害賠償についての審理を行い，原則として4回以内の審理期日で審理を終え，決定で損害賠償命令を発し，必要があると認めるときは仮執行宣言を付する（同法29〜32）。損害賠償命令の申立てについての裁判に対して適法な異議の申立てがなければ，裁判は確定判決と同一の効力を有し，既判力も発生するが，当事者が異議の申立てをすれば，訴えの提起が擬制され，通常の民事訴訟の第1審に移行することになる（同法33・34）。移行後の民事訴訟では，先行した刑事被告事件の記録を書証として役立てることができる（同法35・36）。

I 民事訴訟の世界　　5

的真実に適った判断をし，さらに紛争を当事者間だけではなく対世的にも解決する必要があるから，それに応じた手続が定められている。また，会社訴訟でも，株主総会等の決議の不存在・無効の確認の訴えその他，会社の組織に関する訴えのほか，株式会社における責任追及の訴え・役員の解任の訴えなど，それぞれに多様な性質・内容に応じて手続の特則がおかれている。手続に関しては，会社訴訟はもちろん，特別法で手続を規定する人事訴訟についても，特別の定めがない事項については民事訴訟法が適用される（人訴1・29）。

　そのほか，特別訴訟として若干の略式訴訟がある。手形・小切手訴訟（350〜367），少額訴訟（368〜381），督促手続（382〜402）のほか，保全命令手続（民保9〜42）がこれに属する。いずれも，実質的な審理を省略あるいは制限して迅速に裁判するが，通常訴訟による本格的な審判を求める手段は，つねに保障されている。

1-1-3　訴訟手続の基本的な流れ

　(1)　第一審の判決手続は，基本的に，次のような経過をたどる。

　まず，訴えの提起によって，だれ（原告）が，だれを相手方（被告）として，どのような権利主張（請求＝訴訟物）について，どういう判決を求めているのかが，明らかになる。それを基礎に，裁判所は審理を始める。

　審理には，原告・被告の双方にそれぞれの言い分を十分に述べる機会を平等に与えなければならず，そのために口頭弁論が開かれる。被告が全く争わない事件では，口頭弁論はただちに終結されて，原告の言い分どおりの判決がされることになる。しかし，被告が争う事件では，口頭弁論ないし争点整理手続において双方の言い分をつき合わせ，それによって，どの点に争いがあるのか，どの点は争われていないのか，争われているどの点についてどういう証拠があるのか等が明らかにされていく。争いのない点は，そのまま判決の材料となるが，争いのある事実は，証拠の取調べを行って，その結果により認定しなければならない。

　訴訟の審理が進行中に当事者間の訴訟外の話合いがまとまって訴えが取り下げられたり訴訟上の和解が成立して訴訟が終了することも多いが，それなしに訴訟が裁判をするのに熟したときは，判決がなされる。

　(2)　第一審の判決に不服な当事者が控訴を提起すれば，控訴審の審理が行わ

1-1-3

れ，口頭弁論を経て判決に至る。控訴審の判決に対して，さらに上告が提起されれば，事件は上告審に移る。このような上訴がなかった場合あるいは上訴の手段が尽きた場合には，判決が確定して，判決の本来的な効力（既判力・執行力・形成力）が生ずるとともに，訴訟は終了する。

（3）訴訟が終了しても，紛争は必ずしも終わらない。

設例4の所有権確認請求や設例5の離婚請求のような事件では，確定判決の既判力なり形成力によって法的には紛争が解決する。しかし，設例1の損害賠償請求，設例2の貸金返還請求，設例3の家屋収去土地明渡請求のような事件では，請求認容判決が確定しても，被告がそれに応じて金銭の支払や収去明渡しをしない場合には，強制執行が必要になる。現行制度上，判決手続と強制執行手続とは明確に分離され，両者は，別個の申立てにより別個の機関が実施する。強制執行を申し立てるには，債務名義が必要であるが（民執22・25），執行証書（民執22⑤）や仮執行宣言付支払督促（382・391，民執22④）等を得ていなければ，訴えを提起するほかなく，判決手続の進行中に財産状態などが変わってしまって強制執行が困難または不可能になるおそれもあるから，それを防ぐために，仮差押命令または仮処分命令を得て執行しておくこと（民保20・23I・43）も行われる。

1-1-4 紛争解決手段の多様化

（1）民事訴訟法じたいも，裁判所の判決によらない紛争解決方式として，裁判上の和解（起訴前の和解〔275〕および訴訟上の和解〔89・264・265・267〕）を認めている。裁判所の関与はあるが，本体は当事者の互譲による自主的紛争解決である。訴訟が和解の成立によって終了するケースは，かなりの高率を占めている。そのほかに，訴訟に比肩するほどの利用をもつ紛争解決制度として調停のほか，訴訟よりも古くからの紛争解決制度である仲裁があり，最近では，労働審判のほか行政機関や民間団体が行う多様な裁判外紛争処理の著しい普及がある。

（2）調停　一般の民事紛争についての民事調停（民調2）と家庭事件について家庭裁判所が行う家事調停（家事244）がある。いずれも，原則として裁判官と民間人とで構成する調停委員会で調停を行うが，手続の進め方について厳格な定めはなく，各個の具体的紛争の実情に即して妥当かつ現実的な解決を図り，当事者の合意が成立すれば調書に記載し，それによって確定判決と同一の効力が生ずる（民調16，家事268I）。一定の範囲の事件では，訴えを提起しようとする者はまず調停の申立てをしなければならない（調停前置主義。家事257I，民調24の2）。

Ⅰ　民事訴訟の世界　　　7

　(3)　仲裁　　仲裁は，当事者が一定の生活関係から生ずる紛争を解決するために，相互の合意（仲裁合意）により，いわば私設の裁判官として選定する仲裁人の判定（仲裁判断）に服することを約し，これに基づいて仲裁人が行う手続である。平成15年には，国際連合の国際商取引法委員会（UNCITRAL）が採択した国際商事仲裁モデル法（1985年）に沿って，明治23年以来の旧法を改め，利用しやすく実効的な仲裁制度の構築を志向する仲裁法（平15法138）が制定された。この仲裁法は，国際・国内，民事・商事の区別なく，適用される。仲裁のメリットは，紛争を生じた生活関係について特別に知識・経験を有する者を仲裁人にできる点にある。手続の準則も，仲裁合意の当事者が仲裁法の強行規定に反しない限り合意によって定めることができ，手続は，簡易・迅速かつ低廉に行うことができる。しかし，仲裁判断には上訴の制度がない。また，裁判所の確定判決と同一の効力が認められるといっても，仲裁判断に裁判所の執行決定を得なければ強制執行はできない（仲裁45Ⅰ但・46，民執22⑥の2）。仲裁合意の対象である権利関係につき通常の裁判所に訴えが提起された場合，被告が仲裁合意の存在を抗弁すれば，訴えは却下される。

　(4)　新しく注目されているのは，労働審判法（平16法45）の設けた労働審判である。対象となるのは，個々の労働者と事業主との間の個別的な労働関係から生ずる賃金・退職金の支払，解雇等の効力，損害賠償等の紛争に係る事件であり，その迅速・適正・実効的な解決をめざす（労審1）。裁判官である労働審判官と雇用・労使関係の専門的知識・経験を有する労働審判員2名で構成する労働審判委員会（労審7）が，原則として3回以内の期日で審理を終結し，迅速に処理する，いわば「調停＋審判」の手続である。開始した審理のなかで，速やかに，当事者の陳述を聴いて争点・証拠の整理をし，調停の成立による解決の見込みがあれば調停を試み，調停の成立による解決に至らない場合には，審理によって認められた当事者間の権利関係および労働審判手続の経過を踏まえて労働審判を行うというユニークな構造なのである（労審5・14～20）。労働審判に対し適法な異議の申立てがなければ，労働審判は裁判上の和解と同一の効力を有する（労審20・21）。調停の成立率が高いようである[2]。

　(5)　裁判外紛争処理　　その他にも，訴訟事件の急激な増加に伴い，各国において，訴訟以外の方式による多様な紛争処理（ADR＝Alternative Dispute Reso-

---

2)　労働審判事件の新受件数は，平成18年度877件，26年度3,416件，27年度3,679件，28年度3,414件であり，そのうち平成18年度は427件，26年度2,314件，27年度2,497件，28年度2,551件で調停が成立している（司法統計年報による）。

1-1-4

lution）が拡大的に利用されつつある（⇒石川明＝三上威彦編著・比較裁判外紛争解決制度〔平9〕）。ADRは，中立的な第三者が当事者間に介入して紛争の解決を図るもので，わが国でも，多様なADRが多方面に行われている。紛争当事者の合意の形成をめざす調整型のADR（調停・あっせんなど）と第三者が判断を示して決着をつける裁断型のADR（仲裁・裁定など）があり，また，設営主体の面から，行政系のADR（公害審査会・建設工事紛争審査会・国民生活センター・消費生活センターなど）や民間系のADR（交通事故紛争処理センター・弁護士会の仲裁センター，各種のPLセンターなど）に分けられる。それらの全体について共通する基本的な法規制の要望が高まって，平成16年にはADR基本法＝「裁判外紛争解決手続の利用の促進に関する法律」（平16法151）が成立し，ADRの基本理念等を定め，民間事業者の業務につき法務大臣による認証の制度を設けるとともに，時効の完成猶予に係る特例を定め，訴訟手続の中止を認めるなど，紛争の当事者がその解決を図るのにふさわしい手続を選択できる機会の確保に努めている。今後，ADRの拡充・活性化は，ますます進展するものと期待される。

　ADRにあっては，費用は低廉，手続は簡易で，訴訟への道を事実上閉ざされてきた人たちに救済のルートを開き，法律家以外の人たちも関与して，非公開の手続で，個別紛争の実体に即した柔軟な規準による妥当な解決を導くことができるメリットは大きい。しかし，これらのメリットが，当事者の十分な主張・立証の欠如，厳密な法的判断の回避等と表裏の関係にあることは否定できない。ADRの適切な運営は，つねに，法による正規の紛争解決方式である訴訟の正常な機能を前提としてのみ可能である。両者の適切な連絡と健全な相互作用による協働が望まれる（問題状況および今後の展望につき，小島武司＝伊藤眞編・裁判外紛争処理法〔平10〕，青山善充「日本におけるADRの将来に向けて」ジュリ1284号〔平17〕160頁以下が精細。なお，山本和彦（司会）ほか「座談会・ADR法10年――その成果と課題」NBL1092号〔平29〕4頁以下参照）。

II　訴訟と非訟

1-1-5　両者の区別

（1）　私人の生活関係につき裁判所が，訴訟手続によらずに，より軽易か

Ⅱ 訴訟と非訟

事件 手続	訴 訟	非 訟
当 事 者	二当事者対立構造	対立二当事者を前提としない
手続原則	処分権主義 弁論主義 公開主義	処分権主義の排除 職権探知主義（非訟 49，家事 56） 非公開主義（非訟 30，家事 33）
手続方式	訴えの提起（133）により開始 必要的口頭弁論（87Ⅰ） 厳格な証明	職権で手続を開始する場合がある 審問 自由な証明
裁 判	判決（243） 拘束力あり（ただし，256・257）	決定（非訟 54），審判（家事 73） 事情変更による取消し・変更が可能 （非訟 59，家事 78）
上 訴	控訴（281）・上告（311）	即時抗告（非訟 66，家事 85）

つ弾力的な手続で処理するものに，非訟事件がある。

　実定法として非訟事件に数えられるものには，家事事件手続法（平 23 法 52）第 2 編第 2 章の規定する多くの審判事件（成年後見，未成年後見，失踪宣告，子の氏の変更，養子，親権，扶養，相続の承認・放棄，遺言などをめぐる各事件）および非訟事件手続法（平 23 法 51）第 3 編～第 5 編の規定する民事非訟事件・公示催告事件・過料事件（非訟 92～122）があるほか，「一般社団法人及び一般財団法人に関する法律」（平 18 法 48）には，法人の検査役の選任（同法 46・86），清算人の選任（同法 206），解散命令（同法 261），また，会社法（平 17 法 86）には，会社の検査役の選任（同法 33・207・306・358），社債管理者の解任（同法 713）などの事件があり，借地借家法には，借地条件の変更・増改築や借地権の譲渡・転貸の許可等（借地借家 17～20）の事件があるなど，多岐に及ぶ。

　(2)　訴訟手続と非訟手続との間には，かなり明瞭な差異がある。細部にこだわらずに主要な相違点を示すと，別表のようになる。一見して，非訟手続における当事者の地位（当事者権。⇒3-1-2）が訴訟手続のそれに比して

1-1-5

10　　　第1編　第1章　民事紛争と民事訴訟

はるかに弱いことが印象的であるが，各種の非訟手続のそれぞれについてみれば，手続規整の内容にかなりのバラエティがある。

　(3)　手続の差異からさらに突っ込んで，およそ非訟事件とされるものを訴訟事件と区別する本質的な規準は何かと問うとき，学説は多岐に分かれる。最近では，実質的規準の定立を断念して実定法の形式的規整（非訟法の適用・準用）により区別する説も有力であるが，多数説は，区別の規準を国家作用の性質に求める。すなわち，訴訟事件の裁判は法規を適用して紛争を解決するのに対して，非訟事件では国家が端的に私人間の生活関係に介入して命令処分をする点で，訴訟＝民事司法，非訟＝民事行政として本質を異にする，と説く（先駆として，兼子40頁，斎藤27頁など。これに対し，鈴木正裕「訴訟と非訟」演習民訴〔新版〕31頁以下，新堂30頁以下，伊藤7頁以下参照）。

1-1-6　訴訟事件の非訟化──非訟法の再構成

　(1)　近代民事訴訟法の成立期には，訴えから口頭弁論を経て判決に至る訴訟方式に強い信頼がよせられ，それに親しむ事項はすべて訴訟で処理しようとし，非訟は例外的にしか認められなかったが，やがて訴訟方式でそれまで処理してきた事項を非訟の領域に移すという現象（訴訟事件の非訟化）が顕著にみられるようになる。わが国でも，戦後，とくに家事審判法（昭22法152）の制定に伴い，それまで通常訴訟であった夫婦共有財産の分割，親族間の扶養，遺産分割などが，また，人事訴訟であった夫婦の同居，推定相続人の廃除などが，家庭裁判所の審判事項とされた（家審9Ⅰ乙①②⑧⑨⑩）のは，非訟化の顕著な例である。裁判官の恣意に対する過度の警戒からの脱却，より迅速かつ弾力的・経済的な手続処理に対する要望の高まり，将来に向けた規制的・予防的措置をとる任務の増大などが重なって，訴訟方式からの離反を促し，非訟手続への志向を生んでいったのである（⇒三ケ月「訴訟事件の非訟化とその限界」研究5巻71頁以下）。

　このような訴訟事件の非訟化は，どこまで許されるのだろうか。その限界が憲法32条・82条との関係で，問題となる（⇒1-1-8）。

　(2)　最近に至って，非訟事件手続の全面に亘る新たな法規整をみる。新・非訟事件手続法（平23法51）および家事事件手続法（平23法52）の制定・施行である[3]。

　当初の非訟事件手続法（明31法14）は，先行した民事訴訟法（明23法29）の

II 訴訟と非訟

後を追って，民法（明29法89）と同時に明治31年に施行され，それ以来，本格的な改正をほとんど受けることなしに存続してきた。戦後に至って，日本国憲法のもとに，「個人の尊厳と両性の本質的平等を基本とし家庭の平和と健全な親族共同生活の維持を図る目的で」家事審判法（昭22法152）が制定され，当時の人事訴訟手続法（明31法13）や旧非訟事件手続法で処理されていた事件のなかから，多くが家事審判法によって取り扱われることになった。この旧非訟事件手続法および家事審判法による非訟手続では，対立二当事者を前提とせず，審理は非公開で，弁論主義によらず職権探知を原則とし，裁判は決定でなされ，不服申立ても抗告によるほか，裁判所の裁量的な判断に委ねられている場合が少なくない。しかし，時代とともに，わが国の社会状況に著しい変化があり，家族・親族の間でも法意識が進んで，家事事件の関係者の間に利害が対立して解決が困難な事件も増えていったため，当事者や関係者が自ら裁判の資料を提出したり反論したりして手続に関与する機会を保障する必要が切実となった。そこに新しく登場した家事事件手続法は，家事事件における手続保障等の改正にとどまらず，非訟事件に関する法制の全体を見直し，再編成を導く結果となっている。

家事事件手続法は，これまで詳細な家事審判規則（昭22最高裁規15）を伴って家事事件を規整していた家事審判法に代わるとともに，家事審判法が旧非訟事件手続法の「第一編総則」の規定を原則的に準用していたのを改め，非訟事件手続法の規定は準用しないで，家事事件手続法が自らの「第一編総則」を自己完結的に構成している（家事1〜38）。争訟性の高い事件については相当程度の手続保障が必要であり，家事事件の審理では，当事者または利害関係を疎明した第三者は，家庭裁判所の許可を得て，裁判所書記官に対し家事審判事件の記録の閲覧等を請求できることになった（家事47）。家庭裁判所は，同法別表第2の事項（調停で解決できる事項＝当事者が自分の意思で処分できる権利・利益に関する事項）についての家事審判の申立てがあった場合には，申立書の写しを相手方に送付しなければならず（家事67），申立てが不適法等である場合を除き，当事者の陳述を聴かなければならず（家事68），職権で事実の調査をしたときは，その旨を当事者およ

---

3) 新法制定の経緯につき，竹下守夫「家事審判法改正の課題」家月61巻1号（平21）43頁，山本和彦「非訟事件手続法・家事事件手続法の制定の理念と課題」法時83巻11号（平23）4頁，三木浩一「非訟事件手続法・家事審判法改正の課題」ジュリ1407号（平22）8頁，金子修「新非訟事件手続法の制定について」NBL958号（平23）53頁，同「家庭裁判所の役割と新しい家事事件手続法」法の支配163号（平23）19頁など。なお，⇒ 1 - 2 - **3**(1)。

12 　第1編　第1章　民事紛争と民事訴訟

び利害関係参加人に通知しなければならない（家事70）等の規定が定められている。

III　訴訟制度と国民の利用

1-1-7　民事訴訟制度の目的

国家は，いったい，なんのために民事訴訟の制度を設けて国民に利用させているのだろうか。学説上，かつては，(a)国家が，自力救済を禁止する代償として，私人の権利の保護のために訴訟制度を設けたのだとする権利保護説が支配的であったが，その批判から，(b)国家は自ら制定した民商法等の私法秩序を維持し実効を確保するために訴訟制度を設けているのだとする私法維持説，および，(c)私人間の生活関係における紛争の強制的解決こそ民事訴訟制度の目的であると説く紛争解決説が唱えられ，近時，さらに，(d)紛争解決・私法維持・権利保護のいずれも民事訴訟制度の目的と考えてよく，個別の問題に即してどの価値にどれだけのウエイトをおくべきかを論究すべきだとする多元説（新堂3頁以下），および，(e)憲法上司法権に与えられた役割から出発して，民事訴訟制度の目的を，実体法規範によって認められた「権利」（実質権）に必要とされる「救済」を与えることによって司法的に保障するにある，とする権利保障説（竹下守夫「民事訴訟の目的と司法の役割」民訴雑誌40号〔平6〕1頁以下）が注目される。紛争解決説が現在でも多数を占めるが，もともとの問題措定の意味をもう一度問い直さなければならない（新堂「民事訴訟の目的論からなにを学ぶか」役割101頁以下，高橋・重点講義上1頁以下，山本和彦・民事訴訟審理構造論〔平7〕1頁以下など）。

1-1-8　訴権と「裁判を受ける権利」

(1)　私人が裁判所に訴えを提起し判決を求めうることを，その者の権利とみて訴権とよぶ。このような訴権の肯否・要件をめぐって多彩な議論の展開があった。

III　訴訟制度と国民の利用

　訴権論は，もともと，請求権の概念が裁判所への訴求を離れて独立した（アクチオの分解）のに伴い，いまや訴訟を離れて観念されるに至った私権と，この私権について訴えを提起し判決を求める権能とを，どのように理論上関係づけるかを主眼とする。当初は，訴権を私権の属性または変形とみる私法的訴権説が存したが，まもなく，私権とは別個に，国家に対する公権としての訴権を認める公法的訴権説が一般化した[4]。

　訴権論にとっての現在の問題は，むしろ，憲法 32 条の定める「裁判を受ける権利」と訴権との関係の把握にある。

　裁判制度の法的基礎は憲法にあり，訴訟法は「適用された憲法」ともいわれる。旧来の訴権論争の終息とともに，新たに，訴権を憲法と訴訟法を統合する概念形式と捉え，国法上の司法行為請求権の一分肢として判決手続の実施を求める請求権とみる見解（斎藤 40 頁以下）を生じたことは，異とするに足らない。これに対しては，訴権と「裁判を受ける権利」とを別の次元の問題とする反論（三ヶ月「裁判を受ける権利」研究 7 巻 1 頁以下）もある。たしかに，両者を同一概念とみることはできないが，内容的には共通するものをもつ。憲法 32 条の「裁判を受ける権利」は，単なる法定の裁判官による裁判の保障や審尋請求権の保障にとどまらず，より包括的な受給権として構成されており，訴えを受けて判決をしなければならない国家（裁判所）の法的拘束の根拠も，ここに求めるべきである。「裁判を受ける権利」は，訴権の実定憲法上の保障である（最近の所説として，林屋 8 頁以下，梅本 292 頁以下）。

---

　4)　公法的訴権説は分岐して，抽象的訴権説と具体的訴権説が対立する。前者が，訴権とは国家に対し，訴訟手続を開始して審理しなんらかの判決（訴えの却下を含む）をすることを求める権利であると説くのに対して，後者は，このような抽象的な内容では権利とよぶに値しないと批判し，一定の具体的内容を有する自己に有利な判決（勝訴判決）を求める権利としての訴権を，一般的な権利保護請求権の一環として認める。わが国では，抽象的訴権説と具体的訴権説の中間に立ち，訴権を原告の請求についての本案判決を求める権利とみる本案判決請求権説が，有力な地歩を築いた（兼子 28 頁以下，新堂 241 頁以下，条解民訴 705 頁以下〔竹下〕など）。しかし，訴権論争が訴訟法学の発展に果たした多大の寄与は別として，訴権概念じたいはますます理論的効用を失い，およそ訴権なるものは国家が自らの課題として民事訴訟制度を営み国民がこの国家の主権に服しているという事態の反映にすぎぬとする訴権否定説（三ヶ月・双書 11 頁）もある。

1-1-7・8

14 第1編 第1章 民事紛争と民事訴訟

(2) 「何人も，裁判所において裁判を受ける権利を奪はれない」（憲32）。

憲法32条の表現は，きわめて抽象的であるが，多数の最高裁判例によって「裁判を受ける権利」の具体像が描き出されている。それらの判例によれば，①憲法32条は，訴訟の当事者が訴訟の目的である権利関係につき裁判所の判断を求める法律上の利益を有することを前提として，そのような訴訟につき本案の裁判を受ける権利を保障したものであって，その利益の有無にかかわらず常に本案につき裁判を受ける権利を保障したものではない（最大判昭35・12・7民集14-13-2964）。②32条所定の「裁判を受ける権利」は，性質上固有の司法作用の対象となるべき純然たる訴訟事件につき裁判所の判断を求めることができる権利をいうものである。権利義務の存否の確定は純然たる訴訟事件であり，公開の対審・判決の保障に服するのに対し，権利義務の具体的内容（履行の時期・場所・態様など）の形成は非訟事件である。非訟手続において権利義務の存否じたいを前提問題として判断しても，既判力は生じないし，民事訴訟の道を閉ざすわけでないから，違憲ではない（最大決昭40・6・30民集19-4-1089〔百選［5版］2事件〕），というのである[5]。しかし，最近，最高裁は，上記判例の趣旨に沿ってさらに歩を進める。③非訟事件である家事審判の当事者がその抗告審において手続にかかわる機会を失う不利益を受けても，それは憲法32条所定の「裁判を受ける権利」とは直接の関係がなく，「裁判を受ける権利」を侵害するものではないから，手続が憲法31条に違反するという主張も単なる法令違反の主張にすぎない（最決平20・5・8家月60-8-51の多数意見）とするに至った[6]。先に挙げた①②の最

---

5) 学説の対応につき，青山善充・百選［3版］4頁，佐上善和・百選［4版］8頁，本間靖規・百選［5版］8頁など参照。

6) ③最決平20・5・8家月60-8-51の事案は，妻が夫に対し婚姻費用分担金の支払を求める審判事件で，妻の請求を一部認めた審判に妻が抗告し，抗告審では，抗告の事実が夫に知らされず反論の機会も与えられないまま，第1審の審判を妻の有利に変更する決定がされたため，夫が憲法31条・32条違反を理由として特別抗告をしたものである。「憲法32条所定の裁判を受ける権利が性質上固有の司法作用の対象となるべき純然たる訴訟事件につき裁判所の判断を求めることができる権利をいうものであることは，当裁判所の判例の趣旨とするところである」とし，この「判例の趣旨に照らせば，本質的に非訟事件である婚姻費用の分担に関する処分の審判に対する抗告審において手続にかかわる機会を失う不利益は，同条所定の『裁判を受ける権利』とは直

III 訴訟制度と国民の利用　　15

大判・最大決が，いずれも，訴訟事件の対象となる権利義務の存否を非訟手続で審理することの是非を問題としていたのに対して，③の最決は，まさに非訟事件の手続における当事者の手続保障の有無を問題としたものである[7]。

　実務と学説における今後の展開が注目される。

　(3)　「裁判を受ける権利」は，基本権のひとつであるだけでなく，法の支配を実現するために欠くことのできない手段となる「基本権を確保するための基本権」(芦部信喜編・憲法III人権〔昭56〕275頁〔芦部〕)である。

　「裁判を受ける権利」の内容としては，裁判を受ける者がその裁判事項につきあらかじめ自己の見解を表明し聴取される機会をもつことを要求する権利(審尋〔問〕請求権)[8]，適時に裁判を受ける権利，対審・判決の公開を求める権利なども含まれるが，これらの違背が問題となる具体的な事項の違憲・合憲を判断するには，一方において，その適用が問題となる各個の憲法規定によって確保・実現しようとする価値と，他方，「裁判を受ける権利」によって確保・実現しようとする価値との間で，比較的な衡量・調整が必要

　接の関係がないというべきであるから，原審が抗告人……に対し抗告状・抗告理由書の副本を送達せず，反論の機会を与えることなく不利益な判断をしたことが同条所定の『裁判を受ける権利』を侵害したものであるということはできず，……憲法32条違反の主張には理由がない」と判示し，なお，憲法31条違反の主張についても，単なる法令違反を主張するものだとしている(多数意見。田原睦夫裁判官の補足意見がある)。

　　この多数意見に対し，那須弘平裁判官の厳しい反対意見が注目される。家事審判事件の中にも強い争訟性を有する類型のものがあり，婚姻費用の分担を定める審判事件もこれに属し，この類型の審判に属する。この類型の審判に関しては，憲法32条の趣旨に照らし即時抗告の抗告状等の送付を受けるなどして反論の機会を与えられるべき相当の理由がある。このような当事者の利益はいわゆる審問請求権の核心部分をなすもので，憲法32条による「裁判を受ける権利」の保障の対象になる場合があり，原決定は破棄差戻しが相当である，とした。

7)　学説の対応につき，竹下・前掲注3) 68頁以下，本間靖規・リマークス2009 (上) 126頁，垣内秀介・平20重要判解155頁など参照。

　　なお，立法上の対応(新非訟69 I，家事88)については，徳田和幸「非訟事件手続・家事事件手続における当事者等の手続保障」法時83巻11号(平23) 15頁など参照。

8)　憲法における審尋請求権につき，中野貞一郎「民事裁判と憲法」現在問題13頁以下があり，非訟事件における審尋請求権論については，高田裕成「家事審判手続における手続保障論の輪郭」判タ1237号(平19) 33頁以下が詳しい。

1-1-8

16　　　第1編　第1章　民事紛争と民事訴訟

となる（中野・論点Ⅰ1頁以下参照。なお，⇒ **1-1-9**(2)）。

1-1-9　司法審判権の限界

　(1)　わが国の裁判所は，日本国憲法に特別の定めのある場合を除いて，一切の「法律上の争訟」を裁判する権限を有する（裁3）。

　「法律上の争訟」とは，当事者間の具体的な権利関係の存否に関する紛争であって（狭義の事件性），それが法律の適用によって終局的に解決できるものであること（法律性）を意味する。これが，最高裁の累次の判例によって固定された理論であり，事案の内容に従い，事件性あるいは法律性を欠くとし，あるいは両者を併せて，「法律上の争訟」にあたらずとして訴えが却下される。法令の無効確認等を求める訴訟（最大判昭27・10・8民集6-9-783，最判昭27・10・31民集6-9-926），国会に対し特定内容の決議を求める訴訟（最判昭28・11・17行裁4-11-2760），国家試験の不合格判定の変更を求める訴訟（最判昭41・2・8民集20-2-196）などが，それである[9]。

　(2)　司法審判権の限界が「裁判を受ける権利」（憲32）と他の憲法価値（信教の自由〔憲20〕，結社・表現の自由〔憲21〕，学問の自由〔憲23〕など）との衡量・調整によって個別・具体的に画定されなければならない場面は，最近，ますます増えている[10]。

　とくに，宗教団体の内部紛争についての多くの裁判例が注目を惹く。宗教上の地位の存否確認を求める訴えが具体的な権利関係を対象としない点で不適法とされ，宗教法人の役員たる地位の存否確認を求める訴えが適法とされる限りでは，

---

9)　同じ理論に立って，最判平14・7・9民集56-6-1134〔百選〔3版〕A1事件〕は，国または地方公共団体が財産権の主体として自己の財産上の権利利益の保護救済を求める訴訟が法律上の争訟にあたることを認めつつ，「国又は地方公共団体が専ら行政権の主体として国民に対して行政上の義務の履行を求める訴訟は，裁判所法3条1項にいう法律上の争訟に当たらず，これを認める特別の規定もない」として，訴えを不適法として却下した。宝塚市が，パチンコ店等の建築規制条例に基づき同市長が発した建築工事中止命令の名宛人を被告として，工事を続行してはならない旨の判決を求める訴えを提起し，第一・二審では勝訴したが，最高裁で覆された，という事案。判旨によれば，行政上の義務の履行確保は行政代執行法の定めだけによることになるが，賛否の両論がある。

10)　「裁判を受ける権利」と「学問の自由」および「教育を受ける権利」との衡量をめぐる興味ある事例として，富山大学単位取得・終了認定事件（最判昭52・3・15民集31-2-234，最判昭52・3・15民集31-2-280）がある。

III 訴訟制度と国民の利用

問題がない。しかし、金銭債権や建物明渡請求権のような世俗的権利を訴訟物とする訴えでありながらその前提問題として宗教団体の内部処分や宗教事項が主張される事件にあっては、司法審判権の限界が直接に問題となる。最高裁判例は、現在、次のようなところに落ち着いている。すなわち、宗教団体における教義・信仰に関する事項については、憲法上国の干渉からの自由を保障され、裁判所は一切の裁判権を有しないが、当事者間の具体的な権利関係に関する訴訟であり、その前提問題たる内部処分の効力等につき裁判所が宗教上の教義・信仰の内容に立ち入らずに判断できるときは、その前提問題を含めて裁判所の審判権に服する。しかし、その前提問題が当事者間の紛争の本質的争点をなし、それが宗教上の教義・信仰の内容に深くかかわっているため、教義・信仰の内容に立ち入らずに判断することができない場合には、「法律上の争訟」にあたらず、裁判所の司法審査の対象とならない、というのである（最判昭 55・1・11 民集 34-1-1〔百選〔5 版〕1 事件〕、最判昭 56・4・7 民集 35-3-443〔百選〔2 版〕1 事件〕、最判平元・9・8 民集 43-8-889〔百選 I 1 事件〕、最判平 14・2・22 判時 1779-22〔百選〔3 版〕2 事件〕など）。なお今後の判例・理論の展開にまつところが多い[11]。

---

11) 松浦馨「宗教団体の自律的結果承認の法理」三ヶ月古稀中 1 頁以下、竹下守夫「団体の自律的処分と裁判所の審理権」書研所報 36 号（平 2）45 頁以下、中野貞一郎「司法審判権の限界の画定規準」民商 103 巻 1 号（平 2）1 頁以下、井上治典「宗教団体の懲戒処分の効力をめぐる司法審査の新たな流れ」判評 510 号 2 頁以下・511 号 2 頁以下（平 13）などをみよ。

18

第2章　民事訴訟の法的規律

I　民事訴訟法

1-2-1　意　義

　民事訴訟法というとき，多くは，現行法典としての民事訴訟法（平8法109）をさす。しかし，民事訴訟の手続と作用を規律する法規の全体をいう場合（実質的意義の民事訴訟法）もあり，そのときは，民事訴訟法典だけでなく，裁判所法（昭22法59）・人事訴訟法（平15法109）・民事訴訟費用法（昭46法40）・仲裁法（平15法138）などのほか，民事執行法・民事保全法・破産法・民事再生法・会社更生法，さらには民法・商法などのなかに存する民事訴訟に関する規定，および，民事訴訟規則（平8最高裁規5）・人事訴訟規則（平15最高裁規24）その他の民事訴訟に関する最高裁判所規則などのすべてを含む。制定法規に限らず，民事訴訟に関する慣習法の成立を否定する理由はない。

1-2-2　手続立法の回顧と展望

　(1)　民事裁判の近代化への歩みは，すでに明治6年の訴答文例（太政官布告247号）に始まる。明治9年以降，民事訴訟法典編纂の計画が進められ，曲折を経て，結局，当時最新の法典であったドイツ帝国民事訴訟法典（1877年＝明10）を範とすることになり，ドイツ人テヒョーに委嘱して起草させた訴訟法草案（明19）などを基礎とする審議の結果，明治23年に民事訴訟法が制定公布され，翌24年1月1日から施行された（旧々民事訴訟法）[1]。内容的には，ほぼ全面的にドイツ民事訴訟法に拠っているが，統一的な基本法典のみの継受にとどまったうえ，

---

1)　その立法経過については，鈴木正裕「テヒョー草案」「明治民事訴訟法の成立」近代民事訴訟法史・日本（平16）35頁以下・117頁以下が精細。

I 民事訴訟法

その機能を支えるべき弁護士強制制度等も採られず，継受の担い手である法曹も弱体で，施行の直後から，手続の煩瑣，運用上の不備，とくに訴訟の遅延に対する非難が絶えず，改正のための努力が重ねられることになった。

大正15年に至って，（旧々）民事訴訟法第1編ないし第5編を全面的に改正する法律（大15法61）が成立し，昭和4年に施行された（旧民事訴訟法）。旧々民事訴訟法がもっていた濃厚な当事者主義的色彩に変え，職権主義的要素の持込みないし強化によって主に訴訟促進を所期したことが注目される（移送の拡大と職権化，準備手続制度の新設，職権進行主義の徹底，時機に後れた攻撃防御方法の却下など）。これと前後して一連の調停法が生まれ，その後，裁判外紛争処理は徐々にその重みと拡がりを大きく増していくのである。

(2)　判決手続に関しては，大正15年の改正から半世紀を経ても，なお依然として解決の曙光さえ見出だせない重症の機能不全が続いてきた。しかし，近時に至って，民事司法の改革は，訴訟制度の社会的不適応や消費者訴訟の激増等を背景に世界的な趨勢となった。わが国でも，実効のない従来の訴訟促進規制に代わる新たな審理充実方策が切実に模索されるようになり，裁判所では，昭和60年代の前半から新たな審理方式の実践が着々と試行されて拡大する[2]。

この動きを受けて，平成2年7月，法制審議会民事訴訟法部会は，民事訴訟手続の全面的な見直しを審議事項として調査・審議を開始し，平成8年2月の法制審議会答申に基づき国会に提出された民事訴訟法案は，平成8年6月18日，可決された。これが平成10年1月1日に施行された新民事訴訟法（平8法109）である。同法の委任に基づき，新しい民事訴訟規則（平8最高裁規5）が制定され，新民事訴訟法と同時に施行された。

新民事訴訟法による改革の主眼は，「民事訴訟に関する手続を現在の社会の要請にかなった適切なものとするとともに，民事訴訟を国民に利用しやすく，分かりやすいものとし，もって適正かつ迅速な裁判の実現を図る」にある（一問一答5頁など）。編別構成を改め，規定の全般を現代語化し，個別の改正点は多岐に亘る。改正の核心となったのは，争点整理手続の整備（⇒ 3-3-7以下），証拠収集手続の拡充（⇒ 3-4-24(5)），少額訴訟手続の創設（⇒ 7-2-1以下）および最高裁判所に対する上訴制度の改革（⇒ 6-3-10，6-4-7）である。

---

2)　大正15年の改正直後からの懸案であった（旧々）民事訴訟法第6編（強制執行）の改正については，競売法（明31法15）の改正と併せて新法典の制定に進み，民事執行法（昭54法4）ができ，実質的改正が先送りになっていた仮差押え・仮処分の規定も，やがて民事保全法（平元法91）として独立し，面目を一新している。

1-2-1・2

20 第1編 第2章 民事訴訟の法的規律

(3) 新民事訴訟法の施行による顕著な成果を見定めつつ，さらに改革の前進が求められ，裁判迅速化法（平15法107）の制定と民事訴訟法の一部改正（平15法108・平16法152）が続いた。

裁判の迅速化への志向が明確に打ち出され，計画審理の推進のための規定を整備し（⇒3-1-**13**），提訴前の証拠収集手続の拡充（⇒3-4-**13**），専門委員制度の導入（⇒3-3-**11**）などを定めて，長期審理に陥ることの多い特殊専門的知見を要する事件にも対応できる体制の確保が図られた[3]。

(4) 現代社会の要請に応えての手続改革は，今後も続く。

知的財産権訴訟，医療訴訟あるいは建築関係訴訟などの専門訴訟の手続は，さらに制度的・実務的な対応の進展をみつつあり，種々の領域において訴訟とADRとの協働による紛争処理の今後の展開も予想される。

技術的手続改革は，新民事訴訟法の制定にさいし，弁論準備手続における電話会議システムの利用，証人等に対するテレビ会議システムを利用しての尋問，支払督促申立ての電子情報処理などに導入された（民訴170Ⅲ・204・397など）。それにとどまらず，平成16年の改正（平16法152）によって，申立てその他の申述のうち最高裁規則の定めるものについては，電子情報組織を用いてすることが認められ（民訴132の10），督促手続は，その全体のオンライン化に至った（民訴397～402）。手続のIT化は，今後も急速に進められよう。このような技術的訴訟改革の進展によって，裁判官の証拠評価や法律の解釈・適用が変わることはありえないけれども，これまで民事訴訟手続の基本原則とされたものがどこまでの変容を受けてよいものか，慎重な考慮を必要としよう。

企業活動や私的交流が国際的に規模を拡大するにつれて民事訴訟も国際的な処理を必要とする面が増大した。EU諸国を通じての統一的な民事訴訟法典の制定への動きがあったし，最近ではEU内の民事手続法の調和が進められつつあるように，従来から問題となってきた国際裁判管轄（平23法36⇒2-2-**9**）や外国判決の承認・執行にとどまらず，国際的な協調がますます広く，ますます強く求められるに至っている（⇒本間靖規ほか・国際民事手続法〔第2版〕〔平24〕6頁以下）。

---

3) 残存していた明治23年以来の民訴旧規定のうち，仲裁手続に関する規定は，平成15年に改正されて仲裁法（平15法138）が成立し施行された（⇒1-1-**4**(3)）。最後まで残存していた公示催告に関する規定も，平成16年に，大幅に見直され，（旧）非訟事件手続法に第3編として編入された（平16法152）。最近，制定・施行された新・非訟事件手続法が第4編において，基本的に旧法の内容を維持しながら所要の手当てを加えている。

I 民事訴訟法

1‒2‒3 訴訟法規の種類

(1) **法律と規則**　民事訴訟に関する手続に関し必要な事項は，民事訴訟法（平8法109）に定めるもののほか，最高裁判所規則で定める（3）。規則の主要なものは，民事訴訟規則（平8最高裁規5）である。

基本的には，当事者の権利義務に重大な影響を及ぼす事項や訴訟手続の大綱となる事項については法律で規定し，それ以外の細目的な事項は規則で規定される[4]。

同様に，非訟事件手続法（平23法51）および家事事件手続法（平23法52）においても，さらに非訟事件手続規則（平24最高裁規7）および家事事件手続規則（平24最高裁規8）が規定されている。

(2) **強行規定と任意規定**　訴訟法規のほとんどは，その違反が訴訟行為や手続の効力に影響する，いわゆる効力規定に属するが，例外的に，その違反が訴訟法上の効力にひびかない訓示規定もある（251，規22 III など）。訴訟法規のすべてが強行規定であるわけではなく，その法規の違反があっても不利益を受ける当事者が異議を述べないことによって瑕疵が治癒する（責問権の放棄・喪失。⇒ 3‒1‒**12**）という意味での任意規定が少なからず存在するほか，一定の限られた範囲ではあるが，当事者の合意によって異なる定めをすることが認められる（訴訟契約。⇒ 3‒2‒**11**）という意味での任意規定がある。また，強行規定（裁判所の構成，裁判官の除斥，専属管轄，審判の公開，当事者能力，訴訟能力，不変期間に関する規定など）であっても，その違反がいつまで，どんなかたちで問題とされるかは，手続の進行段階と相対的に解決される必要があり，終局判決前の手続違反は，無効な場合はやり直して手続を進めることになるが，いったん終局判決があれば，判決の当然無効は認められないから，上訴・再審の事由として主張できる限りにおいて問題となるにすぎない。

---

4)　規則事項としては，①申立て・申出や提出書面等についての方式・記載事項・添付書類等に関する規定，②調書・裁判書の記載事項や記載・方法等に関する規定，③送達・送付・通知に関する規定，④証人等の尋問の実施に関する規定，⑤情報通信機器の利用に関する規定などが多い。

1‒2‒3

II 実体法と訴訟法

1-2-4 対立と対応

　訴訟において適用されるのは，訴訟法だけではない。事件の実体・中身をなす生活関係を規律する実体私法（民法・商法など）の適用が中心となる。

　実体法は，訴訟における審判対象の把握についての指標となり判決の規準となる点で，形式的な手続規整を担当する訴訟法とは機能的に区別される。実体私法が規整する私人間の生活関係は多種多様であり，とくに近代法の基本である私的自治の原則が各個の事件ごとの特殊・具体的な解決を要請する。これに対し，訴訟法では，国家による訴訟制度の運営として，こうした事件を大量的にとらえ，どのようにして多数の個別訴訟の全体を適正・公平・迅速かつ経済的に処理するかを主眼としなければならない。したがって，当然に，訴訟手続の統一的な処理方式が求められ，各個の事件において裁判所や当事者が任意にその事件限りの手続のやり方を定めることは，原則として許されないのである（任意訴訟の禁止）。

　法改正があった場合，実体法については不遡及を原則とするが，訴訟法については遡及が原則である。渉外事件における外国法の適用についても，実体法とは異なり，訴訟法は，すべて法廷地法によるべく，ただ，訴訟法に属する事項の範囲が問題となるにすぎない。

　実体法と訴訟法とは，別個の法体系を構成して対立するが，ともに訴訟による紛争解決の規範として目的を共通にする点から，相互に対応し合っているところも多い（処分権主義・弁論主義・当事者の能力・当事者適格など）。

1-2-5 裁判と要件事実[5]

　民事訴訟では，原告が訴えによって判決を求めた請求の当否，つまり，訴訟物として主張された権利（または法律関係）が存在するのかどうかを裁判所が判断することになるが，権利の存否を判断するとは，いったい，どうい

II　実体法と訴訟法　　23

うことなのか。権利を見ることは，だれにも，できない。そこで，民事訴訟
における裁判では，権利が発生するための法律要件として実体私法の定めて
いる事実があったと認められるときには，その権利は発生したものとして扱
うのである。権利の発生を妨げるための法律要件として実体私法の定めてい
る事実があったと認められるときには，その権利は発生しなかったものとし
て扱う。また，権利が消滅するための法律要件として実体私法の定めている
事実があったと認められるときには，その権利は消滅したものとして扱う。
裁判の規準としての実体私法の規定は，裁判の過程では，①権利の発生を定
めている規定（権利根拠規定），②権利の発生の障害を定めている規定（権利
障害規定），③発生した権利の消滅を定めている規定（権利消滅規定）として
適用されるわけである。それらの規定が権利の発生・障害・消滅の要件と定
めている事実を「要件事実」とよぶ（主要事実との異同につき，⇒3-1-**4**
(1)）。

　そこで，権利根拠規定の要件事実にあたる具体的事実（いつ，どこで，ど
のようなことがあった，というような事実）があったと訴訟上認められるとき
は，権利障害規定の要件事実にあたる具体的事実が認められない限り，裁判
所は，その権利が発生したものと判断する。そして，その権利が発生したと
判断される以上は，権利消滅規定の要件事実にあたる具体的事実が訴訟上認
められない限り，裁判所は，その権利が現在（厳密にいえば口頭弁論の終結
時）において存在しているものと判断して，判決することになる[6]。

---

5)　主要な参考文献として，伊藤滋夫・要件事実の基礎〔新版〕（平 27），同・要件事
　　実・事実認定入門〔補訂版〕（平 20）のほか，司法研修所・増補民事訴訟における要
　　件事実第 1 巻（昭 61），同・第 2 巻（平 4），同・新問題研究要件事実（平 23），大江
　　忠・要件事実民法全 8 巻〔4 版〕（平 26〜29）などがある。
6)　たとえば，売主 X と買主 Y との間で自動車の売買契約が締結されたのに代金が支
　　払われず，X が Y を被告として代金支払請求の訴えを提起した，とする。
　　　この訴訟の訴訟物は，売買代金請求権である。売買における権利根拠規定として，
　　民法 555 条があり，そこで売買代金請求権の発生という法律効果を生ずるのに必要な
　　要件と定められているのは，売買契約の締結（財産権の移転と代金支払の合意）だけ
　　であると解される。原告 X は，請求の原因（⇒2-1-**9**）として，「X と Y との間で
　　売買契約を締結したこと」を主張立証すれば足りる。売買契約の締結を主張するには，
　　目的物を特定して主張しなければならないが，目的物が契約当時に自己の所有であっ

1-**2**-**4**・**5**

24　　　　第1編　第2章　民事訴訟の法的規律

　実体私法のある規定が権利根拠規定・権利障害規定・権利消滅規定のうちのどれにあたるのか，また，それらの規定が権利の発生・障害・消滅という法律効果を生ずるためにどうしてもそれがなくてはならない要件と定めているのはどれだけの事実なのかということは，法規の文言や形式（本文とただし書など）だけでなく，その法規の立法趣旨や，その事実が訴訟上認められない場合の不利益をどちらの当事者が負う（証明責任の分配。⇒ 3 - 5 - 7）のが公平・妥当かということ等をも総合的に考慮しつつ，実体法規の解釈によって決められるが，このような要件事実の確定が争われる場面も多い。

III　公正迅速の原則と信義誠実の原則

1 - 2 - 6　両原則と責務規定

　民事訴訟の手続は，公正かつ迅速に行われなければならない（公正迅速の原則）。また，民事訴訟においても，信義誠実の原則が妥当する。民事訴訟法は，両原則を主体的にとらえて，「裁判所は，民事訴訟が公正かつ迅速に行われるように努め，当事者は，信義に従い誠実に民事訴訟を追行しなければならない」と規定した（2）。裁判所および当事者に対する単なる要請にと

たこととか，代金支払義務に期限の合意があり，期限がすでに到来したことを主張立証する必要はない。民法は，他人の物の売買も有効としているし（民561），契約上の義務は一般に契約成立と同時に履行すべきものなので，自己所有とか期限到来などを権利根拠規定の要件事実とみることはできないのである。売買契約の締結を主張立証する場合に，代金額については，いくらという具体的な金額を主張立証しなければならない（異説がある）。被告 Y は，抗弁（⇒ 3 - 5 - 9）として，代金支払義務の履行につき履行期限の合意があることを主張立証することができ（民135），また，目的物の引渡義務の履行の提供があるまで代金の支払を拒絶する旨の同時履行の抗弁（民533）を主張することができる。原告 X としては，不確定期限の抗弁に対する再抗弁として，不確定期限が到来したことを主張立証することができ，同時履行の抗弁に対する再抗弁として，引渡義務を履行したことを主張立証することができる。なお，司法研修所・前掲注5）要件事実第 1 巻138頁以下，同・前掲注5）新問題研究要件事実 1 頁以下参照。

III 公正迅速の原則と信義誠実の原則　　25

どまらず，法律上の義務づけである。行為規範にとどまらず，裁判規範とし
ても作用する（他の立法例につき，民事訴訟法典現代語化研究会編・各国民事訴
訟法参照条文 754 頁〔平 7〕参照）。

1 - 2 - 7　公正迅速の原則

　(1)　民事訴訟の手続は，公正かつ迅速に行われなければならない。裁判所は，
民事訴訟が公正かつ迅速に行われるように努めなければならない (2)。

　「公正」は，当事者の一方に偏しない公平にとどまらず，審理手続において当
事者その他の訴訟関係人の信頼を受け，それに応えるべきフェアネスの理念であ
る。「迅速」は，不当に停滞・遅延しない，適正な解決に向けての充実した手続
進行をいう。時間の物理的な長短そのものをいうのではない。しかし，裁判迅速
化法（平 15 法 107）は，裁判の迅速化への国民の要請に緊急にこたえる必要があ
るとし，民事事件・刑事事件を通じて，第一審の訴訟手続を 2 年以内のできるだ
け短い期間内に終局させるという目標を掲げ，この目標を実現するために，国・
裁判所・当事者等の責務を定めている（同法 2〜7）。

　(2)　公正迅速の原則は，一種の一般条項であり，信義誠実の原則と同じく，
つねに具体化が必要な理念的基準である。

　いうまでもなく，民事訴訟法は，その全般に亘って，審理の公正迅速を確保す
るためにあらゆる方策を講じ，多数の規定を設けている[7]。とくに，判決の基礎
となる事実と証拠の収集を当事者の権能かつ責任とする基本原則（弁論主義）を
維持しつつも，事件の争点を洗い出して集中的に充実した審理を迅速に行うため
に，裁判所と当事者との密接な協働が期待され，裁判所なり裁判長の積極的関与
が求められる。規定の存するところでは，それらの解釈・運用について，つねに
公正迅速の原則が働き，また，直接の規定が存しないところでも，公正迅速の原
則が訴訟手続の規制原理として適用され，この原則が実効を収めるために，訴訟

---

　7)　裁判所および当事者は，適正かつ迅速な審理の実現のため訴訟手続の計画的進行を
　　図らねばならず（147 の 2・147 の 3），口頭弁論における攻撃防御方法は，訴訟の進
　　行状況に応じ適切な時期に提出しなければならない（156）。提訴前の証拠収集処分
　　（132 の 4），最初の口頭弁論期日前における進行参考事項の聴取（規 61），期日外釈
　　明（149），争点整理の諸手続（164〜178），集中証拠調べ（182）など，いずれも手続
　　の公正迅速に資する。また，裁量移送（17・18）や期日・期間の指定・設定（93・
　　96・162・301 I など）その他，手続進行が裁判所の裁量に委ねられているすべての場
　　合において，裁量権行使の公正が要求される。

1 - 2 - 6 · 7

主体に対するインセンティブとして，責務規定（2）が働くのである。

（3）　公正迅速の原則は，憲法とも関連する。

手続の不公正・遅延が重大で，国民の裁判に対する信頼を失わせあるいは実質上の裁判拒絶となるような場合には，違憲ともなりうる（中野・現在問題34頁以下）。憲法上の「裁判を受ける権利」（憲32）が裁判手続における審尋（問）請求権（⇒1-1-8(3)）を伴うものであることは，一般に認識されつつあり，裁判所は，裁判を受ける者があらかじめ自己の見解を聴取される機会を与えられなかった事実や証拠に基づいて裁判することができない。また，適時審判の保障は，憲法上，刑事事件についてのみ明文（憲37Ⅰ）をみるが，憲法は民事事件についても長期の不当遅延による財産権の侵害を容認するものではないと解すべきである。

1-2-8　信義誠実の原則

（1）　権利の行使および義務の履行は信義に従い誠実になすことを要する（民1Ⅱ）。当事者は，信義に従い誠実に民事訴訟を追行しなければならない（2）。

信義誠実の原則（信義則）は，まず，私法とくに債権法の分野において高唱され，やがて，私法と公法をとわず，実体法と手続法をとわず，あらゆる法領域を通じて顕現する高次の法理念としてひろく承認されるに至る。民事訴訟法の領域では，当初，私法関係と訴訟関係の本質的差異に拘泥して信義則の一般的な妥当を否定する見解が支配的であった。しかし，信義則じたいの内容的醇化が進み，19世紀的な個人の自由を中心とした訴訟観がしだいに払拭され，今日では，判決手続だけでなく，民事執行や倒産に至るまで，信義則が当事者その他の関係人を義務づけ，その手続行為に対する判断基準として働くことは，もはや全く疑われていない。最近の裁判例における信義則の適用も顕著であり，それが訴訟手続の柔軟な処理を可能にし，多くの局面で，実質的な利益衡量に支えられた新たな解釈論の展開を導いている（中野・訴訟関係38頁以下，山木戸・論集65頁以下，竹下守夫「判決理由中の判断と信義則」山木戸還暦下72頁以下，松浦馨「当事者行為の規制原理としての信義則」講座民訴④251頁以下など）。

（2）　信義則の適用は，訴訟経過の全面に亘る。

私法の規定におけると同じく，民事訴訟法の諸規定のなかにも，その法意が信義則の具体的発現とみられるものが少なくない（141・157・163・167・174・178・224・230・244・263・298Ⅱ・301Ⅱ・303など）。そのような規定があり，あるいは明文の規定がなくても一般に承認され定着した具体的な法理論が存して，それが適用される範囲では，当然ながら，信義則は後景に退き，解釈上の補助原理ある

III 公正迅速の原則と信義誠実の原則　　27

いは説明概念として働くにとどまる。

　信義則の主たる機能は，訴訟行為の適法性や有効性の判断基準となる点にある。いわゆる取効行為（申立て・主張・挙証）が信義則に反する場合には，裁判所は，それを却下すべきであり，それ以外のいわゆる与効行為が信義則に反する場合には，無効とされ，その本来の効果が認められない。ただ，信義則の妥当も絶対的なものではありえず，訴訟手続に不可欠な安定性・確実性を欠くことになる場合には，必ずしも貫徹できない（たとえば，相手方に騙されて口頭弁論期日に欠席し敗訴判決を受けても，判決の形式的確定は否定できない）。また，信義則違背の訴訟行為を排斥することにより，その行為をした当事者に生ずる実体上の不利益が背信性の度合いに比して著しく大きい場合にも，信義則の適用を制限すべきであろう。

　(3)　民事訴訟においても，信義則は，他の法領域におけると同じく，つねに具体化が必要な理念的基準として機能する。具体的な各個の場合に即して，つねにあらためてなされる個別的価値判断を経てのみ，適用するかどうかを決し，また，どのようなかたちで適用するかを決することができる。そのために，類型的な一定の諸場合について信義則の適用とその態様を例示することは，客観的な補助的基準を立てる意味で，有用と考えられ，次のような諸型への分類がなされているが，各型の区分・境界は流動的であり，そのいくつかを併せて信義則の適用を肯定することも妨げない（なお，判決効との関連につき，⇒4-3-3(2)・9）。

　(ア)　訴訟状態の不当形成の排除　　当事者の一方が奸策をめぐらせて，訴訟法規の要件にあたる状態を故意に作って法規の適用を図り，あるいは，そのような状態の成立を故意に妨害して法規の適用を不当に回避する場合には，信義則により，所期の効果が否定される[8]。

　(イ)　訴訟上の禁反言（先行行為に矛盾する挙動の禁止）　　訴訟の経過において，過去に一定方向の態度をとってきた一方の当事者が，相手方がこれに信頼して自己の訴訟上の地位を築いた後に，従前の態度と矛盾する挙動に出た場合において，もしその挙動を容認すると相手方の訴訟上の地位が不当に崩される結果となるときは，矛盾挙動の効力は，信義則により否定される[9]。

---

8)　たとえば，故意に管轄原因となる事実を作って自己に好都合な裁判所に訴えを提起するような場合に，信義則を適用してその管轄権を否定し，本来の管轄裁判所に移送する，というのが典型的な例とされる（札幌高決昭41・9・19高民19-5-428〔百選〔5版〕A2事件〕など）。最近では，むしろ移送ないし裁判籍の規定の解釈適用として考えれば足りるとする説も有力であるが，行為の反倫理性を無視することになる。

9)　たとえば，「先にある事実に基づき訴を提起し，その事実の存在を極力主張立証した者が，その後相手方から右事実の存在を前提とする別訴を提起されるや，一転して

（ウ）　訴訟上の権能の失効　　当事者の一方が訴訟上の権能を長期に亘って行使せずに放置したため，行使されないであろうという正当な期待が相手方に生じ，相手方がそれに基づいて行動している場合には，その後に権能を行使しようとしても，信義則上，すでにその権能は失効したものとして，許されない。このような失効の原則は，民法等の領域で確立されているが，訴訟においてどのような場合に適用すべきかは問題である。期間の定めのない各種の申立て（異議・通常抗告など）については，実際上も，失効を認める必要が少なくないであろう[10]。

（エ）　訴訟上の権能の濫用の禁止　　濫用と認められる取効行為は，却下すべく，つとに忌避権の濫用について学説・判例の展開がある（⇒ 2 - 2 - **5**(4)）。自らの行為によって訴えの利益を消滅させた原告が訴えの却下を求めてした上告を上訴権の濫用と認めて却下した例（最判平 6・4・19 判時 1504-119〔平 6 重要判解 6 事件〕）もある。訴権についても，その濫用を認めて訴えを却下する裁判例が続いているが[11]，裁判を受ける権利（憲 32）の保障を考えるならば，訴権の濫用と認めるには慎重でなければならないであろう。

右事実の存在を否認するがごときことは，訴訟上の信義則に著しく反する」（最判昭 48・7・20 民集 27-7-890〔百選 I 12 事件〕。事案での結論は否定）。先行行為に対する相手方の信頼の保護を貫くことが必要かつ適当かどうかを，各個の具体的ケースにつき，行為の矛盾の程度，実体的真実からの離反に至る蓋然性，矛盾挙動の効力を否定される相手方の不利益の内容，相手方が他の方法で救済を受ける可能性の有無などの比較衡量により決すべきである（肯定例として，最判昭 34・3・26 民集 13-4-493，最判昭 41・2・1 民集 20-2-179，最判昭 41・7・14 民集 20-6-1173〔百選 I 13 事件〕）。

10）　訴権について失効を認めるのは，訴えによる権利保護の保障が欠けることになって一般に不当とされようが，原告が 35 年余に亘り訴訟進行の措置をとらなかったため信義則上もはや訴訟を追行する権能を失ったとして訴えを却下した原審の判断を維持した例（最判昭 63・4・14 判タ 683-62〔百選 I A25 事件〕）もある。

11）　最判昭 53・7・10 民集 32-5-888〔百選〔5 版〕31 事件〕は，旧経営者が会社に対する支配の回復を不当に図ろうとした総会決議不存在確認の訴えにつき，判決の対世効を考慮してではあるが，最高裁として初めて，訴権の濫用と認めて訴えを却下した。株主代表訴訟の提起につき訴権の濫用の成否を判示（否定）した例（名古屋地判平 13・10・25 判時 1784-145）がある。また，事実的根拠がきわめて乏しい強姦被害を理由に提訴した事件で，相手方当事者に有形・無形の不利益・負担を与えるなど不当な目的を有し，民事訴訟法制度の趣旨・目的に照らして著しく相当性を欠き，信義に反すると認められる場合には，訴権濫用として訴えを却下すべきであるとし，その判断基準を詳細に示した例（東京地判平 12・5・30 判時 1719-40）もある。訴訟狂の訴え等については，訴えの利益なしとして却下できるし，また，訴訟で主張された実体法上の権利の濫用として請求を棄却すべき場合も多いであろう。

第2編　訴訟の開始・進行

第1章　訴えの提起

I　訴　　え

2-1-1　訴えの意義

　訴えは，原告が裁判所に対して被告との関係における一定の権利主張（＝訴訟上の請求）を提示し，その当否についての審理および判決を求める訴訟行為（申立て）であり，訴えの提起によって第一審の訴訟手続が開始される。

　(1)　民事訴訟においては，その対象とする私法上の権利関係について私的自治の原則が妥当しているのに対応して，訴訟の開始やその審判の範囲，さらには訴訟の終結（訴えの取下げなど裁判によらない訴訟の完結）についての決定を当事者に任せるという処分権主義が採られている。訴訟の開始段階についてみれば，民事訴訟は，裁判所に対する私人の申立てがある場合にのみ開始され（「訴えなければ裁判なし」），しかも，裁判所は，その申立ての範囲内の事項についてのみ審理・判決することができる（246）のが原則なのである（なお，訴訟の終結段階につき，⇒4-1-1・2）。また，裁判所は司法機関であるから，民事紛争は，その法的な判断に親しむような形で裁判所に提示される必要がある。したがって，裁判所の判決を求める者（原告）は，裁判所に対して，だれ（被告）との間で，どのような権利・義務ないし法律関係について争いがあり，それにつきどのような内容の判決を求めるのか（審判形式）を明らかにして，申立てをしなければならない（133参照）。この裁判所に対する申立てが，訴えである。

2-1-1

30 　　　　　　第2編　第1章　訴えの提起

(2)　訴えは，原告と被告間の一定の権利・義務ないし法律関係についての争い，すなわち原告の被告との関係における一定の権利主張の当否について，裁判所の審理・判決（審判）を求める行為である。裁判所に対する審判の要求という点では，申立ての一種である。その内容に含まれている原告の被告に対する関係での権利主張は，「訴訟上の請求」またはたんに請求という。訴えの提起によって開始される訴訟手続においては，この訴訟上の請求が審判の対象となり，被告の防御の対象となる。訴えには，訴訟上の請求を特定表示して審判の対象を指定する重要な意味があるのである。

(3)　訴えに対し，裁判所が原告の求めに応じて請求の当否についての判決（本案判決という）をするためには，一定の要件（訴訟要件）が備わっている必要があり，それが欠けているときは，訴え却下の判決（訴訟判決）がされる。他方，この要件が具備しているときには，本案判決すなわち請求認容判決か請求棄却判決がされることになる。なお，原告の訴えが訴訟要件を具備する場合であっても，請求がその主張じたいにおいて理由がない（有理性がない）場合，すなわち，必要な釈明をさせ原告の主張事実のすべてを真実と仮定しても請求が理由ありと認められない場合（賭博による債務であることを主張してその履行を求める訴え，建物の屋上だけの所有権の確認の訴えなど）については，それだけで判決をするのに熟する（243Ⅰ）から，事実主張の真否に立ち入るまでもなく，主張じたい理由なしとして請求棄却すべきである，とする見解も有力である（講義42頁〔中野〕）。

2-1-2　訴えの種類

　訴えは，種々の観点から分類される。起訴の態様からすれば，単一の訴え（1人の原告が1人の被告との関係で1個の請求につき判決を求める訴え）と併合の訴え（複数の原告または被告，あるいは複数の請求を含む訴え）とに分けられるし，また，起訴の時期ないし他の訴訟手続との関連では，新たに訴訟手続を開始させる独立の訴えと，すでに開始されている訴訟手続の中で併合審理を求めて提起される係争中の訴え（訴えの変更〔143〕・中間確認の訴え〔145〕・反訴〔146〕・当事者参加〔47・52〕）とが区別される。しかし，最も重要なのは，請求の内容または求められた判決の内容を基準とする分類であり，

Ⅰ 訴 え 31

そこでは，訴えは給付の訴え・確認の訴え・形成の訴えの3つの類型に区別
される。

(1) 給付の訴え　　原告の請求が被告に対する特定の給付請求権（被告
の給付義務）の主張であり，その給付を命ずる判決を求める訴えである。

(ア) 主張される給付請求権は，設例1 設例2 のような金銭の支払や
設例3 のような物の引渡し・明渡しを目的とするものに限らず，設例4 のよ
うな登記申請などの意思表示をすること（民執 177）や，その他の作為・不
作為を目的とするもの（たとえば，家屋収去請求〔設例3〕や差止請求など）で
もよい。また，債権に基づくと物権に基づく（物上請求権）とを問わない。
給付請求権についての履行期がすでに到来しているかどうかによって（口頭
弁論終結時が基準となる），現在の給付の訴えと将来の給付の訴え（135）とに
分けられる。

(イ) 給付の訴えに対する請求認容の判決は，「乙会社は甲に金 5,100 万
円を支払え」（設例1 ）というように，被告に原告への給付を命じる給付判決
であり，原告は，被告が任意に履行しない場合には，これに基づき（給付判
決を債務名義として）強制執行を求めることができる（⇒民執 22 ①②）。すな
わち，給付判決は執行力を有する点に特色があり，給付の訴えはその取得を
主眼とするものである。しかし，給付判決は，裁判所の判断としては，給付
請求権の存在を確認するものであり，この点について既判力を生じる。これ
により，執行力が消滅した後もこれに基づく債権者（原告）の満足の正当性
が確保されることになるのである。他方，請求棄却の判決は，給付請求権の
不存在について既判力を生じる確認判決である。

(ウ) 給付の訴えは，沿革的には，最も古くから認められている類型であ
り，訴訟の歴史は給付の訴えとともに始まり，訴訟理論も，おおむねそれに
即して発展してきたといえる（「請求」「抗弁」などの用語はその例）。また，
現在における訴訟の圧倒的多数を給付の訴えが占めている。

(2) 確認の訴え　　原告の請求が特定の権利または法律関係の存在また
は不存在の主張であり，それを確認する判決を求める訴えである。

(ア) 権利関係の存在を主張するもの，たとえば，設例4 の X の所有権の
確認を求める訴えは，積極的確認の訴えといい，その不存在を主張するもの

2 - 1 - 2

は，消極的確認の訴えという。たとえば，設例2において，もしY₂・Y₃の側が，X銀行を相手に，連帯保証契約は無効であるとして，各自の債務の不存在の確認を求めるというのであれば，消極的確認の訴えである。確認の訴えの対象は，特定の具体的な権利関係の存否に限られるのが原則であり，抽象的な法律問題やたんなる事実の確認は許されないが，権利関係である以上は，その種類に格別の制限はない（ただし，⇒ **2 – 5 – 5**(3)）。ただし，法律関係を証する書面（契約書・定款・遺言状など）が真正に（すなわち，作成名義人の意思に基づいて）作成されたものかどうかという事実の確認を求める訴えは，例外的に許容される（134）。

（イ）確認の訴えに対する請求認容の判決では，原告の主張どおり「……の建物につきXが所有権を有することを確認する」（設例4）というような確認の宣言がなされ，判決の確定とともに，権利関係の存否の判断に既判力が生じる。これに対し，請求棄却の判決が確定すると，原告主張とは逆の判断（設例4では，同建物はXの所有に属しないこと）に既判力が生じる。いずれの判決も，権利関係の存否を確認する確認判決である。

（ウ）確認の訴えは，給付請求権（被告の給付義務）の実現をめざす給付の訴えに対し，判決をもって権利関係の存否を観念的に確定することによって，当事者間の紛争を解決し，ひいては以後の派生的な紛争を予防しようとするものである（確認訴訟の予防的機能）。たとえば，争いのもとにある所有権を確認することで，所有権に基づく引渡請求訴訟や所有権侵害による損害賠償請求訴訟などが生じなくなることもあるのである。その前提としては，権利・義務の体系としての実体法秩序が確立し，また，それを支えるだけの権利意識ないし法意識が一般に浸透していることなどが必要であり，この確認の訴えが独立の類型として一般的に承認されたのは，近代（19世紀後半）になってからである。実際上は，所有権その他の物権の存在確認，賃貸借・雇用などの継続的法律関係あるいは親子関係などの身分関係の存否確認を求める例が多い（なお，確認の訴えの適切性については，⇒ **2 – 5 – 5**(3)）。

（3）形成の訴え　原告の請求が一定の法律要件（形成権・形成要件・形成原因）に基づく特定の権利または法律関係の変動（発生・変更・消滅）の主張であって，その変動を宣言する判決を求める訴えである。

I 訴え　　33

（ア）　私法上の権利関係については，その当事者間の合意により自由に変動させることができ，また，法律の定める一定の要件（形成権──取消権・解除権など）があれば一方当事者の意思表示によっても変動を生じさせることができる，というのが原則である。しかし，法は，権利関係の変動を多数の利害関係人の間で明確かつ画一的に生じさせ，また，法律関係の安定をはかる必要がある一定の場合（身分関係や社団関係など）については，訴えをもって形成要件に該当する事実が存在することを主張させ，裁判所がその存在を確定したうえで判決によって権利・法律関係の変動を宣言することとしている。この場合の訴えが形成の訴えである。

　実体法上の権利関係についての形成の訴え（実体法上の形成の訴え）は，通常の財産関係の訴訟ではほとんどみられず，大部分は，特別訴訟の領域にある。人事訴訟では，設例5のような離婚の訴え（民770，人訴2①）のほか，婚姻の取消し（民743〜747，人訴2①）・養子縁組の取消し（民803〜808，人訴2③）・離縁（民814・815，人訴2③）・嫡出否認（民775，人訴2②）・認知（民787，人訴2②）の各訴えなど，また，会社関係訴訟では，会社の設立無効（会社828Ⅰ①）・合併無効（会社828Ⅰ⑦⑧）・株主総会決議の取消し（会社831）・取締役の解任（会社854）・新株発行無効（会社828Ⅰ②）の各訴えなどが，形成の訴えに属する。婚姻無効の訴え（民742，人訴2①）や株主総会決議無効確認の訴え（会社830Ⅱ）なども形成の訴えであり，その無効が判決によって宣言ないし確認されない限り，別訴の前提問題として主張することも許されないと解するのが多数説であるが，この点については，これらの訴えは確認の訴えであり，無効を前提問題として主張することは許されるとする見解（新堂209頁以下など）も有力である。

　　なお，以上のような訴えのほか，訴訟法上の効果の変動を目的とする訴え，たとえば再審の訴え（338）・定期金賠償判決変更の訴え（117）なども，一般には，形成の訴えの一種（訴訟法上の形成の訴え）とされている。しかし，これらは，広い意味では形成の訴えであるとはいえても，訴えの形式によらせることの趣旨や効果の点で実体法上のものとは著しく異なっているから，特殊なものとして別に検討するのが適切であろう（三ケ月・双書50頁以下，新堂214頁，講義40頁〔中野〕など参照）。

2-1-2

（**イ**）　形成の訴えに対する請求認容の判決は，「原告と被告とを離婚する」
（設例5）というように，権利・法律関係の変動（形成）を宣言する形成判決
であって，その内容どおりの変動を生じさせる効力すなわち形成力を有する
とともに，形成要件の存在の判断につき既判力を生じる（ただし，既判力を
認める実益はないとする少数説もある。⇒**4-3-5**）。なお，形成の効果が将来
に向かってのみ生じるか（離婚判決など），過去にさかのぼるか――遡及する
か――（認知判決など）は，場合により異なる。請求棄却の判決は，内容上，
確認判決であり，形成要件の不存在の判断につき既判力を生じる。

（**ウ**）　形成の訴えは，その必要に応じて個別的に認められてきたものであ
り，これがひとつの独立の類型として一般に承認されたのは，確認の訴えよ
りさらに新しい時期（20世紀の初頭以後）である。

2-1-3　形式的形成訴訟

（**1**）　**概念**　以上のような形成の訴えと同様に，法律関係の形成に訴
え・判決が必要とされていても，共有物分割の訴え（民258），父を定める訴
え（民773，人訴2②・43）などのように，形成の基準となる具体的な要件が
定められていない場合がある。このような場合は，判決の具体的な内容は裁
判所の裁量にまかされ，請求棄却判決はなされえない点で，本質的には非訟
事件であるとされ，形式的形成訴訟とよばれている。土地の境界確定の訴え
もこの一種であるとするのが通説・判例である[1]。

（**2**）　**境界確定の訴え**　　（**ア**）　境界確定の訴えは，隣接する土地の境界が事
実上不明なため争いがある場合に，裁判所の判決による境界線の確定を求める訴
えである（現在は，不動産登記法上筆界（境界）の確定を求める訴えが前提とされて
いる（不登147・148参照）ほかは，旧時のように「不動産ノ経界ノミニ関ル訴訟」〔裁
判所構成法14第2(ロ)〕・「経界ノ訴」〔旧々22 I〕が許されることを前提とした規定はな
いが，この訴えは訴訟慣習法上認められるとされている）。裁判所は，判決をもって
一筆の土地と一筆の土地の境界（すなわち地番の境界）を具体的に指示しなけれ
ばならない。境界が確定されれば，結果として，両地所有者の所有権の範囲も事

---

1)　なお，形式的形成訴訟につき個別的な検討の必要性を指摘するものとして，奈良次
郎「『形式的形成訴訟』の特色についての考察」判タ908号（平8）4頁参照。

I 訴　え　　　35

実上定まることもあるが，この訴えは，直接には土地所有権の範囲の確認を目的
とするものではない。したがって，境界確定の訴えにおける取得時効の抗弁の成
否は境界確定には無関係であるし（最判昭43・2・22民集22-2-270〔百選［5版］
35事件〕。なお，⇒最判平元・3・28判時1393-91），また，境界確定の訴えの当事者
適格は取得時効の成否とは切り離して決めることができる（最判昭58・10・18民
集37-8-1121〔百選［3版］42事件〕，最判平7・3・7民集49-3-919〔平7重要判解3
事件〕）。境界確定の訴えにおいて，所有権の確認も問題とするには，原告は，判
決により確定される境界までの所有権が自己に属することの確認を求める旨の所
有権（範囲）確認請求を併合すべきであり，被告ならば所有権（範囲）確認の反
訴を提起すべきである。

　（イ）　このような境界確定の訴えの手続上の特殊性は，つぎの諸点にある[2]。
(a)原告は，訴え（請求の趣旨）としては，たんに隣接土地の境界を定める判決を
求めれば足り，特定の境界線を掲げる必要はない。かりに当事者双方がそれぞれ
自己に有利な一定の境界線を主張しても，裁判所はそれらに拘束されない（246
条の例外となる。大連判大12・6・2民集2-345〔百選［初版］66事件〕）。(b)土地の
境界は公共的性格を有し，当事者の合意によって変動するものではないから，そ
の合意のみによって境界を確定することは許されない（最判昭42・12・26民集
21-10-2627〔続百選55事件〕）。相手方当事者の一定の境界線に対する自白は裁判
所を拘束しないし，境界の確定に関する和解や請求の認諾の余地もない。(c)判
決にあたっては，裁判所は，請求を棄却することは許されず，具体的な事案に応
じ常識上最も妥当な境界線を合目的的な決断によって確定しなければならない
（大判昭11・3・10民集15-695）。(d)第一審判決が一定の境界を定めたのに対し，
これに不服のある当事者が控訴を提起した場合でも，控訴審では不利益変更の禁
止（304）は適用されない（最判昭38・10・15民集17-9-1220〔百選［2版］117事
件〕。⇒ **6‑2‑10**）。

　（ウ）　ただし，以上のような形式的形成訴訟説に対しては，境界確定の訴えの
実質は，所有権の効力の及ぶ範囲についての私人間の争いであり，所有権（の範
囲）の確認を求めるものと解すべきであるとする説（新堂213頁など）や所有権
の範囲確認を含む特殊の訴えと解すべきであるとする説（林屋88頁など）も有力
に主張されている[3]。

---

2)　村松俊夫・境界確定の訴（昭47）78頁以下，奈良次郎「境界紛争に関する訴えに
　　ついての若干の考察(上)(中)(下)」判評338号2頁・339号2頁・340号2頁（昭62）など
　　参照。

2‑1‑3

なお，不動産登記法の一部改正（平成17法29）により，「筆界特定制度」（不登123以下）が創設され，隣接する土地の筆界（境界）について争いがある場合，登記官（筆界特定登記官）が，当事者の申請により，専門的な知識・経験を有する者から任命された筆界調査委員の調査を経て，土地の筆界を特定するという手続が設けられている（平成18年1月20日施行）。筆界（境界）確定訴訟の判決に抵触する範囲では，この筆界特定の効力は失われることになるが（不登148），有効な活用が期待されよう[4]（なお，筆界確定訴訟における釈明処分につき，不登147参照）。

(3) 共有物分割の訴え　共有者間で協議が調わないときに，共有物の分割を裁判所に請求する（民258）訴えが共有物分割の訴えであるが，分割の基準についてはとくに定めがなく，裁判所としては，諸般の事情を斟酌して分割をしなければならないことから，形式的形成訴訟に属するとするのが一般である。ただし，最近の学説においては，この訴えに綿密な検討を加え，共有物分割の申立てには，共有関係の廃止を求める申立てとその廃止に伴う分割実施の申立てという2つの面があり，前者には，処分権主義の適用があり（裁判所は当事者の申立てに拘束される），後者については，裁判所は当事者の申立てに拘束されない，と解すべきであり，それに応じた手続規制を考えるべきである（たとえば，和解は許される）とする見解も有力に主張されている[5]。

2-1-4　訴えの3類型の意義

(1) 訴えには，以上にみてきたように，給付・確認・形成の3つの類型があるが（なお，請求・判決・訴訟もこれに対応した類型が認められる），従来の学説においては，理論上は，確認の訴えが訴えの基本的類型であって，給

---

3) なお，飯塚重男「境界確定訴訟」民訴演習 I 120頁，伊東俊明「筆界確定訴訟」新・争点126頁など参照。

4) 筆界特定事件の新受件数は，平成18年度2,790件，19年度2,690件，20年度2,492件，21年度2,579件，22年度2,302件，23年度2,326件，24年度2,439件，25年度2,351件，26年度2,684件，平成27年度2,601件，平成28年2,619件である（法務省ウェブサイト〔登記統計　統計表〕から）。順調に利用されているようである。

5) 奈良次郎「共有物分割の訴えについて」藤原弘道＝山口和男編・民事判例実務研究5巻（平元）279頁以下，同「共有物分割訴訟と遺産分割手続との異質性」三ケ月古稀中635頁以下など。なお，高橋・重点講義上94頁以下，旧注釈民訴(5)20頁以下〔中野〕参照。

II 訴訟上の請求

付の訴え・形成の訴えはその特殊な場合である，とする考え方（確認訴訟原型観）が有力である（兼子 144 頁以下，兼子 = 竹下・民訴 50 頁以下など）。たとえば，給付の訴えは，請求の内容が給付請求権の存在の主張である，確認の訴えの特殊な形態にすぎず，給付判決で給付義務の存在が既判力をもって確認されれば，執行機関もその当然の職責としてそれを尊重して執行することになる（すなわち，執行力が付加される），とされるのである。

しかし，近時は，これらの 3 類型はそれぞれ，歴史的・社会的所産として，独自の目的と機能を有しているのであるから，むしろその差異を重視すべきであるとする考え方が顕著にみられる（三ヶ月・研究 1 巻 263 頁以下，新堂 206 頁など）。たとえば，給付の訴えでは，給付判決を得て執行をすることが中心となるから，むしろ実体法上の権利がなにかは重要ではないというような見方をすべきであり，その機能に即した理論を（訴訟物や判決効などにつき）考えるべきである，とされるのである。

(2)　他方，法律上認められた訴えの中には，性質上，給付・確認・形成のいずれにも属しない訴えあるいはそれらの性質を兼有する訴えがありうることが指摘されている。前述の形式的形成訴訟や訴訟法上の形成の訴えは，見方によれば，前者の特殊な訴えである。また，請求異議の訴え（民執 35）などについては，複合的な機能を有する執行法上の特殊な訴えとして捉える救済訴訟説（三ヶ月・研究 2 巻 58 頁以下など）や命令訴訟説（竹下守夫・民事執行における実体法と手続法〔平 2〕330 頁以下）が有力に主張されているのである（なお，中野貞一郎 = 下村正明・民事執行法〔平 28〕220 頁以下参照）。

II　訴訟上の請求

2-1-5　訴訟上の請求の意義

訴訟上の請求は，前述のように，訴えの内容としての原告の被告に対する関係での一定の権利主張であり，訴訟物ともよばれる（ただし，訴訟物の語は，被告に対して主張される所有権や賃貸借関係などの権利関係そのものを意味

して用いられることも多い）。すなわち，訴訟における審判の対象を訴訟上の請求（またはたんに請求）というのである。

(1) この「請求」概念は，実体法上の請求権（ないし履行の請求）に由来するが，訴えの類型として給付の訴えのほかに確認の訴えや形成の訴えが承認されるに至って，あらゆる類型の訴えに共通する訴訟法上の概念に転化したものである。すなわち，訴訟としては給付訴訟しかなく，訴訟（訴権）は実体法上の請求権の行使であると考えられていた時代には，請求権＝審判対象の図式が成立していたが，その後，訴訟は国家に向けられた公法的なものと考えられるようになると，給付の訴えでも請求権とは区別された権利主張である「訴訟上の請求」が審判の対象と位置づけられるようになり，さらに，確認の訴えや形成の訴えが承認されることで，訴訟上の請求は，完全に請求権とは切り離され，あらゆる類型の訴えに共通して，審判の対象を意味するものとされたのである。

(2) 訴訟上の請求は，一定の権利主張，すなわち権利・義務または法律関係の存否の主張である。ただし，このことは，請求が客観的に権利主張と認められるということであって，原告の特定の権利を主張する旨の表示が存在するもしくはその表示を要するという意味ではない。原告の請求をどのような権利関係として判断するかは，最終的には，法を適用する裁判所の職責であるからである（⇒最判昭34・9・22民集13-11-1451）。

なお，訴えの提起にあたっては，原告は審判形式（給付・確認・形成のいずれの訴えか）も明らかにしなければならないが，この審判形式の定立・指定が請求概念に含まれると解すべきかどうかについては，学説上争いがある。審判形式の指定は訴えの概念に含まれるとするのが多数説であるが，権利主張としての請求を狭義の請求とし，これに裁判所に対する判決要求を含めたものを広義の請求として，場合に応じて用いるべきであるとする見解も有力に主張されているのである（三ケ月78頁，新堂202頁，講義41頁〔中野〕など）。

(3) 請求は，被告に対する関係での権利主張である。主張される権利関係が同一であっても，相手方が異なれば，請求は別個になる。たとえば，設例4でXは建物の所有権を主張して確認の訴えを提起しているが，Yに対する請求とY_2に対する請求は別個のものである。

II 訴訟上の請求　　39

2-1-**6**　請求特定の必要性

（1）　訴訟上の請求は，訴訟における審判の対象であるから，訴訟手続の
はじめから明確に特定されていなければならない。対象が明確にされていな
ければ，裁判所としては，何について審理・判決する必要があるのかわから
ないし，被告にとっても防御のしようがないからである。

　法的な側面からみれば，裁判所は，訴えが適法である限り，請求の全部に
ついて裁判しなければならないし（⇒258 I），請求の範囲を超えて，または
請求として主張されたものと異なる権利関係について判決することはできな
い（246）のであり，この点でも請求の特定が必要である。裁判所は当事者
の申し立てた事項についてのみ審判でき，その対象たる請求の特定は原告の
権限でもあるとともに責任でもあるとされているのであり，その意味では，
請求が特定されていなければ，裁判所としては審理を開始することさえでき
ないのである。また，被告にとっては，審判の対象が特定されないまま審理
が開始されても，何についてどのような攻撃防御を展開すべきかが明らかで
はなく，いわゆる不意打ちの危険にさらされることになり，当事者権（手続
権）が保障されないこととなる（⇒訴えの変更〔143〕）。

（2）　請求は，訴えの併合の有無（136），二重起訴の禁止の範囲（142），
訴えの変更の有無（143），既判力の客観的範囲（114 I）などの問題を決する
うえでも，決定的ないし重要な基準となる。それぞれの該当箇所で触れられ
るように，近時の学説においては，問題の局面ごとに個別に検討しようとす
る傾向も強くみられ，その統一的ないし全体的な基準性はやや薄められてい
るが，請求の特定がこれらの問題の前提となることは否定されないであろう。

（3）　なお，管轄裁判所の決定や訴状に貼る印紙額の決定にあたっても，
請求の特定が前提となる。たとえば，事物管轄（地裁か簡裁か）は訴訟物た
る権利関係の性質（たとえば，人事訴訟を除く非財産権上の請求は地裁）やそ
の価額（訴額）によって決まるし，また，訴状には訴額に応じて印紙を貼ら
なければならないのである。

2-1-**7**　請求（訴訟物）の範囲——特定識別・単複異同の決定基準

　訴訟上の請求は，一般に，権利主張として捉えられているが，その具体的

2-1-6・7

な内容をどのように考えるか，とくに，請求がどのような基準によって特定され，他のものと区別されるとみるべきかについては，いわゆる訴訟物論ないし訴訟物理論の中心問題として従来から（昭和30年代頃から）議論がされている。そこでは，おおまかには，伝統的な考え方（旧訴訟物理論ないし旧説）とこれに対する新たな考え方（新訴訟物理論ないし新説）とが鋭く対立しているのである。もっとも，確認の訴えについては，見解はほぼ一致しており，主に議論されているのは，給付の訴えと形成の訴えについてである。以下では，給付訴訟を中心として，一応訴訟類型ごとに議論の状況をみていくこととする。

(1) 給付訴訟の訴訟物の範囲　　学説が最も錯綜しているところであるが，おおよそつぎのように大別することができる。

(ア) 旧訴訟物理論　　訴訟上の請求は，実体法上の個別的・具体的な請求権（一般的には，権利関係）そのものの主張であり，その特定識別については，実体法上の個々の請求権（権利）が基準になる，とする考え方である（旧実体法説ともいう）。基本的には，実体法上の権利は，同じ目的をめざすものであっても，異なった条文で規定されていれば別個の権利であり，たとえば，実体法の認める所有権に基づく返還請求権・占有権に基づく返還請求権（民200）あるいは貸金返還請求権（民587）・不当利得返還請求権（民703）などの個々の請求権がそれぞれ1個の訴訟物となる，とされるのである。従来の伝統的な考え方であり（伊藤205頁以下など），判例もこれによっているとみられる（⇒最判昭35・4・12民集14-5-825）。

(a)　　この旧訴訟物理論によれば，たとえば，同じ物の返還を求める場合でも，所有権に基づくか占有権に基づくかによって訴訟物は異なるし，同額の金銭の支払を求める場合でも，債務不履行に基づく損害賠償請求権と不法行為に基づく損害賠償請求権とでは訴訟物が異なることになる。また，それらが同時に主張されていれば訴えの併合（請求の併合）があることになる。

(b)　　しかし，このような場合，実体法上は2つ（ないし複数）の請求権が引き出されるにしても，1回の給付しか認められない。そこで，こうした2つの請求権の関係が問題となるが，旧訴訟物理論には，つぎのような考え方をとるものがある。

II 訴訟上の請求 41

一つは，とくに債務不履行に基づく損害賠償請求権と不法行為に基づく損害賠償請求権の関係に関するが，このような場合には法条が競合しているにすぎず，実体法上の請求権としては1個しか成立しないとする考え方（法条競合説）である（兼子166頁など）。たとえば，契約責任と不法行為責任とは特別法・一般法の関係にたち，両者が競合するようにみえても，実体法的には，特別法たる前者の責任（債務不履行に基づく損害賠償請求権）しか生じないとされるのである。これが妥当する範囲では，実体法上の請求権ごとに訴訟物があるとする考えは維持されることになるわけである。

他の一つは，請求権が2つあること（請求権競合）を前提として，それらが訴訟上同時に主張された場合には，二重の給付判決をさけるために，原告はそのいずれか一方のみの認容を求めているもの（選択的併合）と取り扱うべきであるとする考え方である（兼子367頁など。⇒**5-1-3**）。たとえば，同一物の引渡しを所有権と占有権とに基づいて請求する場合は，2つの請求権＝訴訟物があるが，そのうちの一方の認容を解除条件とする選択的併合がされている，とされるのである。

(c)　しかしながら，この旧訴訟物理論に対しては，経済的に同一の紛争が分断されて訴訟の繰り返しを生じるおそれがある，法条競合と請求権競合の区別が明確ではない，原告の意思にかかわりなく当然に選択的併合を認めることは妥当ではない，等の批判がされている。

(*イ*)　新訴訟物理論　給付・確認・形成のそれぞれの訴えの目的ないし機能の差異を重視し，また，紛争解決の一回性を強調して，とくに給付の訴えについては，実体法上の請求権によって根拠づけられうる，相手方から一定の給付を求めうる法律上の地位（受給権）が訴訟物になる，とする考え方である（訴訟物と実体法上の権利との結びつきが切断されている点から，訴訟法説ともよばれる）。給付訴訟は債務名義を作出する機能をもち，原告が被告から一定の給付を求める地位にあるか否かがその紛争の核心をなしており，いかなる法的根拠に基づいてそれが求められているかは紛争の核心ではない（すなわち，実体法上の請求権は一定の目的のための手段である）とみて，実体法上1回の給付のみが正当化されるか，2回以上の給付が正当化されるかによって訴訟物を特定すべきである，とされるのである（三ケ月101頁，新堂

2-1-7

42 　　　　　　　第2編　第1章　訴えの提起

311頁など）。

　（a）　この新訴訟物理論によれば，実体法秩序が1回の給付しか是認しない場合には訴訟物は1個であり，同一の給付を目的とする数個の実体法上の請求権が競合して認められる場合であっても，それらは訴訟物を基礎づける法的観点ないし法的根拠（すなわち，請求を理由づけるための攻撃方法）でしかない。たとえば，設例3の土地のような特定物の返還を求める訴えでは，返還を求めうる地位ないし権利が訴訟物として捉えられ，所有権に基づく返還請求権と占有権に基づく返還請求権とが同時に主張されても，訴訟物は1個であり，その理由が複数主張されているにすぎないのである。

　（b）　このように，わが国の新訴訟物理論は，一定の給付を求めうる法的地位——すなわち，要求される給付または申立て——のみを訴訟物識別の基準としている点では，一分肢説（一節的訴訟物理論）ということができるが，これによっても，給付の同一性の判定にあたっては事実関係（ないし実体法）を参酌することが必要な場合がある。たとえば，設例2のような場合，金銭にはそれ自体では特定性がないから，2,200万円を支払えというだけでは訴訟物は特定されないのであって，それがどういう金銭請求であるかが事実関係によって特定される必要があるのである。

　これに対し，ドイツの新訴訟物理論には，給付訴訟の訴訟物は，要求される給付とそれに結合した事実関係の2つによって特定されるとする考え方もある（二分肢説・二節的訴訟物理論）。これによれば，1個の事実関係から数個の請求権が認められても，請求は1個同一であるが，事実関係が異なれば要求される給付が同一であっても請求は別個となる（たとえば，特定の馬1頭の引渡しを求める場合でも，被告が勝手に連れ出したのか，被告に貸していたのか，被告から買ったのかなどの事実関係によって訴訟物は分けられることになる）。

　この二分肢説は，わが国では，事実関係はそれ自体として同一性を画し難いことなどから批判され，一般には受け入れられていないが，最近の学説においては，この説を再評価する見解（松本＝上野208頁以下）もある。また，個別的な局面で，この説を採用している見解もみられる。たとえば，手形債権と原因債権（売買代金債権）とが競合する場合，新訴訟物理論によれば，訴訟物は1つとみられるのが当然のようであるが（新堂316頁など），手形の無因性を尊重して，原告はその意思で2つの債権に分断して訴訟の対象にすることができる，すなわち，2つの債権を同時に持ち出すときは訴訟物は1つしかないが，別々に切り離して訴える

Ⅱ 訴訟上の請求　　43

こともできるとする見解も，有力に主張されているのである（三ケ月 109 頁以下。なお，いわゆる救済訴訟の類型についても，二分肢説が採用されている。三ケ月・研究 7 巻 19 頁以下参照）。

　（c）　このような新訴訟物理論によれば，二分肢説が採られる場合を除き，訴訟物の範囲はきわめて広くなる。したがって，訴訟物の範囲＝既判力の客観的範囲という図式を前提とする限り，訴訟における審理が現実になされなかった事項にも既判力が生じるおそれがあることになる。そこで，学説においては，一方では，訴訟の審理はどのようであり，またどのようであるべきかが問題とされるようになる（とくに問題となるのは，裁判所の釈明権の行使である。⇒ **3-1-6**）。また，他方では，訴訟物の範囲は既判力の範囲と一致するという前提に対しても疑問が出されるようになる。たとえば，新訴訟物理論によりつつ，審理対象（訴訟対象）としての訴訟物と既判力対象（判決対象）としての訴訟物とを切り離し，既判力の客観的範囲は具体的な実体権に限られるとする見解も主張されているのである（⇒小室直人「訴訟上の請求」新実務民訴⑴ 339 頁以下）。

　（ウ）　新実体法説　　以上のように，新訴訟物理論では，訴訟物と実体法上の請求権の切断・切り離しがみられるが，その後の学説においては，従来，請求権競合か非競合（法条競合）かという形で議論されてきた領域を中心に，訴訟物概念と実体法上の権利は切り離すべきではないとして，「実体法上真に保護するに値する法的地位＝実体的給付請求権」を給付訴訟の訴訟物として捉えるべきである，とする考え方も提示されている（⇒上村明廣「請求権と訴訟物」民訴雑誌 17 号〔昭 46〕189 頁以下，講義 145 頁以下〔上村〕など）。これは，訴訟物として主張される実体法上の請求権を再構成して，数個にみえる権利ないし法的地位を，法的かつ経済的にみて実質的には 1 個の給付が認められるにすぎない場合には，実体法上 1 個に統合し，その権利主張を 1 個の訴訟物として考えようとするものであり，新実体法説とよばれる。

　（a）　この新実体法説によれば，たとえば，不法行為に基づく損害賠償請求権と債務不履行に基づく損害賠償請求権とは，1 個の統一的な損害賠償請求権とされ，所有権に基づく返還請求権と占有権に基づく返還請求権は，実体法上 1 個の物権的請求権に統合され，それらの統一的な請求権の主張が

2-1-7

44　　　　　　　第2編　第1章　訴えの提起

1個の訴訟物になる，とされる。

　(b)　もっとも，実体法上複数の請求権が，訴訟物との関係では，なにゆえに同じ実体法上の統一的な請求権になるのかという点の理論構成については，見解が分かれており，種々の議論がされているところである（その状況については，➡高橋・重点講義上39頁以下など）。

　(エ)　統一的請求権説　なお，さらには，訴訟の展開の中で当初請求・抗弁・再抗弁を含む1個の訴訟物の形成を認める見解も主張されている（加藤雅信「実体法学からみた訴訟物論争」新堂編・特別講義121頁）。これによれば，たとえば，当初所有権に基づく明渡請求訴訟を提起したところ，抗弁として賃貸借契約が，また再抗弁として賃貸借契約終了が主張され，さらに造作買取請求権が行使される場合，訴訟物は「物権的・賃貸借・終了による返還請求権」の主張とされる。訴訟物の決定要素に被告の抗弁をも取り込んで考える注目すべき見解である（ただし，訴え・請求概念の再検討の必要があるであろう）。

　(オ)　現在の学説の動向　以上にみてきたように，給付訴訟の訴訟物の範囲に関しては，種々の考え方があるが，現在の学説では，新実体法説を含む広い意味での新訴訟物理論が多数説であるといえよう。もっとも，新訴訟物理論にも諸説がみられるのであり，その間の理論的な対立は，種々の面で増幅されているように思われる。また，請求・訴訟物概念の果たすべき役割を訴訟の各段階ごとに再検討してみる必要があることや（新堂・争点効下159頁以下，出口雅久「訴訟物概念の機能」新・争点112頁参照），契約・不法行為等の紛争類型の差異に応じて訴訟物概念を再考してみる必要があることなども指摘されている（新堂327頁。なお，➡納谷廣美「訴訟物の特定」講座民訴②251頁以下，同・民事訴訟法〔平9〕323頁以下，山本克己「訴訟物論争」新・争点108頁）。

　(2)　確認訴訟の訴訟物の範囲　確認訴訟の訴訟物については，旧訴訟物理論と新訴訟物理論との間にほとんど差異はみられない。いずれの考え方によっても，その訴訟物は，原告の特定の権利・法律関係（およびその範囲）の存否の主張である。確認訴訟は，当事者間に争いのある具体的な権利または法律関係の存否の確認を求めることを目的とするものであるからである。

　(ア)　たとえば，設例4のような所有権確認訴訟では，「別紙目録記載の

II 訴訟上の請求

建物は X の所有であることの確認を求める」というように，特定の建物の所有権の主張が訴訟物になる。この場合，所有権の取得原因としては相続・売買・取得時効などがありうるが，旧訴訟物理論によっても，訴訟物は所有権の主張であり，相続による所有権とかに細分されるものではない。ただし，確認の対象が特定の権利の具体的内容・条件にまで及ぶか否か，たとえば，賃借権の確認のみを求めるか，さらに賃料額・期限・使用条件などもあわせて確認を求めるかは，原告が定めることができる。賃料額のみの確認を求める訴えも適法である（大阪高判昭 49・12・16 高民 27-7-980）。

他方，利用権・使用権などの包括的ないし漠然とした権利は，一般に，確認の対象にすることができないとされている。利用権・使用権といっても，所有権・賃借権・地役権等のいずれによるかで性質や効果が異なるから，統一的または包括的に把握することはできないからである。

（イ）　なお，確認訴訟のうち，債務者とされた者のほうから提起される債務不存在確認訴訟の訴訟物については，若干の疑義が残されている。債権（請求権）の内容・金額が特定されていれば，旧訴訟物理論によれば，その債権の不存在の主張が訴訟物となるが，新訴訟物理論の中には，債務不存在確認訴訟は，給付訴訟の反対形相とみるべきであり，特定の給付を求める地位がないという主張が訴訟物になるとする見解（三ケ月 112 頁など）も主張されているのである。また，債務不存在確認訴訟に関しては，原告が一定額の債務を負っていることは認めるがそれを超える債務はないと主張して，一定額を超える債務の不存在確認を求める場合に（ 設例1 において，丙の側から自賠責保険の限度を超える損害賠償義務は不存在である旨の確認を求めるような場合が考えられよう），どのような取扱いがなされるのかなどの問題もある（⇒最判昭 40・9・17 民集 19-6-1533〔百選〔5 版〕77 事件〕。なお，⇒ **4 - 2 - 10**(2)）。

（3）　形成訴訟の訴訟物の範囲　　形成訴訟については，給付訴訟におけるのと同様の議論がある。大別すれば，実体法上の形成権・形成要件・形成原因を基準とする見解（旧訴訟物理論）と，形成を求めうる法的地位ないし要求される効果のみを基準とする見解（新訴訟物理論）とが対立しているのである。

（ア）　形成訴訟の典型例である 設例5 の離婚訴訟では，旧訴訟物理論によれば，民法 770 条 1 項各号の要件，すなわち，不貞行為（1 号）・悪意の遺棄

（2号）などの個々の離婚事由が訴訟物の特定の基準とされるのに対し（⇒最判昭36・4・25民集15-4-891〔百選［初版］63事件］），新訴訟物理論によれば，離婚を求める法的地位が訴訟物であり，離婚事由はそれを基礎づける理由にすぎないとされる（なお，⇒人訴25）。ただし，離婚事由は相対化しており，離婚原因は「婚姻を継続し難い重大な事由があるとき」（民770Ⅰ⑤）の1個の包括的事由に帰している（1号ないし4号はその例示）とみれば，旧訴訟物理論をとっても，訴訟物は1個と考えられる（山木戸・研究137頁以下）。

　ちなみに，形成訴訟の訴訟物と実体法上の権利との関係は，旧訴訟物理論によっても，必ずしも明確ではない。かつての通説は，形成権の主張が訴訟物であるとはしているが，一般の取消権・解除権などのように裁判外で行使できるわけではなく，形成判決によって形成の効果が生じることから，「裁判上行使することを要する形成権」として実体法上の形成権に属するとしている。しかし，現在の学説の多くは，形成判決によってしか効果が生じないようなものを権利とよぶのは妥当ではなく，形成権とされていたものは効果を発生させるための要件にすぎないとして，「形成要件」ないし「形成原因」の主張が訴訟物になると解しているのである。

　（イ）　その他の形成訴訟の訴訟物も，おおむね離婚訴訟と同様であるが，株主総会の決議取消訴訟については，旧訴訟物理論によっても決議の瑕疵の事由（会社831Ⅰ①～③）ごとに訴訟物を分断する取扱いはされていないので，新訴訟物理論と同様の結論となる。ただし，新訴訟物理論によっても，前述の二分肢説によれば，この場合にも，取消事由・瑕疵が独立したものであることを前提として，それぞれ別個の訴訟物と解されることになる。

III　訴え提起の方式

　訴えの提起は，裁判所へ訴状を提出してするのが原則である（133Ⅰ）。ただし，簡易裁判所では，口頭による訴えの提起（271。なお，⇒規1Ⅱ）や任意の出頭による訴えの提起（273）も認められるほか，起訴前の和解の申立

Ⅲ　訴え提起の方式　　47

て・支払督促の申立ては，その手続が訴訟に移行する場合には，申立ての時に訴えを提起したものとみなされる（275Ⅱ・395）。なお，訴えの提起前における証拠収集の処分等（132の2以下）については，⇒ 3 - 4 - **13**。

2 - 1 - 8　訴状の提出

　訴状を提出して訴えを提起する場合には，訴状に一定の事項を記載して（⇒ 2 - 1 - **9**），作成者である原告またはその代理人が記名押印し（規2Ⅰ），手数料の納付として，訴額に応じて収入印紙を貼らなければならない（民訴費31・4・8）。また，被告に送達するために（138Ⅰ），被告の数だけの副本を添付するほか（⇒規58Ⅰ），必要な送達費用の概算額を（通常は郵便切手で）予納しなければならない（民訴費11～13）。訴状の提出は，裁判所に対して（事件係受付担当書記官に）なされるが，原告または代理人自身がする必要はなく，使者または郵便によっても差し支えない。従来は，訴状をファクシミリや電報により提出することも可能とする見解が有力であったが，現行法のもとでは，ファクシミリによる提出は，手数料の納付を要する関係でできないこととされている（規3Ⅰ①。電報についても，同様であろう)6)。

2 - 1 - 9　訴状の記載事項

　(1)　必要的記載事項　　訴状には，請求を特定するために，当事者（および法定代理人）と請求の趣旨・原因を記載しなければならない（133Ⅱ）。この点で不備がある場合には，訴状は不適式なものとして却下されうる（137）。

　(ア)　当事者（および法定代理人）の表示　　当事者の表示は，訴訟の主体を明らかにするものであるから，だれが原告で，だれを被告としているのかを特定できるように記載すればよい。自然人については氏名と住所，法人などについては商号なり名称と本店または主たる事務所の所在地によるのが

---

6)　なお，民訴132の10においては，民事訴訟手続等の申立て等のオンライン化として，一定の範囲で，インターネットを利用した申立て等を認めるものとされている（⇒ 3 - 2 - **10**）。近い将来には，訴状もインターネットでということになるかもしれない。

2 - 1 - 8 · 9

通常である。破産管財人など一定の資格に基づいて当事者となる者は，その資格も（たとえば「Aの破産管財人甲」というように）表示すべきである。当事者の記載が誤っている場合には，のちに補充・訂正すること（表示の訂正）ができるが，別人を表示する結果となる場合は，単なる訂正ではなく，当事者変更となるから，その要件・効果に服する（⇒5-2-28以下）。

　なお，当事者が訴訟無能力者（すなわち未成年者・成年被後見人）である場合はその法定代理人の表示を要し（133Ⅱ①），法人等の団体の場合にはその代表者の表示を要する（37）。これは，当事者自体ではなく，現実の訴訟追行者を明確にするためである。この表示は，請求の特定には関係がないから，これを欠いたときでも訴状は違法ではなく，のちにいつでも補充し変更することができる。

　（イ）　請求の趣旨　　原告が，請求の内容・範囲を示して，どのような内容の判決を求めるかを簡潔に表示する部分である。原告の請求を認容する判決の主文に対応する形で記載されるのが通常である。たとえば，「被告は原告に対し金2,230万円を支払え，との判決を求める」（設例2），「別紙目録記載の建物につき原告が所有権を有することを確認する，……，との判決を求める」（設例4），「原告と被告とを離婚する，との判決を求める」（設例5）というように記載される。

　　（a）　ここでは，請求の範囲すなわち給付の目的物・確認の対象となる権利関係・形成を求める法律関係を明確にしなければならない（⇒246）。金銭の支払請求については，一定金額の明示を必要とする。設例1のような損害賠償請求の訴えについては，損害額の算定が容易ではなく，ことに慰謝料請求は実際には裁判官の裁量によって額が定まるところから，請求の趣旨としても「裁判所が相当と認める額」の支払を求める旨の記載で足りるとする注目すべき見解もあるが[7]，請求の数量的範囲は当事者が指定すべきものであり（246），具体的な金額が示されていないと，被告の防御の態度決定を困難にし，事物管轄（裁33Ⅰ①）や貼用印紙額（民訴費3Ⅰ）も不明になる難点があるとして，そのような記載では足りないとするのが通説・判例である

---

7)　五十部豊久「損害賠償額算定における訴訟上の特殊性」法協79巻6号（昭37）731頁以下など。

III　訴え提起の方式　　49

（最判昭27・12・25民集6-12-1282〔百選〔2版〕43事件〕など。なお，損害額の認定について，⇒248）。

（b）　他方，設例1や設例2のような金銭の支払請求に関しては，たとえば，全債権額のうちさしあたり金100万円の支払を求めるというように，数量的に可分な債権の一部を請求する場合の訴訟物をどのように考えるかについては議論がある。この「一部請求」は，一部請求に対する確定判決の既判力が後訴における残部請求に及ぶか（⇒4-3-10(2)），一部のみを求める訴えの提起によりどの範囲で時効の完成猶予の効力が生じるか（⇒2-6-6(4)）等に関連してとくに問題となるが，その前提として，訴訟物は債権全体であるのか，その一部であるのかが問題とされるのである。この点に関しては，判例は，一部であることを明示して訴えを提起すればその部分だけが訴訟物となると解しているが（最判昭37・8・10民集16-8-1720〔百選〔4版〕81①事件〕。⇒最判昭32・6・7民集11-6-948〔百選〔5版〕81事件〕），学説では，明示の有無にかかわらず，債権全体が訴訟物になるとする見解も有力である[8]。

（ウ）　請求の原因　　ここでいう請求の原因（請求原因）とは，原告の請求を特定の権利主張として構成するのに必要な事実，すなわち，請求を特定するのに必要な事実──権利の内容・権利の発生原因など──をいう。かつては，請求の原因については，請求を理由づけるのに必要な一切の事実を記載しなければならないとする考え方（事実記載説・理由記載説）もあったが，現在では，一般に，請求を特定するのに必要な範囲の事実を記載すれば足りると解されているのである（識別説）。民訴規則も，この識別説を採り，「請求の原因（請求を特定するのに必要な事実をいう。）」と明規している（規53 I）。

（a）　請求原因の記載が要求されるのは，請求の趣旨を補足して審判の対象である請求を特定するためである。請求を理由づける具体的事実（これも請求原因事実という）は，攻撃方法として訴訟の進行に応じ適切な時期に提出されるが（156），その前提となる請求を特定するのに必要な範囲の事実だけは，請求の原因として，訴状に必ず記載しなければならないのである。

8）　なお，⇒佐上善和「一部請求と残額請求」民訴演習 I 131頁以下，畑瑞穂「一部請求と残部請求」新・争点120頁以下，中野・現在問題85頁以下，高橋・重点講義上97頁以下など。

2-1-9

したがって，請求の趣旨だけで請求が特定できる場合には，理論的には請求の原因の記載は必要ないことになる。たとえば，設例4の所有権確認の訴えでは，請求の趣旨の中で権利の主体（X）と内容（その建物の所有権）が表示されており，1個の物については同一内容の所有権は1個しか存在しえない（物権法における一物一権主義）から，それだけで請求が特定される（Xが所有権の取得原因として売買と取得時効とを主張しても，それごとに所有権が異なるわけではないから，これらは，請求の特定のためには余分なものである）。

　(b)　この意味での請求原因の記載がどのような場合に必要であり，どの範囲の事実を記載する必要があるかは，訴訟物論によって差異が生じる。すなわち，旧訴訟物理論では，給付の訴え・形成の訴えについても実体法上の請求権・形成権が基準とされ，請求を特定するためには，請求の趣旨で給付の目的・形成の内容が示されているだけでは足りないから，権利の発生原因である具体的事実を請求の原因として記載する必要がある。しかし，新訴訟物理論（新実体法説も含む）では，給付の訴え・形成の訴えにおいては，特定の給付・形成を求めうる法的地位が明確になれば足りるから，請求の原因による補足は原則として不要である。ただし，金銭の支払や代替物の一定数量の引渡しを求める給付の訴えにおいては，同一当事者間で同じ内容の給付を求める請求がいくつも成立する可能性があるから，新訴訟物理論によっても，主張される給付請求権（受給権）の発生原因にあたる事実（いつの売買代金か，いつ貸した金を返還せよといっているのかなど）を請求の原因により補足する必要がある。なお，問題となる事実をどの程度まで詳しく記載しなければならないかは，他に誤認混同を生じる可能性があるかどうかによって相対的に決められることになる。たとえば，設例2で，XのYに対する貸付けが前後を通じ1回だけであるなら，貸付日時も「平成何年何月頃」でもよいが，貸付けが数回なされていたのであれば，より詳細な日時まで記載することが必要となる。

　(c)　なお，現行法のもとでは，簡易裁判所における訴えの提起においては，請求の原因に代えて，「紛争の要点」を明らかにすれば足りる（272）。民事調停の場合（民調規3）と同様に，原告本人による訴えの提起を容易にしようとするものである。もっとも，請求が特定されないまま審理を進める趣旨ではないから，紛争の要点だけでは請求の特定がされない場合には，原告としては，訴えの提起後できる限り早期に請求を特定する必要があり，口頭弁論終結時においても請求が特定されないというのであれば，結局訴え却下判決がされることになる（一問一答321頁，中野・解説20頁）。

III 訴え提起の方式 51

(2) 任意的記載事項　　民訴規則によれば，訴状には，請求の趣旨・原因の記載のほかに，「請求を理由づける事実」（権利の取得原因などの主要事実）を具体的に記載し，かつ，立証を要する事由ごとに，当該事実に関連する事実（間接事実）で重要なものおよび証拠を記載しなければならない（規53 I）。また，事実の記載については，できる限り，請求を理由づける事実についての主張と当該事実に関連する事実についての主張とを区別して記載しなければならない（規53 II）。早期に争点や証拠の整理が行われるために，訴え提起の段階から基本的な主張や証拠が明らかになっていることが望ましいからである。これらの攻撃防御方法を記載した訴状は，原告の最初の準備書面を兼ねるものとされ（規53 III），準備書面に関する規定（161 III など）が適用される。

　このほか，訴状には，原告またはその代理人の郵便番号および電話番号・ファクシミリの番号を記載することを要する（規53 IV）。送達や手続上の連絡などのためである。また，訴え提起前に証拠保全のための証拠調べが行われた場合には，その証拠調べを行った裁判所および証拠保全事件の表示を記載しなければならない（規54。⇒規154）。

　もっとも，これらの事項は，必要的記載事項ではなく，任意的記載事項にとどまるから，その記載が欠けても，訴状としての効力には影響がなく，訴状が却下されることはない（⇒137）。

　なお，訴状には，立証を要する事由につき，重要な書証の写しを添付し（規55 II），とくに，不動産に関する事件の訴状には登記事項証明書，人事訴訟事件の訴状には戸籍謄本，手形・小切手に関する事件の訴状には手形・小切手の写しを添付しなければならない（規55 I，人訴規13），とされている。

2-1-10　印紙の貼用

　訴えを提起するときは，前述のように，手数料の納付として，訴状（口頭起訴の場合には調書）にその「訴訟の目的の価額」（訴額）に応じて収入印紙を貼らなければならない（民訴費3・4・8）。

　(1)　手数料額の算出の基礎とされている訴額は，民訴法8条1項・9条の規定により算定する（民訴費4 I）。すなわち，訴額は，原告が「訴えで主張する利

2-1-10

52　　　　　　　　第2編　第1章　訴えの提起

益」を金銭的に評価した額であるのが原則である（8I）。売買代金請求や貸金返還請求などその利益が直接金額で表示されていれば，それが訴額となる（設例2では訴額2,000万円であるから，貼用すべき印紙額は8万円となる）。そうでない場合には，原告の主観的な感情や事件の特殊事情等を考慮することなく，その利益を客観的に──相場その他取引価格の明確なものはそれにより──評価して決めることになる。たとえば，設例3のような物の引渡（明渡）請求の訴額は，所有権に基づく場合は目的物の価額（固定資産税の評価額のあるものはその価格，その他のものは取引価格）の2分の1，占有権に基づく場合は同じく3分の1，というように定められる9)。なお，訴額は訴え提起時を基準として算出し，その後の事情の変更（目的物価格の騰落・請求の減縮など）は考慮しない（15類推）。

　(2)　非財産権上の請求，たとえば夫婦・親子等の身分関係に関する請求（離婚 設例5・婚姻無効・離縁・認知などの請求），幼児の引渡請求，会社の設立無効・取消しの請求などについては，経済的な利益は問題ではないから，訴額を算定することはできない。そこで，これらについては，事物管轄（⇒2-2-11）を定める必要上，訴額は一律140万円を超えるものとして地方裁判所の管轄とする（8II。ただし，離婚請求等の人事訴訟は家庭裁判所の管轄。裁31の3I②）とともに，手数料を納めさせる関係では，訴額を160万円とみなし（民訴費4II），それに応じた印紙（1万3,000円）の貼用を要するものとされている。

　また，財産権上の請求，すなわち経済的利益を内容とする権利関係に関する請求でも，訴額を算定することが極めて困難な場合には，非財産権上の請求と同様の取扱いがなされる（8II，民訴費4II）。旧法下では，財産権上の請求でも訴額算定不能の場合がありうるのかどうかについては争いがあり，株主代表訴訟における訴額のように，個別に立法的な手当てがされたものもあるが（平成5年改正による商267V〔会社847の4I〕），現行法では，判例（最判昭53・3・30民集32-2-485〔住民訴訟〕）の見解に沿って，一般的に立法的な解決がされたのである。訴額算定が極めて困難な例としては，住民全体の受ける利益が問題となる住民訴訟（自治242の2），人格権に基づく差止請求訴訟，解雇無効確認訴訟などがあげられている（一問一答36頁，中野・解説25頁）。もっとも，訴額算定が著しく困難な場合における裁判所の裁量権が否定されているわけではない（⇒最判昭49・2・5民

---

9)　⇒昭和31年12月12日最高裁民事甲412号民事局長通知，平成6年3月28日最高裁民二79号民事局長通知など。なお，訴額算定の基準や方法についての問題点につき，⇒中野・論点I56頁以下，松本博之・訴訟における裁判所手数料の算定──訴額算定の理論と実務（平29）34頁以下。

集 28-1-27〔百選［5版］Ａ1事件〕)。

(3) 併合の訴え（訴えの客観的併合・共同訴訟）の場合には，各請求の価額を合算したものを訴額とするのが原則である（9Ⅰ本文)。ただし，訴えで主張する利益が各請求について共通である場合には，合算せず（9Ⅰ但)，共通の価額またはいずれか多額のほうの価額によって算定することになる。たとえば，設例1で乙会社と丙とを，設例2でＹ・Ｙ₂・Ｙ₃を共同被告とする場合，あるいは設例4のように同一土地について所有権確認請求と移転登記請求とを併合するような場合には，合算されないのである。また，離婚請求と離婚原因たる不貞行為に基づく慰謝料請求とを併合する場合（人訴17Ⅰ）のように財産権上・非財産権上の各請求が併合されるときも，多額のほうの訴額による（民訴費4Ⅲ)。なお，請求の併合とはいっても，設例2のように，元本その他の主たる請求に附帯して果実・損害賠償（遅延損害金)・違約金・費用の請求がなされる場合には，通常は少額であることから，計算の簡明化のために，これら附帯請求の価額は訴額に算入しないとされている（9Ⅱ)。

Ⅳ 訴え提起後の措置

2-1-11 事件の配付

裁判所（書記官）は，訴状を受け付けたときは，これに受付日付などを記入して事件記録を作成した後に（年度・符号・番号・事件名が表記される。地方裁判所の通常民事訴訟事件は，平成○○年（ワ）第○○号○○○事件，簡易裁判所の通常事件は，平成○○年（ハ）第○○号○○○事件となる)，事務分配の定め（⇒下事規6〜8）に従って，事件を特定の裁判官または合議体に配付する。事務分配は，毎年あらかじめ，事件の受付と同時に担当裁判官が自動的に確定するように定められていなければならず，事件の配付は，それに基づいてなされる事実行為であり，形成的な意味を有しない。

2-1-12 訴状の審査と送達

(1) 事件の配付を受けたときは，裁判長（単独裁判官または合議体の裁判

長——以下においても同義）は，訴状を審査する。この審査は，訴状に必要的記載事項（133 II）を具備しているか，および，手数料額の印紙が貼られているか，という形式的事項についてなされ，これらに不備があれば，裁判長は，原告に対し相当の期間を定めて補正を命じる（137 I。なお，訴状の記載について必要な補正を促す場合には，裁判所書記官に命じて行わせることができる。規56）。これを補正命令といい，印紙の貼用を命じるものはとくに追貼命令とよばれる。補正命令に応じて原告が補正しない場合は，裁判長は命令で訴状を却下する（137 II。なお，補正が補正命令において定められた所定期間の経過後にされた場合でも，訴状の却下をすることはできないと解される。⇒最決平27・12・17判時2291-52〔平28重要判解2事件〕）。この却下は，訴状を受理できないとして返還する趣旨で，訴えの却下とは異なるが，請求の当否に立ち入らないで事件を終結させる点では共通するものをもつ。補正命令に対しては抗告できないが（328 I），訴状却下命令に対しては即時抗告が許される（137 III。⇒規57）。

なお，この段階で訴状の不備が看過され，訴状が被告に送達されれば，訴訟係属が生じ，当事者双方が対立的に関与する手続が開始するから，命令による訴状却下はなしえず，終局判決をもって訴えを不適法却下すべきであると解される。

(2)　訴状に不備がない場合，または不備があっても補正がされた場合には，訴状は副本によって（規58 I）被告に送達される（138 I）。原告が送達費用を予納しないとか，被告の住所の表示が不正確であるなどの理由で送達ができない場合には，裁判長は，期間を定めてその補正を命じ，原告がこれに応じないときは，命令で訴状を却下する（138 II・137）。

(3)　訴状の有効な送達がなく，そのため被告とされた者が訴訟に関与する機会が与えられないまま判決がされて確定した場合には，民訴338条1項3号の再審事由があるものとして，再審の訴えを提起することができる（最判平4・9・10民集46-6-553〔百選〔5版〕116事件〕）。

2-1-13　口頭弁論期日の指定と呼出し

訴状の送達がなされるときは，裁判長は，第1回の口頭弁論期日を指定し，

IV　訴え提起後の措置　　55

当事者双方を呼び出さなければならない（139。なお，規60 II）。期日の呼出
しは，書記官が呼出状を作成し，送達してする（94 I）。ただし，訴えが不適
法でその不備を補正することができないときは（たとえば出訴期間徒過の場
合），裁判所は，口頭弁論を経ないで，判決で，訴えを却下できる（140）。
また，当事者に対する期日の呼出しに必要な費用の予納を相当の期間を定め
て原告に命じた場合において，その予納がないときは（⇒民訴費11・12），
裁判所は，被告に異議がない場合に限り，決定で，訴えを却下することがで
きる（141 I）。裁判所の審判を求めている原告が期日の呼出しに必要な費用
の予納をしない場合には，訴訟の進行ができないことになり（⇒民訴費
12 II），被告を不安定な地位におくばかりでなく，原告による訴訟の引き延
ばしに利用されるおそれもあることから，期日の呼出しをしないだけでなく，
決定で訴えそのものを却下できるものとしたのである。被告に異議がない場
合に限られているのは，被告が本案判決を受けることに利益を有する場合が
あるからである。この訴え却下の決定に対しては，即時抗告をすることがで
きる（141 II）。

　なお，第1回の口頭弁論期日を指定する前に，事件を弁論準備手続（168
以下）に付すること（付することについて当事者に異議がないときに限る）また
は書面による準備手続（175以下）に付することが決定された場合には，そ
れぞれの手続に応じて，弁論準備手続の期日への呼出しや準備書面等の提出
期間の指定などがなされることになる（⇒規60 I 但）。また，民訴規則では，
裁判長は，最初にすべき口頭弁論の期日前に，当事者から，訴訟の進行に関
する意見その他訴訟の進行について参考とすべき事項の聴取をすることがで
き，その聴取をする場合には，裁判所書記官に命じて行わせることができる
旨が明記されている（規61）。

2‑1‑14　送 達 一 般

　(1)　送達の意義　　送達とは，当事者その他の利害関係人に対し，訴訟上の
書類を法定の方式により送り届けることである。比較法的にみれば，当事者が必
要な書類をお互いに送付しあう当事者送達主義をとる立法例もあるが，わが国で
は，裁判所の職権で送達を行うという職権送達主義が原則として採用されている

2‑1‑13・14

（98 I）。たとえば，訴状であれば，前述のように（⇒ **2 - 1 - 12**），原告が裁判所に提出すれば，あとは裁判所が被告に対し送達するのである。法定の手続をふめば，関係人が書類を任意に受領しない場合でも，送達の効力が生じる（106・107・110〜112）などの点で，送達には裁判権の命令作用を伴い，したがって，裁判権の及ばない者には，その者が受領を拒む限り，送達はできない（⇒大決昭3・12・28民集7-1128〔百選I18事件〕）。また，送達については送達実施機関による送達報告書が作成される点で（109），公証作用を含む。送達は，裁判所の職権でされるが，送達に関する事務を取り扱うのは裁判所書記官であり（98 II），実際に送達を行う送達実施機関は，原則として，郵便の業務に従事する者（郵便集配人）または執行官である（99）。郵便によるか執行官によるかは，裁判所書記官によって決められるが，実際には，執行官は裁判所近くへの送達や夜間・早朝の送達に用いられるくらいで，郵便によるのが普通である（「郵便による送達」という。郵便法上の特別送達である）。なお，裁判所書記官も，当該事件に限らず（⇒旧163），その所属する裁判所の事件（民事訴訟事件だけでなく，執行事件・保全事件・刑事事件なども含む）について出頭した者に対しては，例外的に，自ら送達をすることができる（100）。

　送達を要する書類には，旧法下では多くのものがあったが，現行法では，その範囲は名宛人への到達に伴い訴訟上の重大な効果が生じるもの，たとえば，訴状（138 I）・上訴状（289 I・313）・判決書（255 I）・訴えの変更申立書（143 III）・独立当事者参加申出書（47 III）・期日の呼出状（94 I）などに限定されている。ただし，それとともに，準備書面（規83）・証拠申出書（規99 II）・尋問事項書（規107 III）などについては，当事者間の書類直送が認められている（なお，⇒規47）。

　送達は，原則として，送達を要する書類の謄本または副本によるが（規40 I），呼出状の送達は原本により（94 I），判決書の送達は正本による（255 II）。

　(2)　送達の方式　　多様な規定がおかれている。設例1に即して，甲の訴状を乙会社の代表者および丙に送達する場合を想定してみよう。

　（ア）　交付送達　　訴状の送達は，送達実施機関が乙会社の営業所または事務所（または代表者の住所・居所）ないし丙の住所・居所に赴いて（103 I。なお，就業場所での送達および出会送達につき103 II・105），訴状の副本を名宛人に交付してするのが原則である（101。なお，⇒102）。これらの場所で乙会社の代表者ないし丙に出会わない場合等には，乙会社の社員なり丙の家族で，書類の受領について相当のわきまえのある者に送達書類を交付することができ（106 I・II。補充送達），名宛人やこれらの者が正当な理由なく送達書類の受領を拒む場合には，送達場所

IV 訴え提起後の措置

にその書類を差し置くことができる（106 III。差置送達）。

なお，現行法では，送達場所の届出の制度が新設され，当事者，法定代理人または訴訟代理人は，送達を受けるべき場所（国内に限る）を受訴裁判所に——できる限り，訴状や答弁書に記載して（規41 II）——届け出なければならないとされている（104 I 前段）。したがって，この届出があった場合には，その後の送達は，届出場所においてなされる（104 II。なお，この届出をする場合には送達受取人も届け出ることができる。104 I 後段）。当事者等が送達場所の届出をしない場合には，最初の送達は，従来どおりその者の住所等において実施され（103），2回目以降の送達は，原則として，その者に対する直前の送達をした場所で実施される（104 III ①）。

（イ）郵便に付する送達　補充送達も差置送達もできない場合には，裁判所書記官は，所定の場所に宛てて，書類を書留郵便等に付して発送する「書留郵便等に付する送達」を用いることができる（107 I・II）。この場合は，郵便の業務に従事する者が送達を実施する上記(ア)の場合（⇒(1)）と異なり，実際に相手方に到達したかどうかを問わず，発送時に送達があったものとみなされる（107 III，規44。なお，従来の郵便に付する送達の要件に関し，⇒釧路地決昭61・10・17判タ639-236〔百選 I 86事件〕）。

（ウ）公示送達　乙会社の営業所・事務所，その代表者ないし丙の住所・居所が不明で，通常の調査方法を講じても判明しない場合には，外国で嘱託送達（108）の方法がとれない場合と同じく，「公示送達」（110）によることができる。これは，裁判所書記官が送達すべき書類を保管し名宛人が出頭すればその書類を交付する旨の書面（呼出状については，その原本〔規46〕）を裁判所の掲示場に掲示する，という方法であり（111），他の送達方法がとれないときに認められる最後の手段である。原則として当事者の申立てにより，裁判所書記官の処分としてなされる（現行法では，裁判長の許可は不要とされた）。公示送達は，掲示を始めた日から2週間を経過したときに送達の効力を生じるのが原則である（112）。なお，公示送達された書類に，訴訟の目的である請求または防御の方法に関する意思表示（賃貸借契約終了に基づく明渡訴訟における契約解除の意思表示など）をする旨の記載があるときは，その意思表示は，公示送達のための掲示を始めた日から2週間を経過した時に，相手方に到達したものとみなされる（113。⇒民98）。

（3）送達の瑕疵　送達は，名宛人や方式を誤れば無効である。ただし，名宛人を誤っても，正当な名宛人の追認があればその者に対する送達として有効となるし（⇒34 II・59），送達の方式違背の瑕疵も，当事者の責問権の放棄・喪失

2-1-14

（90）により治癒しうる。

　なお，原告が故意・過失により被告の居住地を不明として公示送達の申立てを
し，これに基づいて訴訟手続が進められ，被告敗訴の判決がされた場合，被告に
は，一定の要件の下で上訴の追完（97）が認められる（⇨最判昭42・2・24民集
21-1-209〔百選〔5版〕A12事件〕）が，確定判決に対する再審事由（338 I ③または
⑤）となるかどうかについては，積極説と消極説（大判昭10・12・26民集14-2129
〔百選〔初版〕85事件〕，最判昭57・5・27判時1052-66）とが対立している。

　ちなみに，補充送達に関する裁判例には，送達が有効になされても，実際に受
送達者に訴状等が交付されず，受送達者が訴訟を提起されていることを知らない
ままに判決がされたときには，民訴338条1項3号の再審事由があるとしたもの
がある（最決平19・3・20民集61-2-586〔百選〔5版〕40事件〕。なお，⇨2-1-12
(3)，岡崎克彦「送達制度の問題点」新・争点168頁）。

V　訴 訟 救 助

2-1-15　訴訟救助と法律扶助

　訴えの提起にあたっては，前述のように（⇨2-1-8），当事者（原告）は手数
料や送達費用を予納しなければならないが，さらに手続が進み証拠調べの段階に
なっても，証人尋問については証人の旅費・日当，鑑定については鑑定人の報酬
などの種々の費用を当事者が予納しなければ，その手続が進められない仕組みに
なっている（⇨民訴費12 II）。また，実際上は，多くの事件において弁護士への
依頼を要し，弁護士委任に伴う手数料・謝金などの支出が必要的な出費となって
いる。これらの訴訟にかかる費用のうち訴訟費用は最終的には敗訴者の負担とな
るが（61），経済的に恵まれない者が訴訟費用の予納ができないため，あるいは
弁護士費用が負担できないために，訴訟制度を現実に利用できず，訴訟による権
利実現の道が閉ざされ，あるいは相手方がしかけてきた不当な訴訟に防御できな
いというのでは，国民の「裁判を受ける権利」（憲32）は画餅に帰する結果とな
る。この欠陥を補い，「裁判を受ける権利」を実質的に保障しようとするのが，
訴訟救助（訴訟上の救助）および法律扶助である（なお，少額訴訟手続については，
⇨7-2-1以下）。

Ⅴ 訴訟救助　　59

2-1-16　訴訟救助の内容

　訴訟救助（訴訟上の救助）は，資力のない者は訴訟することができないということがないように，予納すべき訴訟費用の支払を当事者に猶予する制度である（82以下）。

　(1)　救助の要件　　訴訟救助は，「訴訟の準備及び追行に必要な費用を支払う資力がない者又はその支払により生活に著しい支障を生ずる者」につき，「勝訴の見込みがないとはいえないとき」に限って与えられる（82Ⅰ）。(a)訴訟救助の対象者は，旧法では「訴訟費用ヲ支払フ資力ナキ者」（旧118）とされていたが，現行法は，その範囲を拡大し，訴訟費用だけでなく，弁護士費用等の訴訟の準備・追行に必要な費用も考慮されること，また，支払によって通常の生活に著しい支障が生じる者についても訴訟救助が認められることを明確にしている。もっとも，この点は，すでに旧法の解釈として判例・学説が認めていたところである（⇒講義59頁〔中野〕，名古屋高金沢支決昭46・2・8下民22-1＝2-92〔百選Ⅰ17事件〕）。(b)訴訟救助を受けるには，勝訴の見込みがあることまでは要求されず，勝訴できないことが確実でなければよい。

　(2)　救助の効果　　(a)主なものは，裁判費用──当事者から裁判所（国庫）に納入しなければならない手数料・立替金──の支払の猶予である（83Ⅰ①。なお，83Ⅰ②③）。救助決定を受ければ，訴状に印紙を貼付しなくても受理されるし，送達や証拠調べの費用などの予納も不要となるのである（ただし，当事者自身が訴状その他の書類を作成したり期日に出頭するための当事者費用は含まない）。(b)支払が免除されるわけではないから，受救当事者が終局判決で訴訟費用の負担を命じられれば支払わなければならない。他方，相手方が訴訟費用の負担を命じられた場合には，国庫が相手方から直接に取り立てることができる（85）。(c)救助の効果は，受救当事者以外（承継人など）には及ばない（83Ⅱ・Ⅲ）。

　(3)　救助の手続　　(a)救助の決定は，各審級ごとに書面による申立てにより（82，規30Ⅰ），救助事由の疎明を経て（規30Ⅱ）なされる。救助の申立てを却下する決定に対しては，申立人は即時抗告をすることができる（86）。救助の決定に対し相手方が即時抗告をすることができるかどうかについては，争いがあり，全面的に肯定する見解もあるが（前掲名古屋高金沢支決昭46・2・8，最決平16・7・13民集58-5-1599など），相手方が訴訟費用の担保提供の申立てのできる場合（⇒75・83Ⅰ③）を除き，消極的に解すべきであるとする見解が有力である（講義59頁以下〔中野〕など）。(b)救助を受けた者が訴訟救助の要件を欠くことが判明し，または要件を欠くに至ったときは，裁判所は，救助の決定を取り消し，猶予した

2-1-15・16

60   第2編 第1章 訴えの提起

費用の支払を命ずることができる（84）。なお，救助の決定を受けた者の全部敗訴が確定し，かつ，その者に訴訟費用を全部負担させる旨の裁判が確定した場合には，救助決定は当然にその効力を失い，裁判所は，救助決定を取り消すことなく，救助決定を受けた者に対し，猶予した費用の支払を命ずることができる，と解されている（最決平19・12・4民集61-9-3274）。

2-1-17　法律扶助

　以上のように，民訴法上の訴訟救助は，訴訟にかかる費用で事実上一番大きい弁護士費用の立替えには及んでいない。従来，この不備を補うものとして，財団法人法律扶助協会が国庫や地方公共団体などからの補助金を受けて運用している法律扶助の制度があり，法律扶助を受けたい者が各弁護士会で申込みの手続をし，法律扶助協会が，事件の勝訴の見込みや費用に困っている実情などを調査して，扶助することに決まれば，訴訟費用や弁護士費用の立替えを受けることができることになっていた。平成12年に施行された民事法律扶助法（平12法55）は，こうした法律扶助に法律上の根拠を与え，財団法人法律扶助協会が，従来より幅広く，民事裁判等手続の準備・追行に必要な弁護士費用や司法書士費用の立替え，法律相談の実施などの業務を行っていた。その後，平成16年には，国民が裁判等の法による解決制度の利用をより容易にするとともに，弁護士・司法書士その他の法律専門職者のサービスをより身近に受けられるようにするための総合的な支援（総合法律支援）の実施および体制の整備に関する基本事項を定める総合法律支援法（平16法74）が公布された。同法は，国などの責務を明確にしたうえで，民事法律扶助・国選弁護に関する業務および犯罪被害者援助業務などを総合的に担う新たな組織として「日本司法支援センター」の設置を定めている。これに伴い，民事法律扶助法は廃止され，法律扶助協会が実施していた民事法律扶助事業は日本司法支援センター（「法テラス」）に引き継がれている（平成18年から）。法テラスは，無料で法律相談を行い（「法律相談援助」），①資力が一定額以下であること，②勝訴の見込みがないとはいえないこと，③民事法律扶助の趣旨に適すること（報復的な感情を満たすだけや宣伝のためといった場合等でないこと）の三要件を具備した者に対して，弁護士・司法書士の費用の立替え（「代理援助」「書類作成援助」）を行っている（法律支援30Ⅰ②参照）10)。

---

10)　我妻学「司法アクセスの課題」新・争点34頁，山本和彦「総合法律支援の現状と課題」総合法律支援論叢1号（平24）9頁以下など参照。

第2章　受訴裁判所

I　裁 判 所

2-2-1　裁判所の構成

（1）**裁判所の意義**　　裁判所ということばは，広義では，裁判官とそれ以外の裁判所職員によって組織される官署としての裁判所を意味する。広義の裁判所は，「国法上の意味の裁判所」とも呼ばれ，裁判所法で用いられている。狭義の裁判所は，裁判機関としての裁判所を意味し，「訴訟法上の意味の裁判所」とも呼ばれる。判決手続を扱う受訴裁判所，および民事執行手続を扱う執行裁判所（民執3）は，狭義の裁判所の例である。

（2）**裁判所の種類**　　広義の裁判所としては，最高裁判所のほか，下級裁判所としての高等裁判所，地方裁判所，家庭裁判所，および簡易裁判所が設けられている（憲76 I，裁1・2）。特別裁判所を設置することは，憲法で禁止されている（憲76 II）。下級裁判所のうち家庭裁判所は，民事に関しては，非訟事件としての家庭事件の審判および調停を行うほか，人事訴訟を処理する権限を有する（裁31の3，人訴4）。

（3）**裁判所の構成員**　　広義の裁判所は，裁判官のほか，裁判所書記官，裁判所調査官，家庭裁判所調査官，執行官などから構成されている（裁53以下）。このほか，専門委員，司法委員，および参与員も，非常勤の裁判所職員として裁判に関与する。

（ア）裁判官には，最高裁判所長官，最高裁判所判事，高等裁判所長官，判事，判事補，簡易裁判所判事がある（裁5）。それぞれの任命方法および任命資格は，憲法および裁判所法によって定められている（憲6 II・79 III・80 I，裁39～46）。裁判官は，憲法上その独立が保障されている（憲76 III）。これは，具体的事件の処理にあたって立法権，行政権からの干渉を受けないばかりでなく，上級裁判所からの司法行政上の指示にも拘束されないことを意味する（裁81）。また，裁判

2-2-1

官の独立を実質的に保障する目的で、裁判官はその身分を保障されている（憲78，裁48）。（イ）裁判所書記官は，各裁判所に置かれる同名の職員で構成される単独制の機関である。事件に関する調書・記録の作成および保管（裁60Ⅱ）のほか，訴訟費用額の算定（71），送達事務（98Ⅱ・100・107），執行文の付与（民執26）について固有の権限を行使する。（ウ）裁判所調査官は，最高裁判所，各高等裁判所および各地方裁判所に置かれ，裁判官の命を受けて，事件の審理および裁判に関して必要な調査その他の事務を行う（裁57）。高等裁判所または地方裁判所において知的財産に関する事件の審理および裁判に関して調査を行う裁判所調査官は，裁判長の命を受けて，口頭弁論の期日等において当事者に対する釈明をし，証拠調べの期日において証人等に対する発問をし，和解期日において専門的な知見に基づく説明をし，裁判官に対して意見を述べる等の事務を行う（92の8）。（エ）家庭裁判所調査官は，各家庭裁判所および各高等裁判所に置かれる。審判・調停のほか，婚姻の取消しまたは離婚の訴えにおいて，必要な事実を調査する（裁61の2，人訴34）。（オ）執行官は，各地方裁判所に置かれ，裁判の執行，裁判所の発する文書の送達などの事務を行う（裁62，執行官法）。（カ）専門委員は，医事関係事件や建築関係事件等の専門的知見を必要とする訴訟の審理に関与する（92の2〜92の7）。（キ）司法委員は，簡易裁判所の民事訴訟に関与し，和解の試みについて裁判官を補助したり，審理に立ち会って意見を述べたりする（279Ⅰ，規172）。（ク）参与員は，人事訴訟の審理または和解の試みに立ち会って意見を述べたりする（人訴9Ⅰ，人訴規8）。

2-2-2　合議制と単独制

（1）　裁判機関の構成　　裁判機関としての裁判所の構成には，合議制と単独制がある。（ア）最高裁判所は合議制であり，15人の裁判官全員で構成される大法廷（定足数9人）と，5人で構成される小法廷（定足数3人）とがある（裁9）。（イ）高等裁判所も合議制であり，原則として3人で構成される（裁18。例外〔5人〕，裁18Ⅱ但，民訴310の2，独禁87）。（ウ）地方裁判所は，第二審として裁判するときは合議制であるが，第一審のときは原則として単独制である（裁26Ⅰ）。合議制のときは，3人で構成される（裁26Ⅲ）。判事補は地方裁判所に配置されるが（裁23），原則として単独で裁判することができず，合議体に2人以上加わることはできない（裁27。例外，判事補1）。

以上の特例として，大規模訴訟（当事者が著しく多数で，かつ，尋問すべき証人または当事者本人が著しく多数である訴訟）については，5人の裁判官の合議体で審理・裁判することができる（269 I）。この場合には，判事補は，3人以上合議体に加わったり，裁判長となることができない（269 II）。合議体を5人の裁判官で構成することは，特許権等に関する訴えについても認められている（269 の 2 I。独禁 86 II も同旨）。(エ)簡易裁判所はつねに単独制である（裁 35）。

(2)　合議制と単独制の長短　　一般に，合議制では，裁判官の恣意が抑制され，慎重公正な判断が可能であるとされる。他方，単独制は，裁判官の責任感を強め，迅速な事務処理を可能にするといわれる。しかし，合議制でも，運用の工夫によって，各裁判官の能力が相乗され，充実した審理と迅速な裁判を実現することができるし，裁判官相互の啓発により，技能の向上に役立つという利点もある。

(3)　合議制における事務処理の分担　　合議制のもとでの裁判は，裁判官が評議し，その過半数の意見によって行われるが（裁 75〜77），その他の事項については，合議体の内部で分担し，活動の円滑をはかっている。

(ア)　裁判長　　合議体を構成する裁判官のうち1人が裁判長となる（裁 9 III・18 II・26 III）。裁判長は，合議体の発言機関として口頭弁論を指揮し（148），釈明権を行使し（149），尋問または質問の順序を変更する（202 II・215 の 2 III）ほか，簡単な事項や緊急に処理する必要のある事項については，合議体にかけずに単独で裁判所の権限を行使することができる（35 I・93 I・108・137・156 の 2，民執 32 II，民保 15）。また，裁判長は合議体の評議を整理するが（裁 75 II），評決権は他の陪席裁判官と同等である。合議体の代表としての裁判長の処分は，合議体の監督に服するが（150・202 III・215 の 2 IV），独立の権限を行う場合には，上級審による判断を受けることがあるにとどまる（137 III・283・328 I）。

(イ)　受命裁判官　　合議体は，法定の事項の処理を構成員の一部に委任することができる（88・89・171・185 I・195 など）。この委任された裁判官を受命裁判官という。受命裁判官は，裁判長が指定する（規 31 I）。受命裁判官の裁判で不服が許されるものに対しては，合議体に異議を申し立てること

64　　　　　第2編　第2章　受訴裁判所

ができる（329）。受命裁判官の証人尋問等の際の処置についても同様である（206・210・215の4）。

　（ウ）　裁判所間の共助（裁79）として，受訴裁判所が他の裁判所に法定の事項の処理を嘱託した場合に，その処理にあたる裁判官を受託裁判官という（89・92の7・185・195）。受託裁判官は合議体の構成員ではないが，受訴裁判所の委任に基づいて一定の事項を処理する点では受命裁判官と類似するので，これに準じて取り扱われる（206・210・215の4・329）。

II　裁判所構成員の除斥・忌避・回避

2-2-3　制度の趣旨

　適正・公平な裁判を担保するため，法は裁判官の任命資格を厳格に定めるとともに，その独立を保障している。しかし，具体的な事件における裁判の公正とこれに対する国民の信頼を確保するには，こうした一般的保障だけでは十分でない。担当裁判官がたまたま事件と特殊な関係にあるために，公正な裁判を期待しえない場合も生じうるからである。このような場合にも公正な裁判を保障し，かつ，公正な裁判の外観を確保するために，その裁判官を当該事件の職務の執行から排除する制度が設けられている。これが，除斥・忌避・回避である（23以下，規10以下）。除斥は，法定の除斥原因のある裁判官は法律上当然に職務執行ができなくなる場合であり，忌避は，除斥原因以外に裁判官が不公正な裁判をするおそれがあるときに，当事者の申立てに基づく裁判によって職務執行から排除される場合であり，回避は，裁判官が自発的に職務執行から身を引く場合である。除斥・忌避・回避は，裁判所書記官，専門委員，知的財産に関する事件における裁判所調査官または人事訴訟における参与員についても準用されている（裁判所書記官につき27，規13。専門委員につき92の6 I，規34の9。知的財産に関する事件における裁判所調査官につき92の9 I，規34の11。参与員につき人訴10 I，人訴規7）。

II 裁判所構成員の除斥・忌避・回避 65

2-2-**4** 除　斥

(1)　除斥原因　　民訴法 23 条 1 項に列挙されているとおり，裁判官が事件の当事者と関係がある場合（23 I ①〜③⑤）と事件の審理に関係をもっている場合（23 I ④⑥）とがある。前者の「当事者」とは，不公平な裁判の疑惑を避ける趣旨から，補助参加人や訴訟担当の場合の利益帰属主体をも含むと解されている。ただし，代理人は含まない（23 I ⑤参照）。

　裁判官が不服を申し立てられた前審の裁判に関与した場合を除斥原因とする 6 号は，不服申立ての対象となった裁判に関与した裁判官が上級審において再び審判したのでは，予断をもって審判する結果，審級制度が無意味になるという趣旨に基づく。したがって，「前審」とは，直接または間接の下級審を指す（最判昭 36・4・7 民集 15-4-706）。差戻しや移送後の手続に対する以前の同審級の手続，再審や請求異議訴訟に対する，その取消しの対象となっている確定判決をした訴訟，本案訴訟に対する民事保全の手続は，いずれも前審にあたらない。調停が不調になった後に訴えが提起された場合の調停も，前審とはいえない（最判昭 30・3・29 民集 9-3-395）。「不服を申し立てられた裁判」とは，終局判決だけでなく，上級審の判断を受ける中間的裁判も含む。「裁判に関与した」とは，評決に関与したことをいい，単に準備手続（旧 252 以下）に関与した場合（最判昭 39・10・13 民集 18-8-1619〔百選〔3 版〕8 事件〕），口頭弁論を指揮し証拠調べを行った場合（最判昭 28・6・26 民集 7-6-783〔百選〔2 版〕12 事件〕），裁判の言渡しをしたにすぎない場合を含まない。なお，裁判所書記官，専門委員または参与員は裁判の評決に加わることがないので，これらの者に 6 号は準用されない（裁判所書記官について，最判昭 34・7・17 民集 13-8-1095）。

(2)　除斥の効果　　(ア)除斥原因のある裁判官は，法律上当然に，その事件について一切の職務を行うことができない（ただし，6 号の事由がある場合には，受託裁判官として職務を行うことはできる。23 I 但）。この効果は，その裁判官や当事者の知不知を問わず生じる。除斥原因のある裁判官が現に事件について職務を行っているときは，裁判所は，申立てによりまたは職権で除斥の裁判を行う（23 II。除斥の裁判の手続は，忌避の場合と同様である。⇒ 2-2-**5**(2)）。除斥の申立てがあると，急速を要する行為を除いて訴訟手続は停止される（26）。除斥の裁判は確認的であり，裁判以前の職務執行も違法である。以上は，裁判所書記官，専門委員，知的財産に関する事件におけ

2-2-3・4

66 第2編 第2章 受訴裁判所

る裁判所調査官または参与員にも準用されるが，専門委員，知的財産に関する事件における裁判所調査官または参与員については，除斥の申立てがあっても訴訟手続は停止されず，除斥の申立てについての決定が確定するまで，その専門委員，裁判所調査官または参与員の手続への関与が禁止される（92の6・92の9，人訴10。この点は，忌避の申立てについても同様である。⇒**2-2-5**(3)(ア))。(イ)除斥原因のある裁判官の関与した訴訟行為は無効である。これに基づいてなされた終局判決については，上訴を申し立てることができる。とくに除斥原因のある裁判官が判決自体に関与したときは，当然に上告および再審の事由となる（312Ⅱ②・338Ⅰ②)。ただし，判決の言渡しに関与するだけでは，判決に関与したことにはならない（大判昭5・12・18民集9-1140)。また，除斥原因なしとして除斥の申立てを排斥する決定がなされ，これが確定したのちは，同じ事由を上訴または再審の事由とすることはできない（283但)。

2-2-5 忌 避

忌避とは，除斥原因以外の事由により裁判官等が不公平な裁判をするおそれがある場合に，当事者の申立てに基づいて，裁判によって裁判官等を職務執行から排除することをいう。除斥と異なり，忌避の裁判は形成的であり，確定してはじめて職務執行ができなくなる。

(1) 忌避事由 「裁判の公正を妨げるべき事情」(24Ⅰ)とは，裁判官と事件との特殊な関係からみて，当事者が不公平な裁判のおそれを抱くのももっともといえる客観的事情を指す。たとえば，裁判官が当事者の一方と婚約中である場合，事件の結果につき特別な経済的利害をもっている場合，事件について助言や鑑定を行ったことがある場合（鑑定人となった場合は除斥原因になる。23Ⅰ④)などである。裁判官が訴訟代理人の女婿であることは忌避事由にならないとする判例があるが（最判昭30・1・28民集9-1-83〔百選〔5版〕4事件〕)，わが国の一般感情からすれば疑問であるとして，学説は批判的である（新堂86頁，伊藤107頁，条解民訴143頁〔新堂＝高橋＝高田〕，秋山＝伊藤ほかⅠ243頁，斎藤編(1)435〜436頁など)。これに対し，同種または関連する事件について判決をしたことがあっても，忌避事由にはならない（大決

明 37・11・21 民録 10-1502）。自己の証拠申出を却下したとか（大決大 2・1・16 民録 19-1），期日の延期申請を却下したとか，相手方に有利な釈明を求めたなどの訴訟指揮上の問題も，それだけでは忌避事由にはならない。これらに対して救済を求めるには，訴訟法上定められた各種の不服申立て（150・283）によるべきである。裁判官の行状，健康，信念，能力等の事情も，弾劾，懲戒，分限の裁判の問題であり，忌避事由にはならない（東京高決昭 45・5・8 判時 590-18）。

（2）　忌避の裁判　　（ア）忌避（除斥）の申立ては，期日において行う場合を除き，書面で，当該裁判官が所属する裁判所に対してする（規 10 I・II）。忌避の原因のあることを知りながら，当該裁判官の面前で弁論または申述をしたときは，申立てはできない（24 II。除斥の申立てについては，このような制限はない）。不真面目な申立てを防ぐために，申立てから 3 日以内に，忌避（除斥）の原因を疎明しなければならない（規 10 III）。（イ）忌避（除斥）の申立てについては，地方裁判所以上の裁判官の場合はその所属裁判所の合議体が，簡易裁判所の裁判官の場合は管轄地方裁判所の合議体が，決定で裁判する（25 I・II）。当該裁判官はこの裁判に関与できないが，意見を述べることはできる（25 III，規 11）。申立てを理由ありとする裁判に対しては不服申立てができないが，申立てを理由なしとする裁判に対しては即時抗告ができる（25 IV・V）。以上は，裁判所書記官，専門委員，知的財産に関する事件における裁判所調査官または参与員についても準用されるが，裁判所書記官については，その裁判所書記官の所属する裁判所が裁判する（27 後段）。専門委員については，忌避（除斥）の申立てについての裁判を合議体でする必要はない（92 の 6 I は 25 II を準用していない）。

（3）　忌避申立てと訴訟手続の停止　　（ア）忌避の申立てがなされても，裁判官または裁判所書記官は当然には職務執行から排除されないので，そのまま訴訟手続を進めてしまうと，のちに忌避の裁判がなされても目的が達せられないことになる。そのため，忌避の申立てがあったときは，その申立てについての裁判が確定するまで訴訟手続を停止しなければならない（26 本文）。ただし，急速を要する行為（証拠保全，保全命令，執行停止命令など）は例外として許される（26 但）。なお，専門委員，知的財産に関する事件にお

ける裁判所調査官または参与員について忌避の申立てがあっても，訴訟手続は停止されない（92の6・92の9，人訴10）。（イ）急速を要しない行為をすれば違法である。のちに忌避の申立てを理由なしとする裁判が確定した場合にその瑕疵が治癒されると解すべきかについては，見解が分かれている。判例は，無条件に治癒されるとし（大決昭5・8・2民集9-759〔百選Ｉ37事件〕，最判昭29・10・26民集8-10-1979），これに賛成する学説もある（菊井＝村松Ｉ225頁，三ケ月264頁，旧注釈民訴(1)376頁〔三上〕，伊藤109頁注160，秋山＝伊藤ほかＩ258頁）。しかし，絶対に治癒されないとする説（兼子103頁，斎藤編(1)467頁）や急速を要しない行為について申立人が十分な訴訟活動をしなかった場合には治癒されないとする説（畦上英治「忌避試論㈢」曹時13巻2号〔昭36〕147頁，松浦馨「裁判官の除斥・忌避」民訴演習Ｉ31頁，新堂87頁，条解民訴147頁）も有力である。申立人には急速を要しない行為への関与を強制される理由がないので，無条件で瑕疵が治癒されると解すべきではないが，積極的に訴訟活動に関与した場合には，責問権の放棄（90）があったものとみて，当該行為を有効とする余地はあろう。弁論を終結して終局判決を言い渡すことは急速を要しない行為であるから，終局判決後に忌避の裁判が確定すれば，申立人は十分な訴訟活動をしなかったものとして，上訴により判決の取消しを求めることができる。（ウ）急速を要する行為がなされたのちに，忌避を理由ありとする裁判がなされたときの当該行為の効力については，除斥の場合もふくめてつねに有効とする説（三ケ月264頁，斎藤編(1)466頁，菊井＝村松Ｉ226頁，新堂88頁，松本＝上野92頁，秋山＝伊藤ほかＩ257頁，条解民訴147頁）と，除斥の場合は無効だが，忌避の場合は有効とする説（兼子103頁，旧注釈民訴(1)374頁）がある。急速を要する行為について例外が認められているのは，公正な裁判よりも迅速な裁判が求められる場合にはこれを優先させるとの趣旨であるから，つねに有効というべきである。

　(4)　忌避権の濫用　　忌避が申し立てられると，急速を要する行為を除いて訴訟手続が停止されることから，訴訟を遅延させることを目的として忌避の申立てがなされることがある。下級審の裁判例は，訴訟遅延を目的とすることが明らかな申立ては，忌避権の濫用として，当該裁判官みずから却下の裁判ができるとしている（大阪高決昭36・6・20下民12-6-1400，大阪高決昭38・11・28下民14-11-

III 民事裁判権　　69

2346, 札幌高決昭 51・11・12 判タ 347-198〔百選 I 10 事件〕）。学説においても，か
かる場合には刑訴 24 条 2 項を類推して，忌避を申し立てられた裁判官がみずか
ら申立てを却下すること（簡易却下）ができるとするものが多い（兼子 102 頁，菊
井＝村松 I 220 頁，新堂 87 頁，伊藤 109 頁，秋山＝伊藤ほか I 253 頁，条解民訴 145 頁）。
しかし，自分に対する忌避の申立てをみずから判断するのは公正の保障を欠くと
して，反対する見解も有力である（斎藤編(1) 460 頁，旧注釈民訴(1) 366 頁）。問題は，
いかなる場合を忌避権の濫用といいうるかであり，その基準を明確化することが
必要である。

2-2-6 回　　避

　回避とは，裁判官等が除斥・忌避の事由があることを認めて，自発的に職
務執行を避けることをいう。回避をするには，司法行政上の監督権のある裁
判所（裁 80）の許可を得なければならない（規 12・13）。この許可は，司法
行政上の処分であり，除斥や忌避の事由を確定する効果をもたない。したが
って，忌避事由のあることを理由に回避した裁判官等がその後，職務を行っ
ても，訴訟法上は違法ではない。

III　民事裁判権

2-2-7 意　　義

　具体的事件を裁判によって処理する国家権力を裁判権といい，このうち，
民事訴訟を処理する権能を民事裁判権と呼んでいる。裁判所が民事事件の請
求および当事者に対して民事裁判権を有していることは，訴訟要件の一つで
あり，これを欠く訴えは不適法として却下される。
　民事裁判権は，一国の裁判所によって行使される権限であり，行政機関や
外国の裁判所に対する関係で問題となるので，抽象的管轄権と呼ばれること
もある。これに対して，個々の裁判所に配分された裁判権行使の権限を管轄
権という。

2-2-6・7

民事裁判権の範囲が問題になるのは，主として渉外事件においてであり，国際民事訴訟法の課題とされている。

2 - 2 - 8 民事裁判権の人的範囲

（1） 原則　民事裁判権は，原則として，日本国内にいるすべての人に及ぶ。天皇に民事裁判権が及ぶかについて，判例は否定するが（最判平元・11・20 民集 43-10-1160〔百選 I 6 事件〕），学説の多くは肯定している（反対，斎藤 55 頁，斎藤編(1) 210 頁）。

（2） 民事裁判権の免除　（ア） 外国国家は，その国家主権のゆえに民事裁判権に服さない。これを主権免除という。主権免除の適用範囲について，かつては絶対免除主義がとられていた。この見解によれば，外国国家は，みずから免除を放棄した場合や不動産に関する訴訟などの例外を除き，国内裁判所の裁判権には服さない。しかし，国家が私人と同様に経済活動を行うようになると，これでは不都合であるとして，より広い範囲で外国国家を国内裁判所の裁判権に服せしめる制限免除主義の考え方が有力になった。制限免除主義の下では，主権免除の適用範囲は外国国家の主権的行為に限定され，私法的ないし業務管理的な行為については，法廷地国の裁判権から免除されない。

わが国においては，絶対免除主義をとることを言明した大審院決定（大決昭 3・12・28 民集 7-1128〔百選 I 18 事件〕）が判例とされてきたため，制限免除主義の採用を明らかにするには立法的措置が必要であるとの指摘が従来からなされていた（太寿堂鼎「民事裁判権の免除」新実務民訴(7) 51 頁，高桑昭「民事裁判権の免除」沢木 = 青山編・国際民事訴訟法の理論〔昭 62〕170 頁）。その後，最高裁判例には制限免除主義を採用したとみられるものがあらわれるようになった[1]。また，2004（平成 16）年 12 月には，制限免除主義を採用し

---

1)　最判平 14・4・12 民集 56-4-729 は，諸外国においては制限免除主義が採用されていることに言及したうえ，「外国国家の主権的行為については」と明示して，民事裁判権の免除を認めた。次に，最判平 18・7・21 民集 60-6-2542 は，前記大審院決定を変更し，(1) 外国国家は，その業務管理的な行為については，わが国による民事裁判権の行使が当該外国国家の主権を侵害するおそれがあるなど特段の事情がない限り，わが国の民事裁判権から免除されない，(2) 外国国家が，私人との間の書面による契

Ⅲ 民事裁判権

た国際条約である「国及びその財産の裁判権からの免除に関する国際連合条約」が国連総会で採択され，わが国は 2007（平成 19）年 1 月に署名した。この条約に準拠した国内法として，「外国等に対する我が国の民事裁判権に関する法律」（以下，「主権免除法」という）が 2009（平成 21）年に制定され，翌年 4 月 1 日から施行されている。

主権免除法は，4 条において，外国等（外国国家およびその政府機関，連邦国家の州，主権的な権能を行使する権限を付与された外国の団体を含む。主権免除法 2）は原則としてわが国の民事裁判権（以下，「裁判権」という）から免除されるものとし，5 条以下で，免除されない場合を列挙している。すなわち，書面による契約等の方法により，特定の事項または事件に関してわが国の裁判権に服することについての同意を明示的にした場合には，わが国の裁判権から免除されない（同 5。同意が擬制される場合については，同 6・7 を参照）。また，商業的取引，労働契約を含む一定の事項については，そうした同意がなくてもわが国の裁判権から免除されない（同 8～16）。

（イ）　主権免除法は，条約または確立された国際法規に基づき外国等が享有する特権または免除には影響を及ぼさない（主権免除法 3）。そのため，外国国家の元首は，主権免除法にいう「外国等」として（同 2 ④）裁判権から免除されるほか，国際法上認められる特権または免除を享有する。外交使節も，主権免除法に基づく裁判権免除とは別に，「外交関係に関するウィーン条約」において定められた裁判権免除を享有する。このほか，領事官については「領事関係に関するウィーン条約」が裁判権免除の範囲を定めている[2]。

約に含まれた明文の規定により当該契約から生じた紛争についてわが国の民事裁判権に服することを約した場合にも，原則としてわが国の民事裁判権から免除されない，と判示した。さらに，最判平 21・10・16 民集 63-8-1799 は，連邦国家である米国の州も外国国家と同様に，その主権的行為についてはわが国の民事裁判権から免除されうるが，その私法的ないし業務管理的な行為については，わが国による民事裁判権の行使がその主権的な権能を侵害するおそれがあるなど特段の事情がない限り，わが国の民事裁判権から免除されないとした。

2)　在日米軍の構成員または被用者については，「日本国とアメリカ合衆国との間の相互協力及び安全保障条約第 6 条に基づく施設及び区域並びに日本国における合衆国軍隊の地位に関する協定」（日米地位協定）18 条 5 項(f)により，執行が免除されるが，裁判権は免除されない。横浜地判昭 62・3・4 判時 1225-45，秋山＝伊藤ほかⅠ75 頁。

2 - 2 - 8

（ウ）　わが国の民事裁判権を免除された者は，当事者として裁判や執行を受けない。また，証人となる義務も負わない（外交関係に関するウィーン条約31Ⅱは，外交官についてこのことを明示する）。訴状の送達も裁判権の行使であるから，裁判権の及ばない者に対して訴状を送達しても，無効である。ただし，裁判権の免除が放棄される場合もあるので（外交関係に関するウィーン条約32Ⅰ・Ⅱ参照），放棄の意思を確認するために，嘱託送達（108参照）をすべきだとする見解がある（新堂101頁，条解民訴43頁〔新堂=高橋=高田〕）。

2-2-9　民事裁判権の物的範囲

（1）　国際裁判管轄　　（ア）　渉外的な要素をもつ事件（たとえば，当事者が外国人である事件）についてどの国の裁判所が裁判権を行使するかは，国際裁判管轄の問題である。国際裁判管轄については国際的に確立された準則がほとんどないため，各国がそれぞれの基準で自国の裁判権の限界を定めることになる。わが国においては，平成23（2011）年の民事訴訟法改正により国際裁判管轄に関する規定が設けられるまでは明示の規定がなく，解釈に委ねられてきた。

　財産関係事件の国際裁判管轄に関する伝統的見解は，土地管轄の規定から国際裁判管轄の有無を推知するというものである（逆推知説。兼子66頁，斎藤編(1)211頁）。これに対しては，国際裁判管轄の問題は国内法の観点から捉えるべきではなく，渉外事件をどの国の裁判所が裁判するのが適切であるかという国際的規模での土地管轄の配分の問題と考えるべきであるとする批判が提起された。この見解によれば，国際裁判管轄の配分は，裁判の適正，当事者間の公平，手続の迅速・能率などを考慮して決すべきであるとされる（管轄配分説。池原季雄「国際的裁判管轄権」新実務民訴(1)16頁，青山善充「国際的裁判管轄権」争点〔初版〕51頁，竹下守夫〔判批〕金判637号〔昭57〕49頁など）。たとえば，外国法人の従たる事務所・営業所がわが国にある場合に，逆推知説によれば，それだけでわが国の一般的な国際裁判管轄が基礎づけられるのに対し（平成8年改正前の民事訴訟法4条3項によれば，外国法人については，日本における事務所・営業所により普通裁判籍が認められた），管轄配分説によれば，外国法人の従たる事務所・営業所がわが国にある場合の国際裁

判管轄は，そこでの業務に関する訴訟に限られることになる（池原・前掲25頁注(5)，高橋宏志「国際裁判管轄」沢木＝青山編・前掲59頁）。判決理由において管轄配分の考慮をめぐらせつつ結局は逆推知説を採ったとみられる最判昭和56年10月16日（民集35-7-1224〔百選［3版］123事件〕）は，外国の国内線の旅客機の墜落事故によって死亡した日本人の遺族が，航空会社に対する損害賠償請求の訴えを日本で提起したという事案において，被告が外国に本店を有する外国法人であっても，その営業所がわが国にあればわが国の裁判権を認めるべきだとした。しかし，その後の最判平成9年11月11日（民集51-10-4055）は，逆推知説を修正し，土地管轄の規定による裁判籍のいずれかが日本国内にあるときは，原則としてわが国の裁判権を認めるべきだが，わが国で裁判を行うことが当事者間の公平，裁判の適正・迅速を期するという理念に反する特段の事情があると認められる場合には，わが国の国際裁判管轄を否定すべきとの判断を示した[3]。

（イ）　平成23年改正によって新設された国際裁判管轄に関する規定（3の2～3の12）の概要は，以下のとおりである。

（a）　一般管轄　訴えの類型にかかわらずわが国の民事裁判権が認められる場合（一般管轄）については，3条の2が規定している。

（i）　自然人に対する訴えについては，原則としてその住所が日本国内にあるときに，わが国の民事裁判権が認められる（同Ⅰ）。

（ii）　大使，公使その他外国にあってその国の裁判権からの免除を享有する日本人に対する訴えについては，これらの者に対する提訴を可能にするために，わが国の民事裁判権が認められる（同Ⅱ）。

（iii）　法人その他の社団または財団に対する訴えについては，次の場合にわが国の民事裁判権が認められる。すなわち，①その主たる事務所または営業所が日本国内にあるとき，②事務所もしくは営業所がない場合またはその所在地が知れない場合には，代表者その他の主たる業務担当者の住所が日本国内にあるとき，である（同Ⅲ）。たとえば，主たる事務所または営業所は外国にある外国法人が日本国内に事務所または営業所を有する場合に，そ

---

3)　これら2つの最高裁判決に対しては，批判的な見解が多い。渡辺惺之・百選Ⅰ40頁，早川吉尚・百選［3版］250頁，道垣内正人・ジュリ1133号（平10）214頁など。

の事務所または営業所の存在のみを理由に，当該法人に対する訴えについて一般的にわが国の民事裁判権が認められるということはない。ただし，日本国内の事務所または営業所の業務に関する訴訟について，わが国の民事裁判権（特別管轄）が認められることはある（3の3④参照）。

(b) 特別管轄 訴えの類型に応じてわが国の民事裁判権が認められる場合（特別管轄）に関する規定（3の3）は，原則として国内土地管轄に関する規定（5）と同様の体裁を採りつつ，従来，わが国に過剰に国際裁判管轄を生じさせるとして批判されてきた管轄原因（財産権上の訴えに関する義務履行地（5①），被告の財産所在地（同④））については，以下のような修正をくわえている。

(ⅰ) 義務履行地が日本国内にあることを理由としてわが国の民事裁判権が認められるのは，次の場合に限定される。すなわち，①契約上の債務の履行またはこれに関連する請求を目的とする訴えについて，②契約において定められた当該債務の履行地または契約において選択された地の法（準拠法）による当該債務の履行地のいずれかが日本国内にある場合である（3の3①）。

(ⅱ) 被告の財産が日本国内にあることを理由としてわが国の民事裁判権が認められるのは，次のいずれかの場合に限定される。すなわち，①請求の目的が日本国内にあるとき，または②当該訴えが金銭の支払を請求するものである場合に，差押可能な被告の財産が日本国内にあるとき（ただし，その財産の価額が著しく低い場合を除く）である（3の3③）。

(c) 消費者契約および労働関係に関する訴え これらの訴えの国際裁判管轄については，3条の4において特則を定めている。

(ⅰ) 消費者契約に関する訴えを消費者が事業者に対して提起する場合には，訴えの提起時または消費者契約の締結時に消費者の住所が日本国内にあれば，わが国の民事裁判権が認められる（同Ⅰ）。

(ⅱ) 個別労働関係民事紛争に関する訴えを労働者が事業主に対して提起する場合には，労務の提供の地が日本国内にあれば，わが国の民事裁判権が認められる（同Ⅱ）。

(ⅲ) 消費者契約に関する訴えを事業者が消費者に対して提起する場合，

III 民事裁判権 75

または個別労働関係民事紛争に関する訴えを事業主が労働者に対して提起する場合には，3条の3は適用されない（3の4III）。その結果，外国の事業者が消費者に対して，または外国の事業主が労働者に対して訴えを提起する場合には，消費者または労働者の住所等が日本国内にあるとき（3の2I）のほかは，後述する合意管轄の規定（3の7）または応訴管轄の規定（3の8）によらなければ，わが国の民事裁判権は認められないことになる。

　以上は，消費者と事業者の間または労働者と事業主の間には経済力や交渉力に格差があることにくわえ，国際的な事案において消費者や労働者が外国で提訴または応訴することは困難であるなど，国内事件に比べて裁判所へのアクセスの保障に配慮する必要性が高いという考慮に基づくものである。

　(d)　管轄権の専属　　3条の5は，わが国の裁判所のみが国際裁判管轄を有する場合として，(i)わが国の法令に準拠して設立された法人または社団・財団の組織や役員の責任に関する訴え（同I），(ii)登記または登録に関する訴えについて，登記または登録をすべき地が日本国内にあるとき（同II），(iii)設定の登録により発生する知的財産権（特許権，実用新案権，意匠権，商標権，育成者権）の存否または効力に関する訴えについて，その登録が日本においてされたものであるとき（同III）を定める。これらの場合に外国裁判所がした判決は，間接管轄（118①）を欠くためわが国では承認されない。

　(e)　併合請求の国際裁判管轄　　3条の6は，併合請求の国際裁判管轄について，国内土地管轄における併合請求に関する規定（7）よりも厳格な要件を課している。すなわち，わが国の裁判所が，併合されている数個の請求のうちの1つについてだけ国際裁判管轄を有するときは，その1つの請求と他の請求との間に密接な関連があるときに限り，他の請求についてもわが国の民事裁判権が認められる（3の6本文）。訴えの主観的併合の場合には，請求相互間の密接な関連にくわえて，38条前段の場合でなければ国際裁判管轄は認められないものとされている（同但書）。

　(f)　国際裁判管轄の合意　　国際裁判管轄の合意は，原則としてその効力を認められる（3の7I）。国内管轄の合意（11）と同様に，一定の法律関係に基づく訴えに関して，書面（電磁的記録を含む）ですることを要する

2-2-9

（3の7Ⅱ・Ⅲ）。ただし，外国の裁判所のみに国際裁判管轄を認める旨の合意は，その外国の裁判所が法律上または事実上裁判権を行うことができないときは，これを援用することができない（同Ⅳ）。

　消費者契約に関する紛争または個別労働関係民事紛争を対象とする事前の国際裁判管轄の合意については，特則が定められている。すなわち，紛争が生じる前にされる合意は，合意の意味するところについて消費者や労働者が正確に理解していない可能性があることから，以下の場合に限り，その効力が認められる。

　（i）　消費者契約に関する紛争を対象とする事前の合意が，消費者契約の締結時において消費者が住所を有していた国の裁判所に訴えを提起することができる旨の合意であるときは，当該合意は有効である（3の7Ⅴ①）。消費者は，消費者契約の締結時において住所を有していた国で紛争が解決されることをある程度，予期していたといえるし，その国の法制度，言語，取引慣習等を理解しており，その国で応訴することが困難であるとはいえないからである。同様の理由から，個別労働関係民事紛争を対象とする事前の合意は，当該合意が，労働契約の終了時にされたものであって，その時における労務の提供の地がある国の裁判所に訴えを提起することができる旨を定めたものであるときは，有効である（3の7Ⅵ①）。

　（ii）　消費者または労働者が，紛争発生前にされた国際裁判管轄の合意に基づき，合意された国の裁判所に訴えを提起したときは，当該合意は有効である。また，事業者または事業主が訴えを提起した場合において，消費者または労働者が当該合意を援用したときも，当該合意は有効である（3の7Ⅴ②・Ⅵ②）。いずれの場合も，消費者または労働者が事前の国際裁判管轄の合意を有効なものとして援用しているので，当該合意の効力を認めたとしても，消費者や労働者の利益は損なわれないからである。

　（g）　応訴による国際裁判管轄　　3条の8は，被告がわが国の裁判所が管轄権を有しない旨の抗弁を提出することなく応訴した場合には，わが国の国際裁判管轄が認められる旨を定めている。

　（h）　特別の事情による訴えの却下　　3条の9は，これまで述べた準則によりわが国の裁判所に国際裁判管轄が認められる場合であっても，「事

III　民事裁判権　77

案の性質，応訴による被告の負担の程度，証拠の所在地その他の事情を考慮
して，日本の裁判所が審理及び裁判をすることが当事者間の衡平を害し，又
は適正かつ迅速な審理の実現を妨げることとなる特別の事情があると認める
とき」は，裁判所は訴えの全部または一部を却下することができる旨を定め
る（ただし，日本の裁判所にのみ訴えを提起することができる旨の合意（専属的
合意）に基づいて訴えが提起された場合は除かれる。同条括弧書）。これは，改
正前の判例において採用されていた「特段の事情」による訴えの却下に類似
するが，わが国と関連の薄い事件についてわが国に国際裁判管轄が生じるこ
とのないように，管轄原因を新たに規定した改正法の下では，訴えの却下を
正当化する「特別の事情」は，従来の「特段の事情」よりも限定されたもの
になるというべきである。

　「特別の事情」の解釈に関しては，すでに外国の裁判所に訴えが係属して
いる事件について重ねてわが国の裁判所に訴えが提起された場合（国際的訴
訟競合）に，本条が適用されるかという問題がある。有力な見解は，外国に
おける訴訟係属それ自体を「特別の事情」と認めることはできないが，外国
裁判所での審理の経過などから，事件の解決を当該外国裁判所に委ねるのが
当事者間の衡平，適正かつ迅速な審理の実現に適うと判断されれば，本条に
よる訴え却下が可能であると解している（伊藤64頁，条解民訴72〜73頁〔高
田〕。「特別の事情」を認めて訴えを却下すべきとした最高裁判決として，最判平
28・3・10民集70-3-846〔平28重要判解6事件〕がある）。

　　（i）　国際裁判管轄の調査・管轄決定の標準時　　ある事件について日
本の国際裁判管轄が認められるかどうかを判断するために，裁判所は，職権
で証拠調べをすることができる（3の11）。また，日本の国際裁判管轄が認
められるかどうかの判断は，訴え提起の時を標準としてなされる（3の12）。
これらは，国内管轄に関する規律（14・15。⇒ **2 - 2 - 15**）に対応するもので
ある。

　（2）　法律上の争訟　　民事裁判権が司法権にほかならないことに基づく
制約として，法律上の争訟（裁3I）に該当しない事件は，民事裁判権の対
象とはならない（⇒ **1 - 1 - 9**）。

2 - 2 - 9

IV 管　　轄

2-2-10　管轄一般

　民事裁判権は，日本国内の各裁判所が分担して行使する。特定の事件について，いずれの裁判所が裁判権を行使するかに関する定めを管轄という。ある裁判所が事件について裁判権を行使できる権能を管轄権といい，その存在は訴訟要件の一つである。管轄権のない裁判所に訴えが提起された場合には，その裁判所は手続を打ち切り，他に事件を裁判できる裁判所（管轄裁判所）があれば，申立てによりまたは職権でそこへ移送する（16 I）。管轄裁判所が存在しない場合には，訴えを却下する。

　(1)　管轄の種類　　管轄は，種々の観点から分類される。（ア）管轄権の発生事由による法定管轄・指定管轄・合意管轄・応訴管轄の区別がある。法定管轄は法律の規定により，指定管轄は直近上級裁判所の指定により，合意管轄および応訴管轄は当事者の明示または黙示の合意により発生する。（イ）法定管轄はさらに，分担を決める基準の違いにより，職分管轄・事物管轄・土地管轄に分けられる。職分管轄は，裁判権の種々の作用をどの裁判所の役割とするかに関する定めである。判決手続と民事執行手続は，それぞれ受訴裁判所と執行裁判所の職分とされる。いずれの種類の裁判所が第一審裁判所となり，その裁判に対していずれの種類の裁判所に上訴できるかを定める審級管轄も，職分管轄の一種である。事物管轄は，第一審裁判所を簡易裁判所と地方裁判所のいずれにするかに関する定めである。土地管轄は，所在地を異にする同種の裁判所の間での事件分担に関する定めである。（ウ）拘束力の違いにより，専属管轄・任意管轄に分けられる。この区別は，訴訟法上の効果の違いをもたらすので重要である。

　(2)　専属管轄・任意管轄　　専属管轄は，法定管轄のうち，裁判の適正・迅速という公益的要請から，当事者の意思によって法律の定めとは別の管轄を生じさせることを許さないものである。職分管轄は，裁判所の職務権

限の分担を定めるものであるから，専属管轄である旨の明文の規定がなくて
も原則として専属管轄である。これに対し，事物管轄および土地管轄は，法
が専属とする旨を定めた場合に限って専属管轄となる。たとえば，再審訴訟
（340 I），人事訴訟（人訴 4），会社関係訴訟（会社 835 I），破産債権査定異議
の訴え（破 126 II・6）がこれにあたる。

　これに対し，任意管轄は，主として当事者の便宜や公平をはかる趣旨で定
められた法定管轄である。その目的は，当事者の私益の保護であるので，当
事者の意思や態度によってこれと異なる管轄（合意管轄・応訴管轄）を認め
て差し支えない。

　専属管轄の定めがある場合には，他の一般規定による管轄の競合は生じな
い（13 I。ただし，同条 II も参照。また，専属管轄が複数生ずることはある。人
訴 4，民執 44 II，民保 12 I）。したがって，裁判所もこれを無視して事件を他
の裁判所へ移送できない（20 I。ただし，専属管轄が競合する場合や特許権等に
関する訴えにつき専属管轄とされる場合（6 I）には，他の管轄裁判所への移送が
認められることがある。⇒ **2 - 2 - 16**(3)）。専属管轄の違背は，控訴・上告の
理由となる（299 I 但・312 II ③。ただし，特許権等に関する訴えについての特則
として，299 II・312 II ③括弧書）。任意管轄の違背は控訴審ではもはや主張で
きず，これを理由に判決の取消しを求めることはできない（299 I 本文）。

2 - 2 - 11　事物管轄

　第一審訴訟事件を，これを職分とする簡易裁判所と地方裁判所のいずれに
分担させるかの定めを事物管轄という。事物管轄の基準は，訴訟の目的の価
額，すなわち訴額（⇒ **2 - 1 - 10**）である。訴額が 140 万円以下の請求は簡易
裁判所の，140 万円を超える請求および不動産に関する訴訟は地方裁判所の
管轄とされている（裁 33 I ①・24 ①）。したがって，訴額が 140 万円以下の
不動産に関する訴訟は，簡易裁判所と地方裁判所の競合管轄である。

2 - 2 - 12　土地管轄

　(1)　意義　　所在地を異にする同種の裁判所の間で，同種の職分を分担
させるための定めを土地管轄という。各裁判所には，その職務執行の地域的

2 - 2 - 10〜12

限界である管轄区域が定められており（「下級裁判所の設立及び管轄区域に関する法律」），土地管轄は，事件の裁判籍の所在地を管轄区域内にもつ裁判所に生じる。裁判籍とは，事件の当事者または訴訟物と密接に関連する特定の地点を指示する観念であり，被告の住所，訴訟物たる義務の履行地などがこれにあたる。裁判籍には，普通裁判籍と特別裁判籍の区別がある。後者はさらに，独立裁判籍と関連裁判籍とに分けられる。

(2) 普通裁判籍　被告の生活の本拠地は，事件の種類を問わずつねに管轄権を発生させるので，普通裁判籍と呼ばれる（4）。これは，訴訟をするときには，原告が被告の生活の本拠地に出向くのが公平であるとの考慮に基づく。普通裁判籍は原則として，自然人については住所または居所（4 II），法人については主たる事務所または営業所（4 IV）とされる。国の普通裁判籍は，訴訟について国を代表する官庁（法務大臣）の所在地である（4 VI）。

(3) 特別裁判籍　特定の種類の事件について認められる裁判籍を特別裁判籍という。特別裁判籍には，普通裁判籍と競合して認められるものと，専属管轄として普通裁判籍を排除するものがある。また，他の事件と無関係にその事件について独立に認められる独立裁判籍と，他の事件との関連から生ずる関連裁判籍とがある。

(ア) 独立裁判籍　民訴法5条に列挙されているものは，いずれも普通裁判籍と競合して認められる独立裁判籍である。独立裁判籍のなかでは，財産権上の訴えにおける義務履行地の裁判籍（5①）と不法行為訴訟における不法行為地の裁判籍（5⑨）が重要である。いずれも当事者の便宜のために認められている[4]。もっとも，義務履行地の裁判籍については，実体法上，

---

[4]　不法行為地の裁判籍については，「不法行為地」および「不法行為に関する訴え」の解釈が問題となる。「不法行為地」については，加害行為地のみならず，損害発生地も含むと解されている（大判昭3・10・20新聞2921-11，東京地判昭40・5・27下民16-5-923，松本＝上野298頁，伊藤79頁，秋山＝伊藤ほかI127頁，条解民訴94頁〔新堂＝高橋＝高田〕）。「不法行為に関する訴え」については，損害賠償請求の訴えのほか，物権，人格権，知的財産権等の侵害の差止めを求める訴えを含むとするのが，判例・多数説である（最決平16・4・8民集58-4-825〔不競法3条1項にもとづく侵害差止訴訟および差止請求権不存在確認の訴えについて〕，斎藤編(1)286頁，旧注釈民訴(1)189頁〔上北〕，松本＝上野299頁，伊藤78頁）。

IV 管　轄　　81

持参債務の原則がとられているため（民484 I，商516），債権者は自己の住所において債務者を訴えられることになり，被告の住所によって普通裁判籍を定めた趣旨が生かされないとの批判がある。

民訴法6条は，知的財産権訴訟のうち，「特許権，実用新案権，回路配置利用権又はプログラムの著作権についての著作者の権利に関する訴え」について，専属管轄としての独立裁判籍を定める。すなわち，名古屋高等裁判所管内以東に所在する地方裁判所が普通裁判籍または民訴法5条所定の裁判籍により管轄権を有すべき訴えは，東京地方裁判所の管轄に専属する。大阪高等裁判所管内以西に所在する地方裁判所が管轄権を有すべき訴えは，大阪地方裁判所の管轄に専属する（6 I）[5]。両地方裁判所からの控訴事件は，原則として東京高等裁判所の管轄に専属する（6 III）[6]。なお，意匠権等に関する訴えについては，平成15年改正前の6条におけるのと同様に，東京・大阪両地方裁判所に競合的土地管轄が認められている（6の2）。

（イ）　関連裁判籍　　代表的なものとして，併合請求の裁判籍（7）がある。これは，併合請求を容易にするため，1つの訴えで数個の請求の審理を求める場合に，どれか1つについて裁判所に管轄権があれば他の管轄権のない請求についても管轄権が生ずるとするものである。被告としては，どれか1つについて管轄権があればその裁判所において応訴せざるを得ないし，管

---

5)　この種の訴えは専門技術性がとくに高度であり，審理の充実・促進をはかるために特別な配置を必要とする。そのため，平成8年の民事訴訟法改正においては，東京地方裁判所および大阪地方裁判所に競合的に土地管轄を認めることにより，両裁判所に事件を集中させようとした。平成15年改正ではこれをさらに進めて，両地方裁判所の専属管轄とし，専門的事件処理の強化をはかった。

　特許権等に関する訴えについて，4条または5条の規定により簡易裁判所が管轄権を有する場合には，その所在地に応じて，東京地方裁判所または大阪地方裁判所にも，訴えを提起することができる（6 II）。両地方裁判所の専属管轄としなかったのは，訴額が140万円を超えない請求について，簡易裁判所で裁判を受ける当事者の利益にも配慮したためである。

6)　東京高等裁判所への控訴事件の集中（6 III）は，平成15年の民事訴訟法改正によって実現した。平成16年にはさらに「知的財産高等裁判所設置法」（平成16年6月18日法律119号）が制定され，平成17年4月1日に，審決取消訴訟を含む知的財産に関する事件を専門的に取り扱う知的財産高等裁判所が，東京高等裁判所の特別の支部として設立されている。

2 - 2 - 12

轄権のない請求についても一緒に処理する方が都合がよいと考えられたためである。以上の趣旨からすれば，本来は同一被告に対する数個の請求を併合する場合に適用されるべきであるが，民訴法7条ただし書は，38条前段の場合に限り，数人の被告に対する請求を1つの訴えで併合提起する共同訴訟（訴えの主観的併合）にも併合請求の裁判籍を認めている。すなわち，訴訟の目的である権利もしくは義務が当該数人について共通であるとき，または同一の事実上および法律上の原因に基づくときには，数人の被告のうちの1人に対する請求について管轄権を有する裁判所が，他の被告に対する請求についても管轄権を有する[7]。これにより，たとえば，主債務者と連帯保証人が住所を異にする場合でも，一方の住所地で両名に対して訴えを提起することができる[8]。

2-2-13 合意管轄

(1) 意義　当事者間の合意によって生ずる，法定管轄とは異なる管轄を合意管轄という。合意管轄が許されるのは，専属管轄以外の法定管轄は当事者の便宜を考慮して定められているので，当事者双方がこれと異なる管轄を望むならば，その意思どおりの管轄を認めても差し支えないし，これによって裁判所間の負担の均衡がとくに害されることもないという理由による。

(2) 合意の内容　（ア）第一審の管轄裁判所を定めるものに限る（11 I）。第一審は地方裁判所と簡易裁判所の職分であるから，その事物管轄と土地管轄の一方または双方に関する合意に限られる。（イ）一定の法律関係に基づく訴えについてなされるものに限る（11 II）。たとえば，将来のすべての訴訟

---

7) 民訴法7条ただし書は，旧法下の多数説（三ケ月252頁，条解民訴［初版］59頁〔新堂〕，菊井＝村松 I 112頁など）および判例（大決昭9・8・22新聞3746-11，東京高決昭41・2・1下民17-1=2-59〔百選 I 28事件〕）の見解を採用したものである。

8) ただし，原告が自己に有利な裁判所に管轄を生じさせるために，本来は訴えるつもりのない者を共同被告として訴えた場合にも，併合請求の裁判籍が認められるかという問題はある。旧法下の裁判例には，原告が管轄選択権を濫用しているとみられる場合には，併合請求の裁判籍を認めるべきではなく，管轄違いとして本来の裁判所に移送すべきであるとしたものがある（札幌高決昭41・9・19高民19-5-428〔百選［5版］A2事件〕）。同旨の見解として，斎藤編(1)232頁，旧注釈民訴(1)217頁，秋山＝伊藤ほか I 97頁。

というような定め方は，被告の管轄の利益を害するので許されない。しかし，特定の売買契約から生ずる一切の紛争というように，訴訟の範囲が明らかなものであれば差し支えない。(ウ)法定管轄と異なる定めをするものであること。合意の趣旨から管轄裁判所が特定できるものでなければならない。法定管轄の一部を排除する合意であってもよいが，一切の裁判所の管轄を排除する合意は，本来の管轄の合意ではなく，不起訴の合意か国際裁判管轄についての合意というべきである。逆に，すべての裁判所に管轄を認める合意は，被告の管轄の利益を奪うので許されない。

(3) **管轄の合意の解釈**　管轄の定め方には，法定管轄のほかに管轄裁判所を追加する付加的（競合的）合意と，特定の裁判所のみに管轄を認め，その他の裁判所の管轄を排除する専属的合意とがある。いずれであるかが明示されていなければ，合意の解釈によらざるを得ないが，専属的合意と解した場合には，一方当事者は遠隔地での訴訟追行を強いられる結果となることもあり，問題が多い。とりわけ，約款による管轄の合意をめぐって多くの議論がある。

旧法下の通説は，法定の管轄裁判所の一つを特定する合意は専属的合意であり，その他は付加的合意であると解していた（兼子90頁，三ケ月254頁，斎藤編(1)346頁）。他方で，特定の裁判所を指定している限りは，それが法定の管轄裁判所であろうとなかろうと，他の裁判所での訴訟は念頭にないのが通常であろうから，専属的合意と解すべきであるとの見解も有力であった（竹下・続百選12頁）。裁判例には，普通保険約款につき，約款による管轄の合意については疑わしい場合には一般契約者の利益に解釈すべきであるとの理由で，付加的合意と解したもの（札幌高決昭45・4・20下民21-3＝4-603〔百選［2版〕9事件〕），クレジットカードの個人会員規約につき，特段の事情のない限り，管轄の合意を付加的合意と解すべきだとしたもの（東京高決昭58・1・19判時1076-65〔百選Ⅰ30事件〕）がある。なお，専属的合意と解される場合でも，訴訟の著しい遅滞を避けるという公益上の要請があるときは，旧31条により他の法定管轄裁判所に移送することができるとする見解も有力であった（東京地決昭50・10・30下民26-9〜12-931，東京高決昭55・10・31判時985-87，札幌高決昭62・7・7判タ653-174〔百選Ⅰ31事件〕，兼子98頁，三ケ月261頁，条解民訴［初版］80〜81頁〔新堂〕，斎藤編(1)387頁）。

民訴法は，17条において旧31条の移送の要件を緩和し，「当事者間の衡平を図るため必要があると認めるとき」にも他の管轄裁判所への移送を認めた。さらに，20条1項において移送を妨げる専属管轄から合意管轄を除くことにより，

専属的合意の場合でも移送をなしうることを明らかにした（当事者間の衡平を図るために必要であるとして17条による移送を認めた例として，大阪地決平11・1・14判時1699-99〔百選〔3版〕7事件〕，東京地決平11・3・17判タ1019-294〔百選〔3版〕6事件〕，同平11・4・1判タ1019-294がある）。

(4) 合意の方式・時期　　合意は書面でしなければならない（11 II）。当事者の意思を明確に残して，合意の有無について紛議を起こさないようにする趣旨である。合意がその内容を記録した電磁的記録によってされたときは，その合意は，書面によってされたものとみなされる（11 III）。合意の時期について特に制限はないが，法定の管轄裁判所に訴えが提起されたのちは，合意によってもその管轄権を奪えないので（15），それ以後に合意をしても，移送（17）を申し立てる前提としての意味があるにすぎない。

(5) 合意の効力　　合意の効力は，第三者には及ばない。ただし，当事者の破産管財人や一般承継人（たとえば相続人）は合意に拘束される。訴訟物たる権利関係の特定承継人については，その権利関係の実体法上の性質に応じて判断すべきであるとされている。すなわち，権利関係が当事者間でその内容を自由に定めることのできる性質のもの（たとえば記名債権）である場合には，承継人は変更された内容の権利関係を承継したものとみて，合意に拘束される。しかし，その内容が法律上定型化されていて，当事者が自由に変更できない性質の権利関係（たとえば，物権，手形上の権利）については，合意の効力は承継人に及ばない（兼子91頁，三ケ月255頁，新堂120頁）。

2‑2‑**14**　その他の管轄

(1) 応訴管轄　　被告の応訴によって生ずる管轄を応訴管轄という。原告が管轄違いの裁判所に訴えを提起しても，被告が異議なく応訴すれば，他の裁判所の専属管轄に属する事件でない限り，管轄の合意があったのと同様にその裁判所に管轄を認めて差し支えない。応訴管轄の要件は，第一審裁判所で，被告が管轄違いの抗弁を提出せずに本案につき弁論をしまたは弁論準備手続で申述したことである（12）。ここでいう本案とは，訴訟物たる権利または法律関係の存否に関する事項をいう。訴訟要件の欠缺を理由とする訴え却下の申立てや，裁判官の忌避，弁論延期の申立てなどは，本案にあたら

IV 管　　轄　　85

ない。

(2)　指定管轄　　具体的事件について裁判すべき裁判所がはっきりしない場合には，関係のある裁判所に共通の直近上級裁判所が，裁判によって管轄裁判所を定める (10)。これを管轄の指定といい，これによって生ずる管轄を指定管轄という。

2-2-15　管轄の調査

(1)　管轄の調査方法　　管轄権の存在は訴訟要件の一つであるから，その存在について疑いがあるときは，裁判所は職権でその有無を調査しなければならない。管轄原因をなす事実の有無については，管轄権の存在について利益を有する原告が主張・立証すべきであるが，公益性の強い専属管轄については，裁判所も職権で証拠調べができる (14)。

(2)　管轄の基準時　　管轄は，起訴の時を基準にして定められる (15。これを起訴による管轄の固定という)。起訴の時とは，原告が訴状を裁判所に提出した時である (133 I)。たとえば，起訴後に被告の住所が移転しても，起訴時に生じた普通裁判籍による管轄は失われないし，起訴後に訴額の変動があっても，事物管轄は影響を受けない。

2-2-16　移　　送

(1)　意義　　訴訟の移送とは，ある裁判所に生じている訴訟係属を，その裁判所の裁判によって他の裁判所に移すことをいう。第一審訴訟の移送には，以下の種類がある。

(2)　管轄違いに基づく移送　　(ア)管轄違いの場合には，他の訴訟要件を欠く場合と異なり，裁判所は訴えを却下せず，職権で管轄裁判所に移送しなければならない。これによって，原告は，再訴の手数や費用をまぬがれるだけでなく，起訴による時効の完成猶予や期間遵守の利益を失わなくてすむ。旧法においては，管轄違いに基づく移送の申立権が明示されていなかったため，これを否定する見解も有力であったが，民訴法は移送申立権を認め (16 I)，管轄違いに基づく移送申立てを却下する決定に対しても即時抗告が許されるものとした (21)。(イ)事物管轄，土地管轄のいずれの管轄違いに

2-2-14～16

ついても移送が認められる。ただし，地方裁判所は，その管轄区域内の簡易裁判所の事物管轄に属する訴えを受理したときは，相当と認めれば，その簡易裁判所の専属管轄に属するものを除き，移送せずにみずから審判することができる（16 II）。第一審訴訟についての管轄違いであれば，職分管轄を誤っていきなり高等裁判所や最高裁判所に訴えを提起した場合にも，移送することができる（最決昭22・9・15裁判集民1-1，最決昭23・7・22裁判集民1-273）。(ウ)旧法下の判例は，上訴すべき裁判所を誤った場合にも移送を認めており（大決昭8・4・14民集12-629，最判昭25・11・17民集4-11-603〔百選 I 32事件〕），これを支持する見解も有力であった（三ケ月260頁，条解民訴〔初版〕77頁〔新堂〕，斎藤編(1)374頁，旧注釈民訴(1)276頁〔花村〕，菊井＝村松 I 166〜167頁）。これは，旧法367条1項が，控訴状を控訴裁判所に提出して控訴を提起することを認めていたため，控訴すべき裁判所を誤って控訴状が提出された場合を救済する必要があったことによる。現行法では，控訴を提起するには控訴状を第一審裁判所に提出しなければならないこととされたので（286 I。この改正の趣旨については，⇒6-2-3(1)），控訴人が控訴すべき裁判所を誤って控訴状を提出する場合は想定しにくくなった。控訴状が直接控訴裁判所に提出された場合には，16条1項の類推適用による移送をすべきかが問題になる。類似の問題は民事執行法上の執行抗告（民執10）についても考えられ，判例は移送を否定しているが（最決昭57・7・19民集36-6-1229〔民執保全百選2事件〕），控訴については控訴人の利益のために移送を認めるべきである。なお，上告の提起については，旧法も上告状を原裁判所に提出することを義務づけていたが（旧397 I），旧法30条1項（16条1項に対応）を類推適用して原裁判所に移送すべきだとする有力な学説があった（条解民訴〔初版〕1217頁〔松浦〕，菊井＝村松 III 265頁）。現行法のもとでも同様に解すべきであろう。(エ)家庭裁判所の専属管轄とされている家事審判事件が誤って地方裁判所に提起された場合について，判例は，地方裁判所から家庭裁判所への移送を否定するが（最判昭38・11・15民集17-11-1364〔百選〔初版〕5事件〕，最判昭44・2・20民集23-2-399〔百選〔2版〕10事件〕，最判昭58・2・3民集37-1-45〔百選 I 33事件〕），学説においては，移送を肯定する見解が有力である（旧注釈民訴(1)278頁，菊井＝村松 I 171〜172頁，新堂125頁，

IV 管　轄 87

松本 = 上野 314 頁，伊藤 96 頁，秋山 = 伊藤ほか I 199 頁，条解民訴 124 頁〔新堂 = 高橋 = 高田〕）。

（3）　遅滞を避ける等のための移送　　数個の管轄裁判所が競合するときは，原告はその一つを任意に選んで起訴することができるが，その選ばれた裁判所がつねにその事件の審判に適しているとは限らない。そこで，その裁判所で審理したのでは訴訟の進行が著しく遅れる場合には，訴訟の全部または一部を他の管轄裁判所に移送することができる。当事者間の衡平を図るため必要があると認めるときも同様である（17）。遅滞の避止または当事者間の衡平については，「当事者及び尋問を受けるべき証人の住所，使用すべき検証物の所在地その他の事情」を考慮すべきものとされている。

民訴法 17 条による移送は，専属管轄に属する訴訟についてはすることができない（20 I）。ただし，特許権等に関する訴えについて，6 条 1 項各号に定める裁判所（東京地方裁判所・大阪地方裁判所）の一方から他方に移送する場合であれば，17 条による移送が認められる（20 II）。人事訴訟については，競合する管轄裁判所の間であれば，17 条と同じ要件のもとで移送をすることができる（人訴 7）。なお，特許権等に関する訴えについては，著しい損害または遅滞を避けるために 6 条 1 項各号に定める裁判所以外の裁判所に移送をすることもできる（20 の 2）。

（4）　簡易裁判所から地方裁判所への裁量移送　　簡易裁判所は，その管轄に属する訴訟でも，相当と認めるときは，専属管轄に属するものを除き，申立てまたは職権で，その所在地を管轄する地方裁判所に移送をすることができる（18）。簡易裁判所の管轄に属する事件について，地方裁判所が審理をすることを認めた 16 条 2 項に対応するものである（16 条 2 項に基づく地方裁判所の自庁処理について，判例は，その相当性の判断は地方裁判所の合理的な裁量に委ねられていると解したうえで，地方裁判所に提起された簡易裁判所の管轄に属する事件を，被告からの申立てに基づいて簡易裁判所に移送すべきか否かの判断も，自庁処理についてと同様に，地方裁判所の合理的な裁量に委ねられている，このことは，簡易裁判所を管轄裁判所とする専属的合意がある場合においても異ならないとしている。最判平 20・7・18 民集 62-7-2013〔百選〔5 版〕3 事件〕）。

2 - 2 - 16

88 第2編 第2章 受訴裁判所

(5) 必要的移送 第一審裁判所（簡易裁判所または地方裁判所）は，訴訟がその管轄に属する場合でも，当事者の申立ておよび相手方の同意があれば，原則として，訴訟の全部または一部を申し立てられた地方裁判所または簡易裁判所に移送しなければならない（19 I）。簡易裁判所の管轄に属する不動産に関する訴訟について被告の申立てがあるときも，原則として，その所在地を管轄する地方裁判所に移送しなければならない（19 II）。

(6) 移送の裁判 移送の裁判は決定である。移送の決定または移送の申立てを却下した決定に対しては，即時抗告ができる（21）。移送の決定が確定すると，訴訟は，初めから移送を受けた裁判所に係属していたものとみなされる（22 III）。移送を受けた裁判所は移送の裁判に拘束され，事件を返送または転送しえない（22 I・II）。裁判所間で事件がたらい回しにされるのを防ぐ趣旨である。ただし，移送の原因となった事由とは別の移送事由に基づいて，事件を他の裁判所に再移送することは認められる（東京地決昭 61・1・14 判時 1182-103〔百選〔3版〕A 3〕）。また，最初の移送決定の確定後に新たに生じた事由に基づいて，事件を再移送することも禁じられない（旧注釈民訴(1) 301 頁〔中森〕，斎藤編(1) 398 頁，新堂 128 頁，松本＝上野 313 頁，伊藤 101 頁，秋山＝伊藤ほか I 227 頁，条解民訴 134 頁）。

第3章 訴訟当事者

I 総 説

2-3-1 当事者概念

（1）当事者概念——形式的当事者概念　当事者とは，ある訴訟事件において，自己の名で裁判所に裁判（判決や強制執行）を求める者およびこれと対立する関係にある相手方をいう。訴訟物たる実体法上の権利関係から切り離して，裁判所との関係で判決を求め，これを受ける地位（判決の名宛人）を指すことからこれを形式的当事者概念という。これに対して，訴訟物たる権利関係の能動的，受動的主体を当事者とするとの考えを実体的当事者概念という。しかしこれでは，第三者による訴訟担当の場合や無権利者が権利者として訴訟を行ったが結局は権利がなかったとされた場合の説明がつかない。そこで19世紀の終わりに形式的当事者概念がドイツで支配的となり，それが日本で初めての本格的な民事訴訟法が制定された時期（1890〔明23〕年）と重なったことから，ドイツの通説がそのまま日本の通説となったのである[1]。ところで訴訟に登場する主体は当事者とは限らない。当事者の名でこ

---

1) 当事者概念をめぐる議論ならびにそれが形式的当事者概念に収束する経緯については，福永有利・民事訴訟当事者論（平16）2頁以下，松原弘信「民事訴訟における当事者概念の成立とその展開(1)～(4・完)」熊本法学51号85頁・52号33頁・54号59頁・55号25頁（昭62・63）参照。ところでこの形式的当事者概念については，無内容な概念定立であるとの批判があり（伊東乾「訴訟当事者の概念と確定」中田還暦上61頁），当事者概念と当事者の確定や当事者適格，既判力を受ける者などとの密接な関係から，両者を切り離してしまうことが適切かを疑わしいとして，当事者概念の修正を迫る見解が主張されている（松原・前掲（4・完）45頁は，形式的当事者概念の限界を見定めたうえ，この概念の相対化を主張する。同「当事者論における当事者概念」民訴雑誌53号〔平19〕1頁も参照。さらに上田徹一郎・判決効の範囲〔昭60〕2頁，126頁も既判力の主観的範囲との関係で形式的当事者概念の見直しを主張する。

れに代わって訴訟追行する代理人や判決の直接の名宛人ではなく当事者の一方を補助する地位にある補助参加人（42）などがある。また判決の名宛人と判決効を受ける者との間にずれが生じる場合がある（115 I②③④）。特にこれらと区別して当事者を指す場合には，当事者本人という言葉が使われる（92の2 II・147の3 II②・151 I①・207・208・210・211など）。

（2）　当事者の呼称　当事者については，訴訟手続の種類やそれぞれの段階に応じて呼称が異なる。判決手続の第一審においては，原告と被告，控訴審においては控訴人，被控訴人，上告審においては，上告人，被上告人と呼ばれる。また証拠保全手続，訴訟費用額確定手続，民事・家事調停手続等においては，申立人，相手方と呼ばれ，支払督促，民事執行，民事保全手続においては，債権者，債務者と呼ばれる。

2-3-2　二当事者対立の構造

（1）　二当事者の対立構造を採らない場合がある非訟手続（家事法別表第1に掲げられる事件参照）と異なり，訴訟手続においては，当事者の地位がつねに2つあり，それらが互いに相対立する構造がとられる。利害関係が対立する者を対決させる形をとり双方に自己の主張，証明を遺漏なく行う機会を保障することによって当事者の訴訟における主体性を明確にし，同時に訴訟の結果を受容させるのに適した方法であるからである。かつては裁判の主体は裁判官で，当事者は訴訟においては裁判官が適正な裁判をするための資料提供手段（客体）であると考えられていたが，現在では当事者も訴訟における主体であることに疑問はなく，二当事者対立構造はこれに適している。もっとも当事者間には武器が平等に与えられている必要がある（武器平等の原則）。そのためには両当事者が単に形式的に平等であればよいというものではない（上田徹一郎・当事者平等原則の展開〔平9〕2頁）。当事者の口頭弁論における権利を実質的に保障するために当事者には，弁論権，立会権，記録閲覧権および異議権（不服申立権）などが保障されるべきである（山木戸・研究59頁）。このような当事者間での実質的なあるいは具体的な手続保障のう

当事者概念と当事者をめぐる問題の関係については，菱田雄郷「当事者の意味・定義——形式的当事者概念」法教251号〔平13〕38頁参照）。

えに二当事者対立構造が成り立つ。したがってこの対立構造が解消された場合，たとえば当事者の一方が死亡あるいは当事者である会社に合併が生じた場合，訴訟は中断し（124），承継人による受継をまって訴訟を続行させる。また一身専属の権利を請求していた当事者が死亡した場合など対立関係が解消された場合には訴訟は当然に終了する（人訴27参照。⇒ **2 - 7 - 7**）。ところで二当事者といっても一方または双方の地位に複数の者がつく場合（共同訴訟）や例外的に3人以上の者が鼎立あるいは対峙する関係に立つこともある（47。⇒ **5 - 2 - 1** 以下）。

(2)　当事者をめぐる諸問題　　当事者に関しては，上記の①当事者概念をめぐる問題のほか，②当事者確定の基準（当事者が誰であるかをどのような基準で決めるのか），③当事者能力（どのような者が当事者たりうるか），④当事者の訴訟能力（どのような者が当事者として有効に訴訟行為をなしうるか），⑤当事者の弁論能力（当事者に現実に弁論するために必要な能力があるか），⑥当事者適格（どのような者を当事者とすることが適切か）などが問題として取り扱われる（なお⑥については，⇒ **2 - 5 - 6** 以下）。

II　当事者の確定

2 - 3 - 3　当事者確定の必要

当該の訴訟において誰が当事者であるか。当事者について，たとえば被告に対しては訴状を送達（138）し，口頭弁論期日へ呼び出して（94），弁論の機会を保障する。他方，当事者でない者は，訴訟から排除する必要がある。そのために当事者が誰であるかが明らかでなければならない。さらに人的裁判籍（4），裁判官の除斥原因（23），判決効の主観的範囲（115），手続の中断（124），中止（131），重複起訴の禁止（142），人証における当事者本人と第三者証人との区別などは当事者が誰であるかを基準として決まる。また当事者能力，訴訟能力，当事者適格なども当事者と確定された者について判断される。このように当事者が誰であるかの確定が訴訟においては必要である。

2 - 3 - 2 · 3

2-3-4　当事者確定の基準

　当事者を確定する基準をどのように設定するかをめぐって見解が対立している。従来は，①原告ないしは裁判所の意思内容を基準とする意思説，②当事者らしく振る舞い，当事者として扱われた者を当事者とする行動説（挙動説），③訴状の記載から合理的に解釈される者を当事者とする表示説（兼子・判例民訴11頁以下，三ケ月・双書223頁，小山90頁，中務俊昌「当事者の確定」民訴講座(1)83頁，秋山＝伊藤ほか I 266頁ほか多数）の3つの見解が唱えられていた。これらの見解を平面的に並べてみた場合，基準としての明確さという意味で③説の優位は明らかであろう（通説）。なぜかというと，意思説はその意思内容の把握が難しいし，そもそも原告を確定するのに原告の意思によるというのは背理であり，もしこれを裁判所の意思とするならば処分権主義に反することになる。行動説に対しては，当事者らしく振る舞った者といっても裁判所に登場するのは当事者とは限らず代理人もいれば使者もいることを考えると基準としての明確さを欠く。当事者が誰かは一義的に決まらなければならない事柄であるのに，その基準が明確さを欠くのは致命的であると考えられる。

　このように表示説の優位は動かないとされていた。ところが判例は後述するように意思説ないしは行動説をとっていると解され，問題の解決の仕方としてはそう解した方が妥当とも考えられるため，その間の懸隔をどう埋めたらいいのかが学説の悩みであった（これを端的に示すものとして，松浦馨「不惑の悩み」ジュリ486号〔昭46〕12頁）。その解消のための一つの試みが，訴訟の時間的発展的要素を加味することではかられた。すなわち当事者が誰であるかを訴訟のどの段階で問題にするかによって，確定基準を異にするというものである。その代表的見解は，④これから手続を始めるにあたって誰を当事者とするかの問題（行為規範としての当事者確定）とすでに手続が進行した後回顧的に誰を当事者とするのが適当かの問題（評価規範としての当事者確定）とを区別して，前者については，表示説，後者については，手続の遡及的覆滅を防止するという観点を重視して，当該者の紛争解決との関係における適格性ならびにその手続保障を加味して決する規範分類説（新堂134頁の提唱に係る。高橋・重点講義上160頁，松原弘信「当事者確定の基準と当事者確

II 当事者の確定 93

定理論の守備範囲について」熊本法学 75 号〔平 5〕209 頁も同旨）である[2]。その後はいずれの見解をとるにせよ，訴訟の段階を抜きにして当事者確定基準を論じることができなくなったという意味で，この見解は画期的であった。しかしその後に登場する見解は，当事者の確定基準を訴訟の初期段階でのみ通用させ，訴訟進行中は別の問題として捉えるという方向をたどる。すなわち，⑤当事者確定を紛争主体の特定に関する原告被告間の責任分配の問題として捉え，さしあたっては表示を基準に被告を特定するが，その後は変化する紛争実態に即し，手続段階に応じた処理を提唱する紛争主体特定責任説（佐上善和「当事者確定の機能と方法」講座民訴③ 71 頁。なお上田竹志「当事者特定責任の諸問題」徳田古稀 3 頁は，この見解の深化の試みと評価できる），⑥当事者確定の問題とされる領域（守備範囲）をどこまでと考えるべきかを問い，これを限定的に解する確定機能縮小説。このうち最も限定的に捉える見解は，当事者の特定の問題と確定の問題とを区別し，訴訟物と同レベルでの当事者による特定が明確性を欠く場合に裁判所がこれを確定するのが当事者の確定であり，しかもこれに尽きる，したがって当事者確定問題は，第一回口頭弁論期日までに生じる問題であって，その後は当事者変更や判決効拡張，信義則（最判昭 41・7・14 民集 20-6-1173〔百選 I 13 事件〕）等の問題となるとする（納谷廣美「当事者確定の理論と実務」新実務民訴(1) 239 頁，伊藤・当事者 155 頁，上野泰男「当事者確定基準の機能」名城大学創立 30 周年記念〔昭 53〕133 頁，な

---

2) 当事者確定の問題に，訴訟の発展的動態的考察を加えた嚆矢は，伊東・前掲注 1) 61 頁である。この見解は一般に適格説として他の説と並列されるが，その他の見解が形式的当事者概念を前提としているのに対して，「当事者を当該訴訟で解決されるべき実体法上の紛争の主体として訴訟に登場する者」として通説から離れており，独特の当事者概念を前提としてその適用をはかるものであって，これを同次元に取り扱うのは適切ではない。もっとも，判決効の主観的範囲などを決める際に形式的当事者概念を貫徹することが妥当かとの指摘もあり，当事者概念の相対化との関係は残るところである（松原・前掲ほか，同「死者名義訴訟および氏名冒用訴訟の判決確定後の取扱いとその理論的基礎」青山古稀 425 頁参照）。ところで表示説も訴状の当事者欄のみの表示を基準とするのではなく，請求原因その他の記載事項を斟酌して，訴状の全趣旨から当事者を判断するとする実質的表示説をとる限り，柔軟な判断が可能になる反面，意思説等との境界が明確でなくなるという側面を有するものであったことは注意を要する（松本＝上野 103 頁はこの観点を指摘し，問題を当事者の「特定」としたうえで原告の意思を重視する）。

94 第2編 第3章 訴訟当事者

ども同一方向の議論と考えられる）。さらに⑦当事者確定理論が有意義である
ことを前提としたうえで，当事者確定を限定的な場面でのみ通用する理論で
足りるとし，手続保障の視点から訴訟手続の全体を通じて誰の行動かを評価
して決めるべきとする新行動説（坂原正夫「当事者の確定」石川古稀上171頁）
などが主張され，現在に至るまで帰一するところを知らない状況がある（学
説の分布については松原弘信「当事者の確定」新・争点56頁参照）。

　当事者が誰であるかは，手続法上の様々な問題を解決する起点となるため，
各局面で誰が当事者であるのかは明確にされていなければならない。他方で
訴え提起後に訴状に当事者とされたもの以外の者を当事者とみる必要がある
ことが判明した場合や実際に誰が訴訟追行してきたのか，あるいは訴訟追行
しえたのか等の訴訟の段階的，発展的な要素を加味して局面の打開にあたら
なければならないことが必要となる場合も想定される。そこで問題をあくま
でもこれらを包括できる当事者確定の基準を探るという方向で基準を論じる
か，基準の問題を単純化して，問題の解決を当事者確定の外に求めるか，い
ずれを採るのが説明として明確になるかということであろう。その際，形式
的当事者概念をどの程度維持するかも問われる。当事者確定の中に様々な要
素を盛り込めば盛り込むほど，形式的当事者概念の貫徹が難しくなるように
思われるからである。当事者が誰であるかを決める情報を提供するのは，ま
ずは訴状であることは疑いない。したがって訴え提起の段階での当事者の確
定については，訴状が提供する情報で決めるしかない。表示説を出発点とす
べきである（表示が訴状の解釈問題であるとすると処分権主義の観点から原告の
意思がそこに反映されるべきである）。しかしその後の訴訟の進展に伴い，誰
を当事者とすべきかは，これも当事者の確定問題として，問題が表面化した
時点までに両当事者から提供された資料を加味して決めることになるのは当
然ではなかろうか。資料解釈の際に考慮すべき要素としては，問題の局面に
応じて，実体法上の問題もあり，また訴訟の展開過程での当事者の手続保障
の状況といった手続法的要素も含まれるといった具合に多様であることが考
えられる[3]（この立場は，当事者確定の問題を広く解し，訴訟の展開に応じて考慮

3）　この訴訟における審理の展開を踏まえた当事者の確定問題を動態的に見る場合，回
　顧的・評価的側面からの検討が必要になる。しかしこれを評価規範として確定基準の

II 当事者の確定　　95

要素を異にするとの見解に与するものである。また出発点における基準がその後の訴訟の進展により相対化され，希薄になっていくことは確かであるが，当事者確定問題から切り離す必要はないものと考える。どのような局面においても当事者と第三者を一応区別することが求められるからである。しかしこれは同時に当事者の確定基準としての表示説の問題解決基準としての役割が相対的に低下することを意味する。各局面において誰を当事者と見るべきかは，誰にどのような救済を与えるべきかを考える際の一つの要素となるにすぎないことになる。したがって確定機能縮小説との隔たりも大きなものではない（なお，当事者とその周辺の関係者との区別の不明確さから当事者確定論で論じられる問題の限界を指摘するものとして，井上治典「当事者論の外延と内実」民訴雑誌51号〔平17〕14頁））。

2-3-5 具体例

　当事者の確定が通常の訴訟で問題とされることはまずない。通常は表示された当事者で上記の各種の問題は処理されている。格別に当事者確定の作業が必要になるのは例外的な場合である。これまでは氏名冒用訴訟，死者を当事者とする訴訟が典型例として扱われてきた。そして比較的近時は法人格否認のケースが問題とされている。

　（1）　氏名冒用訴訟　　氏名冒用訴訟とは，たとえば 設例5 のケースで，甲が乙を相手に離婚の訴えを提起したが，乙はその事実を知らず，訴状その他の書類も乙に送達されないまま，甲と通謀している丙が乙になりすまし被告として振る舞った結果，甲勝訴の離婚判決が言い渡されたような場合である。この場合，表示説では被冒用者である乙が被告ということになり，乙に既判力が及ぶ。しかし何らの手続保障もなかった乙に判決の効力が及ぶのは不都合との判断から，表示説の貫徹は困難とされ，ここでは行動説が優位に立つとされる。なお意思説では乙が被告となり，規範分類説では，手続開始

　　見直しを要するものとすべきかは疑問である。出発点で実質的表示説を採る以上，当事者の提供する情報により誰が原告であり被告であるかを判断せざるを得ないところがあり，その点は，審理の途中や終了後にこの問題が生じた場合も同様の考え方で処理されることになるからである（坂原・前掲187頁は，規範分類説のようにダブルスタンダードを立てることに批判的である）。

2-3-5

96　　　第2編　第3章　訴訟当事者

段階の行為規範では乙，評価規範としては丙が被告となる。判例としては，大判大正4年6月30日（民録21-1165）が被冒用者への既判力を否定し，被冒用者からの再審の訴えを退けたが，大判昭和10年10月28日（民集14-1785〔百選［5版］5事件〕）は，訴訟行為が冒用者の行為とされ，判決が冒用者に対して言い渡されたときは，その効力は，冒用者に及び，被冒用者に及ぶことはないとしながらも，本件のように，訴訟代理人が選任されて，被冒用者名義で訴訟行為がなされた場合には，被冒用者が訴訟当事者となり，既判力を受けるとして，被冒用者による再審の提起を認めた。前記判決を含め，それ以前の氏名冒用事例が多く原告の側の冒用であったのに対し，本件は，被告の側の冒用事例である。このように被告の側に冒用がある場合にも，原告の側での氏名冒用の事例と同様に冒用者を当事者とすべきであるかのような判示ぶりに対しては，批判のあるところである（兼子・判例民訴12頁）が，表示説の立場からは，当然に被冒用者に対して既判力が及び，したがって再審の原告適格を有することになる。もっとも既判力が及ぶか否かの問題は別にしても，被冒用者の救済手段の一つとして再審が認められてよいとの見解が有力である。また訴訟代理人が訴訟追行している場合には，一応の内容の判決が期待できるし，相手方の紛争解決への期待という点からも再審を要するとするのは合理的判断とする見方もできる（伊藤・当事者171頁）。現に，裁判に関与する機会を保障されなかったにもかかわらず，その判決により紛争に巻き込まれ，強制執行を受けている被冒用者が救済されるべきことは当然であり，そのために再審の方法を選択してきた場合にはこれを尊重すべきものと思われる。この場合，被冒用者は再審によって救済されるべき当事者であると考えるべきであって，判例が行動説を前提とする見解を採りながらも，この場合に原告救済のため再審を認めたのは妥当である[4]。なお原告名

----

4)　手続に関与する機会を奪われた場合の救済方法について，再審と判決無効を理由とする請求異議の訴えなどが考えられ，これらの関係が問題となる。これは判決の不当取得一般の問題とつながる。民事訴訟法の構造として，既判力を打破する方法が再審と定められていることからするとこれをかいくぐる形で他の救済方法を選択することは許されないとも考えられる。しかし手続関与の機会が保障されなかった場合には，既判力を正当化することはできず，既判力が及んでいないとの主張が可能となる。他方で外形的には執行債務者として執行の脅威にさらされているのであるから，その場

Ⅱ　当事者の確定　　97

義の冒用の場合，表示説からは同様の議論となる（もっとも大判昭2・2・3民集6-13〔百選［初版］8事件〕は被冒用者への判決の効力を否定する）。また被告側に冒用があったケースで，被冒用者が第一審の敗訴判決の送達を受けて初めて訴え提起を知り，訴訟代理人をたてて控訴を提起した場合，第一審における冒用による訴訟行為の瑕疵について追認があったものとして，原審における補正を認めた判例がある（最判平2・12・4判時1398-66）。

　（2）　死者名義訴訟　　死者が当事者である場合には二当事者対立の構造は成り立たず，そのままでは訴えは却下される。ここで問題とする死者名義訴訟とは，たとえば 設例2 でXがYを相手に貸金返還請求の訴えを提起したところ，Yがすでに死亡していたがその事実が手続上判明しなかったため，被告欠席のままX勝訴の判決がなされ，それが送達されて後，Y死亡の事実が判明したような場合である。大判昭和11年3月11日（民集15-977〔百選［5版］6事件〕）は，判決送達の際にY死亡事実が判明し，送達が不能となったため，Xにより相続人Zに対して受継の申立てと同時に原審への差戻しを求めてなされた控訴の適法性について，本訴における実質的な被告はZであり，Xはただその表示を誤ったにすぎないものと判示した。意思説からはこの処理を容易に説明することができる。表示説では死者が当事者であるから当事者変更の手続がとられるべきことになり，規範分類説では評価規範の問題として，同居人たる親権者による訴状の送達受領をもってZの実質的な手続保障があったとすべきかが問われることになろう。紛争主体

に応じた救済手段を講じることができると考える（中山幸二「氏名冒用訴訟の判決の効力について」木川統一郎博士古稀祝賀・民事裁判の充実と促進上巻285頁，反対，村上正子・百選［5版］5事件解説）。たしかに再審の要件は厳格であるのに対し，無効の主張を認めるとこれをなし崩しにされかねないとの懸念が生じる。しかし訴訟関与の機会が保障されなかった者の救済という観点から見た場合，理論的には，いずれも手続保障侵害を理由とする既判力（判決効）からの解放手段で併列的に考えることができる（この場合338条1項3号の類推適用が問題になるが，この条項については，救済の強い必要性から提訴期間に制限がなく再審の要件の厳格性は緩和されている）。さらに請求異議訴訟の係属中に執行が終了してしまった場合には，損害賠償請求に訴えを変更して，損害賠償を求めることもできるとすべきである（最判昭44・7・8民集23-8-1407〔百選［5版］86事件〕参照。なお執行がすでに終了している場合には再審の方法はすでに意味を失っている）。

2-3-5

特定責任説では Y が死亡していることの解明ができなかった責任がどちらにあるかが問題となる。行動説も訴状の送達受領行為の評価にかかる。問題が判明した段階までに収集された資料に基づいて誰が当事者か，誰に訴訟追行の負担を課してもよいかを考えると，本件では Z を当事者とするとの処理が妥当である。また公示送達により提起された訴訟で死者を被告とする判決が確定した場合，判決の効力は相続人に及ばないから，相続人は再審の訴えを提起することはできないとの判例がある（大判昭 16・3・15 民集 20-191）。これは表示説によるもので，意思説をとるとされる判例の態度とは整合しないことになりそうであるが（兼子・判例民訴 23 頁），相続人にまったく手続保障がなかった場合には，判決効を正当化する根拠がなくなることからすると両判決は必ずしも矛盾しないと考えられる（新堂 140 頁）。同様のことは原告が訴訟代理人を委任した後に死亡し，これを知らずに代理人が訴えを提起した場合も問題となる（最判昭 51・3・15 判時 814-114 は，訴訟承継規定の類推適用を認めた）。

(3) 　法人格否認の法理と当事者の確定　　法人格否認の法理とは，「会社という法形態が法秩序の定める範囲を逸脱して利用される場合に，その会社の存在を全面的に否定するのではなく，その法人としての存在を認めながら，特定の事案について，会社というヴェールを剥奪し，その背後にある実体を捉えて，法人格あるところに法人格がないのと同様の取り扱いをなす」法理（江頭憲治郎・会社法人格否認の法理〔昭 55〕14 頁）である。この法理はすでに判例の認めるところでもある（最判昭 44・2・27 民集 23-2-511）。ここでは当事者の確定との関係に絞って考えてみる。最判昭和 48 年 10 月 26 日（民集 27-9-1240〔百選〔5 版〕7 事件〕）のケースを例にとる。X が A 会社（代表B）を相手に居室の明渡し，延滞賃料の支払を求めて訴えを提起したところ，A はすでに商号を C に変更し，A と同一商号を使用する Y という新会社が設立されていたがその旨 X に通知されなかった（A と Y は，商号その他，備品什器等会社の実質が同一であった）。第一審では被告（ただし被告が誰であったかは問題である）欠席のまま X 勝訴。控訴審で，B は本件居室の賃借等の事実を自白した。約 1 年間審理がなされ弁論終結の後，B が弁論再開を申し立て，本件提訴前に商号が変更された旨を明らかにして Y と A とが別法人

であることを理由に自白の撤回を主張した。最高裁は，上記別法人 Y の設立が A の債務を免脱する目的のもとになされた会社制度の濫用であるとして，Y は信義則上，X に対して A とは別法人であることを主張することは許されない筋合いにあるから，A の債務について Y も責任を負うとした。

さて本件において被告は誰であったのかが問題となる。本件のようなケースでは，訴状の記載から当事者を確定することは困難である。当初から当事者は Y であったのか，それとも控訴審で商号変更が明らかになった時点で当事者変更があったのかが問題である。意思説によると A が被告であったことになるし，行動説では B が控訴審の当初は A の代表者として振る舞い，その後 Y の代表者として自白の撤回を主張していることから微妙なことになる。しかし弁論終結時点では，Y は A と別法人であることを主張できない（したがって A と Y とは同一性をもつ）とされたわけであるから，これを一つの実体としての会社であるとすることもできるし（高橋・重点講義上 166 頁），別会社であることを前提にしたとしても，控訴審段階での（黙示の）任意的当事者変更ないし訴訟承継（Y は A に対する訴訟に承継人として加わることになる）が行われ，これが有効と解することもできる（福永「法人格否認の法理に関する訴訟上の諸問題」当事者論 450 頁，小山昇［判批］昭 48 重要判解 119 頁，同・著作集 2 巻 320 頁参照）。前者であれば，当事者として自白の撤回を自由に行うことはできず，後者の場合には，前訴の訴訟状態への拘束と信義則上あらためて Y に自由な訴訟追行の機会を保障する必要のないことから，やはり同様の結論になる。結局，本件においては，いずれにせよ Y に自白の撤回が認められることはないことから，当事者の確定問題が表面化することはなかった（東條敬・最判解説昭 48 年度 45 頁）。なお，後者にあたるとする場合，Y に対する強制執行に A が第三者異議の訴え（民執 38 条）を提起することが可能になる。しかし法人格の濫用として否認の対象になる場合，A にこれを許すべきかが議論されている。最判平成 17 年 7 月 15 日（民集 59-6-1742）は法人格否認の法理を適用して判決に当事者として表示されていない会社に既判力および執行力を拡張することは否定しつつも，第三者異議の訴えにおいて法人格否認の法理の適用を排除する理由はないとして，法人格の濫用がある場合には，第三者異議の訴えにより強制執行の不許を求

めることは許されないとした。法人格否認の抗弁を認めて第三者異議を不許
とした結論には賛成するが（中野貞一郎＝下村正明・民事執行法〔平28〕301
頁），既判力等の判決効を否定してのことであることから，第三者異議の訴
えで棄却判決を受けた原告も執行債権の存在そのものを争う余地があること
になり，問題は残る（議論の詳細については，内山衛次・財産開示の実効性〔平
25〕175頁参照）。

2-3-6　任意的当事者変更と表示の訂正

　訴状の表示をAからBに変えても当事者の同一性に変更がなければ，た
んなる表示の訂正として取り扱われる。これは訴訟中いつでも行うことがで
き，その前後で訴訟状態に断絶は生じず，そのまま引き継がれることに問題
はない。これに対して，表示の変更に伴い，当事者の同一性が失われる場合
は，任意的当事者変更となる[5]。この場合，当事者に入れ替わりが生じるた
め，新たに当事者となる者の手続保障に配慮する必要がある。そこで任意的
当事者変更は原則として第一審においてのみ許され，それまで形成された訴
訟状態も当然には引き継がれないとされる（福永「任意的当事者変更」当事者
論544頁）。この任意的当事者変更がそもそも許されるのか，どのような要
件のもとで認められ，これにどのような法的効果があるのかが議論されてい
る（一般的には，新当事者に対する訴えの提起と旧当事者に対する訴えが併合さ
れ，場合によって旧当事者に対する訴えが取り下げられるという複合行為と考え
られている。したがって任意的当事者変更は第一審係属中に限って認められるし，
時効完成猶予効も引き継がないことになる。しかしこれではかなり限定された場
面でしか認められないことになることから，新旧訴訟物間の密接な関連，旧被告
の同意，控訴審では新被告の同意を要件にその可能性を広げる見解〈特殊行為説〉
が主張されている。鈴木重勝「任意的当事者変更の許容根拠」早稲田法学36巻
3＝4号〔昭36〕165頁参照。⇒**5-2-28**以下）。これらは当事者が確定された
後の問題であるが，具体的な事例で変更が表示の訂正にあたるか任意的当事

5）　当事者の変更が法律に定められている場合を法定当事者変更という。一般承継（当
　　然承継）を定めた民訴124条，特定承継としての参加承継，引受承継に関する同49
　　条・50条・51条などがこれにあたる。

II 当事者の確定

者変更になるのかは当事者確定の基準をどう設定するかによって異なる。実質的表示説の立場を前提としながら，手形金請求訴訟において，訴状の被告の表示を個人である「株式会社栗田商店こと栗田末太郎」と記載したところ，その表示を法人である「栗江工業株式会社代表取締役栗田末太郎」に訂正することを認めた判例がある（大阪地判昭29・6・26下民5-6-949〔百選［3版］12事件，同［5版］A3事件〕)[6]。他方で，被告を「豊商事株式会社」から「株式会社豊商事」に変更することをたんなる表示の訂正によることはできないとした判例がある（大阪高判昭29・10・26下民5-10-1787）。後者はそれぞれの会社が実在していたケースである。これらをみてもわかるように，当事者の同一性の判断は事案の実質に即して具体的に行われなければならない（具体例については，秋山＝伊藤ほかI274頁以下参照）。表示の訂正でいくべきか，任意的当事者変更の手続をとるべきかは，理論的には，当事者の同一性の有無で判断すべきものであるが，複合行為説では，時効完成猶予効や訴訟状態の引継ぎが，信義則等の別の法理を使わない限り，絶たれてしまうため，原告の利益が損なわれ，訴訟経済にも悖ることになる。そこで実務においては表示の訂正を利用することが行われる（そのため当事者の確定基準においても表示説を採らない）ことが指摘されている（上野・前掲148頁，納谷廣美「当事者変更の理論について」法律論叢63巻1号〔平2〕1頁など）。この点は，複合行為説を採れば表示説を前提としても妥当な処理が可能になるが，この見解の法的根拠をどのように説明するかの問題が残る。

---

6) 本件は，Xが，Y会社を相手に，振出人として「株式会社栗田商店代表取締役栗田末太郎」の記載のある約束手形の振出人の責任を問うべく訴えを提起して，大阪法務局に同会社代表者の資格証明を得ようとしたところ，同会社は同手形の振出し直後本店を移転し，かつ商号を「栗江工業株式会社」と変更して，登記簿上も事実上も約束手形記載の場所に「株式会社栗田商店」が存在しなかったので，Xは，同会社は存在しないものと考えて，本文記載の訴状提出となった。その後同会社は本店を移転し，商号を変更していることが判明したため，表示の訂正を申し立てたものである。これについて裁判所は，実質的表示説に立ち，本件訴えは個人を被告としたものではなく，商号変更前の法人を被告とするものであるから，これを商号変更後の法人に変更しても，被告の同一性は維持されるとして，表示の訂正を認めた。

2-3-6

III 当事者能力

2-3-**7** 一 般

(1) 意義　当事者能力とは，民事訴訟において当事者となることのできる一般的な資格をいう。民法上の権利義務の主体たりうる資格である権利能力に対応し，訴訟法上の主体として訴訟追行の効果を受け，最終的には判決の名宛人として判決効の帰属主体となることのできる資格を指す。提起された請求との関係で具体的な訴訟追行資格を問う当事者適格とは区別される，より一般的な訴訟要件である。しかしこの区別は相対的なものである。たとえば，胎児は後述のように一定の請求権との関係でのみ権利能力を与えられるが，団体ではより相対化された形で権利能力の種々の要素の一部だけが付与される場合があることを考えると，特定の請求や相手方との関係でのみ当事者能力が付与される場合がある。そこで団体の場合には当事者能力と当事者適格とが交錯する局面が存在し，その関係は相対化されることになる（伊藤・当事者 20 頁以下参照。当事者能力の相対性はその背後にある権利能力についてもそれが相対的なものであることと関連する。部分的権利能力論を参照）。なお当事者能力は，訴訟当事者のみならず補助参加人にも必要である。

(2) 当事者能力者 ―― 自然人と法人　権利能力を有する者は当事者能力を有する。民事訴訟は私人間の権利義務関係をめぐる紛争を取り扱うものであるから，権利義務の帰属主体である権利能力者は当然に当事者能力を有する (28)。したがって自然人ならびに法人は当事者能力を有する（民 3 I・34）。胎児は，不法行為に基づく損害賠償請求権，相続，受遺贈に関してはすでに生まれた者とみなされるから当事者能力を持つ（民 721・886 I・965）。天皇も当事者能力を有するが，天皇には民事裁判権が及ばないとされる（最判平元・11・20 民集 43-10-1160〔百選 I 6 事件〕）。自然人は死亡により当事者能力を失うが，破産しても当事者能力に変動はない。法人は，解散しても清算結了登記まではその目的の範囲内で清算法人として存続する（一般法人

III 当事者能力　　103

207，会社645・476。破産の場合も同様。破35）から，当事者能力を有する。

　国も私法上の権利義務の主体となることができるから当事者能力を持つことに問題はない（4 VI）。もっとも一定の紛争については被告適格が行政庁にあるとされる（行訴11 II）。その限りで行政庁に当事者能力が付与されることになる。外国人，外国法人にも同様に当事者能力が与えられる（28，民3 II）。外国の法人格のない団体も後述の日本のそれと同様の要件で当事者能力が認められる（法廷地法説[7]）。他に，属人法説：問題となる団体の本国訴訟法により当事者能力の有無が決せられるとする説，折衷説（選択的適用説）：属人法（本国訴訟法）か法廷地法かいずれかで当事者能力が認められれば足りるとする説がある。学説の対立状況については，青山善充「外国人の当事者能力および訴訟能力」国際民事訴訟の理論〔昭62〕201頁，本間ほか・国際民事手続法［2版〕〔平24〕110頁，中野俊一郎「外国人の訴訟上の地位」争点［3版］280頁参照）。当事者能力を有するか否かの判断の基準時は，事実審の口頭弁論終結時である（その後の事情の変動はこれに影響を与えない。最判昭和42・6・30判時493-36）。

2-3-8　法人でない社団，財団の当事者能力

　（1）　一般　　自然人以外のものが権利義務の主体となるためには法人格を取得することが必要である。しかしそのためには法定の手続を踏まなければならない（民33・34，会社3など）。その一方で，設立中の会社など法人格を取得するに至っていない団体がすでに社会において取引主体として存在しているという実体がある。またそもそも団体として存在しているが，法人格を取得する意図のないものもある。町内会や青年会，同窓会，未登記の労働組合などいわゆる権利能力のない社団もその個々の構成員から独立した団体として取引を行う。この取引から派生する紛争を訴訟で解決しようとする場合，団体の構成員個々人が訴訟において当事者となることは取引実体にも合

———

7）　この場合，28条の「その他の法令」には日本の国際私法も含まれる。法人に関していえば，設立準拠法がこれにあたるが，これによれば法人格のない社団，財団についても29条の要件を満たす限り，当事者能力が認められる。知財高判平28・6・22判時2318-81はこの見解をとる。

2-3-7・8

104 第2編 第3章 訴訟当事者

わないし，実際，構成員が多数存在するときには訴訟が困難となる。そこで民事訴訟法は法人格のない団体のうち，社団または財団で代表者または管理人の定めがあるものについては当事者能力（執行当事者能力を含む。民執20）を付与する規定をおいた（29）。法人でない社団にあたるかの基準としては，①取引上一個の主体として独立した存在であること（対外的独立性），②団体としての組織が整っていること（管理・運営方法，意思決定のための手続，代表者など。内部組織性），③構成員個人から切り離された存在であること（対内的独立性），④構成員の財産から独立した団体の財産が存在すること（財産的独立性，特に当該団体が金銭請求の被告となる場合にはこれが重要な要素となる）が挙げられる（伊藤126頁，長谷部121頁，最判昭39・10・15民集18-8-1671，最判昭42・10・19民集21-8-2078〔百選〔5版〕8事件〕8)）。もっともこれらの要件がすべて備わっている場合に限って当事者能力が認められ，しかもそれは自然人におけるようにどのような請求にも通用する完全な当事者能力であるという必要はない。前述のように，具体的な訴訟物や相手方との関係で当該団体が当事者能力を持つことが考えられることから，上記の判断基準にも具体的な請求との関係で濃淡が認められる。最判平成14年6月7日（民集56-5-899〔百選〔3版〕13事件〕）は，29条の要件としての財産的独立性に関し，必ずしも固定資産ないし基本的財産を有することは，不可欠の要件ではなく，そのような資産を有していなくても，団体として内部的に運営され，対外的に活動するのに必要な収入を得る仕組みが確保され，かつその収支を管理する体制が備わっているなど，他の諸事情と併せ，総合的に観察して同条にいう「法人でない社団」として当事者能力が認められる場合があるとした9)。当該団体が原告か被告か，どのような請求が立てられているの

---

8) 判例の基準としては，「団体としての組織を備え，多数決の原理が行なわれ，構成員の変更にかかわらず団体そのものが存続し，その組織において代表の方法，総会の運営，財産の管理等団体としての主要な点が確定していることを要する」とされる。
9) 本件は預託金会員制のゴルフ場の会員で構成されるゴルフクラブXが，ゴルフ場を経営するYに対し，XY間で調印された協約書に規定されている，Xの経理内容調査権に基づき（予備的に商282条2項〔会社442条2項に相当〕に基づき）書類等の各謄本の交付を請求したものである（井上治典「ある権利能力なき社団の当事者資格」新堂古稀上567頁参照）。本文の見解に対し，新堂148頁は程度の問題はあれ，

かによって当事者能力の有無が決まるとすると，具体的な請求との関係で決まるとされる当事者適格の問題と重なり合うことになる。この場面では当事者能力と当事者適格の交錯が見られる点は注意を要する（このような交錯に反対して，両概念の純化を図る見解として，名津井吉裕「当事者能力と当事者適格の交錯」法時88巻8号〔平28〕4頁）。なお，裁判所は当該団体の当該請求における当事者能力の有無の判断のために必要な資料を提出させることができる（規14）。

　法人でない社団に当事者能力を認める場合，この団体が同時に権利能力をも有することになるのかが問題となる。これを肯定する場合でも，当該団体に一般の権利能力を付与するものではなく，いわば事件限りの権利能力を与えることになる。肯定説が学説上は有力といえる（兼子111頁ほか多数）。これに対して判例は，否定的な態度を示しているように思われる（最判昭55・2・8判時961-69）。確かに，29条で当事者能力を認めることが訴訟物に対する権利義務の帰属性を当然につながるものとはいえない。しかし，一般的に，当事者能力が権利義務の帰属主体性から導かれるものであることに鑑みると，当事者能力の背後には，権利義務の帰属主体性が前提として潜んでいるとする方が考えやすい。これをあえて否定する必要はないように思われる。

　財団とは，一定の目的のために捧げられた財産を中心としてこれを組織し社会的に独立の存在として認められるものを指す。本条との関係では設立中の財団が問題となる（最判昭44・6・26民集23-7-1175）。

　(2)　当事者能力をめぐる諸問題　　(ア)　判例は権利能力のない団体に属する財産は，当該団体に権利能力がない結果，構成員に総有的に帰属するとする（前掲最判昭39・10・15）。そこでこのような団体に属する財産について，当該団体を原告として提起する所有権確認請求は，団体の当事者能力が肯定される場合であっても，棄却されることになる（最判昭55・2・8民集

　財産的基礎は29条適用の不可欠の要素とする。名津井吉裕・民事訴訟における法人でない団体の地位（平28）216頁は「団体財産」と「個々の財産」を区別したうえ，団体財産の形成を29条適用の不可欠の要件とする。しかし社団と組合の区別を相対化する場合，団体の財産的基礎を構成員の無限責任に置くことも考えられることからすると団体自体の財産の存在意義は低下することもあり得るように思われる。

34-2-138〈蔡氏門中事件〉10)）。判例は，29条によって当事者能力を認めることが実体法上の権利能力を認めることには繋がらないと考えていることになる。これに対して，法人格のない社団の当事者能力を認めることは，その限度で権利義務の主体性を認めないと背理になるとの見解（松本博之「非法人社団の当事者能力と実体関係」民商93巻臨増Ⅱ・特別法からみた民法〔昭61〕74頁・84頁，兼子111頁，小山87頁，新堂150頁，伊藤124頁など学説上はこれが通説である）からは，少なくとも当該団体を原告とする所有権確認については肯定することになろう。たしかに組合財産については組合員の総有に属するが，本条適用の前提として「社団」とされるからには，法人格はないとしても団体所有の財産となるはずであるから，社団に属する財産であるにもかかわらず構成員の総有という構成は首尾一貫しないと考える。最判平成6年5月31日（民集48-4-1065〔百選〔5版〕11事件〕）は，権利能力のない社団とされる入会団体が構成員全員の総有に属する不動産につきこれを争う者を被告とする総有権確認請求訴訟を追行する原告適格を有するとした11)。この

---

10) 沖縄に古来伝わる血縁団体「門中」の土地帰属をめぐる紛争である。登記簿が戦争で焼失したこともあって，戦後この土地を共有名義とした Y₁Y₂ に対し，X₁ を代表者とする X₂門中が原告となって，本件土地の所有権の確認，Y₁Y₂ の所有権登記の抹消登記手続等を求めたものである。所有権確認を扱った原審は，本件土地が X₂ の財産であることからその当事者能力は認めたものの，X₂ の構成員の範囲を特定する必要があるところ，本件ではそれがなされていないことを理由に所有権確認請求を棄却した（この点は上告の対象とはなっていない）。最高裁も X₂ の権利能力なき社団であることによる当事者能力を認めたが，権利能力なき社団の資産は法律上構成員の総有に属するから，社団自体に本件土地の所有権が帰属することを前提とする本件請求は失当であること，総有権確認請求の提起は処分行為にあたるから X₁ 単独では提起できず構成員の全員かまたは代表者全員が共同で提起しなければならないとした。

11) X₁ は A 村内で入会権を有する者により構成され，構成員全員の共同所有に属する入会地の管理を目的とする入会団体であるが，すでに A を転出しているにもかかわらず共有名義人とされていた B から共有持分を相続した Y₁Y₂ が共有持分を主張したため，これに対して総有権確認請求の訴えを提起したところ，裁判所は権利能力のない社団にあたる X₁ は，構成員全員の総有に属する不動産につきこれを争う者を被告とする総有権確認請求訴訟を追行する原告適格を有するとしたものである。また本判決は，権利能力のない社団である入会団体において，規約等に定められた手続により，構成員全員の総有に属する不動産につき，ある構成員個人 X₂ を登記名義人とすることとされた場合には，当該構成員は，入会団体の代表者でなくても，自己の名で当該不動産についての登記請求訴訟を追行する原告適格を有すると判示する。

III　当事者能力　107

当事者適格が本人（総有権の主体）としての適格か，構成員の総有と構成する場合の訴訟担当かは議論があるが，その前提として当事者能力を肯定したうえで代表者の訴訟追行資格で不動産を処分するのに必要な手続を経たか否かという絞りをかけたことは注目に値する。この判決の昭和55年判決との整合性をどう考えるか問題となろう[12]。

（イ）　登記請求権　権利能力なき社団の資産たる不動産については社団の代表者が社団の構成員全員の受託者たる地位において，個人の名義で所有権の登記をすることができるのみであって，社団自体を権利者とする登記も，代表者である旨の肩書を付した代表者名義の登記をすることも許されないとされる（最判昭47・6・2民集26-5-957〔百選［4版］9事件〕）[13]。ここから一般的には法人格のない社団には，登記請求権も登記申請資格もないとされる。しかし法人格のない社団に登記請求権がないとしても，登記手続の申請資格も持たないかは別問題である。現に後者についてはこれを認める判例がある（大阪高判昭和48・11・16高民26-5-475）。これによれば，社団は，代表者個人を登記権利者とする登記手続を第三者に対して求めることになる（松本・前掲88頁参照）。もっとも，最判平成26年2月27日（民集68-2-192〔百選

---

12)　判例は，権利能力なき社団の財産は構成員の総有と性格づける。そのうえで，総有権の確認については構成員全員の訴訟共同が必要な固有必要的共同訴訟とする（最判昭41・11・25民集20-9-1921）。その反面，法人格なき団体自体が団体財産の所有権確認を求めることは許さない（最判昭和55年蔡氏門中事件）。しかし前記平成6年判決においては，入会団体が総有権確認請求する訴訟の当事者適格を認めた。団体構成員の総有に属する財産に関し，団体が行う訴訟は第三者の訴訟担当と考えることができる。その際，団体の当事者適格を基礎づける理由を判示してはいない。そこでこの結論を受け入れる場合，これをどのように考えるべきかが問題となる。前注に示した登記請求においては，任意的訴訟担当とする旨が窺われるのに対し，総有権確認の部分についてはこれとは区別しているところからすると，団体内部を規律する法規範の存在を前提とする法定訴訟担当と考えているのではないかとの推測が可能である（29条を法定訴訟担当の根拠規定と読むことには無理があるように思われる）。訴訟担当と解してはじめて構成員に対する判決効の拡張が容易に説明できる。判例の立ち入った分析については，山本弘「権利能力なき社団の当事者能力と当事者適格」新堂古稀上849頁，山本和彦・百選［5版］11事件解説参照。

13)　権利能力なき社団の代表者が交替した場合，新代表者は，旧代表者に対して，社団に属する不動産につき自己の個人名義に所有権移転登記をすることを訴求することができる。

2-3-8

[5版] 10事件〕）は，法人でない社団が，社団構成員全員の総有に属する不動産については，実質的には団体に所有権が帰属することを理由に，登記名義を有していた社団構成員の相続人に対し，代表者への持分移転登記請求訴訟の原告適格を認めたものである。さらにその訴訟の判決の効力は，構成員全員に及ぶことから，その請求を認容する確定判決に基づいて代表者が自己名義への所有権移転登記を申請することができるとした。それまでは，代表者個人が自己への移転登記請求をすることが考えられていたところ（前掲最判昭47・6・2），社団の原告適格を最高裁として初めて認めた点で画期的な判決ということができる。もっとも，団体の当事者適格が，団体自身の権利を裁判上行使することによるのか，構成員全員のための訴訟担当としてこれが肯定されるのかは，必ずしも明確ではない。もし前者と理解した場合，構成員全員への判決効の拡張の根拠が問われる。訴訟担当と考えれば，115条1項2号により構成員に判決の効力が及ぶことが説明できるので，そのように理解すべきであろう（田邊誠・百選［5版］10事件解説）。ただしここは種々の議論があり得るところである（名津井・前掲注9）307頁は，団体の固有適格構成をとり，かつ構成員に反射効が及ぶとする。同「法人でない社団の受けた判決の効力」松本古稀591頁も参照）。

　（ウ）　住民団体・消費者団体の当事者能力　　環境紛争や消費者紛争においては，しばしば権利として成熟していないために請求の基礎となる実体権の内容が明確さを欠いたり，被害額が少額（いわゆる拡散利益）であるため個人として訴訟をすることが困難であることがある。この場合，たとえば公害源となる施設建設の反対運動を展開してきた住民団体や環境団体，消費者団体が運動の一環として訴えを提起することが考えられる。そのさいまず当該団体の当事者能力が問われることになろう。ここでも基本的には前述の判定基準で29条の適用の有無が判断される。問題は，このような団体の中には，永続性を欠いていたり，財政的基盤が弱いなど必ずしもすべての基準をクリヤーできるとは限らない団体が存することである。確かに当事者能力は当事者適格とともに濫用的訴訟防止のために一定の者を排除するという機能を有している。しかしここでも当該訴訟物との関係で当事者能力を柔軟に判断してよいと思われる（小島武司「住民団体・消費者団体の当事者能力」新実務

III 当事者能力

民訴(1) 279 頁，高橋宏志「紛争過程における団体」基本法学 II〔昭 58〕287 頁，福永「住民団体・消費者団体の当事者能力」当事者論 499 頁参照)。なお，消費者契約法においていわゆる団体訴訟を認める規定が設けられた（消費契約 12）。またこのような適格消費者団体による差止請求の対象は，景品表示法（同法 30）や特定商取引法（同法 58 の 18 以下）に対象が拡大されている。これにより，適格消費者団体に事業者に対する差止請求権が付与され，これに基づいて当該団体が差止請求の訴えを提起する道が開かれた（⇒ 2 - 5 - **6**）。その前提として当該団体に差止請求訴訟の当事者能力が認められる。さらに消費者裁判手続特例法（平成 25 年法律 96 号，平成 28 年 10 月 1 日施行）は，消費者の集団的被害を回復，救済する見地から，消費者が個別に権利追求をするのが困難な場合のために，事業者に対して消費者被害の集団的な回復を求める裁判手続を創設した。手続は 2 段階に分かれるが，第 1 段階目の手続（共通義務確認訴訟）では，特定適格消費者団体に原告適格を与えて，相当多数の消費者と事業者の間の共通義務の確認を求めること，原告が勝訴した場合，第 2 段階目（対象債権の確定手続）では個々の消費者が手続に加入して，簡易な手続によってそれぞれの債権の有無や金額を迅速に決定することで消費者被害回復の実効性を確保するというものである（消費者庁消費者制度課編・一問一答消費者裁判手続特例法〔平 26〕3 頁参照）。これはアメリカのクラスアクションとは種々の点で性格が異なるものではあるが，拡散的な消費者被害の集団的回復をはかるという制度が切り開かれたことになる。

　（エ）　中華人民共和国政府を中国の唯一の合法政府であることを承認した後の中華民国による家屋明渡請求訴訟（いわゆる光華寮事件）で，下級審判例は民事上の紛争当事者である中華民国に当事者能力を認めた（大阪高判昭 57・4・14 高民 35-1-70〔百選 I 23 事件〕）。しかし最判平成 19 年 3 月 27 日（民集 61-2-711）は，中華民国の当事者能力の問題とは別の観点，すなわち当事者確定の問題の下，中華人民共和国に本件訴訟の当事者が承継されたことを前提に，日本政府が日中共同声明において，中国国家の政府として中華民国政府に代えて中華人民共和国政府を承認した昭和 47 年 9 月 29 日の時点で，中華民国駐日本国特命全権大使が有していた代表権が消滅したことは公知の事実であるから，これによって，民訴法 37 条，124 条 2 項，同条 1 項 3

2 - 3 - 8

110 第2編 第3章 訴訟当事者

号の規定にかかわらず，上記時点で，訴訟が中断したものと解すべきである
として，それ以後，原告となるべき中国国家について，訴訟行為をするのに
必要な授権を欠いていたものと判断し，原判決を破棄して本件を第一審に差
し戻した（絹川泰毅・ジュリ 1381 号〔平 21〕95 頁参照）。

2-3-9 民法上の組合

　民法上の組合に 29 条の適用があるかについては，肯定説（来栖三郎「民法
上の組合の訴訟当事者能力」菊井献呈・裁判と法上〔昭 42〕331 頁，新堂 148 頁，
上田 94 頁，最判昭 37・12・18 民集 16-12-2422〔百選〔5 版〕9 事件〕）と否定説
（兼子 110 頁，小山 88 頁）に分かれている。しかしこの争いはたぶんに理念
型としての社団と組合とを比較し，純然たる両者の区別を前提としているき
らいがある。組合が個々の組合員の契約関係から成り（民 667），これから切
り離された 1 個の社会的実在として観念することができない存在であること
からは否定説が素直な解釈であろう（松本・前掲 81 頁，松本＝上野 249 頁。も
っとも代表者の定めがある限り，純粋な組合であっても 29 条の適用を認めるべき
であるとする見解もあることに注意する必要がある。実際，社団か組合かの区別
がつきにくいことが多く，両者を峻別することは 29 条適用の便益をそぐことにな
ること，業務執行組合員が代表者として訴訟するか，訴訟担当をするかで実質的
に異なるところはないことを理由とする。そしてこの場合，組合に対する判決の
効力は組合員に対しても及び，組合に対する判決に基づき組合員の個人財産に対
して強制執行が可能であるとする。新堂 151 頁，来栖・前掲 348 頁[14]）。しかし

14）　29 条が適用になる団体の受けた判決の効力が構成員に及ぶかは問題である。29 条
　　の適用要件として財産的独立性を要求するのは，団体が構成員から切り離された存在
　　であることを意味することからするとこれを否定するのが筋であろう。最判昭 48・
　　10・9 民集 27-9-1129 は，権利能力なき社団の財産は構成員の総有に属するとして，
　　構成員の個人財産と区別する立場をとっている。しかし団体と構成員の切り離しが場
　　合によっては難しいこともあり得る。特に構成員からの独立性や財政的基盤が弱い団
　　体においては団体の独立した存在は観念しにくく，取引の相手方としてもこれを容易
　　に区別できず，そのため構成員の財産を債権の引当財産として考えていることが想定
　　されるという場合には，構成員へ判決効を拡張することが妥当な場合もあろう（持分
　　会社の社員については，会社債務との連帯責任ならびに会社の持つ抗弁の援用が規定
　　されている。会社 580・581）。なお法人格なき社団への強制執行について，最判平

III 当事者能力　111

現実に存在する団体は組合と名付けられているものであっても，組合員との関係の濃淡はさまざまであって，民法上の組合という性格決定から直ちに29条の適用を否定することは適切ではない。基本的には組合という名称にこだわらず，上記の4つの基準（⇒ **2 - 3 - 8**(1)）を当てはめて29条の適用の有無を判断すべきであるとする見解が近時有力である（三ケ月・双書226頁，伊藤126頁）。民法上の組合に29条の当事者能力を認める場合，同時に，事件限りの権利能力を認めるべきかが問題となるが，前述のようにこれを肯定することができる（高田裕成「民法上の組合の当事者能力」福永古稀1頁以下でこの問題に関する緻密な分析がなされている）。29条の適用が否定される場合には，組合員全員が当事者となるか，その中から選定当事者を選ぶか(30)，業務執行組合員による任意的訴訟担当によることになる。もっとも組合が被告となる場合は通常は後2者は使えないとされることからすると訴え提起の便宜上問題は残る。

2 - 3 - 10　当事者能力を欠く場合の措置

　当事者能力を欠く者は当事者の地位につくことはできない。当事者能力を欠く者が当事者となっている場合，裁判所は本案判決をすべきではなく，補正できない場合には訴えを却下することになる。当事者能力は訴訟要件である。したがって裁判所は職権でその有無を調査すべきであるし（大判昭3・

22・6・29民集64-4-1235頁は，「権利能力のない社団を債務者とする金銭債権を表示した債務名義を有する債権者が，構成員の総有不動産に対して強制執行をしようとする場合において，上記不動産につき，当該社団のために第三者がその登記名義人とされているときは，上記債権者は，強制執行の申立書に，当該社団を債務者とする執行文の付された上記債務名義の正本のほか，上記不動産が当該社団の構成員全員の総有に属することを確認する旨の上記債権者と当該社団及び上記登記名義人との間の確定判決その他これに準ずる文書を添付して，当該社団を債務者とする強制執行の申立てをすべきものと解するのが相当であって，〔民執〕法23条3項の規定を拡張解釈して，上記債務名義につき，上記登記名義人を債務者として上記不動産を執行対象財産とする〔同〕法27条2項の執行文の付与を求めることはできないというべきである」とした。これに続いて，最決平23・2・9民集65-2-665は，不動産の仮差押えの場合には，強制執行とは異なり，構成員全員の総有に属することの事実を証明するものであれば足り，それが確定判決等であることを要しないとした。

2 - 3 - 9 ・ 10

11・7評論 18-6-民訴 205），その判断資料の収集は職権探知によるべきである。また当事者能力の証明責任は，本案判決を求める当事者にある（秋山＝伊藤ほか I 312頁）。

　当事者能力を欠いているのにこれを看過して本案判決がなされたときは，「判決に影響を及ぼすことが明らかな法令の違反」として控訴，上告（312 III）ないしは上告受理事由（318 I）となる。しかし再審事由（338）にはあたらないから確定後はこれを取り消すことはできない。そのような判決も当然に無効ではなく，その事件の解決に関する限りで当事者能力があるものとして扱われるとの見解があるが（兼子112頁，三ケ月・双書227頁），このような判決は内容上の効力を生じない無効の判決と解すべきである（小山89頁，新堂151頁，講義105頁〔福永〕）。

IV　訴 訟 能 力

2-3-11　訴訟における制限能力者の保護

　(1)　意義　訴訟能力とは，訴訟当事者（補助参加人を含む）としてみずから訴訟行為をなし，相手方や裁判所の訴訟行為を受ける能力を指す訴訟法上の概念である。訴訟行為は一般に訴訟の各段階に応じて行われ，これが積み重ねられて最終的には判決へと至るものである。したがってその途上での行為の効果を予測することは，法律行為以上に複雑で困難を伴うことがある。そこで法は制限能力者保護のための手だてを用意している。すなわち制限能力者について，民事訴訟法は民法の行為能力に対応して，訴訟能力の制限規定をおいている。

　(2)　基準　訴訟能力は，「この法律に特別な定めのある場合を除」いて，民法その他の法令に従う（28）。すなわち民法の行為能力を定めた規定（民5以下）を基準として判断する。したがってまず，行為能力を有する者は訴訟能力を持つ（もっとも行為能力者であっても意思能力を欠く場合にはその訴訟行為も無効である〔民3条の2〕。最判昭29・6・11民集8-6-1055〔百選［5版］16

IV 訴 訟 能 力

事件〕は，成年を過ぎ，かつ準禁治産宣告（平成11年改正前）を受けていないが，知的障害者である者の控訴の取下げを無効とした。もっともこのような者のなした控訴自体は，不服申立てにすぎず，敗訴判決による不利益を除去するための，自己に利益な行為であることから有効と解した）。

外国人の訴訟能力については，行為能力の準拠法が本国法による（法適用4I）ことから，訴訟能力もこれに従うべきように思われるが，外国人を日本人以上に保護する必要はないことを考えると，むしろ日本法（法廷地法説）によるべきである（したがって，外国人の訴訟能力の有無は，28条，法適用通則法4条1項により本国実体法の行為能力により判断されることになる。ここでも属人法＝本国訴訟法説が有力に主張されているが，法廷地法説が優れていると考える。本間ほか・前掲114頁，中野・前掲争点〔3版〕281頁，青山・前掲220頁）。本国実体法による処理が日本法と整合しない場合の調整は33条によって行われることになる。

法人に訴訟能力が認められるかについて議論がある。これは法人実在説をとるか擬制説をとるかとの関係で論じられた問題である。すなわち法人実在説によれば法人は訴訟能力者であり，法人擬制説によれば法人は訴訟能力を持たないと帰結される。しかし議論の実益はあまりない（斎藤編(2)37頁）。いずれにしても法人は代表者によって訴訟追行することにかわりはなく，その関係は本人と代理人との関係に準じて取り扱われるからである（37）。外国法人の訴訟能力については，前述のように法廷地法説によって処理すべきである（処理の具体的な方法については，青山・前掲230頁を参照）。

（3）　訴訟能力を要するのは当事者として訴訟行為をする場合である。したがって他人の訴訟代理人として訴訟行為をする場合には訴訟能力を要しない（通説）。上記原則は制限能力者本人を保護するための制度であり，当該他人が訴訟行為につき能力の制限を受けた者を代理人とするかはその判断に任される事柄であるからである（弁護士でない未成年者が裁判所の許可を得て訴訟代理人となることはできる。区裁判所に関する判例として，大判昭7・9・17民集11-1979。反対，上田97頁は，当事者権保障の実質化と両当事者の対等性確保の見地から，簡裁における代理人として弁護士資格までは要求しないとしても訴訟能力を要求すべきであるとする。また，非訟事件手続法において，旧法6条1

2 - 3 - 11

項は代理できるものを訴訟能力者としていたところ，新法22条1項では，民訴54条と同様弁護士代理を原則としつつ，第1審手続では，裁判所による許可代理を可能としている。なお簡裁の訴訟代理権に関して司書3参照）。さらに証人尋問や当事者尋問，検証の対象として証拠調べをうけるときは訴訟能力を要しない。

2-3-12 訴訟無能力者

(1) **絶対的訴訟無能力者 —— 未成年者，成年被後見人** 未成年者，成年被後見人は法定代理人によらなければ，訴訟行為をすることができない（31本文）。この両者が訴訟無能力者である（102）。民法は未成年者が法律行為をする場合には法定代理人の同意を要すると定め，もし同意なくして法律行為をした場合には，これを取り消すことができるとする（民5）。また成年被後見人については法律行為を取り消すことができるのが原則である（民9）。すなわちいずれも取消しによってその行為が遡及的に無効となるのであり，それまでは有効である。これに対して訴訟行為については，一律にこれを否定し，法定代理人によってのみ行うことができるとした（訴訟無能力者に対する送達も法定代理人にする。102 I）。前述のように訴訟行為は法律行為と比較して，複雑で行為の効果を見極めるのに困難なことが多く，しかもその結果が不利なものであっても既判力が生じて蒸し返すことを禁じられるからである。したがって訴訟無能力者のした訴訟行為は原則として無効である（例外については，前掲の最高裁昭29年判決，およびこれに関する小田司・百選［5版］16事件解説参照）。

(2) **例外** もっともこの例外として未成年者でも婚姻によって成年となる場合（民753），法定代理人から営業の許可を得た場合（民6 I）や会社の無限責任社員となることを許される（会社584）など独立して法律行為をすることができる場合（31但）には，その限りで未成年者も訴訟能力を持つ（民法5条1項ただし書は，たんに権利を得または義務を免れる行為については法定代理人の同意を要しないとし，また同5条3項は，法定代理人が目的を定めて処分を許した財産については，その範囲内において未成年者に随意処分が認められるとする。しかしこれをめぐって訴訟になったときには，原則どおり法定代理

IV 訴 訟 能 力

人のみが訴訟行為をすることができると解されている。上田99頁参照）。

さらに未成年者はみずから労働契約を締結し，賃金を請求することができる（労基58・59）。しかしそこから派生する訴訟において訴訟能力を有するかについては見解が分かれている。民法や実体法上の請求権を有することとこれに関する訴訟を自ら追行することができることとは区別されるべきであることを前提として，未成年当事者の相手方からの保護の必要性はこの場合でも同様であることを根拠に訴訟能力を否定する見解（小山108頁）がある。しかし多数説は，法定代理人の許可を得て労働契約を締結した以上は，自らの判断で行動することが許されることから，訴訟能力を認めることがむしろ実状に合致するし，場合によっては親権者その他の者が労働契約を将来に向かって解除することができることで対処できるとして肯定説をとる（兼子115頁，三ヶ月・双書237頁，講義110頁〔福永〕。名古屋高決昭35・12・27高民13-9-849は，満15歳以上の未成年者は労働契約に関する訴訟について訴訟行為を自ら有効になすことができるとする）。

(3) 制限的訴訟能力者——被保佐人・被補助人　被保佐人・被補助人（訴訟行為をすることにつきその補助人の同意を得ることを要する場合に限る）は訴訟能力を制限される。被保佐人・被補助人が訴訟行為をするには保佐人・補助人の同意を要する（民13 I ④・17 I）。ただし相手方の提起した訴えまたは上訴について訴訟行為をするには保佐人・補助人の同意を要しない（32 I）。なぜなら保佐人・補助人に対する訴え提起は認められず，これを要しないとしなければ，保佐人・補助人が同意しようとしない場合，相手方は，被保佐人・被補助人に対して訴えを提起することに支障を来すからである。なお保佐人・補助人の同意を得た場合やこれを要しない場合でも，訴えの取下げや和解，請求の放棄や認諾等，訴訟を終了させる効力を持つ重大な処分行為をする場合には，特別の授権がなければならない（32 II）。

(4) 人事訴訟　身分上の行為に関しては，本人の意思に従って行わせるという民法の基本姿勢に対応するかたちで，人事訴訟においては，意思能力を有する限り，行為能力を制限された者といえども訴訟能力を有する。すなわち被保佐人・被補助人については人事訴訟において完全な訴訟能力を有し，未成年者も意思能力を有する限り訴訟能力を持つ（人訴13 I。その場合

2 - 3 - 12

でも，裁判長は，能力補充の見地から必要があると認めるときは，申立てにより，または職権で，弁護士を訴訟代理人に選任することができる。人訴13Ⅱ・Ⅲ・Ⅳ，人訴規9)。人事訴訟については，残存能力を活かすかたちで訴訟追行を認め，本人の意思をできる限り尊重すべきとの思想の表れである。しかし，意思能力を欠いている場合には，原則どおり法定代理人が職務上の地位に基づき訴訟追行する（山木戸克己・人事訴訟手続法〔昭33〕99頁）。成年被後見人についても同様に，意思能力を有する限り，原則として訴訟能力を認めるべきである（山木戸・前掲98頁，小山108頁，梶村＝徳田編・家事事件手続法〔第3版〕〔平28〕526頁）。かつての多数説は意思能力の判定が必ずしも容易ではないことや精神的状態が変動することを考えると手続の安定という見地から，成年被後見人の訴訟能力を否定すべきであるとしていた（兼子116頁，講義110頁〔福永〕）。しかしこの解釈は人事訴訟法の下ではもはや通用しないと考える。もっとも手続の安定の要請と本人保護の見地から，訴訟代理人の選任を利用すべきである。この趣旨は，人事訴訟一般に通用する（人訴2。旧人訴法時代に親子関係存否確認訴訟への上記趣旨の類推適用を認めた判例として大判昭11・6・30民集15-1281参照）。なお成年被後見人に関しては，成年後見人，成年後見監督人が職務上の当事者として訴訟追行する場合（離婚，離縁，嫡出否認）が法定されている（人訴14）。

2-3-13　訴訟能力を欠く場合の取扱い

(1)　訴訟能力は個々の訴訟行為の有効要件である。さらにそれを超えて訴訟要件であるかについて議論がある。通説はこれを否定するが，有力な肯定説もある（中野・論点Ⅰ82頁，三ケ月・双書239頁，松本＝上野256頁，秋山＝伊藤ほかⅠ296頁，柏木邦良・訴訟要件の研究〔平6〕267頁，伊藤135頁）。もっとも通説によっても訴訟行為が訴え提起や訴状の受領行為である場合には，これらの行為が無効となるから訴えが却下されることになる。問題は，訴訟係属中に当事者が訴訟能力を失った場合に，訴訟無能力者となった者を本案判決から保護するためには，たんなる訴訟行為の有効要件とするだけでは足りないのではないかである。特に訴訟代理人がいるため訴訟の中断によってこの者が保護されないような場面が想定される以上，訴訟係属の全般に

IV 訴訟能力

わたって訴訟無能力者を保護するため，訴訟能力を訴訟要件とする必要がある[15]。すなわち訴訟能力の存在は訴訟要件でもあり，同時に個別の訴訟行為の有効要件でもあると解すべきである。したがって訴訟無能力者からのまたは訴訟無能力者に対する訴訟行為は原則として無効である。この点で，制限能力者の法律行為が取り消されるまで有効とされるのと異なる。訴訟行為は1つの行為に次々と他の行為が積み重ねられていくものであるため，ある行為が取り消されることによってそれ以後の行為がすべて無効となるというのでは手続の安定を欠くからである。

訴訟無能力者によるまたはこれに対する訴訟行為も例外的に肯定される場合がある。単独で訴えを提起しあるいは訴状の送達を受けた訴訟無能力者のなした控訴（上訴）の提起は有効と解すべきである。相手方は控訴審で訴訟能力の存在について判断を受けることができる一方，単独では訴訟能力の欠缺を十分に主張証明できなかった当事者を保護する必要があるからである（中野・論点 I 87頁）。上記原則の例外にあたるかは制限能力者保護の立場から個別に行われることになる。

(2) 追認　訴訟能力を欠く訴訟行為は，無効であっても，その外形が存することから，法定代理人または能力を取得，回復した本人が，裁判所または相手方に対し，これを追認すれば，行為の時にさかのぼって有効となる（34 II。ただし意思能力を欠いた者の行為は成立したとみることはできないから追認の余地はない）。追認は個々の行為について行われるのではなく，それまでの訴訟行為を一括してなされなければならない。追認する行為を選択することを認めることは手続の安定を欠くし，相手方に不利益となるからである（無権代理人の行為に関するものではあるが，最判昭55・9・26判時985-76）。追認は上告審においてもできるし（無権代理人の行為に関する，最判昭47・9・1

---

15)　中野・論点 I 82頁は，訴訟要件と解する必要がある場合の例として，訴訟係属中に当事者たる未成年者が法定代理人から営業の許可（民6）を取り消された場合には，訴訟代理人がいて訴訟が中断しなくても，未成年者の法定代理人が手続に登場しないまま，弁論を終結して本案判決をすることは許されないことを挙げる。訴訟能力は，本案判決に向けての個々の訴訟行為の有効要件として作用する場合もあるが，訴訟能力の問題が独立して紛争の対象となることも考えられるのであるから，訴訟要件レベルでの取扱いを必要とする（柏木・前掲267頁）。

民集 26-7-1289），判決確定後であっても再審訴訟の係属中においてもできる（大判昭 13・3・19 判決全集 5-8-362）。追認は明示の意思表示だけではなく，行為の評価によって黙示的にも行われる（最判昭 34・8・27 民集 13-10-1293）。

　(3)　訴訟能力の欠缺を看過した判決の効力　　訴訟能力を欠く者に対する判決の送達は，責問権の放棄が認められない限り，適法ではなく判決はなお未確定の状態にあるとする判例がある（無効説。大決昭 8・7・4 民集 12-1745）。しかしこれではいつまでも手続が不安定の状態に置かれることから，訴訟能力の欠缺を看過してなされた判決の送達によって上訴期間が進行し，その徒過によって確定する。この場合，訴訟無能力者の手続関与の機会が保障されなかったことからの救済は，上訴ないしは再審（338 条 1 項 3 号）の提起によりなされることになる。もし判例のように判決の送達が無効であるというのであれば，訴状の送達も同様であるはずであって，判例の立場は首尾一貫していないとの批判がなされてきた（兼子 120 頁）。訴訟において訴訟能力の有無が不当に看過されることを防ぐためには，訴訟関与を保障すべく，訴訟無能力者による訴え提起やその者への訴状の送達，訴えの取下げや上訴も有効と見なければならない。結局訴訟能力の有無は訴訟追行全体として見るべきでその訴訟の終局判決で解決されるべき問題であるとする見解が通説である（有効説。兼子 119 頁，秋山＝伊藤ほか I 341 頁）。これに対して，訴訟能力の欠缺を看過して訴訟無能力者を敗訴させた判決は，訴訟無能力者の手続関与の機会が保障されなかったときには，内容上の効力（既判力，執行力等）は生じないから，再審の提起を待つまでもなくたとえば執行文付与をいきなり争うこともできるとの見解が存する（新堂 163 頁。この見解は，判決の内容上の効力は生じないとしても判決が不存在になるわけではないから，上訴，再審による救済も可能とする）。また，通説は先の判例が判決送達の無効を理由に未確定を認めることは，いつまでも手続を不安定なものにすると批判するが，確定を前提として 338 条 1 項 3 号による救済を図るという場合でも，この規定の適用には提訴期間の制限がないことからすると，状況はさほど異ならず，むしろ再審によらず控訴によらせる方が，訴訟能力の存否の証明責任を原告に課する点で訴訟無能力者保護に繋がるのであるから判例の立場の方が優れているとする見解がある（小田司「訴訟能力をめぐる諸問題」日本大

IV　訴訟能力

学法学部創設 120 周年記念論文集（第 1 巻）〔平 23〕211 頁，坂原正夫「訴訟能力の欠缺を看過した判決の効力」慶應義塾大学法学部法律学科開設百年記念論文集（法律学科篇）〔平 2〕121 頁）。通説は，無能力者による訴訟行為の効力を個別的に判断するのではなく，一括して判断し，訴訟能力の欠缺を看過した判決を本来法律が予定していた上訴，再審という救済方法に結びつけるという意味で民事訴訟法の構造に忠実でわかりやすいという側面を持つ。しかし他方で，訴訟無能力者が被告になる場合，原告が訴訟能力について証明責任を負うと解されていることからすると（中野・論点Ⅰ88 頁参照），再審という方法は，無能力者の救済という観点からベストではない場合が想定される。もっともこの観点を強調してつねに判決未確定で処理すべきとするのも，証明責任の問題や再審の補充性からいって望ましいとしても多少窮屈な感じは否めない。そうすると置かれた状況から救済方法の選択を認める折衷説（新堂説）が優れているように思われる。この見解は一見理論的な整合性に欠けるように思われるが，手続保障侵害により既判力等の判決効を正当化できないという面と外形的には判決が存在して判決効が生じている外観が存在するとの面を併せ持つ問題から無能力者を保護する手立てを講じる必要があることを考えると，必ずしも首尾一貫性を欠いているとはいえない。結論的には，判例の無効説（内実）と学説の有効説（外観）を併せ持つ形でこの問題における訴訟無能力者を保護すべきである。訴訟無能力者は，判決確定前であれば上訴（312Ⅱ④），上訴期間の徒過により判決が確定している外観を呈する場合には再審（338Ⅰ③），そのほか，場合によって執行文付与に対する異議，請求異議の訴えにおいて判決効の有無を争うことができると解すべきである（⇒ 2 - 4 - 4）。

　（4）　**訴訟能力を欠く場合の裁判所の措置**　　前述のように訴訟無能力者のまたはこれに対する訴訟行為も追認の可能性がある以上，直ちに排斥するのではなく，裁判所としては，一定の期間を定めて補正を命じなければならない（34Ⅰ前段）。補正とは，過去の行為の追認と将来の訴訟行為が有効に行われるような措置（保佐人・補助人の同意や特別代理人の選任）をとることを指す。補正命令の名宛人は，訴訟行為につき能力の制限を受けた者による訴え提起の場合は，訴訟行為につき能力の制限を受けた者本人であり，訴訟行

為につき能力の制限を受けた者に対する訴え提起の場合は，訴状審査の段階で判明した場合には原告に訴状補正命令が発せられ，訴状が送達された後に判明したのであれば訴訟行為につき能力の制限を受けた者たる相手方であると解すべきである（中野・論点Ⅰ83頁参照）。これらの者の補正を待っていたのでは，遅滞により損害が生じる場合（証拠の性質上直ちに取調べをする必要がある場合等）には，訴訟行為につき能力の制限を受けた者や相手方に一時訴訟行為をさせることができる（34Ⅰ後段）。

(5) **補正がない場合の措置**　補正が命じられたにもかかわらず，補正されなかった場合の裁判所の処置は次の2つに分けて行われる。①訴え提起，訴状の受領段階で訴訟能力に欠缺がある場合には，訴訟係属自体が適法ではなく，本案判決をすることができない。この場合，訴訟係属が適法になされていないという意味でも訴訟要件が具備されていないという意味でも訴えは却下される。②訴え提起または訴状の受領段階では訴訟能力に欠缺がなく，適法に訴訟係属が生じたが，その後当事者が訴訟無能力になった場合は，その後に行われた個々の訴訟行為が無効として排斥されるのみならず，訴訟要件の欠缺としてここでも訴えを却下すべきことになる。

(6) **上訴審での取扱い**　訴訟無能力者が訴えを提起し，または訴状を受領したが，補正がなされないまま終局判決が言い渡され，無能力者からまたは相手方による控訴がなされた場合，控訴裁判所はどのように処理すべきか。特に，訴訟無能力者の控訴が適法かがまず問題になるが，控訴を却下すると第一審判決が確定するので却下すべきではなく，もし訴訟無能力を看過して判決が言い渡され，なおかつ補正ができない場合は，第一審判決を取り消し，訴えを却下すべきである。第一審が訴え却下であれば，これを維持して控訴を棄却する。訴訟無能力者に訴訟能力の有無を争う機会を保障すべきであるとの見地から，訴訟無能力者による上訴自体は適法と解さざるを得ない。訴訟無能力者に対する訴状の送達や控訴の提起についても同様に適法と考えるべきである（中野・論点Ⅰ87頁[16]）。

---

16)　中野・論点Ⅰ87頁は，訴訟能力を欠く者の訴訟行為は常に無効との硬直した前提を捨てて，各個の問題につき，制度の趣旨や規定の解釈から必要とされる場合には例外としてこれを肯定すべきとする。訴訟無能力者の上訴はこの観点から有効としなが

V 弁論能力　　121

(7)　訴訟中に当事者が訴訟能力を喪失した場合，訴訟手続は中断し，法定代理人が受継する。逆に本人が能力を回復すると法定代理人による訴訟手続が中断し，本人が受継する（124 I ③）。

V　弁　論　能　力

2-3-14　弁論能力の訴訟上の意義

(1)　意義　　弁論能力とは，訴訟手続に関与して，現実に訴訟行為を有効に行う資格を指す。訴訟能力が制限能力者たる当事者を保護するための制度であるのに対して，弁論能力は訴訟手続の円滑迅速な進行と司法制度の健全な運営のための制度である。弁論能力はしたがって当事者，補助参加人のみならず代理人，補佐人についても問題となる。弁護士強制主義は弁論能力を弁護士に限定して認める制度といえる。逆に日本のように本人訴訟を認める国では訴訟能力を有する者は原則として弁論能力を有することになる。

(2)　弁論能力の制限　　現実の個々の訴訟においては，手続に関与する当事者または代理人がその陳述内容を裁判官が明瞭に把握できる程度に言語表現能力を持ちあわせているとは限らない。それが困難でそのために円滑な訴訟進行が妨げられることが起こりうる。そこで裁判所は訴訟関係を明瞭にするために必要な陳述をすることができない当事者等の陳述を禁止する裁判を行い，口頭弁論の続行のために新たな期日を定めることができる（155 I。訴訟代理人の陳述を禁じるときは，裁判所書記官がその旨を本人に通知しなければならない。規 65）。そのさい必要と認めるときは，弁護士の付添いを命じることができる（155 II）。

(3)　弁論無能力者の訴訟上の取扱い　　裁判所は弁論能力を欠く者を訴訟から排除し，その訴訟行為を無視することができる。また定められた新期

ら，上訴の取下げは別に考えるべきとする。前掲最判昭 29・6・11 は，成年に達してはいたものの，精神年齢が 12, 3 歳の児童の程度であった者による控訴の取下げを意思能力を欠いた者の行為として効力を否定した。

2-3-14

日に陳述禁止の裁判を受けた者が出頭しても，期日に欠席した者と取り扱われることがある。しかし陳述禁止の目的は，当事者保護ではなく，訴訟の円滑迅速な進行にあるから，陳述された内容を訴訟資料として判決がなされても違法な判決ではない。したがってそれ自体は上訴，再審事由とはならない（通説。反対，上田102頁，同・当事者平等原則の展開〔平9〕51頁以下参照）。

第4章　訴訟上の代理人・代表者

I　総　　説

2-4-1　代理人の概念

(1)　代理人の概念　　民事訴訟上の代理人とは，本人に法律効果を帰属させる（最終的には判決の効力を本人に及ぼす）ために，本人の名前で，本人に代わって，自らの意思決定によって，相手方や裁判所に対して訴訟行為をしたり，あるいは相手方や裁判所から自己に向けられた，本人のための訴訟行為を受領する者である[1]。

(2)　訴訟上類似した者との異同　　「使者」は，本人のために本人の訴訟行為を伝達したり受領するだけの者であり，自らの意思決定に基づいて訴訟行為をしない点で代理人と異なる（たとえば，106 I の送達受領補助者）。

「第三者の訴訟担当」は，一定の要件のもとに訴訟物たる権利・義務関係について，その主体のために第三者が代理人のように訴訟を追行することである（⇒ 2-5-7・8）。この第三者は，自己の名前で（当事者として）訴訟を追行する点で，（本人の名前で訴訟を追行する）代理人と異なるが，判決の効力は権利・義務の主体に及ぶ（115 I ②）点で，代理人と類似している。

他人が当事者でないにもかかわらず，訴訟に関与して当事者に影響を及ぼす場合があるが，自己の名前で訴訟行為をするのであれば，代理人ではない（たとえば，必要的共同訴訟人〔40〕や補助参加人〔42〕）。

2-4-2　代理制度の必要性

(1)　代理制度の必要性　　訴訟において代理制度を必要とするのは，実

---

1)　この場合の「本人」とは，訴訟当事者とは限らない。補助参加人（42）も含まれる。すなわち，補助参加人は弁護士に訴訟活動を依頼できる。

2-4-1・2

体法の場合と同様に本人のためであるが，それだけではなく訴訟運営のためという面も有している。すなわち，第1は本人の能力の補充である。単独で訴訟行為のできない者（未成年者・成年被後見人，31）には，その者に代わって訴訟活動をする者が不可欠であり，ここに法定代理の必要性がある[2]。

第2は本人の能力の拡充である。自ら単独で訴訟行為ができる者であっても，専門家に訴訟を任せられれば訴訟活動は充実するし，自らは安心して日常生活に専念できる。ここに任意代理の必要性がある。

第3は迅速で円滑な審理のためである。裁判所は訴訟関係等を明瞭にするために，当事者等の陳述を禁じることができる（155 I）。この場合に必要があれば，裁判所は弁護士の付添いを命じることができる（同 II）。

(2) 訴訟の効率的運営と弁護士強制主義 第3に挙げた審理の効率という面で代理制度の必要性を強調すると，訴訟は本人（法定代理人がいる場合は法定代理人。以下同じ）が行うのではなく，すべて弁護士が行うべきであるという弁護士強制主義に結びつく。

確かに訴訟において本人の意思が最大限尊重されなければならないが，それは本人の考えが訴訟活動に反映されるように配慮するということであって，本人が自ら訴訟活動をしなければならないということではない。訴訟は専門的知識と経験を必要とするものであり，訴訟活動は熟練している者が担当した方が，制度運営においても本人にとっても好ましいと考えられる。また法律の知識が十分でない本人が，分からないままに雑然とした訴訟活動をすることは，しばしば訴訟遅延をもたらす。このようなことからすると，弁護士強制主義が望ましいことになるが[3]，現行法はこれを採用せず本人訴訟主義

---

2) 民法では身分行為は代理に親しまないといわれ，代理が許されない場合があるが，訴訟法上はそのような制約はない。すなわち，訴訟行為は原則として代理に親しむ。なお人事訴訟法は意思能力のある者に訴訟能力を認めて（⇒ **2 - 3 - 12**），法定代理人によらなければ未成年者と成年被後見人は訴訟活動ができないという民事訴訟法上の原則（31）を排除しているが（人訴13 I），これはこれらの者が本人として自ら訴訟活動ができるということであって，自ら訴訟活動をしなければならないということではない。

3) 弁護士強制主義の採用にも問題がある（新堂166頁）。弁護士費用の最終負担者は誰か，どのように決めるのか，費用は法定化できるのかという費用面での問題の解決が，まずなされなければならない。さらに弁護士が都市に偏在している今日の状況を

I 総 説　　125

である（その背景は梅本150頁注1，伊藤150頁注88，森脇・前掲注3）66頁以下）。したがって，代理人を選任するか否かは本人の自由である。ただ代理人を選任する場合は，代理人は原則として弁護士でなければならない（54 I。弁護士代理の原則 ⇒ **2 - 4 - 13**(1)）。一定水準以上の当事者の訴訟追行能力の質を確保し，審理の充実と円滑化を期待しているからである（上田116頁）。

2 - 4 - 3　訴訟上の代理人の種類

(1)　**法定代理人と任意代理人**　訴訟上の代理人は，まず民法上の代理人と同様に，本人の意思によらずに選任される法定代理人と，本人の意思によって選任される任意代理人の2つに大別される。

法定代理人はさらに，実体法上の法定代理人（28。⇒ **2 - 4 - 6**(1)），訴訟法上の特別代理人（35・236。⇒ 同(2)），個々の訴訟行為の法定代理人（102 III）の3つに分けられる。

任意代理人は，訴訟委任による訴訟代理人（⇒ **2 - 4 - 13**）と法令による訴訟代理人（⇒ **2 - 4 - 15**）に分けられる。なお選任が法律上・裁判上求められている場合でも（155 II，人訴13 II・III 等），本人が（または裁判長が本人に代わって）選任する代理人は任意代理人である（新堂167頁，小島154頁）。これに対して，裁判長が申立てでなく職権で弁護士を訴訟代理人に選任する場合は，本人の意思に基づくものではないので，法定代理である（松本・人訴120頁以下）。

(2)　**包括代理人と個別代理人**　訴訟上の代理人は，原則として包括的な代理権を有する（55 I・III 本文）。しかし，送達の受領という特定の行為の

改善しなければ，弁護士強制主義が地方在住者の負担になり，訴訟の抑制に働くであろう。したがって，立法論としては事件の種類，訴訟活動の内容等によって，弁護士強制主義と本人訴訟主義を使い分けるべきであろう（平成8年の現行民訴法の成立に際して検討された内容については，小島170頁注206参照。森脇純夫「弁護士強制制度・弁護士代理の原則」新・争点67頁は，弁護士強制制度の導入は実現性が乏しいと指摘）。

なおドイツは弁護士強制主義であり，ドイツ民訴法78条はそのことを規定している（条文の内容は梅本150頁注1，河野114頁注23）。アメリカは弁護士強制主義ではないが，相手方とのタフな交渉能力が求められるので，少額事件を除いて本人が訴訟をすることはほとんどない（河野114頁注24）。

2 - 4 - 3

126　　第2編　第4章　訴訟上の代理人・代表者

みの代理人も認められている（法定代理人としては102 III，任意代理人として
は104 I 後段，規41）。

（3）　訴訟代理人　　訴訟上の代理人のうち，訴訟追行の包括的代理権を
有する任意代理人を訴訟代理人と呼ぶことがある。これを広義の訴訟代理人
という。任意代理人は既に述べたように（⇒(1)），訴訟委任による訴訟代理
人と法令による訴訟代理人に分けられるので，訴訟委任による訴訟代理人の
場合だけに訴訟代理人という言葉を使用する場合がある。これが狭義の訴訟
代理人である。一般には狭義の意味で使用されることが多い[4]。

2-4-4　訴訟上の代理権

（1）　訴訟上の代理権の特色　　代理人の，あるいは代理人に対する訴訟
行為の効果が本人に帰属するためには，代理人が訴訟上の代理権を有してい
ることが必要である。訴訟上の代理権の特色は，手続の円滑な進行と安定の
ために，代理権に関して紛争が生じないように，代理権の存否・範囲につい
て明確性・画一性の観点で規制されている点である。すなわち，代理権の存
在は書面で証明しなければならず（規15・23），代理権の消滅は，本人また
は代理人から相手方に通知しなければ，効力は発生しない（36 I・59）。また
訴訟委任による代理権の範囲は法定されている（55 I）。

（2）　訴訟上の代理権の調査　　訴訟上の代理権の存否は職権調査事項で
あり，裁判所は当事者が問題にしない場合でも代理権の有無について調査を
し，無権代理人を訴訟から排除しなければならない。もっとも，補正が可能
であれば，期間を定め補正命令を出す（34 I 前段）。遅滞のために損害が生じ

4）　要するに訴訟代理人という言葉に遭遇した場合，そこに法令による訴訟代理人が含
　　まれているか否かを考える必要がある。
　　　ところで法令による訴訟代理人については，委任による訴訟代理人や法定代理人と
　　の関係について注目する必要がある。法令による訴訟代理人は任意代理人ではあるが，
　　それは本人の意思によって選任されるからであり，その点でのみ訴訟委任による訴訟
　　代理人と一致する。しかし，それ以外の点では訴訟委任の場合と異なり，むしろ法定
　　代理人に類似する側面を有する代理人も少なくない。したがって，法令による訴訟代
　　理人を一括してまとめて論じることには注意する必要がある。なお法令による訴訟代
　　理人は，最近では「法令上の訴訟代理人」といわれることが多い。

I 総 説　　127

るおそれがあるときは，一時的に訴訟行為をさせることができる（同後段）。

　(3)　訴訟上の代理権欠缺の効果とその治癒　　訴訟上の代理権は訴訟行為の有効要件であり，これを欠くと当該訴訟行為は無効であり，本人に対して効果は生じない。しかし，裁判所は補正を求め，有効にするように努めるべきであるし，無効による損害の発生を防止しなければならない（⇒(2)）。本人は追認によって，当該行為を行為の時にさかのぼって有効にすることができる（34 II)[5]。

　訴えの提起や訴状の送達段階で訴訟上の代理権を欠いた場合は，当該訴訟行為の無効により訴訟要件が存在しないことになるので（つまり，訴えの提起および訴状の送達が有効になされることが，訴訟要件の一つとして挙げられている。⇒ 4 - 2 - 7)，終局判決で訴えを却下すべきである。しかし，これが看過され本案判決が下された場合，上訴・再審で当該判決の取消しを求めることになるが（312 II ④・338 I ③・342 III)，その場合の判決の効力の説明の仕方で見解の対立がある。

　　有効説は，判決は本人に対して有効であり，上訴・再審で当該判決の取消しを求めることができるとするものである（兼子 125 頁，上田 108 頁，伊藤 140 頁）。無効説は，判決は本人に対して無効であり判決の内容的な効力は生じないが，審級を終結させる効力は有しているし，判決としての外観も有しているから，上訴・再審で当該判決の取消しを求めることができるとするものである（新堂 168 頁，梅本 129 頁）。有効説は無権代理を有効にする点に，無効説は判決の効力を軽視して法的安定性を害する点に，それぞれ難がある。この問題は，訴訟能力を看過した判決の効力の問題（⇒ 2 - 3 - 13）と同一に論じられる（新堂 168 頁，伊藤 140 頁注 58，梅本 129 頁）。

2 - 4 - 5　双方代理の禁止

　1 人で双方の代理人になることは，法律行為については代理権を有しない者がした行為とみなされる（民 108 I 本文)[6]。訴訟行為については規定はな

---

5)　最判昭 34・8・27 民集 13-10-1293 は，被告会社の真正な代表者に訴状が送達されることなく第一審の判決がなされても，真正な代表者の委任した訴訟代理人が控訴を提起し，本案の弁論をすれば，第一審における訴訟行為を追認したことになるとする。
6)　双方代理を禁止した民法の規定は平成 29 年に改正されたが，双方代理についての

2 - 4 - 4・5

いが，同様に考えられる。実質的にみると，双方代理は訴訟の対立構造を消滅させ，訴訟を形骸化させるからである。確かに裁判所に向けられた訴訟行為だけをみると，直接当事者に効果が生じないから双方代理を禁止する必要がないようにみえる。しかし，訴訟行為は訴訟という対立的構造において，最終的に勝訴判決の獲得を目指してなされることに注目しなければならない。

なおこのような趣旨であるから，当事者の一方が他方の代理人となることも，双方代理に含まれる（上田108頁）。ところで双方代理の法律行為は無権代理行為であるが（民108Ⅰ本文），本人があらかじめ許諾した場合は代理権が認められる（同但）。訴訟行為も同様に考えられるから，双方代理の訴訟行為は，当事者の事前の承認や事後の追認によって有効として扱うことができる（梅本130頁）。

ところで，実体法上の代理人については，代理人と本人との利益が相反する行為も，代理権を有しない者がした行為とみなされる（民108Ⅱ本文）。しかし，本人があらかじめ許諾した場合は代理権が認められる（同但）。なお，これ以外にもこのような状況にある法定代理権については，その制限が実体法に規定されている（民826・860など。法人の場合の同趣旨の規定としては，一般法人84，会社595など）。したがって，これらの規定に違反した場合は無権代理行為として処理される。訴訟上の特別代理人もその権限は実体法上の法定代理人に準ずるので，同様の取扱いになる。

訴訟委任による訴訟代理人の場合は，通常は弁護士であるため弁護士法が関係してくるが，弁護士法は，かつて相手方の代理人であったような場合をも規制の対象にしている（⇒ **2 – 4 – 14**）。法令による訴訟代理人の場合は，代理権は実体法によって決められるから，民法108条が（類推）適用される。

民訴法における議論に影響はないと思う。従来の規定は単に双方代理はできないと規定したが，それに反した場合は現在の民法108条1項が規定しているように無権代理と扱うと考えていたからである。なお同条2項は改正によって新設されたが，この内容も従来，一般に説かれていたことである。

II　法定代理人

2-4-6　法定代理人の種類

　法定代理人は本人の意思に関係なく選任される代理人で，①実体法上の法定代理人（28），②裁判所によって選任される訴訟法上の特別代理人（35・236），③個々の訴訟行為の法定代理人（102 III は，刑事施設に収容されている者への送達の受領代理権を刑事施設の長に認めている）の3種類がある。以下では①と②について説明し，③は省略する。

　（1）　実体法上の法定代理人　　無能力者の法定代理は，原則として民法その他の法令に従うから（28），実体法上の法定代理人は訴訟法上も法定代理人となる。したがって未成年者では親権者（民824）・未成年後見人（民838①・839～841），成年被後見人では成年後見人（民838②・843。なお民859の2・859の3参照）が訴訟法上も法定代理人になる（民859）[7]。

---

[7]　一定の身分関係に基づいて法定代理人になる場合（たとえば未成年者の父母など），それを戸籍の記載によって決めるのか，真実の身分関係によって決めるのかで争いがある（前説は大判昭6・6・27民集10-486で，後説は大判昭15・9・18民集19-1636である）。真実の身分関係によって法定代理人を決めるとなると，戸籍の記載が真実の身分関係に合致するか否かが争われる訴訟においては，本案が決着するまでは，訴訟行為の有効要件である法定代理権の存否は決まらないことになるので，戸籍の記載によって決めるべきである（兼子127頁，上田109頁，三宅編 I 323頁，斎藤編(2)68頁）。

　これに対して判例や実務の多くは，35条の特別代理人の選任によるべしとの立場である（判例の状況については梅本134頁注1，秋山＝伊藤ほか I 352頁，実務については斎藤編(2)68頁）。当事者の権利保護を図ることを優先するとの姿勢に基づくものとして，この立場を評価する説（梅本134頁注1）や，戸籍上の記載を尊重すべき実質的基盤がないとして，この立場を是認する説（秋山＝伊藤ほか I 352頁）がある。

　このような学説と判例の状況を統合すると，法定代理人であることを否定する訴えが提起されている場合については，35条の特別代理人が選任されるべきである（条解民訴181頁〔新堂＝高橋＝高田〕）ということになる。そのようなことから離縁の訴えであれば，訴訟法的には実親を原告側に，養親を被告側に据えるべきであるが，本案の先取りになるので，実親は35条の特別代理人として原告側に登場するのが穏

また民法上の特別代理人も訴訟法上の法定代理人になるのが原則である。

不在者の財産管理人（民25〜29），親権者と子との間や後見人と被後見人との間の利益相反行為について裁判所が選任する特別代理人（民826・860）等が訴訟法上の法定代理人である。しかし，嫡出否認の訴えにつき親権を行う母がいない場合の特別代理人（民775），相続財産管理人（民918・926・936・943・952・953，家事200），遺言執行者（民1006・1010・1015。なお民1012参照）等が訴訟法上の法定代理人であるか，第三者の訴訟担当（⇒ 2 - 4 - 1(2)，訴訟では当事者）であるかは議論がある8)（⇒ 2 - 5 - 7）。

なお保佐人が家庭裁判所によって，被保佐人のために特定の法律行為について代理権を付与されることがある（民876の4I）。訴訟行為に関する代理権が付与された場合は，保佐人は法定代理人として訴訟行為を行うことができる（なお民訴124V参照）。補助人に対しても同様のことがいえる（民876の9I。なお民訴124V参照）。

(2)　訴訟法上の特別代理人　民訴法の規定に基づいて（35・236），裁判長や裁判所が選任する法定代理人である。たとえば，訴訟無能力者（未成年者・成年被後見人）に法定代理人がいない場合（いたとしても，たとえば利益相反行為で代理権行使ができない場合）に，代理人の選任を待っていたのでは遅滞のため損害が発生するおそれがあるとの疎明がなされると，本来の選任手続によらず当該訴訟に関して受訴裁判所の裁判長が選任する代理人である（35）。あるいは証拠保全の申立てをする際に，相手方を指定できない場合に裁判所が選任する代理人である（236）。いずれの場合でも，訴えや申立てを断念させないための配慮である。

35条は意思能力を欠く常況にあるが，後見開始の審判を受けていない者の場

当である（高橋・重点講義上215頁注10)。もっとも，35条の特別代理人制度が原告側で利用できるかについては，議論がある（次の(2)の最後の段落）。

8)　訴訟担当という概念は，学説において代理概念から独立して形成されたことから，訴訟担当と代理の区別は微妙である（河野115頁注25)。議論の概要は，梅本吉彦「訴訟能力・法定代理・職務上の当事者」新・争点64頁以下で述べられている。特に議論のある遺言執行者については，小島158頁以下，高橋・重点講義上207頁，伊藤141頁，松本＝上野265頁以下等にまとめられている。さらに，相続財産管理人や嫡出否認の訴えにおいて家庭裁判所が選任する特別代理人（民775後段，家事159）についても議論がある（前者については梅本134頁以下，同・前掲新・争点64頁以下，後者については松本＝上野107頁)。

II 法定代理人 131

合にも適用されると一般に解されている。しかし，離婚訴訟には適用されない（最判昭33・7・25民集12-12-1823〔百選［5版］17事件〕）[9]。離婚訴訟は代理に親しまないこと，臨時の代理人では本人の保護は十分ではなく，本人の万般を監護する常置機関が対応すべきであるというのが理由である。なお第三者の婚姻無効確認の訴えについて，被告の一方が精神上の障害により事理を弁識する能力を欠く常況にある場合に，特別代理人の選任を認めた判例があるが（東京高決昭62・12・8判時1267-37），離婚訴訟のように一身専属的な身分行為を目的とするものではないからである。

議論があるのは，この制度は原告側で利用できるかということである。条文の文言，訴えを提起する相手方のためという制度の趣旨，正式な選任手続の存在等を考慮するのが，消極説である（兼子128頁，三ケ月198頁）。しかし，救済する場面を相手方に限定する合理性はないから，消極説は結果の妥当性に問題がある。また文言は例示と考えればすむから，消極説の根拠は十分ではない。このように考えるのが積極説であり，支持すべき見解である。積極説が判例（大判昭9・1・23民集13-47，最判昭41・7・28民集20-6-1265）であり，多数説でもある[10]。なお37条は35条を準用しているから，法人の代表者に関しても同様の問題がある（引用した積極説の最高裁判例は，法人の代表者に関するものである）。

2-4-7 法定代理人の地位と権限

（1） 法定代理人の地位　　法定代理人は当事者（本人）ではないので，

9）　この判例を支持するのは，新堂174頁注2，松本＝上野108頁，上田109頁以下，三宅編I344頁，秋山＝伊藤ほかI330頁・351頁，基本法(1)104頁等である。

　これに対して，判例が定型的に否定したのは行き過ぎなのではなかろうか（高橋・重点講義上214頁）とか，判例は形式論である（梅本138頁）との批判がある。

　なお，平成15年に人事訴訟法（平成15年法律第109号）が成立し，人事訴訟手続法（明治31年法律13号）が廃止され，人事訴訟は地方裁判所から家庭裁判所に移管された。これにより従来，人事訴訟と後見開始の審判が地方裁判所と家庭裁判所に分担されていたが，両者とも家庭裁判所に統合された。その結果，人事訴訟の提起の際に，後見開始の審判の申立てがなされれば，成年後見人の選任が迅速に行われることが期待されている。したがって特別代理人を選任する必要は，なくなるとか（松本・人訴123頁），減少するとか（大橋真弓・本文掲記の百選解説41頁），指摘されている。

10）　たとえば新堂173頁注1，上田110頁，伊藤142頁，梅本137頁注3，小島160頁，三宅編I344頁，秋山＝伊藤ほかI354頁，基本法(1)104頁等である。判例・学説の状況は，秋山＝伊藤ほかI353頁以下が詳しい。

2-4-7

当事者を基準として定められている裁判籍（たとえば4I）や除斥原因（たとえば23I①②。ただし③⑤に注意），訴訟救助（82以下），判決の効力（115）等の規定が適用されることはない。しかし，法定代理人は当事者に代わって訴訟行為を行い，その効果はすべて当事者に帰属するから，当事者に準じて扱われる場合が少なくない。すなわち，法定代理人は訴状や判決書では当事者と並んで表示されるし（133II①・253I⑤），送達は法定代理人宛てに行われる（102I。なお103I但に注意）。法定代理人は当事者に代わって出頭することもある（151I①，規32I）。法定代理人は第三者ではないから，尋問は当事者尋問手続による（211）。

　当事者の死亡や訴訟能力の喪失によって訴訟は中断するが（124I①③），同様に法定代理人の死亡や代理権喪失は，訴訟の中断事由である（124I③。ただし，中断しない場合がある。これについては124II・V）。

　法定代理人は無益な訴訟費用の償還を命じられることもある（69）。法定代理人は当事者本人のすることのできるすべての行為ができるので，補助参加をする必要はない。したがって，補助参加人になることはないが（秋山＝伊藤ほかI298頁），当事者本人との間でその訴訟の参加的効力（46）を受けることがある。すなわち，参加的効力の拡張（兼子406頁，新堂178頁・817頁）あるいは類推（秋山＝伊藤ほかI460頁，高橋・重点講義上210頁）である（上田110頁，三宅編I324頁は単に参加的効力を認め，拡張か類推かは述べていない）。

　(2)　法定代理権の範囲　　法定代理権の範囲は民法等の規定による（28）。親権者は一切の訴訟行為ができるが（民824），後見人は後見監督人がいる場合は，その同意が必要である（民864。なお民訴32IIに注意）。もっとも，相手方の提起した訴えや上訴についての訴訟行為をするには，同意は不要である（民訴32I）。相手方の訴えや上訴の提起が妨げられてはならないからである。

　(3)　共同代理　　共同代理の定めがある場合は（たとえば民818III・859の2I・876の5II・876の10I等），民法では数人の成年後見人について，「第三者の意思表示は，1人にすれば足りる」（民859の2III。なお民876の5II・876の10Iはこれを準用）とする。相手方や裁判所の訴訟行為の受領等の消極的な行為も同様に単独でできる（102II類推）。しかし，訴えの提起等の積極

II　法定代理人　　133

的な行為については，原則として代理人全員がしなければならない（通説。文献については旧注釈民訴(3)538頁〔近藤〕，秋山＝伊藤ほかⅠ326頁以下等参照）。共同代理は慎重な判断をするために，代理権を相互に制限しているからである。なお，期日の呼出しは公平の観点から全員に行うべきである（通説。文献については伊藤145頁注75，小島161頁注174。なお反対は梅本140頁以下）。また訴え・上訴の提起と32条2項列挙の行為は，その重要性からして全員が明示的に共同で行うべきであるが，これ以外は単独で行っても他の代理人が黙認していれば共同でしたと認められる[11]。各人の弁論内容が矛盾する場合は，有利な方を認めるべきである[12]。

2‑4‑**8**　法定代理権の消滅と通知による効果の発生

　法定代理権の消滅事由は民法等が定める。本人の死亡（民111Ⅰ①），代理人の死亡，代理人が破産手続開始決定や後見開始の審判を受けた場合（民111Ⅰ②），法定代理人である根拠がなくなった場合（民10・834・835・837・844・846・876の2Ⅱ・876の4Ⅲ・876の7Ⅱ・876の9Ⅱ等）などである。ただし，訴訟法上は訴訟能力を取得・回復した本人か新旧代理人のいずれかが相手方に通知しなければ，消滅の効果は発生しない（36Ⅰ）。これは手続を安定させるためである。したがって通知がない以上，代理権は消滅していないものとして扱うから，この間の代理人の行為や代理人に対する行為は有効である。ただし，代理人が死亡したり後見開始の審判を受けた場合に通知を要求することは無理なので，死亡した時点や後見開始の審判を受けた時点で消滅の効果が発生すると考える[13]。

---

11)　通説的な見解である。たとえば新堂175頁，上田111頁，高橋・重点講義上208頁，伊藤144頁，小島161頁，松本＝上野109頁等。

12)　多数説である。たとえば新堂175頁，上田111頁，伊藤144頁，高橋・重点講義上208頁，小島161頁以下，松本＝上野109頁，秋山＝伊藤ほかⅠ327頁，三宅編Ⅰ324頁，基本法(1)100頁等。これに対して，無意義な弁論として効力を認めない説（三ケ月199頁，同・双書244頁，小山125頁）もある。

13)　通説的な見解である。たとえば条解民訴193頁〔新堂＝高橋＝高田〕，新堂176頁，伊藤146頁，高橋・重点講義上209頁，小島162頁，松本＝上野110頁，梅本141頁，秋山＝伊藤ほかⅠ360頁，三宅編Ⅰ348頁等。

2‑4‑8

なお 37 条は 36 条を準用しているから，法人の代表者の代表権限が消滅した場合は，新たな代表者から相手方に通知しなければその効果は発生しない。しかし，訴訟当事者（外国国家）を代表していた者の代表権の消滅が公知の事実である場合には，相手方に通知されなくても直ちにその効力が生じる（最判平 19・3・27 民集 61-2-711。いわゆる光華寮事件判決）。

代理権消滅の効果が発生すると，訴訟手続は中断するが（124 I ③），訴訟代理人がいる間は中断しない（同 II）。なお代理権消滅の効果の発生に必要な通知がなければ，代理権消滅の効果は発生しないから中断しない。

通知の方法は規定されていないが，相手方に通知した場合は裁判所に書面でその旨を届け出なければならない（規 17 前段）。

通知される前に相手方が代理権消滅を知っていた場合については，議論がある。判例（大判昭 16・4・5 民集 20-427）・多数説[14]は，相手方の知・不知を問わないとする。この規定の目的は，相手方の保護ではなく手続の安定のためであり，代理権消滅の効果は，主観的要素を排して明確に画一的に発生しなければならないと考えるからである。しかし，手続の安定は相手方の保護でもあると考え，審級の利益も考慮して当事者の利益衡量から，相手方が知っている場合には，通知のないことによる代理権存続の擬制はその審級の終局判決の送達と同時に消滅し，手続は中断するとの見解がある[15]。この見解は，公平の観点から相手方は代理権消滅による手続中断の効果（または通知しなかった瑕疵）を自己の利益に援用することはできないとも説いている。

---

14)　たとえば伊藤 146 頁，梅本 143 頁注 6，小島 163 頁，秋山＝伊藤ほか I 360 頁，三宅編 I 348 頁，基本法(1) 105 頁，条解民訴 193 頁等。

15)　新堂 177 頁注 1，旧注釈民訴(1) 499 頁以下〔高見〕。この説は相手方が知った時点から消滅の効果が発生するとは説いていないが，それは 36 条の立法経過を考慮したからと思われる（高橋・重点講義上 211 頁注 3）。36 条 1 項の前身である大正 15 年の民訴法 57 条 1 項は，帝国議会に提出された当初の原案では，相手方が知っていた場合を除外する旨のただし書が存在していた。しかし，ただし書は手続の安定と明確化のために帝国議会で削除された。

　なお，相手方への通知を裁判所に依頼するために裁判所に代理権消滅を届けた場合（規 47 IV 参照），届けたことにより代理権消滅の効果が発生し，訴訟は中断するとの説がある（奈良次郎「法定代理人についての若干の考察」民訴雑誌 24 号〔昭 53〕65 頁以下）。高橋・重点講義上 210 頁は，この説に賛成。

III　法人等の代表者

2‒4‒**9**　法人等の代表者とその権限

(1)　代表者の意義　　法人等を当事者とする訴訟は，代表者によって追行される。法人等の代表者とは，法人等の代表機関として，その法人等の名で自己の意思に基づいて行為する者で，その効果が法人等に帰属する関係にある者をいう。たとえば一般社団法人の理事（一般法人77 I）または代表理事（同77 IV・90 III）である（一般財団法人も同様。同197前段）。株式会社では代表取締役（会社349）・監査役（同386）・代表執行役（同420 III）である。権利能力のない社団・財団では，当事者能力のあるもの（29）の代表者・管理人（37）である。

　代表取締役について職務執行停止・職務代行者選任の仮処分が行われている場合（民保56参照），取締役選任決議無効確認訴訟を本案とした訴訟において，被告会社を代表すべき者は，職務執行を停止されている代表取締役か職務代行者かで議論がある（判例・学説の状況については，旧注釈民訴(1) 509頁以下〔高見〕，梅本144頁注1，秋山＝伊藤ほか I366頁以下等に詳しい）。前者は被停止者の手続保障を考慮するものであるが，後者はそれは共同訴訟的補助参加で確保できるとする。判例は後者を説き（最判昭59・9・28民集38-9-1121〔百選 I 53事件〕），学説の多数説は判例を支持する（前記文献のほかに，松本＝上野111頁，条解民訴195頁〔新堂＝高橋＝高田〕が支持）。

(2)　代表者の権限　　法人等とその代表者との関係は法定代理に類似するから，代表者は法定代理人に準じて取り扱われる（37，規18）。そこで代表者の権限の内容は，実体法の規定に従う。たとえば，理事会非設置の一般社団法人で代表理事を定めない場合の理事や一般社団法人の代表理事は，法人の業務につき代表権を有し（一般法人77 I・IV），代表理事の権限に加えた制限は善意の第三者に対抗できないから（同 V），一切の訴訟行為をなしうる。

2‒4‒9

なお権利能力のない社団・財団で当事者能力のあるもの（29）の場合は、代表者または管理人の定めの趣旨による（新堂180頁，上田112頁，梅本144頁）。

2-4-10 国等の代表者とその訴訟

(1) 公法人の代表者（代表機関） 　国を当事者とする訴訟の場合，法務大臣が国を代表する（法務大臣権限1）。行政庁の行政処分や裁決の取消しを求める行政訴訟では，当該行政庁が属する国または地方公共団体が被告となる（行訴11 I。なお，これに該当しない場合の被告は，同 II・III が規定している）。この場合，当該行政庁は裁判上の一切の行為をする権限を有する（同 VI）。当該行政庁はその長が代表する。

普通地方公共団体が当事者となる訴訟では，代表者はその長であるが（自治147），訴えの提起に際して議会の議決が必要である（同96 I⑫）。しかし，応訴する場合は議会の議決は必要ない（詳しくは梅本145頁注2）。

なお外国が当事者となる場合には，当事国の外交使節が代表者となる（外交約3 I(a)）。

(2) 指定代理人 　法務大臣は訴訟追行に当たっては，所部あるいは当該行政庁の職員を代理人として訴訟を担当させることができる（法務大臣権限2）。担当する者を指定代理人という。行政庁が指定することができる場合があるが（同5。この場合は同6 I により，行政庁は法務大臣の指揮を受ける），その場合でも法務大臣が指定することもできる（同6 II）。地方公共団体の場合は，その事務に関する訴訟について職員に委ねることができるが（自治153 I），法務大臣に指定代理人の選任を求めることもできる（法務大臣権限7 I）。

いずれの場合でも指定代理人の代わりに弁護士を訴訟代理人に選任し，訴訟を担当させることができる（法務大臣権限3・5 III・7 IV）。そのため一部の指定代理人を除いて，原則として指定代理人は代理人を選任することはできないが，それ以外の一切の裁判上の行為をすることはできる（同8）。

指定代理人は法令による訴訟代理人であるが（通説。文献については旧注釈民訴(1)507頁〔高見〕），訴訟のためだけに事件ごとに選任される点，復代理

III 法人等の代表者   137

人を選任できない点，地方公共団体の訴訟の指定代理人の代理権限は委任に
よる代理人に準ずる点（法務大臣権限 8 但）で，他の「法令による訴訟代理
人」と異なる（⇨ **2 - 4 - 15**）。むしろ訴訟委任による訴訟代理人に類似する
が，弁護士資格は要求されていない。

2 - 4 - 11 法人の代表と表見法理

　上記で述べたように法人の訴訟は代表者が追行するから，法人を相手に訴
えを提起する場合には，原告は被告の代表者が誰であるかを調べて確定する
必要がある。一般には登記によるしか方法がないので，訴訟の途中で登記と
真実の代表者とが異なっていたことが判明した場合に問題が生じる。実体法
上は外観と真の権利者が異なった場合は，たとえば表見代理（民 109・110・
112），表見支配人（商 24，会社 13），表見代表者（一般法人 82・197，会社
354・421），登記の効力（民 37 II，商 9，会社 908）等に関する規定によって，
外観を信頼した者（取引の相手方や第三者）を保護している。すなわち，権
利者であるかのような外観を有した者を権利者として扱って，この問題を処
理している。これらは一般に表見法理と総称されるが，問題は表見法理を訴
訟法にも（類推）適用すべきかということである。学説は消極説と積極説と
に分かれる[16]。

---

16)　消極説は三ヶ月・双書 244 頁，菊井 = 村松 I 343 頁，梅本 146 頁以下，三宅編
　　I 352 頁，基本法(1) 106 頁等である。積極説は旧注釈民訴(1) 511 頁以下〔高見〕，伊藤
　　148 頁以下，高橋・重点講義上 237 頁，小島 167 頁以下，松本 = 上野 112 頁，条解民
　　訴 908 頁〔竹下〕等である。
　　　これらに対して，折衷説あるいは限定的な積極説と評される見解がある。すなわち，
　　被告法人が第一審判決の送達等によって訴訟の提起を知り，第二審からでも真の代表
　　による訴訟追行の機会があったときは，もはや無効は主張できないが，原告側が代表
　　権の存在につき，疑いをもつべき状況にあったことを被告法人が証明すれば，代表権
　　限の擬制も一審限りと考え，第一審判決の送達の段階で中断し，上訴期間は進行して
　　いないとする見解（新堂 182 頁）である。これは上訴の追完（97）と表見法理の組合
　　せのような見解であり，「芸の細かい折衷論であるが，他面，歯切れの悪さもある」
　　（高橋・重点講義上 237 頁）と評されている。
　　　なお消極説でも，真の代表者が訴訟を知りながら放置した場合は表見代表者の訴訟
　　追行を許容しており，後から代表権欠缺を主張できないと解して，いわば追認の擬制
　　を図っているとの指摘（秋山 = 伊藤ほか I 371 頁）がある。

2 - 4 - 10 · 11

消極説の論拠は次のようなものである。(a)表見法理は取引安全の保護の制度であり，訴訟行為に適用されない。商法24条・会社法13条は，表見支配人につき，そのことを規定している。(b)訴訟はあくまでも真実を追求すべきであるし，法人の真の代表者による裁判を受ける権利は害されてはならない。(c)代表権の有無は職権調査事項であり，その欠缺は上告理由・再審事由となっている（312 II ④・338 I ③）。(d)表見法理を適用すると相手方の善意・悪意に代表権の有無は依存するから，手続は不安定になる。(e)法人が登記しないで放置したことに対する責任としては，法人の不利益が大きすぎる。

これに対して積極説は次のような理由を挙げる。(a)訴訟は取引行為と無縁ではないし，代表権の存否は実体法に依存するから，表見法理もこの場合に類推される。(b)実体を反映しない登記を放置したことが非難されるべきであって，登記を信頼した者が裁判のやり直しという不利益を受けるのは公平に反する。(c)商法24条・会社法13条は，登記までされている表見支配人には適用されないと解することができる。(d)民訴36条・規則15条等に示された相手方保護，手続の安定という原則を基準として考えるべきである。(e)登記を基準として代表権を判断することになるから，手続の安定に役立つ。

判例は消極説であるが（最判昭45・12・15民集24-13-2072〔百選〔5版〕18事件〕は従来の立場を踏襲し，消極説を確定的なものにした），第三者は真の代表者を知ることは困難で，代表者の確定には登記に頼らざるを得ない状況を考えると，消極説には賛成できない。もっとも，あらゆる場面で表見法理が適用されるのではない（適用状況の詳細は，旧注釈民訴(1)512頁）。法人内部の争いの場合（旧注釈民訴(1)512頁，高橋・重点講義上236頁，伊藤149頁注85，小島168頁，条解民訴908頁）や，登記簿上の代表者の死亡の場合は働かないと考える（旧注釈民訴(1)512頁，条解民訴908頁，小島168頁。なお伊藤149頁注85は，表見法理一般の適用範囲の問題とする）。あるいは虚偽登記に法人の過失がなく（たとえば登記事務官の過失），かつ相手方が善意である場合も適用すべきでない（上田114頁以下）。

ところで，真の代表者に訴訟追行の機会があった場合は法人に手続保障が

与えられているから，その者は，後に代表権のない者が訴訟追行をしていたと主張することは，公平上許されない（新堂182頁は相手方の知・不知に関係なくと説くが，旧注釈民訴(1)512頁は相手方の善意が必要とする）。したがって法人を訴える場合に代表権限に確信がないときは，法人の主たる事務所・営業所（4 IV 参照）に訴状を送達しておいて（103 I 但），真の代表者にも訴訟の存在を知る機会をつくっておくと，後になって手続が覆されることはない（新堂182頁，旧注釈民訴(1)512頁，高橋・重点講義上236頁，小島168頁注200）。真の代表者によって欠缺が追認されたとみなされるからである（伊藤149頁，小島168頁）。理論的には黙示の追認を肯定することになる（条解民訴196頁〔新堂＝高橋＝高田〕）。なお表見法理の適用に消極的な立場においても，法人宛てに送達することが望ましいといえる（秋山＝伊藤ほか I 371頁）。手続が保障されるため訴訟係属の事実の不知と訴状送達の欠缺の主張が防止され（梅本146頁），原告の負担が緩和される（条解民訴196頁）からである。

IV 訴 訟 代 理 人

2‒4‒**12**　訴訟代理人の意義と種類

　訴訟代理人は任意代理人のうち訴訟追行のために包括的代理権を有する者で，2種類ある（⇨2‒4‒**3**）。1つは特定の訴訟のために代理権を付与された者であり，「訴訟委任による訴訟代理人」とか「訴訟委任に基づく訴訟代理人」という。他は，法令が一定の地位の者に訴訟代理権を付与していることにより代理権を取得した者であり，「法令による訴訟代理人」とか「法令上の訴訟代理人」という。

　一般に訴訟代理人というと前者をいい，原則として弁護士でなければならない（54 I 本文）。これを弁護士代理の原則といい[17]，代理人として弁護士と

---

17)　日本の弁護士代理の原則の背景については，梅本152頁注1にまとめられている。ところで，公的資格制度の見直しや司法制度改革の動きに対応して弁護士代理の原則による規制が緩和され，平成14年に法が改正されて，司法書士や弁理士が特定の訴

140　　　　　第2編　第4章　訴訟上の代理人・代表者

いう専門家を要求しているのは，本人の保護と手続の円滑な進行を考えてい
るからである[18]。しかし，簡易裁判所では事件が軽微であることからこの原
則を緩和し，裁判所の許可があれば誰でも代理人になれる（許可代理。54 I
但）。その許可は，裁判所はいつでも取り消すことができる（同 II）[19]。

　　　　訟に関して訴訟代理人になれるようになった。
　　　なお弁護士と司法書士等との職務の調整については，千田實「弁護士の隣接士業の
　　位置付け──司法書士・弁理士・税理士・行政書士の役割と機能分担」実務民訴［第
　　3期］(1)391頁以下が詳しい。
　　　司法書士は所定の研修を修了して，法務大臣によって必要な能力ありと認定され，
　　司法書士会の会員であると，一定の民事手続において訴訟代理人になれることになっ
　　た（司書3 II。詳しくは新堂186頁，梅本152頁，松本＝上野117頁以下，小島170
　　頁以下）。この者は一般に認定司法書士といわれる。認定司法書士が扱う手続は具体
　　的に規定されているが（司書3 I ⑥⑦⑧），そこでは扱う対象の額によって制限され
　　ている。すなわち，簡易裁判所の裁判権の価額（裁33 I ①）である140万円を超え
　　ないことである。
　　　問題は対象額の算定基準である。債権額か受益額かで議論があるが，判例は債権額
　　と判断している。債務整理を依頼された認定司法書士は，当該債務整理の対象となる
　　個別の債権の価額が，司法書士法3条1項7号に規定する額を超える場合には，その
　　債権に係る裁判外の和解について代理することはできない（最判平28・6・27民集
　　70-5-1306〔平28重要判解10事件〕）。なお判例は，認定司法書士が制限額を超えて
　　代理して締結した和解契約は，直ちに無効にならないと説いている。認定司法書士が
　　委任者を代理して裁判外の和解契約を締結することが法に違反する場合であっても，
　　当該和解契約は，その内容や締結に至る経緯等から公序良俗違反と思えるような特段
　　の事情がない限り，無効とはならない（最判平29・7・24民集71-6-969）。判例はそ
　　の根拠として，違反行為を禁止するために和解契約までを無効にする必要はないこと
　　と，無効にすると紛争が解決されたと理解している当事者の利益を害することを挙げ
　　る。
　　　弁理士は従来，特許法・実用新案法・意匠法・商標法等に規定された訴訟に関して
　　訴訟代理人になることができた（弁理士6）。それに加えて司法制度改革審議会の意
　　見書に対応した法の改正により，弁理士は所定の試験（同15の2 I）に合格し，その
　　旨の付記（同27の3 I）を受けたときは，特定侵害訴訟に関して弁理士が同一の依頼
　　者から受任している事件に限り，訴訟代理人になることができることになった（同6
　　の2。詳しくは新堂186頁以下，梅本169頁，松本＝上野118頁以下，小島171頁）。
　　なお弁理士が補佐人になる場合については，注26）参照。
18）　訴訟における弁護士の訴訟活動について，具体的に説明し論じているのは，加藤
　　新太郎「民事訴訟法における弁護士の役割」実務民訴［第3期］(1)325頁以下である。
　　なお企業法務における弁護士の活動について説いているのは，中村直人「企業法務と
　　弁護士の役割」同書349頁以下である。

IV　訴訟代理人　　141

　法令による訴訟代理人とは，具体的には支配人（商21 I，会社11 I），船舶管理人（商698 I），船長（商708 I）で，これらの者は訴訟活動を行う場合に，弁護士資格は必要ない（54 I 本文）。

2‒4‒**13**　訴訟委任による訴訟代理人

　（1）　弁護士代理の原則　　現行法は弁護士強制主義でなく本人訴訟主義であるが（⇒ 2‒4‒**2**(2)），本人が他人に訴訟を依頼する場合は弁護士でなければならないとする弁護士代理の原則を採用している（54 I 本文。⇒ 2‒4‒**12**）。つまり訴訟代理人の資格を原則として弁護士に制限しているが，問題はこれに反して訴訟活動がなされた場合のその効力である。

　有効説は，代理人資格の制限は弁論能力を制限したもので，訴訟行為の成立要件でも代理権発生の要件でもないと考え，非弁護士の関与は排除できるが，その訴訟行為は当然に無効にならないと説く（兼子131頁，小山127頁）。これに対して無効説は，弁護士資格は代理人の地位の重要性や専門性を考慮して代理権の発生・存続のための要件と解し，非弁護士の行為は無効となり，当事者が追認によって有効にできるものではないと説く（三ヶ月・双書248頁）。追認説は，有効説も無効説も当事者の利益を軽視している点に問題が

---

19)　事件が軽微であれば，弁護士等の有資格者でない者を訴訟代理人にしても大きな問題が生じることはないし，仮に問題があれば代理許可の取消しで十分に対応できる。そもそも当事者は訴訟代理権を制限することもできる（55 III 但）。このことから明らかなように，弁護士代理の原則はあらゆる手続において常に適用されなければならないことではない。すなわち，弁護士代理の原則を適用すべき範囲は司法政策上の問題である（梅本152頁）。

　　簡易裁判所の許可代理という方法は，非訟事件の第一審手続（非訟22 I 但），家事事件の家庭裁判所の手続（家事22 I 但），調停手続（民調規8 II）等でもみられる（これら以外の手続において弁護士以外の者が代理できる状況や，弁護士代理の原則が適用される手続においても，訴訟書類の送達の受領や訴訟代理人の選任は弁護士以外の者が代理することができることについては，新堂187頁，梅本153頁）。

　　ところで，弁護士はその業務を行うことを目的とする弁護士法人を設立することができる（弁護30の2）。弁護士法人は事件を受け付けるが，訴訟代理人はその社員の弁護士が担当する（同30の6 I）。すなわち，訴訟代理人は自然人であり，このことを前提に訴訟法や手続法が規定されている。弁護士法人の上記以外の仕事の内容については，梅本152頁注2参照。

あり，当事者の利益を考慮して効力の有無は当事者が決めるべきであると主張する。そして無資格者の行為は無権代理人の行為と考え，追認により有効になると説く（菊井＝村松Ⅰ506頁，秋山＝伊藤ほかⅠ526頁）。

しかし，無資格について本人（依頼者）の知・不知によって区別して効力を考え，前者の場合は有効，後者の場合は無効として，無効の場合に追認を認める方が，より妥当である（新堂187頁，旧注釈民訴(2)343頁以下〔中島〕，上田117頁，高橋・重点講義上217頁，小島172頁，三宅編Ⅰ546頁，基本法(1)154頁）。これに対して，本人が知っていた場合は無効の主張は信義則で認められないが，相手方の無効の主張は妨げられないとする説がある（伊藤151頁，梅本155頁）。さらに本人が知っていて本人が勝訴した場合は，相手方が善意であれば無効であり，追認も認められないとの説もある（条解民訴288頁〔新堂＝高橋＝高田〕）。根拠は無効説の主張と同じ観点であり，本人に勝訴の恩恵を与える必要がないとする。

判例は追認説である（最判昭43・6・21民集22-6-1297。ただし，知・不知で区別するかは不明）。この判例は，弁護士登録を取り消された者の訴訟行為の効力を論じたものである。弁護士登録を取り消されると，その者は非弁護士となり訴訟代理人の地位を失い，その後の訴訟行為は本人の追認がない限り違法で，本人に対して無効と述べている。

これに対して弁護士が懲戒処分によって業務停止を受けていた場合の訴訟行為については，判例は有効説である（最大判昭42・9・27民集21-7-1955〔百選〔5版〕Ａ8事件〕）。つまり，判例は業務停止中は弁護士の資格がないというわけではないと解して，登録取消しと区別している。学説は上記の非弁護士の問題と同様に，有効説・無効説・追認説等が主張されている（詳しくは旧注釈民訴(2)342頁以下，梅本154頁以下）。有効説が有力ではあるが，弁護士活動が許されない点では資格喪失と業務停止は同じことであるから，両者の取扱いを区別しなくてもよいのではないかと思う（この点については斎藤編(2)349頁，高橋・重点講義上229頁注23）。

なお，そもそも業務停止処分は代理権の喪失事由になるか否かが問題である（→(5)）。肯定すれば，その者の訴訟行為の取扱いについて考えなければならないが，否定すれば，その者の訴訟行為は有効であり，その必要はない。

(2)　訴訟委任　　訴訟上の代理権は，特定の事件について本人の単独行

Ⅳ　訴訟代理人　　　143

為によって代理人に授与される。このような代理権授与行為を訴訟委任といい，訴訟能力が必要とされる。訴訟委任は，一般に（民法上の）委任契約の締結とともに，委任状を代理人に交付することによって行われるが，訴訟委任（代理権授与行為）と訴訟追行のための（民法上の）委任契約は別個の行為である。なお，委任契約によって報酬請求権や誠実義務等が発生し，契約締結には行為能力が必要である。

　代理人は代理権の存在を書面（訴訟委任状）で証明しなければならない（規23Ⅰ・Ⅱ）。本人が複数の代理人に訴訟委任する場合があるが，各代理人は単独で当事者を代理する（56Ⅰ）。本人がこれと異なる定めをしても，裁判所や相手方に対して効力は生じない（同Ⅱ）。訴訟を迅速・円滑に進めるためであり，個別代理の原則といわれる[20]。この他に持続的に代理権を授与できるかという問題がある（梅本157頁注2）。

　（3）　訴訟代理権の範囲　　訴訟手続は継続的・連鎖的なものであるから，個々の訴訟活動において訴訟代理人の代理権が問題となると，訴訟手続は円滑さを欠き，訴訟を迅速に進行させることはできない。そこで代理権をめぐる紛争を防止するために，訴訟代理人の代理権の範囲を法定し，個別的に設定することを認めないことが必要である。もっとも，代理権の範囲を広く法定すれば，訴訟法上は代理権の欠缺という問題は発生しない反面，依頼者たる本人の利益が損なわれる危険性が増大する。そこで本人に重大な結果をもたらす事項については，本人保護のために本人のイニシアチブを認める必要がある。このようなことから，法は，まず訴訟代理人の代理権が広い範囲を

---

20)　訴訟代理人が複数の場合，個別代理の原則があるにしても，手続を集約し効率的な訴訟の運営がなされなければならない。そこで訴訟代理人は，事務的な事項の処理を他の訴訟代理人に委ねることができる。すなわち，訴訟代理人は数人の訴訟代理人の中から，「連絡担当訴訟代理人」を選任することができる（規23の2Ⅰ。選任した場合はその旨を裁判所に届け，相手方に通知しなければならない〔同Ⅲ〕）。連絡担当訴訟代理人は，選任した訴訟代理人のために裁判所と相手方との間の連絡，争点および証拠の整理の準備，和解条項案の作成その他審理が円滑に行われるために必要な行為をすることができる（同Ⅱ本文）。しかし，訴訟行為はできない（同Ⅱ但）。
　なお訴訟代理人が複数の場合，送達はその1人にすれば足りる（102Ⅱ）。また一部の訴訟代理人に期日変更の事由が生じたとしても，やむをえない事由でなければ，それを理由に期日の変更は許されない（規37①）。

2 - 4 - 13

もつものであることを例示し（55 I），次に本人の特別委任を要する事項を挙げ（同 II），最後に原則として訴訟代理権を制限することを許さない旨を規定している（同 III）。

訴訟代理人は実体法上の行為も行える（判例・通説。詳細は旧注釈民訴(2) 365 頁以下，秋山＝伊藤ほか I 549 頁，三宅編 I 553 頁等）。法は実体法上の行為としては単に弁済の受領しか規定していないが（55 I），それは訴訟で勝訴することとは直接関係がないからである（新堂 191 頁）。実体法上の行為で，訴訟委任の目的を達成するために必要な行為，すなわち意思表示，権利行使，相手方の意思表示を受領すること等は，明文の規定がなくても訴訟代理権に属する。たとえば契約の解除の意思表示（最判昭 36・4・7 民集 15-4-716〔百選［初版］21 事件〕）およびその受領であり，相殺の意思表示と相殺の主張の前提としての受働債権の存在の承認である（最判昭 35・12・23 民集 14-14-3166〔百選［初版］70 事件〕）。

その他に判例において認められたものとしては，法律行為の取消しの意思表示とその受領，第三者のためにする契約の受益の意思表示，地代増額請求の意思表示の受領がある。この他に考えられるのは，建物買取請求の意思表示（借地借家 13），時効の援用（民 145），留置権の抗弁（民 295），同時履行の抗弁（民 533），催告・検索の抗弁（民 452・453）等の提出である（旧注釈民訴(2) 365 頁）。

(4) 訴訟代理権の制約（特別委任事項）　重大な結果を生じさせる場合は本人の意思を尊重し，それを確認するためにその都度特別の授権を必要とする（55 II）。訴訟の終了をもたらす行為や反訴・控訴・上告の提起，復代理人の選任等である。そこで特別委任を受けていない訴訟代理人のした請求の一部取下げは無効であって，その部分は依然としてその裁判所に係属している（最判昭 30・7・5 民集 9-9-1012〔百選 II 141 事件〕）。また上訴につき特別授権を必要としているので（55 II ③），一審だけの訴訟代理人であれば，相手方の控訴・上告に応訴することはできない（審級代理の原則）。ただし，上級審手続についての授権があれば附帯上訴に応訴したり，あるいは附帯上訴をすることもできる（最判昭 43・11・15 判時 542-58〔続百選 29 事件〕）。

問題は和解締結につき，本人は具体的にその範囲を指示しえるかということである。たとえば立退料を支払い即時に家屋の引渡しを受けるとの指示に対して，3 年後の明渡しの和解を締結した場合である。換言すれば，55 条 3 項は 2 項に及ぶかの問題でもある（判例・学説の状況は，旧注釈民訴(2) 367 頁以下，小島 174 頁以

IV 訴訟代理人 145

下，松本＝上野 113 頁以下，秋山＝伊藤ほか I 541 頁以下，三宅編 I 555 頁以下，基本法(1) 157 頁以下，垣内秀介「訴訟代理人の権限の範囲」新・争点 68 頁以下）。

制限を認めれば本人の保護になるが，代理権の範囲を個々に調査しなければならなくなり，手続の円滑な進行を阻害する。したがって，訴訟代理権を訴訟物に限定する説，すなわち厳格制限説には問題がある。しかし，制限なしと説く無制限説というのも本人の保護に欠ける。そこで両者の中間に位置する中間説が多数説であり，本人保護のための制限が模索されている。なお，制限が書面に明記されている場合や相手方に明確に伝えられた場合は，制限は認められるべきであるという説も有力である（この問題については，高橋・重点講義上 222 頁）。また，様々な中間説の中から一つを決めるのではなく，それらを統合する見解もある（小島 177 頁以下）。判例は中間説で，訴訟代理人の和解の権限の範囲を広く解している[21]。

(5) 訴訟代理権の消滅　代理権の消滅事由は民法が規定しているが，次の事由については民法と異なり，訴訟代理権は消滅せず（58），訴訟は中断しない（124 II）。当事者本人や法定代理人の死亡（法人の場合は合併による消滅）や訴訟能力の喪失，当事者である受託者の信託に関する任務の終了，法定代理権の消滅・変更（58 I），資格当事者の資格喪失（同 II。多くは訴訟担当の場合の訴訟担当者の訴訟追行権の喪失と重なる），選定当事者訴訟で選定当事者の資格の喪失（同 III）等。

民法の委任が個人的信頼関係に基づく一身専属的な関係であるのに対して，訴訟委任は委任される者が弁護士であること，委任事務の範囲が明確であること，訴訟手続の進行を考えるべきこと等が，民法と異なった取扱いをする理由である。そこで上訴の委任がなければ当該審級の終局判決の送達までは訴訟は中断することはないが，送達後に中断し，判決は確定しないことになる（大決昭 6・8・8 民集 10-792〔百選［初版］20 事件〕）。

訴訟代理権は上記の場合を除き，民法が規定する代理権消滅事由により消

---

21) 最判昭 38・2・21 民集 17-1-182〔百選［5版］19 事件〕は，訴訟上の和解の特別委任を受けた訴訟代理人は，訴訟物に関する互譲の方法として，当事者たる本人所有の不動産につき抵当権設定契約をする権限を有すると判示する。また最判平 12・3・24 民集 54-3-1126〔平 12 重要判解 5 事件〕は，甲・乙請求権が一連の紛争に起因する場合，甲請求権の訴訟において和解を委任された弁護士は，乙請求権についても和解する権限を有すると判示する。

2-4-13

滅する。すなわち代理人の死亡，代理人が破産手続開始決定や後見開始の審判を受けた場合（民111Ⅰ②），委任の終了（民111Ⅱ。委任の終了事由は民653），代理人の解任・辞任（民651Ⅰ）等である。さらに弁護士資格は訴訟代理権の発生・存続のために必要な要件と解するならば（⇒(1)），弁護士資格の喪失は訴訟代理権の消滅事由である（判例・学説については，旧注釈民訴(2)389頁以下，秋山＝伊藤ほかⅠ562頁等）。議論があるのは，業務停止処分が資格の喪失事由になるのかということと，肯定した場合のその者の訴訟行為の効力についてである（⇒(1)）。

　ところで消滅の効果は，相手方に通知しなければ発生しない（59・36Ⅰ）。通知の方法は規定されていないが，通知をした者は，その旨を裁判所に書面で届け出なければならない（規23Ⅲ）。

　問題は，通知が困難な場合である。たとえば代理人の死亡，代理人が破産手続開始決定や後見開始の審判を受けた場合である（民111Ⅰ②参照）。通知の要求は無理なので，代理権の消滅の効果の発生には通知不要とするのが通説である（新堂194頁以下，条解民訴301頁・303頁，講義128頁，高橋・重点講義上223頁，松本＝上野115頁，秋山＝伊藤ほかⅠ561頁以下・566頁，基本法(1)162頁）。しかし，法定代理人と異なり（⇒**2-4-8**），本人が通知できるから通知は無理な要求ではない（三ケ月207頁，上田122頁，旧注釈民訴(2)388頁以下・399頁，伊藤156頁注105，小島182頁）。したがって，通知は必要と解する。なお死亡の場合通知は不要であるが，他の事由の場合は必要との説もある（三宅編Ⅰ573頁・580頁）。

　　当事者が交替しても中断しなかった場合，訴訟代理人は新当事者となった者（訴訟承継人）の訴訟代理人として訴訟行為をすることになる。この事実が判明すれば，判決は新当事者を表示する（最判昭33・9・19民集12-13-2062）。この事実の届出がないため判決が旧当事者を表示している場合は，判決の更正（257）を求めることができる（最判昭42・8・25判時496-43）。あるいは承継執行文付与の手続（民執27Ⅱ）を類推して，新当事者の表示を求めるという考え方もある（新堂194頁）。なお旧当事者名の判決に基づいて，新当事者がまたは新当事者に対して強制執行する場合の手続については議論がある（判例・学説の状況については，三宅編Ⅰ571頁以下，基本法(1)162頁）。

IV 訴訟代理人　　147

(6)　訴訟代理人の地位　　訴訟代理人は法定代理人ほど当事者に近いわけではないから，証人や鑑定人にもなれる。しかし，訴訟代理人が訴訟を追行するのであるから，訴訟追行に当たっての知・不知，故意・過失などが問題となる場合（24 II 但・46 ④・97 I・157 I・338 I 但等）は，訴訟代理人を基準として判断する（民 101 I・II 参照）。訴訟代理人の不知に本人（当事者）の故意・過失が影響しているときは，本人は自己の利益のために訴訟代理人の不知または責めなきことを主張できない（同 III 参照）。これらは一般に支持されている見解である（旧注釈民訴(2) 379 頁，新堂 195 頁，上田 120 頁，高橋・重点講義上 225 頁以下，伊藤 154 頁，梅本 161 頁，小島 182 頁等。なお判例については，前記旧注釈民訴参照）。

　訴訟代理人を選任しても本人は自ら訴訟行為ができる。訴訟代理人が権限内で行った行為の効果は本人に帰属するが，訴訟代理人と本人がともに出席した場合で，訴訟代理人の事実上の陳述を本人が直ちに取り消し訂正したときは，それを認め，訴訟代理人の発言はなかったことになる（57. 当事者の更正権）。事実は本人の方が知っているということに基づく。なお法令による訴訟代理人が訴訟委任による訴訟代理人を選任したときは，法定代理人に準じてこの更正権を有する（⇒ **2 - 4 - 15**(2)）。

　訴訟代理人がいるのに本人に宛てた期日の呼出しや裁判の送達は，本人も訴訟行為ができるのであるから適法である（最判昭 25・6・23 民集 4-6-240〔百選 I 57 事件〕）。しかし，本人から訴訟代理人に連絡しなければならないから，妥当ではない[22]。

2 - 4 - 14　弁護士法違反の代理行為の効力

(1)　弁護士法 25 条 1 号・2 号違反　　弁護士法は弁護士の職務執行の公正を維持するために，一定の事由が存在する場合，職務の執行を禁じている

---

[22]　兼子 135 頁，新堂 195 頁，上田 121 頁，梅本 161 頁，小島 183 頁等。しかし，旧注釈民訴(2) 379 頁以下は批判的で，訴訟代理人に対して送達すべきであると説く。伊藤 154 頁，三宅編 I 565 頁，基本法(1) 160 頁等は，訴訟代理人がいるのに本人になされた送達は不適法と説く。弁護士事務所が送達場所として届けられた場合には（104 I），その場所以外でなされた送達は無効であるが，適時に本人または訴訟代理人に伝達されれば，瑕疵は治癒される（高橋・重点講義上 225 頁）。

が（弁護 25），問題はこれに違反した場合の訴訟上の効果である。主に議論されるのは，「相手方の協議を受けて賛助し，又はその依頼を承諾した事件」（同 25 ①）や，「相手方の協議を受けた事件で，その協議の程度及び方法が信頼関係に基づくと認められるもの」（同 25 ②）について，職務を行った場合の訴訟上の効果である。これについては，様々な見解の対立がある（学説の状況は旧注釈民訴(2) 346 頁以下〔中島〕，上田 122 頁以下，梅本 131 頁以下，秋山＝伊藤ほか I 527 頁以下，三宅編 I 546 頁以下，小島 184 頁）。

　絶対無効説は弁護士の職務執行の公益性を強調する立場で，弁護士は準司法機関であり，公正や品位の保持のためには違反行為に訴訟上の効果を付与してはならないと説く。しかし，その結果，依頼者である本人が不測の損害を受けるという点が難点である。

　有効説は本条を単なる訓示規定と解して，本条違反は訴訟上に何らの影響を与えないと説く。しかし，相手方の弁護士が本条に違反してこちら側に不利益を生じさせても，訴訟上は有効というのでは不当であるし，弁護士に対する懲戒制度が必ずしも十分に機能していない状況では，違反は見過ごせない。

　追認説は当事者の利益を考慮し，本条違反の行為を無権代理行為として，追認あるいは双方の許諾があれば有効であると説く。しかし，弁護士法 25 条違反の行為を無権代理行為とみるか否かの問題は別にしても，保護すべき者は，そのような弁護士に訴訟を依頼した本人ではなく，その相手方（最初の依頼者）であるから，相手方が争っているのに本人の追認のみで有効とするのは問題である。

　このように考えると，相手方の異議がなければ有効と解する異議説にたどり着くが，この見解が従来の学説の問題点を克服して妥当な見解である。今日の通説であり，判例の立場でもある[23]。異議は将来に向かって当該弁護士

23）　判例は大審院時代においては当初は絶対無効説であったが，その後，追認説をとる判例も現れ，必ずしも統一的ではなかった（判例の状況は，旧注釈民訴(2) 347 頁，上田 123 頁以下，梅本 130 頁以下，秋山＝伊藤ほか I 528 頁）。戦後の最高裁も，最判昭 30・12・16 民集 9-14-2013 が異議説で，最判昭 32・12・24 民集 11-14-2363 は無効説で対立した。そこで最高裁は大法廷を開いて，最大判昭 38・10・30 民集 17-9-1266〔百選［5 版］20 事件〕によって異議説に統一し，その後もこの考えを他の場

IV 訴訟代理人

の訴訟手続からの排除の申立てであり，遅滞なくその者の行為の無効を主張すれば，訴訟行為を無効にすることができる（高橋・重点講義上227頁)[24]。この申立てに対して，裁判所は中間判決ではなく決定によるべきである（梅本132頁)[25]。

　なお，この異議は責問権（90）の一種であり，異議がない場合に後から無効の主張ができなくなるのは，責問権の喪失と理解すべきである（伊藤158頁注108，梅本132頁）。なお無効主張の遮断は禁反言の法理によるとの見解もある（新堂170頁）。ところで，異議説には具体的に考えるべき問題がある。すなわち，異議はいつまでできるのか，異議によってその弁護士の行った一切の訴訟行為が無効となるのか，上訴の提起や出訴期間の定めのある訴えの提起でも相手方の異議によって無効になるのか，といった問題がある[26]。

　上記の問題については，次のように考えるべきである[27]。相手方は違反の事実を知ったときは，遅滞なく異議を述べなければならない。もしそうでなく，異議は事実審の口頭弁論終結時まで述べることができるとすると，その間異議権者で

　　面でも展開させた（たとえば最判昭44・2・13民集22-2-328は，弁護士法25条4号に相当する弁理士法旧8条〔現31条4号〕に違反した訴えの提起に対して，相手方が当初から異議を述べていた場合は，無効とする）。

24)　訴訟復代理人の訴訟行為も同様である。判例は次のように説いている（最決平29・10・5民集71-8-1441）。弁護士法25条1号に違反して訴訟代理人になった弁護士から委任を受けた訴訟復代理人の訴訟行為も，相手方である当事者は訴訟代理人の選任が同号に違反することを理由に異議を述べ，裁判所に対してその行為の排除を求めることができる。同号が当事者の利益の保護をも目的としていることから，相手方である当事者は裁判所に対して，同号違反を理由に当該弁護士と訴訟復代理人の各訴訟行為を排除する旨の裁判を求める申立権を有する。

25)　この決定に対して，即時抗告ができる（前掲最決平29・10・5）。判例はその根拠と抗告権者について，次のように説いている。弁護士法25条1号の違反を理由に訴訟行為を排除する旨の決定に対しては，自らの訴訟代理人または訴訟復代理人の訴訟行為を排除するものとされた当事者は，民訴法25条5項の類推適用により即時抗告をすることができる。しかし，訴訟代理人または訴訟復代理人は当事者を代理して訴訟行為をしているにすぎず，訴訟行為が排除されるか否かについて固有の利害関係を有するものではないから，自らを抗告人とする即時抗告をすることはできない。

26)　青山善充「弁護士法25条違反と訴訟法上の効果」ジュリ300号（判例展望）（昭39）320頁。この論考は本文に挙げた問題のほかにさらに3つの問題を挙げ，各問題についての判例と学説の状況をまとめている。

27)　青山・前掲注26）320頁以下が説いているところであるが，上訴の提起や出訴期限のある訴えの問題については，私見と異なる。

ある相手方が当該弁護士の訴訟行為の有効・無効を自由に決めることになり，妥当性を欠く。また異議は弁護士法違反の弁護士が訴訟に関与することに対してなされるものである。したがって，異議により当該弁護士の訴訟行為は遡及的にすべて無効と解すべきである。すなわち，異議は当該弁護士の特定の訴訟行為に対するものではないし，異議によって相手方は特定の訴訟行為だけを無効にすることはできない。

このように考えると，上訴の提起や出訴期限のある訴えの場合でも，相手方の異議によりそれらは無効になる[28]。そこで当該弁護士に訴訟を依頼した者（本人）は再度の上訴等が期限内で可能であれば，別の弁護士を早急に選任する必要がある。それができないのであれば，依頼者は無効による不利益は甘受せざるをえない。正に依頼者にとっては不測の損害である。しかし，これらの場合のみ有効とするのは問題である。相手方の利益の保護，弁護士の職務の公正さの確保，弁護士の品位の保持等を目的とする弁護士法25条の趣旨を活かすことができなくなるからである。依頼者の救済は，訴訟行為の追完（97）として可能か否かで考えるべきである（高橋・重点講義上229頁注22は，訴訟行為の追完が類推されてよいと説く）。

また本人（依頼者）も異議を述べることができるかについては，議論がある。本人は信頼できない弁護士を解任できるが，解任する前の訴訟行為を無効とする余地を認めるか否かということである。本人の保護の観点から肯定する見解がある（高橋・重点講義上228頁注22）。これに対して，相手方が異議を述べないのに，依頼者の異議によって以前の訴訟行為を無効にするのは均衡を失するとして，異議を述べることができるのは相手方だけであるとの見解がある（伊藤158頁注108）。なお一般に文献では異議権者として，「本人と相手方」と並記されているが（旧注釈民訴(2)347頁，上田123頁，新堂170頁，三宅編I 547頁，基本法(1)154頁，条解民訴289頁〔新堂＝高橋＝高田〕等），「相手方」しか記載していないものもある（斎藤編(2)355頁，梅本132頁）。

(2)　その他の違反　弁護士法25条3〜5号違反の訴訟行為の効力についても，異議説が妥当であろう（旧注釈民訴(2)348頁，新堂171頁，伊藤158頁，三宅編I 547頁，基本法(1)155頁，条解民訴289頁）。同法57条1項2号違

---

28)　これに対して，有効説は次のように説く（青山・前掲注26）321頁）。上訴の提起や出訴期限のある訴えの場合は，訴え提起または上訴行為そのものは無効にならない。それが不可としても少なくとも，当事者の責めに帰すべからざる事由に基づく不変期間の徒過として常に訴訟行為の追完（97）が可能であるという形で救済すべきである。

IV 訴訟代理人 151

反は，懲戒処分による業務停止中の弁護士の訴訟行為の効力の問題であり，
同法72条違反は弁護士登録を抹消された弁護士の訴訟行為の効力の問題で
ある（⇒ **2-4-13**(1)）。

なお弁護士登録を抹消された弁護士ではなく，そもそも弁護士でない者が
同法72条に違反した場合は，この規定が高度の公益的規定であることを考
え，その者が行った訴訟行為は無効で，追認の余地もないと解すべきである
（伊藤159頁注111）。

2-4-15　法令による訴訟代理人

(1)　法令による訴訟代理人の種類と性質　　法令による訴訟代理人とは，
具体的には支配人（商21 I，会社11 I），船舶管理人（商698 I），船長（商
708 I）であり，これらの者については特に訴訟法は資格の制限をしていない
（54 I 参照）。これらの者は弁護士に訴訟を依頼することもできる。代理権は
実体法の一定の地位に基づくものであり，特定の事件ごとに委任される訴訟
委任による訴訟代理人とかなり性格が異なる。したがって，支配人等は法定
代理人ないしは法人の代表者に近いものである（55条4項は，訴訟代理人の
代理権について包括的・画一的に定めた同条1〜3項を，法令による訴訟代理人に
適用しないとしている）。ところが，国の指定代理人（⇒ **2-4-10**(2)）は法令
による訴訟代理人ではあるが，当該訴訟のための代理人であるから，訴訟委
任による訴訟代理人に近いものといえる。

要するに，法令による訴訟代理人は多様である。しかし，本人の意思によ
って代理人になるという点で訴訟委任による訴訟代理人と一致し，任意代理
人である。

なお非弁護士を形（登記）だけ支配人にすることによって，非弁護士の弁
護士活動を禁止した弁護士法72条や弁護士代理の原則（54 I 本文）を潜脱し
ようとする場合がある。僭称支配人は支配人（商20以下，会社10以下）では
ないから，訴訟代理権は生じない（仙台高判昭59・1・20下民35-1〜4-7〔百
選[5版]A7事件]）。しかし，この者が行った訴訟行為は有効とする見解が
ある[29]。

(2)　法令による訴訟代理人の地位と権限　　法令による訴訟代理人の訴

2-4-15

152 第2編 第4章 訴訟上の代理人・代表者

訟手続上の地位は，訴訟委任による訴訟代理人と基本的には同じであるが（⇒ **2 - 4 - 13(6)**），法令による訴訟代理人は法定代理人のように広範囲な権限を有するから，訴訟委任による訴訟代理人を選任したときは，法定代理人に準じて自ら更正権（57）を有する（通説。文献については，秋山＝伊藤ほかI556頁，三宅編I565頁，条解民訴297頁以下）。法令による訴訟代理人の代理権は，実体法上の地位に結びついた権限であり，代理権の範囲も法令の定めるところによる（55 IV）。したがって，裁判上の一切の行為に及ぶのが通常である（商21 I・698 I・708 I，会社11 I）。

　法令による訴訟代理人には，授権者側の死亡などによる訴訟代理権不消滅の規定（58 I）は適用されない。本人の死亡などによって，訴訟代理権の根底にある信頼関係は失われたと考えるからである[30)]。なお，支配人の場合は本人が死亡しても訴訟代理権は消滅しないが，それは実体法の規定（商506）に基づくのであって，訴訟代理権不消滅の規定（58 I）を根拠にするものではない。

---

29)　この説は弁護士法に抵触するとは限らないし，無効として本人や相手方を保護する必要がないから，有効であると説く（新堂188頁以下，旧注釈民訴(2)337頁以下〔中島〕，高橋・重点講義上232頁。なお上田125頁は営業主との一体性を理由に，従業員の場合は法令による訴訟代理人の地位を認める）。しかし，真の支配人ではないから，法令による訴訟代理人とはいえず訴訟代理権は生じないので，その者の行為は無効と考えるべきである（梅本164頁注1，小島186頁，秋山＝伊藤ほかI522頁以下・565頁以下，三宅編I543頁，基本法(1)154頁等）。

　なお伊藤159頁は，その者の行う訴訟行為は違法とし，相手方は無効を主張できるが，本人は信義則上無効を主張できないし，追認も許されないとする。条解民訴288頁〔新堂＝高橋＝高田〕はその者の訴訟代理権は認められないとし，本人勝訴の場合は本人に勝訴の恩恵を与える必要はないから，追認は認められないと説く。

　従業員に訴訟代理権を付与するために，その者を支配人にするということの問題点については，高橋・重点講義上231頁以下が詳しく分析する。梅本166頁以下は，支配人について実体法の定める趣旨に基づき健全な活用を図ることによって，法令による訴訟代理人制度を育成させる必要があると述べている。

30)　通説と思われる。兼子137頁，三ケ月206頁，条解民訴299頁，旧注釈民訴(2)384頁，上田126頁，新堂198頁，高橋・重点講義上230頁，松本＝上野116頁，梅本166頁，小島187頁，三宅編I568頁以下，基本法(1)161頁等。

　これに対して反対は斎藤編(2)412頁，菊井＝村松I551頁，秋山＝伊藤ほかI560頁である。55条4項のような規定がないこと，代理権を消滅させ訴訟手続を中断させることは，訴訟手続の円滑迅速な進行という要請に反すること等を理由にする。

V 補 佐 人

2-4-**16** 意義と地位

　当事者または訴訟代理人（以下では単に「当事者など」と表示する）に付き添って期日に出頭し，それぞれの主張を補足する者を補佐人という（60 I）。

　なおここでの当事者には，法定代理人およびこれに準ずる者（旧注釈民訴(2) 400頁〔中島〕，秋山＝伊藤ほか I 567頁），補助参加人（旧注釈民訴(2) 400頁，条解民訴 302頁〔新堂＝高橋＝高田〕，三宅編 I 581頁，基本法(1) 165頁）が含まれる。なお法定代理人に準ずる者とは，例えば，法令による訴訟代理人と思われる。

　補佐人は，訴訟において高度の専門的・技術的知識が要求される場合（たとえば知的財産権に関する訴訟）や，当事者本人に言語障害や聴力の欠陥等がある場合において，当事者などの陳述を補い，当事者などの主張の正当性を明らかにする者である（梅本 168頁注 2 は，専門的知識を必要とする訴訟での積極的な活用を説く）。なお日本語ができず母国語の通訳が得られない場合も（154 参照），補佐人を利用することが認められるであろう。しかし，当事者が訴訟に疎いとか，相手方が訴訟事務に熟達した訴訟代理人を選任しているとかという事情だけでは，補佐人制度の利用は許されない（小島 188頁）。

　補佐人をつける場合は裁判所の許可が必要である（60 I）[31]。この許可はそ

---

31) 裁判所の許可が必要でない場合がある。弁理士は当事者または訴訟代理人とともに出頭し，一定の事項について，補佐人として陳述や尋問をすることができる（弁理士 5）。税理士も同様に裁判所の許可なしに弁護士である訴訟代理人とともに出頭し，租税に関する事項について，補佐人として陳述することができる（税理士 2 の 2）。
　これらは平成 9 年以来の規制緩和推進計画における公的資格制度の見直しという環境の変化と，平成 11 年に内閣に設置された司法制度改革審議会の動きに対応した法の改正に基づく（梅本 168頁以下）。なお弁理士は訴訟代理人にもなれるので（注 17 参照），当事者は状況に応じて弁理士を補佐人とするか訴訟代理人とするかを選択することになる。専門技術的事項が部分的争点にすぎないときは，弁理士は特定の期日に出席するだけで足りるから，当事者は弁理士を補佐人として依頼すればよい。しかし，訴訟全体を貫くバックボーンとして専門技術的事項が関係し，それに関する知識が訴訟戦略と関連するときは，当事者は弁理士を訴訟代理人として依頼することにな

の審級限りであり，裁判所はいつでも取り消すことができる（同II）。補佐人には訴訟能力は必要としない。補佐人は期日以外に活動できず，期日でも当事者などとともに出席しなければならず，当事者などは補佐人の陳述（事実上の陳述に限らない）に更正権を有するが，同一期日内での更正がないと当事者などの陳述とみなされる（同III）。

　このような補佐人の権限の内容から，補佐人は当事者などの単なる発言機関であるとの見解（三ケ月208頁。なお小山142頁は「表現機関」）があるが，補佐人は自らの意思で発言し，発言の効力が当事者などの本人に及ぶのであるから，一種の代理人である[32]。

　　ろう（小島188頁注279）。
32)　通説の見解である（条解民訴304頁，旧注釈民訴(2)401頁，新堂199頁，伊藤160頁，梅本167頁，三宅編I582頁等）。なお一種の代理人については，様々に表現されている。「法が特に定めた特殊な制限的な代理人」（旧注釈民訴(2)401頁）とか，「権限が制限された代理人」（斎藤編(2)430頁，秋山＝伊藤ほかI569頁）とかであり，「発言機関に近い特殊な代理人」（上田127頁）との表現もみられる。もっとも，どのように理解しようと，それによって効果に差が生じるものではないから，説明のための議論であり，その意味では実益はない（新堂199頁，三宅編I582頁，小島188頁注277）。

第5章 訴えの利益

I 総 説

2-5-1 訴えの利益の意義

　近代法は，ローマ法のように個別的に訴えを提起しうる場合（アクチオ）を定めるという法体系とは異なり，一般的に訴訟の提起を認めるという建前に立っている。そのような法制度の下では，何らかの基準によって訴訟制度を利用する利益ないし必要のある事件を選別し，そのような事件に限って訴訟を許容するという取扱いが必要となる。この選別基準としての，訴訟をすることの必要性ないし利益を「訴えの利益」（広義の訴えの利益）という。

　通説的な見解によると，本案判決と関連させて，訴えの利益とは，審判対象である特定の請求について本案判決をすることが，特定の紛争の解決にとって必要かつ有効，適切であることをいい，訴えの利益が存在することが本案判決をなすための要件（訴訟要件）の一つであると解されている（異説については，⇒ **2-5-3**(2)(イ)）。

　この訴えの利益は確認訴訟の場合に最も問題となる。確認訴訟では，その対象は定義上無限定であり，しかもその判決は，給付訴訟の場合のように執行力を持たないものであるから，これを無制限に許すわけにはいかないからである。しかし，給付訴訟や形成訴訟においても，後述するように訴えの利益が問題となることがあるから，訴えの利益は，確認訴訟に特有のものではなく，すべての訴えにつき問題となるものである。

2-5-2 発現の態様

　広義における訴えの利益は種々の形で現れる。まず，請求の内容が本案判決を受けるのに適する一般的な資格（請求適格とか権利保護の資格といわれる）

のあるものであり，かつ，原告がこの請求について判決を求める現実の必要性（権利保護の利益ないし必要）のあることが必要である。これらは請求の方からみた客観的利益の問題である。狭義で訴えの利益というときは権利保護の資格と利益を指し，最狭義では権利保護の利益を指す。

この客観的利益のほかに，その訴訟の原告・被告間にその請求について本案判決をなすことが紛争の解決にとって必要・適切であるとするだけの権能・適格（当事者適格）を当事者が有していることが必要である。これは当事者の方からみた主観的利益の問題である。広義では，この当事者適格をも含めて訴えの利益という。

このように広義の訴えの利益の発現態様は，観念的に2つないし3つに分けることができるが，権利保護の資格，権利保護の利益，当事者適格は，それぞれ相互に関連する問題であり，その限界は必ずしも明確でないばかりか，確認訴訟におけるように権利保護の利益と当事者適格とが表裏一体の関係にあることもある。しかも，これらはいずれも訴訟要件であり，その訴訟上の取扱いに差異があるわけでもないから，しいていずれに属するかを明らかにする必要もない。

2-5-3 訴えの利益の性質・内容

(1) 訴権論・訴訟要件論との関係　「訴権」というものを認め，その内容を本案判決請求権とみる見解では，訴えの利益が存在することが訴権の要件であり，訴権の存在が訴訟要件の一つであり，訴えの利益は「訴権利益」と呼ばれ，これを欠く訴えは却下されることになる。これに対し，具体的訴権説（権利保護請求権説）では，訴えの利益は，私法上の権利の存在とともに，原告の権利保護請求権の要件とみられ，その結果，訴えの利益を欠くときは請求棄却の判決をなすべく，また訴えの利益の判断を差し置いて，私法上の権利の存否につき審理し，不存在と認定できるときは，ただちに請求棄却の判決をなしうると説く。かつては，この説の影響を受け，訴えの利益の欠けた場合，請求棄却の判決をなす例があった（たとえば，最判昭27・2・15民集6-2-88，最判昭31・12・20民集10-12-1573）が，307条との関係などを考えると，この取扱いは是認できない。なお，必ず訴えの利益の存在を確認したうえでないと，本案判決（とくに請求棄却判決）ができないかという問題については，⇒ 4-2-8(5)。

II　客体についての正当な利益

　(2)　訴えの利益の本質　　(ア)　従来は，訴えの利益というものは，民事訴訟制度を設営する国家の立場からみて，その訴えを取り上げて判決をしてやる必要性ないし利益（国家的・制度的利益）の問題であると考えられていた（国家的利益説。三ケ月「権利保護の資格と利益」研究1巻38頁）。これに対し，訴えの利益の本体は，原告が本案判決を求めるについて有する利益（原告の訴訟追行利益）とみるべきであり，この利益が訴訟制度の目的ないし存在理由や社会的要請に照らして是認できるものであるときに，訴えの利益があると判断されるとする見解（山木戸「訴えの利益の法的構造」論集130頁以下）が主張されている。この説においても，訴えの利益の存在は訴訟要件であり，これを訴訟要件と定めることは，制度の設営者としての国家がその立場から自らの利益・必要に基づいて私人の制度利用を認める範囲を画するものであるから，訴訟要件であることの根拠は，国家の利益・必要であるということになる。

　(イ)　訴えの利益を，本案判決をなすことの利益・必要と解するのが通説であるが，訴訟の目的ないし機能を本案判決の取得ないしそれによる紛争の解決とみることを疑問とし，訴訟の目的・機能はルールに従った当事者間の対論の場を保障することにあるとする立場から，訴えの利益の本質は，原告が被告に対して訴訟による論争または決着を求めることを正当化するだけの理由があるかどうかに求めるべきであるとする見解がある（これからの民訴95頁など）[1]。

II　客体についての正当な利益

2-5-4　各種の訴えに共通の要件

　給付・確認・形成という訴えの類型のいかんを問わず，それらに共通して一般的に問題となるものとして，従来，次の4種類の事項が挙げられてきたが，それらの中には訴えの利益の問題と捉えるのは相当でないとされるものがある（後述）。

---

1)　訴えの利益を原告が被告に応訴を強制できるための要件（被告の応訴義務）の問題と捉える見解（松尾卓也「民事訴訟における被告の応訴義務——訴えの利益の概念と機能再考序説」九大法学61号1頁，62号73頁〔平3〕，同「訴えの利益の概念と機能再考」民訴雑誌43号〔平9〕238頁）もある。

(1)　請求が具体的な権利関係その他の法律関係の存否の主張であること

　民事訴訟は，請求の当否を法律的に判断することによって現存の具体的な紛争の解決を図ろうとするものであるから，その主張が法律的に当否を判断できる法律関係の主張でなければならない。したがって，単なる事実の存否の確認は，原則として民事訴訟の対象にできない（例外については，⇒2-5-**5**(3)(ア)）。また，法律関係以外の社会関係の存否の争い，たとえば，寺の住職であることの確認請求は，原則として確認の対象としての適格を欠く（最判昭55・1・11民集34-1-1〔百選［5版］1事件〕参照）。もっとも，宗教法人に関連する権利義務をめぐる紛争を包括的に解決するのに，住職たる地位の確認が有効，適切であるような場合には，訴えの利益を認める余地はある（最判昭44・7・10民集23-8-1423〔百選［5版］15事件〕参照）。

　また，当事者間の現在の紛争を解決するためには，現在の法律関係の存否を問題とするのが直截であるから，原則として過去の法律関係の存否は，確認の訴えの対象としての適格を欠く（例外については，⇒2-5-**5**(3)(ア)）。

　さらに，現行法として明らかに存在しない法規の存在を主張して，そのような法規の下での個別的権利関係を主張するような請求も許されない（法律実務2巻66頁，小山・新版30頁，条解民訴732頁〔竹下〕，谷口112頁）。もっとも，現行法として存在しないことが明白な場合に限るべきである[2]。同様に，法律上，訴求可能性を欠く「自然債務」を主張する訴えには，訴えの利益がないと解されている。

　なお，抽象的に法規の効力の存否，法令の解釈の当否について判断を求める訴え，いわゆる統治行為ないし政治問題に関する訴え（最大判昭27・10・8民集6-9-783），宗教上の教義や団体の自治に干渉するものとして司法権を及ぼすべきでないとされる事件（最判昭56・4・7民集35-3-443〔百選［2版］1事件〕，最判平元・9・8民集43-8-889〔百選Ⅰ1事件〕）などを却下するにつき，かつては，訴えの利益を欠くことをその理由とする学説があったが，現在では，これらは，訴訟制度の内在的限界を示す訴えの利益の問題というよりは，司法権の内容・限界の問題として，憲法等の解釈によって決せられるべきも

---

　2)　谷口安平「権利概念の生成と訴えの利益」講座民訴②176頁以下は，訴えの利益を認めることによって，権利生成の契機を与えるべきであると説く。

のであるとする見解が有力であり（条解民訴732頁），それに賛成すべきである（⇒ **1 - 1 - 9**）。

（2）　**起訴が禁止されていないこと**　　たとえば，二重起訴の禁止（142），訴え取下げ後の再訴の禁止（262 II），人事訴訟法25条の別訴禁止などがそれであるが，これらはそれぞれ特別な理由から起訴を禁じるものであり，訴えの利益のみをその根拠とするものではないし，また禁止規定に該当する場合には，訴えが不適法であることは，訴えの利益を持ち出すまでもなく，当然に認められることであるから，ここに掲げるのは妥当でない（条解民訴735頁）。

（3）　**当事者間に訴訟を利用しないという特約のないこと**　　不起訴の合意があるときは，起訴されても，被告はその合意の存在を主張・立証すれば，訴えの利益を欠くものとして却下してもらえると解する見解がある（兼子「訴訟に関する合意について」研究(1) 279頁）が，訴えの利益と結びつけずに，合意自体の効果によるものと解することも可能であり，そのような見解によれば，これらも訴えの利益の問題ではないということになる（条解民訴736頁）。もっとも，訴訟物たる権利関係が当事者間の合意によって自由に処分できるものでないときは，不起訴の合意の効力は認められない。

　訴え取下契約が成立すれば，訴えの利益が消滅するとする見解があるが，これも取下契約の効果として訴訟消滅の効果が生じ，裁判所は訴訟終了宣言判決をすべきであるとする見解がある（竹下守夫「訴取下契約」立教法学2号〔昭36〕50頁・75頁。なお，この説の評価につき，新堂347頁参照）（詳細については，⇒ **4 - 1 - 5**）。なお，仲裁合意があるときについては，仲裁法14条参照。

（4）　**その他，特に起訴の障害となる事由のないこと**　　原告が同一請求についてすでに勝訴の確定判決を得ている場合（ただし，例外的に訴えの利益が認められる場合がある）や，訴え以外に法律上の手段が認められ，しかもこれのみによらせる趣旨である場合（例，訴訟費用額確定手続〔71〜73〕，破産債権の行使・確定〔破100・124〜126〕，遺産分割〔民907 II，家事別表第2十二〕など）などである。

　また，訴えの提起が権利の濫用または信義則違反と認められる場合を，訴

2 - 5 - 4

160　　　第 2 編　第 5 章　訴えの利益

えの利益が欠ける場合と捉えることもできる（条解民訴 734 頁，谷口 117 頁，上田 216 頁など）（訴権の濫用については，⇒ **1 - 2 - 8**(3)(エ)）。

2 - 5 - 5　各種の訴えに特殊な要件

（1）　**現在の給付の訴え**　これは弁済期の到来した給付請求権を主張する訴えであるから，特別な事情のないかぎり，訴えの利益があるのが原則である。訴えの提起前に原告が催告をしたか，被告が履行を拒絶したか，被告が任意に支払う意思をもっていたかなどは無関係である。ただし，被告が請求を争わず直ちに請求の認諾をしたときは，原告に訴訟費用を負担させるべきである（62）。

給付判決を得ても，その給付の実現が法律上または事実上不可能あるいは著しく困難であっても，訴えの利益がないとはいえない（最判昭 41・3・18 民集 20-3-464〔百選〔5 版〕21 事件〕〔民執保全百選〔2 版〕72 事件〕。なお，⇒ 最判平 5・11・11 民集 47-9-5255〔百選〔3 版〕A 30 事件〕）。訴訟物たる給付請求権に対して差押え・仮差押えがなされていても訴えの利益はあるというのが判例である（最判昭 48・3・13 民集 27-2-344〔民執保全百選〔2 版〕52 事件〕，最判昭 55・1・11 民集 34-1-42，最判平 5・3・30 民集 47-4-3334）が，確認判決または仮差押えが解除された場合という条件つきの給付判決しか許されないと解すべきであろう（条解民訴 786 頁〔竹下〕，高橋・重点講義上 352 頁・354 頁参照）。債務名義となる執行証書（民執 22 ⑤）をもっていても，給付請求権につき既判力のある確定判決を得る利益があるから，訴えの利益は否定されない（大判大 7・1・28 民録 24-67，大判昭 18・7・6 新聞 4862-8）。確定した給付判決があるときは，債権者は重ねて訴えを提起することはできないのが原則であるが，債務名義の内容が不明・曖昧な場合（最判昭 27・12・25 民集 6-12-1271，最判昭 42・11・30 民集 21-9-2528）や，判決原本が滅失して執行正本が得られない場合や，時効の完成猶予のために起訴以外に適当な方法がない場合（大判昭 6・11・24 民集 10-1096）には，例外的に訴えの利益がある。執行判決を求める訴え（民執 24），執行文付与の訴え（民執 33）が可能な場合には，それによるべきで，給付の訴えの利益なしという見解もあるが，給付訴訟によることもできると考えてよい（大判昭 8・6・15 民集 12-1498，新堂

Ⅱ　客体についての正当な利益　　161

267頁，条解民訴734頁。反対，兼子154頁，斎藤168頁，三ケ月61頁)[3]。

(2)　将来の給付の訴え　　この訴えは口頭弁論終結時までに履行を求めうる状態にならない給付請求権を主張するものであるから，あらかじめこの請求をして給付判決を得ておく必要のある場合にのみ許される（135）。この必要性は，仮差押え・仮処分における保全の必要性（民保20・23）とは異なる。

あらかじめ請求をなす必要は，2つの類型に分けられる。1つは，履行期に即時に給付がなされないと，債務の本旨に適った給付にならない定期行為の場合（民542Ⅰ④）や，履行遅滞による損害が重大な場合（たとえば扶養料の請求）である。これらの場合には，義務者が現在，履行を確約していても，あらかじめ請求をなす必要が認められる。

もう1つは，履行期が到来しあるいは条件が成就しても，そのときに任意の履行が期待できないと判断されるような事情がある場合である。たとえば，義務者が現在すでに義務の存在または内容を争っているときは，原告の主張通りの時期における履行を期待しがたいから，あらかじめ請求をなすことができる（最判平3・9・13判時1405-51）。同様に，土地・建物の明渡義務の存在が争われているときは，弁論終結後明渡し済みに至るまでの賃料相当額の損金の支払を訴求できる（なお，将来の給付判決が確定した後に，増額請求を認めたものとして，最判昭61・7・17民集40-5-941〔百選［5版］83事件]）[4]。継続的または反復的給付義務において，現に履行期にある部分について不履行があれば，将来の部分の履行も期待できないから，この部分についてもあらかじめ請求することができる（ド民訴258参照)[5]。もっとも，賃金のよう

---

3)　以前は，仲裁判断に基づき強制執行をするためには執行判決を得なければならなかったが，仲裁法46条では，判決ではなく決定（執行決定）でよいことになった。執行決定という簡易な手段が認められる以上，通常の給付訴訟は認められないことになろう。

4)　高橋宏志「確定判決後の追加請求」中野古稀下249頁，山本弘「将来の損害の拡大・縮小または損害額の算定基準の変動と損害賠償請求訴訟」民訴雑誌42号（平8）28頁参照。

5)　扶養義務等に係る定期金債権につき，確定期限未到来のものについても債務者の給料債権等に対して債権執行をなしうる（民執151の2）。

2 - 5 - 5

に回帰的給付が長期にわたる場合は，現在不履行があるからというだけで無制限に将来の分につき訴えの利益を認めるのは妥当でない。相当の期間に限定する等の制限が必要であろう。公害訴訟などにおける将来の不法行為に基づく損害賠償請求権のように，その損害額や違法性の判断要素が複雑で，かつ，変動が予想される場合には，権利保護の資格（請求適格）の面から適法性が否定されるとするのが判例である（最大判昭56・12・16民集35-10-1369〔百選〔5版〕22事件〕，最判平19・5・29判時1978-7〔平19重要判解3事件〕，最判平28・12・8民集70-8-1833）。しかし，一定の期間に限定するなどすれば，訴えの利益を認める余地があるとする見解も有力である[6]。そうだとすると，将来の損害賠償請求を請求適格なしと断定することには問題がある（高橋・重点講義上356頁参照）。

　なお，本来の給付の請求と，将来の執行不能または履行不能を慮って，本来の給付に代わる代償請求を併合して訴求することは，将来の給付の訴えを併合するものであるが，あらかじめ請求の必要あるものと解すべきである（民執31 II参照。大連判昭15・3・13民集19-530〔百選〔初版〕26事件〕，最判昭30・1・21民集9-1-22）。加害者に対する損害賠償請求と併合して，保険会社に対し保険金の支払を請求する訴えは認められる（最判昭57・9・28民集36-8-1652〔百選〔3版〕29事件〕）。自動車の任意保険では，一定の要件の下で被害者に直接請求が約款上認められる。

　将来の給付の訴えの審理中に請求権の履行期が到来し，また条件が成就したとき，原告の請求内容から現在の給付を求める趣旨と解されるときは，現在の給付訴訟として請求を認容してよい（新堂332頁，松本＝上野584頁。反対，中野・論点 I 145頁，三ケ月155頁，伊藤216頁）。

6）　この問題については，竹下守夫「差止請求の強制執行と将来の損害賠償請求をめぐる諸問題」判時797号（昭51）30頁，伊藤眞「将来請求」判時1025号（昭57）23頁，中野「将来の給付の訴え」論点 I 139頁以下，松浦馨「将来の不法行為による損害賠償請求のための給付の訴えの適否」中野古稀上187頁，内山衛次「将来の給付の訴え」鈴木（正）古稀117頁，川嶋四郎「将来給付の訴えの展開可能性に関する一考察」石川古稀上447頁（同・民事救済過程の展望的指針〔平18〕247頁以下）参照。
　　なお，大阪国際空港事件の最判と横田基地事件との関係については，三木浩一「将来給付の訴えの利益」法教385号（平24）13頁以下参照。

II 客体についての正当な利益 163

(3) 確認の訴え　　確認の訴えは，確認の対象が定義上は無限定であり，また，そこで下される判決は既判力を認められるのみであるから，訴えの利益によってそれが許容される場合を限定する必要が大きい。なお，特別な理由から例外的に，確認の利益を要しないとされる場合がある（その例として，破産債権査定申立てについての決定に対する異議の訴え〔破126〕，中間確認の訴え〔145〕が挙げられている）[7]。

確認の訴えの利益（確認の利益）は，原告の権利または法的地位に危険・不安定が現存し，かつ，その危険・不安定を除去する方法として原告・被告間に当該の請求について判決をすることが有効適切である場合に認められる。確認の利益は，次の(ア)(イ)(ウ)の各観点から，その有無を判断するのが妥当である。

(ア) 確認対象選択の適否　　(a) 確認対象として選んだ訴訟物が原告・被告間の紛争の解決にとって有効適切かという問題である。確認の訴えの対象は，原則として，現在の権利または法律関係でなければならない。単なる事実や過去の法律関係の存否を問題とすることは，多くの場合，迂遠であるし，法律関係のその後の変動が考慮されていないから，現在の紛争がそれによって解決されるとは限らないからである。過去の法律行為や法的行為の有効・無効，存在・不存在の確認についても同様である（売買契約無効確認請求につき，最判昭41・4・12民集20-4-560）。しかし，後述するように，事実や過去の法律関係等の確認であっても，例外的に，確認の利益を認められる場合があるから，これらの確認請求は，権利保護の利益の問題であり，請求適格の問題ではない[8]。

なお，過去の法律行為の効力の確認を求めるようにみえる場合でも，その行為に基づく現在の法律関係の存否の確認を求める趣旨と認められる場合には，そのような訴えとして有効と扱うことができ，またその趣旨が不明確な

---

7)　中間確認の訴えにつき確認の利益を要するかについては，不要説（倉田卓次「訴訟中の訴」同・民事実務と証明論〔昭62〕38頁，同「盲点としての中間確認」同書88頁，基本法(2)16頁）と必要説（兼子380頁，新堂770頁，条解民訴842頁〔竹下＝上原〕，高橋・重点講義上364頁）が対立している。

8)　いわゆる国籍訴訟（最大判昭32・7・20民集11-7-1314〔百選 I 60事件〕）などは，その典型である。

2-5-5

ときは，釈明すべきである（前掲最判昭41・4・12）。

　　(b)　法律は，証書真否確認の訴えを認めている（134）。法律関係を証する書面とは，その内容によって直接に法律関係の存否を証明できるものである（最判昭28・10・15民集7-10-1083〔百選〔初版〕79事件〕。たとえば，契約書，遺言書，定款）。真否とは，その書面が，作成者と主張される者の意思に基づいて作成されたか否かの事実をいう（最判昭27・11・20民集6-10-1004）。したがって，証書の真否は，単純な事実というよりは，法的な判断を加えてはじめて認識できる事実である（谷口123頁）。この訴えは，原告の法的地位の危険・不安定がもっぱらその書面の真否にかかっている場合にのみ認められる。書面の真否だけでなく，その他の点，たとえばその書面でなされた法律行為の効力についても争いのあるときは，権利関係自体の確認訴訟によるべきである（最判昭42・12・21判時510-45〔続百選34事件〕）。

　事実の確認が許容されるのは，この証書真否確認の場合に限られるか否かについては争いがある[9]が，134条の類推を否定すべき理由はないであろう（谷口123頁，高橋・重点講義上367頁）。

　　(c)　過去の法律関係の確認でも，現在の権利関係の個別的な確認が必ずしも紛争の抜本的な解決をもたらさず，かえって，それらの権利関係の基礎にある過去の基本的な法律関係を確定することが，現存する紛争の直接かつ抜本的な解決のために適切かつ必要と認められるような場合には，確認の利益が認められる。父母の両者または子のいずれか一方の死亡後における親子関係存否確認の訴えは，この例とみてよい[10]（最大判昭45・7・15民集24-7-861〔百選〔5版〕A9事件〕）。過去の法律行為の無効または不存在の確認訴訟については，新株発行不存在確認の訴え（最判平9・1・28民集51-1-40。会社829），株主総会決議不存在・無効確認の訴え（会社830），婚姻の無効確認

---

9)　証書の真否以外の事実の確認は認められないと解するものとして，条解民訴770頁〔竹下〕，基本法(2)18頁，中野貞一郎「確認訴訟の対象」判タ876号（平7）10頁以下〔中野・論点Ⅱ38頁〕。

10)　認知者死亡後の認知無効確認の訴えも認められる（最判平元・4・6民集43-4-193）。なお，身分関係の当事者の一方が死亡した後に，生存する他方当事者または当該身分関係の当事者以外の者が人事訴訟を提起するときは，検察官を被告として訴えうる（人訴12Ⅲ）。

II 客体についての正当な利益　　165

の訴え（人訴2），行政処分の無効確認の訴え（行訴36）などのように明文で
これを認めるものもあるが，そのような明文のない場合でも，前記の基準に
該当する場合は，確認の利益を肯定すべきである。学校法人の理事会の決議
無効の確認（最判昭47・11・9民集26-9-1513〔百選〔5版〕A10事件〕），医療
法人社員総会決議不存在確認（最判平16・12・24判時1890-46），遺言の無効
確認（最判昭47・2・15民集26-1-30〔百選〔5版〕23事件〕），ある財産が遺産
に属する旨の確認（最判昭61・3・13民集40-2-389〔百選〔5版〕24事件〕，最
判平元・3・28民集43-3-167〔百選〔5版〕100事件〕），相続放棄無効確認（反
対，最判昭30・9・30民集9-10-1491），解雇無効確認などの訴えには，確認の
利益があるとみるべきである（山木戸「法律行為の効力確認訴訟の適法性」論
集101頁以下参照）。これに対し，特定の財産が特別受益財産（民903 I）であ
ることの確認の訴えには，確認の利益はない（最判平7・3・7民集49-3-893
〔平7重要判解1事件〕）。

　（d）　確認の対象としての現在の権利関係は，条件つきまたは期限つき
でもよい[11]が，将来発生する権利または法律関係の確認の訴えは認められ
ないとするのが，通説・判例（東京高判平2・6・27高民43-2-100）である。
しかし，たとえば，ある製品を製造・販売すれば，他人の特許権の侵害とな
るかにつきあらかじめ判決で確定しておく必要性があるような場合には，確
認の利益ありと解してよいであろう（条解民訴774頁）[12]。

　（e）　確認の対象は，原告の権利あるいは原告・被告間の法律関係に限
られない。当事者の一方と訴外人との間に存する法律関係の存否でも，それ
を確認することによって被告に対する関係で，原告の法律上の地位の安定が

---

11)　最判平11・1・21民集53-1-1〔百選〔5版〕27事件〕は，建物賃貸借契約継続中
　に賃借人が賃貸人に対して敷金返還請求権の存在の確認を求める訴えは，契約終了後，
　建物明渡しの時点において，敷金の被担保債権を控除して残額があることを条件とす
　る条件付請求権の確認を求める訴えであり，現在の権利または法律関係の確認を求め
　る訴えであって，確認対象において欠けるところはない，と判示した（将来の権利関
　係の確認請求として認めるべしとする説もある）。

12)　宇野聡「共同不法行為者間における負担割合確認の訴え」福永古稀271頁は，被
　害者からの損害賠償請求訴訟において，被告である共同不法行為者の1人が他の共同
　不法行為者に対して負担割合の確認を求める訴えの利益ありとする。

2 - 5 - 5

得られるならば，それを確認の対象とすることができる。たとえば，土地の転借人が，土地所有者から別個にその土地の使用権を取得したと主張する者に対して，土地使用権（訴訟当事者でない賃借人との転貸借契約から生じた転借権）の確認を求める場合（大判昭5・7・14民集9-730）や，原告たる登記簿上の2番抵当権者が1番抵当権者を被告として1番抵当権の被担保債権の消滅の確認を求める場合（大判昭15・5・14民集19-840）などはこれにあたる。また，たとえば，共同相続人間で特定の財産が被相続人の遺産に属することの確認を求める訴えのように（最判昭61・3・13民集40-2-389〔百選［5版］24事件〕），確認の対象となる法律関係は，特定人間の法律関係という形のものであることを要しない。

　なお，自己の権利の積極的確認請求ができるときは，原則として自己の権利の積極的確認を求めるべきで，相手方の権利の消極的確認を求めるべきでない（最判昭54・11・1判時952-55）。そうするのが，通常，より有効，抜本的な解決になるからである。しかし，例外的に消極的確認請求で足る場合や，消極的確認請求の方がより適切である場合（その例として，最判昭39・11・26民集18-9-1992〔百選Ⅰ62事件〕）もあるから，これも絶対的な原則ではない（新堂276頁）。

　（イ）　確認訴訟によることの適否　　確認の利益が認められるためには，他の法的手段ではなく確認の訴えを選択したことが適切であることが必要である。

　給付の訴えができるときは，その請求権の確認の利益は原則として認められない（例外，給付判決のある請求権につき時効の完成猶予の必要があるときなど）。基本たる権利ないし法律関係から派生する給付請求権（たとえば，所有権に基づく返還請求権）について給付訴訟が可能な場合でも，基本たる権利関係（たとえば，所有権）の確認を求める利益は肯定される（大判大13・5・31民集3-260，最判昭29・12・16民集8-12-2158〔百選［初版］24事件〕，最判昭33・3・25民集12-4-589）。なお，給付義務がないと主張する者には，確認の利益がある限り債務不存在確認訴訟が認められる（東京高判平4・7・29判時1433-56〔百選［3版］A13事件〕⇒(ウ)）。債務不存在確認訴訟の係属中に，被告がその債務の支払を求める反訴を提起したときは，本訴は確認の利益を

欠くことになる（最判平 16・3・25 民集 58-3-753〔百選［5 版］29 事件］）。

形成訴訟が認められる場合は、それによるべきで、その形成権の確認の利益はない。形成訴訟の結果、形成される権利関係についての給付・確認請求を形成訴訟に併合することは認められる。

本案の判断の前提問題として判断されるべき手続問題は、当該訴訟内で確認すれば足りるから、別訴で確認する利益はない。別の訴訟事件における訴訟代理人の訴訟代理権の不存在の確認を求める訴え（最判昭 28・12・24 民集7-13-1644）や、訴訟代理権を証する書面の証書真否確認の訴え（最判昭 30・5・20 民集 9-6-718〔百選［3 版］35 事件〕）などは、認められない。

家事審判事件における前提問題については、審判手続においてこれを争う機会がないわけではないが、既判力ある判断が下されるわけではないから、その前提問題について確認訴訟を提起する利益は存在する（最判昭 56・9・11 民集 35-6-1013、前掲最判昭 61・3・13 など）。ただし、家事審判を離れて別個独立に判決によって確認する必要がない場合は別である（最判平 7・3・7民集 49-3-893、最判平 12・2・24 民集 54-2-523〔百選［5 版］25 事件〕）。

（ウ）即時確定の現実的利益の有無　　確認の利益が認められるためには、原告の法的地位に危険や不安定が現存し、これを解消するために、当該請求につき確認判決を得ることが必要かつ適切であることを要する。

通常は、被告が原告の法的地位を否定したり、これと抵触する法的地位を主張したりする場合に、原告の法的地位に危険・不安定が生じる。被告が、自分が権利者であるというのではなく、第三者が権利者であると吹聴する場合にも、確認の利益は認められる（最判昭 35・3・11 民集 14-3-418、最判昭 40・9・17 判時 422-30）。被告が原告の法的地位を争っていないときでも、時効の完成猶予や戸籍などの公簿の記載の訂正のために確定判決を必要とする（最判昭 25・12・28 民集 4-13-701、最判昭 31・6・26 民集 10-6-748、最判昭 62・7・17 民集 41-5-1381 など）など、特別な事情のあるときは、確認の利益が肯定される。

確認の利益の判断の基礎となる原告の法的地位は、法的保護に値するほどに具体的・現実的なものでなければならない。この点から、推定相続人が、被相続人と第三者との間の土地売買契約の無効確認を被相続人の生前に提起

2-5-5

する利益は，原則として認められない（最判昭 30・12・26 民集 9-14-2082〔百選 I 63 事件〕）。遺言者が生存中に受遺者に対して遺言の無効確認を求める訴えの利益はない（最判昭 31・10・4 民集 10-10-1229）。遺言者が心神喪失の常況にあり，回復の見込みがないときでも，遺言者の生存中に，その唯一の推定相続人が提起する遺言無効確認の訴えは不適法であるとするのが判例である（最判平 11・6・11 家月 52-1-81〔百選〔5版〕26 事件〕）[13][14]。なお，⇒(ア)(d)。

交通事故の被害者などの債権者側で証拠が整わない時期に，加害者などの側から債務不存在確認訴訟が提起されると，実体権はあるはずであるのに被害者が敗訴するということが起こりうる。被害者の症状が固定していないときや，当事者間で協議・折衝が続けられておりその続行による解決を妨げる事由がないときなどには，債務不存在確認の利益はないと解してよいであろう（高橋・重点講義上 383 頁）[15]。

(4) 形成の訴え この訴えは，その主体や要件が法律で個別的に定められているのが原則であり，その場合には，所定の要件を備えた訴えであれば，原則として訴えの利益がある。ただ例外的に，訴訟前または訴訟中の事情の変化によって，形成の必要がなくなることがある。①原告が形成判決を得ることによって実現しようとしていた実質的目的が，事実関係の推移により，たとえ形成判決が得られたとしても，もはや実現しえなくなった場合には，特段の事情がないかぎり，訴えの利益は失われる。メーデーのための皇居前広場使用不許可処分の取消訴訟の係属中に，5 月 1 日が経過してしまった場合（最大判昭 28・12・23 民集 7-13-1561〔百選〔3版〕37 事件〕），第三者

---

13) この判決に反対するもの，中野貞一郎「遺言者生存中の遺産無効確認の訴え」奈良法学 7 巻 3・4 号（平 6）51 頁以下，松村和徳「遺言無効確認の訴えに関する諸問題」中村（英）古稀 198 頁以下など。
14) 相続財産分与の審判（民 958 の 3）前に特別縁故者と主張する者は，遺言無効確認を求める訴えの利益はない（最判平 6・10・13 家月 47-9-52〔百選 I A 14 事件〕）。
15) 参考判例として，前掲東京高判平 4・7・29，東京地判平 9・7・24 判時 1621-117。坂田宏「金銭債務不存在確認訴訟に関する一考察（1）（2・完）」民商 95 巻 6 号 818 頁，96 巻 1 号 66 頁（昭 62），同・民事訴訟における処分権主義（平 13）37 頁以下参照。

II 客体についての正当な利益 　169

異議の訴えの係属中に，執行目的物が原告の所有に属することが判明したので，被告債権者による執行取下げによって差押えが解除された場合で，特別の事情のないとき（最判昭39・5・7民集18-4-574），株主以外の者に新株引受権を与える旨の株主総会の決議取消訴訟中に，新株が発行されてしまった場合（最判昭37・1・19民集16-1-76），商工組合創立総会定款承認決議取消訴訟の係属中に，当該組合の設立が認可され設立登記がなされてしまった場合（最判昭49・9・26民集28-6-1283），ある役員に退職慰労金を与える旨の株主総会決議の取消訴訟の係属中に，同一内容の議案の再決議がなされた場合（最判平4・10・29民集46-7-2580〔百選ⅠA16事件〕）などは，その例である。これに対して，ある決算期の計算書類等承認の株主総会決議取消訴訟の係属中に，その後の決算書類等が別の株主総会において承認されたとしても，当該訴えにかかる計算書類等について承認の再決議がなされるなど特別の事情のない限り，訴えの利益は失われない（最判昭58・6・7民集37-5-517）[16]。

　②また逆に，原告が形成判決によってもたらそうとしていた法律状態と同じ状態が，事実関係の変動によって実現してしまった場合も，訴えの利益が欠けることになる。重婚を理由とする後婚の取消訴訟の係属中に，後婚が離婚によって解消された場合（最判昭57・9・28民集36-8-1642）や，会社の設立無効または設立取消しの訴えの係属中に，会社が解散し清算手続が開始された場合などである。婚姻取消判決，会社設立無効・取消判決は遡及効を有しない（民748，会社839）から，婚姻の解消，会社の解散による清算手続の開始という状態が生じれば，形成判決によるのと同じ法律状態が生じたことになるからである。

　これに対して，形成判決が遡及効を有する場合には，やや事情が異なる。判例は，株式会社の取締役等役員選任決議取消訴訟の係属中に，当該役員が退任し，別の株主総会で新たに役員に選任された場合につき，特別の事情のない限り，訴えの利益を欠くことになるとしている（最判昭45・4・2民集

---

16) 後行決議の存否を決するためには先行決議の存否が先決問題となり，その判断をすることが不可欠であるような場合に，先行決議の不存在確認を求める訴えに，後行決議の不存在確認を求める訴えが併合されているときは，民訴法145条1項の法意に照らし，当然に確認の利益がある（最判平11・3・25民集53-3-580）。

170 第2編 第5章 訴えの利益

24-4-223〔百選〔5版〕30事件〕）。遡及効のある形成判決がない限り，当該役員の責任等を追及することができないとすれば，当該役員の退任にもかかわらず決議取消訴訟を継続する利益が認められることになる（鈴木正裕「訴えの利益」ジュリ300号〔昭39〕344頁）。しかし，取消判決がないため，選任決議自体は不可争であっても，役員の個々的な不正についての責任を追及することは認められてよいとする見解もあり，この見解によれば，この場合にも訴えの利益はないということになる。また，決議取消訴訟などは，会社運営の適法性を確保するためのものであり，原告株主の実質的利益の有無を問うべきではないとする見解も有力である（谷口129頁，伊藤185頁，中島弘雅「株主総会決議訴訟の機能と訴えの利益」民商99巻6号〔平元〕804頁など参照）17)。

III 主体についての正当な利益

2-5-6 正当な当事者は誰か

(1) 当事者適格の概念　当事者適格とは，特定の請求について当事者として訴訟を追行し，本案判決を求めることができる資格をいう。この当事者として訴訟を追行することができる資格を当事者の権能とみるとき，これを「訴訟追行権」とよび，この資格ないし権能を有する当事者を「正当な当事者」という。狭義の訴えの利益が，請求の方からみて，その請求につき本案判決をする必要性があるかを問うものであるのに対し，当事者適格は，特

---

17)　行政処分取消しの訴えは，期間の経過等により処分の効果がなくなった後においても，処分の取消しによって回復すべき利益があれば，取消訴訟を提起することができる（行訴9）。その解釈として，期間の経過等によって，形成された法律関係が過去のものとなった場合にも，なお訴えの利益を認めたものとして，最大判昭40・4・28民集19-3-721，最判昭40・8・2民集19-6-1393，最判昭43・12・24民集22-13-3254）などがある。訴えの利益の消滅を認めたものとして，前掲最大判昭28・12・23がある。伊藤眞「訴えの利益」雄川一郎ほか編・現代行政法大系④（昭58）237頁以下参照。

III　主体についての正当な利益　　171

定の請求について，何びとが当事者になったときに，本案判決をするのが必要かつ適切であるかの問題である。なお，当事者が原告・被告に分かれるのに応じて，当事者適格も原告適格と被告適格に分かれる。

　形式的当事者概念の下では，自己の名で訴えまたは訴えられた者はすべて当事者であるが，現に当事者となっている者を名宛人として本案判決をすることが，つねに必要かつ有効適切であるとは限らない。そこで当事者となった者のうち，その者に対し本案判決をするのが紛争の解決にとって必要かつ有効適切であるような関係にある者を選別する必要があり，その選別の基準になるのが当事者適格の有無である。なお，当事者適格は，特定の請求との関係で決められるものであり，当事者能力や訴訟能力のように，個々の事件を離れた一般的・人格的能力とは異なるものである[18]。

　このように当事者適格という概念は，その者に本案判決をすることが無意味である者の訴訟を排除する（当事者適格の消極的作用）ために導入されたものであるが，最近では，多数人に関係のある事件につき，関係者の中からその事件につき当事者として訴訟を追行するのに最も適した者を選びだすためにも，当事者適格という概念が用いられるべきである（当事者適格の積極的作用）との主張がある（伊藤・当事者89頁以下，新堂286頁）。

　(2)　正当な当事者を定める一般的基準　　（ア）　一般的には訴訟物たる権利または法律関係の存否の確定について，法律上の利害の対立する者が正当な当事者であるとする見解が従来は支配的であった（兼子159頁，斎藤編(2)21頁）が，最近では，当該請求に対する勝訴の本案判決によって保護されるべき実体的利益の帰属主体であると自ら主張し，または原告から主張される者が正当な当事者であるのが普通である（旧注釈民訴(1)407頁〔新堂〕）とか，当該請求についての判決の結果いかんにより享受できるかどうかが決まる法的利益で，その利益が，独立の訴訟を許容してでも保護すべき程度に重大な利益（「訴訟の結果に係る重大な利益」）である場合，そのような利益を有する者が当事者適格者であるのが原則である，と説く見解が主張されてい

---

18)　ただし，当事者能力と当事者適格が密接に関連し交錯するような場合がある（仙台高判昭46・3・24判時629-51〔百選I43事件〕）。このことについては，福永「住民団体・消費者団体の当事者能力」当事者論480頁以下，とくに494頁以下参照。

る（中野「当事者適格の決まり方」論点 I 98 頁以下，福永「当事者適格理論の再構成」当事者論 126 頁以下，同「当事者適格論・再考」同書 189 頁以下）。この訴訟の結果に係る利益は，通常は実体法上の利益であるが，必ずしも訴訟物たる権利または法律関係自体とは限らない。他人間の権利関係の確認訴訟では，その権利関係の確認によって保護される原告自身の法的利益が存在しなければならない。他人間の法律関係の変動を求める形成訴訟についても同様である。また，訴訟法上の形成の訴えなどのように，直接的には実体法上の利益とはいえない場合もある。

このような法的利益の主体が，原則として正当な当事者とされるのは，かかる主体が，訴訟の結果につき切実な利害と関心をもち，それゆえに，当事者として攻撃防御を展開することを保障されるべきであり，またそうすることによって自己責任として判決結果を受容させることができ，紛争の解決を図ることができるからである（新堂 286 頁）。他方，原告が自己固有の利益に基づく訴えであることを否定しているときは，原則として原告適格は認められない（最判昭 60・12・20 判時 1181-77〔百選［3 版］18 事件〕）。

なお，環境保護の利益や消費者の利益など不特定多数人によって共有されている利益（拡散的利益）に関する訴訟では，個々の住民や消費者に当事者適格を認めても，これらの者が訴訟を提起，追行することには事実上種々の困難が伴い，他方で，多数の訴訟が提起されることになれば，被告や裁判所の負担が大きい。そこで，訴え提起前に紛争解決のための行為をなしている者（紛争管理権者）に当事者適格を認めるべきであるとする紛争管理権論が提唱され（伊藤・当事者 101 頁以下），この結論ないしその基本的な発想に賛成する学説もあるが，判例（前掲最判昭 60・12・20）はこれを否定している[19]。その後，この紛争管理権者を任意的訴訟担当者と位置づけて，再生を図ろうとする見解が主張されている（伊藤眞「紛争管理権再論」竜嵜喜助先生

---

19) 紛争管理権論は解釈によって一種の法定訴訟担当を認め（高橋・重点講義上 295 頁），アメリカ法におけるクラスアクションやドイツ法における団体訴訟のような制度の不存在を補おうとする理論とみることができるといわれてきたが，消費者契約法の改正においては，紛争管理権論によることなく，適格消費者団体に一定の場合に差止請求権を認め，この団体が差止請求訴訟を提起することができるとされた（消費契約 12 以下）。

III 主体についての正当な利益 173

還暦記念・紛争処理と正義〔昭 63〕222 頁)[20]。

　なお，消費者契約の締結に際し，事業者が，不特定かつ多数の消費者に対して不当勧誘等や違法条項を含む消費者契約の申込み・承諾の意思表示を現に行いまたは行うおそれがあるときは，適格消費者団体（一定の要件を備え，内閣総理大臣から認定を受けた団体）が，それらの行為の停止や予防に必要な措置をとることができる（消費契約 12・13）。この差止請求権は適格消費者団体自体に与えられた権能であるから，適格消費者団体が行う差止請求訴訟は，後述する第三者の訴訟担当訴訟ではない[21]。

　また，個々の消費者の損害賠償を集団的に処理する制度として，「消費者の財産的被害の集団的な回復のための民事の裁判手続の特例に関する法律」（消費者裁判手続特例法と略称）（平 25 法 96，平成 28 年 10 月 1 日施行）により，内閣総理大臣が認定する特定適格消費者団体が提起する訴訟（共通義務確認訴訟）の第一段階目で，事業者が多数の消費者に共通する原因に基づき金銭の支払義務を負うことを確認し，次いで，勝訴した特定適格消費者団体が簡易確定手続開始の申立てをし，対象消費者への通知・公告等をしたうえ，対象消費者の授権を得て，対象債権について債権届出をし，事業者の届出債権に対する認否を経て，特定適格消費者団体が事業者の認否を争う旨の申出があったときは，裁判所が簡易確定決定によって届出債権の内容を確定する（簡易確定手続）という，二段階手続が設けられている[22]。ただし，共通義務

---

20)　いわゆる現代型訴訟といわれるような訴訟類型をも含めて，すべての訴訟に妥当する当事者適格の一般的要件を考えようとすることの当否を論じるものとして，松原弘信「当事者適格論の展開と現代型訴訟における変容」新堂古稀上 793 頁以下。また，いわゆる拡散的利益に関する「集団利益訴訟」につき特異な見解を主張するものとして，福永「新訴訟類型としての『集団利益訴訟』の法理」当事者論 219 頁。

21)　この差止訴訟の訴訟法上の問題については，町村泰貴「消費者団体による訴訟と訴訟法上の問題点」NBL 979 号（平 24）108 頁など参照。

22)　消費者裁判手続特例法については，消費者庁消費者制度課編・一問一答消費者裁判手続特例法（平 26），町村泰貴・消費者のための集団裁判 —— 消費者裁判手続特例法の使い方（平 26），山本和彦・解説消費者裁判手続特例法〔2 版〕（平 28），伊藤眞・消費者裁判手続特例法（平 28），日本弁護士連合会消費者問題対策委員会編・コンメンタール消費者裁判手続特例法（平 28），上原敏夫「集団的消費者被害回復手続の理論的検討」伊藤古稀 29 頁以下，三木浩一「消費者集合訴訟制度の構造と理論」伊藤古稀 597 頁以下など参照。

2 - 5 - 6

確認訴訟を提起する特定適格消費者団体を理論上どのように解すべきか，すなわち，特定適格消費者団体は固有の当事者適格を有するのか，第三者の訴訟担当であるのかについては，議論が残されている。

（イ）訴えの種類ごとにみていくと，まず，給付の訴えでは，自己の給付請求権を主張する者が正当な原告であり，原告によってその義務者と主張される者が正当な被告である。原告の主張自体からみてその請求に対する義務者たりえない者を被告としたときは，被告適格を欠くとして訴えを却下すべしとする見解がある（東京高判昭56・3・31判時1000-92，東京高判昭58・2・28判時1075-121。徳田和幸「給付訴訟における当事者適格の機能について」福永古稀103頁）が，その正当性には疑問がある（最判昭61・7・10判時1213-83，中野・論点Ⅰ103頁，福永有利「給付訴訟における当事者適格」中野古稀上217頁以下。なお，本間靖規「当事者適格の機能領域」徳田古稀25頁以下参照）。

確認の訴えでは，すでに確認の利益自体が，特定された原告と被告との間の紛争を確認判決によって解決する必要があるか，また有効適切に解決しうるかを問うものである関係上，確認の利益のあるときは当事者適格もあるのが原則である。すなわち，確認の利益を有する者が正当な原告であり，その確認を必要ならしめている者が正当な被告であるのが原則である。

形成の訴えでは，これを認める法規によって，原告または被告となるべき利害関係人が明定されているのが通常で，それらの者が正当な当事者である（たとえば，民744・774・775・787，人訴12・41・42・43，会社828Ⅱ・831Ⅰ・832・833・834・854・855）。しかし，形成の訴えでも，正当な当事者が法定されていない場合[23]や，行政事件訴訟法9条のように当事者適格の定めが抽象的である場合（最大判平17・12・7民集59-10-2645）はもとより，法定されている場合でもその立法の妥当性を問う場合には，その形成判決によって保護される原告の利益の有無・内容ならびに，その判決効の拡張を受ける第三

---

23) 商法旧257条3項所定の取締役解任訴訟や商法旧247条の株主総会決議取消訴訟の被告適格者については規定がなく，判例は，解任訴訟では，会社と当該取締役が被告であり（最判平10・3・27民集52-2-661〔百選［3版］A7事件〕），株主総会決議取消訴訟では会社のみを被告とすればよい（最判昭36・11・24民集15-10-2583〔百選［5版］A33事件〕）と解していたが，会社法では，判例の見解どおりの立法がなされた（会社855・834⑰）。⇒ 2‑5‑9(2)。

III　主体についての正当な利益　　175

者の利害などを考慮して，誰が正当な当事者であるかを判定しなければならない（⇨ **2 - 5 - 9**）。

（3）　特殊な場合の例外（概説）　　以上の原則に対して，次の各種の例外がある。

①　第三者の訴訟担当の場合　　これには，後に詳述するように法定訴訟担当（⇨ **2 - 5 - 7**）と任意的訴訟担当（⇨ **2 - 5 - 8**）とがある。

②　固有必要的共同訴訟の場合　　一定の法律関係をめぐる紛争については，利害関係人全員につき一挙一律に解決する必要から，その全員が共同で訴えまたは訴えられねばならない場合がある。この場合には，その全員が当事者になってはじめて訴訟追行権が与えられ，各自単独では訴訟追行権を認められない（⇨ **5 - 2 - 4**(2)）。

③　判決効が第三者に拡張される場合（⇨ **2 - 5 - 9**）。

④　民衆訴訟の場合（行訴 5，公選 203・204・207・208，自治 242 の 2）　　この場合には，本案判決による確定ないし請求認容判決を得ることにつき実質的な利害をもつことを要しない。

2 - 5 - 7　法定訴訟担当

（1）　第三者の訴訟担当概説　　特別な場合には，一般の場合の実質的な適格者（実質的利益帰属者）に代わり，またはこれと並んで第三者が当事者適格をもつことがある。このように，実質的利益帰属者に代わって第三者が当事者として訴訟を追行して本案判決を受ける資格（当事者適格）を認められる場合を，第三者の訴訟担当（訴訟代位）という。この第三者の受けた判決の効力は実質的利益帰属者（本人）に対しても及ぶ（115 I ②）が，本人は当事者として表面に出てこないから，代理現象ではない。第三者の訴訟担当には，本人の意思に基づかず，法律の規定により第三者が当然に訴訟追行権をもつ場合（法定訴訟担当）と，本人の授権によって訴訟追行権を取得する場合（任意的訴訟担当）とがある。なお，第三者の訴訟担当にあっては，法律または本人の授権によって，訴訟担当者自身への給付を求める権限が付与されることが多い。

（2）　法定訴訟担当　　（ア）　これには次の 3 種類がある。

（a）　第三者が，自己の権利の実現ないし保全をなしうるようにするた

めに，その第三者に義務を負う者ないしそれに準じる者の権利関係につき，法律上訴訟追行権がその第三者に与えられる場合。債務者の債権を差し押さえた差押債権者（民執155・157），債権者代位権に基づき債務者の権利（被代位権利）を行使する債権者（民423。最判昭48・4・24民集27-3-596〔百選〔5版〕108事件〕），質入債権について取立訴訟をする債権質権者（民366），代表訴訟をする株主（会社847）や一般社団法人における責任追及訴訟をする社員（一般法人278）（ただし，これらが訴訟担当かどうかについては争いがある）などである。

(**b**) 他人の財産につき包括的な管理処分権を与えられた財産管理人。破産財団や再生債務者・更生会社の財産に関する訴訟についての破産管財人（破80）・再生管財人（民再67）・更生管財人（会更74）・保全管理人（民再83 I，会更34・74 I），遺言執行者（民1012），相続財産管理人（民895 II・918 III・936 II・943 II・950 II・953）など。ただし，後述するように，これらの者が，訴訟担当者か法定代理人かについては争いがある。

(**c**) いわゆる職務上の当事者。婚姻事件・養子縁組事件・親子関係事件において本来の適格者の死亡後にも訴訟を可能にするために当事者とされる検察官（人訴12 III）[24]，人事訴訟において成年被後見人のために訴えまたは訴えられる成年後見人または成年後見監督人（人訴14），海難救助料債務者たる荷主や船主のためにその請求を受ける船長（商803 II）などが，その例である。

(イ) (a)と(b)の類型を合わせて，「法律上，財産の帰属主体以外の第三者に管理処分権が与えられている場合」として一括する見解があるが，(a)と(b)では，管理処分権の与えられる理由が著しく異なり，付与される管理処分権の内容・範囲も違うので，異なる類型とみる方が妥当であろう。

(a)の場合に，訴訟担当者である債権者が受けた判決は，有利・不利を問わず当然に，訴訟物たる権利関係の主体である債務者に及ぶとするのが，従来の通説であった。不利な判決を拡張されることになる債務者に認められる手段としては，訴訟担当者の提起した訴訟への共同訴訟的補助参加と，事後的な損害賠償請求とがあるが，後者は実効性に乏しく，前者については，債務者がなぜ積極的な行動

---

24) 最大判昭45・7・15民集24-7-861〔百選〔5版〕A 9事件〕。

III 主体についての正当な利益 177

に出なければならないかという疑問のほかに，とくに債権者代位訴訟では，代位
訴訟が提起されたこと自体を債務者が知りえない場合が多いという批判があった。

　そこで，法定訴訟担当の一場合ではあるが，債権者が受けた判決で不利なもの
（請求棄却判決）は，訴訟物たる権利関係の主体や，訴訟担当者と同様な立場にあ
る他の債権者らには及ばないとする見解（三ケ月「わが国の代位訴訟・取立訴訟の
特異性とその判決の効力の主観的範囲」研究 6 巻 1 頁以下，とくに 48 頁以下）や，こ
の場合は訴訟担当ではなく，債権質権者等は実質的な利益の帰属主体として自己
固有の当事者適格に基づき取立訴訟等をなしているにすぎないとする固有適格説
（福永「当事者適格理論の再構成」当事者論 126 頁，中野貞一郎＝下村正明・民事執行
法〔平 28〕716 頁以下，山本和彦「多数当事者について」民訴雑誌 48 号〔平 14〕133
頁）が主張された。しかし，これでは，訴訟の相手方である第三債務者等が，訴
訟担当者に対して勝訴しても，債務者等からの再度の訴訟に一から応訴しなけれ
ばならないことになり妥当でないとの批判が出され，債務者への判決効の拡張は，
債務者に対する訴訟告知があったとき（新堂 294 頁），あるいは，本来型の債権者
代位の場合，債権者から債務者に対する権利行使の催告があり，債務者が正当な
理由なしに，これを無視したとき（池田辰夫・債権者代位訴訟の構造〔平 7〕13 頁
以下），あるいは，代位債権者からの訴訟告知または第三債務者からの訴訟引込
みの申立てがあったときに限るという見解（吉村徳重「既判力の第三者への拡張」
講座民訴⑥ 154 頁以下〔同・民事判決効の理論（下）〔平 22〕175 頁所収〕）や，債務
者に対する訴訟告知があるまで，被告たる相手方は本案の応訴を拒むことができ
るとする見解（条解民訴 567 頁）や，通常の場合は債務者をも被告としなければ
ならないという説（坂原正夫「債権者代位訴訟における既判力の主観的範囲」「債権者
代位訴訟について」民事訴訟における既判力の研究〔平 5〕250 頁以下・288 頁以下）
などが主張されている（詳しくは，高橋・重点講義上 251 頁以下参照）。もっとも，
最近の民法の一部改正（平 29 法 44）により，債権者は，債権者代位訴訟を提起
したときは，遅滞なく，債務者に対し，訴訟告知をしなければならない旨（民
423 の 6）が規定されたので，今後は，このことを前提とした議論が展開される
ことになろう。

　（ウ）　(b)の財産管理人を訴訟担当者とみるかどうかについても争いがある。
遺言執行者は訴訟担当者である（最判昭 31・9・18 民集 10-9-1160，最判昭 43・5・
31 民集 22-5-1137）[25] が，相続財産管理人は相続人の法定代理人である（最判昭

---

25)　ただし，遺言執行後の事項や，遺言執行者の管理処分権が及ばない事項について
　は別である（最判昭 51・7・19 民集 30-7-706〔百選〔5 版〕12 事件〕，最判平 10・

2 - 5 - 7

47・11・9民集26-9-1566〔百選［5版］A5事件〕）というのが判例である。学説は多岐に分かれており，被相続人代理説，相続人代理説，相続財産や遺言執行者の管理下にある目的財産を権利能力なき財団とみて，その代表機関とみる目的財産代表説，職務上の当事者とみる職務説，相続人の代理人としてでも，訴訟担当者としてでも，どちらでもよいとする選択説などがある（高野耕一「相続財産管理人，不在者財産管理人および遺言執行者の訴訟上の地位」争点［初版］100頁，梅本吉彦「不在者財産管理人，相続財産管理人および遺言執行者」争点［3版］80頁以下など参照）。なお，破産管財人や更生管財人についても類似の議論がある。

2‐5‐8　任意的訴訟担当

(1)　意義　　第三者の訴訟担当のうち，本来の権利関係の主体（実質的利益帰属者・本人）の授権に基づいて第三者に当事者適格が認められる場合を任意的訴訟担当という。選定当事者（30。⇒ **5‐2‐12**），手形の取立委任裏書の被裏書人（手18。ただし，争いがある），建物の区分所有等に関する法律に定める管理者（建物区分26 IV・57 III・58 IV・59 II・60 II），サービサー（債権管理回収業に関する特別措置法11 I）などは法律上これを認めたものである。任意的訴訟担当を無制限に認めると，弁護士代理の原則（54）や訴訟信託の禁止（信託10）を回避，潜脱することを認めることになるので，法律が自ら許容している場合以外に，どのような場合に任意的訴訟担当が認められるかが問題となる[26]。

2・27民集52-1-299）。なお，遺言執行者の訴訟上の地位については，高橋・重点講義上271頁以下，中野「当事者適格の決まり方」論点 I 106頁，福永「遺言執行者の訴訟追行権」当事者論357頁，高橋宏志「遺言執行者の当事者適格」福永古稀73頁，山本弘「遺言執行者の当事者適格に関する一考察」谷口安平先生古稀祝賀・現代民事司法の諸相（平17）11頁，八田卓也「遺言執行者の原告適格の一局面」井上追悼370頁など参照。

26)　任意的訴訟担当については，福永「任意的訴訟担当の許容性」当事者論294頁，中野「当事者適格の決まり方」論点 I 111頁以下，高橋・重点講義上297頁以下，伊藤眞「任意的訴訟担当とその限界」争点［2版］106頁，同「任意的訴訟担当概念をめぐる解釈と立法」鈴木（正）古稀89頁，八田卓也「任意的訴訟担当の許容性について（一）～（三）」法協116巻2号273頁・3号412頁・4号574頁（平11），松本博之「代理受領権者は訴訟担当者として取立訴訟を提起することができるか」椿寿夫編・現代契約と現代債権の展望③（平6）201頁以下，堀野出「任意的訴訟担当の意義と

III 主体についての正当な利益

(2) **任意的訴訟担当の許容性とその範囲** (ア) 従来，判例は，無尽講の講元に講関係の債権債務に関する訴訟についてこれを認めていた（大判昭 11・1・14 民集 15-1，最判昭 35・6・28 民集 14-8-1558）が，民法上の組合の清算人については，これを否定していた（最判昭 37・7・13 民集 16-8-1516）。その後，最高裁は，任意的訴訟担当が上記の回避，潜脱のおそれがなく，かつ，これを認める合理的必要がある場合には，これを許容してよいという一般的な基準を立て，その下で，民法上の組合において，組合規約に基づいて，自己の名で組合財産を管理し，対外的業務を執行する権限を与えられた業務執行組合員に自己の名で組合財産に関する訴訟を追行する権限が認められている場合であるとして，任意的訴訟担当を認めるに至った（最大判昭 45・11・11 民集 24-12-1854〔百選〔5 版〕13 事件〕）。その後の下級審判決には，任意的訴訟担当を許容したものと否定したものとがある[27]。また，最高裁は，入会団体構成員名での総有地の登記請求につき任意的訴訟担当を認め（最判平 6・5・31 民集 48-4-1065〔百選〔5 版〕11 事件〕。ただし，入会団体による総有権確認訴訟については法定訴訟担当を認めているとする見解が有力である），外国国家が発行した円建て債券に係る償還等請求訴訟についても，債券管理会社の任意的訴訟担当を認めた（最判平 28・6・2 民集 70-5-1157〔平 28 重要判解 1 事件〕）。

(イ) 学説では，当初は，任意的訴訟担当を認める「正当な業務上の必要」があれば許容しうるとする正当業務説（兼子 161 頁，三ヶ月 186 頁）が有力であったが，その具体的な適用の結果はきわめて制限的で，非許容説と大差はなかった。しかし，上記の大法廷判決後は，この最判が立てた 2 つの基準によることを支持し，その適用結果においても，広く任意的訴訟担当を許容しようとする見解が有力となった。もっとも，この合理的必要性をどのように捉えるかについては見解の対立がある。合理的必要性を比較的広く解し

機能」民商 120 巻 1 号 34 頁・4 号 263 頁（平 11）など参照。

27) 許容判例，東京地判昭 60・12・27 判時 1220-109，東京地判平 3・8・27 判時 1425-100，東京高判平 8・11・27 判時 1617-94。否定判例，東京地判平 3・8・27 判時 1425-94，東京高判平 8・3・25 判タ 936-249，名古屋高判平 10・2・18 判タ 1007-301 など。

て，①第三者が補助参加の利益である「訴訟の結果につき利害関係」を有しておれば，特別な事情がないかぎり，任意的訴訟担当を許してよいとする見解（福永「任意的訴訟担当の許容性」当事者論294頁）や，②第三者が訴訟物たる権利関係の発生や管理につき現実に密接に関与をなしている場合（例，不動産の継続的管理者）にも任意的訴訟担当を認めてよいとする見解（福永・前掲，高橋・重点講義上301頁，上田234頁）がある一方，「任意的訴訟担当禁止に触れないだけの濃厚な実体関係が必要」であるとし（谷口263頁），あるいは，当事者適格の一般的要件である「自己固有の利益」を有することを要求する見解もある（中野・論点Ⅰ121頁，木川・講義上69頁以下）。任意的訴訟担当を広く認めることに対する批判として，本来訴訟の当事者となるべき者に代えて，第三者が訴訟当事者となることにより，訴訟の相手方が不利益を受けるおそれがある[28]ことと，弁護士でない者が当事者として訴訟追行することによる不都合とが挙げられている。しかし，前者については，解釈や運用によってある程度その差異をなくすことが可能であり，後者も，ひろく本人訴訟を認めているわが国では，決定的なものではない。むしろ，任意的訴訟担当を認めることによって多数当事者訴訟の法律関係を単純化できるという機能や，弁護士を利用しなくても訴訟ができるという機能を積極的に評価すべきである（商人は支配人＝「法令による訴訟代理人」を置くことによって対処できるが，非商人には，そのような制度はない）。

　もっとも，具体的な適用結果においては，これらの諸説の間にそれほどの違いはない。講の債権債務関係訴訟についての講元，民法上の組合の財産関係訴訟についての業務執行組合員や清算人，権利能力なき社団である入会団体の入会権関係訴訟についての入会団体の代表者（前掲最判平6・5・31）や，

---

28)　民事訴訟法は，当事者概念に種々の機能を結びつけている。裁判官の除斥・忌避，訴訟費用の負担，訴訟費用担保提供義務，訴訟上の救助，訴訟手続の中断・中止，証人尋問か当事者尋問かなどがそれであり，反訴の提起が可能か否かにも違いが生じる。任意的訴訟担当を広く認めると，本来の当事者に代えて第三者が当事者となることになり，相手方に不当に不利益を与えることになるといわれている（中野・論点Ⅰ120頁以下）。しかし，たとえば，訴訟費用は，訴訟物である実体法上の権利者である被担当者にも負担義務を認めるといった解釈が可能であり，当事者機能の恣意的な変更ということをそれほど問題としなくてよいのではなかろうか。

III　主体についての正当な利益　　181

乙が甲から譲り受けた不動産につき丙が所有権を主張して返還請求をする場合に，甲が売主としての担保責任を免れるために，乙の授権を得て丙に対し訴訟担当者として訴訟をする甲などについては，任意的訴訟担当を許容するのが一般的である。労働組合員の労働契約上の権利関係につき労働組合が任意的訴訟担当者たりうるかについては争いがあるが，組合員からの個別的授権があるときは，これを肯定してよいであろう[29]。

2-5-9　判決効の拡張と当事者適格

（1）　第三者の手続保障を確保する方法　　社団関係訴訟や人事訴訟にその例が多くみられるように，判決に対世効が認められる場合がある。この第三者への判決効の拡張が正当と認められるためには，そのような対世効の必要性があることのほかに，第三者の手続権をできるだけ保障することが要求される。第三者の利益保護を手続的に保障する方法としては，何よりも，まず①当該紛争にとって最も強い利害を有する者を当事者とすること（当事者適格者の限定）によって，充実した訴訟追行を期待することであるが，その他にも，次のような方法がある。②処分権主義，弁論主義の制限ないし職権探知主義の採用（人訴19・20，行訴24）。会社訴訟でも，解釈上，自白の拘束力や請求の認諾・放棄を否定する見解がある（兼子347頁，小室直人「形成訴訟における処分権主義・弁論主義の制限」西原寛一先生追悼・企業と法上〔昭52〕361頁，同・訴訟物と既判力〔平11〕205頁）。③訴訟係属を第三者に知らせて，その者が欲すれば訴訟参加をなすことができるようにすること。株主が役員等の責任追及訴訟を提起したときの会社への訴訟告知（会社849 IV）や，株式会社が役員等の責任追及訴訟を提起したり，訴訟告知を受けたときの株主への公告ないし通知（会社849 V～XI）はその例であるが，解釈上議論されている「呼び出し」の制度もこの趣旨を含むものである（なお，行訴22条・23条は，裁判所の職権による第三者の参加を認めている）。④詐害的な判決がなされた場合に，第三者に再審を許すこと（会社853，行訴34）。⑤第三

---

29)　兼子161頁，新堂298頁，旧注釈民訴(1)412頁〔新堂〕，上田235頁。反対，最大決昭27・4・2民集6-4-387，最判昭35・10・21民集14-12-2651〔百選〔初版〕11事件〕，中野・論点 I 122頁，高橋・重点講義上301頁。

者に利益となる判決にのみ対世効を肯定すること（会社838）。最近では，係争身分関係に自己の身分が直接かかわるために密接または重大な利害関係を有する者には，当事者による呼び出しが必要であり，これを欠くときは，この者には対世効は及ばないとし，また利害関係がこれほどではないが，係争身分関係に相続・扶養などの副次的な利害関係を有する者には，訴訟告知がなされるべきであり，これを欠くときは，これらの第三者は，自己の財産上の請求の先決事項として相対的に身分判決の効力を争いうるとするなどの解釈論が展開されている（吉村德重「判決効の拡張と手続権保障」山木戸還暦下118頁〔同・民事判決効の理論（下）〔平22〕213頁所収〕，高田裕成「身分訴訟における対世効論のゆくえ」新堂編・特別講義361頁）。なお，検察官を被告とする人事訴訟において，訴訟の結果によって相続権を害される第三者（利害関係人）をその訴訟に参加させることが必要であると認められるときは，裁判所は，被告を補助させるため，その第三者を訴訟に参加させる決定をすることができる（人訴15）。また，父が死亡した後に認知の訴えが提起された場合，利害関係人にその訴訟係属を通知する制度が認められた（人訴28）。

(2) 当事者適格者の選択（法人の内部紛争における当事者適格者） 判決に対世効が認められる場合には，立法者が，判決効の拡張を正当化するに足りる程度に十分な訴訟追行を期待できる利害関係人は誰かの検討を行い，当事者適格者を法定するのが通常である（たとえば，民744・774・775・787，人訴12，会社828・831Ⅰ・832・834・854・855，一般法人266Ⅰ・264Ⅱ）が，このような規定がない場合には解釈によって当事者適格者を決定しなければならない。

　とくに見解の対立が激しかったのは，株主総会の決議等，法人の内部でなされた決議の効力を争う訴訟における被告適格者である。新会社法834条17号は，この問題を立法的に解決したが，それ以前の通説・判例は，これらの訴訟は，法人の意思決定の効力を争うものであるから，その意思の主体である法人に当事者適格が認められるのが当然であり，第三者を当事者とする訴訟における判決は法人に及ばないから紛争を解決することにならないという理由で，法人自身に被告適格を認めるべきであるとしていた（最判昭44・7・10民集23-8-1423〔百選［5版］15事件〕）。これに対して，紛争の実質を直視して，決議の効力について原告と正反対の利害関係をもつ者，たとえば，無効と主張される決議によって選任された理事などを被告とすべきであるとする見解があった（谷口安平「判決効の拡張

III 主体についての正当な利益 183

と当事者適格」中田還暦下 51 頁以下，同「団体をめぐる紛争と当事者適格」ジュリ 500
号〔昭 47〕322 頁）。しかし，かかる内部紛争がいかに解決されるかにつき強い利
害関係を有する者は，理事であると自称する者だけではなく，また利害関係者が
自称者らに代表されるいわれもないから，法人を被告としないことは認められな
いと解すべきであり，新会社法はこの見解を採用した。もっとも，法人と並んで，
自称理事にも被告適格を認める余地がないかについては，なお検討を要する[30]。

2-5-10 当事者適格の訴訟上の意義

（1） 当事者適格存否の判断　　当事者に当事者適格が欠けているときは，
本案判決をする必要がない。この意味で，当事者適格は訴訟要件の一つであ
り，裁判所はその存否を職権で調査すべきであるが，判断の資料は弁論主義
の原則により収集するのが原則である（判決が対世効をもつときは，職権探知
が認められる。⇒ 4-2-8(2)）。

当事者適格の欠缺があるときは，訴えを却下すべきである（例外を認める
かにつき，⇒ 4-2-8(5)）。当事者適格を有しない者に対して本案判決がなさ
れたときは，上訴で取り消しうるが，確定すると，原則として再審は認められ
れない（338 参照）。しかし，訴訟担当の場合，その担当者の受けた判決は，
その者が真に担当資格（当事者適格）を有していた場合にのみ本来の権利・
利益の帰属主体にその効力が及ぶ（115 I ②）。この権利・利益の帰属主体は，
訴訟担当者に当事者適格がなかった旨を主張して，その判決の効力が自分に
及ぶことを争える（最判昭 48・4・24 民集 27-3-596〔百選〔5 版〕108 事件〕）。
また，固有必要的共同訴訟において必要的当事者の全部または一部が欠けて
いた場合や，判決の効力を一般第三者に及ぼすべき場合において，その当事
者に当事者適格がないのになされた本案判決は，既判力や形成力を生じない
という意味の無効な判決ということになる（固有必要的共同訴訟の場合でも，
当事者として訴訟に関与していた者との関係では，判決の効力はあるとする見解

---

30)　福永「法人の内部紛争の当事者適格」当事者論 384 頁，中島弘雅「法人の内部紛
　　争における正当な当事者」争点〔3 版〕71 頁，同「法人の内部紛争における被告適格
　　論・再論」新堂古稀上 731 頁以下。この問題についての要領のよい紹介として，高
　　橋・重点講義上 310 頁以下。伊藤 199 頁，松本＝上野 271 頁は，法人のみを被告とす
　　べきものとする。

2-5-10

184 　　　第2編　第5章　訴えの利益

もある）。なお，第三者の訴訟担当の場合や判決効が一般第三者に拡張され
る場合につき，相手方が敗訴判決を受けた後に，この相手方が訴訟担当者等
の当事者適格の欠缺を主張してその判決の効力をさかのぼって争うことは許
されないとする見解がある（新堂305頁）が，この説には疑問がある（高
橋・重点講義上246頁参照）。少なくとも，判決効が対世的に拡張される場合
については，上述の見解には賛成できない。

　(2)　訴訟係属中の適格の喪失　　訴訟中に当事者が当事者適格を喪失し
たときは，その当事者間に本案判決をする意味はなくなるが，従来の訴訟追
行の結果を承継すべき第三者がいるときは，この者に訴訟を承継させる問題
が生じる（49〜51。⇒ **5 - 2 - 31・33・34**）。

第6章　訴えの提起の効果

I　総　　説

2-6-1　訴訟係属に伴う訴訟法上の効果

　訴えの提起によって事件が特定の当事者（原告・被告）間で特定の訴訟上の請求として国内の特定の裁判所において判決手続により審判される状態を，一般に訴訟係属と呼んでいる。それゆえ，訴訟係属は，通常は訴状が被告に送達されたときに生じ（なお，271・273），判決の確定，和解調書，請求の放棄もしくは認諾調書の作成，または訴えの取下げ（なお，262 I）などによって消滅する。

　この訴訟係属を前提とし，それに伴って生じる訴訟法上の効果としては，訴訟参加や訴訟告知が可能となり（42・47・49〜53。なお，判決確定後でも，訴訟係属が復活しうることを前提に，再審の訴えの提起とともに補助参加の申出をすることができることにつき，45 I 参照），また関連した請求の裁判籍が認められることもあるが（47 I・145 I 本文・146 I 本文参照），最も直接かつ主要なものは，重複訴訟が禁止されることである（142。⇨ II）。

2-6-2　訴えの提起の実体法上の効果

　他方で，このような訴訟係属に伴う民訴法上の効果とは別に，民法その他の法律が，訴えの提起を要件として，一定の実体法その他の訴訟法上の効果を規定している。たとえば，時効の完成猶予（民147 I ①），法律上の期間（出訴期間その他の除斥期間）の遵守[1]（民201・747 II・777・787但，会社

---

1)　なお，出訴期間その他の除斥期間遵守の効果も，従来の通説によれば，訴え提起に伴う実体法上の効果と考えられているが，その有無は訴訟上職権調査事項であり（最判昭35・9・22民集14-11-2282），訴えの適法要件に係わるので，実体法に規定され

2-6-1・2

828 I・831 I・832，民訴 342 I II，行訴 14 など），善意占有者の悪意擬制（民189 II），手形法上の償還請求権の消滅時効の進行開始（手 70 III・77 I ⑧）などが，その主なものである。これらの諸効果は，必ずしも最初に述べた民訴法上の効果と同じように訴訟係属の効果として考える必要はなく，その発生消滅は，それぞれの制度と規定の趣旨から判断されるべきである[2]（時効の完成猶予と法律上の期間遵守という効果の発生消滅については，⇒ III）。

II　重複訴訟の禁止

2-6-3　制度の趣旨

「裁判所に係属する事件については，当事者は，更に訴えを提起することができない。」（142）。その理由は，主に既判力抵触の可能性を回避することにあるが，同時に，審判の重複による不経済と相手方当事者の応訴の煩わしさを避ける意味もある。

　　もっとも，既判力が抵触して解決不可能となる事態は，裁判所が重複訴訟に気づかないままに両訴について判決がなされ，それが基準時を同じくして確定し，しかもその内容が相互に矛盾するという極めてまれなケースでしか起こりえない。それ以外の場合には，後述のように（⇒ 2-6-5(2)），通常は，上訴もしくは先に確定した判決の既判力によりまたは再審の負担はあるものの，処理は可能である。それゆえ，最近では，より現実的に効率的な訴訟運営の観点から，後述する「事件の同一性」の拡大的解釈とも絡んで，（既判力によっては処理できない）理由中の判断をも含めた判決内容の矛盾抵触を避けるためとか，むしろ審判の重複による不経済の回避にその重点が移ってきているように思われる。

　　ている場合であっても，厳密には訴え提起による訴訟法上の効果と考えるべきである。
2)　善意占有者の悪意擬制および手形法上の償還請求権の消滅時効の進行開始という効果の発生時期については，それぞれについて規定した民法 189 条 2 項の意義および手形法 70 条 3 項の文言，さらにはその立法趣旨よりして，いずれも被告に訴状が送達された時と解されている。これに対し，訴えが却下されまたは取り下げられた場合のこれらの効果の取扱いについては，諸説があるが（旧注釈民訴(5)292 頁〔堤〕参照），いずれもその効果は遡って生じなかったことになると解すべきである。

II 重複訴訟の禁止

重複する後訴が禁止されるのは，前訴の係属中に別訴を提起する場合（重複係属する訴訟の禁止）である。この場合，両訴が係属する裁判所の異同を問わない（なお，一方が外国裁判所の場合については，⇒ **2‐6‐4(4)**）。別訴の提起は，独立の訴えに限らず，別の訴訟手続中に訴えの変更・反訴・中間確認の訴えの方法で提起する場合でも，この禁止にふれる（通説）。しかし，たとえ同一事件であっても，同一の訴訟手続内で原告が請求の趣旨を変更しまたは被告が反訴を提起する場合は，この禁止にはふれない。同一訴訟手続内で併合審理されるので，上述のような弊害が生じないからである[3]（給付訴訟の原告による請求の拡張，債務不存在確認訴訟の被告による同一債権の給付請求の反訴〔東京地判平 13・8・31 判タ 1076‐293 は，一般論として，これを許容する〕などがその例。ただし，後者のような場合には，債務不存在確認の本訴は，確認の利益を欠き，不適法として却下を免れないとするのが判例〔最判平 16・3・25 民集 58‐3‐753〔百選〔5 版〕29 事件〕〕である）。

訴訟係属の重複が禁止されるにとどまるから，同一事件につき判決手続以外の手続（たとえば，民事執行，民事保全，起訴前の和解，調停，仲裁）と訴訟が並行しても，重複訴訟の禁止には触れない。ただし，督促手続については，督促異議の申立てがあれば当然に判決手続に移行するから（395），支払督促が債務者に送達された後は，訴訟係属と同視してよいとするのが通説である。労働審判手続についても，その申立てにつき訴え提起が擬制されることから（労審 22 I），上記と同様に考えることができる。もっとも，同一事件について調停と訴訟の 2 つの手続を並行して進めるのは無駄であるから，このようなときは訴訟手続の方を中止できる旨の規定が置かれている（民調 20 の 3 I，家事 275 I。⇒ **2‐7‐8(3)**）。また，

---

3) ただし，後掲最判平 3・12・17〔百選〔5 版〕38 ①事件〕は，弁論の分離の可能性を前提に，たとえ併合審理中の一方の訴求債権を自働債権とする相殺の抗弁であっても重複訴訟の禁止に触れて許されないとの一般論を述べている（同旨，東京高判平 15・12・10 判時 1863‐41，大阪地判平 18・7・7 判タ 1248‐314）。学説は，このような場合には，弁論の分離は許されないとの立場から，わざわざ弁論を分離し相殺の抗弁を不適法とした原審およびそれを是認した最高裁の判示に対しては批判的である。

なお，松本博之「重複起訴の成否」中野古稀上 367 頁・376 頁は，消極的確認訴訟が先に係属している場合に別訴として提起された同一事件の給付訴訟を禁止することおよび反訴提起を許容（強制）することに対しても，債権者の管轄選択の自由を奪うことになるとして，反訴はもちろん別訴も重複訴訟にならず，逆に消極的確認訴訟が原則として確認の利益を欠くに至り不適法になるとする。

188　　第2編　第6章　訴えの提起の効果

行政事件訴訟法には関連請求に係る訴訟の移送・併合について特別の配慮を示す規定がみられる（行訴13・16）。

2-6-4　重複訴訟にあたる場合

重複訴訟にあたるかどうかの基準となる「事件の同一性」は，先の制度趣旨をふまえ，一般に事件の主体である当事者と客体である審判の対象の二面から考察される。

（1）　当事者の同一　　（ア）　両訴の当事者が同一でなければならない。たとえば，設例4において X が同一の建物の所有権の確認を請求しても，Y に対する訴えと Y_2 に対する訴えとでは，一応対象となる権利関係は同一といえても，当事者が異なることから，事件は同一とはならない。

（イ）　問題となるのは，両訴の当事者が異なっていても，一方の訴えの当事者が他方の訴えの判決の効力を受ける場合（115 I ②④）である（⇒ **2-5-7・8**, **4-3-12**(3)(4)）。たとえば，債権者代位訴訟中に債務者が同一債権の給付訴訟の別訴を提起するような場合（民 423 の 5）であるが，通説は，まさに先述の制度趣旨から，同一事件であるとする[4]。選定者と選定当事者（30）とが各別に訴えまたは訴えられた場合も同様である[5]。

---

[4]　新堂 229 頁注 2，松本＝上野 232 頁，梅本 270 頁，高橋・重点講義上 133 頁注 7，条解民訴 821 頁〔竹下＝上原〕，旧注釈民訴(5)223〜224 頁〔佐野〕。この場合，債務者は，係属中の代位訴訟に補助参加（42）するほか，債権者の被保全債権の存在を争って独立当事者参加（47）をするか（最判昭 48・4・24 民集 27-3-596〔百選［5 版］108 事件〕参照），共同訴訟参加（52）をすることができると解される（民 423 の 5 参照）。いずれの当事者参加も合一確定の要請が働き，重複訴訟にはあたらない（47 IV・52 I）。なお，債務者が共同訴訟参加（被代位権利を自ら行使）してきた場合は，代位の要件である債権保全の必要性（民 423 I 本文）がなくなり，代位債権者の訴えは不適法になる（ただし，共同訴訟的補助参加人の地位は保障されてしかるべき）ように思われるが（三ケ月章「取立訴訟と代位訴訟の解釈論的・立法論的調整」法協 91 巻 1 号〔同・研究 7 巻 152〜153 頁〕参照），株主による責任追及等の訴え（会社 847 III V・849 I）と同様に解するならば，代位債権者が自己への直接引渡しを求めている場合（民 423 の 3）でも，本来の権利の帰属主体である債務者の自己への引渡請求が優先し，その旨の判決がなされるものと解すべきことになろうか（池田辰夫・債権者代位訴訟の構造〔平 7〕100 頁参照）。

[5]　なお，最決平 23・2・17 家月 63-9-57 は，類似必要的共同訴訟において，共同訴訟人の一人が上告および上告受理申立てをした後に，他の共同訴訟人がした上告および

II　重複訴訟の禁止　　189

（2）　審判の対象の同一　　（ア）　前記(1)（ア）の例のような場合を除き，訴訟物である権利または法律関係が同一の場合の別訴が同一事件として重複訴訟の禁止に触れることは争いがない（ただし，旧訴訟物理論と新訴訟物理論では，給付訴訟と形成訴訟でまさに問題となる訴訟物の同一性の基準が異なることから，とりあえずは別訴が重複訴訟となる範囲も異なってくる。しかしながら，後述のように訴訟物の枠を超えて事件の同一性を広く解する立場からは，重複訴訟禁止の場面における訴訟物の役割も相対的に低下してきているといえよう）。

（イ）　請求の趣旨において明らかにされる（原告により求められている）審判形式が異なっていても，また原被告の地位が前訴と後訴とで逆であっても（たとえば，設例2 の訴訟の係属中に，YがXを相手取って同じ債務の不存在確認の別訴を起こしたような場合）[6]，請求の趣旨（および原因）によって特定される訴訟上の請求（訴訟物）である権利関係が同一である限り，事件は同一である[7]。

（ウ）　これに対して，同一物に対する所有権の確認請求でも，同一当事者間で，かつ原被告の地位を変えて，別訴として起こされた訴えについては，争いがある。

上告受理申立てを，二重上告および二重上告受理申立てであり不適法であるとする。固有必要的共同訴訟については，既に同旨の判例がある（最判昭60・4・12金判729-38）。また，最判平元・3・7判時1315-63は，補助参加人が上告した後にした被参加人の上告申立ても，二重上告であり，不適法として却下すべきである，とする。

同一の株主総会決議取消訴訟が重複して提起された場合（会社831・838）など，いわゆる類似必要的共同訴訟となるべきケースにおいて別訴が提起された場合も，重複訴訟の禁止に抵触すると解されるが（中野貞一郎編・現代民事訴訟法入門［新版］〔平10〕104頁参照），この場合は，法律上，併合が強制されている（会社837参照）。

他に，株主代表訴訟の係属中，他の株主は共同訴訟参加することができるが（会社849 I 本文），最判平12・7・7民集54-6-1767〔百選［5版］101事件〕によれば，その判決の効力は他の株主も争うことができないと解されていることから，この場合，他の株主は別訴を提起することができない（ただし，訴え却下ではなく，併合強制）ということになるものと思われる。

6)　このような場合は，そもそも確認の訴えの利益がないと考えられるが，重複訴訟に当たるとして不適法却下したものとして，東京地判昭60・8・29判時1196-129参照。

7)　東京地判昭55・9・29判タ429-136，前掲東京地判平13・8・31，兼子175頁，新堂226頁，上田147頁，伊藤226頁，梅本273頁，条解民訴824頁，高橋・重点講義上130頁，秋山＝伊藤ほかIII 166頁，山本弘「二重訴訟の範囲と効果」新・争点92頁など。

2-6-4

190 第2編 第6章 訴えの提起の効果

かつての通説は，このような場合は訴訟物たる権利関係が異なり，既判力抵触の
おそれはなく，必ずしも一方の訴訟が他方の訴訟の実益を失わせるともいえない
ことから，両訴の事件の同一性を否定したが[8]，この場合でも，訴訟物が矛盾対
立の関係にあるので既判力が作用し（⇒4-3-4(1)），重複審判の可能性と判断
の矛盾のおそれは否定できないから，重複訴訟の禁止にふれると解すべきであり，
他方の訴訟は前訴の手続内で反訴によらせれば足りる[9]。

　（エ）　また，たとえば，設例1の甲が全損害のうち，とりあえず100万円の支
払を求めて訴えを提起し，その係属中に残余を請求する別訴を提起したというよ
うな場合も，重複訴訟にあたるかどうかが問題となる。一部請求を認めない立場
（⇒2-1-9(1)(イ)(b)）では両訴の訴訟物は同一となり，前訴で請求を拡張する
方法によるべきものとされるのに対し[10]，一部請求を認める多数説・判例の立場
では，両訴は訴訟物を異にし，直接には重複訴訟の禁止に触れないことになろ
う[11]（もっとも，審判の重複や被告の応訴の負担を考慮すれば，係属中の前訴で訴えの
変更により残部請求を追加する方法によるのが望ましいことはいうまでもない。また，
必ずしも訴訟物という基準にこだわらない最近の有力説の立場からは，別訴を認めず，
同様な処理を求めることになるものと思われる）[12]。

---

8)　菊井＝村松II 152頁，斎藤編(6) 274頁。

9)　新堂225頁，松本＝上野236頁，高橋・重点講義上130頁・136頁注15，住吉博
「重複訴訟禁止原則の再構成」民事訴訟論集(1)（昭53）291頁，旧注釈民訴(5) 225頁。

10)　兼子176頁，三ケ月119頁，条解民訴824頁。

11)　別訴における残額債権をもってする相殺の抗弁のケースではあるが，最判平10・
6・30民集52-4-1225〔百選〔5版〕38②事件〕は，「一個の債権の一部についてのみ
判決を求める旨を明示して訴えが提起された場合において，当該債権の残部を自働債
権として他の訴訟において相殺の抗弁を主張することは，債権の分割行使をすること
が訴訟上の権利の濫用に当たるなど特段の事情が存しない限り，〔正当な防御権の行
使として〕許されるものと解するのが相当である。」とする。もっとも，別訴で訴求
している債権を自働債権とする相殺の抗弁が提出された後，別訴で相殺主張分の請求
が減縮された事案において，東京高判平4・5・27判時1424-56〔平4重要判解6事
件〕は，「形式的には別件と別個の訴訟物について審理判断することになるから，理
論上は既判力の抵触は生じない」が，「実質的に審理判断の対象となるのは反対債権
全体（少なくともその重要な部分）なのであるから，……審理の重複による無駄を避
けることができないのは，一般の二重起訴の場合と異なるところはない」として，相
殺の抗弁を不適法とする（新堂228頁参照）。同様に，別訴において相殺の抗弁に供
している自働債権の残部を自働債権とする相殺の抗弁（抗弁併存型）は認められない
とするものとして，東京地判平16・9・16金法1741-46がある。

12)　新堂226頁，住吉・前掲注9) 292頁，高橋・重点講義上136頁注15)，上田148

Ⅱ　重複訴訟の禁止　　　191

　（オ）　特殊な場合として，手形金債務不存在確認訴訟の係属中に，別訴で手形訴訟による手形金請求訴訟を提起することが，重複訴訟の禁止に抵触して許されないかが問題となる。当事者・訴訟物たる権利関係とも同一であることからすれば両訴の事件は同一といわざるを得ないが，下級審判例および学説[13]とも，重複訴訟の禁止にはあたらないとする。一方は通常訴訟，他方は反訴禁止や証拠制限などを伴った簡易迅速な略式訴訟（350以下）で，「同種の訴訟手続」（136）とはいえず，重複訴訟を避けるために手形訴訟の反訴を提起することもできないことから，もし手形訴訟の別訴を禁止すると迅速な債務名義の実現を目的として設けられた同訴訟制度の趣旨が損なわれることを理由とする[14]。

　（カ）　以上は，いずれも一応事件の同一性の判断基準としての訴訟物である権利または法律関係の同一性を中心に，その訴訟係属の効果として重複訴訟の禁止が問題とされてきたものといえよう。これに対して，近時，「審判の重複と矛盾のおそれ」を理由に，問題となる事件の同一の範囲を，必ずしも訴訟物である権利関係の同一に限定せず（両訴における前提問題ないし先決関係として，あるいは抗弁と別訴という形で），広く両訴における事実関係が同一で，訴訟資料が共通する場合もこれにあたるとして，請求の基礎の同一に求める見解[15]や，争点効理論をふまえて，2つの事件における主要な争点（攻撃防御方法）が共通であれば，同一事件として処理すべきであるとする見解[16]が有力に主張されている[17]。これら

　　頁。なお，中野「一部請求論の展開」論点Ⅱ93〜94頁も，「当事者は同一であり，両
　　訴の請求原因も同一であって，容易に請求を債権の全部に拡張することができ（民訴
　　143条），両訴について審理の重複と判断の矛盾の生ずる危険とは大きいというべく，
　　当然に，二重起訴の禁止（民訴142条）の法意をこの場合に類推すべきである。」と
　　する。
13)　大阪高判昭62・7・16判時1258-130〔百選〔5版〕37事件〕，東京地判平3・9・2
　　判時1417-124，松本＝上野235頁，梅本274頁，条解民訴825頁〔竹下＝上原〕・
　　1761頁〔松浦＝加藤〕，斎藤編(6)279頁，旧注釈民訴(5)222頁，山本・前掲注7) 93頁。
14)　さらに，判例（前掲東京地判平3・9・2）は，手形判決に対する異議申立てによ
　　って後者が通常訴訟に移行した場合でも，同様に解している（ただし，学説は反対。
　　この場合は，移送ないし弁論の併合を命ずべしとする）。
15)　住吉・前掲注9) 255頁以下。
16)　新堂227頁以下。主要な争点が共通する例として，①売買の効力が争われている
　　ときの，買主による目的物の所有権確認請求と目的物明渡請求や，②買主による①の
　　請求と売買の無効を理由とした売主による移転登記抹消請求，あるいは③所有権に基
　　づく土地明渡請求に対し被告が賃借権の抗弁を提出したときの，被告による賃借権確
　　認請求，などが挙げられている。同旨の判例として，東京地判平9・6・27判タ960-
　　281。

2-6-4

の問題の延長線上にあるのが，次に述べる相殺の抗弁と別訴の取扱いおよび近時とくに重要性を増している国際的訴訟競合の問題である。

　(3)　相殺の抗弁と重複訴訟の禁止　①既に係属中の別訴において訴訟物となっている債権を自働債権として他の訴訟において相殺の抗弁を主張することが許されるか（別訴先行型），逆に，②既に係属中の訴訟において相殺の抗弁により自働債権として主張している債権を別訴によって訴求することが許されるか（抗弁先行型）については，争いがある。考え方としては4つありうるが，判例は，①の場合については142条を類推適用して問題を否定するのに対して（最判昭63・3・15民集42-3-170〔百選I80事件〕，最判平3・12・17民集45-9-1435〔百選〔5版〕38①事件〕。ただし，前掲最判平10・6・30〔百選〔5版〕38②事件〕参照），②の場合については下級審ではあるがこれまでは一応肯定的とみられてきたが（東京地判昭32・7・25下民8-7-1337ほか），近時，前掲最判平3・12・17に倣い，①の場合と同様，142条を類推適用して問題を否定する傾向にある（大阪地判平8・1・26判時1570-85，東京高判平8・4・8判タ937-262）。従来の通説は，①②のケースとも適法（許容）としてきたが[18]，近時は，両ケースとも不適法であるとするものが多い[19]。もっとも，少数ながら①は不適法であるが，②は適法とする見解

───────────

17)　同旨，高橋・重点講義上132頁，伊藤226頁（「訴訟物たる権利関係の基礎となる社会生活関係が同一であり，主要な法律要件事実を共通にする場合には，142条にいう事件としての同一性が認められる。」とする），酒井一「重複訴訟論」鈴木（正）古稀278頁以下（「紛争の実質（核心部分）」の同一性を基準とする）。このような傾向を肯定的に評価するものとして，上田147頁，小島289頁。

　　これは，訴えの提起による訴訟係属の効果としての重複訴訟の禁止というこれまでの図式の見直しないし修正を迫るものであり，また広い意味での矛盾裁判の防止および紛争解決の実効性という観点からも傾聴に値する見解であるが，請求の基礎といい，主要な争点といっても，基準としてはやや不明確な上に，訴訟物のように必ずしも当初から特定されているわけではなく，後訴裁判所の立場に立てば，かえって審理の不安定要因を抱えることにもなりかねない（梅本272頁注4，河野149頁）。また，その判断に際しても，先述の制度趣旨をふまえた，おそらくは関連する公的・私的諸利益の多角的な比較衡量と，後述の処理内容とも絡んだケースごとの詳細な検討を必要とし，必ずしも一律には論じえない難しさがあるように思われる（三木浩一「重複訴訟論の再構築」法学研究68巻12号〔平7〕120頁以下・170頁以下，酒井・前掲279頁以下参照）。

18)　中野「相殺の抗弁」論点II 131頁以下，栗原良扶「相殺の抗弁と重複訴訟の禁止」大阪学院大学法学研究7巻1・2号（昭57）90頁以下，松本＝上野354〜355頁，条解民訴823〜824頁〔竹下＝上原〕，秋山＝伊藤ほかII 470頁，三木・前掲注17)184頁以下ほか。

もあるが[20]，それとは逆の考え方を採る見解が近時有力である[21]。同一当事者間における同一債権の重複行使であるにもかかわらず，このように判例・学説の間で意見が分かれるのは，一方で，相殺の主張は，通常は予備的な抗弁（したがって訴訟係属を生じない）であり，必ず判断されるとは限らないことや相殺の抗弁の持つ実体法上の簡易決済・担保的機能，訴求債権に対する防御機能があり（これらの要請を重視すれば，適法説に傾く），他方で，現実に審判の対象ともなれば（重複審理の弊害が生じるのみならず）対抗した額につき既判力（それゆえ，別訴との間で判決内容の矛盾・抵触のおそれ）が生じる（114 II）ことや予備的反訴に類似する自働債権の貫徹・追行機能があるからである（これら訴えに準じた扱いに着目すれば，不適法説に傾く）。一般に，前訴手続内での反訴提起が可能な②のケースよりも[22]，①のケースにおいて，相殺の抗弁を許容する必要性は大きいといえよう[23]。

19) 住吉・前掲注9) 294頁，河野正憲・当事者行為の法的構造（昭63）112頁以下，梅本吉彦「相殺の抗弁と重複訴訟の禁止」新実務民訴(1) 381頁以下，小山昇・民訴判例漫策（昭57）185頁，伊藤229〜230頁，斎藤編(6) 276頁以下，秋山＝伊藤ほかIII 173頁など。

20) 流矢大士「二重起訴と相殺の抗弁」伊東乾教授古稀記念・民事訴訟の理論と実践（平3）468頁以下，菊井＝村松II 157頁，林屋114頁，上田149〜150頁。

21) 中野貞一郎＝酒井一［判批］民商107巻2号（平4）255頁以下，旧注釈民訴(5) 228頁，高橋・重点講義上141〜144頁など。

22) 小島294〜295頁参照。東京高判昭42・3・1高民20-2-113は，本訴の棄却を解除条件とする予備的反訴の事案ではあるが，「同一訴訟手続において審理判断される反訴において，しかも予備的反訴という形式で本訴において相殺に供した旨主張した自働債権を訴求する場合には，〔裁判所の二重の判断，既判力の抵触の〕恐れはないのであるから，このような反訴は許容されてしかるべきである。」とする。さらに，後掲最判平18・4・14を踏まえれば，本訴において相殺の抗弁に供している自働債権について既判力ある判断が示された場合には，その限度で訴えを取り下げる（または，解除条件付にする）旨の予備的反訴も，適法と解されることになろう。

　なお，②の抗弁先行型で別訴を許容すべき理由の一つとして，早期に債務名義を得たいという被告側の事情が挙げられるが（山本・前掲注7) 97頁参照），かりに別訴を認めても，前訴で訴訟物となっている債権を自働債権とする（前訴原告による）相殺の抗弁の提出が認められれば，結局早期の解決はできないことになろう（旧注釈民訴(5) 229頁）。

23) もっとも，別訴先行型でも，相手方からの訴訟が先行しているのに，自己の債権について別訴を提起し，その上で同一債権を自働債権とする相殺の抗弁を相手方からの先行訴訟で提出するという場合もあろう（旧注釈民訴(5) 231頁）。また，抗弁先行型の事例において，まず抗弁を撤回し，次に別訴を提起する，そして，もともとの前

194　　　第 2 編　第 6 章　訴えの提起の効果

(4)　国際的訴訟競合　　外国裁判所に係属中の事件につき重複してわが国の裁判所に訴えが提起された場合（いわゆる内・外重複訴訟）の取扱いについては，明確な規律は存在せず，様々な見解が主張されている。伝統的な見解は，重複訴

訴で相殺の抗弁を提出するという訴訟戦術も生じえよう（高橋・重点講義上 151 頁注 37）。いずれのケースも，反訴提起が可能であるにもかかわらず，自ら別訴を提起している点では，利益状況は抗弁先行型と類似しているというべきである。それゆえ，厳密に言えば，基準となるべきメルクマールは，抗弁（または別訴）の先後ではなく，反訴提起が可能かつ期待されるべきかどうか，裁判所および相手方当事者との関係で，重複訴訟の弊害を考慮しても，相殺の抗弁の持つ担保的機能を保護するために，同一債権の（別訴と抗弁という形での）重複行使が，やむを得ない正当な訴訟行為といえるかどうかに係っているように思われる。

　なお，①の別訴先行型の事例において，相殺の抗弁を許容する場合，自働債権の判断についての既判力が別訴のそれと抵触するおそれが生じるが，両訴を通じ当事者が同じであることから，裁判所の適切な訴訟指揮により弁論の併合を命じるなり，いずれかの訴訟進行を調整することで弊害を防止することは可能と思われる（旧注釈民訴(5)231 頁）。近時，最判平 18・4・14 民集 60-4-1497〔百選〔5 版〕A 11 事件〕は，「本訴及び反訴が係属中に，反訴請求債権を自働債権とし，本訴請求債権を受働債権として相殺の抗弁を主張することは禁じられないと解するのが相当である。この場合においては，反訴原告において異なる意思表示をしない限り，反訴は，反訴請求債権につき本訴において相殺の自働債権として既判力ある判断が示された場合にはその部分については反訴請求としない趣旨の予備的反訴に変更されることになるものと解するのが相当であって，このように解すれば，重複起訴の問題は生じないことになるからである。」とする。さらに，最判平 27・12・14 民集 69-8-2295〔平 28 重要判解 3 事件〕は，2 回にわたる金銭消費貸借取引（第一取引および第二取引）を一連のものとみて，各弁済でなされた過払利息につき不当利得返還を請求する本訴に対し，被告が，両取引は一連のものではないとして，第一取引に関して生じた過払金返還請求権の時効消滅を主張するとともに，第二取引に基づく貸金の返還等を請求する反訴を提起し，これに対し，原告が，本訴請求債権の全部または一部が時効消滅したと判断されることを条件として，時効消滅した部分を自働債権とする相殺の抗弁を主張した事案において，次のような理由でこれを許容している。「時効により消滅し，履行の請求ができなくなった債権であっても，その消滅以前に相殺に適するようになっていた場合には，これを自働債権として相殺をすることができるところ〔民 508〕，本訴において訴訟物となっている債権の全部又は一部が時効により消滅したと判断される場合には，その判断を前提に，同時に審判される反訴において，当該債権のうち時効により消滅した部分を自働債権とする相殺の抗弁につき判断をしても，当該債権の存否に係る本訴における判断と矛盾抵触することはなく，審理が重複することもない。したがって，反訴において上記相殺の抗弁を主張することは，重複起訴を禁じた民訴法 142 条の趣旨に反するものとはいえない」。

訟禁止の前提となる訴訟係属とは，国内の裁判所におけるそれを意味するとして，外国訴訟係属をとくに顧慮しない立場をとってきた[24]（規制消極説。問題の処理は，外国判決の効力承認〔118〕の段階で調整を図ることになろう）。これに対して，先に外国で係属している訴訟による判決の確定および将来のわが国におけるその承認が内国訴訟提起の段階で予測される場合には，重複訴訟禁止の法理を類推すべしとする説[25]（承認予測説）や，（渉外訴訟における事件・訴訟物たる権利関係の同一性判断や問題となる承認予測の困難さゆえに）これを国際裁判管轄決定の際の一要素として利益衡量的に処理しようとする見解[26]（利益衡量説）が有力に主張されている[27]（なお，現行法の改正過程において，一定の要件の下に，係属する訴訟手続の中止の可否が検討されたが，成案には至らなかった。平成23年改正においても，国際的訴訟競合に関する規定は設けないこととされたが，3条の9における「その他の事情」の考慮要素の例として外国の裁判所における同一または関連事件の訴訟係属等の事情が挙げられていることから，それにより同条の要件を満たすと判断された場合には，わが国の裁判所に提起された訴訟の全部または一部を却下できるものと解される〔一問一答平成23年159頁・178頁参照〕）。

2-6-5　重複訴訟の処理

(1)　重複訴訟の禁止に触れるかどうかは，いわゆる消極的訴訟要件（訴

---

24)　兼子173頁，菊井＝村松II 149頁，条解民訴828頁，上田145頁など。結論的に同旨，安達栄司「国際的訴訟競合」争点〔3版〕279頁。東京高判昭32・7・18下民8-7-1282，大阪地中間判昭48・10・9判時728-76，東京地中間判平元・6・19判タ703-246，東京地中間判平10・11・27判タ1037-235参照。

25)　道垣内正人「国際訴訟競合」新・裁判実務大系3・国際民事訴訟法（平14）147頁，酒井一「国際的二重起訴に関する解釈論考察」判タ829号（平6）42頁ほか。下級審ではあるが，東京地中間判平元・5・30判時1348-91〔百選I 24事件〕も，総論ではこのような考え方を認めている。

26)　石黒一憲「国際的訴訟競合」争点〔2版〕160頁，旧注釈民訴(5)238～239頁，小林秀之＝村上正子・国際民事訴訟法（平24）164頁ほか。東京地判昭59・2・15判時1135-70，東京地判平3・1・29判時1390-98参照。その他，内国訴訟における訴えの利益の問題として処理しようとする試みとして，渡辺惺之「国際的二重訴訟論」中野古稀下475頁以下参照。

27)　なお，原被告逆転の対向型訴訟が多い中，原告が既に外国において訴えを提起している事件について外国訴訟での不利を挽回すべく重ねて日本で起こした訴え（原被告同一の並行型訴訟）が「不適法な国際二重起訴」にあたるとして却下された事例として，東京地判平11・1・28判タ1046-273参照。

訟障害）の一つであり，裁判所は，被告の抗弁を待たずに職権で調査し，これに該当する場合には，判決で後訴を不適法却下しなければならない（もっとも，同一事件であっても前訴で併合審理されれば不適法でなくなる場合〔たとえば，**2 - 6 - 4(1)(イ)**の例で，債務者が原告の代位権を争っている場合や，同**(2)(イ)**の例で，前訴と後訴が逆の場合など〕には，直ちに却下するのではなく，裁判所はできる限り併合審理の方法をとるべきであろう）[28]。

　これに対して，審判の重複・矛盾をなくし紛争解決の実効性を高めることを目的に，事件の同一性を広く解する近時の有力説は，場合により，訴訟物たる権利関係の枠を超えて，訴えの変更や反訴を当事者に事実上強制し，また後訴の移送，弁論の併合，中止（⇒**2 - 7 - 8(3)**）などの訴訟指揮上の諸方策を裁判所に義務づけるところに特徴がある（この場合，重複訴訟禁止の消極的効果として，弁論の分離や一部判決は許されないとする）[29]。さらに，近時は，既判力抵触のおそれのない場合には当事者の異議に係らしめ，また，前訴の進行状況，両訴の請求内容，土地管轄などを勘案し，当事者間の公平の観点から，不適法却下や，移送，弁論の併合，中止などの諸方策が採られるべき訴訟を，必ずしも後訴に限定していない（場合により，前訴が，後発的に不適法になるとし[30]，また，前後両訴の協調的運用による事件処理が提案されている）[31]。

　(2)　通説によれば，裁判所が重複訴訟の禁止を看過して本案判決をすれば，上訴により取消しを求められる。しかし，その判決が先に確定すれば既判力の問題となり，かえっていまだ係属中の前訴において，これに抵触する判決ができないことになる（もっとも，同一当事者間の同一訴訟物に係る重複訴訟の一方が原告勝訴で確定したときは，いまだ係属中の訴訟は訴えの利益を欠くに至り不適法却下すべきものと解する）。そして，もし両訴いずれの判決も

---

28)　新堂 230 頁，上田 150 頁，伊藤 228 頁，梅本 271 頁・280 頁，小島 290 頁，旧注釈民訴(5)235 頁〔佐野〕，秋山＝伊藤ほか III 167 頁。債務者の有する同一の金銭債権につき，債権者代位訴訟が係属中に，滞納処分に基づく取立訴訟（税徴 67 I，民執 157 参照）が別訴提起された事案において，最判昭 45・6・2 民集 24-6-447〔昭 45 重要判解 5 事件〕〔民執保全百選［2 版］57 事件〕は，「裁判所は，……両請求を併合して審理し，これを共に認容することは妨げられない」としている。前掲注 5)参照。

29)　住吉・前掲注 9) 301 頁。なお，新堂 557 頁・658 頁・752 頁参照。

30)　松本・前掲注 3) 347 頁以下参照。

31)　三木・前掲注 17) 165 頁以下，同「重複訴訟論の再構築」民訴雑誌 43 号（平 9）184 頁以下参照。

確定し，内容が抵触するときは，後の確定判決が再審の訴えにより取り消される（338 I ⑩）。

III　時効の完成猶予

2‐6‐6　効果の発生と消滅

（1）　効果の発生時期　　（ア）「裁判上の請求」（民 147 I ①），普通にはいわゆる訴えの提起，による時効の完成猶予と法律上の期間遵守の効果は，「訴えが提起された時」，すなわち通常は訴状が裁判所に提出された時（133 I）に発生する（147。反訴も本訴に準じる〔146 III〕。なお，口頭による訴え提起の許される場合には〔271〕，口頭によるその旨の陳述の時〔規 1 II 前段〕と解すべきである）。

（イ）　これに対し，訴訟中の訴え提起行為のうち，訴えの変更，選定者に係る請求の追加および中間確認の訴えについては，それぞれ訴状に準じた書面が裁判所に提出された時（143 II・144 III・145 IV）に時効の完成猶予等の効果が生じる旨補足的に規定されているが（147 後段），その趣旨は，当事者参加（47 II・52 II）の場合にも当然類推適用されるべきである。

（ウ）　さらに，訴訟承継の場合は，当該訴訟の係属の初めに遡って時効の完成猶予等の効果が生じる旨規定されているが（49・50 III・51），その趣旨は，訴訟承継があると，承継人は係属中の訴訟の当事者となり，承継の時点での前主（被承継人）の訴訟上の地位を承継するとされていることから（訴訟承継主義），時効の完成猶予等のような前主と相手方間の訴訟係属に伴う私法上の効果も承継人に及ぶとされたものである（民 153 I 参照）。

（エ）　なお，近時，国際的訴訟競合の問題との関係で，外国における訴え提起がわが国での時効の完成猶予事由となりうるかが議論されている[32]。これについては，準拠法や承認の問題も絡み，一律には論じえないが，当該外国裁判所に国

---

[32]　道垣内正人「国際的訴訟競合（5・完）」法協 100 巻 4 号（昭 58）778 頁以下，石黒一憲「外国における訴訟係属の国内的効果」澤木敬郎＝青山善充編・国際民事訴訟法の理論（昭 62）354 頁以下参照。

際裁判管轄が認められる限り（結果的にそれが認められなかった場合でも，当該外国訴訟が係属している間は催告が継続しているものとして），できるだけこれを肯定的に解すべきであろう。

(2)　効果の消滅　訴え提起後判決が確定するまでの間は，権利者は権利を行使しているのであるから，時効の完成猶予の効果は持続し，裁判が確定した時から新たにその進行を開始するが（時効の更新，民 147 II。なお，民 169 参照），訴えが却下されまたは取り下げられたときは，その時から 6 か月の期間が経過するまでは時効の完成が猶予される[33]（民 147 I 括弧書。ただし，民訴 355 II，行訴 15 III。なお，移送の場合につき，民訴 22 III）。これに対して，訴状が却下されたときは（137 II・138 II），請求の特定等に不備があり，また被告に訴状送達もされないことから，完成猶予効は生じないものと解すべきであろう。

(3)　時効の完成猶予の根拠　訴え提起により時効の完成が猶予される根拠については，訴えが権利者のもっとも断固たる権利主張の態度と認められることに基づくと解する説[34]（権利行使説）と，訴訟物である権利関係の存在が判決の既判力により確定され，継続した事実状態が法的に否定される点に求める説[35]（権利確定説。これによれば，147 条は，各個の訴訟の遅速によって訴訟中に時効等が完成することを防ぐ趣旨で設けられたものとされる）があった（学説の傾向につき，⇒(4)(イ)）。改正民法の下では，権利の確定は，更新事由とされていることから（民 147 II），時効の完成猶予の根拠にはならないものと思われる。

(4)　時効の完成猶予の効果が生じる権利の範囲

(ア)　訴訟物をなす権利関係　訴訟物をなす権利関係についての時効の完成

---

33)　なお，訴訟係属中，調停が成立したため，訴えを取り下げた場合は，民法 147 条1 項括弧書の「権利が確定することなくその事由が終了した場合」とみるべきではなく，時効の完成猶予および更新の効果は失われないとするのが判例である（大判昭18・6・29 民集 22-557）。そのほか，同趣旨を述べる判例としては，係争地域が自己の所有に属する旨の主張が前後変わることなく，ただ単に請求の趣旨を境界確定から所有権確認に交換的に変更したにすぎない場合につき，最判昭 38・1・18 民集 17-1-1〔続百選 40 事件〕，また，重複訴訟を解消するために前訴が取り下げられても，前訴の請求がそのまま後訴においても維持されている場合につき，最判昭 50・11・28 民集 29-10-1797 がある。

34)　我妻栄「確認訴訟と時効の中断」民法研究 II（昭 41）263 頁，斎藤 152 頁，斎藤編(6) 354 頁，条解民訴 854 頁〔竹下＝上原〕，伊藤 231 頁。

35)　兼子 178 頁，新堂 231 頁，松本＝上野 240 頁，小島 297 頁，川島武宜・民法総則（昭 40）477 頁。

III　時効の完成猶予　　　199

が訴えの提起（または被告による応訴行為）により猶予されることについては，争いがない。なお，消極的確認の訴えの場合も，債務者による訴えの提起時に時効の完成が猶予されるとの見解[36]もあるが，被告である債権者が応訴したとき（通常は，債権の存在を主張して請求棄却の判決を求める答弁書を裁判所に提出したとき）に時効の完成が猶予されると解すべきである[37]。

　ただ，これに関連して学説・判例を賑わしているのは，一部請求を時効の完成猶予効との関係でどのように取り扱うかという問題である。判例は，訴訟物の範囲をめぐる一部請求理論（⇒ **2 - 1 - 9**(1)(イ)(b)）を前提に，一部であることの明示の有無により，時効の完成猶予効の範囲も区別している[38]。これに対して，学説は，必ずしも一部請求理論とは連動させず，明示の有無にかかわらず，（一部請求の場合にも請求権全部が訴訟物となるとする立場からはもちろん，そのほか権利行使説の立場から，あるいは後述するように時効の完成猶予効の範囲を訴訟物に限定しない立場から）その権利関係全部について時効の完成猶予効を認める見解が多数である。

　（**イ**）　**先決的権利関係または派生的請求権**　　これに対して，訴訟物とはなっていないがこれと関連派生の関係にある権利関係（たとえば，攻撃防御方法として主張した権利関係など）を，訴え提起に伴う時効の完成猶予との関係でどのように取り扱うべきかが問題となる。従来の通説は，このような権利関係への時効の完成猶予効の拡張には否定的であったが（権利確定説の立場から）[39]，多数説・判例は，時効の完成猶予効の生じる権利関係を必ずしも訴訟物の範囲に限定していない（権利行使説の立場から[40]）。なお，権利確定説の立場に立ちながらも，時効の完成猶予および更新に必要な権利関係の確定は必ずしも既判力による必要はなく，争点効による確定でも足りるとする見解[41]や，さらに，債務者の承認による場合との均衡

---

36)　兼子 179 頁，三ケ月 332 頁，上田 153 頁，川島編・注釈民法(5)（昭 42）90 頁。

37)　大民連中間判昭 14・3・22 民集 18-238，大判昭 16・2・24 民集 20-106，我妻・前掲注 34）274 頁，斎藤 153 頁，斎藤編(6)355 頁，条解民訴 855 頁，新堂 231 頁，秋山＝伊藤ほか III 236 頁，伊藤 231 頁注 126，小島 298 頁。

38)　最判昭 34・2・20 民集 13-2-209〔百選［初版］36 事件〕，最判昭 45・7・24 民集 24-7-1177〔百選［3 版］44 ②事件〕。もっとも，最判平 25・6・6 民集 67-5-1208 は，明示的一部請求の事案で，昭和 34 年判決など従来の判例理論を踏まえつつ，残額請求権の継続的催告（民 150 I 参照）による時効の完成猶予を認めている。

39)　兼子 179 頁，川島・前掲注 35）479 頁。

40)　我妻栄・新訂民法総則（昭 40）459 頁，斎藤 152 頁，斎藤編(6)354 頁，条解民訴 855 頁，伊藤 232 頁。

41)　新堂 231 頁。

2 - 6 - 6

上，判決理由も含めて判決中において時効の推定力を破る程度の認定があれば足りるとする見解[42] が有力となりつつある）[43]。

---

42) 安達三季生［判批］判評122号（昭44）133頁，幾代通・民法総則〔第2版〕（昭59）562頁。同旨，上田153頁など。

43) 先決的権利関係の時効の完成猶予効を認めたものとして，最大判昭43・11・13民集22-12-2510〔百選［3版］44①事件〕（所有権に基づく登記請求訴訟において，被告が自己の所有権を主張し，それが判決理由中で認められた場合に，その主張に原告の取得時効の完成猶予効を認めた事例），最判昭44・11・27民集23-11-2251（抵当権設定登記抹消登記請求訴訟において，被告による被担保債権存在の主張にその消滅時効の完成猶予効を認めた事例）など。なお，派生的請求権の時効の完成猶予効を認めたものとして，大判昭5・6・27民集9-619（保険契約存在確認の訴えに，その後の保険事故の発生に基づく保険金請求権の消滅時効の完成猶予効を認めた事例）。その他，最判平10・12・17判時1664-59（不法行為に基づく損害賠償請求の訴えに，それと基本的な請求原因事実を同じくし経済的に同一な給付を目的とする不当利得返還請求権の消滅時効の完成を猶予する効力を認めた事例）。判例の詳細については，旧注釈民訴(5)302頁以下〔堤〕，中島弘雅「提訴による時効中断の範囲」中野古稀上328頁以下参照。

第7章　訴訟手続の進行

I　総　説

2-7-1　職権進行主義

　訴えまたは上訴によって開始された訴訟手続の進行については，その主導権を裁判所に認めるか，それとも当事者に認めるかによって，対立する2つの立法例がある。かつて，大革命を経たフランスにおいては，自由放任を是とするその革命思想の影響を受けて，審理の内容面のみならず手続面においても当事者主義が支配したが，まもなくそれによる訴訟遅延が深刻化し，現在では，わが国も含めて各国とも，少なくとも訴訟手続の進行面については，職権進行主義が採られるに至っている。

　職権進行の具体化である，裁判所に認められた審理の主宰権能が，訴訟指揮権〔148〕である（⇒3-1-11。このうち，訴訟進行に関するものとしては，期日の指定および変更〔93〕，期間の裁定，伸縮および付加〔95 II・96〕，訴訟手続の中止〔131〕，中断手続の続行〔129〕など）。したがって，手続の進行については，当事者の申立てを待たないし，またその合意にも拘束されないのが原則であるが（例外は，93 III但・172但など。なお，当事者も裁判所を促して，訴訟の進行を図り，訴訟指揮上の処置を要求できる場合がある。たとえば，中断手続の受継申立て〔126〕），当事者の意向・都合を無視して，手続の進行を図ることは必ずしも妥当とはいえず，また事実上できるものでもない[1]。

　旧法下の傾向として，一方で訴訟遅延対策のための様々な実務運営上の改善・工夫がなされるとともに，他方では，当事者の手続権保障に配慮した手続運営が強く求められていた。これを受けて，現行法では，裁判官の効率的な訴訟進行管

---

1)　司法研修所編・民事訴訟の新しい審理方法に関する研究（平8）39頁。なお，伊藤234頁注1参照。

理が謳われ，柔軟な手続運営を可能にする規定が新設されるとともに（147の3Ⅲ・149Ⅰ・156の2・162・170・175・202Ⅱ・207Ⅱ・301Ⅰ，規86Ⅱ・121など），手続の進行にあたっても，できるだけ当事者の意見を聴き，その了解のもとに審理計画を立てるという，いわば当事者と裁判所とが協議しながら手続を進めていくという意味で，（もちろん最終的には従来の職権進行主義的な裁判所の責任は排除されないものの）一種の協同進行主義とでもいうようなものになりつつあるといえよう[2]（このことを端的に示すものとして，計画審理〔147の2・147の3。→ **3-1-13**〕，争点整理手続を進めるにあたっての当事者に対する意見聴取〔168・170Ⅲ・175。なお，172。→ **3-3-9(2)**〕や，最初の口頭弁論期日前の進行参考事項の聴取〔規61。→ **2-7-2**〕，それに進行協議期日〔規95〜98。→ Ⅱ〕など）。

2-7-2 進行参考事項の事前聴取

裁判長は，訴訟の進行方針等を早期に確定するため，第一回口頭弁論期日前に，当事者から，訴訟の進行に関する意見その他訴訟の進行について参考とすべき事項の聴取をすることができ，この聴取を裁判所書記官に命じて行わせることができる（規61）。

これも，旧法下の運営改善の一環として実践されていた取扱いを明文化したもので，具体的には，被告の期日への出席の見込み，被告に対する訴状等の送達の可能性等，訴訟の進行についての参考事項を聴取し，第一回口頭弁論期日の指定やその進行（とくに，実質的に争いのある事件とそうでない事件の振分け〔254参照〕）を決める際に役立たせようとするものである。訴訟進行との関連に事項を限定したことに注意すべく，そのゆえか，聴取結果の相手方への開示は，要求されていない（149Ⅳとの対比）。なお，予断排除の観点から，事前交渉の有無・内容については，明文から外された経緯があり（当事者の一方から事情聴取をすることの性質上，その正確性について限界もあることに留意しなければならない），また和解の希望・見込みについても，積極的な聴取項目とすることには慎重な意見が強いが[3]，具体的な聴取事項や聴取方法については，各地でいわばローカル・ルールを定め

---

2) 研究会224頁〔竹下守夫発言〕，上谷清＝加藤新太郎編・新民事訴訟法施行三年の総括と将来の展望（平14）102頁参照。

3) 研究会145頁以下，法曹会編・新民事訴訟法・同規則の運用と関係法律・規則の解説（平11）262〜263頁，日本弁護士連合会民事訴訟法改正問題委員会編・改正のポイント新民事訴訟法（平9）33頁参照。

て運用していくことになるものと思われる。この場合，その運用については，裁判所の中立・公平性の担保の観点からの配慮が必要である[4]。

II　進行協議期日

2-7-3　制度の趣旨

進行協議期日は，口頭弁論期日外で，口頭弁論の審理充実のために，当事者双方の立会権を保障して，証拠調べと争点との関係の確認その他訴訟の進行に関し必要な事項の協議を行うための期日として新設されたものである（規95Ⅰ）。「裁判所と当事者双方が，訴訟の節目ごとに，審理の進め方や証拠調べの対象・範囲などについて協議することは，これに関する裁判所及び当事者の理解を共通にすることにより，適切な準備を遂げることを可能にし，口頭弁論の期日における審理を充実させるために有益かつ必要なものといえる。」との趣旨説明がなされているが[5]，立法の審議過程におけるその経緯よりして，この期日は，あくまでも進行協議のための一期日であって，争点整理や和解を行うためのものではないことに留意する必要がある[6]。

2-7-4　進行協議期日における手続

（1）　基本的には，旧法下でも事実上行われていた期日外での手続の進行に関する打合せについて明文の根拠を与えたものである（刑訴規178の15参

---

4)　たとえば，東京地裁その他の多くの庁では，受付段階で定型的な聴取事項を記載した「訴訟進行に関する照会書」を交付し，ファクシミリ等により回答を求めており，提出された回答書は訴訟記録に綴られ，閲覧謄写の対象となる取扱いとされている。塚原朋一ほか・新民訴法実践ノート（平11）26頁，飯村敏明「第一回口頭弁論期日前の参考事項の聴取について」大系2巻99頁，条解民訴規則135頁参照。

5)　条解民訴規則214頁。

6)　条解民訴規則216頁注5・217頁注10，研究会222頁以下，塚原ほか・前掲注4)95頁以下，秋山＝伊藤ほかⅢ537頁。規95Ⅱ参照。なお，和解を成立させる必要があれば，即時に和解期日を指定し，手続を切り替えたうえで，和解を行うべきである。

2-7-2～4

照）。「証拠調べと争点との関係の確認」（立証趣旨や争点との関連性を明確にさせること。なお，165・170Ⅴ・177参照）も，「訴訟の進行に関し必要な事項」の例示であり，争点等の整理や証拠調べを行う時期等の審理についてのスケジュール（審理計画）の策定が，その中心になるものと思われる（147の3参照）。

　さらに，特許等の複雑で専門技術的な問題について実務上行われている関係専門家による説明会や現地見分（事実上の検証）なども今後のこの手続の代表例に挙げられているが[7]，これらの事例は，「進行協議」の枠を超えた争点整理さらには心証形成に踏み込む側面を有するものであるとの指摘もなされている[8]。進行協議期日は，いわば柔軟かつ機動的な争点整理手続の要請（裁判所）と適正で透明性の高い手続の要請（弁護士会）との妥協の産物ともいえ，今後はとくに後者に配慮した運用が望まれよう[9]。

　（2）　進行協議期日においては，訴訟資料的なものが提出されることは予定されていないが，和解期日とのバランス上（261Ⅲ但・266Ⅰ参照），とくに当事者の便宜と（訴訟終了効を伴うことから）その弊害等を考慮して，当事者が現実に期日に出席して口頭でなされる場合に限り，訴えの取下げおよび請求の放棄・認諾をすることが認められている（規95ⅡⅢ・96Ⅲ）[10]。

　（3）　また，当事者が遠隔の地に居住しているなど裁判所が相当と認めるとき

---

7)　条解民訴規則214頁。規97参照。

8)　日弁連民訴改正問題委員会編・前掲注3)89〜90頁，研究会223頁〔田原睦夫発言〕。専門訴訟における「技術説明会」などは，その趣旨・目的に照らすと，むしろ弁論準備手続として実施する方がふさわしいように思われるとするのは，西理「進行協議期日」大系2巻376頁注3。

9)　秋山＝伊藤ほかⅢ536頁・541頁。なお，専門委員制度の導入に伴い，「裁判所は，争点若しくは証拠の整理又は訴訟手続の進行に関し必要な事項の協議をするに当たり，訴訟関係を明瞭にし，又は訴訟手続の円滑な進行を図るため必要があると認めるときは，当事者の意見を聴いて，決定で，専門的な知見に基づく説明を聴くために専門委員を手続に関与させることができる。」旨の規定が新設されるとともに，「この場合において，専門委員の説明は，裁判長が書面により又は口頭弁論若しくは弁論準備手続の期日において口頭でさせなければならない。」として，手続の透明性に配慮する規定も合わせて設けられた（92の2Ⅰ。なお，92の3〜92の7，規34の2・34の3・34の5・34の6Ⅱ参照。⇒3–3–11）。条解民訴規則［増補版］6頁以下参照。

10)　この場合は，とくにこれを公証したり，請求の放棄・認諾については，確定判決と同一の効力を有する文書（267）を残すために，期日調書を作成して，その旨の記載をすることになろう。条解民訴規則217頁，塚原ほか・前掲注4)97頁。

III　訴訟手続の停止　　205

は，（期日としての性格上）当事者の一方が出席している場合に限り，当事者の意見を聴いて，裁判所および当事者双方が音声の送受信により同時に通話できる電話会議（トリオフォン）の方式でも，この手続を行うことができる（規 96 I・II。なお，民訴 170 III・IV 参照）。この場合，裁判所は，通話者および通話先の場所の確認をしなければならない（規 96 IV）。

　(4)　訴訟の目的となっている土地・建物や事件現場（195 ③ 参照）等，裁判所外の適当な場所において，その状況を確認しながら，訴訟の進行について打合せをしたり，適切な知識経験を有する関係人（技術者等）から説明を受けることが，訴訟進行のあり方を決定するためにも有益なことが少なくない。そこで，旧法下の実務で行われていたこのような裁判所外の打合せも，裁判所外における進行協議期日として認められた（規 97。なお，民訴 92 の 2 I 参照）。

　また，進行協議期日は，訴訟の進行に関する打合せという性格上，受命裁判官に行わせることができる手続なので，これも明文化された（規 98。なお，民訴 171・176 I 但参照）。

III　訴訟手続の停止

2-7-5　制度の趣旨

　訴訟係属中に，一定の事由の発生により，法律上，その訴訟手続が進行しない状態になることを訴訟手続の停止と呼んでいる（裁判所が期日の指定をせず〔実務上の「追って指定」〕，また当事者が期日に欠席するなどして，事実上手続の進行が停止している場合とは異なる）。停止には，現行法上，中断と中止がある[11]。

　(1)　訴訟手続の中断　　訴訟係属中，一方の当事者側の訴訟追行者に交代すべき事由が生じた場合に，双方審尋主義の観点から，その当事者側の手

---

11)　この他，除斥または忌避の申立てに基づく停止（26）があるが，急速を要する行為は可能であり，性質上終局判決後には生じない点で，他の場合と異なる。なお，現行法の下では，当事者の合意による訴訟手続の休止は認められていない（旧々民訴 188 I 参照）。

2-7-5

続関与の機会を実質的に保障するために，新追行者が訴訟に関与できるようになるまで手続の進行を停止するものである。法定の事由によって当然に発生し，裁判所や当事者の知・不知を問わない（⇒ 2-7-**7**）。

（2）　**訴訟手続の中止**　　裁判所または当事者に何らかの障害事由が発生し，訴訟手続の進行が不能または不適当な場合に，法律上当然にまたは裁判所の訴訟指揮上の措置（決定）により生じる停止である（中断とは異なり，当事者等の交代に伴う措置ではない。⇒ 2-7-**8**）。

2-7-**6**　訴訟手続停止の効果

（1）　**停止中の訴訟行為**　　停止中は，当事者も裁判所も，その事件についての訴訟行為を有効にすることができない（ただ，受継の申立てとそれに関する裁判，続行命令または中止を取り消す決定等は，その性質上当然有効である）。

（ア）　**当事者の訴訟行為**　　停止中の訴訟行為は，相手方との関係で無効である（もっとも，その制度目的に照らし，とくに問題とする必要のない行為，たとえば，訴訟委任やその解除，訴訟救助の申立てなどは，有効と解されている）。後に停止が解消しただけでは，遡及して当然に有効となるものではない（しかし，相手方が責問権を放棄・喪失〔90〕すれば，有効となる。大判昭 14・9・14 民集 18-1083）。

（イ）　**裁判所の訴訟行為**　　停止中になされた裁判，証拠調べその他の訴訟行為は，当事者双方との関係で無効であるが（もっとも，裁判所内部においてのみ効力を生じる行為，たとえば，回避，判決の合議またはその作成などは，有効と解されている），当事者の責問権の放棄・喪失があれば，有効となる。ただ，口頭弁論終結後に中断が生じた場合に限り，判決の言渡しだけは例外として許される（132 I）。これは，当事者の利益を害するわけではなく，また口頭弁論終結後はなるべく速やかに判決をさせる趣旨（251）にも合致するからである（ただし，上訴期間との関係で手続保障が問題となるから，判決の送達は中断解消後にすべきである）。これに対し，弁論終結前に停止となっていれば，弁論を終結して判決することは許されない。これに反してなされた終局判決は，適法に代理されなかった場合と同視できるから，不利益を受ける当事者が追認しない限り，代理権欠缺の理由を類推して（312 II④・338 I③），上訴または確定すれば再審で，取り消すことができる（最判昭 58・5・27 判時 1082-51）。

（2）　**期間の進行**　　停止になれば，期間は進行を開始せず，すでに進行

中の期間も進行しなかったことになり，停止解消後に残存期間ではなく，改めて全期間が進行する（132 II）。

2-7-**7**　訴訟手続の中断

(1)　中 断 事 由

（ア）　当事者能力の喪失　　自然人の死亡（124 I ①。ただし，人訴 26）および法人の合併による消滅（124 I ②。ただし，124 IV）がこれに属する（なお，訴訟物である権利が一身専属的なものである場合には，手続は中断せず，訴訟は終了する[12]）。また，対立当事者の地位の混同が生じる場合も，訴訟は終了し，中断にはならない。なお，共同訴訟人の一人が死亡した場合の取扱いについては，⇒ **5-2-6**。当事者の死亡に伴う当然承継との関係については，⇒ **5-2-32**）。

（イ）　訴訟能力の喪失，法定代理人の死亡，法定代理権の消滅　　このような場合は，本人自らが有効に訴訟行為をすることができず，また本人のために訴訟行為をする者も一時的に存在しなくなるから，訴訟は中断する（124 I ③。ただし，124 V）。なお，（法定代理人の死亡および後見開始の審判による代理権消滅の場合を除き）法定代理権の消滅は，（能力を回復した）本人または法定代理人から，相手方に通知しなければ，その効果を生ぜず（36 I。⇒ **2-4-8**），したがって訴訟手続の中断も生じない[13]。これに対して，訴訟代理人の死亡や訴訟代理権の消滅の場合は，本人が直ちに自ら訴訟を追行する

---

12)　人訴法 27 条（ただし，同 41 II・42 III）参照。裁判例として，最大判昭 42・5・24 民集 21-5-1043〔百選 IIA 46 事件〕（生活保護処分裁決取消訴訟：朝日訴訟），最判昭 51・7・27 民集 30-7-724〔百選 II 180 事件〕（養子縁組取消訴訟。なお，鈴木正裕・同解説参照），最判平元・10・13 判時 1334-203（配偶者の一方を被告とした婚姻無効確認訴訟），最判平元・9・22 判時 1356-145（労働者の地位確認訴訟）など。

　　これに対し，一身専属性を否定（当然承継を肯定）した裁判例として，最大判昭 45・7・15 民集 24-7-804〔百選〔5 版〕A35 事件〕（会社解散，社員総会決議取消等訴訟），最判平 29・4・6 民集 71-4-637（じん肺管理区分決定処分取消等訴訟），最判平 29・12・18 民集 71-10-2364（被爆者健康手帳交付申請却下処分取消等訴訟）など。

13)　法人の代表権（37）の消滅の場合につき，最判昭 43・4・16 民集 22-4-929〔百選〔5 版〕A 6 事件〕参照。なお，最判平 19・3・27 民集 61-2-711（光華寮訴訟）は，当事者（外国国家：中国）の代表権の消滅は，それが公知の事実である場合には，相手方に通知されなくても直ちにその効力を生ずるとする（後掲注 18）参照）。

に障害がないことから，中断事由とはされていない。

（ウ）　当事者適格の喪失[14]

（a）　受託者等の信託に関する任務の終了　　受託者等がその資格で当事者となっている訴訟の進行中に信託に関する任務が終了した場合（信託56〜58）には，訴訟手続は中断する（124Ⅰ④）。

（b）　いわゆる訴訟担当者の死亡その他の事由による資格の喪失　　法定訴訟担当者（124Ⅰ⑤），たとえば破産管財人（破80）や職務上の当事者となる船長（商803Ⅱ），成年後見人・成年後見監督人（人訴14）などがこれに該当し，また任意的訴訟担当者（たとえば，無尽講の講元や民法上の組合の業務執行組合員など）もここに含まれると解される[15]。なお，選定当事者につき，訴訟手続の中断が生じるのは，その全員が死亡しまたはその資格を喪失したときである（124Ⅰ⑥。30Ⅴ参照。なお，選定の取消しの場合には，相手方に対する通知が中断の前提となる〔36Ⅱ〕）。

ただし，（同じく法定訴訟担当とされているものでも）代位債権者（民423）や取立債権者（民執157）のように被担当者のためというよりも，自己の権利の実現ないし保全のために訴訟追行資格を与えられている者は，ここに含まれないと解される[16]。この場合，その適格がなくなれば，訴えが却下されるだけであるが，その者が死亡した場合には，124条1項1号により中断することになる。

（c）　訴訟係属中における当事者の破産および破産手続の終了　　（i）当事者が破産手続開始決定を受けると，その財産は破産財団に取り込まれ，これについて破産者は管理処分権を喪失し（破34Ⅰ・78Ⅰ・80），また債権者も個別的に破産者に対して請求することができなくなる（破2Ⅴ・100Ⅰ）。それに伴って，破産者を当事者とするそれまでの訴訟（前者の場合を破産財団に属する財産に関する訴

14）　なお，係争物の譲渡の場合にも，当事者適格の変動を生じるが，わが国の訴訟承継主義のもとでは，従来の当事者は当然には訴訟から脱退せず，譲受人も係争物の譲受け後参加（または引受け）があるまでは一応前主によって代表され，また場合によっては，それまでの訴訟状態を当然に承継するものとは解されていないことから（→ **5-2-34(2)**），（譲受人保護の観点からの）中断事由とはされていない。

15）　伊藤256頁，条解民訴662頁〔竹下＝上原〕，秋山＝伊藤ほかⅡ549頁，斎藤編(5)292頁，旧注釈民訴(4)573頁〔佐藤〕。

16）　新堂444頁，伊藤256頁，小島324頁，条解民訴662頁，秋山＝伊藤ほかⅡ549頁，斎藤編(5)292頁，旧注釈民訴(4)570頁。

訟，後者のそれを破産債権に関する訴訟と呼ぶ）も中断する（破 44 I。類似の規定として，民再 40 I・67 II，会更 52 I，外国倒産 36 II など。なお，当事者が破産手続開始決定を受けても，たとえば設例5のように，破産財団に関しない非財産権上の請求については，破産者が依然として訴訟追行権を有するから，影響がない）。

（ii）　逆に，破産管財人が受継しまたは新たに提起しもしくはされた破産財団に関する訴訟は，破産手続が終了すれば，破産者の管理処分権が復活するので，当事者の交代のため中断する（破 44 IV・45 IV。類似の規定として，民再 68 II，会更 52 IV など）。

（iii）　なお，破産法は，訴訟当事者が破産した場合ではないが，破産債権者または財団債権者の提起した債権者代位訴訟（民 423 I・423 の 7）または債権者取消訴訟（民 424 I）が，債務者の破産によって中断する旨を規定する（破 45 I。類似の規定として，民再 40 の 2 I，会更 52 の 2 I など）。債権者代位訴訟に準じて，株主代表訴訟（会社 847 III V），差押債権者の取立訴訟（民執 157）なども，債務者の破産によって中断すると解される[17]。

（エ）　中断の例外　　以上の中断事由のうち，（ウ）(c)の場合（破産管財人と破産者との間に利害の対立関係がある場合など。なお，59・36 I，民 111 II・653）を除き，中断事由が生じた当事者側に訴訟代理人がいれば，停止の効果発生が妨げられる（124 II。なお，訴訟代理人は，中断事由の発生を書面で裁判所に届け出なければならない〔規 52〕）。本人の死亡等の中断事由を訴訟代理権の消滅事由としていないのと同趣旨であり（58。⇒ **2 - 4 - 13**(5)），訴訟代理人は，新当事者（（イ）の場合は従前の当事者）のために訴訟行為をすることができるから，手続を停止させる必要がない[18]（ただし，訴訟代理人が上訴の特別授権〔55 II ③〕を受けていないと，当該審級の終局判決の送達時に，訴訟手

---

17)　兼子 287 頁，山本克己ほか編・新基本法コンメンタール破産法（平 26）117 頁，旧注釈民訴(4) 585 頁，伊藤眞・破産法・民事再生法〔第 3 版〕（平 26）409 頁，伊藤眞ほか・条解破産法〔第 2 版〕（平 26）372〜373 頁，最判平 11・12・17 判時 1707-62。

18)　もっとも，前掲最判平 19・3・27 は，外国（中国）国家を代表して外交使節がわが国で訴訟を提起した後に，わが国政府が上記外交使節を派遣していた政府（中華民国）に代えて新たな政府（中華人民共和国）を承認したため，上記使節の代表権が消滅した場合には，新たに承認された政府が従前の政府と利害の異なる関係にあることは明らかであるので，上記使節から委任を受けた訴訟代理人がいるとしても，上記代表権の消滅の時点で訴訟手続は中断するとする。

続が中断する。大決昭6・8・8民集10-792〔百選［初版］20事件］）。

　　(2)　中断の解消　　中断は，当事者側からの受継の申立て，または裁判所の続行命令によって解消し，訴訟手続の進行が再開される。

　　(ア)　受継　　当事者側が，申立てにより，中断した訴訟手続を続行させることである（ただし，破産法44条6項・45条6項などの場合は，申立てなしに当然に受継の効果を生じる）。

　　(a)　受継申立権者　　中断事由のある当事者側の新追行者および相手方(126)である。新追行者は，それぞれの中断事由ごとに法定されている（124 I 各号下段，破44 II V・45 II V・127 I・129 II〔債権調査期間内または債権調査期日において異議がなければ，中断中の訴訟は当然に終了する。破124 I 参照〕，民再40の2 II・67 III・68 III・140 I，会更52 II V・52の2 II・156 I・158 II など参照）。

　　(b)　申立てをすべき裁判所　　中断当時訴訟の係属する裁判所である（128 II 参照）。裁判所は，受継申立てのあった旨を相手方に通知しなければならない（127）。相手方に対しては，この通知によって中断が解消する（132 II 後段参照）。

　　(c)　受継の方式　　受継申立ては，新追行者および受継の意思を明示し，かつ調査に備えて新追行者の受継資格を明らかにする資料を添付して，書面でしなければならない（規51）。

　　(d)　受継に関する裁判　　裁判所は，申立人の適格など受継の適否（なお，124 III 参照）を職権をもって調査し，理由がないと認めるときは，決定で却下する（128 I）。却下決定に対しては，通常抗告が認められる（328 I）。受継申立てが却下されれば，中断はなお存続することになり，これを解消させるためには改めて適法な受継を必要とする。

　　申立てを理由があると認めれば，裁判所は，期日を指定して審理を続行すれば足り，独立の裁判を要しない。手続を受継しまたはさせられたことに対する不服は，続行された手続内で当事者適格等を争う形で行われる。これに対して，終局判決言渡し後の中断の場合には，判決の効力を受ける者および上訴期間の起算点を明確にする必要から（132 II 後段参照），受継決定をし，これを送達する必要がある（128条2項は，とくに「判決書又は［それに代わる］調書の送達後」としているが，その理は，言渡し後送達前でも同様である）[19]。この決定は，その判決における

---

19)　福岡高判平4・9・16高民45-3-153，兼子・条解573頁。さらに，通説は，この扱いを口頭弁論終結後に中断した場合にまで拡張すべきであるとしているが（新堂

III　訴訟手続の停止　　　211

訴訟追行者の表示を新追行者に変更する付加的かつ事後的な中間裁判であること
から（283参照），これに対しては，独立して抗告はできず（大決昭9・7・31民集
13-1460），終局判決に対する上訴によって，上級審の判断を受けることになるも
のと解される（大判昭13・7・22民集17-1454）[20]。

　（イ）　続行命令　　当事者双方が受継申立てを怠る場合には，職権で，訴
訟手続の続行を命じる決定をして，（これを新追行者および相手方に告知して
〔119〕中断を解消させ）その進行を図ることができる（129）。続行命令を発す
ることができるのは，中断当時訴訟の係属する裁判所である[21]。

2-7-8　訴訟手続の中止

　（1）　裁判所の職務執行不能による中止　　天災その他の事由により，裁判所
の職務執行が一般に不能な状態になった場合には，事柄の性質上，中止は当然に
発生し，その事由が消滅して裁判所が事実上職務を再開したときに解消する
（130）。

　（2）　当事者の故障による中止　　当事者に不定期間の故障がある場合（たと
えば，当事者が伝染病で隔離されたり，天災などのため交通が途絶して当分回復の見込

　447頁注1，伊藤260頁注54，上田286頁，条解民訴668頁，秋山＝伊藤ほかII571
　頁，斎藤編(5)333頁など），終局判決言渡し前ならば，受継の判断を判決に反映させ
　ることは可能であり，また後述のように，受継決定に対して独立の抗告が認められて
　いるわけでもなく，その判断の当否についてはそれを理由とする終局判決に対する上
　訴によりうることから，必ずしも独立の裁判（受継決定）を必要としないと解する。
20)　さらに，最判昭48・3・23民集27-2-365〔百選II191事件〕によれば，控訴審の
　終局判決後の受継決定に対しては，終局判決に対する上告をもって，その決定のみの
　破棄を求めることができると解されている（312II④参照）。
　　なお，受継申立てとともに，上訴が提起されたときは，申立てによって中断が解消
　し，適法に上訴がなされていることになるから（大判昭7・10・26民集11-2051），
　移審の効力が生じ，この場合は，原審ではなく，上訴審が（原審の形式的審査
　〔287I・316I〕に服しない）上訴の適否の問題として受継の適格等の判断をすること
　になると解される。
21)　もっとも，大判昭14・12・18民集18-1534〔百選II184事件〕は，受継申立権者
　でない者がした受継申立ておよび上訴を前提として，正当な受継申立権者に対して上
　訴裁判所が続行命令を発すべきであり，それにより，中断中になされた上訴の瑕疵は
　遡及的に治癒されるとする。理論的な問題はあるものの（斎藤321頁注4，伊藤260
　頁注56，条解民訴674頁，秋山＝伊藤ほかII574頁），その便宜的な取扱いを容認す
　る学説（新堂448頁，小島327頁，旧注釈民訴(4)604頁）も有力である。

2-7-8

みがないなど，訴訟手続の続行が社会通念上不可能かまたは著しく困難な事情があり，その事情が継続的で終期が予測できない場合），その手続関与権を保障するために，裁判所は，訴訟代理人の選任可能性などを考慮したうえで，中止の決定をし，故障がやんだ場合には，その取消しの決定をすることができる（131。当事者双方に対しその告知があったときに中止およびその取消しの効力が生じる〔119〕）。

(3) その他の裁量中止 他の法令上，訴訟の続行を不適当とするため，裁判所が中止できるとされている場合がある（民調20の3I，家事275I，特許54II・168II，民再26I③，会更24I④，外国倒産25I②，裁判外紛争解決26，労審27，消費契約46III など。なお，義務的中止を規定するものとして，自治243の2VII）。このような規定がない場合にも，解釈論として他の民事または刑事事件における先決関係についての訴訟係属などを理由に，裁判所が中止決定をすることができるかが問題となる[22]。消極説があるものの[23]，下級審判例および多数説はこれを肯定する[24]（このような場合は，期日の「追って指定」とする実務上の取扱いがなされているようであるが，131条は必ずしもその他の事由による裁判所の裁量中止を否定する趣旨ではなく，また前記の特別規定の類推適用として，さらには手続の進行を明確にする意味からも，これを肯定すべきである。なお，重複訴訟の場合につき，⇒ **2‐6‐5(1)**）。

---

[22] なお，このような裁量中止は，明治23年の旧々民訴法121条と122条に規定されていたが（ドイツ民訴148・149参照），大正15年の改正の際に削除された経緯がある。現行法の改正過程においても，当事者の中止申立権とともに，再び「検討事項」の一つに挙げられていたが，成案には至らなかった。

[23] 秋山＝伊藤ほかII577〜578頁。

[24] 札幌高函館支決昭31・5・8高民9-5-326，兼子291頁，新堂449頁，伊藤261頁注57，小島328頁，条解民訴676頁〔竹下＝上原〕，旧注釈民訴(4)650頁〔大須賀〕。

第3編　訴訟の審理

第1章　審理における裁判所と当事者の役割

I　訴訟における当事者主義と職権主義

3-1-1 審　理

（1）　意義　　原告が訴状を裁判所に提出すると，裁判所は事件の審理を開始する。審理は，裁判所が裁判するのに先立ち，必要とするいろいろな資料を収集する段階である。裁判に必要とされる資料には，その事件において生じた事実，その事件に適用される法規（またはその解釈），および証拠がある。つまり，裁判所は，当事者からその事件につきどのような事実があるかを聴き，その当事者の陳述が正しいか否かを証拠で取り調べ，さらにその事件に適用する法規（その解釈）を検討するのである。このうち，法規（その解釈）は通例，裁判官がよく知っており，当事者の指摘を待つまでもなく自ら調査すべき事項なので，解釈がはげしく対立したり，渉外事件で外国法が問題になる場合などを除き，審理で格別問題になることは少ない。審理で大きくクローズアップされるのは，当事者による事実の陳述，その陳述の正否を確かめる証拠調べであり，通常の民事訴訟では，後にも述べるが，当事者による事実の陳述のほか，証拠調べの対象となる証拠も，当事者から提出してくる建前である（なお，当事者の陳述は，主張とも呼ばれる）。

（2）　審理の場面　　以上のような当事者による事実の陳述・証拠の提出，ときには法律上の意見の陳述，さらには証拠調べが行われるのは，口頭弁論（87 I），審尋（87 II），争点整理手続（164 以下）においてである（⇒ **3-2-1**，

3-1-1

3-3-8)[1]。

(3) 審理の両面　　審理は，上掲のように，事件の内容に関する情報（事実など）を収集する場面であるが，同時に訴訟手続の一段階であるから，手続に関連したいろいろな問題も生じてくる。たとえば，審理を行う日時（期日）をいつにするか，その期日に当事者を呼び出すのにどうするか，呼び出した上，その陳述や申出，さらには証拠調べをいかなる順序で，どのような方式で行うか，などなどといった問題が生じてくる。

　言い換えると，審理は，内容面と手続面の2つの面を持っていることになるが，その各面の主導権を当事者に与えるか，裁判所に与えるかによって，訴訟（正確には，審理）における当事者主義と職権主義の対立が見られる。わが現行法は，2つの主義のどちらかで割り切るということはせず，訴訟の内容面の主導権は，当事者に与え（弁論主義），その手続面の主導権は裁判所に与える（職権進行主義），という態度をとっている（⇒Ⅱ・Ⅲ）。

3-1-2　訴訟における当事者権

　訴訟における当事者主義と職権主義のからみ合いで，注目されるものに，訴訟における当事者権がある。

　当事者権とは，当事者が訴訟の主体たる地位において認められる諸種の権利の総称である。そこには，実にさまざまな権利が含まれるが，大ざっぱに分けると，垂直関係，つまり当事者の裁判所に対する関係で有する権利と，水平関係，当事者相互の関係で有している権利がある。前者には，さらに訴訟の手続面に関する権利と，訴訟の内容面に関する権利がある。

(1)　垂直関係の当事者権

(ア)　訴訟の手続面に関する権利　　(a)職権主義が支配する手続進行の

---

1)　当事者の陳述（事実，法律意見の），および証拠の提供（申出という）を一括して，「弁論」とよんでいる。弁論は，本文にも述べたように，口頭弁論，審尋，弁論準備手続において行われる。法律は，弁論準備手続に続く口頭弁論において，弁論準備手続の結果を陳述するよう求めて（173），同手続における弁論は口頭弁論に至ってはじめて法的効果をもつよう規定している。しかしこの手続結果の陳述は，実務上はごく形式的にしか行われていないから，このように解するには無理がある。弁論準備手続における弁論も弁論としての法的効果をもつ。

面で当事者の利益の擁護を目指すものとして，期日指定の申立権（93 I），期日の呼出しを受ける権利（94），訴状・判決の送達を受ける権利（138 I・255）など。(b)期日において裁判所の行う訴訟指揮の不備を補充し，是正する権利として，求問権（149 III），責問権（90）など。(c)ほかにも，移送申立権（16〜20 の 2），除斥申立権・忌避権（23 II・24・27）など。

（イ）　訴訟の内容面に関する権利　　(a)訴訟上問題となる事項につき資料を提出しかつ意見を述べ，そのような機会を与えずに裁判をしてはならないとする権利（弁論権）。弁論権の行使を容易ならしめるものとして，期日での立会権，訴訟記録閲覧権（91。なお 132 の 7）[2]。(b)後述する処分権主義に包摂される諸権能（判決を求める事項・範囲を指定する権能，訴えの取下げ，請求の放棄・認諾，和解をする権能）。(c)裁判に対して不服申立てをする権利（上訴権，異議権）など。

（2）　水平関係の当事者権　　当事者照会権（163。訴え提起前であるが，132 の 2・132 の 3），詰問（説明要求）権（167・174・178）。

---

2)　弁論権は，山木戸「訴訟における当事者権」研究 61 頁以下の提唱にかかる。当事者権論の変遷について，山本克己「当事者権 —— 弁論権を中心に」鈴木(正)古稀 61 頁以下。

　　ドイツの基本法（憲法）には，「何ぴとも，裁判所において審尋（審問。rechtliches Gehör）を受ける権利を有する」と定めた規定（103 I）があり，この権利を審尋（審問）請求権とよんでいる。審尋請求権の中身としては，主としてわが国でいう弁論権，およびこれを保障する期日での立会権などを指して考えられているようである。わが国でも，この審尋請求権を導入して，これを「裁判を受ける権利」（憲 32）の一種だと解する説もある。

　　また，「市民的及び政治的権利に関する国際条約」（人権 B 規約。昭 54 条約 7）は，「すべての者は，その……民事上の権利及び義務の争いについての決定のため，……公平な裁判所による公正な公開審理を受ける権利を有する」と定めている（14）。わが国では，この規定から，当事者の裁判所に対する公正手続請求権を導く学説がある（中野「公正な手続を求める権利」現在問題 27 頁以下）。そしてこれもまた，「裁判を受ける権利」の一種と考えられている。しかし，このようにあれもこれも（上掲の審尋請求権も含んで）「裁判を受ける権利」に持ち込むと，この権利は憲法の定める権利だけに，その侵害は憲法違反として当然の上告理由となるので（312），上告が頻発される恐れもあり，慎重な態度をとることが望まれる。

II　裁判資料の収集

　裁判所が裁判をするにあたって，事件に関係する事実や証拠を知る必要があることを前述したが，その事実や証拠を当事者が提出したものに限る建前を，弁論主義といい（当事者の弁論で示されたものに限るという意味で，この名がある），当事者が弁論で示したもののほかに，裁判所が職権で調べた事実や証拠をも加味する建前を，職権探知主義という。弁論主義は，財産関係を対象とする通常の民事訴訟について認められ，職権探知主義は，身分関係を対象とする人事訴訟手続など，特殊な訴訟手続に限って認められている。

3‒1‒3　弁 論 主 義

　（1）　意義　　上掲のように裁判の資料を当事者の提出した事実・証拠に限る建前をいうが，その内容は通常，次の3つの命題に要約されている。

　（ア）裁判所は，当事者の主張しない事実を裁判の資料として採用してはならない。（イ）裁判所は，当事者間に争いのない事実（自白された事実）は，そのまま裁判の資料として採用しなければならない。（ウ）当事者間に争いのある事実を証拠によって認定するさいには，必ず当事者の申し出た証拠によらなければならない[3]。

　弁論主義は，伝統的に，上記の3つの命題を包摂するものとして考えられてきた。各命題は，（イ）を除いて（179・159 I），直接に明示した法律上の規定は見当たらないが，モデル（母法）となったドイツ法やわが旧法がこれらに基づいて立法されたことは，資料的にも明らかにされているし，また，弁

　3）　この3つの命題のうち，（ア）と（イ）は，裁判所が裁判をするさいの基準として機能し，（ウ）は審理（そのうちの証拠調べ）を行うさいの基準としてはたらく。（ア）と（イ）を，（ウ）と同じ段階に移し替えると，（ア）裁判所は当事者の主張していない事実につき証拠調べをしてはならない，（イ）自白された事実の真偽を確かめるために証拠調べをしてはならない，ということになってくる（山本克己「弁論主義論のための予備的考察――その根拠論と構造論」民訴雑誌39号〔平5〕170頁以下）。

II 裁判資料の収集　　217

論主義の反対概念である職権探知主義を定めた諸規定（人訴19 I・20）から
もその存在を推知することができる[4]。

(2)　根拠　　弁論主義がなぜ認められるかについて，従来からはげしい
学説の対立がある。私的自治説（本質説），手段説，多元説の３つを主要な
学説としてあげることができよう。

(ア)　私的自治説（本質説）　　弁論主義が認められる通常の民事訴訟は，
財産関係をめぐる紛争をその対象としているが，この財産関係に関してはい
わゆる私的自治が認められ，当事者の自主性・自律性が尊重されている。そ
れと同じように，財産関係をめぐる紛争につき裁判をするさいにも，その裁
判の資料（事実と証拠）について当事者の自主性・自律性を尊重したのであ
る，と説く。通常の民事訴訟の対象の特性に注目し，そこから弁論主義が認
められる必然性を説明する点で，単なる便宜的手段と見る次説と対比して，
本質説ともよばれる（近時の支配説である。兼子197頁，新堂470頁，青山善充
「主要事実・間接事実の区別と主張責任」講座民訴④393頁，伊藤303頁，松本＝
上野48頁）。

(イ)　手段説　　弁論主義を，真実発見のための便宜的技術的見地から認
められた一つの手段であるとする説。財産関係をめぐる紛争において，最も
強く利害関係を感じるのは当事者であるから，その当事者にそれぞれ自己に
有利な資料の提出の責めを負わせるならば，客観的にも十分な資料の収集が
期待でき，労少なくして真実を発見しやすい。しかも，かりにこれが不十分
なために敗訴したとしても，それは彼の自己責任であると突き放しても不公
平ではない。他面，裁判所が複雑な事実関係を自ら探索する任にあたること
は，実際上不可能であるし，中途半端な探知をすれば，かえってどちらかの
当事者に不公平であるとの不満を抱かせかねない。以上のような合目的的・
政策的な配慮に基づいて認められてきたのが，弁論主義であると説く（中野
貞一郎・民事裁判入門〔第３版補正版〕〔平24〕184頁，三ケ月157頁〔旧説〕）。

(ウ)　多元説　　現在認められている弁論主義を，いずれか１つの根拠で

───────────

4)　もっとも，各命題とも原則を述べたもので，(ウ)については，すでに明文上いくつ
　かの例外が認められているし（⇒**3-4-17**(1)），(ア)，(イ)についても，後述する
　ように解釈論上その適用範囲が縮小されている（主要事実に限定するなど）。

3-1-3

割りきって説くことは不可能で，私的自治説，手段説のそれぞれ説く根拠のほかに，不意打ちの防止，公平な裁判への信頼の確保などの根拠も加えて，「（弁論主義は）このような多元的な根拠に基づいてできあがった1個の歴史的所産である」と説く（竹下守夫「弁論主義」演習民訴〔新版〕375頁，三ヶ月・双書197頁）。

（エ）　以上のように弁論主義の根拠をめぐって学説ははげしく対立しているが，次のような理由によって，最近の支配説と化している私的自治説をとるべきではないかと考える[5]。

（a）　手段説は，弁論主義を目して，真実発見のための合理的手段であるといっているが，この言い方は避けるべきであろう。真実発見のためのいま一つの手段として，職権探知主義があげられるが，弁論主義，職権探知主義のどちらが真実発見のためのすぐれた手段かといえば，職権探知主義のほうがよりすぐれた手段であるとされ，さればこそ，真実発見の高度の要請のある人事訴訟などにあっては，職権探知主義がとられているのである。もし弁論主義が真実発見のための合理的手段ならば，なぜ人事訴訟などにおいても弁論主義がとられないのか，この素朴な疑問に手段説は答えることができないであろう。

（b）　換言すれば，弁論主義の根拠を論じる場合は，いつでも職権探知主義

5）　弁論主義をめぐる論争，とくに私的自治説と手段説の争いは，その論者のよって立つ世界観，イデオロギーに影響されるところが少なくない。私的自治説は，個人主義・自由主義を志向する学者によって主張され，手段説は，訴訟制度を社会政策的・福祉国家的制度としてとらえ，その公益的性格を強調する論者により展開される。「弁論主義」の語は19世紀のはじめドイツの学者により考案されたが，それ以来同世紀の終わり近くまでは私的自治説が圧倒的であった。しかし資本主義の発展にともない，階級対立が激化してくると，裁判資料の収集を当事者の自由にまかせることに反対し，裁判所の後見的介入を求める（そのことを理論的に可能とする）手段説が有力となってきた。その後，社会民主主義政権のワイマール時代，ナチス政権時代を経て，今日でも社会民主党（SPD）が有力であるドイツでは手段説が優勢である（もっとも，1980年代から私的自治説を主張する反対説も目立ってきている。山本克己「戦後ドイツにおける弁論主義論の展開（一）～（三）」論叢133巻1号〔平5〕，134巻2号〔同〕，139巻5号〔平8〕）。わが国では，太平洋戦争まえ手段説に立っていた兼子一が，その戦後民主主義の高揚にともない，私的自治説に転じたのが，後世にも記憶される象徴的な出来事である（兼子「民事訴訟の出発点に立返って」研究(1)489頁以下）。弁論主義に関するわが国の学説の変遷については，笠井正俊「弁論主義の意義」鈴木(正)古稀385頁以下。

II 裁判資料の収集

との対比を念頭において，その採用の根拠を論じるべきであろう。そして，このような見地からするとき，多元説が，不意打ちの防止，公平な裁判への信頼の確保などをあげていることにも，疑問が残る。職権探知主義のもとでは，この不意打ちの防止や，公平な裁判への信頼の確保などは，必要がないのであろうか。そうではなく，後述するように，職権探知主義においても，この不意打ちの防止などの要請は求められているのである[6]。

　以下，この不意打ち防止などの要請と，弁論主義との関係を理解し易くするために，次のような例をとってみよう。裁判所が審理した結果，当事者たちの主張していない事実であるが，そのうちの一方にとって有利な事実の存在が判明したとしよう。裁判所は（釈明権を行使して）その事実の存在を当事者に示唆したが，その当事者がどうしてもその事実の存在を主張することに応じない（当事者がその事実を不真実と知っているためか，その事実を判決で判断されると困ると考えたためか……）。この場合，裁判所がこの事実を判決の資料に加えてはならないとする建前が，弁論主義であり，それも判決の資料に加えてかまわぬとするのが，職権探知主義である。しかし，いずれにしても裁判所としてはその事実の存在を当事者に示唆することによって，不意打ちの防止などの要請は十分に充たしているわけである。にもかかわらず，弁論主義のもとでは，なぜこのような事実を裁判所が採用できないのか，それを明らかにするのが弁論主義の根拠論であろう。それには，当事者の意思を尊重するためである（私的自治説）か，当事者が主張しない事実は不真実な事実と推定できるためである（手段説）か，そのいずれかの答えでなければならないのである。

---

6)　なおここで，不意打ち防止の要請と，弁論主義の関係について述べておくと，不意打ち防止のほうは，裁判所対当事者，当事者対当事者の間で作用する非常に適用範囲のひろい要請であり，弁論主義のように裁判所対当事者間に作用する限られたものではない。ただ，後述するように，不意打ち防止の要請は，主要事実と間接事実の枠ぐみを決めたり，主張事実と認定事実の間のずれの許容範囲を論じるさいに，きわめて重要な役割を果たしており，弁論主義との結びつきには強いものがある。しかしそれは，これらの問題を論じるさいに明らかにするが，弁論主義のもとでは当事者の主張しない事実は裁判の資料として採用されないという命題が妥当しており，当事者がそう信じ込んでいる期待を裏切らないために，不意打ち防止の要請が働いてくるのである。すなわち，弁論主義が採用され，上記の命題が妥当しているために，不意打ち防止の要請が働いてくるのであり，不意打ち防止の要請が先にあって，その結果として弁論主義が導かれてくるのではない。

3-1-4　訴訟における事実

上述のように弁論主義は３つの命題を包含しているが，このうち第２と第３の命題については，それぞれ別項目で言及される予定なので（第２命題⇒**3-4-9～12**，第３命題⇒**3-4-17**），以下では第１の命題のみを取り上げていこう。

（1）　さて，その第１の命題（裁判所は，当事者の主張しない事実を判決の資料として採用してはならない）をよりよく理解するためには，まず，そこにいう「事実」とは何であるかを分析してかかる必要がある。

訴訟では，いろいろな事実が問題となってくるが，学説は，これらの事実を分類して，主要事実，間接事実，補助事実の３つとしている。

（ア）　主要事実　　権利の発生・変更・消滅という法律効果を判断するのに直接必要な事実をいう（直接事実ともいう）。たとえば，設例2において，X銀行はYに対して貸金債権を主張しているが，この貸金債権の発生が認められるためには，X・Y間において返還約束があったこと，金銭の授受があったこと，の２つの事実の存在が明らかになる必要がある。なぜなら，この２つの事実の存在が明らかになって，はじめて民法587条の適用が可能となるし，またそれに応じて，Xの貸金債権の発生も認められてくるからである[7]。同じく設例2において，Yがすでに借受金の一部または全部を弁済しているときには，この弁済によってXの貸金債権は一部または全部消滅に帰するから，この弁済の事実もやはり主要事実といえる。

もっとも，実際の訴訟では，当事者は「返還約束，金銭の授受があった」とか，「弁済があった」とかというような抽象的な形で事実を主張するのではなく，たとえば，「XはYに対し，平成○年○月○日，金……円を，弁済期平成○年○月○日，利息の割合……で現金で貸し与えた」というような具体的な形で事実を主張してくるのである。相手方が自白したり，争ったり，また争われると，主張当事者が証拠を提出しなければならなくなるのも，このような具体的事実についてである。ただ，この具体的事実を法概念にあてはめ（包摂）してみると，「返還

---

7)　貸金債権（貸金返還請求権）の発生が認められるためには，弁済期の到来まで明らかになる必要があるかどうか，判例・学説上に議論がある（松本博之・証明責任の分配［新版］〔平8〕382頁）が，司法研修所は必要とする立場をとっている（司法研修所・新問題研究 要件事実〔平23〕39頁）。

II　裁判資料の収集　　221

約束，金銭の授受があった」と評価されるだけのことである。また，講学上も，実際の訴訟で問題となる具体的事実をいちいち記述するわけにも行かないので，このような法概念を用いて代用しているだけのことである。学説では，上記の具体的事実を主要事実，「返還約束，金銭の授受があった」というのを要件事実とよび，両者を言葉（概念）の上でも区別しようとする者が多くなっている[8]。

（イ）　間接事実　　主要事実の存否を推認するのに役立つ事実である。たとえば，「Yはそれまで金策に困っていたが，X主張の日時から，急に金回りがよくなった」という事実は，Xの主張する貸付け（上述した2つの主要事実）の存在を推認させる事実といいうるし，また，反対に「Yはその日時，ちょうど外国へ旅行していたので，不在であった」という事実は，Xの主張する貸付けの不存在を推認せしめる事実といえる。

（ウ）　補助事実　　証拠の信用性に影響を与える事実である。たとえば，ある証人が当事者の一方と特別の利害関係に立っているとか，前に偽証罪で有罪判決を受けたことがあるとか，といった事実である。

（2）　ところで，上述した弁論主義の第1の命題は，このうち，主要事実には適用されても，間接事実，補助事実については適用されないといわれている。すなわち，この第1の命題にいう「事実」とは，訴訟上問題となるすべての事実を指すわけではなく，もっぱら主要事実のみを指し，間接事実，補助事実はこの命題の適用外にある，したがって，別段当事者の主張をまたなくても，裁判所はこれらの事実を裁判の資料として採用しても構わない，というのである。たとえば，上掲した 設例2 でいえば，X・Y間で行われた返還の約束，金銭の授受は，これらはいずれも主要事実であるから，たまたま裁判所が証人の証言，その他の証拠からこれらの事実を知っても，当事者のほうでこの事実を主張してこない限り，裁判所はこれらの事実を判決の資料として採用することができない[9]。これに反して，「Yはそれまで金策に

---

8)　本間義信「主要事実と間接事実の区別」鈴木（正）古稀407頁。
　　学説のいう主要事実について，なお「要件事実」という用語を保持するのは，司法研修所・前掲注7）5頁，伊藤滋夫・要件事実の基礎――裁判官による法的判断の構造〔新版〕（平27）3頁。ただし⇒後掲注11）。
9)　それゆえ，これらの事実が「弁論」で主張されてこない限り，Xは敗訴をまぬがれない。このように当事者の一方にとって有利な主要事実が「弁論」に現れてこない

3-1-4

窮していたが，X主張の日時から，急に金回りがよくなった」という事実は，間接事実であるから，当事者のほうからこの事実を主張してこなくとも，裁判所が証拠からこの事実を知ったときには，裁判所はこの事実を裁判の資料（主要事実を推認するための資料）の中に加えることができるのである[10]。

　以上のように，第1の命題は主要事実にのみ適用され，間接事実・補助事実には適用されないというのは，おそらくは，間接事実に即していえば（以下間接事実について述べる。補助事実にもほぼ同じ理論があてはまる），その間接事実が，主要事実の存否を推認させるという点で，普通の証拠と同じ作用を果たすためであろう。すなわち，普通の証拠，たとえば証人の口から，「X・Y間に貸付けの事実があった」という証言が得られた場合と，そのような直接的な証言ではないが，やはり証人の口から，「自分は貸付けの事実は知らないが，それまで金策に困っていたYが，X主張の日時から，急に金回りがよくなった事実を見聞した」という証言が得られた場合，一方が主要事実に対して直接的であり，他方は間接的であるというちがいはあっても，どちらの証言も裁判所が信頼できると確信した場合には，その証言が主要事実（X・Y間の貸付けの事実）の存在を推認させるという点では，2つの証言の間に理論上なんらの差異も存しないのである。ところがたまたま，後者の証言の場合には，その中味をなす間接事実の主張がないからといって，裁判官に主要事実の存在を推認してはならないと命ずるのは，裁判官に対して，

ために，当事者の一方にとって不利な裁判がなされることを目して，その事実についてその当事者が主張責任を負う，という（⇒**3-5-6**(2)）。

　もっとも，主要事実が「弁論」に現れるためには，主張責任を負う当事者がその主要事実を主張する必要はなく，主張責任を負わない当事者によって主張された場合でもよい。これを主張共通の原則という。たとえば 設例2 でXが貸付けの事実とともに，Yからすでに一部の弁済を受けている事実を述べたとき，この一部弁済の事実は弁論に現れた（よく，上程されたという）ことになる。Yがこれを援用したときには先行自白となり（⇒**3-4-9**(1)），援用しないときには「相手方による援用のない自己に不利益な事実の陳述」の問題となる（⇒**3-4-10**）。

10）　当事者の弁論から得られた裁判の資料を，訴訟資料といい，証拠調べから得られた裁判の資料を，証拠資料といっている（もっとも，広義では，訴訟資料は証拠資料を含んだ意味でも用いられる）。そして，弁論主義のもとでは，「証拠資料をもって訴訟資料に代替してはならない」といわれている。しかしこの法理が文字どおりにあてはまるのは，主要事実についてのみである。

Ⅱ　裁判資料の収集　　223

あまりにも不自然で，窮屈な判断を強いることになるのではないか。その上，わが国の法制のように，自由心証主義をとっているところでは（この主義の詳細については，⇒3-5-1以下），裁判官にできるだけ自然で合理的な判断をさせることが望ましいので，このような不自然，窮屈な判断を強いることは，いかに弁論主義という要請があるにしても，行きすぎだと感じられているのではあるまいか。

　以上の「第1の命題は，主要事実にのみ適用があり，間接事実には適用されない」という法理は，わが国の判例によっても，古くから承認されている。たとえば，原告の先代が被告の先代に計2万7,000円の保険金請求権をわずか2,250円で譲渡したことの有無が争われた事例で，被告は「自己の先代は原告の先代に対して2,250円を貸与していたところ，原告の先代は生計不如意で保険料の支払いができず将来とも保険契約の継続が不可能の状態にあったため，自己の先代に対して本件各保険金請求権を譲渡した」と主張した。これに対して原告は，「自己の先代はその譲渡の頃多額の資産をもち相当に収入があり本件各保険契約の保険料の支払いが困難でなかった」と争ったが，裁判所は，「原告の先代は本件保険契約の保険料の支払いを好まず本件保険契約につき解約の意向であった」と認定した。最高裁は，原審裁判所の認定した事実は，「本件保険金請求権が譲渡されるに至った事情ないし動機にすぎず間接事実に該当するから，この点につき原審が被告側の主張する事実と異なる認定をしても，当事者の主張しない事実に基づいて裁判したものとはいえない」との趣旨を判示した（最判昭27・12・25民集6-12-1240。ほかに，最判昭46・6・29判時636-50〔百選〔5版〕A15事件〕など。判例の詳細は，青山・前掲講座民訴④376頁）。

　（3）　以上のように，主要事実は当事者の主張を必要とするが，間接事実は当事者の主張をまたないでしん酌できるという法理は，判例によっても承認をうけ，また，学界でもひろく賛同者を見いだして，最近まで定説としての地位を揺ぎなきものとしてきた。しかし，近時に至って，この定説に対して鋭い批判が浴びせられるようになった。

　批判説は，次のように指摘する。上掲の定説には疑問が多い。（ア）第1に，ある事実が主要事実とされ，他の事実が間接事実とされているのは，この区別に当事者の主張の要否が結びつけられていることを考えると，前者が訴訟において重要な事実であり，後者がそれ程重要な事実でないことを前提とするであろう。しかし，訴訟の実際において，主要事実がつねに重要な事実であり，間接事実がそ

3-1-4

れ程重要な事実でないとは限らない。たとえば，いわゆる公害訴訟において，被害者側の発病と加害者側の放出物質との間の因果関係（これは，公害訴訟の主要事実の一つである）の有無が争われ，この因果関係の直接の証明が困難なので，多くの間接事実をつみ重ねてこの因果関係を推認させるという手法がとられている（いわゆる疫学的証明が，その手法の最たるものである。⇒ 3 - 5 - 3）。このような手法がとられる場合，訴訟の勝敗は間接事実の存否によって決せられ，いきおい当事者の攻撃防御もその間接事実に集中されてくる。いいかえれば，この種の訴訟では，間接事実が訴訟においてもっとも重要な役割を演じ，主要事実に代わる機能を果たしているのである。ところが，たまたまこの事実が間接事実であり，間接事実については当事者の主張がなくても裁判所がしん酌できるという法理があるために，当事者が懸命に攻撃防御している事実とはまた別の事実が，裁判所によってしん酌され判決の資料として採用されてくる可能性があるが，それでは当事者にとってアンフェアーな不意打ちになりはしないだろうか。

　（イ）第2に，上掲の定説は，主要事実・間接事実の区別の基準を，法律の規定の構造に求め，その規定の構造上権利の発生・消滅等の直接の原因とされている事実を主要事実とし，それ以外の事実は間接事実であるという態度をとっているのであるが，この規定の構造上，なにが主要事実であり，間接事実であるかが必ずしも明瞭でない場合がある。そのことは，規定の構造上「権利の濫用」，「信義誠実」，「公序良俗」，「正当の事由」，「過失」などといった一般条項あるいは抽象的概念が用いられる場合にとくに顕著である。たとえば，交通事故による損害賠償訴訟で（⇒ 設例 1 ），被告の過失が問題となってくるが（⇒民709），この過失じたいが，主要事実なのか，それともこの過失の具体的中身をなす「酔っぱらい運転」，「スピード違反」，「わき見運転」などが，主要事実なのであろうか。従来の学説の中には「過失」じたいを主要事実とする説もあったが（兼子199頁，三ケ月159頁〔旧説〕など），しかしこれでは，当事者が「酔っぱらい運転であった」，「いや，そうではなかった」といって争っているときに，裁判所に不意に「スピード違反」を認定して，これに基づいて判決をすることを許すことになるが，これが当事者 ── とくに敗訴した被告 ── にとってアンフェアーな不意打ちにならないであろうか。

　そこで，最近では，過失は要件事実にすぎず，酒酔い運転，スピード違反などが主要事実である，とする見解がふえている（山木戸「自由心証と挙証責任」論集25頁，青山・前掲講座民訴④ 397頁，高橋・重点講義上424頁など）。この見解によると，当事者は酒酔い運転などの事実を主張し（主張しなければならない），この

II 裁判資料の収集 225

事実が過失に該当する（包摂される）かは，裁判所が判定することになる。同じ
ような取扱いは，一般条項，不特定概念が用いられている場合全般についていえ
る（公序良俗違反につき，最判昭 36・4・27 民集 15-4-901〔百選〔5 版〕48 事件〕)[11]。
ただ，このうち，とくに公序良俗違反，権利の濫用など，公共性の強い一般条項
において，それに包摂される主要事実は当事者の主張を必要とするのか，当事者
の主張がなくても証拠からその主要事実を認定してよいのか，争いがあるが，後
説を支持する者が多い（前説：松本＝上野 52 頁。後説：篠田省二「権利濫用・公序
良俗違反の主張の要否」新実務民訴(2)35 頁，青山・前掲講座民訴④ 403 頁，高橋・重
点講義上 457 頁など。竹下守夫「弁論主義」演習民訴〔新版〕377 頁，伊藤 306 頁は，
公序良俗違反に限って認める）。過失相殺（民 418・722 II）については，債務者（加
害者）から過失または過失相殺を主張しなくても，過失に包摂される主要事実が
顕出されたときには，過失相殺を認定できるというのが通説であり，判例も「過
失相殺は，裁判所が職権でも認定できる」といっている（大判昭 3・8・1 民集
7-648，最判昭 43・12・24 民集 22-13-3454〔百選〔5 版〕A 17 事件〕など）。ただし，
これが包摂される主要事実が当事者の主張がなくても認定できるという趣旨なの
か，（弁論主義の適用を受けて）当事者の主張を要するという趣旨なのか，議論が
分かれるが，過失相殺は公序良俗違反などとちがって公益性が強くないのだから，
後説を妥当としよう。

(4) 上述のようにみてくると，(a)主要事実・間接事実の区別をたんに法
規の構造に求め，また，(b)この区別に当事者の主張の要否という効果を結
びつけている従来の定説には，大いに反省の余地がありそうである。そこで，
近時の学説は，次のような 3 つの修正案を提示している（以下で，「重要な」
とは，訴訟の勝敗に影響するという意味で用いる）。

(ア) 従来の定説の(a)面，(b)面ともに支持するが，重要な間接事実を
当事者が主張してこないときは，裁判所はこれを釈明する義務を負う
（裁判所の釈明については，⇒ 3 - 1 - 6）。この釈明に応じないときは，も
ともと間接事実は当事者の主張を要しないから，裁判所はこの間接事実

---

11) 司法研修所が，本書などが用いる主要事実の語を避け，要件事実という表現を保
持していることは先に紹介したが（前掲注8)），この一般条項，不確定概念の場面で
は，「過失」などを規範的評価と呼び，それを根拠づける具体的な事実を評価根拠事
実と呼んで，後者を主要事実と解するようにという説明をしている（司法研修所・前
掲注7）141 頁以下）。

3 - 1 - 4

をしん酌してよいという（青山・前掲講座民訴④402頁，伊藤306頁）。

（イ）　従来の定説の(a)面は支持するが，(b)面には反対する。すなわち，重要な間接事実は当事者の主張を要し，重要でない主要事実は当事者の主張がなくてもしん酌できるという[12]（田尾桃二「主要事実と間接事実にかんする二，三の疑問」兼子還暦中209頁，髙橋・重点講義上427頁）。

（ウ）　従来の定説の(b)面は支持するが，(a)面に反対する。すなわち，重要な事実が主要事実であり，重要でない事実が間接事実であるという（新堂476頁）。

以上の諸説のうち，（イ）説が妥当であろう。①（ア）説のように，裁判所は釈明したが，当事者がこれに応じて主張しないとき，間接事実だからといって裁判所がしん酌していては，当事者（その相手方）にとって不公正な不意打ちとなろう。②また，法規の構造によって主要事実・間接事実の区別を定めることは，一般的にいって（一般条項・不特定概念のときに問題があることは上掲）両事実を明確な基準によって区別できる，というメリットがある。（ウ）説は，このメリットを無視している嫌いがある。

なお，民訴規則（53Ⅰ・80Ⅰ・81）は，訴状などに「請求を理由づける事実（抗弁事実，再抗弁事実）」と，「当該事実に関連する事実で重要なもの」を記載することを求めている。前者は主要事実，後者は間接事実（のうちで重要なもの）と解されているので，民訴規則は，（イ）説にとって有利に援用できる体裁となっている。

3-1-5　主張事実と認定事実

以上は，当事者が事実を主張していない場合に，裁判所がどのような種類の事実であれば認定できるかという問題であったが，次には，すでに当事者

---

12)　重要でない主要事実が主張がなくても資料に加えられる例として，契約締結の例があげられる。ある契約の締結が，本人によってなされたか，代理人によってなされたかは，主要事実としては異なるが，契約の締結の有無を争われる訴訟では，締結が何人によってなされたかは副次的な問題なので，本人によるか，代理人によるかは，当事者から主張がなくても裁判所が認定して差し支えないとされる。判例も，「法律効果としては変りがないのだから」という表現で，同一結果を認める（大判昭9・3・30民集13-418，最判昭33・7・8民集12-11-1740〔百選〔5版〕47事件〕）。

が事実を主張している場合の問題を取り上げよう。

(1) 「多少の食い違い」の許容　当事者が事実を主張している場合に，裁判所ができるだけその事実に即して認定しなければならないことはいうまでもないが，しかしそのことは，裁判所が当事者の主張した事実と微細な点まで一致した事実を認定しなければならないことを意味しない。もし裁判所が認定した事実が，当事者の主張した事実とほんの些細な点でも食い違えば，裁判所は直ちにその当事者の主張を排斥しなければならないとしたら，それは当事者にとってあまりに酷であるし，具体的事件の解決にとっても正義に反する結果を導くことになろう。訴訟では，当事者の記憶違い，あるいは表現のミスなどから，当事者の主張した事実と，裁判所が証拠などによって認定した事実との間には，多少の食い違いは起こりがちなことである（たとえば，当事者が契約締結の日を1月22日と主張したのに，裁判所が証拠を通じて調べたところでは，2月12日であったという場合に，当事者間に同じ頃に別の契約があったというのならばともかく，1回の契約しかなかったというのならば，裁判所は当事者の契約締結の主張を排斥すべきではなかろう）。したがって，この程度の「多少の食い違い」ならば，それは許容されてよい。

もっとも，ここでも当事者に対する不意打ち禁止の要請ははたらいてくる。多少の食い違いの程度なら許容されるとしても，その許容される範囲は，事実の性質・訴訟の経過などからみて，その認定によって不利益を受ける当事者が，裁判所の認定した事実について「現実に防御活動をしたか，または防御活動をしえたとみても無理とはいえない場合」に限られてこよう[13]。

(2) 解釈による「主張」の擬制　裁判所は，当事者の主張した事実と，裁判所の認定した事実とが食い違う場合に（おそらくは上述した「多少の食い違い」の法理によって救えない場合に），当事者の主張という訴訟行為の解釈を通じて，当事者が明示的に主張した事実に代えて，（裁判所の認定にそうよ

---

[13]　判例も，「当事者の主張した具体的事実と，裁判所の認定した事実との間に，態様や日時の点で多少のくい違いがあっても，社会通念上同一性が認められる限り，当事者の主張しない事実を確定したことにはならない」という（最判昭32・5・10民集11-5-715〔百選〔3版〕68事件〕）。事案は，医療過誤による損害賠償請求事件で，原告は問題の皮下注射の日を10月26日と主張したのに，裁判所が証拠によって10月23日と認定したものである。

うな）別の事実を主張していると解釈したり，あるいは，当事者が明示的に主張した事実にならんで，また別の事実を —— 黙示的に —— 主張していると解釈することが多い。これは，もちろんこのような解釈を通じて，具体的な事件の妥当な解決を図っているのである。

しかし，このような「解釈」による操作は，当事者に対する不意打ち禁止の要請という観点からすると，けっして好ましいことではない。やはり事前（判決前）に，当事者にその認定した事実を示唆（釈明）して，意識的に事実に関する主張を変更させたり，新たな事実主張を行わせることが望ましい。しかし，事態は必ずしも理論どおりに行くとは限らず，裁判所が審理を終結し，判決を作成する段階になって，はじめてこの主張事実と認定事実の間のずれに気づき（もっとも，この場合にも弁論（審理）を再開する道〔153〕が理論的には残されているが），やむを得ず上記のような「解釈」を行っているらしい（裁判所が現実に釈明活動を行わず，判決を通じてこのような解釈を行うことを，「判決による釈明」とよんでいる）。このような「解釈」も，前述した基準——「その認定によって不利益を受ける当事者が，裁判所によって認定された事実について，現実に防御活動をしたか，または防御活動をしえたとみても無理とはいえない場合」——に適合するときには，許されてよいであろう[14]。

3-1-6　釈　明　権

(1)　意義　釈明権とは，事件の内容をなす事実関係や法律関係を明らかにするため，当事者に対し事実上や法律上の事項について質問を発し，または立証を促す裁判所の権能のことをいう（149 I。釈明権とは，当事者の釈明をする権能ではなく，当事者に釈明を求める裁判所の権能のことである）。

---

14) 判例からこの種の事案を若干拾うと，賃貸借の解約に基づく家屋明渡訴訟で，原告は訴え提起前に解約したと主張したが，この主張が証拠上認められない場合に，訴え提起自体に解約の意思表示が包含されていると解した例（最判昭 26・11・27 民集 5-12-748），被告は原告の先代から贈与を受けたと主張したが，「当事者の事実上の主張・証拠の援用等口頭弁論の全趣旨によれば」単純な贈与を主張したのではなく，死因贈与を主張したものであると解した例（最判昭 26・2・22 民集 5-3-106）がある（ほかに，最大判昭 45・6・24 民集 24-6-712〔百選〔2 版〕70 事件〕）。

II 裁判資料の収集　　229

　訴訟では，当事者が弁論を通じて裁判に必要な資料を提供してくるが，その弁論において当事者のした申立てや主張などが，その意味が不明瞭であったり，前後矛盾したりして，裁判所がその真意の捕捉に困惑する場合がある。また，当事者と裁判所の法律上の意見が食い違って，裁判所の目からみれば，当事者のした主張や立証が不十分・不適切であって，そのままでは敗訴は必至であるという場合もある。このような場合にまで，裁判に必要な資料の収集はもっぱら当事者の責任であるとして，裁判所がつき放してしまうと（後述する主張責任・証明責任（➡ **3 - 5 - 6**）は，裁判所にこのような道を開いている），当事者の目には裁判所の不親切ぶりが強くやきつき，ついには国民一般の裁判所に対する信頼も揺ぎかねない。そこで，このような当事者の弁論での申立て・主張などの不十分さを補い，または修正するものとして認められてきたのが，上述した釈明権である（釈明権は，口頭弁論のほか，弁論準備手続，書面による準備手続でも認められる。170 V・176 IV）。

　(2)　釈明権の行使　　（ア）　釈明権は，合議体においては，主として裁判長が行使する（149 I）。陪席裁判官も必要があれば，裁判長に告げたうえで行使できる（149 II）。これらの裁判長または陪席裁判官の処置に対し当事者が異議を述べたときは，裁判所（合議体）が決定で裁判する（150）。なお，当事者は，相手方の陳述の趣旨を確かめるために，直接問いを発することはできないが，裁判長を通じて発問してもらうことができる（149 III。これを求問権という）。

　（イ）　釈明権は，口頭弁論期日（や弁論準備期日など），またはその期日外において行使される。後者のときは，裁判長（陪席裁判官）は裁判所書記官を通じて行わせることができる（規 63 I。ファクシミリや電話が使用される）。期日外で当事者の一方に対して釈明が行われたときは，相手方はその内容を知る機会がないので，「攻撃防御方法に重要な変更が生じる」事項について釈明を行ったときは，その内容を相手方に通知すべきであるとされている（149 IV）。通知をするほか，裁判所書記官はその釈明の内容を訴訟記録上明らかにすること —— ファクシミリの送信書面，電話内容の聴取書の添付 —— が必要とされている（規 63 II）。

　（ウ）　当事者には，裁判所の釈明に応じる義務があるわけではない。ただし，裁判所は，その当事者の不利益を見こして釈明しているのであるから，釈明に応じないと不利益な裁判を受けるおそれはある。また，とくに攻撃防御方法の趣旨が不明であるとして釈明を促されているのに，一向に釈明に応じなかったり，あ

3 - 1 - 6

らかじめ釈明をするよう命ぜられた期日に欠席すると，裁判所はその攻撃防御方法を却下して審理を打ち切ることができる（157 II）。

(3) 釈明権の範囲　　(ア)　釈明権は，適切な範囲で行使しなければならない。もしその行使を怠ると，不親切な裁判所であるとの非難を受けることになるし，反面，その行使が行きすぎても，相手方当事者から不公平な審理を受けたと不満を唱えられることになる。そこで，釈明権を行使するにあたって，いついかなる場合に，またどのような態様で行使すべきかは，訴訟実践的にみて大変重要な問題であるが，しかし，残念なことに，この釈明権行使のための明確な基準を定立することは，ほとんど不可能に近いわざである。なぜなら，裁判所が釈明権行使を必要とする状況は，当事者・代理人の力量，事件の種類，訴訟の進行状況などに応じて，千差万別であり，容易に一片の基準をもって律することができないのである。

以下に紹介する消極的釈明・積極的釈明の区別も，有力な学説によって提唱されているものであり（中野「弁論主義の動向と釈明権」推認215頁，同「釈明権」演習民訴〔新版〕387頁），その区別じたいは大変有意義な区別といえるが，しかし，上述したような制約はやはり免れがたいことを十分認識しておく必要がある（⇒小島武司「釈明権行使の基準」新堂編・特別講義332頁）。

(イ)　消極的釈明・積極的釈明　　消極的釈明とは，当事者が事案にとって必要な申立てや主張をしているが，それらに不明瞭，前後矛盾などがみられる場合に，これを問い正す釈明であり，積極的釈明とは，当事者が事案の内容上必要な申立てや主張をしていない場合に，これを示唆し，指摘する釈明のことである。

このうち，消極的釈明が許されることは，いうまでもあるまい。いなむしろ，この種の釈明は，裁判所がいつでも釈明を行うことが必要視される場合であるといえよう。その点，積極的釈明においては，当事者が在来の申立てや主張を維持するときには，当事者の敗訴は必至である場合もあるのに，裁判所の釈明によってその勝敗がどんでん返しになるのであるから，相手方当事者の目には裁判所の出すぎた釈明と映り，不公平な裁判を受けたとの印象を拭いきれないであろう。したがって，裁判所がこの種の釈明を行うにはきわめて慎重であることを要する。しかし，積極的釈明義務そのものは，判例

Ⅱ　裁判資料の収集　　231

（最判昭 45・6・11 民集 24-6-516〔百選［5 版］52 事件〕，最大判平 22・1・20 民
集 64-1-1）を含めて，一般的に承認されている。

　（4）　釈明義務とその範囲　　（ア）　以上は，裁判所がこれから釈明権を
行使するさいの基準を述べたものであった。ところが，この基準に従って裁
判所が本来釈明権を行使すべき場合であるのに，その釈明権を行使せずに判
決をした場合，一体どうなるであろうか。釈明権の不行使は，その裁判所の
判決を違法にし，当事者はこのことを理由に上訴できるであろうか。換言す
れば，裁判所は一定の場合には釈明権を行使する義務（釈明義務）を負い，
その義務の違反は判決の違法をもたらし，上訴の理由となるであろうか。

　かつての学説のなかには，釈明権は裁判所の権能であり，それを行使する
か否かは裁判所の自由裁量にゆだねられているから，釈明権の不行使は上訴
の理由とならないと解するものもいた。しかし，判例，ならびに多くの学説
は，一定の場合にはやはり釈明義務が存在し，その義務違反は判決を違法に
し，上訴の理由となる，と解している。前述したように釈明権はたんなる裁
判所の便宜的見地から認められたものではなく，当事者，ひいては国民の司
法に対する信頼を保持するために認められたものであるから，釈明権の行使
は一種の公益的要請（強行規定）と解されているのである。

　（イ）　もっとも，このように釈明義務が存在し，その違反は判決を違法に
し，上訴の理由になると解しても，その上訴審が，控訴審である場合には，
このことはあまりシリアスな形で問題となってこない。なぜなら，かりに控
訴裁判所が，第一裁判所の釈明権不行使を違法と考えても，第一審と同じく
事実審でありまた続審でもある控訴審では，その審理の過程で当事者に釈明
権を行使して，その申立て等の訂正・変更の機会さえ与えればよく，第一審
判決を取り消して事件を原審へ差し戻すほどの必要はみられないからである。
その点，上訴審が上告審である場合には，上告審は法律審として事件の事実
面を審理しない建前になっているので，上告裁判所が控訴裁判所の釈明権不
行使を違法と考えた場合には，必ず原判決を破棄して事件を差し戻さなけれ
ばならない。その意味で，釈明権の不行使（釈明義務）が真にシリアスな形
で問題になってくるのは，この上告審で控訴裁判所の釈明権不行使の違法が
問題となった場合である。

3-1-6

ただ，このように釈明義務違反が上告理由となり，そのことを理由に上告裁判所が原判決を破棄・差戻しするとしても，そこには上告審の性格などもからんできて，おのずから一定の制約が生じることを認めなければならない。まず第1に，釈明権の行使は，当事者・代理人の力量，事件の種類，訴訟の進行状況など，具体的な事情に応じていわば臨機応変的に行使しなければならないのに，その現場に居合わせず，訴訟記録を通じて原審の審理過程を追試するだけの上告裁判所としては，その原裁判所の判断に不当に介入するという印象を与えることを避けなければならない。第2に，事件が上告審まで移行したことは，審理がかなり煮つまってきたことを意味するが，その段階で原判決を破棄・差戻しすると，原審であらためて審理をやりなおさなければならないが，そのことによって相手方当事者のこうむる不利益も十分考慮に入れられなければならない。

以上の各点を総合すると，同じ釈明義務の違反でも，消極的釈明義務の違反が，上告裁判所によって非難の的とされ，原判決が破棄・差戻しされても，ある程度やむを得ない面があるといえるが，積極的釈明義務の違反の場合には，上告審が原判決を破棄・差戻しするには，相当慎重を期されなければならない。学説は，この破棄・差戻しをするさいの基準をめぐって，考慮されるべきいろいろなファクターをあげ（⇒中野・推認223頁，同・前掲演習民訴〔新版〕393頁，新堂496頁），この基準を明確化するよう努力を傾けている。

　学説のあげているファクターに，次のものがある。原判決が破棄・差し戻されると，当然のことながら釈明に応じて新たな申立て，主張がなされてこようが，これらの基礎となる資料の多くがすでに前手続において顕出されている場合，換言すると，差戻し後の手続の資料と差戻し前の手続の資料との間に密接な連関が認められる場合——たとえば，訴えの変更を示唆する釈明の場合であると，請求の基礎に同一性が認められる場合——に限定されてこようという。

　(5)　法的観点指摘義務　　当事者がある法的観点に基づいて事実の主張・証拠の申出をしているが，裁判所からみるとこの法的観点が正しくないとき，裁判所は正しい法的観点を指摘して，当事者に意見交換の機会を与える必要がある。法的観点の選択は裁判所の専権とされ，従来はともするとこの指摘が十分に行われなかったが，——当事者への不意打ち防止の見地から——この指摘の必要性が強調されている（新堂492頁など。詳細は，山本和彦・民事訴訟審理構造論〔平7〕

II　裁判資料の収集　　　233

17頁以下。判例として，最判平22・10・14判時2098-55〔平22重要判解2事件〕)。

(6)　釈明処分　　裁判所は，口頭弁論（または弁論準備手続など）において釈明権を行使するほか，その準備または補充として，事案の解明をはかるための適当な処分をすることができる（151）。この処分は，あくまでも弁論の内容を理解し事件の内容をつかむためのもので，係争事実を認定するための証拠資料を収集する証拠調べとはその目的を異にする（異説，木川統一郎「釈明，釈明処分と弁論準備処分」中村（英）古稀3頁は，職権証拠調べとする）。

　たとえば，訴訟代理人があっても，直接本人から事情を聴取するのを適当とする場合に，本人または法定代理人の出頭を命じ（151Ⅰ①），会社が当事者でその代表者よりも事件に精通する業務担当者がいるとき（準当事者とよばれる）その者の出頭を求め（151Ⅰ②），契約の趣旨内容を理解するために当事者の引用する契約書の原本の提出や留置を命じ（151Ⅰ③④），土地の境界争いや交通事故に関する事件において，当事者の説明を理解するために現場を検証し，専門の学識経験がないと理解が困難な場合に，専門家を鑑定人として立ち会わせ（151Ⅰ⑤），ある地方の取引慣行がはっきりしない場合にその地の商工会議所に問い合わせる（151Ⅰ⑥），などのことができる。

3-1-7　真実義務

　弁論主義は，解決すべき紛争を事実・証拠の面から限定する権能を当事者に認めているが，そのことは当事者に自己の認識に反して虚偽の事実・証拠を提出する自由まで認めているわけではない。すなわち，当事者は自己が真実に反すると知りながら，事実を主張したり証拠を申し出ることを許されないし，また真実に反すると知りながら，相手方の主張事実を争ったり，反証を提出することを許されない。このような当事者の訴訟法上の義務を真実義務という（ただし，ここにいう真実とは，客観的真実である必要はなく，当事者の真実であると思っているもの（その意味で主観的真実）で足りる）。

　明文をおく他の立法例（たとえば，ド民訴138Ⅰ）と異なり，わが法には真実義務を直接定めた規定はみあたらないので，この義務がたんなる道徳的・倫理的な義務にとどまるのか，それとも法律上の義務にまで高められたものかどうかが争われている。しかし，2条（信義誠実則）の新設にともない，法律上の義務と解する説が一般的となり，209条，230条などはその真実義務の存在を前提した規定であると説かれている。

　ただ，真実義務を法律上の義務として認めるとしても，それの違反に結びつく

3-1-7

234　　　　第3編　第1章　審理における裁判所と当事者の役割

法的効果がきわめて微弱であることに注意しなければならない。（ア）当事者が
主観的に真実に反すると思っていても，たまたまその陳述が客観的真実に合致す
れば，裁判所はこの陳述をしん酌しなければならないし，（イ）当事者の陳述が
客観的真実と合致しない場合には，虚偽とわかればその陳述を裁判所が採用して
はならないのは当然であるから，別に真実義務を持ちだすまでもないのである[15]。

3-1-8　職権探知と職権調査

（1）　職権探知主義

（ア）　意義　　裁判に必要な事実や証拠の収集を，訴訟当事者にまかせず，
むしろ裁判所が責任をもって収集にあたる建前。

さきに弁論主義を3つの命題に要約したが，これに応じてこの主義も3つ
の命題に要約しておくと，(a)裁判所は，当事者の主張しない事実でも裁判
の資料として採用できる。(b)裁判所は，当事者間に争いのない事実（自白
された事実）でも，裁判の資料として採用しないことができる（その事実の真
偽を確かめるために，証拠調べをして，不真実とわかれば，採用しなくてよい）。
(c)裁判所は，証拠調べをするさいに，当事者の申し出た証拠のほかにも，
職権で他の証拠を取り調べることができる。

（イ）　適用範囲　　職権探知主義が法律により採用される理由は，裁判所
による真実発見の高度の必要性（公益性）があること，判決の効力がひろく
第三者にも及ぶ関係があるので，その判決の資料の収集を訴訟当事者にまか
せていては，訴訟に関与しない第三者の利益を著しく害するおそれがあるこ
と，などである。

現行法上，非訟事件手続などでも職権探知主義が採用されているが，訴訟
手続のグループでいえば，人事訴訟にみるそれが最も典型的である（人訴

---

15)　学説のなかには，真実義務違反の陳述は訴訟法上不適法であり，裁判所は職権を
　　もっても真実義務違反の有無を調査し，真実義務に違反している陳述が判明したとき
　　には，裁判所はその陳述をしん酌すべきでないとする説がある（山木戸「弁論主義の
　　法構造」論集13頁以下）。真実義務の義務性を貫徹した説といえるが，しかし，裁判
　　所がいちいちこのような職権調査を行うことは，その煩に耐えないであろうし，また
　　真実義務違反か否かをめぐってさらに紛争がひき起こされ，いたずらに訴訟の遅延を
　　招くだけである。

II 裁判資料の収集　235

20・19 I）16)。そのほか，行政事件訴訟でも，職権探知主義の一部（上述した命題(c)，職権証拠調べ）が採用されているし（行訴24・38 など），また，判決の効力がひろく第三者に及ぶ会社訴訟でも，法律上明文規定はないが，職権探知主義（上述した命題(b)）の採用が論じられている。さらに，通常の民事訴訟でも，後述するように一部の訴訟要件の調査に関して職権探知主義が採用されている（⇒ 4-2-8）。

　（ウ）　不意打ちの禁止　　職権探知主義のもとでも，不意打ち禁止の要請は働いてくる。この主義のもとでは，上述のように裁判所は職権で事実・証拠を収集できるのであるが，しかしそのことは，裁判所がこれらの職権で収集した事実・証拠について，あらかじめ当事者に意見陳述の機会を与えずに，まったく不意打ち的に判決の資料として利用しても構わないということまで意味しない。法律も，裁判所が職権で探知した事実，および証拠調べの結果については，あらかじめ当事者にこれらを呈示し，その意見を聴いたうえでないと，判決の資料として利用してはならない旨明言している（人訴20 後段，行訴24 但）17)。

　（2）　職権調査事項　　当事者から別段異議や申立てによって指摘しなくても，裁判所がつねに進んでその事項を取り上げ，事柄に応じた処置をとらなければならない事項をいう。この事項については，当事者は合意や責問権の放棄によって裁判所の処置を不要とすることができない。反面で，その処置を促す異議や申立ては，他の攻撃防御方法と異なり，提出期限の制限（157 I・167）を受けない（上告審につき，322）。これらの点で，職権調査は職権探知と相似るようであるが，

---

16)　平成15年の人事訴訟法の制定にともない，人事訴訟は地方裁判所より家庭裁判所に移管された。家庭裁判所には，家庭裁判所調査官がいる（裁61 の 2）。この調査官には，事実の調査権限がある。そこで，この調査官を使って，家庭裁判所は人事訴訟において事実の調査ができるかが問題となる。しかし法律は，家庭裁判所は婚姻関係訴訟の附帯処分（人訴32）に限って調査官を利用できるとした（人訴33・34）。

17)　不意打ち禁止の要請のほかに，当事者が裁判の資料を提出し意見を述べる権利（弁論権。⇒ 3-1-2(1)）も保障されなければならない。上述のように，職権探知主義のもとでは裁判所が事実や証拠を収集する責任を負うというが，そのための調査機関をもたない裁判所としては，家庭裁判所調査官を利用できる場合（前掲注 16)）を除いて，当事者から提出される事実や証拠に裁判の資料を依存しなければならない。前述した職権探知主義の 3 つの命題のうち，実際に機能しているのは，(b)命題だけのようである。

3-1-8

236 第3編 第1章 審理における裁判所と当事者の役割

両者は問題となる次元を異にしている。職権調査は，その事項を取り上げるのに，裁判所が職権で行うか，当事者の申立てなどをまってはじめて行うか，という次元の問題であるのに反し，職権探知は，その事項を処理するさいの資料を，誰の責任で収集するか——裁判所の責任か（職権探知主義），当事者の責任か（弁論主義）——という次元の問題である。たとえば，訴訟要件の存否は，裁判所の職権調査事項であるが，その存否の判断資料の収集は，弁論主義によるか（任意管轄など），職権探知主義によるか（専属管轄など）は，訴訟要件の種類によって異なる（通説。この通説を疑問視するのは，⇒ 4-2-8）。

職権調査事項と解されているものには，上記の訴訟要件の存否のほか，強行規定の遵守の有無，事件に適用すべき実体法規の探索，除斥原因の有無（23 I），裁判所の構成の違法（312 II），口頭弁論公開の有無（憲 82，裁 70，民訴 312 II ⑤）などがある。

III 審理の進行

3-1-9 進行の主導権

訴えまたは上訴によって開始された審理手続の進行の主導権を，裁判所に認めるか，それとも当事者に認めるかによって，職権進行主義と当事者進行主義の対立がみられる。現行法は職権進行主義をとっている（⇒ 2-7-1）。もっとも，当事者の意思を尊重して，進行を当事者との協議や，その同意によらしめている場面も少なくはない（専門委員の関与〔92 の 2。⇒ 3-3-11〕や，本節で後述する計画審理などが典型）。

審理手続の進行に関して，最も重要なことは，審理に必要とされる行為をいつ（期日），また，いつまで（期間）行うか，という問題である。以下では，まず期日，期間について述べ，その後に上掲した計画審理などに言及していこう。

3-1-10 期日・期間

(1) 期日 (ア) 期日とは裁判所，当事者その他の訴訟関係人が会合して，訴訟に関する行為をするために定められる時間をいう（期日は，日ではなく，タ

III　審理の進行　　　237

イムである）。その目的とする事項によって，いろいろの名称がある（たとえば，
口頭弁論期日，証拠調べ期日，判決言渡期日，和解期日など）。

　（イ）　期日の指定　　（a)期日は，あらかじめ場所，年月日，および開始時刻
を明示してなされる。この明示を欠く指定は無効である。ただ，簡易裁判所では，
開廷時間中に，当事者双方が弁論または和解のため任意に出頭したときは，その
場で期日を開くことができる（273・275 II)。期日は，証人・鑑定人などの都合で
やむを得ない場合のほかは，日曜日その他の一般の休日は避けなければならない
（93 II。一般の休日の意義につき，⇒(2)(イ))。(b)期日の指定は，裁判機関が職権
でする。当事者も，指定申立てによって，これを促すことができる（93 I)。裁判
所の手続に関する期日は，裁判長が指定するが（93 I)，受命裁判官または受託裁
判官に関する期日は，その裁判官が指定する（規35)。指定はこれらの裁判官の
命令の形式で行われる（実務上は，裁判書の作成〔122・253〕などは行わず，訴訟記
録中に指定期日を記入して裁判長が押印するなどの簡略な方法がとられている）。

　（ウ）　呼出し　　(a)指定した期日を，当事者その他の関係人に知らせて出頭
を要求することを呼出しという。呼出しは，書記官が呼出状を作成して，訴訟代
理人または当事者にこれを送達してするのが原則であるが，当事者や訴訟代理人
（ないしはその事務員）が当該事件に関連して裁判所に出頭しているときは，その
者に期日を（口頭）告知するだけでよいし，また裁判所に出頭していないときは，
裁判所が相当と認める方法（電話など）によって呼び出すこともできる（簡易の
呼出し）。ただし，最後の方法によったときは，名宛人が期日の呼出しを受けた
旨を記載した書面（期日請書）を提出していない限り，期日の不出頭による不利
益（157 II・159 III など）を課することはできない（94)。(b)期日の指定のみが行
われ，呼出しが欠けているときは，その期日の実施じたいが違法になる。ただし，
その当事者の責問権の放棄によって治癒されうる（⇒ 3 - 1 - 12)。

　（エ）　期日の実施　　(a)期日は，指定された日時および場所において実施さ
れるが，口頭弁論期日だけは，事件の呼上げという方式を経て開始される（規62。
⇒ 3 - 2 - 2(1))。事件の呼上げは，その事件の審理を開始する宣言であり，期日
を主宰する裁判官が行うわけであるが，実務上は書記官または廷吏がその命に従
ってこれを行っている。事件の呼上げをする場合には，事件を特定するために，
事件名，事件番号，当事者の氏名または訴訟代理人の氏名などを呼び上げるが，
要するにどの事件の審理を開始するかわかる程度に表示すればよい。(b)期日は
その日に予定された訴訟行為が終われば終了する。たとえば，その期日が判決言
渡期日，和解期日であれば，判決の言渡し，和解によって自然に終了するのであ

3 - 1 - 9・10

って，特に終了の宣言をする必要はない。通常の口頭弁論期日は，弁論の終結，次述の延期，続行などによって終了する。

　（オ）　期日の変更

　　（a）　変更・延期・続行　　期日が指定されても，いろいろな事情で期日を開くことができない場合には，期日の開始する前にその指定を取り消して，新しい期日を指定する必要がある。これを期日の変更という。期日を開始したうえで予定の訴訟行為を全然しないで別の期日を指定することを，期日の延期といい，訴訟行為はしたが終了しないのでこれを継続して行うために別の期日を指定することを，期日の続行といい，いずれも期日の変更とは区別して考えられている。しかし，期日の延期および続行は，別の期日の指定という点で期日の変更と共通点があり，これらについても法律上の規定が望まれるのに，現行法は変更についてしか規定していないので（⇒次述），その変更に関する規定は延期や続行にも類推適用されると解されている（もっとも，続行については，以下に変更について述べる要件を課する必要がないという少数説もある）。

　　（b）　期日変更の要件　　いったん指定された期日は予定どおりに実施されることが望ましく，これが裁判所の勝手な都合で変更されれば，関係人の予定を狂わせ不測の迷惑・損害をこうむらせるし，また関係人の都合でむやみに変更すれば，訴訟遅延の画策を許すことになる。そこで，変更の要件はできるだけ厳格に，また画一的にすることが必要である。ただ，訴訟の進行程度，期日の目的などに応じて変更の要件をつねに均一にはできないので，法も期日の種類によってこれを区別することにしている（以下の叙述は，最も緩やかな要件から，最も厳しい要件への順で述べたものである）。

　　（i）　弁論準備手続を経ない口頭弁論における最初の期日（および弁論準備手続の最初の期日）　　顕著な事由（次述参照）があるか，当事者間に合意があれば，それだけで期日の変更は許される（93Ⅲ）。これは，この種の期日は当事者の都合を聞かないで裁判所が一方的に指定した期日なので，当事者に差し支えがあったり，被告の応訴準備に不十分なことがあり，また期日を変更しても訴訟の程度からいって他に支障を生ずるおそれがないからである。なお，ここに最初の期日とは，最初に指定された期日をいい（判例），一度指定があった後申立てまたは職権で変更され，新たに指定された期日は含まない（多数説）。

　　（ii）　弁論準備手続を経ない口頭弁論の続行期日（および弁論準備手続の続行期日）　　顕著な事由がある場合には，期日の変更が許される（93Ⅲ本文）。顕著な事由にあたるかどうかについては，規則37条が一応の解釈基準を設けて

Ⅲ 審理の進行

いる（そこに掲げる事由は顕著な事由にあたらない）が，訴訟代理人または当事者の病気による出頭不能はこれに該当しよう（大判昭9・3・9民集13-249〔百選〔初版〕82事件〕）。ただし，出頭不能の場合でも訴訟遅延の意図が明らかなときは，期日の変更を許すべきではない（判例）。さらに，双方審尋を実質的に保障する必要上，主張や証拠提出の準備が間に合わない正当な事由がある場合も，顕著な事由ありと解すべきであろう（通説）。ただし，相手方の同意があるからといって，つねに顕著な事由があるとはいえない（もっとも実務上は，とくに弁護士訴訟の場合には，相手方の同意があれば原則として期日の変更を許しているようである）。

（ⅲ）　弁論準備手続を経た口頭弁論期日　「やむを得ない事由」の存する場合に限り，期日の変更が許される（93Ⅳ）。争点や証拠の整理もすでに完了して継続して審理する必要が高いので，その変更についても厳しい制限が設けられたのである。ここに「やむを得ない事由」とは，前述した顕著な事由よりも狭い概念であって，継続審理を犠牲にしてまで期日を変更しなければならない程の重大な事由をさす。訴訟代理人の急病，訴訟代理人がいない事件の当事者の急病がその典型である。しかし，この場合でも復代理人または訴訟代理人を選任する余裕があるときは，やむことを得ない事由があるとはいえないとするのが判例である（最判昭28・5・29民集7-5-623）。

（c）　変更の手続　期日変更の申立ては，変更を必要とする事由を明らかにしてしなければならない（規36。この事由を明らかにする資料（たとえば，診断書）を提出しないと申立ては却下され，弁論を終結されることがある。最判昭43・11・15判時546-69〔続百選62事件〕）。期日の変更は，新期日の指定のほかに，前に指定した期日の取消しを伴うので，裁判所が決定をもって許否の裁判をすることになる。学説のなかには，申立てを認めるときは裁判長が期日変更の命令を出し，申立てを認めないときは，裁判所が決定で却下するという説（新堂425頁など）もある。申立てを却下した決定に対して，不服申立てを許さないとするのが，判例，通説である（ドイツ法は明文をもって禁止している）。しかし，判例は実際上，終局判決に対する上訴とともにする不服申立て（283・313）は許している（この不服申立てを取り上げ，上告審でも，申立却下の当否を判断している。上掲の最判昭43・11・15のほか，(b)(ⅱ)(ⅲ)引用の各判例）。不服申立てを禁止する学説のなかには，期日変更の申立てが却下された結果，指定された期日に自己の責めに帰しえない事由で出席できず，敗訴してしまった当事者には，期日において正当に代理されなかった場合（312Ⅱ④・338Ⅰ③）に準じて，上訴，再審を認めるべきであるとする学説もある（兼子184頁など）。しかし，判例の立場では，これも終局

3-1-10

判決に対する上訴とともにする不服申立てによって救済されることになる。

（2）期間　　一定の時の経過に訴訟法上の意味が認められることがあり，その時の経過を期間という。

（ア）期間の種類　　訴訟法上の期間には，大別すると，当事者その他の訴訟関係人の訴訟行為に関するものと，裁判所の訴訟行為に関するものとがあり，前者を固有期間（または真正期間），後者を職務期間（または不真正期間）とよんでいる。後者を不真正期間とよぶのは，その期間を徒過しても別段違法の効果を生ぜず，その意味で訓示的規定であって，真の意味で期間とよべないからである（たとえば，147 の 3 II の各期間・251 I，規 60 II・159 I。ただし，256 I の期間は訓示的でない）。法 95 条から 97 条に定めているのも，固有期間にのみ適用される（ただし，95 条は職務期間にも適用される）。固有期間には次に述べるような種類がある。

（a）法定期間と裁定期間　　期間の長さを定める根拠による区別である。前者は，期間の長さが法律によって定められるものであり（たとえば，112・132 の 2 I・285・342，規 10 III），後者は，具体的な状況に応じて裁判機関が裁判によって長さを定めるものをいう（たとえば，34・132 の 6 I・137 I・156 の 2・162）。

（b）不変期間と通常期間　　法定期間内部の区別である。前者は，法律が不変期間と明示しているものをいい（132 の 4 II・285・342 I など。裁判に対する不服申立期間であることが多い），後者は，それ以外の法定期間をさす。この 2 つの期間は，後述する期間の伸縮を許すかどうか，追完を許すかどうかによって区別される。

（イ）期間の計算　　計算は，民法の定めるところに従う（95 I）。期間の末日が日曜日，土曜日，その他の休日にあたるときは，期間はその翌日に満了する（95 III）。ここに休日とは，国民の祝日に関する法律に定める休日のほか，社会慣行上の休日も含まれている。

（ウ）期間の伸縮　　不変期間を除き，法定期間（通常期間）は裁判所が，また裁定期間はこれを定めた裁判機関が伸縮できるのが原則である（96 I，規 38）。ただし，この期間の伸縮は，訴訟の進行に関する訴訟指揮的見地から認められたものであるから，訴訟指揮の次元で律しきれない重大な効果の結びつく期間には，この伸縮を認めるべきではない（明文がある場合として，97 II・112 III。明文がない場合であっても，たとえば 263 条所定の 1 か月の期間は，訴訟係属がなくなるかどうかという重大な結果が結びつくから，訴訟指揮的次元からの伸縮は許されないと解すべきであるし，また 315 条，規則 194 条所定の 50 日の期間も，少なくとも当事者の利益を奪う結果となる「短縮」は許されないと解すべきであろう）。なお，不変期間につい

ては，一般の伸縮は認められないが，裁判所から遠隔の地に住居所を有する者のために，付加期間を定めることができる（96 II）。付加期間は本来の期間と合体して 1 つの不変期間となる（不変期間経過後は付加期間を定めることができない。当事者には次述の追完が許されるだけである）。

（エ）　期間の不遵守とその救済（＝追完）　　当事者その他の関係人が，固有期間内に定められた行為をしないことを，期間の不遵守（または懈怠）という。これによって通常，当事者らはその行為をする機会を失うことになるから，当事者らが自分の責めに帰しえない事由によって期間を遵守できなかった場合には，なんらかの救済をはかる必要がある。しかし，通常期間の不遵守の場合には，なお訴訟係属が存続しているから，当事者らはその後の手続においてなんらかの救済を求める余地がある。ところが，不変期間の不遵守は，当然に裁判の確定や訴権の喪失（285・332・342，行訴 14 など）という当事者にとって重大な結果をもたらすし，また，不変期間が訴訟の迅速化のため元来短い期間として定められている点（2 週間―285，1 週間―332）も考慮して，法律は，とくに追完という救済制度を設けている（97。ほかに，相手方の同意があるときには，期間経過後の申立てが許されている場合もある，132 の 4 II）。

97 条は不変期間に限って追完を認めているが，不変期間以外の期間であっても，上告理由書提出期間（315，規 194），上訴審における 263 条の期間（反対，最判昭 33・10・17 民集 12-14-3161）などは，その徒過によって裁判の確定という重大な効果が生じるのであるから，本条の類推適用を認めてもよいのではないかと考えられる。

追完の要件，手続は以下のとおりである。

（a）　当事者の責めに帰することができない事由　　これは，訴訟進行のさい通常人なら払うであろう注意をしても避けられないと認められる事由をいう。

（i）　予期しない天災地変　　洪水・積雪による列車不通のために上告状の郵送が延着した場合や，大地震による通信の途絶のため訴訟代理人が裁判の結果を当事者に通知できず，当事者が上訴の決意をなしえなかった場合など。なお，これらの場合にも，天災地変の存在がすでに判明していて，郵便物の延着が十分に予想され，しかも郵送以外にも別の方法があるときに，その方法を選ばなければ「責めに帰することができない事由」があるとはいえない。ただし，年末年始の郵便業務の渋滞から上訴状が異常に遅く到達した場合にも，上訴の追完が認められている（最判昭 55・10・28 判時 984-68〔百選 I 85 事件〕）。

（ii）　公示送達と追完　　公示送達（110）は元来，送達場所の不明な者にな

される特別の送達方法であり，しかも送達書類の掲示は裁判所においてなされるのであるから（111），名宛人が送達書類の内容を現実に了知しない場合のあることを当然に予想するものである。したがって，公示送達を了知せずに上訴期間などの不変期間を経過し，その後に公示送達の事実を知ったというような場合に，いちいち訴訟行為の追完を認めていては，公示送達制度そのものが成り立たなくなる。そこで，この公示送達のときには，「当事者の責めに帰することができない事由」の認められる場合をある程度しぼって考える必要がある。すなわち，名宛人が起訴があったことを知っている場合はもちろん，起訴までは知らなくとも，相手方との従来の紛争状態から訴訟となる可能性を十分了知しているような場合，つまり送達の名宛人に帰責事由がある場合には，送達の不知を理由とする訴訟行為の追完を認めるべきではない。

判例も，大審院以来おおむねこの見解であり（梅本吉彦「不意打防止と訴訟法理論——公示送達・追完・再審」新堂編・特別講義393頁参照），多数学説（新堂431頁など）も賛成である。

なお，公示送達の申立人が，相手方の住所を知りながらわざといつわって，公示送達を申し立てた場合，追完の許可にあたってこの申立人側の悪意，過失をしん酌すべきであろうか。たとえば，原告が，訴え提起の直前に，被告とその法定代理人が居住し住民登録もした場所に，被告を訪ね訴えの目的たる所有権移転登記のことで折衝したことがあるにもかかわらず，原告が被告の住所を不明として訴状を公示送達に付したようなケースでは，338条1項3号（または5号）に該当するとして再審による救済の余地もあるが，原告側に公示送達の濫用があるとして，被告に控訴の追完の道を認めるべきであろう（最判昭42・2・24民集21-1-209〔百選［5版］A12事件〕）。

(iii) 訴訟代理人・その補助者の過失　本人に過失がなくても，訴訟代理人，またはその補助者（事務員，訴訟代理人の主宰する事務所に常勤しその指揮下に働いている弁護士など）に過失がある場合には，「責めに帰することができない事由」があるとはいえない，とするのが判例・通説である（大判昭9・5・12民集13-1051〔百選［初版］83事件〕など）。

(b) 追完の手続　(i)追完は障害がやんでから1週間（外国にある当事者については2か月）以内にしなければならない。この1週間は伸縮できない（97Ⅱ）。追完は，遵守しなかった行為をその方式に従ってすればよい（控訴期間を徒過したならば控訴状を提出すればよい）。追完事由の主張および証明の責任は，追完者が負う。(ii)追完の行為をしただけでは，不変期間の徒過による裁判の形式的確

III 審理の進行 243

定は解消しないから，確定裁判に基づく強制執行に対しては，再審の訴えの場合
に準じて執行の停止を認めるべきである（⇒403 I ①。通説）。

3-1-11 訴訟指揮権

（1）　概念　　訴訟では利害相反する当事者が対立しているので，もし訴
訟の進行を当事者に任せ放しにしておくと，訴訟の迅速な進行は必ずしも期
待できないし，また適正な結果を得られないおそれもある。そこで訴訟が適
法にかつ能率的に行われるように監視し，適切な処置をとることが必要とな
るが，この目的のために裁判所（または裁判長）の行う行為を訴訟指揮とい
い，この訴訟指揮を行いうる裁判所（裁判長）の権限を，訴訟指揮権という。

（2）　訴訟指揮の内容　　訴訟指揮は，判決以外の裁判所の訴訟行為の総称と
よんでもよい程の広い概念であり，その内容をいちいち網羅的に掲げることは困
難であるが，その主なものを列挙すると大よそ次のとおりである。

（ア）　訴訟の進行に関するもの　　期日の指定・変更（93），期間の伸縮（96，
規38），訴訟手続の中止（131），中断した手続の進行（129）など。この面で裁判
所（裁判長）の職権を認める建前を，職権進行主義ということは前述した。

（イ）　審理を整理し促進させるための措置　　弁論の制限・分離・併合
（152 I），弁論の再開（153），裁量移送（16 II〜18），時機に後れた攻撃防御方法の
却下（157）など。

（ウ）　期日になされる訴訟行為の整理　　口頭弁論の指揮（148）が代表例で
ある。当事者や代理人らの発言を命じ，許しまたは禁じたりすることが中心とな
る。

（エ）　訴訟関係を明瞭にする処置　　釈明権の行使（149），釈明処分（151）。

（3）　訴訟指揮権の主体および形式　　（ア）　訴訟指揮権は，裁判所（151〜
153など），もしくは裁判長（93 I・137など）に属する。裁判長の行う指揮のうち，
弁論，証拠調べに関するものは（148・149・202 III など），当事者がこれに不服を
有するときは合議裁判所に異議申立てができる（150・202 III，規117）。受命裁判
官または受託裁判官も，授権された事項を処理する関係で，訴訟指揮権を有する
（171 II・206，規35など）。

（イ）　訴訟指揮は，口頭弁論の指揮（148）のように事実行為として行われる
場合もあるが，多くは裁判の形式をとって行われる。裁判の場合には，裁判所と
してするのは決定であり，裁判長・受命裁判官・受託裁判官がその資格において

3-1-11

するのは命令の形式をとる。もっとも，訴訟指揮が裁判の形式で行われても，訴訟指揮は元来，一定の事項についての確定的な判断を示すものではなく，手続の進行，審理の方法についての臨機応変的な処置として行われるものであるから，いったんその裁判をした後でも，不要不適当と思えばいつでもこれを自ら取り消すことができる（120。個別的に明文規定を設けている場合として，54Ⅱ・60Ⅱ・131Ⅱ・152Ⅰなど。なお，中間判決や一部判決も，これをするかどうかは，訴訟指揮上の裁量に任せられているが，判決じたいは訴訟指揮の裁判ではない）。

(4)　当事者の申立権　　訴訟指揮は裁判所（または裁判長）の権限に属するので，当事者がこれを申し立ててきても，それはこの権限の発動を求める陳情にしかすぎず，裁判所（裁判長）がこの申立てを却下する場合にも，いちいちその判断を示す必要はない。しかし，法律は，一定の場合には当事者に訴訟指揮を求める申立権を認めている（法律は，そのことを示すために「（当事者の）申立てにより……」という表現をとるのが普通である）。この場合には，裁判所（裁判長）は，この申立てをそのまま放置することは許されず，必ず裁判によってその許否を明示しなければならない。たとえば，訴訟の移送（16～19），訴訟救助（82），期日の指定（93）など。ほかに，手続の受継（128Ⅰ），求問権（149Ⅲ）などもある。

(5)　当事者の意見聴取・協議など　　上掲した申立権のほかに，当事者の意思を尊重する趣旨で，裁判所が手続を選択するにあたり，当事者の意見を聴いたり（92の2Ⅲ・132の4Ⅰ・156の2・168・170Ⅲなど），協議をしたり（147の3Ⅰ・Ⅳ），その異議のないこと（195④・205など），同意のあること（92の2Ⅲ・92の3）を条件としたりしている場合がある。規則上も，進行協議期日という制度が認められている（規95～。⇒ **2-7-3**）。

3-1-12　責問権（訴訟手続に関する異議権）

(1)　意義　　法律は訴訟に関する行為についてその要件，方式を定めているが，それらの要件，方式に違反する行為がなされた場合，裁判所がその行為を前提として訴訟手続を進行させてはならないことはいうまでもない。しかし，裁判所も案外にこの法律違反の事実に気づかないで手続を進行させることがあるので，当事者にも手続が適法に行われるよう監視する権能を与

えることが必要である。そこで，裁判所または相手方が訴訟法規に違反する行為をした場合，これに対して異議を述べその無効を主張する権能を当事者に与えることにした。この当事者の権能を責問権という（「訴訟手続に関する異議権」といわれることもあるが，伝統的には責問権とよんでいる）。

しかし，当事者が訴訟法規の違反に気づいていたのに積極的に異議を述べないとか，あるいは注意すれば気づくはずなのに気づかずにいた場合，当該の違法行為を基礎として手続が進んだ後でも，責問権の行使があればいつでもそれを無効として扱わなければならないとすると，かえって訴訟手続が不安定になり，また訴訟経済にも反することになる。そこで，同じ訴訟法規でも，当事者の訴訟追行上の利益を保障し，その便宜をはかることを主たる目的とする規定については，その違反により不利益を受ける当事者がそれを甘受すれば，あえてそれを無効とする必要もないので，責問権の放棄を許すとともに，当事者が遅滞なくこれを行使しないときはその責問権を喪失せしめることにした（90）。

(2)　責問権の放棄・喪失　　(ア)　責問権の放棄・喪失ができるのは，訴訟手続に関する規定のうちでも私益的な色彩の濃い規定，つまりいわゆる任意規定（⇒**1-2-3**(2)）の違反に限られる。すなわち，もっぱら当事者の訴訟追行上の利益を保障し，当事者の便宜を目的としている規定の違反である。

たとえば，訴えの提起や訴えの変更の方式に違反した場合，口頭弁論期日・証拠調べ期日の呼出しに違法がある場合（大判昭14・10・31民集18-1185〔百選〔初版〕84事件〕），宣誓させるべき証人に宣誓させないで尋問した場合（大判昭15・2・27民集19-239〔百選〔初版〕40事件〕），法定代理人を証人尋問の手続で尋問した場合（大判昭11・10・6民集15-1789〔百選〔初版〕52事件〕）など。

(イ)　これに対して，裁判の適正や手続の迅速のような訴訟制度の信用と能率にかかわる事項について定めた規定，いわゆる強行規定の違背については，責問権の放棄・喪失は認められない。

たとえば，裁判官の除斥（23），専属管轄（13・20），公開主義，判決の言渡し（252）などに関する規定である。90条は，これらの規定を，責問権を「放棄することができないもの」とよんでいる。

3-1-12

（ウ） 放棄の方式　責問権の放棄は，訴訟手続内において裁判所に対する一方的な陳述によって行う。手続外で相手方に対して行っても効力を生じない。放棄は黙示的にもなしうるとみてよい。たとえば，呼出しの欠缺があっても，当事者が期日に出頭すれば，黙示の放棄があったとみることができる。なお，責問権の放棄は，そもそも規定違反があってから発生するものであるから，事前の放棄は認めるべきではない。あらかじめ責問権を放棄するとの合意の効力も認められない（もしこれを認めると，任意訴訟の禁止にも触れる。⇒1-1-**2**）。

（エ） 喪失の要件　当事者がその規定違反を知り，また当然知りえたにもかかわらず不注意によって知らなかった場合であることを要する。本人自身に過失がなくても代理人に過失があるときは，本人に過失があったものと取り扱われる。また，当事者が遅滞なく責問権を行使しなかった場合であることを要する。ここに遅滞なくとは，規定違反の行為がなされた後，これにもっとも近い手続上の機会において直ちに，という意味である。したがって，通常は，その違反を知りまたは知ることができた時の直後の手続期日において，異議を述べなければならないし，受命裁判官・受託裁判官の証拠調べにおいて規定違反があった場合には，その結果が報告される受訴裁判所の期日において異議を述べなければならない。

3-1-**13**　計画審理

（1）　意義　裁判所が当事者との協議を通じて，判決言渡しまでの審理の諸段階について計画を立て，その計画に従って審理を適正かつ迅速に進めることをいう。この計画を審理計画という。平成15年7月の法改正によって導入された（147の2以下）が，もともとは同13年6月の「司法制度改革審議会」の意見書により，訴訟促進の見地から要望されていたものである[18]。

---

18)　計画審理は司法制度改革審議会が考案したものではなく，もともと裁判所において長期未済事件の処理などについて行われていたものを，ひろく行うべき旨を提言したものである。

　平成10年1月現行民訴法とともに施行された民訴規則には，いわゆる大規模訴訟について，「裁判所及び当事者は，適正かつ迅速な審理の実現のために，進行協議期日その他の手続を利用して審理の計画を定めるための協議をするものとする」という規定があった（規165。大規模訴訟については，法268）。民訴規則の制定者である最高裁の事務当局の解説は，「計画審理の必要性は，大規模訴訟に至らないまでも，複雑な問題を抱えた民事訴訟事件においても共通するものであるので，本条の創設を契機として，民事訴訟一般に，計画審理ないし審理の計画を定めるための協議が試みら

III　審理の進行　　　247

　(2)　計画の内容とその効果　　第一審の訴訟手続は通常，（後に説明する事項も含むが）次のような段階を経て進行していく。原告の訴え提起（訴状提出。133）→被告への訴状送達（138）→最初の（第一回）口頭弁論期日（139）→争点・証拠の整理手続（164〜）→（その後の）口頭弁論期日（証拠調べ期日。証人・当事者本人の尋問が行われる，182）→最終口頭弁論期日（口頭弁論の終結）→判決の言渡し（250〜）。

　このうち，最初の口頭弁論期日の開催時期については，規則上（60 II），判決の言渡時期については，法律上（251 I）定められているが，その他の事項については時間的な制約がない。そこで，上記の審理計画を定めるときには，（ア）争点・証拠の整理手続（複数回の期日が開かれるのが通例）の期間，（イ）証人・当事者本人の尋問（複雑な事件では1期日で終わらぬこともある）の期間，（ウ）口頭弁論の終結および判決言渡しの予定時期，の3つの事項を明らかにすべきだとしている（必要的計画事項。147の3 II）。そのほか，特定の事項についての攻撃防御方法の提出期間，その他の訴訟手続の計画的進行上必要な事項も定めることができるとした（任意的計画事項。147の3 III）。上記のうち，攻撃防御方法の提出期間については，裁判所のほか，機動性を重んじて，裁判長も定めることができるとし（156の2），この提出期間を遵守しないときには，一般原則（157）にくらべて，（当事者との協議を経ているだけに）きびしい制裁を課している（157の2。なお，171 II但）。その他の期間の不遵守については，格別の規定を設けず，従来どおりとされた（157・167・174など）。

　(3)　計画の必要性と変更　　法律は，裁判所および当事者に対し，「訴訟手続の計画的な進行を図らなければならない」と一般的な表現をしているので（147の2），すべての訴訟事件について計画審理を行わなければならないかに見えるが，単純な事件で，手続の進行全般の見通しがさほど困難でない

───────────

れ，徐々に訴訟慣行となっていくことが望まれるところである」というコメントを付していた（条解民訴規則349頁注1）。これを受けた形で全国の裁判所で計画審理が行われるようになり（平成11年1月ころから，といわれている），上記の改革審議会はこの事実を踏まえて，その法制化を要請したのである。なお，147条の3の制定にともない（その1項には，大規模訴訟も当然に含まれる），規則165条は廃止された。

3-1-13

事件まで，いちいち計画審理を行う必要はない。法律も，「事件が複雑であることその他の事情により」審理の適正かつ迅速な進行のために必要な場合に限り，計画審理を行うべきであると定めた（147の3I）。そして，計画というものの性質上，できるだけ審理の早い段階で策定されることが望まれるが，審理の進行に伴って新しい事実・証拠が提出されたり，当事者側の支障，裁判官の交代などによって，当初の計画どおりに進行しない事態が生じてくる。このような場合には，裁判所が当初の計画に拘泥せずに，それを変更する余地が認められている（同IV）（なお，策定・変更された審理計画の内容は，調書に記載され，裁判所，当事者の注意を喚起することとしている。規67I②・III）。

　(4)　当事者との協議　　裁判所は，審理計画の策定・変更にあたっては，当事者と協議をしなければならない（147の3I・IV。156の2では，「当事者の意見を聴いて」になっている）。当事者と協議するだけで，その同意まで要求されておらず，かりに当事者の反対があっても，裁判所はその職権で計画の策定等をすることができる（職権進行主義の維持）。しかし，当事者の納得を得ないまま手続を進行させて，どれだけ適正な審理・裁判をすることができるであろうか。「計画審理については，当事者との協議により，その納得を得た上で，実施されるよう努めるべきである」。これは，計画審理を審議した衆参両院の各法務委員会が行った附帯決議にみられる共通の表現である。裁判所が当事者の納得を得ないまま，計画審理を強行することを戒めたものである。

第2章 口頭弁論

I 総　　説

3-2-1　必要的口頭弁論

（1）　口頭弁論の意義　　訴えが提起され，裁判所がこれに何らかの応答をするには，対立当事者の言い分を十分に聴く必要がある。このように裁判をするため，審理の舞台となるのが口頭弁論である（⇒ **3-1-1**）。訴えや上訴について判決をするには必ず口頭弁論を開かなければならない（必要的口頭弁論の原則。後述の例外にも注意を要する）（87 I 本文）。口頭弁論という審理方式は，訴訟制度の史的展開のなかで定着した。後述する公開主義（⇒ **3-2-4**），直接主義（⇒ **3-2-6**）が主張されてくるとともに，口頭弁論という審理方式も台頭してきた。審理を傍聴する人々に審理の内容を理解させるためには，当事者の主張なども口頭で行うことが必要であるし，受訴裁判所の裁判官たちがそろって当事者の主張などを理解するためにも，やはり口頭で述べさせることが望ましいからである[1]。

（2）　必要的口頭弁論の原則　　①口頭弁論を行わなければ判決することができないし，②口頭弁論に顕出された主張や証拠だけが裁判資料となる（職権証拠調べの結果，また受命裁判官・受託裁判官による証拠調べの結果等については，当事者に弁論の機会を与えるため口頭弁論に顕出される）。もっとも法は，①の例外として，請求を認容または棄却する判決（本案判決）は，必ず口頭弁論に基づかなければならないが，訴えあるいは控訴を却下する判決（訴訟判決）や上告を棄却する判決のためには口頭弁論を行う必要がないとし，書面審理をなしうる場合を例外的に定める（87 III）。訴訟要件（140），

---

[1]　竹下守夫「口頭弁論の歴史的意義と将来の展望」講座民訴④1頁以下。

控訴要件（290），手形訴訟の要件（355Ⅰ）の欠缺が補正の見込みのない場合，訴訟経済から，口頭弁論を開かずに，却下判決をする。日本に住所等を有しない原告が訴訟費用の担保を立てるべき決定を受けたが，定められた期間内に担保提供しない場合も，口頭弁論を開かず訴え却下の判決をする（78）。書面審理で十分だからである。これらの場合，釈明等のため口頭弁論を開いたときは，判決のためであるから，必要的口頭弁論の規律に従う。また，上告審が棄却判決をする場合，口頭弁論は必要とされない（319）。上告審は法律審かつ事後審であり，書面審理で棄却の結論に至ることがあり，訴訟経済や上告審の負担軽減に配慮した趣旨による。②の「口頭」の例外としては，後述する陳述擬制がある（⇒ 3 – 2 – **18**）。

　民事紛争は対立当事者の間での法的利益の衝突・抗争である。公正な判決のためには，当事者双方にその言い分を十分につくす機会を平等に与えなければならない。これを双方審尋主義（当事者対等の原則・武器平等の原則）という2)。当事者双方を同時に対席させて弁論・証拠調べを行う必要的口頭弁論は，この双方審尋を実現する審理方式（対審。憲82）である。しかし，この原則は当事者双方が口頭弁論に出頭・対席できる機会が与えられれば十分で（期日の適式な呼出しを受ければ，この機会が与えられたことになる〔158・263〕），現実には一方が欠席しても対席判決は可能である（⇒ 3 – 2 – **18**）。訴訟手続の中断・中止の制度（124以下）は，双方審尋を実質的に保障する。また，当事者が帰責性なき事情によって欠席し，代理人出席の機会さえないまま敗訴した場合，代理権欠缺を理由とする上訴または再審による救済（312Ⅱ④・338Ⅰ③類推適用）が可能である。

　(3)　任意的口頭弁論　　決定手続は迅速処理の要請もあり，手数のかかる口頭弁論の実施は，裁判所の裁量による（87Ⅰ但）。これを任意的口頭弁論という。決定事件は手続派生事項が中心となる（10・25・50・82・335等）。もっとも現行法（平成8年改正）は，旧法にくらべて，判決事項・決定事項の振り分けの見直しをする。呼出費用の予納がない場合，訴え却下の決定ができる（141。控訴審での同旨の規定として，291）。また，不適法で補正の余地

---

2)　上田徹一郎・当事者平等原則の展開（平9）2頁。

のない控訴は，第一審裁判所が控訴却下決定をする（287。控訴裁判所が同様の理由で却下する場合は判決となる〔290〕）。さらに，上告裁判所も同様の上告却下決定ができる（317 I）とともに，上告審たる最高裁判所は，明らかに上告理由に該当しないときは上告棄却の決定ができる（317 II）。決定事件では，後述の審尋によるほか，書面審理およびその補充としての任意的口頭弁論に基づいて裁判される[3]。口頭弁論が開かれた場合も，当事者の提出書面は陳述されなくとも裁判資料となる。本案審理と密接に関連する事項で判決手続の審理のなかで扱われるものもある（34・44・75 V・143 IV・151・152・157・223）が，これらは，いずれも任意的口頭弁論である[4]。

（4）　審尋　決定手続では口頭弁論よりも審尋という審理方式が概して利用される。2種類ある。1つは，当事者その他の利害関係人の言い分を法廷における口頭弁論以外で，口頭（口頭審尋の場合は期日を定めて呼び出す。しかし，手続の公開を要しない。また相当であれば，当事者の一方だけにその機会を与えてもよく，口頭弁論とは異なる）または書面により聴くことである（「口頭弁論に代わる審尋」）。これには，裁量により審尋するか否かをきめる任意的審尋（87 II・335，民保9）と必要的審尋（50 II・199 I・223 II，民保29）がある。もちろん明文の規定がなくとも審尋は可能である（たとえば，訴訟救助の付与決定〔82〕）。今1つは，当事者や参考人を証拠方法とし，供述させるという，簡易な「証拠調べとしての審尋」（187。民執5，民保旧30（民事訴訟法の規定が民事保全法で一般的に準用される〔民保7〕こととの関係で不要となり，削除）が参考とされた）である。裁判所は参考人（当事者の申出が必要。証人尋問とのバランスによる）または当事者本人の審尋ができるとされ（旧法では証拠調べとの関係での規定がなく，任意に口頭弁論を開いて，当事者本人尋問や証人尋問を行っていた），当事者双方の立会いが可能な審尋期日であることが要求される（187 II）。これらすべてにつき，受命裁判官による審尋が可能である（88。立法の際に参考とされた民保10条は，民事訴訟法の規定が民事保全法で一般的に準用される〔民保7〕こととの関係で不要となり，削除）。合議体

---

3)　鈴木正裕「決定・命令に対する不服申立て(1)〜(4)」曹時 36 巻 7・8・10・11 号（昭59）。

4)　口頭弁論外の資料も顧慮しうる。旧注釈民訴(3)89 頁〔竹下〕参照。

の場合の機動的な審理に資するため，その活用が期待される。

　なお，無審尋が法定される場合もある（民執 145 II 参照。さらに，支払督促（これは決定ではなく，裁判所書記官の処分とされる。382）につき，386 I）。

　（5）　口頭弁論の多義性　　口頭弁論ないし弁論という言葉は多義的である。（ア）訴訟行為（⇒ 3 - 2 - 10）の意味での口頭弁論は，対席した当事者が，公開の法廷で受訴裁判所に直接に口頭で本案の申立て（判決要求）とこれを基礎づける攻撃防御方法（主張・立証等。⇒ 3 - 2 - 9）を提出する行為や裁判所の訴訟行為をいう（当事者の弁論も証拠調べも裁判所の訴訟指揮のもとで実施され，そこで収集された裁判資料に基づいて判決が言い渡されるので，かかる訴訟指揮や判決の言渡しを含む）。（イ）口頭弁論は，受訴裁判所の面前で口頭で行われる審理手続そのものの意味でも使われる。証拠調べもこの口頭弁論のうちに含まれる。（ウ）口頭による弁論や証拠調べを行う審理方式としても用いられる。口頭弁論は，内容面からは訴訟行為を，形式面からは審理手続を指す民事訴訟の本来の審理方式といえるが，通例，「弁論を実施する」という場合，審理手続という意味合いが強い。

3 - 2 - 2　口頭弁論の基本構造

　（1）　口頭弁論の開始　　口頭弁論期日（⇒ 3 - 1 - 10）は裁判長が指定し（139・93 I，規 60），裁判長が口頭弁論を主宰する（148 I）。各口頭弁論期日は，事件の呼上げによって開始する（規 62）（これから審理する事件が，設例1 のようなケースであれば，たとえば，「平成○年（ワ）第△△号損害賠償請求事件，原告甲，被告乙」などと呼び上げられる）。

　（2）　訴状陳述・答弁書陳述　　最初の口頭弁論期日では，原告が訴状を，被告が答弁書を各陳述する（もっとも現実の法廷では，たとえば，裁判長が原告に「訴状通りですね」と促し，原告がこれに「はい」と応ずることで済ます。被告についても同様である）。この陳述は理論的には次のような意味をもつ。すなわち，原告による本案の申立て（⇒ 3 - 2 - 9）により，これから始まる訴訟の主題をまず設定する。設例1 の場合，訴状に記載されている請求の趣旨「『被告は原告に対し，金 5,100 万円を支払え。』との判決を求める」との陳述がこれである。これに対し被告が争う場合，「『訴えを却下する。』との判決を求める」とか，「『原告の請求を棄却する。』との判決を求める」という反対申立てをする。その際，原告は損害賠償請求権の発生原因事実（請求

Ⅰ 総 説   253

原因事実），すなわち被告の不法行為（具体的な注意義務違反（過失）・損害発生との因果関係・損害額等）を主張する。これに対する被告の態度は，請求原因事実に対する認否としては，争う（否認），知らない（不知），認める（自白），沈黙のどれかである。さらに，抗弁として被告が過失相殺や支払済みを主張することになる。これに対する原告の態度も上記と同様の選択肢がある。なお，抗弁に対しては再抗弁もある（⇒ **3 - 2 - 9**）。原告，被告とも自己の主張事実が否認された場合（不知も同様〔159 Ⅱ〕），その事実を立証するため（⇒ **3 - 2 - 9**），証拠の申出をする（180）。裁判所は，この申出に対する採否を決定する（181 Ⅰ）。

（3）　争点整理手続と集中証拠調べ　　争いとなっている事実関係が単純でなければ，争点整理手続での整理（⇒ **3 - 3 - 7**）を経たうえで，集中して証拠調べを行う（182）。たとえば，弁論準備手続を経た場合，当事者は口頭弁論期日に弁論準備手続の結果を陳述する（173）。これにより，弁論準備手続で提出された訴訟資料はすべて口頭弁論に上程される。その際，証明すべき事実を明らかにしなければならない（規 89）。証拠調べは裁判所外でも可能である（185）が，通例，口頭弁論期日に行う（証拠調べが終わるとその証拠調べの結果についても弁論するため）。一期日で完了しないときは，別の期日に続行する（これを期日の続行という。期日を開いても実質弁論に入らず他の期日にゆずるのは，延期である。期日にそもそも入らない場合が，変更である。⇒ **3 - 1 - 10**(1)）。

（4）　弁論終結と判決言渡し　　当事者の主張・立証が十分に尽くされ，終局判決ができる状態になれば，口頭弁論が終結される（243）。しかし終結後でも，なお主張・立証が十分でないと判断すれば，裁判所は口頭弁論を再開できる（153）（⇒ **3 - 2 - 15**）。口頭弁論終結の際に指定する判決言渡期日（後に指定するとの「追って指定」は真にやむを得ない場合に限られよう）に，判決を言い渡す（250・251）。

3 - 2 - 3 　適時提出主義と口頭弁論

（1）　口頭弁論の一体性　　当事者にしても裁判所にしても，口頭弁論を重ねることは負担が大きい。しかし実際には，判決までに口頭弁論が数回は

実施される。このような口頭弁論の終結までに実施されたその全体が，あたかも一期日にすべて行われた場合と同様に判決の基礎となる（口頭弁論の一体性）。従前の弁論は，期日で繰り返すことなく，次の弁論を積み重ねる。当事者の弁論等はどの期日であっても，有効になされている以上，裁判資料として同一の価値がある（口頭弁論の等価値性）。争点中心型の審理をめざす適時提出主義（156）の下での口頭弁論の一体性の理解は，旧法の随時提出主義の場合と基本的に異なることはない。ただ，期日の密度の違いからそのニュアンスに差は生じうる。終結間際の新たな攻撃防御方法の提出は適時のそれと同価値といえるか微妙である。期日の価値はその期日に期待される役割に応じた特性を反映したものとなるべきであろう。

（2）　法定序列主義から随時提出主義，そして適時提出主義へ　　かつてドイツ普通法時代（19世紀前半まで）には，審理促進を目的とし，書面主義と結びついた法定序列主義が行われた。これは，裁判資料の種類（請求原因，抗弁，再抗弁，証拠の申出等）によって提出段階を定めるもので，この時期を逃せば提出できなくなる。定められた段階に同時に提出しなければならないため同時提出主義ともいう。ただ，当事者は提出できなくなることをおそれて，裁判にとって無用な資料まで提出することになり，かえって審理の遅延を来す結果となった。そこで口頭弁論の終結に至るまで攻撃防御方法を原則として自由に提出することができるとした。これが随時提出主義である。ただ，小刻みな攻撃防御方法の提出という事態を招き，そのために審理が長期化する。充実した無駄のない審理を実現するためには，あまり適切ではないとの認識が強まってきた。そこで，訴訟の進行状況に応じ適切な時期に提出しなければならないとする適時提出主義が新たに導入された（156。控訴審でも妥当する）[5]。なお，裁判長は答弁書・準備書面のほか証拠申出についても期間を定めて当事者に適時の提出を促すことができる（162）。

（3）　適時提出主義の実効性の確保　　攻撃防御方法の提出時期に相当な制限が加えられるとしても，それを担保するシステムがなければ，訴訟の駆引きによる引き延ばしや相手方への不意打ちとなる事態も生じる（一審でわざと敗訴して相手方を油断させ，二審での勝訴をたくらむ当事者が，二審の口頭弁論終結直前になって重要な事実や証拠を提出するのは，あまりフェアーな訴訟追行とは言い難い）。そこで，争点整理に特化した3つの手続メニューの存在

5)　1976年ドイツ簡素化法が先行する。ド民訴282 I。

Ⅰ　総　　説　　255

（164 以下）や集中証拠調べ（182，規 100・101・102），控訴審における攻撃防御方法の提出等の期間の設定（301）などのほか，次の措置が適時提出主義の実効性を支える。ちなみに，人事訴訟では攻撃防御方法の却下という措置は取れない（人訴 19 Ⅰ）。

　　（ア）　当事者が故意または重大な過失により時機に後れて提出した攻撃防御方法は，これにより訴訟の完結を遅延させる場合には却下されうる（157 Ⅰ）。時機に後れたとは，実際の提出が 156 条にいう「適切な時期」からも相当程度後れており，より以前に提出できたし，しかも提出すべき機会もあった場合と解される（一問一答 158 頁）。すなわち，争点整理手続が実施された場合は，一応その機会での提出が期待されるし，弁論の制限（152 Ⅰ）が行われた場合は，制限の解除前の提出が要求される。控訴審で提出された攻撃防御方法が時機に後れたかどうかは原審を含む全体を通じて判断する（大判昭 8・2・7 民集 12-159〔百選〔初版〕38 事件〕）。重大な過失は，本人訴訟においては当事者本人の法律知識の程度等も考慮される。また，たとえば建物買取請求権（却下の消極例として，最判昭 30・4・5 民集 9-4-439，積極例として，最判昭 46・4・23 判時 631-55〔百選〔5 版〕45 事件〕）のように，追い込まれてその行使を余儀なくさせられる攻撃防御方法の特性にも十分配慮すべきである（建物買取請求権の特性につき，既判力の標準時後行使に関する，最判平 7・12・15 民集 49-10-3051〔百選〔5 版〕78 事件〕〔民執保全百選〔2 版〕15 事件〕参照。相殺権につきなお，最判昭 40・4・2 民集 19-3-539〔続百選 77 事件〕）。また，訴訟の完結を遅延させるとは，その審理がなければ直ちに弁論を終結できる段階にあることを要する。却下の手続は，相手方の申立てまたは職権により口頭弁論で審理して決定で裁判するか，終局判決の理由中で判断する。157 条の要件を具備しても，裁判所はこれを必ず却下しなければならないものではないと解する。本条は，訴訟遅延防止という公益的要求に基づくというよりも，審理経過からみた相手方の信頼保護といった信義則的な趣旨によるものと理解される。この要件自体ふくらみがあり，不完全な資料に基づく誤判を避けるべく，実務上も弾力的に運用してきた。適時提出主義（156）や当事者の信義誠実追行義務（2）ともからんで，状況はおそらく微妙に変わってこよう。攻撃防御方法を却下する決定も，申立てを却下する決定も 328 条の裁判ではないから，独立して抗告はできず，終局判決とともに上級審の判断を受ける（283 本文）。

　　（イ）　釈明に応じない攻撃防御方法の却下　　当事者が趣旨の明瞭でない攻撃防御方法を提出しておきながら，裁判長の釈明（149）に応じる必要な釈明をし

3-2-3

なかったり，裁判長が期日を定めて釈明のために出席を命じたのに，期日に欠席した場合（151 I ①）にも，この攻撃防御方法は同様に却下される（157 II）。

（ウ）　弁論準備手続を経た場合，弁論準備手続で提出しなかった事項（事実と証拠）は，口頭弁論に提出できるが，相手方からの求めがあれば，提出できなかった理由を書面で説明しなければならない（174・167，規 90・87。⇒ **3 - 3 - 10**）。

（エ）　審理の整序を目的とする中間判決がなされれば（245），その判断事項に関する攻撃防御方法は，もはや当該審級においては提出できない。

（オ）　平成 15 年改正による計画審理（147 の 2 以下）の新たな導入との関係で，裁判所は，審理計画において特定の事項についての攻撃防御方法を提出すべき期間を定め，または裁判長は審理計画に従った訴訟手続の進行上必要があると認めるときは，当事者の意見を聴いて，特定の事項についての攻撃防御方法を提出すべき期間を定めることができる（147 の 3 III・156 の 2・170 V）。これにより，期間経過後に提出された攻撃防御方法については，審理計画に従った訴訟手続の進行に著しい支障を生ずるおそれがあると認められるときは，当事者が期間内に提出をすることができなかったことについての相当の理由を疎明しない限り，裁判所は，申立てまたは職権で，却下の決定をすることができる（157 の 2）。弁論準備手続を受命裁判官が行う場合，その裁判官は，攻撃防御方法を提出すべき期間を定める裁判を行うことはできるが，却下の裁判を行うことはできない。この場合は，受訴裁判所がする（171 II）。

II　口頭弁論における審理原則

3 - 2 - 4　公開主義

（1）　一般公開　　口頭弁論は種々の審理原則のもとで展開されるが，公開主義はそのなかでも最重要の基本原則である。公開主義とは訴訟の審理・裁判を誰でも傍聴できる原則をいう。一般公開主義ともいう。事件との利害関係を問わない。審理の傍聴を一切許さない主義は密行主義と呼ばれる。民事裁判のプロセスを市民に開示するなかで，手続の公正さを担保し，司法に対する信頼を築く。日本国憲法は「裁判の対審及び判決は，公開法廷でこれ

II　口頭弁論における審理原則　　257

を行ふ」と定める（82 I）。裁判とは訴訟事件に対するものをいい，対審とは口頭弁論を指す。一連の手続（弁論準備手続，口頭弁論，評議，判決の言渡し等）のうち，口頭弁論と判決の言渡しが公開される。裁判の公開は訴訟記録の公開と連結する（⇒ **3-2-16**(2)）。公開すべき場合に非公開審理をすれば，それだけで上告理由となる（312 II ⑤）。

　(2)　**当事者公開**　　当事者公開とは，一般公開に対し，当事者のみが訴訟において裁判所および相手方の行為のすべてについて知られ，弁論や証拠調べなどの期日に適法な呼出しを受け，手続に関与する機会を保障され，証人尋問を含む証拠調べに立会いし，訴訟記録の閲覧もできるというものである。当事者公開は双方審尋主義（⇒ **3-2-1**(2)）の具体化で，裁判を受ける権利の実質的な内容となる。「当事者権」にもからむ。

　特許権・専用実施権の侵害訴訟において，当事者等がその侵害の有無についての判断の基礎となる事項で当事者の保有する営業秘密に該当するものについて，当事者本人もしくは法定代理人または証人として尋問を受ける場合においては，裁判所は，裁判官の全員一致により，その当事者等が公開の法廷で当該事項について陳述をすることにより当該営業秘密に基づく当事者の事業活動に著しい支障を生ずることが明らかであることから当該事項について十分な陳述をすることができず，かつ，当該陳述を欠くことにより他の証拠のみによっては当該事項を判断の基礎とすべき特許権または専用実施権の侵害の有無についての適正な裁判をすることができないと認めるときは，決定で，当該事項の尋問を公開しないで行うことができることとした（特許105 の 7。同旨，新案 30，不正競争 13）。これをとくに公開停止という。人事訴訟においても，裁判所は同様の措置をとることができる（人訴 22）。すなわち，身分関係の形成または存否の確認の基礎となる事項であって自己の私生活上の重大な秘密に係るものについて尋問を受ける場合，裁判所は，裁判官の全員一致により，その当事者等が公開の法廷で当該事項について陳述をすることにより社会生活を営むのに著しい支障を生ずることが明らかであることから当該事項について十分な陳述をすることができず，かつ，当該陳述を欠くことにより他の証拠のみによっては当該身分関係の形成または存否の確認のための適正な裁判をすることができないと認めるときは，決定で，当

3-2-4

該事項の尋問を公開しないで行うことができる（人訴22 I）。当該事項の尋問を公開しないで行うときは，公衆を退廷させる前に，その旨を理由とともに言い渡さなければならないし，当該事項の尋問が終了したときは，再び公衆を入廷させなければならない（人訴22 III）。

(3)　法廷公開からテレビ公開へ——公開と秘密保護　一般公開の原則を徹底させれば，法廷公開だけでは不十分で，アメリカ合衆国のようにさらにテレビ等の報道機関を媒介として審理経過を茶の間に持ち込むことも考えられる。テレビ公開である。しかし，法廷公開においてすら，きわめて個人的な利害の衝突である私人間の紛争が世間の好奇な眼に曝されてしまうという問題がある。

かつてドイツでは，裁判の公開は政治問題であった。公開を抑える側はことに政治犯の審理公開の波及をおそれ，公開要求する側は自由主義運動の一環とした（講義254頁注10〔鈴木重勝〕）。もっとも今日のドイツでは，公開主義は憲法ではなく裁判所構成法上の問題にとどまる。ヨーロッパ人権条約6条1項による公開主義は弾力的でさえある。近時，裁判の公開により，法的に保護されるべきプライヴァシーや営業秘密がかえって侵害されるところから，実質的な裁判を受ける権利の保障ともからみ，民事訴訟における秘密保護手続の導入が立法課題の一つとなっていたところ（人権B規約14 I），前述のように，一定の訴訟事件で公開停止が可能とされるほか，当事者等に秘密保持命令を発することができる（特許105の4，不正競争10等）。

3-2-5　口頭主義

(1)　意義　口頭主義とは，口頭で陳述されたものだけが判決の基礎となる原則をいう。このため，弁論と証拠調べは口頭で行う。これに対し，書面のみを用いる原則を書面主義という。口頭主義・書面主義には一長一短がある。ただ口頭主義は，裁判所にとっても新鮮な印象を与え，陳述の不明瞭は直ちに釈明できるため，当事者の真意の把握に役立つ。公開主義や直接主義の長所も生かせる。当事者にしても，自らが口頭で陳述し，また聴いたものだけが判決の基礎となることが保障される。ただし口頭陳述にありがちな不完全さ・不正確さは書面の援用で補うということになる（161 I）。

口頭主義は必要的口頭弁論の原則のうちに表明される（87）[6]。口頭主義の

---

6)　なお，鈴木正裕「上告理由としての訴訟法違反」民訴雑誌25号（昭54）29頁。

II 口頭弁論における審理原則

内容はそのまま必要的口頭弁論の原則となる（①口頭弁論を行わなければ判決できない，②口頭で陳述ないし顕出されたものだけが裁判資料となる）。このため，準備書面記載事項であれ，あるいは弁論準備手続で提出された事実であれ口頭弁論で陳述されなければならない（161 III・173）。口頭主義の例外は必要的口頭弁論の原則の例外である（⇒ **3‐2‐1**。78・140・290・319）。

(2) **書面利用による口頭主義の補完**　書面の合理的利用は，民事裁判にとって不可欠である。書面主義における書面利用と口頭主義の補充としての書面利用は区別される。前者では，書面が判決の基礎となる。これに対して後者での書面利用は，口頭主義の例外や制限ではなく，口頭主義で露呈する短所の補完のため，必要とされる。不正確さが，ことに重要な訴訟行為（訴え・上訴・再審の提起，訴え・上訴の取下げ，訴えの変更等）で生じるのは訴訟手続の安定から望ましくない。そこでかかる訴訟行為には書面性が要求される（133・143 II・145 IV・261 III・146 IV・292 II・286・313・314・327 II・336 III・343）。また，複雑な事実関係や計算，精緻な法律論は，口頭での説明に親しまない。理解が困難であるうえ，長時間の弁論も紛糾し，審理は不確実となる。そこで準備書面（161）や控訴理由書・反論書（規182・183），上告理由書（315）を当事者に事前に提出させ，これによって口頭主義の欠陥を補完する。さらに，口頭弁論期日や弁論準備手続期日が数回にわたると，裁判官が当事者や証人の陳述を正確に記憶することは困難である。判決基礎となる裁判資料は確実性を失う。これを防止するため，口頭弁論には必ず口頭弁論調書が作成され（160 I・II），弁論準備手続では弁論準備手続調書が作成される（規88 I）。最後に，上級審が下級審の手続，証拠評価，法律判断等を審査するには，下級審でなされたことを正確に知らなければならないが，口頭主義では不可能となる。そこで裁判には裁判書を作成（253）し，あるいは調書の記載でそれを明確にすることにより（規67），審級制度の目的を達成する。

こうした準備書面等の書面利用は口頭主義の短所を補うのみならず，その長所を生かす。たとえば，無駄な陳述を制止し，双方の弁論をかみ合わせ，争点の発見・整理等も，口頭のみよりも，審理の実は上がる。もっとも，書面利用が行き過ぎると口頭主義を前提とする審理を形骸化させる。従来，ロ

3‐2‐5

頭弁論期日において，提出した準備書面があれば「準備書面に記載のとおり」などといった陳述方法で，その記載事項が口頭で陳述されたと扱う形ばかりの口頭主義が行われていた。しかし，いわば裏舞台ともいわれる争点整理手続によって証拠調べ前の主張整理・証拠整理が尽くされておれば，それに続く表舞台での口頭弁論期日での口頭主義の実施にさほどの困難は生じない。さらに，期日と期日との間隔が短くなれば「記録に頼る裁判」も減少しよう。

3-2-6 直接主義

(1) 意義　　判決をする裁判官が，自ら当事者の弁論を聴取し，証拠調べをするとの原則をいう。こうした口頭弁論に関与した裁判官だけが判決をすることができる（249 I）。これに対して，他者の審理結果の報告に基づいて裁判をすることを間接主義という。直接主義は口頭主義とより親和的である。

(2) 間接主義の誘惑　　直接主義にはその建前と本音が見え隠れする。担当裁判官の交代の際には，弁論を更新しなければならない[7]。直接主義を純粋に貫徹するなら，新裁判官の面前で弁論と証拠調べをきちんと繰り返すべきであるが，それでは訴訟経済に反する。当事者にとっても時間の浪費で迷惑である。そこで，従前の訴訟資料は裁判官の交代にもかかわらず，新裁判官の面前で当事者が従前の口頭弁論の結果を陳述することにより，その効力を持続する（249 II）。これは新裁判官の側からみれば，従前の裁判官という他者の審理結果を当事者の報告（「従前の通りです」ときわめて形式的である）に基づいて裁判の基礎とすることになり，実質は間接主義といえる。いっそう間接主義的なのは，受命裁判官，受託裁判官が証人尋問をする場合である（185・195。なお184）。なお，弁論更新の際の「従前の口頭弁論の結果」には証拠調べの結果の陳述も含まれる（249 II。そのほか296 II）。ともあれ当事者が自ら裁判所に対して直接に報告する形式により直接主義を擬制するものといえる。当事者双方が出席して，自己の弁論の結果を各陳述する必要は

---

7) 沿革につき，鈴木正裕「当事者による『手続結果の陳述』」石田喜久夫＝西原道雄＝高木多喜男先生還暦記念・金融法の課題と展望(下)（平2）407頁。

II 口頭弁論における審理原則　　261

ない。一方当事者が出席し，双方の従前の弁論結果を陳述するだけで足りる
（最判昭 31・4・13 民集 10-4-388〔百選［初版］44 事件］）。裁判官の交代があっ
た場合，更新手続を行わないまま，口頭弁論を終結し，従前の弁論をも斟酌
して判決がなされたときは，若干の議論がある。当事者は裁判官の交代以前
に適法に事実や証拠を提出しており，弁論主義違反というのはいかにも不自
然である。むしろ従前の弁論の報告とみて，従前の弁論の結果陳述を聴取す
ることによって，新裁判官が基本たる口頭弁論に関与したる裁判官となると
解し，かかる結果陳述がないことは，直接主義違反（249 I）といえる。これ
は，絶対的上告理由（312 II ①）であり，再審事由（338 I ①）でもある（最
判昭 33・11・4 民集 12-15-3247〔百選［3 版］50 事件］。312 II ②・338 I ② を根
拠とみる見解もある）。強行規定であって，責問権の放棄・喪失による瑕疵の
治癒はない[8]。

　直接主義は証拠調べにおいて真価を発揮する（249 条 1 項の「基本となる口
頭弁論」は証拠調べを含む）。担当裁判官は証拠方法に直に接し，自らの五官
で評価する。証人の供述態度は証言の信用性の判断材料の一つであって，単
独事件での裁判官の交代や合議事件での過半数の裁判官の交代の場合，当事
者からの申出があれば，証人尋問をやり直す（249 III）。直接主義は，形式
的には担当裁判官と当事者あるいは証拠方法との直接接触を意味するが，実
質的には，ある同一事実の認定に役立つ証拠方法が複数ある場合に，その事
実にもっとも直接関連のあるベスト・エビデンス（伝聞証拠等は避けるにこし
たことはない）による証拠資料の獲得にある。

3-2-7　集中審理主義

（1）　意義　　厳密には，特定の事件の審理のために，数回にわたる口頭
弁論を集中的に継続して実施し，その終了後に初めて他の事件の審理に移行
する主義をいう（継続審理主義）。これに対して，口頭弁論を期間をおいて断
続的に行う（裁判所からみれば，多数の事件を併行的に審理する）主義を併行
審理主義という。審理のために費やされる労力，時間，費用はどちらによっ

8）　反対，小室・研究 64 頁，斎藤編(4) 420 頁，鈴木重勝「口頭弁論」法セ 400 号（昭
63）81 頁以下。

ても同じとはいえず（わが国の現実は併行審理である），併行審理によると期
日と期日との間隔が数か月と長くなり，裁判官の記憶も薄れがちとなり，結
局は記録化された資料に基づく裁判となる。これでは口頭主義の長所は生か
されず，実質的には書面主義となる。審理の長期化により，その間に裁判官
の交代もあり，実質的に間接主義となりかねない。集中審理主義では短時日
のうちに事件の全体像が一挙に解明され，裁判官もその事件のみに関心を集
中でき，心証形成が容易かつ能率的で，新鮮な印象に基づくより正しい裁判
が期待できる。口頭主義や直接主義の長所は集中審理主義と合わせてこそ引
き出せる。公開主義も理想に近づく。

(2)　平成8年改正における集中審理化　　厳密な意味での集中審理主義
は採らないものの，証人や当事者本人尋問は，争点および証拠の整理が終了
した後に（証拠採否の決定はそれまでに済ませておく），集中して実施しなけれ
ばならない（182。集中証拠調べ。⇒ **3 - 4 - 20**）。今後とも複数の期日が必要
な場合，当事者の意向を聴取しながら，あらかじめ一括して期日指定してお
くといった運用が注目される。ともあれ，訴訟関係者の意識改革が問われる。

3 - 2 - 8　計画審理主義（計画的進行主義）

　その後も，訴訟関係者による実務改革が進められるなか，迅速化法（「裁
判の迅速化に関する法律」）により，第一審訴訟手続は2年以内のできるだけ
短い期間内に終局させることとされたことに呼応するように，計画審理の推
進等による民事裁判の充実・迅速化等が求められてきた。そこで，平成15
年改正により，前掲のような計画審理主義が導入された（第2編第2章〔147
の2・147の3〕。⇒ **3 - 1 - 13**）。複雑多様化する社会における司法機能の充実
の重要性に応えようとするものである。

III　当事者の訴訟行為と弁論の実施

3‑2‑**9**　本案の申立てと攻撃防御方法

（1）　本案の申立て　　口頭弁論では，原告が訴状に記載した請求の趣旨を陳述し，被告が反対申立て（本案前の申立てとして訴えの却下，本案についての申立てとして請求棄却判決の申立て）をする（⇨ 3‑2‑**2**）。当事者の本案に関する終局判決を求める陳述を本案の申立てという。口頭弁論において，本案の申立て等を陳述するのは，口頭主義の要請による。被告の訴え却下の申立ては職権調査事項である訴訟要件の場合は必要ではない（抗弁事項，たとえば仲裁合意の抗弁の場合は，当事者の申立て〔本案前の申立て〕が必要となる）。請求棄却の申立ても，原告の請求を認容しないのであれば棄却するほかなく不可欠ではない。

（2）　攻撃防御方法と主張整理　　本案の申立てを基礎づける一切の裁判資料（主張，立証，証拠抗弁等）を攻撃方法といい，その反対申立てを基礎づける一切の裁判資料を防御方法という（用語例として 156・157・161 II ①②）。かつて，攻撃（原告の本案の申立て）や防御（被告の本案の申立て）と言ったので，それを根拠づける資料を攻撃防御方法という。なかでも主張（訴訟要件の存否，個々の訴訟行為の効力や方式の当否に関する主張を広く含む）と立証は訴訟の勝敗に直結する。請求とこれを特定し理由づける具体的な権利関係の陳述は法律上の主張という。本案についての主張は証明責任の所在によって整理される。

　　設例2では，原告の本案の申立ては貸金請求で，特定の貸金債権の存在が主張される。また，設例3では建物収去土地明渡請求を基礎づけるため原告は土地の所有権の存在と被告の建物所有による土地の占有を主張する。こうした貸金債権や土地所有権の主張が法律上の主張である。訴訟物である貸金請求や建物収去土地明渡請求を被告が認めると，これは請求の認諾となる（⇨ 4‑1‑**10**～**13**）。原告の貸金債権，土地所有権という法律上の主張を認めると権利自白となる（⇨

3‑2‑8・9

3-4-11）。法律上の主張を相手方が争えば，それを理由づける事実が主張され
なければならない。具体的な事実の存否についての認識判断の報告を事実上の主
張あるいは事実主張という。設例2で貸金債権の存在が争われれば，この貸金債
権を基礎づける事実，つまり金銭消費貸借の合意（有力説では「返還約束」）と金
銭の授受（消費貸借の要物契約性による）という事実（請求原因事実）を主張する。
設例3で土地所有権の存在が争われれば，原告はこれを基礎づける所有権取得原
因事実，すなわち，もと所有した訴外Ａから代金いくらで買い受けたという事
実を主張することになる。設例2での防御方法は，たとえば弁済主張（事実抗弁）
である。また，消滅時効の援用もあり（権利抗弁），これに対しては，時効の更
新事由や完成猶予事由が主張されることもある（再抗弁）。

　事実主張が争われると，これを証明するため当事者は特定の証拠方法の取調べ
を申し出る。これを立証（挙証）という。裁判所は証拠方法の取調べから証拠資
料を得て事実認定（心証形成）する。なお，証拠方法が関連性を有しない，証拠
能力がない，証拠の申出が不適法である，証言は偽証で信用できない等の主張は
証拠抗弁という。法律上の主張の一種で，裁判所は拘束されない。

　なお独立した攻撃防御方法という用語例がある（245）。これは中間の争いにつ
き，他の攻撃防御方法と切り離して審理判断（中間判決）する場合をいう（⇒
4-2-2(2)(ア)）。

3-2-10　訴訟行為の意義と種類

　(1)　意義　　訴訟の場で繰り広げられる裁判所や当事者その他の関係者
の行為を訴訟行為という。訴訟手続は提訴後のそうした訴訟行為の系統的な
連鎖で形成される。訴訟行為には裁判所側によるものと当事者側によるもの
とがある。裁判所側の訴訟行為の主たるものは裁判であるが，当事者の陳述
の聴取や証拠調べのほか，たとえば送達といった行為もある。ただ，私人の
行為とは別個の規律に服する（⇒3-1-11）。処分権主義，弁論主義の妥当
する通常の民事訴訟の内実は当事者の行為によって展開するので，以下では
当事者の訴訟行為のみを扱う。

　当事者の訴訟行為は，私法行為と峻別される。訴訟行為には訴訟手続に固
有な価値（ことに手続安定の要請）を無視できない。訴訟法が当該行為の要
件および効果をともに明文で規定する場合，訴訟行為として訴訟法の規律に

従うのは問題ない。だが，訴訟法で効果のみを規定し，要件は規定しないとか，その逆の場合，あるいは全くその定めがない場合，その規律は私法によるのか訴訟法によるのか明確でない。訴訟行為であるには，必ずしも訴訟法により要件および効果がともに規定される必要はない。およそ訴訟法上の効果の発生が認められる行為であれば，広く訴訟行為といえる。たとえば訴えの提起は，訴訟法上の効果（訴訟係属）と実体法上の効果（時効完成猶予）を同時発生させるが，明白に訴訟行為である。訴訟法上の効果と実体法上の効果のうち，前者が本来的効果として生ずる行為を訴訟行為とみるべきである（主要効果説）。その意味では，契約書にある管轄合意も訴訟行為である（⇨ 3 - 2 - 11）。今日の訴訟行為論は，個別の訴訟行為の機能を重視する方向にあり，私法行為との連関をも視野に入れる（⇨ 3 - 2 - 13）。

(2) 当事者の訴訟行為の種類　　ここでは訴訟行為に対する裁判所の評価形式と効果の違いによる，取効的訴訟行為（取効行為）と与効的訴訟行為（与効行為）の区別が重要である。すなわち取効行為は，訴訟行為に直ちに効果が結びつくというよりも，裁判所の応答によってその本来の目的を達し，裁判を離れては独自の意味がない。訴えや攻撃防御方法（申立て・主張・立証）がこれである。これに対して，そうした応答を要することなく行為に効果が直結するものが与効行為である（訴えの取下げ，請求の認諾・放棄，訴訟上の和解，訴訟告知等。裁判上の自白については問題はあるが後者に含めてよい）。これらは裁判の介在なしに直接に訴訟法上の効果を生ずる。評価形式としては，取効行為は裁判所による 2 段階の評価（適法性と理由具備性）を受け，裁判所の応答がなされる。与効行為は有効・無効の評価による。訴訟前・訴訟外の与効行為の既発生の法効果が，相手方により無視されたり争われると，裁判所にその有効無効の判断を受けざるを得ず，そのためには取効行為が必要となる。そこでは，与効行為を無視した相手方の取効行為の適法性の問題ともなる。

なお，当事者の訴訟行為のなかでも訴訟法上の効果の発生を目的とする意思表示は，訴訟法律行為ともいう。与効行為である。これには単独行為と訴訟上の合意（訴訟契約），さらには合同行為がある。さしあたり法が明文で認めるものを掲げると，単独行為としては，訴えや上訴の取下げ（261・

266　　　　　　　第3編　第2章　口頭弁論

292・313），訴えの取下げに対する同意（261 II），責問権の放棄（90），上訴権の放棄（284・313）等がある。さらに合意の例としては，管轄合意（11），担保提供方法に関する合意（76但），飛越上告の合意（281 I 但）等がある。合同行為の例としては，選定当事者の選定（30）等がある（争いはあるが訴訟上の和解〔267〕も合同行為と解する）。いずれも，当事者の効果意思を訴訟法が承認し，その意思に沿う法効果の発生を認める。

　また，申立てと主張に分けうる。申立て（申出，申請）とは，裁判所に対して，一定の行為（裁判，証拠調べ，送達等）を求める当事者の行為である。請求についての判決を求める本案の申立てと，訴訟手続進行上の派生事項について裁判所の行為を求める訴訟上の申立て（除斥・忌避の申立て，移送の申立て，特別代理人選任の申請，期日指定の申立て，証拠調べの申出等）がある。申立ては裁判所に対する一定行為の要求であって，裁判所がその申立てを判断し，応答する。申立てが不適法であれば却下する。適法であっても理由がなければ棄却する。訴訟上の申立てには，当事者に申立権が認められないものもあり，これは裁判所の裁量行為を求めるもので，単に裁判所の職権の発動を促すにすぎない（152・153・186・228 III）。裁判所に応答義務はなく，また応答がなされても，当事者は不服を申立てできない（⇒ **3 - 1 - 11**(4)）。なお，申立ては書面性を要求する別段の規定（133・143 II・145 II・286）のある場合を除き，書面でも口頭でもできる（規 1 I）。

　民事訴訟に関する手続における申立てその他の申述（以下「申立て等」という）のうち，書面等（書面，書類，文書，謄本，抄本，正本，副本，複本その他文字，図形等人の知覚によって認識することができる情報が記載された紙その他の有体物をいう）をもってするものとされているものであって，最高裁判所の定める裁判所に対してするもの（当該裁判所の裁判長，受命裁判官，受託裁判官または裁判所書記官に対してするものを含む）については，最高裁判所規則で定めるところにより，電子情報処理組織（「裁判所の使用に係る電子計算機（入出力装置を含む）と申立て等をする者の使用に係る電子計算機とを電気通信回線で接続した電子情報処理組織」）を用いてすることができるとされた（132 の 10〔平 16 法 152〕）。この場合において，署名・記名・押印等をすることとされているものについては，当該申立て等をする者は，その署名等に代

えて，最高裁判所規則で定めるところにより，氏名または名称を明らかにする措置を講じなければならない（同IV）。この方式によりされた申立て等については，書面等をもってされたものとみなされる（同II）。この申立て等は，裁判所の使用に係る電子計算機に備えられたファイルへの記録がされた時に，当該裁判所に到達したものとみなされる（同III）。

　なお，申立ては当事者の自由である。裁判所が応答（裁判・証拠調べ等）するまでに撤回できる（裁判後も可能とする例外として，262 II）。撤回されれば申立てはなかったことになる。ただ，申立てにより相手方が有利な訴訟上の地位を取得した後は，申立ての撤回は制限され（261 II）または許されない（証人尋問後の証人申請の撤回等）。

　申立てを理由づける行為は主張（性質は観念の通知）で，法律上の主張と事実主張がある。前者は具体的な権利の存否，後者は事実の存否に関する当事者の認識・判断の報告であって，後者は前者を理由づける関係にある（⇨ 3-2-9）。裁判所は，申立てあるいはほかの法律上の主張の理由づけのため，この主張を顧慮するかどうか判断しなければならない。主張は裁判所に対する口頭陳述による。主張は当事者の自由で，主張の撤回もでき，主張し直せる。ただ事実認定の際に，弁論の全趣旨として不利に斟酌されることもある（247）。もっとも，この主張への相手方の信頼保護が必要となったときには，この撤回は制限される（たとえば裁判上の自白の撤回。⇨ 3-4-9(2)(ウ)）。

3-2-11　訴訟上の合意（訴訟契約）

　現在または将来の訴訟当事者が現在または将来の特定の民事訴訟に対して，一定の効果の発生を目的としてする合意を訴訟上の合意という。民事訴訟法が明文をもって規定するものもある。たとえば，管轄合意（11），担保提供方法に関する合意（76但），担保変換契約（80），期日変更の合意（93 III），不控訴および飛越上告の合意（281 I但），不動産の競売条件に関する合意（民執59 V），配当に関する債権者間の合意（民執139 II），仲裁合意（仲裁13）等である。規定のない場合，たとえば，不起訴の合意（訴訟回避の合意），訴えないし上訴取下げ契約，自白契約，証拠制限契約等が適法なものとして認められるか（対象の処分性と当事者の意思決定の自由の確保がとりわけ重要となる），どのような効果をもち，どのよ

うに訴訟上扱うのか問題となる[9]。明文の規定がない場合，つねに許されないとはいえず，また無原則に許容されるわけでもない（対象の処分性の有無）。たとえば，特定の訴訟事件のやり方を当事者が自由に定めることができるとすれば，効率的な訴訟手続の進行は期待できなくなる。大量の訴訟事件は集団的に処理される。かかる訴訟手続の方式は，たとえ当事者が合意したとしても自由に明文の扱いを変更することは許されないのが原則である（任意訴訟禁止の原則。もっとも，対話型審理をめざす場合，審理計画についても相当な範囲で当事者の合意を積極的に活用する余地がある）。

　他方，処分権主義，弁論主義の範囲内では特定の訴訟行為をするかしないかは当事者の自由である（訴えの提起，訴えの取下げ，自白，証拠の提出等）。しかし，これはその行為をする時点で訴訟の進行状況等を判断して決定できることである。あらかじめなされる合意によってそれを縛ると，事前にその決定の自由が奪われることになるので配慮が必要となる（意思決定の自由の確保）。特定の訴訟行為に関する合意が許されるには，合意の効果が訴訟上どのようなものであり，それにより受ける不利益の限度がどこまでであるかが明確でなければならない。そこで少なくとも，当該合意が処分権主義，弁論主義の範囲内であって，その合意の法効果を明確に当事者が予測できる場合は許されよう。

　訴訟上の合意は私法上の効果を生ずるにすぎないか（私法契約説），直接に訴訟法的効果を生ずるか（訴訟契約説），対立がある。私法契約説は，まず私法上の作為，不作為義務等が生じ，この義務に違反してなされた訴訟行為等に対して相手方に何らかの訴訟上の救済を与える（義務違反には，損害賠償請求も可能）。たとえば，訴え取下げ契約では，原告に訴えを取り下げるべき私法上の作為義務が生じ，これに違反して原告が訴えを取り下げないときは，被告が抗弁として契約の存在を主張すると，権利保護の利益ないし必要を欠くものとして訴えが却下される。しかし，私法契約から生ずる義務等の機能する場面は私法の場にはほとんどない。むしろ訴訟上の抗弁権の発生要件にすぎず，当事者にとってはそこにねらいがある。そこで当事者意思を踏まえ，端的にかかる効果を訴訟上直接に導くように解釈すべきである。すなわち，合意が訴訟上の事項を内容とする場合，直接に訴訟法上の効果の発生を目的とする訴訟契約である（訴訟契約説）。もっとも，訴訟契約説といっても，その理解はさまざまである。まず，訴訟法上の変動効果（効力）のほかに，義務づけ効果（効力）を認めるのかどうか。効果はいつ発生す

---

9) たとえば，青山善充「訴訟法における契約」岩波講座・基本法学(4)（昭58）241頁以下。

III　当事者の訴訟行為と弁論の実施　　269

るのか。契約締結のときか，この契約を裁判所に主張・立証したときか。それとも裁判所がそれを認め，あるいはそれに対応する措置をとったときか。裁判所がその効果に対応する措置をとったときも，この契約に直接基づく効果とみるか，それを認めた裁判所の措置によるか，の対立がある（不起訴の合意や訴え取下げ契約の扱いにつき，⇒**2-5-4**(3)，**4-1-5**）。

　ある訴訟に関する合意が私法契約なのか，それとも訴訟契約なのかは，それがどのような法効果の発生を目的とする契約であるかによって定まる。この合意が訴訟上許されるかどうかは，このような訴訟法上の効果発生の許容性の問題でもある。そうであれば，訴訟法上許される以上，当該合意には直接の訴訟法上の効果が認められるべきである。訴訟法上の効果には，当事者の一方が一定の行為をすべきこと（一定の事実を認めるとか，訴えを取り下げるとか），あるいは一定の行為をしないこと（一定の証拠方法を提出しないとか，特定の権利関係につき出訴しないとか），さらには当事者の行為義務を介在させないで，直ちに効果が生ずる（たとえば管轄合意によって，合意した裁判所に直ちに管轄権が生ずる）といった場合がある。これらの効果はいずれも当事者の効果意思・契約目的から契約締結の際に発生すると考えられる。契約の相手方が合意に違反する場合（たとえば，訴えを取り下げるべきであるのに取り下げず，ある事実を認めるべきであるのに認めず，あるいは契約に反して証拠方法を提出し，さらには合意と異なった裁判所に提訴するなど），当事者は，契約違反の訴訟上の行為・不行為に対して裁判所に契約が存在することを主張・立証し，相手方も，この契約の無効を主張できる。裁判所が契約の成立と有効性を認めれば，その契約内容に則した措置をとる。この措置は契約の効果による。個々の訴訟契約に即した検討が必要である。

3-2-12　訴訟行為の評価と瑕疵ある訴訟行為

　訴訟行為は4つの局面で評価される。判断順序でいえば，成立・不成立，有効・無効，適法・不適法，理由あり・理由なし，となる。私法行為の場合とは若干異なる構造を持つ。訴訟行為の外形らしきものがあっても，訴訟行為として成立しているとは即断できない。成立・不成立は，訴訟法がその行為について要求している定型に適合しているかという評価にかかる（例，管轄合意の書面性〔11 II・III〕は効力問題であるが，すでに成立問題ともいえる）。不成立とされれば，もはや適法・不適法，有効・無効，理由あり・理由なしの評価対象とはならない。このため基本的には瑕疵の治癒も問題とならない。

3-2-12

270　　　　　　　　第3編　第2章　口頭弁論

有効・無効は，成立した訴訟行為がその行為本来の効果を生じうるかの評価
である。一定の事由によりこの効果が認められない場合は無効である。たと
えば訴訟行為の要件である意思能力（なお，⇒ **2 - 3 - 11**(2)），訴訟能力，代
理権を欠く場合，あるいは訴訟行為が訴訟手続に関する効力規定に違背する
場合などである。もっとも，追認によって有効となり（34ⅡⅢ・59）（訴訟
行為の一部のみの追認は許されない。最判昭55・9・26判時985-76），責問権の
放棄・喪失によって有効となる（90）。無効な行為の扱いは行為によって異
なる。無視すればよいものもあれば，積極的に裁判所が関与しなければなら
ない場合もある。終局判決前の裁判で判断の示されるものもあるし，終局判
決の理由中の判断で示されるものもある。

　取効行為は裁判所に一定内容の裁判あるいはその他の行為をするよう働き
かける行為であるから，裁判所によって2段階で評価を受ける。まず適法・
不適法（却下）である。適法・不適法は，有効な訴訟行為について訴訟法規
の違背の有無による評価である。この種の行為が有効であることを前提とし
て，その内容を判断することが訴訟法上許されるかどうかの評価である。こ
の行為への訴訟法規の要求を充足しているかどうかの判断による。たとえば，
訴えや上訴については訴訟要件ないし適法要件を具備しているかどうかなど，
主として申立てについて問題となるが，攻撃防御方法についても時機に後れ
た提出ではないか（157）が問題となり，いずれにせよ不適法な訴訟行為は
却下される。

　次に，適法な申立てであれば，その内容が実体法ないし訴訟法に照らして
是認されるかにより，理由あり（認容），理由なし（棄却）の判断がなされる。
理由ありと認められるときは，裁判所は求められたとおりの行為をする。

　与効行為の有効・無効の評価は，ことに，意思の欠缺や効果意思と表示の
不一致の場合に民法の類推適用を認め，訴訟上の無効主張を許すかどうか問
題となる。

3 - 2 - 13　訴訟行為と私法法規

　(1)　多様な訴訟行為と私法法規　　私法法規が訴訟行為との関連でとりあげ
られるのは，法律行為に関する規定（行為能力，代理，意思の瑕疵），付款につい

III 当事者の訴訟行為と弁論の実施　　271

ての規定である。こうした規定，あるいはその解釈が訴訟行為に適用あるいは類推適用されないか，という問題である。代理権・代表権に関しては，双方代理と表見代理の規定が問題となる（⇒2-4-**5・11**）。

　私法上の法律行為（私法行為）は，それだけで独立して法効果を生じ，その法効果（権利の発生・消滅）だけで私法生活関係が規律される。この行為の無効・取消しを認めても，その行為だけに限定した処理となる。これに対して訴訟行為は，通常，他の訴訟行為を前提とし，またそれを予定する一連の訴訟手続の部分にしかすぎず，それだけでは独立した意味をもたない。こうした訴訟行為の連続にほかならない裁判をめざす訴訟手続をできる限り維持・安定させるためには，手続を組成する訴訟行為について，私法が法律行為を規律するのとは異なった独自の原理や法則を妥当させる必要がある。このため法律行為を規制する私法法規は，原則として適用されないと考えられてきた。たしかに，このことは訴訟手続を形成する申立て・主張等の取効行為にはあてはまり，訴訟法の規律も主にこれを対象とする。しかし，訴訟前・訴訟外でなされる訴訟行為は，それが手続に組み込まれるまでは，手続との直接的な連関は稀薄であるし，また，訴訟を終了させる行為も手続形成行為ではあるが，そのうえに他の訴訟行為が積み重なることはない。そこでこれらの行為（与効行為）については，法律行為に関する私法法規あるいはその解釈理論の適用が問題となる。

　(2)　行為能力に関する規定（民5・9）　　訴訟行為には訴訟能力が必要である。訴訟前・訴訟外の行為（管轄合意，不控訴合意，証拠契約その他の訴訟契約）もそうであろうか。少なくとも訴訟代理権の授与は，訴訟手続全体に影響を与えるため，訴訟能力が必要である。管轄合意その他の訴訟契約は，私法上の契約と通例は合体しているため行為能力で十分か，さらに訴訟能力を要するかの争いがある。訴訟能力制度の趣旨は，専門性の高い訴訟における本人保護にあり，必要と解すべきである。

　(3)　意思の不存在・瑕疵に関する民法規定の類推適用　　伝統的な立場は，原則として類推適用を拒否する。すなわち，当事者の訴訟行為は基本的には裁判所に対してなされ，その手続的安定や明確さを確保するため，むしろ表示主義ないし外観主義が妥当する。虚偽表示，錯誤，詐欺や強迫（民94〜96）は，当然にはその効力を左右しないとする。

　しかし，訴訟前・訴訟外の行為は訴訟手続との直接の関連性がないし，訴訟手続を終了させる行為（訴訟上の和解，請求の放棄・認諾，訴えの取下げ）には，それ以上他の訴訟行為が積み重ならないという意味での手続安定の要求は問題となら

3-**2**-**13**

ない。例外的に，意思の不存在・瑕疵に関する民法の規定の類推適用により，無効・取消しの主張が認められるべきである（最判昭44・9・18民集23-9-1675。なお，請求の放棄・認諾，訴訟上の和解について既判力を認めず，その意思の瑕疵を考慮することについて，⇒4-1-**12・18**）。

訴訟行為に表示主義が妥当しても当事者に酷ではないとの実質的な根拠は，裁判所の面前で手続が厳格に進められ，裁判所の釈明もあり，誤りや瑕疵も少ないとの基本認識がある。また訴訟行為の撤回は原則自由であって，これで救済され，撤回が制限されても，詐欺・脅迫等刑事上罰すべき他人の行為によって訴訟行為がなされた場合，338条1項5号を類推し，確定判決をまたずに，当該訴訟手続内で，有罪判決等の要件（同条2項）とは無関係に，その効果を否定できる（最判昭46・6・25民集25-4-640〔百選［5版］91事件〕。⇒4-1-**6**）。ところが，たとえば控訴審において，錯誤で訴えを取り下げた場合，再審事由に該当せず，救済が認められないうえ，他方で再訴禁止の効果（262 II）が生じる。これは不当であって，場合によっては，取下げの無効を認めるべきである。訴訟行為の意思の瑕疵について，形式的に私法行為との異別性を強調するのみでは十分ではない。むしろ各訴訟行為の個別的特性に応じて具体的な利益状況を衡量し，意思の瑕疵の問題を検討すべきである。再審事由を訴訟手続内であらかじめ顧慮するとの従来の立場は，訴訟行為に意思の瑕疵がある場合にその効果を認めないとの点で正しい考え方を含むものの，一方で有罪判決を要求する過剰さがあり，他方では可罰的行為に該当しない錯誤の場合の救済が落ちてしまうなど過小な点がある。再審事由にひっかけて，その手続内顧慮が訴訟経済から認められるべきとするのはやや迂遠な論法である。要は，詐欺・強迫等による意思の瑕疵が訴訟行為の効力に響くかどうかということであって，再審事由はその口実にすぎない。

(4) 条件・期限 私法行為であれば問題はない条件等も，訴訟行為となると別である。訴訟行為に期限は付しえない。当事者が任意に訴訟行為の効力の発生・消滅の期限を定めるならば，手続は著しく不安定になる。条件についても，手続の安定を損なう限り，基本的には認められない。申立ての場合はどうか。裁判所は当事者の申立てを認めるときは申立てに応じた行為をしなければならないし，相手方もそのために応対しなければならないから，その申立てをするかしないか（申立ての効力の発生・変更・消滅）を将来発生する不確定事実の成否にかからせることはできない。もっとも法がこれをとくに許している場合もあるし（259・260 II），予備的申立て（第1の申立てが認容されない場合に備えて，第2の申立てを予備的にする）は許される（訴えの予備的併合。⇒5-1-**3**(2)）が，別の考慮

III 当事者の訴訟行為と弁論の実施　　273

から許否が議論になることもある（訴えの主観的予備的併合。⇒5-2-9）。では主張
の場合はどうか。一定の条件が成就したときは裁判資料になるというのでは審理
を不安定にする。主張に条件をつけることも許されない。しかし，原告が所有権
の取得の原因として，まず売買を主張し，これが認められなければ時効取得を主
張する場合（予備的あるいは仮定的主張という），あるいは被告が，まず弁済を主
張し，これが認められなければ，時効消滅を主張する場合（予備的あるいは仮定
抗弁という），この予備的・仮定的陳述は解除条件付主張ではある。審理の不安
定さは生じないから許される（通説）。裁判所は基本的にはどの主張をとりあげ
て審理してもよく，またどれを判決基礎としてもよい。同格の主張間では判決の
結論に差異が生じない。また判決理由中で判断されるので既判力も生じない。し
かし被告が原告の債権の存在を争い，弁済の抗弁を提出し，これが認められない
場合にそなえ，自分の反対債権で相殺するという予備的相殺の抗弁では，他の仮
定的主張と異なり，他の抗弁に先立って審理してはならない（⇒4-3-7(1)）。

　なお，与効行為に条件を付しうるかも，それによって手続全体が不安定になる
場合には基本的に許されない。個別的に検討すべきである。

3-2-14　形成権の訴訟内行使

　（1）　問題の所在　　相手方の権利主張に対して，私法上の形成権（取消
権・解除権・相殺権・建物買取請求権等）を訴訟上行使する場合，訴訟前ない
し訴訟外でこれを行使してその私法上の効果を訴訟で主張する場合（この場
合は弁済等の主張と同様）と，口頭弁論でいきなり抗弁として訴訟上行使す
る場合（形成権の訴訟内行使）とがある。問題となるのは後者の場合である。
とりわけ時機に後れた攻撃防御方法として却下された場合（157。その他，訴
え却下や，訴えの取下げ等の場合）に，形成権行使の意思表示により発生した
私法上の効果が覆滅するのか残存するのか，行為の法的性質と効果が争われ
る。たとえば，訴訟上行使された相殺の抗弁が，訴訟行為としての意味を失
った場合，既に発生した私法上の効果（反対債権の消滅）はそのまま残るだ
ろうか。その不合理は，被告の相殺の抗弁が時機に後れたとして却下された
場合に生じうる。すなわち，裁判所は相殺を斟酌せず，原告勝訴の判決をす
る。この場合，被告は既判力により確定した原告の請求債権を再度争えず，
反対債権は相殺により消滅していると解せば，原告に対してこれを請求でき

3-2-14

ず，相殺の抗弁を行使しなかった場合に比し，一層の不利益となってしまう。

(2) **純粋の訴訟行為か，私法行為と併存か**　そこで，相手方に対する形成権行使（私法行為）による私法上の効果（たとえば債務の消滅）と裁判所に対する陳述（訴訟行為）の関係をどう考えるかが問題となる。併存するとしても両者の関係が問題である。外観上は１つの行為であるが，実は私法行為と訴訟行為との両方の性質を有するとみれば（両性説），私法と訴訟法の両方の効果が生ずるには，私法上・訴訟上の要件の具備が必要で，一方の要件を欠けば，その効果は私法上も訴訟法上も発生しない。妥当な結論であるが，ぬえ的な構成で，理論的に一貫しない。次に，形成権の訴訟内行使は，自分に有利な判決を得るための攻撃防御方法として主張するもので，私法行為を含まない純然たる訴訟行為とみると（訴訟行為説），訴訟行為としての意味を失った場合でも，私法上の効果が残ることはない。結論は妥当であるが疑問もある。訴訟行為説では，たとえば相殺の抗弁を認めて原告の請求を棄却する判決は，形成判決の性質をもちうる。しかし本来，当事者の一方的意思表示によって法形成を惹起するのであって形成判決の余地はないはずである。しかも相殺の抗弁が私法上の効果を生じないで，どうして裁判資料となるのか。やはり私法行為との併存は不可避的である（併存説）。要は，形成権の訴訟内行使の法的性質論のみから結論を導くべきではなく，当該行為の特性，とりわけ当事者の効果意思を重視すべきである（新併存説）。

　そもそも当事者による形成権の訴訟内行使は，一つの攻撃防御方法にすぎない。訴訟行為として意味を失っても独立して私法上の効果を存続させる意思はない。そこで，①一部無効は全部無効となり，私法上の効果もないと構成しうる（無効説）。法律行為の一部無効＝全部無効の法理（ド民139）を類推する。あるいは，②裁判所の判断を受ける場合のみ，私法上の効果が生じるとの条件付意思表示ともみうる（条件説）。かかる条件で相手方を不当に不利益に陥らせるおそれはなく，法律関係を紛糾させることにもならない。さらに，③たとえば相殺の場合，その制度目的（当事者の便宜，衡平，反対債権の貫徹の可能性の確保）から自動的ないし当然に相殺の意思表示が撤回（反対債権は復活）されたとみなす見解（撤回説）もある。いずれも当事者意思や相手方の利益，手続安定を考慮する。

Ⅲ　当事者の訴訟行為と弁論の実施　　275

　ただ，訴訟行為としての意味を失えば私法上の効果もつねに失うとはいい
きれない。形成権者が，私法上の効果の残存を欲することもありうる。自己
の権利の犠牲を伴う場合（相殺，建物買取請求権等）は，通例は効果の不発生
を望む。しかし，既に消滅時効にかかった債権による相殺ではその行使が訴
訟上意味を失っても，対立債権の消滅を欲しうる。また，取消権（民96）や
解除権（民541ほか）のように，相手方の権利に付着する瑕疵に基づく形成
権行使は，訴訟外行使と同様に，相手方の請求を封ずるためにも効果の残存
を望む[10]。

　ちなみに訴訟外で相殺がなされ，これによる債務消滅の抗弁が却下されて
も，反対債権は消滅したままと考えられる。訴訟内形成権行使とのバランス
に疑問もあるが，弁論主義の支配する民事訴訟においては，主張責任の結果，
訴訟外で生じている自己に有利な法効果の不主張で敗訴するのはやむを得な
い。

　(3)　形成権の訴訟内行使には，相手方欠席の場合の形成権行使方法（私
法上の形成権の行使は準備書面への記載事項であり〔161Ⅱ①〕，この記載は形成
権行使の意思表示を含み，相手方への送達により私法上の効果が生じている），訴
訟代理人の代理権の範囲との関係（55Ⅰ。実体法上の権限としては弁済受領権
をあげるのみだが，形成権行使も訴訟代理権の範囲内とみうる），条件（予備的抗
弁）（相殺につき，条件を付すことは認められない〔民506Ⅰ後段〕。対立債権が相
殺適状にあるとすればというのは，相殺の要件であって条件ではない），意思表
示の瑕疵および撤回等の問題もある。

3‒2‒15　口頭弁論の制限・分離・併合・再開

　訴えの併合（客観的併合，主観的併合）は原告の意思による。ただ，併合に
より審理を錯綜させる場合もある。そこで，裁判所は審理整序のため，弁論
を分離し，あるいは弁論を制限し，特定の争点だけに弁論を集中すべきこと
を命じ，またはこれらの措置を取り消すことができる（152）。他方，個別に

10)　たとえば，被告の取消権行使に対し，原告が訴えを取り下げ，取消権の消滅時効
　　期間（民126）経過後に再訴を提起した場合，被告は前訴での取消しの効果の残存を
　　主張したいところであろう。もっとも，抗弁権の永久性を認めれば問題は生じない。

3‒2‒15

提起された関連訴訟を併合することにより1つの手続にまとめることもできる。いずれも裁判所の裁量による訴訟指揮の裁判（決定）である。この裁判には不服申立てはできない。

弁論の併合は、同一の官署としての裁判所に別々に係属している数個の請求（同一当事者間の複数請求に限らず、異なる当事者間の請求を含む）を結合させ、同一の訴訟手続で審理・判決すべきことを命ずる処置をいう。原告が初めから訴えを併合（客観的・主観的併合）提起できるにもかかわらず、別々に提起した場合、事件相互間に共通事項があるとして、弁論や証拠調期日を共通に行い、これにより裁判所も当事者も弁論・証拠調べを一度で済ますことができ、裁判の矛盾抵触を防止できる。請求が併合審理されるには、併合要件の具備が必要である（136）。しかしながら、これを具備する場合でも裁判所は自由な判断によって併合を命ずるかどうかを決定する。法が併合を要求する場合もある（41 III、会社 837）。

弁論の併合前になされた証拠調べの結果は、併合後もそのまま証拠資料となるかは、かつて問題とされた。平成8年改正法は通説・判例（最判昭 41・4・12 民集 20-4-560〔百選 II 117 事件〕）に従い、当然に証拠資料となることを認めつつ（併合効果説）、尋問の機会のなかった当事者に再尋問の機会を保障する（152 II。なお、裁判官交代の場合における 249 III 参照）。すなわち、併合効果説は弁論の併合自体の効果によって両事件が当初から同一訴訟手続において併合提起されたと同視されるべきだとする立場である（この見解を含めて、3説がある。書証説は、証拠調べは併合前になされたのであり、併合前は別事件であったのだから、別事件相互間の証拠調べの結果の利用方式、つまり証拠調べ調書が書証として取り調べられるべきであるという。併合後も別事件として扱うことが、併合の効果を無視していると批判されている。援用説は、当事者の援用によって、証拠調べ調書が書証となるのではなく、証拠調べの結果そのもの、たとえば証言が証拠資料となり、当事者の申立てによる併合がなされた場合、黙示の援用があるとみうる。援用説に対しては別事件とみるならば、援用されるのは証言ではなくて、調書のはずであり、証言そのものが証拠資料になるというのならば、援用は必要ない。また、相手方の証拠方法まで援用すべき義務はあるのか、あるいは併合後も当事者が援用しない、といったらどうするかの疑問がある、と批判されている）。そこで併合の結果、共同訴訟となるような場合には、他方の事件の当事者はその証拠調べに立ち会っていないので、まず、その当事者にいかなる証

拠資料があるかを知らせると同時に，すでに尋問した証人であっても，その当事者が申出をすれば，必ず再尋問をしなければならない。

弁論の分離は，併合審理が審理を複雑化させ，訴訟遅延の原因となる場合，それぞれ別個の手続で審理することをいう。必要的共同訴訟や独立参加訴訟，離婚事件の本訴と反訴のように必ず同時に審判しなければならない場合は分離を命ずることは許されない（予備的併合等の場合，解釈上分離は許されない。⇒ 5 - 1 - 4）。

弁論の制限とは，数個の弁論・証拠調べ事項がある（数個の独立した攻撃防御方法・訴訟要件の具備に争いがある）場合，あるいは請求併合の場合，審理を特定の事項ないし請求に集中することをいう。中間判決をする場合や弁論の分離が許されない場合に使われる。

いったん口頭弁論を終結しても，再開することができる。弁論の再開は裁判所の専権事項で，当事者の再開申立てに拘束されない。裁量によるが，自由裁量ではない。「弁論を再開して当事者に更に攻撃防禦の方法を提出する機会を与えることが明らかに民事訴訟における手続的正義の要求するところであると認められるような特段の事由がある場合」（後掲最判），すなわち，口頭弁論終結前に主張すべき当該事実を知らず，かつ，知らなかったことにつき帰責事由がないうえ，判決の結果に影響を及ぼす可能性のある重要な攻撃防御方法である場合，その提出の機会を与えないまま敗訴判決を受けると，既判力によってもはや救済が不可能となってしまう。かかる場合，裁判所は弁論を再開すべきである（最判昭 56・9・24 民集 35-6-1088〔百選［5 版］41 事件〕）[11]。

3 - 2 - 16　口頭弁論調書と訴訟記録

（1）　口頭弁論調書　各口頭弁論期日に裁判所書記官が口頭弁論の経過の概況を記載する書面を口頭弁論調書という（160）。これによって後日の争いや混乱が生じないよう明確にしておく。手続の安定に役立ち，他の裁判所，ことに上訴裁判所における原審判決の適否の調査・判断を可能にする。記載事項には，口頭弁論の方式に関する形式的記載事項（規 66）と「弁論の要領」を中心とする実質

---

11)　奈良次郎「弁論の再開をめぐる若干の問題について」中野古稀上 423 頁。

的記載事項（規67）がある。また，調書の作成者としての裁判所書記官は署名（または記名）押印しなければならないし，裁判長もその記載内容が自分の認識と一致していることを認証するために押印する。これは調書の有効要件であって，これを欠くと調書としては無効である。裁判長の氏名の記載を欠く口頭弁論調書は権限ある裁判長の認印を欠く調書として無効となる（最判昭55・9・11民集34-5-737）。調書の記載内容のうち，口頭弁論の方式に関する事項（公開されたかどうか，証人の宣誓の有無，弁論更新の有無，裁判の言渡し等）は調書によってのみ証明する（160 III）。調書記載事実を他の証拠で覆すことはできない。他の証拠方法による立証もできない。ただ，調書の滅失（調書の複写を当事者が有しても同様）や調書が有効要件を欠き無効であれば別である（大判昭6・5・28民集10-268〔百選〔初版〕41事件〕）。

（2）**訴訟記録**　特定の訴訟事件に関して審理経過を記録する書類ないしそれらを編綴したものをいう。裁判所側が作成した書類（口頭弁論調書，証拠調べ調書，送達報告書等）と当事者その他の関係者から裁判所に提出された書類（訴状，証拠の申出書，準備書面等）とがある。3分類法で編成される（申立てないし主張関係，証拠関係，その他）。新たに事件を担当する裁判官（裁判官の交代の場合（弁論更新の手続はとられるが〔249 II〕，記録が不必要になるわけでは全くない），訴訟が移送された場合，上訴審の裁判官等）が，従前の経緯をこれから知ることができ，重要な情報源となる。裁判所書記官が保管する（裁60 II）。書類の保管は，事件確定後7年または10年である（昭和39年最高裁規程8号4条・別表第1）。判決原本は，かつて永久保存とされたが，種々の理由から，特に重要として特別保存するものを除き，確定から50年で廃棄されることとなっている（平成4年改正「事件記録等保存規程」）。

　訴訟記録は公開され，当事者でなくとも原則として閲覧できる（91）。裁判の公開（憲82）を担保し（⇒3-2-4），訴訟の進行状況等が分かる。もっとも，人事訴訟事件については，事実の調査に係る部分の閲覧・謄写等が制限され，裁判所が許可したときに限りできる（人訴35）。ドイツ民訴法（299 II）は，閲覧の許可につき，当事者の同意がなければ第三者に法的利益の疎明を要求する（なお，民保5）。なお，秘密保護のための訴訟記録の閲覧等の制限の制度が新設された。法が定める秘密（当事者の私生活についての重大な秘密で，第三者の閲覧等で当事者に社会生活上の著しい支障が生じる場合（たとえば，古い前歴等）や営業秘密（不正競争2 VIに規定するもの））について疎明があれば，その保護のため，当事者の申立てにより，裁判所は記録の秘密記載部分につき，閲覧等の制限決定ができる

IV　当事者の不熱心訴訟追行　　　　279

（92）。これにより，閲覧等の権利は当事者に限られる。また，特許権侵害訴訟や不正競争防止関係訴訟では，秘密保持命令の実効性を確保する趣旨で，当該訴訟において秘密保持命令を受けていない者による秘密記載部分の閲覧請求等がなされた場合，裁判所による閲覧等の制限決定前に裁判所書記官の制限措置を定める（特許 105 の 6, 不正競争 12）。

　当事者および利害関係を疎明した第三者は謄写請求権，正本・謄本・抄本・証明書の交付請求権を有する（91 III）。裁判所書記官に対して行使する。記録中の録音テープ・ビデオテープ等については，複製請求が認められる（91 IV）。ただし，閲覧・謄写・複製の請求は，いずれも記録の保存または裁判所の執務に支障があるときは，許されない（91 V）。

IV　当事者の不熱心訴訟追行

3-2-17　当事者の欠席などの不熱心訴訟追行

　当事者の訴訟期日における出席は，必要的口頭弁論の原則からも要請される。しかし現実には，さまざまな理由から当事者の欠席がみられる（出席しても弁論せずに退席すれば欠席扱いである）。民事訴訟においては，手続進行面で職権進行主義が妥当する。こうした当事者の欠席等の場合，訴訟資料も不十分となるため，直ちに裁判に熟するともいえず，裁判所はその扱いに苦慮する。

　ここで，出席の必要がある訴訟期日とは，口頭弁論期日以外に弁論準備手続期日や和解期日なども含まれる。ここでは口頭弁論期日を中心にして，付加的に弁論準備手続期日における扱いを説明する。また，不熱心訴訟追行の態様としては，正当な理由なしに期日に欠席することが典型例であるが，当事者双方が欠席したうえでの期日指定申立権を濫用することなども含まれる。この場合には，訴訟手続の円滑な進行が阻害され，相手方当事者や裁判所に無用の負担が生じることになる。こうした不熱心訴訟追行とは何かを定義的に明確にすることはできにくいが，広い意味では，期日に出席して訴訟指揮

3-2-17

280 第3編 第2章 口頭弁論

に不満ということで忌避申立権を濫用するなどの積極型を含み，いわゆる休止（当事者間での合意を背景にして期日を欠席し，法定の期間内に期日指定の申立て）を繰り返すといった欠席戦術で，法の抜け道を見い出し，積極的な訴訟追行をせず訴訟を長期化させる消極型までさまざまなものがある。ここでは積極的な訴訟促進義務（なお，2）が問われているのではなく，むしろ不当に遅滞させるという程度の規範問題である。こうしたさまざまな不熱心訴訟追行の態様を踏まえ，当事者が訴訟期日に欠席するなど訴訟追行への意欲を欠くとみられる場合については，以下のような訴訟進行上さまざまな扱いが必要となってくる[12]。不熱心な訴訟追行をする当事者への対策については，実務でもさまざまな対応がこれまでにも試みられてきた。不熱心ゆえに遅滞した事件が積み重なると他の事件処理にも直接・間接の悪影響が生じ，裁判制度への市民の信頼を失うなどといった指摘もあり，立法的対応が望まれていた。

当事者の欠席には，一方当事者の欠席の場合（原告のみ・被告のみ）と当事者双方の欠席の場合がある。このような場合，訴えの却下か請求棄却あるいは請求認容のどの判決をすべきか問題となる。却下では，どの訴訟要件が欠けるか，また期日が開かれた後にも，口頭弁論を開かない訴え却下の判決に関する規定（140）の準用を認めうるか，といった問題がある。法は，後述するように，一定の要件を満たせば，訴えの取下げ擬制を認めるなど，不熱心な訴訟追行への対策を打ち出す。ともあれ，不熱心訴訟追行の分野は今後の実務の運用を注視する必要がある。裁判所と当事者（代理人を含む）との間での期日間のコミュニケーションをいっそう密にすることが重要性を増すことだけは間違いないところである。

3-2-18 当事者の一方の欠席

一般的に，一方が欠席した場合，出席当事者は，あらかじめ提出した準備書面に記載した事項以外は主張できない（161Ⅲ）ほか，さらに以下のような特則がある。

---

12) 旧法下の裁判例につき，池田辰夫・新世代の民事裁判（平8）129頁。

IV　当事者の不熱心訴訟追行　　281

　（1）　最初の期日の欠席　　実質的に第一回の口頭弁論であれば，裁判所
としては，陳述擬制（158）による対応が可能である。原告または被告のい
ずれか欠席した側の提出した訴状ないし答弁書等は陳述されたものとみなさ
れる。擬制された陳述に対する認否，証拠申出というように審理が進行する。
控訴審の場合も同様の扱いである（297・158）（最判昭和 45・1・30 判時 585-
49）。

　　158 条の趣旨は，一方当事者の欠席で審理を進めることができなくなるとすれ
　ば，出席当事者にかえって不利益が生ずるということにある。すなわち，「最初
　の口頭弁論期日に原告が欠席した場合には，原告の訴状陳述がないと，被告が弁
　論する主題がなく，弁論手続を進めることができず，訴訟の進行が妨げられ，
　個々の事件の解決が遅れるのみならず，訴訟制度の機能が働かなくなることから，
　不出頭の原告が提出した訴状その他の準備書面を陳述したものとみなすことにし
　て，訴訟の進行を図る趣旨で規定されたものであり，そのこととの権衡上，被告
　が欠席した場合にも答弁書その他の準備書面を陳述したものとみなすことにした
　ものである。」（東京地判平 5・6・1 判時 1529-93）。

「最初の期日」に当事者が欠席した場合で何らの書面も提出していないと
きは，公示送達による呼び出しを受けたものでない限り，擬制自白の成立す
る余地がある（159 III）。ことに被告が欠席した際には，直ちに弁論を終結
し，原告の主張が首尾一貫した（有理性がある）ものであれば，原告勝訴の
判決を言い渡す（実務では，「欠席判決」と呼ぶ）。この場合，「被告は，適式
の呼出しを受けたにもかかわらず，本件第 1 回口頭弁論期日に出頭せず，か
つ，答弁書その他の準備書面を提出しないので，法 159 条 3 項本文において
準用する同条 1 項本文により，請求原因の各事実を明らかに争わないものと
認め，これを自白したものとみなす。」などと判決書に記載する。このよう
に現行法においても旧法と同様に，対席判決主義の下にある。欠席したこと
自体を理由に不利益な判決をするいわゆる欠席判決主義は採用していない。
なお，被告が認諾書面を提出したまま欠席した場合の扱いについては，かつ
て旧法下で議論があったが，現行法は陳述擬制を積極に解する立場で，明文
の規定を設けた（266 II）。原告が請求の放棄の書面を提出して欠席した場合
も，認諾書面と同様である。

3 - 2 - 18

弁論準備手続における当事者の一方の欠席の場合については，旧法（256・138・140）と同様に，上記の陳述擬制と擬制自白のルールが妥当する（170Ⅴ・158・159。なお，旧251・253は削除）。

(2) 続行期日　従来の弁論に，出席当事者の準備書面に基づく弁論をつきあわせて審理を進める。続行期日には，口頭主義の例外となる陳述擬制の扱いはない。既に訴訟主題は訴訟の場に呈示されており，これを認めると口頭主義が形骸化しかねないからである。もっとも簡易裁判所の特例として，比較的少額な事件を扱うというその特性から陳述擬制を続行期日にも便法的に拡張する（277）。また，弁論の更新はできる（最判昭31・4・13民集10-4-388〔百選［初版］44事件〕，最判昭40・12・23裁判集民81-769）。

さらに，当事者の一方が欠席するなど訴訟追行に不熱心である場合については，旧法には対処規定がなく，期日への欠席等が審理の引き延ばし手段として利用される事態も生じていた。そこで，後述する双方欠席の場合と同様，「審理の現状及び当事者の訴訟追行の状況を考慮して」相当と認めるときに，審理の現状に基づいて判決ができることとした（244。⇒ **3-2-19**(3)）。ただ，審理の現状で判決をすると，出席した当事者に不利益な結果が生ずることを考慮して，出席した当事者の申出を要件とする。なお，欠席当事者に対する判決言渡期日の告知は有効である。すなわち，当事者の一方が適法な呼出しを受けながら口頭弁論期日に出席しない場合において，裁判所が，同当事者の一方の欠席のまま口頭弁論を経て審理を終結し，その際，判決言渡期日を指定して告知したときは，その告知は，同期日に在廷していなかった当事者に対しても，その効力を有する（最判昭45・5・22判時594-66）。けだし，口頭弁論期日に欠席した当事者は，法94条1項による期日の告知を受ける機会を放棄したものであるうえ，判決言渡期日には当事者のなすべき訴訟行為はなく，言渡期日の呼出状の不送達により特段の不利益を蒙るものではないからである（同様のことは当事者双方の欠席の場合にも妥当する）。

原告側が期日に欠席するなど，著しく不熱心な訴訟追行をする場合の裁判所の対応は，多様である。訴訟追行への熱意を欠くことが訴えの利益を喪失させるとして，訴えを却下した裁判例もある。また，原告が35年余りにわたって訴訟進行の措置をとらず，信義則上もはや訴訟を追行する権能を失ったと認められると

きは，訴えは却下を免れないとの判例がある（最判昭63・4・14判タ683-62〔百選Ⅰ A 25事件〕）。こうした場合，続行期日であるにもかかわらず，弁論を終結することなく，140条を類推適用して訴え却下の判決はできないか問題となる。被告が所在不明である場合，公示送達等の適切な措置を原告側に期待できない事情があるとき，訴訟進行上，あらたに期日を開くこともできないことから，旧法下で積極に解した裁判例もある（東京地判昭62・1・23判時1223-93等）。現行法下でも同様に解する。あるいは，請求棄却の判決をすることもできる（東京地判昭52・11・30下民28-9～12-1183等）。裁判をするのに熟しているかどうか（243Ⅰ）の判断については，議論のあるところであるが，原告側の不熱心な訴訟追行という帰責性を勘案すれば，主張・立証の不十分を理由に判決されてもやむを得ない措置といえる。

3−2−**19** 当事者双方の欠席

　証拠調べや判決の言渡しは，当事者双方が欠席しても何ら差し支えなく実施できる（183・251Ⅱ）。しかし，それ以外の局面では審理が遅滞することになるため，対応策が必要となる。

　（1）　新期日指定申立てを欠く場合の訴えの取下げ擬制　　口頭弁論または弁論準備手続の期日において当事者双方が欠席し，一定期間内に新期日指定の申立てをしない場合，訴訟追行への意思がないものとされ，訴えは取り下げられたものとみなされる（263前段）。かつて，この期間は3か月（旧238）であったが，1か月に短縮した（このことから，やむを得ない事情による徒過事案で，当事者が救済を求めて派生的な紛争が顕在化する可能性もある）。控訴審における当事者双方の欠席の場合は，控訴取下げとみなされる（292Ⅱ・263）（東京高判昭49・8・8東高民時報25-8-137，大連判大15・2・1民集5-51）。上告審についても同様である（313）（最決昭35・6・13民集14-8-1323）。なお，1か月の起算日については争いがある。裁判長が職権で期日指定したため（93Ⅰ），当事者が期日指定申立てをしないこともありうるので，欠席の期日からではなく，新期日からと解する（大決昭6・2・3民集10-33）。

　（2）　連続2回欠席の場合の訴えの取下げ擬制　　連続して2回，休止（⇒3−2−**17**）を繰り返した場合も，訴え（上訴審にあっては上訴）の取下げ擬制がある（263後段）。現行法で新設された規定である。同一審級での連続

2回の欠席は，両当事者が訴訟追行への熱意に欠ける徴表としては十分であろう。旧法には，このように著しく不熱心な訴訟追行に対処するための規定がなかった。訴えの取下げ擬制は効果としても穏当なところであり，一歩前進である。ただ，現行法で必ずしもカバーされない不連続的な欠席にどう対応するか。ちなみに旧法下では，休止を繰り返し，再度の期日指定の申立てを，期日指定申立権の濫用（権利濫用）として却下するとの裁判例があった（名古屋地決昭40・9・30判時435-29〔百選I9事件〕，東京高決昭和61・8・12訟月33-5-1198）。これにより，訴えの取下げ擬制を導きうる。もっとも，この場合の再訴は，再訴禁止効の働く場合を別とすれば，訴権濫用と評価されない限り許容されると解したい。

(3) 審理の現状に基づく判決　　口頭弁論期日に当事者双方が欠席しても，その期日に訴訟が裁判に熟する場合，弁論を終結して終局判決ができる，とするのが旧法下の判例である（最判昭41・11・22民集20-9-1914〔百選I91事件〕）。審理の現状に基づく判決（244）は，この判例の立場を規定上明確にし，ドイツ民訴法の規定（251a・331a）をも参考にする。訴えの取下げ擬制だけでは，不熱心訴訟追行の対策メニューとして十分ではなく，従前の審理の結果を無駄にしないという観点からも，また，敗訴濃厚な被告の引き延ばし戦術を封ずる意味でも，この新設は重要である。ただ，ドイツ法の下では，いわゆる不陳（陳述しないことにする）・未陳（その時点では未だ陳述されていない）の書面も判決基礎となると解釈されている。現行法の解釈としては，あくまでも「審理の現状」が前提とされ，口頭主義を踏まえる以上，そこまで判決基礎とするのは無理がある。

また，裁判所が「審理の現状及び当事者の訴訟追行の状況を考慮して相当と認めるとき」との要件については，判決には上訴の余地があるとはいえ，このまま判決が確定すれば既判力が生ずることにもなり，今後の訴訟進行への協力が全く見込めないなどの絞りをかけることが解釈論として要求される。他方で，裁判に熟したかどうか（243 I）の判断では，具体的にどういう状況を前提とするのか問題はあるものの，弾力的な運用が可能になった。なお，当事者双方が欠席した口頭弁論期日において弁論を終結するに際し，裁判長が法廷において判決言渡期日を指定し，これを告知する方法としてその言渡

IV　当事者の不熱心訴訟追行　　285

しをしたときは，当事者に対してその効力を生じ，更に言渡期日に出頭すべき旨の呼出状を送達することを要しない（最判昭56・3・20民集35-2-219。⇒ **3 - 2 - 18(2)**）[13]。

---

13)　ちなみに，口頭弁論における当事者の欠席とは関係しないが，最高裁での判決言渡しにも，事前にその期日が当事者に通知される（規156〔規186・179〕）。

第3章　弁論の準備と争点整理

I　争点中心審理の重要性

3-3-1　旧法下の実務の問題点とその改善の努力

　訴訟手続とくにその結果である終局判決による紛争の解決が，その内容の面でもそれに費やした時間・労力等の点でも，質が高く実効性のあるものとなるためには，充実した審理が迅速になされることが不可欠であり，審理の中心的場面である口頭弁論が能率良く行われることが重要である。そのためには，当事者双方および裁判所が口頭弁論期日に行われる訴訟行為の内容（事実の主張，証拠の申出，証拠調べの実施など）を事前に知って，対応を考えた上で期日に臨み，口頭弁論での当事者の攻防がきちんと嚙み合うようにすること，さらには，どのような事実をどのような証拠によって確定するのか，という点につき当事者および裁判所が共通の認識をもち，目標を明確にして証拠調べを実施することが必要がある。弁論の準備および争点整理とは，口頭弁論の不可欠の前提となるこのような準備的作業を意味する。民事訴訟法はこの目的で古くから準備書面，準備手続といった制度を用意し，いくたびかその改革を行ってきた。

　しかし従来，わが国においては，当事者も裁判所も十分な準備をせずに口頭弁論期日に臨むため，各期日は口頭での自由な討論という口頭主義の長所が生かされず，書面の提出・交換の場になりさがっており，しかもそのような内容の乏しい期日がかなりの間隔を置いて何回も繰り返され，期日に対応して事実の主張および証拠の申出が散発的に延々と行われ，目標（争点）が最後まで明確にされないまま漫然と証拠調べ（特に証人尋問）が繰り返されることも稀ではなかった（五月雨型審理，漂流型審理）。このような審理の実態は，審理期間が長期にわたり，また緊張感を欠く審理のために審理の充実

I 争点中心審理の重要性

度（事案の解明度）も必ずしも高くない，という重大な問題をかかえ，紛争解決の手段としての民事訴訟制度の効率，存在意義が問われる状況にあった。従来から用意されていた準備書面，準備手続の制度が，そのほんらいの機能を発揮していなかったのである（上原敏夫「訴訟の準備と審理の充実」講座民訴④ 191 頁以下）。

昭和の終わりから平成の始めにかけて，このような民事訴訟の実態を改善しようとする動きが，裁判所を中心に組織的に行われ，ときには弁護士会も積極的にそれに対応した。そのあらわれが，弁論兼和解という新しい審理方式の工夫であり[1]，さらに，新様式判決書[2]，ラウンドテーブル法廷[3]，集中証拠調べなどであった。いずれも，早期に争点を明らかにし，その争点を中心に審理（とくに証拠調べ）をできる限り集中して行うこと（争点中心審理，

---

1) 弁論兼和解とは，法廷以外の部屋（準備室，和解室，判事室などのごく普通の小部屋）を利用して，当事者および裁判官が実質的な討論をしながら本来の口頭弁論に向けた準備段階として争点の整理をし，同時に和解による解決も試みるものである。この方式は法廷が空いていない時でも実施でき，また必ずしも裁判所書記官の立会いを要しないので，数回にわたる場合も口頭弁論期日と比べて短い間隔で開き，しかも 1 つの事件のためにある程度まとまった時間を割けることが特色である。もっとも，この手続を法律上どのように位置づけるべきか，本来の口頭弁論期日とどのような関係にあるのか，公開原則に反しないか，通常の和解期日で行われているように裁判官が各当事者から別個に事情を聴くことになって（交互面接方式）対席が保障されない危険はないか，など問題点も多く，立法による制度の整備が望まれていた（上原・前掲 191 頁以下，鈴木正裕『『弁論兼和解』方式について」民訴雑誌 36 号〔平 2〕1 頁以下など参照）。

2) 従来の判決書では，その事実欄において，当事者の主張を実体法を適用して権利義務の存否を確定するために必要な要件事実が網羅的にしかも主張・立証責任の分配に配慮しながら整理して記載されているのが通常であったが，平成の始めに，網羅的な記載をやめて，当事者の主張を「事実の概要」として事件の争点を中心に記載して，当事者にわかりやすく，また裁判官にとっても書きやすく工夫した新様式の判決書が提唱され，短期間のうちに普及した。新様式判決書は，争点中心審理の結果を反映すべきものであり，その普及は，裁判官がこれまでのような弁論終結後の判決書作成中心の執務姿勢を変え，各期日の準備と実施とに相当のエネルギーを注ぐようになっていることを示している（⇒ **4-2-11**(2)）。

3) 裁判官が一段高いところに座り，原告・被告も距離を置いて対座する従来の法廷に代えて，裁判官と当事者とが 1 つのテーブルを囲んで着席する方式。裁判官と当事者が率直に議論をする場として役立つものと期待され，全国の裁判所に設置され活用されている。

3-3-1

集中審理）によって，訴訟審理の充実・促進をはかり，民事訴訟制度の紛争解決機能を高めようとする試みと評価できる。

3-3-2 現行民事訴訟法による制度の整備

3-3-1で述べた実務改善運動の成果を踏まえて，争点中心審理および集中審理の実現のための制度を整備し，訴訟審理の充実・促進をはかることは，平成8年の民事訴訟法全面改正の最重要課題の一つであった。準備書面については，基本的には旧法を引き継いでいるが（161 I），その記載の充実および早期の提出・交換を狙って，具体的かつ詳細な規律が民事訴訟規則でなされている（規79～83）。また，争点整理のための手続については，従来の準備手続の欠点を克服し，弁論兼和解方式の長所を取り入れ，かつその問題点を解消するだけでなく，メニューが多様化された。準備的口頭弁論（164～167，規86～87），弁論準備手続（168～174，規88～90），書面による準備手続（175～178，規91～94）の3種類が用意され，裁判官が個々の事件に相応しい手続を選択できるようになっている。また，当事者と裁判所とが口頭弁論期日外で訴訟の進行等につき協議をするための進行協議期日という制度も設けられた（規95～98。⇒2-7-3）。

そして，訴訟審理の充実・促進のためには，当事者が早期に必要な情報・資料を収集することを助ける制度が，とくに証拠の偏在現象に対処して当事者の実質的平等を回復する見地から，不可欠の前提であるという考え方から，新たな手続として，当事者照会制度（163，規84）が導入され，当事者が訴訟の追行上必要な情報を相手方から取得することを可能にしている。なお，当事者照会制度は，証拠収集制度の拡充（これも平成8年改正の重要項目の一つである）の一環として位置付けることも可能であるが，163条が規定する要件の点では，証拠そのものを相手方から獲得するというよりは，当事者が自己の主張や立証の準備のために広く事実や証拠に関する情報を取得する側面が強調されている（⇒3-3-12）。

これらについての現行民事訴訟法の規律は，その大半が訓示規定であるので，改正が所期の成果を挙げることができるか，改正直後は，危惧する声もあった。しかし規律の内容の多くが，既に改正前の近時の実務でも試みられ

定着しつつあったものを明文化したものであり，当事者・訴訟代理人が訴訟の進行に（裁判所まかせにするのではなく）主体的に積極的に取り組むきっかけとなるものでもあったことから，現行法は，施行後短期間の間に，実務に定着したものと評価できよう[4]。

　平成15年の民事訴訟法改正は，上述の方向をさらに進め，訴えの提起前の当事者照会および証拠収集の処分の制度を新設し（⇒**3-3-13**，**3-4-13**），また，計画審理を当事者および裁判所に義務づけた（147の2・147の3。⇒**3-1-13**）。他方で，すべての訴訟の第一審の手続を原則として2年以内のできるだけ短い期間で終了させることを目標に掲げる「裁判の迅速化に関する法律」も制定され，訴訟審理の充実・促進に向けてわが国が本格的に取り組む姿勢が明確にされている。この法律に基づき2年ごとに公表されている検証結果によると，現行法の定める争点整理手続の実施率は，相当に高い（第一回期日に被告が欠席のために請求認容判決がされた事件を除く全事件の半数近く，審理期間が6か月を超える事件の80%近くにのぼる）。反面で，争点整理期間（第一回期日から人証調べ開始までの期間）が審理期間全体に占める割合が増大し，争点整理期間の長期化が審理全体の長期化の大きな要因となっているなど，問題点や検討課題も明らかになっている（裁判の迅速化に係る検証に関する検討会『第7回報告書』〔平29〕5～7頁）。

II　準　備　書　面

3-3-3　意　　義
　準備書面とは，当事者が口頭弁論において提出しようとする攻撃防御方法

---

4)　訴訟審理の迅速化は，統計にもあらわれている。たとえば，地方裁判所の民事通常訴訟の平均審理期間は，全事件につき，平成9年の10.0か月に対して平成28年は8.6か月，対席判決につき，平成9年の15.7か月に対して平成28年は12.9か月，人証の取調べをした事件につき，平成9年の20.8か月に対して平成28年は20.6か月となっている。

や相手方当事者の攻撃防御方法に対する応答を記載して裁判所へ提出する書面であり，裁判所および相手方当事者に次回期日に行うべき訴訟行為の内容を予告する機能をもつ。当事者は口頭弁論のために準備書面を提出しなければならない（161 I）。訴状に必要的記載事項（133 II）の他に攻撃または防御の方法（請求を理由づける事実や重要な間接事実の主張など）が記載されている場合は，準備書面を兼ねるものと扱われる（規53 III。控訴状，上告状についても同様。規179・186）。なお，訴状の送達を受けた被告が最初に提出する準備書面を答弁書という（規80。上告審における被上告人についても同様。規201）。また，控訴審で控訴人に提出が要求されることがある「第一審判決の取消事由等を記載した書面」（規182）およびこれに対して被控訴人が提出する反論書（規183）も，準備書面の性質を有する。

　準備書面は，ほんらい口頭弁論の準備を目的とするものであるが，争点整理手続においても活用される（弁論準備手続につき170 I・V）。とくに，書面による準備手続は，当事者が裁判所に出頭せずに準備書面の提出等により争点整理等を行う手続である（175）。

3-3-4　記載事項

　準備書面には，次の期日に行う訴訟行為の内容，すなわち攻撃または防御の方法（主張および証拠の申出）ならびに相手方の請求および攻撃または防御の方法に対する陳述を記載する（161。当事者・代理人の住所・氏名，事件・裁判所の表示等の記載も必要である。規2）。準備書面に事実についての主張を記載する場合は，できる限り，請求を理由づける事実，抗弁事実または再抗弁事実（主要事実）の主張とこれらに関連する事実（間接事実）の主張とを区別して記載し（規79 II），相手方の主張する事実を否認する場合にはその理由を記載しなければならない（規79 III）。さらに，立証を要する事由ごとに証拠を記載しなければならない（規79 IV）。このように，民事訴訟規則が準備書面の記載事項につき詳細に定めたのは，訴訟のできるだけ早い段階で，当事者の主張を嚙み合わせ，実質的な争点を明らかにして，口頭弁論における審理を充実させ，能率良く行うためである。ちなみに，当事者が自己の所持する文書を準備書面において引用した場合には，裁判所または相手方当事

者の求めがあれば，その写しを提出しなければならない（規82）。

　なお，答弁書については，とくに，請求の趣旨に対する答弁，訴状に記載された事実に対する抗弁事実，立証を要する事実に関連する事実（間接事実）で重要なものおよび証拠を記載しなければならず，また被告が立証を要する事由につき重要な書証の写しを答弁書に添付しなければならない（規80）。これは，訴状につき，請求の趣旨および請求の原因（法定記載事項。133）のほかに，請求を理由づける事実，重要な間接事実および証拠の記載が要求されている（規59）ことに対応する規律である。とくに，裁判所が争いのある事件かどうか，被告の欠席が予想される事件か，どのような争点整理手続を選択すべきかなどを早く知り，第一回口頭弁論期日において事件を適切に振り分け，早期に具体的な審理方針を立てることの重要性から規定されたものである。もっとも，たとえば第一回口頭弁論期日の直前に被告が訴訟代理人を依頼したような場合には，準備期間に余裕がないことも予想される（条解民訴規則176頁）。そこで，やむを得ない事由により上述の規律を守ることができない場合には，答弁書の提出後すみやかに，この点の記載を補充した準備書面や重要な書証の写しを提出することが許されている（規80 I 後段・II 後段）。

3 - 3 - 5　提出および交換

　当事者は，準備書面を裁判所に提出し（規79 I），並行して，相手方当事者に直送しなければならない（規83）。直送を受けた相手方当事者は，受領書を直送し，並行して，裁判所に提出しなければならない（規47 V）。当事者間での直送および裁判所への提出には，ファクシミリを利用することが許される（規47 I。もちろん，直接の交付や郵送の方法も従来どおり可能である）。

　なお，直送を困難とする事由その他相当とする事由があるときは，当事者は裁判所に対して，相手方への送達または送付を裁判所書記官に行わせるよう申し出ることができる（規47 IV）。これは，直送が相手方の協力（任意の受領）を必要とする方法であることを考慮して，相手方が受領を拒んで審理を引き延ばしたりするおそれがある場合に対処する趣旨である（条解民訴規則103頁）。しかし，原則は直送であり，これにより，安い費用で迅速に準

3 - 3 - 4 · 5

備書面を交換し，しかも当事者の積極的な関与の下で訴訟を進行させるというのが，制度の趣旨である。

　準備書面の提出・直送の時期については，記載した事項につき相手方当事者が準備をするのに必要な期間をおくことが要求されている（規79Ⅰ）。さらに，裁判長は，答弁書または特定の事項に関する主張を記載した準備書面の提出期間を定めることができる（162。なお，証拠の申出についても同様に期間を定めることができる）。

3-3-6　準備書面の提出・不提出の効果

　(1)　不記載・不提出の効果　　準備書面に記載しなかった事実は，相手方当事者が在廷しない（欠席した）場合には主張することができない（161Ⅲ。記載されていても準備書面が相手方に送達されておらず，また相手方からそれを受領した旨の書面も提出されていない場合も同様である。161Ⅲ括弧書）。主張を許すと相手方に対して不意打ちになるおそれがあるからである。事実には，主要（直接）事実だけでなく間接事実も含まれる。しかし，単に相手方当事者の主張を争うにすぎない陳述（否認または不知）はこれに含まれないと考えられる。自己の主張を相手方当事者が争うことは当然に予想できるからである（通説）。

　さらに，この事実には証拠の申出も含まれるか，議論がある（判例・学説の詳細は，斎藤編(7)39頁以下参照）。規定の文言とは必ずしも調和しないが，不意打ち防止という規定の趣旨から，証拠の申出も含まれると考えるべきであろう。ただし，その証拠によって証明しようとする事実が既に争点として明らかとなっている場合は，相手方としてはそれにつき証拠の申出があることは当然に予想できるから，たとえ準備書面に記載されていなくても，相手方不在廷の場合も申出を許容してよいと解する。書証については，提出だけでなく，さらにその期日に証拠調べをすることも許される（最判昭27・6・17民集6-6-595，法律実務3巻202頁，条解民訴965頁〔上原〕，伊藤278頁注80）。証人尋問の実施は，相手方による反対尋問の機会を奪うことになるので妥当ではなく，相手方に通知した上で，次回以降の期日にすべきである[5]。

　しかし，161条3項による提出の制限はその期日限りの一時的なものにす

ぎない。当事者が，その期日では許されなかった事実の主張や証拠の申出のために，弁論の延期または続行期日の指定を求めた場合，裁判所はこれに応じなければならず，出席当事者に新たな提出の機会を与えずに弁論を終結することは許されない（通説）。出席当事者から提出の機会を奪うことは，欠席当事者に対する不意打ちを防止するという規定の趣旨を超えて，欠席当事者を出席した場合よりも有利に扱う結果になるからである。もっとも，新たな主張や証拠の申出が，時機に後れたものとして却下すべき場合（157）や，理由のない主張であることが明らかであったり証拠として必要性を欠く場合（181 I）で，事件が既に判決に熟しているときには，この限りではない。

(2)　提出の効果　準備書面を記載して提出しておくと，最初にすべき口頭弁論期日においては，準備書面を提出した当事者が欠席しても，その内容を陳述したものと扱われる（158・297。口頭主義の例外）。簡易裁判所の訴訟手続では，続行された口頭弁論期日にもこの取扱いがなされ（277），書面審理が可能となっている。なお，被告が本案について準備書面を提出した後に原告が訴えを取り下げるには，被告の同意を要する（261 II）。

III　争 点 整 理

3-3-7　制度の趣旨・目的

　争点整理とは，第一には，当事者の事実の主張について，それぞれの認否を明らかにして，その対立点，したがって証拠調べによって確定すべき事実を明らかにする作業である。しかしそれだけでは争点整理をしたためにかえって争点が増えることにもなりかねないのであって，当事者と裁判所とが率直に意見を交換して，訴訟の勝敗に直接かかわらないような枝葉末節にわたる事実については主張を撤回したり自白することで，証拠調べで判断すべき

---

5)　秋山＝伊藤ほか III 419 頁，斎藤編(7) 42 頁，上田 261 頁。その期日に主尋問のみを実施し反対尋問は次回期日にするという運用も考えられなくはないが，尋問手続全体の効率からいって問題であり，すべてを次回期日にすべきであろう。

真の争点を明らかにする（その意味で争点を絞りこむ）ことも，この作業の重要な使命である。そのためには，単に抽象的に主張を出し合うにとどまるのでは足りず，各当事者がその主張事実の根拠となる証拠を明らかにして議論を重ねることも必要であり，さらには，証拠として価値が乏しいと予想されるものについては，適宜撤回するなどして，証拠調べの対象を限定してゆくことも，この作業に含まれる[6]。

したがって，このような作業のための手続は，正確には「争点及び証拠の整理手続」というべきであり，民事訴訟法も，この名称を用いている（以下，たんに整理手続と呼ぶことがある）。なお，争点整理のためには，この手続の中で裁判所が証拠の採否を決定したり，さらには，一部の証拠方法とくに文書についての証拠調べを先行的に行うことが妥当な場合もあり，民事訴訟法はこれらを許容している。

3-3-8　整理手続の種類

（1）　準備的口頭弁論　　口頭弁論を2段階に区切り争点および証拠の整理をまず行う方式である。このような審理の仕方は，旧民事訴訟規則26条でも前提とされていたが，明確な形での規定ではなく，実務でもほとんど行われてこなかった。平成の時代になって，ラウンドテーブル法廷の導入（⇒**3-3-1**）によって公開の口頭弁論においても争点等の整理が効率的に行えるようになってきた状況を前提として（一問一答174頁），現行民事訴訟法はこの方式を整理手続の一つとして正式に位置づけた。口頭弁論の一種であるから，争点および証拠の整理に必要な限りでは，証拠調べや中間的裁判を行いながら，整理を行うことが可能である。

（2）　弁論準備手続　　争点および証拠の整理を目的とする特別な期日を裁判所で開く方式である。この手続は受訴裁判所が実施するのが原則である

6）　以上にいう事実には，主要事実だけでなく，間接事実，補助事実も含まれる。現実の訴訟において主要事実を直接に証明する証拠があることは稀であり，その推認の基礎となる重要な間接事実が証拠調べの対象となるからである。このことは，間接事実と主要事実との結び付き，つまり経験則の存在・内容についても，当事者と裁判所とが共通の認識をもつ必要があることを意味するのであり，争点整理は，このような目的でも活用されなければならない。

III 争点整理

が，合議事件の場合には合議体の一員である裁判官（受命裁判官）に手続を実施させることができる（171）。この手続の期日は，口頭弁論ではないので法廷以外の準備室，和解室，裁判官室などで実施されるのが通常であり，公開の必要もないが，当事者双方の立会い（対席）が保障され，裁判所が相当と認める者および当事者が申し出た者の傍聴が許される（169）。なお，当事者が申し出た者については，その者が傍聴にとどまらず勝手に発言して審理を妨げるおそれがある場合，傍聴人がいることで相手方当事者が萎縮し自由な発言が困難になり争点整理の実効性を欠くおそれがある場合など，手続を行うのに支障を生じるおそれがあると認める場合を除き，必ず傍聴を許さなければならない（169 II 但）。

裁判所の訴訟指揮，釈明，攻撃防御方法の提出時期，最初の期日に当事者の一方が欠席した場合の陳述の擬制，擬制自白，期日の調書などについての規律は，口頭弁論と同様である（170 V，規 88）。証拠の申出に関する裁判その他の口頭弁論の期日外ですることができる裁判をしたり，文書の証拠調べをすることもできる（170 II）[7]。文書の証拠調べが許されるのは，それが争点および証拠の整理に役立つ場合が多く，また，文書は客観的な存在であり，その取調べは裁判官の閲読によるので当事者の行為は介在しないので，証人尋問とは異なり，必ずしも口頭弁論（公開の法廷）で行う必要はないと考えられるからである。もっとも，文書の成立に争いがあり証人尋問によらなければその点を確定できない場合は，その文書の証拠調べはできない（研究会206 頁〔竹下・福田発言〕）。

当事者が遠隔の地に居住しているときなどは，当事者の一方が裁判所に出頭すれば，両当事者と裁判所とが同時に通話できる装置（電話会議システム・トリオフォン）を利用して手続を進めることもできる（170 III）。

この手続は，形式的には，旧法の準備手続を改良して使い易くしたもの（中間的裁判や文書の証拠調べの許容，裁判官による手続結果の要約の廃止，失権効の制度の廃止など）といえるが，他方では，旧法下の実務で普及していた

---

[7] 平成15年の法改正により，受命裁判官が弁論準備手続を実施する場合も，文書を提出してする書証の申出についての裁判および文書の証拠調べができることになった（171 II III・170 II）。厳密にいえば，これは直接主義の例外を認めたことになる。

3-3-8

弁論兼和解を，当事者双方の立会い（対席の保障）や一定の者の傍聴の許可による手続の公正さの確保，実施にあたっての当事者の意見の尊重，口頭弁論との関係の明確化などの手当てをして問題点を解決し，争点整理に向けて純化した形で実定法化したものとも評価される[8]。

（3）　書面による準備手続　　当事者が裁判所に出頭することなく，準備書面の提出等によって整理を行う方式である。この手続による場合は，必ず準備書面の提出または証拠の申出の期間を定めなければならない（176 II・162）。当事者の出頭に伴う時間的・経済的負担が大きく，期日の調整が困難であることが，訴訟手続の遅延につながる事態を避ける趣旨である。当事者が遠隔の地に居住している場合が例示的に規定されているが（175），訴訟代理人が遠隔の地に事務所を有する場合，当事者や訴訟代理人が怪我などで出頭が困難である場合なども，この手続によることが「相当」と認められるであろう。この手続は裁判長がするのが原則である（176 I）。当事者と顔を合わせずに整理手続を進めるので，効果を上げるには経験豊富な裁判官が担当するのが望ましいからである（一問一答 214 頁）。もっとも，高等裁判所は，実際上，経験豊富な裁判官によって構成されているので，受命裁判官にこの手続を担当させることもできるものとされている（176 I 但）。この手続においても電話会議システムの利用が可能であり（176 III，規 91），この場合は，手続の実質は弁論準備手続に近づくことになる。

3−3−9　手続の選択と当事者の意思の尊重

（1）　手続の選択　　3 種類の整理手続のどれによるかは，裁判所が個々

8）　したがって現行民事訴訟法のもとでは，従来の弁論兼和解は許されないものと解すべきである。弁論準備手続の中で，和解のための話し合いをすることは禁じられないが，従来のような交互面接方式による和解を行うのであれば，裁判所としては，ほんらいの和解手続に切り替えて，当事者に手続の目的をはっきりさせる必要がある（上原敏夫「弁論準備手続」講座新民訴 I 315 頁以下・326 頁以下，条解民訴 989 頁〔上原〕，伊藤 277 注 75）。なお，証拠調べ終了後に，弁論の終結段階で和解が試みられる場合があり，弁論兼和解はその限度では今後も残るという指摘があるが（研究会 212 頁〔福田発言〕。より一般的にその可能性を認める見解として，山本和彦「弁論準備手続①」新大系(2) 261 頁），いずれにせよ争点整理と和解とを兼ねるための手続としては，準備的口頭弁論または弁論準備手続によるべきである。

III 争点整理

の事案ごとに妥当と考えるものを選択する。準備的口頭弁論は，公開である
から，傍聴人が多い事件（たとえば公害事件，労働事件，大規模な労災事件な
ど）や当事者がとくに公開を希望する（逆にいえば弁論準備手続等を拒絶する）
事件に向いているが，法廷（とくにラウンドテーブル法廷）を必要とするなど
の物理的制約を伴う。弁論準備手続は，これと対照的に，傍聴人が少ない事
件，名誉，プライヴァシー，営業上の秘密などにかかわるため当事者が公開
の場での争点整理を好まない事件，小さな部屋で膝をつきあわせて議論を詰
めることが有効と考えられる事件などに相応しい。書面による準備手続は，
当事者・訴訟代理人が裁判所に出頭することの負担を軽減する機能を重視す
れば，広く（たとえば遠隔の地に居住していたり事務所がある場合でなくても）
用いられる可能性がある（研究会216頁〔伊藤・柳田発言〕）。あまり複雑な事
件には向いていないという指摘もあるが，電話会議システムを併用すること
によりカバーできる面があり，部分的に一部の争点につき利用することも考
えられる（小佐田潔＝森冨義明「新民事訴訟法における争点整理手続の運用」判
タ949号〔平9〕33頁）。

　また，これらの整理手続を使わずに，従来と同様，通常の口頭弁論におい
て，証人尋問を実施しつつ争点を整理してゆくことも，禁止されているわけ
ではない。しかし，このようなやり方は，当事者双方が事前に接触すること
が困難な第三者的証人の証言内容が事案の解明の重要な鍵となっている，と
いうような特殊な場合（研究会180頁〔福田発言〕）に限られるべきである。
一般には，整理手続を活用して争点を確定する準備的段階と証人尋問の実施
を中心とする本質的口頭弁論とを明確に分離するのが，現行民事訴訟法の下
での訴訟審理のあるべき姿ということになろう（182参照）。

　整理手続を開始するにはその旨の裁判（決定）をして，当事者にどの手続
が行われるのかを明示しなければならない[9]。開始した整理手続を途中で取

---

9)　弁論準備手続および書面による準備手続については，裁判所が当該手続に「付す
　る」と規定しているのでこのことは明らかである。準備的口頭弁論について164条の
　「行うことができる」という文言は，この点で必ずしも明瞭ではないが，立法担当者
　は明示の裁判を前提としている（一問一答179頁）。準備的口頭弁論は，同じく口頭
　弁論といっても，争点整理手続としての独立性を有するので，期日の目的を明らかに
　する趣旨からいって，やはり開始決定をするのが妥当である（福田剛久「準備的口頭

り消す場合も同様である（172参照）。

(2) 当事者の意思の尊重　裁判所が弁論準備手続および書面による準備手続を選択する際には，当事者の意見を聴かなければならない（168・175）。整理手続の実施時期，つまり口頭弁論との先後関係について，正面から定めた規定はないが，まずは訴え提起後すみやかに第一回口頭弁論を開き，争いのある事件とない事件との振り分けを行い，その期日に当事者の意見を聴くなどした上で，裁判所が妥当と考える整理手続を選択し実施してゆく，というのが通常の運用となろう（規60参照。一問一答170頁）。なお，口頭弁論期日を開かずにただちに弁論準備手続に付することができるのは，当事者に異議がない場合に限られている（規60 I 括弧書）。これに対して，書面による準備手続については，その性格からいって第一回口頭弁論期日前に実施する運用も典型的なものといえるので（条解民訴規則131頁），このような制限は置かれていない。

弁論準備手続について，当事者双方の申立てがあるときは，裁判所は弁論準備手続に付する裁判を取り消さなければならない（172但）。弁論準備手続ではなく準備的口頭弁論によって公開の手続で争点等の整理をしたいとの当事者の意向を尊重する趣旨である。

しかし，当事者の意思を尊重するといっても，怠慢・非協力が許されるわけではない。準備的口頭弁論および弁論準備手続は，当事者が期日に出頭しない場合や準備書面の提出または証拠の申出（162参照）をしない場合には，裁判所がこれを終了することができ（166・170 V）[10]，この場合，終了の効果として，当事者は，その後の口頭弁論における新たな攻撃防御方法の提出について説明義務（167・174）を負わされることになる。当事者の怠慢・非協

　　弁論と書面による準備手続」講座新民訴 I 294頁，秋山＝伊藤ほか III 468頁，条解民訴979頁〔上原〕。反対，伊藤285頁）。

10)　準備的口頭弁論については，口頭弁論において取り調べるべき証拠方法（証人等）もなく，判決をするのに熟している場合であれば，その手続を終結するだけでなく，同時に弁論を終結することも，可能と考えられる。準備的口頭弁論も口頭弁論の一種であるから，そこでできる行為についても，原則的に制限はないと考えられるからである（座談会「新民事訴訟法及び新民事訴訟規則の運用について（二）」曹時49巻8号〔平9〕1951頁）。

III 争点整理

力による手続の引き延ばしを防止する趣旨である。なお，書面による準備手続については，その懈怠（準備書面の不提出等）の場合に手続を終結する旨の規定はないから，裁判所としてはこの手続に付する決定を取り消して(120)，別の整理手続を開始することになろう（柳田ほか「新民事訴訟法の概要(5)」NBL 604 号〔平 8〕52 頁注 3)。

3-3-10 手続の終結および口頭弁論との関係

(1) 整理結果の確認 準備的口頭弁論，弁論準備手続の終了に際しては，その後の証拠調べによって証明すべき事実を裁判所と当事者との間で確認しなければならない（165 I・170 V)。確認は口頭でも足りるが，裁判所が相当と認めるときは調書に記載させなければならない（規 86・90)。当事者に当該手続における争点および証拠の整理の結果を要約した書面を提出させる方法によることもできる（165 II・170 V，規 86・90)。

書面による準備手続の場合は，この点の確認はこの手続終結後の口頭弁論の期日においてなされ(177)，証明すべき事実が調書に記載される（規 93)。もっとも，書面による準備手続の中で，当事者に争点および証拠の整理の結果を要約した書面を提出させる方法によることもできる（176 IV・165 II，規 92)。

(2) 整理手続終結後の口頭弁論 整理手続終結後になされる口頭弁論は，整理手続で明らかにされた争点の解明のために，またそこで既に申し出られた証拠方法を対象として，集中的に証拠調べを実施することが中心となる(182。規 100 参照。⇒ **3-4-20**(1))。これを，とくに準備的口頭弁論と対比して本質的口頭弁論と呼ぶことがある。なお，整理手続を経た事件の口頭弁論期日の変更は，事実および証拠についての調査が十分に行われていないことを理由としては許されない（規 64)。

弁論準備手続によった場合は，当事者は，その結果を口頭弁論において陳述しなければならない(173。口頭弁論への上程)。これは弁論準備手続で提出した資料を訴訟資料とするために必要となる手続である。旧法の準備手続に関しても同様の手続があったが(旧 254)，形骸化しており「調書記載のとおり」という陳述で済まされていた。しかし現行民事訴訟法の下での争点中

3-3-10

心審理を実現するには，口頭弁論における証拠調べの目標をその開始時に明確にすることが重要であるから，従来とは異なり，上程手続を実質化することが望まれる。民事訴訟規則において，その後の証拠調べによって証明すべき事実を明らかにしなければならないとされた（規89）のは，この実質化に向けて最低限の指針を示したものである（条解民訴規則204頁）。

書面による準備手続がなされた場合は，口頭弁論は，争点等の確認と集中証拠調べの双方の役割を有することになる。

(3) 新たな攻撃防御方法の提出　整理手続がなされた以上，攻撃防御方法はその中で提出すべきであるから，整理手続の終結後の提出は適時提出主義（156）に反することになる。このことに対する直接の制裁は規定されていないが，準備的口頭弁論，弁論準備手続の終結後に新たに攻撃防御方法を提出した当事者は，相手方当事者の求めがあるときは，終結前にこれを提出できなかった理由を説明しなければならない（167・174）。説明は，期日において口頭でする場合を除き，書面でしなければならない（規87）。書面による準備手続の終結後の口頭弁論で証明すべき事実が確認され，または当事者の提出した整理結果の要約書面が陳述された後になって，新たな攻撃防御方法が提出された場合についても，同様に規律されている（178，規94）。

この説明義務は，当事者の訴訟追行上の信義則（2参照）に基づくものと考えられる。理由の説明がなされないときや，理由が合理的でないときは，多くの場合，裁判所は157条によって新たな攻撃防御方法を却下できることになろう。

(4) 進行協議期日　口頭弁論における審理を充実させる目的で，口頭弁論の期日外で裁判所と当事者とが，口頭弁論における証拠調べと争点との関係の確認その他訴訟の進行につき必要な事項を協議するための特別な期日である（規95）。事件の内容にわたる審理ないしその準備をする期日ではない。したがって，この期日において，和解のための話し合いをすることはできない（条解民訴規則217頁，秋山＝伊藤ほかIII537頁。裁判所が和解を勧試することは可能）が，訴えの取下げ，請求の放棄・認諾は可能である（規95II）。原則として双方の当事者の立会いが必要であるが，一方の当事者が出頭していれば，電話会議システムを利用してこの期日を実施することも可能である

III 争点整理　　301

（規 96）。期日は裁判所外でも行うことができる（規 97）。受命裁判官にこの手続を行わせることもできる（規 98）。

　今後の進行についての打合せ，審理計画（⇒ 3 - 1 - 13）の策定（147 の 3），機械の構造についての説明会，現地を見聞しながらの相談などに活用されよう（研究会 222 頁〔福田発言〕）。

3 - 3 - 11　専門的知見の活用

　(1)　専門的知見の活用の必要性　　科学技術が高度に発展し社会生活が複雑化している現代においては，紛争の内容や争点を十分に理解し，さらには適切・妥当な紛争解決基準を見出すのに，法律以外の専門的知見が必要不可欠となる訴訟も多くなっている。知的財産権，医療過誤，建築関係の紛争などがその代表例である。この種の訴訟の審理にあたっては，専門家を訴訟手続に関与させて，その知見を活用することが，審理の充実・促進のために必要となる。

　伝統的には，専門的知見は鑑定の手続によって活用されてきたが，基本的には証拠調べの段階であり——釈明処分としての鑑定（151 I ⑤）はあまり利用されてこなかった——，また適切な鑑定人を得ることが困難な場合も多かった。専門家を調停委員に任命し，調停手続を利用して（調停が不調に終わった場合にも備えて）争点整理を行う試みが実務で行われてきたが，調停制度の趣旨に沿うものか疑問もあった。専門的知見を活用するための制度としては，このほかに，裁判所調査官の制度があり，技術の専門家として特許庁の職員や，租税の専門家として国税庁の職員などが任命されてきた（裁 57）。しかし，裁判所調査官は裁判官の補助者と位置づけられており，当事者はその意見を直接に知ることができず，専門的知見がどのような形で裁判に反映されているのかわからないため，裁判の過程が不透明になるとの批判もあった。

　平成 15 年の法改正により創設された専門委員の制度は，専門的知見を訴訟手続の早期の段階から広く活用でき，当事者の手続保障にも配慮した透明な手続が必要である，との意見に応えるものである。

　(2)　専門委員の制度　　裁判所は，以下の場合に，専門委員を関与させ

3 - 3 - 11

て専門的知見に基づく説明を聴くことができる（92の2）。①争点もしくは証拠の整理または訴訟手続の進行に関し必要な事項の協議をするにあたり，訴訟関係を明瞭にし，または訴訟手続の円滑な進行を図るため必要があると認めるとき，②証拠調べをするにあたり，訴訟関係または証拠調べの結果の趣旨を明瞭にするため必要があると認めるとき，③和解を試みるにあたり，必要があると認めるとき。専門委員を関与させるには，裁判所は，①および②の場合には，当事者の意見を聴く必要があり，③の場合には，当事者の同意を得なければならない。また，②の場合において，専門委員が証人，当事者本人または鑑定人に対し直接に問いを発することを許すときには，裁判長は，当事者の同意を得なければならない。専門委員は，上述の裁判所の期日に立ち会うのが原則であるが，裁判所は，電話会議システムを用いて専門委員に説明または発問をさせることができる（92の3）。

裁判所は，相当と認めるときは，申立てによりまたは職権で，専門委員を手続に関与させる決定を取り消すことができる。当事者双方の申立てがあるときは，決定を取り消さなければならない（92の4）。

専門委員は，非常勤の裁判所職員であり，当事者の意見を聴いて，裁判所が各事件について関与させる専門委員を指定する（92の5）。当事者は，専門委員の除斥または忌避を申し立てることができる（92の6）。

(3) 知的財産関係訴訟での調査官制度の拡充　知的財産に関する訴訟については，裁判所調査官が常勤の裁判所職員として日常的に専門的知見を提供できることを再評価し，その位置づけを明確にして，手続の透明性を確保するための法改正が平成16年になされた。これにより裁判所調査官は，口頭弁論，審尋，争点・証拠の整理手続，文書提出義務や検証物の提示義務の有無を判断する手続，進行協議の手続等において，当事者に対して釈明を行ったり，証拠調べの期日に証人，当事者本人または鑑定人に対し直接に発問したり，和解期日で当事者に専門的な知見に基づく説明をしたり，裁判官に事件につき意見を述べる権限が与えられた（92の8）。反面，裁判所調査官について，除斥・忌避の制度が設けられ（92の9），その中立性が担保されることとなった。

IV 当事者照会

3-3-**12** 当事者照会の意義と効果

　この手続は，裁判所は関与せず，直接に当事者間で照会および回答がなされることが特色である[11]。当事者は，訴訟の係属中，相手方当事者に対して，主張または立証を準備するために必要な事項について，照会書を送付し，相当の期間内に書面（回答書）で回答するよう，照会することができる（163，規84。照会書および回答書の送付はファクシミリの送信によることができる。規47Ⅰ）。ただし，具体的または個別的でない照会（規84Ⅳ参照），相手方を侮辱しまたは困惑させる照会，既にした照会と重複する照会，意見を求める照会，回答に不相当な費用または時間を要する照会，相手方が証言拒絶権を有する事項と同様の事項についての照会は，許されない（163但）。

　照会には相手方当事者に対する強制力はないが，適法な照会である以上は，回答する義務がある。正当な理由もないのに回答しなかったり，虚偽の回答をしたりした場合は，そのことによって増加した訴訟費用の負担を命ぜられたり（63参照），事実認定にあたってそのことが弁論の全趣旨（247）として考慮されたり，弁護士である訴訟代理人がこのような態度をとった場合には弁護士倫理違反に問われる可能性はある（弁護士職務基本規程5・74・76）。

3-3-**13** 訴えの提起前の照会

　以上で述べてきたように，現行民事訴訟法は，訴訟審理の充実・促進のために，口頭弁論の準備段階を重視し，また当事者の証拠収集手段の拡充を図っている。しかし，それだけでは不十分であり，訴えを提起しようとする者に，訴えの提起前にも，相手方または第三者から，証拠を収集することを制度的に可能にする必要がある。平成15年の法改正が，訴えの提起前の照会

11）　準備書面を通じて照会をすることはできないと解すべきである。中野・解説35頁，条解民訴規則191頁注4，条解民訴971頁〔上原〕。

および証拠収集の処分の手続を設けたのは，この必要に応えるものである[12]（詳細は，⇒ **3 - 4 - 13**）。

---

12) この手続の副次的効果として，訴訟前に当事者間での紛争解決に向けての交渉を促進することも期待できよう。

第4章 証拠調べ

I 総　説

3-4-1　事実認定と証拠

　(1)　事実認定と証拠法　　裁判は，確定された事実に法規を適用し，一定の法的効果を導きだす，という推論の過程をとっている。そこで，民事裁判が適正なものであるためには，何よりも，法規の適用の対象となる具体的事実が，適正な手続を通じて，客観的に確定されなければならない。そのため，裁判所は，両当事者の関与の下に，判決の基礎となる事実を，提出された証拠に基づいて認定しなければならず，ここに裁判における証拠の重要性が存している。

　民事訴訟において，当事者間で争いのある事実について，裁判所は，当事者が（原則として証明責任に従って）提出した証拠に基づいて，自由心証によりその存否を認定することになる（247）が，こうした事実認定の過程は，客観化・合理化されたものでなければならない。そのため，民事訴訟法は，この一連の過程を証拠調べと呼び，各種の証拠方法を中心として事実認定のための法的規律を行っている。そこで，以下では，証拠法の基本的な事柄を中心として，こうした法的規律について説明する。

　(2)　事実認定の客観化・合理化　　(1)で示したように，適正な裁判を実現するためには，事実認定の過程を客観化・合理化する必要があり，そのために民事訴訟法は，指定した期日に当事者を呼び出す（139）ことにより当事者に証拠調べの立会権を保障し，また，公開主義（憲82），直接主義（249）および口頭主義（87 I）を規定するなどして，制度的な手当てを施している。さらに，集中証拠調べ（182）も，裁判官が争点に即して一挙に心証形成することを可能にするという機能を有しており，こうした客観化・合

3-4-1

理化に寄与している。

また，このような規律とは別に，事実認定の客観化・合理化のためには，証明手段の客観化と心証形成過程の客観化の双方が不可欠であるとして，確率的証明や統計学的証明（最判平元・12・8民集43-11-1259〔百選［3版］67事件〕）を用いた証明のほか，ベイズ理論等により心証形成過程を確率的に記述することなどが試みられており，理論的発展に期待が寄せられている[1]。

　(3)　事案解明の促進　　(2)と並んで，判例・学説は，証拠調べにおける実質的な当事者対等を確保するための理論を展開しており，事案の解明に当事者が協力するよう，証明妨害の法理（⇒ **3-5-8**）および模索的証明（⇒ **3-4-24**(5)(ア)）並びにこれらから発展した事案解明義務の理論などを展開している。特に事案解明義務は，証明責任を負っていない当事者であっても，一定の要件の下で期待可能な範囲において事案解明に協力すべきことを内容とするものであり[2]，判例中にこうした考え方に依ったと評価されるものも見られる[3]（最判平4・10・29民集46-7-1174〔百選［5版］62事件〕。仙台

---

1)　太田勝造・裁判における証明論の基礎（昭57）。また，最近の研究について，「《シンポジウム》民事訴訟への隣接諸科学の応用──和解，心証形成，事実認定を契機に」民訴雑誌63号（平29）136頁以下等参照。

2)　ある主要事実について主張・証明責任を負っていない相手方に事案解明義務を課すための要件として，証明責任を負う当事者が，①事件の事実関係から隔絶されており，②事実関係を解明できないことについて非難されるべき事情がないこと，③この者の主張が抽象的（あてずっぽう）ではなく，主張を裏付ける具体的な手掛りを提示していること，逆に，④相手方に対して事実関係の解明（事実の主張または証拠の提出）に協力することを期待することが可能であること，の4要件をあげることができる。また，こうした事案解明義務に違反した場合に，相手方に生ずる効果（制裁）として，証明責任を負う当事者の主張について真実擬制をすること（224 III）まで可能になる。事案解明義務の理論の詳細について，春日偉知郎・民事証拠法研究（平3）233頁以下，同・民事証拠法論（平21）27頁以下および360頁以下，松本博之・民事訴訟における事案の解明（平27）25頁以下，畑瑞穂「模索的証明・事案解明義務論」鈴木（正）古稀607頁以下，伊藤滋夫編・要件事実の機能と事案の解明（平24）に所収の諸論文等参照。なお，三木浩一＝山本和彦編・民事訴訟法の改正問題（ジュリスト増刊）（平24）17頁以下の「事案解明協力義務」も参照。

3)　竹下守夫「伊方原発訴訟最高裁判決と事案解明義務」木川統一郎古稀・民事裁判の充実と促進中巻（平6）1頁以下，条解民訴897頁以下〔竹下〕，伊藤編・前掲注2)80頁以下（伊藤論文）参照。

地判平 6・1・31 判時 1482-3, 名古屋高判平 10・12・17 判時 1667-3 も参照)。

　また，平成 15 年の法改正によって，証拠収集手段の拡充の一環として新たに設けられた「訴えの提起前における証拠収集の処分等」(132 の 2 以下，規 52 の 2 以下) は (⇒ **3-4-13**)，提訴前に証拠や情報の収集を可能とすることによって提訴後の手続の計画的進行と審理の充実・迅速化を目指すものであり (一問一答平成 15 年 28 頁以下)，事案の解明に大きく寄与するものであると考えられる。

3-4-2　証拠の概念

　(1)　意義　　証拠とは，事実認定の過程において，判決の基礎となる資料を裁判所に提供することを可能にするものの総称であり，証拠調べは，裁判官が心証を形成するために，法定の手続に従い，こうした証拠の内容を五官の作用によって取り調べる裁判所の訴訟行為をいう (証拠法全体について，証拠法大系(1)～(5)参照)。また，この証拠は，心証形成の過程に応じて，段階的に，次のような意味において用いられる。

　　①　証拠方法　　裁判官が判決の基礎資料を得るために，直接に五官の作用によって取り調べることのできる対象をいい，人証 (証人，当事者本人，鑑定人) と物証 (文書，検証物) とに分けられる。

　　②　証拠資料　　証拠調べによって，具体的な証拠方法から得られた内容 (証言，当事者の供述，鑑定意見，文書の内容，検証結果) をいう。

　　③　証拠原因　　要証事実の存否について裁判官の心証形成を可能にした根拠をいう。これには，裁判所が事実認定に採用した証拠資料のほか，弁論の全趣旨も含まれる。

　(2)　証拠能力・証拠価値 (証拠力)　　証拠能力とは，民事訴訟法が規定する証拠方法として，ある対象 (物) を証拠調べの対象として用いることのできる適格をいい，証拠方法のうち物証は必ずしも有体物に限られない。刑事訴訟においては伝聞証拠 (刑訴 320 以下) 等について証拠能力の制限があるが，民事訴訟では，自由心証主義が妥当しており，若干の例外を除き，一般的に証拠能力に制限はない。例外としては，忌避された鑑定人は鑑定能力を欠くこと (214 I)，手形・小切手訴訟では書証以外は証拠能力がないこと

（352 I），少額訴訟では証拠方法が即時に取調べ可能な証拠に限られていること（371）などがある。

　証拠価値（証拠力）は，証拠調べによって得られた証拠資料が，要証事実の認定にどの程度役立つかどうか，という証拠評価の領域における問題である。証拠資料の証拠価値を判断することは裁判官の専権に属し，裁判官の自由心証に委ねられており，例外を除いて，法律の規定による制約を受けない。例外として，文書の成立の真正（形式的証拠力）について若干の推定規定があり（228 II・IV），通説はこれを法定証拠法則の一種であるとするが，最近では法律上の事実推定であるとする説も有力である（⇒ 3-4-**24**(4)(**ウ**)）。

3-4-**3**　証明と疎明

　(**1**)　証明　　証明と疎明とは，裁判官の心証の程度を基準として区別されている。証明は，要証事実の存否の判断について，裁判官に確信を生ぜしめる状態，またはそのための当事者の証拠提出行為をいう。したがって，証明度は，要証事実が存在することの高度な蓋然性を超えるものでなくてはならず，通常人が疑いを差し挟まない程度に真実性の確信を持ちうるものでなければならない（最判昭 50・10・24 民集 29-9-1417〔百選［5 版］57 事件〕。なお，最判平 12・9・22 民集 54-7-2574 のほか，最判平 12・7・18 判時 1724-29 も参照）。裁判においては，その前提となる事実の認定のために，こうした証明度が必要とされている[4]。もっとも，訴訟上の事実関係の確定は，裁判の内容の合理性を確保するためであるから，絶対性を不可欠とする自然科学的証明ではなく，いわゆる歴史的証明で足りる（最判昭 23・8・5 刑集 2-9-1123。刑事訴訟における有罪認定に必要とされる証明度については，最決平 19・10・16 刑集 61-7-677 参照。なお⇒ 3-5-**3**(2)・**4**(2)）。

　なお，原則的証明度として，このような「高度の蓋然性」を要求する通説に対して，最近では，当事者の公平や実体的真実の発見などの訴訟目的の実

---

4)　証明度として高度の蓋然性を要求する通説について，加藤新太郎「確信と証明度」鈴木（正）古稀 549 頁以下，伊藤眞「証明度(1)——ルンバール事件」事実認定 11 頁以下，加藤新太郎「証明度(2)——長崎原爆訴訟上告審判決」同 16 頁以下，注釈民訴(4) 7 頁以下〔大村〕および 980 頁以下〔山本（和）〕等参照。

現可能性といった視点から，証明責任を負う当事者の主張事実が相手方の主張事実と比較してより真実らしいという程度の「優越的蓋然性」で足りるとする見解がかなり有力となっているが[5]，実務上はやはり，証明度として高度の蓋然性を必要とするとしているものと考えられる（⇒ 3 - 5 - 3(2)）。

(2) 疎明　これに対して，疎明は，一応確からしいとの程度の事実の蓋然性判断であり，またはこれを生ぜしめる当事者の資料提出行為をいう。この疎明は，即時に取り調べることができる証拠（持参文書，在廷証人等）によってしなければならない（188）。疎明は，原則として明文でこれを許容している場合に限られており（35 I・44 I・91 II・92 I・198・201 V・403 I，規10 III・24 II・25・30 II・130 II・153 III 等），迅速な処理を必要とする事項や手続問題・派生問題について認められている。

3 - 4 - 4　厳格な証明と自由な証明

　厳格な証明とは，180条以下の証拠に関する規定に従った証明をいい，自由な証明とは，これらの規定に必ずしも拘束されない証明をいう[6]。自由な証明は，本来は刑事訴訟における概念であり，民事訴訟においては例外的なものであるためその適用範囲にはおのずと限界がある。すなわち，請求の当否を判断するための事実認定については，その公正さを担保するために法定の証拠方法や証拠調べ手続によらなければならないことはもちろんであるが，それ以外の事項（職権調査事項たる訴訟要件や決定手続における要証事実など）の証明についても，多くは自由な証明に委ねることはできない。しかし他方で，合目的性の観点から法定の手続にしばられない柔軟な手続によったとしても当事者の手続保障や裁判の公正さを損なうおそれがない限度においては（202・207 II），自由な証明も許容されるといえる（伊藤342頁以下，条解民訴1011頁以下〔松浦＝加藤〕。他方，松本＝上野426頁以下は調査の嘱託（186）に限定して認める）。

　なお，厳格な証明では，当事者公開主義，直接主義，口頭主義を不可欠とするのに対して，自由な証明ではこれらが緩和されることになるが（非訟30参照），自由な証明も，あくまでも証明を必要とするのであるから，疎明とは異なり，証

---

5) 伊藤眞「証明・証明度および証明責任」法教254号（平13）33頁以下，同「証明度をめぐる諸問題」判タ1098号（平14）4頁以下。
6) 髙田昌宏・自由証明の研究（平20）11頁以下。

310　　第3編　第4章　証拠調べ

明の程度（高度の蓋然性）が引き下げられるわけではない点については留意しなければならない。

II　証明の対象

3-4-**5**　事　　実

　訴訟において提出された事実について，当事者がその存否を争った場合に，裁判所が認定を必要とする事実を要証事実といい，これには主要事実，間接事実および補助事実がある（⇒ **3-1-4**）。

　①　主要事実　　権利の発生・変更・消滅という法律効果を直接に基礎づける事実であり，法律効果を定めている法規の要件に該当する事実をいう[7]。

　②　間接事実　　主要事実を証拠によって直接認定することが困難または不可能であるときに，経験則を適用することにより主要事実を推認せしめる事実をいう。間接事実のなかには，間接事実のほか，「重要な間接事実」，すなわち，「請求を理由づける事実（主要事実）に関連する事実で重要なもの」もあり，訴状には，主張立証関係を早期に明らかにすることを目的として，主要事実および証拠のほかに，立証を要する事由ごとに，こうした重要な間接事実も記載しなければならない（規 53 I・80 I・81 I）。

　③　補助事実　　間接事実の一種であり，文書の成立の真正など証拠の証拠価値（証拠力）を明らかにしたり，証拠の信用性を左右する事実をいい，これに必要な限度で証明の対象となる。

3-4-**6**　法　　規

　裁判所は，法的推論の大前提をなす法規を適用する職責を負っているので，職務上当然に，法規の存否およびその解釈適用について知っていることが前

---

7)　要件事実と主要事実との異同については，中野貞一郎「要件事実の主張責任と証明責任」法教 282 号（平 14）34 頁以下。

II 証明の対象 311

提とされている。したがって，国内の成文法は証明の対象にならない。しかし，外国法，地方の条例，慣習法については，裁判所が知悉しているとは限らないので，その適用を求める当事者は，その存在を証明しなければならない場合がある。外国法の存在およびその内容については，一般的に鑑定や調査嘱託（186）により証明することになるが，事実と異なって法規である以上は，裁判官の私知の利用も可能である[8]。

3-4-7　経験則

経験に基づいて帰納的に得られた事物に関する知識や法則をいう。したがって，一般常識的な経験則から専門科学的知識としての経験則まで，その内容は広範多岐にわたる。経験則は事実そのものではないので，当事者の自白の対象にはならない。経験則のうち，特に専門家しか知りえないような特殊な経験則や高度の科学的経験則については，裁判官が知っていると期待することはできないから，その適用を求める当事者がその存在を証明しなければならない[9]。

なお，経験則については，法規の場合と異なり，裁判官の私知を認めることはできない。裁判官が個人的に知っている経験則を事実認定に用いることは，当事者に不意打ちとなるからである（加藤新太郎・手続裁量論〔平8〕253頁，条解民訴1013頁〔松浦＝加藤〕）。

---

8) 外国法の調査について，山本克己「外国法の探査・適用に伴う民事手続法上の諸問題」論叢130巻1号（平3）1頁以下参照。

なお，立法事実（法律制定の基礎となった社会・経済的事実であって，当該法律の解釈・内容にかかわるもの）については，これを有利に援用しようとする当事者の主張・証明に委ねられるが，裁判所も立法事実について自ら調査することができるという意味で，弁論主義は後退する。原竹裕・裁判による法創造と事実審理（平12）294頁以下参照。

9) 中野「鑑定の現在問題」現在問題143頁，木川統一郎「専門部と鑑定」同編著・民事鑑定の研究（平15）121頁，杉山悦子「経験則の獲得方法」事実認定76頁以下。

3-4-5~7

III 証明を要しない事項（不要証事実）

3-4-8 顕著な事実

顕著な事実とは，「公知の事実」と「職務上顕著な事実（職務上知りえた事実）」との両者を総称したものであり，これらについては，事実認定の客観性が当初から確保されているので，証明を必要としない（179）。公知の事実は，歴史的大事件，大災害など一般的に知れ渡っている事実であり，これを裁判の基礎とするには公知であることの確信を必要とする。また，マスメディアによって一般的に知れ渡っているものであっても，真実に反している場合には，当事者はそのことを証明することができる。他方の，職務上顕著な事実は，裁判官がその職務行為の過程で知りえた事実であり，たとえば，他の事件につき自らした裁判の内容や，他の裁判官がした破産手続開始決定などがこれにあたり，必ずしも一般に了知されていることを要しない（最判昭28・9・11裁判集民9-901，最判昭31・7・20民集10-8-947は，合議体の場合は，これを構成する裁判官の過半数に顕著であることを要するとする）。

なお，弁論主義の下では，顕著な事実であっても，これが主要事実である場合には，当事者がこれを口頭弁論に顕出しない限り，裁判所は裁判の基礎として採用することができない。したがって，当事者は，こうした事実について，証明責任を免れるとしても，主張責任を免れることはできない。

3-4-9 自 白

（1） **意義** 当事者が口頭弁論または弁論準備手続において，相手方が主張する自己に不利益な事実を認める陳述をいう[10]。自己に不利益な陳述が先に行われ，後から相手方がこれを有利に援用した場合にも自白は成立し（大判昭8・2・9民集12-397），これを先行自白という（制限付自白については，

---

10) 注釈民訴(4)61頁以下〔佐藤〕参照。なお，刑事訴訟においては裁判上の自白の拘束力はない（刑訴317・319）。

III　証明を要しない事項（不要証事実）　313

⇒**3-5-9**）。こうした裁判上の自白は，弁論主義を採る手続においてのみ成立し，職権探知主義を採る手続においては認められない（人訴19 I）。また，裁判上の自白は，裁判外でなされた自白（裁判外の自白）と区別されており，前者については後述（⇒（2）（イ））のような訴訟法上の効果を生ずるが，後者は，自白事実が真実であることを推認させる間接事実であるにすぎない（なお，訴訟代理人の陳述が自白になる場合であっても，当事者が取消し・更正をしたときは，自白にならない〔57〕）。

　裁判上の自白（以下「自白」と呼ぶ）の対象となるのは具体的な事実に限られ，法規およびその解釈ならびに経験則は自白の対象にならない（経験則については，一般的な法則であることおよび主要事実でないことが理由としてあげられる。なお，権利自白について⇒**3-4-11**）。また，自白は，弁論主義の手続において認められるものであることから，具体的事実のうち主要事実について成立し，間接事実および補助事実については，学説上争いはあるものの，自白は成立しない（⇒（3））。

（2）　要件および効果

（ア）　要件　①口頭弁論または弁論準備手続における弁論としての陳述であること（当事者尋問での供述は，証拠資料であって訴訟資料ではないから，自白ではない），②相手方の主張と一致した陳述であること，③自己に不利益な事実についての陳述であること，の3つである。

　このうち，③の要件については，何を基準として「不利益」と判断するかによって，証明責任説と敗訴可能性説とが対立している。証明責任説は，自己に不利益な事実とは，相手方が証明責任を負う事実であるとし，こうした事実を認める陳述についてのみ自白の成立を認める（旧注釈民訴(6)109頁〔佐上〕，証拠法大系(1)137頁，伊藤350頁以下など）。他方，敗訴可能性説は，自己に不利益な事実とは，相手方が証明責任を負う事実に限られず，自己が証明責任を負う事実をみずから否定する陳述も，敗訴可能性を生ずるものである以上は自白の成立が認められるとする（新堂583頁，高橋・重点講義上484頁，条解民訴1030頁〔松浦＝加藤〕，菱田雄郷「裁判上の自白法則」実務民訴[第3期](4)85頁以下等であり，通説といえる）。

　これについて，判例（前掲大判昭8・2・9，大判昭8・9・12民集12-2139，大

3-4-8・9

判昭11・6・9民集15-1328）は，一般論として証明責任説に立つとはいうものの，実際上は敗訴可能説によっているとする評価も可能であったりして，いずれの説によっているかについて必ずしも明確ではない（小林秀之・新証拠法［2版］〔平15〕244頁）。

　両説の違いは，自己が証明責任を負っている事実が存在しなかった旨の陳述，たとえば，原告が，履行遅滞を理由として契約解除がなされたことに基づいて原状回復請求の訴えを提起しておきながら，「履行の催告をしなかった」旨の陳述をした場合や，貸金返還請求訴訟において，被告（借主）が「金銭の交付はなかった」と主張し，原告（貸主）がこれを認める旨の陳述をした場合などにおいて生ずる（証拠法大系(1)136頁等）。これらの場合，履行の催告や金銭の交付は原告が証明責任を負っており，証明責任説によれば，原告はいずれについても首尾一貫していない事実を主張しているにすぎないのであり，自白の成立は認められないことになる。他方，敗訴可能性説によれば，上記のいずれの陳述も原告に敗訴の可能性を生じるため，自白の成立が認められることになる。証明責任説では，原告が，改めて催告をした旨や金銭を交付した旨を陳述することは，主張の変更にすぎないが，敗訴可能性説では，自白の撤回となるため，撤回要件を満たさない限りはこれを行うことはできない。ちなみに，自白の成立する範囲は，証明責任説よりも敗訴可能性説の方が広い。

　両説を比較すると，①証明責任説は，自白が成立するための基準および範囲が明確に画される点において優れている（伊藤350頁）。もちろん，前提となる証明責任の分配自体が争われる事実については基準として機能しないおそれがないわけではない。たとえば，条件・期限付法律行為の証明責任をめぐる抗弁説と否認説の争いがあげられるが，わが国では抗弁説で一貫しており（増補民事訴訟における要件事実第1巻〔昭61〕48頁以下，特に51頁），基準の明確性が損なわれるとまではいえないであろう。また，②敗訴可能性説に対しては，有利・不利が一義的に決まらないという難点が従来から指摘されている。たとえば，貸金返還請求訴訟において一部弁済の事実が主張された場合，債権の一部消滅という面では原告に不利益であるが，消滅時効の更新という面では被告に不利益に作用するため，自白の成否について判断ができ

Ⅲ　証明を要しない事項（不要証事実）　　315

ないおそれがある。さらに，③両説の相違を示している先の例のいずれにおいても，原告は，証明責任を負っている請求原因事実の一部をみずから否定するという矛盾主張をしている。敗訴可能性説によれば自白の成立を認めることになるが，むしろそうした主張は首尾一貫しないものであり，自白の成立を認めずに，裁判所の釈明により是正を期待すべき問題であろう[11]。また，仮に自白が成立したと取り扱ったとしても，自白当事者は，後に，自白の撤回要件を証明して，これを争うことになるであろうし，これに伴って，自白による審判排除効と争点の圧縮という機能は後退する。当事者にとっては，ある争点について自白による審判排除効を生ずるのであれば，事前に明確な基準によって判断可能となるものでなければならない。こうした意味において，基準の明確な証明責任説によって自白の成否を判断する方が優れているといえる[12]。

（イ）　効果　　自白が成立すると自白された事実は証明を必要としなくなり（証明不要効）（179），一方で，裁判所の事実認定を拘束し，証拠調べを不

---

11)　こうしたことから，両説の径庭は，実際上それほどではないと考える。証拠法大系(1) 136 頁以下，秋山＝伊藤ほかⅣ 53 頁。なお，敗訴可能性説である新堂 583 頁は，先行自白をめぐって裁判所の釈明と当事者への確認を通じて調整することを提案し，高橋・重点講義上 484 頁もこれに与する。また，菱田・前掲実務民訴［第 3 期］(4) 87 頁も基本において同様と考えられる。

　　なお，山本・基本問題は，「争点整理手続の中で，裁判官による法律問題や経験則の指摘等を前提に，その事実の当該事件全体の中での位置付けの認識を共通として，なお不利益を受ける当事者がその事実を争点としないとの意思を表示する場合に初めて自白の成立を認めるべきではなかろうか（自白の手続的規制論）」（170 頁）と述べ，こうした手続保障を前提に，自白の成立範囲を広く認めてよいとする（162 頁）。

12)　なお，敗訴可能性説をさらに発展させて，自白事実が当事者に不利益となるのは結果的現象にすぎないとして（たとえば一部弁済の事実は有利（債権の一部消滅）・不利（消滅時効の更新）双方に作用し，訴訟の結果に及ぼす影響はその都度判断せざるを得ない），不利益性の判断を度外視して，両当事者の陳述の一致があれば自白の成立を認めるべきである，との傾聴すべき見解もある（松本博之・民事自白法〔平 6〕32 頁）。しかし，自白の範囲が拡大しすぎ，不意打ち的な敗訴の危険性を増大させる結果となり，問題を事後の救済方法である自白の撤回に先送りする（不意打ちの危険を回避するために自白を反真実の証明だけで容易に撤回できるとする〔松本・前掲書 62 頁〕）にすぎなくなる危険性が高いので，賛成しがたい（春日・論集 167 頁以下参照）。

3-4-9

要とする効力（審判排除効）を生ずる——争点からの除外——ほか，他方で，自白した当事者に対して，みずからこれを撤回することは許されないという効力（撤回禁止効）も生じる（詳細は，宇野聡「裁判上の自白の不可撤回について」鈴木（正）古稀433頁以下）。また，こうした自白の効力は上級審にも及ぶ（298 I）。

　裁判所は，当事者の自白によって事実認定権を排除されるため，たとえ証拠調べの結果や弁論の全趣旨から自白事実と異なる心証を得たとしても，自白と異なる認定をすることはできず，自白事実を裁判の基礎としなければならない。

　また，自白をした当事者は，自白の内容と矛盾する事実を主張することができなくなる。自己に不利益な事実をあえて自白した以上，その事実は真実に合致している蓋然性が高いといえるし，また，いったん自白した後にこれを翻すことは，除外した争点を復活させることを意味し，自白を信頼して相手方がした訴訟活動を妨げ，裁判所の審理を無駄にすることになるため，禁反言の原則からも許されない。

　（ウ）　自白の撤回　　自白があると，（イ）で述べた効果を生ずるが，自白した者がその効果を否定することができる場合がある。すなわち，自白の撤回が認められるのは，①刑事上罰すべき他人の行為により自白した場合（338 I ⑤，最判昭33・3・7民集12-3-469），②相手方の同意がある場合（最判昭34・9・17民集13-11-1372），③自白の内容が真実に反し（反真実），かつ，自白が錯誤によってなされた場合（大判大4・9・29民録21-1520〔百選［5版］56事件〕），の3つである。

　③の場合に，判例（大判大9・4・24民録26-687，最判昭25・7・11民集4-7-316）は，反真実が証明されると錯誤の存在は推定されるとし，後者の要件の証明を緩和している。また，錯誤があったことについて過失があっても自白の撤回は許されるとしている（最判昭41・12・6判時468-40）。他方，学説は多岐にわたり，ⓐ判例を支持するのが現時点でも多数説であると思われるが，これ以外に，ⓑ反真実の証明で足りるとし，撤回による訴訟遅延に対しては157条・62条で対処すべしとする説（条解民訴1036頁，松本・前掲書60頁以下）のほか，ⓒ錯誤のみの証明で足りるとする説（池田辰夫・新世代の民

III　証明を要しない事項（不要証事実）　　317

事裁判〔平8〕169頁など）も展開されている。

　この問題は，自白の拘束力（撤回禁止効）の根拠をどこに求めるかということに関連する。すなわち，ⓑ説は，自白の撤回を制限するのは，自白を信頼した相手方を保護するためであり，反真実の証明があればこうした相手方の信頼は著しく害されはしないと考える。実体的真実に重きを置くという考慮が働いているものと考えられる。他方，ⓒ説は，当事者の自己責任に基づく禁反言の観点から，争点排除としての意思表示（観念の表示）を中核とする自白についても錯誤による主張の撤回は許されるとして，反真実ではなく，錯誤要件の方を重視する。先に指摘したように，ⓑ説については，自白の成立要件として，敗訴可能性を問題とすることなく両当事者の陳述の一致があれば広く自白の成立を認め，そのいわば見返りとして，自白の撤回の要件を反真実の証明で足りると緩和することによってバランスをとろうとしているが，何よりもこうした前提について疑問を払拭し切れない。他方，ⓒ説をめぐっては，反真実を錯誤の間接事実であると評価して，錯誤の証明の代替物として反真実の証明を要求する説（高橋・重点講義上501頁）や，錯誤の主張・証明の内容として自白事実が真実に反することの証明も必要であるとする説（伊藤354頁）が最近では有力となりつつあり，実務上は，ⓐ説との相違はほとんど認められないと考えられる。また，反真実の証明は，錯誤による自白の撤回によって生じる相手方の不都合（不要証であるとの信頼が損なわれ，はじめから立証し直さなければならなくなったこと）を埋め合わせる要件であるとの考え方（小林・前掲255頁）からも，結論的には判例の立場を是認することができると考える。

　（3）　自白の対象　　前述したように，主要事実が自白の対象となることはもちろんであるが，間接事実や一部の補助事実（文書の成立の真正）についても自白が成立するかどうか，また，権利自白（⇒3‐4‐11）も認められるかどうかについては，検討を必要とする。

　（ア）　間接事実　　判例は，間接事実の自白は裁判所を拘束しないし（最判昭31・5・25民集10‐5‐577），自白した当事者を拘束するものでもないとしており（最判昭41・9・22民集20‐7‐1392〔百選〔5版〕54事件〕，また中西正「間接事実の自白」事実認定46頁以下，春日・論集159頁以下参照），間接事実

3‐4‐9

の自白は，一般に弁論の全趣旨として斟酌されるにとどまる。したがって，主要事実の自白のように，裁判所，当事者の双方を拘束することはない。また，その理由は，間接事実が主要事実の証明手段として証拠資料と同様の機能を有するにすぎないのに，こうした間接事実の自白に裁判官を拘束するならば，この間接事実に基づいて推認される主要事実について心証形成を無理強いすることになり，主要事実の認定を自由心証に委ねていることと矛盾する結果になるからであると述べられている（条解民訴1034頁，伊藤349頁以下。証拠法大系(1)145頁は，すべての間接事実に自白法則を適用するという考え方は，実務の使用に耐えないとする）。

こうした通説に対して，間接事実であっても（特に重要な間接事実については）自白の対象になるとする説が有力になっている（新堂585頁，高橋・重点講義上493頁以下，小林・前掲233頁以下，松本＝上野333頁以下，山本・基本問題166頁以下など。もっとも，これらの見解も，主要事実の自白と異なり，裁判所は，別の間接事実から主要事実の存否を自由心証によって認定することは妨げないとしている）。重要な間接事実（規53ⅠⅡ・79ⅡⅢ・80Ⅰ）の自白について当事者に対する効力（撤回禁止効）を認めないとすると，せっかくの争点中心審理の訴訟運営に支障を生じ，また，相手方に予想しない不意打ちの危険性が及ぶ，といった理由があげられる。

しかしながら，判例およびこれを支持する見解が述べているように，間接事実の自白を認めて審判排除効を拡大することは，裁判所の自由心証に抵触するし，また，自白の成立を主要事実の証明責任の所在によって決めるという考え方（証明責任説）とも整合性がとれない。したがって，間接事実も自白の対象となるとの説を支持することはできない。

（イ）補助事実　補助事実は，間接事実と同様に，一般的には自白の対象とならないとされているけれども，特に問題となるのは，文書の成立の真正についての自白である。判例（最判昭52・4・15民集31-3-371〔百選Ⅰ105事件〕，上原敏夫「補助事実についての自白の拘束力」事実認定51頁以下参照）は，代理権授与の白紙委任状の成立の真正についての自白の当事者に対する拘束力を否定するだけでなく，裁判所に対する拘束力も否定している（最判昭55・4・22判時968-53）。文書の成立について，一律に認否をとることはせ

III 証明を要しない事項（不要証事実）　　　319

ず，文書の成立を否認するときは，その理由を明らかにしなければならなくなった（規145）こととの関係では，かつての判例（大判大13・3・3民集3-105）のように，主要事実と同様の取扱いをすることには消極的にならざるを得ない。しかしながら，少なくとも処分証書（⇒ **3 - 4 - 24**(2)）については，その成立の真正が法律関係の存否の判断に直結するし，また，証書真否確認訴訟（134）の対象として認諾もありうることなどからして，自白の対象となるべきであると考える（春日・論集164頁以下。なお，文書の内容が主要事実に関するものであり，その成立の真正の自白が主要事実についての自白と解釈すべき場合に拘束力を認める説もある（松本・前掲書310頁以下，同・238頁以下）ほか，条解民訴1035頁は，そもそも文書の成立の真正は，ここでいう補助事実には当たらないとする）。

3 - 4 - 10　相手方による援用のない自己に不利益な事実の陳述

　弁論主義の下では，主要事実は，当事者の弁論に現れない限り裁判所が証拠調べの結果からその存在について心証を得たとしても，これを判決の基礎とすることはできない（訴訟資料と証拠資料との峻別）。しかしながら，弁論に現れている事実であるならば，いずれの当事者が主張したものであるかを問わないので（主張共通），裁判所は，一方の当事者が自己に不利益な事実を陳述した後に，相手方がこれを自己の利益に援用しなかったとき（援用がないから先行自白とはいえない）であっても，これを基礎として陳述した当事者に不利な判決をすることは妨げられない（最判昭41・9・8民集20-7-1314〔百選Ｉ108事件〕）。また，最近の裁判例（最判平9・7・17判時1614-72〔百選〔5版〕50事件〕）も，遺産分割の後続を予定した遺産の帰属性をめぐる訴訟において，原告が主位的請求として自分が本件建物を建築したことを理由に建物の所有権等の全部の確認を求め，予備的請求として相続に基づいて建物の所有権等の9分の1の持分の確認を求めた場合には，被告が陳述した「被相続人が本件建物を建築した」との事実は予備的請求の請求原因の一部であり，原告が主張立証すべきであるが，「本件においては，原告がこの事実を主張せず，かえって被告がこの事実を主張し，原告がこれを争ったのであるが，原審としては，被告らのこの主張に基づいて右事実を確定した以上は，原告がこれを自己の利益に援用しなかったとしても，適切に釈明権を行使するなどした上でこの事実をしんしゃくし，原告の請求の一部を認容すべきかについて

3 - 4 - 10

審理判断すべきものと解するのが相当である」と判示し，その後もこの判決が援用されている（最判平 12・4・7 判時 1713-50）。

こうした相手方による援用のない自己に不利益な事実の陳述は，このような例から明らかなように，同一の当事者間で併合されている複数の請求が争われている場合に生ずる。特に問題となるのは，自己に不利益な陳述があった場合に相手方がこれを援用せずに，かえってこれを争う場合に，裁判所は証拠調べを必要とするか否かである。従来は，証拠調べを経た上で判決の基礎とすべきか否かを決定すべきであるとされていた。しかし，最近では，援用によって有利な判決を受けるはずの当事者が他方の請求との関係ではかえってこれを争っている場合に，あえて費用と時間を要する証拠調べを行って事実認定をすることが——弁論主義に反するとはいえないとしても——，当事者間の公平や役割分担に反するのではないか等の疑問が提起されている（松本・前掲書 310 頁以下，松本＝上野 345 頁以下，高橋・重点講義上 485 頁以下）。

しかしながら，事実認定に基づく正当な裁判の保障と，これを通じて当事者間の公平を図る趣旨からすると，争点中心主義の手続においてであるとしても，やはり証拠調べを経る方が妥当であると考える[13]。

3-4-11 権 利 自 白

(1) 権利自白 　請求の当否の判断の前提をなす権利・法律関係を直接の対象とする自白をいう。訴訟物たる権利関係自体は争いながらも，その前提となる先決的な法律関係の存否について，相手方の主張を認める陳述であ

---

13) なお，これとは別に，「等価値陳述の理論」がある。すなわち，請求を理由づける主張事実を争いながら，同時にその請求を基礎づける結果となる別の事実をみずから陳述する場合（たとえば，売買代金の支払請求において，原告が A 商品の売買代金であると主張したのに対して，被告が代金額は同じであるものの B 商品の売買代金であると主張した場合），両当事者の実体的な結論が等価値である以上は，証拠調べを経ることなく請求認容判決をすることができるとする。この例において，原告が被告の主張を予備的にせよ援用すれば自白は成立する（証拠調べ不要）が，原告があくまでも被告の主張を争った場合に証拠調べをせずにただちに請求認容判決をすることができるとすることには疑問を払拭しきれない。等価値陳述の理論は，いずれの主張によっても請求は理由があるとして，証拠調べを経る必要はないとするが，いずれの事実認定もない判決理由の記載は許されず（条解民訴 897 頁〔竹下〕），相手方による援用のない自己に不利益な事実の陳述において述べたと同様の理由から，妥当性を欠いていると考える。

III 証明を要しない事項（不要証事実） 321

る（たとえば，所有権侵害を理由とする損害賠償請求訴訟において原告の所有権自体については争わないとの陳述）。なお，自白の対象が訴訟物自体であるときは，請求の放棄または認諾である（266）。

ここでの権利自白に相当するものとしては，①訴訟物の判断の前提とされる権利関係を認める旨の陳述をした場合（たとえば，家屋の所有権に基づく明渡請求において家屋の所有権を認める陳述や，前記の具体例における陳述）と，②本来は具体的な事実の陳述に基づいて法的評価を経て判断されるべき要件事実そのものを認める旨の陳述をした場合（たとえば，「過失を認める」とか，「正当事由を認める」といった規範的要件そのものを認める旨の陳述）とが考えられるであろう（伊藤 347 頁以下）。

(2) 権利自白にも裁判上の自白の成立を認め，拘束力を認めるべきか否かをめぐっては争いがある[14]。否定説は，権利自白によって相手方はその権利を根拠づける必要はなくなるが，裁判所の独自な判断権限まで排除されるわけではないとする。①訴訟物について請求の放棄・認諾が認められるのは処分権主義から帰結されることであって，これを権利自白の根拠とするのは短絡的にすぎるし（請求の認諾は確定判決と同一の効力を生ずるが，先決的法律関係の自白は当該訴訟における裁判官の判断を拘束するにすぎない），②権利自白があったとしても，裁判所は争われている請求の当否の判断を適正に行わなければならない以上は，自らの判断権限を排除されるわけではない，との理由による。他方，肯定説は，①権利自白も法的三段論法の小前提に属する事項の自白である点で事実自白と同様であり，また，②先決的法律関係を中間確認の訴えの訴訟物とすることが可能であり，この場合に請求の認諾があれば裁判所はこれに拘束される，ということを理由としている。

判例は，権利自白自体について直接述べているわけではなく，先決的な法律関係の主張とあわせて具体的事実の陳述がなされている場合において，①双方に齟齬がある事案に関して，法律関係の主張について法律効果の判断の

---

14) 学説・判例については，坂原正夫「裁判上の自白法理の適用範囲」講座民訴④ 177 頁以下，旧注釈民訴(6)117 頁以下〔佐上〕，小林秀之・新証拠法［2 版］（平 15）225 頁以下，高見進「権利自白の拘束力」事実認定 41 頁以下，菱田雄郷「裁判上の自白」実務民訴［第 3 期］(4)94 頁以下等参照。

3-4-11

問題であるとして自白を認めないけれども（最判昭30・7・5民集9-9-985〔百選〔5版〕55事件〕，最判昭42・11・16民集21-9-2430），②法律上の主張中の事実陳述と解される部分については自白が認められるとするものもある（最判昭37・2・13判時292-18）。先決的な法律関係の主張であって，事実陳述の部分と法的判断の部分とがある場合に，少なくとも後者については自白の成立を認めない趣旨と解される。

　以上のことを前提にすると，権利自白のうち，まず，①事実陳述のないまま法律関係自体についてだけ自白があった場合，請求を争っていることとの関係で自白者に矛盾がある可能性が高く，法的判断について錯誤が強く推定される上に，そもそも釈明を必要とするような場合であろうから，権利自白の成立は否定せざるを得ないと考える。また，②一般条項，正当事由や過失といった規範的要件の自白についても裁判所の法的評価の問題である以上は，同様に考えるべきであろう。もっとも，①の場合に，所有権の前提となる具体的な事実関係が相手方から主張されており，これを踏まえて所有権を認めるとの陳述がなされているときや，②の場合において，例外的に，事前調査により事実を十分に認識しており，その事実について正しく法的評価をなしうる能力を有していた者の過失の自認については，自白の成立を認めて差し支えない（東京地判昭49・3・1下民25-1〜4-129〔百選〔5版〕A18事件〕）。

3-4-12　擬制自白

　当事者が，口頭弁論または弁論準備手続において相手方の主張した事実を明らかに争わない場合には（沈黙も含む），争う意思がないものと解して，この事実を自白したものとみなすことをいう（159 I・170 V）。これにより，自白が擬制された事実は，不要証事実として取り扱われる。擬制自白も，自白である以上，弁論主義の下でのみ認められる。他方，不知は否認と推定され，擬制自白とはならない（159 II）。

　当事者が口頭弁論期日に出頭しない場合にも，擬制自白は成立する。ただし，その当事者が公示送達の方法による呼出しを受け，相手方の主張事実を争う機会を保障されていなかった場合は除かれる（159 III）。また，答弁書の不提出につき当事者に帰責事由がない場合も擬制自白の適用はないと解す

IV 訴え提起前における証拠収集手続 323

べきかが問題となるが，否定すべきである（証拠法大系(1)160頁以下）。なお，控訴審において準備書面も提出せず欠席したとしても，本訴を維持している等の事情があるときは，弁論の全趣旨に照らして相手方の新たな主張を争っているものと認められ，擬制自白は成立しない（最判昭43・3・28民集22-3-707〔百選〔5版〕A19事件〕）。

擬制自白の成否は，弁論の全趣旨により口頭弁論の終結時に判断するのを原則としている。しかし，相手方の主張事実を争ったとしても，時機に後れた攻撃防御方法（157）として却下されることがあり，特に，争点および証拠の整理手続の終了後の攻撃防御方法の提出については，提出できなかった理由を説明する必要があることとの関係で（167・174・178），理由の説明ができない場合にも，擬制自白が認められる可能性はあろう（証拠法大系(1)161頁以下）。また，原審で成立した擬制自白は，法律審では争えず，上告審を拘束する（321 I）。

裁判所は，擬制自白に拘束されるが，当事者は口頭弁論終結時まで争うことができるから（前記の制約はあるものの），当事者に対する拘束力は問題にならない。

IV 訴え提起前における証拠収集手続

3-4-13 訴え提起前の証拠収集手続と訴え提起の予告通知

（1） 提訴前の証拠収集手続　　迅速で充実した計画審理による事案解明のためには，その手段である証拠収集手続の拡充が不可欠の前提となる。とりわけ，提訴を予定している者にとって，提訴後の主張や立証に必要な情報や証拠をあらかじめ入手することができるならば，その後の審理を計画的に進め，また積極的に事案解明を行うことが可能となる。そこで，平成15年の法改正によって，訴え提起前であっても紛争をめぐる情報・証拠を収集可能にするための制度的な手当てとして，以下で説明する提訴前の証拠収集手続が設けられたのである[15]。平成8年の法改正において口頭弁論の準備のた

3-4-**12**・**13**

めに証拠情報にアクセスする手段として，当事者照会が新設されたが，平成
15年の法改正はこれをさらに充実・強化するものである[16]。すなわち，情
報の入手面では，提訴後においてしかできなかった当事者照会を提訴前にも
できるようにし，また，証拠の収集面でも，同じく提訴前に，文書送付嘱託
や調査嘱託等を含む4種類の証拠収集処分をすることができることとした。
こうした2つの内容をもつ提訴前の証拠収集手続によって，計画審理の実効
性を確保・促進しようとしていることはもとよりであるが，あわせて，従来
の提訴前の証拠保全について指摘されていた運用，すなわちこれによって証
拠開示的機能を代替させようとする運用も改善されることになろう（→
3 - 4 - 15 および注21））。

　（2）　提訴の予告通知　　訴え提起前の証拠収集手続は，上記のように，
①提訴前の照会と②提訴前の証拠収集処分とから構成されている。前者は，
裁判所が関与せずに当事者間で行われるものであるのに対して，後者は，裁
判所の処分を通じて証拠を収集する点で違いがあるが，いずれの手続も訴え
提起前の訴訟係属のない段階で行われるものであるため，提訴の予告通知，
すなわち訴え提起を被告となるべき者に予告する通知を書面ですることによ
りはじめて行うことが認められる（132の2I本文）。この提訴の予告通知は，
一定期間内に訴えを提起するという予告をすることによって訴訟係属に準ず
る状態を作り出すものであり，当事者が提訴後の手続よりも緩やかな手続の
中でお互いに主体的なやり取りを通じて証拠資料の収集等の訴訟の準備を行
うことができるようにするものである[17]。

---

15)　小野瀬厚「民事訴訟法等の一部を改正する法律の概要（2）」NBL 769号（平15）
　　48頁以下，小林・前掲注14）313頁以下，上野泰男「証拠収集手続の拡充」ジュリ
　　1252号（平15）21頁以下，伊藤320頁以下，餘多分宏聡＝藤田敏之「改正民事訴訟
　　規則および専門委員規則の概要」NBL 778号（平16）27頁以下，畑瑞穂「提訴前の
　　情報収集・交換の拡充と審理の充実等」ジュリ1317号（平18）70頁以下参照。なお，
　　利用状況をめぐって，文書提出命令の申立件数と比較して著しく少ない点について，
　　春日偉知郎「独立証拠手続の最前線」河野正憲先生古稀祝賀・民事手続法の比較法
　　的・歴史的研究（平26）68頁以下参照。
16)　司法制度改革審議会意見書（平成13年6月12日）16頁。
17)　高橋宏志ほか「座談会・民事訴訟法の改正に向けて」ジュリ1229号（平14）147
　　頁以下（林道晴発言）。

IV 訴え提起前における証拠収集手続 325

　訴えの提起を予告する通知（以下「予告通知」という）は，提起しようとする訴えに係る請求の要旨と紛争の要点を記載した書面でしなければならない（132の2I・III，規52の2I・II）。他方で，予告通知を受けた相手方（以下「被予告通知者」という）も，これに対する答弁の要旨を記載した書面で予告通知に対する返答をしたときは，同様にこの照会をすることができる（132の3I，規52の3）（なお，予告通知者に補助参加人は含まれない）。また，この予告通知は，提訴前の証拠収集処分を裁判所に申し立てる場合にも，提訴前の照会の場合と同様に必要である（132の4I）。

　予告通知書面中の請求の要旨および紛争の要点ならびに答弁の要旨は具体的に記載しなければならず（規52の2II・52の3II），また，予告通知者は，被予告通知者の応訴の準備等に伴う不当な負担を避けるため，できる限り提訴の予定時期を明らかにしなければならず（規52の2III），予告通知後4月が経過したときまたはその経過前でも相手方の求めがあるときは提訴の予定の有無およびその予定時期を明らかにしなければならない（規52の8）。

　予告通知書面に「請求の要旨及び紛争の要点」の記載を求めるのは，訴え提起の蓋然性が高いとはいえ提訴前の段階であるから，訴状の記載事項と同程度の記載内容を予告通知書に期待することは適当ではなく，被予告通知者に照会に応ずべき訴訟法上の義務を課すことを可能にするに足る程度の記載内容にとどめるという趣旨である。また，これによって濫用的な証拠収集等の申立てを防ぐという機能もあると考えられている（なお，これとの関連において，予告通知は弁護士によらなければならないという考え方（弁護士倫理の観点から濫用を規制すること）もあろうが，弁護士強制主義を採っていないこととの関係上，当事者本人によって行うことができる制度となった[18]）。特に提訴前の照会については，この予告通知によって被予告通知者に生ずる義務は，提訴に必要な事実資料を予告者が収集することに応ずるという内容にとどまり，予告通知者の主張に対する認否・反論等の回答義務まで課すものではない[19]。照会に応答すべき義務に従わなくても具体的な制裁を伴わないが，提

───────────────

18）　上野・前掲注15）24頁，民事訴訟法改正要綱中間試案第2・1（注4）（法務省民事局参事官室「民事訴訟法改正要綱中間試案の補足説明」NBL 740号〔平14〕14頁）参照。

3-4-13

326　　　第3編　第4章　証 拠 調 べ

訴の蓋然性が高い段階において双方向の応答によって紛争をめぐる情報を共有した上で計画的な審理を進めるという両当事者に共通する利益によって支えられている制度である。

3-4-14　訴え提起前における照会

　提訴前の照会は，これまでの当事者照会（163）と同様，たとえば医療関係訴訟において証人尋問の申出の準備のために手術に関与した医師や看護師の氏名を照会したり，交通事故による損害賠償訴訟において事故と予告通知者の症状との因果関係の反証のために予告通知者を診療した病院所在地およびその医師名を照会することなどにおいて用いられる[20]。この提訴前の照会は，訴えを提起した場合の主張または立証を準備するために必要であることが明らかな事項について，通知をした日から4月以内に限り，相当の期間を定めて，書面で回答するよう，相手方に対して書面で照会するものであり（132の2Ⅰ本文），被予告通知者も答弁要旨書によって予告通知に返答したときは，同様の照会をすることができる（132の3Ⅰ前段）。

　濫用を防止するために，要件が訴訟係属後の当事者照会以上に限定されており（主張・立証の準備に必要であることの明白性を要求しているほか，照会期間の制限や重複照会の禁止〔132の2Ⅳ〕），また，照会内容についても制限を設けている（132の2Ⅰ但・132の3Ⅰ後段）。すなわち，163条各号の当事者照会が許されない場合のほか（132の2Ⅰ但①），相手方または第三者の私生活についての秘密に関する事項や営業秘密に関する事項についての照会もすることができない（同②③）。ただし，後者（第三者の秘密）については相手方

19）　上野・前掲注15）23頁，民事訴訟法改正要綱中間試案第2・1（注3）（前掲注18）14頁）参照。

20）　実務上は，訴訟係属後に可能な当事者照会（163）の目的が当事者の求問権行使に応じた裁判長の求釈明（149Ⅲ・Ⅰ）を通じて達せられていたため，弁護士は利用の必要性を必ずしも感じなかったようである（小山稔「当事者照会」吉村古稀36頁）。こうした裁判所の関与によらない提訴前の照会については，利用が高まるであろうと予想されていた（上野・前掲注15）22頁）。高橋宏志「民事訴訟改正・人事訴訟法改正──研究者の立場から」自由と正義54巻7号（平15）48頁，笠井正俊「当事者照会の可能性」谷口安平先生古稀祝賀・現代民事司法の諸相（平17）234頁以下。しかし，現状においては，必ずしもそうでないことについて，前掲注15）参照。

IV　訴え提起前における証拠収集手続　　327

が回答することを第三者が承諾した場合には照会に応じなければならない（132の2II）。

　被予告通知者は，上記の要件が具備していない場合または免除事由がある場合以外は，一定の方法に従って（規52の4）予告通知者に対して前記の回答義務を負うことになる。正当な事由がないにもかかわらず，回答に応じない場合には回答義務に違反することになるが，裁判所を介さない手続であるため，直接の制裁を受けることはないが，提訴後は自由心証による評価の対象になる。

3‑4‑15　訴え提起前における証拠収集の処分

　提訴前の証拠収集処分は，①文書の送付嘱託，②調査嘱託，③専門的な知見に基づく意見の陳述の嘱託および④執行官による現況調査の4つを内容としており（132の4I本文），裁判所が介在する点で，提訴前の照会とは異なる。①および②は，従来は提訴後に認められていたもの（226・186参照）を提訴前にも予告通知者と被予告通知者との間で可能にしたものである。また，③においては建築瑕疵が争点となる際にその瑕疵の修補に要する費用についてあらかじめ建築士に専門的な知見に基づいて見積りを嘱託すること，④においては境界紛争について執行官によって当該境界の現況を調査しておくことなどの例が考えられる。もっとも，こうした処分をめぐる手続は比較的簡便であるべきであるため，提訴前の文書提出命令は除かれる。文書提出義務の存否をめぐる審理が必ずしも容易ではなく，また，提出義務違反の制裁規定との関係でも整合性がとれないからである。

　裁判所への申立て要件としては，提訴後の立証に必要であることが明らかな証拠となるべきものについて，申立人が自ら収集することが困難であると認められることが必要である（132の4I本文。規52の5VIは証拠収集の困難性について疎明を要求している）。ただし，その証拠の収集に要すべき時間または嘱託を受けるべき者の負担が不相当なものとなることその他の事情により，相当でないと認めるときは，この限りでない（132の4I但。なおIV参照）。また，これらの要件のほかに，提訴前の照会と同じように，証拠収集処分の申立ての期間制限や重複申立ての禁止も定められている（132の4II・

3‑4‑14・15

III。ただしII但参照)。もっとも,証拠保全の要件よりも緩やかであって(234参照),従来は,提訴前の証拠保全に証拠開示的機能を期待する面があったが,今後は,提訴前の証拠収集処分によってこうした状況は解消されるであろう[21]。

申立ては,申立人もしくは相手方の普通裁判籍所在地または嘱託を受ける者の所在地等を管轄する地方裁判所に(132の5)書面でしなければならず(規52の5。添付書類については規52の6),処分の申立てについての裁判に対して不服を申し立てることはできない(132の8)。また,申立てに係る裁判に関する費用は申立人が負担する(132の9)。裁判所は,処分をする場合には,文書送付,調査嘱託の報告または意見陳述をすべき期間を定める等の証拠収集処分の手続を行うほか(132の6),申立人および相手方には事件記録の閲覧等の請求権が認められている(132の7)。

3-4-16 収集された情報・証拠の利用

提訴前の照会によって得られた情報や証拠収集処分によって得られた証拠資料は,争点整理や計画審理に反映されるなどして多様な機能を期待されるであろう(武器対等を確保する機能や場合によっては訴訟の結果を予想して和解による解決を図るインセンティヴとしても働く)。しかしながら,ここで得られた結果,特に証拠収集処分の結果である送付文書,調査嘱託の報告書,意見陳述書,現況調査報告書は,将来訴えを提起した後に改めて書証の申出をするなどの証拠申出で手続を踏まなければならない(この点で証拠保全の場合と異なる)。提訴前の手続が,当事者の立会権を保障した上で行われる証拠調べそのものではなく,あくまでも提訴前の証拠収集を目的とした手続にすぎないためである。もっとも,証拠収集処分は相手方の意見を聴いた上でしな

---

21) 小島武司「証拠保全」民事訴訟の基礎法理(昭63)85頁以下は,保全事由の疎明を緩和することによる証拠保全の「開示的」機能を指摘し,こうした実務の運用と保全機能を中心とする本来の機能との間の乖離を明らかにしている。また,その上で,開示的機能を病理現象であるとして一概に否定しさるのは正しくないと述べている(二重機能の承認)。こうした実務の従来の運用が,提訴前の証拠収集処分等を肩代わりするものであったならば,改正法によって是正されるべきものであり,そうなることを期待したい。

ければならないものであり（132の4 I 本文），特に執行官による現況調査については，申立人および相手方に立会いの機会が与えられる（規52の7 IV）。また，提訴前の証拠収集手続は提訴後の証拠調べを予定してはいるものの，両者は区別された手続であり，証拠収集手続の実施後に訴訟が係属しなかったとしても，申立人に起訴命令（民保37 I 参照）を発することを予定していない（わが国が参考にしたドイツの独立証拠手続においては証拠調べ後の起訴命令がある〔ドイツ民訴法494a条1項〕のとは異なっている）。

V 証拠調べの開始

3-4-**17** 証拠申出およびその方式

（1） 証拠申出　証拠申出は，裁判所に対して特定の証拠方法を取り調べるよう求める当事者の申立てである。弁論主義の下では，原則として職権証拠調べは禁止されているから，当事者の申立てがあった証拠方法についてだけ，裁判所は証拠調べを行う。

他方，民事訴訟において職権証拠調べが可能なのは，管轄に関する事項（14）のほか，調査の嘱託（186），当事者尋問（207 I），鑑定の嘱託（218），文書の成立の照会（228 III），検証の際の鑑定（233），訴訟係属中の証拠保全（237），商業帳簿等の提出（商19 IV，会社434）などにおいてである。

人事訴訟手続および非訟事件手続においては職権探知主義が採用されており（人訴19・20，非訟49 I），また，行政事件訴訟においては弁論主義が採られてはいるものの（行訴7），職権証拠調べが認められている（行訴24）。

証拠申出は，証明すべき事実を特定して（180 I），これと証拠方法との関係（立証趣旨）を具体的に明示してしなければならない（規99 I）（証明すべき事実の特定性を緩和することによる模索的証明については，⇒ 3-4-**24**(5)（ア））。申出は書面または口頭で行う（規1）。

（2） 証拠申出の方式　証拠申出は，攻撃防御方法の一種であるから，適時にしなければならず（156），口頭弁論期日前においてもすることができ

る（180 II）（準備的口頭弁論において証拠調べができることはもちろんのこと，弁論準備手続においても書証の取調べは可能である〔170 II〕ことからしても当然である）。したがって，時機に後れたものについては，職権で却下されうる（157 I）。なお，証拠申出を記載した書面は，相手方に対して直送しなければならない（規 99 II）。証拠申出の際に，申出人は原則として証拠調べの費用の概算額を予納しなければならず，これがない場合には裁判所は証拠調べを行わないことができる（民訴費 11・12）。

　いったんした証拠申出であっても，証拠調べが実施されるまでは何時でも撤回することが可能である。しかし，証拠調べが開始された後は，証拠共通の原則が働き，相手方に有利な結果を生ずる可能性もあるため，相手方の同意がない限り撤回はできなくなる。証拠調べ完了後は，申出は目的を達してしまっているので，撤回の余地はない（最判昭 32・6・25 民集 11-6-1143〔百選［5 版］A21 事件〕，最判昭 58・5・26 判時 1088-74）。

3-4-18　証拠決定

　証拠申出に対して，相手方は，手続権の保障の一環として証拠抗弁等を主張する機会を保障されなければならない（161 II②）。しかし，こうした機会を保障すれば足り，証拠抗弁等の陳述がなされなかったとしても，証拠調べを適法に実施することができる。

　証拠申出に対して，裁判所は，証拠調べをするかどうかを裁量で決定する（181 I）。この証拠決定には，証拠調べの決定と却下決定とがあり，裁判所は，要証事実と証拠方法との関連性，当該証拠による要証事実の証明の必要性（自白の有無，別な証拠による心証形成），証拠申出の適法性（方式違背，時機に後れた申出，費用の予納），証拠調べに不定期間の障害があるかどうか（181 II，証人の行方不明や公務員の尋問につき監督官庁の承認を得られる見込みがないときなど），唯一の証拠方法（⇒ 3-4-19）であるかどうかなどを考慮して，証拠申出の採否を決定する。

　実務上，証拠調べを実施する場合に，特に書証の取調べについては，証拠調べの決定をせずに証拠調べをするという，黙示の証拠決定が擬制されている。証拠決定は，相当と認める方法で告知すれば足りる（119）からである。

VI　証拠調べの実施　　　331

また，証拠決定は訴訟指揮に関する決定であるから，裁判所はいつでも取り消すことができるし（120），証拠決定に対する独立の不服申立ては，文書提出命令の申立てに対する決定があった場合を除き（223 VII），することができない。

3‑4‑**19**　唯一の証拠方法

　　証拠申出の採否について，裁判所に裁量権が与えられているとはいえ，裁判所の自由心証に限界があるのと同様に，やはり一定の限定がある。唯一の証拠方法の申出があった場合に却下決定をすることは，証拠調べをせずに弁論の全趣旨のみを証拠資料として心証を形成することにつながるため，この場合には原則として違法となると解される。判例（最判昭 53・3・23 判時 885-118〔百選 II 125 事件〕）は，裁判所が心証を得ていても，特段の事情もないのに唯一の証拠方法の採否を明示せずに弁論を終結したのは違法であるとしている。また，目撃者がみつからない場合に，これに準ずる立場にある唯一の者に対する証人尋問を実施しなかったことが審理不尽に当たるとしたものがある（最判平 20・11・7 判時 2031-14）。唯一か否かは，主として争点単位で，かつ全審級を通じて判断される。

　　こうした原則の例外として，唯一の証拠方法であっても取調べを必要としない場合としては，すでに述べた証拠申出の却下事由に該当する場合や，申請者が怠慢なため合理的な期間内に証拠調べができないとき（最判昭 39・4・3 民集 18-4-513），適法な証拠申出ではあるが立証命題である主張自体が失当で理由がないとき（最判昭 38・11・7 民集 17-11-1330），などが挙げられる。

VI　証拠調べの実施

3‑4‑**20**　一　　般

　（1）　集中証拠調べ　　口頭弁論期日のうち，狭義の弁論期日と証拠調べ期日とは理論上分離されているが（したがって，後者において当事者は新たな主張をしたり，自白をすることは原則としてできない），実際上は，口頭弁論期

日と証拠調べ期日とは必ずしも明確に段階化されてはいない。すなわち，かつては証拠中間判決によって双方を分離する証拠分離主義を採っていた法制も存在したが，現在では，当事者の口頭弁論に関連して，証拠決定を経た上で，証拠調べを実施するという，証拠結合主義という建前が妥当している。そのため，従来はこれが随時提出主義と相まって，争点および証拠の整理を経ないままに人証の取調べを実施する，いわゆる五月雨式審理が行われ，これが審理の充実・促進を妨げる結果となっていた。そこで，こうした弊害を除去するために，平成8年の法改正により，適時提出主義（156）を導入して，争点および証拠の整理手続において争点および取り調べるべき証拠を早期に確定し，これに的を絞って集中証拠調べを実施することとした[22]。具体的には，①争点整理手続，②狭義の口頭弁論，③人証調べを中心とする証拠調べ，の各段階を明確に区分するとともに，①において事案の内容に応じた十分な争点の整理を行い，②においてその結果である証明すべき事実の確認を義務づけたうえで（165・170Ⅴ・177，規89），③において集中証拠調べを実施すべき旨を規定したのである（また，その後の平成15年の法改正において規定された計画審理〔147の2以下〕は，集中証拠調べの基盤をさらに強化するものといえる）。

　すなわち，集中証拠調べにあたって，証人および当事者本人の尋問は，できる限り，争点および証拠の整理が終了した後に集中して行わなければならないとし（182），実施が困難である場合を除き，集中証拠調べを義務づけている。この集中証拠調べは，直接主義や口頭主義と相まって真実発見を促す重要な機能を営むものであり，裁判所は，争点等の整理手続の終了または終結後における最初の口頭弁論の期日において直ちに証拠調べをすることができるようにしなければならない（規101）。また，これを具体化するために，

22）　集中証拠調べの目的について，園尾隆司「集中証拠調べ②——裁判官から見た集中証拠調べ」大系3巻25頁は，「人証尋問を何か月にもわたって一人ずつ行うよりも，一堂に会してもらって一度に供述を聴くほうが，当事者にも裁判官にも分かりやすいことは疑いないところである。裁判官に分かりやすい結果，より真実に迫った裁判が実現できることになり，真剣で明るい人証調べが実現されることとなる。また，裁判の結果に対して当事者の納得が得られやすい状況が生まれる。」と述べており，これに尽きる。村田渉「集中証拠調べ」実務民訴［第3期］(4)153頁以下等参照。

VI 証拠調べの実施　　333

証人および当事者本人の尋問について，一括申請（規100），尋問所要時間の明示（規106），尋問事項書の提出（規107），証人の出頭確保（規109）を義務づけている（当事者本人につき規127）（なお，書証については弁論準備手続においてあらかじめ取り調べることができる〔170 II〕。⇒ **3 - 3 - 8**）。

こうした集中証拠調べによって，同一期日で尋問が終了するため，裁判所の心証形成も容易になり，充実した審理とこれに基づく迅速な判決の言渡しが促進されることになる。また，付随的ではあるが，証人等の陳述を記録して読み直す必要性が乏しくなり，口頭弁論調書の実質的記載事項（規67 I ③）も録音テープ等への記録（規68 I）によって代替することが可能になるため，裁判所書記官の調書作成上の負担も軽減される。

なお，平成15年の法改正において専門委員制度（⇒ **3 - 3 - 11**）が創設されたことにより，裁判所は，証拠調べをするにあたり，訴訟関係または証拠調べの結果の趣旨を明瞭にするため必要があると認めるときは，専門委員を手続に関与させ（証人，当事者本人または鑑定人に対する直接発問），専門的な知見に基づく説明を聴くことができることとなった（92の2 II）。これも証拠調べの充実に寄与することになろう。

(2) 直接主義　　これは，判決をする裁判官（受訴裁判所）が弁論の聴取や証拠の取調べを自ら直接に行うとする建前をいう（⇒ **3 - 2 - 6**）。証拠調べは，公開主義（憲82）および直接主義（249）の要請から，受訴裁判所が法廷において行うのを原則としており，この例外として，受訴裁判所の法廷外の証拠調べ，受命裁判官または受託裁判官による法廷外の証拠調べ（いずれも185）および外国における証拠調べ[23]（184 I）が認められている。また，これ以外に，弁論準備手続などでも文書の取調べが可能であり，こうした場合については，直接主義を貫くために，法廷外の証拠調べの結果を口頭弁論において顕出しなければならないとしている（173，規89）。当事者がこれを怠れば，弁論の懈怠として不利益を課される（263）。

---

23) 証拠調べの司法共助については，最高裁判所事務総局民事局・国際民事事件手続ハンドブック（民事裁判資料252号）（平25），多田望・国際民事証拠共助の研究（平12）45頁以下および209頁以下（新民訴法との関係），注釈民訴(4)133頁以下〔手嶋〕参照。

3 - 4 - 20

判決は，その基本となった口頭弁論に関与した裁判官がしなければならないが（249 I），訴訟の係属中に裁判官の交代があった場合には，当事者が従前の口頭弁論の結果を準備書面や調書を引用して陳述する手続，すなわち弁論の更新によって，直接主義を擬制している（同 II）。しかし，単独事件の裁判官が交代したり，合議体の事件について過半数の裁判官が交代した場合に，当事者が従前の証人について再度の証人尋問を申請したならば，裁判所はその尋問をしなければならない（同 III）。

直接主義に違反して，基本たる口頭弁論に関与しなかった裁判官が判決した場合は，絶対的上告理由（312 II ①）に当たる（最判昭 32・10・4 民集 11-10-1703）ほか，再審事由（338 I ①）にも当たる。

（3）　参考人等の審尋（決定手続における簡易な証拠調べ）　決定で完結すべき事件については，裁判所は，任意に口頭弁論を開いて証人尋問や当事者尋問を行うことをせずに，簡易な証拠調べとして参考人（当事者が申し出た者に限定）や当事者の審尋をすることができる（187 I。民執 5 および削除前の民保 30 参照）。簡易・迅速な証拠調べを可能にしようとする趣旨で設けられたものであり（受命裁判官も行うことができる。88），相手方がある事件については，手続保障の観点から，当事者双方が立ち会うことのできる審尋期日においてしなければならない（同 II）。

（4）　当事者の立会権　証拠調べにおいて，当事者権の保障の一環として，当事者は証拠調べに立ち会い，意見を述べる権利を保障されている。したがって，証拠調べの期日を指定し，当事者を呼び出さなければならない（94 I）。また，決定で完結すべき事件についても参考人または当事者の審尋をするには，前述（⇒ (3)）のように，当事者双方が立ち会うことのできる期日においてしなければならない。もっとも，呼出しにもかかわらず，証拠調べまたは審尋の期日に出頭しない場合には証拠調べ等を実施することができる（183）。また，証拠保全については期日の呼出しについて例外が認められている（240 但）。

（5）　証拠調べの結果の援用　受訴裁判所が裁判所外でした証拠調べおよび受命裁判官・受託裁判官による証拠調べの結果について，判例は，裁判所が援用の機会を与えたのに当事者が援用しない場合は，そのまま口頭弁論

VI 証拠調べの実施 335

を終結できるとしている（最判昭35・2・9民集14-1-84。なお，最判昭45・3・26民集24-3-165は，調査嘱託の結果について援用は必要ないが，口頭弁論に提示して当事者に意見陳述の機会を与えなければならないとする）が，他方で，当事者の援用がなければ証拠資料にならないとしているものもある（最判昭28・5・12裁判集民9-101）。しかしながら，証拠調べが完了している以上は，当事者にその結果を援用しない自由があるわけではないから，裁判所外でした証拠調べの結果などについては当事者の援用がなくても裁判所が口頭弁論に顕出することで足りる（伊藤384頁，注釈民訴(4)159頁〔花村〕）。また，外国における証拠調べの結果についても，当事者の援用までは必要でないであろう（証拠法大系(2)279頁）。

3-4-21 証人尋問

（1）　意義　　証人とは，過去の事実や状態について自己が認識した事柄を裁判所において供述するよう命じられた第三者であって，当事者およびその法定代理人以外の者をいい，証人尋問は，この証人の証言を証拠資料とする証拠調べである。専門的学識経験を有するために具体的事実を知得した者は鑑定証人であり，これも証人であるから，証人と同じ手続により尋問される（217）。

　　証人と鑑定人との区別については諸説がある（注釈民訴(4)397頁〔町村〕）。証人は自己の認識を供述すべきであって，意見を陳述するのではない（規115Ⅱ⑤参照）のに対して，鑑定人は，その学識経験に基づいて判断や意見を述べる者である点で違いがある。また，具体的な相違点は，証人の勾引（216による194の不準用），鑑定人の忌避（214），当事者による証人の指定（規106），裁判所による鑑定人の指定（213），鑑定料の支払（民訴費18Ⅱ）等に存している。

（2）　証人能力　　証人能力とは証人となりうる資格をいうが，これを制限する規定は存しないから，当事者およびその法定代理人以外のすべての第三者（補助参加人，確定判決を受ける者（115Ⅰ②〜④など）を含む）に証人能力が認められる。当事者およびその法定代理人については，当事者尋問の手続によって尋問するので，除外される。証人能力は，行為能力・訴訟能力等

には関係なく認められるから，たとえば児童も証人能力を有するが（最判昭43・2・9判時510-38〔百選〔2版〕91事件〕），その証言の信用性（証拠価値）は自由心証に従って評価される。

伝聞証言とは，証人がみずから経験したり，認識したことを供述するのではなく，他人から聞知したことを供述することであるが，判例（最判昭27・12・5民集6-11-1117，最判昭32・3・26民集11-3-543。前者について，松下淳一「伝聞証拠と自由心証主義」事実認定81頁以下参照）は，刑事訴訟におけるとは異なり（刑訴320以下），こうした伝聞証言にも証拠能力が認められるとしている（なお規115Ⅱ⑥参照）。

類似の問題として，反対尋問の機会を欠く証言の証拠能力の問題がある。判例（最判昭32・2・8民集11-2-258〔百選〔5版〕65事件〕。畑瑞穂「反対尋問を経ない証言」事実認定86頁以下参照）は，この場合も証拠能力を肯定しており，伝聞証拠であっても証拠能力を肯定していることとの関係においてこうした結論を支持せざるを得ないが，「やむを得ない事由によって反対尋問ができなかった場合」に限定している趣旨と解するのが妥当であろう。反対尋問権の保障は審理の簡略化や訴訟経済に優先すべきであるが，裁判所が相当と認める場合であって，当事者に異議がないときには，尋問に代わる書面の提出をすることができるようになったこと（205）との関係で，こうした要件の下では証拠能力を認められるべきであろう。

(3) 証人義務　わが国の裁判権に服する者はすべて証人義務を負い，出頭義務，宣誓義務および供述義務を課せられる（190）。この証人義務は一般的な公法上の義務であるため，正当な理由がないのにこれを拒んだ場合には，一定の制裁が科される。すなわち，不出頭に対しては過料（192）・罰金（193）を科すことができるほか，勾引（194）することもできる旨が規定されており，また，宣誓拒絶・証言拒絶に対しては過料・罰金が科される（200・201Ⅴ。なお，過料の裁判の執行については189）。さらに，宣誓証人が虚偽の証言（偽証）をすると偽証罪に問われる（刑169）（宣誓義務の詳細は，旧注釈民訴(6)338頁以下〔藤原〕，注釈民訴(4)264頁以下〔安西〕参照）。

(4) 証言拒絶権　証言拒絶権は，証人義務（供述義務）を負う者が，裁判所から証言を求められた場合に当該証言を拒絶する公法上の抗弁権であ

VI　証拠調べの実施　　337

る[24]。証人義務が一般的な義務であることから，証言拒絶権は実定法が例外的に規定している場合に限って認められる権利であって，私法上の権利とは異なり，私人がこうした権利を設定したり，あらかじめ放棄することは許されない（この点をめぐり当事者が訴訟契約の一種として証拠契約をすることはできない）。証人に対して，証言拒絶権がある旨を告知するか否かは，裁判所の裁量による。もっとも，証人が証言拒絶権を行使せずに尋問に応じたならば，その供述は適法であるが（201Ⅲ），証人尋問の終了まではいかなる段階であっても証言拒絶権を行使することができる（なお，後述する196条に関連して，宣誓免除または宣誓拒絶が認められる者については，201Ⅲ・Ⅳ参照）。

　（ア）　公務員の証言拒絶権（197Ⅰ①）　　公務員，国務大臣，国会議員（またはこれらの職にあった者）が職務上の秘密について尋問される場合には，裁判所は，当該監督官庁（衆議院・参議院の議員についてはその院，大臣については内閣）の承認を得なければならず（191Ⅰ。国公100Ⅱ・Ⅲ，地公34Ⅱ・Ⅲ参照），承認を得ていない場合には，これらの者に証言拒絶権が与えられる（197Ⅰ①）。他方，監督官庁が承認を拒絶することができるのは，「公共の利益を害し，又は公務の遂行に著しい支障を生ずるおそれがある場合」に限られる（191Ⅱ）（この点の解釈をめぐっては，注釈民訴(4)202頁以下〔山本（克）〕参照）。

　これは，公務員等の身分を有する者（またはそうであった者）が職務上の秘密について黙秘義務を負うことに基づく証言拒絶権であり，公務員等が職務上の秘密について証言することによって，公共の利益を害したり，公務の遂行に著しい支障を生ずることのないようにするために，これらの者に職務上の秘密保持義務（守秘義務）を課している（国公100Ⅰ，地公34Ⅰ）ことから導かれるものである。したがって，当該監督官庁の承認があれば，この黙秘義務は免除される。

　こうした公務員の証言拒絶権をめぐっては，次の2つの問題がある[25]。ま

---

24)　以下の詳細は，春日偉知郎「証言拒絶権」講座新民訴Ⅱ123頁以下（同・民事証拠法論（平21）161頁以下所収），注釈民訴(4)220頁以下〔内海〕，証拠法大系(3)31頁以下等参照。
25)　山本和彦「公務員の職務上の秘密と証拠調べ」講座新民訴Ⅱ159頁以下参照。

3-4-21

ず，①公務員に対する尋問事項が職務上の秘密に該当するとの疎明（198）の正当性について，監督官庁が判断権限を有し，受訴裁判所の判断権限は及ばないと解するのか否かという問題がある。また，②監督官庁の承認拒絶要件として，「公共の利益を害し，又は公務の遂行に著しい支障を生ずるおそれがある場合」（191 II）が明規されているけれども，職務上の秘密に該当する事項についての証言がこの要件を満たすか否かの最終的な判断権限が監督官庁にあるのか，それとも裁判所にあるのかという問題も存している（以下の問題については，⇒ **3‑4‑24**(5)（ウ）(d) も参照。なお，春日・前掲注 24）講座新民訴 II 132 頁以下参照）。

①の問題について，多数説は，199 条 1 項が 197 条 1 項 1 号を除外していることから，職務上の秘密該当性について，裁判所には判断権限はないと解している。しかし，公務員の証言義務の存否の判断権限をもっぱら監督官庁に委ねることは，私人が証言拒絶の理由を疎明する場合と均衡を失するし，また，職務上の秘密概念そのものに解釈上の争いがある以上，裁判所はこれについて判断すべき地位にあると考えられる。さらに，証人が裁判所に対してした証言拒絶理由の疎明について，手続構造上 198 条は，裁判所がその正当性について応答すべきであることを予定している。したがって，この問題については，裁判所の判断権限を肯定すべきであると考える[26]。

他方，②の問題については，承認拒絶要件の判断権限は監督官庁にあるとするのが通説であり，裁判所の判断権限は及ばないと解する（伊藤 390 頁，注釈民訴(4) 203 頁）。その理由は，公務秘密文書の提出義務の存否に関する裁判所の判断権限（223 IV）の範囲に関する規定が公務員の職務上の秘密については設けられていないこと，および職務上の秘密をめぐっては監督官庁に管理権限があり，裁量権を認めるべきである（三木ほか 295 頁〔三木〕）からである（なお，文書提出義務の存否についてはイン・カメラ手続が設けられたが

---

26) 滝井繁男＝飯村佳夫「公務員の証言拒絶」判タ 849 号（平 6）35 頁以下，伊藤眞「証言拒絶権の研究（1）」ジュリ 1051 号（平 6）91 頁，旧注釈民訴(6) 312 頁〔坂田〕，注釈民訴(4) 200 頁。伊藤 389 頁は，多数説を疑問としながらも，199 条 1 項を重視し，「職務上の秘密該当性が疎明されたときには，裁判所は，通常の場合と異なって証言拒絶の当否について裁判するのではなく，監督官庁の承認を求めることになる。」とする。

VI 証拠調べの実施　　339

（223 VI），証人尋問についてはこれがないということから，立法論的な当否も問題となろう）。

また，関連して，監督官庁が承認を拒絶する場合に，その理由をどの程度具体的に示さなければならないかという問題がある。具体的に示す必要があるとの積極説と必要がないとする消極説とがある（秋山＝伊藤ほか IV 169 頁参照）。

（イ）　刑事訴追等を受けるおそれがある事項または名誉を害すべき事項の証言拒絶権（196 ①②）　　196 条が規定する証言拒絶権の対象となる事項は，①刑事訴追または刑事処罰を受けるおそれがある事項，および②名誉を害すべき事項，の 2 つに限定されている。証人は，証人自身またはこれと一定の人的関係にある者について，これらの事項に限って証言を拒絶できることとなる。わが国の民訴法では，一定の人的関係があることのみを理由として，尋問事項のいかんにかかわらず証言拒絶権を認める規定（たとえばドイツ民訴法 383 条 1 項 1 号ないし 3 号（婚約者・配偶者等であるとの人的理由のみに基づく証言拒絶権））は存しない。197 条のように黙秘義務を根拠とするのではなく，人的関係に基づいており，かつ，尋問事項の性質との関係において認められる証言拒絶権である。証人に対して，この者自身ないし一定の人的関係にある者に関して証言を強いることは，情誼にもとる特殊な事情にあたり，真実の証言を確保しうるという期待可能性に乏しい，ということが理由である。

最近では，この種の証言拒絶権の趣旨を憲法上の視点から説明する傾向にあり，①については，憲法 38 条 1 項による自己負罪拒否の特権に類似の趣旨に基づくものであって，証人自身およびこれと一定の人的関係にある者の基本的人権を保障しようとする点に証言拒絶権の根拠を求めようとしている。また，②についても，客観的に見て社会的地位の保持が困難になる程度に人格的評価を低下させる事項であり，やはり憲法 13 条から認められるプライヴァシーによって基礎づけようと試みている（旧注釈民訴(6) 293 頁以下〔坂田〕）。

（ウ）　黙秘義務を負う場合の証言拒絶権（197 I ②）　　196 条 1 号および 2 号とは異なり，197 条 1 項 3 号の証言拒絶権と並んで他人に対して守秘義務

3 - 4 - 21

を負っている者に認められる証言拒絶権である。ここでは，法令または慣習法によって黙秘義務を負う場合が制限的に列挙されている（これ以外に守秘義務が法定されている場合〔会計士27，民調38等〕にも証言拒絶権は認められる）（なお，東京高決平4・6・19判タ856-257は，公証人について，一定の場合に証言拒絶権の行使が制約されるとする）。この類型の趣旨・根拠は，その性質上秘密を開示しないという他人の信頼によって成り立っている専門職について，この信頼を保護するために，そうした専門職従事者に対して，職務上知りえた事実で黙秘すべきものについて証言拒絶権を認めたものである。証言拒絶権を行使するのは医師や弁護士等を中心とする医療関係者や法律関係者および宗教関係者等の専門職従事者であるが，本号の趣旨は，3号の趣旨とは異なり，これらの者を保護するのではなく，これら個人の秘密に深く関わる者を信頼して秘密を告白した者（秘密の帰属主体），すなわち，患者，依頼者，信徒等が，「秘密が保たれることを信頼して開示した自己の秘密を不当に暴露されることはない」という利益を保護する点にある（旧注釈民訴(6)314頁。もっとも，二次的には専門職を保護するという趣旨も否定しえない〔松本＝上野483頁〕）。ここでの証言拒絶権は，専門職従事者を信頼して秘密を打ち明けた者の信頼を保護するという点にあり（刑134条の秘密漏示罪の保護法益と同じ），秘密の帰属主体を保護の対象としている以上，反面，この者が自らの利益を放棄して証人に対して黙秘の義務を免除した場合には，証言拒絶権は認められない（197 II）。

　「黙秘すべきもの（いわゆる秘密事項）」とは，客観的にみて（いわゆる社会通念上）これを秘匿することについて保護に値する社会的，経済的利益が認められることを必要とし，いわゆる実質秘に該当するものである。これについて，最決平成16年11月26日（民集58-8-2393）は，「『黙秘すべきもの』とは，一般に知られていない事実のうち，弁護士等に事務を行うこと等を依頼した本人が，これを秘匿することについて，単に主観的利益だけではなく，客観的にみて保護に値するような利益を有するものをいうと解するのが相当である」として，公益のために弁護士が法令上の根拠を有する命令に基づく調査の結果を記載した文書は，これに当たらないとしている。

　(エ)　技術または職業の秘密に関する証言拒絶権（197 I ③）　証人が，

技術または職業の秘密を公開することによって，自己または第三者が有する
そうした技術の価値が損なわれまたは職業の維持遂行が危殆に陥ることを防
ぐ趣旨・目的で規定されているものであり（大阪高決昭 48・7・12 下民 24-5〜
8-455〔百選 II 126 事件〕），主として尋問事項の性質（いわゆる物的理由）に基
づくものである。また，「技術又は職業の秘密」の意義について，最決平成
12 年 3 月 10 日（民集 54-3-1073〔百選〔5 版〕A24 事件〕）は，「その事項が公
開されると，当該技術の有する社会的価値が下落しこれによる活動が困難に
なるもの又は当該職業に深刻な影響を与え以後その遂行が困難になるものを
いうと解するのが相当である。」としている。（ウ）が，職業それ自体に基づ
いて守秘義務を負うものであるのに対して，ここでの趣旨は，秘密の帰属主
体が有する技術や職業の社会的価値を保護するためであり，また，対象を保
護に値する秘密に限定している点でも（ウ）と異なっている。技術自体の財産
的価値にとどまらず，その社会的な価値も保護の対象となるため，不正競争
防止法 2 条 6 項の営業秘密よりも広いと解されている（製造に関するノウ・
ハウはもとより，原料の仕入先・仕入価格・製品の原価・販売先・販売数量・顧
客リスト等のさまざまな情報を含む）。

　保護に値すべき秘密か否かは，証言によって秘密の帰属主体に生ずる不利
益と，証言拒絶によって真実発見および裁判の公正がそこなわれることとを
比較衡量することによって決定されるとするのが通説である（旧注釈民訴(6)
322 頁〔坂田〕，小林・前掲注 14）133 頁，春日・前掲注 24）民事証拠法論 184 頁
以下・146 頁以下，秋山＝伊藤ほか IV 198 頁，条解民訴 1104 頁〔松浦＝加藤〕な
ど。後掲最決平 18・10・3 参照）。また，その際の考慮要素として，当該事件
の公益性の度合い，当該証拠の重要性，代替証拠の有無，要証事実について
の証明責任の所在，などが示されている。しかし，これに対しては，裁判所
は，当該秘密の客観的性質を考慮して秘密該当性を判断すれば足り，これを
超えて前記諸要素による利益衡量に基づいて保護に値すべき秘密を判断する
必要は認められないとする説も有力である（伊藤 392 頁以下，松本＝上野 484
頁以下。後者は，前掲最決平 12・3・10 を引用し，比較衡量に消極的であるとし
ている。なお，注釈民訴(4) 249 頁〔杉山〕参照）。この問題は，特に，（オ）報道
機関の取材源の秘匿をめぐって顕在化しているので，以下で述べることとす

342　　　第3編　第4章　証拠調べ

る。

　(オ)　報道機関の取材源の秘匿　　これは，主に(エ)に関係するが，(ウ)にも関連する問題である（報道機関を信頼した情報提供者の信頼を保護するという趣旨も含んでいる）。現行法の立案過程において，報道関係者に対して「取材源に関する事項で黙秘すべき事項」について証言拒絶権を認めるべきかどうか議論されたが，立法化は見送られた。こうした取材源に関する証言拒絶の当否について，裁判例（札幌高決昭54・8・31下民30-5～8-403〔百選[3版]77事件〕）は，民事訴訟における公正な裁判の実現の要請という利益（事件の重要性や証拠の必要性）と取材源の秘匿により得られる利益（取材源を明らかにすることが将来の取材の自由に及ぼす影響の程度や報道の自由との相関関係）との比較衡量において決すべきであるとしていた。また，比較的最近の学説（旧注釈民訴(6)325頁〔坂田〕）は，報道機関の取材源の秘匿が，何よりも報道・取材の自由を含む表現の自由という憲法21条が保障する権利によって根拠づけられており，これを通じて国民の知る権利も確保されるという，情報の収集・提供・受領に関する基本権の保護という目的によって支えられていることを強調しつつ，他方で，こうした秘匿特権も，裁判の公正を妨げ，報道の対象とされた者の個人の尊厳（憲13）を害してまで容認されるものではないという留保つきのものであることを指摘している。

　こうした状況にあって，最決平成18年10月3日（民集60-8-2647〔百選[5版]67事件〕）[27]は，以下のように述べて，報道関係者の取材源の秘匿を認めた。すなわち，「職業の秘密」のうち証言拒絶が認められるのは「保護に値する秘密」のみであって，「保護に値する秘密であるかどうかは，秘密の公表によって生ずる不利益と証言の拒絶によって犠牲になる真実発見及び裁判の公正との比較衡量により決せられる」とした。また，取材源の秘密が保護に値する秘密であるかどうかの判断基準については，「当該報道の内容，性質，その持つ社会的な意義・価値，当該取材の態様，将来における同種の

---

27)　本決定に関しては，長谷部恭男「取材源秘匿と公正な裁判──憲法の視点から」ジュリ1329号（平19）2頁以下など，憲法の観点からの検討も多い。坂田宏「取材源秘匿と職業の秘密に基づく証言拒絶権について──いわゆる比較衡量論について」同9頁以下。

VI 証拠調べの実施 343

取材活動が妨げられることによって生ずる不利益の内容，程度等と，当該民事事件の内容，性質，その持つ社会的な意義・価値，当該民事事件において当該証言を必要とする程度，代替証拠の有無等の諸事情を比較衡量して決すべきことになる」とした上で，「当該報道が公共の利益に関するものであって，その取材の手段，方法が一般の刑罰法令に触れるとか，取材源となった者が取材源の秘密の開示を承諾しているなどの事情がなく，しかも，当該民事事件が社会的意義や影響のある重大な民事事件であるため，当該取材源の秘密の社会的価値を考慮してもなお公正な裁判を実現すべき必要性が高く，そのために当該証言を得ることが必要不可欠であるといった事情が認められない場合には，当該取材源の秘密は保護に値すると解すべきであ〔る〕」と判示している（なお，最決平 20・11・25 民集 62-10-2507〔百選［5 版］68 事件〕は，文書提出義務との関係で本決定を引用している）。

このように，本決定は，職業の秘密に基づく証言拒絶権の要件として，尋問事項が客観的な職業の秘密に当たることのほかに，①それが保護に値する秘密であることを必要とするとし，また，②保護に値するか否かの判断については具体的な比較衡量によって決せられる，と判示している点に特徴がある。もっとも，こうした利益衡量（説）に対しては(エ)において述べたように，当該秘密の重大性を基準に客観的に判断すれば十分であるとの強い批判があり，最決平成 12 年 3 月 10 日（民集 54-3-1073〔百選［5 版］A24 事件〕）との比較において更に検討を要するであろう[28]。

(5) 証人尋問手続

（ア）尋問の申出　証人尋問の申出をする際には，集中証拠調べを円滑に実施することができるよう，尋問の申出を一括して行い（規 100），尋問に要する（見込み）時間を明らかにして，個別的かつ具体的に記載した尋問事項書を提出・直送しなければならない（規 106・107）。また，裁判所は，申出を採用した

---

28) 最決平成 18 年は，「保護に値する秘密」という，「職業の秘密」をさらに篩いにかける要件を設定しており，保護に値するか否かという法的判断のための手段として比較衡量を必要としたものと考えられる。この決定の射程は，あくまでもこうした要件設定がなされた取材源の秘匿に限られている，という意味において比較衡量説が一般的に妥当するとまではいえないが，一つの有効な手段を提示したものであると考える（春日・前掲注 24）民事証拠法論 192 頁以下）。

ときは期日を定めて証人に呼出状を送達し，当事者は，証人の出頭確保に努める（規109）。

（イ）　交互尋問　　尋問は，交互尋問方式により行うが，これに先立って，人定尋問をし，原則として事前に宣誓をさせる（規112 I）。交互尋問方式は，旧法下の昭和23年の改正の際に，アメリカ法に倣って導入されたものであり，裁判官主導型の尋問から，当事者主導型の尋問に切り替えられた。すなわち，尋問事項につき，まず申出当事者による主尋問が行われ，次いで相手方当事者の反対尋問が，そして，必要とあれば再主尋問，再反対尋問と続き，最後に裁判長が補充尋問をする。また，裁判長には，必要に応じて介入尋問をすることが認められている。陪席裁判官は，裁判長に告げて，証人を尋問する（202，規113）。

こうした交互尋問方式は，その前提として，当事者がディスカヴァリー（公判前証拠開示）を通じて事実資料を事前に収集して尋問に臨むことを予定しているものであるが，肝腎のディスカヴァリーの制度を導入せずに，交互尋問の制度だけを規定したにとどまったため，効果的な反対尋問をすることができず，また，事前面接による証言の歪みを是正することが不可能であるというような問題を生じた（木川統一郎「交互訊問制度の運用と将来」「交互訊問に関する法改正の必要性」民事訴訟法改正問題〔平4〕63頁以下・80頁以下）。

そこで，現行法は，一方で，証拠収集手段の拡充を図るとともに，他方で，裁判長が適当と認めるときは，たとえば進行協議期日において当事者の意見を聴いたうえで，尋問の順序を変更することができることとし（202 II），併せて主尋問代替機能・証拠開示機能を有する陳述書を活用して，交互尋問の機能アップを図っている（福永有利「証人尋問と当事者尋問の改革」講座新民訴 II 219頁以下参照）。

（ウ）　具体的な尋問方法　　証人の証言は，法廷において裁判所の面前で行うのを原則とし（直接主義），同一期日において複数の証人を尋問するときは，尋問する証人以外の証人を退廷させ，証人相互を隔離して行う（隔離尋問の原則）。質問は，個別・具体的でなければならず，質問禁止事項があるほか，裁判長は，質問が相当でないと認めるときは，当事者の質問を制限することができる（規114 II・115 III）。質問に対する証人の陳述は口頭で行うのを原則とし（口頭陳述の原則），また，書類に基づいて陳述することは，裁判長の許可がない以上はできない（203）。裁判長は，必要があると認めるときは，証人相互の対質を命ずることができ（規118），後に尋問すべき証人の在廷許可（規120）を含めて，特に真実発見が期待される場合には，これらの効果的な利用を工夫すべきであろう（西口元「対質尋問の実証的研究」中村（英）古稀265頁以下参照。威圧的な傍聴人の退廷

VI　証拠調べの実施　　　345

については規 121）。

　他方，当事者は，質問の際に裁判長の許可を得て，文書等を利用することがで
きるが，その場合には相手方に事前に閲覧の機会を与えなければならない（規
116）。

　なお，「犯罪被害者等の権利利益の保護を図るための刑事訴訟法等の一部を改
正する法律」（平 19 法 95）に伴い，証人（特に，年少者，高齢者，心身の状態が不
安定な者等）が証言を行う際に生ずる精神的不安や緊張感を緩和するための措置
として，付添い（203 の 2）および遮へいの措置（203 の 3）が設けられた。前者
では，証人の家族や医師，看護師等が付添人になることが予想され，後者では，
当事者と証人との間のほか，傍聴人と証人との間を適宜の方法により遮へいする
ことになる。また，ビデオリンク方式の尋問（204②）も後者と同趣旨である。
なお，これらの規定は，当事者尋問においても準用されている（210）。

　（エ）　裁判所外における証拠調べ　　直接主義の要請から，（ウ）で述べたよう
に，尋問は裁判所が法廷で行うのを原則とするが，受命裁判官・受託裁判官が検
証現場において証人を尋問する等の必要がある場合も存する。そこで，例外的に，
要件を緩和し，裁判所は，一定の要件の下で受命裁判官・受託裁判官に裁判所外
で証人を尋問させることができるとするとともに（195①〜③），当事者に異議が
ないときもこれを認め（同④），範囲の拡大をはかった（受命裁判官等の権限につ
いては 206）。

　また，受訴裁判所内で受命裁判官が証人尋問をすることは許されないが，大規
模訴訟については，多数の証人尋問の必要性から，当事者に異議がないときにこ
れを認める特則を設け（268），審理の促進を図っていることも留意点である。

　（オ）　映像等の送受信による通話の方法による尋問　　遠隔の地に居住する証
人の尋問を容易にする趣旨から，テレビ会議システムを利用した尋問を認めたこ
とは（204），直接主義・口頭主義を柔軟に維持しながら，社会の要請に合致する
民事訴訟を促進するための工夫であるといえる。当事者の意見を聴いて，当事者
を受訴裁判所に出頭させ，他方，証人をテレビ会議システムのある近隣の裁判所
で尋問する方式である（規 123）。効率的な証拠調べに役立ち，当事者本人および
鑑定人の尋問にも用いられている（210・215 の 3）。

　（カ）　尋問に代わる書面の提出　　テレビ会議システムによる尋問も困難で，
証人の出頭確保が期待できないような場合の補充手段として，現行法は，当事者
に異議がないことを要件として，旧法の簡易裁判所での書面尋問の制度（旧 358
ノ 3）を，これ以外の裁判所においても認めることとした（205，規 124）。反対尋

3 - 4 - 21

問の機会が与えられていない点で，口頭尋問の長所を減殺してはいるものの，簡易性等の利点から証人尋問に限定して導入した（当事者本人および鑑定人の書面尋問は認められない。他方，簡易裁判所では当事者本人および鑑定人の書面尋問もできる。278）。

なお，これと密接に関連するものとして，実務において利用されている「陳述書」，すなわち，証人尋問または当事者尋問に際して，これらの者が法廷において供述する内容をあらかじめ書面に記載して，挙証者の側からこれを書証として裁判所に提出することが問題となる。こうした陳述書の提出によって，主尋問の内容が事前開示され，尋問内容の理解に資するとともに，相手方にとっても反対尋問の準備に役立つため，人証の取調べの効率化が期待されている。しかし他方で，利用いかんによっては，書面尋問（205）の範囲を逸脱し，人証の書面化が不当に拡大することになり，口頭陳述の原則（203）の形骸化をもたらすとの危惧も存している（同様の問題は，宣誓供述書〔公証58ノ2〕についても生ずる）。したがって，これらに抵触しないような範囲において陳述書の適切な利用を工夫・促進すべきであるし，これによって，証拠開示機能をも伴うとされる陳述書は，口頭陳述の内容を補完し，尋問（特に反対尋問）を充実させて，実効性のある集中証拠調べに寄与することとなり，尋問事項書（規107）を上回る機能が期待されるであろう[29]。

3-4-22　当事者尋問

(1)　意義　当事者を証拠方法として尋問し，そこでなされた当事者の陳述を証拠資料とする証拠調べをいう。当事者自身が証拠方法として取調べの対象となっているから，当事者の陳述は弁論でなく，自白を問題とする余地もない。その供述内容は証拠資料であって，訴訟資料ではない。したがって，当事者が訴訟能力を欠いていても取り調べることができ，法定代理人の取調べも証人尋問ではなく，当事者尋問の手続による（211）。

(2)　当事者尋問の補充性の緩和　旧法においては，当事者尋問は，当事者が提出した他の証拠方法を取り調べてもなお裁判所が心証を形成することができなかった場合に限ってこれを行うという，当事者尋問の補充性が規定されていた（ただし，職権探知主義の手続では補充性は認められない。人訴19

---

29)　陳述書については，多数の文献がある。注釈民訴(4)287頁以下〔安西〕参照。

VI 証拠調べの実施 347

による民訴207Ⅱの不適用）。その理由は，直接の利害関係を有する当事者に客観的な陳述を期待することには無理があること，不出頭や虚偽の陳述に対して制裁をもって臨むことは酷であることに求められており，証言と当事者の供述との間には証明力（証拠価値）の点で区別がなされていた。

しかしながら，訴訟の契機となった事件の直接の関与者である当事者こそが，最も重要な証拠方法である場合が多く，この者の陳述が事案の解明に寄与する度合いは，他の証拠方法に比べて遜色がないばかりか，これ以上である可能性も高い。また，従来の実務においても補充性の原則は必ずしも遵守されておらず，補充性の規定を削除すべきであるという立法論が展開されていた（中野「当事者尋問の補充性」現在問題188頁以下）。

そこで，現行法は，こうした議論を踏まえて，補充性を全面的に排除するには至らなかったものの，「適当と認めるときは，当事者の意見を聴いて，まず当事者本人の尋問をすることができる」（207Ⅱ但）として補充性を緩和し，証人尋問等に先立って当事者尋問をすることができることとした。また，旧法では当事者尋問の規定は，証拠方法の最後に置かれていたけれども，現行法では証人尋問の規定の次に置くことにより，形式上も，人証の一つである証人と同格に位置づけている点も看過すべきでない（福永有利「証人尋問と当事者尋問の改革」講座新民訴Ⅱ232頁以下参照）。

(3) 当事者尋問の手続　裁判所は，申立てまたは職権で，当事者本人を尋問する（207）。職権による当事者尋問については，補充的な職権証拠調べの規定（大正15年改正法261）が戦後削除された以上は立法論として否定すべきである，との意見がある（中野・現在問題203頁，高橋・重点講義下113頁注110）。弁論主義の例外であるから，証拠調べを尽くしても裁判官が必ずしも十分な心証を得られなかった場合に職権により当事者を尋問することになろう。尋問の手続は，証人尋問の手続に準じて行われる（210，規126・127。なお，簡裁では尋問に代わる書面の提出も認められる〔278〕）。また，証人尋問の場合と同じく，交互尋問方式により行い，テレビ会議システムの利用も可能である。対質については，当事者相互だけでなく，当事者と証人との対質も可能である（規126）。なお，主尋問の内容を当該本人が作成・提出した陳述書で代替することによって，尋問時間を節約し，争点に集中した尋問と反対尋問の効率化が試みられているけれども，陳述書の提出が，当事者尋問を省略する意図でなされることは法の趣旨を逸脱するもの

3-4-22

である。

尋問を命じられた当事者は，出頭し，宣誓しおよび陳述する義務を負い，正当な理由がないのにこれらの義務に応じないときには，裁判所は，尋問事項に関する相手方の主張を真実と認めることができる（208）（東京地判平14・10・15判タ1160-273）。また，宣誓を命ずることは裁判所の裁量であるが，宣誓した当事者が虚偽の陳述をした場合には，過料の制裁が科される（209 I）（なお，最決平17・11・18判時1920-38は，訴訟当事者は過料の裁判を求める申立権を有しないとする）。

なお，特許法等は，平成16年の改正によって，知的財産訴訟において営業秘密が問題となった場合に，これを保護する非公開審理のために，当事者尋問等の公開停止の規定を設けた（特許105の7，新案30，不正競争13）。

3-4-23 鑑　　定

(1)　意義　　裁判官の判断能力を補充するために，特別な学識経験を有する第三者にその専門知識またはこれに基づく事実判断について報告させる証拠調べをいい，この報告を行う者を鑑定人という（必要とされる専門知識を有する者であれば証人とは異なり代替性がある）。たとえば，特殊な科学経験則や外国法の専門知識を報告させたり，建築物の瑕疵に伴う損害額の評価や診療行為と特異体質との関係についての医学的判断を報告させる場合などである（裁判所と鑑定人の関係について，木川統一郎「民事鑑定における心証形成の構造」同編著・民事鑑定の研究〔平15〕2頁以下，また，具体例に即して医学的知見の証拠化と裁判所による証拠評価を論じたものとして，西岡繁靖「医事関係訴訟における鑑定等の証拠評価について」判タ1254号〔平20〕29頁以下参照）。最近では，争点が高度の自然科学的な専門知識に関係する現代型訴訟の著しい増加に伴い，中立的な第三者による鑑定意見の提出によって，事実関係について共通認識が形成されることに伴う和解促進機能や紛争解決機能も重視されている（小久保孝雄「建築関係訴訟の審理の在り方――専門的知見の獲得方法の視点から」ジュリ1317号〔平18〕113頁以下）。もっとも，わが国では従来，鑑定の利用は不動産の評価や医療過誤に集中しており，一般的に，諸外国に比較して利用の度合いが低かったため（旧注釈民訴(6)410頁以下〔太田〕），平成15年の法改正により，鑑定について証人尋問の規定を包括準用することを改めた上で（216，規134），鑑定人が意見を述べるための手続の工夫・

VI 証拠調べの実施

整備が図られた[30]（215 から 215 の 4 まで）（なお，特殊専門的な知見が問題となる事件の審理に関与する「専門委員制度」（92 の 2 から 92 の 7 まで）については，⇒ **3 - 3 - 11**）。

(2) 鑑定人　　鑑定人は，当事者の申出により，裁判所が，鑑定に必要な学識経験を有する者の中から指定する（212 I・213）。鑑定人は，裁判官の認識・判断能力を補助する中立的な第三者であるから，誠実に鑑定をすることを妨げるべき事情があるときは，当事者は鑑定人を忌避することができる（214）。また，鑑定人は，当事者および当事者と一定の関係にある者（一定の証言拒絶権または宣誓拒絶権を有する者と同一の地位にある者および宣誓無能力者）であってはならず（212 II），この要件を欠くときは鑑定人適格を有しない。証人が日常経験に基づいて過去に体験したことを語るのとは異なり，鑑定人は，裁判所から与えられた前提事実について専門的経験則を用いてどのような思考過程を経て結論（鑑定意見）に達したかを説明するものである。

なお，鑑定人には証人の規定が個別的に準用され（216），たとえば，証言拒絶権に相当する鑑定拒絶権およびこれをめぐる手続，正当な理由なく鑑定拒絶をした場合の制裁などが規定されている。

鑑定人は，鑑定書の作成や鑑定人質問等に際して過大な負担を強いられることから，適切な鑑定人の確保が重要となる。これについては，鑑定に費やす時間の節約（鑑定書の簡素化，口頭での鑑定〔215 I〕，共同鑑定〔規 132〕など）や鑑定人質問手続の整備（215 の 2）などを通じて，鑑定人を確保する工夫がなされている。特に，鑑定人質問においては，一問一答式の交互尋問方式をやめ，まず，鑑定人が意見を述べ，その後に，原則として，裁判長，鑑定の申出をした当事者，他の当事者の順で質問をすることとした。これは，鑑定人質問においてままある侮辱的な質問を排除し，鑑定人の協力を得られ

---

30)　一問一答平成 15 年 59 頁以下，小野瀬厚ほか「民事訴訟法の一部を改正する法律の概要（3）」NBL 771 号（平 15）61 頁以下，伊藤眞「専門訴訟の行方」判タ 1124 号（平 15）4 頁以下等参照。また，杉山悦子・民事訴訟と専門家（平 19）は，専門家としての鑑定人の手続規律の在り方について，比較法的な観点から包括的に論じている。

　　実務における鑑定をめぐる状況および専門訴訟における鑑定手続の改善策については，証拠法大系(5) 1 頁以下，特に 16 頁以下および 41 頁以下参照。

やすくするためである[31]。また，こうした工夫とあわせて，鑑定嘱託（218）や釈明処分としての鑑定（151Ⅰ⑤）の活用も考えるべきであろう。ちなみに，鑑定人の費用（民訴費18・26）は，訴訟費用とされ，最終的には敗訴者が負担することになる。

なお，鑑定証人は，特別の学識経験のゆえに知ることのできた事実を陳述する者であり（217），これは証人であることに変わりはない。また，当事者が学識経験ある第三者に依頼して，専門的知識や専門的判断を記載した書面を作成してもらい，これを裁判所に書証として提出することも認められており，これを私鑑定と呼んでいる[32]。

（3）鑑定義務　鑑定に必要な学識経験のある者は鑑定義務を負う。この鑑定義務は，証人義務と同様，出頭義務，宣誓義務，鑑定意見報告義務を内容としており，鑑定人に対して個別的に課される公法上の義務である。これに違反する場合には制裁が科されるが，鑑定人には代替性があるため，勾引は認められない（216において194は準用されていない）。

鑑定人が裁判官の補助者として，鑑定義務を誠実に履行し，的確な鑑定を行うには，あらかじめ審理に接して，紛争の事実関係について裁判所と共通の認識を形成していたほうが望ましい。そこで，鑑定人は，鑑定のために必要があるときは，審理に立ち会い，裁判長に証人また当事者本人に対する尋問を求めることができ，また，裁判長の許可を得てこれらの者に対し直接に問いを発することができることにしている（規133）。鑑定資料の収集のための求問および発問であり，裁判所はもちろん，当事者も，こうした鑑定人の立会いを促すことができるであろう。

鑑定義務は，本来的には裁判所に対する義務であり，鑑定人は当事者に対して直接的な義務を負うわけではないが，鑑定活動に伴う付随的な義務として，当事者の法益を害しないよう配慮すべき保護義務（専門的配慮義務）を負っていると考えられる。したがって，この義務に違反し，誤った鑑定によ

---

31)　高橋ほか・前掲注17）174頁以下（林道晴発言）参照。

32)　中野「私鑑定について（再論）」現在問題176頁以下は，私鑑定が書証として提出されることにより，鑑定人に対する忌避権や質問権の保障を欠くことになるが，こうした難点は証拠評価の際に考慮すべきものとしている（185頁）。

VI 証拠調べの実施

り裁判所に誤判を生ぜしめた場合には，不法行為上の賠償義務を生ずる可能性がある。ただ，鑑定人は裁判所の補助者であり，鑑定に基づく事実認定は裁判所の自由心証を経ていること，上訴・再審による是正の機会が保障されていること，さらには判決の法的安定性の要請との関係上から，鑑定過誤が明らかに公序良俗に反する著しく違法なものである場合に限り鑑定人の責任は生ずるものと解される（春日「鑑定人の責任」論集 279 頁以下）。

(4) 鑑定手続 鑑定の申出は，当事者が原則として鑑定事項を記載した書面を提出して行い（規 129 I），これに対して，裁判所は，鑑定の採否を決め，鑑定人を指定する。裁判所は，当事者の意見を考慮して鑑定事項を定めて，これを記載した書面を鑑定人に送付する（規 129 IV）。裁判所は，口頭弁論もしくは弁論準備手続の期日または進行協議期日において，当事者および鑑定人と鑑定のために必要な事項について協議することもできる（規 129 の 2）。職権鑑定については，異論はあるものの，昭和 23 年の改正に際して職権証拠調べの規定が削除され，検証の際の鑑定（233）および鑑定の嘱託（218）しか認められていないことから，否定すべきであろう（旧注釈民訴(6) 416 頁〔太田〕）。

これらを経て，裁判所は，鑑定人を呼び出し，宣誓を求めた上で，鑑定意見の報告をさせるという順序で鑑定手続を進める（受命裁判官等の権限については 215 の 4）。鑑定人の宣誓は，宣誓書を裁判所に提出する方法（書面宣誓）によって行うこともできる（規 131 II）。鑑定人の負担を軽減し，鑑定人を確保するためである。また，鑑定意見の報告は，裁判長の裁量により，期日に口頭で，また期日外においては鑑定書の提出という形で行われ（215），鑑定人に共同してまたは各別に意見を述べさせることができる（規 132）。

平成 15 年の改正法は，鑑定人質問の順序の変更（215 の 2 III），映像等の送受信による通話の方法による陳述（215 の 3）も可能としており，テレビ会議システムを利用しての尋問は，鑑定人の負担軽減に役立つであろう。

鑑定書は，鑑定主文と鑑定理由の部分から成り，通説は，前者の部分のみが法律上の鑑定意見として証拠資料になるとしている。しかし，最近の有力説は，鑑定理由を含めた鑑定書全体を証拠資料であると位置づけており，実務では，鑑定理由のない鑑定書の提出に対して鑑定理由の補充を求めていること，また，判決理由において鑑定理由に依拠して説示することからして，後説が妥当であろう。したがって，裁判所は，鑑定理由も証拠資料の一部とし，自由心証に従い鑑定意見を評価する[33]。

なお，証人については尋問に代えて書面を提出させることができるが（205），鑑定人については，簡易裁判所における鑑定を除き（278），こうした書面尋問は認められない（216において205は準用されていない）。

3-4-**24** 書　証

（1）　意義　　文書に記載されている作成者の意思や認識を裁判所が閲読して，その意味内容を係争事実の認定のための資料とする証拠調べをいう。文書は，作成者の意思や認識を文字その他の記号により表現したものであり，後述(2)の種類に分類されるが，文書に準ずる物件（準文書），すなわち図面，写真，録音テープ，ビデオテープその他の情報を表すために作成された物件で文書でないものについても書証の取調べによる（231．大阪高決昭53・3・6高民31-1-38〔百選II132事件〕）。文書の意味内容を証拠資料とする証拠調べである点で，検証が，文書の存在自体やその外形（紙質や形状）を証拠資料とするための証拠調べであるのとは異なる（なお，検証の対象＝検証物である文書と区別するため，書証の対象である文書を書証とよぶ用法がある。規55II・80II・139など）。

　新種証拠（録音テープやビデオテープ）の証拠調べについては，従来，書証説（および新書証説）と検証説との基本的対立があった。そこで，231条は，同条に規定されているものについては，書証の規定を準用することとし，これ以外の，コンピュータ用記憶媒体（磁気テープ，光ディスク等）の証拠調べについては，準文書とは規定せずに，解釈と運用に委ねることとした[34]。なお，録音テープ等の反訳文書を書証として提出した者は，相手方の求めがあったときは，録音テープ等の複製物を交付しなければならない（規144）。

---

33)　なお，最判平9・2・25民集51-2-502は，医療過誤訴訟において鑑定にのみ依拠した事実認定について，鑑定の内容および証拠として提出された医学文献の記述から見て経験則違反の違法があるとした。他に，最判平18・1・27判時1927-57および最判平18・11・14判時1956-77も参照。最判平9・9・25に関連して，笠井正俊「医療関係民事訴訟における事実的因果関係の認定と鑑定」論叢154巻4〜6号（平16）428頁以下，特に434頁以下参照。

34)　加藤新太郎「新種証拠の取調べ」講座新民訴II243頁以下，春日「新種証拠の証拠調べ」論集55頁以下。なお，中村壽宏「デジタルデータの証拠調べ」吉村古稀413頁参照。

VI　証拠調べの実施

このほか，宣誓認証付私署証書，すなわち，書証として提出される私署証書に公証人が宣誓認証をしたものも書証の対象に含まれる。具体的には，当事者その他の関係人の供述を記載した，いわゆる「陳述書」に対して，この者が「証書ノ記載ノ真実ナルコトヲ宣誓シタル上証書ニ署名若ハ捺印シ又ハ証書ノ署名若ハ捺印ヲ自認シタルトキ」に，公証人がその旨を記載するものである（公証58ノ2 I）。英米法の「宣誓供述書（Affidavit）」に類似し，公証人の面前で宣誓することによって供述の真実性を担保しようとするものではあるが，署名の真実性を担保しているにとどまり，供述内容について反対尋問を経ていないため，証明力は必ずしも高くなく，その判断は自由心証に委ねられる。

(2)　文書の種類

①　公文書・私文書　　公文書は，公務員がその権限に基づいて職務上作成した文書であり，このうち，公証人や裁判所書記官のような公証権限を有する公務員の作成したものを「公正証書」という。私文書は，それ以外の文書をいう。

②　原本・正本・謄本・抄本　　原本は，その作成者が最初に作った確定的な文書をいい，正本は，原本と同一の効力をもたせるために公証権限を有する公務員が正本と表示して作成した写しをいう。また，謄本は，原本の内容をそのまま写したものであり（このうち，公証権限のある公務員が原本と相違なき旨を付記したものを「認証謄本」という），抄本は，原本の一部の写しをいう。

③　処分証書・報告証書　　処分証書は，証明しようとする法律行為が記載されている文書（契約書，手形，遺言書など）であり，それ以外の作成者の経験を記載したり意見を述べた文書を報告証書という。処分証書については，文書の成立の真正（文書の形式的証拠力）が認められることにより，作成者がそこに記載された法律行為をしたことが認められ，反証をあげて争うことは容易でなくなる。また，そのため，処分証書の成立を争う独立の利益が認められ，証書真否確認の訴え（134）によって成立の真正を争うことが認められている（文書の成立の真正に関する自白については，⇒ **3 - 4 - 9** (3)(イ)）。

3 - 4 - 24

(3) 書証の手続

(ア) 書証の申出　　書証の申出は，弁論主義の下では，当事者の申出によることを原則としている（例外として，商業帳簿等については職権で提出を命ずることができる〔商19Ⅳ，会社434・443〕。ただし，これらについては，文書提出義務が認められた場合を除き，不提出の際に224条の適用はない。秋山＝伊藤ほかⅣ478頁）。その方法について，219条は，①挙証者が自ら所持する文書を提出すること，②相手方または第三者が所持する文書であって，その提出義務を負うもの（220）については，文書提出命令の申立てによらなければならないと規定している。また，この他に，③所持者が任意に提出に協力する見込みのある文書については，文書の送付嘱託の申立てによりすることができる（226）。この文書の送付嘱託は，当事者が裁判所から文書の所持者に対して文書の提出を依頼するよう求め，裁判所が当事者の申立てを認めるときは，送付嘱託の決定をするものであり，この決定に対して独立の不服申立ては認められない。登記所や市町村の保管書類などについて実務上しばしば利用されるものである。また，訴えの提起前においてもできる（132の4Ⅰ①）（近藤昌昭＝足立拓人「裁判所から文書送付の嘱託を受けた文書所持者がその嘱託に応ずべき義務について」判タ1218号〔平18〕31頁以下）。

(イ) 文書の提出・送付　　文書を提出して書証の申出をする場合には，原則として口頭弁論期日または準備手続期日において携帯し，これを提出すれば足り，証拠の申出と文書の提出とは一体化している。もっとも，期日外において文書が受訴裁判所に郵送されただけでは，文書の提出があったとはいえない（最判昭37・9・21民集16-9-2052）。また，裁判所は，必要がある場合には，文書を留置することができる（227）。

　文書の提出は，原本，正本または認証謄本によってしなければならないが，裁判所は，必要があれば原本の提出等を命ずることができる（規143）。文書の写しを提出してする書証の申出は，原則として不適法である（最判昭35・12・9民集14-13-3020）。しかし，①相手方が原本の存在と成立を争わず，その写しをもって原本の提出に代えること（原本の代用としての写し）に異議がないときは，写しの提出により文書の提出があったものと解される。また，②文書の写し自体を書証の対象とする趣旨で，写し自体を提出して書証の申出をすることも許容される（東京地判平2・10・5判時1364-3）。

　前述のように，書証の申出は，口頭弁論期日または準備手続期日において行う（なお，180Ⅱ参照）が，規則137条1項は，書証の写しの事前提出を規定しており，書証の内容は，期日前に裁判所および相手方当事者の了知するところとなる。

VI 証拠調べの実施 355

　文書を提出して書証の申出をする場合には，文書の写しと証拠説明書の提出が必要であり，相手方に送付すべきものについては直送することができる（規137 II）。外国語で作成された文書については，訳文の添付が義務づけられ，これも相手方に直送可能である（規138）。また，裁判所は，特定の事項に関する証拠の申出について期間を定めることができ（162），この場合，当事者は，その期間満了前に書証の写しを提出しなければならない（規139）。

(4) 文書の証拠力

　(ア) 形式的証拠力（文書の成立の真正）と実質的証拠力　書証は，文書の作成者の意思や認識などの意味内容を証拠資料に用いる証拠調べであるため，まず，挙証者が作成者であると主張する特定人（作成名義人）の意思に基づいてその文書が作成されたということを確かめる必要がある。これが肯定されることを文書が真正に成立したといい，これにより文書の形式的証拠力が備わることになる（228 I。印影による文書の成立の真正の推定について最判昭39・5・12民集18-4-597〔百選［5版］70事件〕参照。文書上の印影と印章の同一性によって本人の真意に基づく押印が事実上推定され，さらにこれに基づいて228条4項により文書全体が本人の意思に基づいて作成されたという推定が働くこと（「2段の推定」）について，加藤新太郎「文書成立の真正の推定」中野古稀上575頁以下，須藤典明「文書成立の真正の推定」事実認定56頁以下参照。なお，私文書の作成名義人の印章は印鑑登録された実印である必要はないが，当該名義人の印章であることを必要とし，他の者と共有している印章では足りない〔最判昭50・6・12判時783-106〕）。この場合に初めて，その文書の実質的証拠力（当該文書の記載内容が要証事実の証明に寄与する度合い）が，裁判官の自由心証によって判断されることになる。したがって，たとえば，偽造文書については，その作成名義人が作成した文書ではなく，形式的証拠力を欠くため，実質的証拠力の評価に立ち入ることはできない。しかし，偽造文書であっても，作成名義人の文書としてではなく，偽造者が作成した文書として証拠申出があれば，形式的証拠力は認められ，その実質的証拠力の判断に入ることになる。

　(イ) 文書の成立の真否　文書の成立の真否は，証拠の信用性に関する補助事実であり，この点について争いがある場合には，筆跡等の対照（229）によって証明しなければならない。旧法の実務においては，挙証者が書証として提出したすべての文書について，個別的に相手方に成立の真否を問うていた。しかし，新様式判決においては，文書の成立が争点となっている場合を除いて判決書に記載せず，成立に争いがないという説示もしないという運用がなされ，文書の成立の認否は有名無実化していた。そこで，現行法は，文書の成立を否認する場合に

3-4-24

は，事実主張の積極否認と同様に（規79Ⅲ），その理由を明らかにしなければならないとし（規145），理由を明示しない成立の否認や単なる不知の陳述しかしない場合には，特段の立証を待たずに書証の成立の真正を認定することとした（条解民訴規則306頁以下。なお，文書が真正に成立したことおよびその理由は，判決書の必要的記載事項ではない（最判平9・5・30判時1605-42））。

（ウ）　文書の成立の真正の推定　　文書の成立の真否に関して，公文書・私文書双方について，一定の要件の下で成立の真正を推定する規定が設けられている（228Ⅱ・Ⅳ，電子署名認証3）。この推定規定をめぐっては，法定証拠法則と解する通説（条解民訴1266頁〔松浦＝加藤〕，伊藤415・416頁）と，法律上の事実推定と解する説（松本博之・証明責任の分配〔新版〕〔平8〕177頁以下，松本＝上野505頁）とがある。推定を覆すために，前者は相手方が反証することで足りるとするのに対して，後者では本証（反対事実の証明）まで必要とすることになる（旧注釈民訴(7)153頁以下〔太田〕，注釈民訴(4)745頁以下〔名津井〕。なお，近時の分析として，内海博俊「『法定証拠法則』たる『推定』の意義に関する覚書」伊藤古稀47頁以下参照）。なお，相手方が，故意または重大な過失により真実に反して文書の成立の真正を争ったときは，過料の制裁が科される（230）。

(5)　文書提出命令

（ア）　文書提出命令の申立て　　相手方または第三者が所持している文書を裁判所に顕出させることを目的として，挙証者が，その文書の所持者に220条所定の提出義務のあることを理由に，裁判所に対して提出命令を求めることをいう（なお，文書提出命令に関する規定は，224条を除き，家事事件手続にも準用される。家事64Ⅰ）。この申立ては，口頭弁論期日または弁論準備手続期日においてすることができるほか，期日前においてもすることができる（180Ⅱ）。また，この申立てをするには，221条1項の必要的記載事項を明らかにしてしなければならない。このほか，220条4号の場合には，文書提出命令の申立てによって文書を入手する必要性も備えていなければならない（221Ⅱ）。その趣旨は，文書提出命令が，挙証者の証拠提出に代えて，裁判所の命令により他人に証拠の提出を強いるものである以上は，まず挙証者が証拠の収集・提出に努めるべきであり，これが尽きた際に補充的に文書の所持者に提出を命ずべきであるとの理由による。したがって，たとえば登記簿のように法令等により文書の謄本または抄本の交付を求めることができる

場合には，220 条 4 号を理由として文書提出命令を申し立てることはできない。

文書提出命令の申立ては，221 条 1 項の必要的記載事項を明らかにして，書面でしなければならない[35]（規 140 I）。また，相手方は，文書提出命令の申立てについて意見があるときは，意見書を裁判所に提出しなければならない（規 140 II）。文書提出義務の存否の判断は，相手方の訴訟活動に重大な影響を及ぼすため，その判断に際して相手方の意見を聴くことが通常であるからである。

文書の表示（1 号）は文書の特定性を明らかにし，また，文書の趣旨（2 号）は文書の概略・要点を示すものであり，これら双方によって，所持者が提出すべき文書を識別することを可能にする。挙証者が文書の表示および趣旨を明らかにすることが著しく困難であるときは，所持者が申立ての対象とされる文書を識別することができる事項を明らかにすれば足りるとして（222 I），文書の特定性を緩和しているほか（最決平 13・2・22 判時 1742-89〔百選〔3 版〕A27 事件〕は，特定の会計監査に関する監査調書と記載されていれば，個々の文書の表示および趣旨が記載されていなくても，申立ての対象文書の特定として不足するところはないとする），裁判所も所持者に対して文書の表示および趣旨を明らかにすることを求めることができる（222 II）。所持者が裁判所の求めに応じないとしても制裁はないため，これに応ぜず文書が特定されなかったときには，文書提出命令の申立ては却下されることになる（一問一答 260 頁・263 頁）。しかし，所持者が漫然と応じないような場合には，特定性を緩和し，文書提出命令を発することができる場合もあろう[36]。

文書の所持者（3 号）とは，文書を現実に握持している者に限られず，社

---

35) これについては，三木浩一「文書提出命令の発令手続における文書の特定」石川古稀下 109 頁以下。また，文書の特定手続については，高橋宏志「書証の申出」吉村古稀 337 頁以下。文書の所持者については，三木浩一「文書提出命令における文書の『所持者』について」新堂幸司＝山本和彦編・民事手続法と商事法務（平 18）305 頁以下参照。

36) 田原睦夫「文書提出義務の範囲と不提出の効果」ジュリ 1098 号（平 8）65 頁，三木浩一「文書提出命令の申立ておよび審理手続」講座新民訴 II 76 頁，高橋・重点講義下 149 頁注（159）参照。

会通念上文書に対して事実的支配を有していると評価できる者（預託者・共同保管者）も含まれるが，「当該文書をいつでも自己の支配下に移すことができ，かつ，自己の意思のみに基づいてこれを提出することができる状態にある」（者）でなければならない（福岡高決昭52・7・12下民32-9～12-1167）。また，文書が行政官署に存する場合に，文書の所持者は，法主体たる国・地方公共団体なのか，現実に文書を保管する行政官署・行政庁なのかが問題となるが，当該文書に関して管理処分権の帰属する法主体，すなわち国・地方公共団体を文書の所持者として，その機関が保管している文書について提出命令を発令するのが相当である（最決平29・10・4民集71-8-1221。伊藤438頁以下，注釈民訴(4)498頁〔三木〕）。

なお，文書の所持者についての証明責任は申立人にあり，文書の不所持を主張する者が真摯で高度な調査を尽くしても文書の発見に至らず，紛失の経過について合理的な説明がなされた場合には，文書の所持の証明があったとは認められず，文書提出命令の申立ては排斥される（福岡高決平8・8・15判タ929-259）。

証明すべき事実（4号）の記載は，文書の趣旨とあいまって当該文書の証拠としての必要性の判断を可能にさせるとともに，文書の所持者が提出命令に従わない場合に224条を適用して文書に関する申立人の主張や当該文書により証明すべき事実に関する主張を認定，判断する資料として役立たせるためである（大阪地決昭61・5・28判時1209-16〔百選［5版］71事件〕）。また，これとの関連で，証明すべき事実の記載の程度について，提出命令に従わない場合の真実擬制の対象となるものであるから，具体的に明示しなければならないとする裁判例（東京高決昭47・5・22高民25-3-209〔百選［3版］81事件〕）があるが，抽象的事項を掲げるのみの申立てであっても足りるとしたものもある（大阪高決昭53・3・6高民31-1-38）。前掲大阪地決昭和61年5月28日は，いわゆる模索的証明の問題として議論されているところである。この模索的証明とは，挙証者が，主張・立証しようとする事実を十分に知り得ないため，抽象的な証明主題だけを掲げて証拠申出をし，証拠調べを通じて得られた具体的な事実資料を基にして，具体的な主張・立証を試みることをいう。もちろん，こうした抽象的な証明主題による証拠申請は一般的には

VI 証拠調べの実施 359

許されない。しかしながら，挙証者に対して事案の解明や証拠の収集を期待し得ない状況の下で，挙証者の権利主張が首尾一貫していて，合理的な根拠があると認められる場合には，こうした模索的な証拠申請であっても証拠調べを行うことは，あながち否定し得ないであろう（模索的証明については，竹下守夫「模索的証明と文書提出命令違反の効果」吉川大二郎博士追悼・手続法の理論と実践下巻〔昭56〕163頁以下，畑瑞穂「模索的証明・事案解明義務」鈴木（正）古稀607頁以下等参照）。

　文書提出義務の原因（5号）については，220条1号から4号までの提出義務のいずれに該当するかを記載する。

　（イ）　文書提出義務　　旧312条以下が規定していた文書提出命令制度における文書提出義務は，証人義務のような一般的義務ではなく，同条各号に定める義務の原因が存在する場合に限り，文書の所持者に対して提出を求めることができる限定的義務であった。しかしながら，旧312条により提出義務を負うとされている文書の範囲は狭く，また，証拠が一方の当事者に偏在している事件における証拠収集手段としては十分でないと指摘されていた。加えて，当時試みられていた拡張解釈によって文書提出義務の範囲を拡大することには限界があることも認識され，一般的文書提出義務の立法論的検討の必要性が徐々に高まっていった（上野泰男「文書提出義務の範囲」講座新民訴II 33頁以下）。その結果，平成8年に制定された現行民事訴訟法により文書提出義務の一般義務化が実現した（原強「文書提出命令①」大系3巻110頁以下）。また，その際，提出義務の一般義務化が見送られた「公務文書（公務員または公務員であった者がその職務に関し保管し，または所持する文書）」については，行政情報公開制度に関して行われている検討（その結果として，行政情報公開法は平成11年5月14日に成立し，平成13年4月1日から施行されている）と併行して総合的な検討を加えた上で，これと整合性をとって新たな文書提出命令制度を設けることとした。これを受けて，新たに「民事訴訟法の一部を改正する法律」（平成13年法律96号）が成立し，公務文書の文書提出義務の一般義務化が図られ，その具体的内容は220条4号および223条に盛り込まれた（深山卓也ほか「民事訴訟法の一部を改正する法律の概要（上）（下）」ジュリ1209号102頁以下，1210号173頁以下〔平13〕）。

3-4-24

(a)　1号から3号までの規定に基づく提出義務　　旧法においては，文書提出義務は，公法上の義務であることはもちろんであるが，すでに述べたように，一定の要件を具備する場合に個別的に文書の提出を命ずる限定的義務であると解されてきた。そこで，裁判所は，①当事者が訴訟において引用した文書を自ら所持するとき（引用文書），②挙証者が文書の所持者に対しその引渡しまたは閲覧を求めることができるとき（引渡・閲覧請求権のある文書）（民262 IV・487・503 I，会社31 II・433 I・442 III・618 Iなど），および③文書が挙証者の利益のために作成され，または挙証者と文書の所持者との間の法律関係について作成されたとき（利益文書・法律関係文書），という個別的に提出義務が規定されている場合に限って，所持者に文書提出義務を認めていた。これらが，220条1号から3号までに規定されているものである。

(b)　「引用文書」（1号）　　これは，訴訟で当事者が自己の主張を基礎づけるために積極的に用いたものについては，これを秘匿する意思はなく，文書の内容について相手方に立証の機会を保障することが公平であるという実質的考慮から，裁判所はその提出を命ずることができるとしたものである（福岡高決昭52・7・12下民28-5〜8-796）。また，補助参加人もここにいう当事者に含まれる（補助参加人が文書提出命令に従わなかった場合の制裁については225条を適用する）。

　この引用文書には，立証それ自体のために引用する文書のみならず，主張を明確にするため，文書が存在することに具体的・自発的に言及し，かつ，その存在・内容を積極的に引用した場合の文書も含まれる（大阪地決昭61・5・28判時1209-16〔百選〔5版〕71事件〕。なお，大阪地決平19・9・21判タ1268-183参照）。

　他方，被告の虚偽の発言により感情を害されたことを理由とする損害賠償請求訴訟において，被告がその発言の真実性を証明するために取材テープの一部反訳書面を引用することは，同テープの存在および内容について言及したものとみることができるが，同テープを提出しないことが訴訟手続における信義則に反し公平性を害するとはいえない場合には，引用文書には当たらないとしたものがある（大阪高決平23・1・20判時2113-107）。

(c)　挙証者が所持者に対して「引渡し・閲覧請求権のある文書」（2

VI 証拠調べの実施 361

号）　本号の典型例は，挙証者が文書の所持者に対して私法上の引渡しまたは閲覧請求権を有する場合であり（東京高決昭57・6・8下民32-9〜12-1671），こうした請求権が認められる文書については，文書の記載内容についても挙証者の支配が及ぶと考えられ，また，所持者の秘密保護の利益を損なうこともないため，提出が認められる。引渡し・閲覧請求権について，従来の裁判例（大阪高決昭62・3・18判時1246-92，名古屋地決平2・10・16判時1378-61）は，私法上のものに限られ，また，公法上の請求権については閲覧を求めることができる場合に当たらないとするが，本号の請求権は，法令の規定に基づくものであると，契約に基づくものであるとを問わず（関連して，最判平21・1・22民集63-1-228は，共同相続人の一人に被相続人名義の預金口座の取引経過開示請求権を認めている），必ずしも私法上の請求権に限られないと解する（91や不登119，戸10などに基づく場合であってもよい）（伊藤425頁，条解民訴1192頁〔加藤〕）。

(d)　「利益文書」（3号前段）および「法律関係文書」（3号後段）　前者は，挙証者の権利・法的地位を基礎づけるために作成された文書をいう（領収書，挙証者を代理人とする委任状，挙証者を受遺者とする遺言書など）。文書を作成した目的が，挙証者の利益のためである以上，挙証者がこの文書を証明手段として利用することを認める趣旨である（ここでの「利益」について，裁判例は，文書の内容が証拠資料とされることについて挙証者の直接的利益を必要とするもの〔東京高決昭59・9・17高民37-3-164〕と，間接的利益で足りるとするもの〔福岡高決昭52・7・13高民30-3-175〕とに分かれている〔条解民訴1195頁は，3号の義務と4号の一般的義務との役割分担を理由として，前者の解釈を是とする〕）。

また，後者の法律関係文書とは，挙証者と文書の所持者との間の法律関係について作成された文書であり，法律関係それ自体を記載した文書（契約書，契約解除通知書等）に限られず，その法律関係に関連する事項を記載した文書もここに含まれる（契約の際に授受された印鑑証明書，賃金台帳，診療録などのほか，原子力委員会の議事録等〔高松高決昭50・7・17行裁26-7＝8-893〕や航空事故調査報告書〔東京高決昭50・8・7下民26-5〜8-686〕等。なお，刑事関係文書が法律関係文書に当たることについては，後述(ウ)(f)，秋山＝伊藤ほか

3-4-24

IV 382 頁以下参照)。文書の所持者は，当事者の一方（挙証者）との間に特定の法律関係が存することを理由に，この当事者の立証に協力する義務を課されることになる。なお，従来から，通説および判例は，所持者がもっぱら自己の利用を目的として作成した文書（自己利用文書）については法律関係文書にあたらないと解している（最決平 12・3・10 判時 1711-55〔百選［3 版］78 事件〕は，教科用図書検定調査審議会が作成した審議結果を記載した文書およびその審議結果を文部大臣に答申した内容を記載した文書は，文部大臣が教科用図書検定申請に対して行う合否判断の意思を形成する過程において，その諮問機関である同審議会が所管事務の一環としてもっぱら文部省内において使用されることを目的として作成した内部文書であって，民訴法 220 条 3 号後段にいう法律関係文書に該当しないとしている。これ以外に，後掲最決平 11・11・12，最決平 12・12・14 民集 54-9-2709 等参照)。

　ちなみに，このように制限列挙された文書提出義務だけでは，特にいわゆる現代型訴訟（公害・環境訴訟，医療過誤訴訟，製造物責任訴訟等）において「構造的な証拠の偏在」がある場合に柔軟な対応をすることができず，ひいては事案解明の途を閉ざす結果となっていた。そのため，旧法当時の裁判例のなかには，前記の利益文書および法律関係文書（特に，診療録，賃金台帳，原子力委員会議事録等）の拡張解釈を通じて，提出義務の対象とされるべき文書の範囲を拡大し，文書提出命令制度の弾力的な運用を試みようとするものも多数あった。現行法により文書提出義務の一般義務化が実現したのは，こうした裁判例の積重ねを反映した結果であると言える。

　（ウ）　文書提出義務の一般義務化

　（a）　4 号の立法趣旨　　（イ）において述べた旧法 312 条の文書提出義務の問題点を克服するために，現行法は，まず平成 8 年改正によって，公務文書（公務員または公務員であった者がその職務に関し保管し，または所持する文書）を除く文書一般について，これを文書提出義務の対象にするという，制限的一般義務化を規定することに踏み切った。すなわち，220 条（平成 13 年改正前）において，旧法が認めていた引用文書，引渡・閲覧請求権のある文書および利益文書・法律関係文書の提出義務については（1 号から 3 号まで），文言を現代語化しただけでそのまま受け入れる一方，4 号を新たに設

けて，それら以外の文書についても，明示された例外（平成13年改正による
イ，ハおよびニに掲げる文書）を除いて，原則として提出義務を負うこととし，
一定の除外事由がある場合に限って提出義務を免れるという，一般義務化を
図った。

　また，公務文書については，平成13年の法改正により，文書提出義務を
一般義務化するとともに，私文書について一般義務としての文書提出義務の
対象から除外されている文書（「除外文書」）のほか，①「公務員の職務上の
秘密に関する文書でその提出により公共の利益を害し，又は公務の遂行に著
しい支障を生ずるおそれがあるもの」（4号ロ）（公務秘密文書），②「刑事事
件に係る訴訟に関する書類若しくは少年の保護事件の記録又はこれらの事件
において押収されている文書」（4号ホ）（刑事・少年事件関係文書）を新たに
除外文書として定めるとともに，国または地方公共団体が所持する文書であ
って，公務員が組織的に用いるものは，「専ら文書の所持者の利用に供する
ための文書」（4号ニ）（自己利用文書）には該当しないことを規定上明らかに
した（深山ほか・前掲ジュリ1209号103頁以下，1210号173頁以下）。これによ
って，私文書，公務文書を問わず，一般義務としての文書提出義務が統一的
に規定されることとなった（平成8年に制定された現行法から平成13年の改正
法までの間の状況については，証拠法大系(4)123頁以下参照。なお，平成13年改
正法の附則3項による見直し作業とその結果については，法務省民事局参事官室
「民事訴訟法及び民事執行法の改正に関する要綱中間試案の補足説明」NBL770号
〔平15〕68頁以下参照。なお，訴訟に係る文書について一般的提出義務をより明
確化するための立法提案として，三木＝山本編・前掲注2）114頁以下の「文書提
出義務」参照）。

　(b)　4号の文書の内容および4号の文書と1号ないし3号の文書との
関係　　こうして新設された4号は，1号から3号までに規定されている要
件を問題とすることなく，文書が，明示された除外文書に該当するとき以外
は，その所持者に提出義務があるとするものである（限定的提出義務のある
文書と一般的提出義務のある文書との違いは，挙証者と所持者との間に特別な関
係が要求されていない（後者）点にある）。他方，除外の対象として提出義務
を免れる文書は，①もし文書の所持者が証人尋問を受けたとすれば証言拒絶

権を行使することができるような事項が記載されている文書（4号イおよび
ハ。証言拒絶事由に該当する事項を記載した文書），②公務秘密文書（4号ロ），
③「専ら文書の所持者の利益に供するための文書」（ただし，国または地方公
共団体が所持する文書にあっては，公務員が組織的に用いるものは除かれる）（4
号ニ）（自己利用文書），および④刑事・少年事件関係文書（4号ホ）である。
除外される文書はこれらに限られている。①の除外文書のうち，4号イは，
196条の証言拒絶権に相当し，また，4号ハは，197条1項2号・3号の証言
拒絶権に該当する。また，③の自己利用文書（4号ニ）は，自己使用文書，
自己専使用文書，自己専利用文書などとも呼ばれ，およそ外部の者に開示す
ることを予定して作成されたものではない文書であって，日記帳や備忘録が
その典型であるが，その該当性をめぐっては争いのある文書が多く存してお
り，学説は判例の準則を明らかにしようと努めている[37]。

　1号ないし3号の限定的義務と4号の一般的義務との関係をめぐっては
（詳細は，秋山＝伊藤ほかⅣ386頁以下，条解民訴1197頁以下，注釈民訴(4)490
頁以下参照），特に，3号文書について4号イないしニに規定されている除外
事由の趣旨が類推適用されるか否かが問題となる（4号文書においては，申立
要件が加重されている（221Ⅱ）ほか，イン・カメラ手続が規定されている
（223Ⅵ）ことから，3号文書への類推適用を否定する見解もないではない。なお，
1号・2号の文書については提出義務の趣旨からこうしたことが問題となる余地は
ない）。これをめぐって，最決平成16年2月20日（判時1862-154）は，同号
ロの公務秘密文書について，「その提出により公務の遂行に著しい支障を生

37）　平成13年改正の対象となった文書の提出義務をめぐる判例の分析等について，山
　　本和彦「文書提出義務をめぐる最近の判例について」曹時58巻8号（平18）2529頁
　　以下，杉山悦子「文書提出命令に関する判例理論の展開と展望」ジュリ1317（平18）
　　93頁以下参照。また，伊藤眞「自己利用文書再考」福永古稀239頁以下，同「文書
　　提出義務をめぐる判例法理の形成と展開」判タ1277号（平20）13頁以下，中島弘雅
　　「文書提出義務の一般義務化と除外文書」福永古稀409頁以下，垣内秀介「自己使用
　　文書に対する文書提出義務免除の根拠」小島古稀上243頁以下，三木浩一「文書提出
　　命令における『自己利用文書』概念の現在と将来」小島古稀上833頁以下，長谷部由
　　起子「公務秘密文書の要件」青山古稀335頁以下，同「証言拒絶権と文書提出義務の
　　除外事由」伊藤古稀461頁以下，山本ほか編・文書提出命令の理論と実務（平22）
　　18頁以下，注釈民訴(4)487頁以下等参照。

ずるおそれがあるものに当たると解される以上，民訴法191条，197条1項1号の各規定の趣旨に照らし，……本件文書の提出を拒むことができるというべきであるから，民訴法220条3号に基づく本件申立ても，その理由がないことは明らかである。」とする。また，同号ニの自己利用文書について，最決平成11年11月12日（民集53-8-1787〔百選〔5版〕69事件〕）は，「本件文書が，『専ら文書の所持者の利用に供するための文書』に当たると解される以上，民訴法220条3号後段の文書に該当しないことはいうまでもない。」とする（最決平12・12・14民集54-9-2709も同旨）。これを踏まえて，学説も，これらの文書だけでなく，4号イおよびハ（196条および197条の証言拒絶事由に該当する事項を記載した文書）の文書についても，証言拒絶事由の趣旨に基づき提出義務を否定するに至っている（秘匿特権は文書の所持者自身に固有の権利であって，申立てにおいて3号文書とされたか4号文書とされたかによって提出義務の範囲に違いを生ずることは合理的でない）。したがって，4号ホ（刑事・少年事件関係文書）を除き，4号の除外事由の趣旨は同号イからニまで類推適用される（秋山＝伊藤ほかIV389頁，条解民訴1198頁以下，注釈民訴(4)490頁以下等）。

なお，4号の除外文書に該当しないことの証明責任は，文書提出命令の申立人にあるとするのが通説である（竹下守夫「新民事訴訟法と証拠収集制度」法教196号〔平9〕19頁，一問一答256頁。こうした原則を維持しつつ，批判的見解を述べるものとして，町村泰貴「文書提出命令の評価と展望――拡張と限界」実務民訴〔第3期〕(4)275頁以下）。もっとも，申立人がこの証明をすることは困難な場合が多く，また，文書提出義務の一般義務化という趣旨からするならば，事実上，所持者のほうで除外文書に当たることを基礎づける事実について証拠提出責任を負うことになろう。

（c）証言拒絶事由に該当する事項を記載した文書　4号イは，文書の所持者または所持者と親密な関係にある者（196条各号に掲げる者）について自己負罪拒否の特権を生じまたは名誉毀損のおそれを生じる場合に提出義務を免除するものである。また，4号ハは，専門職従事者の証言拒絶権（197条1項2号）または技術・職業の秘密に関する証言拒絶権（同条項3号）の対象となる事項を記載した文書の提出義務を免除するものである。特に，

ハ前段に関して，民訴法197条1項2号をめぐって，最決平成16年11月26日（民集58-8-2393）は，破たんした保険会社の保険管理人が設置した弁護士および公認会計士を委員とする調査委員会の調査報告書について，「法令上の根拠を有する命令に基づく調査の結果を記載した文書であり，……旧役員等の……プライバシー等に関する事項が記載されるものではないこと」，本件保険管理人および保険調査委員会は公益のために職務および調査を行うものであること，「本件調査委員会に加わった弁護士及び公認会計士は，その委員として公益のために調査に加わったにすぎないことにかんがみると，本件文書に記載されている事実は，客観的にみてこれを秘匿することについて保護に値するような利益を有するものとはいえず」，同号の「黙秘すべきもの」には当たらないとしている[38]。

また，同3号をめぐっては，最決平成12年3月10日（民集54-3-1073〔百選〔5版〕A24事件〕）が，「技術又は職業の秘密」について，その事項が公開されると，当該技術の有する社会的価値が下落し，これによる活動が困難になるもの，または当該職業に深刻な影響を与え，以後その遂行が困難になるものをいうとしたうえで，情報の種類・性質，開示することによる不利益の具体的内容によって認定すべきであり，文書提出命令の申立てがなされた機器の回路図および信号図に機器メーカーの技術上の情報が記載されていることから直ちに「技術又は職業の秘密」を記載した文書にあたるとはいえないとしている（なお，取材源の秘匿と職業の秘密をめぐる最決平18・10・3民集60-8-2647〔百選〔5版〕67事件〕については，**3-4-21**(4)（オ）参照）。

関連して，最決平成20年11月25日（民集62-10-2507〔百選〔5版〕68事件〕）は，金融機関が守秘義務を負うことを前提に顧客から提出された財務

---

38) 本件では，保険管理人は，破たんした保険会社の旧役員に対する損害賠償訴訟を予定しており，本件調査報告書は，当事者またはその訴訟代理人が訴訟追行のために作成した訴訟等準備文書（ワーク・プロダクト）に当たると解される余地がある。本決定は触れていないけれども，ワーク・プロダクトは原則としてディスカヴァリの対象とならないとするアメリカ法の考え方からすれば，訴訟等準備文書の自己利用文書該当性についても問題となる可能性があったと考えられる。この問題をめぐっては，伊藤眞「自己使用文書としての訴訟等準備文書と文書提出義務」佐々木吉男先生追悼・民事紛争の解決と手続（平12）415頁，高橋・重点講義下177頁以下等参照。

情報に基づいて作成した自己査定資料中の分析評価情報をめぐって,「一般に,……これが開示されれば当該顧客が重大な不利益を被り,当該顧客の金融機関に対する信頼が損なわれるなど金融機関の業務に深刻な影響を与え,以後その遂行が困難になるものといえるから,金融機関の職業の秘密に当たる」とするが,本件の分析評価情報は,民事再生手続開始決定前の顧客の財務状況,業務状況等に関するものであり,これが開示されても顧客が受ける不利益は小さく,金融機関の業務に対する影響も通常は軽微なものと考えられるし,また,「本案訴訟の争点を立証する書証としての証拠価値は高く,これに代わる中立的・客観的な証拠の存在はうかがわれない」ことから,保護に値する秘密には当たらないとした(この他,最決平19・12・11民集61-9-3364は,金融機関が民事訴訟において訴訟外の第三者として開示を求められた顧客情報について,当該顧客自身が当該民事訴訟の当事者として開示義務を負う場合には,同情報は,金融機関がこれにつき職業の秘密として保護に値する独自の利益を有するときは別として,民訴法197条1項3号にいう職業の秘密として保護されないとしている)。

　　(d)　公務秘密文書　　4号ロは,国家公務員法等により公務員が守秘義務を負っている事項(いわゆる実質秘に該当する事項)について公務員に証言拒絶権が認められている(191Ⅱ・197Ⅰ①)こととの関係上,こうした実質秘に該当する事項が記載されている文書については除外文書とするとしたものである。これにつき,最決平成17年10月14日(民集59-8-2265〔百選〔5版〕A22事件〕)は,「公務員の職務上の秘密」とは,「公務員が職務上知り得た非公知の事実であって,実質的にもそれを秘密として保護するに値すると認められるものをいう」とする(なお,最決平25・12・19民集67-9-1938は,民訴法220条4号ロにいう「公務員」には,国立大学法人の役員および職員も含まれるとする)。そして,労働基準監督官が作成した災害調査復命書について,調査担当者が職務上知ることのできた事業者にとっての私的な情報に係る部分(事業場の安全管理体制,本件労災事故の発生状況,発生原因等)と,本件調査担当者の意見,署長判決および意見等の行政内部の意思形成過程に関する情報が記載されているものとに区別した上で,いずれの場合も「公務員の職務上の秘密」に当たるが,前者については,提出されても関係者の信

頼を著しく損なうことはなく，以後の労災に関する調査に関係者の協力を得ることが著しく困難となるということもできないが，他方，後者については，「提出されると，関係者との信頼関係が損なわれ，公務の公正かつ円滑な運営に支障を来すこととなる」として，4号ロの文書該当性について，前者については否定，後者については肯定した。

裁判所は，公務秘密文書に該当するか否かの判断に先立って，文書提出命令の申立てに理由がないことが明らかなときを除き，当該監督官庁に対して当該文書が公務秘密文書に該当するかどうかについて意見を聴かなければならず，他方当該監督官庁も，公務秘密文書に該当する旨の意見を述べるときは，その理由を示さなければならないものとした（223 III。監督官庁からの意見聴取）。裁判所が公務秘密文書該当性に関する判断権を有していることは，行政情報公開制度において裁判所が不開示情報該当性に関して判断権を有していることと整合性を保っており，先行して行われる監督官庁への参考意見の聴取は，監督官庁が公務員の守秘義務を解除する権限を有している（国公100 II 等）ことにかんがみ，文書の記載事項が公務員の職務上の秘密に当たるか否かをもっともよく知り得ると考えられるからである。また，当該監督官庁が，公務秘密文書の提出により，国の安全が害されるおそれ，外交上の不利益をこうむるおそれ，または公共の安全等に支障を及ぼすおそれがあるとの意見を述べたときには，裁判所は，この意見が相当であるか否かに限って提出義務の存否を判断することになる（223 IV。高度の公務秘密文書に関する司法審査の特則）。さらに，公務秘密文書中に第三者の技術または職業の秘密に関する事項が記載されている場合には，当該監督官庁がこの第三者の意見を聴いたうえで，公務秘密文書に該当するか否かについて意見を述べることとし，第三者が任意で行政庁に提供した文書の提出について特別な配慮を行っている（223 V。第三者からの意見聴取）。

また，「公務の遂行に著しい支障を生ずるおそれ」という要件該当性判断も問題となっている。すなわち，最決平成17年7月22日（民集59-6-1888）は，退去強制令書の発令処分の取消請求事件において，法務省が外国公機関に照会を行った際に外務省に交付した依頼文書の控えならびにこの照会に関して外務省が外国公機関に交付した照会文書の控えおよびこれに対する回答文の提出が求められ

VI 証拠調べの実施 369

たものであるが，これらの文書には本件各調査によって公にされていない事項が記載されており，その内容によっては提出により外交上の問題が生ずることなどから他国との信頼関係が損なわれ，今後の難民に関する調査活動等の遂行に著しい支障を生ずるおそれがあるほか，本件各文書が外交実務上秘密の取扱いをすべき「口上書」と称され，信書の性質を有し，公開されないことを前提としてされた記載のあるものであり，その内容によっては提出により他国との信頼関係が損なわれ，わが国の情報収集活動等の遂行に著しい支障を生ずるおそれがあるとし，これら文書の提出を命じた原審決定を破棄差戻ししている[39]。

(e) 自己利用文書　　4号ニは，4号イおよびハでは規定されていない独自の除外文書を定めており，その該当性をめぐっては規範的評価を必要とするため，多数の判例が存している。平成16年の改正の際にも検討が加えられたが，改正に伴う影響や具体的な運用の状況を見守る必要から，改正は見送られた（一問一答平成16年41頁）。

自己利用文書について，まず，会社の稟議書をめぐって判例の準則が提示されたといえる。すなわち，最決平成11年11月12日（民集53-8-1787〔百選〔5版〕69事件〕）は，銀行の貸手責任を争点とする顧客からの損害賠償請求訴訟において貸出稟議書の提出が求められたものであり，「貸出稟議書は，専ら銀行内部の利用に供する目的で作成され，外部に開示することが予定されていない文書であって，開示されると銀行内部における自由な意見の表明に支障を来し銀行の自由な意思形成が阻害されるおそれがあるものとして，特段の事情がない限り，『専ら文書の所持者の利用に供するための文書』に当たると解すべきである」とした。本決定は，「自己利用文書」に該当するための一般的要件として，①専ら内部の利用に供する目的で作成され，外部

---

39) このほか，最決平成16年2月20日（判時1862-154）は，県が漁業協同組合との間で漁業補償交渉をする際の手持ち資料として作成した補償額算定調書の一部について，補償総額を算出する過程の数値（個別の補償見積額）の一部が開示されることにより，漁協による各組合員に対する補償額の決定，配分に著しい支障を生ずるおそれがあり，漁協との間の信頼関係が失われることとなり，本件と同様の漁業補償交渉を円滑に進める際の著しい支障ともなり得ることが明らかであるとして，4号ロに該当するとしている。また，最決平成25年4月19日（判時2194-13）も，全国消費実態調査の調査データの提出により公務の遂行に著しい支障を生ずるおそれがあるとしている。

3-4-24

370 　　　第3編　第4章　証拠調べ

に開示されることが予定されていない文書であること（内部文書・非開示性），
②開示によってプライバシー侵害や自由な意思形成の阻害など，所持者にと
って看過し難い不利益が生ずるおそれがあること（開示による不利益性）の
ほか，③自己利用文書に当たらないとする「特段の事情」がないこと（特段
の事情の不存在），という３つの判断要件を設定しており（重点は①②にある），
以後の判例は，これらの要件をめぐって展開している[40]。

　まず，①要件（内部文書・非開示性）をめぐって[41]，前掲最決平成16年11月
26日（(c)）は，文書の作成につき法律上の根拠がある場合は原則として内部文
書に当たらないとの理解を前提として，法令上の根拠を有する命令に基づく調査
の結果を記載した文書にも同趣のことが妥当するとした。また，最決平成19年
11月30日（民集61-8-3186）も，銀行が法令により義務づけられている資産査定
の前提として債務者区分を行うために作成し，保存している資料は，「資産査定
のために必要な資料であり，監督官庁による資産査定に関する前記検査において，
資産査定の正確性を裏付ける資料として必要とされているものであるから，Y〔銀
行〕自身による利用にとどまらず，Y〔銀行〕以外の者による利用が予定されてい
るものということができる」とし，内部文書・非開示性を否定している（この他，
最決平19・8・23判時1985-63も，介護サービス事業者が作成した介護給付費等の請求
のために審査機関に伝達する情報を一覧表にまとめたチェックリストの内容は，第三者

---

40)　伊藤眞「文書提出義務と自己使用文書の意義」法協114巻12号（平9）1444頁以
　　下，高橋宏志「自己専利用文書」石川古稀下54頁以下，伊達聡子「稟議書の提出に
　　関する決定をめぐって」新堂古稀下237頁以下，長谷部由起子「内部文書の提出義
　　務」新堂古稀下299頁以下。最決平成11年の解説（小野憲一・曹時53巻10号〔平
　　13〕3004頁以下，三木・前掲注37）833頁以下等参照。もっとも，松本＝上野519
　　頁以下は判例の基準に批判的である。
　　　なお，伊藤・前掲注37）239頁以下は，自己利用文書性の根拠とされる情報支配権
　　を，司法への協力義務との関係において「相対的優越性」が認められるものと解し，
　　当該文書の個別訴訟における諸事情の利益考量を経て提出義務の有無を判断すべきで
　　あるとする。
　　　平成16年の民事訴訟改正の際に課題の一つとされた「自己利用文書」概念の見直
　　しに関して，改正に至らなかった経緯等について，法務省民事局参事官室「民事訴訟
　　及び民事執行法の改正に関する要綱中間試案の補足説明」NBL770号（平15）73頁
　　参照。
41)　上記の３要件をめぐる以下の判例の分析の詳細について，秋山＝伊藤ほかIV 407
　　頁以下，条解民訴1208頁以下参照。

VI 証拠調べの実施　　371

への開示が予定されているとし，内部文書性を否定している）。他方，肯定例として，最決平成 17 年 11 月 10 日（民集 59-9-2503）は，市長が市議会会派に対して不当利得返還請求するよう求めた住民訴訟において，会派が作成した政務調査研究報告書の提出が求められたケースにおいて，「本件各文書は，本件要綱に基づいて作成され，各会派に提出された調査研究報告書及びその添付書類であるというのであるから，専ら所持者である Y ら各自の内部の者利用に供する目的で作成され，外部の者に開示することが予定されていない文書であると認められる」と判示している（最決平 22・4・12 判時 2078-3，最決平 26・10・29 判時 2247-3 も同様。また，最決平 18・2・17 民集 60-2-496 も，銀行の本部の担当部署から各営業店長に宛てて発出されたいわゆる社内通達文書についても，基本的には内部の者の利用に供する目的で作成されたものということができるとする〔ただし，後掲②要件の記述を参照〕）。

　次に，②要件（不利益性）に関しては，前掲最決平成 16 年 11 月 26 日が，「本件文書は，調査の目的からみて，Y の旧役員等の経営責任とは無関係な個人のプライバシー等に関する事項が記載されるものではない」としているが，逆に，個人のプライバシーが含まれる場合には不利益性が認められる場合もあることを示唆しているといえる（条解民訴 1213 頁）。また，前掲最決平成 18 年 2 月 17 日も，社内通達文書について，「抗告人の意思が形成される過程で作成される文書ではなく，その開示により直ちに抗告人の自由な意思形成が阻害される性質のものではない。さらに，本件各文書は，個人のプライバシーに関する情報や抗告人の営業秘密に関する事項が記載されているものでもない。そうすると，本件各文書が開示されることにより個人のプライバシーが侵害されたり抗告人の自由な意思形成が阻害されたりするなど，開示によって抗告人に看過し難い不利益が生ずるおそれがあるということはできない」としている。

　しかし他方で，前掲最決平成 17 年 11 月 10 日は，前記の調査研究報告書について，「開示された場合には，所持者である会派及びそれに所属する議員の調査研究が執行機関，他の会派等の干渉等によって阻害されるおそれがあるものというべきである。加えて，調査研究に協力するなどした第三者の氏名，意見等が調査研究報告書に記載されている場合には，これが開示されると，調査研究への協力が得られにくくなって以後の調査研究に支障が生ずるばかりか，その第三者のプライバシーが侵害されるなどのおそれもあるというべきである」と判示した上で，看過し難い不利益を生ずるおそれが認められるとしている。この他，弁護士会の綱紀委員会の議事録のうち「重要な発言の要旨」に当たる部分について，最決平成 23 年 10 月 11 日（判時 2136-9）は，「相手方の綱紀委員会内部における意

3-4-24

思形成過程に関する情報が記載されているものであり，その記載内容に照らして，これが開示されると，綱紀委員会における自由な意見の表明に支障を来し，その自由な意思形成が阻害されるおそれがあることは明らかである」としたものがある。

③要件（自己利用文書に当たらないとする「特段の事情」の不存在）については，最決平成 12 年 12 月 14 日（民集 54-9-2709）が，信用金庫の貸出稟議書の提出が会員代表訴訟（信用金庫法 39 条の 4）において求められた事案において，「特段の事情とは，文書提出命令の申立人がその対象である貸出稟議書の利用関係において所持者である信用金庫と同一視することができる立場に立つ場合をいう」とし，会員代表訴訟は，「会員が会員としての地位基づいて理事の信用金庫に対する責任を追及することを許容するものにすぎず，会員として閲覧・謄写することができない書類を信用金庫と同一の立場で利用する地位を付与するものではない」という理由で，特段の事情の存在を認めなかった。しかし，他方で，同様の観点から，特段の事情の存在を認めたものもある。すなわち，最決平成 13 年 12 月 7 日（民集 55-7-1411）は，経営破綻した信用組合の貸付先（被告）に対して整理回収機構（原告）が提起した貸金返還請求訴訟において，原告が所持する信用組合の貸出稟議書について被告が提出を求めた事案において，「現に営業活動をしている金融機関において，作成時には専ら内部の利用に供する目的で作成された貸出稟議書が，いったん経営が破たんして原告による回収が行われることになったときは，開示される可能性があることを危ぐして，その文書による自由な意思の表明を控えたり，自由な意思形成過程が阻害されたりするおそれがないか，という点が問題となり得る」が，前記最決平成 12 年 12 月 14 日とは事案を異にしており，特段の事情があることを肯定すべきであるとしている。

4 号ニ括弧書は，「国又は地方公共団体が所持する文書にあっては，公務員が組織的に用いるものを除く」としている。これは平成 13 年改正法により導入されたものであり，こうした文書は，本来行政情報公開法による開示の対象となるものであって（行政情報公開 2 II），自己利用性を根拠に提出除外文書とするのは相当でないとされたことによる。

(f) 刑事・少年事件関係文書 4 号ホが規定する文書，すなわち刑事事件にかかる訴訟に関する書類もしくは少年の保護事件の記録またはこれらの事件において押収されている文書については，刑事訴訟法，刑事確定訴訟記録法，犯罪被害者保護法および少年法等により開示の要件や手続が定めら

れており，そこで認められている範囲を超えて，民事訴訟において提出を命じられた場合には，関係者の名誉・プライバシー等に重大な侵害が及び，また捜査の秘密・公判（または審判）の適正を確保できなくなるなどの弊害を生ずるおそれがある。そのため，これらの文書を除外文書とする趣旨であるけれども（以上について前掲ジュリ 1210 号 173 頁以下参照），4 号ロが個別の事情を勘案して除外文書の判断をするのに対して，4 号ホについてはその判断を上記の諸法律に委ねることとし，包括的に除外文書としている点において異なっている（イン・カメラ手続もない。後述）。

このように，刑事・少年事件関係文書については，4 号により提出が認められる余地はないけれども，提出を求められた文書が 1 号ないし 3 号に該当する場合には，当然に提出義務を免れるというわけではない。すなわち，これらの文書については，刑事訴訟法 47 条ただし書の「公益上の必要その他の事由があって，相当と認められる場合」に当たるならば，例外的に提出義務を負うことになり，その判断をめぐって最終的な判断権限を有する者は誰か（文書の保管者か裁判所か），また，その判断権限の範囲はどこまでかということが問題となってくる。この点について，最決平成 16 年 5 月 25 日（民集 58-5-1135〔百選〔5 版〕A23 事件〕）は，刑訴法 47 条所定の「訴訟に関する書類」に該当する文書につき，220 条 3 号の法律関係文書に該当するか否かについて明示的に言及することなく，次のように判示している。すなわち，「同条〔刑訴法 47 条〕ただし書の規定による『訴訟に関する書類』を公にすることを相当と認めることができるか否かの判断は，当該『訴訟に関する書類』を公にする目的，必要性の有無，程度，公にすることによる被告人，被疑者及び関係者の名誉，プライバシーの侵害等の上記弊害〔上記の弊害のほかに，「公序良俗が害されたり，捜査，刑事裁判が不当な影響を受けたりするなどの弊害」—筆者〕のおそれの有無等諸般の事情を総合的に考慮してされるべきものであり，当該『訴訟に関する書類』を保管する者の合理的な裁量にゆだねられている」が，保管者が「その裁量権の範囲を逸脱し，又は濫用するものであると認められるときは，裁判所は，当該文書の提出を命ずることができる」としている。また，これを基本的に踏襲する最決平成 17 年 7 月 22 日（民集 59-6-1837）は，捜索差押許可状および捜索差押令状請求書につい

374 第3編 第4章 証拠調べ

て法律関係文書に当たるとした上で，後者について「開示することによって，本件各被疑事件の今後の捜査及び公判に悪影響が生じたり，関係者のプライバシーが侵害されたりする具体的なおそれがいまだ存するものというべきであって，これらを証拠として取り調べる必要性を考慮しても，開示による弊害が大きいものといわざるを得ない。」として，提出を拒否した所持者の判断が裁量権の範囲を逸脱・濫用したものとはいえないとしている[42]。

　なお，刑事事件関係書類等については，開示・不開示の規律を刑事訴訟法等にゆだねており，提出の対象から一律に除外したこと，したがってまた，イン・カメラ審理手続の対象からもはずされている（223 VI）点は留意すべきである。また，提出義務の存否について裁判所に判断権限があるとしても，裁判所は，文書の保管者の裁量権を尊重すべきであり，基本的に公務秘密文書の提出命令の申立てがあった場合と同じようなこととなろう。

　（エ）　文書提出義務をめぐる審理　　文書提出義務の存否の審理について，現行法は，イン・カメラ審理手続（裁判官室内での非公開審理）を導入し，裁判所が必要であると認めるときは，この手続において所持者から提示された文書を誰にも開示せずに，除外文書（4号イ～ニ）の該当性について判断することができることとし，審理の過程で文書の記載内容の秘密が漏洩することのないよう配慮している[43]（223 VI）。ただし，その対象となる文書はあく

---

42) 他方で，その後の最決平 19・12・12 民集 61-9-3400 は，被疑者の勾留請求の資料とされた告訴状および被疑者の供述調書が法律関係文書に当たるとした上で，各文書が開示されたとしても，本件強姦被疑事件にかかる被害者の名誉やプライバシーの侵害の弊害が生ずるおそれがあると認められず，また，本件本案訴訟において同種の事件の捜査や公判に不当な影響を及ぼすおそれがあるとは認められないとし，刑訴法 47 条に基づいて文書の所持者である国がその提出を拒否するとした判断は裁量権の範囲を逸脱，濫用に当たるとしている。

43) イン・カメラ手続については，奥博司「文書提出命令⑤」大系 3 巻 207 頁以下，三木・前掲注 36) 講座新民訴 II 78 頁以下，伊藤眞「イン・カメラ手続の光と影」新堂古稀下 191 頁以下等参照。なお，イン・カメラ手続において行われるべき除外事由の判断過程に文書の証拠としての必要性判断や訴訟物の存否に関する証拠評価が混入しうるという問題点を示唆する東京高決平 10・7・16 金判 1055-39 参照。
　これに関連して，アメリカの情報公開法における「ボーン・インデックス」（情報の所持者に対して非開示情報と非開示事由に関する項目別のインデックスを提出させる方法）を用いて，裁判所が秘密保護要件をめぐる心証を得られない場合に限り，イ

VI　証拠調べの実施　　　375

までも 220 条 4 号（刑事事件関係書類等を除く）に関係するものに限られており，1 号から 3 号までによる提出義務の存否の審理については，イン・カメラ審理手続は認められない（もっとも，ある文書が 1 号から 3 号までに掲げる文書か 4 号に関係する文書か区別することが可能か否か疑問があるほか，文書提出義務の原因として，3 号と 4 号の双方を掲げて文書提出命令の申立てをする場合もあろう）。また，イン・カメラ審理の結果，提出義務があるとされて提出された文書については，改めて書証の取調べが行われる。イン・カメラ手続で提示された文書について裁判官は提出義務の存否に限り判断するのであって，提示文書の証拠調べを行うわけではないからである。

　なお，本案の審理において，イン・カメラ審理をすること（証拠調べとしてのイン・カメラ審理）が可能かどうか問題となるが，6 項が文書提出義務の存否（除外文書該当性）に限定した特則であるという趣旨からして，本案の審理に類推適用できると解することはできない（関連して，最決平 21・1・15 民集 63-1-46〔詳細は，宇賀克也「情報公開訴訟におけるインカメラ審理」論ジュリ 3 号〔平 24〕19 頁以下参照〕は，情報公開法に基づく行政文書の開示請求に対する不開示決定の取消訴訟において，不開示事由該当性を判断するために立会権の放棄を前提として非開示文書の検証の申出および当該文書を目的とする検証物提示命令の申出をすることは，事実上のイン・カメラ審理による証拠調べを求めるものにほかならず，当事者から証拠の吟味・弾劾の機会を奪うものとして，民事訴訟の基本原則に反するので，許されないとし，証拠調べとしてのイン・カメラ手続を否定している。これに対して，長谷部由起子「秘密保護手続と民事訴訟の基本原則」民事手続原則の限界〔平 28〕1 頁以下，特に 36 頁以下は，批判的である）。

　特許法は，平成 16 年の改正によって，こうしたイン・カメラ手続について特則を規定した。すなわち，同法 105 条 2 項は，特許権等の侵害を立証するために必要な書類の提出を拒絶する正当な理由（105 I 但）があるかどうかを判断するために，民訴法 223 条 6 項と同趣旨の規定を置いて，イン・カメラ手続を規定して

────────────

ン・カメラ手続を行うという提案がなされている（三木・前掲講座新民訴 II 88 頁以下）。イン・カメラ手続におけるこれらの諸問題については，証拠法大系(4) 180 頁以下，高橋・重点講義下 202 頁以下等参照。

3-4-24

いた。しかし，新たに，同法105条3項において，この正当な理由の有無について当該書類を開示して当事者等の意見を聴く必要がある場合には，これを開示することができるとした。また，こうした開示が行われた場合に，営業秘密の開示により当事者の事業活動に支障を生ずるおそれがあるため，当該営業秘密の使用・開示を制限する必要性が疎明されたときには，裁判所は，当事者に対して秘密保持命令を発することができるとし（105の4），この命令違反に対しては刑事制裁を科すこととした[44]（200の2 I）（なお，同様の規定は他の知財関係訴訟等においても設けられている）。

　イン・カメラ審理を含む文書提出義務の存否の審理を経て，申立てに理由があるときは，決定で所持者に対して当該文書の提出を命ずる。また，文書のうち取調べの必要がない部分または文書提出義務を認めることができない部分については，この部分を除いた一部提出を命ずることができる（223 I）（最決平13・2・22判時1742-89〔百選［3版］A27事件〕）。文書提出命令の申立てに対する裁判所の決定，すなわち，申立却下命令に対しては申立人が，また，提出命令に対しては文書の所持者である当事者または第三者が，それぞれ即時抗告することができる（223 VII）[45]（なお，最決平12・12・14民集54-9-2743〔百選［3版］A28事件〕は，文書の所持人でない被告には抗告権はないとするが，抗告権を肯定する説も多い。この問題につき，条解民訴1249頁，伊藤435頁注398）参照）。もっとも，証拠調べの必要性がないことを理由に文書提出命令の申立てを却下した決定に対しては，その必要性があることを理由として独立の不服申立てをすることはできない（最決平12・3・10民集54-

---

44)　司法制度改革概説2（知的財産関係二法）（平16）32頁以下および90頁以下，菱田雄郷「知財高裁設置後における知的財産訴訟の理論的課題——民事手続法の視点から」ジュリ1293号（平17）65頁以下，三村量一＝山田知司「知的財産権訴訟における秘密保持命令の運用について」判タ1170号（平17）4頁以下参照。

　　　なお，これら一連の最近の問題について，森脇純夫「企業秘密と訴訟審理」実務民訴［第3期］(4)189頁以下が詳細に論じている。また，知財関係訴訟にとどまらず，民事訴訟においても秘密保持命令制度の必要性を主張するものとして，三木＝山本編・前掲注2）139頁以下の「秘密保持命令」参照。

45)　なお，最決平20・11・25民集62-10-2507〔百選［5版］68事件〕は，イン・カメラ手続は，事実認定のための審理の一環として行われるから，原審の認定が明らかに不合理であるといえるような特段の事情のない限り，法律審である許可抗告審においてイン・カメラ手続における認定を争うことはできないとする。

VI 証拠調べの実施 377

3-1073〔百選〔5版〕A24事件〕）。また，文書提出命令の申立てが却下され，これに対する即時抗告がなされる前にすでに口頭弁論が終結している場合にも，証拠調べの余地はなくなるから，控訴による不服申立てによるほかなく，即時抗告は許されない（最決平13・4・26判時1750-101）[46]。

（オ）　文書提出義務に従わない場合の制裁　　当事者が文書提出命令に従わないとき，および相手方（挙証者）の使用を妨げる目的で文書を滅失または使用不能にしたときには，①当該文書の記載（成立および内容）に関する相手方の主張を真実であると擬制することができる（224 I・II）。また，これに加えて，②相手方が，ⓐ当該文書の記載内容を具体的に主張することおよびⓑ当該文書以外の代替証拠によって要証事実を証明することの双方が著しく困難であるときには，要証事実に関する相手方の主張を真実であると擬制することができるものとし（224 III），提出を拒否した当事者に敗訴の危険性を生ずる強い制裁の余地を認めた（東京高判昭54・10・18判時942-17〔百選 II 131事件〕のほか，知財高判平21・1・28判時2045-134）。特に②の効果は，証明妨害の考え方を多分に反映しており，制裁の発動について最終的には裁判所の判断にゆだねられる（注釈民訴(4)642頁以下〔名津井〕参照）。

　また，第三者が文書提出命令に従わない場合には，決定で20万円以下の過料が科される（225 I）。

3-4-25　検　証

（1）　意義　　裁判官が，その五官の作用によって事物の性状や現象を直接に知覚・認識し，その結果を証拠資料とする証拠調べをいう。したがって，文書についても，その記載内容ではなく，文書自体の形状や筆跡・印影等を取調べの対象とする場合には，検証である（東京高決平11・12・3判タ1026-290（ビデオテープについて）参照）。なお，釈明処分としての検証（151 I ⑤）

46）なお，最決平23・4・13民集65-3-1290〔百選〔5版〕A40事件〕は，即時抗告申立書の写しを即時抗告の相手方に送付するなどして相手方に攻撃防御の機会を与えることなく，相手方の申立てに係る文書提出命令を取り消し，同申立てを却下した抗告裁判所の審理手続について，明らかに民事訴訟における手続的正義の要求に反するとし，これを職権で破棄している。

は，訴訟関係を明瞭にするための処分であって，証拠調べとしての検証では
ない（ちなみに，書証の節にある文書の成立の真否の証明を規定した229条も，
性質上は検証の規定である）。

(2)　検証協力義務　　検証協力義務は，検証物を所持する相手方または
第三者が，①これを裁判所に提出すべき「検証物提示義務」と，②裁判所に
提出できない検証物について，その所在場所において検証することを容認す
べき「検証受忍義務」との2つに区別することができる。いずれの義務も，
明文を欠くけれども，通説は一般的義務であると解しており，正当の事由が
ある場合を除いて（東京高決平23・3・31判タ1375-231は，検証物が文書であ
り，その所持者が220条に定める文書提出義務を負わないような場合には，検証
物提示義務を免れる正当な理由があるとする），こうした義務に反して検証を拒
んだ場合には，当事者は事実認定に際して不利益を受け，また第三者は過料
の制裁を受ける（232）。

検証物の一部提出（223I後段），検証物提示義務の存否を審理する際のイ
ン・カメラ審理手続（223VI）についても，書証の場合と同様である。

人事訴訟においては，実体的真実の発見の要請から，224条の適用が排除
されている（人訴19）。したがって，認知請求訴訟や父子関係の存否確認訴
訟において，被告とされた当事者が血液型鑑定やDNA鑑定のために必要と
される血液採取に応じなかったとしても，弁論の全趣旨による評価は別とし
て，こうした非協力な態度を理由として直ちに事実認定のうえで不利益を被
ることはない（直接強制まで規定している刑訴128以下と異なる。春日偉知郎
「父子関係訴訟における証明問題と鑑定強制」曹時49巻2号〔平9〕299頁以下参
照）。

(3)　検証手続　　検証手続は，おおむね書証に準じている（232）。職権で行
うことは許されず，当事者の申出を要し，検証申出書には，検証によって証明す
べき事実（180I），検証の目的（規150），提示・受忍の申立てまたは送付嘱託の
申立てを記載する（232I）。この申出に対して，裁判所は，争点の判断に検証が
必要かどうかを判断し，検証の採否を決定する。検証を実施する際に，裁判官は
職権で，専門的知識を有する第三者を鑑定人として指名し，自己の補助者とする
ことができる（233）。検証の結果は，裁判所書記官が検証調書に記載する。

VI 証拠調べの実施　　　379

直接主義（249 I）の要請から受訴裁判所が検証を実施するのを原則とするが，支障がある場合や，費用の節約等の理由から，相当であるならば，受命裁判官または受託裁判官による検証も認められる。

3-4-26　調査の嘱託

簡易かつ特殊な証拠調べとして，裁判所は，申立てによりまたは職権で，必要な調査を内外の官庁公署，学校，商工会議所，取引所その他の団体に嘱託することができる（186。他方，弁護士が行うものとして，弁護士会照会〔弁護23の2〕がある。弁護士会照会と個人のプライバシー保護との関係について，最判昭56・4・14民集35-3-620〔百選〔5版〕73事件〕参照）。訴えの提起前においてもできる（132の4 I②）。被嘱託者は，上記の団体であり，私的団体も含まれるが，自然人は含まれない。

嘱託に対する応諾義務については，違反に対して制裁はないものの，内国の官庁・その他の団体は，裁判所に対して嘱託に応ずる公法上の義務を負うと解されている（大阪高判平19・1・30判時1962-78。証拠法大系(5) 147頁以下）。調査報告書が提出されたときは，裁判所は，嘱託に応じて提出されたそれを口頭弁論に顕出したうえで，当事者に意見を述べる機会を保障すれば足りる（最判昭45・3・26民集24-3-165〔続百選67事件〕）。したがって，調査報告を書証と解する説もあるが，あえて当事者が書証として提出する必要はないと考える。

3-4-27　証 拠 保 全

(1)　意義　　証拠保全は，訴訟における本来の証拠調べが行われるのを待っていたのでは，その証拠調べが不能または困難になるおそれがある証拠方法について，あらかじめ証拠調べをし，その結果を確保しておくことを目的として行われる付随的な手続である（注釈民訴(4) 868頁以下〔德岡〕，佐藤鉄男「証拠保全の意義と機能——証拠開示的運用の功罪」実務民訴〔第3期〕(4) 289頁以下。実務における運用の実態について，証拠法大系(5) 161頁以下）。たとえば，提訴後の本来の証拠調べまで生存するかどうか危ぶまれている者を証人として尋問すること，保存期間の経過が目前に迫っている診療録を書証として取り調べること，建築物の瑕疵を改造前に事前に検証によって確定しておくことなどである。こうした証拠保全は，将来提起しようとする訴訟のた

3-4-26・27

めに用いられることが多いが，証拠保全の結果，具体的な事実関係が判明することによって，提訴にまで至らない場合もあり，本来の訴訟手続とは別個の手続とされている。

(2) 手続 訴え提起後の証拠保全の申立ては，その証拠を使用すべき審級の裁判所にしなければならず，提訴前は，尋問を受けるべき者もしくは文書を所持する者の居所または検証物の所在地を管轄する地方裁判所または簡易裁判所にしなければならない（235Ⅰ・Ⅱ）。

証拠保全の申立ての方式は，証拠申立てと同じである（規153）が，提訴前にも認められるため，要証事実の重要性の判断は問題とならない。また，証拠保全の申立ては，相手方を指定することができない場合であってもすることができる（236）。裁判所も，必要があると認めるときは，訴訟の係属中であれば，職権で証拠保全をすることができる（237）。証拠保全の決定に対して不服申立てをすることはできないが（238），却下する決定に対しては抗告をすることができる（328Ⅰ）。

証拠調べ期日には，急速を要する場合を除き，申立人および相手方を呼び出さなければならない（240）。証拠保全手続において尋問した証人について，当事者から口頭弁論における尋問の申出があったときには，裁判所はその尋問をしなければならない（242。証拠保全の実態について，山門優「ビデオ撮影による証拠保全手続」判タ934号〔平8〕19頁以下，吉岡大地＝吉澤邦和「医療機関における事故報告文書等の証拠保全について」判時1895号〔平14〕3頁以下参照）。

証拠保全も，証拠調べであるから裁判所が実施し，その記録は，裁判所書記官を通じて本案の訴訟記録の存する裁判所書記官に送付される（規154。もっとも，当事者または裁判所によって本案の弁論へ顕出することは必要である）。また，すべての証拠方法について証拠保全を行うことができる。

(3) 保全事由の疎明の程度 証拠保全の要件として，保全の必要性（あらかじめ証拠調べをしておかなければその証拠を使用することが困難となる事情）がなければならず（234，規153Ⅱ④），申立人はこの保全事由を疎明しなければならない（規153Ⅲ）（広島地決昭61・11・21判時1224-76〔百選〔5版〕72事件〕）。しかし，この保全事由の疎明，たとえば医療過誤訴訟での診

VI 証拠調べの実施

療録の証拠保全をめぐって，診療録の改ざんのおそれという保全事由についてどの程度具体的に疎明しなければならないかが問題となる。疎明の程度を比較的緩やかにすることに伴って，提訴前の証拠保全がもっぱら相手方の手持ち証拠を収集する目的（証拠開示的機能）で用いられるおそれがあるからである（大竹たかし「提訴前の証拠保全実施上の諸問題」判タ361号〔昭53〕76頁）。すなわち，裁判例（前掲広島地決昭61・11・21）は，具体的な改ざんの危険性まで疎明することを要求してはいないが，「具体的改ざんのおそれを一応推認させるに足る事実を疎明することを要する」としている。証拠開示目的は，提訴前の証拠収集手続（⇒ **3-4-13**）において実現すべきであり，証拠保全における疎明の緩和によってこれを行おうとすることは，証拠保全の本来的機能に必ずしもそぐわない（⇒ **3-4-15**）。したがって，疎明について緩和の度合いは，具体的事案に応じて異なるであろうが，基本的には裁判例に示された程度の疎明は必要であると考える（高見進「証拠保全の機能」講座民訴⑤321頁，小林昭彦「証拠保全」講座新民訴Ⅱ326頁以下，条解民訴1285頁〔松浦＝加藤〕）。

なお，証拠保全決定があっても，文書や検証物の提出について強制力はないので，相手方が従わなかった場合には，申立人は文書提出命令等の申立てをしなければならず，それにも応じない場合には，本案訴訟において，224条・232条に基づいて申立人の主張について真実擬制をすることができる。

3-4-27

第5章 証拠の評価と証明責任

I 自由心証主義

3-5-1 意　義

（1）　自由心証主義と法定証拠主義　　自由心証主義とは，裁判における事実の認定を，審理に現れたすべての資料・状況に基づいて裁判官が自由に形成する心証にゆだねる建前をいう。ここに心証とは，裁判官の内心に形成される判断の意味である。民事訴訟法（247）は，刑事訴訟法（刑訴318）とともに，今日，この建前を採っている。

これに対して，いかなる証拠に基づいていかなる事実を認定すべきかにつき，あらかじめ証拠法則を定めておき，裁判官がこれに従って事実を認定する原則を法定証拠主義という。証拠法則とは，証拠とこれに基づいて認定すべき事実との関連を定めた法規であり，たとえば，「不動産売買の事実は必ず書面で証明しなければならない。」とか，「三人以上の証人の証言が一致した場合はそれを真実と認定する。」といった類である。証拠法則は，今日の立場からみれば，事実認定にあたって裁判官が通常用いるべき経験則のいくつかをルール化したものであり，証拠方法の制限（前の例）や証拠力の法定（後の例）等をその内容としていた。

自由心証主義は，このような証拠法則を撤廃した主義であり，換言すれば，事実認定にあたって用いるべき経験則の選択を裁判官にゆだね，証拠方法や証拠力に法定の制限を加えない建前だ，といえるわけである（自由心証主義に関する古典的論文として，兼子「経験則と自由心証」研究(2)185頁，山木戸「自由心証と挙証責任」論集25頁参照）。

（2）　自由心証主義の成立とその制度的基盤　　法定証拠主義のもとでは，証拠方法が同じならば，証拠法則に拘束されてどの裁判官も同じ事実認定をするという保障があるから，裁判官の素質が不十分・不揃いな時代には，その無責任な独断を抑制する効果をもちえた（法定証拠主義はゲルマン法に由来し，中世イタリア

Ⅰ　自由心証主義

法およびドイツ普通法時代に発達した）。しかし，社会生活が複雑化すると，限られた証拠法則で社会のあらゆる事実を認定することはとうてい不可能となり，かえって真実から遠ざかってしまう。そこで，フランス訴訟法が自由心証主義を採用して以来，近代訴訟法は，裁判官の知見に全幅の信頼を置いてその自由な判断によって事実を認定するこの主義を，真実発見のための最も重要な原則として踏襲してきた。

　自由心証主義は，このように裁判官の資質の向上・均等化を成立の拠り所としているが，その成立は同時期に確立した審理の原則である公開主義，口頭主義および直接主義（⇒ 3 - 2 - **4**・**6**）と深く結びついている。すなわち，公開主義は裁判官の自由な判断が恣意に陥らない歯止めとなり，口頭主義および直接主義は書面主義や間接主義よりも裁判官の心証形成を容易にするものであって，これらの原則が自由心証主義を制度的に支えているのである（春日偉知郎「自由心証主義の現代的意義」講座民訴⑤ 55 頁参照）。

（3）　自由心証主義の守備範囲　（ア）　自由心証主義は，訴訟における事実認定に関する原則であり，その適用は弁論主義による訴訟か，職権探知主義による訴訟かを問わない。弁論主義と職権探知主義の違いは，訴訟資料の収集・提出の権能と責任が当事者のみにあるか，それに加えて裁判所にもあるかであり（⇒ 3 - 1 - **3**・**8**），どちらも訴訟に顕出された資料・状況に基づいて事実を認定する点では変わりがないからである。

　弁論主義のもとで自白が裁判所を拘束すること（179。⇒ 3 - 4 - **9**）は，自由心証主義の例外とみるべきではない。なぜなら，これは自白した事実については初めから証拠による認定を排除したものであって，裁判官に自白を法定証拠とする事実認定を強要するものではないからである。

　同様に，自由心証主義の適用は，事実認定が訴訟上の証明まで要する場合か，疎明で足りる場合かを問わない。証明か疎明かは，主として心証の程度による差にすぎないからである（⇒ 3 - 4 - **3**）。

（イ）　法律上の推定や証拠契約と自由心証主義との関係はどうか。法律上の推定とは，推定規定を介して，前提事実の認定から要件事実を認定するものである（⇒ 3 - 5 - **8**(2)）。これも法律要件および効果の定め方の問題であって，その要件事実が存在するとの心証形成を裁判官に強いるものではなく，自由心証主義と矛盾しない。

3 - 5 - 1

384 第3編 第5章 証拠の評価と証明責任

　証拠契約とは，広義では訴訟物たる権利関係の成立や内容を判定するうえ
で前提となる事実の確定方法に関する当事者の合意（一定の事実を認める自
白契約，事実の確定を第三者にゆだねる仲裁鑑定契約，証明責任の所在を定める
合意，等）を指し，狭義ではとくに事実の証明のための証拠方法の提出に関
するもの（証拠制限契約）をいう。こうした証拠契約も，裁判官の自由心証
を害さない限り，有効と解される（上記の例は，一般に適法な証拠契約である
が，間接事実についての自白契約は，間接事実の自白が拘束力をもたないのと同
じ理由で，無効と解される。訴訟契約一般につき，⇒ **3 - 2 - 11**，間接事実の自白
につき，⇒ **3 - 4 - 9**(3)）。

3 - 5 - 2　自由心証主義の内容

　裁判所は，口頭弁論の全趣旨および証拠調べの結果を斟酌して，自由な心
証により事実上の主張の真否を判断する（247）。すなわち，事実認定の資料
となるのは，「弁論の全趣旨」と「証拠調べの結果」に限られる（裁判官が
個人的に知ったことその他弁論に現れない資料を用いてはならない）。弁論の全
趣旨と証拠調べの結果は洩れなく斟酌しなければならないが（いわゆる証拠
判断の遺脱は上告理由となる），その斟酌の仕方を裁判官の自由な心証にゆだ
ねるのが，自由心証主義である。その内容は次のとおりである。

　(1)　**証拠方法の無制限**　　裁判官が心証形成の基礎として用いることの
できる「証拠調べの結果」とは，証拠方法の取調べから得られた証拠資料を
いうが，自由心証主義のもとでは，この証拠方法に何らの制限も設けないの
が原則である。これには2つの意味がある。

　(ア)　第1に，特定の事実の認定のための証拠方法が限定されない。たと
えば，不動産の売買契約というような重要な事実であっても，これを証人の
証言のみによって認定することも許される。ただし，例外として，手続の明
確や迅速の要請から，特定の事実の認定のために特定の証拠方法が定められ
ている場合がある。たとえば，代理権の付与につき書面（規15・23 I），口頭
弁論の方式の遵守につき口頭弁論調書（160 III），である。

　(イ)　第2に，あらゆる人または物が証拠方法となりうる。もっとも，疎
明事項や少額訴訟における即時に取り調べることができる証拠（188・371），

I 自由心証主義　385

手形小切手訴訟における書証（352 I・367 II）のように，立証の程度や訴訟の種類によって証拠方法が限定される場合があることは別論である。反対尋問の機会がない伝聞証拠や訴訟開始後にその訴訟のため作成された文書も，民事訴訟においては証拠能力（証拠適格）（⇒ **3 - 4 - 2**）が否定されるわけではない（反対尋問の機会がなかった本人尋問の結果も，そのことだけで証拠能力を否定すべきでなく，自由心証により証拠力を決しうる（最判昭 32・2・8 民集11-2-258〔百選［5 版］65 事件〕））。

　この原則に対して，違法収集証拠についてその証拠能力を否定すべきか否かが，民事訴訟の分野でも問題になっている。たとえば，盗取した文書や資料，無断録音データ，他人のコンピュータに不正アクセスして取得した電子メール等である。

　この問題について，かつては証拠方法の収集に実体法（刑法・民法）上の違法があっても，訴訟法上は証拠能力は否定されず，その評価は自由心証の問題だと考えられていたが，違法行為を誘発するばかりでなく，民事訴訟手続の公正のイメージを損なうことになりかねず，問題である。そうかといって実体法上の違法があればつねに当然に証拠能力を否定するのも適当でない（真実発見が困難になる）。結局，証拠能力を肯定するか否かの基準をどこに求めるかである。そして，その基準としては，著しく反社会的な手段を用い，結果として人格権を侵害して収集された証拠方法（たとえば，話者の精神的・肉体的自由を拘束してなされた会話の録音テープ，家屋に侵入して盗聴マイクを設置して録音したテープ等）については，証拠能力を否定し，違法性の程度がこれに至らない場合（たとえば，単に話者の同意を得ないでした無断録音テープ等）には証拠能力を認めてよいと解すべきであろう（東京高判昭 52・7・15 判時 867-60〔百選［3 版］71 事件〕参照）。

　(2)　証拠力の自由評価　　**(ア)**　証拠をどの程度に考慮して要証事実を認定するか，という証拠の証拠力（証拠価値）の評価は，裁判官の自由な判断にゆだねられる。これが自由心証主義の核心である。ただ，自由な判断といっても，それは，論理則または経験則に従ってなされなければならないし，その過程は判決理由の中で明示されなければならない（⇒ **3 - 5 - 5**）。

　証拠力の自由評価の原則に対し，その制限と見るべき若干の規定が存する。第 1 は，文書の形式的証拠力に関する推定規定（228 II・IV）である。これは，経験則を法定したもの（したがって一種の法定証拠法則）であるが，一応のものであって，この点の証拠による異なる認定が完全に排除されるわけで

3 - 5 - 2

はない。

第2は，当事者の一方が故意に相手方の立証を妨げる行為に出たときはそれだけでその者に不利な事実を認定しても妨げないとする一連の規定（208・224・229 Ⅳ・232 Ⅰ）である。これは，弁論主義のもとで，公平の見地から証明妨害（⇒ **3-5-8**(1)(イ)）の制裁として認められたものであるが（職権探知主義をとるところでは認められない。人訴 19 Ⅰ参照），つねにそのように認定しなければならないわけではなく，これも自由心証を完全に排除したものではない。

（イ） 証拠力の自由評価とは，証拠をその提出者にとってプラスにもマイナスにも評価できるということである。すなわち，当事者の一方が提出した証拠は，その者に有利な事実の認定に用いうるほか，相手方が証拠調べの結果を援用しなくても，当然に，相手方にとって有利な事実の認定にも用いてよい。これを証拠共通の原則といい，判例もこれを認める（最判昭 28・5・14 民集 7-5-565〔百選［初版］51 事件〕）。

証拠共通の原則は弁論主義に抵触するものではない。なぜなら，弁論主義は，資料の提出の責任が，裁判所との関係で当事者（原告および被告）にあるとするもので，すでに証拠が出された以上，当事者の責任は果たされ，それをどのように評価するかは自由心証の問題だからである。

証拠共通の原則を認めると，証拠調べの開始後は相手方に有利な証拠資料が現れる可能性が生ずるから，申請者限りで自由に証拠申請を撤回することは許されず（最判昭 58・5・26 判時 1088-74），相手方の同意を要すると解すべきことになる（⇒ **3-4-17**）。

（3）　経験則の取捨選択の自由　　民事裁判では，訴訟物たる権利の存否の判断は，そのような法律効果発生の要件たる主要事実の認定によってする，という構造になっている（⇒ **3-1-4**）。ところで，主要事実が証拠によって直接認定できない場合には，主要事実を推認させる1個または数個の間接事実を証拠によって証明し，さらにこの間接事実も直接には認定できない場合には，これを推認させる別の間接事実の証明によって，主要事実を認定するという過程をたどる。かくて，いわばピラミッドの底辺をなす証拠は，多数の間接事実の何段階かの積み重ねを介して，その頂点に位置する主要事実に

I 自由心証主義 387

結びつけられるのであるが，この証拠からの事実の認定（これは(2)で述べた証拠力の自由評価の問題でもある），および間接事実からの主要事実の認定は，裁判官がその自由な判断で取捨選択した経験則を用いて行うのであって，これも自由心証主義の主要な内容である[1]。

(4) 弁論の全趣旨の斟酌　証拠調べの結果のほか，「弁論の全趣旨」もまた心証形成の材料として用いうる。弁論の全趣旨とは，口頭弁論に現れた一切の資料・模様・状況をいう。当事者の弁論の内容はもとより，釈明処分により得られた陳述・検証・鑑定や調査の嘱託の結果（151），当事者または代理人の陳述の態度（あやふやな態度，訂正，自白の撤回等），攻撃防御方法の提出の時期等がこれに含まれる（擬制自白を定める 159 条 1 項の「弁論の全趣旨」は，これとはやや異なり，一審二審における口頭弁論を一体のものとみて，その全過程における態度をいう）。

弁論の全趣旨は証拠調べの結果を補充するだけのものではなく，これのみで心証が形成できれば証拠調べをしなくてもよいし（247 条は，事実の認定は証拠によるとしている刑訴 317 条より広い），証拠調べをしたときもその結果より弁論の全趣旨を尊重することを妨げない。弁論の全趣旨を斟酌して事実を認定した場合に，判決理由においてその内容を具体的に説示していなくても，記録を照合すれば明らかである限り，理由不備の違法はない，というのが判例である（最判昭 36・4・7 民集 15-4-694〔百選 II 115 事件〕）。

3-5-3　事実上の推定

(1)　自由心証主義と論理則および経験則　自由心証主義のもとでは，裁判官は，その自由な判断に従って事実を認定できる。このことは，しかし，裁判官を法定証拠法則の拘束から解放したにすぎず，その恣意を許すものではなく，その判断はつねに論理則および経験則（実験則）に従ってなされなければならない。これは，いわば自由心証主義の内在的制約である。

ここに論理則とは，正しく思考するためには従わなければならない法則で

---

1)　証拠から事実を認定し，間接事実から主要事実を推認する過程を中心として，裁判官の事実判断の構造を明らかにするものとして，伊藤滋夫・事実認定の基礎——裁判官による事実判断の構造（平 8）がある。

あり，数学や論理学上の法則のごときものをいう。また，経験則とは，個別的経験から帰納的に得られた事物の性状や因果の関係等についての知識や法則で，これには日常の常識に属するものから専門の職業，技術または科学上のものまで含まれる（経験則についてはなお，⇒**3 - 4 - 7**）。

およそわれわれが論理的な判断をしようとするときは，つねに論理則，経験則の助けをかりなければならない（たとえば，道路に残されたタイヤの制動痕の長さからその車のスピードを判断し，DNA の鑑定結果から親子と判断する等）。裁判官も，証拠から間接事実または主要事実の存否を推定し，あるいは，間接事実から他の間接事実または主要事実の存否を推定していく場合には，つねに論理則および経験則を活用しているのであり，この場合の推定を事実上の推定という。

事実上の推定は，法律上の推定と区別される。法律上の推定では「甲（前提事実）あるときは乙（推定事実）あるものと推定する」という推定規定がある場合において，乙を要件とする法規の適用を求める当事者が甲を証明すれば，相手方が乙の不存在を証明しない限り，その法規が適用される。この場合に，乙が存在すると認定されるのは推定規定の結果であり，裁判官の心証とは関係がない（法律上の推定については，⇒**3 - 5 - 8**(2)）。これに対して，事実上の推定は，このような推定規定がない一般の場合における，自由心証による事実認定の過程そのもの，あるいはそこにおける論理則，経験則の適用の結果であって，この場合には，乙事実の証明責任はあくまでも乙を要件とする法規の適用を求める当事者が負担するのである。

(2)　事実認定における心証の程度　（ア）裁判官がある事実を「証明された」としてこれを認定するためには，その事実の存否についての心証が一定の程度に達することが必要であり，この要求される心証の程度（最下限）は証明度と呼ばれる。この証明度は，一般的には単にその事実があるらしいという程度では足りないが，反対の可能性がまったくないという程の絶対的確信である必要はない。要するに，社会の通常人が日常生活においてその程度の判断を得たときは疑いを抱かずに安心して行動するであろう高度の蓋然性（8割がた確かであるとの判断）といえよう。判例も，因果関係の証明に関して，同様に判示している[2]。このような通説判例に対して，民事訴訟にお

ける事実の証明は，刑事訴訟と異なり，証拠の優越で足りるとする少数説も
なくはない。

裁判官の現実の心証（これを心証度と呼ぶことがある）が上記必要とされる
証明度に達しない場合には，事実の存否は不明ということになる。この場合
には，裁判官は証明責任の分配（⇒ **3 - 5 - 7**）に従い，証明責任を負う当事
者に不利益に事実の存否を擬制して，判決を下すことになる。

（イ）　以上は「証明」が要求されている場合の心証の程度である。これに
対して，法律により「疎明」でよいとされている場合（44 I，規 10 III・30
等）には，要求される心証は，一応確からしいという程度（一応の蓋然性）
で足りる（なお，⇒ **3 - 4 - 3**）。

（3）　疫学的証明　　公害訴訟や薬害訴訟等における原告側の集団的疾患の発
生とその発生源との因果関係の証明のために，疫学の成果が活用されることがあ
る。原因不明の疾患の集団的発生に対して，必要な防疫を講ずる前提として，そ
の原因を追及し，その原因と仮定した因子（たとえば，ある井戸の井戸水）と疾患
の発生との間の因果関係の蓋然性を証明するのが疫学であり，細菌・ウイルスや
有害物質が原因となって比較的大規模な範囲で疾病が発生した場合に，大きな効
果を挙げる。疫学では，因果関係の存在を証明する手段として，通常，次の条件
（疫学4条件ないし疫学4原則と呼ばれる），すなわち，（i）その因子が発病の一定
期間前に作用するものであること，（ii）その因子の作用する程度が著しいほど
その疾病の罹患率が高まること，（iii）その因子の分布消長と疾患の発生・程度
との相関が矛盾なく説明できること，（iv）その因子が原因として作用するメカ

2）　最判昭 50・10・24 民集 29-9-1417〈ルンバール・ショック事件〉〔百選［5版］57
事件〕は，化膿性髄膜炎で東大病院で治療を受け快方に向っていた幼児が，ルンバー
ル施術（腰椎穿刺による髄液採取とペニシリンの注入）の 15〜20 分後に突然，嘔
吐・痙攣の発作を起こし，右半身不全麻痺・性格障害・知能障害・運動障害に陥った
ことに基づく不法行為による損害賠償事件で，被告側の，発作とその後の障害は化膿
性髄膜炎の再燃によるものであってルンバール施術とは因果関係がないとの主張を斥
けて，ルンバールとの因果関係を認めたものであるが，その一般論として次のように
いう。「訴訟上の因果関係の立証は，一点の疑義も許されない自然科学的証明では
なく，経験則に照らして全証拠を総合検討し，特定の事実が特定の結果発生を招来した
関係を是認しうる高度の蓋然性を証明することであり，その判定は，通常人が疑を差
し挟まない程度に真実性の確信を持ちうるものであることを必要とし，かつ，それで
足りるものである」。

3 - 5 - 3

ニズムが生物学的に矛盾なく説明可能なこと，の条件を満足するかどうかを検討する。とくに最後の条件は，その因子をその疾患の原因と想定することが生物学的に滑稽無意味でなく，十分考えられるという程度で足り，その間のメカニズムの細部まで科学的に解明されていなくてもよい（たとえば，サリドマイドが奇型児を作るという因果の基本構造が説明できれば足り，どんな化学構造の物質のどの側鎖が，染色体のどの側鎖を，どのように変化させるかという所見までは不要），と解されていることは注目されてよい[3]。

このような疫学による因果関係証明の思考構造は，われわれのことばでいえば，論理則・経験則の組合せによる蓋然性の判断であって，裁判官による事実上の推定と本質的に同一であり，公害・薬害等の訴訟において，積極的に活用されてきた。

ただ，疫学はあくまでも将来の防疫のため集団的疾患の原因の究明を主たる目的とするのに対して，民事裁判は個々の原告の損害賠償請求権の有無の認定を目的とするから，疫学によってある集団的疾患の原因が証明されたというだけでは足りず，原告の疾患も同一の原因で発生したと証明されなければならず，この点は，裁判特有の問題として残る。これについていえば，原告もまた疫学的証明によって原因とされた因子の影響を受けていたこと（一定の薬品の服用，魚貝類の摂取，大気汚染地域での居住等），原告の症状も疫学的証明の基礎とされた集団的疾患の基本的特徴を備えていることを証明すればほぼ必要とされる証明度に達し，これを覆すためには，被告の側から，原告の疾病はその因子とは無関係であることを推認せしめる特段の事情を立証しなければならない，と解される（この点につき，⇒ **3-5-11**）。

3-5-4　立証負担の軽減

(1)　一応の推定と表見証明　不法行為訴訟においては，原告たる被害者は，加害者の故意過失および加害行為と損害発生との因果関係を立証しなければならないが，過失や因果関係の立証は，しばしばきわめて困難である。そこで，これを軽減する種々の対策や理論が考えられているが，その1つに経験則を用いてする立証負担の軽減として一応の推定と表見証明がある（中野「過失の『一応の推

---

3)　疫学的因果関係，とくにその4条件につき，吉田克己「疫学的因果関係論と法的因果関係論」ジュリ440号（昭44）104頁。なお，新美育文「疫学的手法による因果関係の証明」ジュリ866号74頁・871号89頁（昭61），高野健一「因果関係 —— 疫学的因果関係」現代民事裁判の課題(7)（平元）522頁参照。

定』について」推認 1 頁，藤原弘道「一応の推定と証明責任の転換」講座民訴⑤ 127 頁参照）。

　経験則の蓋然性は，きわめて高いもの（必然性に近いもの）から低いもの（単なる可能性にすぎないもの）までさまざまである。蓋然性の高い経験則を用いる場合は，その例外（これを特段の事情という）は稀であるから，その判断はそれだけ信頼に値するといえる。裁判官が用いる経験則が，このように高度の蓋然性をもつ場合には，前提事実の証明さえあれば，推定事実の心証は一挙に証明度に近づき，相手方が推定事実の不存在を推定せしめる事実を立証（いわゆる間接反証。これについては，⇒ **3 – 5 – 11**）しなければ，推定事実はあるものとして扱われる。過失についてこのような推定が行われることが多く，講学上，「過失の一応の推定」と呼ばれる。過失の一応の推定は，高い蓋然性をもつ経験則に基づく過失の事実上の推定である。その意味で，「一応の」推定という呼称は，疎明とまぎれて必ずしも適切ではない。

　ドイツでは，判例法上「表見証明」という概念が確立しており，昭和 40 年代にわが国に紹介された。表見証明とは，主として不法行為の分野において，定型的事象経過がある場合に，加害者の行為の証明だけで過失の証明としては十分であるとし，または外的事実の証明だけで因果関係の証明としては十分であるとして，これを覆すためには，加害者が別の経路の可能性を示す事実を証明して定型的事象経過に疑念を生じさせる必要がある，とする理論である。ここで定型的事象経過とは，生活経験上，それ自体として一定の者の故意過失または一定の原因との因果関係をさし示すような事態である。たとえば，自動車が歩道に乗りあげて通行人をはねた場合，開腹手術を受けたことのある患者の腹腔内に手術用メスが発見された場合，乙地に隣接する甲地の掘り下げ工事中に乙地上の建物が甲地側に倒壊した場合に，それぞれ運転者の過失，手術や工事との因果関係および医師・施工者の過失が推定される。表見証明も，上記一応の推定と同様，自由心証の枠内での経験則の適用の結果として理解できよう。

　(2)　相当な損害額の認定　　過失や因果関係ばかりでなく，損害額の立証も，場合によってはきわめて困難である（たとえば，慰謝料や逸失利益の額など）。そのため，実務では，古くから慰謝料の額につき，裁判官が各場合における諸般の事情を斟酌し，自由心証をもって量定すべきものであって，その認定根拠を示す必要はないとし（大判明 43・4・5 民録 16-273），交通事故によって死亡した幼児の逸失利益の算定についても，損害額の算定が困難

3 – 5 – 4

であるからといってたやすく請求を棄却することは許されず，あらゆる証拠資料に基づき，経験則と良識を十分に活用してできる限り蓋然性のある額を算出するように努め，蓋然性に疑いがもたれるときは被害者側にとって控え目な算定方法を採用すべきであるとして（最判昭39・6・24民集18-5-874），証明度を軽減してきた。不正競争防止法（5），特許法（102），著作権法（114）等が，損害の額について推定規定を設けているのも，そのためである。

こうした実務上の考え方を明文化して，損害額の証明度を軽減し，原告の救済を容易にしたのが248条（平成8年新設）である。すなわち，損害が発生したことは認められるが，その額を立証することがその損害の性質上原告にとってきわめて困難である場合には，裁判所が相当な損害額を認定することができることになった（証明度軽減説）。このように，この条文は損害額も損害の発生と並んで弁論主義に基づく主張・立証の対象となることを前提として，その証明度を軽減したものと解されるが，この見解に対して，損害と損害額を分け，損害額は事実（損害）の認定というよりその評価の問題であり，この条文は裁判所に損害額の裁量的な評価の権限を与えたものとする見解（裁量評価説）も成立しうる。ただ，後者の考え方に立っても，損害額について原告は立証の努力を払わなくてよいとするものではなく（むしろ立証の努力を通じて立証の困難性が明らかになる），実際上の差異は生じない。なお，前者の立場に立っても，本条は損害額の認定についての特則であって，因果関係その他立証が困難な他の事項に類推されるわけではない。

本条が適用された好例として，住宅火災で焼失した住宅内の家財道具の損害額の算定がある。本来なら各動産の購入価格から経年を考慮して減額した価値ないし代替物購入費等をもって算定すべきであるが，その立証は原告にとってきわめて困難であるとして，本条を適用して，損害保険会社の査定基準であるモデル家庭の標準評価表の家財道具の評価額の1割増を相当な損害額とした（東京地判平11・8・31判時1687-39〔百選〔3版〕69事件〕参照）。本条が適用された他の例として，談合があったために高い入札価格で落札されたことによって生じた工事発注者の損害額（東京高判平21・5・28判時2060-65〔百選〔5版〕58事件〕，東京高判平23・3・23判時2116-32），有価証券報告書の虚偽記載がなければその株式を取得しなかった投資家に生じた損害額

Ⅰ　自由心証主義　　393

（最判平 23・9・13 民集 65-6-2511）などがある。また，最高裁は，特許権を目的とする質権が特許庁職員の過誤により取得できなかったことによる国家賠償請求事件において，損害の発生が認められる以上，損害額の立証がきわめて困難であっても，本条により損害額を認定すべきであるとした（請求棄却の原判決を破棄。最判平 18・1・24 判時 1926-65）。

（3）　訴訟対応力の格差の是正　　上に述べた立証負担の軽減は，実体法の定める要件事実とその証明責任の所在（その分配につき，⇨ 3 - 5 - 7）を前提としながら，訴訟対応力の弱い当事者がその権利の救済を受けられるようにするための訴訟法上の工夫といってよい。

これに対して，実体法に特別の規定を設けることによって，要件事実の一部について，通常の場合の証明責任の所在を変更するのが証明責任の転換および法律上の推定であり（これについては，⇨ 3 - 5 - 8），これは訴訟対応力の低い当事者が証明責任の壁に阻まれて自分の権利の救済が得られないことがないようにしようとする実体法上の措置である。

最近では，さらに一歩進めて特別法の領域において，当事者間の情報格差，交渉力格差に着目して，実体法上の法律要件そのものを緩やかに組み変える立法の動きが進んでいることに注意しておこう。たとえば，錯誤または詐欺・強迫（民 95・96）に至らなくても事業者の不当な勧誘行為によって締結した契約や，公序良俗・信義則違反（民 90・1 Ⅱ）とまではいえなくとも消費者に一方的に不利益となる契約条項について，その取消しや無効の主張を消費者に許す消費者契約法の規定（4・8～10），顧客側で金融商品販売業者が重要事項を説明しなかったことまたは断定的判断を述べたことさえ主張立証すれば，購入した金融商品の元本欠損額が損害額と推定されて，損害賠償の請求を可能とする金融商品販売法の規定（5・6）などが，その例である。

3 - 5 - 5　自由心証主義と上告

上告審は法律審であり，原審の適法に確定した事実は上告裁判所を拘束する（321 Ⅰ）から，自由心証の範囲でなされた事実認定については，違法の問題は生じないように見える。しかし，自由心証といっても，そのような事実認定がなされた根拠は判決理由中に明らかにされなければならないし，また事実認定の過程

における判断に論理の飛躍や経験則違反があってはならないから，これらの点について欠けるところがあれば，上告審のコントロールを受ける。

(1) **証拠説明**　判決には理由をつけなければならない（253 I ③）。事実判断についても判断の根拠を明らかにすることを要し，この根拠の説明がいわゆる証拠説明である。証拠説明としては，「証拠調べの結果および弁論の全趣旨を総合すれば，これこれの事実が認定される」という程度では足りず，いかなる証拠を根拠としてその事実を認定したかが，判文上明らかにされなければならない。これを欠くときは，上告理由（312 II ⑥）となる。

(2) **経験則違反**　経験則違反は上告理由となるか。一般的にいえば，最高裁判所に対しては，その経験則違反が憲法違反をもたらす場合に（312 I），高等裁判所に対しては，そのほかにそれが法令違反を生ずる場合にも（312 III），上告することができる。しかし，このように経験則違反の上告可能性を一般的に肯定すると，およそ事実認定はすべて経験則の適用の結果であることから，事実認定に対する不服はすべて上告理由になってしまう可能性があり，これでは事実審・法律審の区別の意味は没却されてしまう。そこでこれを法律審の任務に照らし限定する必要がある。この点につき，経験則を常識的経験則と専門的経験則に二分し，前者の違反のみを上告理由とする見解（兼子「経験則と自由心証」研究(2)）もあるが，むしろ，常識的か専門的かを問わず，高度の蓋然性あるいは必然性をもって一定の事実を推論せしめる経験則の無視あるいは誤用がある場合にのみ，上告理由となると解すべきである。けだし，この場合には，その結果として誤った事実認定，誤った裁判がなされる過程が客観的に認識できるし，こうした高度の蓋然性あるいは必然性を伴う経験則についての裁判の不統一がある場合には，これを是正することも上告審の任務と考えられるからである（中野「過失の『一応の推定』について」推認 55 頁）。

なお，最高裁判所に対しては，経験則違反を理由とする上記の上告（312 I）とは別に，上告受理の申立て（318）をすることもできるが，その場合も，その経験則違反がひいて最高裁判所の判例違反をもたらしまたは法令の解釈に関する重要な事項を含んでいることが必要となる（⇒ **6 - 3 - 8**）。

II 証明責任

3-5-6 証明責任の意義および機能

(1) **意義** 裁判官が事実認定から判決を導く論理操作は，次のような三段論法の過程である。すなわち，ある法律要件（T）があればある法律効果（R）が生ずる（T→R）との法規を「大前提」とし，ある確定された具体的な主要事実（F）が上記要件に包摂される（F⊂T）ことを「小前提」として，したがって本件ではその法律効果が認められる（F→R）との「結論」を導くのである。ところで，小前提中の具体的事実（F）は，その存在が認定されて法律効果の発生が認められる場合（F⊂T ゆえに F→R）およびその不存在（non-F）が認定されて法律効果の発生が認められない場合（non-F⊄T ゆえに non-F↛R）のほか，第3の場合として，その存否（Fか non-F か）が訴訟の最終段階に至っても不明ということがありうる。これを真偽不明またはノンリケット（non-liquet）と呼ぶ。真偽不明は，裁判における事実の認識手段ないし能力に限界がある以上，不可避的に生ずる事態であり，弁論主義をとる通常訴訟においてはもとより，職権探知主義の支配する手続（たとえば，人事訴訟）でも事情は変わらない。それでは，事実が存否不明の場合に裁判官はどうすべきか。刑事事件については「疑わしきは罰せず」というルールがあるが，民事事件の場合には真偽不明だからといって裁判を拒否することはできない。そこでこれを解決する基準が必要となり，これが証明責任（挙証責任，立証責任ともいう）である。

(ア) 証明責任とは，訴訟において裁判所がある事実——主要事実に限る（間接事実の証明責任については，⇨**3-5-11**）——の存否につきそのいずれとも確定できない場合（真偽不明，ノンリケット）に，その結果として，判決において，その事実を要件とする自己に有利な法律効果の発生または不発生が認められないことになる当事者の一方の危険または不利益である。この場合，その当事者がその事実について証明責任を負っているという。このよう

3-5-6

に，実体法規はその要件事実が存在するときにのみ適用され，その要件事実が不存在のときはもとより，存否不明のときにも適用されないのであって，このことを「法規不適用の原則」と呼ぶ。

たとえば，貸金返還請求事件において，「金を貸した」（民587）という事実が真偽不明なら，返還請求権の発生を認めえず，原告の請求棄却となるから，原告はこの事実について証明責任を負っているという。金を貸したという事実が認定された場合に，「すでに弁済した」（民473）という事実が真偽不明なら，債務の消滅という法律効果を認めることはできないから，この事実については被告が証明責任を負っているという。また，契約に基づく履行請求に対して，被告が取消しの原因として主張した「錯誤があった」（民95）との事実が真偽不明なら，取消し（法律効果の消滅）を認めることはできないから，これについては被告が証明責任を負っていることになる。

（イ）　証明責任は，1つの事実について一方の当事者のみが負うのであって，一方がその事実の存在，他方がその事実の不存在（反対事実）について同時に負うのではない。そうでなければ，真偽不明の場合に勝敗がつかないからである。ただし，本訴と反訴のように請求が複数である場合に，同一事実について双方が証明責任を負うことがあり（たとえば，売買契約に基づく目的物引渡請求本訴と代金請求反訴とにおける「売買契約の成立」〔民555〕），それが真偽不明になれば双方とも請求棄却となるが，このことは上述したことと矛盾するものではない。また，ある事実の証明責任は，後述する分配の基準（⇒3-5-7）に従ってあらかじめその所在が決まっており，原告になるか被告になるかによって決まるのではない。たとえば，債権履行請求であれ，債務不存在確認訴訟であれ，債権の成立について証明責任を負うのはつねに債権者（前者では原告，後者では被告となる）であり，債務者（前者では被告，後者では原告）はその消滅（たとえば弁済）について証明責任を負うにすぎない。

証明責任の所在は，訴訟の最初から抽象的に定まっているのであり，訴訟の経過によって，初め原告にあった証明責任が途中で被告に移るということはない。当事者の一方がその主張事実について有力な証拠を出して裁判官に確信を生ぜしめそうになった場合，相手方はこれを放置しておけばそのままその事実が認定されてしまうから，これを避けるために反対の証拠を出さな

II 証明責任

ければならない立場に追い込まれるが，これは反対事実についての証明責任が相手方に移ったのではない（立証の現実の必要が移ったという）。

証明責任は審理の最終段階（口頭弁論終結時）になってもなお事実の真偽がいずれとも確信を抱けないときにはじめて働くのであって，それ以前に裁判官が事実の存否について確信を抱くことができれば，証明責任は問題とならない。その意味で，自由心証主義の働きの尽きたところから証明責任の機能が始まるといわれている。

このような意味での証明責任は，決して「当事者が事実を証明（挙証・立証）すべき責任」（行為責任）ではない。そこで，この趣旨を明らかにするために，客観的証明責任（確定責任，結果責任）という語が用いられる。

(2) 主観的証明責任と主張責任　　ところが弁論主義のもとでは，各当事者は，自己に有利な裁判を受けるためには，真偽不明になれば自己に不利に判断される事実（証明責任を負う事実）については，各自がこれを証明しなければならない立場に立たされる。そこで，この不利益を免れるために事実を証明しなければならない負担ないし責任を主観的証明責任（行為責任）と呼ぶ。

証明責任（客観的）は，真偽不明の不利益をいずれの当事者が負担するかという問題であるから，弁論主義たると職権主義たるとを問わず，裁判官の認識能力に限りがある以上，裁判においてはつねに現れうる問題であるが，これがいわば弁論主義というプリズムを通して投影されたものが主観的証明責任なのである。

このように弁論主義を介在させて考えると，証明責任は，単に，訴訟の最終段階において事実の真偽不明の不利益をいずれの当事者に負担させるかの基準として働くだけでなく，訴訟の全過程を通じて，当事者の訴訟活動と裁判所の訴訟指揮の指標として機能する。その意味で，証明責任は民事訴訟のバックボーン（脊椎）であるといわれる。

当事者の訴訟活動との関係からいえば，当事者は弁論主義のもとで判決の基礎をなす事実の確定に必要な資料を提出する権能と責任を負うが，いずれの当事者がいずれの事実を主張すべきかは，弁論主義によっては決まらない。けだし，弁論主義と職権探知主義の対立は，資料提出の権能と責任をもっぱ

3-5-6

ら当事者（原告被告）が負うか，それとも裁判所もそれを有するかに関する原則にすぎないからである。そして，ここでもこれを決するのは証明責任である。すなわち，各当事者は，自己に有利となる法律効果の発生または不発生を定める法規の要件事実を，各自主張すべきことになる。これを主張責任という。主張責任も，弁論主義のもとでのみ観念される点，その所在も証明責任の分配に従って決せられる点では，主観的証明責任と同じであるが，訴訟の過程からいえば，主観的証明責任よりさらに前段階の行為責任である（もっとも，ここでいう主張責任は，法規の要件事実が当事者によって主張されない結果，法規が適用できなくなることの不利益を当事者のどちらに負わせるかという問題であり，要件事実がすでにいずれかの当事者によって主張されている場合には，裁判所はこの事実を斟酌できる。これを，原告被告間の主張共通の原則と呼ぶ）。

(3)　訴訟指揮の指標としての証明責任　　当事者が主張責任，主観的証明責任を分担していることに対応して，裁判所は各当事者にその事項の主張，立証を尽くさせるように指揮しなければならない。

裁判所は，まず，原告の提出した訴状・添付書類および準備書面を点検し，原告の主張する法律効果の発生に必要な請求原因事実が洩れなく記載されているか否かを検討し，洩れがあれば釈明権を行使して原告にその補充を促すべきである（133・137，規53・55・56）。次に，原告の請求原因事実の主張に対して，被告は，答弁書その他の準備書面でこれを否認するか，自白するか，場合によっては抗弁事実を提出することになるが，裁判所はこれらの主張が十分に出揃うように配慮する（149・151）。被告の陳述が否認ならば，この点について証拠調べが必要だから，裁判所は原告に立証を促すし，自白ならそのまま判決の基礎にとらなければならない（179）。また抗弁なら，これに対する原告の態度――否認か自白か再抗弁か――を明確にさせ，原告の態度が否認ならその抗弁事実につき被告の立証を促し，自白なら判決の基礎にとり，再抗弁なら，さらにこれに対する被告の態度を明確にさせる。以下同様である。そして，普通，請求原因事実・再抗弁事実については原告が証明責任を負い，抗弁事実・再々抗弁事実については被告が証明責任を負うと説明されるが，むしろ，逆に，証明責任の所在から請求原因か抗弁か，否認か抗

II 証明責任　　399

弁かの区別が導かれてくるのである（否認と抗弁については，なお，⇒ **3-5-9**）。

　証拠調べの段階においても，その順序は原則として法規適用の順序と証明責任の所在によって決まってくる（ただ，請求原因事実の認定より抗弁事実のそれのほうが容易な場合には，抗弁をさきに認定して──債権の成立はなおはっきりしないが，消滅時効は完成している等──原告の請求を棄却することも許される）。本証と反証の区別（これについては，⇒ **3-5-10**）も，証明責任の訴訟中の機能として導かれる。

3-5-7　証明責任の分配

　(1)　分配の必要　　いかなる事実についていずれの当事者が証明責任を負担するかという問題を証明責任の分配という。実体法が「証明」の語を用いて証明責任の所在を明示している場合（明文の証明責任規範）には，それに従えばよいが，その例は稀である（民 117 Ⅰ・453・949 但，商 560・577・590，手 45 Ⅴ，自賠 3 但，製造物 4 等）。

　刑事訴訟においては，すべての事実について検察官が証明責任を負う（「疑わしきは被告人の有利に」）。しかし，民事訴訟において，権利を主張する者がすべての事実──権利が発生したというだけでなく，それが消滅していないということまで──を証明しなければならないとすれば，私人の権利行使はきわめて困難になってしまう。そこで，民事訴訟における証明責任は，両当事者に適切に分配されなければならない。

　(2)　分配の基準──法律要件分類説　　問題は，どのような原理にしたがって証明責任を分配するかである。

　かつては，要証事実分類説や特別要件説が主張されたこともあった。要証事実分類説とは，積極的事実か消極的事実か，外界の事実か内心の事実か等の要証事実の性質または内容によって分配を定めようとする説であり，特別要件説とは，法律効果発生の要件を個々具体的な要件たる特別要件（たとえば，売買代金債権の発生のための売買契約の締結）とそれ以外の一般要件（権利能力・行為能力があること，詐欺・強迫・錯誤がないこと等）とに二分し，法律効果を主張する者は前者につき，これを争う相手方は後者の反対事実につき

3-5-7

証明責任を負うとの説である。また，昭和50年代には，法律要件分類説を全否定し，個々の事案ごとに証拠との距離や立証の難易等によって証明責任の分配を決しようとする利益衡量説も主張された（石田穣・証拠法の再構成〔昭55〕所収の諸論稿。利益衡量説の台頭と，これをめぐる論争の内容と帰趨については，→講義337頁以下〔青山〕）。しかし，現在では，法律要件分類説が学界および実務における通説といってよい。

　法律要件分類説の内容は次のとおりである。訴訟物たる権利関係の存否の判断は，その発生・変更・消滅の法律効果の判断に基づく。そして，これらの法律効果の判断は，各条文の構成要件事実の存在の確定によってその条文が適用される結果である（法的三段論法）。したがって，各当事者は，次のように，自己に有利な法律効果の発生を定める条文の要件事実について証明責任を負うのである。このように，証明責任の分配は，要件事実論（法規の構造に着目して条文ごとに法律効果発生に必要な要件事実は何か，それを阻害する事実は何かを分析する理論）と表裏一体である。

　（ア）　権利の発生を定める規定（権利根拠規定という）の要件事実は，その権利を主張する者が証明責任を負う。たとえば，売買目的物の引渡しを請求する者は売買契約の成立（民555）について，また即時取得（民192）を主張する者はその要件事実について証明責任を負う。

　（イ）　いったん発生した権利関係の消滅を定める規定（権利消滅規定という）の要件事実については，権利を否認する者に証明責任がある。たとえば，債務の弁済（民473）・免除（民519）・契約の取消し（民5Ⅱ・9・13Ⅳ・17Ⅳ・95Ⅰ・96）・解除（民541〜543・561〜565・610〜612等）・消滅時効の完成（民166〜169）等がこれである。

　（ウ）　権利根拠規定に基づく法律効果の発生の障害を定める規定（権利障害規定という）の要件事実は，その法律効果の発生を争う者に証明責任がある。たとえば，権利根拠規定に対し，契約に意思無能力（民3の2）・虚偽表示（民94）等の無効原因があるとの事実は，契約上の効果を争う者に証明責任がある。法律効果の発生を完全にブロックする権利障害規定に対して，権利の行使を一時的に阻止する規定（権利阻止規定と呼ぶこともあるが，障害規定の一種である）の要件事実，たとえば同時履行関係にあるとの事実（民

II 証明責任

533）についても，同じである。

障害規定は，権利消滅規定に対する関係でも考えられる。たとえば，権利消滅の主張に対し，追認（民122以下）があったから取消しにならないとか，完成猶予（民147以下）があったから時効は完成していないと再抗弁する場合には，追認・完成猶予の事実は，権利消滅という法律効果を争う者が証明責任を負う。

（エ）　以上の各場合につき，本文とただし書とが組み合わされている条文では，本文に掲げられた事実が適用要件であり，「ただし，……のときはこの限りでない」という形で除外された事実は不適用の要件であるから，後者は，本文の効果を免れようとする者に証明責任がある（民415 I・715 I 但）。本文とただし書の組合せの代わりに，項が別になっていたり（民95 I・III），同じ項の中で「……の場合を除き」と書かれている場合（民95 III）も同じである。

（3）　分配の実質的根拠　　それでは，なぜこのように証明責任が分配されているのだろうか。その根拠を考えてみよう。証明責任によって裁判がなされる場合も，それが裁判である以上，正義・公平・迅速という裁判の理想になるべく近いものでなければならない。

まず，正義という点から考える。証明責任による裁判もなるべく実体的正義に適った裁判であるためには，権利者が証明責任の壁に拒まれて権利を否認されたり，証明責任のゆえをもって義務者でない者が義務を負わされたりする事態の発生を防ぐ必要がある。そのためには，証明責任の分配において蓋然性の考慮がきわめて重要である。つまり，ある事実とその反対事実（Fとnon-F）の蓋然性を比較して，蓋然性の低い事実（例外）を主張する者に証明責任を負わせるのである。意思表示の錯誤（民95）につき，これを主張する者に証明責任が負わされるのはその例であり，障害規定にはこの例が多い。

次に，当事者の公平という点を考えてみよう。もし，権利の主張者が，権利の発生（取得）の要件（特別・一般）のみならずそれが現在に至るも消滅（喪失）していないことについてまで，証明責任を負うとすれば，権利者はその権利を裁判で実現することはきわめて困難となる。そこで，証明の難易，

3-5-7

証拠との距離，現状の尊重というような考慮によって証明責任の負担を決める（証明の容易な者，証拠に近い者，現状を攻撃する者が負う）のが公平に合致するといえよう。権利根拠規定の要件事実は権利の主張者に，権利消滅規定のそれはその相手方に，という証明責任の配分は，こうした考慮に基づく。

　紛争の迅速な解決という点からはどうか。仮に証明責任の分配を変更して請求原因事実（の不存在）は被告，抗弁事実（の不存在）は原告が証明責任を負うと仮定してみよう。すると，原告は次々と複数の請求原因を持ち出すであろうし，被告も請求原因を否定する立証活動をするよりも，次々とありもしない抗弁事実を主張することになり，裁判は徒らに主張合戦になって迅速な処理は不可能となる。つまり，証明責任の分配は，無責任な主張を排除し，迅速な解決をも指向しているのである。

　(4)　法律要件分類説の評価　法律要件分類説に対して，かつて利益衡量を前面に出して証明責任の配分を全面的に考え直そうとする利益衡量説が主張されたことは，前述した通りである。しかし，上述した諸々の実質的考慮によって権利根拠規定，消滅規定，障害規定が設けられていることを考慮すれば，この区別を証明責任分配の基準とする法律要件分類説の考え方は，基本的に正当として支持できよう。もっとも，立法者は万能ではないし，立法当時の考え方が変更されたり，時代の進展に応じて条文にはない新しい権利が創設されたりした場合には，その要件事実の証明責任は，上述した分配の実質的根拠に立ち返って補充され，修正されるべきである。

　(5)　問題となる具体例　証明責任の所在が問題となるいくつかの具体例について検討しよう（法律の各条につき，その要件事実と証明責任を検討した書物として，倉田卓次監修・要件事実の証明責任（債権総論）〔昭61〕，同（契約法上巻）〔平5〕，大江忠・要件事実民法(1)〜(8)〔第4版〕〔平26〜29〕，同・要件事実会社法〔平23・25〕）。

　(ア)　虚偽表示における第三者の「善意」（悪意）（民94 II）は，第三者と無効を主張する者のどちらが証明責任を負うか。両説あるが，判例は第三者が自らの善意を主張・立証しなければならない，とした（主張責任を尽くしていなかった例として，最判昭35・2・2民集14-1-36〔百選〔5版〕63事件〕）。

　(イ)　債務の履行不能における債務者の帰責事由（民415 I但）については，平成29年改正（法44）前の民法のもとでも，その条文の構造[4]とは逆に，債務

II 証明責任

者が自己の責めに帰しえない事由について主張・立証しなければ責任を免れない、と解されていたが（最判昭34・9・17民集13-11-1412〔百選〔2版〕82事件〕〔百選ⅡA33事件〕），改正法によってそのことが明定された。

（ウ） 判例によって形成されてきた，相手方の生命身体等を危険から保護するよう配慮すべき「安全配慮義務」違反については，義務の内容を特定し，かつ，義務違反に該当する事実を主張・立証する責任は債権者（被害者）が負う，というのが判例通説である（最判昭56・2・16民集35-1-56〔百選Ⅱ121事件〕）。これに対し，義務内容を，生命・身体の安全という結果達成そのものと，瑕疵のない場所・設備の提供その他安全確保のための措置を講ずることに分け，前者については，債務者が帰責事由がないことの証明責任を負い，後者については，債権者が場所・設備に瑕疵があったことまたは安全確保のための措置がとられなかったことを証明すれば，債務者はその点に帰責事由がなかったことを証明しない限り免責されない，とする見解もある（松本博之「安全配慮義務違反に関する証明責任」三ケ月古稀中393頁）。

（エ） 準消費貸借契約における旧債務の存在（民588）については，判例は大審院時代から一貫して債務者（被告）が旧債務の不存在につき証明責任を負う，と解してきた（最判昭43・2・16民集22-2-217〔百選Ⅱ120事件〕）。条文の文言からいうと，債権者（原告）が負担するようにも見えるが，準消費貸借契約を結んだ以上旧債務が存在していた蓋然性が高いこと，契約にあたって旧債務証書を返還・破棄するのが通常で債権者に証明させるのは酷であることから，多数説は，この結論に賛成している。

（オ） 無断譲渡・転貸に基づく解除（民612Ⅱ）の制限事由として判例が導入してきた「背信行為と認めるに足りない特段の事情」については，賃借人側に証明責任がある（最判昭41・1・27民集20-1-136〔百選〔5版〕64事件〕，最判昭44・2・18民集23-2-379）。

（カ） 金銭の交付によって生じた不当利得における利益の現存（民703）については，返還請求権の消滅を主張する者が「利益の現存しないこと」の証明責任を負う（最判平3・11・19民集45-8-1209）。

（キ） 借地借家契約の更新の拒絶事由としての「正当の事由」（借地借家6・

4）　平成29年改正前民法415条は，「債務者がその債務の本旨に従った履行をしないときは，債権者は，これによって生じた損害の賠償を請求することができる。債務者の責めに帰すべき事由によって履行することができなくなったときも，同様とする。」と規定していた。

28）は，いわゆる総合評価型の一般条項であるが，これを構成する具体的事実（評価根拠事実）のうち，賃貸人側の事情は賃貸人に，賃借人側の事情は賃借人にその証明責任が存すると解される。

　（ク）　被害者が自賠法3条の運行供用者または運転者以外の「他人であること」（他人でないこと）は，賠償請求者または相手方のどちらが証明責任を負うか。判例（高松高判平13・10・22高民54-2-102）は，AB二人がBの父所有の車に乗り，誤って海に転落し，二人とも死亡したが，当時どちらが運転していたか不明であった場合における，Aの遺族から保険会社に対する直接請求（自賠16）の事案において，他人に該当しないことの主張立証責任は運行供用者責任を争う者（保険会社）にある，とした。

　（ケ）　損害保険や生命保険の保険金請求事件では，被保険者が保険契約約款に定める保険事故についてどこまで証明責任を負うか，問題となる。判例は，車両保険の事案で「車両の盗難」（一定の偶然の事故。保険2⑥）を理由として保険金を請求する者は「被保険者以外の者が車両を持ち去った」という外形的事実を主張立証すれば足り，その持ち去りが被保険者の意思に基づかないものであること（被保険者がその友人に指示して故意に持ち去らせた［保険会社の主張］ものではないこと）についてまで主張立証する責任を負わない，とする（最判平19・4・17民集61-3-1026）。これに対して，生命保険における「不慮の事故」（人の死亡。保険2⑧）を原因とする生命保険金を請求する者は発生した事故が偶発的な事故であること（自殺ではないこと）について主張立証責任を負うのであって，保険者において自殺の証明責任を負うものではない（被保険者の故意免責条項は確認的注意的な規定にすぎない），とする（最判平13・4・20民集55-3-682）（この二つの判例は，いずれも保険法（平20法56）制定前の商法下のものであるが，損害保険と生命保険とで保険者の免責事由（商法旧641条と旧680条，保険法17条と51条）の証明責任の扱いが逆になっていることに注意）。

　（コ）　石油元売会社の価格協定により損害を被ったとして消費者がその賠償を請求（独禁25）する場合には，価格協定による石油元売仕切り価格の値上げと末端小売価格の上昇との間の因果関係の存在，および，価格協定がなければ現実の小売価格より低い小売価格が形成されていたといえること，を主張・立証する責任は，原告たる消費者が負う（最判昭62・7・2民集41-5-785〈川崎灯油カルテル事件〉）。なお，同じ石油価格協定による損害賠償請求（民709）で，最高裁は，価格協定がなければ形成されたであろう想定購入価格（協定実施直前の小売価格）と消費者の現実購入価格との差額をもって損害とする事実上の推定は，協定から購

II 証明責任　　405

入までの間に小売価格の形成に影響を及ぼす顕著な経済的要因の変動があるとき
はその前提を欠くから，それがないことの証明責任を消費者が負担する，という
が（最判平元・12・8民集43-11-1259〈鶴岡灯油カルテル事件〉〔百選［3版］67事
件〕），これに対しては批判が強い。

（サ）　製造物責任訴訟においては，被害者が製造物の欠陥と損害および因果関
係について証明責任を負い（製造物3），これに対して製造業者は免責事由につい
て証明責任を負う（同4）。

3-5-8　証明責任の転換と法律上の推定

（1）　証明責任の転換

（ア）　意義　　証明責任の通常の分配と異なり，特別の場合に，法律の規
定によって，反対事実について相手方に証明責任を負わせることを証明責任
の転換という。たとえば，不法行為による損害賠償請求では，民法709条に
より損害賠償を請求する原告が被告の「過失」の証明責任を負うのが一般で
あるが，特別の場合として，自動車事故による損害賠償請求（ 設例1 ）では，
自賠法3条ただし書により，損害賠償請求権の不存在を主張する被告が，
「自動車の運行に関し注意を怠らなかったこと」等について証明責任を負う
とされているのは，その一例である。

証明責任の転換は，証明責任の分配を規定する一つの法技術であり，転換
を規定するか否かは立法政策の問題である。証明責任の転換は，このように，
法規により，通常の場合と異なる証明責任の分配が定められることであって，
具体的訴訟の経過により，一方の当事者が有力な証拠を出したために，不利
益を免れようとする相手方はさらに有力な証拠を出さなければならない立場
に追い込まれる現象——立証の現実の必要の移動——とは，区別しなければ
ならない。

（イ）　証明妨害　　もっとも，最近，証明責任の転換を上記の場合に限定
せず，証明妨害があった場合にも認めるべきではないか，という議論がなさ
れている。証明妨害とは，証明責任を負わない当事者が故意または過失によ
り証明責任を負う当事者の立証を失敗させまたは困難にすることをいう。相
手方に有利となる証拠を破棄・隠匿するのがその典型である。それが文書提

3-5-8

出命令の対象または対象となりうる文書の不提出，破棄・隠匿である場合には，法律上の制裁として一定の訴訟上の効果が定められているが（224。⇒ **3-4-24**(5)（カ）），それ以外の場合（証人の隠避や，文書への重要な事実の不記載）にどうするかが問題となる。

わが国の通説は，証明妨害があった場合の効果として，自由心証の範囲内で考慮すれば足りるとするが，上記のように証明責任の転換を認める考え方もある（後者によれば，「証明責任の転換」の定義自体が（ア）より拡大され，事案によるその転換を認めることになる。証明妨害につき，本間義信「証明妨害」民商65巻2号〔昭46〕181頁以下，渡辺武文「証拠に関する当事者行為の規律」講座民訴⑤161頁以下参照）。保険金支払請求事件で，保険料が事故発生前に払い込まれたか否かが争われた事案で，保険会社が発行した保険料受領書に受領の日時が記載されていなかった場合に，それが保険会社の故意またはそれと同視しうる重大な過失によるときは，証明妨害になるとし，その効果として，裁判所は，要証事実の内容，他の証拠の確保の難易性，妨害された証拠の内容・形態・重要性等を考慮して，①挙証者の主張事実を事実上推定するか，②証明妨害の程度等に応じ，裁量的に挙証者の主張事実を真実と擬制するか，③挙証者の主張事実について証明度の軽減を認めるか，④証明責任を転換し，反対事実の証明責任を妨害者に負わせるか，を決すべきである，とした判例がある（東京高判平3・1・30判時1381-49〔百選［5版］61事件〕。ただし，故意または重大な過失があったとは認められないとした）。証明妨害にも種々の態様がありうるので，その効果としても，このように種々の可能性を残しておく柔軟な対応が妥当であろう。

(2) 法律上の推定

（ア）意義　　推定とは，一般にある事実から他の事実を推認することである。推定が裁判官の自由心証の一作用として経験則を適用して行われる場合を事実上の推定という（⇒**3-5-3**）。これに対して，この場合の経験則があらかじめ法規（推定規定という）になっており，その規定の適用として行われるのが法律上の推定である（兼子一「推定の本質及び効果について」研究(1)295頁）。

法律上の推定には，事実推定と権利推定とがある。事実推定は，ある実体

II 証明責任

規定でAという法律効果の要件事実とされている乙事実につき，他の法規（推定規定）で「甲事実（前提事実）あるときは乙事実（推定事実）あるものと推定する」と定める場合である。たとえば，債務者の支払不能は破産手続開始の要件であるが（破15Ⅰ），支払停止があれば支払不能と推定する（破15Ⅱ）のがその一例である（その他，民186Ⅱ・619Ⅰ・629Ⅰ・772，手20Ⅱ，破47Ⅱ・51等）。権利推定は，Aという権利の発生原因事実たる乙事実とは異なる甲事実につき，「甲事実あるときはA権利あるものと推定する」と定める場合である。たとえば，占有の事実から占有物の上に行使する権利を推定する（民188）のがこれである（その他，民229・250・762Ⅱ等）。法律上の推定の語は，狭義では，事実推定の意味で用いられる。

（イ）　効果　　法律上の推定がある場合には，Aという法律効果を主張しようとする者は，その要件事実である乙事実を証明してもよいが，通常これよりも証明が容易な甲事実の証明をもってこれに代えることができる（証明主題の選択）。これに対して，相手方としては，甲事実が証明されても，なお乙事実は不存在であることを証明することによって推定を覆すことができるが（この点で，推定は「みなす」と規定された場合と異なる），この場合には乙事実の不存在について完全な立証（本証）をしなければならず（証明責任の転換），単に真偽不明にしただけ（反証の程度）では足りない。その意味で，法律上の推定は，立証者に証明主題の選択を許すとともに，推定の覆滅にあたっては反対事実の証明責任を相手方に転換するものであって，証明困難な事実についての証明責任を緩和する法技術である。

（ウ）　「推定」の他の用法　　法文上，「推定」の語は，上述の法律上の推定以外の意味でも用いられることがある。(i) 一種の法定証拠法則とみられるもの（228Ⅱ・Ⅳ），(ii) 意思表示の解釈規定と解すべきもの（民136Ⅰ・420Ⅲ・569・573），(iii) 証明責任の転換をはかるためいわゆる暫定真実を規定する場合（民186Ⅰ，商503Ⅱ，手29Ⅰ等）が，これである。最後のものについては説明を要する。これは，前提事実なしに無条件に一定の事実——ある実体規定の要件となっている事実——を推定することによって，その規定の要件事実の不存在の証明責任を相手方に負わせる立法技術で，ただし書で規定するのと同じである。たとえば，民法186条1項の占有者の所有意思・善意・平穏・公然の推定は他の規定でこれ

3−5−8

408 第3編 第5章 証拠の評価と証明責任

らを要件事実と定めている場合（民162・163・192）にその証明責任を転換するものであり，民法162条1項についていえば，「20年間他人の物を占有した者はその所有権を取得する。ただし，その占有が所有の意思をもたず平穏かつ公然になされなかったときはこの限りでない。」と規定するのと同じことになる。法律上の推定は別個の前提事実が定められているので，このようにただし書の形式には書き換えられない。

3-5-9 否認と抗弁

否認と抗弁（再抗弁・再々抗弁）は，ともに相手方の主張を斥けるための事実上の主張であるが（事実上の主張の準備書面への記載につき，規79 II），否認は相手方が証明責任を負う事実を否定する陳述，抗弁は自分が証明責任を負う事実の積極的主張である。たとえば，貸金返還請求事件（設例2）で，原告の金を貸したとの主張に対し，被告の「借りた覚えはない」との陳述は否認であり，「返した」との陳述は抗弁である。

相手方の事実上の主張に対しては，これを認めるか（自白・擬制自白），否認するか（否認または不知の陳述）しかない。主張事実を認めれば，相手方はその事実の立証が不要となり，否認すれば，相手方は証拠による証明が必要となる。

否認をする場合には，単に相手方の主張を否定する単純否認は許されず，理由を付して否認すべきである（理由付否認。規79 III）。そのなかで，とくに，相手方の主張と両立しない事実を積極的に持ち出す否認を積極否認という。たとえば，「物を手渡した」とか「金を貸した」との主張に対して，「その時期自分は別の場所（たとえば外国）にいた」とか「金は受けとったが，借りたのではなく売買代金として受領した（別口債務への弁済）」と陳述するのがその例である。積極否認も否認であるから，これがあると相手方はその主張事実を立証する必要が生ずる。積極否認の中身たる事実（「別の場所にいた」「売買代金である」との事実）につき，否認者が証明責任を負うのではない（もっとも，後の例では金銭の授受の点については自白が成立する。なお，最判昭46・6・29判時636-50〔百選〔5版〕A15事件〕は，原告が被告による弁済を否認している以上，裁判所は，否認の中身たる別口債務への弁済であったとの事実を，当事者の主張がなく認定しても，弁論主義に反しない，とする。これは，別口債務への弁済との事実が抗弁ではなく，弁済を否認する主張の間接事実にすぎないからである）。

抗弁は，新たな積極的事実をもち出して相手方の主張を終局的に争う点では積極否認と似ているが，抗弁として提出する新たな事実は自分が証明責任を負う事

II 証明責任

実である点，および，相手方の主張事実と論理的に両立しうる点でこれと異なる。たとえば，契約上の請求に対して詐欺による取消し（民96）を主張し，債務の支払請求に対して消滅時効を援用（民145）するのは抗弁であり，詐欺・時効の完成については抗弁者が証明責任を負う（これに対して，さらに，追認〔民122〕・完成猶予〔民147以下〕を主張するのは再抗弁となる）。

抗弁の提出の仕方には，相手方の主張事実を認めながら提出する場合（制限付自白という）と，相手方の主張を争いながら予備的に提出する場合（仮定抗弁という）とがある。たとえば，「金を貸した」との主張に対し，「借りたが返した」との陳述が前者であり（この場合には「金を借りた」点については自白が成立する），借りた点を否認しつつ「たとえ借りたとしても時効だ（相殺する）」との陳述は後者である。仮定抗弁の場合も，裁判所は当事者のつけた主張の順序に拘束されず，どの点を取り上げて判決してもよいとされている（被告を勝たせる場合に消費貸借の事実なしとするか，時効が完成しているとするかは裁判所の自由である）。けだし，この点は判決理由中の判断であって既判力が生じないからである（これに対して仮定的になされた相殺の抗弁は最後に審理すべきである。⇒114 II）。

3-5-10 本証と反証

実際の訴訟においては，証明責任を負う当事者だけが立証活動するのではなく，双方の当事者が，一方はその事実の存在を証明するために証拠を出し，他方はその事実の不存在（反対事実）を証明するために証拠を出すのが通常である。この場合，証明責任を負う当事者の提出する証拠またはこの者の立証活動を本証といい，相手方のそれを反証と呼ぶ。

本証はその事実の存在（要証事実）について裁判官の確信を生ぜしめなければならない。これに対し，反証はその事実の不存在（反対事実）について裁判官の確信を生ぜしめることは必ずしも必要でなく，要証事実についての裁判官の確信を動揺せしめ，真偽不明の事態に追い込めばそれで目的を達する。この差異は，裁判官がある法規を適用するには，その構成要件とされている事実について確信を抱きうる程度に証明されなければならず，それが真偽不明であれば——積極的にその事実の不存在が証明されなくても——その法規は適用されないこと（法規不適用の原則⇒3-5-6）から生ずるのである。

その差異から，本証・反証の語は，専ら立証の程度を表す語——裁判官の

3-5-9・10

確信を生ぜしめる程度の証明（本証）か，単に裁判官の確信を動揺せしめ真偽不明に持ち込めば足りる証明（反証）か——として用いられることもある。

3-5-11　間接反証

（1）　意義　　間接反証とは，ある主要事実について証明責任を負う者がこれを推認させるに十分な間接事実を一応証明した場合に，相手方がその間接事実とは別個の，しかもこれと両立しうる間接事実を本証の程度に立証することによって主要事実の推認を妨げる立証活動である。

証明責任が問題になるのは主要事実についてであって，間接事実については問題にならない。しかし，主要事実につき証明責任を負う者は，自分の主張した間接事実——主要事実の推認に役立つ事実——の存在のみならず，相手方の主張した間接事実——主要事実を真偽不明ならしめる事実——の不存在をも立証する責任（主観的証明責任）を負うのが原則である。なぜなら，原告に有利な間接事実と被告に有利な間接事実とは互いに矛盾し，一方が存在すれば他方は存在しえぬ関係に立つのが通常であるからである。しかし，場合によっては，相手方主張の間接事実が立証者の主張する間接事実と両立しうることがありうる。このような状況において，立証者の主張するいくつかの間接事実が認定されれば，それだけで経験則上主要事実について証明がなされたといえる場合には，立証者はもはや相手方主張の間接事実の不存在を証明する必要はなく，むしろ相手方がその存在を証明しない限り立証者の主張する主要事実が認定されてしまうのであって，この場合の相手方による間接事実の証明を間接反証というのである（法律実務4巻125頁以下）。

間接反証は，判決理由中に「……の事実〔間接事実〕が認められる本件においては，特段の事情のない限り，……の事実〔主要事実〕を認めるのを相当とする。」との表現で，しばしばその理論が示唆される。ここにいう「特段の事情」が，反証者が証明責任を負う間接事実をさすわけである。

（2）　具体例　　DNA鑑定が発達した現在では全く古典的な例だが，子の父に対する認知の訴えにおけるいわゆる多数関係者の抗弁（不貞の抗弁）を例として説明しよう（大阪高判昭29・8・21高民7-8-601〔続百選66事件〕，最判昭32・12・3民集11-13-2009〔百選Ⅱ114事件〕）。認知の訴えの主要事実は，原告・被告間に父子関係が存在するとの事実（A）である。これを立証するために，原告は，原告の母が被告と性的関係があった（a），原告・被告の血液型が父子であること

と矛盾しない（b），顔その他の身体的諸点に類似性が高い（c），被告が原告の父親として相応の態度を示した（d）等の事実を主張し，他方，被告は，これを否認するとともに，原告の母は同期間中他の男子とも性的関係があった（B）旨を主張したとする。Bを普通多数関係者（不貞）の「抗弁」というが，正確には抗弁（⇒**3-5-9**）ではなく，主要事実の認定を妨げるべき間接事実の主張にすぎない。

ところで，この場合，原告主張の事実（a，b，c，d）と被告主張の事実（B）は互いに両立しうる間接事実である。そして，もし原告がその主張したa，b，c，dの事実の立証に成功すれば，両者間の父子関係の存在（A）は一応証明されたと認めてよいであろう。したがって，この場合には，Bの事実について被告が証明責任を負い，その立証がない限り，主要事実Aを真偽不明に追い込むことはできないのである。

ただ，ここで一言注意すると，いわゆる多数関係者の抗弁はつねに間接反証となるのではなく，具体的訴訟の経緯によって異なりうる自由心証の問題とみるべきである。

このような事態は，あたかも，証明責任が具体的訴訟の経過によって一方の当事者から他方の当事者に転換するようにみえるが，これはあくまでも間接事実そのものについてだけであって，主要事実の証明責任は終始不動である。

(3) いわゆる不特定概念および因果関係の立証と間接反証　従来間接反証が用いられる典型的な例として説明されてきたのは，不法行為における「過失」（民709），表見代理における代理人の権限があると信ずべき「正当な理由」（民110）等のいわゆる不特定概念（一般条項）を伴う要件（規範的要件）をめぐる訴訟における被告側の立証であった。すなわち，原告側が過失，正当な理由を推認させるa，b，c……の事実を証明した場合に，被告側はa，b，c……の事実とは矛盾しないp，q，……の事実を立証して過失，正当な理由等を争うが，この被告側の立証が間接反証の適例とされてきた。

しかし，こうした不特定概念を使用する法条においては，何をもって主要事実とすべきかについて問題があった。過失とか正当な理由そのものを主要事実とみる説がかつては通説であったが，現在では，過失ありとか正当な理由ありとかの評価を導き出す具体的事実（上述のa，b，c……の事実。交通事故における過失の例でいえば，酔っぱらい運転や，脇見運転などの事実。かつて通説において間接事実と考えられていた事実）が主要事実であるとすることに大かたの一致がある（この点については，⇒**3-1-4**）。この立場に立って考えると，被告側のp，q，……等の事

3-5-11

実の主張は抗弁であって，従来理解されてきたような間接反証ではないことになる。

公害訴訟，薬害訴訟，医療過誤訴訟，製造物責任訴訟等，因果関係の立証が困難な訴訟においても，原告たる被害者の因果関係立証の困難を緩和する方策として間接反証の考え方を応用する試みが注目されている。たとえば，工場の廃液による疾病の場合において，被告企業の排出行為から原告の発病・損害発生に至るまでの因果の連鎖を，（ア）被害発生の原因物質（ないしそのメカニズム），（イ）汚染経路，（ウ）企業における原因物質の生成・流出の3つに大別し，原告が（ア）と（イ）を証明すれば，経験則上因果関係の推認が可能であるから，これを覆すためには，被告側で残りの（ウ）についてそうではないことの証明をしなければならない（門前到達説），とするのである（新潟地判昭46・9・29下民22-9＝10別冊198〈新潟水俣病判決〉〔百選Ⅱ113事件〕）。

(4)　間接反証理論の位置づけ　　間接反証概念は，厳格な法律要件分類説（規範説）の提唱者であるローゼンベルクの創見にかかり，それが日本にも導入されたものであるが，日本ではつとに法律要件分類説を否定する利益衡量説の立場（⇒3-5-7(2)）から疑問が提起された。すなわち，(i)間接反証は主要事実についての証明責任の分配を一部変更するもので法律要件分類説の不当性を修正する理論にほかならず，また，(ii)一般条項の証明において間接反証の対象となる事実はむしろ主要事実として構成すべきである，というのである（石田穣・民法と民事訴訟法の交錯〔昭54〕7頁・37頁・63頁，新堂618頁）。

この疑問のうち，(ii)の一般条項の場合の主要事実のとらえ方については，この説の主張するとおりであろう。学説もそのように展開してきた（⇒(3)）。その結果，かつて間接反証と考えられてきた事例は，新たに構成された主要事実（請求原因）とそれに対する抗弁と再構成されることになった。

それでは，(i)についてはどうか。間接反証が問題となる事案においても，主要事実の証明責任は終始不動であるし，法律要件分類説が基本的に妥当であることは，前述したとおりである（⇒3-5-7(4)）。

主要事実の立証のための攻防で，立証者がそれを推認させる間接事実を持ち出し，相手方もそれを妨げる別の間接事実を主張して争うケースで考えると，それぞれが持ち出す間接事実には内容的にも証明度の点でも強弱——経験則との結びつきにより主要事実の認定が容易か否か——の差がある。立証者の持ち出した間接事実が弱ければ，相手方の間接事実の強弱に関係なく主要事実は認定されない。立証者が持ち出した間接事実が強力であり，相手方のそれが弱ければ主要事実は

II 証明責任

認定される。立証者が強力な間接事実を出した場合には，相手方はそれに劣らない強力な間接事実を提出しなければ主要事実の認定を措止しえない。この最後の場合が間接反証と呼ばれる局面である。すなわち，間接反証は，間接事実から主要事実を推認していくプロセスにおいて，立証者が主要事実を推認させるに一応十分な間接事実を立証した場合に，相手方が別の間接事実を持ち出してその推認を妨げるためには，それを本証の程度に立証しなければならない，との理論であって，その理論の有用性はなお失われていない，というべきである（間接反証の効用を説くものとして，賀集唱「挙証責任──間接反証を中心として」続判例展望〔昭48〕，竹下守夫「間接反証概念の効用」法教〈2期〉5号〔昭49〕，元木伸「間接反証という概念」判タ330号〔昭51〕。これに対して，これまで問題とされてきた局面について，間接反証という概念を立てるまでもなく，事実認定のプロセスの一般論の中に解消できるとするものとして，伊藤・前掲注1）111頁，伊藤377頁，高橋・重点講義上551頁）。

第4編　訴訟の終了

第1章　当事者の行為による訴訟の終了

I　総　　論

4‑1‑1　当事者の自主的な行為による訴訟終了

　民事訴訟手続は，原告から被告との関係で裁判所に対して一定内容の判決を求めてなされた訴え提起行為によって開始される。この訴え提起行為は，裁判所に対して一定内容の判決を求める旨の原告の要求であり，これに基づいて，訴え提起行為が適法である限り裁判所はそれに対応する判決をなさなければならず，裁判所との間での訴訟法上の法的関係を形成する。しかし，提起された訴えがすべて裁判所の判決によって解決されなければならないわけではない。事情によっては二当事者対立原則が壊れて判決をなすべき条件が整わない場合や，当事者の自主的な行為によって本来求められた形での判決によらずに手続が終了することもまれでない。実際にはかなりの割合で，当事者の意思による訴訟の終了がなされている[1]。

　民事訴訟は個人間の利害に関する紛争解決の手続であるから，民事訴訟を利用して法的紛争の解決を図るか否かは最終的に当事者の意思にゆだねている。そこで民事訴訟法は当事者に対して，単に訴え提起の局面で訴えを提起するか否かの決定の自由があるだけでなく，いったん手続を提起した後でも，

---

1)　司法統計（平成28年）によると，地方裁判所の通常民事訴訟既済事件14万8016件のうち，判決によるもの6万1323件，和解によるもの5万2957件，放棄245件，認諾483件，訴え取下げ2万3683件である。

4‑1‑1

自己の意思で判決を求めた当初の要求を放棄し判決によることなく訴訟を終了させることもできる権限を与えている。この権限もまた専ら当事者の意思によって手続を利用するか否かを決定する手続上の処分行為であり，これは訴訟終結の局面における〈処分権主義〉の現れであるといえる。

4−1−2 自主的な訴訟終了の基礎

　民事訴訟法は，判決によることなく当事者の自主的な行為によって訴訟を終了させる行為類型として，訴え取下げ，請求の放棄・認諾および訴訟上の和解を定めている。これらはいずれも訴訟当事者が，判決によることなく自らの意思で訴訟を終了させようとする行為であり，その行為の内容には裁判所に向けられた手続に関する処分意思を含む。

　これらの当事者の自由な意思による行為によって，いったん係属した訴訟を終了することを許すのは，判決を求めて訴訟手続がいったん係属したにせよ，当事者が何らかの理由で判決を不要としているのにかかわらず，裁判所があえて判決による解決を押しつけることは不要であるだけでなく，本来民事訴訟が当事者の求めに応じて，その限りで裁判所の解決を与える制度であるという，その本来の役割にもそぐわないとの考慮による。

　本来，民事訴訟の主要な対象である財産権については，一般に当事者は私的自治の原則によりその意思によって自由に管理・処分をする権限が与えられるとともに，このような自由意思による権利処分の結果については自らの行為による自己責任としてその拘束を受けなければならないものとされている。このような社会的に承認された基本的価値は単に訴訟外の取引行為にのみ妥当するのでなく，取引に関連して生じた法的紛争の処理過程である民事訴訟手続でも同様に妥当するものと考えられている。民事訴訟手続という紛争解決制度は，それを利用するか否か，利用するにしてもどの限度で利用するのかなどの重要な局面で当事者の意思による決定を重視している。この原則はさらに訴訟終了の局面でも妥当しており，当初予定していた判決による解決によるのではなく，自由意思による解決を許容した。

　当事者意思による訴訟終了行為についても，それぞれの行為で共通する点はその行為がいったん係属した訴訟手続を終結させる点にあるが，さらに具

体的にそれぞれの行為を見ると，手続を終了させるにすぎないもの（訴えの取下げ）とその行為が実体的な権利・法律関係に直接・間接にかかわるものとがある（請求の放棄・認諾，訴訟上の和解）。

　これらの行為についての規律は従来民事訴訟法上異なった場所に散在していた。しかし現行法はこれら当事者の意思に基づく訴訟終了の諸制度を「第6章　裁判によらない訴訟の完結」として1つの章にまとめ，また不十分な条文を補った。このことは，単に条文構成上の問題にとどまらず，制度の本質上判決による訴訟終了の場合とは異なって，当事者意思による訴訟終了という共通要素に着目したものであり，両者による正当化の根拠の違いがより鮮明になったと見ることができる（河野正憲「裁判によらない訴訟の終了」講座新民訴 II 377 頁以下）。また，これらの行為に関連して発生する法的紛争についても独自の考慮を必要とする。

II　訴えの取下げ

4-1-3　意　義

　訴え取下げは，原告が訴え，即ち被告との間で一定の判決をなすように裁判所に求めた「申立て」を撤回する旨の意思表示である。訴えの提起があると，裁判所は本来，原告側から求められた裁判要求に対応した判断を示さなければならないが，このような判決を求める原告の申立行為が撤回されると，裁判所はもはや判決を下す必要がなくなるだけでなく，むしろその権限を失うことになる。その結果，いったん生じた訴訟係属は訴え提起の最初に遡ってその効力を失うものとしている。現行法は，訴え取下げ行為を裁判所に対する原告側の単独の意思表示だと構成している。この行為は，それによっていったん発生した訴訟係属という訴訟法上の効果を遡及して消滅させるという訴訟法上の効果を直接に発生させることから，法的性質としては〈訴訟行為〉であると考えられている（いわゆる与効的訴訟行為）。またそれに付随して実体法上の効果も発生する。

4-1-2・3

418 第4編 第1章 当事者の行為による訴訟の終了

　訴え取下げをするためには，原告は取下げの意思表示を直接裁判所に対してなさなければならない。原告はこの行為を行うについて自由な意思で行えば足り，そのための格別の理由を必要としない。もっとも，現実にはいったん提起した訴えを取り下げるについては，それ相応の理由が存在する。たとえば，そもそも訴えを提起したが，その後に明らかになった事情や証拠に照らすとそれが誤解に基づくものであったことが明らかである場合，訴え提起がなされた後に被告が任意に履行をした場合，当事者間で訴訟外で和解が成立し，その条項の一つとして係属中の訴えを取り下げる合意がなされた場合などがあろう。しかし，これらの事情はいずれも，訴え取下げ行為の前提ないしはその動機であって，これらの事情のいかんにかかわらず，原告によって有効な訴え取下げの意思表示がなされれば，訴訟係属は消滅する。

4-1-4　訴え取下げと処分権主義

　訴え取下げ行為には，進行中の訴訟手続を消滅させる効果が付与されている。したがって，これは処分権主義の現れの一つだと理解されている。しかし，ここでいう処分権主義の基礎は実体権の処分権限と同一ではない。むしろここでいう処分権は手続的処分権であり，実体法上のそれよりも広いことに注意しなければならない。

　まず，訴訟物である権利関係または法律関係について，通常の財産関係訴訟のように，原告が自由に審判対象を処分することができる場合については，いったん提起した訴えを自由に取り下げることができることについて問題はない。これに対して，原告が訴訟の対象となっている権利・法律関係について自由な処分権限を有していない場合の訴え取下げの権限の有無が問題になる。たとえば，親子関係訴訟などの身分法関係が審判対象となっている場合，原則として当事者は自由に，実体法上の身分法関係を形成・処分することはできないものとされている。しかし，訴え取下げ行為自体は実体的権利・法律関係にはなんら影響せず，単に係属中の訴訟手続を遡及的に消滅させるのみであり，手続的に当該訴訟手続を続けることを断念するにすぎない。したがって，当事者が実体法上の処分権限を持たない場合であっても，それに関する訴えを取り下げることは可能である。これに対して，当事者の処分権限

II 訴えの取下げ　　　419

が手続的な観点から否定される場合もある。たとえば，固有必要的共同訴訟の場合に，いったん共同原告として訴えを提起した一部の原告が訴えを取り下げることはできない（最判昭 46・10・7 民集 25-7-885〔百選〔5 版〕A 31 事件〕）。同じく固有必要的共同訴訟で共同被告の一部に対する訴え取下げの効力も生じない（最判平 6・1・25 民集 48-1-41〔平 6 重要判解 4 事件〕）[2)]。これを認めると他の共同訴訟人もまた当事者適格を喪失し，訴え自体が不適法となるからである。

4-1-5　訴え取下げの合意

　　訴訟当事者間で，係属中の訴訟についてこれを取り下げる旨の合意が裁判手続外で成立することがまれでない。たとえば，裁判外で和解が成立し，その条項の一つとしてこのような合意が結ばれることは日常的に行われている。この合意に基づいて，原告が任意に訴えを取り下げればなんら問題はない。問題は，このような訴え取下げの合意がなされたにもかかわらず，原告が訴えを取り下げない場合の取扱いである。訴え取下げ行為は，原告が裁判所に対して行う訴え提起行為の撤回という単独意思表示であることからすれば，専ら原告の意思表示によって行われなければならないともいえよう。しかし，原告が被告との間で行った訴え取下げの合意の効果として何らかの効果を付与することができるのかが問われる。このような合意に反した行為をしたことにより損害が生じたのであれば実体法上損害賠償請求をすることは可能である。しかし，さらに実定法上このような合意の効果について訴訟法上の明文規定がないが，被告はこのような合意の存在を手続上主張立証して，このような合意に沿った訴訟法上の効果の実現を裁判所に求めることができるのかが問題となる。

　　かつては，訴訟法上明文規定が存在しない訴訟上の合意の許容性については，〈任意訴訟の禁止〉を根拠にこれを否定する見解が有力であった。しかし，明文規定が存在しないことのみを根拠に，明文規定のない訴訟法上の合意が一切許容されないという結論を引き出すことは説得力に欠ける。このような状況を打破するために，訴え取下げの合意について訴訟手続上直接の効果を許容することはできないが，実体法上の行為としては有効であり，この合意によって原告は訴え取

---

2)　特定財産が遺産に属すること，すなわち共同相続人による遺産分割前の共有関係の確認訴訟で，原告が被告の一部に対する訴えを取り下げた。第一審は取下げを有効とし，訴えを却下し，原審もこの判断を支持した。最高裁は訴え取下げを不適法とした。

4-1-4・5

下げの実体法上の義務を負うとする見解が主張された（私法行為説）。この見解によれば，合意に反して訴えが取り下げられない場合には，原告は損害賠償義務を負うほか，この合意の存在によって当事者間では紛争が終了しているから原告は訴えの利益を失い，結局係属中の訴えは不適法却下されると理解する（兼子・研究(1)277頁）。わが国の最高裁判例もこの見解を採用している（最判昭44・10・17民集23-10-1825〔百選〔5版〕92事件〕）。しかし，このような取扱いに対しては，一方で訴え取下げの合意に私法上の効果のみを認めて訴訟法上の効果を否定しながら，他方では訴えの利益の不存在を媒介にして訴訟法上の効果を引き出そうとするのは回りくどく，直接に訴訟法上の効果を承認すべきだという見解（訴訟行為説）が対立する。この見解によれば，当事者間で訴えを取り下げる旨の合意が有効になされたことが主張立証されれば，原告が訴え取下げ行為を行ったと同等の訴訟係属の消滅という訴訟法上の処分効果を直截に承認し，裁判所は訴え取下げによる訴訟終了の宣言をなすべきだとする（条解民訴1441頁〔竹下＝上原〕，三ケ月・双書501頁）。

　確かに，訴え取下げの合意が有効になされたことが訴訟上明らかになった場合には，この合意の直接の効果として，訴えが取り下げられたと同等の効果を承認することが必要である。その際，この効果の発生を具体的にどのように考えるかが問題になる。訴訟行為説が原告の訴え取下げの義務を認め，他方で合意の直接の効果として訴え取下げの効果を説明するのは説明として成功していないと批判し，むしろ訴え却下のほうがわかりやすいと説く見解もある（新堂346頁，梅本977頁以下）。しかし，訴え取下げの合意が有効になされた場合には，この合意によって原告は訴え取下げ行為を行う訴訟法上の義務が発生する。その結果この合意の存在が訴訟手続で主張・立証されたならば，原告の訴えを取り下げる行為義務により，取下げ行為がなされたと擬制をして，裁判所は，〈訴え取り下げにより訴訟が終了した〉と宣言することができると考えられる[3]。この場合には訴訟の終了を訴え却下という方法で行うのは妥当ではなく，あくまでも訴えが取り下げられた場合と同等の取扱いがなされる必要がある。両者では，特に再訴の場合

---

3)　この場合に，訴訟上の効果のみならず実体法上の効果が発生するとしてこの行為の性質を訴訟行為と実体行為の併存するものと説く見解がある（伊藤461頁）。しかし，実体法上の効果として何が主たる効果といえるのかが問題であり，損害賠償義務を考えるのであれば，それはこの行為の主要な効果とはいえない。合意の直接の目的は原告が訴えを取り下げるという専ら訴訟上の効果を目的とした行為であり，実際上も訴訟行為としての性質を認めれば十分である。

II 訴えの取下げ   421

にその効果が異なるからである。その結果として，終局判決後になされた合意については，再訴禁止の効果が類推されるべきである（鈴木忠一「民事訴訟における当事者自治の限界と実務上の問題」講座新民訴 II 85 頁・97 頁）。

4-1-6　訴え取下げの要件と方式

（1）　訴え取下げの要件　　（ア）　訴え取下げ行為はいったん提起した訴えを撤回する行為であり，原告はこの行為を，訴え提起から判決が確定するまでの間自由に行うことができるのが原則である（261 I）。終局判決に至る前に取下げができることはもちろん，終局判決がなされた後にも訴えの取下げをなすことができる。事件が上訴審（控訴審・上告審）に移審した後にも訴えを取り下げることができるが，この場合には上訴の取下げとの違いに注意が必要である。

（イ）　訴え取下げ行為は原告の裁判所に対する単独の意思表示だが，被告が原告の請求に対して本案に関する応訴行為を行った場合，すなわち，相手方が本案について準備書面を提出し，弁論準備手続で申述をし，または口頭弁論をした後は，この相手方の同意を得なければ訴え取下げの効果は発生しないものとしている（261 II 本文）。この場合には，被告は原告の請求を争い，本案について自己に有利な判決を求めているから，このような相手方の有利な判決を求める期待権を無視して一方的に訴訟関係を遡及的に解消することはもはやできない。

（ウ）　訴え取下げ行為は，直接裁判所に向けられ，またその結果訴訟係属を消滅させる効果を発生させる訴訟行為であり，この行為を行うためには原告には訴訟行為を行うための要件が備わっていなければならない。この要件として，原告が訴訟能力を有していなければならない。これが訴訟代理人によって行われる場合には特別の授権が必要である（55 II ②）。この訴え取下げ行為には条件を付することができない。

（エ）　訴え取下げ行為は，原告の自由な意思による訴訟上の行為である。この訴え取下げ行為に意思の瑕疵があることを理由に，民法 95 条または 96 条を準用してその行為の無効（平成 29 年改正民法 95 条 1 項は錯誤を取消事由とする）または取消しの主張をすることができるか否かについて見解が対立

4-1-6

している。従来の通説（兼子213頁，三ヶ月・双書327頁）および判例（最判昭46・6・25民集25-4-640〔百選［5版］91事件〕）は，訴え取下げ行為の性質が訴訟行為であることを主たる理由に，意思の瑕疵の主張は許すべきではなく，ただ詐欺・脅迫という明らかに刑事上罰すべき他人の行為で訴えが取り下げられた場合については，民訴法338条1項5号の法意に照らして無効だとし，また，同条2項は適用されないとした。しかし，この行為が訴訟行為だということだけで意思の瑕疵のある行為によって生じる不利益の救済を一切封じてしまうことの根拠にはならない。むしろ，最近では，訴え取下げ行為については，その性質は訴訟行為であっても原告の意思表示であり意思の瑕疵に関する民法規定の準用があるという見解が有力となっている（新堂350頁，条解民訴1446頁〔竹下＝上原〕）。通説も詐欺・脅迫についてこの結果を認めるが，再審規定の「法意」という迂路を経てこの結論に至っている。両者の決定的な違いは錯誤の取扱いに現れる。錯誤は再審事由ではないからである。裁判外の和解の一環として訴え取下げの合意がなされ，それに基づいて訴えが取り下げられた場合などに，錯誤の主張を一切封じてしまうこともできないであろう。錯誤の主張が封じられると，改めて再訴をせざるをえないが，再訴の可能性のみでは救済が不十分であり，前訴を維持することの重要性を否定し得ない。訴え取下げ制度の基本に立ち返れば，それは本来訴え提起という意思にもとづく行為の撤回であり，意思の瑕疵の主張を許容することがその本来の趣旨に適う。否定説は〈訴訟行為〉の独自の観念の過大な拡張である（河野正憲・当事者行為の法的構造〔昭63〕155頁以下）。

(2) **訴え取下げの方式**　　訴え取下げの意思表示の方式については特別の定めがある。この行為は，裁判所に対して書面で行うのが原則である（261 III 本文）。これは，訴え取下げ行為は，訴訟係属を消滅させるという重要な効果を伴うから，原告の取下げの意思が明確である必要があり，そのために原則として書面という形式を要求した。事件が係属している裁判所に取下書を提出すれば足り，期日で口頭で行う必要はない。ただし，訴え取下げ行為が口頭弁論期日，弁論準備期日または和解の期日においてなされる場合には，その意思は直接裁判所または裁判官に対してなされるから，その意思を直接に確認することができる。そこでこの場合には，訴え取下げ行為は口頭で行うことができるものとしている

（261 III 但）。また，進行協議期日は専ら訴訟手続の進行について協議するための
ものだが，ここで訴え取下げがなされることも当然に予想されうる。その場合に
は，口頭弁論におけると同様に，直接裁判所に対して訴え取下げの意思表示がな
されるから書面を求める必要もない。そこでその旨を明記し，また相手方が欠席
した場合についても口頭弁論期日の場合と同様の取扱いを認めた（規 95 II・III）。
これらの場合には訴え取下げがなされた旨はその調書に記載される。

（3）　被告の同意の方式と訴え取下げの擬制　　訴え取下げの効力発生に
相手方の同意を必要とする場合には，訴え取下げの書面またはその調書の謄
本は送達をしなければならない（261 IV）。これによって相手方は訴え取下
げに対して同意を与えるか否かについて態度決定をしなければならないこと
になる。

　訴え取下げに対する同意の方式については明文の規定は存在しない。同意
の意思表示は書面または口頭でしなければならない。その際同意は確定的に
しなければならず，条件等を付すことはできない。相手方は，訴え取下げの
書面等が送達された場合には，その日から 2 週間以内に異議を述べなければ，
訴え取下げに同意したものとみなされる（261 V 前段）。訴え取下げが口頭弁
論等の期日で口頭でなされた場合に，相手方がその期日に出頭したときは訴
え取下げがあった日から，出頭しなかったときは期日の調書の謄本の送達が
あった日から 2 週間以内に異議を述べない場合も同様である（261 V 後段）。

　当事者が訴訟の追行に不熱心で，双方が口頭弁論期日もしくは弁論準備手
続に出頭せず，または出頭しても弁論もしくは弁論準備手続において申述を
せずに退席した場合には，1 か月以内に期日指定の申立てをしない場合は，
訴えの取下げがあったものとみなすことにしている（263 前段）。また当事者
双方が連続して 2 回口頭弁論もしくは弁論準備手続に出頭せず，または弁論
もしくは弁論準備手続において申述をしないで退廷した場合も同様に訴えが
取り下げられたものと見なされる（263 後段）。

4-1-7　訴え取下げの効果

（1）　訴訟係属の遡及的消滅　　訴え取下げ行為が有効になされると，原
告の訴え提起行為が撤回されたことになり，いったん係属した訴訟手続も初

めから係属していなかったものとみなされる。その結果，訴訟法上の効果および実体法上の効果が生じる。

まず，訴訟法上の効果としては，訴えの取下げがあった部分については，初めから訴訟が係属していなかったものとみなされる（262 I）。その結果，当事者が訴訟上で行使した攻撃防御方法の提出，訴訟告知をしたこと，応訴をしたことなどの訴訟上の効果は遡って消滅する。

訴え提起行為に付加された実体法上の効果（たとえば時効完成猶予の効果。民 147）や訴訟手続内で行われた私法上の行為（訴状や答弁書で，また口頭弁論等の期日に行われた法律行為など）の効果が遡及して消滅するか否かは，これらの行為の趣旨に応じて個別具体的に考察しなければならない。とくに，訴え取下げが裁判外の和解契約の一環として行われた場合には，この和解との関係でこれらの行為の効果を考える必要がある。同じく，重複訴訟を解消する目的で訴えが取り下げられた場合には，前の訴訟の請求がそのまま維持されている限り，前訴の提起によって発生した時効中断（時効完成猶予）の効果は消滅しない（最判昭 50・11・28 民集 29-10-1797）。

(2)　再訴の禁止　訴えの取下げがなされた場合には，請求の放棄の場合（後述）とは異なり，初めから訴えが係属していなかったものとみなされるから，原告は同じ問題について再度訴えを提起することは禁止されないのが原則である。しかし，本案について終局判決がなされた場合については，特別の効果が生じ，その後に訴え取下げをした者は，同一の訴えを提起することができない（262 II）。この規定は，大正 15 年の改正に際して新たに創設された規定である。

もっともこの再訴禁止の効果がいかなる趣旨に基づくのか，その目的が何かという点に関しては異なる理解がある（角森正雄「訴え取下げと再訴の禁止」中野古稀下 35 頁）。まず，裁判所がせっかく判決をしたのに，その後に訴えを取り下げるのは裁判所の出した解決案を失効させ徒労に帰せしめたから二度と同一の紛争を訴求しても相手にしない趣旨だと，再訴の禁止を国家の制裁の観点から理解する立場がある（兼子 297 頁，新堂 354 頁，三ケ月・双書 498 頁）。これに対して，この再訴禁止を訴権の濫用という観点から理解しようとする見解が対立する（条解民訴 1432 頁〔竹下＝上原〕）。前説では，

II 訴えの取下げ

結局終局判決後の訴え取下げ行為自体が批判されているのであるが，取下げ行為自体は認めつつ再訴禁止の効果を与えるのは一貫しないことになる。後者は，終局判決がなされたにもかかわらず，漫然と訴えを取下げ，また訴えを提起するが，訴え取下げ行為を非難する点では同様であり，このことから直ちに終局判決後の取下げの場合の再訴禁止の趣旨を説明したことにはなるまい。むしろ，その趣旨は公益的な利益の侵害に求めるべきではなく，当事者間での判決による紛争解決の選択を巡る責任原理との関連でその根拠を探る必要があろう。問題は，原告の再訴の必要性との関係であり，再訴禁止の根拠は，いったん終局判決が下されたにもかかわらずその後に，その判決に対して不服を申し立てるのではなくむしろ訴え自体をあえて取り下げたのは，当該権利関係について原告は，もはや訴訟による解決の必要性がないとして，あえて取得した判決による解決を放棄したと見ることができる点にその根拠を求めることができよう（当事者間の公平を強調するのは，坂口裕英・続百選100頁）。

　再訴禁止の効果が発生するためには，訴えの取下げが本案の終局判決の後になされた場合でなければならない。ただし，第一審の本案判決が控訴審で取消差戻しになり，いまだ第一審の本案判決がなされる前に訴えの取下げがあったと同視されるときは，再訴禁止には該当しない（最判昭38・10・1民集17-9-1128〔続百選44事件〕）。

　さらに，この効力が生じるには，再訴が前訴と同一である場合に限られる。単に当事者や権利関係が同一であるというだけでなく，原告が訴えを提起する事情が同一であることが必要である。訴え取下げ後に相手方の主張が変わり，争いが生じて新たな訴えの必要性があれば，再訴は否定されない（最判昭52・7・19民集31-4-693〔百選［5版］A 29事件〕）。旧訴の取下げが原告の責めに帰し得ない場合も再訴が許される（最判昭55・1・18判時961-74）。

4-1-8　訴え取下げについての調査

　原告から訴え取下げの意思表示がなされると，裁判所はその有効性について職権で調査し，判断しなければならない。有効な場合には，訴訟は取り下げられ，終了する。訴え取下げが口頭弁論期日で行われた場合は，その旨を口頭弁論調書

4-1-8

に記載しなければならない（規67）。

　訴え取下げの効果が後に当事者間で争われ，訴え取下げが無効だとして期日の指定が申し立てられたときは，裁判所は口頭弁論を開いて，この点について審理すべきである。その結果，訴え取下げが有効な場合は，訴えは取下げで終了した旨を宣言する終局判決をしなければならない。この判決は当該審級を終了する判決であり，これに不服があれば上訴を提起することができる。訴え取下げが無効な場合には，中間判決または終局判決の理由中でその旨を明らかにすべきである。

III　請求の放棄・認諾

4-1-9　意　　義

　請求の放棄とは，原告が自らの訴訟上の請求についてその理由がないことを自認して訴訟を終了させようとする行為である。また，請求の認諾とは，被告が原告の請求についてその理由があることを自認して訴訟を終了させようとする行為である。

　これらの行為はいずれも裁判所に向けられた一方的な意思表示である。その内容は原告が自らの訴訟上の請求を放棄し，あるいは被告が原告側の訴訟上の請求を認容することで判決によらずに直ちに訴訟を終結したいとするものであり，このような当事者の手続的処分意思に従って訴訟終了の効果が生じる。したがってこれらの行為がなされると裁判所はその行為要件が存在するか否かを調査し，存在すると判断した場合は，裁判所書記官に命じて，請求につき放棄または認諾がなされた旨を調書に記載させなければならない。この調書の記載によって正式に訴訟手続は終了し，さらにその調書の記載は「確定判決と同じ」効力を持つ（267）ものとしている[4]。

---

　4)　請求の放棄・認諾について母法であるドイツ民事訴訟法はそれぞれ放棄判決（306），認諾判決（307）の制度が設けられている。しかし，わが国では大正改正に際して，それまでの放棄・認諾判決の制度を改めて，調書の記載によって訴訟手続を終了する制度を採用し，平成8年改正においてもこの基本的立場は変更されなかった。

III 請求の放棄・認諾

4-1-10 法的性質

　請求の放棄・認諾はどのような法的性質を持った行為であるのかが問題にされる。特にこれらの行為が，訴訟行為であるのかあるいは実体法上の行為であるのかが争われてきた。これを，純粋の訴訟法上の行為とみる見解が通説といえる（兼子300頁，三ケ月・双書503頁，新堂359頁）。この行為が訴訟手続の中で行われ，直接に訴訟手続を終了させる効果を有するからである。これに対して，請求の放棄・認諾行為の実質が，実体法上の行為に他ならないと説く見解がある。この見解によれば，これらの行為はそれぞれ実体法上の権利の放棄または認諾の行為であり，これに裁判所の公証行為が付加されているとみる（石川明「請求認諾の法的性質」民訴雑誌13号〔昭42〕87頁以下）。さらに，請求の放棄・認諾行為が，訴訟法上の行為だけでなく実体法上の処分行為としての性格をも持つとする両性説ないし併存説も主張されている（条解民訴1467頁〔竹下＝上原〕，旧注釈民訴(4)498頁・505頁〔山本〕，注釈民訴(4)1278頁〔中西〕）。

　請求の放棄・認諾は，それぞれ訴訟物たる権利または法律関係につき原告がその請求を放棄し，被告が原告の請求を認諾する旨の裁判所に対する意思表示であり，裁判所はこの意思表示に拘束されて，その旨を調書に記載し手続を終結させなければならないと考えられる。このように，この当事者の意思表示は直接に裁判所に向けられ訴訟上の効果を発生させるものであるから，訴訟行為か否かの判定につきその主要な効果の発生領域によって判断をする限り，これは訴訟行為だと見ることができる。ただし，この行為はその実質的な機能としては訴訟物である権利または法律関係を構成する実体法上の権利関係について得喪変更を招来するから，特にその要件については実体的な権利処分権限といった価値基準との関連性を無視できない。

　なお，これらの行為が意思表示であることを否定し，観念の通知だとする見解もある。しかし，少なくとも放棄・認諾判決制度を採用しないわが国の現行法の下では，訴訟法上の効果はすべて当事者の意思に基づくと見るべきであり，それは意思表示だと考えるべきである。

428　　第4編　第1章　当事者の行為による訴訟の終了

4-1-11　要件と方式

(1)　要　　件

（ア）　行為要件　　請求の放棄は，原告が被告に対する自己の請求を放棄することを内容とする裁判所に対して行う訴訟行為であり，また請求の認諾は，原告が自らに対してなしている請求を認容する旨の，被告の裁判所に対する訴訟行為である。そこで，これらの行為が有効になされるためには，訴訟行為としての要件を具備する必要がある。特にこれらの行為は，それぞれ請求を無条件に放棄するか認諾するかのいずれかであり，条件を付することはできない。いずれの行為も，相手方の協力なしに一方的に訴訟を終了させる行為であり，この点が明確でない中間的なものは許されないからである。ただし請求金額の量的一部についての請求の放棄・認諾は可能である。

（イ）　訴訟要件　　請求の放棄・認諾の前提要件として，訴訟要件を具備していることが必要か否かが問題になる。判例によれば，不適法な訴えにおいてなした請求の認諾は訴訟法上の効果を生じないものとされる。たとえば，過去の事実を示す文書が偽造であることの確認を求める訴えにおいてなされた請求の認諾は無効であり（最判昭28・10・15民集7-10-1083〔百選［初版］79事件〕），また相続無効確認の訴えにおける請求認諾も無効だとする（最判昭30・9・30民集9-10-1491）。通説もまた，判例と同じく訴訟要件の存在が請求の放棄・認諾には必要だという立場を採っている（兼子301頁，三ケ月・双書504頁，斎藤編(5)201頁）。これはかつて請求の放棄・認諾制度が判決によっていたこと，そして現行制度が判決の代用物だということを根拠にしているといえる。しかし，現行法ではこれらは判決によらずに，専ら当事者の自主的な紛争解決の意思表示を基礎にしていることから，本案判決の要件とされる訴訟要件の存在が必要であるのかが問われる。この点について，一般的に，このような訴訟要件の存在を否定する見解（法律実務3巻175頁，林屋262頁），個別的に訴訟要件についてその処分可能性の有無を判断しようとする見解（条解民訴1468頁〔竹下＝上原〕，中野・論点 I 198頁）が主張されている。訴訟要件自体は多種多様であり，最終的には本案判決の要件とされる。このうち訴訟行為の要件となるものが請求の放棄・認諾に際しても要求されうることに問題はない。しかし，純粋に裁判所の本案判決に必要とされる要件は本来裁判所の判決ではない請求放棄・認諾には不要であろう。

（ウ）　訴訟物たる権利関係の処分権　　請求の放棄の場合には原告に，また請求認諾の場合には被告にそれぞれ訴訟物たる権利関係について実体法上の処分権限がなければならない。通常の財産権に関する訴訟では当事者に管理処分権限が

III　請求の放棄・認諾　　429

存在するから，請求の放棄や認諾をする権限も認められる。

　特に問題となるのは身分法上の争いに関する人事訴訟に関する手続についてである。一般に身分関係についての訴訟手続では，当事者が自由に権利・法律関係を処分することができないから，民事訴訟法の請求の放棄・認諾に関する規定（266）および訴訟上の和解に関する規定（267）は適用しないものとしている（人訴19 II）。しかし，離婚の訴えに関する訴訟における和解（これにより離婚がされるものに限る）および請求の放棄・認諾については例外として，人訴19条にかかわらず民訴法266条および267条の規定を適用するものとしている（人訴37 I）。わが国の民法が協議離婚を原則としていること（民763）に対応したものであり，同様に養子縁組事件についても人訴法37条の規定が準用されている（人訴44）。

　また，住民としての立場で原告適格が与えられ，個人の権利処分を予定しない住民訴訟では請求の放棄をすることができない（結論同旨，最判平17・10・28民集59-8-2296）。

　(2)　方式　　請求の放棄・認諾行為は，裁判所に対してそれぞれ原告または被告からなされる意思表示である。この意思表示は，口頭弁論等の期日（261 III参照），すなわち口頭弁論期日，弁論準備期日，和解期日において出頭した当事者がこれを直接に行うことができる（266 I）。進行協議期日においても同様である（規95 II）。また，請求の放棄・認諾をする旨の書面を提出した当事者が口頭弁論等に出席しないときは，裁判所または受命裁判官もしくは受諾裁判官はその旨の陳述をしたものとみなすことができる（266 II）。

　裁判所または裁判官は，これらの行為が有効になされたことが確認された場合には，裁判所書記官に命じて調書を作成させる（規67）。

4-1-12　効　　果

　(1)　原告による請求の放棄の行為が，また被告による請求を認諾する旨の意思表示が有効になされた場合には，裁判所はその旨を調書に記載しなければならない。ただし，請求の放棄または認諾自体は，その行為が裁判所に有効に到達することによってその拘束力が発生するものと考えられる。

　請求の放棄は，原告の訴訟上の請求の全部または一部を被告との関係で放棄するという意思表示であり，この行為が有効になされることによって，原告が被告との間で主張していた訴訟物である権利関係自体を放棄して判決によらずに訴訟手続を終結させる効果を生じる。この行為は裁判所に向けられ

4-1-11・12

た原告の自律的な意思に基づく訴訟上の行為であり，実体法上の権利処分行為自体ではない。請求認諾についても同じことがいえる。これらの行為は，その結果係属中の訴訟手続について訴訟終了の効果を伴う。もっとも，このような行為の形式を度外視してより実質的に見れば原告の放棄行為，被告の認諾行為とその結果を証書に記載することによって，放棄・認諾の効果が明確になることから，訴訟物たる権利関係が実体法的にも処分されたと同等の機能をもつ。要件・効果の判断に際しては，このような実体的価値関係を無視することはできない。

(2) 請求の放棄・認諾の効果について，法は形式上，原告によって請求の放棄がなされた旨を，また請求認諾の場合には，被告によって請求認諾の行為がなされた旨を裁判所書記官が調書に記載することによって，「その記載は，確定判決と同一の効力」を有するものとしている (267)。これらの調書はそれぞれ，放棄調書，認諾調書と称される。そこで，この規定の趣旨，とくに当事者の放棄行為，認諾行為と裁判所書記官による調書作成行為との関連が問題となる。請求の放棄・認諾が有する原告および被告に対する拘束力の基礎は，それぞれが自己決定による自律的な意思表示に基づいて行った訴訟法上の処分行為にあり，書記官による調書の作成自体は拘束力の基礎を構成するものではない。放棄調書，認諾調書はこれらの行為の結果を明確な公的文書で公証する役割を果たすといえる。

請求の放棄・認諾調書が既判力を有するか否かについて争われている。まず，放棄・認諾を判決と同様に見る立場から既判力を肯定する見解（兼子303頁，三ヶ月・双書506頁），有効に請求の放棄・認諾がなされた場合に既判力が発生するとして制限的既判力を認める見解（旧注釈民訴(4)503頁・506頁〔山本〕，中野・論点I 202頁，伊藤474頁），さらにこれらの行為の基礎が当事者の意思表示にあるとの立場から既判力を否定する見解がある（条解民訴1473頁〔竹下＝上原〕，新堂364頁）。この問題も放棄・認諾の上記の基本構造から考える必要がある。この場合には，裁判所による判断行為は介在しておらず，専ら当事者の自律的な意思表示に基づいて手続が終了するのであるから，その拘束力の基礎も当事者の意思決定による自己責任にあると見なければならない。他方で既判力の制度は本来，このような当事者の自己責任

III 請求の放棄・認諾　　431

で解決することのできない紛争を解決するために設けられた，当事者の攻撃
防御行為を前提にした裁判所の裁断の結果の通用力であり，制度的拘束力で
あるから，両者は明らかに異なる。この場合に安易に既判力制度に依拠した
説明は制度の根本原理を不明確にする。

　請求の放棄調書は原告の放棄行為による拘束力を生じる。請求認諾の場合
には，被告が認諾をしたことの拘束力のほか，請求が給付請求である場合に
は債務名義となる（民執22⑦）。また形成訴訟の場合には形成力が付与され
る。

4-1-13　効果をめぐる争い

　請求の放棄・認諾により訴訟が終了した場合に，その効力を巡って後日争
いが発生した場合にどのような主張がどのような手続で許されるのかが問題
になる。

　既判力を肯定する見解は，確定判決に対する再審事由が存在する場合に限
って，再審訴訟に準じる独立の訴えによって調書の取消しと事件の再審判を
求めることができるとする（兼子304頁）。しかし，このような訴えも独立し
た通常の訴えであることにかわりはなく，その構造は再審訴訟とは大きく異
なる。結局この見解によれば再審事由が存在する場合に限り訴えを許容する
ことになるが，その妥当性は疑わしい。制限的既判力説は，当事者の意思と
は別の根拠に基づく既判力に拘束力を求めつつ，意思の瑕疵の主張は許して
おり（伊藤474頁），その論理的関連性は明確でない。請求の放棄・認諾が結
局当事者の意思に基づく行為であるとすれば，その拘束力の基礎も既判力に
よる拘束ではなく当事者の意思に求めなければならず，また意思の瑕疵の主
張をも許さなければならない。この場合の紛争形態は，直截に請求の放棄ま
たは認諾行為自体の効力のいかんに関するものであり，それによる訴訟終了
の効果を争っているにすぎない。したがって，この場合には申立てにより期
日を指定して，旧訴の再開の可否を審理すべきである（この取扱いは，旧訴
を再開させるという意味ではかえって再審の取扱いに近くなる。340 I 参照）。

4-1-13

IV 訴訟上の和解

4-1-14 意義と効用

(1) 訴訟上の和解　　訴訟上の和解は，訴訟手続の進行中に裁判官が関与して当事者間で和解を締結させることによって係属中の訴訟手続を終結させる行為である。そもそも，和解は紛争当事者が相互に譲歩をすることによってその間の法的紛争を解決しようとする行為である（民695）。このような私的紛争を当事者の合意によって解決しようとする行為は，裁判手続外で日常的に行われており，その結果については和解契約として実体法上の効果が承認されている（民696）。これに対して，和解の締結に何らかの形で裁判所が関与するものを「裁判上の和解」という。これには，訴えが提起された後に裁判所が関与して行われる和解であり，これによって係属中の訴訟手続が判決によることなく終了する「訴訟上の和解」と（あるいは「起訴後の和解」ともいう），訴えが提起される前に裁判官が関与して当事者間での和解による解決を図ろうとする和解（これを「起訴前の和解」という）がある。

訴訟上の和解は，訴訟手続の係属中に裁判所が当事者に和解によって事件を解決することを勧め（89），その和解案を提示してなされることが多い。しかし，これが訴訟上の和解の唯一の形態ではなく，同じ訴訟上の和解であっても，裁判所が関与する度合いは事件によって一様ではない。すなわち，一方では主として当事者間の交渉によって和解が成立し，その結果が訴訟手続で裁判所によって確認されるという当事者主導で行われる訴訟上の和解の場合[5]から，他方では裁判所が当事者双方に対して説得活動を続けて，和解

---

5) この例として，平成12年12月8日に大阪高裁で和解が成立した尼崎公害訴訟がある（日経新聞平成12年12月9日朝刊）。自動車の排ガスにより健康被害を受けたとする被害者が道路を設置・管理する国と阪神高速道路公団に損害賠償や汚染物質の排出差止めを求めた訴訟であり，国は和解条項で具体的排ガス対策を約束した。この和解は当事者間で合意し，いったん終結した口頭弁論を再開して損害賠償と差止めを分離し，前者について和解条項の確認をし，後者についてはその必要がなくなったとし

IV　訴訟上の和解　　433

条項を提示し初めて和解が成立するという場合まで，態様は事件によって千差万別である。新たに創設された裁判所等が定める和解条項（265）は，書面で当事者が共同で裁判所または裁判官に事件の解決のために適当な和解条項を定めることを求め，この条項に服する旨の意思を記載しなければならないとするもので，裁判所に対する依存度が極端に強い形態であり，裁判官による仲裁という外観を呈している（吉田元子「裁判所等が定める和解条項」大系3巻341頁）。もっとも，これを仲裁と割り切ることはできない。

　(2)　和解の長所と短所　　訴訟上の和解は実際にしばしば行われており，特に判決によって適切な解決をすることが困難な問題について実情に沿った解決が可能で，訴訟手続上重要な意義を有している。しかし，訴訟手続を判決によらずに和解によって終結することには，長所とともに短所も存在する。そこで，このような訴訟上の和解の長所と短所とを十分に意識した上で和解を勧め，あるいは当事者も和解に応じるか否かの決定をすることが必要である[6]。

　訴訟上の和解の長所としては，第1に，訴訟上の和解は訴訟手続を早期に終結させることができる点が挙げられる。証拠調べが行われる前に和解が成立する場合はもちろん，証拠調べが行われた後でも，和解によって解決がなされた場合は判決による解決に比べて格段に解決が早い。特に，訴訟上の和解は調書の記載によって確定判決と同一の効果が付与されるから（267），上訴の可能性は絶たれる。第2に，訴訟費用の点でも無駄な出費を抑えることができる。第3に，判決の場合とは異なって，必ずしも明白に白黒をつける必要がなく，当事者間の関係を悪化させることを防ぐことができる。このことは，特に継続的な関係が当事者間に存在する場合には重要な観点である。また和解の結果も当事者が任意に履行する可能性が高い。第4に，訴訟上の和解による解決の場合にはその解決方法が法的に限定されないから，紛争の実体にもっとも適切な方法を選択することができる。判決の場合には，その解決方法は実定法の予定する解決方法に限定されざるを得ず，そこでの解決

―――――――――
　　て原告が請求を放棄した。
　6)　訴訟上の和解の様々な技術についての考察は，草野芳郎・和解技術論〔第2版〕（平15）。

4-1-14

は自ずと法の定める要件事実を基礎にして，過去の事象の証拠による確認・判断によることになる。これに対して和解の場合にはこのような制約はなく，当事者の合意を軸に，自由な立場から紛争の解決を図ることができる。その際，むしろ将来の見通しに基づいた解決策を選択することができる。このような和解の例は，食品製造過誤訴訟，薬害訴訟などで試みられた（たとえばスモン訴訟，HIV 訴訟などの和解）。

　訴訟上の和解にも次のような欠点ないし短所が指摘されている。第1に，訴訟上の和解の場合には，当事者の正当な権利主張が貫徹されないという懸念が存在する。第2に，訴訟上の和解については，既判力が生じないというのが一般の理解であるが，そうするといったん解決したはずの紛争が蒸し返されるおそれがある，などの点が挙げられている。しかし，このような和解の欠点とされるものは決定的ではない。第1の点も，当事者の権利主張は自己目的的なものではない。和解により十分な納得のいく解決が得られたのであれば，この点は全く問題はない。また第2の点も，和解による解決についても当事者の自律的な意思決定によって決断した結果であり，当然にその結果として拘束力を受けるのだから，問題は和解に至る方法にあり，できる限り疑問を将来に残さない解決策を提示しうるのか否かにかかるものである。

　かつて，和解による解決は望ましいものではなく，できるだけさけるべきだとの観念が裁判官の間に広く存在したといわれる。しかし，和解の長所は顕著であり，これを全面的に否定することは適切ではない。問題は和解の仕方にあり，裁判官が和解案を押しつけるなどの無理強いをさけ，適切でフェアーな和解手続を維持することが重要である。

　(3)　起訴前の和解（即決和解）　訴訟上の和解とは異なって，同じく裁判所が関与する和解であっても起訴前の和解は，簡易裁判所で行われる和解であり，訴訟係属を前提としない点に特色がある。これは，係属する訴訟手続を終結させる性格のものではないから，裁判によらない訴訟訴訟終了原因である訴訟上の和解とは異なった性格を持つが，その効果において訴訟上の和解と共通点があり，便宜上その概略をここで述べよう。

　紛争当事者は，請求の趣旨および原因ならびに争いの実情を示して，相手方の普通裁判籍の所在地を管轄する簡易裁判所に和解の申立てをすることができる

IV　訴訟上の和解　　435

（275 I）。裁判所で和解が調えば，裁判所書記官は調書を作成し（規169），この調書は確定判決と同じ効果をもつ（267）。

　実務上は，この和解が申し立てられるに際してはすでに当事者間で手続外で和解が成立していることが多く，双方がそろって裁判所に出頭してあらかじめ作成された和解条項に基づいて和解調書を作成してもらう場合が大部分だといわれる（このことから「即決和解」と言われる）。裁判所は，和解を斡旋するのではなく，当事者が作成した和解条項の公証の役割を果たしていることになる。公正証書が金銭その他の代替物のみを対象とした債務名義であるのに対して，起訴前の和解はその対象に制限がない点に簡易な債務名義作成の方法として利点がある。

　なお，この和解が成立しなかった場合には和解期日に出頭した当事者双方の申立てがあるときは，裁判所は直ちに訴訟の弁論を命じる（275 II）。申立人または相手方が和解期日に出頭しない場合にも，裁判所は和解が調わないものとみなすことができる（275 III）。

4-1-15　和解の試みと和解の類型および手続

　（1）　和解の試み　　現行法は，裁判所は，手続がいかなる段階であるのかを問わず，当事者に対して和解を勧めることができるものとしており（89），現行法は基本的に和解による紛争の解決が望ましいものだという立場を採用しているといえる。

　裁判所は，当事者の様子や手続の進行具合を見ていつでも和解を当事者に勧めることができる。裁判所が当事者に和解を勧めるにあたり，時期的な制限はないから手続の早い段階でできるし，また争点整理が進行中あるいはそれが終了した段階で和解を勧めることもできる（上告審でも可）。和解を勧めるに際して，裁判所が一定の心証を得たうえでこれをなすべきだとするならば，手続の早期の段階での和解は適切でないことになろう。しかし，一概にこのように断定することはできないだろう。訴訟上の和解における裁判所ないし裁判官の役割とも関連しているからである。訴訟上の和解において，裁判所や裁判官が常に具体的な和解案を提示して和解を勧めるのか，むしろ当事者の主体的な交渉を促すことで和解を促進することができる方策を探ることも重要である。

　裁判所が和解を勧めるのは，通常は裁判所における口頭弁論期日や弁論準

4-1-15

備手続あるいは和解期日においてである。特に和解期日は和解を当事者に勧めるために定められた期日であり，これは法廷外での自由な雰囲気のもとに行うことができる。当事者に和解を勧めるためには，裁判所は当該事件の背景や発端などについて十分な理解を得ておくことが必要で，当事者から具体的に事情を聞くにあたり，口頭弁論の場合とは異なって，両方の当事者の対席が必要とされておらず，それぞれに個別に事情を聴く方法（交互面接）が採られることが多い。裁判所は，当事者と率直に意見を交わし，最も適切な解決策を探ることが求められる。その際，交互面接の方式を採る場合は，相手方の主張を十分に伝えて相互の事情が互いに十分に理解され，このような共通の理解の上に和解案が提示されることが必要であり，これが不十分であれば裁判官の誘導によって不適切な和解が締結され，かえって当事者に不満を残すおそれがある。最近では和解手続の公平さを確保するためにできるだけ当事者対席のもとで和解を勧めることが試みられている。

　訴訟上の和解を勧めるのは，裁判所で行われる諸手続においてのみにとどまらない。民事訴訟規則は，裁判所または受命・受託裁判官が必要と認めるときは裁判所外で和解を勧めることを認めた（規32 II）。これは，いわゆる現地和解といわれるもので，境界線が争われていたり建物の瑕疵が争点となっている場合には，むしろその現場で状況を確認しながら和解を締結することが便宜である。そこでこのような方法を明確に認めた。

　(2)　和解条項の書面による受諾（264）　訴訟上の和解が成立するためには必ず当事者が裁判所で行われる期日などに出頭して和解をなすことが必要だとすると，当事者が既に期日前に和解条項案を受諾する旨を表明して実質的に訴訟上の和解が成立している場合にも，必ず当事者は期日に出席しなければならなくなる。しかし，それでは手間がかかり，またその必要性も薄い。そこで，和解条項案の書面による受諾の制度が採用された（園部秀穂＝原司「和解①——和解条項案の書面による受諾」大系3巻325頁）。これは，当事者が遠隔の地に居住している等の理由で出頭することが困難な場合に，その当事者が裁判所または裁判官からあらかじめ書面によって示された和解条項案（規163 I）を受諾するする旨の書面を提出しており，期日には他の当事者が出頭してその和解条項案を受諾したときは，当事者間に和解が調ったも

IV　訴訟上の和解　　　437

のとみなすというのである（264）。この場合には，形式的に受諾の書面の提出のみでは十分でなく，裁判所等はその当事者の真意を確認しなければならないものとして万全を期した（規163 II）。

　(3)　裁判所等による和解条項の裁定（265）　　さらに，裁判所等による和解条項の裁定の制度がある（吉田元子・裁判所等による和解条項の裁定〔平15〕）。これは，当事者双方が共同で，書面によって裁判所または受命・受諾裁判官に事件解決のために適当な和解条項を定めることを求め，この条項に服する旨の意思を記載した申立てをした場合には，裁判所等が和解条項を定めて当事者に提示することによって和解が成立したものとされる制度である（265 I・II）。この場合には和解条項の結論自体についてその当否や受入れの可否をあらためて判断する余地はなく，むしろそれを受け入れることが事前に表明されている点で和解としては特異である。

　なお，264条および265条は起訴前の和解には適用されない（275 IV）。

4-1-16　訴訟上の和解の法的性質

　訴訟上の和解がどのような法的性質を持っているのかが争われる。訴訟上の和解は，訴訟手続の中で何らかの形で裁判所が関与してなされる和解であり，それに基づいて調書が作成されると係属中の訴訟手続は終了する点に共通の性質がある。また，これは和解であるから，その条項において原告側および被告側の双方に譲歩（互譲）があることが必要になる（民695）。しかし，この条項について当事者の合意の意味とその獲得の過程については，従来から行われてきた伝統的な和解の方式と，裁判所等が定める和解条項の裁定手続との間には大きな違いがある。

　伝統的な和解では，和解条項の内容自体について当事者双方の合意が取り付けられて，それに服する旨の双方の意思が裁判所に対して表示されている。これに対して，裁判所等が定める和解条項の裁定（265）では，当事者の意思は，裁判所の示した裁定に服するという包括的な意思表示の形でなされているにすぎず，裁判所等によって示された具体的な条項自体についてこれに服する意思が示されているわけではない。したがって，両者は一応区別して考察すべきである。

4-1-16

438　　第4編　第1章　当事者の行為による訴訟の終了

　伝統的な訴訟上の和解については，これが当事者間でなされた和解の結果を裁判所に示す行為だと理解して，これを訴訟行為だと見る見解がある（兼子306頁，講義405頁〔松浦〕。合同行為だとするのは，三ケ月・双書508頁）。これに対して，訴訟上の和解といっても訴訟の期日において締結された和解内容を公証するものであって訴訟の終了は和解によって紛争が消滅したことに伴って当然に生じるとする私法行為説が対立する（石川明・訴訟上の和解の研究〔昭41〕3頁。新堂374頁もしいていえばこれに近いとする）。さらに，訴訟上の和解には訴訟手続を終了させようとする訴訟行為と私法上の和解契約が併存してしていると見る併存説，訴訟上の和解には私法上の和解と訴訟行為としての性質の二面性があると見る両性説がある（最近では，両者の違いがなくなっている。たとえば，吉村徳重「訴訟上の和解」民訴演習II 65頁，講義403頁〔松浦〕など）。

　訴訟上の和解はその締結の過程が様々であるが，一般には訴訟物である権利関係について当事者間で互譲をすることによって和解契約を締結するとともに，これによって係属中の訴訟手続を終結させようとする意思表示であり，この意思表示に基づいて，それを確認して裁判所は調書を作成するのだと見ることができよう。その意味で，この当事者の意思には，直接に権利関係の変動を生じさせようとする意思と，訴訟を終結させようとする意思が共に存在すると見ることができる。他方，裁判所等が定める和解条項の裁定については，裁判所等の示す和解条項に服するという意思を包括的な形で事前に示しており，具体的条項についての当事者の合意は存在しない。しかし，このことは裁判所の裁定についてまったくの白紙委任を当然に意味するわけではなく，そこにはおのずと制約があることを前提としていると見るべきだろう。

　もっともこのような法的性質論自体は，訴訟上の和解の要件や効果を考えるにあたり決定的な意味を持つものではない。性質論からの直接の演繹が方法論的に問題だということは今日では多くの支持を得ている（新堂374頁，吉村・前掲63頁，高橋・重点講義上772頁など）。

4-1-17　訴訟上の和解の要件

　(1)　訴訟上の和解が有効に成立しうるには，まず第一に当事者が審判対

象について自由に処分することができることが必要である。この点に関して，いくつかの問題がある。

（ア）　人事訴訟では，一般に請求の放棄・認諾の規定と同様に訴訟上の和解についての規定も適用されないのが原則である（人訴19 II）。もっとも，人事訴訟に属する事件でも離婚事件については，協議離婚を基本とする民法規定との関係上，267条が適用され，訴訟上の和解が許容されその調書は確定判決と同一の効果が認められる（人訴37 I）。ただし，この訴訟上の和解について，当事者が遠隔の地に住んでいる場合などに同時通話装置を用いて行う弁論準備手続の期日では，この期日に出席しないで手続に参加した当事者は，和解を行うことができない（人訴37 III）。裁判所による当事者の意思を直接に確認することに万全を期したからである。また，訴訟上の和解の類型のうち，和解条項案の書面による受諾（264）および裁判所等が定める和解条項の裁定（265）も，離婚訴訟には適用されない（人訴37 II）。このことは，養子縁組訴訟についても同様である（人訴44）。

（イ）　財産関係訴訟のうち，株主代表訴訟（現行法の「責任追及等の訴え」。会社847以下）で，原告である代表株主と被告とが訴訟上の和解を締結することが許されるのかが問題とされ実務では訴訟上の和解がなされた（たとえば，「日本サンライズ事件」商事法務1354号134頁）。これに対して，株主代表訴訟の訴訟構造は法定訴訟担当であり，訴訟物である会社の損害賠償請求権について原告株主は処分権限を持っているわけではないとすれば，この場合になぜ訴訟上の和解ができるのか，またどのような方法でできるのかについて学説は対立していた。そこでこの点に関し，会社法は新たに明文規定を設けて和解の可能性について明示した。すなわち，株式会社の株主が行う責任追及の訴え（株主の代表訴訟）においては，まず一般的に，この訴訟で当該株式会社が和解の当事者でない場合には，民事訴訟法267条（和解調書等の効力に関する規定）が適用されないとしつつ，当該株式会社が和解内容について承認を与えた場合には当事者は訴訟上の和解を締結することができるとする（会社850 I）。そこで，訴訟上の和解をなすに際しては，裁判所はその内容を株式会社に通知し，同時に和解に異議がある場合には2週間以内に異議を述べるべき旨を催告することとした（会社850 II）。これによって和解の

4 - 1 - 17

440　　　第4編　第1章　当事者の行為による訴訟の終了

具体的内容について会社に考慮をする機会を与え，そしてこの期間内に異議を述べなかったときは通知された内容で和解をすることを会社が承認したものとみなす（会社 850 III），というのである。

　(2)　和解の内容については，それが公序良俗に違反しないこと，その他法令の定めに反しないことが必要である。裁判所は，和解の内容について十分に審査・検討することが必要である。ただし，両方の「互譲」が必要であるのかについては見解が対立する。訴訟物である権利関係について互譲が必要だとする見解と，何らかの点で互譲があれば，訴訟物についてのそれは必要でないとする見解まで，ヴァラエテイに富む（この点につき，旧注釈民訴(4) 482 頁〔山本〕，高橋・重点講義上 777 頁は互譲の有無を問題にしない）。

　(3)　手続上の問題としては，まず第一に，訴訟が係属することが必要である。訴訟上の和解は，この係属中の訴訟手続を終結させる点に特色がある。第二に，訴訟上の和解は，訴訟終了という訴訟法上の効果を発生させるから当事者には訴訟能力があること，また訴訟代理人には和解を締結する特別の権限が付与されていることが必要である（55 II)[7]。その際にもさらに，訴訟物以外の事項を和解条項に取り込む権限を有しているのかが争われることがある。基本的には，このような権限を有しているといえる（最判昭 38・2・21 民集 17-1-182〔百選〔5 版〕19 事件])[8]。また，特別に制限することも（55 III 参照），全く否定すべきと解すべきではない（加藤・前掲注 7) 307 頁）。

　訴訟要件の具備は必要ないと考えるべきだろう。訴訟要件は一般に本案判決の要件であり，和解による解決の場合にはその前提を欠くからである。

4‒1‒**18**　訴訟上の和解の効果

　(1)　当事者から訴訟手続で和解成立の陳述があったとき，あるいは裁判所または受命・受諾裁判官により提示された和解案について当事者が受諾し

---

7)　この点の研究として，小林秀之＝田村陽子「訴訟代理人の和解代理権限の制限」判タ 978 号（平 10) 37 頁以下，加藤新太郎・弁護士役割論〔新版〕（平 12) 294 頁以下。

8)　訴訟代理人の行動準則としては，これとは別に，慎重に考えるべきであり，当事者の了解を得なければ，和解の効力を巡る紛争が生じかねない（前掲昭和 38 年の判例参照）。

IV 訴訟上の和解 441

た場合には，裁判所はその要件が存在することを確認し和解が調ったと判断
した場合には，裁判所書記官にその旨を口頭弁論調書に記載させなければな
らない（規67 I ①・163 III・164 II）。裁判所等が定める和解条項の裁定におい
ては，その内容を当事者双方に告知しなければならないが，この当事者双方
へ告知によって和解が調ったものとみなされる（265 V）。

　和解がその効力を生じるための実質的な基礎は，当事者による和解案の受
諾または包括的なそれにあり，調書への記載は効力発生の形式的要件である。

　(2)　和解が成立すれば，その和解条項に従って実体法上の効果が発生す
る。特に，和解条項で被告側に一定の給付義務が定められている場合には，
和解調書は執行力を持ち，債務名義となる（民執22 ⑦）。また，調書への記
載によって，訴訟終了の効果が発生する。

　(3)　訴訟上の和解に既判力が発生するのかという点については争いがあ
る。その概要は，請求の放棄・認諾の場合と同様であるが，特に訴訟上の和
解の場合には，和解条項について当事者が十分に納得して受諾しているか否
かが重要であり，その効力の基礎は当事者の意思の合致にある。訴訟上の和
解の拘束力を強固なものにしたいとの観点から，その根拠を当事者の意思以
外の制度的な拘束力として〈既判力〉が生じるとの見解が主張されるが，こ
の場合には一般に既判力が前提とする裁判所の裁断行為がなく（裁判所等が
定める和解条項案の裁定についても事前の包括的受諾意思が基礎になっており判
決の場合とは異なる），既判力による拘束を論じることはできない。既判力を
認める見解は調書の作成をもってその基礎とするが，裁判機関ではない書記
官による調書の作成に当事者の間での拘束力の基礎を求めることはできない。
既判力は，当事者間での合意による自律的解決ができない場合に，審判対象
についての裁判所の裁断に与えられる制度的拘束力であり現行法はその拘束
力は判決の主文に包含されるもののみに限定される（114 I）。しかし，訴訟
上の和解は，合意された条項は様々でありまた第三者を和解に加えることが
できるなどこのような既判力が前提とする状況とは全く異なるからである。
この場合にはどの部分に既判力が生じるのかが不明確であり既判力肯定論は
現実的でもないし，既判力概念の拡散化を招く。訴訟上の和解の拘束力の内
容は，和解の内容に関する合意を基礎にして考えるべきである。

4 - 1 - 18

442　　第4編　第1章　当事者の行為による訴訟の終了

4-1-19　訴訟上の和解の効果をめぐる争い

（1）　訴訟上の和解が成立し，調書が作成されて訴訟手続が終了した後で
も，この和解をめぐって紛争が発生することがある。訴訟上の和解では，裁
判所が関与して和解が締結されるのではあるが，それでもなお和解の内容に
ついて事後的に紛争が発生することを全く排除することはできない[9]。

　訴訟上の和解が成立し，その内容が調書に記載されると，この調書の記載
には「確定判決と同一の効果」発生するものとされている。しかし，いった
ん訴訟上の和解によって終了した訴訟手続に関して，特に和解の効果につい
て紛争が発生した場合に，これに基づく主張を手続的に適法として取り上げ
るか否か，その場合にどのような手続で主張させるのかが問題になる。

　この点について，実定法上は何ら手続的な規定が存在せず，専ら解釈に委
ねられている。また，紛争の形態についても，和解の締結過程に意思の合致
がなかったあるいは意思の瑕疵があること等を理由にその効力を否定する場
合と（⇒ (2)），訴訟上で締結された和解につきその後の事情によって，和
解の解除を主張する場合がある（⇒ (3)）。それらの場合に，訴訟手続自体
は既に終了しているから，これらの主張をどのような方法で許すのかが問題
になる。

（2）　まず，訴訟上の和解を締結する過程で意思の瑕疵等があったと主張
して，訴訟上の和解の効力を否定することができるのかが問題になる。

　判例は様々な救済方法を承認している。和解の締結過程で意思の瑕疵があ
ったことを理由にして，いったん終了した訴訟手続につきその原告が期日の
指定を求めたのに対してこれを許すべきことを判示したものがある（大判昭
6・4・22民集10-380〔百選〔初版〕78事件〕，最判昭33・6・14民集12-9-1492
〔百選〔5版〕93事件〕）。これに対して，前訴の被告（の相続人）から和解が
無効であったことを理由に期日の指定ではなく，和解無効の訴えが提起され
た事案につき，これを許容したものがある（大判大14・4・24民集4-195，最

---

9)　しばしば，既判力否定論への反論として訴訟上の和解については裁判所が関与する
　ことが挙げられる（たとえば，伊藤487頁）。しかし，裁判所の側から見れば，裁判
　所の関与による問題点の解決が万全だと主張したい気持ちは理解できないではないが，
　現実にはそうでないことは多くの紛争が生じていることが示している。

Ⅳ　訴訟上の和解　　443

判昭38・2・21民集17-1-182〔百選〔5版〕19事件〕)。これらでは紛争の対象
は，締結された和解の内容自体についてであり，もはや前訴で争われた訴訟
物自体ではない。さらに，同じく前の訴訟の被告側からの請求異議の訴えを
許したものもある（大判昭10・9・3民集14-1886)。

　学説では，訴訟上の和解が判決代用物だという理由で既判力を肯定する見
解があるが（兼子309頁)，この見解によれば和解の無効・取消しは再審事由
がある場合にのみ許されるとする。これに対して，既判力を否定する見解は，
訴訟上の和解が当事者の意思による行為だという点を強調する。なおこれに
類するが，和解の締結が有効になされた場合に既判力の発生を限定する制限
的既判力説も有力になっている。この見解は，不服の主張方法については既
判力否定説とかわらない立場をとる（伊藤488頁)。もっとも，その理論的根
拠は明確ではない。既判力であれば，民訴法114条との関連が問題となるが，
前述（⇒ 4 - 1 - 18）のように，訴訟上の和解の拘束力は，和解条項自体にあ
るとみなければならないからである。

　既判力を否定する見解の中でも，訴訟上の和解の効力をめぐり異議を主張
する方法については見解が分かれる。和解は無効で，手続は終了していない
から原則として期日指定によるべきだとする見解，別訴によるべきだとする
見解などが対立している。しかし，根本的な問題として，救済方法を専らこ
のような前訴手続の終了との論理的・演繹的考慮のみから1つに絞る必要が
あるのか，またそれが適切であるのかが問題となる。訴訟上の和解の効力を
めぐる紛争は多様である。これは和解の締結の過程が事件によって異なり，
和解内容もまた事件によって千差万別であるからである。このような和解内
容についていずれの当事者が異議を述べているのかによっても，紛争の内容
は全く異なった様相を呈する。たとえば，前訴の原告が和解内容について不
服を述べる場合には，もう一度前の訴訟の段階に立ち返るという意味で，期
日指定が求められることがある。これに対して，前の訴訟の被告にとって和
解内容について異議を述べるに際して，当面の目的は，成立したとされる和
解が無効であることの確認を求めることにあり，前の訴訟自体は意味を持た
ず，それを復活させる期日指定は紛争の実体からかけ離れていることが多い。
また和解調書が債務名義となることから，この債務名義としての効力を否定

4 - 1 - 19

するためには，特に執行に直面している債務者にとっては請求異議の訴えがもっとも適切と考えられるであろう。このような，締結された訴訟上の和解の内容に関する紛争の実体と具体的に対応させて，手続的に取り上げて救済を図ることが求められる。

　期日指定の申立てにより弁論が再開された場合，裁判所は，まず和解の有効性につき判断をすべきである。和解が有効であれば，裁判所は訴訟上の和解が成立したことにより訴訟が終了したことを宣言する判決（和解による訴訟終了判決）をする。この判決に対しては上訴が可能である（なお，この点につき，最判平27・11・30民集69-7-2154〔平28重要判解5事件〕）。和解が無効の場合，和解無効確認が求められていない限り，和解が無効である旨の判決はできず，中間判決または本件の理由でその旨を示しうるにすぎない（上記判決参照）。

　このように見れば，訴訟上の和解の瑕疵の主張方法は，救済を求める者の救済要求をどのような方法で取り上げるのが最も適切であるのかという点がまず第一に考慮されるべきである。その上で，申立人の選択が，著しく不適切な場合には，釈明により（149），または移送（17）によって調整を図るべきである（これに対して，高橋・重点講義上785頁は，原則的ルートは期日指定申立てだという）。この点に関し，最判平成27年は，期日指定の方法に内在する問題と，和解無効確認の訴えによる回避の可能性を示唆する（河野正憲・法政論集（名大）275号〔平29〕419頁参照）。

　(3)　訴訟上の和解が成立した後に，和解自体の瑕疵によるのではなく，締結された和解の内容が履行されないことを理由に，和解を解除することができるか否かが問題になる。訴訟上の和解と言っても，その内容が履行されるか否かは，もはや裁判所の手を離れた後に生じた事由だから，このような事態の発生は裁判所によって防ぐことはできない（なお，原告としては，解除をせず，和解調書にもとづく強制執行をすることも可能であることはもちろんである）。訴訟上の和解の効力として既判力を承認する見解も和解の解除は当然に許しており（兼子309頁），この点について異説は存在しない（判例も古くから解除を認める。大判大9・7・15民録26-983）。しかし，この場合に訴訟上の和解の解除の主張をどのような手続で行うべきかという点については見

IV 訴訟上の和解 445

解が分かれる。

　見解が対立する局面として，訴訟上の和解が解除された場合にそれが訴訟終了の効果にどのように働くとみるのかについて見解の対立がある。前訴は訴訟上の和解によって終了したのだから，たとえ和解が解除されても当然に前訴が復活すると理解すべきではなく，新しい訴え（和解無効確認の訴え，請求異議の訴え等）を提起すべきだと主張する見解がある（兼子309頁，三ケ月・双書512頁）。これに対して，解除がなされた場合に，訴訟上の和解によって生じた訴訟終了の効果も消滅すると理解する立場では，期日指定を申し立てるべしと主張する（佐上善和「訴訟上の和解」演習民訴下13頁，条解民訴1484頁〔竹下＝上原〕）。さらにまた，和解の内容に着目して，和解が従前の法律関係を前提にして，それを量的に和解条項によって変更したにすぎない場合（通常型）と，和解の内容が従来の権利関係の変更にまで及び和解条項によって新たな法律関係が創設される場合（更改型）とを区別して，前者（通常型）については期日の指定が，後者（更改型）については法律関係の変動が生じているからもはや訴訟状態に戻しても無意味で，新訴の提起が適切だと見る見解もある（講義414頁〔松浦〕）。最高裁は，家屋収去土地明渡訴訟でなされた土地を譲渡する旨の訴訟上の和解につき，被告側が代金の支払をしなかったことを理由に和解の解除がなされたケースにつき，前訴原告が再度家屋収去土地明渡の別訴を提起したのを許容し，訴訟係属の抗弁を否定した（最判昭43・2・15民集22-2-184〔百選〔5版〕94事件〕）。

　和解の解除を実体法的な論理のみから見れば，和解によって発生した法的効果が遡及して消滅し，和解締結前の法的状態に復すると観念されうる。しかし，期日指定を唯一の救済手段だとすることは，和解条項の不履行によって生じうる様々な事情が手続的には十分に考慮されていない点に問題がある。この場合にはいったん訴訟が終了していることは明らかで，また紛争の実体が変化していれば別訴の可能性も否定し得ない。和解の内容によって救済手段を分けようとする提案も，当事者に対する手続選択の指針を与える趣旨であればその意味は大きいが，これを唯一の方法として，別の選択を排除するのであれば，当事者はまことに困難な選択とそれによる手続上のリスクを負うことになり，採用することはできない。ここでも，結局救済を求める者の

4 - 1 - 19

選択を重視すべきであり，特に不都合が生じる場合にのみ，釈明による修正または移送による調整を図るべきであり（吉村・前掲71頁，小林336頁。その上でこの場合は新訴提起を原則とするのは高橋・重点講義上794頁），結局，和解成立の過程に瑕疵があったと主張する場合と格別に異なる取扱いをする必要はない（河野350頁）。

第2章　終局判決による訴訟の終了

　処分権主義のもと現実には，訴訟は訴えの取下げ，請求の放棄・認諾，訴訟上の和解のような当事者の行為によって終了することも多いが，法律が通常の訴訟の終了原因として予定しているのは，判決である。判決のうち，訴訟の全部または一部をその審級につき終了させる効力をもつ判決を，終局判決と呼ぶ。以下では主として，終局判決について説明するが，その前に裁判および判決一般についても言及する。

I　裁判と判決の種類

4-2-1　裁　　判

　(1)　概念　　民事訴訟法において裁判という言葉は，日常用語上のそれとは異なる意味で用いられる。日常用語では，裁判は訴訟事件における終局判決，中でも本案判決を意味することが多く，また訴訟自体を指して裁判ということもあるが，民事訴訟法においては，裁判は，判決のみならず決定や命令を含む裁判所の訴訟行為を意味する。それは，裁判機関（受訴裁判所，裁判長，受命裁判官または受託裁判官）がその判断または意思を法定の形式で表示する手続上の行為である（支払督促〔382〕のように裁判所書記官がするものは裁判ではない）。

　(2)　裁判の種類　　種々の種類の裁判があるが，とくに重要なのは，判決，決定および命令の区別である。これらは次の点で異なる。

　(ア)　判決　　判決は，裁判所が原則として必要的口頭弁論に基づき（例外，78・140・256 II・290・319・355 I），後述する例外的場合（調書判決および少額訴訟）を除き，判決書を作成してその原本に基づき言い渡すことが要求される裁判である。次項で説明するように，内容的には重要な事項，すなわち訴えまたは訴訟上の請求，控訴および上告を判断対象とする。裁判の種類

4-2-1

に応じて不服申立ての方法も異なる。第一審判決に対する不服申立方法は控訴であり，控訴審判決に対するそれは上告（または上告受理申立て）である[1]。

（イ）　決定・命令　　これに対し，決定や命令は原則としていずれも訴訟指揮上の措置や付随的事項を簡易迅速に解決するために用いられる裁判である（例外的に，犯罪被害者等の権利利益の保護を図るための刑事手続に付随する措置に関する法律の第7章は，犯罪被害者等が一定の要件の下で刑事手続に付随して加害者に対する損害賠償請求権につき損害賠償命令の申立てを提起することを許し，刑事裁判所は申立てについて決定で裁判する）。決定は裁判所（合議制裁判所の場合は合議体）の裁判であるのに対し，命令は，裁判官が裁判長，受命裁判官，受託裁判官などの資格で行う点で，両者は異なる。決定および命令においては，口頭弁論を経るか否かは裁判所の裁量に委ねられ（87 I但），言渡しは必要でなく，相当と認める方法で告知すれば足りるが（119），裁判所書記官は告知がなされた旨および告知の方法を訴訟記録上明らかにしなければならない（規50 II）。裁判書を作成せず調書の記載をもって代用することができる（規67 I ⑦）。判決には裁判官の署名押印が必要であるが（規157 I），決定・命令の場合には記名押印だけで足りる（規50 I）。上訴の方法は，抗告および再抗告である（ただし，高等裁判所が最初の抗告についてした決定・命令に対しては，特別抗告〔336〕および許可抗告〔337〕は別として，最高裁判所への再抗告はできない。裁7参照）。また，決定・命令は，判決とは異なり，判事補が単独ですることができる（123。ただし，民保36・32）。

以上のように，裁判のうち，判決が最も重要な裁判であるので，民事訴訟法は，判決について詳細な規定を置き（114以下・243以下），決定と命令にはその性質に反しない限り，判決に関する規定を準用している（122）。

（3）　判決は，その内容および種類により種々区別される。判決が訴訟の進展に対して有する意義からみて，終局判決と中間判決が区別される。さらに終局判決は，それが事件の全部を完結するか，一部のみを完結するかに応

---

1)　ただし，判決に対しても法律上不服申立てが制限または排除される場合がある。すなわち中間判決に対しては独立の不服申立ては許されない。手形・小切手訴訟の本案判決は終局判決であるが，これに対する不服申立方法は異議であり，控訴は許されない（356・357）。

じて，全部判決と一部判決が区別される。

4-2-2　終局判決と中間判決

（1）　終局判決は，係属する訴訟の全部または一部をその審級につき完結する判決である。訴訟の全部または一部が裁判をするのに熟することが，終局判決をする要件である（243 I・II）。実体上の事由に関する判断に基づくもの（本案判決）も，訴訟上の事由に関する判断に基づくもの（訴訟判決や，訴え取下げの存否または効力につき争いがある場合になされる訴訟終了宣言判決）も，いずれも終局判決である。当該審級を終了させる判決は，その確定が事件全体の終了をもたらさない場合にも，終局判決である。この意味で，上級審の破棄差戻判決または破棄移送判決も，終局判決である（それゆえ，これに対して独立の上訴が許される。最判昭26・10・16民集5-11-583〔百選〔初版〕91事件〕）。終局判決には，訴訟を完結する範囲によって全部判決と一部判決とがある。

これに対して，中間判決は，当事者間で訴訟中に争いとなった事項や訴訟上の先決事項について，審級を終了させず，あらかじめ裁判所の判断を与えて訴訟関係を明瞭にし，終局判決を容易にする目的を有する。

（2）　中間判決の要件　　中間判決ができるのは，3つの事項についてである（245）。

（ア）　独立の攻撃防御方法　　これは，それだけで独立の法律効果を発生させる攻撃防御方法をいう。その存在または不存在によって，独立の法律効果の発生，変更および消滅がもたらされる攻撃防御方法である。たとえば，設例3において，被告乙から原告甲の所有権が争われる場合，甲が所有権の取得原因として第1次的に売買，売買が無効な場合のために予備的に時効取得を主張するとしよう。裁判所がいずれか1つを認定すると，Xの所有権取得という法律効果の発生が肯定されるので，売買と時効取得はいずれも独立の攻撃方法である。被告側の抗弁（たとえば，弁済，消滅時効，過失相殺の割合，相殺の抗弁）についても同じことが妥当する。

（イ）　中間の争い　　ここに言う中間の争いは，訴訟手続上の先決事項に関する当事者間の争いのうち，口頭弁論に基づき判断できるものを指す。中

間判決も判決の一種であるので，口頭弁論に基づき判断できるものに限られる。主として，訴訟要件・上訴要件の具備，訴えの取下げや訴訟上の和解の効力をめぐる争いなどが，ここに言う中間の争いである。もっとも，訴訟要件の不存在が明らかになったり，訴えの取下げや訴訟上の和解が有効と判断されると，訴訟は直ちに終局判決に熟するため，中間判決の余地はなく，裁判所はためらわずに終局判決をすべきである。性質上は中間の争いであっても，決定で裁判すべき事項（例，44・143Ⅳ・199Ⅰ・223Ⅰ）については，中間判決をすることができない。

（ウ）　原因判決　　当事者間で請求の原因と数額の双方につき争いがある場合，裁判所は数額を切り離して，まず原因についてのみこれを肯定する中間判決をすることができる（具体例として，大阪地中間判昭50・3・31判時779-26）。請求の原因という概念は多義的であるが，ここに言う請求の原因は訴訟物の特定要素としての請求原因や抗弁事実の対立概念である請求原因とは異なり，数額を除いた実体法上の請求権の存否をめぐる一切の事情を指す。

　請求の原因についても争いがあるのに，数額についての審理を並行して実施すると，後に原因が不存在と判断される場合には，費用のかかる数額についての証拠調べは無駄になるので，これを避けるため弁論を原因に限定し，原因について判決を先行させることを可能にするものである。この判決を原因判決と呼ぶ。必然的に終局判決が続くので，原因判決は中間判決である。他の中間判決とは異なり，原因判決は訴訟上の先決事項について裁判するものではなく，終局判決の実体法上の構成要素（本案の一部）について裁判するという特殊性がある。

　原因判決の要件は，①訴えによって一定額の金銭の支払請求権または一定数量の代替物の給付請求権が主張されていること（この場合にのみ，原因と数額の区別が可能である），②請求権が原因と数額の双方について当事者間で争われていること，③訴訟が原因に関しては裁判に熟しているが，数額に関してはそうでないこと，④原因判決によって，訴訟が原因に関する訴訟と数額に関する訴訟の2つに分割されることになるが，このことが可能で有意義でなければならない。したがって，原因と数額に関する事実がほぼ同一であっ

I 裁判と判決の種類

たり，原因判決を取り出すことが目的に合致しないほど密接に関連しているのであってはならない。

　請求権の発生にかかわる事由（請求権根拠要件および請求権障害要件）のみならず，請求権の帰属や内容の変動にかかわる事由，および請求権の減却要件に当たる事由（たとえば弁済，免除，更改，消滅時効など）も，ここにいう請求の原因に含まれる。たとえば，被告が原告の主張する債権が合意によりまたは法律上第三者に移転していると主張する場合，この権利の帰属性の変動は請求の原因に属する。困難な問題が生ずるのは，請求権の原因と数額の区別についてである。とくに問題なのは，請求権の存在にかかわる抗弁や抗弁権が提出される場合，すべての抗弁や抗弁権は原因判決の言渡し前に判断され，排除されていなければならないかどうかである。消滅時効の抗弁は，それが訴求請求権全体にかかわる場合にはつねに原因判決において判断されなければならないであろう。被告の提出した留置権の抗弁は，訴求請求権の存在にかかわるものではないので，なお数額に関する事後手続において判断することができる。相殺の抗弁の提出がある場合，相殺は対当額の範囲で訴求債権を消滅させる事由であるので，請求の原因に属するとみられる。

　ところが，原因判決が問題になる場合には，受働債権（訴求債権）の額が未確定であるので，相殺の効果も確定せず，相殺が請求の原因のみに関するとはいえないことになる。そこから，相殺の抗弁，とくに予備的相殺の抗弁が提出される場合の原因判決の適否について，見解の対立が生ずる。相殺の抗弁についての確定判決が既判力を有すること（114 II）も，相殺の抗弁を原因判決の意味での請求の原因に属するかどうかの問題を難しくする。相殺の抗弁は請求の原因に属さないとする見解（三ケ月293頁）もあるが，多数の見解は相殺は請求の原因に属することを認め（なお，梅本884頁は訴求債権と同一事実関係に基づく自働債権による相殺に限定），原因判決との関係での取扱いを検討している。①相殺は請求の原因に属することを強調して，原因判決によってこの抗弁について判断すべきであり，原因判決後の新たな相殺の抗弁の提出は許されないとする見解（大判昭8・7・4民集12-1752〔百選［初版］59事件〕——この判例は原因判決に対する独立の上訴を許した明治23年民訴法のもとでのものであり，この事件の原因判決は確定していた），②相殺の抗弁が提出された以上，直ちに受働債権の数額の審理をなすべきであり，原因判決は適せず，原因に関する新たな主張は場合により時機に後れた主張として却下すべきだとする見解（中野・訴訟関係133頁），③訴求債権の数額が未定であるのに自働債権の存否，数額にまで立ち入った審理をしなければならないのは

4 - 2 - 2

本末顛倒であり，ことに予備的相殺の場合はそうであると論じ，裁判所は自働債権の存否，数額に関する判断をすべて訴求債権の数額に関する事後手続に留保して原因判決をなすべきであるとする見解（兼子・判例民訴175頁，小山369頁，新堂662頁，法律実務5巻21頁）が主張された。今日では，④裁判所が自働債権の存在または相殺適状を否定する場合には，その旨の原因判決をすることができるが，自働債権の存在と相殺適状を肯定する場合には，受働債権の数額が確定されない限り，相殺の可能性を留保して訴求債権（受働債権）の存在について原因判決（条件付き判決）をすることができるという見解（基本法(2)269頁〔鈴木〕，斎藤編(4)337頁，条解民訴1332頁〔竹下〕，伊藤498頁，秋山＝伊藤ほかⅤ40頁）が多い。しかし，ここにいう相殺の可能性を留保した原因判決は，債務名義たりうる留保判決（これは民事訴訟法に認められていない）ではなく，中間判決の効力を数額に関する事後手続における相殺の判断にかからしめるにすぎないので，このような留保付き原因判決をすることに，どれほどの実際上の意義があるのか，したがって前述の要件④の具備が疑わしいので，原因判決の要件を満たさないであろう（中野・訴訟関係133頁参照）。請求の原因の存在は原因判決によって確認されているが，相殺の自働債権と受働債権の審理の結果によっては，訴求債権は相殺によって消滅したことが明らかになり，結局は原告の請求が棄却される場合が生じうるからである。このような場合にも原因判決をするとすれば，相殺の結果なお認容されるべき残額がある蓋然性が高い場合に限られようが，そのような蓋然性判断は容易ではないであろう。結局，裁判所は，自働債権が不存在であることを確認した場合には原因判決をすることができるが，自働債権が存在すると判断する場合には，反対債権は訴求請求権の原因のみならず数額にも関係するので，原因判決はできず，直ちに受働債権の審理をすべきであろう[2]。

　原因判決がなされた場合には，この判決に対する独立の不服申立ては許されていないので，直ちに数額について，訴訟が続行される。

　(3)　中間判決の効力および上訴　　中間判決は，これを言い渡した裁判所を拘束し（覊束力または自己拘束力），裁判所は終局判決のさいに中間判決の主文で示した判断を前提にしなければならない（理由中の判断には拘束力は

---

2)　留保付き原因判決をすべきと解する見解によれば，この原因判決の覊束力は裁判所が終局判決においてこれに反する判断をすることを妨げ，原告も自働債権の存在を争うことを妨げられる。被告が原因判決に接続する口頭弁論の終結後に相殺の抗弁を提出したときは，受働債権の存在を認める原因判決が下されていても，それによって相殺の抗弁が遮断されることはないという。条解民訴1332頁，伊藤499頁。

ない。大判昭 8・12・15 法学 3-563）。原因判決の場合には，数額に関する事後
手続において，裁判所は原因判決の主文中の判断に拘束され，判決の基礎に
しなければならない。当事者も中間判決に接着する口頭弁論終結前に提出で
きた訴訟資料をその後の口頭弁論において提出することができなくなる（原
因判決の場合には，権利障害事由，権利減却事由を含め請求原因に属する事由を
もはや提出することができなくなる）。それゆえ，裁判所も中間判決がなされ
ることを当事者に予知させ，攻撃防御方法の提出を尽くさせる必要がある。
中間判決後に生じた事情に基づき中間判決の判断の変更を求めることは，も
とより差し支えない。中間判決の効力は，この拘束力に尽きる。もっとも争
点効論者は，中間判決を前提にした終局判決が確定すると，中間判決におけ
る判断には争点効が生ずると主張する（新堂 663 頁）。

　中間判決に対する不服は，終局判決を待って，これに対する控訴または上
告とともに主張し，上訴審の判断を受けることができるにとどまり（283・
327 II），独立の上訴は許されていない。なお，控訴裁判所は，中間判決に拘
束されないので，中間判決に対する不服の当否を続審として審理判断する。
上訴審が終局判決だけを取り消し事件を原審に差し戻したときは，さきの中
間判決はなお，差戻しを受けた裁判所を拘束すると解される（大判大 2・3・
26 民録 19-141〔百選〔初版〕58 事件〕）。

　(4)　中間判決をするか否かは，裁判所の裁量に委ねられる（245）。裁判
所は，中間判決の要件が具備していても，これをせずに，のちに終局判決の
理由中においてその判断を示すことは差し支えない。

4-2-3　全部判決と一部判決

　(1)　**全部判決**　　これは，終局判決のうちで，同一訴訟手続によって裁
判される事件の全部を同時に完結する判決である。1 つの訴訟手続において
請求の併合，反訴または弁論の併合により数個の請求が併合して審理されて
いる場合，その全請求に対して 1 個の判決がなされたとき，その判決は 1 個
の全部判決である。

　(2)　**一部判決**　　**(ア)**　**概念**　　これは，終局判決のうちで，同一訴訟
手続によって裁判される事件の一部を他と切り離して先に完結する終局判決

である。一部判決をするためには弁論終結時点を明確にし，当事者に不意打ちにならないよう，弁論を分離してその部分につき口頭弁論を終結しなければならないとする見解（菊井＝村松〔初版・昭32〕579頁，菊井＝村松Ⅰ1143頁，秋山＝伊藤ほかⅢ309頁，Ⅴ19頁，伊藤494頁，林屋389頁，河野538頁）があるが，法律は弁論の分離を要求しておらず，逆に一部判決によって訴訟は相互に独立した部分に分割される（松本＝上野580頁）[3]。一部判決ののち残部について審理が続行されるが，これを完結する判決は残部判決または結末判決と呼ばれる（もっとも続行される訴訟において，さらに一部判決をすることも可能である）。

　先に裁判に熟するようになった1個の請求の一部または併合された数個の請求の一部について終局判決をすることができれば，当事者はそれだけ早く判決を取得し，利用することができる。また，一部判決の制度の上手な利用は，訴訟審理の整理と集中化に役立つ（一部判決制度の存在理由として審理の整理による手続の迅速化の利点を強調する見解が多いが，仮執行による当事者の権利の迅速な実現という目的を無視すべきでない）。たとえば，設例1において，被告乙会社が損害費目の一部についてのみ争い，原因判決の意味での請求原因は確定しているが，争いのある損害費目についてなお証拠調べが必要な場合，争いのない損害費目について一部判決をする。設例2において，被告YがX銀行から1,500万円を借り受けたことは争わないが，残りの500万円についてはなお証拠調べが必要な場合，Xの請求する2,000万円のうち1,500万円につき請求認容判決をする。

　給付を命ずる一部判決が確定し，または仮執行宣言が付された場合，本案につ

---

3)　弁論の分離は，1つの訴えで併合提起された数個の請求または裁判所による弁論の併合によって併合審理されることになった複数の請求の併合審理を解消し，分離後は弁論，証拠調べのみならず判決も別々にされ，判決においては訴訟費用の裁判もされることになる訴訟指揮上の裁判であるから，弁論の分離の後になされる判決は，分離された手続をその審級につき完結する判決であるので，もはや一部判決でなく，全部判決である。これは一部判決とは全く関係のないものであり，一部判決の規律に服しない。この場合には，その判決において訴訟費用の裁判も行われる。また，後の判決に留保された部分について後に下される判決も，残部判決ではない。したがって，一部判決のために，一部判決がなされる部分について弁論を分離しなければならないという見解は，そもそも論理矛盾を犯している。敢えて，このような要件設定がなされるのは，この見解が一部判決を一般に不適法としようとするのであろう。しかし，それは民訴法に明らかに反する。当事者への不意打ちを避けるためには他の方法があるので，弁論を分離しなければならないものではない。

I 裁判と判決の種類 455

いての判決は執行力をもつ。また，一部判決は終局判決であるから，当事者は独立に上訴によって不服を申し立てることができる。一部判決は，1つの訴訟を2つ（またはそれ以上）に分解することになり，その結果，とくに上訴審を視野に入れると，一部と残部につき異なる判断が生ずる可能性がある。そのため，一部判決をするか否かは，裁判所の裁量に委ねられる（243 II）。

（イ）要件　一部判決の要件は，訴訟物が可分であること（可分性），一部判決の対象となる訴訟物の部分が判決に熟すること（判決成熟性），および一部判決の内容が残部判決から独立していること（独立性）である（詳しくは，松本＝上野 577 頁以下参照）。

可分性は，同一請求中の一部（たとえば土地明渡請求訴訟の目的物の特定の一部，1,000 万円の支払請求中の額の確定している 800 万円），単純併合された数個の請求のうちのあるもの（243 III），裁判所が弁論の併合を命じた数個の請求のうちのあるもの，本訴請求と反訴請求のいずれか一方，通常共同訴訟の一部の当事者に関する請求について，訴訟物の可分性が肯定される（ただし，通常共同訴訟の場合にも証拠調べが可分でない場合，または，裁判が他の共同訴訟人につき新たな証人尋問が命じられた証明主題に依拠する場合には，一部判決は許されない）。ただし，同時審判申出を伴う共同訴訟（41 I）においては，同時裁判を可能にするというこの共同訴訟の目的から，一部判決は許されないが，これは法律の定める例外である。これに対し，必要的共同訴訟においては，各共同訴訟人のまたは各共同訴訟人に対する請求につき一部判決をすることはできない。一部判決によって必要的共同訴訟における合一確定の目的が害されるからである（誤って一部判決がなされたときは，法的性質として全部判決とみなされ，判決の名宛人でない当事者も違法を争うことができる（兼子 394 頁，三ケ月 220 頁，秋山＝伊藤ほか I 412 頁・V 19 頁））。

一部判決および残部判決において裁判されることになる請求に対し，たとえば被告が同一の過失相殺の抗弁を提出し，または被告が争いのある反対債権を自働債権とする相殺の抗弁を提出するが，過失相殺の抗弁についてまだ解明されていない場合，または反対債権が裁判に熟していない場合には，判決成熟性の要件は具備しておらず，訴求債権につき一部判決をすることはできない。

4－2－3

独立性の要件は，矛盾した裁判を回避するために要求される。判例・通説によれば，併合された数個の請求の一部と残部の間に密接な関係があるため上訴との関係で一部判決と残部判決との間で内容上矛盾の生じるおそれがある場合には，一部判決をすることはできないと解されている。たとえば，請求の予備的併合の場合，主位的請求を棄却する一部判決は不適法とされる（最判昭38・3・8民集17-2-304，三ケ月297頁，同・双書338頁，条解民訴1318頁〔竹下〕，斎藤編⑷327頁，新堂658頁，上田463頁，伊藤495頁，梅本886頁，小島612頁，林屋391頁。理論的に不可能ではないが，矛盾のない判決を求めて予備的併合をしている当事者の意思に反するので適切でないとするのは，兼子・条解449頁，菊井＝村松Ⅰ1147頁，秋山＝伊藤ほかⅠ1174頁・Ⅴ22頁）。本訴と反訴が同一権利関係を基礎としている場合（たとえば債務不存在確認の訴えの本訴と同一権利関係に基づく給付の反訴——通説はこの場合は本訴は確認の利益を失わないとする。しかし判例（最判平16・3・25民集58-3-753〔百選〔5版〕29事件〕）は，給付の反訴が提起されている以上，本訴の確認の利益を認めることができないと判示した。方向としては，判例の方が正しい。松本＝上野366頁も参照）も，同様である。たとえば数個の取消原因に基づく婚姻取消請求，婚姻取消請求と離婚請求の併合または離婚の本訴と離婚の反訴のように，請求認容の一部判決をすると残部判決の余地がなくなり，請求棄却の一部判決は人事訴訟法25条1項・2項により他方の請求を不適法にする場合にも，一部判決は許されないとされる（山木戸克己・人事訴訟手続法〔昭33〕134頁，法律実務⑸25頁，条解民訴1320頁，斎藤編⑷328頁，上田463頁）[4]。

---

4)　請求の予備的併合において主位的請求を棄却する一部判決を，判断の矛盾の危険を理由に不適法とするのが判例・通説である。しかし，この見解が正当であるか否か，疑問がないわけではない。主位的請求を棄却する判決に対して控訴が提起され，控訴裁判所が原判決を取り消し，請求を認容する判決をし，これが確定した場合，その間に下された予備的請求に対する第一審判決は解除条件の成就により，当然その効力を失うから，両判決の間に既判力の衝突は生じない。また，主位的請求の棄却後，控訴裁判所が主位的請求についての判決をする前に第一審裁判所が予備的請求について判決をする事態は実際問題として生じないであろう。主位的請求棄却判決に対する控訴によって，訴訟記録は控訴裁判所に送られるからである（ただし，記録の複製が作られる場合は別）。第一審裁判所が主位的請求棄却の一部判決確定後に予備的請求を認容する判決をし，これに対して控訴があり，控訴裁判所が第一審判決を取り消し，予

I 裁判と判決の種類

　所有権に基づく物の返還請求と所有権侵害に基づく損害賠償請求のように，併合された数個の請求が基本となる法律関係を共通にする場合にこの基本となる法律関係が争われている場合，または，併合された所有権確認請求と所有権に基づく返還請求のように前者が後者の先決関係をなす場合（小室直人「訴の客観的併合の一態様」中田還暦上 217 頁はこのような併合を「関連的併合」と呼ぶ）に，併合された請求につき一部判決がなされると判決の矛盾が生ずる可能性があるので，理論上一部判決は不適法であるとする見解（小室・前掲 217 頁，新堂 758 頁・752 頁，斎藤編(4) 328 頁，条解民訴 1318 頁（ただし，一方が金銭債権の場合には一律に一部判決を禁止する必要はないとする），伊藤 494 頁，小島 612 頁）があり，また理論上は可能であるが残部判決や上訴審との関係で矛盾した結果になるおそれがあるため一部判決は適切でないという見解（兼子 381 頁，三ヶ月 144 頁，秋山＝伊藤ほか V 21 頁）がある。

　一個の請求権の一部についての一部判決は，金銭請求のように訴訟物の可分性があっても，訴訟物である権利関係が同一の場合には，一部請求を否定する立場から，または判断の矛盾抵触を避けるという理由から，一部判決は許されないとする見解（伊藤 495 頁）もある。

　以上のように，種々の場合に一部判決と残部判決との間に判断の矛盾抵触のおそれがあることを理由に，一部判決は不適法であると主張されている。このうち，1 個の請求権の一部についての一部判決は，請求権が可分であっても原因と数額

　備的請求を棄却する判決を下し，この判決が確定すると，判決理由のいかんによっては判断の矛盾が生ずることもあるが，既判力の衝突は生じない。また，予備的併合は同時審判の申立てではなく，矛盾のない判決理由を求める権利が保証されているものでないから，一部判決が矛盾のない判決を求めている当事者の意思に反するとも言えないであろう。したがって，理論的には予備的併合において主位的請求を棄却する一部判決を不適法と言うことはできない（主位的請求を棄却する一部判決は理論的に可能であるが適切でないとする見解は，既判力の衝突が生じないことを看過しているように思われる）。問題は一部判決がつねに適切でないのかどうかであり，この点は迅速に一部判決を取得する原告の利益など事案の事情にかかる（松本＝上野 579 頁以下参照）。

　離婚の本訴と離婚の反訴の訴訟物は同一であると解する場合，一部判決が許されないのは一部判決の要件である訴訟物の可分性を欠くためであって，人訴法 25 条 1 項・2 項のためではない（人事訴訟における一部判決の適否については，松本・人訴 200 頁以下参照）。

4－2－3

が争われている場合には，原因判決が同時になされるのでなければ，することができない。これに対し，原因判決が同時になされるかぎり，一部判決も適法である。この要件を満たす場合，たとえば損害の最低額を認容する一部判決を下し，残りの損害については証拠調べを続行することができる。一部判決における裁判が残部に関する手続において解明されるべき事情に依存している場合には，一部判決の内容が残部判決から独立していなければならないという独立性の要件の欠缺は，多くの場合，部分的には判決成熟性の要件の欠缺から明らかになり，部分的には訴訟物の可分性の欠缺と一致する。上述の多数説が判断の矛盾抵触のおそれを理由に一部判決を不適法とする場合も，その多くは，判決成熟性を欠く場合である。もっとも，つねに独立性と判決成熟性は，一致するのではない。そのような例として，非独立的附帯控訴が可分性を有し，それだけみれば附帯控訴が判決に熟している場合にも，一部判決は不適法であるということができる。これは，上訴の取下げまたは不適法却下により，非独立的附帯控訴がその基礎を失い，不適法になるためである（293 II 本文）。

（ウ）　不服申立て　　一部判決は裁判所の裁量により職権で行われる。しかし，一部判決をするためには上述の要件の具備を要する。要件を欠くにもかかわらず一部判決がなされると，上訴により，その違法は職権によって斟酌される。訴訟手続に関する異議権の放棄によっては治癒されない。

（3）　残部判決　　一部判決によって裁判されていないすべての請求は，一部判決によって黙示的に後に下される判決に留保されている。一部判決後は残部ついて審理が続行され判決がなされる。この判決を残部判決または結末判決と呼ぶ。訴訟の全費用を統一的に裁判するという訴訟費用一体の原則（⇒ 4-2-17）のゆえに，一部判決は原則として訴訟費用の裁判をすることができない（67 I）。一部判決に不適法な訴訟費用の裁判が含まれている場合にも，訴訟費用の裁判は残部判決に基づき行われる。

4-2-**4**　裁判の脱漏——追加判決

（1）　裁判所が終局判決によって判断すべき事項の一部について裁判をし漏らすことを裁判の脱漏と言う。裁判所が全部判決をするつもりで誤って請求の一部について判断を漏らした場合（意識的に請求の一部のみの判決をしたときは，前述の一部判決にあたる），または数個の請求のうち一部の請求につき訴えが取り下げられたが，この訴えの取下げが無効であることが後に判明する場合（最判昭 30・

7・5民集9-9-1012〔百選II141事件〕），裁判の脱漏が存在する。脱漏した部分はなおその裁判所に係属中であるから（258 I），裁判所が脱漏に気付けば，いつでも職権で判決をしなければならず（追加判決），当事者も申立てによって職権の発動を促すことができる。

(2) 裁判の脱漏は，主文で判断すべき請求の一部について判断をし漏らした場合であるから，裁判所が判断すべき攻撃防御方法についての判断をし漏らした「判断の遺脱」とは異なる。判断の遺脱は上訴および再審の理由となるが（338 I但および338 I ⑨），裁判の脱漏の場合は追加判決を要求すべきであって，上訴・再審は許されない（大判明42・2・8民録15-68，最判昭37・6・9訟月9-8-1025）。なお，訴訟費用，仮執行宣言，同免脱宣言について判断をし漏らした場合には，裁判所は申立てまたは職権により「決定」をもって裁判を補充することが認められている（258 II・259 V）。この決定に対しては，即時抗告ができる（258 III）。訴訟費用の負担についての決定は，本案判決に対して適法な控訴があった場合にはその効力を失い，控訴裁判所が訴訟の総費用について裁判することになる（258 IV）。

(3) 追加判決と脱漏判決は，それぞれ別個の判決であり，上訴期間も各別に進行する。

4-2-5 訴訟判決と本案判決

訴訟判決は，訴え（または上訴）の適否について消極的に裁判する判決であり，訴え（または上訴）を不適法として却下する判決である。

これに対し，本案判決は請求の当否について裁判する判決である。これには，請求を理由ありとして認容する請求認容判決と，理由なしとして棄却する請求棄却判決がある。訴訟判決と本案判決に対する不服申立ての方法は同一であるが，これらが確定した場合の既判力の内容には差異がある（⇒ 4-3-5）。

4-2-6 給付判決，確認判決および形成判決

訴えには給付の訴え，確認の訴えおよび形成の訴えがあるが，このような訴えの類型との関連で，判決の内容上，給付判決，確認判決および形成判決が区別される。給付判決は，給付訴訟において原告の請求を認容する判決で

460 　　第4編　第2章　終局判決による訴訟の終了

あり，被告が当該給付をなすべき義務を負う旨の確定と，請求権の内容に応じた給付をすべき旨を被告に命ずる給付命令を内容とする。被告が給付命令に従わない場合には，強制執行による実現手段が用意されている。

　確認判決は特定の権利または法律関係の積極的または消極的確認（例外的に証書の真否の確認）を内容とし，かつ，これに限られる。確認判決は，訴訟費用の裁判に関してのみ給付命令を含む。形成判決は，判決の確定とともに形成を求められた特定の法律関係を直接変動させる。請求を棄却する判決はすべて，当該請求との関係では確認判決である。

II　訴訟要件とその審理

4-2-7　訴訟要件の概念

　裁判所に訴えの提起がある場合，つねに本案について審理・判決がなされるとは限らない。そのためには一定の要件が備わる必要がある。この本案について審理・判決をするうえで具備することが必要な要件が，訴訟要件である。どのような事由が訴訟要件であるかは，法律上統一的に規定されていない。個々の訴訟要件については当該箇所において説明されるが，次の4つに分類できる。

　(1)　訴え提起の適式性　　(ア)訴状が適式であり，訴状の送達が有効に行われていることは訴訟要件である。訴状の適式性は，裁判長による訴状審査を受け，欠缺がある場合，補正命令にもかかわらず補正されないと訴状の却下を招くので，訴訟の成立にかかわる訴訟要件である。

　(2)　当事者に関する訴訟要件　　(イ)当事者が実在すること，(ウ)当事者が当事者能力および訴訟能力を有すること[5]，(エ)当事者が訴訟能力を欠

---

5)　ただし，通説（兼子119頁，三ヶ月・双書239頁，新堂181頁，高橋・重点講義上195頁，条解民訴160頁〔新堂＝高橋＝高田〕，723頁〔竹下〕，上田200頁，梅本123頁，林屋148頁，小島219頁など）は訴訟能力を一般的訴訟要件とは見ず，起訴の過程において当事者に訴訟能力が存在することが訴訟要件であり，訴訟係属後は訴

II 訴訟要件とその審理　　461

く場合には法定代理人によって代理されていること，（オ）訴訟代理を受ける場合には，訴訟代理人が代理権を有すること，（カ）当事者が訴訟物に関して訴訟追行権（当事者適格）を有すること。

（3）　裁判所に関する訴訟要件　　（キ）被告が日本の裁判権に服すること，（ク）裁判所が管轄権（事物管轄，土地管轄，国際的な関連を有する訴訟については国際裁判管轄）を有すること。

（4）　訴訟物に関する訴訟要件　　（ケ）同一事件が他の裁判所にすでに係属していないこと（142），（コ）訴えの利益が存在すること，（サ）同一の事件につき既判力ある判決が存在しないこと[6]，（シ）再訴の禁止（262 II）・失権効（人訴25）に反しないことなど。

同じく本案判決を阻止する事由であるけれども，被告からの申立てがなければ裁判上取り上げられない事由（抗弁事項と呼ばれる）がある。たとえば，仲裁合意の存在，訴訟費用の担保の不提供，不起訴合意の存在のような事由である。通説はこれら抗弁事項をも含めて訴訟要件を理解する。なるほど，抗弁事項の存在も，訴訟要件の不存在も，ともに本案判決を阻止し，訴えの不適法却下をもたらす点においては変わりがない。しかし，前者は当事者が

　訟能力の喪失が個々の訴訟行為を無効ならしめるので，訴訟代理人によって代理されていない限り，訴訟の中断をもたらすと説明する。これに対する批判として，中野貞一郎「当事者が訴訟能力を欠く場合の手続処理」論点 I 81頁以下，松本＝上野256頁以下，秋山＝伊藤ほか I 296頁，河野160頁。

6)　前訴と後訴の訴訟物が同一である場合の既判力の作用を一事不再理とみ，後訴に既判力が及んでいないことを（消極的）訴訟要件とみる立場を前提とする（松本＝上野617頁以下）。しかし，通説は，既判力の一事不再理効（消極的作用）を否定し，既判力の作用をもっぱら後訴裁判所に対する拘束力（積極的作用）と解し，前訴と後訴の訴訟物が同一の場合にも後訴裁判所が既判力ある判断に拘束されることを既判力の作用とみるので，後訴に既判力が及んでいないことを（消極的）訴訟要件とはみない。通説は，前訴と後訴が同一の訴訟物をもつ場合にも，後訴裁判所は既判力ある判断に反する事実主張を排斥し，既判力ある前訴裁判所の判断と既判力を受けない事実の存否についての審理の結果を合わせて後訴請求の当否につき判断し，請求に理由がなければ請求棄却の本案判決をすべきものとする（請求棄却判決説）。この見解に対する批判として，松本博之「請求棄却判決の確定と標準時後の新事実による再訴(4)」大阪市大法学雑誌49巻3号（平14）489頁以下，同・既判力理論の再検討（平18）97頁以下，松本＝上野618頁以下を参照。

4 - 2 - 7

その顧慮を求めた場合にのみ裁判所によって斟酌され，後者は次に述べるように当事者の態度いかんにかかわらず，裁判所が疑いを抱く限り職権で取り上げるべきであり，また両者の判断の基準時も異なるので，両者の間には重大な差異が存在する。それゆえ，抗弁事項と職権調査事項を一括して訴訟要件と呼ぶ合理性を見いだすことは困難である（松本博之・民事自白法〔平6〕116頁，松本＝上野318頁）。ここでは，通説と異なり抗弁事項を訴訟障害事由と呼び，訴訟要件と区別することとする。

　訴訟障害事由と区別される訴訟要件のうちにも，当事者が自由に処分できるものと，自由に処分できないものとがあることに注意しなければならない。任意管轄は，当事者が自由に処分できる訴訟要件である。管轄違いの裁判所に提起された訴えも，被告がその裁判所で応訴する態度を示せば，その裁判所の管轄権が基礎づけられ（12），以後は管轄違いの問題はなくなる（応訴管轄）。

4－2－8　訴訟要件の調査

　(1)　調査の開始　　訴訟要件が具備するか否かについて疑いが生じたときは，裁判所は被告の指摘を待つまでもなく自らのイニシアティブで調査を開始すべきである（職権調査事項）。当事者が訴訟要件の存否につきいかなる態度を示すか（たとえば，これを争わないか）は，意味をもたない（職権による調査の開始）。

　(2)　調査資料の収集方法　　訴訟要件の判断の基礎とすべき資料は，裁判所が職権で収集すべきか，当事者が裁判所に提出したものに限られるのか，また，職権調査事項を基礎づける事実に関し裁判上の自白や擬制自白の成立が可能か否かという問題について，以前から議論がある。通説は，公益性の強い訴訟要件，たとえば裁判権，専属管轄，当事者の実在，当事者能力・訴訟能力，代理権などは職権探知によるべきものとし，任意管轄，訴えの利益や当事者適格（対世効のある判決の場合は除く）のように公益性の強くない訴訟要件は弁論主義によるとする（しかし，何が公益性の強い訴訟要件であるかについて，通説内部において見解の一致をみない）。そして，通説は，弁論主義の妥当する訴訟要件の判断の基礎となる事実については裁判上の自白や擬制

II　訴訟要件とその審理

自白の成立をも認める反面，職権探知主義が行われるとする訴訟要件につい
ては裁判上の自白や擬制自白の成立を否定する。

　しかし，通説に対しては，次のような批判がある（松本・前掲民事自白法
118頁以下，松本＝上野320頁以下）。裁判所は訴訟要件の具備につき疑いを抱
く場合，当事者にこれを示唆し判断資料と証拠の提出を促す以上に，なぜ公
益性が強いとされる訴訟要件につき職権探知をしなければならないのか明ら
かでないほか，公益性の強弱を区別する規準も明確でない。明治23年の民
事訴訟法112条1項は「裁判長ハ職権上調査ス可キ点ニ関シ相手方ヨリ起サ
サル疑ノ存スルトキハ其疑ニ付キ注意ヲ為スコトヲ得」と規定し，職権調査
事項につき裁判長の釈明権（義務）を定めた。この規定は大正15年の民事
訴訟法改正によって削除されたが，その理由は，裁判長は釈明権を有する以
上職権調査事項について釈明できるのは当然であるから，あえて明文規定を
要しないということにあった。したがって，大正15年改正は，職権調査事
項について職権探知による資料の収集を意図するものではなかった（松本博
之ほか編・日本立法資料全集12・民事訴訟法〔大正改正編〕(3)〔平5〕187頁参
照）。また，理論的にも通説には疑問がある。訴えの提起がある場合，裁判
所は本案判決をすること自体に固有の利益を有しているのではないから，訴
訟要件を基礎づける事実やこれを証明すべき証拠を全面的に職権により収集
すべきだとは言えない。これを当事者に委ねても，決して不当ではない。当
事者が処分できない訴訟要件の具備について裁判所が疑問を抱くときは，釈
明権を行使して当事者にその疑問を示し，かつ，事実の主張・立証を促せば
足りるであろう。そのさい，裁判所は当事者の弁論に現れていなくても訴訟
要件の具備につき疑いを抱かせる事情を職権で指摘することができると解す
べきである。また，訴訟要件の判断の基礎となる事実については，公益性が
強くないとされる訴訟要件に関しても裁判上の自白や擬制自白の成立を認め
るべきではない。訴訟要件それ自体については自白の成立を認めず，基礎事
実について自白の成立を認めることは，実質的に後者の自白を通して前者の
自白を認めることになり，訴訟要件を職権調査事項とした目的に反するから
である（なお，鈴木正裕「訴訟要件の調査」鈴木ほか・演習民事訴訟法〔昭57〕
25頁，高島義郎「訴訟要件の類型化と審理方法」講座民訴②115頁参照）。

4 - 2 - 8

464 第4編 第2章 終局判決による訴訟の終了

(3) 訴訟要件および訴訟障害事由の判断の基準時 前述の意味での訴訟要件が具備しているか否かを判断する基準時は，訴訟要件が本案判決の前提要件であることから，管轄の標準時 (15) を除き，事実審の口頭弁論終結時とするのが通説であるが（兼子 150 頁，三ケ月 301 頁，小山 246 頁），上告審の口頭弁論終結時が基準となるとする見解（条解民訴 728 頁以下〔竹下〕・1651 頁〔松浦 = 加藤〕，竹下守夫「訴訟要件をめぐる二，三の問題」司研 65 号〔昭 55〕1 頁・31 頁，小室直人「民事訴訟における職権調査の諸問題」同・民事訴訟法論集(上)〔平 11〕231 頁，247 頁。新堂 239 頁，梅本 298 頁，高橋・重点講義下 19 頁以下，林屋 150 頁は，事実審の口頭弁論終結時を原則としつつ，かなり広い例外を肯定する）も有力である。いずれにせよ，通説には，疑問がある。すなわち，312 条 2 項ただし書によれば，法定代理権，訴訟代理権および訴訟行為をなすに必要な授権の欠缺がある場合の追認は，上告審においてもすることができ，追認を主張することができると解されていることにかんがみ，その欠缺が判決を無効または取り消しうるものとするような訴訟要件（当事者の実在，当事者能力，訴訟能力，法定代理権）については上告審の審理終結時が基準時となると解される（最判昭 47・9・1 民集 26-7-1289 参照。反対，最判昭 42・6・30 判時 493-36，最判昭 46・6・22 判時 639-77）。その他，上告審は訴訟要件に関する事実で原審の口頭弁論終結時前に存在したものを斟酌すべきであるが，その範囲を超えて新たに発生した事実を斟酌することは法律審としての上告審の性格と相容れないと思われる。

これに対し，訴訟障害事由は抗弁事項であり，当事者が自由に放棄しうるものであるから，第一審において適時に提出することが求められる。訴訟費用の担保提供命令の申立ておよび仲裁合意の抗弁は，被告が本案につき応訴する前に提出しなければならない（75Ⅲ，仲裁 19Ⅰ③）。不起訴の合意も（それが適法とされる範囲において）同様に解される。第一審において適時に提出された訴訟障害事由の判断の基準時は，事実審の最終口頭弁論終結時である。

(4) 調査の順序 訴訟要件の調査の順序について法律上の定めはなく，学説上争いがある。この問題はとりわけ複数の訴訟要件の具備につき疑問があり，ある訴訟要件の欠缺が明らかになっているものの，他の訴訟要件の具

備はまだ明らかになっていない場合に，種々の訴訟要件の等価値性を認めて直ちに訴えを却下してよいかという形で現れる。

訴訟要件の重要性には差異があるので，等価値性を認め合目的的観点から決めることには問題がある。訴訟の成立に関わる訴訟要件，したがって訴状の適式性や被告が日本の裁判権に服するという訴訟要件がまず調査されるべきであろう（もっとも，訴状の適式性は通常，裁判長の訴状審査の段階で判断され，これを欠き，補正命令にもかかわらず補正されなければ訴状却下となるので，訴訟の成立に至らない）。当事者に関する訴訟要件と裁判所に関する訴訟要件では，前者が先に調査されるべきであろう。前者は当事者の手続上の権利に関わるものであるから，後者よりより重みがあるからである。もっとも，裁判所が以上のような順序を誤って訴訟判決をしても，判決が違法になるわけではない（高橋・重点講義下 10 頁参照）。

(5)　適法要件と理由具備要件の審理の順序　訴えの適法要件（訴えの適法性に関する要件）と請求の理由具備要件（請求を理由あらしめる要件）の審理の順序に関しても議論がある。通説によれば，本案判決をするためには，つねに訴えの適法性が確定していなければならない。したがって，訴えの適法要件よりも先に請求が理由を欠くことが明らかになっても，訴えの適法性に疑問がある限り，原則として直ちに請求棄却判決をすることは許されない。この通説に対して近時，反対説が少数ながら有力に主張されている。すなわち，今日では，適法要件の調査は本案の調査と並行して行われるので，適法要件の調査が終わらないうちに請求の理由がないことが明らかになることがある。このような場合に，さらに適法要件の調査を続行し，訴えが適法でないことが明らかになったときに訴え却下判決をし，訴えが適法であることが明らかになれば請求棄却判決をするのは，いかにも訴訟経済に反する。むしろ個々の適法要件の立法理由から見て直ちに請求棄却判決をしても構わないものが存在するので，そのような観点から個々の適法要件ごとに検討を加えるべきである，と（講義 450 頁以下〔鈴木正裕〕，新堂 237 頁以下，高橋・重点講義下 10 頁以下，林屋 150 頁，河野 542 頁，小島 222 頁以下）。しかし，この説には直ちに同調することはできない。なぜなら，たとえば当事者に関する訴訟要件，とくに訴訟能力は訴訟における当事者権の確保と密接な関係を有す

るし，重複訴訟でないという訴訟要件の場合には，既判力の衝突の回避のため訴訟要件の審理を優先させなければならないからである（なお，請求棄却判決に対して控訴がなされる場合に反対説は貫徹しえないことを説く，条解民訴726頁以下〔竹下〕も参照）。訴えの利益や不起訴の合意（これが適法な範囲において）の場合だけは，無意味な訴訟を排斥するには請求棄却判決の方が終局的であるから，これについては少数説の立場が合理的であり，支持されるべきである（訴えの利益につき，大判昭10・12・17民集14-2053〔百選〔初版〕25事件〕，兼子・判例民訴55頁，条解民訴727頁参照）。

III 申立事項と判決事項

4-2-9 当事者の申立事項と判決事項の一致

裁判所が判決をするのは，当事者が申し立てた事項に限られる（処分権主義）。当事者の申し立てない事項につき判決し，または当事者が申し立てた範囲を超えて判決するのは違法である（246）。たとえば，設例2において，X主張の日時の2,000万円の貸付金はすでに弁済されていたが，別の日時の貸付金はまだ弁済されておらず，それによればXの請求を認容できることが審理の結果明らかになっても，Xがこの別口の貸付金の返還を請求していない限り，裁判所は請求を認容する判決をしてはならない。また，この例でXの貸付金は実は3,000万円であったことが審理の結果判明したからといって，裁判所は3,000万円の元本の支払をYに命じてはならない。

なお，訴訟費用の裁判，仮執行宣言および同免脱宣言は，当事者の申立てを待たずにすることができる（67I・259IIII）。これは処分権主義の例外である。また，裁判所が当事者のした申立ての内容やその範囲に拘束されないとされる場合がある。いわゆる形式的形成訴訟（例，土地境界確定訴訟，共有物分割訴訟〔民258I〕，父を定める訴え〔民773，人訴2②〕。⇒2-1-3）は，このような場合にあたるとされる。しかし，土地境界確定訴訟については，問題がある。土地境界確定訴訟は，判例・通説によれば，隣接土地の公法上

III　申立事項と判決事項　　　467

の境界の確定を目的とするものであり，所有権範囲の確定を目的とするものではないが，土地の境界が確定されることによって事実上，原則として所有権の範囲も決まる関係にある。当事者（隣接土地の所有者）に土地の境界についての処分権がないからといって当事者の争っていないところに境界線を引くのは，当事者の一方を訴え提起前よりも実質的に不利な状態に置くことになり，訴えの提起により訴訟手続が開始されることに鑑み適切ではない（松本＝上野582頁）。また，上訴手続も上訴がなければ開始されず，また上訴人は相手方の同意を要することなく上訴を取り下げることにより原判決を確定させることができることに鑑み，上訴申立ては上訴裁判所を拘束すると解すべきであり，それゆえ，不利益変更禁止の原則も適用されると解すべきである（条解民訴718頁・1339頁〔竹下〕，松本博之「非訟事件における不利益変更禁止の原則の適用について」大阪市立大学法学雑誌53巻4号〔平19〕1088頁・1103頁以下）。

4-2-10　判決できる範囲と限度

（1）　246条の適用の範囲は，訴訟物，原告が求める権利保護形式（権利救済の種類）および，原告の求める権利保護の範囲の3つの面から検討する必要がある。

（ア）　訴訟物　　原告が申し立てた訴訟物と異なる訴訟物について裁判所が判決することは，246条違反となる。この問題は，実際には，訴訟物についてどの理論によるかによって大きな影響を受ける。個々の実体法上の請求権ごとに給付訴訟の訴訟物は異なるとする旧実体法説（旧訴訟物理論）を採る判例によれば，次のような場合はいずれも246条違反となる。すなわち，売買契約の法定解除を原因とした前渡代金の返還請求を，売買契約の合意解除に基づく不当利得返還請求（民703）として認容する場合（最判昭32・12・24民集11-14-2322），約束手形の共同振出人としての被告に対する手形金の支払請求を被告による手形保証に基づき認容する場合（最判昭35・4・12民集14-5-825），民法770条1項4号による離婚請求を同条同項5号による離婚請求として認容する場合（最判昭36・4・25民集15-4-891〔百選〔初版〕63事件〕）である。新訴訟物理論によれば，これらの場合は246条違反とはな

4-2-9・10

らず，全く逆の結論になる。

　（イ）　権利保護形式の種類・順序　　裁判所は，原告が請求の趣旨の欄において表示する，求める判決の権利保護形式に拘束される。給付の訴えに対して確認判決をすることは許されず（大判大 8・2・16 民録 25-276），反対に，確認の訴えに対して給付判決をすることも許されない。たとえば，原告が請求権の確認を求める訴えを提起した場合，請求権の確認は不適法であるからという理由で，給付判決をすることは許されない。原告が 2 つの請求を主位的請求，予備的請求というように順序を付けて裁判を求めているときに（請求の予備的併合），裁判所が予備的請求の方から先に判決することは 246 条に違反する。

　現在の給付の訴えに対して，将来の給付判決をすることは，原告の通常の意思に合致するので，135 条の要件を具備する限り一部認容として許されるとする見解（東京地判昭 30・12・7 下民 6-12-2569，新堂 331 頁，伊藤 216 頁，梅本 896 頁，高橋・重点講義下 238 頁，小島 274 頁，注釈民訴(4) 959 頁・968 頁〔山本(和)〕。なお，最判昭 40・7・23 民集 19-5-1292 参照）と，原告の申立てがないかぎり許されないという見解（大判大 9・3・29 民録 26-411，三ヶ月 155 頁，村松俊夫「弁論主義についての一考察」民事裁判の研究〔昭 24〕145 頁・174 頁以下，中野・論点 I 146 頁〔将来の強制執行のためあらかじめ債務名義を取得する利益を原告に取得させ，被告には請求異議の起訴責任が課せられるから，申立て以上の判決だと言う〕）が，対立している。履行期未到来の場合は，その他の請求権要件の審理をすることなく直ちに請求棄却判決をすることができる。また，履行期未到来を理由に給付の訴えを棄却する確定判決後に履行期が到来した場合，再度給付の訴えを提起することは確定判決の既判力によって阻止されない。この請求棄却判決の既判力は後訴裁判所が前訴当時すでに請求が履行期にあったと判断することを阻止するだけであり，後訴裁判所は請求権を生ぜしめる要件の具備等についての前訴裁判所の判断に拘束されないから（松本博之・既判力理論の再検討〔平 18〕63 頁以下。反対：柏木邦良「棄却判決の既判力──その客観的範囲」判タ 881 号〔平 7〕32 頁・58 頁，中野貞一郎「既判力の標準時」中野・論点 I 247 頁），原告による申立ての変更なしに将来の給付判決をすることは申立て以上に原告に有利な判決をすることになり，

III 申立事項と判決事項　　469

処分権主義に反すると解すべきである。

　将来の給付の訴えに対し，現在の給付判決をすることは一般には 246 条に違反するが，訴訟中に履行期が到来し，または停止条件が成就したという理由で現在の給付判決をすることの適否についても見解の対立がある（肯定するもの，新堂 332 頁，講義 459 頁〔鈴木正裕〕，中野・論点 I 145 頁，旧注釈民訴(4) 109 頁以下〔青山＝長谷部〕，松本＝上野 584 頁，高橋・重点講義下 238 頁，注釈民訴(4) 959 頁〔ただし黙示の訴えの変更を認めてよいとする〕。否定するもの，松浦馨「訴訟物と民訴法 186 条」演習民訴〔新版〕296 頁・297 頁，伊藤 216 頁，梅本 896 頁）。訴訟中に履行期が到来しまたは停止条件が成就する場合，原告の通常の意思は現在の給付判決を求めることにあるのが普通であるし，また確定日付付請求権の場合に過去の一定日時に日付を遡らせて被告に給付を命ずるのは奇異であるから，肯定説が妥当である。

　　特殊な問題として，一時金による損害賠償を求める訴えに対して，裁判所が定期金賠償を命ずる判決（⇒ **4 - 2 - 20**）を一部認容判決としてすることが許されるかどうかが論じられている（最近では，山本克己「定期金賠償と民事訴訟法 246 条」伊藤古稀 653 頁以下）。ここでは，裁判所がそのような期限の利益を債務者に付与することが許されるかという実体法上の問題が先行する。実体法上の問題としては，定期金賠償判決は判決後の債務者の資力の悪化のリスクに全面的にさらされることである。損害賠償請求者がこのリスクを甘受して自ら定期金賠償判決を求める場合はともかく，裁判所が一時金賠償判決の申立てに対して原告の意思に反して定期金賠償判決をすることは，このリスクを考えると疑問である（民訴 117 条導入前の判例であるが，最判昭 62・2・6 判時 1232-100 などは否定的に解していた）。他方，人身侵害による継続的な付添い介護が必要な場合につき，介護費用を推定的平均余命年数によって算定し一時金で賠償させることは，賠償額が過少または過多になり，当事者間の公平を害するおそれもあるため，定期金賠償方式のほうが妥当だという判断もありうる（東京高判平 15・7・29 判時 1838-69〔百選〔5 版〕A25 事件〕など）。いずれにせよ当事者の意思を無視して，裁判所が一時金賠償の請求に対して定期金賠償を命ずる判決をすることは問題であろう（松本＝上野 695 頁以下，注釈民訴(4) 959 頁以下も参照）。

　（ウ）　権利保護の範囲　　原告の求める権利保護の範囲を超えて原告に有利な判決をすることは，不適法である。すでに述べたように，原告が求める

4 - 2 - 10

金額以上の金額を認容することは不適法である。

訴訟物の同一性の範囲内では，額の算定のためのいくつかの項目についての認容額の総計が原告の請求額の範囲内であれば，個々の項目の認容額が当該項目についての原告の主張額を超える場合にも，246条に違反しない（1個の人身傷害による損害の賠償請求における種々の損害項目に関してこのことを判示するのは，最判昭48・4・5民集27-3-419〔百選〔5版〕74事件〕。条解民訴752頁以下〔竹下〕参照）。

(2)　一部認容判決　　以上のように，裁判所は当事者が要求しないものを認容したり，原告の要求以上を認容することは許されないが，当事者の要求以下のものを認容することは許される。たとえば，設例2においてX銀行の元本2,000万円の返還請求に対して1,500万円の元本債権しかないことが判明する場合，Xの合理的意思は，2,000万円が認容されないのであれば，認容されうる額について請求認容判決を求めるということにある。また，この例で1,500万円の請求認容判決をしても，被告に不意打ちになるわけではない。このような理由から，請求の一部認容判決は適法である（ただし，残りの請求は必ず棄却しなければならない）。とはいっても，いかなる場合が一部認容であり，いかなる場合に当事者が求めるものとは異なる「別物」を認容することになるのかの判断は，具体的ケイスにおいて必ずしも容易でない。以下では，裁判例において一部認容が許されている例を挙げておこう。

（ア）　名誉棄損を理由とする謝罪広告の請求に対して，広告文の内容を原告の求める表現より弱めたうえで請求認容判決をすることは許される（講義459頁）。登記の全部抹消を求める請求に対して一部抹消を命ずる判決をすることは許される（最判昭38・2・22民集17-1-235）。

（イ）　残代金の支払と引換えに所有権移転登記を請求する訴訟において，原告主張の残代金より多額の残代金の支払と引換えに請求を認容することは適法である。したがって審理の結果，原告主張の額を超える残代金債務の存在が明らかになる場合，裁判所としてはその残代金の額を具体的に確定したうえで一部認容判決をすべきである（大判大10・12・3民録27-2093，大判昭7・11・28民集11-2204）。原告が被告に対して問題となる債務総額を明示しないで，一定額を超えて債務を負担していない旨の確認を求める訴訟は，請求の趣旨・原因および一件記録から特定される債務の上限から原告の自認する額を差し引いた残額の債務不存在の確

III 申立事項と判決事項 471

認を求める訴えだと解釈し，裁判所は，原告の主張する残債務額を超えて債務が存在すると判断する場合には，直ちに請求を棄却する判決をすることは許されず，実際の残債務額を積極的に確定しなければならないとするのが判例である（最判昭40・9・17民集19-6-1533〔百選〔5版〕76事件〕）。一部認容判決は原告の意思を基礎とするものであるが，このケースでは，原告は当初借り受けた金額とその後の弁済額を主張して一定額を超える貸金返還債務の不存在確認を申し立てているのであるから，具体的な残債務額の確定が原告の意思からしても重要であったと考えられる。これに対し，損害額の算定が当事者には困難で，かつ損害賠償請求権の成立または額について当事者間に深刻な対立があり，被告も損害額を明示せず，一定の事実に基づき損害賠償請求権を有すると僭称する場合には，原告は事情により損害賠償債務自体の不存在確認または一定額以上の損害賠償債務の不存在確認を求める利益を認められるべきである。この場合，裁判所は，原告の損害賠償債務自体の存在またはその一定額を超える債務の存在を認める場合，単純に請求棄却判決をすることを許されてよい。相当な治療期間や症状固定期間の判断が医師によっても異なることがあり，損害額を正確に把握することは被害者にも加害者にも困難なことも考慮されるべきである（東京地判平4・1・31判時1418-109参照）。この場合に単純に請求を棄却する確定判決も，原告が被告に対して，債務を負担すること，または原告の自認する一定額以上の債務を負担することを既判力によって確定し，被告が後訴において債務の履行を求める訴えを提起した場合には，原告はこの点を既判力によりもはや争うことができず，後訴裁判所は額の確定を行えば足りるのであるから，前訴判決は無意味にはならない。

（ウ）無条件の給付請求に対して被告が留置権の抗弁や同時履行の抗弁を提出する場合には，請求棄却判決をすべきでなく，引換給付判決をすべきである（最判昭33・3・13民集12-3-524，最判昭47・11・16民集26-9-1619〔百選〔2版〕98事件〕（以上，留置権の抗弁），大判明44・12・11民録17-772（同時履行の抗弁））。建物収去土地明渡請求訴訟において，被告が建物買取請求権を行使し，代金の提供があるまで建物の引渡しを拒む旨の抗弁を提出したときは，裁判所は建物の価格（時価）を確定のうえ，建物代金の支払と引換えに建物の引渡しを命ずる判決をすべきである（大判昭9・6・15民集13-1000，最判昭33・6・6民集12-9-1384。なお，最判昭36・2・28民集15-2-324参照）。相続債権者の相続人に対する相続債権についての支払請求訴訟において限定承認の抗弁が提出され，これが理由を有する場合，裁判所は「相続財産の限度で支払え」という留保判決をすべきである（大判昭7・6・2民集11-1099）。ただし，限定承認は責任に関わるものであり，債務を

4-2-10

消滅させ，またはその内容を変更するものではないので，判決主文では通常の一部認容判決とは異なり，「その余の請求を棄却する」との判断は示されない（新堂・争点効下 15 頁，伊藤 218 頁注 98 参照）。さらに，判例は，金銭支払請求訴訟において当事者間の不執行の合意が主張され，裁判所がこれを認めて当該請求権についての強制執行は許されないと判断する場合，「強制執行をすることができないことを判決主文において明らかにするのが相当」だとする（最判平 5・11・11 民集 47-9-5255）。このような判決は一種の留保判決であり，一部認容の一例といえるが，「執行できない給付請求権」という判断が既判力を有するかどうかは問題である（条解民訴 1352 頁は既判力を肯定し，新堂 343 頁は訴訟物に準ずる審判対象に対する判断だとする）。

判例によれば，遺留分権利者が遺留分減殺請求をして遺贈の目的物の返還を請求した場合に，受遺者が事実審の口頭弁論終結前に，「裁判所が定めた価額により民法 1041 条の規定による価額の弁償をなすべき旨の意思表示をした場合には，裁判所は，右訴訟の事実審口頭弁論終結時を算定の基準時として弁償すべき額を定めた上，受遺者が右の額を支払わなかったことを条件として，遺留分権利者の目的物返還請求を認容すべき」である（最判平 9・2・25 民集 51-2-448。同旨，最判平 9・7・17 判時 1617-93）。これは条件付きの一部認容判決である。

（エ）　正当事由による賃貸借契約の更新拒絶または解約に基づく目的物の明渡請求において，財産上の給付（いわゆる立退料の支払）の申出が正当事由を判断するさいの考慮要因となるが（借地借家 6・28），賃貸人が一定額の金員を立退料として支払う旨の意思を表明し，かつその支払と引換えに店舗の明渡しを求めている場合，とくに反対の意思が窺われない限り，賃貸人は必ずしも申出額にこだわることなく，当該申出額と格段の相違のない一定の範囲内で裁判所が相当と認める立退料を提供する趣旨であると解されるとするのが判例である（最判昭 46・11・25 民集 25-8-1343〔百選〔5 版〕75 事件〕）。

（3）　246 条違反の効果　　判決が 246 条に違反する場合，判決は無効ではなく，この違法は上訴の方法でのみ主張することができる。その際，これは上告裁判所によっても職権により顧慮されなければならない。この瑕疵は，判決の内容に関するので，訴訟手続に関する規定違反の場合の異議権を定める 90 条によっては治癒されない。裁判所が原告の申立て以上の金額の支払を被告に命じ，または原告の申し立てない請求を認容した場合には，原告が控訴審において請求を拡張し，または訴えを変更し，もしくは被告の提起し

IV　判決とその言渡し　　　473

た控訴の棄却を申し立てることによって，瑕疵は治癒される。この控訴棄却
の申立てには，請求の拡張が含まれていると見られるからである（演習民訴
298頁〔松浦〕。新堂334頁は，控訴棄却の申立てが請求の拡張の趣旨かどうかに
ついて被控訴人に釈明すべきだとする）。上告審は法律審であり，請求の拡張
や訴えの変更はできないので，ここでは246条違反の瑕疵は治癒されえない。

IV　判決とその言渡し

4-2-11　判決の成立

（1）判決内容の確定　　判決は，基本たる口頭弁論に関与した裁判官に
よってなされなければならない（249 I。直接主義）。したがって，弁論終結後，
判決内容が定まらないうちに判決裁判所の構成に変更が生じると，弁論を再
開して従前の口頭弁論の結果を陳述させなければ，判決をすることができな
い（249 II）。判決内容の確定後においては，判決に関与した裁判官が死亡，
退官，転任等によって判決原本に署名することができなくなっても，合議体
であれば，他の裁判官がその理由を付記して署名押印すれば足りるから（規
157 II），判決の成立は妨げられない（ただし，単独制裁判所では別）。

　合議体の場合，判決内容の決定は評議・評決による。評議は，裁判長が主
宰し，非公開で行われる（裁75 I）。各裁判官は，原則として評議について
秘密を守らなければならない（裁75 II。意見の表示が許される最高裁判事は別）。
評決は，判決理由に掲げるべきすべての点について判決主文の結論を導くよ
うに論理的に順序を踏んでなすべきである。各個の点についての合議体の判
断は，最高裁判所の裁判について同裁判所が特別の定めをした場合を除き，
過半数にて決せられる（裁77 I）。数額の判定につき意見が3説以上に分か
れ，各々が過半数にならない場合，最も多額の意見の数を順次少額の意見の
数に加え，過半数になった額で決める（裁77 II①）。評決ののち全員が一致
すれば，評決のやり直しができる。

（2）判決書の作成　　（ア）判決内容の確定後，裁判所は後述の調書判

決（⇒ **4 - 2 - 12**）の場合を除き，それを書面にしなければならない。この書面を判決書の原本と呼ぶ。判決書は，原則として，判決の言渡し前に作成することが要求される（252）。判決書の原本の作成前に判決を言い渡すことを許すと，判決書の作成が遅延して問題を遺すためである。

（イ）　判決書の記載事項　　判決書に記載される事項には，法律上記載が要求される事項（必要的記載事項）と，事務処理の便宜上記載される事項（任意的・便宜的記載事項）とがある。必要的記載事項は，当事者・法定代理人，主文，事実，理由，口頭弁論の終結日および裁判所である（253）。判決書には，判決という表題が掲げられ，最初に当事者・法定代理人の住所・氏名，訴訟代理人がいる場合にはその住所・氏名が記載される（訴訟代理人の記載は法律上要求されていないが，判決の送達，執行文付与の申立てなどとの関係で記載しておく方が好都合とされる）。主文，事実，理由，口頭弁論の終結日および裁判所の表示が続き，最後に判決をした裁判官の署名押印が来る（規157 I）。合議体の裁判官が署名押印することに支障があるときは，その事由を付記して合議体の他の裁判官が署名押印すれば足りる（規157 II）。

　（a）　主文　　これは，判決の結論を表示する部分であって，終局判決にあっては訴状記載の請求の趣旨に対応する。訴えが不適法なときは，「原告の訴えを却下する」と書き，請求が理由のないものであるときは，「原告の請求を棄却する」と書く。請求が理由を有する場合には，原告の求めている請求の趣旨に対応する判断を示す。たとえば，「被告は原告に金〇〇円を支払え」，「別紙目録記載の土地が原告の所有に属することを確認する」，「原告と被告を離婚する」というように記載する。訴訟費用の裁判ならびに仮執行宣言または仮執行免脱宣言も，主文に掲げなければならない（濫上訴に対する制裁金〔303・313・327 II〕も同じ）。給付判決は強制執行の基礎となるので，主文の表示はとくに正確である必要がある。一部認容判決の主文は，まず請求認容部分を記載し，引き続き「原告のその余の請求を棄却する」と記載して，棄却部分の内容を明確にしなければならない。

　（b）　事実　　事実とは，口頭弁論に現れた当事者の申立て，主張等を要約して記載し，事件の事実的内容を明らかにする部分である。まず，原告の訴訟上の請求を請求の趣旨・原因によって明らかにし，これに対する被告

の本案の申立てがあれば，これをも記載する。そして，口頭弁論終結時点での当事者双方の事実上の陳述を整理して掲げ，争いのある事実と争いのない事実を明確に区別する。この意味での事実は，訴訟経過の報告でなく，当事者の陳述から明らかになる事件内容の報告である。これは，当事者の提出した訴状，準備書面および口頭弁論調書等を閲読すれば分かるものではあるが，裁判官が口頭弁論に現れた資料をいま一度確認し，公証するために記載させるものである。

　事実の記載にあたっては，請求の内容を明らかにし，かつ主張については，当事者がした主張のすべてでなく，判決主文が正当であることを示すのに必要な限りで摘示しなければならず，かつそれで足りる（253 II）。したがって，たとえば主位的主張と予備的主張がなされた場合に，裁判所が主位的主張を認定するときは予備的主張を記載する必要はないこととなる。旧法下では当事者の事実主張を主張・証明責任の分配に応じて体系的に記載する実務と，このような実務では訴訟の中心的争点が事実記載上明確にならず，また，事実のところで記載された事項が理由欄において繰り返し記載され認定されるため判決書を作成する裁判官に多大の作業を強いるという事態が生じていたことから，充実した争点整理がなされることを前提に，訴訟の争点を中心にして判決書を作成する試みが提唱され実践された（新様式判決と呼ばれる。最高裁事務総局編・民事判決書の新しい様式について〔平 2〕参照）。これによれば，判決書の「事実及び理由」は，「第一　請求（または申立て，請求の趣旨）　第二　事案の概要（事件の類型と中心的争点を説明する部分）　第三　争点に対する判断」から構成される。253 条 2 項は，新民事訴訟法による争点整理手続の充実に対応して，あまり専門技術的になることや重複記載を避けるべく，新様式判決に対応するものと言われる（中野・解説 62 頁）。

　　(c)　理由　　理由とは，事実の部分において明らかにされた資料に基づき「主文」の判断に至った判断過程を示す部分である。当事者間で争いのない事実は，そのまま判決の基礎とされなければならない。争いのある事実については，裁判所は証拠調べの結果および弁論の全趣旨に基づき自由心証によりその存否を判断し（247），認定された事実にいかなる法規を適用した結果として判決主文の判断が導かれたかを明らかにする。どの事実をいかな

4 - 2 - 11

る証拠から認定したかを明らかにしなければならないが（証拠説明），個々の証拠のどの部分をいかなる理由により採用し，または採用しなかったかは原則として記載する必要はないとするのが判例である（最判昭 32・6・11 民集 11-6-1030）。事実認定のさい引用される文書の真正の判断およびその理由の記載については見解の対立がある。

判決が理由を欠いたり，理由に食違いがあると，上告理由（⇒ **6-3-6**）となる（312 II ⑥）。書証の記載や体裁からその記載通りの事実を認めるべき場合に，何ら理由を示すことなくその書証を排斥することは理由不備の違法となる（最判昭 32・10・31 民集 11-10-1779）。また，通常信用し難い証拠を信用して事実を認定する場合には，証拠の取捨につき特別の理由の説明を要する（田中和夫・新版証拠法〔昭 34〕51 頁，山木戸克己・民事訴訟法判例研究〔平 8〕279 頁以下，上田 374 頁）。

(**d**)　口頭弁論の終結日　判決の既判力の標準時（⇒ **4-3-6**）は，事実審の最終口頭弁論終結時である（民執 35 II 参照）。そこで，いつ口頭弁論が終結したかを容易に知ることができるように，判決書においてこれを明確にさせる趣旨で，この記載が要求される。

(**e**)　裁判所の表示（253 I ⑥）および裁判官の署名押印（規 157）

4-2-**12**　判決の言渡しと送達

(**1**)　判決の言渡し　判決が効力を生ずるためには，言渡しが必要である（250）。判決言渡期日は，口頭弁論の終結から 2 か月以内に開かなければならない（251）。しかし，この規定は訓示規定であり，その通りにならなくても違法ではないが，訴訟促進の観点から期間の遵守が望まれる。判決言渡期日は，裁判長が指定し（93 I），裁判所書記官があらかじめ当事者に通知しなければならない（規 156 本文）。ただし，判決言渡期日を期日において告知した場合，または，不備を補正できない不適法な訴えを口頭弁論を開かずに却下する場合には，言渡期日の事前通知は必要でない（規 156 但）。判決の言渡しは，当事者が在廷しない場合にもすることができる（251 II）。

判決の言渡しは公開の法廷において（憲 82 I），裁判長が判決書の原本に基づき主文を朗読して行う（法 252，規 155 I）。判決理由の朗読は原則として不要であるが，裁判長は，相当と認めるときは，理由を朗読しまたは口頭でその概要を告

げることができる（規155Ⅱ）。なお，判決の言渡しは判決原本に基づくという原則の例外として，民事訴訟法は一定の場合には，判決書の原本に基づかないで判決を言い渡すことを許す（254Ⅰ）。それは，被告が口頭弁論において原告の主張事実を争わず，その他何らの防御方法をも提出しない場合，および，公示送達による呼出しを受けた被告が口頭弁論期日に出頭しない場合（ただし，被告の提出した準備書面が口頭弁論において陳述したものとみなされた場合を除く）で原告の請求を認容するとき（254Ⅰ①②）である。このような場合には，裁判所は判決書を作成しないで，迅速に判決を言い渡すことができる。このようにして判決を言い渡したときは，裁判所は裁判所書記官に，当事者および法定代理人，主文，請求ならびに判決理由の要旨を，判決の言渡しをした口頭弁論期日の調書に記載させ（254Ⅱ。判決書のように事実の記載は必要でない），判決書に代える（調書判決）。なお，少額訴訟においては，判決の言渡しは原則として判決原本に基づかないですることができる（374Ⅱ）。

　（2）　判決の送達　　判決の言渡しの後，裁判長は遅滞なく判決原本を裁判所書記官に交付し，裁判所書記官はこれに言渡しおよび交付の日を付記して押印しなければならない（規158）。裁判所書記官は，判決書の交付を受けた日から，調書判決の場合には判決言渡しの日から，それぞれ2週間以内に，判決書の正本，または，調書判決の場合の調書の謄本または正本（254Ⅱ・255Ⅱ・規159Ⅱ）を，当事者に送達しなければならない（255Ⅰ・規159Ⅰ）。上訴期間は当事者がこの送達を受けた時から進行する（285・313）。判決の送達は，強制執行における債務名義の送達の要件を満たす（民執29）。

Ⅴ　判決の瑕疵

　判決には，その手続や内容につき瑕疵が生ずることがある。この瑕疵は，判決に及ぼす影響いかんによって，（ア）上訴の提起なしに更正できる瑕疵，（イ）判決の効力を左右せず，上訴・再審などの法律上の是正手段によってのみ主張しうるもの，（ウ）判決として成立するための基本的要件を欠き，そのため法律上判決としての存在意義を認められないもの（非判決），（エ）法律上判決としての存在意義は一応認められるものの，判決としての本来的効力

を全部または一部発揮できないもの（無効判決）が区別される。（イ）は上訴，再審の箇所で説明されるので，ここでは（ア）（ウ）および（エ）について説明する。

4-2-13　判決の更正

（1）　意義　　判決書に記述上の明白な誤りが発見されるとき，裁判所がこの誤謬を訂正することを判決の更正という。これは，上訴によらないで判決書の誤謬を決定手続により簡易に訂正する道を開くものである。この決定が更正決定である（257）。

（2）　要件　　判決の更正ができるのは，判決に計算違い，誤記，その他これに類する記述上の誤りがあり，かつ，この誤りが明白な場合である。誤りが，もっぱら裁判所の過失によるか，当事者の誤った陳述に起因するかは問わない（原告が明渡しを求める物件の表示を誤ったため判決主文においてもその表示に誤りが生じた場合につき，最判昭43・2・23民集22-2-296）。ある請求につき裁判されていることが判決理由から明らかになるものの，判決主文には記載されていない場合，それは判決自体から明らかになる誤りであり，民訴257条による訂正が可能であると解される（広島高判昭38・7・4高民16-5-409）。訴訟費用の判断が判決理由において示されているが，判決主文には判断が欠けている場合も，同じである。

（3）　更正の手続　　裁判所は，当事者の申立てまたは職権によりいつでも更正決定をすることができる（257）。上訴提起後でも可能であり，また判決が確定した後でも可能である。誤りが記述上明らかであれば，上級裁判所でも更正することができる（大判大12・4・7民集2-218，最判昭32・7・2民集11-7-1186，伊藤511頁，菊井＝村松 I 1235頁，条解民訴1416頁〔竹下＝上原〕，新堂672頁など。反対，兼子324頁）。更正は決定で行う。上級裁判所が下級審判決の明白な誤りを更正する場合には，主文中で更正を行い，その理由を判決理由において示しても差し支えない（前掲最判昭32・7・2）。更正決定は，判決の原本および正本に付記する（規160本文）。裁判所は，相当と認めるときは，判決書の原本または正本への付記に代えて，決定書を作成し，その正本を当事者に送達することができる（規160但）。

更正決定に対しては，即時抗告ができる（257 II 本文）。判決に対して適法な控訴の提起があったときは，控訴裁判所の判断を受ければ足りるから，即時抗告は許されない（257 II 但）。更正申立てを理由なしとして却下した決定に対して，抗

告は許されないとする判例・多数説（大決昭 13・11・19 民集 17-2238，兼子 329 頁，新堂 672 頁，条解民訴 1417 頁）と，上級審が更正決定をする権限を有することと，明白な誤りの有無について判断が分かれうることを理由に即時抗告が許されるとする見解（東京地決平 9・3・31 判時 1613-114，伊藤 512 頁，秋山＝伊藤ほか V 217 頁，斎藤編⑷489 頁）が対立する。更正申立てを不適法として却下した決定に対しては，通常抗告が許される（328 I）。

（4）　更正の効果　　判決の更正は，確認的である。更正された判決は，言渡し時に遡って効力を有し，判決の内容を明瞭にする。その結果，当初は適法に提起されたように見える上訴が，後に不適法になることが生じうる。それゆえ通常は，判決の更正は新たな上訴期間を開始させるものではない。ただし更正によって不服または上訴の相手方を初めて認識できる場合には，更正決定の送達時から改めて上訴期間が進行を開始する。257 条の方法があるかぎり，判決内容確認の訴えまたは第 2 の給付の訴えは，訴えの利益を欠き不適法である。

4-2-14　判決の変更

（1）　意義　　判決をした裁判所が自ら法令違反に気づいたとき，自ら判決を変更して法令違反を除去することを許すのが「判決の変更」の制度である（256）。これは，昭和 23 年の民事訴訟法の一部改正のさい新設されたものである。法令違反による上訴を防ぎ上訴審の負担軽減を図ることを目的とするが，判決の覊束力（自己拘束力）の例外であるため極めて厳格な適用要件が定められており，そのため実務ではほとんど利用されていないと言われている。現行民事訴訟法が導入した定期金賠償を命ずる確定判決の変更を求める訴え（117。⇒ 4-2-20）とは異なるので注意を要する。

（2）　要件　　（ア）判決に法令違反があること。事実誤認は判決の変更の理由とはならない。（イ）判決言渡し後 1 週間以内であること（256 I）。この期間内であっても，不控訴の合意，上訴権の放棄などによって判決が確定すれば，変更の余地はなくなる（256 I 但）。（ウ）判決の変更のためさらに口頭弁論を開く必要がないこと（256 I 但）。口頭弁論は開けないから（256 II），法令違反の是正のために新たに事実認定を要する場合には，判決を変更することができない。

（3）　手続　　判決の変更は，もっぱら裁判所が職権で行う。当事者には申立権がなく，原則どおり，上訴による救済を求めるしかない。判決の変更も判決によって行われるが，この判決を変更判決と呼ぶ。変更判決も言渡しが必要であり，それも原判決の言渡し後 1 週間の期間内にする必要がある。変更判決の言渡期日

の呼出しは，通常の方式では間に合わないおそれがあるので，送達すべき場所に宛てて呼出状を発したときに送達があったものとみなされ，直ちに送達の効力が生ずる（256 III）。

4-2-15　非判決と無効判決

（1）　非判決　　（ア）　判決の基本的標識を欠き，判決としての存在意義を認められないものを非判決と呼ぶ。たとえば，判決は言渡しによって初めて成立するものであるから，判決原本が作成されていても言渡し前は非判決である（大判明 37・6・6 民録 10-812）。裁判所以外のものが裁判しても，それは判決ではない。したがって，裁判所書記官や執行官が作成した判決（書）や，裁判官が作成しても司法修習生の研修用に作成した判決（書）は非判決である。

（イ）　非判決は，判決としての効力をまったく生じない。これは審級を終了させるものでないので，裁判所は改めて判決をし直す必要がある。当事者の方も審級が終了していないことを指摘して，裁判所に審理の続行を求めることができる。非判決に対して上訴ができるか否かについて争いがある（消極説，前掲大判明 37・6・6，兼子 312 頁，新堂 676 頁。積極説，大阪高判昭 33・12・9 下民 9-12-2412，講義 437 頁〔鈴木正裕〕）。誤って非判決の正本が作成され，送達され，判決が存在するような外観が生じ，強制執行の危険が生まれる場合には，上訴を認めるべきであろう。

（2）　無効判決　　無効判決は，非判決と異なり，判決として存在しており，当該審級を終了させるけれども，重大な瑕疵のため判決としての本来的効力（既判力，執行力，形成力など）を全部または一部発揮できないものである。たとえば，裁判権に服しない者に対する判決，実在しない当事者のための，またはこれに対する判決（大判昭 16・3・15 民集 20-191 は，公示送達により訴状が送達された死者に対する訴えに対して下された判決を無効とする），現行法に知られていない法律効果を認める判決，手続外で（たとえば訴え取下後に）なされた判決は，無効判決である（反対，大判大 14・6・4 民集 4-317）。無効判決も判決をした裁判所を拘束するため，裁判所は自らこれを取り消すことができない。無効判決は有効な判決の外観をもつため，上訴によって排

除できなければならない。この点に関連して，無効判決につき判決の確定があるか否かという点につき，見解が対立する。否定に解すれば，上訴期間経過後も上訴を提起することができる。しかし，無効判決を言い渡した裁判所は，覊束力によりこれを変更することができないため，上訴期間が経過すると，判決は確定すると解される。上訴期間経過後は，上訴により無効判決を攻撃することはできない。判決自体の無効確認の訴えを法律関係の不存在確認の訴えと見て，判決無効確認の訴えを適法と解すべきである（判例は反対である。最判昭40・2・26民集19-1-166）。

VI　訴訟費用の裁判

4-2-16　訴訟費用の意義と負担

　国家は，私人による自力救済を禁止し司法を独占するけれども，国民に裁判制度を無料で利用させるのではない。国家は，裁判制度の運営の費用をできるだけカヴァーするため制度利用者にいわゆる裁判費用（83 I ①）の支払を求める。これには，手数料（民訴費 3 I）のほか，送達費用，証拠調べのために必要な証人，鑑定人，通訳人の旅費・日当・宿泊料，鑑定料，通訳料（民訴費 2 ②・11 I ①）などが属し，当事者が裁判所に納付すべきでもある。当事者や訴訟代理人が裁判所に出頭するために必要な旅費・日当・宿泊費，訴状・準備書面など書類の作成費用（民訴費 2 ④〜⑦等）は，当事者が訴訟追行のために支払う費用であり，当事者費用と呼ばれる。裁判費用と，弁護士費用を除く当事者費用が訴訟費用をなし，その範囲と額は法律によって画一的に定められる[7]。

---

7)　民事訴訟規則 83 条は，訴訟手続の迅速化のために準備書面を当事者から当事者に直送することを求めている。にもかかわらず，この直送に要した費用を訴訟費用とし敗訴者に負担させることを定める規定は民訴費用法にない。最決平 26・11・27 民集 68-9-1486〔平 27 重要判解 3 事件〕は，準備書面直送の費用は「裁判所が何らかの手続上の行為を追行することに伴うものではなく，当事者が予納義務を負担するもので

482　　第4編　第2章　終局判決による訴訟の終了

　裁判費用の負担については，国家は裁判費用をだれに請求することができるかという問題と，だれがこの費用を最終的に負担するかという問題を区別する必要がある。裁判費用は申立人，したがって原告または上訴人が支払う。しかし，この者が勝訴すれば，相手方が費用の負担を命ぜられる(61)。裁判費用には，手数料と手数料以外の裁判費用がある。前者は申立人が申立てをするさいに裁判所（国庫）に納入すべき費用であり，訴額などを基準にしてその額が法定されており（民訴費3以下），訴状に収入印紙を貼付して納入する（同8。ただし納付額が100万円を超えるときは現金で納付できる。同8但，民訴費規4の2）。必要な手数料の納入を欠くときは，裁判長による訴状の補正命令を受け，補正されなければ適式な申立てがないものとして訴状の却下が行われる（137 I II，民訴費6）（⇒ **2-1-10・12**）。後者は，裁判所がその概算額の予納を命じ（民訴費12 I），予納がなければ，裁判所は当該費用を要する行為をしないことができる（同12 II）。予納は，郵便料金または信用便の料金については，それぞれ郵便切手または最高裁の定める証票の納付の方法により，他は現金による（同13）。

4-2-17　訴訟費用の裁判と費用額の確定

　(1)　訴訟費用を最終的にだれが負担しなければならないかは，裁判所が決定する。訴訟費用の裁判は，裁判所が事件を完結する裁判において職権で（67 I），61条以下の規定に従って行われる。61条によれば，訴訟費用は権利の伸張または防御に必要であった限り，敗訴当事者の負担となる。敗訴の理由，敗訴者の故

　もない。そして，当事者が行う支出については，費用法2条4号ないし10号が，費用となるべきものを個別に定型的，画一的に定めているところ，直送は，多様な方法によることが可能であって，定型的な支出が想定されるものではない。直送をするためにした支出が費用に当たるとすると，相手方当事者にとって訴訟費用額の予測が困難となり，相当といえない」という理由で，「当事者が準備書面の直送をするためにした支出については，費用法2条2号の規定は類推適用されないと解するのが相当」と判示する。しかし，最高裁判所自身が民事訴訟規則により準備書面の直送を求め，そして直送された準備書面が裁判所がする他の訴訟行為の重要な基礎をなす場合に，その直送費用が全く訴訟費用にならず，勝訴しても，直送をした当事者が自弁しなければならないとするのは不当な判断ではなかろうか。訴訟費用額の予測の困難性という点については，裁判所が予測可能性を害さない相当な額を決めれば，問題はないであろう。

VI 訴訟費用の裁判

意または過失の有無は問わない。弁護士強制主義が採用されていないため，当事者が訴訟代理人である弁護士に支払う弁護士費用は，裁判所が弁護士の付添いを命じた場合（155 II）を除き，権利の伸張または防御に必要なものと認められていない。なお，不法行為に基づく損害賠償請求訴訟においては，弁護士費用は加害行為と相当因果関係の範囲内にあるものに限り，不法行為によって生じた損害として償還が命じられたが（最判昭44・2・27民集23-2-441〔百選［2版］27事件〕），近時の判例は，安全配慮義務違反を理由とする債務不履行による損害賠償請求について，同じく，相当因果関係にある相当額の弁護士費用について損害賠償を認めている（最判平24・2・24判時2144-89）。同じことは，積極的債権侵害や契約締結上の過失による損害賠償請求にも認められるべきであるので，相当額の弁護士費用の損害賠償を肯定する展開が予想される。それでも，一般的にいうと，現実の訴訟では弁護士によらなければ訴訟の追行が困難であり，裁判所にとっても弁護士代理が不可欠であるにもかかわらず，弁護士費用が訴訟費用にならないという不具合が生じている。

原告一部敗訴の場合，訴訟費用の負担者および額は裁判所がその裁量によって定める（64本文）。事情によっては，当事者の一方に訴訟費用の全部を負担させることができる（64但）。敗訴者が共同訴訟人のときは，平等の割合で訴訟費用を負担する（65 I 本文）。ただし，固有必要的共同訴訟の場合や，本案で連帯債務・不可分債務の支払が命ぜられた場合などは，裁判所は，連帯して負担させまたは他の方法により負担させることができる（65 I 但）。以上の定めにかかわらず，裁判所は権利の伸張または防御に必要でない行為をした当事者に，その行為によって生じた訴訟費用を負担させることができる（65 II）。

敗訴者負担主義の厳格な貫徹が，却って不公平となることがある。たとえば，原告が原告の権利を争っていない被告に対し催告もしないで訴えを提起し，被告が直ちに請求を認諾した場合（これは62前段にあたる）や，原告主張の権利につき対抗要件が具備していない旨の被告の指摘に応じて，原告がその後に対抗要件を具えたので請求認容判決がなされた場合（62後段），勝訴当事者に訴訟費用を全部または一部負担させるのが公平に合致する。また，勝訴当事者が適時に攻撃防御方法を提出せず，または責めに帰すべき事由により訴訟を遅延させた場合には，勝訴にもかかわらず勝訴当事者に訴訟費用の全部または一部を負担させることが公平である（63）。

訴え提起当時，適法で理由を有した訴えが訴訟係属中に生じた事由により不適法になりまたは理由を欠くに至る場合がある。たとえば訴訟中に被告が債務を弁

済したような場合や，形成訴訟において形成の利益が消滅したと判断される場合が典型的である。かかる場合，敗訴には違いないから，原告は敗訴者として訴訟費用を負担しなければならないというのは不公平である。このような場合について公平な訴訟費用を負担を実現するためにドイツ法の「本案終了宣言」のような制度が必要であるが，日本法では採用されていない[8]。

　なお，裁判に対して上訴が提起される場合（ただし，訴訟費用の裁判に対しては独立して上訴をすることができない〔282〕），上訴が却下または棄却されるときは，上訴費用は上訴人の負担となる。上訴が理由を有し本案の裁判が変更される場合には，上訴裁判所は訴訟費用の総額についてその負担の裁判をしなければならない（67 II 前段）。原判決の取消しがあり，事件の差戻しまたは移送を受けた裁判所が終局判決をする場合も同じである（67 II 後段）。その結果，当初勝訴した当事者も最終審において敗訴すれば，訴訟費用を全額負担しなければならない（訴訟費用一体の原則）。例外は上述の 62 条・63 条の場合である。

　(2)　訴訟費用の裁判によって，敗訴当事者に対する費用償還請求権が成立するが，その額はまだ確定していない。額の確定は，訴訟費用額確定手続によらなければならない。この手続は，訴訟費用の負担を命ずる裁判が執行力を生じたのち，申立てにより第一審裁判所の裁判所書記官が管轄し，訴訟費用額確定の処分をする（71）。当事者双方が訴訟費用を負担するときは原則として，各自の負担すべき費用は対当額で相殺があったものとみなされる（71 II）。裁判所書記官による訴訟費用額確定の処分は，相当な方法での告知によりその効力を生じ（71 III），これに対する異議の申立ては告知を受けた日から 1 週間の不変期間内にしなければならない（71 IV）。異議の申立ては執行停止の効力を伴う（71 V）。異議の申立てに理由があると認める場合において，訴訟費用の負担の額を定めるべきときは，裁判所は自らその額を定めなければならない（71 VI）。訴訟費用額

---

8)　東京高決平 24・10・4（尾島明＝宮下修「許可抗告事件の実情 —— 平成 25 年度」判時 2255 号 8 頁における紹介）は，公務災害による障害補償一時金請求に関し〔旧〕行政不服審査法に基づく異議申立てに対し同法 50 条所定の措置がとられないことの違法確認の訴えが提起された後に，原告が障害補償の一時金等の支給通知を受けたため，訴えが取り下げられたという事案につき，訴え取下げの場合にも民訴法 73 条 2 項による 61 条の準用により，原告に訴訟費用の全部を負担させるのが相当だとする。しかし，訴訟中の債務の弁済の場合と同じように，実質的には原告の勝訴であるので，原告が全部訴訟費用を負担しなければならないというのは不公平な扱いであろう。本案終了宣言については，坂原正夫・民事訴訟法における訴訟終了宣言の研究（平 22）が詳しい。

VI 訴訟費用の裁判 485

確定の処分に対する異議の申立てについての決定に対しては，即時抗告をすることができる（71 VII）。

(3) 訴訟費用額の確定処分の更正　　訴訟費用額の確定処分に計算違い，誤記その他これらに類する明白な誤りがあるときは，裁判所書記官は申立てによりまたは職権で，いつでもその処分を更正することができる（74 I）。更正の処分およびこれに対する異議の申立てについては，訴訟費用額の確定手続についての71条3〜5項および7項が準用される（74 II）。ただし，訴訟費用額の確定処分に対し適法な異議の申立てがあったときは，更正処分に対してさらに異議の申立てをすることはできない（74 III）。先にした異議の申立ての手続のなかで更正処分の誤りを主張すれば足りるからである。

4-2-18　訴訟費用の担保

　日本に生活や事業の本拠を有しない者が訴えを提起した場合には，その者が敗訴して訴訟費用を負担する義務を負っても，その義務を履行しないおそれがある。そこで，このような場合には，被告の申立てによって原告に訴訟費用の担保を提供するよう命じなければならない[9]。担保の提供がなされたのち不足が生じた場合も同じである（75 I）。原告が担保を提供するまで被告は応訴を拒むことができる，とされている（75 IV）。ただし，被告が担保提供事由があることを知ったのちに本案について弁論をし，または弁論準備手続において申述したときは，担保提供命令の申立権を失う（75 III）。原告が担保を立てるべき期間内に担保を立てないときは，裁判所は口頭弁論を開かないで判決により訴えを却下することができる（78。ただし判決前に担保が立てられたときは，それにより，被告の不利益は解消するので，訴えの却下は許されない。同条ただし書）。

---

[9]　ただし，民訴条約の締結国に住所，事務所または営業所を有する同条約締結国の国民である原告は，この者が国籍を有する締約国が民訴条約 35 条 1 項の留保をしている場合を除き，訴訟費用の担保を提供する必要がない。民事訴訟手続に関する条約等の実施に伴う民事訴訟手続の特例等に関する法律 10 条。

4-2-18

VII 判決の確定

4-2-19 形式的確定力

（1） 判決の確定　　終局判決が上訴（または手形訴訟・小切手訴訟の終局判決（訴え却下判決を除く）もしくは少額訴訟の終局判決に対する異議の申立て）によってもはや取り消される（または口頭弁論終結前の程度に復する）余地がなくなると，判決は確定し，訴訟は終了する。この場合，判決は形式的確定力を生じたという。一度開始された訴訟は法的安定の要請上，必ず終結しなければならないものであるから，形式的確定力はどのような終局判決にも必要なものである。判決が確定した後に例外的に当事者に残されるのは，上訴期間の追完（97），再審の訴え（338以下）および定期金賠償を命じた判決につき例外的に許される確定判決変更の訴え（117）だけである。

（2） 判決の確定時期　　判決が確定するのは不服申立手段が尽きたときであるから，判決（上訴ではなく異議申立てが許される少額訴訟の終局判決および手形・小切手訴訟の終局判決を除く）がいつ確定するかは，訴訟上いつこの不服申立手段が尽きるかによって異なる（116）。

（ア）　まず，上訴の許されない判決は，その言渡しとともに確定する。上告審の終局判決がそうである。

（イ）　上訴が許される場合には，当事者が上訴期間を徒過し，もしくは，上訴を提起しても上訴期間経過後に上訴を取り下げ，または上訴却下の判決を受けこれが確定した場合，原判決は上訴期間経過時にさかのぼって確定する（上訴の取下げが上訴期間経過前になされたときは，まだ上訴提起が可能であるから，上訴期間経過の時に判決は確定する）。

（ウ）　当事者が上訴期間内に適式に上訴を提起すれば，判決の確定は遮断され，上訴棄却判決の確定とともに原判決も確定する。

（エ）　上訴期間経過前，上訴権を有する当事者が原裁判所に対して上訴権放棄の申述をすれば（284），判決は上訴権の放棄の時に確定する。

VII 判決の確定 487

　（オ）　不控訴の合意は終局判決後，上告権を留保して行う場合にのみ適法とし，終局判決前の不控訴の合意は，当事者の一方がその社会的，経済的優位を利用して相手方との間で不控訴の合意をし，控訴権を放棄させる弊害が生ずるという理由で，これを無効とすることが昭和23年の民事訴訟法の一部改正による旧民訴360条（現行281 I と同じ）の意図であったが（最高裁判所事務局民事部・改正民事訴訟法詳説（民事裁判資料第9号〔昭23〕）85頁以下，奥野健一＝三宅正雄・改正民事訴訟法の解説〔昭23〕66頁以下），今日では仲裁合意が許される範囲において第一審裁判所を仲裁人と同様に信頼して第一審だけで訴訟を解決しようとするものとして適法であると解されている（通説。これに対し，終局判決後においてのみ不控訴の合意ができるとするのは，菊井維大「上訴制度」民訴講座(3) 843頁・858頁，松本＝上野603頁，基本法(3) 16頁以下）。通説によるならば，終局判決前に不控訴の合意がある場合には判決言渡しの時に，判決は確定する。また，飛越上告の合意（281 I）があるときは，判決は上告期間の徒過の時に確定する。

　判決の確定が上訴期間の徒過にかかる場合，判決の送達時点，したがって上訴期間経過の時点が当事者ごとに異なることが生ずる。この場合，上訴期間の経過した当事者にも附帯上訴の可能性があるから，判決が確定するのは，両当事者にとって判決がもはや上訴できなくなった時点においてである。

　　（3）　判決の確定証明　　判決の確定は，既判力や形成力をもたらしうるほか（執行力も仮執行宣言がない限り，判決の確定に伴い生ずる），判決の内容によっては戸籍の届出（戸63・69など），登記の申請（民執173，不登63 I）などをすることができる（広義の執行力）。この関係で，判決が確定していることの証明が必要となる。判決の正本だけでは，判決の確定は明らかにならないからである。当事者または利害関係を証明した第三者（115条1項2〜4号等により判決の効力が及ぶ者）は，第一審裁判所の裁判所書記官に申請して，判決の確定証明書の交付を受けることができる（規48 I）。ただし，訴訟がなお上訴審に係属中のときは，上訴裁判所の裁判所書記官が判決確定部分について証明書を交付する（規48 II）。

4-2-20　定期金による賠償を命じた確定判決の変更を求める訴え

　（1）　意義　　口頭弁論終結前に生じた損害につき定期金による賠償を命

4-2-19・20

じた判決については，損害額の算定の基礎となった事情に著しい変更が生じた場合に，確定判決の変更を求める訴えを提起することができる。定期金賠償を命ずる判決は，後に正しくないことが明らかになりうる，将来発生すべき出来事の予測に基づく判決である。そして，損害額算定の基礎になった事情がその後に著しく変動し，判決が行った将来予測が正しくなかったことが明らかになった場合に，この確定判決の既判力に当事者を拘束し，継続的に定期金を給付させることは著しく不当である。そこで117条1項は，旧民訴法にはなかった確定判決の変更を求める訴えを認め，給付額の増額または減額等を請求できることとして，当事者間の利害の調整を図った（もっとも，この制度は日本法にこれまで全くなかったわけではない。明治民法962条は親族間の扶養義務に関して，「扶養ノ程度又ハ方法カ判決ニ因リテ定マル場合ニ於テ其判決ノ根拠ト為リタル事情ニ変更ヲ生シタルトキハ当事者ハ其判決ノ変更又ハ取消ヲ請求スルコトヲ得」と規定していた。いうまでもなく，扶養料請求事件が家事審判法（昭和22年法律152号）の制定に伴い非訟化されたことによって〔旧家審9Ⅰ乙⑧〕，明治民法962条は削除された）。この訴えは，変更を求められている判決を言い渡した第一審裁判所が専属管轄裁判所として管轄する（117Ⅱ）。訴え提起のさい，変更を求める確定判決の写しを訴状に添付することが求められる（規49）。

（2）**訴えの性質**　確定判決の変更を求める訴えは，もとの確定判決の変更を目的とする訴えであり，したがって，訴え提起後に支払期限の到来する定期金の部分につき新たな判決を求める訴訟上の形成の訴えと解すべきである。

　確定判決の変更を求める訴えは，請求異議の訴え（民執35Ⅰ）とは異なる。請求異議の訴えは，債務名義に表示された請求権について権利阻止抗弁または権利滅却抗弁（例外的には裁判以外の債務名義の成立についての異議〔民執35Ⅰ後段〕）を主張して債務名義の執行力の排除を目指すものであるが（松本博之・民事執行保全法〔平23〕361頁以下参照），確定判決の変更を求める訴えにおいては，損害賠償額の算定の基礎が事情の重大な変更によって確定判決の予想とは異なった展開をしたことを主張して，損害賠償請求権の権利根拠要件を攻撃するものである。したがって，損害賠償請求権の消滅（たとえば

VII　判決の確定

消滅時効の完成）は確定判決変更の訴えでなく，請求異議の訴えによって主張する必要がある。

(3)　**変更を求める訴えの要件**　　特別の訴訟要件として，①口頭弁論終結前にすでに生じている損害につき定期金賠償を命じた判決に関すること，②その判決が確定していること，および，③変更の訴えの原告が，前訴の口頭弁論終結後に後遺障害の程度，賃金水準その他の損害額の算定の基礎となった事情に著しい変更が生じたことを主張すること，である。

損害額の算定の基礎となった事情に著しい変更が実際に生じたことは，この訴えの理由具備要件である。いつ事情の変更が著しいと言えるかは，個別事案の事情に左右されるが，一般的には，判決の定めた定期金額を維持することが当事者間の公平に著しく反すると判断される程度の事情の変更である必要があり，かつそれで足りると思われる（伊藤520頁）。

(4)　**裁判**　　裁判所は，請求を認容する場合，変更されなければならない限度で確定判決を取り消し，改めて（増額または減額を申し立てられた）請求について裁判する。確定判決は，変更の訴えの提起後に履行期の到来する定期金債務についてのみ変更される。

(5)　**類推適用の可能性**　　民事訴訟法は明文上，口頭弁論終結前に生じた損害についての定期金賠償の場合にのみ確定判決変更の訴えを規定したが，将来履行期の到来する給付義務につき継続的に損害賠償を命ずる判決が確定判決変更の訴えの対象になりえないか否かが問題となる。たとえば，土地の所有者の不法占拠者に対する将来の賃料相当の損害金の支払請求が認容された後，公租公課の増減，土地の価格の高騰または下落により，または近隣の土地の賃料と比べて著しく不相当となった場合である。このような場合にも，判決変更の必要性は存在する。したがって117条の類推適用が認められるべきであろう（松本＝上野699頁以下。一問一答132頁，雛形要松＝増森珠美「定期金による賠償を命じた確定判決の変更を求める訴え」大系(2)3頁・16頁は，判例上（最判昭61・7・17民集40-5-941〔百選〔5版〕83事件〕），認容額と適正賃料額との差額の支払を求める訴えを提起することが許されていることを理由に類推適用に反対する。しかし，判例の立場は確定判決変更の訴えの制度がない時代に出されたものであり，また，差額請求を許すことによってすでにその限りで既

4－2－20

判力を後退させているから，この解釈には疑問がある。なお，伊藤 521 頁，川嶋四郎・民事訴訟法〔平 25〕729 頁以下，高橋・重点講義上 727 頁以下も参照）。

第3章 判決の効力

I 総　説

4-3-1　判決の自己拘束力，羈束力

（1）　自己拘束力　　判決はひとたび言い渡されると，判決をした裁判所自身も撤回したり変更したりすることが許されない。これを自己拘束力または自縛力（自縛性）と言う。確定前でも生ずるし，終局判決だけでなく中間判決にも生ずる。決定・命令ではこの効力がない場合がある（120・333，非訟59）のと対照的である。

　ただし，書き損じ，計算間違いといった表現上の過誤を訂正する判決の更正は可能である（257。⇒ **4-2-13**）。さらに，米法の影響を受けた昭和23年の法改正で，判決の変更の制度（256。⇒ **4-2-14**）が導入されたことにより，自己拘束力には例外が認められるに至っている。言渡し後1週間に限って法令違反のみを改めることができるというものである。

（2）　羈束力　　同一手続の中で，ある裁判所のした裁判が他の裁判所を拘束すること，たとえば，移送を受けた裁判所に対する拘束（22），上級審の判断の下級審に対する拘束（325 III，裁4）を羈束力という。かつては自己拘束力を羈束力と呼んだのであり，用語法は必ずしも統一されていない（松本＝上野600頁）。

4-3-2　確定判決の効力

（1）　確定判決の法的効力　　判決が確定すると，既判力，執行力，形成力が生ずる。これら3種は，判決の本来的効力と称される。

　既判力とは，確定した終局判決の内容たる判断の通有性を指し，実体的確定力，実質的確定力とも呼ばれる。争いの蒸し返しを許さないというもので

あり，詳細は後述する。

給付判決に掲げられた給付義務を，民事執行法を使って現実化する効力を執行力と言う。強制執行を発動させる効力を持つ文書を債務名義と呼ぶが（民執22），確定した給付判決は債務名義の代表例の一つである。なお，この狭義の執行力は給付判決にしか存しないが，強制執行以外の手続で判決内容に適合した状態を実現する効力を広義の執行力と言うことがある。不動産登記簿への登記，戸籍への記載などが，その例であり，広義の執行力は給付判決以外の確認判決，形成判決にも生じうる（最判昭41・3・18民集20-3-464〔百選〔5版〕21事件〕〔民執保全百選〔2版〕72事件〕参照）。

判決が宣言したとおりの法律関係の変更を生じさせる形成判決の効力を形成力と言う。離婚判決による離婚，株主総会決議取消判決による取消し，などがその例である。

(2) 仮執行宣言 まだ確定していない判決に，確定した場合と同様の効力（判決内容を実現する効力）を与えることを仮執行と言う（259）。敗訴者が上訴をすると判決の確定が妨止されるのに対抗して，勝訴者に権利を早期に実現する道を開くものである。仮差押え，仮処分という民事保全と異なり，権利の終局的実現（たとえば，金銭の交付）まで進む。ただし，判決が取り消されることを解除条件としており，法的には効力は浮動的である（倒産債権となるかにつき，東京地判昭56・9・14判時1015-20〔倒産百選〔3版〕46事件〕）。

仮執行宣言は，申立てまたは職権で付され，判決主文に掲げられる（259 IV）。要件は，財産権上の請求に関するものであること，仮執行をする必要があることである。財産権上の請求に限ったのは，仮執行が取り消された場合の事後処理が困難でないからである。したがって，財産権上の請求であっても，登記訴訟のような意思表示を求める請求は原状回復が困難なため，仮執行を付すことができない。仮執行の必要性は，判決が上級審で取り消される可能性，勝訴者が即時に判決内容を実現する必要性，逆に，判決内容の実現が敗訴者に回復しがたい損害を生じさせないか，等々を考慮して判断される。担保を立てさせることもできるし，無担保で仮執行を宣言することもできる。逆に，敗訴者が担保を積む場合に，仮執行を免れさせることもできる（仮執行免脱担保。259 III）。一般の事件では，仮執行宣言を付すか否かは，裁判所の裁量によるが，手形・小切手判決では職権で

必ず仮執行を宣言しなければならず（259 II），少額訴訟の認容判決でも職権で必ず仮執行を宣言しなければならい（376）。

仮執行宣言付判決に対して上訴がされたり，異議が申し立てられたりしたときには，執行を停止することができる（403）。控訴の場合は，原判決取消しの原因となるべき事情がないとはいえないこと，または，執行により著しい損害を生ずるおそれがあること，について疎明が必要である。上告の場合は，原判決破棄の原因となるべき事情があること，および，執行により償うことができない損害が生ずるおそれがあることにつき疎明が必要である。

仮執行宣言は，その宣言または本案判決を変更する裁判があると，変更の限度で失効する（260 I）。しかも，本案判決を変更する場合には，裁判所は，被告の申立てがあれば，被告が給付した物の返還（原状回復）と，被告に生じた財産上および精神上の損害の賠償を原告に命じなければならない（260 II）。この損害賠償義務は無過失責任と解するのが通説・判例である。

(3) **確定判決の付従的効力**　判決の本来的効力の他に，特別の法規定または法理論によって認められる効力があり，付従的効力と称される。

訴訟法が認めるものとして，補助参加によって生ずる参加的効力（46），別訴禁止から生ずる特別の失権効（人訴25）がある。実体法が認めるものは，法律要件的効力と呼ばれるが，確定判決による消滅時効の長期化（民169）などがある（鈴木正裕「判決の法律要件的効力」山木戸還暦下149頁）。法理論が認めるとして議論されるものに，争点効，反射効があり，後述する（⇒ **4-3-9・14**）。

(4) **判決の事実上の効力**　以上の法的な（規範的な）効力に対して，判決がなされたことにより，事実上，他の裁判所，利害関係人に生ずる影響力を観念することができ，これを事実上の効力と呼ぶことがある。証明効，波及効，裁判手続効，などが唱えられている。

証明効は，判決内容が後の裁判所の事実認定においてもつ影響力をいう。すなわち，ある裁判所がある事実を認定すると，特別のことのない限り，後訴裁判所も同様の事実認定をするであろうことを指す。しかし，法的効力ではないから，別の事実認定をすることも違法ではない。この証明効を根拠に，反証提出責任や補助参加の利益を論ずる有力説があるが（山木戸・論集145頁），異論も強い。

波及効は，ある判決が，訴訟外の第三者の地位に影響を及ぼしていくことを指す。たとえば，公害・薬害訴訟や消費者訴訟での勝訴判決が，当事者以外の第三

者の被害の救済の方向に作用することが典型例である。さらには，行政や立法にも波及していくであろう（田中成明・裁判をめぐる法と政治〔昭 54〕参照）。

　裁判手続効とは，裁判手続自体が，広く当事者や第三者に影響を与えることをいう。国や企業が被告に据えられることで政策を変えること（嫌煙権訴訟の例）などがその例である。法政策形成機能と呼ばれるものとも重なりうる。

　これらは，法的（規範的）効力ではなく，当面は法社会学・法哲学の研究対象である。訴訟法学もその成果を吸収すべきであろうが，その方法論は確立されていない（旧注釈民訴(4) 7 頁・11 頁〔鈴木〕，新堂・役割 291 頁）。

4-3-3　既判力本質論，根拠論

　(1)　既判力本質論　　既判力を持つ裁判があると，後訴裁判所も両当事者もこれを無視することができない。なぜそうなのかを論ずるのが既判力本質論である。とくに，真の実体法状態に反する判決が出されることがありうるが（たとえば弁済があったにもかかわらず，当事者の主張立証いかんによっては，請求認容判決が出される），その場合にも既判力が優越することをどのように説明するかをめぐって論ぜられた。大局的に見て，実体法説と訴訟法説の 2 つがある。

　実体法説は，判決が出るとそれが実体法状態を変えると理解する。あたかも，判決内容と同じ内容の和解契約が両当事者間でなされたと同様に考えるのである。当事者間の実体法状態がそのように変わったのであるから，後訴裁判所もその新しい実体法状態に基づいて判決をしなければならない。

　訴訟法説は，既判力の拘束力は実体法状態とは原理的には無縁の，国家裁判所間の判断の統一という訴訟法上のものだと理解する。裁判所間の判断の統一という目的から，後訴裁判所は前訴確定判決の内容と矛盾する判断をしてはならないと考えるのである。もっとも，既判力は直接には裁判所に向けられているとしても，後訴裁判所が前訴確定判決に従って判断することが明らかであれば，当事者も前訴確定判決を基準にして行動することになり，間接的には既判力は当事者に及んでいく。

　そして，それぞれの説のバリエーションがある。訴訟前には権利の仮象があるだけであり，判決があって初めて権利は実在化すると説くいわゆる権利実在説（兼子 335 頁），判決が当事者の意思に基づくものであることを重視する当事者意思説（坂原正夫・民事訴訟法における既判力の研究〔平 5〕361 頁）は，実体法説のバリエーションであり，私的紛争の公権的・強行的解決制度に内在する紛争解決の一回性の要請，すなわち一事不再理の理念から既判力を説く新訴訟法説（三ヶ

月26頁）は，訴訟法説のバリエーションである（高見進「判決効の意義と機能」実務民訴［第3期］(3) 269頁参照）。

　さて，以上の既判力本質論は，不当判決の説明を主たる対象として展開されたが，より法技術的には，既判力の消極的作用と積極的作用のどちらが本質的か，したがって既判力に反する請求・主張は不適法として却下されるのか，理由なしまたはありとして本案判断に作用するのかという形で議論された。しかし，この面では，積極的作用と消極的作用の両者が併存し補完し合うというのが今日の通常の理解であり，ここにおいて既判力本質論を論ずる意味は大きく後退した（鈴木正裕「既判力本質論の実益」争点［初版］260頁）。かくして，既判力本質論は解釈論に直結する議論ではなく実益に乏しいと考えられるに至っている（新堂682頁）。確かにそういう面もあるが，本質論として考えるとすれば，既判力の相対性（当事者間にしか及ばない），職権調査性等との整合において訴訟法説の方が難点が少なく分があることになろう（条解民訴511頁〔竹下〕，小山389頁，伊藤524頁）。

　(2)　既判力による拘束の根拠　　当事者は，なぜ既判力に拘束されるか，それはどう正当化されるか。大別して4つの説がある。

　第1の説は，既判力が紛争解決という民事訴訟の制度目的に不可欠な制度的効力であるから，当事者は拘束されると説く（近藤完爾・執行関係訴訟〔昭43〕262頁，三ヶ月17頁等）。判決された権利関係の安定を目指し，負けた当事者の蒸し返しを封ずると言い換えることもできる。

　第2の説は，制度的効力と手続保障（手続上の諸権能が与えられ当事者はそれらを行使できたこと，このことの裏返しとして当事者に自己責任が生ずること）との2本立てで説明する（条解民訴512頁，上田徹一郎・判決効の範囲〔昭60〕224頁等）。もっとも，並列的な二元的根拠論ではなく，手続保障の方は既判力による拘束力を正当化するもの（新堂683頁）とか，既判力発現の実質的条件である（小山387頁）とか論ぜられることもある。また，論者によって，どちらに重点を置くかは分かれる。

　第3の説は，端的に手続保障・自己責任のみに既判力の根拠を求める。前訴で手続保障が与えられていた，そして，そこから前訴である主張・証拠を提出しておくべきであったという自己責任が生ずる，この提出責任が既判力の根拠だと説く。この説の論者は，提出責任に純粋化するため，訴訟物に結びついた既判力という用語を用いず，失権効という用語を用いる。判決において判断されたからという契機ではなく，訴訟手続が実施されたということ自体の契機からものごとを

考えるため，この失権効は訴訟物の枠に限定されず直接に前訴手続に着目して発現すると理解する。要するに，判決の効力ですらなくなる。いわゆる手続保障の第三の波の論者が主張するところである（水谷暢「後訴における審理拒否」民訴雑誌26号〔昭55〕59頁，井上治典「判決効による遮断」これからの民訴217頁）。

第4に，多元説がある。既判力の根拠は手続保障，裁判制度としての矛盾判断の回避，訴訟経済，権利関係の安定，実体法の実現と多元的だというのである（小林372頁。ただし，手続保障が最も重要だとする）。判例でも，最判昭和49年4月26日（民集28-3-503〔百選〔5版〕85事件〕）は，既判力の法意は権利関係の安定，訴訟経済，訴訟上の信義則等の観点にあると述べている。

さて，第4の多元説は，やや個別次元の考量要素に傾斜し，根拠論として細か過ぎる嫌いがある。逆に，第1の制度的効力説は，確かに根幹にこの種の制度的な拘束力があることは否定できないが，これだけでは解釈論の指針としてやや粗すぎると評すべきであろう。第3の提出責任説は，ラディカルに徹底した魅力を持つが，どういう場合に提出責任が生ずるかの肝心の議論が展開されていない（新堂・争点効下259頁）。かくして，根拠論としては，第2の二元的把握が最も無難であろう。具体的には，ここから，時的限界における期待可能性による微調整が導かれる。

もっとも，根拠論としては二元説を採るとしても，既判力の問題のすべてが根拠論から演繹的一義的に帰結されるものではない。具体的にある主張が遮断されるか否かは，既判力論という磁場の中で，当該主張の実体法的特性を勘案して決せられるべきものだからである。そして，磁場の強さをどの程度と考えるかは根拠論とは別次元の事柄であり，根拠論が同じであっても論者によって異なるところがある（高橋宏志「既判力の作用」民訴演習II 75頁，同・重点講義上798頁）。

4-3-4 既判力の作用，性質

(1) 既判力の作用　既判力は，実際問題としては，後訴が出現した場合に作用する。この作用には，消極的と積極的の両面がある。まず，既判力の生じた判断に反する主張・証拠申出を当事者がすることを許さず，裁判所も既判力に反した当事者の主張・証拠申出を排斥する，すなわち，その点の審理に入らないという消極的作用がある。たとえば，設例2で2,230万円を支払えという判決が確定した以上，標準時前に弁済していたとか消滅時効が完成していたとかの主張は消極的作用により排斥される。他面，既判力の生

Ⅰ　総　　説

じた判断を前提として後訴裁判所は判決しなければならないという積極的作用がある。たとえば，前訴の所有権確認請求で原告 X が勝訴したのち，後訴で移転登記手続を X が請求した場合，積極的作用により X の所有権が前提とされ，特段の事情がなければ，後訴も X の請求が認容される。これら消極的作用と積極的作用は，相互に補完して既判力の拘束力の内容をなすのである（新堂 707 頁，鈴木正裕・前掲争点［初版］260 頁）。

　既判力は，原則として（114 Ⅱ の相殺は例外）判決主文の判断，すなわち訴訟物に対して生ずる。前訴の既判力が後訴に及ぶ関係は，後訴の訴訟物が同一の場合，矛盾対立の関係にある場合，先決関係（前提関係）にある場合の 3 類型を抽出することができる（ただし，厳密には高橋・重点講義上 596 頁注 (15)）。訴訟物同一とは，前訴の 2,230 万円支払請求で敗訴した原告が再び，その 2,230 万円支払請求をする場合のごときものである。前訴の請求棄却判決の既判力により，標準時後の新事由がなければ（⇒ 4-3-**6**），後訴も請求棄却となる。逆に，前訴で勝訴した原告が同一訴訟物で再訴する場合は，直ちには既判力の問題とならず，勝訴判決を得ている者がする再訴として訴えの利益で処理される。すなわち，原則として訴えの利益は認められず再訴は却下される。ただし，時効の完成猶予のためとか（ただし，佐賀地判平 6・8・26 判タ 872-292 は，給付訴訟は認められず確認訴訟のみが許されるとする），判決原本が滅失した場合とかは，例外として訴えの利益が認められる。再訴は適法となるが，この段階で既判力の拘束が働く。

　前訴既判力と後訴の訴訟物が矛盾対立関係にある場合とは，金 2,230 万円の支払請求で敗訴した被告が，同一債務の不存在確認の訴えや同一金銭の不当利得返還請求を提起する場合，あるいは，X の Y に対する所有権確認請求で敗訴した Y が同一物の所有権確認の再訴を提起する場合である。前訴が後訴の先決関係（前提関係）にある場合とは，前述の前訴が所有権確認で後訴が移転登記手続請求であるものが典型である。前訴の既判力ある判断を前提として，後訴の請求を審理する。

　ところで，この既判力の作用は双面性を持つ。すなわち，既判力は前訴の勝訴当事者の有利に働くのが通常であるけれども，不利に働く場合にも勝訴当事者は拒否することができない。要するに，再度の審理を要求することが

できないのは，勝訴当事者も敗訴当事者も同様である。たとえば，建物の所有権確認で勝訴した前訴原告は，前訴被告から建物収去土地明渡しを請求された場合，その建物の所有者でないと主張することはできない。

(2) 既判力の職権調査性　既判力が及んでいるかどうかは，職権調査事項である。当事者が既判力を援用しない場合でも，裁判所は職権で指摘して判決の基礎とすることができる。資料収集面では職権探知だと解してよく（弁論主義を採り自白を認めることは，当事者の援用不要と調和しにくい），また，既判力ある判決の存在は裁判所に顕著な事実（179）にあたることもあろう。かくして，当事者は既判力の内容に反する（訴訟上の）合意をして再審理を求めることはできない。合意をしたとしても，裁判所はそれを無視して既判力に応じて後訴判決を形成する。なお，裁判所の判決でないまたは日本の裁判所の判決でないので，本質論における訴訟法説本来からは，仲裁判断の既判力（仲裁45）や外国判決の既判力は援用にかからしめてよい。

既判力に反する（訴訟上の）合意をすることはできないが，既判力内容と矛盾する実体法上の合意をすることは差し支えない。たとえば，所有権確認で敗訴した被告が，原告から当該不動産を買い受けることは少しも妨げられない。これは，既判力論から見ると，標準時後の新事由となる。

職権調査事項であるにもかかわらず，前訴確定判決の既判力が看過されて後訴判決が出されることがありうる。一般論としては，複数の判決がある場合，標準時の新しい，すなわち後から出された判決が優先する。民事では，事態が刻々と動き，標準時後の新事由の発生の可能性がつねに存在するからである。しかし，338条1項10号により，既判力に反する判決は再審で取り消され，前訴判決の既判力に応じた判決が下される（再審で，後訴判決の内容がそのように変更される）。要するに，再審で取り消されるまでは後訴判決が優先し，再審により前訴判決が優先する。もっとも，取り消される運命にある後訴判決を，一時的にせよ優先させることが具体的状況のもとでは妥当でないこともありえよう（松本＝上野707頁）。

(3) 既判力と再審，事情変更　(ア) 再審によって既判力は打破される。すなわち，既判力を否定することが再審の効用であり，既判力否定のためには再審を経由するのが原則である。しかし，つねに再審によらなければ，

既判力は否定されないか。判例は，害意ある場合は再審手続を経由せず，直接に損害賠償請求の後訴を提起することを許している（最判昭 44・7・8 民集 23-8-1407〔百選〔5 版〕86 事件〕）。

学説では，瑕疵の程度に応じて処理を分けるのが一般である。第 1 に，相手方の企てによって一方当事者が訴訟に関与し攻撃防御を行う機会を奪われたような場合，すなわち，前訴で手続保障がまったくなかった場合には，既判力の正当性がなく，既判力を否定してよい，したがって再審の経由は不要だとされる（判決の当然無効。紺谷浩司「確定判決の無効と詐取（騙取）」講座民訴⑦368 頁，石川明「不当取得判決とその救済」三ケ月古稀下 1 頁，岡田幸宏「判決の不当取得について」法政論集（名大）137 号〔平 3〕475 頁，ほか）。賛成すべきであろう。

第 2 に，手続保障をまったく欠くとまでは言い難い瑕疵である場合，学説には賛否両論がある。やはり再審を経由すべきだとする説は，不法行為請求等の後訴が前訴判決の既判力に抵触する点を重視し，再審で前訴判決が取り消されなければならないとする。確定判決の既判力による法的安定と具体的妥当性の調和は，民訴法が再審の制度を設けている以上，解釈論としては再審の経由によって果たすべきだというのである（中野貞一郎・判例問題研究強制執行法〔昭 50〕94 頁，中田淳一・訴と判決の法理〔昭 47〕203 頁，ほか）。

反対に，再審経由を不要とする説は，不法行為原因の有無等の判断の中で再審事由の存否を判断すれば，実質上は再審と同じであり既判力制度を動揺させることにならないと言う（新堂 677 頁）。「かくれた再審」という表現もある。また，事態の進展，時の経過によっては，つねに再審を開始させ旧訴訟の訴訟物のままで再審判することが適切でなくなることもあることから，再審経由不要を肯定する立場もある[1]。ところで，再審では再審事由の存否については職権探知であり，また，再審には独特の出訴期間の制限がある（342）。これらの点は不法行為等の訴訟では見られず，不法行為等の訴訟は

---

1)　河野正憲・当事者行為の法的構造（昭 63）344 頁。前訴が金銭請求認容であり被告が支払をしてしまった場合，再審では前訴請求を棄却に変更することができるにとどまり，損害賠償まではカバーされない。したがって，再審と損害賠償の 2 つの訴訟提起が要求される再審経由説より再審経由不要説が優るとする。

再審訴訟に完全には代替することができない。しかし，職権探知も実務上は強力でなく，出訴期間の制限も解釈により類推ができないではないと考えるのであれば，再審経由不要説も解釈論として成り立つであろう。再審経由不要説に賛成する（再審経由不要説を取ると，瑕疵の程度が手続保障を欠く場合であるか否かで分ける必要はなく，両者統一して再審経由不要となる）。

（イ）　将来の給付の訴えにおける判断は，将来のことへの予測判断である。したがって，本来的に脆弱な部分を持つ。そうだとすれば，現在の給付の訴えとは異なり，事情の変更ないし見通しの失敗を正面から持ち出し，既判力を柔軟に解し再審理可能（しかも再審経由不要）とすることが許されよう（山本弘「将来の損害の拡大・縮小または損害額の算定基準の変動と損害賠償請求訴訟」民訴雑誌 42 号〔平 8〕25 頁）。判例にも，この理を認めたものがある（最判昭 61・7・17 民集 40-5-941〔百選〔5 版〕83 事件〕）。117 条も，口頭弁論終結前に生じた損害につき定期金による賠償を命じた判決という限定された場合についてであるが，確定判決の変更を求める訴えを認めている（⇒ **4 - 2 - 20**）。

4 - 3 - 5　既判力を持つ裁判

（1）　本案判決　確定した本案の終局判決において，給付判決と確認判決，そして給付・確認・形成の請求棄却判決（性質上，これも確認判決である）に既判力があることに争いはない。確定とは，当事者に通常認められている不服申立ての方法が尽きたことをいう。このように，手続内で取り消されるおそれのなくなった判決を確定判決と呼び，また，判決の取消し不可能性を形式的確定力と呼ぶ（⇒ **4 - 2 - 19**）。

　　形成判決については，既判力を認めるか否かに争いがある。既判力否定説は，既判力を生ずべき形成権（または形成要件）は形成力と同時に目的を達して消滅する以上既判力を生ずる余地がなく，また，蒸し返し禁止の機能は形成力で果たすことができると論ずる（斎藤編(5) 61 頁，小山 390 頁）。これに対して，肯定説は，形成の結果（たとえば離婚）を争わせないことは形成力でできるが，形成判決が適法になされていないことを理由とする不法行為請求を封ずることが形成力で可能かを疑問とし，これを封ずるために既判力を肯定する（中田淳一・訴訟及び仲裁

の法理〔昭 28〕191 頁，本間義信「形成力について」民訴雑誌 14 号〔昭 43〕61 頁，ほか）。訴訟物論争を背景に確認訴訟原形説を攻撃する一環であった側面もあり，また，形成力概念の定義という側面もあるが，肯定説が妥当であろう。

中間判決は，当該審級の終局判決を用意するものであり，審級限りの自己拘束力はあるが既判力はない。刑事裁判所の判決には，民事裁判所を拘束する効力はない（秋山＝伊藤ほか II 448 頁）。

外国裁判所の判決も，118 条の要件を満たしていれば既判力がある。判例では，文書の送達に関する司法共助条約が存在する場合に，条約所定の方法を遵守しない訴状を「送達」して開始された訴訟の判決を 2 号の手続保障違反とした最判平成 10 年 4 月 28 日（民集 52-3-853〔国際私法判例百選 [2 版] 108 事件]），日本ですでに判決がある場合は外国判決は 3 号の公序により承認されないとした大阪地判昭和 52 年 12 月 22 日（判タ 361-127〔国際私法判例百選 [2 版] 112 事件]），アメリカの懲罰的損害賠償判決は承認されないとした最判平成 9 年 7 月 11 日（民集 51-6-2573〔国際私法判例百選 [2 版] 111 事件]），民法が実親子関係を認めていない者の間にその成立を認める内容の外国裁判所の裁判は，3 号の公の秩序に反するとした最決平成 19 年 3 月 23 日（民集 61-2-619〔国際私法判例百選 [2 版] 69 事件]）等があり，学説上も盛んな議論がある（旧注釈民訴(4) 354 頁〔高田]）。

（2） 訴訟判決　　既判力本質論における実体法説では，実体法状態を判断していない訴訟判決（訴え却下判決）に既判力を肯定するのは困難であった。が，ある訴訟要件なしとして訴えが却下された後，同一の状況の下でなされる再訴を封ずるためには，訴訟判決にも既判力を肯定するのが便利であり，今日の通説は訴訟判決にも既判力を認める。

ただし，訴訟判決の既判力は，訴え却下の事由ごとすなわち個々の訴訟要件ごとに生じ，訴訟要件不存在一般に生ずるのではない。この意味で，判決理由中の判断と判決主文の判断とが一体として把握される。したがって訴え却下後も，訴訟要件一般の存在でなく，当該訴え却下事由たる訴訟要件（たとえば当事者能力）が標準時後に具備したことさえ主張立証していけば，再訴することができる。このように訴訟判決の既判力を狭く解するのは，本案審理を一度は保障すべきだからである。

（3） 確定判決と同一の効力を有する調書類　　裁判上の和解調書，請求の認諾調書（267），調停調書（民調 16，家事 268）等については，既判力肯定説，否定

説，制限的肯定説の対立がある。既判力は，手続を経由し裁判官が判断した事項に生ずるものであり，また，同一事件の再申立ての排斥は実体法上の和解の拘束力（民696）等で可能であろうから，否定説を採るべきであろう（⇒4-1-**12**・**18**）。

(4) 決定　114条は確定判決とあるが，手続保障がそれなりに存在し実体につき終局的に判断するものであれば，決定にも既判力を肯定してよい。訴訟費用額に関する決定（71～73），代替執行の費用支払決定（民執171），間接強制のために命ずる金員支払決定（民執172）などがこれにあたる。訴訟費用等は，以後，この額を争って不当利得返還等の請求をすることができない。

しかし，実体につき終局的に判断するものでない決定には既判力は認められない。たとえば，訴訟指揮の決定には，既判力がないし，自己拘束力もなく変更が可能である（120）。

非訟事件の裁判には，原則として既判力を認めないのが通説である（兼子41頁。なお，鈴木正裕「非訟事件の裁判の既判力」実務民訴(7)95頁）。非訟事件手続法59条も裁判の取消し・変更を認めている。

II　判決の効力の客観的範囲

4-3-**6**　既判力の時的範囲（限界）

(1) 既判力の限界（範囲）　既判力は，蒸し返しを禁じ再審理を許さない強力な効力であるので，その反面，限界・範囲を明確にしておかなければならない。その際に考慮すべき要素としては，（ア）正当な決着期待争点について攻防を尽くす義務，（イ）紛争の終局的・強制的解決の可及的達成，（ウ）紛争の相対的解決に必要にして十分な限度を守ること，（エ）実体法秩序との調和，（オ）既判力以外の争点効・信義則などとの守備範囲の調整，を挙げることができる（新堂687頁）。しかし，伝統的には，これらの諸考慮要素を勘案して，時的限界（範囲），物的ないし客観的限界（範囲），人的ないし主観的限界（範囲）として定式化されている。

(2) 時的範囲（限界）の意味　既判力は，事実審の口頭弁論終結の時

点において生ずる（民執35 II）。この時点を既判力の標準時または基準時と呼ぶ。口頭弁論の一体性から弁論はその終結の時点ですべて等価値のものとして一体として判断されるからであり，また，当事者から見て，口頭弁論終結時点までの事由はすべて主張しえたはずのものであるから，それについて再審理を封じても不当でないことが標準時の根拠である。

　しかも，既判力は事実審の口頭弁論終結の時点においてのみ生ずる。すなわち，訴訟物たる権利関係が標準時時点において存在する（または存在しない）ということに生ずるのであって，標準時前に存在した（または存在しなかった）こと，さらに，標準時後にも存在し続ける（または存在しえない）こと，を確定するものではない。民事上の権利関係は時々刻々変化するものであり，既判力はこれを標準時において確定するにとどまる。たとえば，標準時に請求権がないとして請求棄却判決が出されたとしても，標準時直前に弁済されたことを考えれば明らかなように，標準時前にはその請求権が存在したことはありうることである。また，標準時においては原告の所有物だとされたとしても，標準時後に売買があれば，所有権は被告のものとなりうるのであり，既判力は標準時後のことを拘束しない。この標準時後の事態の変化を，標準時後の新事由と呼ぶが，既判力は標準時後の新事由を遮断することができない。

　しかし，標準時における判断と矛盾する主張は，既判力の消極的作用により遮断され，後訴で取り上げられて再審理されることはない。たとえば，金2,230万円の請求権ありとして請求が認容されると，標準時前に弁済していたとか，契約が無効であったとかの主張は取り上げられない。これを特に，既判力の遮断効または失権効，排除効などと呼ぶことがある。

　(3)　既判力の調整（縮小）　　既判力で遮断される主張は，前訴でその主張をしていたか否かを問わない。たとえば，弁済を主張して排斥された場合に後訴での弁済の主張が排斥されるのはもちろん，前訴で弁済を主張していなくとも後訴でその主張は遮断される。また，前訴で主張しなかった場合，通説（三ヶ月30頁，小山392頁）によれば，主張しなかったことに過失があったか否かを問わない。したがって，過失なくして前訴で弁済を主張しなかったとしても，後訴で弁済の主張は遮断される。このように既判力による遮

断は画一的・機械的に生ずるところに制度的効力として長所があるとされていた。

しかし，前訴で主張しなかったことに期待可能性がなかった場合には，主張を遮断することはできないと解すべきである（新堂691頁。ただし，鈴木正裕「既判力の遮断効（失権効）について」判タ674号〔昭63〕4頁，伊藤530頁は反対）。既判力の正当化根拠に手続保障を挙げる以上，前訴で手続保障のなかった主張，換言すれば，前訴で主張することには期待可能性がなかった主張を遮断することは不当だからである。この結果，前訴で主張しなかったことに期待可能性がなかったか否かの審理を後訴は負担することになり，既判力の画一的・機械的判断は崩れることになる。しかし，これも，手続保障がなかった以上やむを得ないところである。標準時後の新事由であれば，その主張があると審理せざるを得ないのであるが，標準時前の事由であっても提出に期待可能性のなかった主張は，この標準時後の新事由に準じて考えることとなる。ただし，単に過失なくして主張しなかったというのでは既判力による遮断を破るに足りず，主張する期待可能性がなかったということが要件となるが，被告が知ることを期待できなかった第三者による弁済あたりが，限界事例であろう（井上治典・実践民事訴訟法〔平14〕177頁）。判例も，傍論ながら，既判力は特段の事情の存在が認められない限り生ずるという表現を使用したことがある。すなわち，特段の事情があれば既判力が生じないことがありうると認めたことがあり，期待可能性による調整と重なることがあろう（最判昭57・3・30民集36-3-501〔百選［5版］A26事件〕。ただし，伊藤瑩子［判批］ジュリ773号〔昭57〕84頁によれば，特段の事情はほとんど考えられないという）。

ところで，前訴で主張されなかった事実ではなく，審理されなかった法的観点（法律構成）は遮断されないとする有力な見解がある（小室直人「訴訟対象と既判力」法律雑誌93巻3＝4号〔昭38〕345頁，山本和彦・民事訴訟審理構造論〔平7〕258頁・325頁および329頁補注⒂。条解民訴550頁〔竹下〕も同旨だが，同一事実関係では遮断されるとする）。これらの説は裁判所の釈明義務違反を既判力論に取り込む側面があり評価すべき点があるが，前訴にも当該事実は出ていたとすれば，簡単に再審理を許すことには問題がある（これに対

し，期待可能性のなかった事実の提出に伴う新たな法的観点の提出は，期待可能性による調整に含まれ，許される）。この状況で再審理を許すことは，紛争解決の一回性の理念からも疑問であり，原則として，法的観点（法律構成）は遮断されると解すべきであろう（最判平9・3・14判時1600-89〔百選〔5版〕A 27事件〕参照。高橋・重点講義上739頁。ただし，山本和彦「法律問題指摘義務違反による既判力の縮小」民事訴訟法の現代的課題〔平28〕284頁，新堂・権利実行249頁は反対）。

　さらに，前訴で提出されなかった証拠方法はどうか。標準時後に発見された証拠方法による再審理を許すことは正義にかなう側面がないではない。しかし，訴訟において証拠方法の不足がありうることを訴訟法は証明責任あるいは不定期間の障害ある証拠調べ（181 II）によって是認していると考えてよく，一般的には前訴で提出しえなかった証拠方法によって既判力の拘束をはずすことは否定すべきであろう。

4-3-7　時的限界の具体例

(1)　形成権の遮断

（ア）　取消権　　前訴判決の標準時前に生じていた取消事由に基づいて，標準時後に取消権を行使したとしても（取消しの意思表示をしたとしても），既判力によって遮断され，後訴裁判所はそれを取り上げないと解するのが通説である（兼子240頁，三ケ月31頁，新堂691頁，伊藤533頁，山本・基本問題195頁，ほか）。判例も，書面によらない贈与の取消し〔解除〕（最判昭36・12・12民集15-11-2778），詐欺による取消し（最判昭55・10・23民集34-5-747〔百選〔5版〕77事件〕）において同様である。

　しかし，取消権は遮断されないとする有力な反対説がある（中野貞一郎〔判批〕民商84巻6号〔昭56〕902頁。高見進〔判批〕判評288号〔昭58〕192頁，加波眞一「既判力の時的限界について」上野古稀335頁も同旨）。既判力は，標準時における権利・法律関係をそのまま反映させて確定するのであり，取消事由があるがまだ取消権は行使されていない権利関係はそのような状態のものとして確定する。したがって，標準時後に取消権が行使されることは織り込み済みである。通説のように，既判力が取消原因を洗い流すとすると，

取消権者に民法126条が保障した5年間の除斥期間が否定され不当だ，と論ずる。ただし，前訴で取消権行使をあえて控えておいて，判決確定後にやおら行使することは信義則に反することがあることは認める。このように信義則による調整または法定追認（民125）による調整の余地は認めるものの，既判力論としては形式的画一的に考えることをメリットとし，この場合は既判力は取消権を遮断しない，と論ずるのである。

説得力ある反対説であるが，通説でよいと考える。民法126条の行使期間制限は，かたくなに5年間を保障したと見るべきではなく，原告が訴訟を提起してきたときには，その応訴の中で取消権を行使するかどうかの判断を当事者は迫られると考えるべきだからである（河野正憲・当事者行為の法的構造〔昭63〕143頁，谷口326頁）。また，信義則等で調整することは，原告による取消権行使の場合と体系的に等質に論じうる長所はあるとしても，信義則的なものを取り込んで既判力を構想することは可能であろう。さらに，信義則構成では，後訴で前訴勝訴者の主張立証の負担が重くなることも考慮すべきである。

（イ）　解除権　　解除権についても，取消権同様遮断されると解するのが通説である（新堂691頁，小山393頁，大阪高判昭52・3・30判時873-42。反対，伊藤533頁）。しかし，取消権とは異なり解除権の場合には，履行遅滞による解除の如く，まず催告して遅滞に付せしめなければならない場合がある。この場合は，前訴標準時前に遅滞があったというだけでは足りず，催告をして解除権をいつでも行使できる状態になっていなければ遮断されないと解すべきであろう。前訴において催告することまでは要求されないからである（条解民訴557頁〔竹下〕）。

ところで，約定に基づく解除権は，原則として遮断されないとする説がある（池田辰夫・新世代の民事裁判〔平8〕171頁・197頁）。確かに，約定の権利の場合，遮断されるか否かは究極的には約定の趣旨に依ると考えるべきであろう。もっとも，枠組みとしては，原則として遮断されるとし，約定の趣旨は特段の事情と位置づけることもできなくはなく，これが穏当である。これを超えて，両当事者の合意により一定の争点（たとえば，約定の解除権）につき既判力を外し後訴での再審理を留保することができるとすることは，一般

II 判決の効力の客観的範囲

的にはその必要性は高くなく，紛争解決の効率性からも疑問がある。

（ウ）白地手形の補充権　白地のままの手形で請求して請求棄却の判決を受けた原告が，判決確定後に白地を補充して再訴することができるか。最判昭和57年3月30日（民集36-3-501〔百選〔5版〕A 26事件〕）は，既判力で妨げられ再審理されないとする。この判旨に賛成してよいと考える（新堂692頁，高橋〔判批〕法協100巻11号〔昭58〕2129頁。反対，伊藤536頁）。白地を前訴で補充することは原告としては一挙手一投足でなしうることであり，しかも上訴の機会を保障されていたのである。このように手続保障があったのであるから，遮断されると解してよいであろう。もっとも，手形債務が本来存在するのであれば，被告にも保護に値する利益はなく，棚からぼた餅の利益を被告に与える必要はないという感覚はありうる。しかし，訴訟では，相手方の失態により利益を得ることは一般的に起こりうることである。

（エ）相殺権　前訴において実行可能であったのに相殺をせず，判決確定後に相殺をすることは許されるか。許されるとするのが，判例であり（最判昭40・4・2民集19-3-539〔続百選77事件〕），通説である（三ケ月32頁，新堂692頁，伊藤534頁，上田徹一郎・判決効の範囲〔昭60〕250頁）。相殺は，弁済の一種であって自己の反対債権を犠牲に供するものであり，債権をいつ行使するかは債権者に委ねられてよいからである。また，相殺を許さないとした場合，原告からの強制執行と被告からの強制執行の掛け合いとなりうるが，不経済である。さらに，相殺の担保的効力からも，相殺の時期は債権者の自由に委ねられてよいであろう。通説に賛成する。

しかし，反対説も有力である（坂原正夫・民事訴訟法における既判力の研究〔平5〕11頁が詳細である）。原告は強制執行をすることができる地位を与えられ，現金獲得の地位が与えられたのであるから，これを保護すべきだとする。しかも，被告側は，反対債権を失うのではなく，単に相殺権を失うだけであるから，原被告間のバランスにも優れているというのである。標準時前に被告が相殺適状を覚知していれば失権し，そうでなければ失権しないという折衷説もある（兼子341頁）。

（オ）建物買取請求権　建物収去土地明渡請求訴訟で，被告が借地借家法13条の建物買取請求権を行使せず請求認容判決が確定した後に，被告は

建物買取請求権を行使することができるか。

建物買取請求権は建物収去土地明渡請求権に付着した瑕疵ではなく別個の独立した権利であり相殺権に近いこと，借地人が保護されること，建物が保護されることから，判決確定後も行使することができると解するのが多数説である（条解民訴555頁，中野・現在問題258頁，幾代通＝広中俊雄編・新版注釈民法(15)〔平元〕589頁，ほか）。判例も，最判平成7年12月15日（民集49-10-3051〔百選〔5版〕78事件〕〔民執保全百選〔2版〕15事件〕）が，判決確定後に請求異議事由として行使することを認めている。これに対し，建物買取請求権も防御方法であり，土地所有者の建物収去土地明渡請求権を縮減させる抗弁的なものである以上，それを前訴で行使しなければ既判力で遮断されるという説も有力である（新堂693頁，河野・前掲144頁，高橋・重点講義上625頁，渡部美由紀〔判批〕法学61巻2号〔平9〕411頁）2)。

(2)　その他の権利の遮断

(ア)　限定承認　　限定承認の抗弁を前訴で被告が出さずにおき，前訴判決確定の後，それを持ち出すことは許されるか。大判昭和15年2月3日（民集19-110）は請求異議の訴えで持ち出すことができるとしたと解されて

---

2)　前説に従い請求異議事由になるとした場合，請求異議の認容判決の内容がどのようになるかにつき見解が分かれる。まず，請求異議は全部認容であり，前訴判決の執行力が全面的に排除される，土地所有者は建物退去土地明渡しの別訴を提起すべきであり，その中で同時履行の関係にある売買代金との引換給付判決をするとの見解がある（畑郁夫「建物買取請求権の行使と請求異議訴訟」司法研修所創立十五周年記念論文集上巻〔昭37〕343頁）。次に，建物買取請求権の行使により法律上当然に建物の売買が成立し，その売買代金を支払うのと引換えでなければ強制執行ができないことになるはずであるから，請求異議認容判決でそのように執行力を変更させるとする見解がある（原強〔判批〕法教188号〔平8〕76頁）。中間的に，建物収去から建物退去に執行力は縮減し，その限度で請求異議は一部認容となるが，売買代金支払請求は請求異議の訴えの中では扱わず建物所有者からの別訴に委ねるということも考えられる。他方，既判力で遮断されるとする後説でも，売買代金支払請求の別訴も許されないとする立場と，この別訴は許されるとする立場がありうる（山本克己〔判批〕百選II 325頁，東京高判昭53・7・26高民31-3-484参照）。

　建物買取請求権は借地人ないし建物所有者を保護するべく立法されたと強く捉えれば，請求異議の訴えの中で売買代金との引換給付に執行力を転換・縮減する説がその趣旨を最もよく体現するであろう。

いる。多数説も同様である（兼子一・強制執行法〔昭26〕51頁，三ケ月章・民事執行法〔昭56〕102頁）。限定承認の抗弁は，敗訴を覚悟してから出すものであり，前訴での提出を強制することは酷だという認識が背後に存在する。

しかし，限定承認は，自己の反対債権を犠牲に供する相殺とは異なり犠牲に供するものはなく，独立に訴訟物となるものでもなく，取消権等と同じく防御的なものであり，既判力で遮断されるとする説も有力である（中野貞一郎・民事執行法（増補新訂6版）〔平22〕249頁，小山昇・著作集2巻〔平2〕329頁，新堂・争点効下1頁，ほか）。この説に賛成する。

さらに，相続財産の限度で支払えと限定した給付判決が出された場合において，その判決標準時前に存在した民法921条の限定承認無効事由は遮断されるか。最判昭和49年4月26日（民集28-3-503〔百選〔5版〕85事件〕。松本＝上野668頁参照）は，相続財産の限度で支払えという部分には既判力に準ずる効果があり遮断されるとする。しかし，民法921条の限定承認無効事由は相続人側の事情であり，前訴で相手方に提出を要求するのは期待可能性がないのが通常であろう。そうだとすれば，一般的には遮断されないと解すべきである。

（イ）　後発後遺症に基づく損害賠償　　事故による損害賠償の支払を命ずる判決が確定した後に，後発後遺症が現れた場合，その分の損害賠償をあらためて訴求することができるか。できないとすることは，いかにも被害者に酷であり訴求を認めるべきである。最判昭和43年4月11日（民集22-4-862〔百選Ⅱ149事件〕）も，調停後の訴求であるが，これを許す方向で判示している。

理論的には，後発後遺症は前訴で主張しておく期待可能性がないから，後訴での主張が許されるという構成が最も無難であろう（谷口334頁，旧注釈民訴(4)325頁〔高橋〕）。

（ウ）　期限未到来による請求棄却　　期限未到来を理由に請求を棄却された原告は，期限到来後に再訴することができることに争いはない。請求棄却判決を受けても請求権を永久に失うわけではないのである（前訴で認定された期限が拘束力を持つかにつき，争点効を認めるものとして，新堂・争点効上152頁）。

4－3－7

これを，既判力の時的限界で説明する見解もある（斎藤編(5) 94 頁）。しかし，期限未到来という棄却理由の特殊性によると考えるべきであろう（条解民訴 521 頁，高橋宏志「既判力と再訴」三ヶ月古稀中 521 頁，松本＝上野 669 頁）。

（エ）**賃料確認訴訟** 時的範囲というよりも訴訟物の理解の問題であるが，賃料増減の確認判決の既判力は，特定の期間の賃料額の確認を求めていると認められる特段の事情のない限り，賃料増額請求の効果が生じた時点の賃料額について生ずる（最判平 26・9・25 民集 68-7-661〔平 26 重要判解 6 事件〕）。

4-3-8 既判力の客観的範囲（物的限界）

(1) 既判力の客観的範囲 （ア）相殺の場合を除き，既判力は判決主文に包含される判断にのみ生ずる（114 I）。判決主文（253）とは，訴状における請求の趣旨に対応し，訴訟上の請求（訴訟物）がその内容をなすのであるから，要するに，既判力は訴訟物について生ずる（ただし，請求棄却のときがそうであるように判決主文の表現は簡潔であるため，何が訴訟物であるかにつき，判決文中の事実ないし理由を斟酌して判断しなければならないことがある。訴訟判決については，⇒ 4-3-5）。訴訟は，訴訟物をめぐる争いであるから，それに対する判断に既判力が生ずるとするのは，ある意味で当然であろう。

したがって，114 条 1 項の意味は，むしろその裏側にある。すなわち，判決主文以外には既判力は生じない。つまり，裁判所が下した判断であっても，判決理由中の判断には既判力は生じない。判決理由中の判断に既判力を認めないのは，理由中の判断の対象になる当事者の主張が訴訟物に対して手段的・二次的な地位にあるからである。手段的・二次的なものには既判力を生じさせないという枠組みのもとであれば，当事者は，当該訴訟物との関係ではその争点を深く争わず，さらには積極的に自白することによって，訴訟物に関する判断を機動的かつ迅速に得ることができる。逆に，手段的・二次的な弁論についての判断にも既判力が生じ，以後それと矛盾する主張が許されなくなるという枠組みのもとでは，当事者としては，その訴訟物との関係においても自由にその争点を処分すること（たとえば，証拠調べを適当なところで打ち切ること）ができず，将来の別の訴訟のためにも当該争点を徹底的に

かつ慎重に争わなければならなくなる。裁判所から見ても，判決理由中の判断はその訴訟限りのもので既判力が生じないという枠組みのもとであれば，実体法上の論理的順序にこだわらずに，訴訟物についての判断を最も直截かつ迅速・廉価に得られるように訴訟指揮をすることができる。たとえば，貸金返還請求訴訟において，被告が債務不成立を主張し予備的に消滅時効を主張したという場合，債務不成立を審理せずに消滅時効完成だけを認定して被告勝訴で決着させることができる。これが逆に，判決理由中の判断にも既判力が生ずるという枠組みであれば，このような審理の弾力性は失われ，実体法上の論理的順序に応じて，あるいは当事者の指定した順序に従って各争点を審理していかなければならなくなる（新堂697頁）。要するに，手段的・二次的なものには既判力を生じさせない方が審理方式としては，一般論としては優れている。

（イ）　判決理由中の判断には既判力が生じないことは，たとえば 設例2 の所有権に基づく妨害排除請求， 設例3 の登記手続請求，などにあっても，訴訟物は妨害排除請求権，登記請求権であってそこに既判力が生ずるが，その基にある所有権には既判力は生じないという帰結をもたらす（最判昭30・12・1民集9-13-1903〔百選ⅠA40事件〕）。また，売買契約に基づく代金請求訴訟で勝訴しても，売買契約の有効性判断には既判力は生じない。これらは，常識的には多少不自然であり，審理の努力を無駄にすることにもなる。この事態に対処するべく，母法ドイツ法も日本法も中間確認の訴え（145）を用意した。この中間確認の訴えの申立てがあれば，所有権の存否に既判力が生ずる。しかし，このように特別の申立てを要するということでは十分な保護になるか問題であり，後述の争点効の理論が生ずることとなる。

（ウ）　ところで，訴訟物に関する判断ではなく，執行の条件を定めるとされるものが判決主文に掲げられることがある。建物明渡請求認容における立退料との引換給付の部分，土地明渡請求認容における建物収去の部分，抵当権登記抹消請求認容における残債務支払の条件付き給付の部分，等々がそれである（中田淳一・民事訴訟判例研究〔昭47〕276頁，中野・現在問題258頁）。これらにつき，前掲最判昭和49年4月26日は，相続財産の限度で支払えとの留保付き判決において，訴訟物は給付請求権であるが，相続財産の限度という限定承認の存在および

512　　第4編　第3章　判決の効力

効力も訴訟物に準じた審判対象であり，判決の効力としても，訴訟物に対する判断ではないから既判力はないが，既判力に準ずる効力はあると判示する（不執行の合意も判決主文に書くべきだとするのは最判平5・11・11民集47-9-5255〔百選［3版］A 30事件〕）。既判力であるのか既判力に準ずる効力であるのか他の効力（たとえば争点効）であるのかの用語はともあれ，これらの部分にも後訴への拘束力は肯定されてよいであろう（小山401頁は，既判力ではないが，遮断されるとする）。

　（エ）　訴訟物に既判力が生ずることから，訴訟物論として新旧両説のどちらをとるかによって既判力の幅も異なることになる。判例は，旧訴訟物論だと言われるが，新訴訟物論の影響から無縁ではない。建物明渡請求において，広い訴訟物になりつつあるし（新堂・争点効上207頁，東京地判平元・9・29判タ730-240），移転登記手続請求と抹消登記手続請求とが同じ訴訟物だとする下級審裁判例も現れている（東京地判昭63・12・20判時1324-75〔百選II 137事件〕）。訴訟物論については，→ **2 - 1 - 7**。

　(2)　相殺の抗弁の例外　　（ア）　相殺の抗弁は，法文によって（114 II）既判力が生ずるとされている。相殺の抗弁が，抗弁ではありながら，反対債権というそれ自体訴訟物となりうるものを持ち出しているからであり，反訴的性格を持つからである（中野・訴訟関係90頁）。換言すると，既判力を生ずるとしておかないと，反対債権が二重に使われることを阻止することができない。たとえば，反対債権は存在しないと判断されて請求が認容された後，被告がみずから原告となり反対債権で訴求すると，反対債権について相手方も裁判所も二重の審理を強いられることになり，理論上の議論としては，争い方によっては，今度は反対債権ありとなり抵触する判断に至ることも起こりうる。逆に，反対債権が存在すると判断され相殺で請求が棄却された後，被告がみずから原告となり反対債権で訴求する場合にも，反対債権は二重に使用されることになる。これらを封ずるべく，相殺の抗弁には既判力が生ずるとされるのである[3]。なお，相殺の抗弁が通り請求棄却を得た被告は，判

---

3)　このように114条2項の根拠・合理性は肯定することができる。その意味合いについても争いはない。が，反対債権が存在すると判断されかつ相殺が認められて請求棄却の判決となる場合の，反対債権についての既判力の生じ方の表現について学説に争いがある。これは，表現方法についてのみの争いであるが，多数説は，通常の場合と同様「反対債権の不存在について既判力が生ずる」とする（中野・訴訟関係141頁，小山400頁，条解民訴545頁〔竹下〕，斎藤編(5)84頁，ほか）。これに対して，少数

II　判決の効力の客観的範囲

決主文では請求棄却であり被告に不利益はないのであるが，判決理由中の判断に既判力が生ずるため，例外として上訴の利益が肯定される。

　（イ）　相殺の抗弁の既判力は，やはり判決理由中の判断であるから，それなりの特殊性を有する。第1に，それが生ずるのは，原告の請求の当否を判断するために反対債権の存否を実質的に判断する必要があった場合に限られる。時機に後れた防御方法として却下された場合，民法509条で相殺が許されない場合，あるいは相殺適状にない場合，等においては相殺の抗弁が上程されたとはいえ審理されていない以上，既判力は生じない。第2に，既判力が生ずる関係で，審理の弾力性が否定され，実体法上の論理通り訴求債権の審理から始まり，それが存在するとされて初めて，予備的相殺の抗弁の審理に入る。すなわち，原告の訴求債権の存否は定かでないが，反対債権があることは明らかであるから相殺の抗弁を認めて請求棄却とする扱いは，他の抗弁と異なり，することはできない。第3に，既判力が生ずる反対債権不存在における金額は，相殺をもって対抗した額に限られる（大判昭10・8・24民集14-1582）。対抗した額であるから，主張はしたが一部しか認められなかった場合であっても，主張して対抗した金額全額に生ずる。対抗した額よりも，反対債権の方が大きい場合には，超過する部分には既判力が生じない。ただし，反対債権の発生事実に争点効が生じうることは別論である（新堂700頁）。

　なお，一部請求に対して相殺が主張された場合には，請求されていない残

説は「原告の訴求債権と被告の反対債権がともに存在し，それが相殺によって消滅したということに既判力が生ずる」とする（兼子344頁，林屋455頁。なお，木川統一郎＝北川友子「訴訟上の相殺と既判力」比較法学29巻1号〔平7〕71頁参照）。少数説がこの表現を採るのは，こうしないと第1に原告側で「反対債権は初めから存在していなかったから相殺によって原告の訴求債権が消滅したというのは無効である，その分の不当利得返還ないし不法行為損害賠償を求めるという原告の再訴」を，第2に被告側で「原告の債権は相殺によらずとも別の理由で不存在であったから，自己の反対債権による相殺は無効であり，その無効な相殺によって消滅させられた自己の反対債権についてその分の不当利得返還ないし不法行為損害賠償を求めるという被告の再訴」を封ずることができないからであるという。しかし，これらの再訴は，前者は判決主文の訴求債権請求棄却の既判力で，後者は標準時において被告の反対債権が不存在であることの確定で封ずることができ，多数説の表現で足りる（中野貞一郎「相殺の抗弁（下）」判タ893号〔平8〕4頁，中野・論点 II 155頁所収。なお，吉村徳重・民事判決効の理論（上）〔平22〕173頁）。

額を含めた債権総額から控除するとするいわゆる外側説が判例の立場であり（最判平6・11・22民集48-7-1355〔百選［5版］113事件〕），過失相殺の場合も同様である（最判昭48・4・5民集27-3-419〔百選［5版］74事件〕）[4]。その上で，反対債権に生ずる既判力は，訴訟物の範囲に対応する部分に限定される，とする。

4-3-**9**　争点効（判決理由中の判断の拘束力）

　(1)　争点効　　(ア)　判決理由中の判断においても，「前訴で当事者が主要な争点として争い，かつ，裁判所がこれを審理して下したその争点についての判断に生ずる通用力で，同一の争点を主要な先決問題とした異別の後訴請求の審理において，その判断に反する主張立証を許さず，これと矛盾する判断を禁止する効力」を争点効という（新堂709頁，新堂・争点効上145頁・183頁）。前訴で両当事者が真剣に争い裁判所がそれに対して示した判断を，後訴で蒸し返し裁判所の判断に矛盾抵触する主張をするのは，相手方に対して信義に反し公平でないというところに根拠がある。信義則が判決の効力として定着したもの，とも称せられる。作用は，既判力に類似し，たとえば，XがYに対して所有権に基づく不動産引渡請求訴訟で所有権なしとして敗訴したとき，所有権なしという判断に争点効が生じXは所有権ありと蒸し返すことができない。

　(イ)　争点効の発生要件は次の5つとして把握することができる（新堂717頁）。第1に，前訴後訴の両請求の当否の判断過程において主要な争点であること。主要でない争点に拘束力を付与することは不意打ちになるし，逆に不意打ちにならないようにするならば，審理の機動性を害するからである。第2に，当事者が前訴においてその争点について主張立証を尽くしたこと，換言すれば，真剣に争ったこと。ただし，これは尽くしたとか真剣にとかいう積極面に重点があるのではなく，自白，擬制自白，証拠契約等によった場合には争点効が生じないとする消極的側面に眼目がある。第3に，裁判所がその争点について実質的な判断をしていること。裁判所が判断しなかったこ

---

　4)　この問題については，松本＝上野358頁を参照されたい。

とには，争点効は生じない。第4に，前訴と後訴の係争利益がほぼ同等であること（または，前訴の係争利益の方が大きいこと）。前訴の係争利益が少額であると，当事者はその程度の訴訟追行しかしないであろうから，係争利益が高額である後訴では争点効を生じさせず，真剣に争う機会を再び与えるべきだという考慮に基づく。たとえば，前訴が利息支払請求であるときは，元本の存否も争点となるであろうが，そこに争点効を生じさせて後訴の元本支払請求を拘束することをしない。第5に，後訴で当事者が援用すること。ただし，新堂723頁によれば，資料は職権で探知することができるという。

（ウ）　争点効の主観的（主体的）範囲については，既判力に準じ，争点効は，口頭弁論終結後の承継人，実質的に当事者と同視できる者，すなわち請求の目的物の所持者や訴訟担当の被担当者に及ぶと考えられている（新堂722頁，新堂・争点効上227頁・297頁）。

（エ）　争点効は，114条1項の判決主文にのみ既判力が生ずるという規律と矛盾するものではない（新堂711頁）。判決理由中の判断に既判力を生じさせないのは，前述のように，当事者の争点処分の自由，裁判所の審理の機動性を保障するためである。争点効は，この当事者の処分の自由，裁判所の審理の機動性を肯定したうえで，しかし，現実に真剣に争われ裁判所が判断を示した場合に認められる効力であり，審理の機動性と調和するからである。

（2）　既判力と争点効の違い，争点効の利点　　（ア）　以上の要件で発生する争点効は，次の3点で既判力と異なる（新堂713頁）。第1に，既判力は判決主文の判断に生ずるが，争点効は判決理由中の判断に生ずる。第2に，既判力は，訴訟で当事者がどのような形で争おうともつねに生ずる制度的効力であり欠席判決にも生ずるが，争点効は当事者が真剣に争った場合にのみ条件付きで生ずる効力である。第3に，既判力は，職権調査事項であるが，争点効は当事者の援用による。

　具体的には，既判力と争点効は以下のように守備範囲を分かち合う。たとえば，XがYに対して前訴で，買得を理由に土地所有権確認請求をしたが，買得の事実なしとして請求棄却となり判決が確定した。その後，Xが第2の訴えを提起し，自己に所有権があることを前提に，買得した時から前訴判決標準時までの間の土地不法占拠を理由とする地代相当額の損害金の支払を

求めたとする。前訴判決の既判力は，前訴標準時でXに所有権がないことを確定する。したがって，標準時後の所有権をXが主張することは，新事由がない限り，既判力によって排せられ，標準時後の地代相当損害金支払請求は，既判力によって請求棄却となる。しかし，標準時前の地代相当額の損害金支払請求は，既判力によって封ずることはできない。既判力は，標準時前の所有権の存否を確定しないからである。既判力では，買得の有無の再審理を封ずることはできず，これを封ずるには前訴判決理由中の判断に生ずる争点効によらなければならない（新堂 694 頁）。

（イ）　争点効は，新訴訟物論を導いた紛争解決の一回性の理念をよりよく達成する利点を持つ（新堂 715 頁）。新訴訟物論は紛争解決の一回性を目標とするものであったが，それが訴訟物論であるため，訴訟物を変えられた場合にはもはや機能しないという限界がある。争点効は，訴訟物に対する前提問題のところで生ずる効力であるから，訴訟物の枠を超えて作用することができる。その結果，紛争の統一的解決に資するのである。

（3）　争点効への賛否　（ア）　争点効は，学説上は賛成論が多い。しかし，賛成説は制度的効力を強調する方向（吉村徳重・比較民事手続法〔平 23〕235 頁，住吉博・民事訴訟論集(1)〔昭 53〕187 頁，加藤雅信・財産法の体系と不当利得法の構造〔昭 61〕594 頁以下）と，信義則の適用だとする方向（小山昇・著作集 2 巻〔平 2〕89 頁，中野・推認 201 頁）とに分かれるとされる。しかし，提唱者の新堂教授は，どちらにも偏らない立場をとるようである（新堂・争点効上 179 頁）。

　が，争点効を否定する説も有力である。新訴訟物論から出発した三ケ月教授は，立法者の示した 114 条 1 項の判断に反する，前訴手続を必要以上に重くし，生ずる範囲もあいまいだとして争点効に反対する（三ケ月・研究 7 巻 85 頁，三ケ月・研究 8 巻 142 頁，三ケ月・双書 150 頁。伊藤 543 頁もこれに近い）。木川・講義上 225 頁も，アメリカであればともかく，わが国では取るべきでないとし，前訴判決が不当である場合に争点効はその不当性を拡大する危険があると指摘する（松本＝上野 636 頁，松本・百選［4 版］180 頁，池田辰夫［判批］リマークス 1992〈上〉135 頁も同旨。池田説に対しては，新堂「正当な決着期待争点」展開 47 頁参照）。しかし，争点効に賛成してよいのではなかろう

Ⅱ 判決の効力の客観的範囲

か。

（イ） 争点効発表後間もなく下級審判決では，京都地判昭和40年7月31日（下民16-7-1280）が，争点効という言葉自体を用いてその適用例を提示した。しかし，最高裁は，昭和44年6月24日判決（判時569-48〔百選〔5版〕84事件〕）において「既判力に類似する効力（いわゆる争点効）」を明示的に否定し，続けて昭和48年10月4日判決（判時724-33）でも否定し，その後の方向を決定づけたと思われる。明示的には，判例は争点効を認めないと言ってよいであろう。

ただし，最高裁は，信義則を用いて訴訟物の枠を超えて後訴を却下する手法を開発した（最判昭51・9・30民集30-8-799〔百選〔5版〕79事件〕）。後訴は実質的に前訴の蒸し返しであること，前訴で後訴請求をすることに支障はなかったこと，長年月が経っており被告等を不当に不安定な状態に置くことを掲げて，信義則を用いたのである。当初は，事案に応じた特殊な処置だと考えられたが，判例はその後も，信義則を用いて後訴請求却下ないし後訴主張却下を実施する手法を定着させるに至っている（竹下守夫「争点効・判決理由中の判断の拘束力をめぐる判例の評価」民商93巻臨増Ⅰ・判例における法理論の展開〔昭61〕259頁，原強「判例における信義則による判決効拡張化現象」札幌学院法学6巻1号〔平2〕1頁・8巻1号〔平3〕31頁，ほか）。もっとも，最判昭和59年1月19日（判時1105-48〔新堂・判例283頁〕）は，信義則により訴え却下とした原判決を差し戻しており，信義則の適用なしとする判例も存在する。

これらの判例に対しては，個々の事案の解決としてはともかくも，信義則適用の基準がふぞろいであるという批判が強い（梅善夫「矛盾・蒸し返しの主張と信義則」中野古稀下225頁）。また，請求レベルで後訴を却下することは過不足を生じさせやすく，主張レベルでの排斥を原則とすべきだという批判もある（竹下・前掲）。結局，争点効を最高裁判決が否定したがゆえに表向き争点効を用いることはできない，しかし，他方で，後訴の主張を排斥する必要もあり実質的には争点効を認めたのに近いというのが，これら判例の意味するところであろう。しかし，理論枠組みとしては，一般条項である信義則よりも争点効の方がまだしも透明度が高いというべきであり，争点効として

4-3-9

議論できるものは争点効として議論すべきではなかろうか。

（4）　信義則という構成　　判決理由中の判断に何らかの拘束力を肯定する学説には，争点効以外の理論も存在する。竹下教授は，争点効の根拠とされる信義則を分析し2つの型があるとする。前訴の勝訴当事者に生ずるのは，前訴で主張したものと異なる主張等をしてはならないという矛盾挙動禁止の信義則であり，前訴の敗訴当事者に生ずるのは，前訴で主張し排斥されたものを再び持ち出してはならないという権利失効の信義則であり，両者は異なるとし，争点効はもっぱら後者にかかわると論ずる。そして，具体的解釈論としても，前者の勝訴当事者に生ずる信義則の場合には，相手方が自白した場合や擬制自白の場合にも発生させてよく，上訴の機会が与えられなくともよく，また前訴後訴の経済的利益の同等性を要件としない，と論述する（竹下守夫「判決理由中の判断と信義則」山木戸還暦下72頁，条解民訴538頁〔竹下〕，伊藤545頁。権利失効の原則を使用することに疑問を呈するのは，松本＝上野639頁）。この分析に賛成すべきであり議論は深められたが，争点効という概念を用いず信義則適用の類型化と理論構成することは用語の問題であろう[5]。

---

5)　判決理由中の判断への既判力と直截に捉える説もある。ドイツ理論の影響の下にある学説である。まず，前訴判決で確定された法的効果により具体化される法秩序の内容と，後訴において主張された法的効果との間に客観法上明らかとなる一定の意味関連がある場合，この意味関連が既判力の客観的範囲に反映し判決理由も既判力にかかわると説く学説がある（上村明広「既判力の客観的範囲に関する一問題」岡山大学創立十周年記念・法学と法史の諸問題〔昭34〕179頁。一部請求における松本＝上野635頁も，これに近い）。次に，絶対的既判力と相対的既判力を分ける学説がある（柏木邦良「訴訟物概念の機能」講座民訴②181頁，同「規範合成と既判力」判タ877号〔平7〕104頁）。絶対的既判力とは，後訴の訴訟物の持っている実体法上の法的意味と前訴の訴訟物が持っている実体法上の法的意味が，矛盾衝突という関係にあるために後訴の訴訟物の認容が実体法の論理からみて必然的に前訴訴訟物に関する判断を覆滅する場合に生ずるものである（従来の既判力論，判決主文の拘束力にほぼ対応する）。既判力は，しかしこの場合のみならず，後訴で一定の判断がなされるならば実体法の観点からみて前訴における判断の意味がなくなる場合にも働く。前訴ですでに主張され，もしくは主張されることができ，したがってすでに1回使用したとみなされるべき攻撃防御方法を後訴の訴訟物を支持するために提出する場合に顕著であり，このように前訴訴訟物と法的脈絡のある後訴訴訟物を支持する場合に限って作用し，法的脈絡のない訴訟物を支持するために持ち出された場合には拘束をしない既判

II　判決の効力の客観的範囲　　519

（5）　争点効をめぐる諸問題　　争点効を肯定するとしても，詰めるべき問題がなお残されている。第1に，争点効は原則として，どのレベルの争点に生ずるか。主要事実のレベルか，それより上の法的観点での判断ないし法的評価のレベル（先決的法律関係）に及ぶかという問題である。真剣に争われたというのをどのレベルで設定するかの問題でもあるが，原則としては主要事実のレベルで捉えておくのが穏当である。しかし，前訴と後訴との具体的関係から観察して，先決的法律関係，補助事実，間接事実，訴訟要件判断，条件付き給付判決の条件部分，いずれにも生じうることを肯定してよいであろう。

　第2に，上訴との関係で問題がある。訴訟物では勝訴しているが，判決理由中の判断に不満があるという場合に上訴の利益が肯定されるか。争点効が生ずるとすると，判決理由中の判断への不満に対しても，後訴での不利益な拘束を避けるために上訴の利益を認める必要が生じかねない。問題のあるところであるが，現在では，争点効発生の可能性があるために上訴する利益を認めるということはせず，代わりに，上訴する機会のなかった場合には争点効を発生させないとしてバランスが図られている（新堂724頁）。

　第3に，争点効は信義則を判決効として定着化させたものだとしても，信義則の領域すべてを覆うものではない。争点効の外側に，信義則の働く余地がなお広く残っている。たとえば，貸金返還請求訴訟において被告が債務不成立を争点とせず弁済の抗弁のみを提出して勝訴した場合，後になって，債務は不成立でありしたがって弁済も無効であるから弁済金の不当利得返還を求める後訴を被告が提起したとき，これは争点効によって封ずることはできない。債務不成立の点は，前訴で審理されていないからである。既判力で封ずることもできない。前訴の請求棄却と後訴の不当利得返還請求は矛盾しないからである。しかし，前訴で債務不成立を持ち出すことが容易にできたに

力が，相対的既判力と称せられる（これが，争点効の働く領域と重なる）。たとえば，前訴で委任事務の遂行が命ぜられたならば，後訴では受任者の費用償還請求は棄却されてはならないと言う。しかし，これらドイツ理論の影響を受けた学説は，いささか晦渋であり，具体例への適用がドイツでも錯綜しており（高見・前掲実務民訴［第3期］(3)282頁），わが国での支持者は多くはない。

4-3-9

もかかわらず，それを持ち出さなかった場合には，後訴での債務不成立の主張を信義則違反として却下すべき場合が多いであろう（新堂720頁。しかし，竹下・前掲山木戸還暦下98頁は，法的効果のレベルでは矛盾する関係にあっても，事実の側面では両立しうるこのような場合には，信義則違反を問えないとして反対する）。これらは，新堂説の中では次の手続事実群という理論に発展する。

(6) 既判力と訴訟物——手続事実群　　前述の最判昭和51年9月30日は，訴訟物を超えて後訴排斥を行ったものであり，既判力の範囲と訴訟物の範囲を等置する伝統的理解に抵触するものであった。そこで，学説の関心は改めて遮断効と訴訟物の関係に向かうこととなり，そこから，訴訟物概念を分析し，行為規範としての訴訟物（警告機能の局面）と評価規範としての訴訟物（判決効付与の局面）の2つがあると論ずる有力説が出現した（新堂・争点効下113頁・159頁）。

すなわち，訴訟物には，訴訟をこれから行うにあたって，その訴訟を行えば何が判断されることになるかをあらかじめ警告する機能がある。この警告を基準に当事者は主張立証活動を行い，裁判所は訴訟指揮を行う。これは，訴訟が始まる前からのものであるから静止的・定型的な枠組みである。これに対し，訴訟が終了した段階で，その判決にいかなる効力を付与するかの局面で働く訴訟物の役割は，判決効判断における唯一決定的な基準ではない。訴訟の制度目的，訴訟経済，敗訴者の手続保障等々の種々の考慮により判決の効力は決められていくからである。ただし，警告されていた範囲が訴訟物なのであるから，訴訟物はそれとして尊重されるべきであり，重要な役割を持つことは否定されない，と論ずる。そして，多くの事件ではこの2つの局面での判断は一致するとしても，理論的には一致しないことがありえてよい。その不一致をもたらすものは，訴訟手続の流れであり，これを手続事実群と総称することができる。手続の中で，どのように争点が絞られたか，裁判所はどのように指揮をしたか，といった諸々の事柄がこの手続事実群である，と論ずるのである。

ところで，手続事実群と争点効の関係は，争点効は，争ったことに生ずる効力であるのに対し，手続事実群は争われなかった事項に生ずる効力であって，性質が異なると見ることができる。そこで，新堂説は，その後，主要な争点，決着期待争点，正当な決着期待争点という枠組みの提示へと展開した（新堂726頁。同「判決の遮断効と信義則」展開3頁）。すなわち，現に前訴で争われたものが主要な争点であり，当事者の一方が最終決着がついたと期待するのが決着期待争点であり，この一方当事者の期待を保護するのが他方当事者の態度を含めた手続事実群

II　判決の効力の客観的範囲　　521

から公平であるということができるのが正当な決着期待争点である。主要な争点
と決着期待争点および正当な決着期待争点が一致するのが争点効であり，主要な
争点と決着期待争点が食い違うが，それにもかかわらず，決着期待争点を正当な
決着期待争点とせしめ後訴における主張を排斥せしめるのが手続事実群であり，
この考慮は争点効のそれと根拠・範囲が異なると論ずるのである。

　以上の新堂説は，基本的に賛成すべきであろう。ただし，手続事実群は内容が
充塡されていない言わば一般条項であり，その内実を詰める作業が必要であるこ
と，信義則活用判例と同様である。

4-3-10　その他の拘束力

　(1)　法的性質決定の拘束力　　ある債権関係を不法行為または債務不履行と
判断する裁判所の判断は拘束力を有するか。分割債務という法的性質決定に拘束
力を認めたかに読むことのできる判例も存在する（最判昭 32・6・7 民集 11-6-948
〔百選〔5版〕81 事件〕）。学説でも，訴訟外の実体法秩序との調和から，法的性質
決定を経た請求権の存在の判断が既判力の対象であり，法的性質決定も既判力の
内容をなすという見解が有力である（条解民訴 525 頁〔竹下〕）。既判力と明言しな
いが拘束力を肯定する見解もある（三ケ月・研究 1 巻 145 頁）。ただし，これらの
説は，他の法的観点からの評価の再施を否定しない。前述の争点効だとする説も
有力であり，この説も他の法的観点からの評価の再施を否定しない（新堂 716 頁）。
他方では，訴訟外の実体法秩序からは性質決定を伴わない権利があっても法技術
的には差し支えなく，性質決定がかえって当事者からの指定権や上訴の問題を引
き起こすのであれば法的性質決定の拘束力を否定してよいとする説もある（大久
保邦彦「請求の識別と法的性質決定の区別」民商 103 巻 6 号〔平 3〕848 頁）。

　法的性質決定の拘束力は，肯定してよいであろう。が，形式的には判決主文に
現れるものでもなく訴訟外の実体法秩序を大きく乱すこともないようであるから，
既判力ではなく争点効でよいのではなかろうか。いずれにせよ，評価の再施もあ
り，法的性質決定の拘束力の実用性は高いものではない（山本弘〔判批〕百選
II 333 頁）。

　(2)　一部請求　　一部請求については，残額請求の全面肯定説，明示した場
合のみ肯定する説，原告勝訴の場合に肯定する説，全面否定説の諸説がある（⇒
2-1-9(1)(イ)(b)）。

　判決効に関しては，全面肯定説，明示した場合のみ肯定する説では既判力は後
訴の残額請求に及ばず再審理がなされることとなり，原告勝訴の場合に肯定する

4-3-10

説では前訴の既判力が及ぶとするようであるが（伊藤220頁），全面否定説は再訴ができないのであるから既判力による再審理遮断の問題以前で処理される。全面否定説でよいのではなかろうか（高橋・重点講義上106頁。なお，江藤价泰「一部請求と残額請求」争点［2版］186頁以下，中野・現在問題92頁以下，山本・基本問題103頁など）。判例は，数量的一部請求で敗訴した後は，信義則により残部請求をすることができなくなるとする（最判平10・6・12民集52-4-1147〔百選［5版］80事件〕）。ただし，最判平成20年7月10日（判時2020号71頁〔平20重要判解7事件〕）は，事項が特定された一部請求では残部請求可能とする（これらの判例を分析するものとして，高橋宏志「一部請求判例の分析」松本古稀211頁）。

（3）　形成対象の繰り返し　　たとえば，株式会社の執行部が一定の株主に通知をしないで株主総会を開き決議をしたとして株主から決議取消しの訴えを提起され，そこでは決議取消請求が認容されたとする。ところが，この判決確定の後，その株式会社の執行部が再び一定の株主に通知をしないで株主総会を開き同一内容の決議をした場合，この再度の決議の効力をどのように考えるか。これを取り消すには，再び，決議取消しの訴えを提起し改めて初めから審理しなければならないか，それとも，最初の決議取消判決に再度の決議に対する拘束力が認められ後訴の審理は短縮されるか，という問題がある。同様の問題は，行政庁による行政処分の繰り返し，第三者から不適法婚として取り消された後の同一人間（元夫婦）間の再度の婚姻，第三者異議の訴え認容判決後の同一の債務名義で同一の対象物に対する強制執行の繰り返し，でも想定することができる。

　何らの効力も及ばないとすると，会社ないし行政庁等は原告が資金と気力を無くすまで形成対象の繰り返しを行い，結局は違法な決議・処分等を通用させてしまいかねない。また，原告は敗訴すれば，当該決議・処分に従わざるを得ないのに，被告会社ないし行政庁等は敗訴してもそれから逃れる手段を持つことになり，当事者間の平等の観点からも問題がある。前訴判決に何らかの法的拘束力が必要とされるが，これを肯定することは理論的には必ずしも容易ではない。まず，前の決議・処分等と後の決議・処分等の間に先決関係は見いだし難い。また，特定日時の処分等を超えてそのような処分等一般の違法性の確定を訴訟物とすることも，一般の訴訟物概念からは逸脱していることになろう。一般の民事訴訟では，同一当事者間で同一態様の交通事故が繰り返されたとしても，先決関係で既判力が及ぶとも訴訟物が同一だとも言わないからである。さらに，同一の瑕疵であるか否かの審理はなされるのであり，この点でも，通常の既判力の拘束力とは異なる。このように見てくると，ここでの問題の核心は，一定の事実があるときは一

III　判決の効力の主観的範囲　　523

定の処分等は違法であるとの法的判断の通有性の有無であり，したがってむしろ判決の先例的価値に近似することが判明しよう。法的評価さらには法の解釈の問題だからである。とすると，前訴のA裁判官の判断に後訴のB裁判官が法的に拘束されるというのは困難なところがある。また，当事者から見ても，当事者の主張立証活動の結果であれば再度の提出を封じやすいが，裁判官の専権としての法的評価ないし法の解釈だとすると，遮断させにくいところがある。が他方では，事実に争いはなく法の解釈だけが争点の訴訟も存在しその場合でも既判力は生ずること（後訴の裁判官はその法解釈を否定できない），性質決定のような法的判断にも争点効が生じうることも勘案されてよい。かくして，一方当事者の意思のみで同種の行為を反覆繰り返して行うことができ，しかも，その行為の有効・無効が審判の対象となるとされている訴訟では，一定の瑕疵が取消原因・無効原因にあたるとの法的判断にも当該当事者間で拘束力を認めるべきだとの説が生ずる（条解民訴515頁）。実質論として，賛成すべきであろう（旧注釈民訴(4)335頁〔髙橋〕）。

III　判決の効力の主観的範囲

4-3-11　概　　説

　(1)　判決効拡張の趣旨　　確定判決の既判力は，訴訟物についての受訴裁判所の判断に基づくものである。したがって，判断の基礎資料，すなわち訴訟資料および証拠資料を提出する機会を与えられた当事者のみがその判断に拘束され，また執行力など確定判決の他の効力に服することが原則である。しかし，判決効およびその中核である既判力が及ぶ人的範囲（主観的範囲）を当事者のみに限定すると，判決の紛争解決機能は，極めて狭い範囲に限定される。たとえば，口頭弁論終結後に訴訟の目的物を譲り受けた者については，その者のために，またはその者に対して判決効が及ばないとすれば，裁判所は，それらの承継人を当事者とする後訴においても，前訴の訴訟物およびそれと関連する権利関係について再び本案の審判をなすことを要求される。

　そこで立法者は，このような場合における当事者間の公平を考慮して，承継人に対して判決の効力が及ぶことを規定する（115Ⅰ③）。さらに手続保障

4-3-11

の必要が存在しない請求の目的物の所持人（115Ⅰ④）についても，当事者に対する判決効を拡張する。この種の第三者は，独自の手続追行を保障することを要しない者とも呼ばれる。加えて，訴訟担当者が当事者となっている判決も，権利関係の帰属主体たる被担当者に対して実質的な手続保障が与えられているとみなされるという理由から，被担当者のために，また被担当者に対してその効力が拡張される（115Ⅰ②）。これは，代替的手続保障がある場合とも呼ばれる。

それ以外の場合にも，特に人事法律関係や団体法律関係については，法律関係の安定の要請に基づいて判決効拡張の特別規定がおかれていることが多い。また，明文の規定がない場合においても，当事者との間に実体法上の一定の関係が存在する第三者については，判決効の拡張が議論される。これが後に検討する反射効の考え方である。最後に，形式的には当事者と別の法人格者について，法人格否認の法理の適用によって判決効が拡張される場合がある。

（2）判決効の意義　115条は，確定判決の効力の主観的範囲を規定するが，確定判決の効力としては，形式的確定力を別にして，既判力，執行力，および形成力が分けられる。このうち，執行力については，民事執行法23条の特則があり，また形成力は，形成判決に特有のものであり，115条にいう判決効とは区別されて取り扱われる。したがって，115条1項にいう判決効は，既判力を意味する。なお，115条2項は，主観的範囲に関する1項が仮執行宣言に準用される旨を規定するが，ここで対象になるのは，仮執行宣言に基づく狭義の執行力ではなく，広義の執行力である。

拡張される既判力の内容は，主文に包含するもの（114Ⅰ），すなわち訴訟物の範囲によって画するのが原則であるが，相殺の抗弁について既判力が生じる場合には，訴訟物ではない反対債権の存否についても既判力が生じ（114Ⅱ），それが第三者に拡張されることもありうる。

4-3-12　既判力の主観的範囲——既判力が及ぶ主体

（1）当事者（115Ⅰ①）　既判力の対象となる訴訟物は，原告によって定立され，その判断資料となる裁判資料は，弁論主義の原則の下では，両当事

III 判決の効力の主観的範囲 525

者が提出する。したがって，訴訟物についての確定判決の既判力も，当事者のみに及ぶのが原則である。これを既判力の相対性と呼ぶ。したがって，二当事者対立の通常の訴訟法律関係においては，原告および被告に対して既判力が及ぶことになるが，独立当事者参加訴訟のように，一の訴訟手続の中で三当事者が対立する訴訟構造においては，原告，被告，参加当事者のすべてに対して，1個の判決の既判力が及ぶ（47・40）[6]。

　他方，既判力は，請求についての確定判決の拘束力を意味するものであるから，請求の定立者とその相手方である当事者以外の訴訟関係人に対しては，既判力が及ぶことはない。補助参加人に対しては，特別の判決の効力が規定されているが（46），これも既判力を意味するものではない（⇒ **5‑2‑19**）。また，訴訟代理人や法定代理人などの訴訟上の代理人についても，既判力が及ぶことはない。

　(2) 口頭弁論終結後の承継人（115 I ③）　　口頭弁論終結後の承継人の意義に関しては，承継の時期，承継の対象，および承継人に対して拡張される既判力の範囲などが解釈上問題とされる。なお，承継人は，当事者の承継人のみならず，115条1項2号にいう他人，すなわち訴訟担当の利益帰属主体たる本人の承継人も含む。訴訟係属の事実や前訴判決の存在についての承継人たるべき者の知不知は問題とならない。合理的通常人が知りえない状況にあるときには，承継人に対する既判力拡張が否定されるとする有力説があるが[7]，相手方による既判力の援用が権利濫用や信義則違反とされる場合を除けば，知不知を問題にすることは，法的安定を害することになる。

　（ア） 承継の時期　　口頭弁論終結後の承継人とは，事実審の口頭弁論終

---

6)　47条1項にもとづいて片面的当事者参加がなされるときであっても，合一確定の要請（47 IV・40）が働く以上，請求の定立されていない当事者についても判決の既判力が及ぶ。なお，共同訴訟人相互間では請求が定立されていないために既判力が発生しないが，固有必要的共同訴訟である遺産確認の訴えのように共同訴訟人相互間でも法律関係の安定の要請が強い類型では，既判力の発生を肯定する考え方が有力である。笠井正俊「遺産確認訴訟における確定判決の既判力の主観的範囲」伊藤古稀155頁参照。

7)　髙見進「判決効の承継人に対する拡張」北大法学論集31巻3＝4号（昭56）1223頁。

4‑3‑12

結時後の承継人を意味する（最判平16・10・18金法1743-42）。これは，既判力の基礎となる訴訟資料・証拠資料の提出が，事実審の最終口頭弁論終結時までに限定されるので，既判力の拡張を受ける承継人の範囲もその時点を基準としたものである。したがって，上告審係属中の承継人もここでいう承継人に含まれる（東京控決昭8・9・12新聞3618-6）。なお，請求の放棄・認諾や訴訟上の和解について既判力が認められ，それを前提として本条が類推適用される場合には，それらの訴訟行為の効力発生時後の承継人に対して既判力が拡張される（最判昭26・4・13民集5-5-242参照，秋山＝伊藤ほかII481頁）。

権利関係の承継が口頭弁論終結前に条件付きで行われ，終結後に条件が成就したときには，承継が効力を生じた時点が基準となるので，口頭弁論終結後の承継として扱われる（秋山＝伊藤ほかII482頁）。逆に，判決内容に条件が付されている場合，たとえば，被告側の義務懈怠を条件として給付義務の履行を命じる条件付給付判決の場合には，条件成就の時ではなく，口頭弁論終結時を基準として承継人の範囲が定まる（条解民訴579頁〔竹下〕）。

これに対して，口頭弁論終結前の承継人については，既判力が拡張されず，訴訟承継の問題として取り扱われる。これは現行法がいわゆる訴訟承継主義（⇒ **5-2-33**）をとったことの帰結である（49・50）。ただし，訴訟承継の場合には，当事者の地位の移転に伴って従前の審理に提出された裁判資料が新当事者のための裁判資料として引き継がれ，既判力の拡張の場合には，当事者によって提出された裁判資料に基づく確定判決中の判断が後訴裁判所および承継人を拘束するものであり，両者の間には，考え方としての連続性がある（兼子・研究(1)45頁）。

なお，不動産の権利に関する訴訟における承継の時期についての問題として，所有権移転時期とその対抗要件たる登記移転時期のいずれを基準とするかが議論される。不動産についての物権そのもの，または物権にもとづく請求権が訴訟物とされるときには，登記が承継人の地位を決するから（民177），その移転の時期が口頭弁論終結後の承継人の範囲を決する基準となる（大判昭17・5・26民集21-592）。もちろん，弁論終結前に仮登記がなされていても，所有権移転およびそれにもとづく本登記が終結後になされた場合には，登記名義人は，終結後の承継人として扱われる（最判昭52・12・23判時881-105）。

III 判決の効力の主観的範囲　　527

承継人が仮登記の順位保全効を援用できるかどうかは，既判力の拡張とは別の問題である（東京地判昭 40・9・27 下民 16-9-1449）。債権譲渡とその対抗要件たる通知または承諾（民 467）の関係についても同様に考えられる（大判昭 19・3・14 民集 23-155〔放棄調書〕）。

　（イ）　承継の種類　　承継の種類としては，相続および合併，すなわち当事者の権利義務一般を承継する一般承継と，特定の権利義務を対象とする特定承継が含まれる[8]。また，承継の原因としても，当事者間の法律行為，もしくは競売・転付命令などの裁判行為，または法律の規定など（民 254・286 など），いずれによるものでも差し支えない。承継の対象の法律上の性質については，それが訴訟法上の地位を意味するか，それとも実体法上の権利関係を意味するかが問題となる。以下に述べるように，承継の対象を当事者適格や紛争の主体たる地位としてとらえる立場によれば，それらは訴訟法上の地位としての性質をもつのに対して，承継の対象そのものは訴訟物またはそれに関連する実体法上の地位であるとすれば，その承継に対して法が既判力の拡張という訴訟法上の効果を付与していると考えることができる。本書では，以下に述べる理由から後者の考え方をとる。

　（a）　訴訟物の承継　　口頭弁論終結後に訴訟物たる権利関係が承継された場合に，承継人に対して既判力が拡張されることについては，争いがない。一般承継においては，もちろん訴訟物たる権利関係の承継があるとみられるし，特定承継においても，所有権確認訴訟の原告から所有権を譲り受けた者，物権の不存在確認訴訟において勝訴した被告から当該物権を譲り受けた者（大判昭 17・5・26 民集 21-592），給付訴訟の訴訟物たる債権の譲受人（前掲大判 19・3・14〔放棄調書〕，東京控判昭 11・11・5 新聞 4097-11〔転付債権者〕），給付訴訟の被告から債務を引き受けた者などが，訴訟物の承継人として既判力の拡張の対象となる。

　ただし，訴訟物たる義務の承継については，免責的債務引受がなされたときには，承継が肯定されるが，併存的債務引受については，それが新債務を

---

8)　一般承継人を実質的当事者として，115 条にいう承継人から除外する有力説もあるが（上田徹一郎「判決効の範囲決定と実体関係の基準性」民商 93 巻 3 号〔昭 60〕317 頁・336 頁），区別の実益に乏しい。

4-3-12

設定するものであるという根拠から承継を否定すべきである[9]。併存的債務引受の場合には、いかなる意味においても訴訟物たる権利関係の承継が認められないのであるから、引受人を承継人とする余地はない。

(b) 訴訟物の基礎たる権利または訴訟物から派生する権利関係の承継

従来の判例は、訴訟物の枠を超えて承継を認め、学説は、その結論を支持する前提の下に、承継人の範囲に関する理論的基準としていくつかの考え方を提示してきた。第1は、かつての通説の提唱する基準であり、当事者適格の移転をもって承継人の範囲を画する。

これに対して、近時の多数説は、当事者適格の移転の概念に代えて、紛争の主体たる地位の移転という概念を承継人の範囲に関する基準として提唱する。この考え方は、前訴と後訴における訴訟物が異なる以上、それぞれの当事者についての当事者適格が同一とはいえず、したがって、当事者間でそれが移転することもないとの理論的批判を基礎として、次のような場合においても承継を認めるべきであるとする。たとえば、前訴判決が賃貸借終了に基づく建物収去土地明渡請求権の存在を確定したものであるときに、建物所有者である被告から口頭弁論終結後に建物を賃借した第三者は、いかなる意味でも当事者適格の移転を受けたものとはいえないが、自己の建物および土地の占有権原の前提として被告の土地占有権原を援用しえないという点で、承継人の範囲に含まれるとする[10]。ここでいわれる紛争の主体たる地位は、第

---

9) 長崎地判昭31・12・3判時113-24。学説の考え方は分かれている。上記裁判例を支持して、既判力拡張を否定するものとして、法律実務(6)67頁、谷口＝井上編(3)293頁、上野泰男〔判例批評〕法学雑誌21巻3号（昭50）443頁、秋山＝伊藤ほかⅡ483頁などがあり、既判力拡張を肯定するものとして、吉村徳重「既判力拡張における依存関係(3)」法政研究28巻1号（昭36）49頁、76頁、新堂702頁、小山403頁、斎藤ほか(5)141頁、高橋・重点講義上696頁がある。これに対して、条解民訴581頁は、免責的債務引受であるか、重畳的債務引受であるかを問わず、明示の合意がない限り、既判力の拡張を否定する。

10) 新堂・争点効上316頁、斎藤ほか(5)137頁、新堂701頁、高橋・概論279頁など参照。なお、最判昭41・3・22民集20-3-484〔百選〔5版〕109事件〕は、50条〔旧74条〕にもとづく引受承継についてこの概念を用いており、これが115条にいう承継人についてもこの概念が用いられるきっかけとなったと思われる。新堂・判例231頁後注参照。さらに、条解民訴570頁は、「訴訟物にかかる実体的利益の帰属すべき

III　判決の効力の主観的範囲

三者と相手方当事者との紛争の対象たる権利義務関係が前訴の訴訟物たる権利義務関係から口頭弁論終結後に発展ないし派生したとみられる関係にあるものと定義される。

さらに近時の有力説として，当事者適格や紛争の主体たる地位という訴訟法上の地位の移転ではなく，訴訟物およびこれに関連する実体法上の権利関係そのものを承継の基準とする考え方がある[11]。この考え方は，第三者の実体法上の地位と当事者のそれとの間の依存関係を承継の基準とするところから，依存関係説とも呼ばれる。そして，承継人の法律上の地位と当事者の法的地位との間の依存関係を考える場合に，前者と後者とが同一の場合，すなわち法的地位そのものが第三者に移転された場合だけでなく，移転された権利関係を法律上の基礎として承継人の法的地位が成立する場合，または派生する場合に承継を認めるところに，この考え方の特徴がある。

本書では，以下に述べる理由から依存関係説を支持する。請求の目的物の所持人や被担当者への既判力の拡張は，相手方との関係で考えれば，手続保障が充足されたか，またはその必要がないことを根拠とするが，承継人の場合には，そのような根拠は妥当しない。かつての通説および近時の多数説は，当事者適格や紛争の主体たる地位の移転があるとするが，これらは主として訴訟承継を念頭に置いたものであり，弁論終結後の承継人に対する既判力の拡張の根拠として妥当な説明かどうかは疑わしい。たとえば，当事者適格が移転することは，本来の意義としては，新たに当事者適格を取得した者が正当な訴訟追行権者として訴訟行為を行いうることを意味するものであり，訴訟承継の場合には適切な説明ではあっても，既判力拡張，すなわち当事者の訴訟行為に対する遮断効の根拠としては適切と考えられない。紛争の主体たる地位についても同様のことがあてはまる。

むしろ，当事者適格や紛争の主体たる地位の移転の基礎となっている，実体法上の権利関係の承継そのものに着目し，それが口頭弁論終結時後に行わ

法的地位の承継人」という基準を提唱する。

11)　上田徹一郎・判決効の範囲（昭 60）183 頁，吉村徳重「既判力の第三者への拡張」講座民訴⑥ 166 頁，上野泰男「既判力の主観的範囲に関する一考察」関大法学論集 41 巻 3 号（平 3）396 頁・422 頁，谷口 350 頁など。

れていることをもって，立法者が法的安定の要請，および当事者と第三者の公平を考慮して既判力の拡張を認めたと解するのが正当である。請求の目的物の所持人や訴訟担当の本人の場合には，所持開始や管理処分権付与の時期が問われないのに対して，承継人の場合には，口頭弁論終結時という時的要素が本質的要件とされているのは，次のような考慮に基づくものと思われる。すなわち，既判力が第三者の有利に拡張されるときには，すでにその法的地位について攻撃防御を尽くした相手方当事者よりも，既判力によって確定された法的地位やそれに関連する権利関係を承継した第三者を保護すべきであるとの立法者の判断がある。また，既判力が第三者の不利に拡張されるときには，弁論終結後に当事者の法的地位に依存する地位を得た第三者よりも，その法的地位について既判力ある判断を得た前訴当事者を保護すべきであるという立法者の判断がある。

　第三者が訴訟物たる権利関係そのものを承継した場合に限らず，その基礎たる権利，またはそれから法律上派生する権利を承継した場合にも，第三者の法的地位にかかわる紛争は，合理的通常人から見て，派生的紛争とみなされるので，その内容となっている前訴の訴訟物の範囲内において既判力の拡張を認めることが，合理的範囲内で判決の紛争解決機能を維持するものといえる。訴訟物となった権利の基礎たる権利を譲り受けた者が承継人として扱われる例として，移転登記抹消登記手続請求訴訟の敗訴被告Yから所有権および登記名義の移転を受けた者（設例4参照）[12]，抵当権者と土地所有者との間の抵当権存在確認判決の既判力が，土地所有権の譲受人に対して拡張される場合が考えられる。先にあげた土地賃借人たる被告から建物を賃借した第三者は，訴訟物たる土地明渡請求権の基礎にある土地の占有権原の一部を承継したとみられる。

　これに対して，代物弁済にもとづく移転登記を命じる判決にもとづいて前訴原告に移転登記がなされた後に，その者から所有権および登記の移転を受けた第三者は，後に前訴被告から移転登記抹消登記手続請求訴訟を提起され

---

12)　最判昭54・1・30判時918-67。ただし本件では，所有権確認の訴えも併合提起されている。また，既判力の拡張を受ける承継人に再審訴訟の適格を認めたものとして，最判昭46・6・3判時634-37〔百選〔5版〕117事件〕がある。

たときに，中間省略登記が原則として許されないこととの関係で，移転登記請求権の承継人といえないから，前訴判決の執行力の拡張を主張することができず，したがって，本条による既判力の拡張も受けないとする考え方がある（大阪高判昭45・5・14高民23-2-259，秋山＝伊藤ほかII483頁）。しかし，現行法の下では，執行力の主観的範囲と既判力の主観的範囲は区別して考えられること，訴訟物の基礎たる権利を譲り受けた者に対して既判事項と矛盾する主張をなすことを認めるのは不合理なことなどを考えると，この種の譲受人も承継人に該当するものとして，その者のために既判力を拡張すべきである（新堂・争点効上308頁，条解民訴578頁〔竹下〕）。この場合の訴訟物は，債権的請求権としての性質をもつが，それが承継人の範囲を決するものでないことは後に述べる。

　動産引渡請求訴訟においても，請求認容判決の口頭弁論終結後に原告から目的物の所有権を譲り受けた者が承継人として扱われるし（大判昭17・3・4判決全集9-26-5。ただし，執行力拡張の事案である），被告側についても，目的物の所有権や占有権が口頭弁論終結後に第三者に移転されれば，その者に対して既判力が拡張される。なお，不動産に関する登記の場合と同様に，たとえ所有権移転の合意が口頭弁論終結前になされていても，その占有が口頭弁論終結後に承継されていれば，承継人に対する既判力拡張が認められる。

　（ウ）　訴訟物たる権利の実体法上の性質と承継人の範囲　　第三者の地位が訴訟物たる権利関係，またはそれを基礎づける権利関係を承継したものであっても，なお訴訟物たる権利関係の性質や第三者の法律上の地位との関係で，承継人の範囲が争われることがある。

　（a）　物権的請求権・債権的請求権　　家屋賃貸人が賃料不払に基づいて賃貸借契約を解除したと主張して，賃借人に対して家屋明渡請求訴訟を提起し，請求認容の確定判決を得たところ，当該訴訟の口頭弁論終結後に被告が第三者に対して当該家屋を転貸したとする。賃貸人がこの転借人を被告として所有権に基づく引渡しを求める後訴を提起したとき，前訴判決の既判力が後訴被告たる転借人に対して及ぶかどうかが議論される。旧訴訟物論の論者の中には，確定判決の訴訟物は，賃貸借終了に基づく目的物返還請求権という債権的権利であるから，その判断についての既判力は第三者に対して拡

張されないとか[13]，同じく債権的請求権であっても，賃貸人が同時に所有権者である場合には，既判力が第三者に拡張されるという主張がある（兼子・研究(3) 88頁）。また，この問題については，新訴訟物理論の論者の中でも考え方が分かれ，返還請求権について取戻請求権・交付請求権という性質決定をなし，これを基準として既判力拡張の有無を決するとか（三ケ月・研究 1巻 295頁。ただし，論者は，主として執行力の拡張を念頭に置いている。上田 508頁もこれを支持する），訴訟物の性質決定とは無関係に訴訟制度の目的などから合目的的に決すれば足りるとの議論が存在する[14]。

しかし，本条に基づく既判力の拡張を考える限り，訴訟物たる権利関係の性質を基準とする考え方には合理性が認められない。上記の例でいえば，既判力が問題となるのは，後訴被告がその占有権原を基礎づける抗弁事実として，前訴被告の賃借権および後訴被告の転借権を基礎づける事実を主張する場合にほかならない。かりに前訴判決の既判力が後訴被告に対して及ばないとすれば，後訴被告は，原告が前訴被告に対して賃貸借終了に基づく家屋明渡請求権を有するという前訴判決の既判事項に矛盾する権利関係，すなわち，前訴口頭弁論終結時における原告と前訴被告との間の賃貸借関係という権利関係の主張を許されることになる。しかし，前訴被告と後訴被告との間に占有権原についての承継関係が存在する以上，後訴被告にこのような主張を許すことは合理的ではなく，したがって，この場合にも，後訴被告に対して前訴判決の既判力が拡張される。また，旧訴訟物理論と新訴訟物理論との対立も，この点について影響を及ぼすものではない[15]。

(b)　実質説・形式説の対立　　訴訟物たる権利関係，それを直接に基

---

13)　兼子 345頁，中田淳一「既判力（執行力）の主観的範囲」民訴演習Ⅰ（旧版）（昭38）205頁など。下級審裁判例としては，大阪地判昭 47・9・11 判時 701-93 が引用されることがあるが，執行力拡張の事案である。

14)　新訴訟物理論の論者の中では，これが多数説である。小山 404頁，新堂 702頁，同・争点効上 142頁・310頁など。

15)　判例も，本条による承継人の範囲について，訴訟物たる権利関係の性質を問題としていない（大決昭 5・4・24 民集 9-415，最判昭 26・4・13 民集 5-5-242。訴訟引受けについてではあるが，前掲最判昭 41・3・22 も，物権的請求権か債権的請求権かを問題としない考え方をとっている。松浦馨［判批］民商 55巻 4号（昭 42）678頁・683頁参照。

礎づける権利，ないしはそれらから派生する権利を口頭弁論終結後に承継した第三者は，本条によって既判力の拡張を受けることになるが，なお第三者としては，自己に対する相手方の権利主張に対抗しうる独自の法律上の地位をもつことがある。典型的な例としては，虚偽表示に基づく移転登記抹消請求訴訟の口頭弁論終結後に，被告から目的不動産の所有権を譲り受けた第三者が，相手方の自己に対する移転登記抹消，または移転登記請求に対して，相手方の所有権喪失を基礎づけるための抗弁として，民法94条2項に基づく善意の第三者である旨の主張をなすときに，この者を本条にいう承継人として扱うかどうかの問題がある。

　この問題について，判例（最判昭48・6・21民集27-6-712〔百選［5版］87事件〕〔民執保全百選［2版］6事件〕）は，虚偽表示による無効にもかかわらず，善意の第三者として所有権を取得したという主張は，前訴確定判決の存在によって妨げられないとしている。有力な学説は，この判例の意義に関連して，従前からの学説の主張を総合して，実質説・形式説という相対立する概念を提唱した（新堂・争点効上327頁以下，新堂704頁以下）。実質説とは，権利関係の承継を基準として承継人とされる場合であっても，その者が，善意の第三者のような実体法上保護されるべき独自の地位をもつときには，その者を承継人として扱わないというものである。これに対して形式説によれば，権利関係を基準として承継人に該当するかどうかが決定され，承継人とされる第三者が既判事項たる権利関係を争うことは許されないが，自己のもつ独自の法律上の地位を主張することは妨げられないという。前記最高裁判例は，実質説の考え方を採用したものといわれる。そのうえで論者は，2つの考え方は結論において大きな差異はないものとしつつ，既判力の性質を考えると，形式説が優れているとする（これを支持するものとして，斎藤編⑸137頁，高橋・重点講義上693頁，高橋・概論281頁，梅本942頁，長谷部281頁など）。

　しかし，実質説・形式説という概念構成自体に疑問がある（中野・論点I213頁以下，松本＝上野653頁，伊藤562頁参照。なお，山本弘「弁論終結後の承継人に対する既判力の拡張に関する覚書」伊藤古稀693頁以下は，実質的と形式説の対比を無意味としつつ，問題とされる局面において，前訴と後訴との攻撃

防御方法を分析すれば，そもそも物権的妨害排除請求権としての登記手続請求権などの承継が認められるかどうかが疑問であるとする）。前掲最高裁昭和48年6月21日の判例は，後訴被告の所有権取得という権利関係の主張は，前訴判決の存在によって影響を受けないと判示している。判旨については，前訴と後訴の訴訟物が同一ではなく，また先決関係や矛盾関係にもないことが問題であり（鶴田滋「口頭弁論終結後の承継人への既判力拡張の意味」法政研究81巻4号〔平27〕825頁参照），既判力が作用する場面ではないとする理解もある（加波眞一「口頭弁論終結後の承継人への既判力拡張」立命館法学359号〔平27〕342頁）。しかし，両者が，同じく前訴・後訴原告の所有権にもとづく登記手続請求権であり，後訴被告の登記名義が前訴被告から承継された関係にあることを考えれば，訴訟物が同一の場合に準じて扱うべきであり，それを前提として，以下のように，既判力の作用する場面を区別することが適切である。

　すなわち，後訴被告が抗弁として，前訴原告から前訴被告への所有権の移転を主張するのであれば，その主張は，前訴判決における所有権移転登記抹消請求権の存在と矛盾するものとして，排斥される。いいかえれば，後訴被告は既判力の関係で承継人として扱われる。しかし，後訴被告が民法94条2項適用の結果として前訴原告が自己に対して所有権を主張できないことを主張するのであれば，その主張は，前訴判決の訴訟物に関する判断と何ら矛盾するものではなく，したがって既判力が拡張されるべき対象を欠くことになる。この意味で，後者のような主張をなす後訴被告が，口頭弁論終結後の承継人かどうかは問題とならない。既判力拡張の意義をこのように構成すれば，前記判例の判示は妥当なものとしてこれを肯定することができる。もちろん，この判例も，いかなる意味でもこの第三者に既判力が及ばないとしているわけではなく，その意味で，いわゆる実質説という位置づけをこの判例に与えるのは誤解を生じやすい。

　類似の問題は，不動産の二重譲渡に関する訴訟について議論される。すなわち，前訴原告が前訴被告に対して売買を請求原因とする移転登記手続請求訴訟において勝訴した訴訟の口頭弁論終結後に，後訴被告が前訴被告から当該不動産の二重譲渡を受け，移転登記を経た場合について，後訴被告が115条の承継人に該当するかどうかという問題である。そして，形式説の結論と

III 判決の効力の主観的範囲

しては，前訴判決の既判力は後訴被告に及ぶが，後訴被告は，自己固有の法律上の地位を前提とする抗弁として，前訴原告についての対抗要件の欠缺を主張することができ，その結果として，自己に対する前訴原告の請求を斥けることができるといわれる。

この問題についての最高裁判例は，前訴原告がその所有権を後訴被告に対して対抗できるかどうかは，登記の先後によって決せられる実体法上の問題であり，前訴判決の既判力によって決せられるものではないとしている（最判昭41・6・2判時464-25〔続百選81事件〕）。したがって，この判例がいわゆる形式説を採用していないことは明らかであるが，かといって，論者のいう実質説に立脚したものでもない。要するに，前訴原告が登記を得た二重譲受人に対して移転登記手続請求や所有権確認の後訴を提起した場合において，後訴被告が前訴被告から前訴原告への所有権移転の合意自体を否認するのであればともかく，自己も前訴被告から所有権の移転を受けたこと，および後訴原告には登記が欠けていることを主張し，後訴原告の請求を排斥しようとするのであれば，前訴判決の既判力が後訴において作用する余地はなく，したがって，後訴被告を承継人として扱うべき理由はない。したがって，ここでも実質説・形式説という概念構成は大きな意味をもつものではない。

このように考えると，既判力の概念について訴訟法説を前提とする限り，後訴当事者がどのような権利関係や法律上の地位を主張するかによって既判力が拡張されるかどうかが決定されるのであり，それを離れて一般的に当事者を承継人として扱うべきかを論じる理由はなく，この意味で実質説・形式説という概念構成を採用する必要性に乏しい。

(3) 請求の目的物の所持者（115 I ④）　115条1項4号は，当事者または当事者の承継人のために請求の目的物を所持する者に対して既判力が拡張される旨を規定する。請求の目的物とは，訴訟物たる特定物の引渡請求権の対象物たる動産または不動産を指す。請求権の法的性質が物権的請求権であるか，債権であるかは問題とならない。また，承継人と異なって，所持開始の時期と口頭弁論終結の前後も問題とならない。当事者等のための所持は，一方で，使用人，法人の機関，または行為能力を制限された者の法定代理人など，独立の占有をもたない占有機関と区別され，他方で，賃借人や質権者

のような自己の法律上の利益のために占有をなす者と区別される。具体的には，受寄者，管理人（民25・952，民執94など），および同居者・家族などが本条にいう所持人の例として挙げられる。

したがって，自己の法律上の利益のための占有者は，本条にいう所持者に含まれないのが原則であるが，例外的に，自己の法律上の利益のための占有の外観をもつ者であっても，所持者とされる場合がある。その例が，虚偽表示に基づく占有者および登記名義人である。所持者に対する既判力拡張の根拠が，その者が独立に手続保障を要求するに足る法律上の地位をもたないことに求められるとすると，たとえば，執行免脱の目的で当事者から本権の設定・移転を受け，占有を開始した者を所持者として扱う余地が認められる。実際の事実認定は容易ではないが，本権の設定・移転が虚偽表示として無効とされるような場合には，占有は当事者のためになされているものとみて，占有者を所持人として扱うことが許される（新堂705頁，高橋・重点講義上708頁，高橋・概論285頁，長谷部286頁，条解民訴583頁など）。

また，虚偽表示に基づいて登記が移転されているときにも，登記名義人を本条の所持者とみなして，既判力を拡張することができるかが議論される。占有は，目的物に対する事実上の支配を意味するが，登記も物権の成立を公示するものである点に着目すれば，占有と登記名義と機能的類似性が認められ，登記名義人が自己のためではなく，当事者本人のためにその名義を保持していると認められる場合が想定される。このような場合には，所持者としてその者に対して既判力が拡張される[16]。

(4)　訴訟担当における本人（115Ⅰ②）　115条1項2号は，他人のために当事者となった者に対する確定判決の効力がその他人に対しても効力を持つ旨を規定する。以下に説明するように，この場合の当事者は，訴訟物についての本来の当事者適格者である他人に代わって訴訟追行をなす当事者適格

---

16)　大阪高判昭46・4・8判時633-73〔百選〔5版〕A 28事件〕は，このような考え方に基づいて，前訴当事者たる法人からその関係人に対して移転登記がなされても，それが虚偽表示とみなされるときには，登記名義人を所持人として既判力が拡張されるとした。学説は，さらにこれを発展させ，実質的当事者という概念を提唱して，訴訟承継主義の限界を補おうとしている（新堂・争点効下95頁，同・判例302頁，上田・前掲注11）138頁，長谷部由起子〔判批〕百選Ⅱ153事件など参照）。

III　判決の効力の主観的範囲　　537

を認められる者であり，その者を当事者とする確定判決の効力，すなわち既
判力が本来の当事者適格者に及ぶ。以下便宜上，当事者として訴訟追行をな
す者を担当者，既判力拡張の対象となる他人を本人と呼ぶ。

　（ア）「他人のため」の意義　　担当者を当事者とする判決の効力が本人
に対して拡張される実質的根拠は，訴訟物たる権利関係についての判断の前
提となる手続保障が，すでに正当な訴訟追行権を認められる当事者に与えら
れたのであるから，本人もその結果を承認しなければならないところにある。
この意味で，本人に対する既判力の拡張は，先に述べた代替的手続保障を根
拠とする。本号は，「他人のため」という文言を用いているために，当事者
と本人との間の利害関係の共通性が要件とされているような印象を与えるが，
当事者が本人の訴訟追行権を行使する場合一般を指すものと理解すべきであ
る[17]。

　当事者たる訴訟担当者については，まず，法定訴訟担当と任意的訴訟担当
が分けられ，前者の中では，さらに職務上の当事者が区別される。以下，法
定訴訟担当に限定して，これらの者の中で特に既判力の拡張の有無および要
件について争いがあるものを説明する。任意的訴訟担当については，当事者
の訴訟追行権が本人による授権に基づくものであり，その適法性は別として，
本号に基づく既判力の拡張にほとんど異論がみられない。

　（イ）　債権者代位訴訟　　民法 423 条に基づく債権者代位権は，責任財産
保全のために債権者に対して債務者の財産に対する実体法上の管理権を付与
するものであり，代位の目的物が金銭債権であるときには，第三債務者に対
して代位債権者自身に対する給付を求める権能も，この管理権の中に含まれ
る。訴訟上は，この管理権を基礎として代位債権者に当事者適格が認められ
る（⇒ 2 - 5 - 7 (2)(ア)(a)）。したがって，代位債権者を当事者とする確定判
決の既判力は，その内容は請求認容であれ，請求棄却であれ，本号に基づい
て本人たる債務者に対して拡張される（兼子 182 頁，斎藤 387 頁，秋山 = 伊藤
ほか II 481 頁，法律実務 6 巻 72 頁など）[18]。

---

17)　大判昭 15・3・15 民集 19-586〔百選［初版］74 事件〕。

18)　判例は，かつて，代位債権者の権利がその固有の権利であるという理由から，既
　判力の拡張を否定したが（大決大 11・8・30 民集 1-507），その後の判例は，既判力

これに対して，既判力の拡張を否定し，または一定の条件の下でのみ拡張を認めるとの以下のような有力説がある。まず，同じく法定訴訟担当といっても，訴訟追行権者と本人との間に利害関係の対立が存在し，本人の固有の権能を排除して，担当者が訴権を行使する性格をもつ，対立型と，担当者と本人とが利害を共通にし，本人の権能が担当者に吸収される，吸収型を分ける議論がある。破産管財人や船長は，後者に属するのに対して，差押債権者や代位債権者は，前者に属するとする。この区別を前提として論者は，115条1項2号の「他人のために」という文言を訴訟追行権者と本人との間の利益の共通を意味するものとしてとらえ，吸収型の場合には同号が当然に適用されるが，債権者代位など対立型の場合には，本人の不利に既判力が及ぼされることを否定する（三ケ月・研究6巻8・9・50・51頁）。

この考え方に対しては，第1に，対立型と吸収型という区分が一義的に明確でないと批判される。たとえば，吸収型の例として挙げられる破産管財人については，それが破産債権者の利益を代表する者であることに着目すれば，むしろ差押債権者との類似性が認められるのであり，対立型と区別することは困難である。第2に，対立型である債権者代位の場合においても，担当者と本人との間の利害の対立を根拠として，本人に対する既判力の拡張を否定することは，結局債務者が第三債務者に対して再度本案判決を求めうる結果となり，第三債務者の利益が害される（新堂292頁，高橋・重点講義上256頁，高橋・概論283頁）。第3に，他人のためにという文言も，立法の経緯から考えれば，必ずしも本人と担当者の間の利害関係の共通性を意味するものではないと考えられる。以上の理由から，この有力説を採ることはできない。

また，別の考え方として，訴訟物たる本人の権利関係について代位債権者がもつ実体法上の管理権を当事者適格の基礎とする考え方自体を批判し，代位債権者は，訴訟担当者ではなく，無資力状態に陥った債務者の責任財産を保全する債権者固有の法律上の利益を基礎とした当事者適格をもつとする考え方がある。この考え方の帰結としても，115条1項2号の適用が否定され，請求棄却判決の効力は，債務者に対して及ばない（福永「当事者適格理論の再

の拡張を肯定している（前掲大判昭15・3・15）。戦後の裁判例として大阪地判昭45・5・28下民21-5＝6-720〔百選〔4版〕88事件〕がある。

III 判決の効力の主観的範囲   539

構成」当事者論 126 頁・157 頁・161 頁)。

　しかし,この考え方については,次のような問題点が指摘できる。第 1 に,論者も認めているように,代位債権者の適格を固有の法的利益に基づくものとする限り,同一の訴訟物についての債務者の当事者適格が併存することを認めざるを得ないが,実体法の解釈として代位権行使によって債務者の管理処分権が排除されると解されている(大判昭 14・5・16 民集 18-557〔百選 I 47 事件〕)こととの関係が問題となる。ただし,この点は,平成 29 年改正民法 423 条の 5 が債権者代位権行使後も債務者の処分権行使が妨げられないと規定したことによって,前提が変化したといえる。しかし,債権者による債務者に対する訴訟告知の規定(民 423 の 6)を前提とすれば,訴訟担当の構成自体は,改正民法の下で明確になっており(山本和彦「債権法改正と民事訴訟法——債権者代位訴訟を中心に」判時 2327 号〔平 29〕120 頁),債務者の処分権限が存続することが訴訟担当構成を排除する理由とはならない。第 2 に,訴訟担当構成を排除するにもかかわらず,なぜ請求認容判決の既判力は債務者の有利に及ぶのかが問題となる。

　さらに近時の有力説として,第三債務者の利益保護を重視して,一方で債務者への既判力拡張を肯定するが,他方,債務者の利益保護のために代位訴訟係属の事実を債務者が了知する機会を与えようとする考え方がある。たとえば,本来期限前の裁判上の代位について規定される債務者への訴訟告知(非訟旧 88 II)を通常の代位にも類推適用し,告知が行われたにもかかわらず債務者が共同訴訟参加などをしないときには,既判力が拡張されるとしたり,さらにこれを進めて,代位債権者は,まず債務者に対して相当期間を定めて権利行使を催告し,債務者が権利行使をしない場合にのみ代位債権者が債務者の財産管理権限を取得し,これに基づいて当事者適格を行使しうるという[19]。この考え方は,実体法の解釈として,債権者代位権行使要件として権利催告を設定し,その手続を経なければ債務者の財産に対する管理権を取得しないとすることによって,被担当者たる債務者に対する既判力の拡張が認められるという前提を維持しつつも,訴訟参加の機会を保障されないまま

---

[19] 前者の考え方として,新堂 269 頁,後者の考え方として,池田辰夫・債権者代位訴訟の構造(平 7)81 頁以下。

に既判力の拡張を受ける債務者の利益を保護しようとするものである。また，会社法849条4項を類推して，代位債権者に債務者に対する訴訟告知を義務づけ，この義務が履行されないときには，第三債務者は応訴を拒絶できるとする考え方もある[20]。

これらの考え方を比較すると，債務者の利益と第三債務者の利益とを手続法の次元で調整しようとすれば，代位債権者に対する訴訟告知の義務づけおよび第三債務者の応訴拒絶権を前提として，被告知債務者に対する既判力の拡張を認める考え方がもっとも合理的といえよう。そして，平成29年改正民法423条の6によって，債権者が債務者に対し債権者代位訴訟提起について遅滞なく訴訟告知をすることを義務づけられたことを前提とし，それが欠ける場合には，訴えが不適法となると考えれば（山本・前掲論文121頁），実際上の効果としては，第三債務者に応訴拒絶権を付与するのと同様になろう。したがって，訴訟告知がなされ，債権者を訴訟担当者とする本案判決が確定した場合には，その既判力は，本人たる債務者に拡張されることになる。

なお，既判力の拡張を前提としても，債務者が後訴において代位債権の不存在を立証すれば，既判力の拡張を排除することができる（大阪地判昭45・

---

20)　条解民訴567頁。また，坂原正夫・民事訴訟法における既判力の研究（平5）278頁以下は，この考え方を評価しつつ，訴訟告知ではなく，当事者に準じる者として債務者に対して訴状を送達すべきであるという。本文で説明した考え方を，その細部は別として訴訟告知説と呼ぶとすれば，近時は，この考え方を支持する論者が増加しつつあり，有力説の地位を占めている（吉村徳重「既判力の第三者への拡張」講座民訴⑥139頁・160頁，高橋・重点講義上256頁，上田504頁，斎藤編(5)152頁，林屋465頁，谷口358頁など）。

　なお，平成29年改正民法423条の6では，「債権者は，被代位権利の行使に係る訴えを提起したときは，遅滞なく，債務者に対し，訴訟告知をしなければならない。」と規定する。本文に述べたように，訴訟告知が第三債務者の応訴拒絶の根拠となるか，また，債務者に対する判決効拡張の基準となるかどうかは，本条の解釈問題となろう。勅使河原和彦「他人に帰属する請求権を訴訟上行使する『固有』の原告適格についての覚書」伊藤古稀424頁参照。潮見佳男・民法（債権関係）改正法の概要（平29）81頁は，判決効が債務者に及ぶことを前提として，債務者が代位訴訟に関与する機会を与えるのが告知の趣旨であるとするので，第三債務者の応訴拒絶権などは想定していないと思われる。ただし，本文に述べるように，議論の余地はある。山野目章夫・新しい債権法を読みとく（平29）109頁参照。

5・28 下民 21-5＝6-720〔百選〔4 版〕88 事件〕）。これは，訴訟要件たる代位債権の存在そのものは既判力によって確定されておらず，それが不存在と認められれば，前訴判決は，訴訟担当者たる資格を欠く者を当事者とする判決とみなされ，115 条 1 項 2 号の適用が排除されることによる。ただし，訴訟告知を受けたにもかかわらず債務者が訴訟に参加せず，後に代位債権の不存在を主張することは，信義則（2）に反するとされることもあろう。

（ウ）　債権者取立訴訟　　民事執行法 155 条 1 項に基づいて差押債権者がその取立権を行使して，取立訴訟を提起する場合に，差押債権者が法定訴訟担当者とみなされ，その者を当事者とする判決の既判力が本人たる差押債務者に対して拡張されることも，債権者代位訴訟と同様である。

4-3-13　特別規定に基づく既判力の主観的範囲の拡張

　一般原則としては，既判力は，115 条が規定する当事者等に対してのみ拘束力をもち，それ以外の第三者は，訴訟物たる権利関係についての確定判決における判断と矛盾する主張をなすことを妨げられない。しかし，法は，このような原則に対する例外として，人事法律関係や団体法律関係などについて，法律関係安定の必要性を満たすために上記以外の第三者に対する既判力の拡張を規定している。なお，形成判決に基づく法律関係の変動について，一般的承認義務が説かれることがあるが，これは既判力の拡張とは区別される[21]。

　（1）　特定範囲の第三者に対する既判力の拡張　　法が第三者の範囲を特定して既判力の拡張を定める場合がある。たとえば，破産債権や再生債権確定についてなされた判決は，破産債権者や再生債権者全員に対する既判力を認められる（破 131 I，民再 111 I）。同様に，更生債権および更生担保権確定についてなされた判決は，更生債権者，更生担保権者，および株主の全員に対して既判力を認められ（会更 161），また，取立訴訟の判決は，参加命令を受けながら参加しなかった差押債権者に対しても既判力を認められる（民執 157 III）。

---

[21]　鈴木正裕「形成判決の効力」論叢 67 巻 6 号（昭 35）27 頁・32 頁参照。確定した形成宣言によって権利変動の効力が生じ，それが一般に承認されるという趣旨である。

さらに，平成29年改正民法425条が，詐害行為取消請求を認容する確定判決が債務者およびそのすべての債権者に対してもその効力を有すると規定するのは，責任財産回復の成果を債務者および他の債権者にも享受させるという目的のために認められた既判力の拡張と解すべきであろう。

(2) **一般第三者に対する既判力の拡張 —— 対世効**　上の場合と異なって，法が，第三者の範囲を特定せずに，既判力の拡張を規定する場合がある。もちろん，既判力の作用を考慮すれば，拡張の対象となる第三者は，その者の法的地位が既判事項を法律上の前提とする場合などに限定されるが，その範囲があらかじめ定型的に確定されえないために，範囲を特定することなく第三者に対する既判力の拡張が規定されているものである。このような趣旨から，この種の既判力拡張は対世効と呼ばれる。

(ア) **人事関係訴訟における対世効**　人事訴訟の確定判決は，請求認容か請求棄却かのいずれかを問わず，本案判決が対世効を有する（人訴24 I）。判決の性質としては，形成判決および確認判決が含まれるが，いずれについても人事法律関係の安定を確保するために対世効が認められる。ただし，訴訟判決は，人事法律関係の存否そのものに関わるものではないので，対世効をもたない。

もっとも，既判力の拡張を受ける第三者の立場からみると，裁判を受ける機会を保障されることなく，自己の法律上の地位の前提となる人事法律関係を争いえなくなるが，その根拠について次のような説明が可能である。第1に，当事者適格が当該権利関係についてもっとも密接な利害関係をもつ者や，それらに代わって適切な訴訟追行をなしうる者に限定され（人訴12・43など），加えて，ある訴訟類型を固有必要的共同訴訟とすることによって法律上の利害関係をもつ者が訴訟当事者から排除されないよう配慮がなされる（人訴12 II）。第2に，審理の方式についても弁論主義が排除され（人訴19），それに代えて職権探知主義が採用される（人訴20）。第3に，共同訴訟的補助参加や独立当事者参加によって第三者が審理に参加する方法が認められる。第4に，判決確定後であっても，当事者適格をもつ第三者は，独立に再審の訴えを，また法律上の利害関係を持つ第三者は，補助参加人として再審の訴えを提起することもできるので，既判力の拡張を受ける第三者が不当な損害

III 判決の効力の主観的範囲 543

を受けないような制度的保障がなされている。

また，特別の地位を有する第三者を保護するする必要がある場合には，その者に対する無条件の既判力拡張が否定される。重婚禁止（民732）違反を理由とする婚姻取消しの訴えについての請求棄却確定判決は，前婚の配偶者に対しては，その者が訴訟に参加した場合にのみ，既判力を及ぼすとされるのがそれにあたる（人訴24 II）。たとえば，後婚の配偶者が婚姻取消しの訴えを提起したときに，その棄却判決が前婚の配偶者を当然に拘束することは，前婚の配偶者に対する手続保障を害するからである。

しかし，第三者が審理に参加する機会を保障するためには，訴訟係属の事実を第三者に了知せしめる必要がある。利害関係人であって，父が死亡した後に認知の訴えが提起された場合におけるその子その他の相当と認められるものに対して訴訟係属の通知がなされるのは（人訴28），その必要に応えるためである[22]。

（イ）　団体関係訴訟における対世効　　会社その他の法人などの団体法律関係においては，それに関与する主体が多数に上る。そこで，団体の代表者の地位に典型的に示されるように，団体の運営を円滑に行わしめるためには，争いの対象となる法律関係や法律上の地位の存否・内容をそれらの多数人との間で画一的に確定する必要があり，また，それによって派生的権利関係についての紛争を抜本的に解決することが可能になる（中島弘雅「株主総会決議訴訟の機能と訴えの利益」民商99巻6号〔平元〕785頁・803頁）。このような要請を満たすために法は，団体関係訴訟の多くのものについて，対世効を規定する。会社や一般社団法人等の組織に関する訴えがその例として挙げられる（会社838，一般法人273）。ただし，既判力が拡張されるのは，請求認容判決のみであり，棄却判決の既判力は対世効をもたない[23]。この点が先に述べた身分関係にかかわる判決の対世効と異なる。

---

22)　通知を受ける者の具体的範囲については，人訴規16参照。

23)　もっとも，出訴期間の定めのない株主総会決議不存在および無効確認の訴え（会社830）については，棄却判決についても既判力の拡張を認める見解が有力であるが，解釈論の範囲を超える。岩原紳作「株主総会決議を争う訴訟の構造（9・完）」法協97巻8号（昭55）1043頁・1102頁参照。

544　　　第4編　第3章　判決の効力

　第三者に訴訟参加をする機会を与えるための手段としては，平成16年改正前商法は被告たる会社による訴え提起についての公告があったが（商旧105 IV・247 II・252など），現在では公告制度が廃止されている[24]。

4-3-14　判決の反射効

　判決の効力としては，訴訟法上の効力以外に，一定内容の判決確定の事実が実体法上の法律効果を生じさせる，いわゆる法律要件的効力が挙げられる。その例として，民法169条（平成29改正前民174の2），460条3号（平成29改正前民459 I），496条1項がある（法律要件的効力については，鈴木正裕「判決の法律要件的効力」山木戸還暦下149頁以下参照）。また，訴訟法上の効力か実体法上の効力か議論があるものとして，反射効がある。そもそも反射効が認められるかどうかについては，争いがあるが，その説かれるところに従えば，反射効は，当事者間の判決の効力を第三者が援用できるか，また，当事者が第三者に対して判決の効力を主張できるかという問題であるので，判決の主観的範囲に関する問題の一つとして説明する。

　反射効が主張されるのは，主として以下のような場合である。第1に，民法448条1項（平成29改正前民448）に基づく保証債務の付従性を根拠として，主債務についての請求棄却判決と保証債務との間に，第2に，民法439条（平成29改正前民436）に基づく相殺の絶対的効力，および民事訴訟法114条2項に基づく相殺の抗弁についての既判力を根拠として，相殺の抗弁

24）　以上に述べたことは，対世効について明文の規定をもつ会社や一般社団法人等関係訴訟に関するものであるが，確認訴訟の対象としては，他の団体の意思決定機関による決議の効力なども認められる。それらについて請求認容判決が確定したときには，明文の規定がある場合に準じて対世効が認められるかどうかが解釈上問題となる。判例は，法人を被告としてその理事者たる地位を確認する判決が確定すれば，当該判決は，団体法律関係の性質上，対世効をもつと判示し（最判昭44・7・10民集23-8-1423〔百選〔5版〕15事件〕），また学校法人の理事会決議無効確認判決に関しても同様の判示をなしている（最判昭47・11・9民集26-9-1513〔百選〔5版〕A10事件〕）。この種の判決について会社法や一般法人法の規定などを類推適用して，対世効を認めること自体については，異論が少ないと思われるが，問題は，対世効を受ける第三者に対する手続保障である。対世効を認める以上，何らかの方法によって訴訟係属の事実を第三者に了知せしめることが適切であると考えられる。

III 判決の効力の主観的範囲 545

を理由とする連帯債務履行請求棄却判決と他の連帯債務との間に，第3に，会社法580条に基づく社員の責任を根拠として，持分会社債務についての請求認容または棄却判決と社員の責任との間である。

以上の例から理解されるように，反射効といっても，それぞれの根拠となる実体法上の法律関係の性質に応じて，第三者が判決の効力を自己に有利にのみ援用できる場合と，第三者の不利にも判決効が主張されうる場合とがある。第1の例では，保証人が主債務請求棄却判決を自己の有利に援用できる。第2の場合も同様である。これに対して，第3の場合には，会社を当事者とする判決が社員の有利にも不利にも働く。

反射効は，多数の学説の支持を受けているが，判例は一貫して反射効を否定している[25]。本書では，反射効概念を否定すべきものと考えるので，以下その理由を述べる。

第1に反射効の根拠としていわれる，第三者の地位が当事者のそれに実体法的に依存する関係などは，すでに115条1項3号に関してみたように，口頭弁論終結後の承継人の範囲を決定する場合に基準とされるものであり，その際には，口頭弁論終結後に第三者がそれらの地位を当事者から承継取得したことが，既判力の拡張を基礎づける公平性の内容とされた。しかし，反射効は，第三者の地位の取得が，口頭弁論終結の前後かどうか，あるいは当事者からの承継によるものかどうかを問わないものであり，それによって不利

---

[25] 反射効肯定説としては，斎藤402頁，小山412頁，新堂736頁，上田497頁，谷口367頁，林屋472頁，斎藤編(5)161頁，上田・前掲注11)116頁，高橋・重点講義上759頁以下，高橋・概論287頁，長谷部291頁などがある。条解民訴602頁以下〔竹下〕は，具体的な事例に応じて既判力の拡張の問題として検討すべきであるという。また，山本・基本問題180頁以下は，実体法上の債務の牽連性を根拠として，保証人などの場合に限定して反射効を肯定する。

これに対する反射効否定説としては，三ケ月35頁，上村明廣「確定判決の反射効と既判力拡張」中村宗雄先生古稀祝賀論集・民事訴訟の法理（昭40）381頁，後藤勇「確定判決の反射的効力」判タ347号（昭52）11頁，上野・前掲注11)395頁・429頁・436頁，松本＝上野661頁，梅本961頁，伊藤582頁など。

反射効を否定する判例としては，最判昭31・7・20民集10-8-965〔百選〔初版〕76事件〕，最判昭51・10・21民集30-9-903〔百選〔5版〕90事件〕，最判昭53・3・23判時886-35〔百選〔5版〕89事件〕が引用されるが，その理解については議論がある。伊藤眞ほか・民事訴訟法の論争（平19）85頁。

4-3-14

益を受ける者としては，なぜ反射効による拘束力を甘受しなければならないのかが問題となろう。

第2に，手続保障は訴訟物たる権利関係を基準として考えられるべきものである。主債務と保証債務のような実体法上別個の権利関係が訴訟物となるときには，たとえ同一の事実が争点となるときでも，それぞれについて手続保障を与えなければならないというのが，法の原則と思われる。

第3に，反射効を否定した結果生じるとされる実体法上の矛盾は，当該法律関係についての争いを必要的共同訴訟とせずに個別訴訟を認めることから不可避的に生じる結果にすぎない。主債務者が債権者に勝訴したにもかかわらず，債権者に敗訴した保証人から求償請求に応じなければならないのも，自己が求償請求訴訟に敗訴した結果であり，手続的に不当な結果ということはできない。もちろん，求償債務を履行した主債務者が債権者に対して主債務が存在しないことを理由として不当利得返還請求を行うことは，実体法上考えられないから，関係人間の紛争の決着が付かないわけでもない。

4-3-15 法人格否認の法理と既判力の拡張

法人格が別である第三者について，たとえば口頭弁論終結前の承継人に対して既判力が拡張されない場合であることを前提としながらも，いわゆる法人格否認の法理が適用される事案においては，当事者と第三者が同一人格とみなされ，第三者も既判力によって拘束されることが考えられる。

判例は，法人格が全くの形骸にすぎない場合，またはそれが法律の適用を回避するために濫用されているような場合においては，実体法上の法律関係の当事者以外の法人格に対しても法律効果が及ぶことを認めるが（最判昭44・2・27民集23-2-511），既判力や執行力など訴訟法上の効果についても，同様にこの法理の適用が認められるかどうかについては，訴訟手続の明確性や安定性を理由として，同法理を適用して既判力などを拡張することを否定しているが（最判昭53・9・14判時906-88〔百選［5版］88事件〕〔民執保全百選［2版］9事件〕），他方，第三者異議の訴えに関しては，法人格を濫用した第三者が執行の排除を求めることは許されないとしている（最判平17・7・15民集59-6-1742〔民執保全百選［2版］17事件〕）。

学説においては，考え方が分かれているが[26]，手続の安定性などを根拠として，

既判力について同法理の適用を全面的に排除する考え方には賛成しがたい。問題となる事例は，民事訴訟事件全体からみれば例外的なものであり，同法理の適用によって既判力の拡張を認めたからといって，手続の運用が安定を欠くことは考えられない。理論的にみても，形骸化の事例では，訴訟当事者たる本来の法人格と第三者たる形骸化した法人格とを同一の当事者とみなすことは可能である。したがって，法人の意思決定の面および財産運営の両面において法人格に応じた区別がなされていないような形骸化の事例においては，形式的に別人格とされる第三者を当事者と同様に扱って，既判力を拡張すべきである。これに対して，法人設立の目的が法律の適用を回避するためであるなどの濫用事例においては，人格自体の独立性を否定することは困難であるから，実質的当事者として既判力を拡張することは妥当でなく，むしろ，信義則を根拠として濫用法人格者による個別的な主張を排斥する方向での処理が妥当と思われる。このような理由から濫用事例を区別した上で，積極説（中野貞一郎＝下村正明・民事執行法〔平 28〕122 頁）に賛成したい。

---

26)　消極説として，江頭憲治郎・会社法人格否認の法理（昭 55）436 頁，奥山恒朗「いわゆる法人格否認の法理と実際」実務民訴(5) 157 頁・168 頁など。積極説として，福永「法人格否認の法理に関する訴訟法上の諸問題」当事者論 446 頁・458 頁など。

第5編　複雑訴訟形態

第1章　複数請求訴訟

I　総　説

5-1-1　複数請求訴訟の発現形態

（1）**請求併合・訴え変更・反訴・中間確認の訴え**　同一当事者間において複数の請求[1]が審判対象となる場合がある。たとえば，設例4において，Xは，所有権確認請求と所有権移転登記抹消登記手続請求を併合して提起することができる。他方，Yは，当該不動産を占有しているXに対して，目的物の明渡請求を反訴として提起することができる。それらを別々の訴訟手続で審理するならば，個々の事件の審理そのものは単純化され，促進されよう。しかし，同一当事者間の紛争全体としてみるとき，各請求ごとに期日が指定され，弁論が行われる結果，各当事者の訴訟追行の負担は増大する。また，請求相互間に関連性がある場合には，共通する事柄について重複して審理がなされるという不経済が生ずるのみならず，内容の矛盾する判決がなされる危険が増大する。そこで，現行法は，同一訴訟手続において複数の請求を併合して審判することを認めている（複数請求訴訟）。

同一当事者間において複数請求訴訟を発生させる当事者の行為として，(a)請求の併合（136），(b)訴えの変更（143），(c)反訴（146），そして (d)後2者の特別類型としての中間確認の訴え（145）がある（144条の請求の追加も

1）　請求の数え方は訴訟物に関する見解により異なるが，ここでは説明の便宜上，判例の立場（旧実体法説）を前提する（⇨ 2-1-7）。

550　　　第5編　第1章　複数請求訴訟

訴えの変更の一種であるが，これについては⇒**5-1-9**）。裁判所の行為として（e）弁論の併合（152 I）がある。請求の併合は，「訴えの客観的併合」[2]とも呼ばれる。この語は，訴えの変更や反訴の提起による複数請求現象を含めた意味で使うことがあるので，請求の併合のみを指す場合には，「訴えの固有の客観的併合」ということがある。

（2）　原始的複数と後発的複数　　請求併合は，当初から複数の請求について審判を開始させるという点に特色がある（請求の原始的複数）。これに対して，訴えの変更と反訴は，ある請求について審理が進んだ段階で他の請求について審判を開始させるという点に共通の特色がある（請求の後発的複数）。これを広く認めると，相手方の防御が困難になり，訴訟手続の長期化により審理が非効率なものとなるので，これについては，請求併合の要件を満たしたうえで，さらに一定の独自の要件を満たすことが要求されている。

（3）　後発的複数と審級の利益　　現行法の下で三審制がとられているとはいえ，控訴審はもともと第一審の続審として位置づけられており，一定の範囲で審級の利益（⇒**6-1-4**）よりも紛争の適切な解決を優先させてよい。そこで，請求の基礎が同一である限り控訴審で被告の同意なしに訴えを変更することが認められている（297による143の準用。最判昭29・2・26民集8-2-630）。後述の予備的併合や選択的併合の場合に，第一審で裁判されていない請求について控訴審が審判できる場合があるが，これも同様に説明できる。控訴審での反訴の提起については，法文上は相手方の同意が必要となっているが，当事者間の平等をはかるために，請求の基礎が同一であるのと同等の範囲では，相手方の同意は必要ないとすべきである[3]。

（4）　弁論の併合・分離・一部判決による調整　　複数の請求について併合審判を行うか否かは，処分権主義を妥当させるほどの問題ではなく，裁判所は，訴訟指揮の一環として，口頭弁論の制限・分離・併合（152）および一部判決（243 II）により調整することができる。ただし，弁論の分離や一

2）　「訴えの客観的併合」における「訴え」は，請求，あるいは，請求ごとに観念される判決要求としての訴えを意味する。これを136条の意味での「訴え」と理解すると，混乱が生ずる。前者は複数であり，後者は単数だからである。

3）　上田徹一郎「審級の利益の法構造」小室＝小山還暦中29頁以下。

部判決は，各請求の関連性を破壊し判決の矛盾をもたらすおそれがあるので，許されない場合もある。これに対して，口頭弁論の併合あるいは制限は，そのような問題を生じさせないので，広く許されてよい。

(5) **併合審判が強制される場合** ある請求について訴訟が係属している場合に，それに関連する他の請求について別訴を提起するか，それとも訴えの変更あるいは反訴の提起によりその訴訟手続内で併合審判を求めるかは，通常，当事者の自由に委ねられている。しかし，次の場合には併合審判が要求される。(a)紛争の一括的解決のために判決確定後の別訴が禁じられている場合（人訴25・18）。(b)他の請求について別訴を提起すると，重複起訴の禁止（民訴142）に触れる場合（⇨ **2‒6‒4**）。

II 請求の併合

5‒1‒2 意義と要件

同一の原告が同一の被告に対し1つの訴えをもって複数の請求をなす場合を請求の併合という（136）。ここでいう「訴え」は，訴え提起行為を意味し，「一の訴え」は，1つの訴状を裁判所に提出することであるから（133），請求の併合は，1つの訴状に複数の請求を記載することと同義である。

請求の併合が許されるためには，次の要件の充足が必要である。

(1) **複数の請求が同種の訴訟手続によって審判されるものであること**（136） 民事裁判手続は，非訟事件手続法や家事事件手続法などにより規律される非訟事件と，民事訴訟法等により規律される訴訟事件とに大別される。後者は，さらに次のように分かれる。(a)もっぱら民事訴訟法第1編から第4編により規律される通常訴訟（再審訴訟も含まれる），(b)第5編の特則の適用を受ける手形・小切手訴訟，(c)第6編の特則の適用を受ける少額訴訟，(d)人事訴訟法の適用を受ける人事訴訟，および，(e)行政事件訴訟法の適用を受ける行政訴訟。これらの異種の手続で裁判されるべき請求を併合することは，手続を混乱させるので，原則として許されない（(b)(c)につ

いては，各訴訟の要件規定（350・368）ならびに反訴禁止規定（351・369）を参照）。ただし，人事訴訟法も行政事件訴訟法も，別段の定めのない事項については民事訴訟法によることを前提にしているので（人訴1，行訴7），異種手続により裁判されるべき請求を併合審理することが不可能というわけではない。そこで，関連性が高い一定の請求につき，併合審理を認める規定が置かれている（人訴17，行訴16等）。それのみならず，紛争の包括的解決のために，人事訴訟では，本来なら家事審判の手続により処理されるべき処分（附帯処分）の申立ての併合も認められている（人訴32）。

これらのことを考慮すると，民訴法136条の解釈としても，(a)通常手続で裁判されるべき請求と異種手続で裁判されるべき請求とが相互に密接に関連していて，(b)両手続の異種性が低い場合には，請求の併合が許されると解すべきである[4]。

(2)　各請求について日本の裁判所が国際的管轄権を有すること（⇒**2-2-9**）

(3)　各請求について受訴裁判所が国内的管轄権を有すること　受訴裁判所は，7条により1つの請求について管轄権を有すれば，他の請求についても管轄権を有する。ただし，専属管轄が法定されている請求については7条は適用されないのが原則であり（13 I），受訴裁判所がその請求について独立の管轄を有していなければならない（13 IIの例外に注意）。

(4)　併合が禁止されておらず，また，請求間の関連性が要求されている場合にはその要件を充足すること　民事訴訟法は，請求間の関連性を要求していない。請求併合の場合には当初から複数の請求について審理が開始されるので，同一当事者間の紛争を包括的に解決する道を開いておくのがよい

---

4)　通常手続との異種性が低いのは，行訴法4条後段の実質的当事者訴訟の審理手続である。この訴訟でも職権証拠調べの規定（行訴24）が準用されるが（同41 I），同条は，「（行政）処分若しくは裁決の存否又はその効力の有無」の争点を含む民事訴訟（同法45条のいわゆる争点訴訟）において当該争点について準用されるのであるから，併合審理を妨げるほどの要素と見るべきではない。事実また，最判平5・7・20民集47-7-4627は，国家賠償請求と憲法29条3項に基づく損失補償請求との併合審理が許されることを前提にして，前者の訴訟（民事訴訟）の中で，後者の請求（実質的当事者訴訟に該当する請求）を追加することが原則的に肯定される旨の説示をしている。

II 請求の併合

からである。しかし，行政訴訟では，紛争の迅速な解決の目的等のために，関連性が要求されている（行訴16Ⅰ等）。

5-1-3 併合の態様

併合された複数請求の審判について，原告は一定の条件を付すことができる。条件の有無および条件の内容に従い，併合態様は次の3つに分かれる。

(1) 単純併合（並列的併合） 複数の請求のすべてについて無条件に判決を求める併合態様をいう。原則的な併合態様である。物の給付を請求するとともに，その執行不能の場合に備えてその価格相当額の請求（代償請求）を併合した場合には，いずれの請求についても認容判決が求められているので，単純併合である（代償請求は将来給付の訴え（135）となる）[5]。

(2) 予備的併合[6] 法律上両立しえない複数の請求に順位を付し，先順位請求が認容されることを後順位請求の審判申立ての解除条件とした併合態様をいう。併合される請求が2つの場合には，先順位の請求を主位（的）請求，後順位の請求を予備（的）請求あるいは副位（的）請求などという。たとえば，売主は，売買契約の有効を前提にして代金支払請求を主位請求とし，売買契約が無効とされる場合を考慮して目的物の返還請求を予備請求とすることができる。この場合に，両請求を単純併合にすると，原告は売買契約の有効を主張しつつ，同時にその無効を主張することになり，主張の矛盾が生じて適当でない。別訴によったのでは，代金支払請求訴訟では売買契約は無効であるとの理由で敗訴し，その後に提起した返還請求訴訟では売買契約は有効であると判断されて敗訴する可能性があり（矛盾した理由による二重敗訴），また後訴で勝訴判決を得るにしても時間がかかる。予備的併合は，こうした問題を解決するために認められた併合形態である。なお，訴訟行為には条件を付すことができないのが原則であるが（⇨3-2-13 (4)），予備的併合という条件付訴訟行為が許される理由は，(a)条件成就の有無が当該

---

5) 大連判昭15・3・13民集19-530〔百選〔初版〕26事件〕。代償請求の執行が許されるか否かは，執行の段階で調査される（民執31Ⅱ）。

6) 予備的併合の学説史につき，大久保邦彦「請求の客観的予備的併合の適法要件」神戸学院法学26巻1号（平8）121頁を参照。

訴訟手続内で確定され，かつ，(b)上記のように予備的併合を認める必要性があることである（こうした説明は，選択的併合にも妥当する）。

予備的に併合された請求は，法律上両立しえない関係にあることが本則であり，そのような併合を真正予備的併合という。請求権競合の場合のように同一の目的に向けられた両立しうる請求が予備的に併合された場合を不真正予備的併合（狭義）という。後者については通常は選択的併合がとられるが，予備的併合も許されるか否かについては議論がある。この問題は，原告の順位指定に裁判所が拘束されるか否かの問題に還元され，拘束力を認めてよいであろう[7]。単純併合されるべき請求について予備的併合が許されるかについては争いがあるが，肯定説に立てば，これも不真正予備的併合（広義）に含まれる。

(3) 選択的併合（択一的併合）　同一の目的を有し法律上両立することができる複数の請求を，そのうちの1つが認容されることを他の請求の審判申立ての解除条件として併合する態様をいう。これは，訴訟物について旧実体法説に立った場合に必要とされる併合形態である。たとえば，賃貸借契約の終了の際の所有権に基づく返還請求権と賃貸借契約に基づく返還請求権（原状回復請求権）とは，請求権競合の関係に立ち，いずれの請求も認容されうる。しかし，判決主文において二重に給付を命ずることは奇妙であり，それを回避するためにこの併合形態が認められている。これに対して，同一の目的を有する請求権や形成権が競合する場合にその同一の目的を獲得する法的地位を訴訟物と考える訴訟法説にあっては，この併合形態を認める必要はない。しかし，一般論としてこの併合形態が認められないというわけではない（中野・論点 I54 頁注 42）。なお，民法 406 条の選択債権に基づき「A または B を引き渡せ」と請求する場合には，1つの請求があるだけであり，選択的併合ではない。

選択的併合は，伝統的に，同一の目的に向けられた法律上両立することができる請求について認められてきた。しかし，これには2つの方向の拡張傾向がある。第一は，両立しない請求についても認めようとする見解である[8]。後述のように

---

7) 最判昭 39・4・7 民集 18-4-520 は，これを当然の前提とする。高津環・昭 39 最判解説 27 事件，谷口＝井上編(4)140 頁参照。

8) 浅生重機「請求の選択的又は予備的併合と上訴」民訴雑誌 28 号（昭 57）3 頁，鈴木重信「控訴審の審判の範囲」新実務民訴(3)205 頁，梅本 726 頁など。

II 請求の併合　　555

(⇒ **5-1-4**(2)(イ)(ウ)), 予備的併合が上訴の場面で原告に必ずしも有利な扱いをもたらさないことが, この見解の動機の1つとなっている。第2は, 両立しうる請求の趣旨に若干の差異があっても, 実質的には同一の目的に向けられている場合に, 選択的併合を肯定しようとするものである。最判平成元年9月19日 (判時1328-38〔百選I74事件〕) が, 遺産確認請求と相続により取得した財産の共有持分確認請求との選択的併合を認めた。また, 東京地判平成3年9月17日 (判時1429-73)は, 不法行為による損害賠償義務を不動産で代物弁済する合意が成立したが未履行であるときに, 損害賠償請求と代物弁済合意に基づく不動産の所有権移転登記手続等の請求との選択的併合を認めた (不動産による代物弁済にあっては, 移転登記がなされるまで原債務が消滅しないことを前提とする)。

(4)　予備的併合と選択的併合の限界　　これら3つの併合態様のうち予備的併合と選択的併合にあっては, 原告勝訴の場合にすべての請求が裁判されるわけではない。被告から見れば裁判されなかった請求について勝訴判決を得る機会を奪われたことになる。しかし, そのことによる不利益は次の事情により小さい。(a)予備的併合において主位請求が認容されれば, 予備請求は理由がないことになる。もちろんこの点に既判力が生じているわけではないが, たとえ原告が予備請求と同内容の請求を別訴であらためてしても, 主位請求認容判決が確定していることを理由に, そのような請求は禁反言の法理ないし信義則により認められない[9]。(b)選択的併合の代表例である請求権競合の場合には, 1つの請求権の満足は他の請求権の消滅をもたらすという関係にあるので, 判決に基づき強制執行がなされた後で, 別の請求権について訴えが提起されても被告が勝つ。強制執行がなされる前でも, 別の請求権について別訴を提起することは, 多くの場合, 訴えの利益を欠く。このように, 予備的併合や選択的併合は, 併合された請求の1つが認容されたため他の請求について裁判がなされなくても被告に実質的な不利益が生じない場合になされており, かつ, そのような範囲内であれば原告の意思を尊重して予備的併合も選択的併合も肯定してよい。他方, 上記のような関係にない請求を予備的に併合することは, 許されない (大阪高判昭49・7・22判時757-76, 福岡高判平8・10・17判タ942-257)。ただし, 全面的肯定説[10], および, 請求の基

---

9)　堤龍弥「訴訟物と確定判決の遮断効をめぐる一考察──矛盾関係としての択一的関係および牽連・依存関係」徳田古稀は, この二重勝訴が許されないことを「二重利得の禁止」と呼び (381頁), 「既判力の消極的作用が働くいわゆる矛盾関係として説明することができる」とする (383頁)。

10)　榊原豊「複数請求の定立と規制」講座民訴②312頁以下, 池田辰夫〔判批〕リマ

5-1-3

礎が同一の範囲で許されるとする見解[11]も有力である。単純併合になじむ請求を予備的に併合する原告の意図の一つは，一部請求の場合と同様に申立手数料の節約の点にあるのであろうが，それよりは被告の勝訴判決を得る利益や審級の利益を優先させるべきであろう。そもそも，単純併合可能な請求を予備的に併合しても，訴額は単純併合の場合と同じであるとする見解も有力であり[12]，そうなれば，このような請求の予備的併合を許す実益もほとんどなかろう。

　予備的併合に適さない請求を原告が予備的に併合してきた場合の取扱いについては，予備請求に付された条件部分のみを無効とし，単純併合として扱うとする見解（一部無効説。新堂750頁，梅本726頁）も有力であるが，予備請求に関して訴え自体を不適法なものとして却下してよい（却下説。前掲福岡高判平8・10・17）。

5-1-4　併合訴訟の審判

　(1)　併合要件の調査　　併合された各請求についても一般の訴訟要件の具備が要求され，それを欠くときには，裁判所は，訴え却下あるいは移送の措置をとる。その他に，併合要件も具備されなければならない（通説は，これを特別の訴訟要件と位置付ける）。ただし，併合要件のみの欠如の場合には，裁判所は，原告の意思に反しない範囲で，可能な限り独立の訴えとして扱い，必要に応じて弁論を分離し，あるいは管轄裁判所に移送する[13]。

　(2)　審理・裁判　　併合された請求は，その後に弁論の制限あるいは分離がなされなければ，同一の訴訟手続で審理裁判される。争点整理，弁論および証拠調べは，すべての請求に共通になされる（最判昭41・4・12民集20-4-560〔百選II117事件〕，最判昭43・11・19民集22-12-2692）。しかし，併合の態様に応じて，若干の差異がある。

　　ークス1998〈下〉136頁。八木良一「複数請求訴訟」実務民訴［第3期］(2)161頁以下は，裁判所はこの方向にあるとする（特に，164頁注12参照）。

11)　大久保・前掲注6)166頁。反対説：梅本725頁以下。

12)　池田・前掲注10)136頁。大久保・前掲注6)151頁におけるドイツの学説の紹介も参照。

13)　大判昭10・4・30民集14-1175，鈴木正裕「訴訟内訴え提起の要件と審理」新堂編・特別講義229頁以下。抗告訴訟に関連請求が併合されている場合に，抗告訴訟が不適法として却下されるときにも，関連請求を独立の訴えとして扱うことを原則とすべきである（福岡地判平15・7・18労働判例859-5)。

II 請求の併合

（ア） 単純併合の場合　裁判所は，すべての請求について判決をしなければならない。一部の請求について判決を脱漏すれば，追加判決をする（258 I）。重複起訴禁止規定（142）の趣旨に反しない範囲では，弁論の分離や一部判決は可能であり，それをするか否かは裁判所の裁量に委ねられている（通説）。ただし，(a)所有権確認請求と所有権に基づく引渡請求のように先決関係にある請求が併合されている場合や，(b)所有権に基づく引渡請求と所有権侵害に基づく損害賠償請求のように基本的法律関係を共通にする請求が併合されている場合には，一部判決は通常は適当でない。なお，さらに進んで，これらの場合を関連的併合と呼んで，弁論の分離や一部判決は許されないとする見解もある[14]。

1つの判決に対して上訴が提起されると，相手方に附帯上訴の機会を与えるために相手方敗訴の部分も含めて，判決全体の確定が遮断され，判決されたすべての請求が上訴審に移審する（これを上訴不可分の原則という。⇒ **6 - 2 - 4**）。

（イ） 予備的併合の場合　すべての請求が条件関係で結ばれているので，一括して取り扱われる。弁論の制限は許されるが，分離は許されない。裁判所は，先順位の請求を認容すべきであるとの判断に達すれば後順位の請求について裁判できない（大判昭16・5・23民集20-668）。他方，先順位請求を排斥する場合には，後順位請求についても裁判しなければならない（最判昭38・3・8民集17-2-304）。いずれの場合も，判決は1個の全部判決である[15]。

上訴が提起されると，判決主文において判断されていない請求を含むすべての請求が上訴審に移審する。主位請求認容判決に対しては被告のみが控訴の利益を有し，控訴審が主位請求を棄却すべきものと判断すれば，一審判決のない予備請求について裁判することができる（大判昭11・12・18民集15-2266〔百選〔初版〕27事件〕，最判昭33・10・14民集12-14-3091〔百選 II A 49事件〕）。予備請求を認容する場合でも，予備請求についてはまだ判決による応答がなされていないから，原告からの附帯控訴（原判決取消申立て）（293）は必要ない。

他方，主位請求棄却・予備請求認容の第一審判決に対しては，原告・被告の双

---

14)　小室直人「訴の客観的併合の一態様」中田還暦上216頁以下。新堂756頁も，重複起訴の禁止に含まれるとして，同様な結論を導く。

15)　主位的請求棄却の一部判決は，理論的には許されるとする見解として，松本・人訴185頁がある。

方が控訴の利益を有するが，被告のみが控訴を提起し，原告が控訴も附帯控訴も提起しなかった場合の取扱いについては，議論が分かれている[16]。判例・多数説は，審判の対象となるのは予備請求に関する部分のみであり，主位請求に関する部分は対象とならないとする[17]。これに従えば，控訴審が予備請求を棄却して主位請求を認容すべきであるとの判断に達しても，原判決中の予備請求認容部分のみが取り消されてその棄却判決が下され，原告は，全面敗訴の結果となる。これを避けるためには，原告は附帯控訴を提起して，主位請求棄却部分の取消しを明示的に申し立てておかなければならない（予備請求に係る控訴が却下または棄却されることを解除条件とする予備的附帯控訴でもよい）。上記の結果を不当とする立場からは，原告からの不服申立てがなくても上訴審が主位請求部分を裁判できるようにするために，次のような法律構成が主張されている。(a)「私的紛争の合理的解決」のための例外的措置としてこの部分は上訴審の審判対象となる[18]。(b)予備的併合訴訟の特性から，予備的関係で結ばれた複数請求についての判決は1個不可分の判決であり，不服申立てはその全部に及び，上訴審は主位請求部分を含めて原判決全体を取り消しまたは破棄すべきである[19]。(c)予備的併合をした原告の意思に基づき，主位請求部分も上訴審の審判対象となる[20]。しかし，(d)被告からの控訴に対して原告がなす控訴棄却の申立ては，原判決で認められた利益を維持したいとの意思の表明であるから，反対の意思が明示されていなければ，予備請求が棄却される場合には原判決の主位請求棄却部分を取り消してその認容判決を求めるとの意思（予備的附帯控訴）を含むものと解釈するのが合理的であり，その趣旨を含む控訴棄却の申立てに基づき，主位請求部分が上訴審の審判対象となると考えたい。

（ウ）　選択的併合の場合　　すべての請求が条件関係で結ばれているので，一括して取り扱われる。弁論の分離は許されない。審理しやすい請求から順次審理するために弁論を制限することはできる。裁判所は，1つの請求につ

---

16)　栗田隆「不利益変更禁止に関する判例法理」中野古稀下 278 頁以下参照。

17)　最判昭 54・3・16 民集 33-2-270〔百選〔2 版〕121 事件〕，最判昭 58・3・22 判時 1074-55〔百選〔5 版〕111 事件〕，最判平 23・10・18 民集 65-7-2899，石渡哲「不服申立ての限度」小島古稀上 47 頁。

18)　最判昭 54・3・16 の大塚裁判官意見，鈴木正裕・判評 258 号（昭 55）170 頁。

19)　小室直人「上告審における調査・判断の範囲」大阪市大法学雑誌 16 巻 2・3・4 号（昭 45）121 頁。

20)　新堂・争点効下 354 頁。

II 請求の併合

いて認容すべきであるとの判断に達すれば他の請求について判断する必要はない。原告を敗訴させるためには，すべての請求を審理して棄却しなければならない。いずれの場合も，判決は1個の全部判決である。併合された請求を個別に棄却する一部判決は許されない。

乙請求と選択的に併合されている甲請求の一部が認容されて残部が棄却される場合に，乙請求は，①甲請求の一部認容と重なる部分と②その余の部分とに分かれ，前者については判決要求は撤回されたことになる。しかし，後者については，判決要求の撤回がないので，裁判が必要である（通常，この部分は棄却される）。

上訴が提起されると，すべての請求が上訴審に移審する。請求認容判決に対して控訴が提起され，控訴審が第一審の認容した甲請求ではなく乙請求を認容すべきであるとの判断に達した場合には，理論的には原判決の取消しが必要と思われるが，判例によれば，控訴審は乙請求を認容するだけでよく，原判決を取り消す必要はない。乙請求が認容されることにより，甲請求についての審判申立ての解除条件が成就し，甲請求を認容した原判決は当然に失効するからである。上告審が自判する場合も，同様である（最判平元・9・19判時1328-38〔百選I74事件〕）。また，原審が認容した請求以外の請求については判決がまだなされていないので，その請求の認容を求める原告からの控訴や附帯控訴は必要ない。予備的併合の場合と異なる点である。ただし，原判決が一部認容判決の場合には，被告のみが控訴し原告からの控訴・附帯控訴がなければ，不利益変更禁止原則が適用され，控訴審は別請求の全部に理由があると判断する場合でも，原判決の認容額の範囲内で別請求を認容する（最判昭58・4・14判時1131-81。最判平21・12・10民集63-10-2463も参照）。第一審判決に仮執行宣言が付されていて，仮執行がなされた後で上訴審がそれとは別の請求を認容する場合に，原状回復および損害賠償が命じられうるかが問題となるが（260II），ここで重要なのは目的であって手段としての請求権ではない。選択的に併合された請求が同一の目的に向けられた請求であり，同一目的が是認される限り，260条2項の適用はないと解すべきである。

5-1-4

III 訴えの変更

5-1-5 意　義

　同一原告が訴訟係属中に同一被告との関係で新たな請求を審判対象とすることを訴えの変更という (143)。原告が当初提起した請求では，あるいはその請求のみでは，紛争の解決として不適当あるいは不十分である場合に，従前の審理を生かして新請求について審判することが原告の権利の迅速な保護ならびに訴訟経済の点から好ましいとの理由で，認められている。次の場合は，訴えの変更にはあたらない。

　(1)　訴訟対象の変更のうち，訴えの取下げとして説明できる場合　　訴えの変更は，訴訟の完結を遅らせ，また，控訴審でなされると被告の審級の利益が害されるからこそ，それをどの範囲で許すかが議論されるのに対し，取下げの場合には，取り下げられた請求について被告が勝訴判決を得る利益が問題となるだけだからである。

　(2)　当事者の変更を伴う場合　　新当事者の手続保障が重要となり，客体のみの変更とは別個の規律が必要となるので，この場合も 143 条の「訴えの変更」からは除外される。

　(3)　請求の趣旨を明確にするために，これを訂正する場合　　たとえば，収去を求める建物の表示について多少の変更を加え，建物の坪数を若干減縮しても，明渡しを求める土地が前後同一である限り，請求の趣旨の訂正であって，訴えの変更にはならない（名古屋高判昭 36・1・30 下民 12-1-146）。

　(4)　攻撃方法の変更にすぎない場合　　たとえば，建物の所有権確認訴訟において取得原因を承継取得から原始取得に変更することは，訴えの変更にならない（最判昭 29・7・27 民集 8-7-1443）。詐害行為取消訴訟において，取消債権者の被保全債権が交換的に変更されたとしても，攻撃方法の変更にすぎず，訴えの交換的変更には当たらない（最判平 22・10・19 金判 1355-16）。もっとも，単なる攻撃方法の変更にとどまるのか，訴えの変更になるのかは，

III 訴えの変更

訴訟物論に従って異なる場合がある。たとえば，同一建物の明渡請求原因を所有権から賃貸借契約解除に変更することは，旧実体法説によれば訴えの変更であるが，訴訟法説によれば攻撃方法の変更にすぎない。

ところで，数量的に可分な請求についてその数額の増加（請求の拡張[21]），あるいは，減少（請求の減縮）がなされるとき，拡張部分・減縮部分を他の部分と区別する指標がなければ，一部請求の可否の問題に関連して（⇒2-1-9），その取扱いが問題となる。請求の拡張は，訴えの変更にあたる[22]。請求の減縮については，見解が分かれる。(a)通説・判例は，訴えの一部取下げと理解する（最判昭27・12・25民集6-12-1255〔百選［初版］32事件〕，最判昭31・12・20民集10-12-1573。梅本983頁，上田531頁，高橋・概論296頁）。しかし，(b)請求の一部放棄とする見解[23]，(c)請求の一部放棄としつつ，請求の趣旨に変更がある以上，それを明確にするために訴えの変更の手続が必要であるとする見解[24]，(d)一部請求否定説を前提にして，給付判決の上限の変更であり，訴えの変更にも取下げにもあたらないが，変更に準じて書面によりなされるべきであるとする見解[25]がある。明示の一部請求を許容する立場に立てば，(a)説が妥当であろう。なぜなら，残部請求を留保しての減縮の場合には，被告は，原告の追加請求を遮断するために，残部について債務不存在確認の反訴を提起する必要が生ずるので，この減縮には被告の同意が必要であるとすべきだからである。

5-1-6 変更の態様

(1) 追加的変更と交換的変更　土地所有権確認請求に，さらに土地明渡請求を加える場合のように，旧請求を維持しつつ，新請求を追加する場合を追加的変更という。これに対し，特定物の引渡請求訴訟の途中で目的物の

---

21)　請求の拡張は，この意味で使われる場合（狭義の拡張）と，請求の追加を含めた意味で使われる場合（広義の拡張。たとえば145 I・IV）とがある。

22)　ただし，三ケ月・双書160頁は，訴え変更ではないがこれに準ずるとする。

23)　斎藤336頁，兼子370頁，河野667頁。菊井維大「訴えの変更」民訴講座(1)197頁も参照。

24)　条解民訴831頁・1440頁〔竹下＝上原〕。

25)　三ケ月・双書160頁，伊藤617頁注14。

滅失が判明したため損害賠償請求に変更する場合のように，旧請求と交換して新請求を提起する場合を交換的変更という。交換的変更は，新請求を追加してその訴訟係属後に旧請求を取り下げるか，または放棄するものであると理解すれば足りる（複合行為説）とするのが判例であり[26]，これが正当である。**(a)**時効完成猶予効（民147 I 括弧書）については，次のように説明される。**(a1)**時効完成猶予が問題となる権利が旧請求と新請求とで同一の場合には，交換的変更は新請求の追加後に旧請求の取り下げられると構成されているので，旧請求取下げ後6箇月内の要件は当然に充足される[27]。**(a2)**時効完成猶予が問題となる権利が同一ではないが，関連している場合には，新請求により時効完成猶予効が認められるべき権利について，旧請求による猶予効が直ちに及ぶことはないが，旧請求が催告（民150）に該当すると評価されて，催告による猶予効が生じ，その催告が裁判上継続的になされているため時効完成猶予の終期は訴訟終了時から6箇月となり，その終期前である訴訟係属中に新請求が追加されることにより，裁判上の請求による猶予効（民147 I ①）が生ずる（注40参照）。**(b)**従前の審理結果の新請求への流用は，追加的変更の場合の流用と基本的に同じである。**(c)**旧請求の訴え取下げまたは放棄が有効になされていない場合には，原告が交換的変更を意図していても，結果的に追加的変更になる。もっとも，新請求に被告が異議なく応訴すれば，旧請求の取下げに同意したものと推定され（最判昭41・1・21民集20-1-94），また，旧請求の取下げに異議を述べることが信義則に反するとされる場合もあろう。これに対して，学説の多くは，時効完成猶予の効果の維持ならびに従前の審理結果の新請求への流用を説明するために交換的変更を独自の類型とすべきであると説く（独自類型説）[28]。

---

26) 最判昭32・2・28民集11-2-374〔百選〔5版〕33事件〕。三ケ月・双書165頁，条解民訴1438頁（ただし，833頁では独自類型説である）。

27) 改正前の民法では，訴えの取下げにより時効中断効が失われると規定されていたため，次のような説明がなされていた。交換的変更に伴う訴えの取下げは，民法旧149条の適用範囲外であり，たとえば，境界確定の訴えにより生じた取得時効中断の効力は所有権確認の訴えに交換的に変更されても失われない（最判昭38・1・18民集17-1-1〔続百選40事件〕）。

28) 中村英郎「訴の変更理論の再検討」中田還暦上190頁以下，上田530頁，谷口

III 訴えの変更 563

(2) **請求の趣旨の変更と請求原因の変更** 訴えの変更は，訴えの内容である請求の変更を意味する。請求は，請求の趣旨と原因により特定されるので（133 II②），その一方または双方の変更が請求の変更をもたらす。

請求の趣旨の変更は，たとえば，権利保護形式の変更（たとえば確認請求から給付請求への変更）や同一債権の数量の拡張の場合である。請求の原因の変更は，たとえば，原告が被告に対し2つの同額の貸金債権を有していて，その一方から他方に変更する場合である。請求の趣旨とその原因の双方が変更される場合もある。たとえば，所有権に基づく土地明渡請求に不法占拠による損害賠償請求を追加する場合である。

(3) **併合態様の変更**（予備的併合から選択的併合への変更や予備的併合における順位の変更）は，訴訟物の変更をもたらさないが，訴えの変更として扱われる。また，旧請求を予備請求にして新請求を主位請求にする形での追加的変更の場合に，訴えの取下げに準じて被告の同意が必要であり，同意が得られなければ裁判所は両請求について判決すべきであるとする先例がある（仙台地判平4・3・26判時1442-136）。この問題は，第一審で棄却された旧請求を予備請求にして新請求を主位請求にする形での追加的変更が控訴審においてなされる場合に重要となろう。

5-1-7 訴え変更の要件

訴えの変更を無制限に認めると，被告の防御を困難にするのみならず，審理の遅延をもたらすので，次の要件が定められている[29]。

(1) **請求の基礎に変更がないこと**（143 I 本文） これは，次の2つの要素からなる。(a)訴えの変更を紛争の適切な解決に必要な範囲に限定するために，新旧両請求の利益関係が社会生活上共通していること。(b)訴訟の迅速な解決が期待でき，被告の困惑と防御の困難が生じない範囲に限定するために，審理の継続的施行が正当化される程度に従前の裁判資料を新請求の裁

184頁，伊藤618頁，新堂763頁注1，梅本729頁・731頁，河野668頁以下など。

29) 人事訴訟では，紛争の包括的解決のために（人訴25 I），民訴143条1項・4項にかかわらず，第一審または控訴審の口頭弁論の終結に至るまで，訴えを変更することができる（人訴18）。

判に利用できること。事柄の性質上，(b)の要素は，旧請求の審理が進行するにつれて重要性を増し，訴えの変更を抑制することになる（谷口183頁参照）。この要件は，被告の利益（適切な防御の利益，特に新請求についての審級の利益）の保護に重点があり，この要件を設けた趣旨に反しない場合，すなわち，被告が明示または黙示に同意した場合（最判昭29・6・8民集8-6-1037）や，被告が防御のためになした陳述に基づいて訴えの変更をする場合（最判昭39・7・10民集18-6-1093〔百選I75事件〕[30]）は，請求の基礎に変更があっても訴えの変更は許される。

「請求の基礎」の概念については，見解が分かれている。大別すると，次のようになる。(a)請求の特質に着目して，訴訟対象とされる経済的利益が同一である場合を指すとする説[31]。(b)裁判資料の継続的利用の可能性を強調する見解（新訴と旧訴の事実資料の間に審理の継続的施行を正当とする程度の一体性・同一性を肯定できる場合とする）[32]。(c)両者を要求する見解（旧請求についての訴訟資料や証拠資料を新請求の審理に利用することができる関係にあり，かつ，各請求の利益主張が社会生活上は同一または一連の紛争に関するものとみられる場合）[33]。通常(a)と(b)とは相関関係にあるので，上記の各説も具体的結論ではほとんど差がない（上田532頁）。

(2)　著しく訴訟手続を遅滞させないこと（143I但）　旧請求の審理になお必要な時間と新請求の審理に必要な時間とを比較して，後者の方が著しく大きい場合には，新請求は別訴で審判するのが適当であるとの考慮から設けられた要件である。この要件は，訴訟手続の長期化に伴う審理の非効率化を防止するという公益にかかわるものであるから，これに抵触する場合には，変更が被告の陳述に基づく場合であっても，また，被告の同意があっても許されない（通説。最判昭42・10・12判時500-30）。ただし，別訴の余地のあることが前提とされているので，旧請求についての判決が確定すると，その判決の効力により新請求が遮断される関係にある場合には，特別の事情がない

30)　この陳述には，抗弁や再々抗弁のみならず積極否認の内容となる重要な間接事実も含まれる。

31)　梅本730頁。表現の仕方はやや異なるが，兼子372頁，小山・新版250頁も同趣旨といってよいであろう。

32)　菊井・前掲注23)204頁，三ケ月・双書164頁，伊藤619頁。

33)　新堂757頁，上田531頁，河野671頁，高橋・概論296頁。

限り訴えの変更を許すべきである（前掲仙台地判平4・3・26）。逆に，この要件に抵触することを理由に訴えの変更が許されない場合には，新請求と旧請求とが142条の適用範囲に入る場合でも，新請求を別訴として提起することが原則として許されるべきである[34]。なぜなら，①新請求についても迅速に判決を得る道を開いておくべきであり，かつ，②旧請求について審理・裁判が先行しており，その確定判決が新請求についての審理の途中に提出されるのが通常であるから，判決の矛盾が生ずる可能性は低いと予想されるからである。

(3) 事実審の口頭弁論終結前であること（143 I 本文）　訴訟係属は被告への訴状送達により発生するから，それ以前は，143条の制約を受けることなく，訴状の補充・訂正の方法により請求の趣旨および原因の記載を変更することができる。訴状送達後は，143条の制約をうける。他方，第一審の口頭弁論終結後・判決言渡し前は変更できないが，弁論が再開されれば別である。控訴審には第一審の訴訟手続に関する規定が準用されるから（297），控訴審においても訴えの変更はでき，相手方の同意は必要ない（300 I と対照。なお，301 に注意）。ただし，国家賠償請求に憲法29条3項に基づく損失補償請求を控訴審において予備的・追加的に併合する場合には，後者が行政訴訟手続により審理されるべきものであることを考慮して，相手方の同意が必要であるとされている（前掲注4）最判平5・7・20）。法律審である上告審においては，口頭弁論が開かれても訴えの変更はできないのが原則である（最判平14・6・11民集56-5-958）。原審の確定した事実のみで新請求について判断できることは稀だからである。しかし，たとえば金銭支払請求訴訟の係属中に被告について破産手続が開始され，債権確定訴訟に変更する場合のように（破127・129II。最判昭61・4・11民集40-3-558），訴えの変更が法律上要求される事由が発生した場合には，上告審でも変更が許される。さらに，原審が確定した事実に基づき旧請求について自判できる場合に，新請求についても自判可能であり，かつ，事案の適切な解決のために新請求についても自判することが必要である場合には，自判してよい[35]。

---

34)　新堂759頁，伊藤620頁。

35)　その限りで，この訴えの変更も許されることになる。梅本736頁。

566　　第5編　第1章　複数請求訴訟

(4)　請求併合の要件を満たしていること（⇒ 5 - 1 - 2）　　訴えの追加的変更の場合はもちろん，交換的変更の場合にも，旧請求についての裁判資料が新請求の審理に利用されるので，この要件を充足することが必要である。

(5)　管轄要件については，見解が分かれている　　7条が受訴裁判所に併合請求についても管轄を認めているので，問題となるのは新請求が他の裁判所の専属管轄に属する場合であり，新請求が他の裁判所の専属管轄に属しないことも，訴え変更の要件であるとするのが多数説である（要件説。兼子373頁，松本＝上野734頁）。しかし，管轄権の存在は，本案判決の要件であるが，訴え変更の要件でないとする見解も有力である（非要件説。梅本731頁）。管轄を訴え変更の要件からはずせば，他の裁判所の専属管轄に属する新請求が追加された場合に，旧請求事件とともに新請求事件を管轄裁判所に移送し，旧請求の審理結果を新請求の審理に生かすことができるからである。交換的変更の場合でも，旧請求の審理結果とともに新請求事件を移送することは可能である（受訴裁判所において訴え変更が適法とされた時点で，旧請求についての審理結果が新請求についての基礎資料になる）。そして，扶養料の支払を命ずる審判に対する請求異議事件が家庭裁判所に係属した後で執行が完了したため，訴えが不当執行を理由とする損害賠償請求（地裁の専属管轄事件）に交換的に変更された場合に，家庭裁判所は，訴えの変更を許した上で，事件を管轄地方裁判所に移送することができるとする先例がある（最判平5・2・18民集47-2-632〔平5重要判解3事件〕）。非要件説を支持すべきであろう。

5 - 1 - 8　訴え変更をめぐる手続

(1)　訴え変更手続　　請求の趣旨の変更を伴う場合には，訴状の実質をもつ書面の提出・送達が必要であるが（143 II・III），請求の原因のみの変更の場合には書面の提出は必要でないとするのが判例である（最判昭35・5・24民集14-7-1183[36]）。しかし，請求の原因のみの変更も新訴の提起であるので，簡易裁判所の場合は別として，書面によってなすべきである（通説。オンライン申立てに関し⇒ 3 - 2 - 10(2)）。ただし，書面の提出の欠缺と送達の欠缺は，異議権の喪失（90）によって治癒される（最判昭31・6・19民集10-6-665）[37]。

36）　家屋明渡請求訴訟で，請求の原因を所有権から使用貸借の終了に変更した事案。

III　訴えの変更　　567

　(2)　訴え変更に対する処置　　訴え変更の有無ならびに適否について裁判所は職権で調査するが，その後の取扱いについては見解が分かれている[38]。

　(ア)　通説・判例の立場をまとめると，次のようになる。(a)裁判所は訴えの変更がないと考えるにもかかわらず当事者がこれを争う場合には，中間判決によりまたは終局判決の理由において，その判断を示す。(b)訴え変更にあたるが，その要件が具備されていない場合には，変更を許さない旨の決定をする（143Ⅳ）。この決定は，その審級では審判しない旨の中間的裁判（兼子374頁以下，梅本734頁，長谷部80頁）あるいは弁論の制限に類した裁判（最判昭43・10・15判時541-35［続百選39事件］）であり，独立した不服申立て（328条1項）は許されず（大判昭8・6・30民集12-1682），終局判決に対する上訴とともに上級審の判断に服す（283条本文）。変更不許の裁判をなすか否かは裁判所の裁量に委ねられ（三ケ月168頁），また，訴訟指揮に関する決定としていつでも取り消すことができると解すべきである（120）。変更不許の決定を前提にして，旧請求についてのみ終局判決がなされれば，それは新請求についての訴え却下を黙示的に含む全部判決である（兼子375頁，長谷部80頁）。裁判所が訴えの変更を許すべきでないと判断した場合には，その旨を判決の主文において宣言することは必ずしも必要ではなく，理由中において説示するをもって足りる（前掲最判昭43・10・15）。訴え変更を許さない終局判決に対して控訴が提起された場合には，新旧両請求とも控訴審に移審し，控訴審が訴えの変更を適法と認める場合には，控訴審で訴えの変更があったのと同様に扱い，控訴審は新請求について審判でき，また，308条の類推適用により第一審に差し戻すこともできる（兼子・判例民訴368頁，長谷部80頁）。訴え変更不許の決定を上告審が不当とするときには，黙示的に訴えが却下された新請求について差戻しの判決をなす。そのうえで，訴えの交換的変更の場合には，旧請求について訴訟終了宣言の判決をする（兼子・判例民訴368頁）。(c)裁判所が訴えの変更を適法と認めるにもかかわらず被告が争う場合には，決定でその判断を示すことができる（143Ⅳの類推。東京高判昭39・3・9高民17-2-95）。第一審において訴えの変更が適法と認められ，変更後の訴えについて判決がなされた場合には，控訴審が訴えの変更を不適法と認めて原審の変更許可の裁判を取り消したところで，変更後の新請求はもともと別訴によっても裁判されうべきものであったことを考慮すると，被告は変更許可の裁判の取消しを求める利

---

37)　請求の原因の変更を記した準備書面が相手方に直送されただけでは不十分である。
　ただ，相手方から異議がなければ，その瑕疵も治癒される。

38)　鈴木・前掲注13）237頁以下参照。

5-1-8

益を有しない[39]。

（イ）これに対しては古くから批判があり（谷口＝井上編(4)202頁参照），有力説は，次のように説く。訴え変更の要件を欠く場合の新訴も一般の訴訟要件を具備する限り独立の訴えとして扱うべきである。第一審が訴えの追加的変更を許さない旨の決定をする場合には，新請求は別の訴訟手続で審理される。この場合に，旧請求に対する判決が先に下され，その控訴審が訴えの変更を許すべきであると判断する場合には，原審の訴え変更不許決定を取り消し，これに依拠してなされた原判決も取り消して，事件を原審に差し戻すべきである。ただし，立法論としては，訴え変更許否決定に対して即時抗告を認め，訴え変更の許否の問題を早期に解決すべきである（鈴木・前掲注13）237頁以下，特に251頁以下）。

（ウ）訴え変更の要件を欠く場合の新訴も，一般の訴訟要件を具備する限り，独立の訴えとして扱うべきである。しかし，訴えの追加的変更が許されない場合に，新請求が旧請求と共に審理されることを前提にして原告が訴えの追加的変更をし，新請求のみを対象とする別訴を追行する意思を有しないことが明らかなときは，新請求に係る訴えは却下してよい（最判平5・7・20民集47-7-4627）。

（3）新請求についての審判　　訴えの変更が許される場合には，追加的変更の場合であれ，交換的変更の場合であれ，すでに収集された資料は，新請求についての裁判資料となる。すでになされた自白も新請求の判断資料となる。ただ，賠償請求額が当初は少額であったのが著しく高額な金額に変更されたような場合には，係争利益の著しい変更を理由に自白の撤回を許すべきときもあろう（新堂762頁，高橋・概論296頁）。新請求についての時効完成猶予効は，変更書面の提出時に生ずる（147 ⇒ **2 - 6 - 6**(1)(ア)）。ただし，旧請求についての訴えの提起あるいは攻撃方法の提出が新請求についての裁判上の催告としての効力を有する場合がある[40]。

39）菊井・前掲注23）209頁，長谷部80頁，東京高判昭31・2・7東高民時報7-2-15。もっとも，管轄を訴え変更要件の一つとする立場を前提にすれば，訴えの変更が専属管轄違背を理由に許されるべきでなかった場合には，被告は変更許可の裁判の取消しを求める利益を有すると解すべきであろう。異種訴訟への変更の場合には，見解は分かれよう（大阪高判昭29・9・16高民7-8-627は，第一審において異種訴訟への交換的変更（民事訴訟の請求から行政訴訟の請求への交換的変更）がなされ，第一審が新請求を棄却した場合に，交換的変更は許されないとして，新訴を却下し，旧訴事件を差し戻した。なお，鈴木・前掲注13）256頁も参照）。

40）最判平10・12・17判時1664-59参照。これは，被相続人が貸金庫内に保管していた預金証書および株券を共同相続人の1人が密かに持ち出して，預金の払戻金および

III 訴えの変更 569

控訴審で適法な訴えの変更があった場合には，控訴審は新請求について裁判しなければならない[41]。また，第一審で認容された請求について控訴審で交換的変更があった場合あるいは請求の減縮がなされた場合には，旧請求あるいは減縮部分について第一審判決の効力は失われることになるが，この点は，できるだけ控訴審の判決主文で明確にしておくべきである（最判昭45・12・4判時618-35。梅本736頁，新堂764頁）。

5-1-9 選定者に係る請求の追加

選定当事者が追行している訴訟の係属中にその者と共同の利益を有する者が追加選定を行った場合には，その訴訟において，原告である選定当事者は新選定者のために請求を追加し，また，被告である選定当事者に対して原告は新請求を追加することができる（144 I・II）。この場合の請求追加については，30条1項の「共同の利益」が143条1項の《請求の基礎の同一性》に相当するので，訴え変更に関する規定のうちこれを除くその他の規定がこの請求追加に準用される（144 III）。控訴審において請求を追加するには，相手方の同意または異議を留めない応訴が必要である（300 III）。

> 株券の売却代金を着服したので，他の共同相続人が損害賠償請求ならびにまだ売却されていないと考えた株券の引渡請求の訴えを提起し，その訴訟の係属中に不当利得返還請求を追加した場合に，当初の請求には不当利得返還請求権の行使の意思が表れていたと見ることができ，不当利得返還請求権についても催告が継続していたと解すべきであり，不当利得返還請求の追加により，同請求権の消滅時効について時効中断の効果が確定的に生じたものと解すべきであるとされた事例である。
> 改正後の民法の下では，「時効中断」は「時効完成猶予」と読み替える必要があるが，その点を除けばこの判旨は改正後も通用すると思われる。明示の一部請求訴訟において残部の追加請求がなされた場合について，最判平25・6・6民集67-5-1208〔平25重要判解1事件〕参照。ただし，「時効中断効は，訴訟物となっている権利についてのみ生ずる」という最高裁がこれまで採用してきた原則的命題（⇒ 2-6-6 (4)）が今後も維持されることを前提にする。

41) 第一審の請求認容判決に対して被告が控訴し，控訴審で訴えの交換的変更があり，控訴審が新請求を認容すべきであると考えた場合には，判決主文が原判決と同じになるとしても，控訴審は控訴棄却の判決をすべきではなく，新請求認容の判決を再度すべきである（最判昭32・2・28民集11-2-374〔百選〔5版〕33事件〕。逆に第一審の請求棄却判決に対して原告が控訴し，控訴審で請求が追加され，控訴審が新請求も棄却されるべきであると判断した場合には，旧請求について控訴を棄却するとともに，新請求を棄却する旨の主文を掲げる（最判昭31・12・20民集10-12-1573）。

5-1-9

IV 反　訴

5-1-10　意　義

（1）　反訴　　反訴は，係属中の訴訟手続を利用して被告が原告に対して提起する訴えである（146。反訴との対比で，原告が提起した訴えを本訴という）。反訴を提起する者を反訴原告といい，その相手方を反訴被告という。原告に請求の併合や訴え変更が認められていることとの公平のために，ならびに，関連した請求である場合には審理の重複や判断の不統一を避けることができるとの考慮に基づいて認められている。反訴に対して原告が再反訴を提起することもできる（東京地判昭 29・11・29 下民 5-11-1934）。

（2）　条件付反訴（予備的反訴）　　反訴には，何らの条件を付さない単純反訴のほかに，本訴請求の棄却等を解除条件とする予備的反訴がある。たとえば，(a)売買代金請求の本訴に対し，被告は，売買契約の無効を主張し，もしそれが有効で本訴請求が認容される場合にそなえて，目的物の引渡しを求める予備的反訴を提起することができる。これは，本訴請求の棄却を解除条件とする反訴である。(b)被告は，本訴請求債権が存在すると判断される場合にそなえて予備的相殺の抗弁を提出し，本訴請求債権が存在しないと判断される場合にそなえて反対債権の履行を求める反訴を提起することができる。この反訴は，予備的相殺の抗弁について既判力のある判断がなされることを解除条件とするものである。この解除条件は，反対債権の不存在の判断について 114 条 2 項の既判力のほかに同条 1 項の既判力が重複して生ずることを回避する点に意味がある[42]。

---

42)　単純反訴の提起後に反訴請求債権を予備的相殺の抗弁に供する場合も，基本的に同様である。ただ，別訴で訴求している債権を相殺の抗弁に供することは，142 条（重複起訴の禁止）の規定の趣旨に反して許されないとする判例理論を前提にして，論点が一つ増える。すなわち，反訴と本訴の弁論は裁判所の裁量により分離され得（152），分離されると 142 条の類推適用により予備的相殺の抗弁と単純反訴の一方は許されなくなる。相殺の抗弁と反訴とを条件関係で結べば両者の分離を禁止され，ま

IV 反 訴　　　　　571

5-1-11　反訴の要件[43]

　(1)　本訴が事実審に係属し，口頭弁論終結前であること（146 I）　法律審である上告審での反訴提起は許されない（最判昭43・11・1判時543-63）。反訴提起後に本訴が却下され또는取り下げられても，反訴は影響を受けない。しかし，本訴が取り下げられれば，被告は原告の同意なしに反訴を取り下げることができる（261 II但）。反訴は本訴の係属を契機として提起されるものであり，本訴の取下げ後まで反訴の維持を被告に強いることは当事者間の公平に反するからである。本訴について請求放棄があった場合にも同様にすべきである（東京高判昭38・9・23下民14-9-1857）。本訴が却下された場合については見解が分かれているが，原告の任意の意思により本訴が終了するのではないこと，彼が反訴について確定判決を得る正当な利益を有する場合がありうることを考慮すると，彼の同意は必要とすべきである（条解民訴1445頁〔竹下＝上原〕。反対，斎藤編(6)444頁）。

　(2)　反訴請求が本訴請求と同種の訴訟手続により審判されるものであること（136）（⇒5-1-2）　本訴請求と反訴請求とが同時に審判されるので，この要件を充足することが必要である。

　(3)　反訴請求が本訴請求またはこれに対する防御方法と関連すること（内容または発生原因において法律上または事実上の共通点を有すること）（146 I）

　本訴請求との関連性は，訴え変更の要件である請求の基礎の同一性にほぼ対応する。反訴の提起が，それ以外に，本訴請求に対する防御方法との関連性がある場合にも認められているのは，原告が第一審で緩やかな要件のもとで請求併合をなしうることとのバランスをとるためである（上田534頁）。
(a)本訴請求と関連する反訴としては，たとえば次のものがある。抵当権設定登記手続請求の本訴に対し，被担保債務不存在確認請求の反訴。交通事故

た，そのようにしても被告に不利益が生ずることはない。そこで，最判平18・4・14民集60-4-1497〔百選［5版］A11事件〕は，被告が単純反訴を提起した後で予備的相殺の抗弁を提出したときに，被告は単純反訴を黙示的に予備的反訴に変更したと扱うべきであるとした。

43)　人事訴訟では，紛争の包括的解決のために別訴禁止原則がとられている関係で（人訴25 II），146条1項・300条にかかわらず，第一審または控訴審の口頭弁論の終結に至るまで，反訴の提起が許容されている（人訴18）。

5-1-10・11

に基づく損害賠償請求の本訴に対し，同一事故に基づく損害賠償請求の反訴。
(b)防御方法[44]と関連する反訴としては，たとえば次のようなものがある。
代金支払請求の本訴に対し，防御方法として反対債権による相殺の抗弁を主
張し，反対債権のうち対当額を上回る部分の支払請求の反訴を提起する場合。
所有権に基づく引渡請求の本訴に対し，留置権の抗弁を主張し，その被担保
債権の弁済請求の反訴を提起する場合。

(4) 反訴請求が他の裁判所の専属管轄に属しないこと（146 I 但①）　な
お，146条2項の規定の趣旨は，13条2項と同じである。

(5) 反訴の提起により著しく訴訟手続を遅滞させないこと（146 I 但②）

(6) 反訴が禁止されていないこと　　反訴禁止の明文規定（351・369 な
ど）がある場合のほかに，反訴により主張される権利を本訴請求に対する抗
弁とすることが実体法上禁止されている場合には，その趣旨（迅速に現金を
得させることなど）を貫徹するために，反訴もその制限に服すのが原則であ
る。たとえば，民法509条，労基法17条・24条1項により相殺が禁止され
ている場合には，反対債権（たとえば，貸金債権）の給付を求める反訴は，
原則として許されない。占有の訴えに対して本権に基づく反訴が許されるか
は，占有の訴えの制度趣旨をどのように理解するかに依存する。占有の迅速
な保護を強調すれば，本権に基づく反訴は許されないことになる。しかし，
最判昭和40年3月4日（民集19-2-197〔百選〔5版〕34事件〕）は，「民法
202条2項は，占有の訴において本権に関する理由に基づいて裁判すること
を禁ずるものであり，従つて，占有の訴えに対し防禦方法として本権の主張
をなすことは許されないけれども，これに対し本権に基づく反訴を提起する
ことは，右法条の禁ずるところではない」という一般論で，反訴を肯定した。

(7) 控訴審における反訴については，反訴被告（本訴原告）の同意があ
ること（300 I）　　反訴被告が異議なく本案について弁論したことは，同意
とみなされる（300 II）。この要件は，反訴被告の審級の利益を考慮したもの
であるから，次のような場合には，同意は必要ない。**(a)**控訴審における訴
え変更による審級の利益の喪失を被告が甘受しなければならないのと同等の

---

44)　ここにいう防御方法は，抗弁事由を指す（兼子378頁）。原告が証明責任を負う事
　　由と反訴請求とが関連する場合は，本訴請求に関連する場合に含めるべきだからである。

IV 反 訴

範囲では，原告（反訴被告）も反訴による審級の利益の喪失を甘受すべきであり，その同意は必要ない（上田535頁）（⇒ 5 - 1 - 1(3)）。代表例は，本訴と訴訟物たる権利関係を同じにする反訴など，第一審を失わせても反訴被告に不利益を与えることにならない場合である。(b)第一審で認められた防御方法に基づいて反訴を提起する場合。たとえば，原告の土地明渡請求に対して第一審で賃借権の抗弁を提出し，これが認められた後，控訴審で賃借権確認の反訴を提起する場合（最判昭 38・2・21 民集 17-1-198〔百選［初版］93 事件〕）。(c)別訴が禁止されている場合（人訴 25 など）。

(8) 反訴提起の必要性（権利保護の利益） 通常の訴えと同様に，反訴についても，訴えの利益の要件が充足されることが必要である。反訴の特殊性をいくつかの事例について見ておこう。(a)債務不存在確認の訴えに対して，被告は同一債権について給付請求の反訴を提起する利益を有する。債務不存在確認請求を棄却する判決を得ても，その判決に基づいて強制執行をすることはできないからである。(b)給付請求が請求権不存在を理由に棄却されると請求権不存在が確定するとの考えを前提にして，給付の訴えに対して，被告は債務不存在確認の訴えを提起する利益を有しない。(c)明示の一部請求がなされた場合には，原告が勝訴判決を得た後で残部請求をする可能性があるので，残部請求に関する紛争を解決するために，被告は残部の不存在確認の反訴を提起する利益を有する。

5 - 1 - 12 反訴の手続

(1) 本訴と同じく，簡易裁判所における場合は別として（271），書面（反訴状）によらなければならない（146 IV・133）。反訴状には，訴状の必要的記載事項を記載し，対応する本訴を明示しなければならない。反訴が本訴とその目的を同じくする場合には，別訴の場合に納付すべき額から本訴の手数料額を控除した額を納付すれば足りる（民訴費 3 I・同別表第 1 六）。

(2) 審判手続 反訴が適法であれば，本訴と反訴の併合審理がなされる。弁論の分離・一部判決の可否は，請求併合の場合と同じ原則に従う。反訴の特別要件を欠く反訴は却下すべきであると判例はしている（最判昭 41・11・10 民集 20-9-1733〔続百選 45 事件〕，最判昭 43・11・1 判時 543-63）。しかし，独立の訴えと

574 第5編 第1章 複数請求訴訟

して扱うことが反訴原告の意思に反しない場合には，その要件を具備する限りは独立の訴えとして扱い，必要に応じて移送または別手続で審理すべきである。

V 中間確認の訴え

5-1-13 意 義

(1) **意義** 中間確認の訴えとは，訴訟の進行中に争いとなっている法律関係の存否に裁判が依存する場合に，その法律関係の確認を求めて原告または被告が提起する訴えである（145）。たとえば，所有権に基づく引渡請求の本訴に対して，被告は自己の所有権の確認の訴え（反訴）を中間確認の訴えとして提起することができる。中間確認の訴えは，原告が提起する場合には訴えの追加的変更の特別類型であり，被告が提起する場合には反訴の特別類型である[45]。

(2) **既判力論との関係** 裁判所は，請求についてのみ主文で判断し（246），主文中の判断にのみ既判力が生ずるのが原則である（114 I。例外は同 II）。たとえば，土地の所有権侵害を理由とする損害賠償請求訴訟において，主文において判断されるのは賠償請求権の存否のみであり，原告の所有権の存否は理由中で判断されるにすぎず，この判断には既判力は生じない。既判力の生ずる事項を明確にし，敗訴により被る不利益の限界を当事者が予見できるようにするためである（⇒ **4-3-9**）。このことを前提にして，本来の請求の先決関係たる権利あるいは法律関係の存否について争いがある場合に，別訴による不経済や判断の不統一を避けるために，その存否についても確認判決を求めることができるとしたのが，中間確認の訴えの制度である。

5-1-14 要件と手続

(1) 中間確認の訴えは，(a)係属中の訴訟の請求が中間確認の対象たる法律関係に依存し（先決性），かつ，(b)確認対象たる法律関係について当事者間に争

---

45) 原告が中間確認の訴えを提起できることに問題はないが，被告が提起できるかについては，議論がある。条文の文言が「当事者は，請求を拡張して」となっており，被告には拡張すべき請求がないからである。しかし，この点は実質的に見て重要ではなく，被告にも中間確認の訴えの提起を認めるべきである（斎藤編(6) 334 頁）。

いがある（係争性）場合に認められる。中間確認の訴えの提起時に存在した係争性が訴訟の進行中に相手方が積極的に争わなくなったことにより消滅しても，中間確認の訴えが不適法となるわけではない。

先決性の意味については，争いがある。たとえば，不動産の明渡請求訴訟において，請求が認容されるためには，少なくとも当該不動産が原告の所有に属すること，および被告がそれを占有していることが必要であり，被告が原告の所有権を争えば，原告は当該不動産が自己に属することの確認を求めることができる。問題は，裁判所が被告の占有を否定して請求を棄却しようとする場合に，中間確認の訴えはなお適法かということである。この点につき，(a)先決的法律関係は，理論上一般的に本訴の勝敗に影響を及ぼす法律関係で足り，本訴の判断に必要不可欠であることを要しないとする抽象的先決関係説（谷口＝井上編(4)208頁，伊藤624頁）と，(b)先決関係についての判断が現実に本訴を左右する場合であることを要するとする具体的先決関係説（斎藤編(6)338頁以下）とがある。具体的先決関係説では，中間確認の訴えの適否が本訴についての裁判所の判断にあまりにも依存し，適当でない。抽象的先決関係説を支持すべきである。

(2)　中間確認の訴えは，訴え変更または反訴の特殊類型であり，先決性・係争性の存在が要件となっていることに起因する次の差異を除けば，その要件と手続は，通常の訴え変更または反訴の場合と同じである（145条2項の規定の趣旨は，13条2項と同じである）。(a)原告の提起する中間確認の訴えについては，「請求の基礎に変更がない限り」という要件を問題にする必要がない。(b)被告の提起する中間確認の訴えについては，本訴請求または防御方法との関連性を問題にする必要がなく，また，控訴審で提起する場合に相手方の同意（300）も必要ない（兼子300頁）。他方，著しく訴訟手続を遅滞させないことは145条において要件として明示されていないが，先決関係は抽象的なもので足りるとする立場からは，この公益的要件の充足も必要であるとすべきである。

(3)　当初から先決性を欠いた中間確認の訴えは却下すべきであり（東京高判昭32・9・9東高民時報8-9-220），本訴の却下・取下げ等により先決性が欠如した場合には，独立の訴えとして扱うべきであるとするのが，多数説である。しかし，いずれの場合も，通常の訴え変更もしくは反訴あるいは独立の訴えとして適法であれば，そのようなものとして扱うべきである[46]。

---

46)　鈴木・前掲注13) 258頁。

第2章　多数当事者訴訟

I　総　説

5-2-1　多数当事者紛争と訴訟

(1)　**趣旨と目的**　　民事訴訟法は，1人の原告と1人の被告との間で訴訟が進められることをいちおうの基本型として予定している。しかしながら，社会生活や経済取引がますます複雑化してきた現在，設例の諸例からもうかがわれるように，複数の主体を必然的に巻き込んだ形で紛争がたちあらわれたり，他人間訴訟のなりゆきいかんに第三者が深刻な関心を寄せるという現象が増加してきており，それに応じて，1つの訴訟手続に3人以上の者が，同時に，または時を異にして関与する訴訟形態が次第にその重要度を増しつつある。この傾向は，いわゆる現代型訴訟に限られない。原告1対被告1という基本型は，むしろ半数程度にとどまるのが現状である。複数の当事者が原告または被告になっている現象を「共同訴訟」，他人の間で行われている訴訟に第三者が関与する行為または現象を「訴訟参加」という。

(2)　**態様**　　ひとくちに訴訟主体の複数現象（多数当事者訴訟）といっても，種々の態様がありうる。自己に関する請求が審判対象になるのが普通であるが，そうでない場合（補助参加）もある。当初から共同で訴えまたは訴えられている場合（共同訴訟＝訴えの主観的併合）のみならず，訴訟の途中で第三者が加入してくる場合もある。さらに後者の加入現象にも，第三者自らのイニシャティヴで加入してくる場合のみでなく，既存の当事者のイニシャティヴによって加入させられる場合（当事者の引込み，訴訟引受けなど）もある。また，多数当事者訴訟といっても，複数者がけっきょくは原告側か被告側かいずれかの陣営に帰属するのがふつうであり，その意味では，二当事者対立構造の一般原則そのものは維持されるのが通常であるが，紛争態様によ

っては，参加人が原告でも被告でもない第三の当事者地位を取得し，三者が互いに対立しあっていわば三つ巴の訴訟構造を呈する場合（独立当事者参加）もある。

なお，時を異にして数名の者が当事者の地位につく場合（異時的多数）として，当事者の交替があるが，これには任意的当事者変更と訴訟の承継とがある。

（3）　現状と課題　　多数当事者訴訟については，できるだけ紛争の現状を手続に反映させて関係人が訴訟に登場する機会を広く認めていこうとする学説の近時の傾向と，これにやや消極的な実務とのギャップが大きい。実務が消極的であるのは，多数者が関与すれば手続が煩雑になり費すべき労力が多いということのほか，既存の実体法上の権利義務を基軸にした固定的な観念では律しきれない手続法上の問題が多数当事者訴訟には必然的に多くつきまとうことによる。個の選択や個と個とのかかわりのあり方を大事にしながら，紛争主体が公平かつ適正に手続に関与していく場を保障する理論と運用を確立することが課題となる。多数当事者訴訟の制度目的は，必ずしも関連紛争の一挙的解決にあるわけではない。紛争は，1回の訴訟で抜本的に解決されなくても，当事者や関係人が裁判手続や判決を契機にして，それぞれが次なる行動を選択する指標が与えられ，向後の関係づけに寄与できれば，訴訟の役割は果たされているからである。

II　共同訴訟

5-2-2　共同訴訟の目的と種類

（1）　制度目的　　共同訴訟とは，1つの訴訟手続の当事者の一方または双方の側に数人の当事者がいる訴訟の形態をいう。発生原因の面から，訴えの主観的併合とも呼ばれる。

現行法においては，共同訴訟がかなり広く認められているし，実際にも多用されている。請求が関連する場合に同一手続内で併合して審判すれば，弁

論・証拠調べの重複を避けつつその場でお互いがやりとりができ，当事者にとっては実効的な紛争調整ができるので，そのニーズにそうばかりでなく，裁判所にとっても当事者・訴訟関与者の数が膨大にならないかぎり，格別の不都合はないからである。

(2) **種類** 共同訴訟は，各共同訴訟人につき判決が区々になってもさしつかえない場合（通常共同訴訟）と，各人につき判決が区々になることが許されず合一に確定されることが要請される場合（必要的共同訴訟）とがある。もともと必要的共同訴訟は，全員が共同で訴えまたは訴えられることが必要である場合を意味したが，現在ではいわゆる類似必要的共同訴訟をも含めて考えなければならないので，必要的共同訴訟は合一確定が要請される共同訴訟と理解した方が便利である。合一確定の要請の働かない通常共同訴訟では，共同で訴えまたは訴えられる必要もない（共同訴訟現象の圧倒的多数は，この類型）。合一確定が要請される必要的共同訴訟は，全員が共同で訴えまたは訴えられなければならない本来の必要的共同訴訟（固有必要的共同訴訟）と，共同で訴えまたは訴えられる必要はないが，共同で訴えまたは訴えられた以上は，その間に合一的な解決がもたらされなければならない場合（類似必要的共同訴訟）とがある。もっとも，このような類型化はあくまでも理論上のものにとどまり，どのような場合がどの類型に属するかも必ずしも一義的に明確であるともいえないし，多様な紛争を3つの類型に区分けして，それぞれの類型に統一的な理論をたててそれを画一的にあてはめれば足りるということでもない。両立しない請求についての同時審判共同訴訟（41，⇒ **5-2-10**）も，共同訴訟類型の流動化のあらわれの1つである。

5-2-3 通常共同訴訟

各共同訴訟人と相手方との間で一律に勝敗を決する必要性のない場合であり，もともと別々の訴訟で解決されても差し支えない性質の事件が1つの手続に併合されているにすぎないものである。共同訴訟人が各自独立で係争権利ないし利益を処分する権能を認められる場合であり，それに対応して，訴訟追行上も各自独立の権能が与えられる。

共同訴訟が認められるためには，併合して審理するだけの妥当性・合理性

がなければならず，それは，各共同訴訟人の請求またはこれに対する請求が相互に一定の共通性・関連性を有する必要があることを意味する。これを主観的併合要件といい，法（38）は，次の諸場合を例示している。

① 訴訟の目的たる権利義務が共通であるとき。たとえば，数人の連帯債務者に対する支払請求（設例2のX→Y₂，Y₃），数人に対する同一物の所有権確認（設例4のX→Y，Y₂），数人の共同所有者のまたはこれに対する目的物の引渡請求など。

② 訴訟の目的たる権利義務が同一の事実上および法律上の原因に基づくとき。たとえば，設例3における甲の乙および乙₂に対する訴訟，同一事故に基づく数人の被害者の損害賠償請求，主たる債務者と保証人を共同被告とする訴訟など。

③ 訴訟の目的たる権利義務が同種であって，事実上および法律上同種の原因に基づくとき。たとえば，数通の手形の各振出人に対するそれぞれの手形金の請求，同種の売買契約に基づき数人の買主に代金を請求する場合，家主が数軒の借家人に対し家賃を請求する場合など。この場合，請求相互間の関連性はかなり希薄である。

この主観的併合要件は，職権調査事項ではなく，被告に異議がなければこれを欠いてもよい（大判大6・12・25民録23-2220）。この要件は，無関係な者の紛争までが併合審判を強制されることのないようにするためのものであり，当事者（被告）の利害にかかわる要素が裁判所の審理面の要素よりも大きいからである。

なお，各請求が同種の訴訟手続で処理されるものでなければならないし，共通の管轄権がなければならない。管轄については，38条前段の請求相互に関連性が強い場合には1人について管轄のあるところに他も併合して提起できる（7但。なお⇒ **2-2-12**(3)(イ)）。

5-2-4 必要的共同訴訟

(1) **類似必要的共同訴訟** 共同訴訟とすることが強制されるわけではないが，共同訴訟とされた以上は，合一確定が要請され勝敗が一律に決まらなければならない場合である。個別的に訴えまたは訴えられることができる

580 第5編 第2章 多数当事者訴訟

ので，言葉の真の意味における必要的共同訴訟ではない。合一確定とは，同一人に対する判決の効力の衝突を避けなければならない法律的要求のある場合をさすとされており，それは共同訴訟人の1人のうけた判決の効力が他の共同訴訟人にも及ぶ場合をさすと解するのが通説である。というのは，このような場合に各共同訴訟人について勝敗をばらばらに決めると，各共同訴訟人が自己の受けた判決の既判力と他の共同訴訟人に対する判決から拡張される既判力とが矛盾衝突して収拾がつかない結果となるからである。数人の株主が提起する株主総会決議取消しまたは無効の訴え（会社830・831），数人が提起する会社設立無効の訴え（会社828），数人の株主の代表訴訟（会社847），数人の債権者の債権者代位権に基づく訴訟（民423），数人の差押債権者の取立訴訟（民執157 I）などがこれに属する（⇒ 4-3-12(4)）。したがって，請求が同一の原因に基因するので論理上区々な認定ができないとか（同一事故の数人の被害者の賠償請求），全員に対して勝訴しないと原告の目的が達せられないとかいう事情（設例4におけるように，数人が順次になした移転登記の抹消請求）があるだけでは，合一確定の必要はなく，類似必要的共同訴訟にはあたらない。各共同訴訟人の訴訟追行や訴訟処分権能の自由を制限してまでも，一律的解決をもたらさなければならないほどの要請はないとみられるからである。

　もっとも，判決の効力の抵触のおそれはなくても，いったん共同訴訟となった以上は，いま少し広く審判の統一の要請を働かせてもよいとする考え方も十分に理由がある。げんに，近時の学説中には，個別提起が可能な共同所有関係に基づく訴訟において，共同して訴えまたは訴えられた者については，あるいはたまたま共有者全員が当事者になっていれば，合一確定共同訴訟となるとみてよいとする立場がある。

　(2)　固有必要的共同訴訟　　共同訴訟とすることが法律上強制されかつ合一確定の必要のある固有必要的共同訴訟にあたるのは，いかなる紛争態様か。これについて，法律の規定があるのはむしろ稀であり，多くの場合解釈にゆだねられる。固有必要的共同訴訟にあたる場合として，基本的に2つの類型がある。1つは，他人間の権利関係の形成ないし変動をもたらす訴訟であり，もう1つは，訴訟物たる権利利益を共同でのみ処分できる紛争態様，

II 共同訴訟 581

つまり，訴訟物たる権利関係に特殊性がある場合である。

（ア） 他人間の権利関係の変動を生じさせる形成の訴え（またはそれと同視される確認の訴え）においては，原則としてその権利関係の主体を共同被告としなければならない。たとえば，第三者の提起する婚姻無効または取消しの訴えは，夫婦を共同被告としなければならない（人訴12 II）。判決によってその地位に重大な影響をうける権利主体を除外して訴訟がなされることは，著しく正義に反するし，だからといって判決効がその者に及ばないとすれば，紛争処理の実効性の面で問題が残るからである。このような観点から，取締役解任の訴え（最判平10・3・27民集52-2-661〔百選〔3版〕A 7事件〕）や取締役選任の株主総会決議取消訴訟などにおいても，当該取締役と会社を共同被告とすべきであるとする見解が有力であったところ，前者については立法に反映された（会社855）。後者については会社が被告と定められたが（会社831・834 ⑰），取締役選任の総会決議取消しの場合は通常の場合とは別であるとして当該取締役も共同被告とする固有必要的共同訴訟説が依然として主張されている。

（イ） 数人が共同して管理処分すべき財産に関する訴訟は，その数人が共同訴訟人とならなければならない。数人の受託者のある信託財産に関する訴訟（信託79），数人の破産管財人のいる破産財団に関する訴訟（破76），数人の選定当事者の訴訟（30）などがこれである。これは，もともとは1個の主体として訴訟にあらわれるべきものが，数人の人格により代表ないし代理されると考えられる場合である。

5-2-5　共同所有関係と必要的共同訴訟

共同所有関係にある財産について訴訟をする場合，共同所有者全員が訴えまたは訴えられなければならないか。共同所有者内部で，共有者の1人が共有物分割の訴え（民258）を提起するには，全員につき画一的に処理する要請が強いから，他の共有者全員を相手方としなければならないことについては，ほとんど争いがない[1]。問題は，共同所有者が対外的に対第三者との間で訴訟をする場合である。

---

1) このほか共同所有者内部紛争では，遺産確認の訴え（最判平元・3・28民集43-3-167〔百選〔5版〕100事件〕），相続欠格を理由とする相続人の地位不存在確認の訴え

共同所有関係をめぐる紛争にも種々の態様がありうるので，いかなる場合にいかなる理由により固有必要的共同訴訟となるのかは，いまだ学説も帰一しない問題の1つである。

（1）　理論状況の概観　　従来，一般に，訴訟による勝敗が実体法上の処分行為と同様の結果をもたらすとみる立場から，実体法上の管理処分権が共同的に帰属するかどうかを基準にして，訴訟共同の要否が考えられてきた。これによれば，財産権ないしは管理処分権が合有的または総有的に帰属している場合には固有必要的共同訴訟になるが，通常の共有関係の場合には，共有はきわめて個人主義的なものであり，各共有者は自己の持分権を単独で自由に処分できるので，個別提起が可能であり，固有必要的共同訴訟にはならないとされる。しかしながら，実体法上の管理処分権の帰属態様ないしは債務の性質のみから固有必要的共同訴訟の成否を決めようとする伝統的見解に対しては，近時，有力な疑問が提起されている。近時のこの新思潮は，関係人相互の関係や共同追行を要求した場合の利害得失などの諸事情をも考慮に入れるべきとする点や，固有必要的共同訴訟としてもそのうちのごく一部を脱落した場合になお適法とみなしうる余地がありうるとする弾力的思考を示す点など，かなり共通した面があるが，基本思考としては2つの方向にわかれる。すなわち，1つは，共同的帰属の実体法的関係はあまり重視せず，各共同権利者やその相手方および裁判所等に生じる利害得失を政策的に考慮して，紛争の統一的解決の理念を前面に押し出し，固有必要的共同訴訟の範囲の拡大をはからんとする立場である。いま1つは，実体法理論との関連を重視し，共同的帰属の態様のちがいをより具体的・類型的に考慮して，訴訟共同が要求されるにはそれだけの特別の事情が共同訴訟人間にあり，かつ合一確定の要請が存しなければならないとし，個別的解決の法理を基調にして上記の固有必要的共同訴訟の拡大を説く立場に批判的な見解である。前者の立場でも，争わない者は除外してもよいとしたり，訴訟段階に応じての相対的必要性を説くなど，訴訟共同の要請をそれほど厳格に考えないので，具体的ケースにおける帰結そのものは，後者の立場とあまりちがいを生じないようにも思われるが，思考の基本姿勢じたい（とくに「紛争」の単位ないしはサイズのとらえ方）にはかなりの隔りがみられる。この論争に対しては，前者の政策的衡量論については，紛争処理の効率を重視する点や裸の政策的利益考量でよいかという点で疑問があるし，後者の実体

（最判平16・7・6民集58-5-1319）は，次に見る実体法的性質論と政策的衡量論のもと，共同相続人全員が当事者となるべき固有必要的共同訴訟とされている（高橋・重点講義下333頁，長谷部321頁など）。

II 共同訴訟　　583

法基軸説に対しては，実体法を静止的・固定的にとらえていて紛争主体の動態的なかかわりについての配慮がない点で，いずれも限界をもつと評することができる。

　なお，近時の判例の傾向をひとくちでいえば，固有必要的共同訴訟の範囲を縮小する方向にあるといえる。すなわち，判例は，共同所有関係の一定の場合に，不可分債権・債務の規定（民 428・430・436）や保存行為の規定（民 252 但）を用い，あるいは各人の持分権に分解して，単独の訴訟をできるだけ認めようとする傾向を示しつつある。実体権による根拠づけや不可分債務・保存行為の理論は他の理由で結論を得た後の説明の論理にとどまるのではないかとの疑問もあるが，固有必要的共同訴訟の範囲の縮小の方向そのものは，近時のすう勢であり，理論的にも支持すべきである。そこで，判例の状況を中心にしながら，共同所有者を相手どって訴訟をなす場合（受働訴訟）と共同所有者が原告となって訴訟をなす場合（能働訴訟）とに分けて，いま少し具体的にみてみよう。

　(2)(ア)　受働訴訟　　共同所有者全員を相手方とする必要はなく，個別的に訴えることができるとする取扱いが，かなり広く認められている。すでに従来の学説中にも，たとえば組合債務，相続債務につき，あるいは合有債務なる観念を否定し（兼子 384 頁），あるいは強制執行するにつき必ずしも 1 通の債務名義であることを要しないとして（三ケ月 218 頁），個別に訴えることを認める見解もあった。最高裁も，分割前の相続財産に対する訴訟につき，不可分債務の履行は各自が全部の履行をなす義務を有するからという理由で共同相続人全員を相手どる必要はないとし（最判昭 43・3・15 民集 22-3-607〔百選〔5 版〕99 事件〕〔家屋明渡請求〕，同昭 36・12・15 民集 15-11-2865〔所有権移転登記請求〕），賃借人の賃貸人の共同相続人に対する賃借権確認の訴えにつき，相続人が各自賃借人に対して賃貸物を使用収益させるべき賃貸借契約上の債務を不可分に負担するから必要的共同訴訟ではないとしている（最判昭 45・5・22 民集 24-5-415〔続百選 18 事件〕）。

　(イ)　能働訴訟　　共同所有者が原告側に立って訴訟をする場合，学説では，相続財産や組合財産などの合有財産に関する訴訟は全員が共同原告にならなければならないとするのが通説である（兼子 384 頁，三ケ月 218 頁，小山 456 頁，斎藤 466 頁）。

　しかしながら，多数の判例は，共同所有関係にある特定物について，普通の共有と合有・総有の区別をしないで，共同所有者の 1 人であっても，第三者に対し共有物全部の引渡しまたは明渡請求ができるし，所有権取得登記の全部の抹消請求ができると判示している。（最判昭 31・5・10 民集 10-5-487〔百選〔4 版〕99 事

5-2-5

件〕，最判昭 33・7・22 民集 12-12-1805，最判平 15・7・11 民集 57-7-787〔百選〔5 版〕98 事件〕など）。たとえば，設例 4において，抹消登記手続請求については，X は X₂ と共同でなくても単独で訴訟ができるわけである。もっとも，審判手続に関しては，数人が共同で訴えた場合には 40 条を準用して統一的判断をもたらすことは十分に可能であり，かつ合理的であろう。

判例によれば，共同所有関係そのものを対外的に主張する場合には，画一的処理の必要性から，全共同所有者が原告にならなければならないとされる。共有関係じたいの確認請求（最判昭 46・10・7 民集 25-7-885〔百選〔5 版〕A 31 事件〕），入会権確認請求訴訟（最判昭 41・11・25 民集 20・9・1921），共有地についての境界確定訴訟（最判昭 46・12・9 民集 25-9-1457〔百選 II 162 事件〕）などがこれにあたる。

ただし，持分権の確認やそれに基づく登記請求のほかに，共有権そのものの確認やそれに基づく請求がはたして必要なのかどうか，かりに認めるとしても，訴訟共同を要するほどに画一的処理の要請が強いのかどうかについては，疑問の余地もあろう。また，固有必要的共同訴訟とした場合に，一部の者が所在不明であったり共同訴訟を拒んだりしたときに残余の者による訴訟を可能にする方策も，あわせて検討しておく必要がある。その方策として，全員が原告にならなくても紛争主体の主要なメンバーが原告になっている以上それらの者だけで訴訟を追行できるとする理論を前提として，(a)原告に加わらない者に訴訟告知をする，(b)原告らが裁判所を通じて参加命令の申立てをする，(c)加わらない者を被告にまわす，などが考えられる。最判平成 11 年 11 月 9 日（民集 53-8-1421〔百選〔3 版〕102 事件〕）は，共有地についての境界確定訴訟につき，(c)の立場を採るとともに，共有者の一部が上訴した場合に，上訴しない共有者は被上訴人になると判示した。この判例は境界確定訴訟の特質を理由にしていたが，判例はその後，入会権確認訴訟についても(c)の手法を認めた（最判平 20・7・17 民集 62-7-1994〔百選〔5 版〕97 事件〕）。

5-2-6　共同訴訟の審判

(1)　通常共同訴訟における共同訴訟人独立の原則（39）　　通常共同訴訟では，各共同訴訟人は他の共同訴訟人に制約されることなくそれぞれ独立に相手方に対する訴訟を追行する。この建前を，共同訴訟人独立の原則という。たとえば，各自独立に，請求の放棄・認諾，和解，訴えの取下げ，上訴，自

II　共同訴訟　　585

白などができるし，その効果もその行為者と相手方との間にしか及ばない。
1人について中断・中止の事由が生じても，他の者には影響を与えない。裁
判所は，ある共同訴訟人の訴訟についてだけ弁論を分離し（152），また一部
の者につき一部判決をすることもできる（ただし，保証人・主債務者を共同被
告とした訴訟で区々な判決結果を生じた高松高判昭49・7・29高民27-3-319（最
判昭51・10・21民集30-9-903〔百選〔5版〕90事件〕の原審）は，弁論の分離・
一部判決のあり方に一つの反省を含むケースといえる）。

　このように，通常共同訴訟にあっては，裁判の統一の法律上の保障はない。
しかし，弁論および証拠調べが共通の期日に行われるので，一部の者が積極
的に処分行為をしない限り，少なくともその審級においては，同一の心証に
よる統一的な裁判が期待され，裁判の統一が事実上もたらされる。

　(2)　必要的共同訴訟における特則（40）　　合一確定の要請がはたらく必
要的共同訴訟にあっては，共同訴訟人独立の原則を修正し，共同訴訟人間に
連合関係を認めて訴訟資料の統一と訴訟進行の統一をはかることが要求され
る。

　(ア)　共同訴訟人の1人がした有利な行為は全員のために効力を生じるが，
不利な行為は全員がそろってしない限り効力を生じない（40 I）。したがって，
1人でも相手方の主張を争えば全員が争ったことになるが，1人のした自白
や請求の放棄・認諾は効力を生じない（ただし，弁論の全趣旨として心証形成
の一因となることはありうる）。訴えの取下げは，類似必要的共同訴訟の場合
には単独でできるが，固有必要的共同訴訟の場合には全員が共同でなさなけ
ればならない（ただし，三ケ月429頁・217頁は，1人による訴え取下げも可能
であるが，他の者の訴訟について当事者適格が欠けるに至るから，他の者の訴え
も却下を免れなくなるだけだと説く）。相手方のなす訴えの取下げは，同意を
必要とする場合には全員の同意を要する。

　(イ)　相手方の訴訟行為は1人に対してなされても全員に対して効力を生
じる（40 II）。相手方の便宜をはかる趣旨である（期日に1人でも出頭してい
れば，準備書面に記載のない事実でも主張できると解されている）。

　(ウ)　共同訴訟人の1人について手続の中断または中止の原因があるとき
は，全員について訴訟の進行が停止される（40 III）。弁論の分離や一部判決

5-2-6

も，解釈上認められない。判決の確定も全員について上訴期間が経過するまでは生じない。

（エ）　上訴については，議論がある。1人が上訴すれば，全員に対する関係で判決の確定が遮断され，全訴訟が移審して，共同訴訟人全員が上訴人の地位につくと解されている。類似必要的共同訴訟においても，共同訴訟人の1人が上訴すれば，全員に対する関係で判決の確定は遮断され，共同訴訟人全員が上訴人になると解されていた（住民訴訟の場合につき，最判昭58・4・1民集37-3-201〔百選II 166事件〕）。しかし，上訴は上訴審の訴訟追行の負担を伴い，紛争行動を継続するものであるから，一概に有利な行為とはかぎらない。上訴するかどうかは，共同訴訟人各人の自由な選択にゆだねられる性質の行為である。最（大）判平成9年4月2日（民集51-4-1673）は，住民訴訟の場合につき，共同訴訟人の1人が上訴すれば，上訴をしなかった共同訴訟人に対する関係でも確定遮断効は生ずるが，上訴をしなかった者は上訴人にはならないと判示し[2]，続いて，最判平成12年7月7日（民集54-6-1767〔百選〔5版〕101事件〕）は，株主代表訴訟につき，上告を提起しなかった株主（原告）は，上告人にならないと判示した[3]。もっとも，その後，類似必

---

2)　さらに最判平14・10・15判時1807-79は，上告審が原判決と第一審判決の一部を破棄または取り消したため，原判決および第一審判決の訴訟費用の負担の裁判は効力を失い，改めて訴訟の総費用について負担の裁判をしなければならない場合について（⇒67），上告審は，上告人と被上告人との間において生じた訴訟の総費用についてのみ負担の裁判をすべきものとした。上告をしなかった者と被上告人との間において生じた訴訟の総費用については，民訴法73条により第一審が負担を決定することになろう。

3)　上訴しない者を上訴人と扱わない平成9年最判および平成12年最判の結論そのものは至当である。しかし，なおつぎの2点の問題が残されている。

①　上訴しない者を上訴人と扱わないという考え方は，個々の住民や株主の個別的権利が直接問題とされない住民訴訟や株主代表訴訟にのみ妥当する例外的な取扱いとして限定されるべきか。

②　住民訴訟，株主による責任追及訴訟にあっても，上訴しない原告の権利主張としての訴訟上の請求は，上訴審にあっても未確定なまま残存している筈である。上訴しない者の請求は残っているとすれば，上訴審は上訴しない者の請求を審判せざるを得ない。そうだとすれば，訴訟追行面はともかく，請求の担い手としての当事者性をどのように根拠づけるべきか。このことは，上訴しない者は上訴人でないと割り切るだけではすまされない問題が，なお残っているのである。この点につき，上訴しない

II 共同訴訟 587

要的共同訴訟とされる養子縁組無効確認訴訟につき，共同訴訟人の一人がなした後の，他の共同訴訟人による上告の提起および上告受理申立てを，二重上告・二重上告受理申立てになるとして却下する判例も現れた（最決平23・2・17家月63-9-57）。これは，1人の上訴により他の共同訴訟人も上訴人になることを前提とするとも解されることから，住民訴訟と株主代表訴訟における上記判例の射程が類似必要的共同訴訟一般に及ぶかが問題とされている。

5-2-7　共同訴訟人間の主張共通・証拠共通

（1）証拠共通　共同訴訟人独立の原則が働く通常共同訴訟においても，共同訴訟人の1人が提出した証拠またはこれに対して提出された証拠は，他の共同訴訟人と共通あるいは関連する係争事実については，とくにその援用がなくても，事実確定の資料とすることができるとするのが通説であり判例である（共同訴訟人間の証拠共通の原則）。この原則は，「自由心証主義の下では，歴史的に1つしかない事実については，その認定判断（心証）も1つしかありえないから」ということに根拠を置くとされているが，弁論主義・共同訴訟人独立の原則が行われるはずの場面で，なぜ証拠資料についてだけ一体的処理をしなければならないのかは，この説明によっても必ずしも明快でない。裁判官が，それぞれの訴訟の証拠資料に基づいて異なった心証を形成することは，必ずしも不可能ではないし（げんに別訴として係属している場合には，同一裁判官はそれぞれの証拠資料に基づいて心証を形成せざるを得ない），裁判における事実認定は，当事者間の攻防の結果をどうみるかの作業であって，それを離れて歴史的，絶対的な真実を探究するものではないからである。この法理は，併合審理を行う以上は同一事実についての認定が区々になる不自然さを避けたいという実践的欲求と統一的心証形成によってもたらされる座りのよさとによって支えられていると解されるが，理論的には，

者は審級かぎりで上訴した者に自己の請求について訴訟追行をゆだねたもの（審級かぎりの訴訟担当）とみることが1つの理論上の基盤となろう。この問題につき，井上・法理201頁，井上・訴訟94頁以下，高橋宏志「必要的共同訴訟と上訴」小室＝小山還暦中43頁，高橋・重点講義下323頁，徳田和幸「複数住民の提起した住民訴訟と上訴」原井龍一郎先生古稀祝賀・改革期の民事手続法（平12）405頁以下（同・複雑訴訟の基礎理論〔平20〕68頁所収），同「必要的共同訴訟における非上訴者の地位」論叢156巻5＝6号（平17）86頁（同上85頁所収），高橋利文「片面的対世効ある判決と共同訴訟人の一部の者の上訴」貞家最高裁判事退官記念・民事法と裁判（下）（平7）178頁以下，上野泰男［判批］百選［3版］212頁。

つぎの根拠によって，またその条件を充たす限りで，証拠共通が正当化されよう。すなわち，共同訴訟人の一方が提出した証拠でも，他方の共同訴訟人はその証拠調べ手続にかかわる機会が与えられるので（たとえば，共同訴訟人の1人が申請した証人でも，他の共同訴訟人には尋問の機会が与えられる），このような審理過程の実績から，共通利用が根拠づけられるのである。したがって，このような審理過程の実績がなく，実質的に他方の共同訴訟人に手続保障が欠けていると認められる場合には，証拠共通は働かない（実際上は，援用もしくは釈明権の行使によって対処される場合がほとんどであると思われる）。

(2) **主張共通**　1人の共同訴訟人がある主張をし，他の共同訴訟人がこれと抵触する行為を積極的にしていない場合には，その主張が他の共同訴訟人に利益なものである限り，この者にもその効果が及ぶとするものである（新堂788頁）。この立場は，共同訴訟人独立の原則は，各自が他から制約を受けないで積極的な訴訟追行（とくに処分行為）を行うことができるとするところに本来の趣旨・目的があり，各共同訴訟人が独立の訴訟追行上の権限を行使しなかった場合の取扱いは，もはや共同訴訟人独立の原則とは関係がない，との認識に立つ。この考え方は，主張と証拠との峻別が相対化してきている現在（たとえば，弁論準備手続で本人が述べたことは主張か証拠か），それなりの説得力をもつ。しかし，(ア) 主張には訴訟内討論の筋道と指針を設定するものとして独自の意味と機能があること，(イ) 他の共同訴訟人に「利益」かどうかは容易に決められないこと，(ウ) 一方が「特定の申立てや主張をしない」ことも，その当事者の能動的な行動選択の一つであり，それを積極的行動をとった他者の訴訟行為に同化させてしまうのは，個の自律と尊厳の精神から疑問であること，などの理由から，原則的にはやはり支持しがたい（⇒最判昭43・9・12民集22-9-1896〔百選〔5版〕95事件〕）。ただし，一方が他方に訴訟をゆだねたとみられる場合や，立証活動の実質から黙示的に主張を行っていると評価できて相手方にも不意打ちを与えない場合には，共同訴訟人間で主張を共通に取り扱う余地がある。

5-2-8　共同訴訟の発生

共同訴訟の発生原因としては，当事者ないしは第三者自身の行為に基づく場合が通常である。はじめから共同訴訟の形で訴えが提起される場合（固有の訴えの主観的併合。⇒5-2-3）のほか，訴訟の途中で第三者みずから原告または被告側に加わることによって（共同訴訟参加，訴えの主観的追加的併合，

Ⅱ　共同訴訟　　589

片面的独立当事者参加など），あるいは，既存の当事者が第三者を引き込んでその第三者に対する訴訟を併合追加することによっても（訴訟引受け〔⇒5‐2‐33〕，訴えの主観的追加的併合の一種としての当事者の引込み〔⇒5‐2‐11〕），共同訴訟がもたらされる。死亡した当事者に数人の相続人がいる場合のように，一当事者の地位を数人が承継した場合も，訴訟中の共同訴訟発生原因の一つである。なお，裁判所のイニシャティヴに基づいて共同訴訟となる場合として，同一裁判所に係属中の異なる当事者間の訴訟について弁論の併合（152）が命ぜられる場合がある（⇒3‐2‐15）。

5‐2‐9　訴えの主観的予備的併合

（1）　数人のまたは数人に対する請求が論理上両立しえない関係にあって，いずれが認められるかにわかに判定しがたい場合に，共同訴訟の形態をとりつつ，それぞれの請求を順序づけて審判を申し立てることがある。たとえば，代理人（代表者）と契約したが無権代理の疑いがあるときに，第1次的に本人（会社）に訴求し，これが棄却される場合にそなえて第2次的に代理人（代表者個人）に対する請求をも併合提起しておく場合や，土地の工作物の瑕疵による損害賠償を第1次的に占有者に対し，第2次的に所有者に対し請求する（民717）場合などである（ただし，占有は間接占有で足りるとすれば，所有者（間接占有者）を通常の単純併合でも訴えることになろう）。被告側のみならず，原告側に順序づけが行われる場合もある。たとえば，債権の譲受人が債務者に履行を求めたところ，債務者が債権譲渡の効力を争うので，第1次的に譲受人が，第2次的に譲渡人が原告となって訴求する場合などである。このような併合形態を，異別の当事者間の訴訟が予備的に併合されているという意味で，主観的予備的併合と呼んでいる。

同一当事者間の複数請求に順位をつける客観的予備的併合は問題なく認められるのに，主観的予備的併合の許容性については議論があるのは，主として次の2点の問題点に起因する。すなわち，（ア）この併合形態による原告の申立ての趣旨は，第1次被告に対する請求が認められれば予備的被告に対する請求についての裁判はいらないとの意思を表明したものと一般に解されているので，第1次被告に対する請求の認容判決が確定すれば，予備的被告に

5‐2‐8・9

対する訴訟は遡及的に訴訟係属を消滅させられることになり，予備的被告の地位はすこぶる不利益・不安定であること，（イ）この併合形態には共同訴訟人独立の原則が適用される結果，いずれか一方に対しまたはいずれか一方が勝訴できるという意味での裁判の統一の保障は必ずしも得られないので，この併合形態を認めるメリットはそれほど大きくないこと，がこれである。これらの問題点を重くみて，この併合形態は不適法であって許されないとする立場も有力であり，最高裁判決（最判昭43・3・8民集22-3-551〔百選〔5版〕A 30事件〕）は消極説に立っている。しかし，本判決以後も，この併合形態を適法とした下級審裁判例がかなり見られる。

(2)　この併合形態にまつわる問題点を克服するための努力としては，さまざまな提唱が見られるが，一般的・画一的に許容したり否定するのではなく，この併合形態で訴えることが当事者間の公平を失しないと見られる事情がある場合に許容していく考え方も有力になっていた（許容要件の一つの指針を示すものとして，井上「訴えの主観的予備的併合」訴訟3頁以下）。

ただし，次にみる同時審判共同訴訟の創設により，主観的予備的併合をめぐる議論の意義は相対的に縮小した。

5-2-10　同時審判共同訴訟

(1)　実体法上両立しえない2人（以上）の被告に対する訴訟上の請求（たとえば前述の，契約の相手方本人に対する履行請求と無権代理人に対する損害賠償請求（民117 I），工作物の瑕疵による占有者に対する損害賠償請求と所有者に対する損害賠償請求（民717）など）につき，原告の申出があったときは，弁論および裁判を分離しないで行うという共同訴訟の審理方式の形態である（41）。同一手続で審理・判決がなされるので，事実上裁判の統一がはかられることが期待される。この審判手続は原告の申出によってなされ，申出は，控訴審の口頭弁論終結までできる（41 II。その時点までなら，いつでも撤回できる。規19）。原審で同時審判がなされた事件で敗訴者が控訴し，同一の控訴裁判所に別々に係属するに至ったときでも，弁論と裁判は併合される（41 III）。

(2)　この審判形態は，弁論および裁判を分離しないで併合して行うとい

II 共同訴訟

うにとどまり，通常の共同訴訟として，攻撃防御活動は各共同被告との間で独立である。一方（ヘ）の主張はその当事者間でのみ効力があり，一方（ヘ）の上訴は他の当事者に影響を与えない。和解も，原告が応じる限り，その当事者間だけでできる。

（3）　この審判形態は，法律上両立できない複数被告に対する請求に限られ，事実上どちらに請求してよいかわからないという場合（たとえば，契約の相手方や不法行為の加害者が Y_1 か Y_2 かいずれかであるなど）は含まれない。この審判方式に適合するかどうかは，裁判所が審理に先立ち判断するが，手続の進め方に関する事項であるから，当事者は裁判所の措置に不服を唱えることはできない。判決に対する上訴の理由にもならない。

（4）　この審判方式が認められる以上，原告が複数で単一被告に対する請求が両立できない場合にも類推すべきである。たとえば前述した，被告が原告側の債権譲渡を争っている場合に，債権の譲受人と譲渡人が共同原告となるときなどである。その際の併合審判の申出は，原告側ではなく，むしろ被告による。

（5）　同時審判共同訴訟と主観的予備的併合との関係は，注目すべき論争点になることは必然である。主観的予備的併合のニーズが，この審判形態によってかなり吸収されることはまちがいないが，同時審判共同訴訟の創設によって主観的予備的併合は認められなくなったとの立場（伊藤 640 頁，三木ほか 545 頁〔菱田〕など）は理論上も実際上も採ることができない。なぜなら，原告としては被告を順位づけたい場合は，単純に並べての訴え提起ではその要求に応えきれないし，併合審判の枠内では完全に通常共同訴訟の審判原則が働くとすれば，主観的予備的な紛争類型の審理には，手続を分離しないというだけではなお不十分であるからである。上訴との関係でも，A → B，A → C の訴訟で，A → B 認容，A → C 棄却の一審判決に対して，B だけが控訴したとして，A → C 棄却判決は確定すると割り切ってしまってよいかは，問題がある（高橋・重点講義下 407 頁参照）。

そこで，同時審判共同訴訟と主観的予備的併合の併存を承認せざるを得ないとしても，順序づけをはずした同時審判共同訴訟の中で従来の主観的予備的併合に蓄積されてきた理論をもちこんで，両者を統合した理論をたててい

5 - 2 - 10

くことが1つの方向として考えられる。

5-2-11 訴えの主観的追加的併合

(1) **必要性と許容性**　当初から主観的併合の形で訴えまたは訴えられていなくても，訴訟の係属中に第三者みずから当事者として訴訟に加入したり，在来の原告または被告が第三者に対する訴えを追加的に併合提起することによって，共同訴訟形態がとられることがある。主観的併合については併合要件（38）が要求されているので，追加的に併合することも別段差し支えないばかりか，被告および第三者も，原告の訴え提起によって生じた機会に，その訴訟手続を利用して統一的に自己の権利の実現ないしは地位の安定をはかることができるとするのが望ましいといえる。のみならず，併合審判を当事者の申立権として（裁判所の裁量にゆだねるのではなく）構成していくためにも，かかる主観的追加的併合を認める必要がある（その理論状況については，田邊誠「主観的追加的併合」新・争点78頁。ただし，実務では，一般に別訴の提起・弁論の併合というルートによるのが実情である）。

(2) **追加的併合の諸場合**

(イ) **第三者みずから参加してくる場合**

(a) **共同訴訟参加（52）**　第三者が原告または被告の共同訴訟人として参加することで，参加の結果合一確定共同訴訟（40）となる場合である。明文の規定によって主観的追加的併合を認めている場合の1つといえる。訴訟の目的が当事者間および参加人と相手方との間に合一に確定されるべき場合，すなわち，本訴訟の判決の効力が参加人と相手方との間にも及び，類似必要的共同訴訟となる場合にこの参加が認められるとされている。株主代表訴訟における原告側に他の株主が参加する場合や，住民訴訟の原告側に監査請求を経た他の住民が参加する場合などがこれにあたる。また，この参加は別訴の提起に代わるものであるから，参加人がその請求についてみずから当事者適格を有することが必要とされている（最判昭36・11・24民集15-10-2583〔百選［5版］A 33事件〕）。適格を有しない者は，補助参加はできても，共同訴訟参加はできない。なお，第三者が被告側に参加する場合に，自ら原告に対する請求を掲げなければならないかどうかについては，必ずしもはっきりしないが，たんに請求棄却（ないしは訴え却下）を求めることでも足りると解しうるであろう。

(b) 明文の規定がなくても，第三者がみずから手続に加入して，在来の原

告または被告に対する関連請求訴訟を併合提起することも認められるべきである。たとえば，原告と共同の権利を有する第三者が，被告に対する訴訟を併合提起する場合や，被告と共同の義務者が，原告に対する消極的確認の請求を掲げて加入してくる場合などである。設例1で，甲が乙のみを相手どって訴えを提起している場合に，丙が甲を相手どってある額以上の債務は存在しない旨の確認を求める訴訟を追加的に併合提起することなどがこれである。判例も，この種の主観的追加的併合を認めていると解される。なお，第三者が当初の原告にかわって原告となる場合も，第三者が交替的に加入するという性質を有するので，この態様の併合訴訟の一種に数えてよい。第三者みずから加入してくる場合には，第三者の審級の利益を考慮する必要はないから，相手方の裁判を受ける権利が実質的に保障されているとみられるかぎり，上級審での加入も認めてよいであろう（新堂795頁）。

（ロ）　在来の当事者が第三者に対する訴えを併合提起する場合

（a）　原告のイニシァティヴによる場合　　原告が第三者に対する訴えを追加する（第三者を引き込む）場合として，引受承継（50・51）のほか，原告が第三者を当初から共同被告となしえたのにこれを脱落したので，追加的にかかる第三者に対する訴訟を併合提起する場合がある。設例2において，Xが当初はYのみを相手どって訴えを提起していたが，途中でY₂, Y₃をも被告に加える場合などがこれである。被告を当初の当事者から第三者に変更することも，第三者を訴訟に加入させるという性質を有するので，この態様の併合訴訟の一種とみられる。

この併合形態は，第三者の引込み態様の中でもっとも許容しやすいとみられるが，最判昭和62年7月17日（民集41-5-1402〔百選〔5版〕96事件〕）は，別訴の提起・弁論の併合によれば足りるとして，消極に解した。複数主体の関与を弾力化することについての実務の壁は厚い。

（b）　被告のイニシァティヴによる場合　　被告が第三者を実質上共同原告側にすえる場合（被告の第三者に対する請求は消極的確認となるのが通常である）と，被告の第三者に対する求償ないし損害賠償請求を追加する場合とがある。前者は，たとえば，設例4でXのみがYに対し移転登記を求めている場合に，YがX₂をも訴訟に呼び込んで第三者との紛争をも一挙に解決して自己の地位の安定をはかりたいという場合などである。取立訴訟の被告が債権者を引き込む場合（民執157 I）や被告が訴訟引受け（50・51）を申し立てる場合なども，この態様に属する。後者は，たとえば，消費者Xから欠陥商品にもとづく損害賠償請求を受けた販売店（ディーラー）Yが，敗訴して自己の義務を履行した場合にそなえて，

その商品の製造業者Zに対する求償ないし損害賠償請求の訴えをあらかじめ併合提起して同時審判を求める場合などである。この場合には、X→Y請求，Y→Z請求の2つの訴訟が併合されているという構造を呈し，Y→Z請求を認容する際の判決主文は，YのXに対する履行を条件とする給付命令を掲げることになる。

　なお，被告が第三者を引き込むことによる三面訴訟（被告のイニシャティヴによる47条参加）が認められないかどうかも，立法論的には興味ある問題である。

III　選定当事者

5-2-**12**　制度の趣旨

　共同訴訟人があまり多数いると，審理の足並みがそろわなくなったり，手続も複雑になる。書類作成部数，送達事務なども煩雑になり，それだけ労力，費用もかさむ。そこで，共同訴訟人となるべき多数者の中から代表者を選んで，この者が全員のために当事者として訴訟を追行しうることとしたのが選定当事者の制度である（30）。正面に立つ代表者を選定当事者，この者に訴訟を任せて背後に退いている共同利益者を選定者という。明文の規定によって認められている任意的訴訟担当の一場合である（⇒ 2-5-**8**）。

5-2-**13**　選定の要件と方法

　(1)　選定の要件　(a)　共同訴訟人となるべき者が多数あり，その多数者が共同の利益を有し，かつその多数者の中から選定当事者を選ぶことが必要である（30 I）。ここにいう多数者の存在は，実際には相当数を予定しているが，理論上は2人以上いれば足りる。原告側のみならず，被告側に選定がなされることもある。選定当事者は共同利益をもつ総員の中から選定されなければならない。これは，もしこれ以外の第三者を選定できるとすると，弁護士代理の原則（54）を潜脱するおそれがあるからである。(b)　訴訟係属後に，第三者が当事者になっている者を選定当事者として選定することができ

る（30 III）。これによって，選定当事者の制度は，その活用の範囲が飛躍的に拡がった。

(c) 「共同の利益を有する」という要件はややあいまいであり，かつての学説では見解の対立もみられたが，多数者相互間に共同訴訟人となりうる関係があり，かつ，各人のまたはこれに対する請求が主要な要点＝攻撃防御方法を共通にすることをもって足りるとするのが判例であり（大判昭15・4・9民集19-695〔百選〔初版〕12事件〕，最判昭33・4・17民集12-6-873〔百選〔3版〕16事件〕），近時の学説もおおむねこのように広く解する傾向にある。訴訟の単純化は，なにも一定の特殊な共同訴訟にのみ要請されるものではないからである。したがって，たとえば，設例2におけるような債務者と連帯保証人，同一事故の多数の被害者，約款を争う同種の保険金請求権者，設例3のような家屋所有者と家屋の賃借人などは，共同の利益を有する者にあたる。

(2) 選定の方法　選定は，自己の権利利益について，訴訟追行を授権する行為である。代理権授与に類する効果をもち，選定当事者の資格は訴訟上書面をもって証明する必要があるので（規15後段），選定書の作成によるのが通常である。選定は，各自が個別的になす。したがって，全員が共同して同一人を選定する必要はなく，多数者に賛成しない者は，自分で訴訟をすることも，別人を選定することもできる。

選定は，無条件でなされなければならない。審級を限定した選定が許されるか否かについては見解がわかれるが，否定しなければならないほどの積極的理由もないと思われるので，肯定してよいと思われる。

訴訟中に当事者が他の当事者を選定する場合は，選定者は自動的に訴訟から脱退する（30 II）。ただし，脱退者に関する請求は審判対象として残るとみてよい。

(3) 以上に見たわが国の選定当事者の要件は，多地域に拡散した多量の同種の被害をめぐる紛争には，個々の授権が事実上困難であるということが障害になって，あまり機能しない。そこで，アメリカのクラス・アクションの制度をにらみながら，授権による選定の要件を緩和したり，訴訟外の広告によって選定者を募るという方法などが，解釈論や運用として考えられる。消費者紛争には，消費者契約法一部改正法（平成19年6月7日施行）により，

いわゆる消費者団体訴訟制度が導入され，内閣総理大臣の認定を受けた消費者団体（適格消費者団体）が事業者等の違法行為の差止請求訴訟を提起できることになった。また，消費者裁判手続特例法（平成28年10月1日施行）により，多数の消費者の損害賠償のため，特定の適格消費者団体が多数被害者と事業者との間で共通する責任原因について確認訴訟を提起し，これに勝訴した場合には個々の消費者が加入して損害賠償額を確定するという2段階の制度が導入された。

5‒2‒14　選定当事者の地位

　選定当事者は，選定者総員および自己の訴訟について訴訟当事者として訴訟追行の資格をもつ。選定者の権利主張（請求）も審判の対象となっており，その訴訟追行は選定当事者にゆだねられる。選定当事者は一切の訴訟行為ができ，訴訟委任による代理人のような制限はない。訴訟上の和解や請求の放棄・認諾をなす権限も有するし，訴訟追行上必要な私法上の行為もできると解すべきである。ただし，同一の多数者から数人が選定されたときは，その数人による訴訟は固有必要的共同訴訟となるから，合一確定の要請による制約（40）を受ける。ただし，複数の選定当事者のうち，上訴しない選定当事者は，上訴審の当事者にはならず，その者の請求についての原審判決は確定すると解すべきである。

　選定当事者の受けた判決は，選定者に効力が及ぶ（115Ⅰ②）。給付判決であれば，選定者のためにまたは選定者に対して，執行文の付与を受けて執行できる（民執27・33）。ただし，必要な場合（とくに被告側に選定がなされた場合）には，選定者をも名宛人として給付を命じることができると解する余地があろう。

　選定者は，いつでも選定の取消しができる。取消しと同時に他の者を選定すれば，選定当事者の変更（30Ⅳ）となる。選定の取消しまたは変更は，相手方に通知しない間は効力を生じない（36Ⅱ）。

　選定者に実体上の地位の変動（死亡，能力喪失，係争権利の譲渡など）があっても，選定当事者の資格には影響ない（58の類推）。訴訟中に数人の選定当事者のうちの一部の者が死亡その他の事由で資格を喪失したときは，残り

の者が全訴訟を続行できる（30V）。全員が資格を喪失したときは，選定者全員または新選定当事者において訴訟を承継し，これらの者が受け継ぐまで訴訟手続は中断する（124I⑥）。

IV 補助参加

5-2-15 制度の趣旨

　他人間に係属中の訴訟の結果について利害関係を有する第三者が，当事者の一方を勝訴させることによって自己の利益をまもるために訴訟に参加する形態である。訴訟参加制度の中では最も利用度の高い参加形態である。補助参加人が勝訴させんとする当事者を被参加人または主たる当事者，被参加人の相手方当事者をたんに相手方と呼んでいる。

　補助参加人は，補佐人のような単なる助太刀ではなく，自らの利益をまもるために自らの名と費用において訴訟を追行する存在である。しかし，相手方との間に自己の請求を持ちこんでこれについて審判を求めるものではない。この点に，共同訴訟人や当事者参加人とのちがいがある。

5-2-16 補助参加の要件

　（1）　他人間の訴訟　　（ア）　訴訟がいかなる審級にあるかは問わない。上告審でも可能である。また，判決確定後でも，参加申出とともに再審の訴えを提起して訴訟を再開させることができるし（42・45I。なお，⇒6-5-2），参加申立てとともに，訴え取下げや和解の無効を主張して期日指定の申立てをすることもできる。補助参加申立てとともに，支払督促に対する異議を申し立てて訴訟に移行させることもできる。その意味では，訴訟係属は，いわば潜在的で足りる（⇒7-3-5(2)(イ)）。

　（イ）　他人間の訴訟に介入するものであるから，当事者が自分の訴訟の相手側に補助参加できないのは当然である。しかし，共同訴訟では，利害関係さえあれば，一方の共同訴訟人は他方の共同訴訟人の側に補助参加できるの

はもちろん，場合によっては，相手方側に補助参加することもできる（共同訴訟人の利害が相反する場合。最判昭51・3・30判時814-112〔百選〔5版〕A 32事件〕）。株主代表訴訟において会社が被告取締役の側に参加するのも，利害関係さえ認められれば差し支えない。学説において従来論争があったところ，判例（最決平13・1・30民集55-1-30〔百選〔3版〕A 40事件〕）は肯定説を採り，対応する立法もなされた（商旧268 VIII，会社849 III。監査役全員の同意が要る）。参加申出なしの当然の補助参加関係は認められない（なお共同訴訟人間においてこれを否定した最判昭43・9・12民集22-9-1896〔百選〔5版〕95事件〕）。

　（ウ）　第三者がいったん一方の側に補助参加したが，被参加人との間で攻防を尽くす必要に迫られた場合には，その被参加人への補助参加を取り下げて，あらためて相手方側に補助参加を申し出るということになろう。しかし，第三者が原告の側にも被告の側にも補助参加する利益を有する場合には（たとえば，設例2でXにより単独の被告とされたYが債務者は自分ではなくY₂だと主張している場合のY₂。その他，当事者双方から第三者に訴訟告知がなされうる場合は多い），被参加人を固定せずに〈この訴訟に補助参加する〉ということで足りるとみなし，結果的に当事者双方に補助参加したのと同様の取扱い（争点によって参加人が共同戦線を張る当事者を変えること）も認められてよい。

　（2）　訴訟の結果について利害関係を有すること（42）—— 補助参加の利益　　いかなる場合がこれにあたるかは，微妙かつ困難な課題であり，学説・判例も必ずしも統一的でない。

　（ア）　第三者に判決の効力が及ぶことは，必要条件でもなければ十分条件でもない。判決効が第三者に及ぶからといって，それだけでは当然には参加の利益が充足されるものではない（たとえば，もっぱら当事者のために目的物を所持する受寄者，同居人〔115 I ④〕や，形成訴訟における一般第三者を考えよ）。

　（イ）　単なる感情的な，経済的なものなど，事実上の利害関係では足りない。たとえば，当事者の一方と親友であるとか，負けては気の毒だという理由は，参加の理由とはならない。同様にして，設例5で，Aが乙女と正式に結婚したいがために甲の側に補助参加を申し出ても，参加は認められない。

IV 補 助 参 加 599

また，当事者が敗訴して財産が減少すれば利益配当等が少なくなるとか，扶養を受ける地位が侵害されるという理由も，そのことだけでは参加の利益としては不十分である。

（ウ） かつての有力説は，訴訟の訴訟物についての判断と参加人の地位との論理上の先決関係を要求してきた（訴訟物限定説）。つまり，参加人の権利義務その他法律上の地位が，判決主文で判示される訴訟物たる権利関係の存否を前提にして論理上決せられる関係になければならないとする。債権者・主債務者間の主債務請求訴訟と保証人（設例2），債権者・保証人間の保証債務請求訴訟と主債務者，買主が売買目的物の追奪訴訟を提起された場合と売主の参加などが，補助参加の典型例として従来から用いられている。設例3において乙₂が乙の側に，設例1において丙が乙の側に，設例4においてAがYの側に補助参加することは，通説の要件によっても認められようか。設例5においてAが乙の側に補助参加して甲の不貞の主張を争うことができるか。名誉的利益でも足り，Aが甲から損害賠償請求をうけるおそれもあるので肯定すべきであろうが，通説の要件に該当するかどうかは問題であろう。

（エ） これに対し，参加の利益を実質的にみて，訴訟物の前提をなす問題についての利害関係でも足りるとするのが現在の多数説となっている（訴訟物非限定説）。これによれば，主債務者の債権者に対する抵当権設定登記抹消請求訴訟（債務の消滅を理由とする）への保証人の補助参加，航空会社を被告とする損害賠償請求訴訟で機体の構造的欠陥が問題となっているときの機体の製造者や設計者の参加も認められる。後者の例では，被告会社のパイロットの操縦ミスが問われているときには，機体製造者などは参加の利益がない。補助参加例では，設例4や設例5からもうかがわれるように，訴訟物の前提をなす事項に第三者が利害関係をもつ場合も少なくない⁴⁾。また判決の

---

4) 亡父の遺産をめぐる相続争いにおいて，生前贈与を受けたと主張する原告と公正証書遺言により遺贈によって所有権を取得したと主張する被告との間の訴訟に，公正証書を作成した公証人が被告側に補助参加を申し出た事案において，東京高決平2・1・16判タ754-220〔百選〔3版〕106事件〕は，訴訟物自体ではなく判決理由中の判断に利害関係を有するにすぎない場合でも補助参加の利益が認められるとしながらも，

5 - 2 - 16

結果によっていかなる不利益を受けるかという観点よりも，具体的紛争において第三者に自己の立場から主張立証の場を保障すべきかどうかの「過程志向」の必要を説く立場もあらわれている（⇒井上「補助参加の利益・再論」訴訟175頁以下，同「補助参加の利益——半世紀の軌跡」同・民事手続の実践と理論〔平15〕167頁以下，旧注釈民訴(2)101頁〔井上〕。前掲大阪高決平21・5・11はアルツハイマー型痴呆の被告に対して，相続人の一人が贈与契約に基づき株券引渡請求を提起した事案で，実質的な紛争当事者であり，十分な主張立証が期待できるとして被告の成年後見人から訴訟告知を受けていた，もう一人の相続人の補助参加を認めた）。

これとの関係で，第三者が当事者の一方と共通の争点によって同様の地位に立ち，その争点についての判断いかんによって自己と相手方との訴訟の勝敗が事実上決せられるような関係にある場合に，補助参加は認められないか。学説の多くは否定的であるが，判例には肯定的に解したものがある（大決昭8・9・9民集12-2294〔百選〔初版〕16事件〕）。ただし，類似の事案で参加の利益を否定したものもある（大決昭7・2・12民集11-119，東京高決昭38・12・10東高民時報14-12-320，東京高決昭49・4・17下民25-1〜4-309〔百選Ⅱ169事件〕，前掲東京高決平20・4・30など）。

参加申出人の主張する利害関係の性質・内容，その程度を検討した上で，本件については，参加の利益は認められないと判示した。本件では，参加申出人がすでに公証人の職にないことにくわえて，公正証書の成立の真否が実質的争点ではなくなっていること，参加理由疎明のための参加申出人の陳述によって参加申出人の目的は実質的には達成されたとみられることが，参加を認めるまでもないと判断された実質的な理由であると推測される。

また，交通事故による損害賠償請求訴訟で，共同被告の一人が原告側に補助参加した事案につき，共同不法行為者間の求償権を根拠に参加の利益を肯定した判例として，前掲最判昭51・3・30がある。学説の多数も賛同している。前掲最決平13・1・30，大阪高決平21・5・11判タ1328-233も訴訟物非限定説に位置づけられる。これに対し，補助参加の利益を限定した東京高決平20・4・30判時2005-16〔百選〔5版〕102事件〕は訴訟物限定説に親和的とされ，第三者の介入を受けずに訴訟追行する当事者の利益を重視してこの説も最近主張されている（笠井正俊「補助参加の利益に関する覚書」井上追悼215頁以下。なお，伊東俊明「補助参加の利益について」松本古稀156頁）。

IV　補助参加　　601

5-2-17　参加手続

　参加申出は，参加の趣旨および理由を示して書面または口頭によって行う（43 I，規 20）。参加の理由があるか否かの裁判は，当事者（ふつうは相手方）から参加に対する異議が出た場合に限って行う（44 I）。当事者が異議を述べない場合にまで補助参加を排斥するほどの理由もないからである。当事者は，異議を述べずに弁論すれば異議権を失う（44 II）。当事者から異議が出た場合には，参加申出人は参加の理由たる事実を疎明しなければならない。参加の許否は決定でなされ，この決定に対しては即時抗告ができる（44 I 後段・III）。

　参加に対して異議が出ても，参加不許の決定が確定するまでは，参加申出人は訴訟行為ができる。この間になした参加申出人の訴訟行為は，参加不許の決定が確定したときでも，被参加人が援用すれば効力を生じる（45 III・IV）。

5-2-18　補助参加人の地位

　(1)　独立性と従属性　　補助参加人は，被参加人を勝訴させることによって自身の利益をまもるために，当事者に由来しない独自の権能をもって訴訟に関与する存在である。従たる当事者といわれるごとく，その地位は当事者に近く，被参加人の代理人でも補佐人のような単なる補助者でもない。したがって，補助参加人は，攻撃防御方法の提出，異議の申立て，上訴の提起，その他被参加人を勝訴させるに必要な一切の訴訟行為ができる（45 I）。自身の事由に基づく忌避申立権もある（名古屋高決昭 50・11・26 判時 815-62）。期日の呼出しや訴訟書類の送達も，当事者とは別になされなければならない。被参加人が期日に欠席しても，参加人が出席すれば，欠席の効果は生じない。参加人が支弁した訴訟費用は，相手方との間でその負担の裁判がなされる（66）。

　他面，補助参加人は，他人間に係属している訴訟を前提にしこれに付随して訴訟を追行する者であり，自身の請求を持ち込んでこれについて主張・立証を行う存在ではないので，本来の意味での当事者ではなく，その地位の従たる側面もまた補助参加に本質的な要請である。補助参加人は証人・鑑定人になることができるとされ，参加人に手続の中断事由が生じた場合でも手続を停止すべきでないとされているのも，この従属的側面に由来している。

5-2-17・18

もっとも，独立性と従属性との限界線をどこに求めるべきかは，第三者への手続権保障の問題や補助参加の機能のとらえ方とも関連して，近時議論のみられるところである（福本知行「補助参加人の訴訟行為の独立性と従属性」松本古稀161頁など）。

(2) 参加人の訴訟行為の制限

(ア) 被参加人自身がすでになしえなくなった行為　　参加の時点での訴訟状態に従って，被参加人がすでになしえなくなった行為はできない（45 I 但）。たとえば，時機に後れた攻撃防御方法の提出，自白の取消し，責問権を放棄・喪失した行為に対する異議，すでに中間判決によって確定した事項を争うなどの行為などである。他人間訴訟を前提にしてこれに事後的に介入してくる者の作法のあらわれである。

この法理との関連で，補助参加人の上訴期間は被参加人の上訴期間内に限られるとするのが有力である（控訴につき最判昭37・1・19民集16-1-106〔百選〔5版〕A 34 ①〕，最判昭50・7・3判時790-59。なお，上告理由書提出期間につき同旨，最判昭25・9・8民集4-9-359，最判昭47・1・20判時659-56）。しかし，手続関与者に対する手続権を十分に保障するために，参加人の上訴期間も参加人自身への送達時点から起算すべきである。二当事者間訴訟でも，それぞれへの判決送達時から上訴期間が計算されるのであるから，判決確定時が異なっても差し支えない（井上・法理38頁，高橋・重点講義下432頁，松本＝上野808頁，長谷部344頁など）。

(イ) 被参加人の行為と抵触する行為　　参加人の訴訟行為と被参加人の訴訟行為とが矛盾・抵触するときは，参加人の訴訟行為はその限りで効力を生じない（45 II）。たとえば，被参加人が自白している以上補助参加人が争っても否認の効力は生じないし，被参加人が上訴権を放棄しまたはその上訴を取り下げたときは，参加人の上訴は効力がない。ここでいう「抵触」とは，両者の行為が明白かつ積極的に抵触することをいう。参加人の訴訟行為が先行する場合には，被参加人が遅滞なくこれを取り消すなり，これに反する行為をしなければ，参加人の行為は失効しない。

(ウ) 訴訟そのものの設定・変更・消滅行為と被参加人に不利益な訴訟行為
補助参加人は他人間訴訟を前提にして，それにいわば付随して被参加人勝訴のために訴訟行為を行う存在であるから，訴訟そのものを発生させたり，変更・消滅させる行為はできないし，性質上被参加人に不利益な行為もできないとされている。訴えの取下げ，訴えの変更，反訴の提起，請求の放棄・認諾，訴訟上の和解，上訴権の放棄，上訴の取下げなどの訴訟行為がこれに属する。自白について

は，事実の報告にすぎない点で議論があるが，対等の関係にある必要的共同訴訟人でさえできない以上，主従の関係にある補助参加人は当然にできないとするのが通説である。

補助参加人がこれらの行為をなしても，ほんらいなしえない行為であるから絶対的に無効だと一般に考えられているようであるが，被参加人の追認または同意があれば効力を生じさせてよい。また，「不利益な訴訟行為はできない」という規制が必要なのかどうかも問題である。何が利益になるか，不利益になるかは，容易に決められないからである。

（エ）　被参加人の実体権（形成権）の直接行使　　被参加人が訴訟外ですでに取消し，解除，相殺，時効の援用などの意思表示をしている場合には，補助参加人がこれらの事実を主張または抗弁として提出しうることについては異論がない。問題は，参加人がこれらの形成権を直接訴訟上行使できるかである。私法上その権能が認められている場合（たとえば民423・439 II〔平29改正前436 II〕・457 IIなど）は別として，当然にはできないとするのが有力な見解である（兼子403頁，新堂809頁，中野・訴訟関係126頁）。ただし，参加人はあらゆる手段を利用できるはずであるし，被参加人には異議権が留保されているため被参加人の保護に欠けることもないので，参加人による私法上の権利行使も認めるべきである（井上・法理56頁，高橋・重点講義下432頁，長谷部344頁など）。

5-2-19　補助参加人に対する判決の効力

（1）　効力の性質　　補助参加訴訟で下された判決は，一定の要件の下で補助参加人にも効力が及ぶ（46）。これは，補助参加人として十分に主張・立証を尽くした，あるいは尽くすことが期待できた事項については，補助参加人は自己を当事者とする第2の訴訟で，補助参加訴訟で下された判断内容をもはや争うことができないという趣旨である。たとえば，設例4でAがY側に補助参加してAはXから代理権を授与されていた旨を主張したが認められずY側が敗訴した場合，YのAに対する損害賠償請求の後訴において，Aは自己に代理権はなかったという前訴判断をもはや争うことができない。

この判決の効力の性質については，かねてより議論のあるところであるが，既判力とは異質の補助参加訴訟に特殊な効力——参加的効力——と解するの

が通説である。これによれば，既判力は裁判所が公権的判断を下した事項につき紛争の蒸し返しを禁ずるという法的安定の思想に由来するが，補助参加人に対する判決効は，参加人が被参加人と協同して訴訟を追行した以上，敗訴の責任を衡平に分担すべきであるという禁反言の思想に根ざすものといわれ，既判力との具体的差異として，(a)被参加人敗訴の場合にのみ問題になり，しかも被参加人・参加人間にしか及ばないこと，(b)46条所定の除外例が認められているように，具体的事情によって効力が左右されること，(c)判決効の存在は職権調査事項ではなく，当事者の援用をまって顧慮されれば足りること，(d)判決主文中の判断のみならず，判決理由中の判断にも及ぶこと，などが指摘されている。判例は，かつての大審院のものには既判力だと解するものがあったが（大判昭15・7・26民集19-1395），最高裁は，学説の大勢に従って参加的効力だと解している（最判昭45・10・22民集24-11-1583〔百選［5版］103事件〕）。

　もっとも，その説かれる既判力との異質性が，はたしてどこまで妥当するのかは問題がないわけではなく，いまだ少数説ながら近時の学説の新たな展開は，このような図式化された既判力説と参加的効力説の対立を止揚する方向を示すに至っている（新既判力説。新堂812頁，高橋・重点講義下464頁，井上・法理92頁など）。この新たな傾向は，既判力そのものを当事者間の実質的衡平に支えられた効力とみて，むしろ参加的効力として説かれている性質および内容のものが，判決効一般に通じる普遍性をもち，既判力の原型であると解するものである（井上・法理381頁など）。

　(2)　効力の範囲

　(ア)　客体についての範囲　　判決主文中の訴訟物についての判断のみならず，判決理由中の事実の認定や先決的法律関係についての判断にも効力が及ぶ。実際上も理由中の判断に拘束力を認めなければ意味は乏しいが，当事者でさえ効力を受けないとされる理由中の判断に補助参加人が拘束力を受けるためには，自己に関する請求が当面は審判対象とはされていない補助参加人としての立場上も当然に弁論を尽くすことが期待された事項で，かつ，現実に訴訟追行上の制約がなく，将来に向けても効力を認めることによって公正で対等な関係づけがもたらされると見込まれることが必要である。一般的

IV 補助参加 605

には，勝敗を決する分岐点になるような重要争点で参加人も重大な利害関心を有する事項について効力が及ぶといえるが（たとえば，設例4でA（補助参加人）に代理権があったかどうかの事項），具体的には，当該訴訟の経過・状況および前訴後の紛争の経過，後訴後に予想される紛争の展開などを考慮に入れて，各ケースごとに個別的に判断するほかない。

（イ）　主体についての範囲　　（a）　通説である参加的効力説によれば，判決の効力は被参加人・参加人間にのみ及び，参加人・相手方間には及ばない。したがって，たとえば，債権者・保証人間の保証債務請求訴訟で主債務者が被告保証人側に参加し主債務の不存在を主張したが認められず，被告敗訴に終わった場合，主債務者は，後日保証人から求償請求を受けたときにはもはや主債務の存在を争うことができないけれども，債権者からあらためて主債務請求の訴えを提起されたときは，主債務者は補助参加訴訟の判決が不当だとして主債務の存在を争うことができることになる。設例4で，Xがあらためて前訴補助参加人Aに対し損害賠償請求の訴えを提起した場合も同様である。

しかしながら，いわゆる新既判力説によって，補助参加訴訟の判決の基礎は相手方・被参加人・参加人の三者によって形成されることを根拠として，あるいは参加人が相手方との間で主張立証を尽くすための手続権が十分に保障されたことを根拠として，参加人と相手方との間でも一定の場合には拘束力を及ぼすだけの合理性と必要性があるという見解が提唱されている。

拘束力を参加人と被参加人との間に限定するのは根拠に乏しいので，この後説を支持すべきであろう。その際，前訴の経過および前訴後の紛争の展開を見ながら，何についてどのような拘束がかぶっていくのかについての議論を，より実質的に深めていくことが生産的である。

（b）　参加的効力は，他人の訴訟に関し自ら追行にあたった，訴訟無能力者の法定代理人や第三者の訴訟担当の場合の担当者に対しても，その本人との間で認めるべきであり，さらに当事者間でも一定の場合に参加的効力を類推し禁反言的な効力を認めるべきであるとの見解がある（兼子406頁）。この見解はいわゆる争点効を生み出すきっかけとなったものであるが，現在では支持は少ない。

5-2-19

5 – 2 – **20** 共同訴訟的補助参加

通常の補助参加人よりも強固な訴訟上の地位を認めるために，民訴法には規定はないが，解釈論上一般に認められてきた補助参加の態様である。現行法下で45条2項の解釈として認められる。会社関係訴訟，人事訴訟，行政処分取消訴訟などの形成訴訟にその実際例が多い。従来，行訴法22条の参加がこれに当たるとされている。人訴法15条は検察官を被告とする人事訴訟につきこれを初めて明文で規定した。共同訴訟的補助参加人となるかどうかは，当事者の申立てによるのではなく，裁判所が法令の解釈によって決めうるとするのが判例である（最判昭40・6・24民集19-4-1001）。

いかなる場合に共同訴訟的補助参加として取り扱われるかについては，これまでは判決効が参加人に及ぶ場合とするのが有力であったが，それでは要件として過不足がある。判決効が及んでも参加人の地位を強化する必要がない場合がある反面，判決効が及ばなくても参加人の地位を強化すべき場合があるからである（本参加態様につき民事訴訟に明文の規定が置かれず，局面を限定して人訴法で初めて明文化されたのも，一般的な要件化が困難であるからである）。参加人の地位をいかなる場合に強化すべきかは，今後の議論に委ねられる（45条2項の解釈を弾力化することで足りるとすれば，あえて共同訴訟的補助参加という態様を認めなくても，通常の補助参加における参加人の地位をめぐる解釈論でカヴァーできる，ともいえる）。

共同訴訟的補助参加人は，共同訴訟人に近い地位が与えられるといっても，その本質はあくまで補助参加人に変わりはないので，独立性と従属性の限界（40条準用の限界）はじつはなかなかに困難な問題である。わが国の学説は，一般に(a)被参加人の行為と抵触する行為もできること，(b)参加人に生じた事由により手続が停止すること（中止事由による停止のみ定めた人訴15 IV。新堂818頁，三木ほか569頁〔菱田〕参照），(c)参加人の上訴期間は被参加人とは独立に起算されること（人訴15条の参加人に独立の上告兼上告受理申立期間を認めた最決平28・2・26判タ1422-66），の3点に通常の補助参加人との相違点を求めている。しかし，(b)に疑問を呈する立場もあるし（三ケ月242頁），(c)については，通常の補助参加人にも自己への送達の時点から上訴期間を起算すべきであって，独立の上訴期間の保障は，なにも共同訴訟的補助参加のみの特性ではないとする見解もある。その他，参加人は被参加人の訴訟そのものの処分行為（訴え取下げなど）を阻止しうるか，被参加人敗訴の場合の本訴訟の費用を参加人も負担しなければならないか，参加人は証人能力を有するのか，当事者尋問の対象になるのか，など種々の問題があるが，必ずしも十分な議論はなされていない（参加人の地位を一律でなく事例

IV　補助参加　　　607

ごとに検討すべきとするのは松原弘信「共同訴訟的補助参加の理論的基礎」伊藤古稀588頁，長谷部由起子「共同訴訟的補助参加の課題」徳田古稀87頁など）。

5‑2‑21　訴訟告知

　（1）　制度の趣旨　　訴訟の係属中，当事者からその訴訟に参加することのできる第三者に訴訟係属の事実を法定の方式によって通知することをいう（53）。これにより，被告知者は訴訟に参加して自己の利益をまもる機会を与えられるとともに，告知者も被告知者の訴訟関与を期待できるが，現行訴訟告知制度の主要なねらいは，被告知者に敗訴の場合の参加的効力を及ぼすことによって，被告知者に後日文句をいわせないようにすることにある（告知者のための告知）。すなわち，当事者（告知者）が敗訴すれば，第三者（被告知者）に損害賠償を請求できる見込みがあるとか，第三者から損害賠償の請求を受けるおそれがあるときに，後日の第三者との訴訟で前訴と反対の認定・判断がなされ，再び敗訴して窮地に立つ危険を防止しようとするものである。設例4で，YがAに訴訟告知をして，敗訴の場合の損害賠償請求権を保全するような場合が典型例といえる。

　（2）　手続と要件　　訴訟告知は，告知の理由および訴訟の程度を記載した書面を受訴裁判所に提出して行う（53 III）。告知をなしうるのは，訴訟当事者，補助参加人およびこれらの者から告知を受けた第三者である。告知を受けうるのは，当事者以外の第三者であって訴訟参加できる者である（53 I・II）。したがって，理論上は，補助参加の利害関係を有する者だけでなく，独立当事者参加や共同訴訟参加をなしうる者も，被告知者となりうる。

　（3）　効果　　（ア）　訴訟告知は，参加の機会を与えるにすぎず，参加すべき義務を生ぜしめるものではない。また，訴訟告知を受けただけで当然に参加の利益が充足されるものではなく，相手方から異議が出た場合には，参加申出人たる被告知者は参加の利益を疎明しなければならない（ただし，告知者は参加に対する異議を述べることができない）。被告知者が補助参加の利害関係を有し，かつ現実に参加することが不可能ではなかったなど一定の条件が充たされれば，かりに参加しなかったり遅れて参加した場合であっても，告知を受けて参加することができたときに参加したのと同様の効果（参加的

5‑2‑21

効果）を受ける（53 IV）。

　なお，実体法上特別の規定（手86）がなくても，訴訟告知に裁判上の催告としての時効完成猶予の効果（民150 I〔平29改正前153〕）を認めるのが通説（兼子410頁，三ケ月243頁，斎藤517頁，新堂823頁など）である。

　（イ）　近時，訴訟告知をもっぱら告知者の利益保護の制度としてのみ理解し，第三者に判決効を及ぼす手段とみる上述の見解に対しては，反省の声もあがってきている。とくに，告知者と被告知者との利害が全面的に一致しないケースでは，被告知者が告知者側に補助参加しても，告知者（被参加人）と抵触する訴訟行為ができないので（45 II），被告知者（参加人）の利益保護としては十分ではなく，かといって相手方側に補助参加することをつねに期待できるものでもなく，結局告知を受けた第三者としては補助参加しないままに終わる場合もありうる。このような場合に，訴訟告知を受けたからといって，それだけで判決の効力を及ぼし，被告知者の主張を封じてしまうのは，あまりにも被告知者の立場をかえりみない議論である。そこで，一方では，訴訟告知によって効力が及ぶための条件および範囲を厳格に解する必要があるとともに，訴訟告知制度じたいにもその運用面で工夫を試みる余地があるといえる。すなわち，訴訟告知の効力は，(a) 紛争の具体的展開や告知者と被告知者とが置かれた立場を考慮しながら，被告知者が告知者側に参加するだけの利益と必要があるとみられる場合であって，しかも，現実に補助参加した被告知者によって十分に主張・立証を尽くされることが当然に期待できた争点についてのみ及ぶと解すべきである。他方，(b) 被告知者が，告知者側であれ相手方側であれ，現実に補助参加すれば，補助参加人として訴訟をおこなったことによる拘束力を考えることで必要にして十分であって，訴訟告知としての効力じたいはもはや問題にする必要がない，と考えられる。さらに，後者の訴訟告知の制度としての運用面については，(c) 告知を受けた者が，被告知者の地位だけで（補助参加しなくても），訴訟告知について意見を述べ，後日の拘束力が及びえないことをあらかじめはっきりさせておく手続を用意すべきこと，(d) 告知書の記載について，被告知者が訴訟の外にいる素人であることを考慮して，そのような第三者にも訴訟の具体的進行や争点，参加を要請する趣旨，参加しなかった場合に予想される具体的効果などが理解できるようなものを要求し，そのような観点から告知書の内容を裁判所としてもチェックすべきこと（現状は，形式的要件さえ充たしていれば，裁判所はほとんどフリーパスで告知書を送達している），などが考えられる。

IV　補助参加

以上のような反省を与える契機となった判例として，仙台高判昭和55年1月28日（高民33-1-1〔百選〔2版〕111事件〕）がある。本判決については，結論として判旨に疑問を唱える学説が圧倒的であった[5]。この学説の流れに影響されてであろう。仙台高判昭和58年1月28日（判タ492-70），東京高判昭和60年6月25日（判時1160-93〔百選II 172事件〕）は，被告知者に参加的効力が及ばないとした。

もっとも，近時の裁判例には，仙台高裁昭和55年判決に対する反動が強すぎて，訴訟告知の効力を認めるべき場合にまで否定してしまっているものがある[6]。

（ウ） 以上の民訴法上の固有の訴訟告知のほか，取立訴訟（民執157），債権者代位訴訟（民423の6），株主の代表訴訟（会社849 IV）などにも，告知に類似した制度（「通知」を含めて）が存在する（その他，クラス・アクション，特定適格消費者団体による財産的被害回復のための簡易確定手続における消費者への通知および公告〔消費者被害回復25・26〕）。これらの告知制度が民訴法上の固有の訴訟告知制度といかなる関係に立つのかについては必ずしも分明でなく，それぞれの場合によって関係人の利害状況ならびに告知の趣旨も異なり一律には律しえない面もあるが，一般的に言えば，これらの告知にあっては被告知者が権利帰属者ないしは真の利害関係人であるという点で共通の特質があり，したがって告知の趣旨も，かかる

---

5)　たとえば，新堂幸司＝井上治典＝佐上善和＝高田裕成・民事紛争過程の実態研究（昭57），井上治典＝高田裕成〔判批〕昭55重要判例解156頁，伊藤眞〔判批〕百選〔2版〕254頁，徳田和幸「補助参加と訴訟告知」新実務民訴(3) 127頁以下（同・複雑訴訟の基礎理論〔平20〕244頁所収）など。なお，間淵清史「訴訟告知の訴訟上の効力」民訴雑誌47号（平13）214頁以下，同「訴訟告知の訴訟上の効力」関東学園大学法学紀要19号（平11）65頁以下，井上・訴訟135頁以下。

6)　家具販売業者Xの建築工事請負人Aに対する納入商品の代金支払請求訴訟において，Xが納入商品の買主がAではなく該建築施主Yであると認定される場合にそなえてYに訴訟告知をした。しかし，Yは補助参加することなく，Aは買主でないとしてXの商品代金請求部分の請求は棄却された（前訴）。そこで，XのYを被告とする代金請求訴訟（後訴）において，訴訟告知による効力（買主はAではなくYである）が生じるかどうかが問題になったが，最判平14・1・22判時1776-67〔百選〔5版〕104事件〕は，Yには補助参加の利益はないこと，買主がYであることは，前訴判決主文を導き出すに必要な主要事実についての判断ではなく傍論にすぎないとして，原判決を破棄して差し戻した。

しかしながら，Yに補助参加の利益がないとしたことについても，前訴の訴訟告知の効果を全面的に否定したことについても，ともに疑問である。本件では，「買主はAではない」とした前訴判断（主要事実）に効力を認める必要があり，また，それで足りる。本判決に対する評釈として，松本博之・民商127巻1号（平14）139頁，間淵清史・リマークス2003〔上〕125頁，125頁，上野泰男・判評532号（平15）17頁。

密接な利害関係人に手続関与の機会を与えること（第三者への手続権保障）にウエイトがあり ―― むしろ最もプリミティヴな正義の要請として通知がなされるともいえる ――，いわば，「告知者のための告知」というよりも「被告知者のための告知」という性格が強い。

V　三当事者訴訟

5‒2‒22　多角的紛争と独立当事者参加

(1)　多角的訴訟　すでにみたように，1つの手続に多数の者が関与する訴訟形態においても，通常は原被告の二手に分かれて対立する個々の二面的訴訟の集合体として把握できる。しかし，現実の紛争には，同一権利関係をめぐって3人以上の者が互いに対立・牽制しあって争うこともありうる。たとえば，設例4で自分こそが建物の所有者だと主張する第三者があらわれた場合には，紛争はX，Y，Zの三つ巴の様相を呈するし，これに加えてさらにNが所有者だと名のり出れば，紛争は四面関係になる。このような場合に，強いて2人相互のそれぞれの二面訴訟に分解して，別々に相対的解決をはかるよりほかないとすれば，それは不自然であるばかりでなく，それぞれの当事者がその後の紛争処理に注ぎこむエネルギーは大変なものになる。そこで，三者以上の紛争を1つの訴訟手続にのせて，各主体がその手続のなかで相互に関係づけをはかる場が必要になる。この要請をみたすための参加形態が47条1項の独立当事者参加である。

(2)　独立当事者参加の特質と訴訟構造　**(ア)**　独立当事者参加では，参加人が原告・被告双方に対する請求を定立して，原告の被告に対する本訴請求とあわせて，矛盾のない統一的な審判を求めるのが通常である（ただし，47条1項前段の場合には，形式的にはともかく，実質的にはやや異なった性格をもつといえるが）。三者が互に対立して牽制しあう三面一個の訴訟である。そこで，47条参加の制度目的としては，第三者が他人間訴訟で自己に不利な判決がなされることを阻止するという側面と，自己自身の請求を持ち込んで

その貫徹ないしは統一的解決をはかるという側面との二重の機能をもつことになる。

　（イ）　独立当事者参加では，三者間に矛盾のない統一的な解決がもたらされるべきであるが，それは必ずしも本質的な合一確定の要請に根ざすものではない。同一紛争が，それぞれ個別の別訴として解決されることも別段禁止されてはいないのである。したがって，統一的解決の要請がどの程度であるかは，47条参加の制度目的なりそこでの紛争の性質に応じて決められれば足りる。

5‑2‑23　独立参加の要件

　47条は，2つの場合を規定している。1つは，47条1項前段の「訴訟の結果によって権利が害される場合」（権利侵害防止参加ないしは詐害防止参加と呼ぶ），他は，同項後段の「訴訟の目的の全部若しくは一部が自己の権利であると主張する場合」（権利主張参加）である。実際例としては，後段に比し前段の参加は少ない。

　（1）　権利侵害防止参加（47 I 前段）　この要件がいかなる場合をさすかについては，補助参加の要件との関係もあって，学説においても見解の一致をみていない。大別すれば3説にわかれる。第1説は，本条参加の制度目的が詐害判決の事前防止 —— 私法上の詐害行為取消権（民424）や虚偽表示の無効（民94 I）の主張と同様の目的を訴訟過程でも認めるもの —— にあるとしつつも，その要件を厳格に解して，本訴訟の判決の既判力が当事者双方と参加人との間で生ずる場合か，少なくとも当事者の受けた敗訴判決を参加人としても承認せざるを得ない（反射的効果を受ける）関係上，その訴訟を放置すると判決の効力によって参加人の権利が侵害される場合に限られると説く。この見解は，理論的であり，補助参加要件との関係もスムーズに説明できるが，判決効が及ぶ場合に限定するのは狭きに失し，いささか理論だおれの批判を免れえない（しかし最近は，第三者による当事者の訴訟追行への牽制権を限定しようと，この説を再評価する見解も有力である）。第2説は，比較的ゆるやかに解する立場で，第三者の権利または法律上の地位が他人間訴訟の訴訟物たる権利関係の存否を論理上前提としているため，事実上権利侵害を受けざるを得ない場合にもこの参加が許されると説く。この見解は実際的であ

るが（土地所有権取得登記抹消登記手続請求事件で，被告から抵当権設定登記を受けていた者の参加を認めた大判昭12・4・16民集16-463は，この立場に立つとみられる），補助参加要件との区別が明確でないとの批判がある。第3説は，本条参加がフランス法に由来する旧法の詐害再審（旧々民訴483）の流れを引くという沿革から，この参加の立法趣旨が第三者に詐害的訴訟を防止する手段を与えることにあるという点をたんてきにとらえて，当事者がその訴訟を通じて参加人を害する意思をもつと客観的に認められる場合がこれにあたると説く。もっとも，基本的にはこの立場をとりつつも，詐害の意思的要素をできるだけ捨象して，たんてきに詐害的な訴訟追行が行われる場合（十分な訴訟活動の展開が期待しがたい場合）に，この参加が認められると説く者もある。この第3説は，詐害防止目的を直接に要件論に投影することができ，この参加態様を現行法の参加体系の中に矛盾なく組み入れることができるとされて，現在は有力な学説になっている。

　ただし，詐害（馴合）防止が本条参加の目的だとしても，第三者のいかなる地位または利益が害されるか（それが，本条参加による保護に値するかどうか）の問題がむしろ重要であるといえようから（馴合だとされれば，だれでも参加できるというわけではない），そうなれば，第2説との距離は実質的にはあまりないともいえる。また，詐害の要件を十分な訴訟活動の展開が期待しがたい場合という程度にゆるやかに解するとすれば，それは，訴訟参加を必要とする一般的状況を語っているにとどまり，とくに本条参加の特性というほどでもない。そこで，第2説と第3説とを融合し，これまでの対立を止揚する立場がとられるべきであろう。すなわち，本条参加について，補助参加要件との競合を率直に認めつつ，広く42条に包括されうる利害関係者の中に，当事者（被参加人）の処分的訴訟行為を阻止してまで自己の利益をまもる必要性が認められるほどに切実な利害関係を有する一群の場合が存在し，これに不熱心な訴訟追行の見通しという手続経過ファクターをも考慮にくわえて，これら実体面・手続面の両面のファクターが特別にとり出されて47条1項前段の要件として凝縮していると解されるのである。

(2)　権利主張参加（47Ⅰ後段）　　設例4で，ZがXから所有権を譲り受けたと主張して，Xに対しては所有権確認，Yに対しては所有権移転登記の抹消またはZへの移転登記を求めるような場合が典型例であり，一般に，訴訟の目的である権利関係が自己に帰属しまたはその上に自己が権利を有す

V 三当事者訴訟　　613

ることを指し，それは参加人の請求（およびそれを理由づける権利主張）が本訴の原告の請求（およびそれを理由づける権利主張）と論理的に両立しえない関係にあることを意味するとされている。したがって，設例4でYから目的物を賃借占有していると主張するZがXおよびYに対して賃借権の確認を求めたり，X・Y間の土地所有権確認請求訴訟にZが地上権確認を求めるなどの場合は，請求が両立しえない関係にある場合にあたらないとされている（原告は，参加人の賃借権や地上権を承認しても自分の請求を維持できる）。もっとも，Zの理由とする主張が，X，Y以外の第三者から賃借権または地上権の設定を受けたとする場合は，請求はともかく，それを理由づける権利主張の点では，両立しえないので，権利主張参加が認められる。また，設例3で，自分こそが真の土地所有者だと主張する丙が，甲に対しては所有権確認および所有権移転登記の抹消を求め，乙に対しては丙・乙間に土地賃貸借契約が存在するとして，その旨の確認と賃料請求をなしたとしても（あるいは賃料請求のみをなした場合でも），原告の請求と参加人の請求は両立しえないので，権利主張参加として適法である。同様にして，XのYに対する賃料請求訴訟にZが参加して，Yに対しては自己の所有権確認および賃料請求をなし，Xに対しては過去の一定時期にXがYから受け取った賃料はXに受領権限なく不当利得であるから自分（Z）によこせと請求した場合でも，X，Zの権利主張が矛盾衝突する場合とみてよいであろう。また，たとえば，土地の賃借人が所有者（賃貸人）を代位して提起した建物収去土地明渡請求訴訟に，賃貸人が土地賃貸借契約を解除したとして自分への給付を求めて参加した場合（最判昭48・4・24民集27-3-596〔百選〔5版〕108事件〕）も，権利の帰属を争う参加態様の一種として，本項後段の参加とみなしてさしつかえない[7]。

---

7)　不動産が二重譲渡された紛争類型において，譲受人の一方が独立当事者参加できるかどうかについては，議論がある。XのYに対する移転登記請求訴訟に，ZはYに対する移転登記請求とXに対する所有権確認請求を掲げて独立当事者参加できるとするのが，判例・学説のすう勢であったが，最判平6・9・27判時1513-111〔百選〔5版〕105事件〕が消極説を採ったことを契機に，近時，消極に解する立場も有力である（三木浩一「独立当事者参加における統一審判と合一確定」新堂古稀上831頁（同・民事訴訟における手続運営の理論〔平25〕220頁所収），伊藤676頁，吉野衛「不動産の二重譲渡と独立当事者参加の許否」判タ152号〔昭38〕2頁以下など）。消

5-2-23

ただし債権者代位訴訟については，債権法改正後の民法423条の5によれば債務者にも当事者適格が認められる（代位債権者と債務者の当事者適格が両立する）ため，上記昭和48年最判のように債務者による権利主張参加が認められるかについては議論がある。

なお，主張として請求が両立しえない関係にあれば，審理の結果，請求が両立することとなっても，そのために参加が不適法となるものでないことはもちろんである。

5-2-24 片面的参加の許容性

独立当事者参加では，第三者が本訴の原告・被告双方を相手どって双方に対する請求を提示して参加申出をなすのが通常であるが，場合によっては，当事者の一方のみを相手どりこれに対する請求のみを掲げて参加申立てがなされることもある。この片面的参加が許されるかどうかについては旧法下では議論があったが，現行法はこれを適法として認めた（47 I）。このようないわば片面的（または準）当事者参加がなされる状況としては，当事者の一方と参加申出人との間に，たとえば譲渡人・譲受人の関係などがあって実質上争いがなかったり，前段の参加でわざわざ被告に請求を向けるほどのこともないなどの事情が考えられる。

片面的参加にあっても，審判原則は両面参加と同じであり，共同訴訟とはちがって，対立する二当事者間で40条が準用される。

5-2-25 参加手続

(1) 参加申出の方式は，補助参加の申出に準じる（47 IV）。ただし，訴え提起の実質をもつから，地方裁判所以上の手続では書面による必要があり，貼用印紙額も訴状なみである（民訴費3 I・別表第1七）。

(2) 上告審でも独立当事者参加ができるかについては争いがある。上告審は法律審であり，参加人の請求について判決することができないから参加は許されないとする立場（最判昭44・7・15民集23-8-1532〔百選 II 176事件〕，

極説に対する反論として，井上治典［判批］判評438号（平7）51頁（同・民事手続の実践と理論〔平15〕238頁所収），高橋・重点講義下505頁〔ただし上記平成6年最判のようにZが仮登記を備えていた場合は消極〕，上野泰男「いわゆる二重譲渡事例と権利主張参加について」井上追悼202頁，長谷部357頁など。

V 三当事者訴訟 615

三ケ月 226 頁, 小山 467 頁, 伊藤 677 頁など) と, 上告審で原判決が破棄され事実審へ差し戻される可能性のある限り参加の実益があるとする見解 (兼子 412 頁, 新堂 831 頁, 高橋・重点講義下 511 頁など) とが対立している。

(3) たんてきに原告の請求の棄却を求めて参加できないか。通説・判例は否定的とみられる (最判昭 45・1・22 民集 24-1-1 〔続百選 90 事件〕は, 株主総会決議取消訴訟における被選者の, 最決平 26・7・10 判時 2237 号 42 頁は, 株式会社解散の訴えにつき再審を求める前訴当事者以外の株主の, この趣旨の参加申立てを不適法とした)。しかし少なくとも 47 条 1 項前段の場合には, 強いて請求を定立するまでもないと考えられるから, 肯定的に解する余地がある (井上・法理 298 頁, 高橋・重点講義下 520 頁など)。ただし, これを肯定的に解することは, 当事者＝請求の担い手という伝統的思考に離反する面があり, また, 補助参加と独立当事者参加との区別の流動化を促進するモメントを有する。

(4) 参加人の訴訟代理人が当事者の一方の代理人を兼ねることは, 双方代理となり許されないと解されている (大判昭 7・6・18 民集 11-1176)。ただし, 脱退がなされれば別であるし, 片面的参加の場合は, 建前としては双方代理の問題は生じない (なお, 最判昭 37・4・20 民集 16-4-913)。

(5) 独立当事者参加の要件は, 訴訟要件と同じく, 口頭弁論に基づいて調査する。47 条の要件をみたさない場合でも, 一般の併合要件をみたせば主観的追加的併合として併合審判に付し, この意味の併合要件も存しなければ別訴として処理するのが妥当であろう (新堂 835 頁)。

5-2-26 独立参加訴訟の審判

(1) 統一的解決——40 条の準用　　原告および参加人の請求の当否は, 同時にかつ矛盾なく統一的に判断されなければならない。そのために審理の足並みをそろえ, 訴訟資料・証拠資料を共通にする必要がある。これが 40 条が準用される理由である。しかし, その準用の意味は, 三者間の対立・牽制関係に基づいて, 1 人を除外して他の二者だけで勝手に訴訟追行がなされて不利益が及ぶことを阻止する趣旨であり, また, 争う姿勢をみせている限りで合理的な目的の範囲内で矛盾のない判決がもたらされれば足りる。たと

えば，被告が原告に対して認諾や自白をしても，参加人が争う限り効力を生じないが（40Ⅰの準用），金銭または代替物の給付を求める訴訟の被告が，原告と参加人との両者に対して無条件の認諾をなすことは認められてよい。和解についても，他の1人に不利益が及ばない限り，二者間でなしうると解する（井上・法理284頁，中野「独立当事者参加訴訟における二当事者間の和解」論点Ⅰ172頁，高橋・重点講義下523頁，長谷部361頁など。ただし，仙台高判昭55・5・30下民33-9＝12-1546〔百選〔5版〕107事件〕，東京高判平3・12・17判時1413-62など，公表されている裁判例は消極的）。なお，1人が1人に対してなした訴訟行為は，原則として他の1人に対してもなしたことになる（40Ⅱの準用）。

1人について中断中止の事由があれば，全訴訟が停止される（40Ⅲの準用）。期日も共通でなければならない（ただし，上訴期間のような訴訟行為のための期間は，各人について別々に計算すべきである）。弁論の分離（152）や一部判決（243Ⅱ）は認められない。本案の終局判決は，論理的に矛盾のない1個の判決でなければならないのが原則である。ただし，本案審理の結果，実体法上の権利帰属の相対性のために，原告・参加人双方の被告に対する請求がいずれも認容されたり（たとえば，原告も参加人も被告から不動産を譲り受けたがいずれも未登記の場合），参加人が一方には勝訴したが他方には敗訴したという場合もありうる（たとえば，詐欺による取消しが当事者の一方には対抗できない場合）。

(2) 敗訴者の1人のみの上訴　敗訴した二者のうち一者のみが上訴した場合，自ら上訴を提起しない他方の敗訴者は上訴審でいかなる地位につくのか，また，その者の敗訴判決部分も上訴審の審判対象になるか。学説においても議論がわかれる困難な問題であるが，47条参加において統一的解決ないし合一確定の要請はどの程度あるのかを見定める格好の問題といえる。便宜上，次のような具体的問題を設定してみよう。

所有権の帰属を争う権利主張参加において，原告の被告に対する請求を認容し参加人の請求を棄却した一審判決に対し，被告のみが控訴した場合，(a)控訴審は原告の請求を棄却し参加人の請求を認容する判決ができるか，(b)被告が控訴を取り下げたいと思う場合，単独で取り下げうるか，それとも参加人と共同でなければできないか，(c)参加人のみが控訴したとして，原告の被告に対する請求

認容判決を棄却に変更できるか，参加人の控訴を棄却する場合でも原告の認容判決を変更できるか。

　一般に，敗訴者の一方のみの上訴によっても全訴訟が判決の確定を遮断されて上訴審に移審することを前提として，自ら上訴しない者は上訴審でいかなる当事者地位を取得するかという形で議論がなされている。40条1項を準用して上訴人の地位につくとする見解，2項を準用して被上訴人の地位につくとする見解，上訴人的地位と被上訴人的地位とを兼有した二重の相対的地位を認めるべきだとする見解などがみられる。この議論のもたらす結果は，上訴人の地位を（も）有するか否かが，その者の敗訴判決部分が上訴審の審判対象となるか否かを論理必然的に決すると考えられてきたところにある。すなわち，上訴人的地位をもつとみることによってその者の不服申立てを擬制してきたわけである。したがって，上訴人説によれば，(a)，(c)いずれも肯定され，(b)についても被告の単独の控訴取下げは認められないことになる。相対的二重地位説においても，理論的には上訴人説と一致するはずである。これに対して被上訴人説によれば，(a)，(c)いずれも否定され，(b)についても被告の単独取下げが認められる。

　けれども，これらの学説によっても，とくに(a)，(c)についての帰結は必ずしも満足すべきものではない。加えて，上訴審の審判対象の問題を，上訴人か被上訴人かというような技術的思考で決しうるのかどうかの疑問もある。そこで，自ら上訴した者が上訴しない他の敗訴者の判決部分にも不服の利益を有するか否かによって審判対象になるかならないかを決すべきだとする見解（第三者不服説。井上・法理214頁以下，新堂・基礎228頁以下，高橋・重点講義下536頁）が現在は有力である。これによれば，(a)については否定的に，(c)については，参加人の控訴を認容する場合には原告の勝訴部分を敗訴に変更できるが，参加人の控訴を棄却しつつ原告の被告に対する請求認容判決に変更を加えることはできないことになり，(b)については被告の単独取下げを認める。なお，(a)について参加人の一審棄却判決が審判対象となる可能性がないとすれば，参加人の請求についての一審判決が確定を遮断されて控訴審に移審するとされていることの当否についても，あらためて検討する余地が生じえよう。

　判例も，この問題については必ずしも帰一していなかったが，最高裁は，自ら上訴しない者は被上訴人になるとし（最判昭50・3・13民集29-3-233〔百選［2版］36事件〕），合一確定に必要な限度で自ら上訴しない者の判決部分をも変更できるとして，上訴審における当事者地位と審判の範囲の問題との関連性を切断する立場を示している（最判昭48・7・20民集27-7-863〔百選［5版］106事件〕）。これに

ついては，上訴審における当事者地位と審判対象とを直結しない態度は評価できるものの，上訴審の審判対象は不服の範囲に限られるという原則がある以上，理論上いかにして不服が設定されたのかの問題が等閑視されたままである点や，合一確定に必要な範囲といっても必ずしも明確でなく（たとえば，(a)について肯定しても否定しても合一確定の範囲内であるということもできよう），合一確定という指針だけでは積極的に審判対象にはならないという（たとえば，(a)について否定的な結論をとるべき）論拠を引き出しにくい点などに問題が残る。また，被上訴人たる地位を与える点についても，実質上自ら上訴しない者の判決が不利益に変更される余地のない場合まで，その者を被上訴人として取り扱う必要があるのかどうかの問題もある。

5-2-27　二当事者訴訟への還元

（1）　原告の訴えの取下げと参加の取下げ　　（ア）　参加後も，原告は訴えを取り下げることができる。取下げには被告の同意のみならず，参加人の同意をも要するとされているが，参加人の原告に対する請求は残るとすれば，参加人の同意の必要性については疑問がないではない。取下げ後は，参加人の原被告双方に対する共同訴訟に還元される（原告の訴えだけが不適法却下された場合も同様）。

（イ）　参加人は，訴えの取下げに準じて，参加申出の取下げができる。取下げにより，原告の当初の訴えがそのまま残る。参加却下の判決が確定した場合も同様である。

（2）　脱退　　第三者の参加によって，従来の原告または被告がもはや当事者として訴訟にとどまる必要を感じなくなる場合がある。係争物の譲受人が参加してきたので，原告（譲渡人）が自己の請求を貫徹する必要がなくなった場合や，被告としては原告と参加人とのいずれが権利者と判断されようがどちらでもよいので権利主張者同士で争って決めてくれという場合などである。このような場合に，在来の原告または被告は訴訟から脱退できる(48)。同一代理人が二者を兼ねる場合も少なくないという事情も関係して，実際上も脱退はかなり行われている。

脱退によって，脱退者の訴訟追行の余地はなくなり，訴訟は参加人と残存

Ⅴ 三当事者訴訟

当事者間の攻防のみの二当事者対立構造に還元されるが，脱退の性質がいかなるものであり，脱退者にいかなる性質および内容の効力が及ぶかについては，議論のあるところである。

有力な見解は，脱退は自己の立場を全面的に参加人と相手方との間の勝敗の結果に任し，これを条件として，参加人および相手方と自分との間の請求について予告的に放棄または認諾をする性質をもつ訴訟行為ととらえ，脱退者に及ぶ効力を，いずれかが勝訴することによって現実化された放棄または認諾に基づく効力であると説明している（兼子 417 頁，三ケ月 228 頁など）。この立場は，脱退者に及ぶ効果を脱退の処分的性質から直接帰結できる点や，脱退者に対する執行力をスムーズに導き出しうる点で，たしかにすぐれた面をもっているが，難点もある。脱退の性質を条件つきの放棄・認諾ととらえるのがそもそも脱退の本質に合致しているか，この見解によれば何らの効力の及ばないブランクの部分が生じるがそれでよいのか（たとえば，権利主張参加における被告脱退について，原告の請求を認容する場合に参加人の被告に対する請求について棄却の効果は生じないし，原告脱退につき，参加人の請求を認容する場合に原告の被告に対する請求の棄却の効果は生じない），この立場によれば脱退者に対する債務名義は認諾調書とみるのが筋だということになるがそれでよいのか，などの問題点がこれである。そこで近時では，通説とは異なった構成を試みる見解もみられる。それには，(a)残存者間の請求についての判断から論理的に帰結しうる範囲内で脱退者の請求部分について既判力を生ずるとする立場（小山昇「民訴 71 条の参加訴訟における判決の内容と効力に関する試論」中田還暦上 97 頁以下〔小山昇著作集第 4 巻・多数当事者訴訟の研究〔平5〕207 頁以下所収〕），(b)脱退によって脱退者に対する請求部分は審判対象でなくなるという前提そのものに疑問を投じ，被告脱退をもって当事者権・防御権の放棄にすぎない（訴訟追行者としての当事者と判決の名宛人としての当事者との乖離現象）とみる立場（井上「訴訟脱退と判決」法理 237 頁，新堂 840 頁）もみられる。脱退をどのようにとらえるかによって，脱退者に及ぶ判決効のほか，脱退後の弁論および証拠調べの対象，脱退に対する同意の要否，脱退者に対する債務名義，原告脱退の場合に被告との関係でつねに原告敗訴の効果を認めるべきかなど，具体的に取扱いがちがってくる問題も多く，訴訟脱退をめぐる議論はなお流動的である。

620　　第5編　第2章　多数当事者訴訟

VI　任意的当事者変更

5-2-28　当事者変更の性質

　(1)　法定当事者変更と任意的当事者変更　　従来の原告または被告に替わって新しい当事者が訴訟を追行する場合を当事者の変更という。当事者変更には，法定当事者変更と任意的当事者変更とがある。前者は，当事者変更（加入と交替）が直接法律によって命ぜられまたは許容せられる場合で，さらに，当事者変更が　(a)当然に生ずる場合（例，当然承継）と，(b)当事者の行為（申立て）によって生ずる場合（例，参加・引受承継）とに区別される。後者は，直接法律に基づかないで当事者変更（加入と交替）が認められる場合である。広義では，任意的当事者加入または追加的共同訴訟（当事者引込み）（⇒5-2-11）をも包含するが，狭義では任意的当事者交替のみを指す。わが国ではこの狭義で任意的当事者変更という言葉が使われることが多いので，本節でもこれを中心に説明する。

　(2)　任意的当事者変更が問題となる場合　　訴訟の実際においては，本来当事者とすべき者を当事者としないで，誤った当事者との間で訴訟が行われることがある。たとえば，設例1でかりに甲が未成年である場合に，甲自身を原告とすべきところを，甲の法定代理人自ら原告として提訴したり，設例3において，実際に家屋を建築して土地を不法に占拠しているのは乙個人ではなく，乙が代表取締役をしている丙会社であることが判明した場合などである。このような場合に，もし誤った当事者に替わって本来当事者たるべき者が当事者となり，従来の訴訟を維持し，さらには従来の訴訟追行の結果を新当事者との訴訟において利用できるとすれば，合目的的である。これが任意的当事者変更である。ただ当事者を誤った場合といってもいろいろな場合があり，中には別訴で出直させるのがむしろ相当と考えられることもありうる。そこで任意的当事者変更を認めるとしても，いかなる要件のもとに認めるか，またこれにどのような効果を認めるか（特に，当然に従来の訴訟追

VI 任意的当事者変更 621

行の結果の利用をも認めるか）が重要な問題になる。そしてこの問題への解答は任意的当事者変更の法的性質をどのように理解するかと密接に関係する。

(3) **任意的当事者変更の法的性質**　任意的当事者変更の法的性質についてはかつては，これを訴えの変更の一態様とみる考えもあった。しかし，同一当事者間で請求を追加，変更する場合と当事者が変更される場合とは性質を異にしているし，実質的にも，従来の訴訟資料をすべて新当事者にも流用し，控訴審でも一律に当事者変更を認めることは，新当事者と相手方との関係で衡平でない。

(ア) **新訴提起・旧訴取下げ説**　任意的当事者変更といっても，それは新原告によるまたは新被告に対する新訴（主観的追加的併合の訴え）の提起と，旧原告によるまたは旧被告に対する旧訴の取下げとが一緒になされているにすぎないとする説である。したがってその要件・効果はそれぞれの規定により別個に判断される。また，新旧両訴は別個であるので，従来の訴訟追行の結果は新訴において全く利用できないとするのが普通である（兼子・研究(1)16頁，兼子420頁，三ケ月230頁，飯塚重男「任意的当事者変更」上智法学論集5巻2号〔昭36〕215頁，尾中俊彦「当事者の確定と任意的当事者変更」実例法学全集民事訴訟法（上）〔昭38〕76頁など通説。なお，同旨の判例として，大阪高判昭29・10・26下民5-10-1787，福岡高決昭34・10・13下民10-10-2171，奈良地判昭39・3・23下民15-3-586，名古屋地豊橋支判昭49・8・13判時778-80など）。現行法上任意的当事者変更に関する明文の規定を欠く以上，本説のように解するのがむしろ自然かもしれない。しかし従来の訴訟追行の結果を全く利用できないとすることは，実務の要請に完全に背を向ける点で非実際的であるのみならず，そもそも共同訴訟や弁論の併合の場合における主張や証拠の共通の取扱いなどを考え合わせると，本説をとったとしても，従来の訴訟追行の結果の利用を認めるべき場合が相当あると考えられる。かくて本説をとりつつ，旧訴状を補正して利用したり，旧訴と訴訟物の価値が重複する限り印紙を流用したり，時効完成猶予の効果を受けつぐことを認めるか，従来の弁論や証拠調べの結果についても，新当事者がその一括援用をするほか，相手方の一括援用に同意するか，もしくは新当事者またはその代理人が旧訴に実質的に関与していたため，同意を拒絶できない事情が存するときは，その利用を認めるべきであるとの説が唱えられている（福永「任意的当事者変更」当事者論543頁，新堂847頁。なお，高島義郎「当事者の変更」関大法学論集8巻6号〔昭34〕45頁・50頁）。

(イ) **特殊行為説**　当事者の変更を生ぜしめることを目的とする特殊な単一の行為とみる説である（鈴木重勝「任意的当事者変更の許容根拠」早稲田法学36巻3＝4号〔昭34〕165頁，斎藤519頁，鈴木重勝「任意的当事者変更」判例演習講座民事

訴訟法〔昭48〕30頁など）。それは訴えの変更とも，新訴の提起と旧訴の取下げの複合とも異なる別個の訴訟制度であり，その要件・効果も別個に定められるべきであるとする。この説と前述(ア)の新訴提起・旧訴取下げ説との実質上の差異はそれほど大きくはない。第1は，(ア)説では第一審に限って許されるが，本説では控訴審でも許されることがあること。第2は，(ア)説においては，新訴の提起の要件と旧訴の取下げのそれとは別個に判断されるから，新訴と旧訴の手続が分裂してしまう可能性があること（⇒福永・前掲536頁。ただし，⇒前掲名古屋地豊橋支判昭49・8・13）。第3は，(ア)説では概して要件が緩やかでいわば間口が広いが，それだけ雑多な場合を包含するため，その効果の付与は一律にゆかないのに対し，本説では要件が厳しく間口が狭いために，その効果は比較的一律に論じうることである。

5-2-29　任意的当事者変更の要件

　(1)原告側交替の場合はつねに新旧両原告の同意が必要である。被告が応訴後であれば，その同意をも要する（⇒261Ⅱ）。(2)被告側交替の場合は，旧被告が応訴後であればその同意が必要である。新被告の同意は不要である（その反面として，彼は従来の訴訟追行の結果に拘束されない）。ただし，控訴審における当事者変更の場合はつねに新被告の同意は必要である。なお，(1)(2)の場合とも（客観的）訴訟物（請求）が同一であることを要する。

5-2-30　訴訟手続への影響

　任意的当事者変更の狙いが，旧原告によりまたは旧被告に対して追行された従来の訴訟の結果を，新原告によりまたは新被告に対して追行する訴訟のために維持利用しようとするところにあることは，くり返し述べたとおりである。任意的当事者変更の要件が存する限り，旧訴状を補正して利用したり，旧訴状の印紙を流用することは許される。しかし時効完成猶予や出訴期間遵守の効果は当事者変更の時に生ずると解する（反対，新堂847頁）。

　従来の弁論や証拠調べの結果（訴訟資料）は原則として続行訴訟のために維持利用できる。ただし，二重の意味で例外が認められる。まず，従来の弁論や証拠調べの結果が新当事者に対しても効力を及ぼすといっても，法定当事者変更の場合のような絶対的な拘束を新当事者に及ぼすわけではない。す

VII 訴訟の承継 623

なわち，旧当事者が自白していたり，一定の攻撃防御方法を時機に後れて主張できなくなっていても，通常自白の取消しや当該攻撃防御方法の提出をすることができる。次に，新被告は同意なしに訴訟に引き入れられるわけであるから，従来の弁論や証拠調べの結果の維持利用に対し異議を申し立てることができ，それによって維持利用を排斥することができる。ただ新被告またはその代理人が従来の訴訟手続に実質的に関与していたときは，原則として異議を申し立てることはできない。

なお，行政訴訟においては，原告が被告とすべき行政庁を誤った場合につき，任意的当事者変更に関する明文の規定（行訴15）を置いていることが注目される（⇒渡部吉隆「行政訴訟における被告適格・被告の変更」実務民訴(8)）。

VII 訴訟の承継

5-2-31 制度の趣旨

(1) 訴訟承継制度の必要性　訴訟はその開始から終了まである程度年月を要するのが普通である。したがってその訴訟の係属中，当事者が死亡したり係争物の譲渡その他の処分がなされることは往々あることである。たとえば設例3で訴訟係属中甲が第三者丙に係争土地（ならびに家屋収去土地明渡請求権）を譲渡したり，乙が第三者丁に係争家屋を譲渡・賃貸するような場合である。これらの場合に，従来の当事者（死者または係争物の譲渡人など）との間で訴訟を続行し判決してみても紛争の解決は得られず，相続人または係争物の譲受人などとの間で紛争が残ることになりそうである。また従来の訴訟を御破算にして，相続人または係争物の譲受人などとの間で別訴を提起して審判することになれば，これまでの訴訟追行の結果を無視することになってコストがかかるだけでなく，当事者間の公平にも反する。そもそも被告は，原告の訴えに対して応訴しなければならない立場に立たされ，原告も，被告の応訴後はその同意なしには訴えを取り下げえない（261II）ことによって，双方ともその訴訟状態上の既得的地位が保障されており，また口頭弁

5-2-29～31

論終結後の承継人には判決の既判力等が及ぶのであるから（115 I ③），その中間過程ともいうべき訴訟係属中に死亡・係争物の譲渡等があった場合にも，既判力の形成過程である訴訟状態上の有利もしくは不利な地位を相続人等に引き継がせるのが合理的である。そのために，訴訟係属中の死亡や係争物の譲渡等を訴訟手続に反映させて，当事者を交替せしめ，かつ新当事者は旧当事者の訴訟状態上の地位をそのまま承継することとして，訴訟の続行をはかったのが，訴訟承継の制度である（⇒兼子・研究(1) 41 頁）。

株主総会決議取消訴訟の原告死亡により相続人への承継を肯定した判例として，最（大）判昭和 45 年 7 月 15 日（民集 24-7-804〔百選［3 版］112 事件〕）がある。

(2) **訴訟承継の種類**　当然承継と参加承継・引受承継の 2 種類がある。前者は，当事者の死亡など一定の承継原因が生じれば，当然に当事者の変更，すなわち訴訟承継が行われる場合であり，後者は，係争物の譲渡など，前者以外の承継原因が生じても，譲受人など承継人たるべき者が訴訟への参加（51・49）を申し出るか，あるいはその者が訴訟を引き受けるよう相手方が申し立てる（50）のでなければ，当事者の変更すなわち訴訟承継が行われない場合である。

(3) **訴訟承継の効果**　訴訟の承継があれば，承継人すなわち新当事者は旧当事者が追行した訴訟の結果をそのまま承継することになり，その結果に拘束される。時効完成猶予・期間遵守の効力は維持されるし（49），従前の弁論や証拠調べの結果は新当事者を拘束する。新当事者は自白の撤回を自由になしえず，すでに時機に後れた攻撃防御は提出できない。以上の効果は，当然承継と参加承継・引受承継についてひとしく生ずるのであって，ただ訴訟費用の負担は包括承継の場合に引き継がれる点が，特定承継と異なると説くのが通例である。

5-2-**32**　当然承継

(1) **当然承継の原因**　いかなる事由がこれに該当するかについて正面から規定した法規はないが，主として訴訟手続の中断と受継に関する法規（124 以下。なお⇒**2-7-7**）から推知される。すなわち当然承継の原因が生

VII 訴訟の承継　　625

じ，当然に当事者が変動するときには，新当事者の裁判を受ける権利を保障するために訴訟手続を中断せしめ，新当事者の手続の受継により，あらためて手続を続行せしめるのが通例だからである。しかし手続の中断・受継は形式的な訴訟手続の進行から見たもので，訴訟の承継とは別個の概念である（兼子・研究(1)77頁）。中断が生じても訴訟承継はない場合がある（たとえば，訴訟能力の喪失，法定代理権の消滅）反面，訴訟承継はあっても中断を生じない場合もある（30Ⅴ・124Ⅱ）。

（2）　当然承継と訴訟の続行　　（ア）　訴訟手続の中断を伴うときは，承継人または相手方による受継申立てまたは裁判所の続行命令によって訴訟の続行がはかられる（その具体的手続については，⇒2-7-7(2)）。なお，真の承継人でない者が受継して訴訟を続行していても，真の承継人との関係では訴訟は依然中断中とみるべきであるから，その者が重ねて中断した段階で受継することは可能である。

（イ）　訴訟手続が中断しない場合は，当事者は変動しても外形上の手続の進行に変わりはない。訴訟代理人があるために中断しない場合（124Ⅱ）は，裁判所に承継の事実および承継人が誰かが判明しない限り，当該訴訟代理人が旧当事者の名で訴訟を続行することになるが，実質的には承継人が当事者となりその代理人として訴訟を追行するわけであるから，判決が形式上旧当事者の名で下された場合でも，実質上承継人に対してなされたものとみるべきである。ただしその判決に基づき，承継人のためにまたは対して強制執行するためには，承継執行文の付与を受けなければならない（民執23Ⅰ③・27Ⅱ・29，大判昭4・7・10民集8-658，兼子425頁，三ケ月206頁，新堂852頁，松本＝上野817頁など通説）。これに対し，判決前に承継の事実および誰が承継人かが判明した場合は，受継のための必要な手続をとらなくても，判決には承継人を当事者として表示（例，亡何某相続人何某）すべきであるし（最判昭33・9・19民集12-13-2062，三ケ月206頁，斎藤編(5)301頁，新堂853頁。なお，⇒最判昭43・4・16民集22-4-929〔続百選12事件〕），また，判決が旧当事者を表示したときは257条により更正することができる（最判昭42・8・25判時496-43，新堂853頁，三ケ月206頁，伊藤689頁，松本＝上野817頁）。

5-2-32

626 第5編　第2章　多数当事者訴訟

5-2-33　参加承継・引受承継

　(1)　参加承継・引受承継の原因——係争物の譲渡　　参加承継・引受承継は当然承継と異なり，承継人の訴訟参加の申立て(49)または従来の当事者の相手方の訴訟引受けの申立て(50)によって，はじめて訴訟の承継が行われるものである。それがいかなる場合に生ずるかについては，消極的には，あらゆる訴訟承継の原因のうち当然承継の原因となる場合を除いたものといってよいが，積極的には，訴訟の目的たる権利・義務を第三者が承継したときということができ，講学上，係争物の譲渡があった場合と説明されるのが普通である。係争物とは訴訟物より広く，たとえば家屋収去土地明渡請求訴訟での，当該家屋・土地自体もこれに含まれる（最判昭41・3・22民集20-3-484〔百選〔5版〕109事件〕は建物の占有が移転した場合も「紛争の主体たる地位」の移転として承継を認めた）。また譲渡とは，任意処分に限らず，法の規定（例，代位）や執行処分に基づく移転でもよい。

　(2)　ローマ法では，いわゆる係争物譲渡禁止の原則が行われ，係争物の売買をした者は罰金刑に処せられ，当該売買契約は無効とせられた。したがって係争物の譲渡は訴訟外でも訴訟上でも何ら影響を及ぼすことがなかった。しかし係争物譲渡禁止の原則は取引の要請に反するものとして早くから不評であったので，ドイツ法はこの原則を廃止するとともに（ド民訴265 I），係争物の譲渡は訴訟（従来の当事者の地位）に何ら影響を及ぼさないこととし（同265 II。ただし，⇒同266），かつその判決の効力を訴訟係属中の承継人にまで拡張する（同325），いわゆる当事者恒定主義を採った。この立場は，係争物の譲渡を訴訟外では認めるが，訴訟上では認めないものと評することができよう。わが法ではいわゆる訴訟承継主義を採り，係争物の譲渡が訴訟上も影響を及ぼし，承継人を当事者として訴訟に加入させ，前主の訴訟上の地位を承継させる。この立場は，承継人の保護の点で当事者恒定主義よりはるかに優れているが，相手方の保護のために，訴訟承継が行われるまでの間は従来の当事者が承継人のために訴訟追行の権能を保持するというのが妥当であろう（兼子・研究(1)150頁，新堂856頁，松浦馨「仮差押え及び仮処分法改正私見(一)」民商92巻2号〔昭60〕165頁，日比野泰久「当事者恒定主義導入の必要性と問題点」民訴雑誌40号〔平6〕190頁）。

　なお，処分禁止の仮処分（民保53〜55・58〜61・64），占有移転禁止の仮処分（同62・63）は，訴訟中の係争物の譲渡や占有移転をあらかじめ禁止するとりあ

VII 訴訟の承継　　627

えずの措置であるが，訴訟承継主義の下では不可欠の対抗措置であり，実務上も多用されている。これに対し，ドイツのように当事者恒定主義をとるところでは，このような当事者恒定のための仮処分は不必要であり，実務上も見かけない。

（3）　**参加承継・引受承継の手続**　　係争物の譲渡により，紛争主体たる地位に移転があれば，承継人または従来の当事者の相手方は訴訟を承継しまたは承継せしめることができる。義務の承継をした者も訴訟状態上勝訴の可能性が強ければ，自ら進んで訴訟承継できてよいし，権利の承継をした者も，相手方がこれを訴訟に引き入れる手段が与えられる（51）。現行法は，権利承継か義務承継かにかかわらず，承継人の方で自ら進んで訴訟を承継するのが参加承継であり，相手方の方から承継人を訴訟に引き入れて承継させるのが引受承継であることを明確にした。

（ア）　**参加承継の場合**　　承継人は独立当事者参加（47）の形式で当事者になれる。前主との間で争いがないときにはいわゆる片面的参加の形式によることができる。参加があれば，前主である当事者は 48 条により脱退できる（49・48）。

（イ）　**引受承継の場合**　　従来の当事者（前主）の相手方は承継人（と目される者）に対し訴訟引受けの申立てができる。従来の当事者（前主）自身も申し立てうるかについては，争いがあるが（認めた判例として，最判昭 52・3・18 金法 837-34，東京高決昭 34・12・22 下民 10-12-2691，認めなかった判例として，東京高決昭 54・9・28 下民 30-9〜12-443〔百選〔5 版〕A 36 事件〕。肯定説として，霜島甲一「当事者引込みの理論」判タ 261 号〔昭 46〕22 頁，旧注釈民訴(2) 260 頁〔池田〕，否定説として，井上治典「訴訟引受けについての手続上の問題点」吉川大二郎博士追悼・手続法の理論と実践下〔昭 56〕120 頁，吉村徳重〔判批〕昭 55 重要判解 150 頁，福永有利「参加承継と引受承継」民訴演習 II 48 頁，上北武男「当事者の交替──訴訟の承継を中心として」講座民訴③ 319 頁，中野「訴訟承継と訴訟上の請求」論点 I 171 頁，新堂 861 頁，斎藤編(2) 301 頁，高橋・重点講義下 587 頁，長谷部 379 頁など多数。なお，上田徹一郎〔判批〕判評 259 号〔昭 55〕31 頁は，前主による引受申立ては，承継人の承認があるときと，承継人と前主との間に以後訴訟は承継人において追行する旨の特約があるときに限り許されるとする），原則として否定すべきであろう。申立ては事実審の口頭弁

5 - 2 - 33

論終結前に限られる（最決昭37・10・12民集16-10-2128，兼子427頁，小山448頁，新堂862頁，高橋・重点講義下588頁など）。引受申立てにあたっては，引受人は従前の被承継人の請求と同一である限り，自ら請求をたてる必要はない。申立てについては裁判所は前主および承継人を審尋したうえで，決定で裁判する（50 I・II）。申立却下決定に対しては抗告を提起できるが（328 I），引受決定に対しては独立の不服申立てはできない（大決昭16・4・5民集20-482）。引受決定があれば，前主である当事者が脱退できることは，参加承継の場合と同様である（50 III・48）。

5-2-34　参加後の手続

(1)　審理原則　　承継人自らのイニシャティヴによる参加である参加承継の場合は，参加の方式も参加形態も独立当事者参加になるので，47条4項による40条1項―3項の準用により，必要的共同訴訟の手続法理が妥当する。これに対し，引受承継の場合は，従前の当事者間の訴訟に引受申立人（承継人の相手方）と引受人（承継人）との間の訴訟が共同訴訟の形で追加されたことになるので，構造上も審理原則上も独立当事者参加にはならず，共同訴訟（それも通常共同訴訟）になるにとどまる。ただ，両訴訟は実体上両立しない関係にあるので，同時審判の申出がなされた共同訴訟と同様の法理が準用され（50 III・41 I III），弁論の分離，一部判決が禁止され，その限りで審理の足並みの統一がはかられている。

　ただし，参加のイニシャティヴが異なっただけで，一方はガチガチの合一確定の要請が働き，他方は基本的にバラバラな解決が許されることになるのか，実質的にその理由を説明するのはむずかしい（高田裕成「同時審判の申出がある共同訴訟」大系1巻188頁，山本弘「多数当事者訴訟」講座新民訴 I 155頁，山本和彦「訴訟引受けについて」判タ1071号〔平13〕60頁〔現代民事法研究会・民事訴訟のスキルとマインド〔平22〕463頁所収〕，高見進「訴訟承継と同時審判」民訴雑誌48号〔平14〕29頁など参照）。解釈・運用の中で，そのギャップを埋める努力がなされる必要があろう。

(2)　訴訟状態の承継　　承継人は，前主の訴訟追行に基づいて形成された訴訟状態を全面的に引き継ぎ，弁論および証拠調べの結果を含めて，前主

VII 訴訟の承継

の自白に反する主張，時機に後れた攻撃防御方法など前主がすでにできなくなった行為はできないとされるのが原則である。ただ，訴訟状態を承継することの実質的根拠が，承継人の利益が前主によって代表されていることに求められるとすれば，承継人固有の攻撃防御方法の提出はそれまでの手続形成の状態いかんにかかわらず制約されることなくできることはもちろん，前主によって承継人の利益が十分に反映されていない場合には，承継人に独自の立場から主張・立証の機会を与えるのが妥当である（福永有利「参加承継と引受承継」民訴演習 II 37 頁以下，高橋・重点講義下 585 頁など）。前主の相手方である引受申立人に対しても，承継人との関係で同様の配慮をしなければならない場合がある。承継人がいかなる場合にどの程度既往の手続形成から離反して新たな手続行使ができるかは，当該手続の具体的展開と承継人の紛争利害の実質によって，状況関係的に判断するほかないが，訴訟係属中の問題だけにある程度弾力的に対処できるはずである。ただし，参加のイニシャティヴを承継人がとったかどうかによって訴訟状態の承継に差異をつける考え方（引受参加よりも参加承継の承継人により重い承継義務を認めること）は，根拠に乏しくとることができない。

　このように見てくると，参加承継，引受承継の適格が肯定されて参加が認められるかどうかと，従前の訴訟状態を引き継がなければならないかどうかとは，必ずしも全面的にパラレルな関係にはなく，前者が肯定されても後者は部分的にしか肯定されない場合がありうることが承認されなければならない（井上「訴訟引受けについての手続上の問題点」同・訴訟 91 頁，旧注釈民訴(2) 258 頁〔池田〕，加波眞一「訴訟承継論覚書」摂南法学 30 号〔平 15〕1 頁，新堂幸司「訴訟承継論よ，さようなら」新堂幸司＝山本和彦編・民事手続法と商事法務〔平 18〕355 頁など）。

　(3)　引受決定後の引受原因の不存在　　審尋による決定手続で引受原因があると認められて引受決定がなされた後に，本案の審理で引受原因がないことが判明した場合，引受決定を取り消して引受けを許さないという旨の決定をすべきか，それとも訴えを却下すべきか，あるいは，請求棄却の本案判決をすべきか。最後の立場が妥当であり，旧法下の実務でもある。引受原因の存在は，決定の段階では，本案判決の要件ではなく本案審理に入るための

とりあえずの要件にとどまるので，本案審理に入った以上は，もはや引受要件の関門はクリアーしており，あとは本案の問題として処理すれば足りると考えられるからである（高橋・重点講義下575頁，松本＝上野820頁，長谷部381頁など。なお三木ほか596頁〔菱田〕）。

（4）　双方代理禁止との関係　　代理人（弁護士）が，承継関係の前主と承継人とを兼ねる場合が少なくない。双方代理にあたらないかどうかは，前主と承継人との利害相反の実質および前主の訴訟追行の必要性などを考慮しながら，個別具体的に考えるほかない。また，特定の争点ごとに判断すれば足りる場合もある。

第6編　上訴・再審

第1章　総　　説

I　裁判に対する不服申立て

6-1-1　通常の不服申立て

（1）上訴　　裁判，特に判決は，当事者が対席的に関与する口頭弁論という慎重な審理方式に基づいてされる（87参照）。それでも人間の認識能力に限界がある以上，裁判に誤りがないと断言することはできないし，少なくとも敗訴した当事者が，その裁判に対し，不当であるとの不信の念を持つ可能性があることを想定しておかなければならない。そこで，民事訴訟法は，手続を第一審限りとせず，不利な裁判を受けた当事者が上級裁判所に不服申立てをすることを認めている（281以下）。この不服申立てを上訴という。上訴は，一定の裁判手続の一環として当初から予定されている不服申立てという意味で，通常の不服申立てに属する。裁判は，それ以上上訴を申し立てることができなくなると，その裁判手続内において取消し変更を受ける可能性がなくなり確定する。

（2）異議　　民事訴訟法は，若干の裁判に対して，異議という不服申立てを認めている（357・367 II・378参照）。異議は，判決に対する不服申立てではあるが，実質的には判決をした裁判所に対する口頭弁論による審理の要求という意味を持つ（361・379）。異議は，各略式手続に組み込まれた不服申立て方法として通常の不服申立てに属し，その申立てには，上訴が提起された場合と同様，確定遮断の効力が与えられているが（116），上級裁判所に対する不服申立てでない点

6-1-1

で，上訴とは異なる。

督促手続における支払督促に対する督促異議（390・393）は，裁判所書記官の処分に対する不服申立てであるが，以上の異議と同様，判決手続による審判要求としての意味を持つ。

なお，受命裁判官または受託裁判官の裁判に対する不服申立て（329）や，裁判所書記官の処分に対する不服申立て（121）もまた異議とよばれる（前者は講学上準抗告という）。

6-1-2 特別の不服申立て

(1) 再審　確定した裁判が軽々に取り消されてはならないのは，法的安定性の見地から当然のことである。しかし，裁判の基礎となった手続や資料に重大な瑕疵・欠陥がある場合（たとえば，決め手となった証人が，その後偽証罪で有罪判決を受けたような場合），その裁判が確定済みであるという理由で，絶対にその取消しを認めないのは，個々の事件の処理において正義に反し，ひいては裁判制度そのものに対する信頼を損なう原因となるおそれがある。そこで，民事訴訟法は，確定した裁判を取り消して新たな裁判をする再審制度を設けて，このような事態に対処している（338以下）。再審は，各裁判手続の通常の流れの外にある制度として，特別の不服申立てに属する（⇒6-5-1(2)）。

(2) 特別上訴　日本国憲法81条は最高裁判所が最終的な法令審査権を有することを規定している。ところが，審級制度上，最高裁判所に上訴を申し立てることができない裁判があるので，この憲法上の要請を満たすため，特に設けられた上訴が特別上訴である（違憲上訴ともいう）。特別上訴には，高等裁判所が上告審としてした終局判決ならびに簡易裁判所が少額訴訟の終局判決に対する異議後にした終局判決に対する特別上告（327・380 II，規204）と，地方裁判所および簡易裁判所の決定および命令で不服申立てのできないものに対する特別抗告，ならびに，高等裁判所の決定および命令に対する特別抗告（336，規208）とがある。特別上告およびその上告審の手続には，その性質に反しない限り，上告およびその上告審の訴訟手続に関する規定が準用され（327 II），特別抗告およびこれに関する訴訟手続には，その性質に反しない限り，特別上告およびその上告審に関する規定が準用される[1]（336 III）。なお，特別上訴は確定遮断の効力を持たな

---

1) 特別上告状（抗告状）および上告理由書（抗告理由書）は原裁判所に提出され（314 I・315 Iの準用），原裁判所の審査を受ける（316 Iの準用）。原裁判所は，特別

い（116）。

　上訴の理由として形式的には憲法違反の主張があるが，それが実質的には法令違反の主張にすぎない場合であっても，その特別上訴を却下することはできず，最高裁判所が当該特別上訴を棄却することができるにとどまる（317 II の準用）。原裁判所の適法性審査の制度は最高裁判所の負担軽減を立法趣旨とするので，全く憲法違反に名を借りたような特別上訴理由しか主張されていない場合に，原裁判所が却下できないことは問題であるようにも思われる。しかし，主張された憲法違反が本当に憲法違反に当たるのかという問題は，特別上訴の理由具備要件として原裁判所のいわゆる適法性審査の対象にならないことや，特別上訴は最高裁判所の最終的法令審査権に係わることなどを考え合わせると，やむを得ないものと思われる（最決平 21・6・30 判時 2052-48〔平 21 重要判解 3 事件〕も特別抗告について同旨）。

　最高裁判所は，主張された特別上訴の理由が憲法違反に当たらないと判断する場合でも，別の憲法違反を発見したときは，当事者の主張がなくとも原裁判を破棄することができる（325 II の準用。なお，職権調査事項に係る憲法違反は進んで調査しなければならない。322 II の準用）。しかし，判決に影響を及ぼすことが明らかな一般の法令違反を発見しても，それは特別上告および抗告の理由には当たらないから，原裁判を破棄することはできないと解すべきである（新堂 937 頁，基本法(3) 95 頁，斎藤編(9) 640 頁以下など参照）。再審事由についても同様に解すべきである（加波眞一「最高裁判所における再審事由の取扱い」民事手続法研究 2 号〔平 18〕97 頁，150 頁以下参照）。これに対して，その法令違反が判決の無効や再審の訴えによる取消しを来すと考えられる場合，または当事者に再訴や執行関係訴訟の提起の必要を生ぜしめる場合，訴訟経済と裁判に対する一般的信用維持の観点から，原判決を破棄できると解する余地と実益があるとする見解も有力に主張されている（条解民訴 1665 頁〔松浦＝加藤〕参照）。また，最判平 18・3・17 判時 1937-87 も，そこで主張された上告理由は，「違憲をいうが，その実質は単なる法令違反を主張するものである」としつつ，職権で「判決に影響を及ぼすことが明らかな法令の違反がある」〔支払期日に利息の制限額を超える部分の支払を怠ったときは期限の利益を喪失するとの特約は利息制限法 1 条 1 項（現 1 条）の趣旨に違反して無効であるが，このような特約の存在は超過利息の支払を債務者に事実上強制することになり，特段の事情がない限り，債務者が自己の自由な意思によって制限超過部分を支払ったものということはできないにもかかわらず，原審はこれと反する判断をした〕として，原判決および原々判決を破棄し，事件を原々審に差し戻した。しかし，憲法違反の判断をすることなく，単なる法令違反を理由に特別上告を認容することは，違憲上訴としての特別上訴制度と整合性を有する解釈であると言えるのか，疑問が残るように思われる。

6-1-2

II　上　訴　制　度

6-1-3　上訴の概念と目的

（1）　上訴の概念　　上訴は，裁判が確定する前に，上級裁判所に対し，その裁判の取消し，変更を求める不服申立てである。上訴が申し立てられると，裁判の確定が遮断され（上訴の確定遮断効。116 II 参照），事件は上級裁判所においてさらに審理裁判される（上訴の移審効）。

（2）　上訴制度の目的　　上訴は，不利な裁判を受けた当事者による上級裁判所への不服申立てとして，不当な裁判からの当事者の救済を，その制度目的としている。同時に，事件が最終的に最高裁判所において審判を受けると，法令の解釈が統一されるので，上訴は法令解釈の統一という作用をも営むことになる。そこで，当事者の救済と法統一のいずれを，上訴（特に上告）の主要な目的とみるかが議論されている（詳細については，大須賀慶「上訴制度の目的」講座民訴⑦ 37 頁，笠井正俊「上訴審の目的」実務民訴［第 3 期］(6) 21 頁，旧注釈民訴(8) 201 頁〔鈴木〕，注釈民訴(5) 6 頁〔春日〕，山本和彦「上訴制度の目的」争点［3 版］286 頁，山田文「上訴制度の目的」新・争点 252 頁参照）。かつては法統一説が多数を占めた（兼子・研究(2) 171 頁，兼子 457 頁，小室・研究 141 頁など。中村英郎・民事訴訟法〔昭 62〕399 頁も同旨）。しかし，敗訴当事者からの上訴（上告）がなければ法統一の機能も実現されないことから，最近では当事者救済説が有力である（新堂 878 頁・967 頁，青山善充「上告審における当事者救済機能」ジュリ 591 号〔昭 50〕83 頁など）。最高裁判所への上告の理由が，憲法違反と絶対的上告理由に限定された現行民訴法の下では，法統一機能が重視されているともいえるが（小林 474 頁，旧注釈民訴(8) 204 頁，松本・人訴 206 頁），強いていずれが上訴（上告）の主要な目的であるのかを議論する必要はないともいえる（三ケ月・双書 516 頁，谷口 480 頁，注釈民訴(5) 9 頁，笠井・前掲実務民訴［第 3 期］(6) 31 頁。併存説）。

（3）　上訴制限　　最高裁判所への上告事件数の増加に伴い，現行民事訴

II 上訴制度 635

訟法の制定過程で，上訴制限（特に上告制限）が議論の対象となった。上訴制限とは，当事者に上訴の利益がある場合でも，不服の対象とする額（不服額）が一定額未満であるときは上訴をすることができないこととしたり，上訴を受理するかどうかを上訴裁判所の裁量に委ねたりすることによって，上訴裁判所の負担軽減をはかる制度である[2]。現行民事訴訟法は，最高裁判所への上告の理由を，憲法違反と絶対的上告理由に限定することによって（312 I・II），上告を制限した（⇒ **6 - 3 - 2**）。

6 - 1 - 4　上訴の種類

裁判所の裁判は，その形式により，判決・決定・命令に区分できる。この区分に対応して，判決に対しては控訴および上告，決定・命令に対しては抗告および再抗告という上訴が認められる。

(1)　控訴・上告　控訴は第一審の終局判決に対する（281），上告は原則として第二審の終局判決に対する（311 I）上訴である[3]。現行上訴制度によれば，原則として，事件の審理は合計三審級でされることになるので，このような制度を三審制という。三審制を前提にすると，当事者は事件につき三審級において審理を受ける機会を保障されていることになるが，これを当事者の権利ないし利益とみて，審級の利益という（審級の利益を保障する規定として，300 IIII・307 など参照）。

(2)　上告受理の申立て　現行民事訴訟法は，最高裁判所への上告を制限するとともに，その補完措置として，上告受理申立ての制度を新設した（318）。この上告受理申立ては，確定遮断の効力を持ち（116），また，受理の決定がされると，上告があったものとみなされるから，上告に準ずる上訴である（一問一答 363 頁参照。⇒ **6 - 3 - 10**）。

(3)　抗告　抗告は決定および命令に対する上訴である。抗告には，控

---

2)　現行民事訴訟法制定過程における論議，諸外国の上訴制限制度の概観，および日本における上訴制限の必要性などについては，上野泰男「上訴制限について」関西大学法学論集 43 巻 1 = 2 号（平 5）743 頁，高橋・重点講義下 678 頁以下参照。

3)　例外的に，高等裁判所が第一審として判決をする場合（特許 178，公選 203・204など），および，飛躍（飛越）上告の合意（281）がある場合には，第一審判決に対して上告をすることができる（311 II）。

6 - 1 - 3・4

訴，上告に対応して，最初の抗告と再抗告とがある。なお，最高裁判所は，抗告事件については，裁判所法上，訴訟法が特に定めた抗告事件しか取り扱わないので（裁7②），従来は，高等裁判所がした決定・命令に対しては，再抗告ができなかった。しかし，重要な法律問題について決定で裁判され，しかも，各高等裁判所の判断が分かれるという状況が生じているので，現行民事訴訟法は最高裁判所への許可抗告の制度を新設した（337。⇒ **6-4-7**）。

6-1-5　上訴の要件

（1）　意義　　上訴に特有の適法要件を上訴要件という。上訴裁判所は，上訴要件が具備する場合にのみ，上訴理由（原裁判の取消し・破棄の理由）について審判を行う。各上訴に共通する上訴要件は次の①～⑤である。①上訴提起行為が所定の方式に従い，かつ有効であること。②上訴期間が徒過していないこと。③上訴の対象となった裁判（原裁判）が性質上不服申立てのできる裁判であり，かつその裁判に適した上訴が申し立てられたこと。④不上訴の合意や上訴権の放棄がないこと。⑤上訴人が上訴の利益（不服の利益）を有すること。

　上訴要件は上訴審の審理の終結時に具備しなければならない（具備しないことが明らかになった時点で上訴は不適法として却下される）。上訴提起行為そのものについての要件（たとえば，訴訟能力を欠く上訴提起行為）は上訴の時を基準に判断するといわれることが多いが（新堂881頁，上田596頁など），追認による瑕疵の治癒（34Ⅱ）が認められないわけではない。

　（2）　違式の裁判（上訴要件③について）　　違式の裁判とは，裁判所がするべき裁判の種類を誤ってした裁判をいう。民訴法328条2項は，判決事項につき決定または命令で裁判されたときは，この裁判に対して抗告を申し立てることができることを規定する（この場合，抗告裁判所は決定で原裁判を取り消し，事件を原審に差し戻さなければならない。大判昭10・5・7民集14-808〔百選［初版］98事件〕）。この規定は，違式の裁判がされた場合，当事者は現にされた裁判の種類に対応する上訴によって不服申立てをすることができることを規定したものと解されている。したがって，前例とは逆に，決定事項につき判決で裁判されたときは，控訴または上告を申し立てるべきことになる[4]。

II 上訴制度　637

　(3)　上訴の利益（上訴要件⑤について）　民事訴訟法に明文規定はない
が，原裁判によって不利益を受けることが上訴要件の一つとされる。不利益
をもたらさない裁判に対して上訴による救済を認める必要はないからである。
上訴の利益は，当事者の申立てと判決とを比較し，後者が前者よりも小であ
るときに認められると解するのが通説である（形式的不服説。上田 597 頁，新
堂 884 頁，兼子 440 頁など。学説の詳細については，上野泰男「上訴の利益」新
実務民訴(3) 233 頁参照）。判例もほぼ一貫してこの説によっている（大判昭
18・12・23 民集 23-1254，最判昭 31・4・3 民集 10-4-297〔百選〔5 版〕110 事
件〕）。この形式的不服説によると，申立てを全部認容された当事者には上訴
の利益がない。しかし，形式的不服の例外として，被告は予備的相殺の抗弁
による請求棄却判決に対して，原告は黙示の一部請求を全部認容する判決に
対して，それぞれ上訴の利益を有すると解されている（上田 597 頁，名古屋
高金沢支判平元・1・30 判時 1308-125〔百選 II 186 事件〕〔百選〔5 版〕A 37〕参
照。なお，一部請求と控訴の利益の問題については，越山和広「一部請求と控訴
の利益」上野古稀 427 頁参照）。

　申立てを全部認容された当事者に上訴の利益が認められないのは，その判
決がそのまま確定して判決の効力が生じても，不利益を受けないからである。
これに対し，予備的相殺の抗弁による請求棄却判決が確定すると，相殺に供
された自働債権の不存在の判断に既判力が生じ（114 II。⇒ **4 - 3 - 8(2)**），こ
の判決効が請求棄却判決を得た被告に不利に作用する。また，黙示の一部請
求を全部認容する判決が確定すると，別訴で残額請求をすることができなく
なり（最判昭 32・6・7 民集 11-6-948〔百選〔5 版〕81 事件〕），全部認容判決で
あるにもかかわらず原告に不利益を与える。このようにみてくると，裁判を
そのまま確定させたのでは，既判力や執行力などの裁判の効力によって，後
の訴えによって救済されないような不利益を受ける場合に，上訴の利益（不

---

4)　最判平 7・2・23 判時 1524-134〔百選〔5 版〕A 42 事件〕では，補助参加の申出を
　　決定（44 I）ではなく判決で却下した場合，控訴を申し立てるべきであるとされた。
　　もっとも，この場合は，より慎重な手続である判決で裁判をしたのであるから，違式
　　の裁判であることを理由に原判決を取り消す程の違法性はない（新堂 879 頁は，不服
　　申立ては許されないとする）。

6 - 1 - 5

服）が基礎づけられると考えることもできる（新実体的不服説。上野泰男「上訴の利益」新堂編・特別講義 285 頁・293 頁参照）。しかし，実体的不服を伴わない形式的不服によって上訴を許容しなければならない例もあるので（⇒ **6 - 2 - 2**(2)），上訴の利益論において形式的不服と実体的不服がどのような意味を持つのかが問われることになる（上野泰男「上訴の不服再考」松本古稀 651 頁参照。なお，⇒ **6 - 2 - 2**(2)，**6 - 3 - 2**(1)）。

(4) 上訴権の濫用　原裁判に不服を有する当事者が，その不服につき上級審の審判を求める権利を上訴権という。上訴権は，その内容上，形式的な上訴手続の開始を求める権利として構成されているため，濫用される危険性を内包した権利である（小室直人「上訴権の濫用」民事訴訟法論集（中）〔平 11〕39 頁）。そこで，民事訴訟法は，上訴権者が，訴訟の完結を遅延させることだけを目的として上訴を提起したと認めるときは，上訴提起の手数料の 10 倍以下の金銭の納付を命ずることができるとして（303・313・327 II・331・336 III），上訴権の濫用を防止しようとしている[5]。

5）　その適用例として，最判昭 41・11・18 判時 466-24〔続百選 91 事件〕。なお，訴訟引き延ばしの目的がなくとも，自ら訴えの利益を消滅させ，そのうえで訴え却下判決を求めて上告を申し立てることは上訴権の濫用（上告は不適法）になるとする最近の判決として，最判平 6・4・19 判時 1504-119〔平 6 重要判解 6 事件〕がある。また，大阪地判平 23・1・14 判時 2117-44 は，X の Y（貸金業者）に対する過払金支払請求を全部認容した第一審判決に対して，Y が X の請求していない民法 704 条所定の利息請求に対する反論を唯一の控訴理由として控訴したという事例で，「訴訟の完結を遅延させることのみを目的としてこれを提起したものと認められる」と判示した。

第2章 控 訴

I 控訴の意義

6-2-1 控訴の概念

　地方裁判所または簡易裁判所の第一審終局判決に対する第2の事実審裁判所への上訴を控訴という（281 I本文・297）。

　控訴裁判所は，地方裁判所の第一審判決および家庭裁判所の判決については高等裁判所，簡易裁判所の判決については地方裁判所である（裁16①・21③）。しかし，特許権等に関する訴えについての控訴事件は，東京高等裁判所の専属管轄に属する（6 III。なお，特許権等に関する事件のうち，専門技術的事項を欠くため，20条の2第1項により，第一審において大阪地方裁判所から本来の管轄裁判所に移送された事件の控訴事件は，当該地方裁判所の上級審である各高等裁判所の管轄に属する。6 III但参照）。そのような事件は，その審理に精通した裁判官により慎重に審理をし，裁判をする必要があると考えられるので（一問一答平成15年74頁参照），東京高等裁判所においては，5人の裁判官の合議体で審理および裁判をする旨の決定をその合議体ですることができる（310の2本文）。

　なお，東京高等裁判所が管轄権を有する事件のうち，特許権，実用新案権，意匠権，商標権，回路配置利用権，著作者の権利，出版権，著作隣接権もしくは育成者権に関する訴えまたは不正競争による営業上の利益の侵害に係る訴えについて地方裁判所が第一審としてした終局判決に対する控訴に係る訴訟事件であってその審理に専門的な知見を要するものについては，東京高等裁判所に特別の支部として設置される知的財産高等裁判所が取り扱う（知的財産高等裁判所設置法〔平成16法119号。平成17年4月1日施行〕2条1号）。これは，知的財産に関する事件についての裁判の一層の充実および迅速化を

図るためである（同法1条。近藤昌昭＝齋藤友嘉・知的財産関係二法・労働審判法（司法制度改革概説2）〔平16〕79頁参照）。もっとも，東京高等裁判所が，6条3項によって専属管轄権を有する控訴事件であっても，控訴審において審理すべき専門的技術的事項を欠くときは（たとえば，第一審手続の違法だけを控訴理由とする場合。一問一答平成15年74頁参照），大阪高等裁判所に移送することができるものとして，当事者の管轄の利益を保護している（20の2 II）。

　控訴は終局判決に対する上訴であるから，中間判決（245）その他の中間的裁判（50 I・120・128 Iの各裁判など）に対しては，独立して控訴を申し立てることはできないが，終局判決に対する控訴申立てにおいてこれら中間の裁判に対する不服を主張し，これを控訴の理由とすることができる（283）。しかし，不服申立てが禁止された裁判（10 III・25 IVなど）や抗告を申し立てることができる裁判（328 I）は控訴審を拘束する（283但）。なお，一部判決は終局判決であるから（243 II），これに対して独立の控訴を申し立てることができる。一部判決は結末判決（残部判決）に対する控訴審判の対象にならない（秋山＝伊藤ほかVI 38頁参照。ただし，条解民訴1538頁〔松浦＝加藤〕は，残部判決に対する控訴審は，一部判決が確定しているか否かにかかわらず，これに拘束されるとする）。

　本案に付随する裁判である訴訟費用の裁判（67 I）に対し，独立して控訴を申し立てることはできない（282）。本案に対する控訴に理由がないときは訴訟費用の裁判に対する上訴は不適法になるとするのが確立した判例であるが（大判昭15・6・28民集19-1071〔百選〔初版〕81事件〕参照），通説は反対である。訴訟費用の裁判に対して独立して控訴をすることができないとされたのは，訴訟費用の裁判の当否を判断するためには結局本案の請求の当否を判断しなければならないので本末転倒であり，裁判所の負担が大きすぎるからである。ところが既に控訴審において本案審理がなされ，その審理を通じて訴訟費用の裁判が不当であると判断できるのであれば，訴訟費用の裁判を変更できると解しても，本末転倒ということにならないから，通説を支持するべきである[1]。

6-2-2 控 訴 権

（1）**控訴権の発生**　第一審判決に対して不服のある当事者は，その不服の当否につき控訴審の審理判決を求めることができ，これをその当事者の訴訟法上の権能とみて控訴権という。控訴権は第一審判決の言渡しにより発生するが，両当事者とも控訴しない旨の合意が終局判決前にされているときは発生しない（終局判決前の不控訴の合意。ただし，この合意の適法性については争いがある。松本＝上野 602 頁・832 頁参照）。

不控訴の合意の要件については，管轄の合意に関する規定（11 Ⅱ・Ⅲ）を類推適用するべきである（新堂 886 頁，281 Ⅱ 参照）。なお，当事者の一方だけが控訴しない旨の合意は，その内容が著しく不公平であるから無効である[2]。

（2）**控訴の利益**　前述したように（⇒ 6-1-5(3)），第一審でした申立てが全部または一部排斥された場合（たとえば，被告が請求棄却の申立てをしたにもかかわらず請求認容判決がなされた場合），形式的不服も実体的不服も存在するので，形式的不服説によっても新実体的不服説によっても被告に控訴の利益が認められる。被告が請求棄却の申立てをしたが訴え却下判決がなされた場合にも，形式的不服が存在すると考えてよいが（最判昭 40・3・19 民集 19-2-484〔続百選 89 事件〕，小室・研究 28 頁，同「上訴の不服再論」民事訴訟法論集㈡ 5 頁，基本法(3) 15 頁，上田 600 頁，上野泰男「上訴の不服再考」松本古稀 646 頁など），被告が請求棄却の申立てをしていないときは，請求棄却の申立てを推断して形式的不服が存在すると解する説（小室・研究 28 頁，同・前

---

1)　兼子 359 頁，新堂 989 頁，伊藤 602 頁，条解民訴 1536 頁，注釈民訴(5) 45 頁〔松村〕など参照。なお，給付判決を得た原告は，仮執行宣言（⇒ 4-3-2(2)）の申立てが排斥されたときでも，これを求めて控訴をすることは制度趣旨に反して許されない（斎藤編(5) 17 頁，秋山＝伊藤ほか Ⅴ 235 頁）。しかし，被告が控訴をしたときは，仮執行宣言の申立てをすることができる（297 による 259 の準用）。この申立ては附帯控訴により行う必要はないが，第一審でした仮執行宣言が排斥されていたときは，附帯控訴の方法によることもできる（伊藤 712 頁，東京高判平 23・5・20 判タ 1351-98 参照）。

2)　大判昭 9・2・26 民集 13-271〔百選 [2 版] 116 事件〕は，281 条（旧 360 条）が「当事者双方が」と規定している以上，一方当事者にだけ控訴権が発生しないとする合意は，当事者対等の原則に反して無効であるとする。

掲民事訴訟法論集5頁，上田600頁など）と，申立てがないので形式的不服の有無を判断することができないと解する説（基本法(3)6頁，栗田隆「上告を提起できる者」講座民訴⑦64頁など）とが対立する。これらの場合，訴え却下判決の既判力は，その後同一請求を定立して繰り返された訴訟において，請求棄却判決を求めることを妨げないから，実体的不服は存在しないと解されるので（上野・前掲松本古稀646頁参照），控訴の利益は形式的不服によってのみ肯定することができる。これに対して，離婚訴訟において申立てどおり請求棄却判決を得た被告は形式的不服を有しないが，この判決が確定すると，被告は前訴において反訴を提起することにより主張することができた事実に基づいて離婚請求をすることができなくなるので（人訴25 II 参照），実体的不服により控訴の利益が認められる（新堂885頁，高橋・重点講義下601頁，松本・人訴212頁）。

裁判所が246条に違反して申立てのない事項について判決をした場合（たとえば，最判平24・1・31裁時1548-2〔平24重要判解2事件〕では，賃借人から土地賃借権を有することの確認を求める申立てがなされたにもかかわらず，第一審裁判所が一定額を地代額とする賃借権を有することの確認を求める申立てであると解釈して，当該一定額を地代額とする賃借権の存在を確認する判決がなされた），申立てをした賃借人には形式的不服は認められないが，当該判決が確定すると，既判力によりその賃借人は地代がより低額であるとの主張を妨げられるので実体的不服を有し，控訴の利益が肯定される（前掲最判平24・1・31は結論同旨であり，小室・前掲民事訴訟法論集17頁も例外的不服を肯定する。なお，246条に違反してなされた判決の効力については，⇒ **4 - 2 - 10**(3)）。

(3) **控訴権の消滅**　第一審判決の言渡しによって発生した控訴権は，控訴期間の徒過によって消滅するほか，（終局判決後の）不控訴の合意または控訴権の放棄により消滅する。

不控訴の合意は，両当事者とも控訴権を放棄する旨の終局判決後の合意である（281 I 但。特に上告を留保した合意を飛躍上告の合意という。この場合は，控訴権は消滅するが上告権が発生する）。不控訴の合意には管轄の合意に関する規定が準用される（281 II。同条は11条3項を準用するので，電磁的に記録す

る方法によってすることもできる）。

　控訴権の放棄（284）は，控訴提起前にあっては第一審裁判所，控訴提起後にあっては，控訴の取下げとともに，訴訟記録の存する裁判所に対する申述によってしなければならない（規173 I・II。控訴が取り下げられなかったときでも控訴権放棄の効力に影響はなく，控訴裁判所は控訴を不適法として却下する。最判昭27・7・29民集6-7-684参照）。

II　控訴の提起

6-2-3　控訴提起の方式

　（1）　控訴状の提出　　控訴の提起は，控訴期間内に，控訴状を第一審裁判所に提出してしなければならない（286 I）。旧法では控訴裁判所への控訴状の提出によることもできたが（旧367 I），判決の確定証明書の交付（規48参照）を容易にし，第一審裁判所による控訴の適法性審査（287）を可能にするため改正された。控訴状が直接控訴裁判所に提出されたときは，事件を原裁判所に移送するべきである（上告につき，東京高決昭43・11・4判タ228-124，秋山＝伊藤ほかVI 73頁・333頁。民事執行法上の執行抗告〔民執10〕につき，最決昭57・7・19民集36-6-1229〔民執保全百選2事件〕は反対であるが，控訴人の権利保護を重視するべきである）。

　（ア）　控訴期間　　控訴期間は，判決書または判決書に代わる調書（254 II）の送達を受けた日から2週間の不変期間である（285本文。したがって，控訴期間は各当事者ごとに進行する。なお，追完につき97参照）。判決言渡し後送達前に提起された控訴も適法である（285但）。判決言渡し前に控訴が提起され，その後その控訴の対象となったような判決が言い渡されたときにも，瑕疵が治癒され控訴は適法になると解するべきである（新堂887頁，秋山＝伊藤ほかVI 71頁。最判昭24・8・18民集3-9-376は反対であるが，控訴提起のやり直しをさせるまでもない）。

　（イ）　控訴状の記載事項　　控訴状の必要的記載事項は，当事者（および

法定代理人）と，原判決およびこれに対し控訴を申し立てる旨の表示だけである（286 II）。しかし，訴状の記載事項に関する民訴規則 53 条が控訴状に準用されるから（規 179），不服申立ての範囲や不服の理由を記載することができ，また，記載することが望ましい。控訴状にこれらの事項を記載しなかったときは，控訴人は，控訴の提起後 50 日以内に，これらを記載した書面を控訴裁判所に提出しなければならない（規 182）。これにより控訴理由書提出強制の制度が採用されたと説明されることがあるが（たとえば，中野・解説 74 頁），この書面の提出がなかったり，控訴提起後 50 日を経過した後に提出されても，そのことを理由に控訴が不適法として却下されるわけではない（条解民訴規則 378 頁，新堂 889 頁参照。なお，上告理由書については，→ **6-3-9**(2)）。この控訴理由書提出制度は，控訴審における争点を早期に明らかにし，集中審理を可能とするためのものである（なお，被控訴人の反論書の提出につき，規 183 参照）。

(2)　控訴提起後の手続　（ア）原裁判所の適法性審査　控訴状の提出を受けた原裁判所は控訴の適法性審査を行い，控訴が不適法でその不備を補正することができないことが明らかである場合（たとえば，控訴期間徒過後の控訴提起），決定で控訴を却下する（287 I。この決定に対する即時抗告につき同 II 参照）。この控訴却下の決定がされないときは，第一審裁判所は遅滞なく事件を控訴裁判所に送付しなければならず，この事件の送付は，第一審裁判所の裁判所書記官が，控訴裁判所の裁判所書記官に対して訴訟記録を送付してしなければならない（規 174）。

（イ）控訴裁判所の裁判長による控訴状審査　事件の送付を受けた控訴裁判所の裁判長は，訴状の審査に準じて控訴状の審査を行う（288。原裁判所は控訴状の審査権を持たず，この点で上告提起の場合と異なる。314 II 参照）。控訴状に必要的記載事項の記載がない場合または控訴提起の手数料の納付がない場合，控訴裁判所の裁判長は補正を命じ，控訴人が補正に応じないときは，命令で控訴状を却下する（288。即時抗告につき 137 III，規 176 参照。ただし，控訴裁判所が高等裁判所であるときは，裁判所法 7 条の制約があるので，最高裁判所に即時抗告はできない）。

（ウ）控訴状の送達不能による控訴状却下　裁判長の控訴状審査を受けた後，

II 控訴の提起　645

控訴状は被控訴人に送達される（289 I）。しかし，控訴状の送達ができない場合（たとえば，被控訴人の住所が誤っている場合や，被控訴人が死亡している場合など），および，控訴状の送達に必要な費用の予納がない場合，裁判長は補正を命じ，控訴人が補正に応じないときは，命令で控訴状を却下する（289 II）。

　（エ）　期日呼出費用不納付による控訴却下決定　　控訴人が，期日の呼出しに必要な費用の予納を命じられたにもかかわらず，その費用の予納をしないときは，控訴裁判所は決定で控訴を却下することができる（291 I。即時抗告につき同 II 参照）。期日の呼出しは訴訟手続の進行に必要不可欠であるが，そのための費用を控訴審判を求めた控訴人が予納しないときは，控訴手続進行への熱意がないものとみることができるからである。控訴が却下されても，第一審判決が確定するだけであるから，被控訴人の同意は不要である（141 I と比較せよ）。

　（オ）　口頭弁論を経ない控訴却下判決　　控訴状の必要的記載事項に欠缺はないが，控訴が不適法でその不備を補正することができない場合（たとえば，控訴期間徒過後に控訴提起があったとき。多くの場合，287 条により控訴が却下されることになろう），控訴裁判所は，口頭弁論を経ないで，判決で控訴を却下することができる（290）。この場合でも，判決は言渡期日を開き公開の法廷で言い渡さなければならない（憲 82）。この判決期日は，民訴規則によれば，当事者に通知する必要はないが（規 179 による規 156 の準用），その当否には疑問がある[3]。なお，口頭弁論を経ないで判決で控訴を却下する場合，控訴状を被控訴人に送達する必要はない（秋山＝伊藤ほか VI 98 頁。原判決が維持されるだけで，被控訴人には不利益はない）。

6-2-4　控訴提起の効果（控訴不可分の原則）

　控訴の提起によって生ずる確定遮断および移審の効力（⇒ 6-1-3(1)）は，控訴人がした不服申立ての範囲にかかわらず，控訴の対象となった判決全部について発生する（なお，不服申立ての範囲は控訴状の必要的記載事項でない。286 II 参照）。これを控訴（上訴）不可分の原則という（控訴不可分の原則については，徳田和幸「上訴（控訴）不可分の原則の根拠・妥当範囲」民事手続法研

3）　当事者，特に控訴人にその控訴が適法であること（たとえば，控訴の追完）を主張をする機会を与える必要がある（菊井＝村松 III 92 頁，基本法(3) 29 頁など。なお，秋山＝伊藤ほか VI 106 頁は，通知は不要であるとする）。

究第 2 号〔平 18〕1 頁参照）。

(a)第一審判決が 1 個の請求についてされた 1 個の判決である場合（たとえば，1,000 万円の貸金返還請求全部を認容する判決がされた場合），その一部についてだけ不服の主張がされても（たとえば，前例で被告が 700 万円についてのみ取消しを求めた場合），請求全部（1,000 万円全体）について，確定遮断および移審の効力が生ずる。(b)第一審判決が数個の請求についてされた 1 個の判決である場合（たとえば，設例3において，甲が家屋収去土地明渡しのほか地代相当額の損害金支払請求をし，両請求全部が 1 個の判決で認容された場合），その中の 1 つの請求についてだけ不服申立てがあっても（前例で被告の乙が家屋収去土地明渡請求を認容する部分についてだけ取消しを求めた場合），控訴の効果は全請求について（損害金支払請求についても）生ずる（高橋・重点講義下 598 頁）。第一審判決が本訴請求と反訴請求につき 1 個の判決をした場合も同様である。(c)通常共同訴訟において，各共同訴訟人に対する請求が 1 個の判決で判断され，この判決に対し一部の共同訴訟人だけが控訴した場合（たとえば，設例2において，X の Y，Y₂ および Y₃ に対する請求が 1 個の判決で全部認容され，Y₂ だけが控訴した場合），共同訴訟人独立の原則が行われるから（39），その共同訴訟人との間の請求（X と Y₂ との間の請求）についてだけ確定遮断および移審の効力が生ずる（X と Y および Y₃ との間の判決は確定する。高橋・重点講義下 598 頁）。

この控訴不可分の原則の結果，原判決中不服申立てのない部分は，確定が遮断され控訴審に移審するが，現実の控訴審判の対象にならないという状態におかれる（296 I・304）。したがって，不服申立てのない部分について強制執行をするためには仮執行宣言を得る必要があり（294），また，現実の控訴審判の対象とするためには，控訴人の控訴申立ての拡張や被控訴人の附帯控訴が必要である（逆に，控訴審判の範囲拡張が可能なのは控訴不可分の原則による）。

6-2-5 控訴の取下げ

控訴人は，控訴審の終局判決があるまでは，事件の記録のある裁判所に対する意思表示によって，控訴を取り下げることができる（292 I，規 177 I。控

II 控訴の提起　　　647

訴審の終局判決後は，訴えの取下げは可能であるが控訴の取下げはできない）。控
訴の取下げがあった場合，原判決は控訴期間の徒過によって確定する。控訴
の取下げの方式や効果については，訴えの取下げに関する規定が準用される
（292 II。ただ，訴えの取下げとは異なり，控訴の取下げは原判決に影響を及ぼさ
ず，被控訴人に不利にならないので，その同意は不要である。261 II 不準用）。

　なお，控訴審の口頭弁論期日に両当事者とも欠席した場合，控訴の取下げ
が擬制されることがある（292 II による 263 の準用）。

6-2-6　附帯控訴

　(1)　意義　　控訴審における口頭弁論終結前に，被控訴人が原判決に対
してする不服申立てを附帯控訴という（293 I）。

　第一審判決が一部認容・一部棄却判決であった場合，相手方当事者がその
判決で満足するのであれば，自分も控訴しないでおこうと考えることがよく
あるといわれる。このような場合，附帯控訴の制度があると，相手方が控訴
を提起するかもしれないことをおそれて，念のため自分の方から控訴を提起
しておく必要がなくなる。附帯控訴は控訴権の消滅後においてもすることが
できるからである。

　(2)　附帯控訴の要件と不服の利益　　通説・判例は，控訴権消滅後もで
きる附帯控訴は概念的に控訴ではありえず，既に開始された控訴審手続内に
おいて，不利益変更禁止原則を打破するための，特殊の攻撃方法であると解
している（兼子 446 頁，上田 601 頁，斎藤編(9) 198 頁など。小室・研究 81 頁参
照）。その結果，通説・判例は，第一審で全部勝訴し，原判決に対し不服の
利益を有しない被控訴人であっても，附帯控訴の方式により，請求を追加
（訴えの変更または反訴の提起）することができるとする（上田 601 頁，松本・
人訴 219 頁，最判昭 32・12・13 民集 11-13-2143〔百選〔2 版〕115 事件〕〔百選
〔5 版〕A 38 事件〕）。しかし，附帯控訴の制度は，その制度趣旨からいっても，
一定の変容を受けた控訴であり（概念的には消滅した控訴権を回復するのが附
帯控訴であると考えればよい），これと控訴審における訴えの変更（297 による
143 の準用）や反訴の提起（300）とは，明確に区別するべきである（新堂 891
頁，林屋 424 頁，上野泰男「附帯上訴の本質」講座民訴⑦ 171 頁，高橋・重点講

6-2-5・6

義下 616 頁，伊藤 711 頁など参照。斎藤編(9) 198 頁・200 頁は，附帯控訴は控訴でないが，原判決に対する不服を要件とすると解する）。

(3) 附帯控訴の手続と効果　附帯控訴には控訴に関する規定が準用されるが（293 III，規 178），附帯控訴状は控訴裁判所に提出することもできる（293 III 但。これは，控訴審理が相当進んだ段階で附帯控訴が提起されることもあり，また，附帯控訴は判決の確定に関係しないからである）。附帯控訴の提起があると，控訴審判の範囲が拡張される。しかし，附帯控訴は控訴に附帯するものであるから，控訴が取り下げられまたは不適法として却下されると，附帯控訴もまた効力を失う（293 II 本文。附帯控訴の付従性）。ただし，附帯控訴であっても，控訴の要件を具備するものは，独立の控訴としての効力を認められる（293 II 但。独立附帯控訴）。

III　控訴審の審判

6-2-7　審理の対象

(1)　不服の当否　控訴審においては，控訴の適否のほか，請求自体も審理の対象となる。もっとも，日本の民事訴訟法は控訴審の構造について，続審制を採用していると解されており（6-2-8 参照），この続審制の下では，請求は第一審判決というベールをまとって控訴審に現れるので，控訴審の直接の審理対象は，主張された不服の当否（控訴により不服申立てがあった範囲内での第一審判決の当否）であると解するのが通説である（小室・研究 57 頁，兼子 448 頁，谷口 482 頁，本書第 2 版補訂版 584 頁など参照）。しかし，続審制の下では，控訴裁判所は，控訴が適法である限り，事件について審理を開始するべきである（このように解して初めて，控訴審判決の既判力の基準時が控訴審の口頭弁論終結時であることを理解することができる）。それ故，控訴審においても，請求そのものが審判対象であると解するのが正当である（上村明弘「再審訴訟の訴訟物構成に関する一問題」神戸法学雑誌 19 巻 1・2 号〔昭 44〕87 頁・100 頁以下，松本・人訴 221 頁，上野泰男「続審制と控訴審における裁判資料

の収集」民事手続法研究 2 号〔平 18〕59 頁・76 頁以下など参照）。

(2) 事件に対する裁判　　控訴裁判所が，審理の結果，第一審判決を維持することができないとの結論に到達した場合，第一審判決を取り消さなければならない（305）。第一審判決が取り消されると，その限度で，訴えに対する裁判所の応答がなくなるから，控訴裁判所は事件につき何らかの裁判をしなければならない（⇒ **6-2-10**）。これに対して，控訴裁判所が第一審裁判所と同じ結論に達した場合，すでに同一内容の第一審判決が存在しているので，控訴裁判所は控訴棄却の判決をする。上述したように，続審制控訴制度の下では請求自体が控訴審判の対象であるが，第一審判決というベールが存在するため，請求についての控訴審判の結果に基づいて第一審判決と異なる判決をするときは第一審判決の取消し，第一審判決と同一の結論に達したときは控訴棄却判決をするという技術的取扱いをする必要性を生ぜしめることになる（上野・前掲民事手続法研究 2 号 77 頁参照）。

6-2-8　審理の構造

(1) 続審主義　　第一審でされた訴訟行為[4]は控訴審においても効力を有する（298 I）。しかし，控訴審においては，当然裁判官が交替するので，第一審において提出された裁判資料（訴訟資料および証拠資料）を控訴審判決の基礎資料とするためには，当事者による第一審における口頭弁論の結果の陳述が必要である。これを弁論の更新という。その本質は，一般の裁判官の交替の場合と同様（⇒ **3-2-6(2)**），直接主義を満足させるための形式的な報告行為である[5]。口頭弁論の結果の陳述は，あらためて訴訟行為を行うのではなく（前述のように，訴訟行為の効果は保持されている），第一審における口頭弁論の結果を不可分一体のものと

---

4)　この訴訟行為には，申立て，事実の主張，証拠の申出，自白などが含まれる。擬制自白は，控訴審の口頭弁論終結時において，成否の判断をする。なお，控訴審における欠席と擬制自白の成否の問題については，高橋・重点講義下 626 頁以下参照。

5)　兼子 216 頁・451 頁，条解民訴 1392 頁〔竹下＝上原〕，高橋・重点講義下 625 頁，鈴木正裕「当事者による『手続結果の陳述』」石田喜久夫＝西原道雄＝高木多喜男先生還暦記念（下）・金融法の課題と展望（平 2）407 頁・431 頁，松本・人訴 210 頁など最近の有力説で，報告行為説と呼ばれる。これに対して，伊藤 715 頁以下は，手続結果の陳述によって初めて，第一審における裁判資料は控訴審判決の基礎になるとする（形成行為説）。

して，控訴審における口頭弁論に上程するものである。第一審における口頭弁論の結果は，通常，第一審判決の事実等の記載に要約されているので，実務上，結果の陳述は，「第一審判決〔事実摘示〕のとおり陳述する。」と簡単になされている。そうすると，第一審判決が口頭弁論の結果を正確に反映していない場合の処理が問題になるが，弁論の更新の効力の問題ではなく，控訴審における新たな弁論の問題として処理するべきである[6]。控訴審において弁論の更新がなされなかった場合の効果は，249条2項違反の場合と同様である[7]。さらに，控訴審の訴訟手続には第一審の訴訟手続に関する規定が準用されているから（297），当事者は，新たな資料を提出することができる。したがって，控訴裁判所は，第一審で提出された資料と，控訴審で提出された資料を基礎として，不服申立ての限度で独自に事実認定を行い，これに法を適用して事件の審理をやりなおし，その結果と第一審判決とを比較する形で，不服の当否を審理することになる。このような控訴審理の構造を続審主義という。

　この続審主義は，自ら審理をやりなおすが，その際控訴審において提出された資料だけを基礎とする覆審主義や，逆に第一審資料だけを基礎とする制限控訴主義とは異なる。また，自ら独自に心証形成を行わないで，原判決の事実認定や法的判断を第一審資料から適法に基礎づけることができるかどうかだけを審理する事後審主義とも異なる（控訴審の審理の構造については，高橋・重点講義下618頁，上野・前掲民事手続法研究2号62頁以下参照）。ただし，実務上は，第一審記録に

---

6)　主張されていない事実が記載されている場合（最判昭61・12・11判時1225-60〔百選II189事件〕）と，主張された事実が記載されていない場合（東京高判昭51・12・21判時843-54）とがある。前者の場合は控訴審において新たな事実の主張があり，後者の場合は事実主張の撤回があったものとして取り扱ってよい（前掲最判昭61・12・11はこのように解する）。鈴木・前掲注5）441頁は，これに対して，判決事実の持つ証拠力からそのような取扱いがなされるだけで，当事者が事実主張を追加・撤回すると考える必要はないとする。なお，口頭弁論の結果の陳述があった場合，第一審において取り寄せ法廷に顕出された証書類はすべて控訴審に顕出されたことになるから，すでに当該証書類が還付済であっても，これを採って事実認定の資料とすることができる（最判昭34・4・9民集13-4-504，秋山＝伊藤ほかVI152頁）。

7)　形成行為説を前提にすると，法律に従って判決裁判所を構成しなかった場合にあたり，絶対的上告理由または再審事由になる（最判昭33・11・4民集12-15-3247〔百選〔3版〕50事件〕，伊藤716頁参照。⇒3-2-6(2)）。しかし，当事者が裁判所に促されても弁論の結果の陳述をしないときは，責問権の喪失に準じて，296条2項違反の瑕疵は治癒されると解してよい（注解民訴(9)226頁，高橋・重点講義下624頁など参照）。

III 控訴審の審判

基づいて第一審判決の当否について先行判断を行い，控訴理由が納得のできるものである場合にのみ控訴審において審理を続行するといういわゆる事後審的審理方法がとられているようである（この控訴審の事後審的運営については，司法研修所編・民事控訴審における審理の充実に関する研究〔平16〕25頁以下，鬼頭季郎「控訴審における審理と実務的・理論的諸問題」実務民訴〔第3期〕⑹63頁などを，その問題点については，松本博之「控訴審における『事後審的審理』の問題性」青山古稀459頁以下，上野・前掲民事手続法研究2号73頁以下参照。いわゆる事後審的運営による第一回結審の問題点が露呈したとみられる事例として，最判平18・11・14判時1956-77があり，そこでは，請求の一部を認容した第一審判決を，いわゆる第一回結審によって，十分な手続を踏むことも理由を示すこともなく取り消して請求を棄却した控訴審判決が破棄された。本件については，松本・前掲青山古稀463頁以下，新堂599頁など参照）。

(2)　弁論の更新権　続審主義のもとでは，当事者は，第一審において提出しなかった攻撃防御方法を提出することができ（297による156の準用），これを弁論の更新権という（**6-2-8**⑴で述べた「弁論の更新」をする当事者の権能ではない。高橋・重点講義下626頁）。控訴審において提出できる攻撃防御方法は第一審の口頭弁論終結後のものに限られないが（ただし，国内管轄については，専属管轄を除いて，第一審裁判所の管轄権を争えない。299Ⅰ但。もっとも，6条1項の規定による専属管轄違反の主張は許されない。これに対して，国際裁判管轄については，任意管轄違反の主張も許される（一問一答平成23年173頁参照）），故意または重大な過失により，訴訟の進行状況からみて適切な時期よりも相当程度後れて提出されると，時機に後れた攻撃防御方法として却下されることがある（297による157の準用）。その際，時機に後れたかどうかは，第一審および第二審を通じて判断される。続審主義のもとでは控訴審の弁論は第一審の弁論の続行とみられるからである。その結果，第一審の口頭弁論終結前の攻撃防御方法は，控訴審の第1回期日において提出されても時機に後れたとして却下されることがある（大判昭8・2・7民集12-159〔百選［初版］38事件〕，知財高判平25・1・30判時2190-84。なお，知財高判平25・4・11判時2192-105は，第一審裁判所が時機に後れたものとして主張を許さなかった攻撃防御方法を，控訴審の第1回口頭弁論期日で提出しても時機に後れたものというほかないが，当事者双方がその攻撃防御方法について主張立証の追加を求めず，控訴裁判所が同期日において弁論を終結することができるときは，訴訟の完結を遅延させることにならないので，時機に後れた攻撃防御方法として却下されないとする）。

なお，第一審において争点および証拠の整理手続（準備的口頭弁論，弁論準備手

6-2-8

続，書面による準備手続）を経た場合，控訴審において新たな攻撃防御方法を提出した当事者は，相手方当事者の求めがあるときは，その手続において当該攻撃防御方法を提出することができなかった理由を説明しなければならない（298 II）。

6-2-9　口頭弁論

(1)　必要的口頭弁論　　控訴審では，控訴が不適法でその不備を補正できないときを除き（290 参照），必ず口頭弁論を開かなければならない（87 I）。口頭弁論は，当事者が第一審判決の変更を求める限度においてのみ行われる（296 I）。控訴審においても，訴えの変更，反訴の提起，および選定者に係る請求の追加が可能であるが，後二者については相手方の同意が必要である（300。ただし，人訴 18 条，および最判平 16・6・3 家月 57-1-123 参照。⇒ **5-1-11**(7)）。

(2)　攻撃防御方法等の提出期間　　控訴審における口頭弁論は，地方裁判所の第一審手続に準じて行われる（297 I）[8]。しかし，控訴審においては，訴訟の完結の遅れを避けるため，裁判長は，当事者の意見を聴いて，攻撃防御方法の提出や新請求の追加等をするべき期間を定めることができ，この期間経過後にこれらの行為をする当事者は，裁判所に対し，期間内にできなかった理由を説明しなければならない（301）。

6-2-10　終局判決

控訴裁判所は，控訴または附帯控訴に対し，終局判決で裁判をしなければならない（控訴審における判決書または判決書に代わる調書における事実および理由の記載に際しては，第一審の判決書等を引用することができるが（規 184），控訴審の判決書等を読んでもその趣旨を理解することができないような，いわゆる継ぎはぎ的引用は避けるべきである。最判平 18・1・19 判時 1925-96 参照）。な

---

8)　控訴審の最初の口頭弁論期日に当事者の一方が欠席したときは，158 条の陳述擬制がある（最判昭 25・10・31 民集 4-10-516，新堂 897 頁，上田 603 頁など参照）。擬制自白も成立するが（159 I・III の準用），第一審において勝訴判決を得た被控訴人が期日に欠席しても，請求を維持している限り，弁論の全趣旨から，擬制自白の成立が否定されることもある（最判昭 43・3・28 民集 22-3-707〔百選〔5 版〕A 19 事件〕，高橋・重点講義下 626 頁以下。なお，最判昭 32・12・17 民集 11-13-2195 参照）。

III 控訴審の審判　　653

お，控訴裁判所は，金銭の支払請求を認容する判決をする場合，申立てがあるときは，原則として無担保で仮執行宣言を付さなければならない（310。早期の満足の必要性が高く，しかも，原状回復が比較的容易な金銭債権の迅速な実現を図るため，新設された制度である）。

(1)　控訴却下判決　　控訴要件の不備が明らかになり，その不備が補正できないときは，それ以上事件の審理をしないで，終局判決により控訴を不適法として却下する（290・293 II 参照）。

(2)　控訴棄却判決　　控訴裁判所は，控訴審の口頭弁論終結の時までに提出された資料を基礎に，控訴または附帯控訴により申し立てられた不服に理由があるかどうかを判断し，第一審判決を相当とするときは，控訴または附帯控訴を棄却する（302 I・293 III。控訴権の濫用による制裁金納付命令につき303 参照。⇒ **6 - 1 - 5(4)**）。

原判決の理由が不当であっても，他の理由から原判決の結論を維持することができるときは，やはり控訴を棄却する（302 II）。これは，判決理由中の判断には既判力が生じないからである（114 I。なお，⇒**(3)(イ)**）。控訴審において訴えの交換的変更があった場合（たとえば，1,000 万円の貸金請求から同額の求償請求への変更），判決の結論が全く同一となっても訴訟物が異なるので，原判決を取り消したうえで新請求につき認容判決をするべきである（最判昭 32・2・28 民集 11-2-374〔百選〔5 版〕33 事件〕）。

控訴棄却の判決が確定すると，維持された第一審判決も確定する。

(3)　控訴認容判決

(ア)　第一審判決の取消し　　控訴裁判所は，申し立てられた不服に理由があり第一審判決を不当とするとき（305），または，「第一審の判決の手続」[9]が法律に違反するとき（306）には，第一審判決を取り消さなければな

---

9)　ここでは原判決の成立自体に疑いがある場合なので，「第一審の判決の手続」とは，判決の成立過程の手続（⇒ **4 - 2 - 11**），すなわち評決手続・判決書作成手続・判決言渡手続だけを意味し（新堂 899 頁），具体的には，249 条・250 条・252 条・253 条違反がこれにあたることになる。最近の具体例（249 条違反）として，最判平 11・2・25 判時 1670-21 があり，原審第 1 回口頭弁論に A・B・C の 3 名の裁判官が関与し，同期日において弁論が終結されたが，判決言渡期日の口頭弁論調書には A・C・D の 3 名の裁判官が出席して判決原本に基づいて判決を言い渡した旨の記載があり，原審

らない。

（イ）　不利益変更禁止原則　　第一審裁判所が当事者の申し立てない事項について判決をすることができない（246）のと同様，控訴裁判所も，控訴または附帯控訴によってされた不服申立ての限度内においてのみ，第一審判決の取消しおよび変更をすることができる（304）。したがって，控訴人は，附帯控訴がない限り，不服申立ての限度を超えて，自己に不利益に第一審判決を変更されることがない。これを不利益変更禁止原則という（原判決は不服申立て以上に自己に有利に変更されることもなく，この観点からは利益変更禁止原則となってあらわれる）。この不利益変更禁止原則は控訴権の行使を側面から保障するという機能を営む（不利益変更禁止原則については，飯塚重男「不利益変更禁止の原則」講座民訴⑦ 199 頁，宇野聡「不利益変更禁止原則の機能と限界」民商 103 巻 3 号 397 頁，4 号 581 頁〔平 2〕，山本「不利益変更禁止の原則」基本問題 215 頁，松本博之「相殺の抗弁についての判断と不利益変更禁止の原則」小島古稀上 789 頁〔訴訟における相殺〔平 20〕239 頁所収〕参照）。たとえば，予備的相殺の抗弁を採用して請求を棄却した第一審判決に対して原告だけが控訴した場合，控訴裁判所は，反対債権が存在すると判断する限り，訴求債権がもともと存在しないとの心証をえても，控訴棄却の判決をするにとどめなければならない[10]。これに対して，控訴裁判所が，第一審裁判所とは逆に反対債権は存在しないと判断するが，同時に訴求債権がもともと存在しないことも明らかになった場合については[11]，原判決を取り消して原告の請

が保存する判決原本にはＡ・Ｂ・Ｃの 3 名の裁判官の署名押印があるものの，被告が当初送達をうけた判決正本にはＡ・Ｃ・Ｄの 3 名の裁判官の記載があり，しかも判決正本に記載されている重要争点についての判示部分が原審保存の判決原本には記載されていなかったという事案において，「原判決がその基本となる口頭弁論に関与した裁判官によりされたことが明らかであるとはいえないから，法律に従って判決裁判所を構成したということはできない。」とされた（この判決については，加波眞一・リマークス 2000〈上〉132 頁参照）。なお，その他の第一審手続に重大な違反があるときは，308 条 2 項によって判決が取り消されることがある。

10)　原判決を取り消して，訴求債権の不存在を理由に原告の請求を棄却すると，反対債権不存在の既判力が生じないので，控訴した原告に不利に判決を変更することになるからである（新堂 902 頁，伊藤 721 頁，高橋・重点講義下 631 頁，最判昭 61・9・4 判時 1215-47〔百選［5 版］112 事件〕）。

求を認容するべきであるとする見解と，控訴棄却判決をするべきであるという見解とが対立する。第一審判決理由における，訴求債権がもともと存在したとの判断には既判力が生じないので，不利益変更禁止原則を根拠に訴求債権の存否が控訴裁判所の判断事項から除外されると考えることはできない。したがって，後説が正当である[12]。なお，予備的相殺の抗弁を容れて請求を棄却した判決に対して被告だけが控訴した場合，被告の不服の利益は反対債権の不存在の判断について生じる既判力によって基礎づけられる（⇒6-1-5(3)）。したがって，控訴裁判所は，訴求債権がもともと不存在であると判断するときは，控訴に理由があるので原判決を取り消したうえで請求棄却判決をするが，訴求債権が存在すると判断するときは，たまたま同時に反対債権の不存在が明らかになっても，控訴棄却の判決をする[13]。なお，請求の予備的併合と上訴の問題については前述した（⇒5-1-4）。

この不利益変更禁止原則は，裁判所が当事者の申立てに拘束されるところでのみ通用する（非訟事件については，その性質上，裁判所は当事者の申立てに厳格に拘束されないので，新非訟事件手続法73条2項や家事事件手続法93条3項は，民事訴訟法304条を準用していない。これに対して，旧非訟事件手続法25条は，一般的に民事訴訟法の抗告に関する規定を準用しており，この規定は旧家事審判法7条を通じて家事審判事件に準用された。もっとも，新規定の下でも，すべての非訟事件について不利益変更禁止原則が排除されることを意味しないとされているので〔金子修編著・一問一答非訟事件手続法（平24）104頁，松本・人訴343頁など参照〕，非訟事件への不利益変

11）　なお，訴求債権が存在すると判断するときは，原判決を取り消して請求を認容する。判決理由中で被告の相殺の抗弁が排斥されるので，114条2項により反対債権不存在の既判力が生じ，原告にとって不利益変更にならない。

12）　後説を支持するものとして，奈良次郎「控訴審における審理の実際と問題点」小室＝小山還暦中121頁，高橋・重点講義下633頁，注解民訴(9)292頁，前掲最判昭61・9・4などがある。本来は原判決を取り消して請求棄却判決をするべきであるが，不利益変更禁止原則により，控訴棄却にとどめるのである。これに対して，前説は訴求債権の存否が控訴審判の対象にならないことを根拠とする（松本＝上野361頁，賀集唱「相殺の抗弁と控訴審判の範囲」兼子一編・実例法学全集民事訴訟法（上）〔昭38〕342頁，右田堯雄「民事控訴審実務の諸問題（4）」判タ288号〔昭48〕19頁参照）。なお，木川・講義下659頁，栗田隆「不利益変更禁止原則に関する判例法理」中野古稀下296頁参照。

13）　高橋・重点講義下631頁参照。

更禁止原則の適用の有無については，依然として解釈の余地が残されている）。したがって，職権ですることができる裁判やその変更（67II・259），職権調査事項については（322参照），控訴裁判所は，当事者の申立てがなくとも，原判決の変更をすることができ，たとえば，裁判権や当事者能力の欠缺を発見したときは，取消し却下判決をしなければならない。そうすると，請求の一部認容判決に対して棄却部分の取消しを求めて控訴していた原告は，取消し却下判決がなされることによって，認容部分を失うことになるが，ここでは不利益変更禁止原則はその基礎を欠いているので，やむをえない[14]。不適法却下判決に対して原告だけが控訴し，控訴裁判所が訴訟要件は具備すると判断する場合にも，不利益変更禁止原則の適用はない[15]。第一審の判決の手続に違反した判決は，その一部についてだけ不服

---

14) 仮に控訴棄却判決をすると，公益性の高い訴訟要件が職権調査事項とされた趣旨が没却されてしまうことになろう（高橋・重点講義下634頁参照）。なお，最判平15・11・11民集57-10-1387は，原告が，公文書公開条例に基づき①②③の3件の文書の公開請求をしたが，被告が全文書について非公開処分をしたので，その処分の取消しを求める訴えを提起したところ，第一審裁判所が，①②文書について取消請求を認容し，③文書については請求を棄却したのに対して，被告が①文書について請求を認容した部分についてのみ控訴を提起したところ，控訴審係属中に，原告に対して②文書が開示された場合，控訴裁判所は，訴えの利益が失われたとして，控訴による不服申立ての対象とされなかった②文書不開示処分の取消請求を認容した一審判決部分を取り消して，訴え却下判決をするべきであると判示した。

15) 原告は，不利益変更禁止原則によって保護されるべき法的地位を獲得していないからである（高橋・重点講義下634頁，伊藤721頁，新堂903頁，条解民訴1592頁〔松浦＝加藤〕，斎藤編(9)294頁，飯塚・前掲講座民訴⑦210頁，山本・基本問題232頁など参照）。その結果，控訴裁判所は，原則として原判決を取り消して事件を第一審裁判所に差し戻すべきであるが，自判して原告の請求を棄却することができる場合もある（⇒(ウ)(b)）。被告が適法に控訴した場合でも同様である（斎藤編(9)294頁参照。なお，⇒**6-2-2**(2)）。しかし，判例は，訴え却下判決を請求棄却判決に変更することは，控訴人である原告に対する不利益変更であるから，控訴棄却判決をするにとどめるべきであるとする（最判昭60・12・17民集39-8-1821参照。同様に，最判平25・7・12判時2203-22〔平25重要判解行政法6事件〕は，控訴裁判所が第一審の請求棄却判決を取り消して訴えを不適法として却下する判決をしたのに対して，原告だけが上告受理申立てをした場合，上告裁判所は訴えが適法であると判断し，かつ請求を棄却すべきであるとの判断を是認できると判断するときは，上告棄却の判決にとどめるべきであるとする）。

同様の問題は，訴えの取下げや訴訟上の和解など訴訟を終了せしめる効果を持つ訴訟行為等の効力に争いがある場合に，当該訴訟終了行為等が有効であることを理由に訴訟が終了したことを宣言する判決がなされ，この訴訟終了宣言判決（⇒**4-2-2**)

III 控訴審の審判　　657

申立てがされていても，判決全部を取り消して事件を差し戻さなければならない。

　境界確定訴訟においては，裁判所は当事者がした境界線の主張に拘束されないから，控訴人に不利益な境界を定めることができる（最判昭38・10・15民集17-9-1220〔百選［2版］117事件〕。⇒2-1-3）。人訴法32条による財産分与についても，裁判所は申立人の申立てに拘束されず，不利益変更禁止原則が適用されないとするのが最高裁判例である（最判平2・7・20民集44-5-975〔平2重要判解1事件〕。松本・人訴343頁は判旨に反対する）。

　(ウ)　控訴裁判所は，第一審判決を取り消した場合，訴えに対する応答をするため，自判，差戻しまたは移送の判決をしなければならない。

　(a)　自判　　控訴審は事実審であるから，控訴裁判所が第一審判決を取り消した場合，自ら訴えに対する判決をするのが原則である（その判決主文は，たとえば，「原判決を取り消す。原告の請求を棄却する。」「原判決を次のように変更する。」というように表示される）。

　(b)　差戻判決　　訴えを不適法として却下した第一審判決を取り消す場合，控訴裁判所は，審級の利益を保障するため，必ず事件を第一審裁判所に差し戻さなければならない（307本文。必要的差戻し）。しかし，事件につ

に対して上訴が提起された場合にも生じる。最判平27・11・30民集69-7-2154〔平28重要判解5事件〕は，建物明渡等請求訴訟において訴訟上の和解が成立した2週間後に，被告から訴訟上の和解の錯誤無効等を主張して期日指定申立書が提出され，第一審裁判所が訴訟終了宣言判決をしたので，被告だけが控訴を提起したところ，控訴裁判所は，本件和解は無効であり，Xの請求は一部理由があるとして原判決を取り消し，本件訴訟上の和解が無効であることを確認したうえで，Yに対して40万円の支払を受けるのと引換えに本件建物の明渡し等を命じる判決をし，その余の請求を棄却したという事案において，控訴審判決は不利益変更禁止の原則に違反して許されず，「控訴審が訴訟上の和解が無効であり，かつ，第1審に差し戻すことなく請求の一部に理由があるとして自判をしようとするときには，控訴の全部を棄却するほかないというべきである」と判示した（本判決については，垣内秀介・リマークス53号114頁，坂田宏「訴訟終了判決に関する一考察」徳田古稀295頁参照）。本書本文で述べた見解によればこの控訴審の判断を支持することができるが（条解民訴1590頁・1592頁参照。伊藤722頁も「一部認容判決を適法とすることが考えられる」とする），不利益変更禁止原則と審級の利益とが交錯する問題領域に訴訟終了宣言判決の法的性質の問題が絡み，なお再検討の余地が残されている（秋山＝伊藤ほかVI 236頁，斎藤編(9)317頁以下，垣内秀介「不利益変更禁止原則の趣旨をめぐる若干の考察」徳田古稀449頁，三木浩一「訴訟判決および訴訟終了宣言判決を取り消す際の控訴審における措置をめぐる諸問題」上野古稀479頁など参照）。

6-2-10

き更に弁論をする必要がないときは（第一審裁判所が実体審理を尽くしていたとき，当事者間で事実関係に争いがないとき，原告の主張がそれ自体失当であるときなど。一問一答339頁参照），控訴裁判所は自判をすることができる（307但。具体例として，最判昭58・3・31判時1075-119〔百選Ⅱ190事件〕参照）。

　控訴裁判所は，第一審の本案判決を取り消す場合，事件につき更に弁論をする必要があるときは，事件を第一審裁判所に差し戻すことができる（308Ⅰ。任意的差戻し）。これも事実審二審制について当事者が有する審級の利益を保障するためである（たとえば，第一審において肯定された擬制自白〔159Ⅲ〕が肯定できないものであった場合や，第一審で請求の原因についてだけ審理して請求を棄却していたが，控訴裁判所が請求の原因を理由ありと認める場合など）。

　差戻判決もまた終局判決であるから（⇒ **4‐2‐2(1)**），これに対して直ちに上告をすることができる（最判昭26・10・16民集5-11-583〔百選［初版］91事件〕）。差戻判決が確定すると，第一審手続が続行される。この場合，第一審裁判所は，控訴裁判所が取消しの理由とした法律上および事実上の判断に拘束される（裁4。差戻判決の拘束力という）。この拘束力は，差戻後の第一審判決に対する控訴裁判所および上告裁判所にも及ぶので[16]，これを免れようとすれば，差戻判決に対して上告をしておかなければならない[17]。また，（旧）第一審裁判所における訴訟手続が法律に違反したことを理由に差戻しがされた場合，取消差戻判決によって，当然その訴訟手続も取り消されたものとみなされる（308Ⅱ。その他の旧第一審における訴訟手続は効力を保持する）。

　(c)　移送　控訴裁判所は，専属管轄違反を理由に第一審判決を取り消すときは，事件を直接管轄裁判所に移送しなければならない（309・299Ⅰ但。なお，同条2項につき，⇒ **6‐2‐8(2)**）。

---

16)　新堂901頁，高橋・重点講義下603頁・609頁，最判昭30・9・2民集9-10-1197など参照。

17)　最判昭45・1・22民集24-1-1〔続百選90事件〕は，「控訴審判決の理由となった判断に不服のある」当事者は，上告をすることができると判示する。

第3章 上 告

I 上告の意義

6-3-1 上告の概念

　上告とは控訴審の終局判決に対する法律審への上訴をいう（高等裁判所が第一審管轄権を持つ場合や，飛越上告の合意（281条1項ただし書の合意）がある場合につき，⇨ **6-1-4**(1)）。上告裁判所は，高等裁判所がした判決については最高裁判所，地方裁判所の判決については高等裁判所である（311）。

　控訴の場合に準じて（313），訴訟費用の裁判および中間的裁判に対して独立して上告をすることはできない（⇨ **6-2-1**。なお，⇨ **2-7-7**(2)(ア)）。

　上告は法令違反のみを理由とすることができるので（⇨ **6-3-3**），上告審では原判決が法令に違反していないかどうかという問題だけが審理の対象となり，事実関係については原裁判所が適法に確定したところに拘束される（321 I）[1]。上告は，この意味において法律審への上訴である。

6-3-2 上告権および上告受理申立権

　(1)　上告の利益　　控訴申立てが排斥された控訴人，および控訴却下もしくは控訴棄却の申立てが排斥された被控訴人には形式的不服があり上告の利益が認められる。また，控訴審判決がそのまま確定すると，自己に不利な判決効が生ずることになる当事者には実体的不服があり上告の利益が認められる。判決理由中の判断には既判力が生じないから，原判決の理由にのみ不服があっても，上告の利益は認められない（最判昭31・4・3民集10-4-297〔百選〔5版〕110事件〕）。第一審判決の取消差戻判決を求めていた控訴人は，

---

1)　しかし，事実の確定の方法と手続に違法があれば，この違法は，飛越上告の場合を除き，上告の理由となる（321 II 参照）。

取消差戻判決の取消しの理由となった法律上・事実上の判断に不服を有する
ときは，形式的不服はないが上告の利益を認められる（最判昭45・1・22民
集24-1-1〔続百選90事件〕）。取消差戻判決が確定すると，取消しの理由とな
った判断は，差戻し後の第一審，控訴審，さらには上告審まで拘束すること
になるからである（⇒ **6-3-14**(2)）。

(2)　上告権　　控訴権とは異なり，上告権は原判決に対する不服の利益
の存在だけでは基礎づけられない。上告審は法律審として，判決に影響を及
ぼすことが明らかな法令違反だけを上告理由とし（325 I・II），その主張がな
い上告は不適法として却下されるからである（315・316参照）。しかも，現
行民事訴訟法においては，最高裁判所の負担軽減のため最高裁判所への上告
が制限されたので（⇒ **6-1-3**(3)），最高裁判所への上告権は，上告理由の
うち，憲法違反または絶対的上告理由を主張するときに限り認められる
（312 I・II。これに対し，高等裁判所への上告は法令違反の主張で足りる〔312
III〕）[2]。

(3)　上告受理申立権　　原判決に不服を有する当事者は，最高裁判所へ
の上告権を基礎づけない法令違反のうち重要事項を含むものを主張して，上
告受理の申立てをすることができ（318），最高裁判所が上告審として事件を
受理する旨の決定をすれば，上告があったものとみなされる（318 IV）。

II　上告理由および上告受理申立ての理由

6-3-3　上告理由の意義

(1)　上告理由と破棄理由　　上告理由とは，元来，上告審が原判決を破
棄するべき事由を意味する（小室・研究184頁，同「上告理由」講座民訴⑦255

---

2)　なお，最判平13・2・13判時1745-94は，いかなる事由を理由に上告をすることを
　許容するかは審級制度の問題であって，憲法81条の規定するところを除いてはこれ
　をすべて立法の便宜にゆだねているから，民訴312条および318条は憲法32条に違
　反しないと判示する。

頁，上田 608 頁など）。したがって，上告理由は単なる上告の適法要件ではない（一定の上告理由の主張が上告の適法要件である）。これは現行民事訴訟法のもとでも同様である（上野泰男「上告―上告理由について」法教 208 号〔平 10〕36 頁参照）。形式的に上告理由に該当する事由が主張されているが，その事由が明らかに上告理由に該当しない場合，上告が不適法として却下されるのではなく（最決平 11・3・9 判時 1673-87 参照），理由なしとして棄却されるのはその現れである（317 II）。

(2) **上告理由としての法令違反**　現行民事訴訟法においても，上告裁判所は，「判決に影響を及ぼすことが明らかな法令の違反」がある場合，原判決を破棄しなければならないから（高裁への上告につき 325 I 後段，最高裁への上告につき同 II。後者は，破棄することができると規定するが，判決に影響を及ぼすことが明らかな法令の違反を発見したときは，上告裁判所は原判決を破棄しなければならない），このような法令違反が上告理由である（この点で，高裁への上告と最高裁への上告とで異ならない。上野・前掲法教 208 号 36 頁。なお，研究会 409 頁，高橋・重点講義下 717 頁など参照）。しかし，高等裁判所への上告については，原判決に不服を有する当事者は，上告理由である法令違反を主張すれば上告権が基礎づけられるが（312 III），最高裁判所への上告にあっては，憲法違反または絶対的上告理由を主張しなければ上告権が基礎づけられない（312 I・II）。また，上告受理申立権を基礎づけるには，上告理由としての法令違反のうち重要事項を含むものを主張しなければならない（318 I）。その結果，最高裁判所への上告と高等裁判所への上告とを比較すると，上告権を基礎づける上告理由が前者では大幅に制限され，訴額 140 万円を超えない事件の方が上告権が広く認められるという一種の逆転現象がみられることになる（これは，最高裁判所の負担軽減という政策的観点から，最高裁への上告制限制度が導入されたためである）。

　なお，上告裁判所である高等裁判所は，憲法その他の法令の解釈について，その高等裁判所の意見が最高裁判所の判例（最高裁判所の判例がないときは大審院または上告裁判所もしくは控訴裁判所としての高等裁判所の判例）と相反するときは，決定で，事件を最高裁判所に移送しなければならない（324，規 203）[3]。

6-3-4　憲法違反

　憲法の解釈の誤りその他の憲法違反は，それが判決に影響を及ぼさないことが明らかでない限り（憲法違反と判決との間に因果関係の可能性があればよい），上告理由となる（312 I 参照）。その他の法令違反は，判決に影響を及ぼすことが明らかな場合に限って（法令違反と判決との間の因果関係の蓋然性の必要。ただし，新堂910頁や高橋・重点講義下686頁は，上告審に因果関係の可能性しかない場合を排除させるのは無理であるとして，因果関係の可能性で足りるとする），上告理由になる（312 III 参照）。このような取扱いの違いは，憲法が国の最高法規として法体系上重要な地位を占めるからである（小室・研究165頁，斎藤編(9)404頁，菊井＝村松 III 221頁。ただし，条文どおり憲法違反と判決との間の因果関係を問わないとする見解〔伊藤724頁，秋山＝伊藤ほかVI 280頁，注釈民訴(5)252頁〔勅使川原〕など〕も有力であり，逆に因果関係の蓋然性を要求する見解〔上田610頁〕もある）。なお，上告人が上告の理由とした事由が明らかに憲法違反に該当しないときは，最高裁判所は決定で上告を棄却することができる（317 II。⇒ **6-3-12(1)**）。

6-3-5　法令違反

　裁判所が当該事件につき裁判をするに際して適用しなければならない憲法以外の法規の違反が，法令違反である。法令違反は，前述したように，その違反が判決に影響を及ぼすことが明らかな場合に限って上告理由となる。また，その主張があっても，最高裁判所への上告権を基礎づけない。

　(1)　法令の範囲　　法令には，法律，命令，規則，条例，条約，外国法，および，慣習法などが含まれる。控訴審判決後に法令の改正があり，新法が当該訴訟事件にも遡及的に適用される場合，旧法を適用した原判決は，判決当時法令違反がなくとも，法令違反となる（新法が遡及的に適用されないときは，旧法の法令違

---

3)　一般に，移送の裁判は移送を受けた裁判所を拘束するが（⇒ **2-2-16(6)**），324条による移送については，移送を受けた最高裁判所は，必要がないと判断するときは，移送決定を取り消して，高等裁判所に差し戻すことができる（秋山＝伊藤ほかIV 381頁，注釈民訴(5)352頁〔阿部〕，条解民訴1654頁〔松浦＝加藤〕。ただし，基本法(3)87頁，笠井正俊＝越山和広編・新コンメンタール民事訴訟法〔第2版〕〔平25〕1098頁〔笠井〕は反対）。

II 上告理由および上告受理申立ての理由 663

反を主張することができ，その意味で廃止法令もここにいう法令に含まれる。新堂 910 頁参照）。

判例は法令にあたらない（小室・前掲講座民訴⑦ 265 頁参照）。普通取引約款，労働協約，就業規則，会社の定款などは，私法上の契約規範よりも妥当範囲は広いが，公の立法権に基づいて定立されたものではないので，やはり法令にあたらない[4]。もっとも，これらの解釈が，法令の適用に際して，法律問題として上告理由になることは別問題である（小室・前掲講座民訴⑦ 262 頁，旧注釈民訴(8) 247 頁。⇒(3)）。

(2) 経験則 経験則は，法規そのものではないが，不特定多数の人がこれを共有し利用するので，その解釈を統一する必要性は法規と異なるところはない（大判昭 8・1・31 民集 12-51 ［百選［初版］49 事件］は，慣習は経験則の一つであるとしたうえでこの旨判示する。上田 375 頁も，上告審の任務であるとする）。そのため，経験則違反は上告理由になるとするのが，最近ではむしろ通説である（小室・前掲講座民訴⑦ 264 頁，秋山＝伊藤ほか IV 309 頁，斎藤編(9) 434 頁，三ケ月・双書 423 頁など。なお，新堂 598 頁・909 頁も参照のこと）。しかし，現行法上，経験則違反そのものは上告理由とされていないので，どのような形でそれが上告理由になるのかが問題となる。

経験則は，裁判において 2 つの場面で利用されると解されている（小室・前掲講座民訴⑦ 262 頁以下，三ケ月・双書 423 頁参照）。1 つは，法令の解釈をしたり，確定した事実が法律要件に該当するかどうかを判断する場面においてであり（法律問題における経験則の利用），他の 1 つは，証拠の証明力を判断したり，間接事実から主要事実または他の間接事実を推認したりする場面においてである（事実問題における経験則の利用）。第 1 の場面においては，経験則違反は直接法令の解釈適用の誤りをもたらすから，当然法令違反として上告理由となる（最判昭 36・8・8 民集 15-7-2005 〔百選［5版］114 事件〕は，法律問題における経験則違反の事例に属する。同旨，大須賀虔「上告」民訴演習 II 129 頁。最判昭 50・10・24 民集 29-9-1417 〔百選［5版］57 事件〕も同様である）。

---

[4] 大須賀虔「上告理由」争点［2版］324 頁，小室・前掲講座民訴⑦ 262 頁〔同・民事訴訟法論集（中）〔平 11〕93 頁〕など参照。もっとも，通説および判例は，次に説明するように，汎用性を根拠に，経験則もまた上告理由になると解しているので，この立場を前提にすると，普通取引約款なども，上告との関係では法令と同一視するのが首尾一貫性を有するであろう（旧注釈民訴(8) 247 頁〔松本〕，高橋・重点講義下 695 頁参照）。

6-3-4・5

これに対し，第2の場面においては，経験則違反は事実認定の誤りをもたらすだけであるから，当然には上告理由にならない。しかし，裁判官は，事実認定に際し，自由心証主義（247）の内在的制約として，論理法則と経験則に従わなければならないから（小室・前掲講座民訴⑦263頁，上田369頁など），一定の証拠または間接事実に基づいて，ほぼ必然的に一定の事実が推認されるであろうと考えられる場合に，そのような高度の蓋然性をもった経験則に違反してされた事実認定は，自由心証主義（247）に違反する。なぜなら，ある経験則が高度の蓋然性を有する場合，裁判官の自由心証の幅も狭くなるはずであるから，そのような経験則違反に基づいて，一般人または専門家の目からみて非常識な事実認定がなされたとみられることは，自由心証主義違反にほかならないからである（その際重要なのは，その経験則が高度の蓋然性を有することであって，経験則が一般日常的なものであるか，専門的なものであるかということではない）。第2の場面における経験則違反は，このような場合に限って，民訴247条違反（法令違反）として，上告理由になると解される（小室・前掲講座民訴⑦264頁，新堂598頁，上田375頁，斎藤編(9)436頁など通説。しかし，事実認定の方法が自由心証主義に違反する場合を上告理由とするのであれば，高度の蓋然性を有する経験則に限定する必要はないとする見解も有力である。旧注釈民訴(8)238頁，注釈民訴(5)286頁〔勅使川原〕，高橋・重点講義下694頁など参照）。

(3) 法令違反の態様

(ア) 法令解釈の誤り・法令適用の誤り　　法令違反の原因による区別で，裁判所が遵守し適用しなければならない法令の内容を誤解した場合が法令解釈の誤りであり，一定の事実が法規の定める要件に該当するかどうかの判断を誤った場合が法令適用の誤りである。

実体法規は一定の法律要件が存在するときに一定の法律効果が発生するという構造を持っているので，法令の適用は事実認定と密接不可分の関係にある。理論的には，要件に該当すると主張されている具体的事実の確定は事実認定として事実問題であり，確定された具体的事実が法規の定める法律要件に該当するかどうかの判断が，法規の適用として法律問題となる。法律要件が日常的な事実概念（弁済・返還約束・物の交付など）で定められているときは，要件該当性の判断はほぼ機械的に行われあまり問題は生じない。これに対し，法律要件が不特定概念（不確定概念。たとえば，過失や公序良俗違反）

で定められているときは，要件該当性の判断は必ずしも容易でないが，問題の本質は変わらない。過失や公序良俗違反といった法的評価を受ける具体的事実（脇見運転や財産の横領の事実）の確定は事実問題であり，このようにして確定された事実に基づいて，過失や公序良俗違反といった法的評価をすることができるかどうかの判断が法律問題である。そして，後者の判断に誤りがあるときは，法令適用の誤りとして上告理由となる（小室・前掲講座民訴⑦ 270 頁，新堂 909 頁，上田 609 頁）。

（イ）　手続上の過誤・判断の過誤　　法令違反を生ずる場所による区別で，原審手続における訴訟法規違反が手続上の過誤であり（証拠調べ手続の違法，期日指定の違法など），原判決における請求の当否に関する法律判断の中で生ずるものが判断の過誤である（実体法規の適用の誤りはこれにあたる）。

　手続上の過誤はその存在が潜在的であり，また，当事者の責問権の放棄により瑕疵が治癒されることがあるので，上告裁判所は，当事者から主張のあったもののほかは，職権調査事項にあたる手続違反についてだけ調査すれば足りる（322）[5]。これに対し，法令を適用して請求についての法律判断を行うことは裁判所の職責であるから，上告裁判所は，判断上の過誤については，当事者の主張の有無にかかわらず，調査しなければならない（上告理由不拘束の原則。上野・前掲法教 208 号 38 頁，松本・人訴 240 頁，高橋・重点講義下691 頁など参照）。

6-3-6　絶対的上告理由（312 条 2 項）

（1）　意義　　法令違反は，判決に影響を及ぼすことが明らかであるときにのみ上告理由となる（一般的上告理由）。しかし，手続上の過誤については，それが判決に影響を及ぼすことことが明らかでないことが多い（たとえば，専属管轄裁判所で審理がなされておれば，判決の結論が異なったであろうということを証明するのは困難である）。そこで，一定の重要な手続上の過誤につい

---

[5]　具体的には，裁判権，専属管轄違反，出訴期間の遵守，控訴の適否などである。312 条 1 号ないし 5 号も職権調査すべきである。職権調査に際しては，原判決の確定した事実に拘束されないから（322），原審口頭弁論終結後の事実を顧慮することもできる。

ては，判決への影響の有無を問うことなく，上告理由とした。これが絶対的
上告理由である（312 II。本項に規定された絶対的上告理由は，5 号を除いて憲法
違反ではないが，最高裁判所への上告権を基礎づけるものとされている）。なお，
判決の（成立）手続の違反もまた破棄理由とされているから（313 による 306
の準用），やはり絶対的上告理由である（ただし，最高裁への上告権を基礎づけ
ない）。

(2)　裁判所に関する手続違反（1 号～3 号）　　裁判所法や民事訴訟法に従って
裁判所を構成しなかった場合（1 号。欠格事由のある者が判決裁判所を構成していた
場合など。最近の例として，前掲 2 章注 9）最判平 11・2・25 判時 1670-21 がある），
法律により判決に関与することができない裁判官が判決に関与した場合（2 号。
除斥されるべき裁判官が評議および判決原本の作成に関与した場合など），日本の裁判
所の管轄権の専属に関する規定に違反した場合（2 号の 2。本号は，財産権上の訴
えについて国際裁判管轄の規定を新設するための「民事訴訟法及び民事保全法の一部を
改正する法律」（平成 23 年法律第 36 号）により新設された。これは，日本の裁判所に
専属的な管轄権が認められるにもかかわらず（3 条の 5 参照），国際裁判管轄権を否定し
て訴えが却下された場合に，上告審による救済の途を開いたもので，本条 3 号と同趣旨
の規定である。一問一答平成 23 年 171 頁，基本法(3) 251 頁など参照），および，専属
管轄の定めに違反して判決がされた場合（3 号。ただし，6 条 1 項の専属管轄違反を
除く。312 II ③括弧書）である。

(3)　代理権の欠缺（4 号）　　法定代理権，訴訟代理権または代理人が訴訟行
為をするのに必要な授権を欠いた場合であるが，追認があった場合を除く（312
II 但）。この規定は，口頭弁論において攻撃防御の機会を不当に奪われ，手続保
障がなかった場合に類推される（上田 611 頁，伊藤 726 頁，秋山 = 伊藤ほか VI 292
頁など。たとえば，判決の効力を受ける氏名被冒用者〔大判昭 10・10・28 民集 14-1785
〔百選〔5 版〕5 事件〕〕や訴訟手続の中断中に口頭弁論が終結された場合）。

(4)　口頭弁論公開規定違反（5 号）　　憲法 82 条および裁判所法 70 条に違反
して口頭弁論を非公開にした場合である。口頭弁論の公開は，口頭弁論調書の必
要的記載事項であるから（規 66 I ⑥），調書に公開した旨の記載がないときは，
公開の事実はなかったものと認められる（160 III。上田 611 頁，秋山 = 伊藤ほか
VI 293 頁など。⇒ **3 - 2 - 16**）。

(5)　判決の理由不備・理由の食違い（齟齬）（6 号）　　判決には理由を付さ
なければならないが（253 I ③），その理由の全部または一部を欠き，または，付

II 上告理由および上告受理申立ての理由 667

された理由に矛盾があるため、判決主文に到達した過程が明らかでない場合である。したがって、原判決の理由が論理的に完結し、主文の判断を導き出すための理由の全部または一部が欠けているとはいえない以上、判断の遺脱があっても（⇒ **6 - 5 - 2**(1)）、上告理由としての理由不備にはあたらない[6]。

6 - 3 - 7　その他の上告理由

(1)　審理不尽　　審理不尽とは、法令の適用の前提となる事実関係の解明が不十分であることをいう。判例は、古くから、この審理不尽を、「審理不尽、理由不備の違法がある」というような形で（たとえば、最判昭 35・6・9 民集 14-7-1304〔百選 II 193 事件〕参照。最近の例として、最判平 25・7・12 判時 2200-63 は、審理を尽くさない原審の判断には、判決に影響を及ぼすことが明らかな法令の違反があるとする）、他の上告理由に付加して判決破棄の理由としてきた。これに対し、学説は、当初、審理不尽は、付加して上告理由とされる、法令解釈の誤り、理由不備または理由の食違い（齟齬）、あるいは、釈明権不行使のいずれかに解消できることを理由に、明文規定のない審理不尽を独立の上告理由とすることに反対してきた（小室・研究 209 頁、三ケ月・双書 538 頁、新堂〔初版〕〔昭 49〕566 頁、菊井＝村松 III 237 頁、斎藤編(9)426 頁など。なお、大須賀・前掲争点 324 頁参照）。しかし、審理不尽は、法令解釈の誤りや、理由不備または理由の食違い（齟齬）の原因であり（前掲最判昭

---

6)　最判平 11・6・29 判時 1684-59〔平 11 重要判解 4 事件〕参照。もっとも、再審事由のうち、絶対的上告理由とされていないものも、上告理由になると解されているので（⇒ **6 - 5 - 2**(2)）、必ずしも実益のある議論でない。また、判決に影響を及ぼすような重要事項についての判断の遺脱は、結局理由不備になることが多いと考えられる。

　なお、理由不備とされた具体例として、最判昭 60・7・16 判時 1178-87 がある（ほかに、最大判昭 45・6・24 民集 24-6-712〔百選〔2 版〕70 事件〕参照）。これは、原告の被告に対する所有権に基づく移転登記抹消請求訴訟において、被告が所有権取得原因（原告の所有権喪失原因）として、代物弁済の抗弁を提出したのに対し、原告がこの代物弁済は通謀虚偽表示で無効との再抗弁を提出したという事案において、控訴裁判所は、抗弁の成立を認め、再抗弁を排斥したにもかかわらず、なんらの理由も示さずに、原告の請求を容認したという珍しい事例である。理由の食違いの例として、最判昭 36・2・14 判時 251-13 がある。これは、建物の賃借人が建物を占有使用できなかったという理由を付しておきながら、不法占拠による損害金の支払を命じたという事例である。

6 - 3 - 7

35・6・9参照），釈明権不行使はさらにその審理不尽の原因となっている（「釈明権不行使，審理不尽の違法」を理由に原判決を破棄した，最判昭39・6・26民集18-5-954〔百選〔5版〕53事件〕や，最判昭51・6・17民集30-6-592〔百選〔2版〕74事件〕参照）。そうすると，審理不尽という概念は，破棄理由の拘束力（325 III）とあいまって，差戻し後の下級審の審理に指針を与えるという作用を営む（小林485頁。大須賀・前掲民訴演習 II 135頁は，この点を指摘して，審理不尽と差戻しとの関係を強調する。ただし，旧注釈民訴(8) 257頁〔松本〕参照）。しかも，審理を尽くしたうえで裁判をすることは，訴訟手続の根本原則であり（小室・前掲講座民訴⑦ 276頁），民事訴訟法も，終局判決は訴訟が裁判をするのに熟したときにするべきことを規定している（243）。このようにみてくると，審理不尽もまた法令違反として上告理由になると解するべきである（新堂913頁，高橋・重点講義下696頁，林屋433頁，秋山＝伊藤ほかVI 320頁，注釈民訴(5) 287頁〔勅使川原〕，小林494頁など。なお，このように解したとしても，審理不尽そのものは最高裁への上告権を基礎づけない）。

　(2)　再審事由　　再審の補充性から（338 I 但），338条1項の規定する再審事由のうち，絶対的上告理由とされていないもの（4号ないし10号）は，法令違反として上告理由となる（最判昭38・4・12民集17-3-468〔百選〔3版〕A 47事件〕，新堂913頁，上田612頁，斎藤編(9) 445頁など。これに対して，松本・人訴236頁は，これらの再審事由は，再審事由として上告審において斟酌されるのであって，形式的な意味において上告理由になるのではないとする。なお，5号ないし10号の再審事由は，性質上，判決に影響があることを前提とする。4号については絶対的上告理由に準じ，判決への影響の有無を問わないと解するべきであろう）。これらの上告理由が最高裁判所への上告権を基礎づけるかどうかについては疑問があるが，最高裁判所の負担軽減という観点から，否定するのが正当である[7]。

---

　7)　最高裁判所の負担軽減のため，必要があれば再審の訴えによって救済を求めるべきである（上野泰男「上告——上告理由について」法教208号（平10）37頁参照）。したがって，再審の補充性の適用はない。前掲注6）最判平11・6・29は，再抗弁に対する判断の遺脱は325条2項の破棄事由にあたると解したが，判断の遺脱は再審事由にあたるから（338 I ⑨），この判決は，少なくとも判断の遺脱という再審事由が，最高裁判所への上告権を基礎づけないことを判示したものとみる余地がある（宇野聡・リマークス2000〈下〉137頁。田邊誠・平11重要判解129頁は反対）。最判平15・10・31判時1841-143〔百選〔5版〕A 39事件〕も，事件が上告受理申立てに基づい

6‒3‒**8**　上告受理申立ての理由

　上告受理申立ての理由とは，最高裁判所が，申立てに基づき，上告審として事件を受理するべき事由をいい，その主張が上告受理申立権を基礎づける。現行民事訴訟法は，最高裁判所の負担軽減のため，最高裁判所への上告権を基礎づける上告理由を，憲法違反と絶対的上告理由とに限定したが（312 I・II），その補完措置として，上告理由である判決に影響を及ぼすことが明らかな法令違反のうち重要なもの，すなわち，最高裁判所判例違反の形で存在する法令違反と，法令の解釈に関する重要事項を含むと認められる法令違反とを，上告受理申立ての理由とした（318 I）。

　(1)　**最高裁判例違反**　　最高裁判所の判例（最高裁判所の判例がない場合は，大審院または上告裁判所もしくは控訴裁判所としての高等裁判所の判例）が一定の法令解釈をしている場合，その判例と相反する判断をした控訴審判決には，重要な法令違反があると考えられる。そこで，現行民事訴訟法はこれを上告受理申立ての理由として，上告への道を開いた。なお，その最高裁判例が憲法の解釈をするものであるときは，最高裁判所に対して上告をすることができるから，上告受理申立ての理由にはならない（318 II）。

　(2)　**重要事項を含むと認められる法令違反**　　その法令の解釈が当該事件を超えて一般的に広く影響する問題に関連し，しかも，最高裁判所がその法令の解釈を示すことが，法令解釈の統一のために必要であるような法令違反である。経験則違反も上告理由となることは前述したが（⇒ **6‒3‒5**(2)），適用範囲が広く，かつ高度の蓋然性を伴う経験則についての判例の統一も最高裁判所の任務であると考えられるから，上告受理申立ての理由にあたると解するべきである（一問一答 355 頁，松本・人訴 238 頁。なお，実際の運用では，受理，不受理の判断に際して，個別事件の救済も考慮の要素とされていることに

て上告審に係属中，原判決の基礎となった行政処分がその後の行政処分（訂正審決）によって変更された場合について，ほぼ同旨を判示する。この問題については，最近活発な議論の展開がみられる。山本弘「上告審手続の現状と展望 ── 再審事由を理由とする最高裁に対する上告の可否を中心として」ジュリ 1317 号（平 18）119 頁，加波眞一「最高裁判所における再審事由の取扱い」民事手続法研究 2 号（平 18）97 頁，高橋・重点講義下 712 頁，秋山＝伊藤ほか VI 282 頁，注釈民訴(5) 254 頁，笠井＝越山編・前掲注 3) 1074 頁〔笠井〕など参照。

670　　　　　　　　　第6編　第3章　上　　告

つき，高橋宏志ほか「座談会・民事訴訟法改正 10 年，そして新たな時代へ」ジュリ 1317 号〔平 18〕6 頁・35 頁参照。近時の具体例として，最判平 18・3・3 判時 1928-149，最判平 22・7・9 判時 2091-47，最判平 22・7・16 判時 2094-58 などがある）。

III　上告の提起

6-3-**9**　上告の提起

（1）　上告状の提出　　上告の提起は，2 週間の上告期間内に（313・285），上告状を原裁判所に提出して行う（314 I。費用の予納につき，規 187。なお，上告状が上告裁判所に提出された場合につき，⇒ 6-2-**3**(1)）。上告状の提出を受けた原裁判所の裁判長は上告状の審査を行い（314 II。上告状の記載事項については 286 条 2 項が準用される），さらに，原裁判所が上告の適法性審査を行う（316 I）。これらの審査により上告状却下の命令または上告却下の決定があった場合を除き，原裁判所の裁判所書記官は当事者に上告提起通知書を送達しなければならない（規 189 I。被上告人には同時に上告状も送達する。同 II）。

（2）　上告理由書提出強制　　上告人は，上告状に上告の理由を記載した場合を除き，上告提起通知書の送達を受けた日から 50 日以内に，民訴規則 190 条ないし 193 条の定める方式によって記載した上告理由書を，原裁判所に提出しなければならない（315，規 194。副本の提出につき，規 195）。

（3）　原裁判所による適法性審査　　原裁判所は，上告が明らかに不適法でその不備を補正することができない場合，または，上告理由書につき 315 条の違反がある場合[8]，決定で上告を却下しなければならない（316 I。いわ

---

8)　上告状や規 194 条所定の期間内に提出された書面に上告理由が記載されていないときは，規 196 条 1 項による補正の余地がないから，原裁判所はこの規定に基づく補正命令を発することなく，直ちに決定で上告を却下するべきであり，たとえ原裁判所が補正命令を発し上告人が補正期間内に上告理由に該当する事由を記載した書面を提出

III 上告の提起　　671

ゆる原審却下。即時抗告につき同II）。

　原裁判所において，上告状却下の命令または上告却下の決定があった場合を除き，原裁判所は事件を上告裁判所に送付しなければならない（規197 I参照。この場合，原裁判所は上告理由中で示された訴訟手続に関する事実の有無について意見を付することができる〔規197 I後段〕。なお，事件の送付は，原裁判所の裁判所書記官が，上告裁判所の裁判所書記官に対して訴訟記録を送付してしなければならない。規197 II）。この事件の送付によって，事件は上告審に移審する[9]（不服申立てのない部分についての仮執行宣言につき，323参照）。

6-3-10　上告受理申立て

　（1）**上告受理申立ての手続**　上告受理申立てについては上告の提起に関する規定が準用される（318 V）。したがって，上告受理の申立ては，原判決確定前に，上告受理申立書を原裁判所に提出して行い（314 I，規189の準用），その審査を受ける（314 II・316 Iの準用）。上告受理申立ての理由書についても同様である（315，規194の準用。なお，上告受理申立ての理由の記載方法につき，規199参照）。上告受理の申立ては原判決の確定を遮断する（116 II）。

　（2）**上告と上告受理申立ての併存**　上告受理申立ての理由は（最高裁判所への）上告の理由にならず（312 I・II），上告の理由は上告受理申立ての理由とすることができないから（318 II），同一事件について上告と上告受理の申立てとが併存することがある。この場合，当事者は上告の提起と上告受理の申立てとを1通の書面ですることができる（規188前段。なお，民訴費3 III）。その際，その書面が上告状と上告受理申立書とを兼ねることを明らかにし，上告の理由と上告受理申立ての理由とを区別して記載しなければならない（規188後段）。しかし，上告と上告受理の申立てとは異なるものであるから，上告提起期間内に申し立てた上告を，上告受理申立期間経過後，上告受理の申立てに変更または訂正することは

　　しても，これによって上告が適法となるものではない（最判平12・7・14判時1723-
　　49）。
[9]　上田614頁，斎藤編(9)530頁，秋山＝伊藤ほかVI 334頁，伊藤732頁。ただし，
　　上告状を原裁判所に提出した時点で，事件が上告裁判所に係属するとみる見解もある
　　（菊井＝村松III 264頁・266頁，高橋・重点講義下730頁以下参照）。

6-3-9・10

できないとするのが判例である（最判平 12・7・14 判時 1720-147〔百選［3 版〕A 48 事件〕。上告人が，上告理由に該当しない事由のみを主張して上告を提起したが，後にそのことに気づいて，上告期間経過後上告理由書提出期間内に，上告状を上告受理の申立書として取り扱うことを求めたが，容れられなかった）。

　(3)　上告受理の決定　　原裁判所において，上告受理申立書却下の命令，または，上告受理申立却下の決定がされないときは，上告受理申立事件は最高裁判所に送付される（規 199 II による規 197 の準用）。事件の送付を受けた最高裁判所は，上告審として事件の受理をするかどうかを審査し，受理するときは上告受理の決定をしなければならない（318 I）。上告受理決定をするときは，上告受理申立ての理由のうち，重要でないものを排除することができ（318 III，規 200），これによって，最高裁判所は，上告を受理して自ら判断するに値すると認めた上告受理の理由だけを，上告の理由として取り上げることができる（318 IV）。

　上告受理の申立ては当事者の申立権に基づくから（318 I），最高裁判所は，上告審として事件を受理しないときは，不受理の決定をしなければならない（新堂 919 頁，上田 614 頁，秋山＝伊藤ほか VI 361 頁）。

6-3-11　附帯上告・附帯上告受理申立て

　当事者の一方から上告があった場合，被上告人は附帯上告を申し立てることができる（313 による 293 の準用）。また，当事者の一方から上告受理の申立てがあった場合，相手方当事者は附帯上告受理の申立てをすることができる（318 V による 313・293 の準用）。この場合，上告不受理の決定がされたときは，上告受理申立ての要件を具備しない附帯上告受理の申立てはその効力を失う（293 II の準用。同旨，最決平 11・4・8 判時 1675-93）。当事者の一方から上告または上告受理の申立てがあった場合，相手方当事者は附帯上告受理の申立てまたは附帯上告をすることができると解すべきである[10]。附帯上告または附帯上告受理申立てについては，それぞれ上告または上告受理の申立てに準ずる（293 III の準用）。

---

10)　最判平 11・4・23 判時 1675-91 は反対で，上告受理の申立てに対して附帯上告を提起し，または上告に対して附帯上告受理の申立てをすることはできないとする。しかし，上告または上告受理の申立てによって上告審手続が開始すれば，最高裁判所の負担軽減の要請は働かないから，附帯上訴の制度趣旨を重視して（⇒ 6-2-6(1)），附帯上告受理の申立てまたは附帯上告を許容するべきである。

IV 上告審の審判　　　673

　附帯上告または附帯上告受理申立てをどの時点まですることができるかについて
ては，理由書提出強制との関係で疑問がある（上告人は上告理由書提出期間を過ぎ
ると上告理由の追加変更ができないので，被上告人の附帯上告や附帯上告受理申立ての
時期を，上告理由書提出期間までに限定するべきではないかという問題）。附帯控訴と
同様，口頭弁論終結時までできるが（293 I の準用。上告審では口頭弁論が開かれる
ことは少ないが，その場合は終局判決の言渡しまで），附帯上告または附帯上告受理
申立ての理由が，上告理由または上告受理申立ての理由と異なるときは，上告理
由書提出期間内に限られる（新堂 920 頁，上田 614 頁，最判昭 38・7・30 民集 17-6-
819，最判平 9・1・12 判時 1598-78 など。なお，斎藤編(9) 524 頁参照）。

IV　上告審の審判

6-3-12　書 面 審 理

　(1)　一方的書面審理　　上告裁判所は，上告人（上告受理申立人を含む）
提出の上告状，上告理由書などの書類により，316 条 1 項各号に該当すると
認めるときは，決定で上告を却下することができる（317 I。呼出費用の予納
がないときも同様である。291 の準用）。旧法では判決で上告を却下するものと
されていたが（旧 399 ノ 3），特に最高裁判所の負担軽減のため，決定で却下
できるよう改められた（高等裁判所が上告裁判所であるときも，この規定は適用
される）。もっとも，前述したように，316 条 1 項各号に該当することが明ら
かであるときは，上告状の提出を受けた原裁判所が決定で上告を却下するこ
とができるので，317 条 1 項の適用は，原裁判所が看過した場合や，316 条
1 項各号該当性が明らかでない場合に限られることになろう（なお，上告受理
申立てが，318 条 5 項の準用する 316 条 1 項により，原裁判所によって却下され
なかった場合，317 条の規定は適用も準用もないから，最高裁判所は上告不受理の
決定をすることになる）。

　上告裁判所である最高裁判所は，やはり上告人提出の書類により，主張さ
れた上告の理由が，明らかに 312 条 1 項（憲法違反）または 2 項（絶対的上

6-3-11・12

674 第6編 第3章 上 告

告理由）の事由に該当しないと認めるときは，決定で上告を棄却することが
できる（317 II。上告自体は適法であるから，原裁判所または上告裁判所は，316
条1項または317条1項によって上告を却下することはできない。最決平 11・3・
9 判時 1673-87 参照。なお，上告裁判所が高等裁判所であるときは，法令違反一般
を上告の理由とすることができるので，317 II の適用はない）。上告が明らかに
上告理由を主張するものでない場合の処理については，昭和 29 年の民訴法
の改正に際して，原裁判所が決定で上告を却下することができる制度の導入
が図られ（桜井孝一「上訴制限」講座民訴⑦ 92 頁，松本博之編著・民事訴訟法
〔戦後改正編〕立法資料(3) I〔平 9〕33 頁以下参照），現行民事訴訟法の制定過程
においても，同じ案が検討されたが，最高裁判所による審査の機会を保障し，
かつ，最高裁判所の負担軽減を図るため，棄却決定の制度が導入された。

　なお，317 条 2 項の適用がある場合でも，上告は適法であるから，最高裁
判所は，判決に影響を及ぼすことが明らかな法令違反があると認めるときは，
原判決を破棄することができる（325 II）。

　(2)　答弁書の提出と書面審理　　上告裁判所が上告却下または上告棄却
の決定をしないときは，被上告人に答弁書の提出を命じたうえ（規 201），原
判決の当否について書面審理を行う。その結果，上告に理由がないと認める
ときは，口頭弁論を経ることなく，判決で上告を棄却することができる
（319）。

6-3-13　口頭弁論による審理

　書面審理により上告を却下または棄却することができないときは，上告裁
判所は口頭弁論を開いて審理を行う。特に，上告を認容する場合については，
特別規定がおかれていないので，必ず口頭弁論を開かなければならない（87
I・III）。しかし，近年，口頭弁論を経ることなく原判決を破棄した最高裁判
例が続出している[11]。前述の書面審理に関する 319 条（旧 401 条）は，訴訟

---

11)　①最判平 14・12・17 判時 1812-76 は，主位的請求に係る訴えと重複する予備的請
　　求に係る訴えを不適法として却下する（142・140 参照）前提として，予備的請求を
　　棄却した原判決を破棄する場合に，②最判平 18・9・4 判時 1948-81 は，原審の口頭
　　弁論終結後原判決言渡し前に，原告の一人が死亡して訴訟中この原告にかかる部分

IV 上告審の審判   675

不経済を避けるための規定であり，その他140条など口頭弁論を経ることな
く終局判決をすることができる例外規定がおかれている趣旨からすれば，上
告裁判所が原判決を破棄する場合には，常に口頭弁論を経なければならない
と解するのは行き過ぎであろう。どの範囲で口頭弁論を経ることなく原判決
を破棄することができるかについては，319条（旧401条）の立法の経緯[12]

（本件訴訟）が終了したことが記録上明らかである場合に，本件訴訟が終了したこと
を宣言する前提として，原判決を破棄する場合に，③最判平19・1・16判時1959-29
は，基本となる口頭弁論に関与しない裁判官が判決をした裁判官として署名押印して
いることが明らかであることを理由として（312Ⅱ①参照），原判決を破棄し，事件
を原審に差し戻す場合に，④最判平19・3・27民集61-2-711〔平19重要判解2事
件〕〈いわゆる光華寮事件〉は，本件において原告として確定されるべき者は，本訴
提起当時，その国名を「中華民国」としていたが，昭和47年9月29日の時点で，
「中華人民共和国」に国名が変更された中国国家であり，本件の訴訟手続は，代表権
の消滅のため，37条，124条1項3号の規定により，前記の時点で中断したものとい
うべきである，との判断を示して（なお，訴訟手続の中断は中断事由の存在によって
法律上当然に生じ，代表権の有無のような職権探知事項については裁判所が職権探知
によって中断事由の存否を確認することができる），原判決を破棄し第一審判決を取
り消して事件を第一審に差し戻す場合に，⑤最判平19・5・29判時1978-7〔平19重
要判解3事件〕〈いわゆる第5次ないし第7次横田基地訴訟〉は，口頭弁論終結の翌
日以降原判決言渡日までの期間についての損害賠償請求を認容した原判決には，訴訟
要件に関する法令の解釈の誤りがあり，しかも将来生ずべき損害の賠償請求に係る部
分は，不適法でその不備を補正することができないものであるとして，原判決を破棄
し訴えを不適法として却下する場合に（なお，最判平24・12・21判時2175-20〔平
25重要判解2事件〕も同旨の判決である），⑥最判平22・3・16民集64-2-498〔平
22重要判解5事件〕は，XからY₁・Y₂に対して提起された訴訟が固有必要的共同訴
訟であるにもかかわらず，控訴裁判所がXのY₂に対する請求を認容し，Y₁に対す
る請求を棄却する内容の判決をしたのでY₂のみが上告をしたという事案で，上告審
が，合一確定に必要な限度で，原判決のうち上告人Y₂に関する部分のみならず，同
Y₁に関する部分も破棄する場合に，⑦最判平23・10・27判時2133-3は，Y市の住
民Xが，Y市長を被告として，Y市が金融機関等との間でした損失補償契約に基づ
く公金の支払の差止め等を求めて提起した住民訴訟（自治242の2Ⅰ①）において，
損失補償を約していた部分については全額弁済され，Y市が本件契約に基づき公金
を支出する蓋然性は存しないので本件訴えは不適法であり，その不備を補正すること
ができないとして，原判決を破棄して訴え却下判決をする場合に，いずれも，民訴法
319条や140条の規定の趣旨に照らすと，必ずしも口頭弁論を経る必要はないと判示
した。
12) 旧401条は，法律取調委員会およびその作業を引き継いだ民事訴訟法改正調査委

や上告審において口頭弁論が果たす役割などを考慮して慎重に判断することが求められるが，上告を棄却する代わりに，裁判所に顕著な事実に基づいて，棄却判決を却下判決に変更する前提として，原判決を破棄する場合には（注11の判例①），口頭弁論を経る必要はないと解してよいように思われる[13]。

(1) 口頭弁論の限度（上告審の審判の対象） 上告審の審判の対象は，上告（または附帯上告）によってされた不服申立ての範囲に限定されるから（320），口頭弁論は当事者が原判決の変更を求める限度においてのみ行われる（296Ⅰの準用）。また，上告理由は法令違反に限られ，かえって，原判決において適法に確定された事実は上告裁判所を拘束するから（321Ⅰ。なお，飛越上告の合意があるときは，そもそも事実の確定の問題に立ち入れない。同Ⅱ），上告裁判所は原審までに確定された事実に基づいて裁判する（296条2項の準用はなく，原審における口頭弁論の結果の陳述も不要である）。

(2) 上告審の調査の範囲 上告裁判所は，不服申立ての当否につき，主張された上告の理由に基づいて調査を行う（320）。特に，手続上の過誤（⇒ **6 - 3 - 5**(3)(イ)）については，上告裁判所は，職権調査事項にあたるも

員会内の起草委員会が作成した「民事訴訟法改正案〔第一案・議案〕」381条に遡り（なお，同規定は，民事訴訟法改正調査委員会の起案会内の起案会が作成した，「民事訴訟法改正起案会決定案（起草委員会議案）」371条に基づくもので，条文は全く同じである。松本博之ほか編・民事訴訟法〔大正改正編(2)〕56頁の資料475参照），同条は，「上告裁判所カ上告状，上告理由書，答弁書其ノ他ノ書類ニ基キ裁判ヲ為スニ熟スルモノト認ムルトキハ口頭弁論ヲ経スシテ判決ヲ為スコトヲ得」と定めていた（松本ほか編・前掲書180頁の資料479〔214頁〕参照）。しかし，民事訴訟法改正調査委員会委員総会において，極めて顕著な場合はそれでよいが，顕著であるかどうか境界が不明確であることもあるとの疑念が出されたこともあって，起草委員会（整理会）が民事訴訟法改正調査委員会総会〔後半〕における再審議の資料とするために作成した「民事訴訟法改正案〔第二案・議場用〕」（松本ほか編・前掲書241頁の資料481）以降，「上告裁判所カ上告状，上告理由書，答弁書其他ノ書類ニ依リ上告ヲ理由ナシト認ムルトキハ口頭弁論ヲ経スシテ判決ヲ以テ上告ヲ棄却スコトヲ得」との条文に変更された（松本ほか編・前掲書277頁参照）。

13) この問題については，伊藤734頁，高橋・重点講義下732頁，注釈民訴(5)330頁以下〔加波〕，坂原正夫「民事訴訟法第319条について──最高裁判所と口頭弁論」法学研究（慶応大学）82巻12号（平11）1頁，上野泰男「民事訴訟法319条〔旧401条〕の沿革について」栂善夫先生＝遠藤賢治先生古稀祝賀・民事手続における法と実践（平26）723頁など参照。

IV　上告審の審判　　　677

のを除き（322。絶対的上告理由は職権調査事項であり，その他，裁判権・当事者
能力・訴訟能力・当事者適格などの訴訟要件や，重複起訴の禁止・既判力の抵触
なども職権調査事項である），当事者から主張のあったものだけを調査の対象
とすれば足りる（⇒**6 - 3 - 6**(1)）。これに対し，判断上の過誤については上
告理由不拘束の原則が行われ（⇒**6 - 3 - 5**(3)(イ)），上告裁判所は当事者の
主張の有無にかかわらず，調査・判断しなければならない（小室直人「上告
理由」講座民訴⑦274頁，条解民訴1645頁〔松浦＝加藤〕，菊井＝村松Ⅲ282頁，
斎藤編(9)560頁，高橋・重点講義下726頁，宇野聡「上告裁判所が調査の対象と
するべき破棄事由」民訴雑誌58号〔平24〕1頁・20頁，同「上告理由と上告受理
申立ての理由」実務民訴〔第3期〕(6)91頁・108頁など。ただし，基本法(3)84頁，
秋山＝伊藤ほかⅥ371頁など反対説も有力に主張されている）。

　　(3)　口頭弁論後の終局判決　　口頭弁論による審理の結果，上告理由を
認めることができないときは上告棄却の判決をする（上告に理由があっても，
他の理由により原判決が正当であるときも棄却する。302Ⅱの準用）。これに対し，
上告裁判所が，原判決に影響を及ぼすことが明らかな法令違反があると認め
るときは，原判決を破棄しなければならない[14]（325Ⅰ・Ⅱ）。原判決が破棄さ
れると，裁判は控訴申立てに対する応答がない状態になるので，上告裁判所
は，次のいずれかの措置をとる必要がある。

---

14)　最判平16・6・3家月57-1-123は，人訴32条1項の趣旨から，「原審の口頭弁論
の終結に至るまでに離婚請求に附帯して財産分与の申立てがされた場合において，上
訴審が，原審の判断のうち財産分与の申立てに係る部分について違法があることを理
由に原判決を破棄し，又は取り消して当該事件を原審に差し戻すとの判断に至ったと
きには，離婚請求を認容した原審の判断に違法がない場合であっても，財産分与の申
立てに係る部分のみならず，離婚請求に係る部分をも破棄し，又は取り消して，共に
原審に差し戻すこととするのが相当である。」と判示する。しかし，財産分与に関す
る処分は家事別表第2四項審判事件〔旧家審乙類5号審判事件〕であり（民768Ⅱ，
家事150⑤〔旧家審9Ⅰ乙類⑤〕），離婚訴訟において，財産分与に関する処分を求め
る申立てがあったときでも，その解決を留保して，離婚請求についてだけ訴訟上の和
解を成立させることも可能である（人訴36参照）。本件でも，離婚請求については不
服申立てがなかったのであるから，このような場合に，同時解決の観点から，離婚請
求についても破棄または取消しをするのは，本末転倒の誹りを免れないであろう。松
本・人訴58頁・345頁，梶村太市＝徳田和幸編・家事事件手続法〔第3版〕（平28）
582頁参照。

6 - 3 - 13

678　　　第6編　第3章　上　告

　（ア）　破棄差戻し（移送）　　裁判のためさらに事実審理を必要とすると
きは，事件を原裁判所に差し戻すか，原裁判所と同等の他の裁判所に移送し
なければならない（325 I・II。訴訟記録の送付につき，規 202 参照）。破棄移送
は，原判決に関与した裁判官が差戻し後の裁判に関与できない結果（325 IV。
後述する破棄判決の拘束力の実効性を確保するため），原裁判所への差戻しが適
当でないときに行われる。

　上告裁判所が，控訴に理由があり第一審判決をも不当とする場合（第一審
判決が不適法却下判決，控訴審判決が控訴棄却判決で，上告裁判所が訴えを適法
と認めるときや，専属管轄違反のときなど），原判決を破棄するほか，第一審判
決を取り消して，事件を第一審裁判所に差し戻す（専属管轄裁判所に移送す
る）。

　（イ）　破棄自判　　上告裁判所は，法令違反を理由に原判決を破棄しても，
事件が原判決の確定した事実に基づいて裁判をするのに熟するときは，自ら
事件について判決をする（326 ①）。上告裁判所は，事件が裁判所の権限に属
しないことを理由に原判決を破棄するときも，自判しなければならない
（326 ②。第一審も本案判決をしているときは，これも取り消して訴え却下の判決
をし，第一審判決が訴え却下判決であるときは控訴棄却の判決をする）。当事者
能力や訴訟能力などの訴訟要件の欠缺の場合にも，これに準じて自判しなけ
ればならない。

6-3-14　差戻し（移送）後の手続

　(1)　**口頭弁論の続行**　　破棄差戻しまたは破棄移送を受けた裁判所は，
その審級の手続（通常は控訴審手続）に従い，新たに口頭弁論を開いて裁判
をしなければならない（325 III 前段）。この口頭弁論は，実質的には，従前
の口頭弁論の再開続行であるが（ただし，158 条の適用を認めるのが多数説で
ある。新堂 924 頁，高橋・重点講義下 750 頁など。⇒ 3-2-**18**(1)），原判決に
関与した裁判官はこの口頭弁論に関与できないから（325 IV），当事者はつ
ねに弁論更新の手続をしなければならない（249 II・296 II の準用）。弁論の更
新があると，差戻し前の口頭弁論に提出された資料は，破棄の理由となって
いない限り，裁判の基礎資料となる（308 II）。当事者は，新たに攻撃防御方

法を提出することができる。

(2) **破棄差戻判決の拘束力** 差戻しまたは移送を受けた裁判所は，事件につき裁判をするにあたり，上告裁判所が破棄の理由とした事実上および法律上の判断に拘束される（325 III 後段，裁4）。この拘束力は，原裁判所が破棄理由に示された上告裁判所の判断に従わないときは，事件に決着がつかず審級制度が成り立たなくなるので，これを防止するため特に認められたものである（特殊効力説。新堂925頁，上田616頁など通説）。したがって，この拘束力はその事件限りのもので，他の事件に及ばないが，その手続内においては，差戻し後の判決に対する上告審をも拘束する（新堂925頁，上田617頁，最判昭28・5・7民集7-5-489 など）。

拘束力が生ずる事実上の判断は，上告裁判所が事実審理をすることができる職権調査事項に関する事実（322参照）に限られ，本案に関する事実上の判断には拘束力は生じない（新堂925頁，上田617頁，高橋・重点講義下752頁，最判昭36・11・28民集15-10-2593〔百選 II 195事件〕など通説）。たとえば，上告裁判所が，訴訟能力や当事者能力の有無の判断のため認定した，年齢や団体の組織・活動などに関する事実（29参照）がこれにあたる。また，上告理由として再審事由が主張された場合，上告裁判所は，再審事由に該当する事実につき事実審理をすることができるから，その事実もこれにあたる。

拘束力が生ずる法律上の判断は，破棄の理由において否定された原判決の法律問題に関する判断である。拘束力は，上告裁判所において否定された法律上の判断を，差戻し後の裁判所が繰り返すのを避けるために認められるから，破棄の直接の理由となった否定的判断につき生ずるのが原則である[15]。しかし，この否定

---

15) 通説によれば，上告審において示された積極的な法律判断には拘束力は生じない（加波眞一・争点〔新版〕326頁，高橋・重点講義下753頁など参照）。たとえば，前掲最判昭36・11・28においては，相続人が数人いる場合，もともと連帯債務である相続債務は，①相続分に応じて当然に分割される（一審裁判所の判断）のか，それとも②相続人は分別の利益を有しない（控訴裁判所の判断）のかが一つの争点となったが，最高裁判所は，①の判断を是認することを根拠に，②の判断を否定した。この場合，通説によれば，破棄の理由として拘束力を持つのは②の判断を否定した部分だけであって，①の判断を是認した部分には破棄判決の拘束力は生じない。その結果，差戻審において第三の立場を採用することは理論的には可能であり，そのような判決がされると，再度上告される可能性が大きい。否定的判断の理由となった肯定的判断にも拘束力を認める必要があるように思われる。なお，審理不尽を理由とする破棄差戻

的判断の論理的前提となった肯定的判断にも拘束力が認められる。たとえば，訴訟要件の欠缺と本案に関する違法な判断の双方が上告理由として主張され，上告裁判所が，前者を退け後者を認めて破棄差戻しした場合，破棄理由は後者に関する原裁判所の判断の否定的判断であるが，前者の肯定的判断にも拘束力を認めなければならない（上田617頁，青山・百選II 425頁，高橋・重点講義下753頁など通説。このように解さないと，差戻し後の控訴審が，訴訟要件の欠缺を理由とする裁判をすると，上告・破棄差戻しが繰り返されるおそれがある。なお，この点につき，旧注釈民訴(8) 357頁〔遠藤〕参照）。

差戻し後の裁判所は，拘束力ある否定的判断に抵触しなければ，他の法的見解に基づいて裁判をすることも可能である[16]。

判決がなされた場合，法規または事実の利用に関する指示的意見が破棄の理由となっているので（⇒ **6 - 3 - 7(2)**），この積極的判断に325条3項後段の拘束力が生じる（小室・続百選225頁，同・研究247頁，伊藤737頁，高橋・重点講義下756頁など。たとえば，次注引用の最判昭43・3・19の第二次上告審判決は，通謀虚偽表示に当たらないとした原判決を破棄し，民法94条2項の適用の可否の審理判断を指示した）。

16) たとえば，最判昭43・3・19民集22-3-648〔百選［5版］115事件〕では，民法94条の通謀虚偽表示が成立しないとの理由で所有権確認請求を認容した控訴審判決を，上告裁判所が民法94条2項の適用を審理しなかったのは違法であるとして破棄・差戻ししたのに対し，差戻し後の控訴裁判所が民法100条・177条に基づき請求を排斥したのは，破棄判決の拘束力に違反しないとされた。この判決については，高橋・重点講義下754頁以下を参照。

第4章　抗　　告

Ｉ　意　　義

6‑4‑**1**　概　　念

　抗告は決定および命令に対する独立の上訴である（⇨ **6‑1‑4**(3)）。終局判決前の中間的裁判は，終局判決に対して上訴（控訴・上告）があれば上級審の判断を受けるが（283。⇨ **6‑2‑1**。たとえば，証拠申立て却下決定・引受決定・訴え変更申立て却下決定など），そこで判断を受ける機会のない裁判（訴状却下命令・証人や鑑定人に対する裁判・第三者に対する文書提出命令など）や，本案との関係が薄く，しかも手続安定のため迅速に決着をつけるのが合理的であると考えられる裁判（移送の裁判・忌避申立て却下の裁判など）について，終局判決とは別個独立に上訴を認めるのが適切なので，抗告という上訴制度が設けられている。

6‑4‑**2**　種　　類

　（1）　即時抗告・通常抗告　　抗告期間の定めの有無による分類である。即時抗告は，裁判の告知を受けた日から1週間の不変期間内にしなければならない（332。なお，破産法9条，会社更生法9条などは即時抗告の期間を2週間とする。家事事件手続法は，審判に対する即時抗告の期間については，特別の定めがある場合を除き，2週間とし（家事86Ⅰ本文。特別の定めの例，家事87Ⅴ），審判以外の裁判（家事12Ⅸ・42Ⅵ・49Ⅵなど）に対する即時抗告の期間については1週間（家事101Ⅰ本文）とする）。これは，即時抗告に服する裁判の性質上，特に迅速な確定が必要とされるからである。即時抗告は，現行法上，すべて個別の規定によって認められ（たとえば，21・25Ⅴ・44Ⅲ・86・137Ⅲ・192Ⅱ・223Ⅳ・257Ⅱなど），また原裁判の執行停止の効力を持つ（334Ⅰ。た

6‑4‑1・2

だし，現実の執行停止のためには，執行停止決定の正本を執行機関に提出する必要がある。民執39参照。なお，更生計画は認可決定の時から効力を生ずるものとされ（会更201），認可の決定に対する即時抗告は，更生計画の遂行に影響を及ぼさないとされているので（会更202 IV），この即時抗告は執行停止の効力を持たないことになる）。

通常抗告は抗告期間の定めがなく，その取消しを求める利益がある限り，いつでもすることができる。通常抗告には執行停止の効力はないが，抗告裁判所または原裁判をした裁判所または裁判官は，執行の一時停止を命ずることができる（334 II）。

(2)　最初の抗告・再抗告　　決定・命令に対して最初にされる抗告を最初の抗告（民訴法上は単に抗告とよばれる。328参照），最初の抗告に対する裁判に対し，憲法違反または法令違反を主張してされる法律審への抗告を再抗告という（330見出し参照）。最初の抗告は控訴に，再抗告は上告に対応する（331による控訴・上告の規定の準用参照）。最高裁判所への許可抗告（337）は，裁判所法7条との関係で特別抗告の形式を採るが，実質的には，高等裁判所の決定および命令に対する法律審への抗告であり，再抗告としての意味をもつものである（上田620頁，伊藤695頁など参照。ただし，特別上訴説も有力である〔笠井正俊＝越山和広編・新コンメンタール民事訴訟法〔第2版〕〔平25〕1130頁，注釈民訴(5)455頁〔青木〕など）。

(3)　一般の抗告・特別抗告　　憲法81条の規定する最高裁判所の最終的な法令審査権を確保するため，特に定められた最高裁判所への抗告を特別抗告というのに対し（336。⇒ **6 - 1 - 2**(2)），それ以外の抗告を一般の抗告という（新堂928頁）。

II　抗　　告

6 - 4 - 3　抗告のできる裁判

抗告は法律が認めた決定および命令に対してのみすることができる（次の

Ⅱ 抗 告　　　683

⑴ないし⑶の決定・命令であって，⑷に該当しないもの）。

(1)　「口頭弁論を経ないで訴訟手続に関する申立てを却下した決定又は命令」（328Ⅰ）　　申立権に基づいてされた「訴訟手続に関する申立て」（裁判所の訴訟処理に関する申立て）を，口頭弁論を経ないで却下した決定および命令に対しては，通常抗告を申し立てることができる。

　決定または命令で裁判をするときは，そのための独立した口頭弁論は要求されないから（87Ⅰ但参照），「口頭弁論を経ないで」とは，本案審理のための必要的口頭弁論に基づいて裁判をする必要がない場合を意味する（新堂929頁，上田620頁など通説。なお，鈴木正裕「抗告できる裁判の範囲と問題点」中野古稀下312頁参照）。

　どのような訴訟手続に関する申立てにつき，本案の必要的口頭弁論に基づいて裁判をする必要があるのかという点については明文規定がない。しかし，たとえば，訴えの変更につき不許の決定を求める申立て（143Ⅳ），口頭弁論の指揮に関する裁判長等の命令または処置に対する異議申立て（150），攻撃防御方法の却下を求める申立て（157），証拠の申出（180）などは，本案審理と密接な関連性を有する事項についての申立てなので，本案の口頭弁論に基づいて裁判をするべきであると解されている（新堂929頁，上田620頁など通説）。したがって，これらの申立てを却下する裁判に対しては，抗告を申し立てることはできない（終局判決に対する上訴の中で不服を申し立てることができる）。これに対し，管轄指定の申立て（10Ⅰ・Ⅱ），訴訟引受けの申立て（50Ⅰ），期日指定申立て（93Ⅰ），受継申立て（128Ⅰ），証拠保全の申立て（234）などについては，本案の必要的口頭弁論に基づいて審理する必要はないと解されているので，却下決定に対し通常抗告を申し立てることができる（たまたま，本案の必要的口頭弁論に基づいて却下の裁判がされた場合や，任意的口頭弁論が命じられた場合でも同様である）。

(2)　違式の決定・命令（328Ⅱ。⇒ **6‑1‑5**(2)）。

(3)　法律上個別的に認められている場合　　現行法上，個別的に認められた抗告はすべて即時抗告である（⇒ **6‑4‑2**(1)）。なお，民事執行法上の抗告は執行抗告（民執10Ⅰ），民事保全法上の抗告は保全抗告（民保41）とよばれ，いずれも，本案に付随しない決定手続における上訴として，民事訴訟法上の抗告とは異なった取扱いがされている（たとえば，執行抗告については抗告理由書の提出が強制され（民執10Ⅴ①②），保全抗告の期間は2週間とされ

6‑4‑3

る（民保 41 I）等々）。

（**4**）　抗告が許されない場合　　次の各場合に該当する裁判は，一般的に抗告ができるときでも，抗告が許されない。

（**ア**）　不服申立てが禁止されている裁判　　個別的に不服申立てを禁止する旨の定めがある決定または命令に対しては，抗告をすることができない（10 III・25 IV・238・274 II・403 II など）。なお，抗告以外の不服申立てが認められている裁判についても抗告をすることができない（たとえば，保全命令に対しては保全異議が唯一の不服申立方法である。民保 26 参照）。

（**イ**）　最高裁判所および高等裁判所の裁判　　裁判所法上，最高裁判所は上告事件と特別抗告事件についてのみ管轄権を行使するから（裁7），高等裁判所のした裁判に対して抗告をすることができない（ただし，⇒ III の許可抗告参照）。また，最高裁判所は最上級裁判所であるから，その裁判に対しても，当然，抗告をすることができない。

（**ウ**）　受命裁判官または受託裁判官の裁判　　合議体の機関としての裁判長や，受命裁判官または受託裁判官のした命令に対しては，それが受訴裁判所の裁判であるとした場合に抗告をすることができるものであっても，まず合議体としての受訴裁判所に対して不服申立て（異議）をし（150・202 III・329 I。その裁判に対して認められる不服申立てが即時抗告であるときは，異議申立ても即時抗告期間内にしなければならない），これに対する受訴裁判所の決定に対して抗告を認めるという構成がとられている（329 II。⇒ **6 - 1 - 1**(2)）。受訴裁判所が最高裁判所または高等裁判所である場合，前述したように，その決定または命令に対して抗告をすることができないが，その裁判が地方裁判所の裁判であるとした場合に抗告をすることができる場合であれば（329 I 但・III），受命裁判官または受託裁判官の裁判に対する異議申立てだけは認められる（329 I 本文）。

6 - 4 - **4**　（最初の）抗告の提起

最初の抗告については控訴の規定が準用されるから（331 および規 205 の各本文），おおむね控訴の提起に準ずる。

（**1**）　抗告状および抗告理由書の提出　　抗告は，原裁判に対して不服を有する当事者または第三者が[1)]，原裁判所に抗告状を提出してしなければならない（286 I の準用）。旧 416 条は，抗告の提起につき，原裁判所または抗告裁判所に書

II 抗 告 685

面または口頭ですることができる旨規定していたが，手続を明確にし，また，抗告期間徒過の判断や再度の考案（333）を迅速に行うため，上述のように改正された（一問一答370頁参照）。抗告状の記載事項も控訴状に準じるが（286 II，規179・53の準用），抗告状に原裁判の取消し・変更を求める事由を具体的に記載しなかったときは，抗告の提起後14日以内に，これらを記載した書面（抗告理由書）を原裁判所に提出しなければならない（規207）。

（2）　原裁判所における手続

（ア）　適法性審査　　抗告状の提出を受けた原裁判所は，抗告の適法性審査を行い，抗告が不適法でその不備を補正することができないことが明らかであるときは（たとえば，即時抗告期間が徒過しているとき。ただし，即時抗告期間は不変期間なので，追完（97 I）が認められることもある。最決平15・11・13民集57-10-1531〔百選〔5版〕A 34 ②事件〕参照），決定で抗告を却下する（287 I の準用。即時抗告につき同 II）。

（イ）　再度の考案　　抗告（即時抗告を含むと解されている）が適法である場合（上田622頁，秋山＝伊藤ほか VI 442頁），原裁判所（命令の場合はその命令をした裁判長）は，抗告に理由があると認めるときは，原裁判を更正（取消し・変更）しなければならない（333）。これを再度の考案という（なお，抗告にも302条2項の規定が準用されるから，理由だけを更正することはできない。大判昭10・12・27民集14-2173〔百選〔初版〕97事件〕）。この再度の考案は，抗告審手続を省略して，簡易迅速に抗告事件を処理するために認められ，その限度で，裁判の自己拘束力が排除される。再度の考案に際し，必要と認めるときは，口頭弁論を開いたり，抗告人や相手方を審尋することもできる（上田622頁，注釈民訴(5) 428頁〔阿部〕，条解民訴1679頁〔松浦＝加藤〕，秋山＝伊藤ほか VI 442頁）。

再度の考案に基づく決定がされることにより，抗告事件は，その限度で，目的を達して当然終了する（新堂931頁，斎藤編(10) 143頁など。抗告却下決定があるまで抗告事件は係属すると解する説は，抗告審手続の省略という再度の考案の制度趣旨に反する）。原裁判所が，再度の考案に基づき，原裁判の一部を変更したにとどまるときは，その余の部分に対する抗告事件は存続する。再度の考案による更正決定に対しては，反対の利害を有する関係人から，その決定に対して許される（最初

---

1) たとえば，文書提出命令の申立てについての決定に対しては，文書の提出を命じられた所持者，または申立てを却下された申立人が抗告の利益を有する。これに対し，本案の当事者は，文書の記載内容に利害関係を有するときでも，抗告の利益を有しない（最決平12・12・14民集54-9-2743〔百選〔3版〕A 28事件〕）。

の）抗告をすることができる。

　再度の考案の結果，抗告に理由がないと認めるときは，原裁判所は，意見を付して事件を抗告裁判所に送付しなければならない（規206）。事件の送付は裁判所書記官が訴訟記録を送付してしなければならない（規205による規174Ⅱの準用）。この送付によって，事件は抗告裁判所に移審する。抗告および抗告裁判所の訴訟手続には，その性質に反しない限り，控訴に関する規定が準用される（331）。裁判長の控訴状審査権に関する289条の準用を通じて，抗告裁判所の裁判長には抗告状審査権が認められる[2]（秋山＝伊藤ほかⅥ426頁参照）。抗告裁判所は，再抗告以外の抗告があったときは，その抗告が不適法であるとき，抗告に理由がないと認めるとき，または抗告状の写しを送付することが相当でないと認めるときを除き，相手方に対して，抗告状の写しおよび抗告人が規207条に基づき抗告の提起後14日以内に提出した書面の写しを送付すべきである[3]（規207の2Ⅰ・Ⅱ）。

6‒4‒5　抗告審の審判

（1）　審理　抗告審手続は決定手続であり，判決手続とは異なり，厳格な二当事者対立構造をとらない。原裁判の内容につき，抗告人と反対の利害

---

[2]　最決平27・12・17判時2291-52（平28重要判解2事件）は，訴訟救助の申立て〔⇒ **2‒1‒16(3)**〕の却下決定に対する即時抗告状に所定の印紙が貼付されていなかったので手数料の納付を命じられたが，所定の期間内に納付がなかったので抗告状却下命令が発されても，その命令が確定する前に手数料を納付すれば，不納付の瑕疵は補正され抗告状は当初に遡って有効になるとする。

[3]　控訴状の送達を定めた289条1項は，相手方がいるときでも，即時抗告手続の迅速性の要請に反するので，そのまま即時抗告には準用されないと解されていた（注釈民訴(5)428頁，笠井正俊＝越山和広編・新コンメンタール民事訴訟法〔第2版〕1116頁〔笠井〕など。秋山＝伊藤ほかⅥ427頁も少なくとも判例はそう解しているとする）。しかし，最決平23・4・13民集65-3-1290〔平23重要判解5事件〕，最決平23・9・30判時2131-64などにおいて，抗告裁判所が，即時抗告申立書の写しを送付するなどして相手方に攻撃防御の機会を与えることのないまま，相手方に不利益な判断をすることがあり（特別抗告に基づき，最高裁判所は，前者につき「明らかに民事訴訟における手続的正義の要求に反するというべきであり，その審理手続には，裁量の範囲を逸脱した違法がある」としたが，後者については「手続保障の観点から見て配慮に欠けるところがあったことは否定することができない」としたにとどまる），立法論としても批判があった（三木浩一＝山本和彦編・民事訴訟法の改正問題（ジュリスト増刊）〔平24〕162頁は，立法論として非訟69条1項と同旨の規定を置くことを提案する）。本文で述べた規207条の2は平成27年の改正で追加されたものである。

II 抗 告 687

を有する者が相手方となるが，訴状却下命令や証人に対する過料の裁判に対する抗告の場合などのように，相手方の考えられない場合もある。

　抗告審の審理も原則として控訴審の審理に準じ，事実審であるから新たな事実や証拠を提出することができる。しかし，審理の方式は書面審理が原則であり（87 I 但），（任意的）口頭弁論を開くかどうかは，立証の難易や決定事項の重要性を考慮して，抗告裁判所が判断する。口頭弁論を開かない場合，抗告裁判所は，抗告人その他の利害関係人を審尋することができる（335）。この審尋は，口頭弁論に代わる審尋であるから（335 の見出し参照），証拠資料の収集を目的とするよりも，利害関係人の利益保護を主要な目的とする（秋山＝伊藤ほか VI 452 頁）。従来，利害関係を有しない第三者を審尋して証拠資料を収集することはできなかったが（口頭弁論を開いて証人尋問をしなければならなかった。なお，民執 5 参照），現行民事訴訟法は，当事者および当事者の申出のある参考人の審尋をすることができるものとし（187 の準用），簡易な証拠資料収集の道を開いた。

　抗告審の審判の範囲は，抗告による不服申立ての限度である（296 I の準用）。抗告人は，抗告裁判所の裁判があるまでは，いつでも不服申立ての範囲を変更することができ（143 の準用），相手方は附帯抗告により原決定の変更を求めることができる（293 の準用）。

　（2）　裁判　抗告裁判所の裁判の形式は決定である。その内容は控訴裁判所のそれに準じるから（⇒ **6 - 2 - 10**），抗告却下（抗告後に抗告事件を終了させることを合意内容に含む裁判外の和解が成立した場合，抗告の利益を欠くに至るので，抗告は不適法として却下される。最決平 23・3・9 民集 65-2-723 参照），抗告棄却または抗告認容のいずれかである。抗告を認容する場合，原裁判を取り消すだけで足りる場合もあるが（証人に対する過料の裁判を不当として取り消す場合），自判をする必要がある場合（前例で，過料の額を適切な額に変更する場合）や，原裁判所に差し戻す必要がある場合（当事者の申立てを不適法として却下した裁判に対する抗告など）もある。

6 - 4 - 6　抗告審の裁判に対する不服申立て（再抗告）

　（1）　再抗告　抗告裁判所が地方裁判所である場合，その裁判に対して

は，憲法違反または法令違反を主張して再抗告を申し立てることができる（330。312条2項も，5号を除いて準用される）。しかし，高等裁判所が抗告審としてした決定に対しては，後述する許可抗告が認められるだけである（ただし，憲法違反の主張をするときは，特別抗告を申し立てることができる。⇒6-1-2(2)）。

(2) 再抗告のできる裁判　再抗告ができるのは，抗告裁判所の裁判の内容が抗告に親しむ場合だけである。通常抗告または即時抗告を却下または棄却する決定に対しては，抗告人はつねに再抗告をすることができる（即時抗告を却下または棄却する決定に対する再抗告は，性質上即時抗告であると解されているので，結局，この場合の再抗告は，最初の抗告に対応して，再抗告も通常抗告または即時抗告となる）。抗告却下の決定に対しては通常抗告ができ（328 I），抗告棄却の決定に対しても，その内容が抗告のできる原決定と同一だから，再抗告をすることができる。抗告裁判所が抗告認容の決定をした場合，その内容により，通常抗告（たとえば，79条4項の即時抗告に基づき，担保取消しの申立てが却下された場合），または，即時抗告（たとえば，担保取消申立却下決定に対する通常抗告に基づき，担保取消決定がされた場合）として，再抗告をすることができる。しかし，抗告認容の決定の内容が不服申立てが禁止されている裁判にあたるときは再抗告もできない。

(3) 再抗告の手続　再抗告の手続は，その性質に反しない限り，上告に関する規定が準用されるので（331但，規205但），上告の場合に準ずる。再抗告は，抗告状を原裁判所に提出してしなければならず（286の準用），抗告理由書は，抗告提起通知書の送達を受けた日から14日以内に，原裁判所に提出しなければならない（規210 I）。抗告理由書の提出がないときは，原裁判所は，決定で再抗告を却下することができる（316 Iの準用）。抗告状の審査も原裁判所が行う（314 IIの準用）。再抗告が適法であるときは，原裁判所は再度の考案をすることができる（333の適用）。

III 最高裁判所への許可抗告

6-4-**7** 意　義

（1）　意義　　従来，高等裁判所の決定および命令に対しては，最高裁判所に抗告をすることができなかったので，決定により判断される重要な法律問題について高等裁判所の判断が分かれても，最高裁判所による法令解釈統一の機会がなかった。そこで，現行民事訴訟法は，高等裁判所の決定および命令のうち，法令解釈に関する重要な事項を含むと認められるものにつき，原高等裁判所の許可を得て，最高裁判所に特に抗告をすることができることとする，許可抗告の制度を新設した（337）。許可理由の審査を高等裁判所に委ねたのは，最高裁判所の負担軽減のためである（その合憲性につき，最決平10・7・13判時1651-54参照）。しかし，許可抗告制度は，最高裁判所による解釈統一後，判例変更の可能性が閉ざされかねないという欠点を持つと指摘されている（小林秀之編・新民事訴訟法の解説〔平9〕318頁。現行民訴制定過程では，最高裁判所自身が許可抗告理由を審査する裁量抗告制度も議論の対象となった）。

（2）　許可抗告の対象となる裁判　　許可抗告の対象となる裁判は，高等裁判所の決定および命令であって，地方裁判所の裁判としてされた場合に抗告をすることができるものである（337 I）。しかし，高等裁判所の決定および命令であっても，高等裁判所が再抗告審としてした決定，および，許可抗告の許可を求める申立てについての裁判は，許可抗告の対象にならない（337 I括弧書）。前者についてはすでに三審級における審理が保障されているからであり，後者のうち，却下の裁判については許可申立てが無限に繰り返されることを回避するため，許可の決定については不服申立てを認める必要性に乏しいからである（一問一答376頁参照）。

　高等裁判所の決定および命令のうち，それが地方裁判所の裁判としてされていたとしたら抗告をすることができるものに限定されたのは，それ以外の

裁判については不服申立ての必要性がないと判断されているのであるから，たまたま高等裁判所が裁判をすることによって不服申立てが可能になるのは適切でないからである（一問一答 377 頁）。その結果，不服申立てが禁止される裁判（たとえば，25 Ⅳ の忌避申立てを認容する決定）や，申立てを認容した決定であって即時抗告が認められていないものは，許可抗告の対象にならない（民事保全法 41 条 3 項によれば保全抗告についての裁判に対しては不服申立てが禁止されているが，最決平 11・3・12 民集 53-3-505〔百選〔3 版〕A 50 事件〕〔民執保全百選〔2 版〕94 事件〕は，高等裁判所がした保全抗告についての決定は許可抗告の対象から除外されないとする〔なお，山本克己「最高裁判所による上告受理及び最高裁判所に対する許可抗告」ジュリ 1098 号〔平 8〕90 頁，松本博之・判評 490 号〔平 11〕44 頁参照〕。これに対して，最決平 22・8・4 家月 63-1-99 は，人身保護法による釈放の請求を却下または棄却した地方裁判所の決定に対する不服申立てについて，人身保護法および人身保護規則に特段の規定が置かれていないことを理由に，人身保護法による釈放の請求を却下または棄却した高等裁判所の決定は，許可抗告の対象にはならないとした。両決定に整合性があるのかについては疑問があるように思われる〔松本博之・民商 143 巻 6 号〔平 23〕725 頁・732 頁，山田文・リマークス 43 号〔平 23〕130 頁など参照〕。なお，同じ事件について申し立てられた特別抗告事件に関する，最決平 22・8・4 家月 63-1-97 参照）。

　(3)　許可理由　　許可理由とは，許可抗告の許可申立てを受けた高等裁判所が，許可決定をするべき事由をいう。最高裁判所は許可抗告があった場合，裁判に影響を及ぼすことが明らかな法令違反があれば，原裁判を破棄することができるが（337 Ⅴ），この抗告理由（抗告を認容して原裁判を破棄するべき事由）のうち，最高裁判所の判例違反（最高裁判例がないときは，大審院または上告裁判所もしくは抗告裁判所としての高等裁判所の判例違反）の形で存在する法令違反と，法令の解釈に関する重要事項を含むと認められる法令違反とを，許可理由としたものである（これは上告受理申立ての理由と同じである。⇒ 6 - 3 - 8 (1) (2)。許可理由の主張のない許可申立ては不適法である）。許可理由が存在する場合，高等裁判所は許可決定をしなければならない（337 Ⅱ）。

　なお，憲法違反がある裁判に対しては特別抗告ができるので（336），憲法

III　最高裁判所への許可抗告　　691

違反は許可理由から除外される（337 III）。したがって，1 個の裁判に，憲法
違反と許可理由となる法令違反があるときは，特別抗告と許可抗告の申立て
の双方を提起しなければならない。しかし，実体判断の機関が異なるので
（前者は最高裁，後者は高裁），両申立てを 1 通の書面ですることはできない
（規 209 の規 188 不準用）。

6-4-8　許可抗告の手続

　（1）　抗告許可申立て　　抗告許可申立ては，裁判の告知を受けた日から 5 日
の不変期間内に（337 VI による 336 II の準用），申立書を高等裁判所に提出して行
う（337 VI の 313 準用を通じて 286 準用。なお，規 209 は規 186 を準用する）。申立て
に際しては，申立書・申立て通知書・理由書等の送達に要する費用の概算額を予
納しなければならない（規 209 による規 187 の準用）。

　（2）　抗告許可申立て後の高等裁判所における手続

　（ア）　申立書審査および申立ての適法性審査　　申立書の提出を受けた高等裁
判所の裁判長は申立書の審査を（337 VI による 313 準用を通じて 288・289 II・137
準用），高等裁判所は申立ての適法性審査を行う（337 VI による 313 準用を通じて
287 準用。不備を補正することができないときは，申立て却下の決定をする。なお，条
解民訴規則 435 頁参照）。

　（イ）　抗告許可申立ての理由書の提出　　この審査により申立書却下の命令ま
たは申立却下の決定をしないときは，当事者に抗告許可申立通知書を送達する
（規 209 による規 189 の準用）。そして，申立人は，申立書に申立ての理由を記載し
なかったときは，この抗告許可申立通知書の送達を受けた日から 14 日以内に
（規 210 II），民訴規則 191 条 2 項 3 項・192 条・193 条・199 条 1 項の規定に従っ
て作成した抗告許可申立ての理由書を原裁判所に提出しなければならない
（337 VI による 315 の準用，規 209 による各規定の準用。なお，理由書の通数につき，
規 195 の準用がある）。申立人が理由書を提出しないとき，または，前記記載の方
式に従わないときも（この場合は補正命令を発する。規 209 による規 196 の準用），
申立てを却下する（337 条 6 項は 316 条を準用しないが，規 209 条が補正命令に関す
る規 196 条を準用していることからも明らかである。なお，条解民訴規則 435 頁・436
頁参照）。

　（ウ）　許可・不許可の決定　　申立てを受けた高等裁判所は，申立てを適法と
認めるときは，許可理由の有無につき審査を行い，許可理由が具備すると認める

6-4-8

ときは，許可決定をしなければならない（337 II）。その際，高等裁判所は，許可申立ての理由中に重要でないと認めるものがあるときは，これを排除することができる（337 VI による 318 III の準用。許可決定において，排除するものを明らかにしなければならない。規 209 による規 200 の準用）。

許可理由が具備しないときは，不許可の決定をしなければならない（当事者には 337 II により申立権が認められているからである。⇒ **6 - 3 - 10**(3)）。

高等裁判所がした抗告許可または不許可の決定に対しては，再度許可抗告の申立てをすることができない（337 I）。

(2) **許可抗告審の手続**　高等裁判所が抗告を許可したときは，許可抗告（337 I の抗告）があったものとみなされる（337 IV）。その後の手続については，特別抗告および特別上告に関する規定が準用され（337 VI による 336 III の準用），結局，その性質に反しない限り，通常の上告に準ずることになる[4]（336 III・327

---

[4]　最決平 20・11・25 民集 62-10-2507〔百選〔5 版〕68 事件〕は，法律審である許可抗告審は，223 条 6 項のいわゆる秘密審理手続は，「事実認定のための審理の一環として行われるもので，法律審で行うべきものではない」ことを根拠に，「原審の認定が一件記録に照らして明らかに不合理であるといえるような特段の事情がない限り，原審の認定を法律審である許可抗告審において争うことはできないものというべきである。」とする。本件の事案は，X らが，訴外 A 会社と取引関係があり同社に対し売掛金債権を有していたが，取引の途中で A 社が民事再生手続開始決定を受けたことにより売掛金が回収不能になり損害を被ったこと，その原因は，A 社のメインバンクであった Y が，A 社の経営破綻の可能性が大きいことを認識し，同社を全面的に支援する意思は有していなかったにもかかわらず，全面的に支援すると説明して X らを欺罔したため，あるいは，A 社の経営状態についてできる限り正確な情報を X らに提供すべき注意義務を負っていたのにこれを怠ったためであると主張して，Y に対して損害賠償請求訴訟を提起し，上記原因事実を立証するために，Y が A 社の経営状況の把握，同社に対する貸出金の管理および同社の債務者区分の決定等を行う目的で作成し，保管していた自己査定資料一式の提出を求めたところ，原審（差戻し後の第 2 次抗告審）は，223 条 6 項に基づき Y に本件文書を提示させたうえでこれを閲読し，本件文書に記載された査定方法における Y の工夫の独自性，価値は限定的なものであって，特別な保護を与えるべきノウハウとはいえないことを認定したので，Y が抗告許可の申立てをして許可されたというものである。Y の査定方法がどのようなものであるかは事実問題であるが，その査定方法が特別な保護を与えるべきノウハウといえるかどうかは法律問題である。それにもかかわらず，法律審で秘密審理手続を行うことができないために原審の法律判断の正当性を許可抗告審が審査できないことは，秘密審理手続の構造的問題として，立法論を含め再検討の余地があることが指摘されている。松本博之・判評 607 号 11 頁（判時 2045 号 157 頁），坂原正夫・法学研究（慶応義塾大学）82 巻 7 号 125 頁など参照。

III　最高裁判所への許可抗告　693

II 参照。なお，規 209 も特別抗告に関する規 208 を準用する）。したがって，事件の送付（規 197 の準用）を受けた最高裁判所は，原則として書面審理を行い，裁判に影響を及ぼすことが明らかな法令違反があるときは，原裁判を破棄する（337 V）。なお，執行停止に関しては，334 条 2 項が準用される（337 VI による 336 III の準用）。

第5章 再 審

I 判決確定後の救済方法（不服申立方法）としての再審

6-5-1 再審の意義と特色

（1） 判決確定前の判決内容に問題がある場合，それに対する救済方法としては，上訴（281以下），変更の判決（256）や更正決定（257）などがあるが，確定判決後では，（特別上告のような特例を除けば）更正決定，定期金賠償判決変更の訴え（117）と再審（338以下）のみとなる（ただし，一定の場合では，訴訟行為の追完〔97〕という方法や，解釈上，判決の無効を主張して再審判を認めるという方法もあるが，その場合は，再審との関係を巡って議論が生じることがある[1]）。

更正決定は，判決内容に明白な誤りがある場合にのみ認められる，簡易な救済方法である。また，定期金賠償判決変更の訴えは，定期金賠償を命じた判決に限

---

1) 上訴行為の追完が認められると，すでに確定したと思われていた訴訟が確定前の状態に戻り，上訴での再審判が可能となるが，解釈上，再審の補充性との関係で問題となる余地がある（三谷忠之「公示送達と再審」香川法学8巻2号〔昭63〕201頁以下，池尻郁夫「利害対立者への補充送達と追完」中野古稀上377頁。また，後掲注9)・13）参照）。また，判例は，詐取判決による強制執行が行われた場合に，再審を経ることなく，不法行為による損害賠償を認める（最判昭44・7・8民集23-8-1407〔百選〔5版〕86事件〕）が，この判例を是認し，判決無効の法理ないしはそれに準じる理論で，この判例を説明する見解と，あくまで再審という救済方法によるべきである，としてこの判例に消極的な見解とで争いがある（学説の状況については，高橋・重点講義上720頁以下，松下祐記「確定判決の無効と騙取」新・争点268頁）。前者の場合は，再審との関係が問われることになる（加波眞一「再審制度と既判力の制約（判決無効）論」鈴木（正）古稀861頁，同「再審事由と再審期日」新・争点266頁，小林秀之「司法改革の影と横断的考察雑感」小島古稀上387頁，高橋・重点講義上610頁注(27)，条解民訴1694頁以下〔松浦〕，本間靖規「判決の不当取得」実務民訴〔第3期〕(6)219頁以下）（⇒ 4-3-4(3)(ア)）。

り，かつ，既判力の基準時後の（判決基礎の）事情変更を理由とするものである
ので，判決全般を対象にし，かつ，既判力の基準時前の（訴訟上の）瑕疵を理由
とする再審とは性格を異にする特殊性がある。したがって，再審が確定判決に対
する一般的な救済制度として位置づけられることになる。

　(2)　再審制度は，確定した終局判決に対する不服申立て制度であり[2]
（338 I 本文。中間的裁判に再審事由があるときにも，その終局判決に対して再審
を提起することで処理する。339），かつ，原則として，当該判決を下した原裁
判所自身に対して，原確定判決内容の変更を要求し，そこでその要求の当否
につき審判を行うというものである[3]。それゆえ，同じ不服申立て制度であ
る上訴と較べた場合，上訴の特徴である，上級審への移審効というものも，
また，判決確定遮断効というものも生じる余地がない。また，再審は，上訴
に対して補充的地位におかれている（⇒ 6 - 5 - 2(4)）。そこで，民事訴訟法
上も，上訴と区別して規定されている（民訴第 4 編）。しかし，その点を除け
ば，上訴と類似する点も多く，とりわけ，平成 8 年の法改正による現行法で
は，より上訴（上告）類似の不服申立制度となったと評価する見解もある
（⇒ 6 - 5 - 3(2)）。なお，再審には，確定判決に対する再審の訴えと，確定し
た（即時抗告に服する性質をもつ）決定・命令に対する再審の申立て（準再審）
とがある（349）。

6-5-2　再審の要件

　確定判決に対する不服申立てであるところから，その判決内容を再審判す

---

2)　従来，再審の目的は，確定判決の取消しと本案再審判の 2 つである，といわれてき
　た（前者の点で，再審は訴訟上の形成の訴えの一種ともいわれてきた）。確かに，再
　審には，この 2 つの要素があることは否定できないが，両要素を対等のものと考える
　か，本案再審判の方を重視して考えるか，現在では，評価が分かれるところであり，
　再審の訴訟物（⇒ 6 - 5 - 3）の構成の仕方にも関係してくる。また，学説上は，裁判
　上の和解や請求の放棄・認諾にも再審ないしそれに類する手続が準用されるべきかが
　議論されている（高橋・重点講義上 781 頁以下，条解民訴 1713 頁以下）。

3)　ただし，再審事由ある第一審判決に対し控訴審で本案判決をした場合には，（控訴
　続審制により，第一審の続行手続としての控訴審に第一審裁判資料のすべてが移行し
　て）事件はそこで再審判されたことになるので，もはや第一審判決に対しては再審を
　認める利益はなく，その控訴審の確定判決だけが再審の対象となり得る（338 III）。

696 第6編 第5章 再 審

るためには，確定勝訴判決を得た当事者の地位の保障や司法への信頼保護の
要請，法的安定性要求などの要請から，それなりの厳格な要件が必要となる。
それが，一般の適法要件に加えて要求される，再審事由と再審期間および補
充性の要件である。

（1）　一般の適法要件　　一般の適法要件のうち，留意すべきものとして
は以下の諸点がある[4]。

（ア）　専属管轄　　再審の訴えは，原確定判決を下した裁判所の専属管轄
に属する（340 I）。ただし，同一事件について，審級を異にした裁判所の確
定判決に対して再審の訴えが併合提起されるときには，上級裁判所があわせ
て管轄する（340 II）。

（イ）　訴えの利益　　現行再審手続では，（再審事由を認定して）再審開始
決定が確定した後でないと，本案再審理手続には移行しないため（⇒ 6 - 5 -
3），本案請求そのものが内容上明らかに失当（有理性自体を欠く）という場
合でも，とにかく，まず再審開始決定手続で再審事由の存否を審判すべきこ
とになる。そこで，そのような不経済を回避すべく，本案請求そのものが明
らかに失当という場合は，訴えの利益を欠くものとして再審開始決定手続段
階で却下できないか，議論がある[5]。

（ウ）　当事者適格　　再審原告は，原確定判決の効力を受け，かつ，その
確定判決における訴訟物について独自の利益（当事者適格）を持つため，そ
の確定判決の取消し・変更についても不服の利益が認められる者である。そ
こで，原則として，原確定判決の当事者で，その判決で全部ないし一部敗訴
した者に原告適格が認められるが，口頭弁論終結後の承継人などの，判決効
が拡張される者も，上記要件を満たす限り，原告適格が認められる[6]。再審

4）　再審期間（出訴期間）は，一般の適法要件に属すると考えることもできるが，沿革
　　的には，再審独自のものとして発展してきた側面があるため，本書では，別扱いして
　　いる（⇒ 6 - 5 - 2(3)）。

5）　三谷忠之「再審訴訟」中野古稀下 342 頁以下。加波眞一「再審訴訟における訴えの
　　利益・当事者適格」福永古稀 333 頁は却下説だが，坂原正夫「再審の手続構造」講座
　　新民訴 III 111 頁以下は反対。条解民訴 1744 頁以下〔松浦〕は前者に与する。

6）　特定承継人について，最判昭 46・6・3 判時 634-37〔百選〔5版〕117 事件〕。ただ
　　し，被告適格については学説上争いがある点，加波・前掲注 5）353 頁以下，三谷忠

I 判決確定後の救済方法（不服申立方法）としての再審　　697

被告も同様の基準で被告適格が認められると解すべきである。また，人事訴
訟においては，相手方とすべき者が死亡した場合は，検察官に再審の被告適
格が認められている（人訴12 III）[7]。

（2）　再 審 事 由

（ア）　意義と内容　　確定判決の（既判力の基準時前の）瑕疵で，その存
在ゆえ，確定判決といえどもそのまま放置しておくことは是認できず，再審
判すべきと考えられるほど重要なものが再審事由として規定されている（そ
れゆえ，通説は，職権探知事項と解している）。一般的には，重要な手続上の瑕
疵に属するものと，裁判の基礎に関係する瑕疵に属するものとに分類されて
いる。前者のものとしては，法令違反の判決裁判所の構成，判決に関与でき
ないはずの裁判官の関与，代理権の欠缺，という瑕疵（338 I ①②③）があり，
後者のものとしては，文書偽造・偽証などの犯罪行為の存在（338 I ④⑤⑥
⑦），判決の基礎となった裁判自体に変更があったこと（338 I ⑧），判断遺脱
（338 I ⑨），原確定判決内容と矛盾する先行判決の存在（338 I ⑩），などがあ
る。通説によると，前者の事由は，絶対的上告理由（312 II）と共通である
ことから，再審事由たる瑕疵と当該確定判決の結論との間の因果関係は問わ
ないが，後者のものは，それが必要と解されている[8]。

　　之・民事再審の法理（昭63）43頁以下，高橋・重点講義下793頁以下。ただし，河
　　野853頁は特定承継人の再審適格を否定する。法が特に認める者としては，会社853，
　　行訴34など。判決効が拡張されるが，その確定判決における訴訟物について当事者
　　適格がない場合には，（共同訴訟的）補助参加人として再審の訴えを提起することが
　　認められている（45 I）。なお，最判平元・11・10民集43-10-1085〔百選 II 197事
　　件〕，また，高橋・重点講義下801頁以下。近時は，原告適格に関し，第三者再審の
　　許否問題として活発に論じられている（最近の文献に限っても，畑宏樹「詐害再審に
　　ついての一考察」上野古稀445頁，青木哲「第三者による再審における詐害性につい
　　て」徳田古稀501頁，岡田幸宏「第三者による再審の訴えについて」徳田古稀485頁
　　などがあり，全ての文献を掲載するゆとりがない）。再審手続を前訴手続の続行・再
　　開と解するか否かで理論構成は異なるが，続行・再開と解しても，一定の要件下で第
　　三者再審も認められるべきである。判例（最決平25・11・21民集67-8-1686〔百選
　　〔5版〕118事件〕）も，独立当事者参加の申出とともにする再審の訴えという法律構
　　成でそれを認める（この判例の評釈については，畑・前掲論文447頁注(7)掲載文献
　　参照。なお，兼子485頁，新堂945頁なども参照）。
7）　関連判例として，最判平元・11・10前掲注6）。また，45 I，人訴15・28参照。

698 　　　　　第6編　第5章　再　　審

　これらの事由は，従来，制限列挙であるといわれてきたが，今日では，通説・判例とも，一定の限度で拡張解釈や類推解釈も認める。たとえば，3号事由の，代理権の欠缺とは，代理人がいる場合を前提とするが，代理人がいない場合にも，また，敗訴者が実質的に裁判を受ける権利ないし（手続上相手方当事者との）対論の機会が全く保障されなかった場合，たとえば，訴状の送達の無効により訴訟に関与する機会が与えられなかった場合（最判平4・9・10民集46-6-553〔百選[5版]116事件〕），さらに，訴状送達が有効でも，実質的に手続関与の機会が与えられていなかったと評価すべき事情が認められる場合（最決平19・3・20民集61-2-586〔百選[5版]40事件〕），破産宣告（破産手続開始決定）による訴訟手続中断中に審理・判決された場合（最判昭58・5・27判時1082-51），などにも類推適用が認められている[9]。

---

8)　近時は，4号事由でも因果関係は不要という見解が多数をしめつつある（旧注釈民訴法(9)47頁〔上村〕）が，その理論的根拠は必ずしも明らかではなく，また，従来，各事由相互の関係についても理論的解明は必ずしも十分ではなかった。それに対する一つの試みとして，手続保障の観点から解明を試みる，吉村徳重「再審事由」小室＝小山還暦下96頁およびそれを発展させた加波眞一「新民事訴訟法における再審訴訟の手続構造」北九州大学法政論集25巻1号（平9）8頁以下があり，賛同を得つつある。たとえば，高橋・重点講義下772頁注(1)，条解民訴1723頁，伊藤745頁注(1)など。また，絶対的上告理由と因果関係不問の関係については，加波眞一「絶対的上告理由についての一考察」民訴雑誌49号（平15）9頁。なお，再審事由と上告理由との関係については，同「最高裁判所における再審事由の取扱い」民事手続法研究2号（平18）97頁，同「上告理由としての再審事由に関する判例の動向」摂南法学35号（平18）1頁，三谷・前掲注6）146頁以下・209頁以下など。上告受理事由との関係については高橋・重点講義下712頁以下参照。

9)　逆に，3号事由の適用を否定したものとして，最判平5・9・9民集47-7-4939。また，最判昭57・5・27判時1052-66は，不実の公示送達申立てにより確定判決を取得した場合でも，送達の有効を前提として，その申立人が，過失によって相手方の住所を知らなかった場合だけでなく，故意による場合であっても，3号事由による再審は認めない。ただし，現行法（110I）では，公示送達は裁判官の関与なく書記官のみが行うことから，補充送達等の場合と同様に，要件を欠く公示送達は無効と解される（新堂440頁，高橋・重点講義下786頁）ので，今後は，この判例の意義も再検討されることになろう。しかし，いずれにせよ，今後は，本文掲載最決平19・3・20を機に，訴状送達の有効・無効とは別に，実質的に3号事由を充足する瑕疵が生じたと評価できるか否かで再審の可否を判断すべきであろう。河野正憲「手続権侵害と再審事由(1)」法学58巻2号（平6）229頁参照。判例の展開については，山本弘「送達の瑕疵と民訴法338条1項3号に関する最近の最高裁判例の検討」青山古稀513頁以下。

Ⅰ　判決確定後の救済方法（不服申立方法）としての再審　　699

（イ）　有罪確定刑事判決の必要　　上記の犯罪行為の存在を理由とする再審事由については，その犯罪行為についての有罪確定刑事判決が必要とされる（338Ⅱ前段）。ただし，起訴猶予処分や本人の死亡による公訴棄却等の（証拠がないという理由以外の）理由から有罪確定刑事判決が得られない場合は別論とする（338Ⅱ後段）が，判例（最判昭52・5・27民集31-3-404〔百選〔5版〕A41事件〕）は，その場合には，それに代わるものとして，①起訴猶予処分や被疑者の死亡等の，有罪確定刑事判決を得られなくなった理由の存在，に加えて②「有罪の確定判決を得る可能性」の存在，をも要件とする10)。このような有罪確定刑事判決の必要性をみたすべき時期につき，通説・判例（最判昭45・10・9民集24-11-1492頁）は，これを再審の適法要件の一つとみて，再審の提訴時であるとする11)。

なお，送達と再審の問題は，中山幸二「民事訴訟における送達の瑕疵・擬制と手続保障」神奈川法学31巻1号（平8）38頁，同「送達の擬制と再審」青山古稀273頁以下，我妻学「再審と再審事由」実務民訴〔第3期〕(6)197頁以下。また，前掲注1）参照。3号事由と5号事由との関連について，加藤哲夫「再審事由」講座新民訴Ⅲ118頁以下，その他の事由の判例については，藤原弘道「再審事由（総合判例研究）」民訴雑誌26号（昭55）99頁参照。8号事由に関する最近の判例は最判平20・4・24民集62-5-1262。

10)　上原敏夫〔判批〕法協95巻11号（昭53）1824頁，中村雅麿・百選Ⅱ436頁，また，関連判例については，三谷・前掲注6）123頁以下参照。2項要件の立法趣旨は再審の濫訴防止のためであり（加波・前掲注1）鈴木古稀878頁以下，後掲注14)），要件として有罪確定刑事判決のみに限定する合理的根拠がないので，それは（最適な資料の）例示と解釈し，それに代わる（高度の蓋然性をもって再審事由の存在を推認できる）資料でもよく，2項後段の場合もそのような資料が必要となるが，それで足ると解すべきであろう。

11)　適法要件説。高橋・重点講義下783頁，注釈民訴(5)503頁〔内山〕参照。しかし，再審手続三段階説（高橋・重点講義下772頁注(2)，後掲注16）参照）をとることなく，（再審事由の「審理要件」ではなく）単に再審の「適法要件」というだけでは，適法性具備判断時は再審事由存否判断の標準時（すなわち，口頭弁論を経ない場合は再審開始決定手続終結時）でも問題ないことになるので，その時点に具備すればよいことになろう。なお，後掲注12）14）参照。旧法下では，これを再審事由の存否認定の時期までにみたせばよいとして，本案再審の口頭弁論終結時まで要件具備の期間を延長しようとする諸説（合体説や理由具備要件説）があり，再審事由存否の審判手続が本案再審判手続に先行する現行法でも，これらの諸説が主張されているが再検討の余地があろう（たとえば，松本＝上野703頁以下など）。これら諸説については，

6-5-2

（3）　再審期間　　確定判決といえども，再審によればいつでも再審判が可能というのでは，法的安定性等の観点からは問題であるとして，代理権欠缺を理由とする場合と矛盾抵触した判決を発見した場合の両事由（338 I ③・⑩）を除けば（342 III），判決確定後再審事由の存在を知った日から 30 日以内に（342 I），また，原則として，判決が確定した日から 5 年以内に（342 II）提訴するよう，提訴期間に制限がされている。これを再審期間といい，再審の訴訟要件に属する。前者の期間は不変期間であるが，後者の期間は，除斥期間である。

　前者の不変期間の場合，有罪確定刑事判決等の民訴法 338 条 2 項要件が必要な再審事由の場合は，単に再審事由のみではなく，当該 2 項要件の存在を知った時点から起算されることになる。なぜなら，当該 2 項要件は，前述の通り，再審提訴のための適法要件であると解すると，その認識後初めて法的に有効な再審の提訴が期待し得るのであり，そのような状況にないにもかかわらず，提訴期間の進行を認めるのは当事者の救済という点で妥当ではないからである（通説，最判昭 45・10・1 民集 24-11-1483〔百選 II 199 事件〕）。また，それと同様に，後者の除斥期間について，通説・判例（最判昭 47・5・30 民集 26-4-826）によると，（再審対象となる）判決の確定後に発生した再審事由の場合はその発生時から起算するとの規定内容（342 II 括弧書）は，民訴法 338 条 1 項 8 号事由の場合以外に，同条 2 項の要件が（再審対象である）判決の確定後に具備された場合をも含む意味であると解されている。では，有罪確定刑事判決が確定したときはそのように解釈するとしても，起訴猶予処分や本人の死亡による公訴棄却等により，証拠がないという理由以外の理由により有罪確定刑事判決を得ることができない場合（338 II 後段）の起算時点をどう考えるのか問題となる。判例（前掲最判昭 52・5・27）は，この場合には，①起訴猶予処分や本人の死亡という有罪確定刑事判決を得ることができない理由の存在，に加えて②「有罪の確定判決を得る可能性」の存在，というものをも要件とするが，その可能性というのは「被疑者の死亡等の時に既に存在すべきものである」との理由から，除斥期間の起算時点は，死亡

旧注釈民訴(9) 13 頁以下〔高橋〕，山本研「新民事訴訟法における再審手続の論点」沖縄法政研究 2 号（平 12）85 頁以下，高橋・重点講義下 783 頁以下。

等の（有罪確定刑事判決を得ることができない）事実が，原（民事）判決確定前に生じたときはその判決確定時から，また，原（民事）判決確定後に生じたときは，その死亡等の事実の発生時とする[12]。

（4）**再審の補充性**　　再審事由をすでに先の上訴手続で主張していたか，または，その存在を知っていながら主張しなかった場合には，再審は認められない（338Ⅰ但）。これを再審の補充性という。これは，当該再審提訴に至るまでに，その瑕疵を主張することができる機会があったにもかかわらず，そのときには当該瑕疵の主張をしないでいて，その後になってからそれを主張することを規制することで，再審の濫訴の防止や確定勝訴判決を得た相手方当事者の地位保障のため，不当な事後的主張を排除しようという趣旨の制度である[13]。

---

12)　この判決に対しては，「有罪の確定判決を得る可能性」を証明する証拠が具体的に発見できた時点から起算すべきとの説（吉村・前掲注8）132頁・135頁など）が有力に主張されているが賛同すべきであろう。学説状況については，内山衞次「再審の訴えにおける除斥期間」上野古稀411頁以下，高橋・重点講義下791頁以下，中村雅麿・百選Ⅱ436頁参照。なお，判断遺脱の再審事由（338Ⅰ⑨）について，判例（最判昭45・12・22民集24-13-2173）は，再審期間の起算時点を原判決確定の日から，とするが，学説上は若干の議論がある（三谷・前掲注6）220頁以下）。

13)　その沿革と立法趣旨については，加波眞一・再審原理の研究（平9）132頁以下・183頁以下。ここでいう「上訴」手続の中に「上告」も含まれることは明らかである（338Ⅰ但）が，最高裁への上告が含まれるかは議論がある（⇒ **6‑3‑7(2)**）。また，「通常上訴」と同様に「上訴の追完」にも補充性が適用されるかでも議論がある（前掲注1）掲載文献参照）。

　確かに，確定下級審判決に3号事由の再審が成立する場合は，訴訟手続に関与できなかった当事者本人は，手続関与の機会がなく有効に上訴ができなかったので上訴の追完が可能となる場合でもある。しかし，その場合は（立法者の見解によると）瑕疵（代理権欠缺）の不知につき過失の有無は問わないので（重過失は別として），再審による救済が認められることになる（その場合，救済期間制限はない。342Ⅲ）。したがって，この場合に「上訴の追完」にも補充性が適用されるとすると，3号再審は原則として上告審判決に対してのみ可能となり，3号再審を認めた意味がなくなり，かつ，より救済が認められるべき，瑕疵不知かつ無過失の場合に，厳しい救済期間制限（97Ⅰ）ゆえに再審よりも救済の道がより狭い上訴の追完によってしか救済されないことになり，再審による救済の場合との権衡を欠く結果となる。それゆえ，民訴法自体が無権代理人（3号事由）を理由とする再審を認めているということは，再審の補充性原則の対象からは上訴の追完の場合は除外され，再審と上訴の追完とは選択的関係にあることを示すものと解すべきである。判例（前掲注9）最決平19・3・20）も

702　　　第 6 編　第 5 章　再　　審

　ここでも，有罪確定刑事判決等の民訴法 338 条 2 項要件が必要な再審事由
の場合（338 I ④ないし⑦）には，前述再審期間と同様の問題がある。有罪確
定刑事判決が（再審対象の）確定判決後成立した場合には，上訴で再審事由
の存在を知っていながら主張しなかった場合でも補充性要件に反しない，と
いうのが判例（前掲最判昭 47・5・30）の立場である[14]。また，民訴法 338 条
2 項後段要件が問題となる場合には，前記のように，通説・判例によると，
有効な再審提訴のためには，①有罪確定刑事判決を得られなくなった理由の
存在，に加えて②「有罪の確定判決を得る可能性」の存在という要件の充足
が必要となるが，「有罪の確定判決を得ることを可能とする証拠」の存在を
知り得たのが原判決確定後である場合は，先の訴訟で，当該再審事由のみな
らず有罪確定刑事判決を得られなくなった理由の存在を知っていても，補充
性要件に反しない，というのが判例（最判平 6・10・25 判時 1516-74〔百選
II A 59 事件〕）の立場である[15]。

　　　上訴の追完を問題とすることなく再審を認めているので同旨であろう。なお，条解民
　　訴 440 頁〔竹下 = 上原〕，新堂 431 頁も参照。
14)　有罪確定刑事判決必要要件の立法趣旨（前掲注 10）参照）によると，当該再審事
　　由存否は先に刑事手続で審判すべきこと，および，そこでの有罪確定刑事判決が最も
　　確実な証拠とされるであろうことが想定されており，それゆえ，これが再審の適法要
　　件とされたこと，などを考えると，再審事由の存在を示す十分な証拠のあった場合は
　　別として，そうでない限り，再審事由の存在を知っただけでは，上訴手続中は，それ
　　を主張せず，当該判決確定後に有罪確定刑事判決の成立を待ってそれを再審で主張し
　　たとしても，前述のような補充性制度の趣旨からすれば，その主張は必ずしも排除さ
　　れるべき不当な事後的主張とはいい切れない。その限りでは，この判例の立場は是認
　　されるべきであろう。しかし，上訴審で，現に，それら再審事由たる加罰行為自体が
　　主張され（それが審理された結果）不存在と認定されて排除された以上，その後，そ
　　の加罰行為の存在を認定する有罪確定刑事判決が成立したとしても，そのような再主
　　張は再審の補充性により排除されると考える。この点では，三谷・前掲注 6) 144 頁
　　と同旨。注釈民訴(5) 477 頁は，そのような再主張も認めるようであるが，それでは 2
　　項再審事由のみが再審可能となり，他の再審事由との権衡を失することになる。
15)　前注 14) 記載の論理から，この判例は是認されるべきである。したがって，すで
　　に前訴で再審事由を主張したが不存在と認定された場合は別論と考える。学説状況に
　　ついては，山本研・前掲注 11) 81 頁以下。また，高橋・重点講義下 793 頁注(20)掲
　　載文献参照。

II　再　審　手　続

6 - 5 - 3　再審の手続と訴訟物

（1）　手続の概略　　まず，再審開始決定手続において，再審事由存否の審判が行われ，再審事由の存在が確認されれば，再審開始決定を下し（346），その決定が確定した後にはじめて，本案再審理手続に入る（348）。ただし，その再審開始決定手続では，再審の適法要件も審判され，それを欠くときは訴え却下決定となるし，再審事由が認められないときは再審棄却決定が下される（345）。そして，本案再審理手続に移行後，（原確定判決内容の）再審理の結果，原確定判決内容を変更する場合にのみ，原確定判決の取消しを宣言して（したがって，この段階までは，原確定判決の取消しという問題は全くでてこない），新内容の本案判決を下す（348 III）が，原確定判決内容を変更すべき理由がないときは，再審棄却の判決を下すことになる（348 II）。このように，手続は，大きく，再審開始決定手続と本案再審理手続の2つに分けられる[16]。なお，基本的に，再審訴訟の手続には，その性質に反しない限り，その審級の訴訟手続に関する規定が準用される（341，規 211 II）[17]。

---

[16]　その立法趣旨は，再審事由が存在するとして本案の再審判をした後に，上訴審で再審事由の存在が否定されて，せっかく行った本案の再審判が無駄に終わることを回避しようとしたものである（一問一答 381 頁以下）。なお，この再審手続での「本案」とは，本案判決・訴訟判決という意味での「本案」ではなく，再審の対象となっている原確定判決で裁判された事件のことを意味する点，留意が必要。また，旧法では，再審手続を2段階に分けて考えるか，3段階に分けて考えるか議論があったが，この現行法でもその議論は残る点，加波・前掲注 8）法政論集 26 頁以下，条解民訴 1743 頁以下〔松浦〕，高橋・重点講義下 772 頁注(2)。

[17]　ただし，濫訴防止の趣旨から，再審事由を訴状に明記せよとの独自規定（343 ③）がある。また，再審事由変更の規定（344）があり，再審期間との関係で議論がある。なお，再審判決に対しても不服があれば上訴できるが，その場合，新たな再審事由は（再審事件の）上告審ではどの時点のものまで主張できるか，判例（最判昭 43・8・29 民集 22-8-1740〔百選 II 199 事件〕の多数意見）と学説（新堂 947 頁注 1 など）とで議論がある。なお，附帯再審も認められる（293 類推，新堂 949 頁）。

6 - 5 - 3

704 　　　　　　　　第6編　第5章　再　　審

(2)　再審事由の機能と再審開始決定手続の意義　　　上記のように，原確
定判決を取り消すのは，本案再審理手続での再審理の結果，原確定判決内容
を変更すべき理由が認められた場合だけであり，それが認められない限り，
原確定判決の取消しはなく，単に，再審請求を棄却するのみである。したが
って，現行法では，再審事由を原確定判決の取消事由と解釈することは難し
く，それゆえ，再審開始決定手続自体を原確定判決取消手続と解することは
難しい[18]。むしろ，この手続は，再審事由などの一定の要件を認定し，原確
定判決内容（本案）の再審理の手続（本案再審理手続）への移行を認めるか否
かを決定する手続であると解するのが妥当であろう[19]。

(3)　再審手続の構造と既判力との関係　　　現行再審手続は，上記のよう
に，再審事由が認められても，原確定判決自体を取り消すことなく，本案再
審理手続に移行するため，その段階では原確定判決の既判力が存続するはず
なのに，なぜ，本案再審理手続での（原判決内容の）再審判が可能となるの
か，理論的説明が必要となる[20]。そこで，既判力の拘束力の正当化根拠を手
続保障におく立場から，各再審事由は，手続保障欠缺をもたらす瑕疵と評価
されるがゆえに，その瑕疵の存在が（再審開始決定手続で）確定されると，

---

18)　この点で，上田 626 頁（新堂 947 頁も同旨か）などが，現行法の再審開始決定手
　　続を「確定判決」（＝原確定判決）の取消手続と解するのは，確定判決それ自体では
　　なくその既判力のみを取り消すという意味でない限り，どのような条文上の解釈によ
　　るのか疑問が残る。
19)　これにより，再審の手続構造は，明らかに上告のそれに類似することになったと
　　いうべきであろう（加波・前掲注 8）法政論集 36 頁）。不服申立て理由（再審事由・
　　上告理由）が原判決内容の再審判への移行を認める要件である点，およびそれらの事
　　由（理由）が認められない場合は棄却が明示される点，などの類似点が認められるか
　　らである。この点，高橋・重点講義下 768 頁以下も参照。沿革的にも両者はもともと
　　類似のものとして発展してきた点については，加波・前掲注 8）民訴雑誌 5 頁以下。
20)　旧法下では，再審事由が認められると原確定判決が取り消されて，その既判力も
　　消滅するので，原判決内容の再審判が可能になる，という説明が通説的見解であった。
　　現行法でも，その説明を維持するために，本案再審理手続での原判決取消宣言に取消
　　しの遡及効を認めるとの論も考えられる。しかし，再審理の結果，原確定判決内容を
　　変更しない場合は，原判決取消宣言を行うことなく（したがって取消効はそもそも生
　　じない）棄却判決が下されることになる（348 II）ため，その遡及効論も疑問が残る。
　　詳しくは，加波・前掲注 8）法政論集 31 頁以下。

II 再審手続 705

原確定判決の既判力の拘束力が制約され，それゆえ，原確定判決内容の再審判が認められることになる，等の説も主張されている[21]。

（4） 再審事由と再審の訴訟物　旧法の頃から，再審事由は原確定判決の取消事由ではなく，上告理由に類するものであるとの立場から，再審での訴訟物は，旧訴訟の訴訟物のみと考える説（訴訟物一元論）と，再審事由の機能を原確定判決を形成的に取り消す，形成事由（要件）と考える立場から，再審事由自体が原確定判決取消しという（訴訟上の）形成訴訟の訴訟物を構成すると考え，再審の訴訟物としては，旧訴訟の訴訟物に加えて，再審事由も訴訟物となると論じる説（訴訟物二元論）とがある。後者の説では，さらに，個々の再審事由ごとに訴訟物を異にすると解するか否かで説が分かれている[22]。ただし，現行法では，上記のように，再審事由の存否を審判する再審開始決定手続が，「原確定判決」取消手続とは解し難いこと，原確定判決内容を変更すべきときのみ原確定判決取消しが宣言されること，などをどう説明するのか，という点で訴訟物二元論には，解決すべき解釈上の疑問が生じている[23]。

---

21) 加波・前掲注8) 法政論集12頁以下・31頁。また，坂原・前掲注5) 101頁以下は，再審開始決定手続で再審事由が確定されると既判力停止効が（形成的に）生じると構成する。いずれも，再審開始決定確定により原確定判決の既判力が制約を受けると考える点で共通する。ただし，両者間で多少とも論争がある点，坂原正夫「再審開始決定の確定と原判決の既判力について」慶応法学1号（平16）165頁，それへの反論として，加波・後掲注22) 25頁以下参照。この論争については条解民訴1718頁以下も参照。伊藤754頁も，再審開始決定確定により原確定判決の既判力が「解除され」ると論じる。

22) 学説の状況については，加波眞一「再審訴訟の訴訟物論と再審事由の機能」摂南法学34号（平17）1頁。坂原・前掲注5) 94頁以下，山本研・前掲注11) 70頁以下，高橋・重点講義下767頁以下。

23) 加波・前掲注8) 法政論集31頁以下。伊藤746頁は，現行法では，本案再審理手続で取消宣言が明記された（348Ⅲ）ことから，訴訟上の形成訴訟として「取消しを求める地位」が独自の「訴訟物」となったと解する。しかし，その具体的内容として，（主張された個々の）再審事由自体が訴訟物となる，という点は疑問である。なぜなら，再審事由は再審開始決定手続での審判対象物でこそあれ，（348Ⅲにより「（原判決）取消しを求める地位」の存否が審判され取消宣言が下されることになる）本案再審理手続では審判対象となることはない。そこで取消宣言が下されるのは，原確定判決内容再審理の結果，その内容が不当と判断されるからであり，再審事由の存否が

706　　第6編　第5章　再　　審

6‒5‒**4**　再審の裁判形式と判決効

　（1）　再審開始決定手続の裁判の効力　　再審開始決定手続で再審事由が
認められない場合は，決定で再審棄却を判示するが，その場合に既判力が生
じるのか，また，その範囲はどこまでかが問題となる。この点，明文で，再
審開始棄却決定により一旦否定された再審事由での再度の再審は否定されて
いる（345Ⅲ）。したがって，再審開始の棄却決定に既判力が認められてい
ることは明らかであり，その既判力の客観的範囲についても一定の基準が示
されたともいえる。その場合，従来の学説のうち，まず，再審事由を独自の
訴訟物とみるか，それとも，一種の上訴要件（上告理由類似のもの）とみる
か，で議論が分かれる。前者の場合，前述したように，さらにどのような訴
訟物の特定基準をとるかにより，その再審開始決定の効力の客観的範囲が決
定されることになろうが，その際には，民訴法345条3項をどう解釈するか
が問われることになる。後者の場合，訴訟判決においては，却下理由となっ
た訴訟要件のみに既判力が及ぶのと同様に，否定された上訴要件，すなわち
認められなかった再審事由ごとにしか既判力は及ばない，と解するかどうか
が問題となる。この後者の立場からは，民訴法345条3項は，そのように解
すべき旨を定めたものと考えるべきであろう[24]。

　この手続で審判されることはないし，その取消し判断の理由となることもないからで
ある（審判対象となっていない事項を訴訟物とよぶのは概念矛盾であろう）。訴訟物
二元論で，再審事由自体が独自の訴訟物になる，という場合，再審開始決定手続での
審判対象という意味なのか，本案再審理手続でのそれを意味しているのか，論者によ
っては，必ずしも明らかではないことがある。前者の意味であれば，現行再審手続の
構造上，再審事由は「原確定判決」取消事由とは解し難い，という前述の問題が生じ
るし，後者の意味であれば，上記の伊藤説に対するのと同じ疑問が生じる。また，訴
訟物一元論に立つ場合は，なぜ，再審開始決定確定により原確定判決の既判力失効な
いし制約が生じるのか，再審事由の機能や既判力論を踏まえて理論的に説明する必要
がある（⇒**6‒5‒3**(2)(3)）。従来の訴訟物一元論は，この点で不十分か，そもそも
その点の問題意識を欠いているのではないかと思われるものが少なくないという問題
がある。詳しくは，加波・前掲注22）論文，またこの点に関連して，加波・前掲注
1）論文参照。

24）　もっとも，この規定により，再審開始棄却決定により否定された再審事由以外の
　　事由には既判力は及ばないと解するとしても，後の再度の再審において，その他の再
　　審事由を主張する場合は，さらに再審の補充性による規制を受ける余地がある。なぜ

II 再審手続 707

再審事由が認められて再審開始決定が確定すると，本案再審判手続が開始されるという効力が生じる（それと同時に，前述のように，原確定判決の既判力を制約させる効力を認める説もある）が，上記の再審開始棄却決定の効力との権衡を考えると，認容された再審事由の存在が既判力で確定されるという効力も認めるべきであろう。

(2)　本案再審判手続における再審判決の効力　　本案再審判手続に移行後，そこで再審理した結果，やはり，原確定判決内容は正当であるとしてそれを維持すべきであるとの判断に至った場合は，（再審）請求棄却判決が下されることになる（348 II）。そこでは，原確定判決内容を再審判して変更してほしいとの再審原告の要求に対して，その判決の口頭弁論終結時に，原確定判決を変更すべき実体法上の理由が存在しないとの判断が下されたことになるから，原確定判決内容が維持されるとの判断についての，この請求棄却判決の既判力の標準時は，原確定判決の標準時（口頭弁論終結時）ではなく，この再審手続の標準時（口頭弁論終結時）となると解すべきであろう[25]。

　本案再審判手続での再審理の結果，原判決内容を不当と判断して原確定判決内容を変更する場合は，（不服の主張の限度で）原確定判決取消宣言と新判決が下されるため，原確定判決取消しの効力と新判決の主文内容にそった判決の本来的効力が生じる。

なら，前述のような，補充性制度の趣旨からすれば，前回の再審手続中に，再審事由の存在を知っていてそれを主張しようと思えばできたにもかかわらず，それを問題にすることなく，後に再度の再審を提起することでそれを問題にしようというのは，まさに補充性制度が規制しようとする事態そのものだからである。加波・前掲注 8）法政論集 18 頁以下，坂原・前掲注 5）112 頁以下，松本＝上野 711 頁。

[25]　高橋・重点講義下 805 頁。これに対しては，原確定判決の標準時後の（実体法上の）理由により棄却された場合はそうであるが，原確定判決の標準時前の（実体法上の）理由により棄却された場合は，その既判力の標準時は原確定判決の標準時にとどまる，との説や，民訴法 348 条 2 項の，原確定判決を正当として棄却判決をする場合というのを原確定判決の標準時前の理由から正当と判断する場合と限定し，標準時前の理由では正当ではないが，標準時後の理由により正当と判断する場合は，原確定判決を取り消した上で，再度原確定判決と同じ判決を新たに下す（348 III はそのような意味を含むと解する），という説などもある。学説状況については，坂原・前掲注 5）113 頁以下。

第7編　略式訴訟手続

7-0-0　略式訴訟とは

　略式訴訟（簡易訴訟）とは，通常訴訟に比し，より迅速な事件の処理を目的とする特別訴訟である（略式訴訟の沿革，概念，特質などにつき，松浦馨「略式訴訟の概念と本質」法協 77 巻 5 号〔昭 36〕485 頁，78 巻 2 号〔昭 37〕168頁，同「略式訴訟の必要性とその性格」民訴雑誌 11 号〔昭 39〕1 頁参照）。ドイツ普通法時代には実に多種多様な略式訴訟が行われたが，1877 年のドイツ民事訴訟法においては大幅に整理・縮小されるに至った。その流れを汲むわが民事訴訟法でも事情はほぼ同じである。ただ，旧民事訴訟法（明治 23 年制定，大正 15 年改正）では，手形・小切手訴訟，督促手続と民事保全が規定されていたが，その後別個の法典として民事保全法（平成元年法律 91 号）が制定されるに及んで，その民事保全に関する規定は削除された。そして現行民事訴訟法では，少額訴訟がこれに加わった（ただし，⇒7-2-2）。

　通常訴訟では，裁判や執行がなされる前に慎重な審理が先行しなければならず，特に当事者は双方ともあらゆる攻撃防御方法を提出でき（双方審尋主義），また，相手方の争った事実はその主張者が厳格な証明を尽くすことが要求される（証明による裁判の原則）。これに対し略式訴訟では，実質的な審理を経ないで裁判等をしたり（例，督促手続），あらかじめ一応審理はするが，当事者ことに被告または相手方の提出できる攻撃防御方法を制限したり（例，手形・小切手訴訟），証明の代わりに疎明で足りるとしたり（例，民事保全手続），思い切って手続を短縮し，切りつめたり（たとえば，一審級限りとするなど，純粋に形式的迅速化の方法。ただし手続の実質，つまり審理の内実や程度じたいを制限するようなことはない）（例，少額訴訟），いわゆる略式審理によって迅速に裁判し，執行できる仕組みになっている。ただし，その裁判等または執行に不服な被告または相手方は，裁判等または執行後，通常訴訟手続（事後手続と呼ぶ）で本式に審理してもらえるし，不当な裁判等または執行により蒙った損害の賠償を受けることができることになっている（ただし，こ

7-0-0

の点で，少額訴訟の場合は事情が異なることに留意すべきである。⇒ **7 - 2 - 10** (2)②)。

　本書では，手形・小切手訴訟，少額訴訟手続と督促手続だけをとりあげる。

I 手形厳正と訴訟　711

第1章　手形・小切手訴訟

I 手形厳正と訴訟

7-1-1　手形・小切手訴訟の必要性と利用状況

(1)　手形・小切手は，取引上の金銭支払の手段として，即時に金銭に替えられることが制度の機能と信用を維持するうえで是非とも必要である。そこで手形（小切手）には手形厳正ということがいわれ，実体法上，手形債務の抽象性，手形債務の合同性（⇒手47・77 I，小43）や手形抗弁の制限が認められているが（実質的手形厳正），訴訟法上も，手形（小切手）債務の取立てにつき，より簡易迅速な訴訟追行手段として略式訴訟たる手形・小切手訴訟が置かれている（形式的手形厳正）。この手形・小切手訴訟は手形・小切手債権者に「尖鋭なる武器」を提供するものであるが，不渡りによる取引の停止処分制度とともに，手形・小切手取引の安全性と信用を確保するために不可欠の制度と考えられる。

(2)　手形・小切手訴訟は昭和39年に創設されて以来，実際にもかなり利用され，事件の迅速処理の点でも相当程度の実績をあげてきたといってよい。しかし近年における手形・小切手訴訟の件数は，往時に比べ著しく減少している。その原因は主として，手形金融時代からクレジットローン時代へという経済社会の変化により，手形・小切手金請求事件じたいが著しく減少していることにある。そのためか，新民訴法においては手形・小切手訴訟の実質的な改正は皆無であった。ただ，手形・小切手所持者の大半は，手形・小切手訴訟を選択しているとみられ，この制度は，なお相応の紛争処理機能を果たしているといえよう（利用状況の推移の詳細については，⇒旧注釈民訴(9) 237頁〔佐々木〕。わが手形・小切手訴訟の立法論については，⇒松浦馨「手形訴訟の現状と評価」争点［初版］311頁およびそこに掲記の文献）。

7-1-1

II　手形訴訟の提起

7-1-2　請求適格・訴え提起

（1）　手形訴訟を提起できるのは，「手形による金銭の支払の請求及びこれに附帯する法定利率による損害賠償の請求」を主張するときに限られる（350 I）。「手形による金銭の支払の請求」とあるところから，手形による金銭債権に関する給付請求に限られ，その確認請求は除外される[1]。なお，近年全国銀行協会制定の統一手形用紙以外のいわゆる私製手形用紙を用いて振り出された手形（いわゆる私製手形）による手形金額と利息の支払請求のための手形訴訟が提起された場合について，（ア）本来手形は金銭支払の手段として利用され，約束手形は一般に信用利用の用具として用いられるものでなければならないのに，本件私製手形はそのような手形としての手段性や用具性が全く認められず，手形というよりはむしろ単なる借用証書というべきものであり，（イ）それにも拘らず原告があえて被告をして私製手形を振り出させたのは，簡易迅速な債務名義取得による貸金回収を企図したもので，明らかに手形制度および手形訴訟制度の濫用として不適法却下すべきである，とする判例（①東京地判平 15・11・17 判時 1839-83，②東京地判平 15・10・17 判時 1840-142）がある[2]。また，手形による，金銭の支払以外の請求，たとえ

---

1)　京都地判昭 44・6・3 判時 576-72 参照。なお，破産債権確定訴訟は手形訴訟によって起こせない，また，破産手続開始決定当時係属中の手形訴訟は，受継（破 127）後，通常訴訟に移行しなければならない，とするのがわが国のほぼ一致した見解であるが，この場合は，例外的に手形訴訟の提起，またはそのままの受継を認めるべしとする少数説として，→条解民訴〔初版〕1312 頁〔松浦〕。

2)　判批として，永井和之・判評 546 号 24 頁，太田剛彦・平成 16 年度主要民事判例解説 160 頁，品谷篤哉・金法 1571 号 33 頁，丸山秀平・平 15 重要判解 115 頁などがある。

本判例①②は，ともにその要旨として本文掲記のように判示しているが，判例①は，その（ア）の認定の根拠として，本件私製手形は流通を予定していないこと，根保証限度額がそのまま同手形の額面金額となっているが，この金額を無条件に支払う意思は

II 手形訴訟の提起 713

ば，複本交付請求権（手64 III）や原本引渡請求（同68 I）なども除外される。もちろん，上記の適格請求についても，手形訴訟によるか，通常訴訟による

振出人には全くなかったこと，同手形の支払場所は原告とされ，かつ振出人が支払場所に金員を預託することは想定されていないこと，同手形の振出人（特に連帯根保証人）は，手形に署名したこと，手形の振出をしたことを認識していないことが多いことなども詳細に説示した後，その(イ)の認定の根拠として，本件私製手形のように，手形とはいえず単なる借用証書にすぎない書面に基づいて提起された本件手形訴訟は，不当に主債務者や連帯根保証人の抗弁を封じ，簡易迅速に債務名義を取得して債権の取立てを企図したもので，手形制度と手形訴訟制度の濫用として不適法却下すべきものと判示している。

思うに本判例①②の核心をなすのは，前掲(ア)の認定（本件私製手形は手形とはいえず，単なる借用証書にすぎない）であるが，この認定に関して判旨は，その判断をする際の基本的視点として，主として本件私製手形が手形制度の目的に適い，かつそれに相応しい機能を具えたものとして振り出されているかを，いろいろな角度からほぼ網羅的に検討し，いずれの点でも適合しないと判断して，手形とはいえないと認定した。ただし，そこで検討された諸項目にはその重要度において相当の差異があり，その1つが不適合でも手形といえなくなるわけではない（たとえば，指図禁止，振出人が支払場所に金員を預託することは想定されていないことなど）と考えられるところから，本判決の先例としての射程距離が十分明らかでないとの批判がある（⇒品谷・前掲および丸山・前掲）。そこで上記の認定に関して判断をする際の別の基本的視点としては，本件私製手形が手形か単なる借用証書かを決定するのは，主として被告たる主債務者と根保証人が原告たる商工ローン業者に本件私製手形の振出を余儀なくされたときに，同手形上に記載された一定額の金銭債務がいわゆる手形厳正の効果として，原因関係から独立した抽象的債務とされ，手形抗弁が制限されることと，手形訴訟という簡易迅速な略式訴訟により訴えられることなどについて十分業者から説明を受け（なお，⇒貸金業17），かつ十分理解した上で正に手形を振り出すとの認識のもとに本件私製手形に署名したか，それともそのような業者の説明がほとんどないまま，単なる借用証書を作成する積もりで署名したかということである，と考えることも可能である。むしろその方が，重要な考量要素が限定されているために，比較的容易にかつ適確に認定できるのではないか。

次に，判旨は前掲(イ)の認定として，かかる私製手形に基づいて提起された手形訴訟は，「手形制度および手形訴訟制度の濫用」として不適法とするが，他方，かかる手形訴訟は「請求適格を欠く」として不適法とすることも可能である。その方が，制度の濫用という一般条項を用いるよりも，具象的で簡潔といえるかもしれない。なお本件私製手形が請求適格を有するか否かの問題は，略式訴訟たる手形訴訟の特別訴訟要件に関するものであり，その点について裁判所が審査するときは，証拠制限は働かない（⇒7-1-5(2)(イ)）。最後に，私製手形でも請求適格が認められる場合もあるし，統一用紙手形でも請求適格が認められない場合がないとはいえないであろう。

7-1-2

かは，原告の自由な選択に任される。

(2) 手形による金銭の支払の請求　「手形による（金銭の支払の）請求」とは，一応手形上の（金銭給付を求める）権利であると説明されるが，両者は厳密に一致するものではない。前者は，手形・小切手訴訟の立場から独自に定められるべきものである。その際，手形上の権利であるか否か，人的抗弁の制限や善意取得の働く請求であるか否か，証拠制限になじむ請求であるか否か等諸般の事情を考慮すべきである。

「手形による金銭の支払の請求」の代表例は，為替手形の引受人，約束手形の振出人に対する手形金額や利息その他付加金額の支払請求権（手28・78Ⅰなど），為替手形の振出人・裏書人，約束手形の裏書人等に対する遡求金額，再遡求金額等の支払請求権（同43・77Ⅰ④）などである（その他詳細については，⇒条解民訴1763頁〔松浦＝加藤〕，秋山＝伊藤ほかⅦ94頁，斎藤編(11)26頁，旧注釈民訴(9)246頁〔佐々木〕，注釈民訴(5)564頁〔杉山〕，基本法(3)118頁など）。利得償還請求権（同85）については，請求適格なしとするのがわが国のほぼ一致した解釈である（ただし，⇒条解民訴1768頁）。

(3) 附帯する法定利率による損害賠償の請求　いわゆる遅延損害金といわれるもので，支払呈示期間内に呈示がなかった場合，同期間経過後における現実の呈示またはこれに代わる訴状の送達の時以降における，手形の主たる債務者に対する，手形債務不履行による損害賠償請求権である。手形法上の利息その他の付加金額（前掲(2)後段参照）の請求と区別される。この損害賠償請求権は年3パーセントからの変動利率制により定まる法定利率（民404）の範囲内で請求する場合に限り，手形訴訟によることができる（なお，⇒条解民訴1769頁）。

(4) 訴え提起　訴状には手形訴訟による審理・裁判を求める旨の申述を記載し（350Ⅱ），手形の写しを添付しなければならない（規55Ⅰ②）。土地管轄は通常訴訟の場合と変わらない。手形の支払地（手1⑤・2Ⅲ・75④・76Ⅲ）の特別裁判籍が認められる（5②）。

7-1-3　通常訴訟への移行

(1) 原告はいったん手形訴訟で起訴しても，口頭弁論終結前はいつでも，被告の同意なしに通常訴訟手続への移行を申し立てることができ，これによって手形訴訟に特有な手続上の制限を免れることができる（353Ⅰ）。移行の申立てがなされると（なお，⇒札幌高判昭49・6・26判時767-59），ただちに

II　手形訴訟の提起　　715

移行の効果が生ずる（同II，なお，⇒同III・IV）。移行後の弁論は，手形訴訟の続行であるが，通常訴訟の原則に従って行われる。

　(2)　裁判所は，被告が口頭弁論期日に終始欠席し，または原告の主張した事実を争わず，その他何らの防御方法も提出しないときは，原告が移行の申立てをすれば，被告に移行の通知書を送達する前でも，ただちに弁論を終結して通常判決をすることができる（354。なお，⇒規213III。同旨，東京高中間判昭50・7・24高民28-4-259）。手形訴訟で真剣に争わない被告には異議審で争う権利を保障する必要はないという考えに基づく（なお，⇒条解民訴1785頁〔松浦＝加藤〕）。

7-1-4　反訴・参加

　(1)　反訴　　手形訴訟においては被告は反訴を提起できない（351）。それが手形債権に基づく反訴でも許されないと解せられ，わが国では争いのないところである。ただ，手形債権に基づく反訴まで禁止することが適切かいなかは検討の余地がある（⇒条解民訴1773頁〔松浦＝加藤〕）。

　(2)　参加　　まず，第三者の補助参加（42）は許される。次に，たとえば手形訴訟の係属中に第三者が，手形の裏書譲渡を受けたとして49条の訴訟参加をすることはできるが，原告の所持する手形は盗難手形であり，原告は悪意で取得した者であると主張して47条の独立当事者参加をすることはできない（京都地判昭44・6・3判時576-72）[3]。

---

3)　判旨はその理由として，独立当事者参加人の請求は本訴の請求と同種の訴訟手続によって審理しうるものでなければならないところ，同人の請求は，本訴の請求である，350条1項の「手形による金銭の支払の請求」に当たらない（「第三者が本件手形の権利者であることの確認」または「原告は本件手形を第三者に引き渡せ」）ため，独立当事者参加は不適法である，と述べている。
　なお，本件は，手形訴訟で独立当事者参加の申立てがなされた後に，原告の申述により通常訴訟に移行したケースであるが，判旨は，このような場合には，上記の独立当事者参加人の請求と本訴の請求が同種の訴訟手続によって審理しえないという不適法性は消滅すると解して，通常訴訟に移行した後に，あらためて独立当事者参加人の参加申立ての適法性について審判すべきである，と判示している。この指摘は正当で示唆に富むといってよい。すなわち，裁判所は手形訴訟の係属中に独立当事者参加の申立てがなされた場合には，即座に不適法却下するのを差し控え，原告が通常訴訟に移行するか否か様子を見るべきである。のみならず，原告が通常移行しないままに，

7-1-3・4

III　手形訴訟の審理・判決

7-1-5 審　理

（1）　口頭弁論　　訴訟を受理すべきときは，裁判長はただちに口頭弁論期日を定め，当事者を呼び出す（規213 I）。呼出状の必要的記載事項につき，⇒規213 II・III。弁論はできるだけ最初の期日で終局するようにすべきである（一期日審理の原則）（規214。なお，⇒規215）。

（2）　証拠制限　　（ア）　手形訴訟の本案審理では，証拠調べは原則として書証（手形・小切手・契約書・商業帳簿・取引上の往復文書など）に限って許され（352 I），例外的に文書の真否と手形の提示に関する事実の立証のためには当事者尋問（その問題点については，さしあたり，⇒条解民訴1778頁〔松浦＝加藤〕）が許されるにすぎない（352 III）。このために当事者ことに被告は結局書証もしくは当事者尋問によって証明できる攻撃防御方法だけしか提出できないことになり，裁判所は早く結審判決することができるわけである。ここに手形訴訟の最大の特色がある。しかも書証の申出も，挙証者自らが所持する文書を提出してする場合に限られ，文書提出命令（219・223）や送付嘱託（226）によることはできない（352 II）。また，文書であっても，たとえば訴え提起後に作成された第三者の供述私文書のごとく，上記証拠制限を回避するためと思われる文書は証拠能力を否定される（東京地判昭40・8・25下民16-8-1322，なお，⇒西村則夫「手形訴訟の現状と問題点」争点［3版］316頁以下）。なお，証拠調べの嘱託や186条による調査の嘱託もできない（352 IV）。

（イ）　ただ，訴訟要件の存否や訴訟行為など（338条1項3号の再審事由の存否につき，名古屋地判昭47・5・6判時678-93），いわゆる訴訟上の事項で，通常職権

手形訴訟の本案終局判決がなされ，これに対する異議申立てに基づいて異議訴訟手続が係属した場合においても，裁判所はあらためて独立当事者参加人の参加申立ての適法性について審判すべきであろう（⇒条解民訴1774頁以下）。

IV　異　議　　　　　　717

調査事項にあたるものについては，上記の証拠制限は働かない（352 V）。訴訟費用（61以下）や仮執行宣言（259 II）の裁判の基礎となる事実については争いがある（さしあたり，⇒条解民訴1780頁）。

7-1-**6**　手形訴訟の終局判決

審理が裁判をなすに熟すれば，弁論を終結して終局判決（手形判決と呼ぶ）をする。次の場合に分かれる。

(1)　請求の全部または一部が手形訴訟の適格を有しないことによる訴え却下の判決（355 I）　　不服申立てはできない（356・357）。

(2)　一般の訴訟要件欠缺による訴え却下の判決　　控訴・上告が許される（356但）。

(3)　請求の全部または一部を認容もしくは棄却する判決　　これに対しては，控訴・上告ではなく，異議の申立てが認められる（357）。請求認容の判決には，つねに職権で，しかも原則として無担保の仮執行宣言が付される（259 II）。被告のための仮執行免脱宣言も可能である（259 III）。

IV　異　議

7-1-**7**　異議の申立て

(1)　前述のように手形本案判決に対しては異議の申立てができ（357），これにより，不服のある当事者は，同一審級で通常訴訟によりあらためて請求の審判を求めることができる。異議申立ての代わりに誤って控訴が提起された場合は，裁判所は，異議申立事件として，手形判決をした裁判所に移送すべきである（大阪高決昭43・2・17金法507-29。反対，大阪高判昭41・7・29下民17-7=8-636〔却下〕）。異議申立期間（⇒357）。

(2)　適法な異議申立てにより，手形判決の確定は阻止されるが（116），執行力は当然にはなくならないから，手形判決に基づく執行の停止・取消しの仮の処分を求める必要がある。しかし，その要件は当然，一般の場合より

も厳格になっている（403 I ⑤）。

（3）　異議申立権は申立て前までは放棄できる（358）。また異議は異議審の終局判決言渡し前までは取り下げうるが，原則として相手方の同意を要する（360 I・II）。そのほか，異議の取下げには訴えの取下げに関する規定が準用される（360 III）。

7-1-8　異議後の手続

（1）　適法な異議の申立てがあれば，訴訟は手形判決前の審理状態に復し，通常手続による審理が続行される（361）。異議審の最初の口頭弁論期日は158条の「最初にすべき口頭弁論の期日」にあたらない（京都地判昭40・9・21下民16-9-1429）。当事者双方が期日に欠席などした場合において，1か月以内に期日指定の申立てをしないとき，または連続して2回，期日に欠席などしたときは，異議の取下げが擬制せられる（360 III）。手形訴訟の訴訟状態はその効果が維持されるが，そこでの中間判決や手形判決は異議審裁判所を拘束しないと解すべきである（詳細については，⇒条解民訴1814頁〔松浦＝加藤〕）。

（2）　異議後の手続で，何が審判の対象となるかについては，（ア）手形訴訟手続と同じ訴訟物とする説，（イ）上訴と同じく手形判決に対する不服申立てが訴訟物をなすとする説，（ウ）手形訴訟の訴訟物と手形判決に対する不服申立ての両者であるとする説に分類することができるが，しいて言えば（ウ）説を是としよう。ただ，異議後の手続の実体は単純に第一審の継続であるとも，また上訴審と同視すべきであるとも割り切れない，雑種ないし複合（hybrid）的な性格のものであることを認識し，具体的問題のそれぞれに応じて，あるときは第一審の継続と同視して処理し，あるときは上訴審と同視して処理すべきことを注意すべきである（詳細については，⇒条解民訴1797頁，斎藤編(11)82頁，旧注釈民訴(9)292頁〔飯塚〕，注釈民訴(5)615頁〔德岡〕，基本法(3)131頁など)[4]。

（3）　新判決　裁判所は審理が熟すれば，終局判決をする（新判決）。新

---

[4]　なお，上訴と同じように，異議不可分の原則や不利益変更禁止の原則が働くかについては，学説は複雑な分岐を示している（⇒条解民訴1797頁，斎藤編(11)87頁・119頁，旧注釈民訴(9)278頁〔戸根〕・310頁〔飯塚〕，注釈民訴(5)603頁・626頁，基本法(3)132頁など。

V 小切手訴訟　　　719

判決では手形判決の認可または取消しを宣言する（362）。手形判決を認可すべきときは，仮執行宣言についてその当否を259条2項で判断し直すが，手形判決に特別訴訟要件欠缺の看過の違法があったときは，同条1項で判断し直すべきである（⇒条解民訴1821頁）。なお，請求認容の手形判決に対する異議申立てがあった後の手続において原因債権の主張がなされた場合，裁判所が手形債権は成立しないが，原因債権は成立すると判断したときの新判決の仕方については，⇒条解民訴1818頁，斎藤編(11)138頁，旧注釈民訴(9)304頁，注釈民訴(5)623頁，基本法(3)139頁。新判決に対しては，通常手続により控訴できる。控訴裁判所は，異議を不適法として却下した第一審判決を取り消すときは，事件を第一審裁判所に差し戻さなければならないが，さらに弁論をする必要がないとき（たとえば当事者間で事実関係について争いのない場合や，第一審で実体につき十分審理が尽くされている場合など）は，この限りでない（364）。

V　小 切 手 訴 訟

7-1-**9**　小切手訴訟の請求適格等

　上記の手形訴訟の手続は小切手訴訟にも準用される（367）。小切手訴訟によることができる請求としては，(1)小切手の振出人・裏書人に対する遡求金額等の支払請求権（小44・45）および支払保証人に対する小切手金額等の支払請求権（小55），(2)小切手保証人に対する小切手金額等の支払請求書（小27 I）などがある。

7-1-8・9

第2章　少額訴訟手続

I　少額訴訟制度の創設とその意義

7-2-1　少額訴訟制度の創設

(1)　少額訴訟制度の必要性　　そもそも簡易裁判所が発足したのは，昭和22年5月3日新憲法の実施と同時であったが，その当初においては，民事・刑事の軽微な事件を処理するために，簡略な手続によって紛争の実情に即した裁判をすることとし，司法の民衆化に貢献すべきものとされ，その際とくに，アメリカの少額裁判所（Small Claims Court），イギリスの治安判事（Justice of the Peace）の制度などが念頭におかれていたといわれる。そこで旧制度の区裁判所の総数（283）の約2倍の簡易裁判所が全国に設置され，簡易裁判所判事の任命資格も拡張され，とくに民事に関しては，区裁判所の事物管轄を質量ともに縮小して，当時としてはかなり低額と思われる5,000円以下の事件のみを簡易裁判所の事物管轄とした。これらは，新たに発足した簡易裁判所が，民事に関する限り，第一義的に少額裁判所としての性格をもつものと考えられていたことを物語るものである。

　しかし簡易裁判所のその後の運営を見る限り，同裁判所が少額裁判所として十分機能してきたとはいえなかった。これは，簡易裁判所の発足以来，少額裁判所として機能するためには不可欠と考えられる，少額裁判所に適合する特別に簡易迅速な訴訟手続法（略式訴訟手続法）を制定するという課題を果たすことができず，単に民訴法の一部を改正する法律（昭和23年法律149号）を制定することによって，旧来の区裁判所の訴訟手続に関する規定と同様，「簡易裁判所ノ訴訟手続ニ関スル特則」（旧第2編第4章）を新設し，原則的には地方裁判所以上と同一の訴訟手続によることとし，これに対するいくつかの特則を定めるという方式をとるにとどまったことに，起因する。この「簡易裁判所ノ訴訟手続ニ関スル特則」は，現行法の第2編第8章「簡易裁判所の訴訟手続に関する特則」にほぼそのまま引き継がれているが，それじたい通常訴訟手続を規定する法規であり，略

I 少額訴訟制度の創設とその意義

式訴訟手続を規定するものではない。その結果，簡易裁判所は当初期待された，少額裁判所としての機能を十分発揮することができず，むしろ旧区裁判所が果たしてきた，制限的管轄権を有する，地方裁判所と等質の第一審裁判所としての機能が前面に押し出された感じが強い（詳細については，三ケ月・研究4巻230頁以下，8巻247頁以下，条解民訴1490頁以下〔松浦＝加藤〕，兼子一＝竹下守夫・裁判法〔第四版〕〔平11〕212頁以下，旧注釈民訴(7)323頁以下〔小島〕など参照）。

(2)　少額訴訟制度の趣旨　　そこで，簡易裁判所の改革上の最大の課題は，少額裁判所に適合する略式訴訟法規を制定することであるということが久しく多数意見となっていたわけであるが，この課題に答えるべく制定されたのが，新法第6編「少額訴訟に関する特則」である。その立法趣旨として，次のようにいわれている。簡易裁判所については，別に「簡易裁判所における訴訟手続の特則」（第2編第8章）が設けられているが，そこでは簡易裁判所は，三審制のもとで地方裁判所とともに第一審裁判所として位置づけられており，上記の特則も基本的には通常訴訟手続法規の枠内にとどまるものである。このため，簡易裁判所の管轄に属する事件でも，とくに少額であり，しかも複雑困難な事件でないものについては，この「特則」（第2編第8章）も，手続としてなお重厚にすぎ，一般市民にとって時間や費用などの点で利用しやすいとはいえない。そこでとくに小規模な紛争について，少しでも一般市民が訴額に見合った経済的負担で，迅速かつ効果的な解決を裁判所に求めることができるようにすることを目的として創設されたのが，少額訴訟である，と（一問一答386頁以下）[1]。

---

1)　平成10年の少額訴訟制度発足以降の事件処理状況や実際上の事件処理のノウハウないしマニュアルについて，⇒簡裁民事実務研究会「簡易裁判所の民事実務（6）」〔石崎實〕登記研究658号（平14・11）84頁以下。ちなみに，そこには特に東京および大阪簡易裁判所で行われているいわゆる「準少額訴訟事件」の実務についても紹介されている。これは，いわゆる市民紛争型事件で，少額訴訟の請求適格のない請求（限度額をこえる金銭の支払請求や，賃料不払に基づく建物明渡請求など非金銭請求）のうち，相当と認めるものについて，民訴法第2編第8章「簡易裁判所の訴訟手続に関する特則」と少額訴訟の事件処理実務のノウハウないしマニュアルを積極的に活用し，遅くとも第2回期日までに審理を終了することを目指すものである（⇒同91頁以下）。

7-2-2 少額訴訟の性質

(1) 略式訴訟説　少額訴訟の性質については，もちろん公式的見解がある わけではない。ただわたくしの見る限りでは，略式訴訟または多少とも非訟的要 素を含む略式訴訟と考えられているようである。そしてこのような基本的見解を 前提として，少額訴訟を批判したり，擁護したり，その他諸々の問題を論じよう としているように思われる。たとえば，①このような簡略な，一審級限りでの審 理に基づく判決が確定すれば，当事者はそれに拘束され，通常訴訟による救済を 求めることができなくなるが（377〜380参照），それでは，とくに被告の裁判を 受ける権利を害することにならぬか（なお，➡注5）。②裁判所は支払猶予・分割 弁済等を命ずる判決をすることができるが（375参照），その正当化根拠は何か。 裁判所は実体上の請求権の存否を判断して判決すべきものであるのに，その裁量 により実体上の請求権を変更することは許されるのであろうか，など。これらに ついては，いくつかの説明とそれに対する反論がされているが，必要に応じて該 当箇所で最小限言及することとし，ここでは省略する。というのは，私見によれ ば，少額訴訟は，民訴法第6編中に規定され，少額「訴訟」と名付けられてはい るが，その実質は仲裁以外の何ものでもない。正確には，形式的略式訴訟〔実質 的仲裁〕というべきものである。もしそうだとすれば，前記①②その他の問題点 について，訴訟説を前提にいろいろ議論を闘わせる必要性は乏しいと考えられる からである（➡後掲(2)第2段）。

(2) 形式的略式訴訟説〔実質的仲裁説〕　少額訴訟による審理裁判を求める ことにつき，まず原告に選択権が認められるが（368参照），他方被告には通常手 続への移行の申述が許されており，申述があれば直ちに通常手続に移行する （373）。このように少額訴訟は，原告の少額訴訟により紛争を処理することを求 める申立てと，それに対する被告の明示もしくは黙示の同意によって可能になる ところの，当事者にとって，任意的な紛争処理手段であって，訴訟のように強制 的な手段ではない。さらに言えば，両当事者は，仲裁の手続を民訴法第6編 （368〜381）の手続によることとし，仲裁人を簡易裁判所判事，仲裁人選定権者 を管轄簡易裁判所とする旨の，仲裁合意をして，当該紛争を仲裁に付託したもの と解することができる。

　仲裁説をとれば，前掲(1)の①②の問題についての説明は，かなり簡単になる。 すなわち，①少額事件の適格請求（368参照）が仲裁可能性（仲裁13Ⅰ）を有する ことは明らかであるから，仲裁合意を締結することは当然可能であり，その中で 仲裁手続として簡略な手続を合意できることも明らかである。②375条の判決に

II　少額訴訟の提起　　723

よる支払猶予等も，双方当事者がその旨合意をすれば，仲裁の判断基準は法規に限らず，衡平と善によることも可能であるから（同36 III），問題はない。もっとも，少額訴訟が仲裁だとすれば，仲裁法の規定が適用されなければならないが，ここでは現職の裁判官たる仲裁人（judge-arbitrator）がいわゆる司法仲裁（judicial arbitration）をなす場合に該当し，またその仲裁手続の準則として民訴法第6編の規定（368～381）に従うことが双方当事者によって合意されているために（⇨仲裁26），仲裁法の規定の多くは適用されないと解される。

II　少額訴訟の提起

7-2-3　請求適格と利用回数制限

（1）　請求適格　　訴額60万円以下の金銭支払請求に限る（368 I 本文）。物の引渡請求や作為・不作為請求はもちろん，金銭債務の不存在確認請求も許されない。併合請求の場合は訴額の合計額が基準となる。これに対し，60万円を超える金銭請求につき，その一部請求として60万円以下の金銭支払請求をすることは許される，と解されている（ただし，⇨ **7-2-4**(2)末尾）。この点は，今後の利用情況などを見たうえで再検討が必要になるかもしれない。ちなみに，訴えの提起は口頭ですることができる（271）。

（2）　利用回数の制限　　同じ原告が同じ簡易裁判所で同じ年に10回を超えて少額訴訟を提起することはできない（368 I 但，規223）[2]。制度の利用を広く一般市民に確保するためである。

7-2-4　通常手続への移行

（1）　被告の移行申述　　原告は，訴額60万円以下の金銭支払請求につき提訴するときは，少額訴訟によるか，通常手続によるかを自由に選択するこ

---

2)　原告は，訴え提起のさいに，少額訴訟による審理・裁判を求める旨の申述をし，かつその年にその裁判所でそれまでに少額訴訟による審理・裁判を求めた回数（提訴後訴えを取り下げた場合や，通常の手続に移行した場合もそれぞれ1回としてカウントされる）を届け出なければならない（368 II・III。なお381参照）。

7-2-3・4

724 　　　　　第7編　第2章　少額訴訟手続

とができるが，前者が選択された場合，被告は，訴訟を通常の手続に移行さ
せる旨の申述ができ，訴訟は，この陳述があった時に，通常の手続に移行す
る（373Ⅰ本文・Ⅱ。なおⅤ）。移行申述は，被告が最初にすべき口頭弁論の期
日において弁論し，またはその期日が終了した後は，することができない
（373Ⅰ但）[3]。この弁論は，本案の弁論に限らない（12・19・24Ⅱなど参照）。

　(2)　裁判所の移行決定　　そのほか，裁判所は，373条3項1号ないし4
号に掲げる事由がある場合には，被告の態度に関係なく，訴訟を通常の手続
により審理・裁判する旨の決定（移行決定）をしなければならない（373Ⅲ,
なおⅣ参照）。移行決定は，終局判決に対する異議後の手続においてはでき
ない。

　問題は，373条3項4号の「少額訴訟により審理及び裁判をするのを相当でな
いと認めるとき」とはいかなる場合を指すか，である。少額金銭請求であっても，
事実関係や法律問題が複雑困難であるため，一審限りの極めて簡略な審理手続に
よっては，証明による事実認定や確信のある法律判断ができないであろうと思わ
れるような場合や当該少額訴訟がテスト訴訟またはモデル訴訟として提起された
場合などがこれにあたる。被告が支払不能等またはそのおそれがあり，多数債権
者の競合と倒産手続の開始が予想される場合とか，原告と同様な債権者がほかに
も多数存在し，これらの者が共同してPL訴訟とか，消費者訴訟を提起すること
が予想される場合も，同様といえよう。ただしその場合は，倒産手続や共同訴訟
などが事実上実行可能であることが必要である（なお，川嶋四郎「少額訴訟手続の
基礎的課題と展望」ジュリ1098号〔平8〕100頁〔同・民事訴訟過程の創造的展開（平

---

3)　この被告の移行申述を認めるか否かについては，立法過程で争いがあったが，少額
　訴訟は，手続面でも強度の簡略化がされ，裁判の内容面でも思い切った処置を認めて
　いるので，原告はもとより被告の協力も不可欠であり，被告の協力を得るにはその意
　思を尊重する必要があるから，としてこれを認めたわけである。これに対し反対説は，
　①小規模でかつ複雑困難でない金銭支払請求は，被告の意思に関係なく少額訴訟によ
　りうるものとすべきであり，②小規模であるが，複雑困難な請求については，後述
　(2)の裁判所の移行決定（373Ⅲ・Ⅳ参照）により，裁判所がとくに被告の意見等を
　顧慮しつつ，諸般の事情を十分調査して処理すれば足りる，③かりに被告の移行申述
　を認めることになると，その濫用により少額訴訟が十分機能を果たすことができなか
　ったり，逆に一般市民が十分な法的知識や事態の認識のないまま，自己責任の名のも
　とに，安直に少額訴訟判決を喫するおそれがある，④また，消費者保護，弱者保護等
　の観点から，和解的判決がなされることも，少額訴訟として背理であるとはいえない
　し，比較法的にも例がないわけではない，と主張したが，採用されなかった。

III 少額訴訟の審理・判決　　725

17) 244頁以下所収〕参照）。なお，高額の請求を分割して何度も少額訴訟を起こ
すことが濫用になると判断された場合，4号によって移行決定することができる
（一問一答407頁）。

7-2-5　反訴・参加等

(1) 反訴　　少額訴訟においては，反訴を提起することができない
(369)。異議後の手続においても同様である（379 II・369）。一期日審理の原
則（370）に適合しないからということであるが，手形訴訟における反訴禁
止（351。ここではもちろん，異議後の手続以降は反訴が許される）にも符合す
る。ただし，いずれの場合も，立法論的には争いのあるところである。

(2) 参加等　　第三者の補助参加（42）は許される。権利承継人の訴訟参加
(49) や義務承継人の訴訟引受け（50）も可能である。なお，主観的・客観的併
合訴訟や訴えの変更ももちろん許される。ただし，併合訴訟や訴えの変更のため，
少額訴訟が要件を欠き，または相当でなくなれば，裁判所は移行決定をするであ
ろう。

III　少額訴訟の審理・判決

7-2-6　口頭弁論

　訴えを受理すべきときは，裁判所は直ちに口頭弁論期日を定め当事者を呼び出
す（なお，規224参照）。呼出しの際に，裁判所書記官は当事者に対し，少額訴訟
による審理および手続の内容を説明した書面を交付しなければならない（規
222 I）。

　少額訴訟は，原則として，①最初にすべき口頭弁論の期日において審理を
遂げ，また，このような審理を可能にするために，②当事者は，最初にすべ
き口頭弁論の期日の前か，遅くともその期日中にすべての攻撃防御方法を提
出しなければならない，とされる（370）。これを一期日審理の原則という。
最初にすべき口頭弁論の期日とは，第1回の期日（93 III但参照）ではなく，
158条の用例と同様，実際に弁論がされる最初の期日の意味である。もちろ

7-2-5・6

ん，特別の事情がある場合（事件の内容，当事者の訴訟準備の状況等を総合的に考慮して，期日を続行してでも少額訴訟によることが相当な場合）には期日を続行することができる（370 I。なお，370 II 但参照）[4]。

7-2-7　証拠調べの特則

証拠調べは，即時に取り調べうる証拠に限る（371）。即時に取り調べうるとは，188条の「即時に取り調べることができる」と同じ意味であるが（⇒ **3-4-3** **(2)**）のほか，基本法(3)152頁，簡裁民事実務研究会・前掲注1）73～74頁，松浦馨＝三宅弘人編・基本法コンメンタール民事保全法〔平5〕77頁以下参照），少額訴訟においては，疎明では足りず，証明される必要があることに留意すべきである[5]。証人尋問は，宣誓を省略でき（372 I），証人尋問・当事者尋問は，一般の交互尋問による必要がなく，裁判官が相当と認める順序でする（372 II）。裁判所が当事者に代わって尋問する場合も多いであろう。いわゆる電話会議の方法により証人を尋問することもできる（372 III，規226。なお，一問一答411頁以下参照）。調書には証人等の陳述の記載を要しないが（規227 I），尋問前に裁判官の命令または当事者の申出があるときは，裁判所書記官は，当事者の裁判上の利用に供するため，録音テープ等に証人等の陳述を記録しなければならない（規227 II）。

---

4)　なお，少額訴訟の審理の多くは，いわゆる「一体型審理」によって実施される。すなわち，審理において弁論と証拠調べ（当事者本人尋問）を明確に分けることなく，当事者から紛争の実情を聴取しながら，裁判所が弁論事項と証拠資料を適宜拾い出して行くという弁論と証拠を一体化した審理方法をいう（簡裁民事実務研究会・前掲注1）71頁，注釈民訴(5)660頁〔日比野〕）。

5)　ただし一概に証明といっても，そこで要求される，真実であることの高度の蓋然性が認められるための証明度（証明点）の決定は，少額訴訟においては，通常訴訟に比べてより低い程度のもので足りると解すべきであろう。少額訴訟は少額事件について特別に設けられた略式訴訟と一般に理解されており，迅速処理の要請がより重視されているところから，証明度の引下げが浮上せざるをえない（結論同旨，新堂・役割264-5頁。ただし，係争利益が小さいことによる，コスト対効果の不均衡の観点を主としている。もちろんこの点が原点であることは確かであるが）。なお，少額訴訟の法的性質を，実質的には仲裁手続であると解する本書の立場（⇒ **7-2-2(1)**）をとるときは，そのように解することが，より容易になる。ちなみに，278条の，証人もしくは当事者本人の尋問または鑑定人の意見の陳述に代え，書面の提出が命ぜられる場合と，証人もしくは当事者本人の尋問または鑑定人の意見陳述が実施される場合との証明度におのずから差異があるのと同様といってよい（同旨，新堂・役割265-6頁）。

III 少額訴訟の審理・判決　　727

7-2-8　少額訴訟の終局判決

（1）審理が裁判をなすに熟すれば，口頭弁論を終結して終局判決をする。この判決の言渡しは，相当でないと認める場合を除き，口頭弁論の終結後直ちにする（374 I）。この場合には，判決書の原本に基づかないですることができる（調書判決）（374 II）。請求認容判決には，職権で仮執行宣言が付される（376）。

強制執行については，単純執行文は不要とされた（民執 25 但参照）。また平成 16 年の改正で，少額訴訟における判決や和解調書等に基づく金銭債権に対する強制執行について，簡易裁判所が執行裁判所となって裁判所書記官の差押処分により開始される少額訴訟債権執行の制度（民執 167 の 2〜167 の 14）が新設された（平成 16 年法律 152 号）。少額訴訟において判決その他の債務名義を取得した少額債権者が，ただちにその簡易裁判所に強制執行の申立てができるものとし（民執 167 の 2），その権利行使を容易にする趣旨である。ただし債権者が転付命令を求める場合（⇨民執 167 の 10）や配当を実施すべき場合等（⇨民執 167 の 11）には，地方裁判所における通常の債権執行手続に事件を移行させることとしている（より詳細については，さしあたり⇨大澤知子＝宮崎謙ほか「少額訴訟債権執行制度の運用イメージ」判タ 1169 号〔平 17〕15 頁以下）。

（2）少額訴訟の終局判決の最大の特徴は，請求認容判決において，支払を猶予することなどができることである。すなわち，裁判所は，被告の資力その他の事情を考慮してとくに必要があると認めるときは，判決で命ずる金銭の支払について，①判決の言渡しの日から 3 年を超えない範囲で，その一括支払期限を猶予し，もしくは分割払の定めをすることができ，または①と併せて，②その一括支払期限に従い支払をしたとき，もしくは分割払を期限の利益の喪失なしに支払をしたときは，訴え提起後の遅延損害金の支払義務を免除する旨の定めをすることができる（375 I・II）。

立法関係者の説明によれば，375 条の立法目的・趣旨は，少額訴訟を真に効率的な紛争解決手段とするためには，その終局判決が被告により任意履行されるようにならなければならないが，そのためには，支払方法等について被告の任意履行のインセンティブになるような内容にすることが望ましいため，とされている（一問一答 417 頁）。また，その正当化根拠，すなわち，何故裁判所は，実体上認められる原告の請求権の内容に変更を加えることができるのか，については，債権者である原告が少額訴訟を選択した場合には，

7-2-8

その時点で，法が定める内容の判決による支払の猶予については，裁判所の合理的判断に委ねる意思を表明したと考えることができるから，と説明されている（同423頁）。換言すれば，一定の限度で法が定める支払の猶予の判決をすることに，原告が黙示的に同意していることに，根拠を求めている。

（3）　上記の正当化根拠の説明は，要するに，裁判所が支払猶予などの判決をすることに，原告が黙示的に同意したのであるから，裁判所はそのような判決ができるとするものである。これは，原告が請求の放棄をすれば，実体上の請求権の存否にかかわらず，請求棄却の放棄調書が作成される（ドイツでは，放棄判決がなされる）のと同じこと，というのであろう。しかし仔細に観察すると，前者の同意は黙示のものであるし，また同意の対象（内容）が未確定な段階で事前になされる同意であるのに対し，後者の放棄は明示のものであるし，その放棄の対象（内容）は確定的である。両者は外観は似ているが内実は異なるといわなければならない。

そこで正当化根拠に関する別の説明が試みられている。「救済法」の立場から，375条の支払猶予判決を根拠づけようとするものである。一般に民事訴訟は，一応実体的権利義務を指針に，訴訟当事者による創造的救済形成を保障する手続環境の中で，訴訟過程における原告被告間の攻防過程を通じて訴訟上顕在化された多様な具体的救済内容の中から，特定の具体的救済内容を選択し，判決として言い渡す手続である。それ故そこで言い渡される具体的救済内容は，単なる実体法の三段論法的適用によって定まるわけではない。少額訴訟の分野では実体規範の変容が要請されるといわれるが，むしろ看過されていた，上述のような救済規範を顕在化させることが要請され，それにより当初の実体権の内容に変容がもたらされたかの如き外観を呈するにすぎない，とする（川嶋・前掲ジュリ1098号96頁以下。なお，井上・手続論116頁以下参照）。この理論は，重要な指摘を含むものと思うが，やや形而上学的すぎて，法律論としては受け容れにくいところもある。たとえば，375条を少額訴訟という略式訴訟に固有な規定としてではなく，広く通常訴訟にも妥当すべきものと考えているらしいことなど。

なお，以上紹介した諸説はいずれも少額訴訟の性質を略式訴訟と解したうえで，375条の正当化を試みたものであるが，むしろ少額訴訟の性質を形式的略式訴訟〔実質的仲裁〕と解すれば，同条の正当化は一層簡明かつ容易になることについては，すでに述べた（⇒7-2-**2**(2)）。

Ⅳ 異　議

7-2-**9**　少額訴訟判決に対する不服申立て

（1）　少額訴訟の終局判決に対する不服申立てとしては，控訴はできず（377），その判決をした簡易裁判所に対する異議の申立てだけが許される（378Ⅰ）。ただし，少額訴訟の判決による支払の猶予に対しては，不服申立てをすることはできない（375Ⅲ⇒**7-2-10**(4)）。また異議審の終局判決に対しても，控訴は禁止されているので，憲法違反を理由とする最高裁への特別上告を除き，不服を申し立てることはできない（380)[6]。

（2）　異議の申立てがなされると，同一審級でほぼ通常訴訟の手続により，あらためて請求の審判がされる。異議申立期間（⇒378Ⅰ）。適法な異議申立てにより，少額訴訟判決の確定は阻止されるが（116），執行力は当然にはなくならないから，同判決に基づく執行の停止・取消しの仮の処分を求める必要がある。なお，異議申立権は申立て前までは放棄できる（378Ⅱ・358）。また異議は異議審の終局判決言渡し前までは取り下げうるが，原則として相手方の同意を要する（378Ⅱ・360）。

7-2-**10**　異議後の手続

（1）　少額訴訟判決に対して適法な異議があったときは，訴訟は，口頭弁論の終結前の状態に復し，それを前提に通常訴訟の手続によって審理・裁判が続行される（379Ⅰ）。ただし，反訴の禁止，証人・当事者尋問における尋問順序，判決による支払の猶予は，異議前の少額訴訟手続と同じであり，また，異議後の判決における原判決の認可・取消しや訴訟費用の裁判については，手形判決に対する異議後の手続と同じである（379Ⅱ）。

---

6)　少額訴訟の判決に対する異議後の訴訟の判決に対して，控訴をすることができないとする民訴法380条1項は憲法32条に違反するものではない（最判平12・3・17判時1708-119。その判批として，安達栄司・NBL 722号80頁）。

（2）　異議後の手続を，通常訴訟手続に服させるか，あるいは略式訴訟手続（異議前の少額訴訟手続）によらしめるかについては，立法過程で争いがあった。結局前者が採用されたが，その根拠としては，①少額事件といえども，一審限りで，しかもその異議審でも略式審理により審理するというのは，少額事件の中にも慎重な審理を要するものがないとはいえないので，問題ではないか。②略式訴訟は，民事保全でも，手形訴訟でも，まず略式裁判がされるが，そのあとでいわゆる事後手続として，本案訴訟とか手形異議・上訴の手続が控えており，それらはいずれも通常訴訟手続によって審理裁判される。それとの横並びという点からも，前者が妥当でないか。③もし後者をとれば，同一審級で同じ略式訴訟手続による審理裁判がくり返されることになり，無意味ではないか，などが挙げられた。

しかし①少額事件であっても慎重な審理が必要な場合は，既述のように，被告の通常手続移行の申述や裁判所の通常手続移行決定によって十分救済されるであろう。逆に，異議後の手続が通常手続によることになれば，異議申立てをすることによって少額訴訟の迅速性が損なわれるおそれが生ずる。②同じく略式訴訟に属するとはいえ，民事保全・手形訴訟と少額訴訟とは，その性格を異にする。前者は，当事者間の本案紛争じたい，通常訴訟の慎重な手続によって審理裁判されるべきものであるが，それを待っていたのでは時機を失するおそれがあるので，とりあえず仮の保全措置や仮の支払を命ずる手形判決を発して，応急措置を講じたうえで，引き続き通常訴訟である，本案訴訟や手形判決に対する異議・上訴手続により，本案紛争の審理裁判がなされることが是非とも必要である。これに対し後者は，当事者間の本案紛争じたいが少額でかつ複雑困難でないものであるため，それに見合った極めて簡易迅速な手続で審理裁判することで十分とされているのであって，前者のように，そのあとであらためて本案紛争について通常手続による審理裁判の必要はない（ちなみに，少額事件であっても，複雑困難な審理を要する場合は，そもそも通常訴訟によるべきであり，少額訴訟によることはできない）。また，③わが国の裁判所のいろいろな異議審の取扱いを見る限り，異議前の手続の担当裁判官と，異議後の手続のそれとは異なるのが通例のようであり，少額訴訟判決の異議審についても，異議前の裁判官と別の裁判官が担当することとすれば，かりにその異議審の訴訟手続が異議前のそれと同じだとしても，必ずしも無意味とはいえないであろう。

なお，異議後の手続を通常訴訟の手続に服させるべきとの説がその根拠とするところは，いずれも「略式訴訟説」を前提とするものであり，かりに「実質的仲裁説」を採るときは（⇒ 7-2-2(2)），根拠とすることは困難であろう。

IV 異　議

(3)　裁判所は審理が熟すれば，終局判決をする。そこでは少額訴訟の判決の認可または取消しを宣言する（379 II・362。なお，⇒ 379 II・363）。なお，異議審の終局判決においても，判決による支払の猶予が認められる（379 II・375）。

(4)　判決による支払の猶予などについての不服申立て禁止（375 III）と異議審における判決による支払の猶予など（379 II・375）について　　375条3項は，少額訴訟の判決による支払の猶予などに対しては不服を申し立てることができない，と規定する。そのわけは，立法関係者の説明によれば，債権者である原告は少額訴訟手続を選択した時点で，375条の範囲で支払の猶予などの判決を認めたのであるから，その支払の猶予などが同条の範囲内のものである限り，不服を申し立てる余地はないし，また被告も，判決による支払の猶予などによって有利になるが，支払の猶予などがなくとも別に不利益を蒙るわけではないので，不服申立てを認める必要はないから，とされる。そこで少額訴訟で，裁判所が元本および遅延損害金の全額の請求権の存在を認定したうえで，分割払の定めをし，訴え提起後の遅延損害金を免除する旨の定めをした場合，この判決は全部認容の判決になる。したがって原告はこの判決に対して378条1項による異議の申立てをすることができない（一問一答423頁以下）。被告は全部敗訴の判決を受けたことになるから，もちろん異議の申立てができる。

ところで上記の場合，異議審はどのようにして，あるいはどのような場合に，判決による支払の猶予など（379 II・375）をするのであろうか。立法関係者の解釈によればおそらく次のようになろう。まず，異議審が，原判決が全額認めた元本および遅延損害金の存在を一部否定した場合は，あらためて支払の猶予などについても判断し直すことができる。その際，その支払の猶予などの条件が被告にとってより不利益なものになることもありうると解せられる。次に，異議審が元本および遅延損害金の存在をそのまま肯定するときは，支払の猶予などについてのみ変更を加えることはできないであろう，と。もちろん，上記と異なる解釈も不可能ではない。重要でかつ微妙な問題であるが，今後の実務の展開を注目したい。

第3章 督促手続

Ⅰ 督促手続を利用できる場合

7-3-1 督促手続の特別要件と利用状況

(1) 前述のように，督促手続は迅速処理を目的とする特別訴訟であるから，債権者はこの手続によって支払督促を申し立てることにより，迅速かつ低廉に給付訴訟と同一の目的を達成することができる。もちろんそのためには特別の要件（特別訴訟要件）が具わらなければならない（382）。すなわち，まず，(a)金銭その他の代替物または有価証券の一定の数量の給付を目的とする請求に限る（いわゆる請求適格）。これは執行証書の場合（民執22⑤）と同様，誤って執行が行われたときの原状回復を容易ならしめる配慮に基づく。引換給付を求める請求であったり，限定承認などによる有限責任の請求であってもよいが，即時に執行できない条件付または期限付の請求や将来の請求は不適格と解すべきである（⇒秋山＝伊藤ほかⅦ 261頁，条解民訴1879頁〔松浦＝加藤〕，斎藤編⑽ 386頁，旧注釈民訴(9) 121頁〔石川〕，注釈民訴(5) 730頁〔堀野〕，基本法(3) 165頁など）。支払督促には，つねに債務者に対し最初の督促異議の申立期間内に支払をなすべき旨が命ぜられるからである。次に，(b)債務者に対し日本で公示送達によらずに支払督促の送達が可能でなければならない。なお，支払督促の申立人を債権者，被申立人を債務者と呼ぶ。

(2) 後述するように，支払督促に対して債務者は簡単に督促異議の申立てができ，異議申立てがあれば支払督促は失効してしまうから，督促手続がその効用を発揮するのは，債務者がその請求を争って督促異議の申立てをしないであろうと思われる場合であるといえる。ところでわれわれの周囲を見回すと，当事者間で請求の存否・態様については争いがないが，債務者の怠慢，我がまま勝手，手許不如意などのために遅滞に陥っている請求が圧倒的に多いことが分かる。これらの請求は督促手続に最も適するのである。

かくて実際上も督促手続は，とくに少額の事件でかなり利用されている。しか

II 支払督促 733

しドイツの利用状況に比べると，日本ではまだまだ利用されてよいのではなかろうか（近年における督促手続の利用状況，支払督促に対する異議率などについては，野村秀敏「督促手続」講座新民訴 III 249 頁，我妻学「督促手続の現状と問題点」争点［3版］334 頁・337 頁，旧注釈民訴(9) 114 頁，秋山＝伊藤ほか VII 258 頁参照）。

II 支払督促

7-3-2 支払督促の申立て

（1）**職務管轄** 請求の価額にかかわらず，簡易裁判所の裁判所書記官の専属的職務管轄である（土地管轄については，⇒ 383 I・II）。383 条 1 項によれば，債務者の普通裁判籍所在地の簡易裁判所書記官の職務管轄とされているが，立法論としては，債権者の普通裁判籍所在地の簡易裁判所書記官に（も）職務管轄を認めるべきであろう（ド民訴 689 参照）（同旨，五十部豊久・争点［初版］334 頁，我妻・前掲争点［3版］315 頁。もちろん督促異議後の手続の管轄は，債務者の普通裁判籍所在地の裁判所でなければならない）。職務管轄違いの申立ては却下されるが（385 I 前段。なお，⇒ 385 II～IV。管轄裁判所への移送〔16〕はできない），職務管轄を有しない簡易裁判所書記官が発した支払督促でも債務者は督促異議（386 II）によって不服を申し立てるほかなく，しかもその結果，通常訴訟に移行すればもはや支払督促の職務管轄違いは問題にならなくなる（最判昭 32・1・24 民集 11-1-81，兼子 493 頁，最高裁事務総局編・督促手続に関する問題の研究〔昭 31〕143 頁，秋山＝伊藤ほか VII 266 頁，条解民訴 1882 頁〔松浦＝加藤〕，新堂 963 頁など）。

（2）**申立ての手続** 支払督促の申立てにはその性質に反しない限り，訴えに関する規定が準用される（384）。したがって口頭申立てもできる（133 I・271）。申立ての内容は訴状に準じ，当事者，法定代理人，請求の趣旨（請求の金額もしくは数量を一定し，これについて支払督促を求めることを明示），請求の原因（請求を特定するための事実，ことに適格請求であることを示す事実），さらに管轄原因たる事実を表示する（⇒ 133 II・387〔272 の不準用

7-3-2

に注意〕。なお，137条3項の準用がないことにつき，高松高決昭50・5・27下民26-5〜8-436）。申立書に，請求を理由あらしめる事実まで記載しなければならないかについては，記載を要しないと解する（新堂963頁，上田638頁。反対，基本法(3)166頁，最高裁事務総局民事局監修・新しい様式による支払命令手続の手引12頁）。また，請求や管轄の疎明資料を添付する必要もない。貼用印紙類は訴状の場合の半額である（民訴費3I・別表1十）。支払督促の申立ても申立ての時に時効の完成猶予の効力を生ずる（⇒147・384，民147I②）。

　簡易裁判所書記官は，申立てが管轄違いであったり，382条の要件を欠いたり，または申立ての内容，特に請求の趣旨，原因の表示から請求が不存在，履行期未到来もしくは公序良俗・強行法規違反であることが明らかな場合は申立てを却下する（385I）。そうでなければ支払督促を発する。いずれにせよ，書記官は申立ての内容について，その主張自体理由があるといえるかどうか（有理性。⇒**2-1-1**(3)）の審査をすれば足り，かつそれにとどめるべきであり，また債務者を審尋することは許されない（386I）。とはいえ，債務者を一切審尋しないで発せられる支払督促申立ての手続では，たとえば利息制限法違反のおそれがある事案などでは，書記官は，同法遵守をチェックするため，債権者をして申立てに際し，消費貸借契約上の元本，利息，損害金の支払の状況を明示させ，これを職権で調査し，同法の制限利率の範囲内で支払督促を発するよう，慎重を期すべきである（五十部・前掲337頁，野村・前掲261頁）。また，債務者の配偶者に対し，日常家事債務の連帯債務（民761）の履行を求める事案において，その請求の趣旨（金額）や原因の表示から，到底日常家事債務とは認められないようなときも同様である（青海＝大溝＝柏木「督促手続」書研所報44号〔平11〕193頁以下）。なお，書記官の却下処分は，相当と認める方法で告知することによってその効力を生ずるが（385II），これに対しては，告知の日から1週間内に異議の申立てができる（同III）。ただし異議審の裁判に対しては不服申立てはできない（385IV，⇒大決昭10・11・29民集14-2000。再審申立ても許されない，大阪地決昭34・7・3下民10-7-1453）。

　　(3)　手形・小切手支払督促の申立て　　(ア)　手形・小切手支払督促とは，手形または小切手による金銭の支払の請求（350・367）およびこれに附帯する請

II 支払督促 735

求のための支払督促のうち，これに対する異議により移行する事後手続（395）が手形訴訟であることが予定されているものをいう。以下に，この支払督促の申立てに関する特則につき略説する。

（イ）　(a)手形または小切手による金銭の支払の請求およびこれに附帯する請求に関する支払督促の土地管轄は，手形もしくは小切手の支払地にも認められる（383 II ②）。(b)債権者は支払督促の申立ての際，異議があれば手形・小切手訴訟による審判を求める旨を申述しなければならない（366・367）。(c)また申立てと同時に手形・小切手の写しを提出しなければならない（規 220 I・221）。(d)手形・小切手支払督促には，手形・小切手訴訟による審判を求める旨の申述があったことを付記する（規 220 III・221）。(e)債務者に送達すべき手形・小切手支払督促に手形・小切手の写しを添付する（規 220 II・221）。

7-3-3　支払督促と仮執行宣言

支払督促は債務者のみに送達されるが（388 I。この送達は公示送達によらずにする。⇒ **7-3-1**(1)(b)），債務者に送達された時に，支払督促の効力が生ずる（388 II）。債権者の申し出た場所に債務者の住所・就業場所等がないために支払督促の送達ができないときは，簡易裁判所書記官は，そのことを債権者に通知し，これを受けた日から 2 か月（不変期間）内に債権者が他の送達場所の申出をしない場合には，支払督促申立ての取下げがあったものとみなされる（388 III）。ちなみに書記官は，支払督促を発したときは，債権者にはその旨を通知すれば足りる（規 234 II）。支払督促の更正については，⇒ 389。

債務者が，支払督促に仮執行宣言が付される前に，適法な督促異議を申し立てたときは，支払督促は失効するが（390），債務者に対する支払督促の送達後 2 週間が経過すれば，債権者は支払督促に仮執行宣言を付するよう申し立てることができる（391 I。ただし，⇒ 392。なお，⇒東京地決昭 38・1・31 ジュリ 272-6）。仮執行宣言の申立てを却下する書記官の処分は，相当と認める方法で告知することによってその効力を生ずるが（391 III・385 II），却下処分に対しては告知後 1 週間内に異議を申し立てることができる（391 III・385 III）。また，異議審の裁判に対しては即時抗告をなしうる（391 IV）。仮執行宣言付支払督促は両当事者に送達されるが（391 II。この送達は公示送達によ

7-3-3

ることも可能である。秋山＝伊藤ほかⅦ263・294頁，条解民訴1880頁〔松浦＝加藤〕，最高裁事務総局編・前掲76頁，基本法(3)165頁。反対，五十部・前掲335頁），債務者からその送達受領後2週間の不変期間内に督促異議の申立てがないか，督促異議の申立てを却下する決定が確定すれば，支払督促は確定判決と同一の効力を有することになり（396），督促手続は終了する。ただし現行法の支払督促は裁判所書記官の処分であり，旧法の支払命令のように裁判所の裁判ではないので，それが確定しても，執行力だけで，既判力はない（⇒民執35Ⅱ，一問一答452頁）。したがって，その成立に関する瑕疵を争う場合は，再審ではなく，請求異議の訴え（民執35Ⅰ後段）または仮執行宣言付支払督促に対する異議の追完（97）によることになろう。

Ⅲ　督促異議

7-3-4　督促異議の性質

　支払督促に対する督促異議（386Ⅱ・390・393）は債務者に与えられた強力な不服申立て方法である。仮執行宣言前の督促異議と仮執行宣言後の督促異議とが区別されるが，両者は，督促手続を排し通常訴訟手続（または手形・小切手訴訟手続，以下同じ）による審判を求めるものである点は同じである。しかし仮執行宣言前支払督促は通常訴訟に移行すれば当然失効する（390）のに対し，仮執行宣言付支払督促は通常訴訟に移行後も失効しない（⇒403Ⅰ③④）ため，宣言前の督促異議がもっぱら督促手続におけると同一の請求についてその当否の審判を求めるのに対し，宣言後の督促異議は，それと同時に支払督促の取消しもしくは支払督促に対する督促異議の当否の審判をも求める点で性質を異にする（宣言後の督促異議の訴訟物（審判の対象）については，⇒条解民訴1904頁〔松浦＝加藤〕，斎藤編(10)515頁，旧注釈民訴(9)221頁〔石川〕，注釈民訴(5)811頁〔堀野〕，基本法(3)179頁など）。

Ⅲ 督促異議　737

7‒3‒5　督促異議の申立て

（1）　申立て　　債務者は，書面または口頭で支払督促を発した裁判所書記官の所属する簡易裁判所へ督促異議の申立てをすることができる。支払督促に不服であることを陳述すれば足り，上訴のように不服申立ての限度（304・296Ⅰ・313）や，上告のように理由（315）を明らかにする必要はない。支払督促の一部に対しても督促異議申立てができる（⇒ 390。異議可分）。申立ての時期（⇒ 386Ⅱ・387・393）。

（2）　債務者以外の第三者による督促異議の申立てまたは督促手続への参加

（ア）　独立当事者参加申出人による督促異議の申立て　　Xの申立てに基づきYに対して発せられた支払督促は，XYの結托により詐取されたものであると主張して，ZがXY間の督促手続を訴訟に移行させ，その訴訟に独立当事者参加（47）するために，当該支払督促に対して督促異議の申立てをしたのに対し，仙台高決平成8年6月17日（判時1583-70）は，民訴法386条2項（旧434条2項）が支払督促に対する異議申立権を債務者にのみ与え，第三者である独立当事者参加人には与えていないことを理由に，上記独立当事者参加のための督促異議申立てを決定で却下した（賛成判批として，坂本慶一［判批］平成9年主要民事判例解説〔平10〕189頁。同旨の総合判例研究として，奈良次郎「独立当事者参加について(2)」判評122号〔昭44〕100頁・106頁。反対判批として，菅原郁夫・リマークス1998〈上〉140頁。疑問があるとするのは，上野泰男［判批］判評460号〔平9〕228頁）。

　もし判旨のいうように，Yの督促異議の申立てがない限り，Zは自ら督促異議の申立てをして独立当事者参加することができないとすれば，Zは異議後の訴訟手続に独立当事者参加して合一確定の審判を求める機会を失い，XY間のみで督促手続が迅速に進行し，やがてYの督促異議申立てのないまま仮執行宣言付支払督促が確定するのを傍観するほかなくなる。しかしこのような不利益をZに課するのは著しく不公平である。また，判旨は，このようなZの不利益は民訴法386条2項が督促異議申立権を債務者のみに与え，独立当事者参加人には与えていないことの帰結に外ならないとしているが，このような同条項の解釈も必ずしも正当とは思われない[1]。したがって独立当事者参加申出人は，同申出を支払

---

1)　何故なら，文言上民訴法386条2項が支払督促に対する異議申立権を債務者のみに
　　与えているのは，債権者が債務者を相手方として督促手続を申し立てる通常の場合を
　　念頭において規定しているためであって，特殊な場合として，支払督促の発付後独立
　　当事者参加申出人が同申立てをする場合に，同申出人の督促異議の申立権を否定する

督促に対する督促異議の申立てとともにすることができると解すべきである。

（イ）　補助参加申出人による督促異議の申立て　　債権者Ｘの申立てに基づき債務者Ｙに対して発付された支払督促に対して，Ｙの連帯保証人と称するＺが督促異議の申立てをするとともに，補助参加の申出をしたのに対し，浦和地判平成11年6月25日（判時1682-115）は，「支払督促に対する異議の申立ては，これにより債権者と債務者との間に訴訟係属をはじめて発生させる点において，既に他人間に係属している訴訟について，第三者が補助参加人として民事訴訟法45条に例示されている上訴の提起，異議の申立てをする場合と同列に論ずることはできないのであって，仮に第三者が債権者の債務者に対する当該支払督促に係る請求について利害関係を有するとしても，債務者自身の異議の申立てにより当該請求について訴訟係属が発生するのを待ってはじめて，債務者の補助参加人として，当該訴訟に参加できるにとどまるものといわなければならない」として，本件異議申立てを却下する判決をした（結論同旨，東京高決昭57・6・23判タ485-109）。

しかし補助参加人Ｚは，当該訴訟（本件の場合は，督促手続という略式訴訟）において，被参加人である債務者Ｙを補助して勝訴させるために必要な一切の訴訟行為をすることができ（45Ⅰ），補助参加人としてすることができる訴訟行為とともに補助参加の申出をすることができる（43Ⅱ）。そして督促異議の申立ても，

趣旨ではないと解せられるからである。
のみならず，支払督促が発付された後，債務者が督促異議を申し立てない限り，独立当事者参加申出人が欲しても訴訟への移行は行われず，独立当事者参加ができないまま仮執行宣言付支払督促が確定するほかないとすれば，同申出人の紛争の合一的確定を求める利益は著しく侵害されることになる。ＸＹ間の督促手続に対するＺの独立当事者参加を認めるということは，ＸＹ間だけで督促手続が進行されてＺに有害な仮執行宣言付支払督促（または督促異議後の確定判決）がなされるのを防止するためであるが，そのためにはＺにもＹと同様に督促異議の申立権が与えられ，Ｚが督促異議の申立てとともに独立当事者参加の申出ができなければならない（47Ⅳ・43Ⅱ）。特に本件のようにＸＹ間に結託の疑いのある場合にはそうである（結論同旨，菅原・前掲143頁）。
また，ＸがＹに対し最初から民事訴訟を提起し，第一審判決が言い渡された場合には，独立当事者参加申出人Ｚは，Ｙが控訴申立てをしなくても，自ら控訴を申し立てるとともに独立当事者参加の申出をすることができること（このことは，判例・学説により一般に認められている，上野・前掲判批230頁参照）とも調和しない（反対，奈良・前掲判評106頁。ちなみに，上野・前掲判批231頁は，Ｚは，自ら仮執行宣言付支払督促に対しては異議申立てができるが，単なる支払督促に対してはできないとする）。

III 督促異議 739

45条1項の「異議の申立て」に該当すると解すべきであるから，本件異議申立てを適法として補助参加の申出について裁判すべきである[2]（⇒ **5 - 2 - 16**(1)(ア)。兼子・条解163頁，条解民訴229頁，菊井＝村松 I 409頁，旧注釈民訴(2)104頁，斎藤編(2)205頁，秋山＝伊藤ほか I 437頁）。もちろん補助参加人の訴訟行為は被参加人のそれと抵触するときは効力を生じないから，被参加人が撤回すれば無効となる。ただし，連帯保証人が主債務者に共同訴訟的補助参加をする場合は，前掲(ア)独立当事者参加申出人の場合に準じて独自に督促異議の申立てができる。

(3) **取下げ** 仮執行宣言後の督促異議は第一審終局判決のあるまでは任意に取り下げうるが，宣言前の督促異議は却下決定の確定前か（394）またはそれに基づき訴訟へ移行するまで（395）の間に取り下げうるとするのが学説上多数説であった（同旨，神戸地竜野支判昭37・12・10下民13-12-2468）。しかし後者の場合，訴訟への移行によって督促異議の適法性と支払督促の失効が一応確定的になるとはいえ，移行後の訴訟で終局判決がなされるまでは督促異議の目的（督促手続の排除と通常訴訟による審判）はまだ達せられたとはいえないし，取下げを許すことによって論者の危惧するような濫用の弊害が生ずるとも思われない。実際は，裁判外で当事者間に和解が成立し，債務者が督促異議を取り下げて，支払督

---

[2] 前掲判旨は，45条1項にいわゆる「異議の申立て」には，手形判決に対する異議の申立ての場合はともかく，督促異議の申立ては含まないとし，その理由として，前者はXY間においてすでに係属している訴訟について異議申立てをする場合であるのに対し，後者はXY間にこのような係属訴訟はなく，補助参加申出人の異議申立てによって初めて創出されることになるが，補助参加は既存の係属訴訟が存在してはじめて可能になるもので，補助参加人自ら係属訴訟を創出してそれに補助参加することは許されないからだとする。1つの細密な解釈論ではあるが，訴訟の結果について利害関係を有する者に対して手続に参加する機会を保証し，その利害の保護を図る観点からは，むしろ本文掲記の立場をとるべきものと考える。この立場から，民訴法42条の「訴訟」とは，参加前に訴訟の係属が認められなくても，参加後の訴訟において参加人に参加の機会が与えられるのであれば，補助参加を認めてよい。この意味で訴訟係属は「潜在的」で足りる（⇒ **5 - 2 - 16**(1)(ア)。旧注釈民訴(2)104頁）。その趣旨をより明確にするために，現行民訴法42条では，旧64条に含まれていた「訴訟ノ係属中」という語を削り，45条1項で，新たに「再審の訴えの提起」を加えた，といわれる（一問一答61頁）。ちなみに42条の「訴訟」とは，判決手続を指すとか，判決手続およびこれに準ずるものであるとかいわれるのが通常であるが，より広く裁判をもって完結することが予定されている争訟的手続を指すと解する。したがって破産手続開始決定手続，保全命令手続，督促手続（ただし支払督促発付以前においては，対立構造の手続はないから，参加は問題にならない）なども含まれる（兼子・条解164頁，条解民訴230頁〔新堂＝高橋＝高田〕，旧注釈民訴(2)103頁〔井上〕）。

7 - 3 - 5

促を確定させようとする場合のほか，債権者が仮執行宣言の申立てをしないで支払督促を失効させるという場合が多いと思われる。したがって仮執行宣言前の督促異議も宣言後のそれと同様，第一審の終局判決あるまでは任意に取り下げうると解する説が増えつつある（大決昭10・9・13民集14-1608，諸江田鶴雄「支払命令に対する異議の取下」民事法の諸問題III〔昭45〕367頁，奥村正策「支払命令に対する異議申立」小室＝小山還暦下184頁・189頁，条解民訴1888頁〔松浦＝加藤〕，斎藤編⑩452頁，旧注釈民訴(9)171頁〔納谷〕，注釈民訴(5)769頁〔堀野〕，基本法(3)168頁。なお，⇒倉田卓次・実例法学全集民事訴訟法上〔昭38〕394頁〔ただし，仮執行宣言前の督促異議の取下げには債権者の同意を要するとする〕）。

　口頭弁論期日における当事者双方の欠席等の場合は，仮執行宣言前であれば訴えの取下げとみなされるが（263），宣言後であれば360条3項・292条2項に準じて督促異議の取下げとみなすべきであろう（兼子497頁，最高裁事務総局編・督促手続に関する問題の研究〔昭31〕147頁，条解民訴1904頁。反対，法律実務(2)261頁・(3)314頁，秋山＝伊藤ほかVII306頁，高島義郎「支払命令異議訴訟の性質と取扱い」実務民訴(2)384頁，斎藤編⑩524頁，注釈民訴(5)817頁。なお⇒旧注釈民訴(9)220頁〔石川〕）。

　(4)　調査　裁判所は督促異議申立ての適否（主に申立人の訴訟能力・代理権の具備，申立期間の遵守など）を調査し，不適法と認めれば決定で却下する。これに対しては即時抗告ができる（394）。異議を適法と認めるときは，訴訟のため口頭弁論期日指定または管轄地方裁判所への訴訟記録送付を命ずる（規237）。

　(5)　督促異議の効果　仮執行宣言前に適法な督促異議があれば，支払督促は失効する（390）。宣言後に適法な督促異議があれば，支払督促の確定が阻止されるが，仮執行宣言の効力は当然には停止・失効しないので，403条1項3・4号により仮の処分を求める必要がある（なお，⇒404II）。なお，適法な督促異議の申立てにより，請求の価額に従い，支払督促申立ての時に，その簡易裁判所または管轄地方裁判所へ訴えの提起があったものとみなされ，督促手続の費用は訴訟費用の一部として取り扱われることになる（395）。

7–3–6　督促異議後の手続

　訴え提起とみなされれば，支払督促の申立てが訴状として取り扱われるから，貼用印紙額の不足を追貼する必要がある（民訴費3II・8）。債権者が追貼しないときは，裁判所は一定の期間を定めてその追貼を命ずる（⇒137I）。それでもな

お追貼しないときは，裁判所は140条により，口頭弁論を開かないで，判決で訴えを却下することができる（福岡地決昭46・11・12下民22-11＝12-1138。ただし争いがある。判例・学説の分布については，⇒条解民訴1902頁〔松浦＝加藤〕，斎藤編⑩513頁，旧注釈民訴(9)215頁〔石川〕，注釈民訴(5)809頁〔堀野〕，基本法(3)178頁など）。

　仮執行宣言前の督促異議後の手続は，請求の当否について審判をなす第一審の通常訴訟手続（または手形・小切手訴訟手続，以下同じ）である。これに対し，宣言後の督促異議の手続は，請求の当否と督促異議申立ての当否について審判をなす，第一審と上訴審の雑種もしくは複合（hybrid）的性格の通常訴訟手続と解せられ（⇒**7-3-4**），特に仮執行宣言付支払督促という債務名義が介在することを考慮すべきである。したがってその終局判決においては，上記支払督促の認可，変更または取消しを宣言するのが相当である（結論同旨，最判昭36・6・16民集15-6-1584。学説・判例の分布については，⇒条解民訴1904頁，斎藤編⑩515頁，旧注釈民訴(9)222頁，注釈民訴(5)811頁，基本法(3)179頁）。

IV　電子情報処理支払督促手続

7-3-**7**　電子情報処理組織（EDPS）による支払督促手続

(1)　電子情報処理（EDP）督促手続の法制化

(ア)　平成8年の民事訴訟法制定　　わが国でも平成5年以降大阪簡易裁判所と東京簡易裁判所が相ついで，将来の支払督促事件数の増加やとくに都市部の裁判所への集中に対応した実務の運用改善のために，EDPS（electric data processing system）によって読み取ることができるOCR（optional character reader）方式などを採用して支払督促の申立てを受け付ける試みがなされていたが（梅原明「電子情報処理組織を用いて取り扱う督促手続の特則」大系4巻254頁，野村・前掲講座新民訴III 254頁），平成8年制定の民事訴訟法によって，支払督促手続について，EDPSを用いて円滑な処理を可能にするために必要な法規の整備がなされた。

　もっともそのEDP化は，①支払督促の申立てに限って認められ，しかもその方式として，EDPSによって光学的に文字を読み取ることができるいわゆる

OCR 用紙を用いてしなければならないものとされたにすぎなかった（旧 397 II，規旧 238 II，電子情報処理組織を用いて取り扱う督促手続における支払督促の申立ての方式等に関する規則〔平成 9 最高裁規 8〕，民事訴訟法（平成 8 年法律第 109 号）第 397 条第 1 項の申立ての方式に関する細則〔平 9 最高裁告示 2〕）。ただし② OCR 用紙 EDP 督促手続を取り扱う裁判所が東京簡易裁判所と大阪簡易裁判所であることは従前と同じであったが，東京簡易裁判所書記官に対しては，東京地方裁判所管内の簡易裁判所で，東京簡易裁判所以外のものの書記官が，また大阪簡易裁判所書記官に対しては，大阪地方裁判所管内の簡易裁判所で，大阪簡易裁判所以外のものの書記官が，383 条によって取り扱うべきものとされる事件についても，それぞれ OCR 用紙 EDP 督促の申立てをすることができるとされた（旧 397 I，規旧 238 I）。これによって東京・大阪両簡易裁判所の OCR 用紙 EDP 督促事件処理の機能を相当程度拡大したことは確かであった。

（イ）　平成 16 年の民事訴訟法改正　　次いで平成 16 年の同法改正によって，一般的に民事訴訟に関する手続における申立て等について，インターネットを利用した，いわゆるオンライン方式による EDP 化（132 条の 10）が導入されたのに伴い，この方式を支払督促手続にも取り入れるとともに，一層の EDP 化の徹底を図った（397〜401）。

　すなわち，支払督促の申立て以外の申立て（例，仮執行宣言を求める申立て〔391 I〕）ができることはもちろん，EDP 簡易裁判所書記官の支払督促その他の処分の作成・告知（⇒ 132 の 10 I）をもオンライン方式の EDPS を用いてすることができるものとされた（399）。また同裁判所書記官は，オンライン方式による支払督促の申立てにかかる督促手続に関し，所定の書面等の作成・保管に代えて，電磁的記録の作成等をすることができ（400），かつその電磁的記録に関して，訴訟記録として閲覧，謄写等の請求（⇒ 91 I・III）があった場合（401 I）や，398 条の規定により訴えの提起があったとみなされる裁判所へ訴訟記録を送付すべき場合（401 II）の取扱いの特則が設けられている。

　ただし上述の 397 条ないし 401 条の，いわゆるオンライン方式による電子情報処理組織（132 条の 10 第 1 項の定義によれば，裁判所の使用にかかる電子計算機（入出力装置を含む。以下同じ）と申立て等をする者または 399 条 1 項の規定による処分の告知を受ける者の使用にかかる電子計算機とを電気通信回線で接続した電子情報処理組織）を用いた，いわゆるオンライン督促手続（⇒後掲 (2)）が現実に実施され，稼動するためには，最高裁判所の規則等による，より具体的な規制が制定される必要があるところ[3]，「民事訴訟法第 132 条の 10 第 1 項に規定する電子情報処理

IV　電子情報処理支払督促手続　　　　743

組織を用いて取り扱う督促手続に関する規則」（平 18 最高裁規則 10 号）（以下，
「オンライン督促手続規則」という）が平成 18 年 7 月に制定されるに及んで，その
施行日たる同年 9 月 1 日から稼動を開始した。ただしその指定簡易裁判所として
は東京簡易裁判所のみが指定され，その取扱対象も東京地方裁判所管内の各簡易
裁判所の土地管轄に属する督促手続事件を含むものとされた。ちなみに，同規則
の附則によって，向後は OCR 用紙を用いた EDP 督促手続の申立ては同簡易裁
判所では受理しないものとした。

　これに対し，402 条（平成 16 年改正前の 397 条）の，OCR 用紙を用いた EDP
督促手続（同条の定義によれば，裁判所の使用にかかる所定の方式の書面による電子
情報処理組織で接続した電子情報処理組織を用いた支払督促手続）については，その
都度適時に最高裁判所の規則や細則等による手当てがされたために[4]，平成 16
年の民事訴訟法改正後においても引き続き，東京簡易裁判所と大阪簡易裁判所が
指定簡易裁判所と定められ，前者は東京地方裁判所管内の他の簡易裁判所，後者

---

3)　まず，397 条に関しては，電子情報処理組織（本条の場合は，132 条の 10 第 1 項の
　　意味でのもの）を用いて督促手続を取り扱う「指定簡易裁判所」と，指定簡易裁判所
　　の取り扱う事件の地理的範囲を最高裁判所規則等により決定することが予定されてい
　　ること，398 条ないし 401 条に関しては，いずれもその条文が適用されるのは，132
　　条の 10 第 1 項本文の電子情報処理組織を用いてされた支払督促の申立てにかかる督
　　促手続が係属した場合に限られることが明らかであるところ，132 条の 10 第 1 項の
　　文言によれば，その電子情報処理組織を用いてする支払督促の申立ては「最高裁判所
　　規則の定めるところにより」することができるとされているため，397 条も 398 条な
　　いし 401 条もともに，その適用が可能となるためには，最高裁判所規則等により，よ
　　り具体的な規制がされる必要があることは明らかである。

4)　平成 16 年の改正前の旧 397 条 1 項ないし 4 項に関しては，その実務上の執行ない
　　し施行を可能にするためのより具体的な規制をするための最高裁判所規則等として，
　　①民訴規旧 238I，II と，②電子情報処理組織を用いて取り扱う督促手続における支
　　払督促の申立ての方式等に関する規則（平成 9 最高裁規 8 号）と③民事訴訟法（平成
　　8 年法律第 109 号）第 397 条第 1 項の申立ての方式等に関する細則（平 9 最高裁告示
　　2）が制定されたわけであるが，民訴法（旧）397 条 1 項ないし 4 項に代わって，実
　　質上同一の方式の電子情報処理組織を用いて督促手続を処理するものとして，402 条
　　を設置するとともに，実務上同条を適用して執行・実施できるようにするための，よ
　　り具体的な規制として，前掲②の改正規則として，民事訴訟法第 402 条第 1 項に規定
　　する電子情報処理組織を用いて取り扱う督促手続に関する規則（平成 17 最高裁規 1
　　号により改正）（以下，電子督促手続規則という）を，また前掲③の改正細則として，
　　民事訴訟法第 402 条第 1 項の申立ての方式等に関する細則（平成 17 最高裁告示 1 号
　　により改正）（以下，電子督促手続細則という）を制定し，その結果，前掲①は不要
　　になったため削除された。

744 第7編 第3章 督促手続

は大阪地方裁判所管内の他の11簡易裁判所が取り扱うべき事件をも引き取って取り扱うものとして，実務上実施され，稼動してきたが，オンライン督促手続規則により，東京簡易裁判所においてオンライン督促手続が稼動を開始するのと引き換えに OCR 用紙 EDP 督促手続申立ての受理を廃止したことは，すでに前段末尾で言及したとおりである。

(2) オンライン督促手続（督促手続オンラインシステム）の概観　オンライン督促手続とは，支払督促に関する申立て等の届出，申立て等に関する支払督促その他の処分の作成・告知，法令上所定の書面の作成等に代わる電磁的記録の作成等を電子情報処理組織（EDPS）を用いてすることができる支払督促手続のことである（⇒小林宏司［解説］判タ1217号4頁以下）。

(ア)　オンライン督促手続を取り扱う簡易裁判所（指定簡易裁判所）およびその取り扱う事件の地理的範囲　397条によれば，「電子情報処理組織を用いて督促手続を取り扱う裁判所として最高裁判所規則で定める簡易裁判所（以下この章において「指定簡易裁判所」という。）の裁判所書記官に対しては，第383条の規定による場合のほか，同条に規定する簡易裁判所が別に最高裁判所規則で定める簡易裁判所である場合にも，最高裁判所で定めるところにより，電子情報処理組織を用いて支払督促の申立てをすることができる」と規定されている。これを受けて，オンライン督促手続規則の1条1項は，その電子情報処理組織を用いて督促手続を取り扱う，いわゆる指定簡易裁判所として，東京簡易裁判所を指定した。また，同条2項は，指定簡易裁判所の裁判所書記官が取り扱うことができる支払督促事件の地理的範囲について定めたが，平成22年の改正（平22最高裁規7号）により，指定簡易裁判所書記官に対しては，法383条に規定する簡易裁判所が指定簡易裁判所以外の簡易裁判所である場合にも，オンライン督促手続の申立てをすることができる旨が定められ，最終的には，日本国内のすべての支払督促事件について東京簡易裁判所の裁判所書記官がオンライン処理をすることができるようになっている。

(イ)　申立て等の方式等　まず，債権者がオンラインによりすることができる申立てとしては，(a)支払督促，仮執行宣言と更正処分の各申立てならびにそれらの取下げ，(b)送達場所等の届出などがある（⇒オンライン督促手続規則2条）。オンライン督促手続の申立て（電子支払督促申立て）は，前掲(ア)の指定簡易裁判所の書記官に対してするが（397），その申立て等の方式，訴訟代理権等の証明方法の特則，申立ての際の届出事項等，手数料のオンライン納付などについては，⇒同規則3条。

Ⅳ 電子情報処理支払督促手続 745

（ウ）　指定簡易裁判所書記官の処分の告知　　指定裁判所書記官の処分の告知のうち，法令の規定により書面等（すなわち，書面，書類，文書，謄本，抄本，正本，副本，複本その他。⇨132条の10Ⅰ）をもってするものとされているものについては，最高裁判所規則で定めるところにより，オンライン方式を用いてすることができる（399Ⅰ）。その処分の告知の到達時期については，以前から399条3項により，処分の告知を受けるべき債権者の同意があるときは，裁判所の電子計算機のファイルにその処分に係る情報が記録され，かつその記録に関する通知がその債権者に対して発せられた時に，その債権者に到達したものとみなされる（発信主義）趣旨の規定が置かれていたが，オンライン督促手続規則4条1項もそれを維持している。ただそこでは，その場合の同意は支払督促申立てのときにすべきこと（同規則4条2項），通知の発信は電子メールを送信する方法によること（同規則4条3項）が定められている。

（エ）　電磁的記録の作成等（作成または保管）　　オンライン督促手続においては，裁判所書記官が法令上書面等の作成をすることとされているものについて，それに代えて，最高裁規則で定めるところによりそれら書面等に係る電磁的記録の作成等をすることができる（400Ⅰ）。オンライン督促手続規則5条1項は，この委任を受け支払督促と仮執行宣言につきその方式を定めたものである。なお，同規則5条2項以下には，仮執行宣言付支払督促が作成された場合，これについて付与された執行文の数等を支払督促の原本に付記する仕方などについて定めている。

（オ）　訴訟記録の閲覧等について　　督促手続に係る訴訟記録のうち，オンライン方式を用いてされた支払督促の申立て等に係る部分または401条1項の規定により電磁的記録の作成等がされた部分（これらの各部分を「電磁的記録部分」と総称する）について，訴訟記録の閲覧等の請求（⇨91Ⅰ・Ⅲ）があったときは，指定裁判所書記官は，裁判所の電子計算機からその部分の内容を書面に出力した上，その書面をもって閲覧等に供する。同部分に係る書類の送達または送付をするときも，同様にする（オンライン督促手続規則6条）。

（カ）　その他　　（a）　氏名または名称を明らかにする措置　　132条の10第4項は，オンライン申立てをする場合には，署名等に代えて，最高裁規則で定めるところにより，氏名または名称を明らかにする措置を講じなければならないとしているが，オンライン督促手続規則7条1項はこれを受けて，記名押印に代えて，電子署名を行い，併せて電子証明書を送付すべきものとした。また，書面に代えて電磁的記録が作成される場合について，402条2項は，132条の10第4項

7－3－7

の規定の準用によって，およそ電磁的記録を作成する書記官は氏名または名称を明らかにする措置を講じなければならない旨規定しているが，そこでいわゆる氏名等を明らかにする措置の内容として，同規則7条2項は，電磁的記録に電子署名を行うべき旨定めている。

(b)　費用の予納の特例　　民事訴訟費用法では，将来申立てをする複数の事件について費用を一括して予納することができるか，必ずしも明らかでない。そこで継続的かつ反復的にオンライン督促申立てをしようとする者は，事前に指定簡易裁判所の登録を受けたときは，郵便物の料金等に充てるための費用を一括して予納することができることなどが定められた。ただし登録できる債権者は法人に限られる（⇒オンライン督促手続規則8条）。

(3)　オンライン方式による支払督促に対する異議後の手続

(ア)　概説　　オンライン方式による支払督促に対して適法な督促異議の申立て（⇒7-3-**5**）があったときは，通常の書面申立てによる支払督促の場合と同様，支払督促の申立ての時に，請求の価額に従い，簡易裁判所または管轄地方裁判所への訴え提起があったものとみなされ（395），通常訴訟手続（または手形・小切手訴訟手続）に移行する（⇒7-3-**4**）。なお，上記の訴えの提起があったとみなされる裁判所が当該指定簡易裁判所ではなく，他の簡易裁判所または管轄地方裁判所である場合が生ずるが（⇒(イ)），そのときは指定簡易裁判所書記官は遅滞なくその裁判所に訴訟記録を送付しなければならないが，そのうち電磁的記録の作成された部分については，当該部分に記録された情報をメール送信しなければならない（オンライン督促手続規則9条）。訴えの提起があったとみなされる裁判所は，メール送信を受けた内容（PDFファイル）を出力し，別途送付される書面部分と合わせて訴訟記録を作成することになる（401Ⅱ）。

(イ)　適法な督促異議の申立てにより訴えの提起があったとみなされる裁判所支払督促の手続は，およそ債務者の立会いないし関与を予定していない手続であるから（⇒386Ⅰ），裁判所の土地管轄の関係で当事者間の公平をそれほど厳密に考慮する必要はないといえる。しかし督促異議申立て後に移行する訴えの手続は判決手続であるから，そうはいかない。そこで債務者の管轄の利益に配慮して，督促異議申立て後に訴えの提起があったとみなされる裁判所は，基本的に通常の書面申立て支払督促に対する異議申立ての場合と同様になるよう定められている。すなわち，適法な督促異議申立てにより訴えの提起があったものとみなされる裁判所は，383条に規定する簡易裁判所で支払督促を発した裁判所書記官の所属するものもしくは397条の別に最高裁規則で定める簡易裁判所またはその所在地を

IV　電子情報処理支払督促手続

管轄する地方裁判所であるとする（398 I）。ただし該当する簡易裁判所または地方裁判所が複数あるときは，まず，383条1項に規定する簡易裁判所またはその所在地を管轄する地方裁判所があるときは，その裁判所に訴えが提起されたものとみなされる。そして，もしこの裁判所がないときは，383条2項1号に定めた地を管轄する簡易裁判所またはその所在地を管轄する地方裁判所がこれに当たるとされる（398 II）。ただし債権者があらかじめ398条1項に規定する簡易裁判所または地方裁判所のうち，1つの簡易裁判所または地方裁判所を指定したときは，その裁判所に訴えの提起があったものとみなされる（398 III）。その指定は，支払督促申立てのときにあらかじめ届け出なければならない（オンライン督促手続規則3条5項）。

判 例 索 引

大審院・最高裁判所

大判明 37・6・6 民録 10-812 ……………480
大決明 37・11・21 民録 10-1502 …………66
大判明 42・2・8 民録 15-68 ………………459
大判明 43・4・5 民録 16-273 ………………391
大判明 44・12・11 民録 17-772 …………471
大決大 2・1・16 民録 19-1 …………………67
大判大 2・3・26 民録 19-141 ………………453
大判大 4・6・30 民録 21-1165 ……………96
大判大 4・9・29 民録 21-1520 ……………316
大判大 6・12・25 民録 23-2220 …………579
大判大 7・1・28 民録 24-67 ………………160
大判大 8・2・16 民録 25-276 ………………468
大判大 9・3・29 民録 26-411 ………………468
大判大 9・4・24 民録 26-687 ………………316
大判大 9・7・15 民録 26-983 ………………444
大判大 10・12・3 民録 27-2093 …………470
大決大 11・8・30 民集 1-507 ………………537
大判大 12・4・7 民集 2-218 ………………478
大連判大 12・6・2 民集 2-345 ……………35
大判大 13・3・3 民集 3-105 ………………319
大判大 13・5・31 民集 3-260 ………………166
大判大 14・4・24 民集 4-195 ………………442
大判大 14・6・4 民集 4-317 ………………480
大連判大 15・2・1 民集 5-51 ………………283
大判昭 2・2・3 民集 6-13 …………………97
大判昭 3・8・1 民集 7-648 ………………225
大判昭 3・10・20 新聞 2921-11 …………80
大判昭 3・11・7 評論 18-6-民訴 205 ………111
大決昭 3・12・28 民集 7-1128 …………56, 70
大判昭 4・7・10 民集 8-658 ………………625
大決昭 5・4・24 民集 9-415 ………………532
大判昭 5・6・27 民集 9-619 ………………200
大判昭 5・7・14 民集 9-730 ………………166
大決昭 5・8・2 民集 9-759 …………………68
大判昭 5・12・18 民集 9-1140 ……………66
大決昭 6・2・3 民集 10-33 …………………283
大判昭 6・4・22 民集 10-380 ………………442
大判昭 6・5・28 民集 10-268 ………………278
大判昭 6・6・27 民集 10-486 ………………129
大決昭 6・8・8 民集 10-792 …………145, 210

大判昭 6・11・24 民集 10-1096 …………160
大決昭 7・2・12 民集 11-119 ………………600
大判昭 7・6・2 民集 11-1099 ………………471
大判昭 7・6・18 民集 11-1176 ……………615
大判昭 7・9・17 民集 11-1979 ……………113
大判昭 7・10・26 民集 11-2051 …………211
大判昭 7・11・28 民集 11-2204 …………470
大判昭 8・1・31 民集 12-51 ………………663
大判昭 8・2・7 民集 12-159 …………255, 651
大判昭 8・2・9 民集 12-397 …………312, 313
大決昭 8・4・14 民集 12-629 ………………86
大判昭 8・6・15 民集 12-1498 ……………160
大判昭 8・6・30 民集 12-1682 ……………567
大決昭 8・7・4 民集 12-1745 ………………118
大判昭 8・7・4 民集 12-1752 ………………451
大決昭 8・9・9 民集 12-2294 ………………600
大判昭 8・9・12 民集 12-2139 ……………313
大判昭 8・12・15 法学 3-563 ………………453
大判昭 9・1・23 民集 13-47 ………………131
大判昭 9・2・26 民集 13-271 ………………641
大判昭 9・3・9 民集 13-249 ………………239
大判昭 9・3・30 民集 13-418 ………………226
大判昭 9・5・12 民集 13-1051 ……………242
大判昭 9・6・15 民集 13-1000 ……………471
大決昭 9・7・31 民集 13-1460 ……………211
大決昭 9・8・22 新聞 3746-11 ……………82
大判昭 10・4・30 民集 14-1175 …………556
大判昭 10・5・7 民集 14-808 ………………636
大判昭 10・8・24 民集 14-1582 …………513
大判昭 10・9・3 民集 14-1886 ……………443
大決昭 10・9・13 民集 14-1608 …………740
大判昭 10・10・28 民集 14-1785 ……96, 666
大決昭 10・11・29 民集 14-2000 …………734
大判昭 10・12・17 民集 14-2053 …………466
大判昭 10・12・26 民集 14-2129 …………58
大判昭 10・12・27 民集 14-2173 …………685
大判昭 11・1・14 民集 15-1 ………………179
大判昭 11・3・10 民集 15-695 ……………35
大判昭 11・3・11 民集 15-977 ……………97
大判昭 11・6・9 民集 15-1328 ……………313
大判昭 11・6・30 民集 15-1281 …………116

判例索引

大判昭 11・10・6 民集 15-1789 ……………245
大判昭 11・12・18 民集 15-2266 …………557
大判昭 12・4・16 民集 16-463 ……………612
大判昭 13・3・19 判決全集 5-8-362 ……117
大判昭 13・7・22 民集 17-1454 …………211
大決昭 13・11・19 民集 17-2238 …………479
大民連中間判昭 14・3・22 民集 18-238 ……199
大判昭 14・5・16 民集 18-557 ……………539
大判昭 14・9・14 民集 18-1083 …………206
大判昭 14・10・31 民集 18-1185 …………245
大判昭 14・12・18 民集 18-1534 …………211
大判昭 15・2・3 民集 19-110 ……………508
大判昭 15・2・27 民集 19-239 …………245
大連判昭 15・3・13 民集 19-530 ……162,553
大判昭 15・3・15 民集 19-586 ……537,538
大判昭 15・4・9 民集 19-695 ……………595
大判昭 15・5・14 民集 19-840 …………166
大判昭 15・6・28 民集 19-1071 …………640
大判昭 15・7・26 民集 19-1395 …………604
大判昭 15・9・18 民集 19-1636 …………129
大判昭 16・2・24 民集 20-106 …………199
大判昭 16・3・15 民集 20-191 …………98,480
大判昭 16・4・5 民集 20-427 …………134
大決昭 16・4・5 民集 20-482 …………628
大判昭 16・5・23 民集 20-668 …………557
大判昭 17・3・4 判決全集 9-26-5 ………531
大判昭 17・5・26 民集 21-592 ……526,527
大判昭 18・6・29 民集 22-557 …………198
大判昭 18・7・6 新聞 4662-8 …………160
大判昭 18・12・23 民集 23-1254 …………637
大判昭 19・3・14 民集 23-155 …………527
最決昭 22・9・15 裁判集民 1-1 …………86
最決昭 23・7・22 裁判集民 1-273 …………86
最判昭 23・8・5 刑集 2-9-1123 …………308
最判昭 24・8・18 民集 3-9-376 …………643
最判昭 25・6・23 民集 4-6-240 …………147
最判昭 25・7・11 民集 4-7-316 …………316
最判昭 25・9・8 民集 4-9-359 …………602
最判昭 25・10・31 民集 4-10-516 …………652
最判昭 25・11・17 民集 4-11-603 …………86
最判昭 25・12・28 民集 4-13-701 …………167
最判昭 26・2・22 民集 5-3-106 …………228
最判昭 26・4・13 民集 5-5-242 ……526,532
最判昭 26・10・16 民集 5-11-583 ……449,658

最判昭 26・11・27 民集 5-12-748 …………228
最判昭 27・2・15 民集 6-2-88 …………152
最大決昭 27・4・2 民集 6-4-387 …………181
最判昭 27・6・17 民集 6-6-595 …………292
最判昭 27・7・29 民集 6-7-684 …………643
最大判昭 27・10・8 民集 6-9-783 ………16,158
最判昭 27・10・31 民集 6-9-926 …………16
最判昭 27・11・20 民集 6-10-1004 …………164
最判昭 27・12・5 民集 6-11-1117 …………336
最判昭 27・12・25 民集 6-12-1240 …………223
最判昭 27・12・25 民集 6-12-1255 …………561
最判昭 27・12・25 民集 6-12-1271 …………160
最判昭 27・12・25 民集 6-12-1282 …………49
最判昭 28・5・7 民集 7-5-489 …………679
最判昭 28・5・12 裁判集民 9-101 …………335
最判昭 28・5・14 民集 7-5-565 …………386
最判昭 28・5・29 民集 7-5-623 …………239
最判昭 28・6・26 民集 7-6-783 …………65
最判昭 28・9・11 裁判集民 9-901 …………312
最判昭 28・10・15 民集 7-10-1083 ……164,428
最判昭 28・11・17 行裁 4-11-2760 …………16
最大判昭 28・12・23 民集 7-13-1561 ……168,170
最判昭 28・12・24 民集 7-13-1644 …………167
最判昭 29・2・26 民集 8-2-630 …………550
最判昭 29・6・8 民集 8-6-1037 …………564
最判昭 29・6・11 民集 8-6-1055 ……112,121
最判昭 29・7・27 民集 8-7-1443 …………560
最判昭 29・10・26 民集 8-10-1979 …………68
最判昭 29・12・16 民集 8-12-2158 …………166
最判昭 30・1・21 民集 9-1-22 …………162
最判昭 30・1・28 民集 9-1-83 …………66
最判昭 30・3・29 民集 9-3-395 …………65
最判昭 30・4・5 民集 9-4-439 …………255
最判昭 30・5・20 民集 9-6-718 …………167
最判昭 30・7・5 民集 9-9-985 …………322
最判昭 30・7・5 民集 9-9-1012 ……144,458
最判昭 30・9・2 民集 9-10-1197 …………658
最判昭 30・9・30 民集 9-10-1491 ……165,428
最判昭 30・12・1 民集 9-13-1903 …………511
最判昭 30・12・16 民集 9-14-2013 …………148
最判昭 30・12・26 民集 9-14-2082 …………168
最判昭 31・4・3 民集 10-4-297 ……637,659
最判昭 31・4・13 民集 10-4-388 ……261,282
最判昭 31・5・10 民集 10-5-487 …………583

最判昭 31・5・25 民集 10-5-577 …………317	最判昭 34・9・17 民集 13-11-1372 …………316
最判昭 31・6・19 民集 10-6-665 …………566	最判昭 34・9・17 民集 13-11-1412 …………403
最判昭 31・6・26 民集 10-6-748 …………167	最判昭 34・9・22 民集 13-11-1451 …………38
最判昭 31・7・20 民集 10-8-947 …………312	最判昭 35・2・2 民集 14-1-36 …………402
最判昭 31・7・20 民集 10-8-965 …………545	最判昭 35・2・9 民集 14-1-84 …………335
最判昭 31・9・18 民集 10-9-1160 …………177	最判昭 35・3・11 民集 14-3-418 …………167
最判昭 31・10・4 民集 10-10-1229 …………168	最判昭 35・4・12 民集 14-5-825 ……40, 467
最判昭 31・12・20 民集 10-12-1573	最判昭 35・5・24 民集 14-7-1183 …………566
…………………………156, 561, 569	最判昭 35・6・9 民集 14-7-1304 …………667
最判昭 32・1・24 民集 11-1-81 …………733	最決昭 35・6・13 民集 14-8-1323 …………283
最判昭 32・2・8 民集 11-2-258 ……336, 385	最判昭 35・6・28 民集 14-8-1558 …………179
最判昭 32・2・28 民集 11-2-374 …562, 569, 653	最判昭 35・9・22 民集 14-11-2282 …………185
最判昭 32・3・26 民集 11-3-543 …………336	最判昭 35・10・21 民集 14-12-2651 …………181
最判昭 32・5・10 民集 11-5-715 …………227	最大判昭 35・12・7 民集 14-13-2964 …………14
最判昭 32・6・7 民集 11-6-948 ……49, 521, 638	最判昭 35・12・9 民集 14-13-3020 …………354
最判昭 32・6・11 民集 11-6-1030 …………476	最判昭 35・12・23 民集 14-14-3166 …………144
最判昭 32・6・25 民集 11-6-1143 …………330	最判昭 36・2・14 判時 251-13 …………667
最判昭 32・7・2 民集 11-7-1186 …………478	最判昭 36・2・28 民集 15-2-324 …………471
最大判昭 32・7・20 民集 11-7-1314 …………163	最判昭 36・4・7 民集 15-4-694 …………387
最判昭 32・10・4 民集 11-10-1703 …………334	最判昭 36・4・7 民集 15-4-706 …………65
最判昭 32・10・31 民集 11-10-1779 …………476	最判昭 36・4・7 民集 15-4-716 …………144
最判昭 32・12・3 民集 11-13-2009 …………410	最判昭 36・4・25 民集 15-4-891 ……46, 467
最判昭 32・12・13 民集 11-13-2143 …………647	最判昭 36・4・27 民集 15-4-901 …………225
最判昭 32・12・17 民集 11-13-2195 …………652	最判昭 36・6・16 民集 15-6-1584 …………741
最判昭 32・12・24 民集 11-14-2322 …………467	最判昭 36・8・8 民集 15-7-2005 …………663
最判昭 32・12・24 民集 11-14-2363 …………148	最判昭 36・11・24 民集 15-10-2583 …174, 592
最判昭 33・3・7 民集 12-3-469 …………316	最判昭 36・11・28 民集 15-10-2593 …………679
最判昭 33・3・13 民集 12-3-524 …………471	最判昭 36・12・12 民集 15-11-2778 …………505
最判昭 33・3・25 民集 12-4-589 …………166	最判昭 36・12・15 民集 15-11-2865 …………583
最判昭 33・4・17 民集 12-6-873 …………595	最判昭 37・1・19 民集 16-1-76 …………169
最判昭 33・6・6 民集 12-9-1384 …………471	最判昭 37・1・19 民集 16-1-106 …………602
最判昭 33・6・14 民集 12-9-1492 …………442	最判昭 37・2・13 判時 292-18 …………322
最判昭 33・7・8 民集 12-11-1740 …………226	最判昭 37・4・20 民集 16-4-913 …………615
最判昭 33・7・22 民集 12-12-1805 …………584	最判昭 37・6・9 訟月 9-8-1025 …………459
最判昭 33・7・25 民集 12-12-1823 …………131	最判昭 37・7・13 民集 16-8-1516 …………179
最判昭 33・9・19 民集 12-13-2062 …146, 625	最判昭 37・8・10 民集 16-8-1720 …………49
最判昭 33・10・14 民集 12-14-3091 …………557	最判昭 37・9・21 民集 16-9-2052 …………354
最判昭 33・10・17 民集 12-14-3161 …………241	最決昭 37・10・12 民集 16-10-2128 …………628
最判昭 33・11・4 民集 12-15-3247 …261, 650	最判昭 37・12・18 民集 16-12-2422 …………110
最判昭 34・2・20 民集 13-2-209 …………199	最判昭 38・1・18 民集 17-1-1 …………198, 562
最判昭 34・3・26 民集 13-4-493 …………28	最判昭 38・2・21 民集 17-1-182 …145, 440, 442
最判昭 34・4・9 民集 13-4-504 …………650	最判昭 38・2・21 民集 17-1-198 …………573
最判昭 34・7・17 民集 13-8-1095 …………65	最判昭 38・2・22 民集 17-1-235 …………470
最判昭 34・8・27 民集 13-10-1293 ……118, 127	最判昭 38・3・8 民集 17-2-304 ……456, 557

判 例 索 引

751

最判昭 38・4・12 民集 17-3-468 ……………668
最判昭 38・7・30 民集 17-6-819 ……………673
最判昭 38・10・1 民集 17-9-1128 …………425
最判昭 38・10・15 民集 17-9-1220 ……35, 657
最大判昭 38・10・30 民集 17-9-1266 ………148
最判昭 38・11・7 民集 17-11-1330 …………331
最判昭 38・11・15 民集 17-11-1364 …………86
最判昭 39・4・3 民集 18-4-513 ……………331
最判昭 39・4・7 民集 18-4-520 ……………554
最判昭 39・5・7 民集 18-4-574 ……………169
最判昭 39・5・12 民集 18-4-597 ……………355
最判昭 39・6・24 民集 18-5-874 ……………392
最判昭 39・6・26 民集 18-5-954 ……………668
最判昭 39・7・10 民集 18-6-1093 …………564
最判昭 39・10・13 民集 18-8-1619 …………65
最判昭 39・10・15 民集 18-8-1671 ……104, 105
最判昭 39・11・26 民集 18-9-1992 …………166
最判昭 40・2・26 民集 19-1-166 ……………481
最判昭 40・3・4 民集 19-2-197 ……………572
最判昭 40・3・19 民集 19-2-484 ……………641
最判昭 40・4・2 民集 19-3-539 ………394, 507
最大判昭 40・4・28 民集 19-3-721 …………170
最判昭 40・6・24 民集 19-4-1001 …………606
最大決昭 40・6・30 民集 19-4-1089 …………14
最判昭 40・7・23 民集 19-5-1292 …………468
最判昭 40・8・2 民集 19-6-1393 ……………170
最判昭 40・9・17 民集 19-6-1533 ……45, 471
最判昭 40・9・17 判時 422-30 ………………167
最判昭 40・12・23 裁判集民 81-769 ………282
最判昭 41・1・21 民集 20-1-94 ……………562
最判昭 41・1・27 民集 20-1-136 ……………403
最判昭 41・2・1 民集 20-2-179 ………………28
最判昭 41・2・8 民集 20-2-196 ………………16
最判昭 41・3・18 民集 20-3-464 ………160, 492
最判昭 41・3・22 民集 20-3-484 …528, 532, 626
最判昭 41・4・12 民集 20-4-560
　　　　　　　　……………163, 164, 276, 556
最判昭 41・6・2 判時 464-25 ………………535
最判昭 41・7・14 民集 20-6-1173 ………28, 93
最判昭 41・7・28 民集 20-6-1265 …………131
最判昭 41・9・8 民集 20-7-1314 …………319
最判昭 41・9・22 民集 20-7-1392 …………317
最判昭 41・11・10 民集 20-9-1733 …………573
最判昭 41・11・18 判時 466-24 ……………638

最判昭 41・11・22 民集 20-9-1914 …………284
最判昭 41・11・25 民集 20-9-1921 ……107, 584
最判昭 41・12・6 判時 468-40 ………………316
最判昭 42・2・24 民集 21-1-209 ………58, 242
最大判昭 42・5・24 民集 21-5-1043 ………207
最判昭 42・6・30 判時 493-36 ………103, 464
最判昭 42・8・25 判時 496-43 ………146, 625
最大判昭 42・9・27 民集 21-7-1955 ………142
最判昭 42・10・12 判時 500-30 ……………564
最判昭 42・10・19 民集 21-8-2078 …………104
最判昭 42・11・16 民集 21-9-2430 …………322
最判昭 42・11・30 民集 21-9-2528 …………160
最判昭 42・12・21 判時 510-45 ……………164
最判昭 42・12・26 民集 21-10-2627 …………35
最判昭 43・2・9 判時 510-38 ………………336
最判昭 43・2・15 民集 22-2-184 ……………445
最判昭 43・2・16 民集 22-2-217 ……………403
最判昭 43・2・22 民集 22-2-270 ……………35
最判昭 43・2・23 民集 22-2-296 ……………478
最判昭 43・3・8 民集 22-3-551 ……………590
最判昭 43・3・15 民集 22-3-607 ……………583
最判昭 43・3・19 民集 22-3-648 ……………680
最判昭 43・3・28 民集 22-3-707 ………323, 652
最判昭 43・4・11 民集 22-4-862 ……………509
最判昭 43・4・16 民集 22-4-929 ………207, 625
最判昭 43・5・31 民集 22-5-1137 …………177
最判昭 43・6・21 民集 22-6-1297 …………142
最判昭 43・8・29 民集 22-8-1740 …………703
最判昭 43・9・12 民集 22-9-1896 ……588, 598
最判昭 43・10・15 判時 541-35 ……………567
最判昭 43・11・1 判時 543-63 ………571, 573
最大判昭 43・11・13 民集 22-12-2510 ……200
最判昭 43・11・15 判時 542-58 ……………144
最判昭 43・11・15 判時 546-69 ……………239
最判昭 43・11・19 民集 22-12-2692 ………556
最判昭 43・12・24 民集 22-13-3254 ………170
最判昭 43・12・24 民集 22-13-3454 ………225
最判昭 44・2・13 民集 22-2-328 ……………149
最判昭 44・2・18 民集 23-2-379 ……………403
最判昭 44・2・20 民集 23-2-399 ……………86
最判昭 44・2・27 民集 23-2-441 ……………483
最判昭 44・2・27 民集 23-2-511 ………98, 546
最判昭 44・6・24 判時 569-48 ………………517
最判昭 44・6・26 民集 23-7-1175 …………105

判例索引

最判昭 44・7・8 民集 23-8-1407 …97, 499, 694
最判昭 44・7・10 民集 23-8-1423
　　　　　　　　　　　　……………158, 182, 544
最判昭 44・7・15 民集 23-8-1532 ………614
最判昭 44・9・18 民集 23-9-1675 ………272
最判昭 44・10・17 民集 23-10-1825 ………420
最判昭 44・11・27 民集 23-11-2251 ………200
最判昭 45・1・22 民集 24-1-1 ……615, 658, 660
最判昭 45・1・30 判時 585-49 …………281
最判昭 45・3・26 民集 24-3-165 ……335, 379
最判昭 45・4・2 民集 24-4-223 …………169
最判昭 45・5・22 民集 24-5-415 …………583
最判昭 45・5・22 判時 594-66 …………282
最判昭 45・6・2 民集 24-6-447 …………196
最判昭 45・6・11 民集 24-6-516 …………231
最大判昭 45・6・24 民集 24-6-712 ……228, 667
最大判昭 45・7・15 民集 24-7-804 ……207, 624
最大判昭 45・7・15 民集 24-7-861 ……164, 176
最判昭 45・7・24 民集 24-7-1177 …………199
最判昭 45・10・1 民集 24-11-1483 …………700
最判昭 45・10・9 民集 24-11-1492 …………699
最判昭 45・10・22 民集 24-11-1583 ………604
最大判昭 45・11・11 民集 24-12-1854 ……179
最判昭 45・12・4 判時 618-35 …………569
最判昭 45・12・15 民集 24-13-2072 ………138
最判昭 45・12・22 民集 24-13-2173 ………701
最判昭 46・4・23 判時 631-55 …………255
最判昭 46・6・3 判時 634-37 …………530, 696
最判昭 46・6・22 判時 639-77 …………464
最判昭 46・6・25 民集 25-4-640 ……272, 422
最判昭 46・6・29 判時 636-50 ……223, 408
最判昭 46・10・7 民集 25-7-885 ……419, 584
最判昭 46・11・25 民集 25-8-1343 ………472
最判昭 46・12・9 民集 25-9-1457 …………584
最判昭 47・1・20 判時 659-56 …………602
最判昭 47・2・15 民集 26-1-30 …………165
最判昭 47・5・30 民集 26-4-826 ……700, 702
最判昭 47・6・2 民集 26-5-957 ……107, 108
最判昭 47・9・1 民集 26-7-1289 ……117, 464
最判昭 47・11・9 民集 26-9-1513 ……165, 544
最判昭 47・11・9 民集 26-9-1566 …………177
最判昭 47・11・16 民集 26-9-1619 …………471
最判昭 48・3・13 民集 27-2-344 …………160
最判昭 48・3・23 民集 27-2-365 …………211

最判昭 48・4・5 民集 27-3-419 ………470, 514
最判昭 48・4・24 民集 27-3-596
　　　　　　　　　　……176, 183, 188, 613
最判昭 48・6・21 民集 27-6-712 ……533, 534
最判昭 48・7・20 民集 27-7-863 ………617
最判昭 48・7・20 民集 27-7-890 …………28
最判昭 48・10・4 判時 724-33 …………517
最判昭 48・10・9 民集 27-9-1129 …………110
最判昭 48・10・26 民集 27-9-1240 …………98
最判昭 49・2・5 民集 28-1-27 …………52
最判昭 49・4・26 民集 28-3-503 …496, 509, 511
最判昭 49・9・26 民集 28-6-1283 …………169
最判昭 50・3・13 民集 29-3-233 …………617
最判昭 50・6・12 判時 783-106 …………355
最判昭 50・7・3 判時 790-59 …………602
最判昭 50・10・24 民集 29-9-1417
　　　　　　　　　　……………308, 389, 663
最判昭 50・11・28 民集 29-10-1797 …198, 424
最判昭 51・3・15 判時 814-114 …………98
最判昭 51・3・30 判時 814-112 …………598
最判昭 51・6・17 民集 30-6-592 …………668
最判昭 51・7・19 民集 30-7-706 …………177
最判昭 51・7・27 民集 30-7-724 …………207
最判昭 51・9・30 民集 30-8-799 ……517, 520
最判昭 51・10・21 民集 30-9-903 ……545, 585
最判昭 52・3・15 民集 31-2-234 …………16
最判昭 52・3・15 民集 31-2-280 …………16
最判昭 52・3・18 金法 837-34 …………627
最判昭 52・4・15 民集 31-3-371 …………318
最判昭 52・5・27 民集 31-3-404 ……699, 700
最判昭 52・7・19 民集 31-4-693 …………425
最判昭 52・12・23 判時 811-105 …………526
最判昭 53・3・23 判時 885-118 …………331
最判昭 53・3・23 判時 886-35 …………545
最判昭 53・3・30 民集 32-2-485 …………52
最判昭 53・7・10 民集 32-5-888 …………28
最判昭 53・9・14 判時 906-88 …………546
最判昭 54・1・30 判時 918-67 …………530
最判昭 54・3・16 民集 33-2-270 …………558
最判昭 54・11・1 判時 952-55 …………166
最判昭 55・1・11 民集 34-1-1 ………17, 158
最判昭 55・1・11 民集 34-1-42 …………160
最判昭 55・1・18 判時 961-74 …………425
最判昭 55・2・8 民集 34-2-138 …………105

判例索引

最判昭 55・2・8 判時 961-69 ……………105
最判昭 55・4・22 判時 968-53 ……………318
最判昭 55・9・11 民集 34-5-737 ………278
最判昭 55・9・26 判時 985-76 ………117, 270
最判昭 55・10・23 民集 34-5-747 ………505
最判昭 55・10・28 判時 984-68 …………241
最判昭 56・2・16 民集 35-1-56 …………403
最判昭 56・3・20 民集 35-2-219 ………285
最判昭 56・4・7 民集 35-3-443 ………17, 158
最判昭 56・4・14 民集 35-3-620 ………379
最判昭 56・9・11 民集 35-6-1013 ………167
最判昭 56・9・24 民集 35-6-1088 ………277
最判昭 56・10・16 民集 35-7-1224 ………73
最大判昭 56・12・16 民集 35-10-1369 ……162
最判昭 57・3・30 民集 36-3-501 ………504, 507
最判昭 57・5・27 判時 1052-66 ………58, 698
最決昭 57・7・19 民集 36-6-1229 ………86, 643
最判昭 57・9・28 民集 36-8-1642 ………169
最判昭 57・9・28 民集 36-8-1652 ………162
最判昭 58・2・3 民集 37-1-45 …………86
最判昭 58・3・22 判時 1074-55 …………558
最判昭 58・3・31 判時 1075-119 …………658
最判昭 58・4・1 民集 37-3-201 …………586
最判昭 58・4・14 判時 1131-81 …………559
最判昭 58・5・26 判時 1088-74 ………330, 386
最判昭 58・5・27 判時 1082-51 ………207, 698
最判昭 58・6・7 民集 37-5-517 …………169
最判昭 58・10・18 民集 37-8-1121 …………35
最判昭 59・1・19 判時 1105-48 …………517
最判昭 59・9・28 民集 38-9-1121 …………135
最判昭 60・4・12 金判 729-38 …………189
最判昭 60・7・16 判時 1178-87 …………667
最判昭 60・12・17 民集 39-8-1821 ………656
最判昭 60・12・20 判時 1181-77 …………172
最判昭 61・3・13 民集 40-2-389 …165, 166, 167
最判昭 61・4・11 民集 40-3-558 …………565
最判昭 61・7・10 判時 1213-83 …………174
最判昭 61・7・17 民集 40-5-941 …161, 489, 500
最判昭 61・9・4 判時 1215-47 …………654
最判昭 61・12・11 判時 1225-60 …………650
最判昭 62・2・6 判時 1232-100 …………469
最判昭 62・7・2 民集 41-5-785 …………404
最判昭 62・7・17 民集 41-5-1381 …………167
最判昭 62・7・17 民集 41-5-1402 …………593

最判昭 63・3・15 民集 42-3-170 …………192
最判昭 63・4・14 判タ 683-62 ………28, 283
最判平元・3・7 判時 1315-63 …………189
最判平元・3・28 民集 43-3-167 ………165, 581
最判平元・3・28 判時 1393-91 …………35
最判平元・4・6 民集 43-4-193…………164
最判平元・9・8 民集 43-8-889 ………17, 158
最判平元・9・19 判時 1328-38…………555, 559
最判平元・9・22 判時 1356-145 …………207
最判平元・10・13 判時 1334-203…………207
最判平元・11・10 民集 43-10-1085…………697
最判平元・11・20 民集 43-10-1160 ……70, 102
最判平元・12・8 民集 43-11-1259 ……306, 405
最判平 2・7・20 民集 44-5-975 …………657
最判平 2・12・4 判時 1398-66 …………97
最判平 3・9・13 判時 1405-51 …………161
最判平 3・11・19 民集 45-8-1209 …………403
最判平 3・12・17 民集 45-9-1435 ……187, 192
最判平 4・9・10 民集 46-6-553 ……54, 698
最判平 4・10・29 民集 46-7-1174 …………306
最判平 4・10・29 民集 46-7-2580 …………169
最判平 5・2・18 民集 47-2-632 …………566
最判平 5・3・30 民集 47-4-3334 …………160
最判平 5・7・20 民集 47-7-4627 …552, 565, 568
最判平 5・9・9 民集 47-7-4939 …………698
最判平 5・11・11 民集 47-9-5255
　　　　　　　　………………160, 472, 512
最判平 6・1・25 民集 48-1-41 …………419
最判平 6・4・19 判時 1504-119 ………28, 638
最判平 6・5・31 民集 48-4-1065 …106, 179, 180
最判平 6・9・27 判時 1513-111 …………613
最判平 6・10・13 家月 47-9-52 …………168
最判平 6・10・25 判時 1516-74 …………702
最判平 6・11・22 民集 48-7-1355 …………514
最判平 7・2・23 判時 1524-134 …………637
最判平 7・3・7 民集 49-3-893 ………165, 167
最判平 7・3・7 民集 49-3-919 …………35
最判平 7・12・15 民集 49-10-3051 ……255, 508
最判平 9・1・12 判時 1598-78 …………673
最判平 9・1・28 民集 51-1-40 …………164
最判平 9・2・25 民集 51-2-448 …………472
最判平 9・2・25 民集 51-2-502 …………352
最判平 9・3・14 判時 1600-89 …………505
最大判平 9・4・2 民集 51-4-1673 …………586

判例索引

最判平 9・5・30 判時 1605-42 ……………356
最判平 9・7・11 民集 51-6-2573 …………501
最判平 9・7・17 判時 1614-72 ……………319
最判平 9・7・17 判時 1617-93 ……………472
最判平 9・11・11 民集 51-10-4055 ………73
最判平 10・2・27 民集 52-1-299 …………177
最判平 10・3・27 民集 52-2-661 …174, 581
最判平 10・4・28 民集 52-3-853 …………501
最判平 10・6・12 民集 52-4-1147 ………522
最判平 10・6・30 民集 52-4-1225 …190, 192
最決平 10・7・13 判時 1651-54 …………689
最判平 10・12・17 判時 1664-59 ……200, 568
最判平 11・1・21 民集 53-1-1 ……………165
最判平 11・2・25 判時 1670-21 ……653, 666
最決平 11・3・9 判時 1673-87 ………661, 674
最決平 11・3・12 民集 53-3-505 …………690
最判平 11・3・25 民集 53-3-580 …………169
最決平 11・4・8 判時 1675-93 ……………672
最判平 11・4・23 判時 1675-91 …………672
最判平 11・6・11 家月 52-1-81 …………168
最判平 11・6・29 判時 1684-59 ……667, 668
最判平 11・11・9 民集 53-8-1421 ………584
最決平 11・11・12 民集 53-8-1787
　　　　　　　　　……………362, 365, 369
最判平 11・12・17 判時 1707-62 …………209
最判平 12・2・24 民集 54-2-523 …………167
最決平 12・3・10 民集 54-3-1073
　　　　　　　……………341, 343, 366, 376
最決平 12・3・10 判時 1711-55 …………362
最判平 12・3・17 判時 1708-119 …………729
最判平 12・3・24 民集 54-3-1126 ………145
最判平 12・4・7 判時 1713-50 ……………320
最判平 12・7・7 民集 54-6-1767 ……189, 586
最判平 12・7・14 判時 1720-147 …………672
最判平 12・7・14 判時 1723-49 …………671
最判平 12・7・18 判時 1724-29 …………308
最判平 12・9・22 民集 54-7-2574 ………308
最決平 12・12・14 民集 54-9-2709
　　　　　　　　　……………362, 365, 372
最決平 12・12・14 民集 54-9-2743 ……376, 685
最判平 13・1・30 民集 55-1-30 ……598, 600
最判平 13・2・13 判時 1745-94 …………660
最決平 13・2・22 判時 1742-89 ……357, 376
最判平 13・4・20 民集 55-3-682 …………404

最決平 13・4・26 判時 1750-101 …………377
最決平 13・12・7 民集 5-7-1411 …………372
最判平 14・1・22 判時 1776-67 …………609
最判平 14・2・22 判時 1779-22 ……………17
最判平 14・4・12 民集 56-4-729 …………70
最判平 14・6・7 民集 56-5-899 …………104
最判平 14・6・11 民集 56-5-958 …………565
最判平 14・7・9 民集 56-6-1134 …………16
最判平 14・10・15 判時 1807-79 …………586
最判平 14・12・17 判時 1812-76 …………674
最判平 15・7・11 民集 57-7-787 …………584
東京高判平 15・7・29 判時 1838-69 ………469
最判平 15・10・31 判時 1841-143 ………668
最判平 15・11・11 民集 57-10-1387 ……656
最決平 15・11・13 民集 57-10-1531 ……685
最決平 16・2・20 判時 1862-154 …364, 369
最判平 16・3・25 民集 58-3-753 …167, 187, 456
最判平 16・4・8 民集 58-4-825 …………80
最判平 16・5・25 民集 58-5-1135 ………373
最判平 16・6・3 家月 57-1-123 ……652, 677
最判平 16・7・6 民集 58-5-1319 …………582
最判平 16・7・13 民集 58-5-1599 …………59
最決平 16・10・18 金法 1743-42 …………526
最決平 16・11・26 民集 58-8-2393
　　　　　　　……………340, 366, 370, 371
最判平 16・12・24 判時 1890-46 …………165
最決平 17・7・15 民集 59-6-1742 ……99, 546
最決平 17・7・22 民集 59-6-1837 ………373
最決平 17・7・22 民集 59-6-1888 ………368
最決平 17・10・14 民集 59-8-2265 ………367
最決平 17・10・28 民集 59-8-2296 ………429
最決平 17・11・10 民集 59-9-2503 ………371
最決平 17・11・18 判時 1920-38 …………348
最大判平 17・12・7 民集 59-10-2645 ……174
最判平 18・1・19 判時 1925-96 …………652
最判平 18・1・24 判時 1926-65 …………393
最判平 18・1・27 判時 1927-57 …………352
最決平 18・2・17 民集 60-2-496 …………371
最判平 18・3・3 判時 1928-149 …………670
最判平 18・3・17 判時 1937-87 …………633
最判平 18・4・14 民集 60-4-1497
　　　　　　　　　……………193, 194, 571
最判平 18・7・21 民集 60-6-2542 …………70
最判平 18・9・4 判時 1948-81 …………674

判 例 索 引

最決平 18・10・3 民集 60-8-2647
　　　　　　　　　　　　　　341, 342, 366
最判平 18・11・14 判時 1956-77 ………352, 651
最判平 19・1・16 判時 1959-29 …………675
最決平 19・3・20 民集 61-2-586 …58, 698, 701
最判平 19・3・23 民集 61-2-619 …………501
最判平 19・3・27 民集 61-2-711
　　　　　　　　　109, 134, 207, 209, 675
最判平 19・4・17 民集 61-3-1026 …………404
最判平 19・5・29 判時 1987-7 …………162, 675
最決平 19・8・23 判時 1985-63 …………370
最決平 19・10・16 刑集 61-7-677 ………308
最決平 19・11・30 民集 61-8-3186 …………370
最決平 19・12・4 民集 61-9-3274 …………60
最決平 19・12・11 民集 61-9-3364 …………367
最決平 19・12・12 民集 61-9-3400 …………374
最判平 20・4・24 民集 62-5-1262 …………699
最決平 20・5・8 家月 60-8-51 …………14
最判平 20・7・10 判時 2020-71 …………522
最判平 20・7・17 民集 62-7-1994 …………584
最判平 20・7・18 民集 62-7-2013 …………87
最判平 20・11・7 判時 2031-14 …………331
最決平 20・11・25 民集 62-10-2507
　　　　　　　　　343, 366, 376, 692
最決平 21・1・15 民集 63-1-46 …………375
最決平 21・1・22 民集 63-1-228 …………361
最決平 21・6・30 判時 2052-48 …………633
最判平 21・10・16 民集 63-8-1799 ………71
最判平 21・12・10 民集 63-10-2463 ………559
最大判平 22・1・20 民集 64-1-1 …………231
最判平 22・3・16 民集 64-2-498 …………675
最決平 22・4・12 判時 2078-3 …………371
最判平 22・6・29 民集 64-4-1235 …………110
最判平 22・7・9 判時 2091-47 …………670
最判平 22・7・16 判時 2094-58 …………670
最決平 22・8・4 家月 63-1-97 …………690
最決平 22・8・4 家月 63-1-99 …………690
最判平 22・10・14 判時 2098-55 …………233
最判平 22・10・19 金判 1355-16 …………560
最判平 23・2・9 民集 65-2-665 …………111
最決平 23・2・17 家月 63-9-57 …………188, 587
最決平 23・3・9 民集 65-2-723 …………687
最決平 23・4・13 民集 65-3-1290 …………377, 686
最判平 23・9・13 民集 23-9-13 …………393

最決平 23・9・30 判時 2131-64 …………686
最決平 23・10・11 判時 2136-9 …………371
最判平 23・10・18 民集 65-7-2899 …………558
最判平 23・10・27 判時 2133-3 …………675
最判平 24・1・31 裁時 1548-2 …………642
最判平 24・2・24 判時 2144-89 …………483
最判平 24・12・21 判時 2175-20 …………675
最決平 25・4・19 判時 2194-13 …………369
最判平 25・6・6 民集 67-5-1208 …………199, 569
最判平 25・7・12 判時 2200-63 …………667
最判平 25・7・12 判時 2203-22 …………656
最決平 25・11・21 民集 67-8-1686 …………697
最判平 25・12・9 民集 67-9-1938 …………367
最判平 26・2・27 民集 68-2-192 …………107
最判平 26・7・10 判時 2237-42 …………615
最判平 26・9・25 民集 68-7-661 …………510
最決平 26・10・29 判時 2247-3 …………371
最判平 26・11・27 民集 68-9-1486 …………481
最判平 27・11・30 民集 69-7-2154 …………444, 657
最判平 27・12・14 民集 69-8-2295 …………194
最決平 27・12・17 判時 2291-52 …………54, 686
最決平 28・2・26 判タ 1422-66 …………606
最判平 28・3・10 民集 70-3-846 …………77
最判平 28・6・2 民集 70-5-1157 …………179
最判平 28・6・27 民集 70-5-1306 …………140
最判平 28・12・8 民集 70-8-1833 …………162
最判平 29・4・6 民集 71-4-637 …………207
最判平 29・7・24 民集 71-6-969 …………140
最決平 29・10・4 民集 71-8-1221 …………358
最決平 29・10・5 民集 71-8-1441 …………149
最判平 29・12・18 民集 71-10-2364 …………207

控訴院・高等裁判所

東京控決昭 8・9・12 新聞 3618-6 …………526
東京控決昭 11・11・5 新聞 4097-11 …………527
大阪高判昭 29・8・21 高民 7-8-601 …………410
大阪高判昭 29・9・16 高民 7-8-627 …………568
大阪高判昭 29・10・26 下民 5-10-1787
　　　　　　　　　101, 621
東京高判昭 31・2・7 東高民時報 7-2-15 …567
札幌高函館支決昭 31・5・8 高民 9-5-326 …212
東京高判昭 32・7・18 下民 8-7-1282 …………195
東京高判昭 32・9・9 東高民時報 8-9-220 …575
大阪高判昭 33・12・9 下民 9-12-2412 …………480

福岡高決昭 34・10・13 下民 10-10-2171 …621
東京高決昭 34・12・22 下民 10-12-2691 …627
名古屋高決昭 35・12・27 高民 13-9-849 …115
名古屋高判昭 36・1・30 下民 12-1-146 ……560
大阪高決昭 36・6・20 下民 12-6-1400 ………68
広島高判昭 38・7・4 高民 16-5-409 ………478
東京高決昭 38・9・23 下民 14-9-1857 ……571
大阪高決昭 38・11・28 下民 14-11-2346 …68
東京高決昭 38・12・10 東高民時報 14-2-320
　　　　　　　　　　　　　　　　　…600
東京高判昭 39・3・9 高民 17-2-95 …………567
東京高決昭 41・2・1 下民 17-1=2-59 ………82
大阪高決昭 41・7・29 下民 17-7=8-636……717
札幌高決昭 41・9・19 高民 19-5-428 …27, 82
東京高判昭 42・3・1 高民 20-2-113 ………193
大阪高決昭 43・2・17 金法 507-29 ………717
東京高決昭 43・11・4 判タ 228-124 ………643
札幌高決昭 45・4・20 下民 21-3=4-603 …83
東京高決昭 45・5・8 判時 590-18 …………67
大阪高決昭 45・5・14 高民 23-2-259 ………531
名古屋高金沢支決昭 46・2・8 下民 22-1=2-92
　　　　　　　　　　　　　　　　　…59
仙台高判昭 46・3・24 判時 629-51 …………171
大阪高判昭 46・4・8 判時 633-73 …………536
東京高決昭 47・5・22 高民 25-3-209 ………358
大阪高決昭 48・7・12 下民 24-5=8-455 …341
大阪高判昭 48・11・16 高民 26-5-475 ……107
東京高決昭 49・4・17 下民 25-1=4-309 …600
札幌高決昭 49・6・26 判時 767-59 …………714
大阪高判昭 49・7・22 判時 757-76 …………555
高松高判昭 49・7・29 高民 27-3-319 ………585
東京高判昭 49・8・8 東高民時報 25-8-137
　　　　　　　　　　　　　　　　　…283
大阪高判昭 49・12・16 高民 27-7-980 ………45
高松高決昭 50・5・27 下民 26-5=8-436 …734
高松高決昭 50・7・17 行裁 26-7=8-893……361
東京高中間判昭 50・7・24 高民 28-4-259 …715
東京高決昭 50・8・7 下民 26-5=8-686 …361
名古屋高決昭 50・11・26 判時 815-62 ……600
札幌高判昭 51・11・12 判タ 347-198 ………69
東京高判昭 51・12・21 判時 843-54 ………650
大阪高決昭 52・3・30 判時 873-42 …………506
福岡高決昭 52・7・12 下民 28-5=8-796 …360
福岡高決昭 52・7・12 下民 32-9～12-1167

………………………………358
福岡高決昭 52・7・13 高民 30-3-175 ………361
東京高判昭 52・7・15 判時 867-60 …………385
大阪高決昭 53・3・6 高民 31-1-38 ……352, 358
東京高判昭 53・7・26 高民 31-3-484 ………508
札幌高決昭 54・8・31 下民 30-5～8-403 …342
東京高決昭 54・9・28 下民 30-9～12-443 …627
東京高判昭 54・10・18 判時 942-17 ………377
仙台高判昭 55・1・28 高民 33-1-1 …………609
仙台高判昭 55・5・30 下民 33-9=12-1546…616
東京高判昭 55・10・31 判時 985-87 …………83
東京高判昭 56・3・31 判時 1000-92 ………174
大阪高判昭 57・4・14 高民 35-1-70 ………109
東京高決昭 57・6・8 下民 32-9～12-1671 …361
東京高決昭 57・6・23 判タ 485-109 ………738
東京高判昭 58・1・19 判時 1076-65 …………83
仙台高判昭 58・1・28 判タ 492-70 …………609
東京高判昭 58・2・28 判時 1075-121 ………174
仙台高判昭 59・1・20 下民 35-1～4-7 ……151
東京高判昭 59・9・17 高民 37-3-164 ………361
東京高判昭 60・6・25 判時 1160-93 ………609
東京高決昭 61・8・12 訟月 33-5-1198 ……284
大阪高決昭 62・3・18 判時 1246-92 ………361
札幌高決昭 62・7・7 判タ 653-174 …………83
大阪高判昭 62・7・16 判時 1258-130 ………191
東京高決昭 62・12・8 判時 1267-37 ………131
名古屋高金沢支判平元・1・30 判時 1308-125
　　　　　　　　　　　　　　　　　…637
東京高決平 2・1・16 判タ 754-220 ………599
東京高判平 2・6・27 高民 43-2-100 ………165
東京高判平 3・1・30 判時 1381-49 ………406
東京高判平 3・12・17 判時 1413-62 ………616
東京高判平 4・5・27 判時 1424-56 ………190
東京高決平 4・6・19 判タ 856-257 ………340
東京高判平 4・7・29 判時 1433-56 ……166, 168
福岡高判平 4・9・16 高民 45-3-153 ………210
東京高判平 8・3・25 判タ 936-249 ………179
東京高判平 8・4・8 判タ 937-262 …………192
仙台高決平 8・6・17 判時 1583-70 …………737
福岡高判平 8・8・15 判タ 929-259 ………358
福岡高判平 8・10・17 判タ 942-257 …555, 556
東京高判平 8・11・27 判時 1617-94 ………179
名古屋高判平 10・2・18 判タ 1007-301 ……179
東京高決平 10・7・16 金判 1055-39 ………374

判 例 索 引

名古屋高判平 10・12・17 判時 1667-3 ……307
東京高決平 11・12・3 判タ 1026-290 ………377
高松高判平 13・10・22 高民 54-2-102 …404
東京高判平 15・12・10 判時 1863-41 ………187
大阪高判平 19・1・30 判時 1962-78 ………379
東京高決平 20・4・30 判時 2005-16 ………600
知財高判平 21・1・28 判時 2045-134 ………377
大阪高決平 21・5・11 判タ 1328-23 ………600
東京高判平 21・5・28 判時 2060-65 ………392
大阪高決平 23・1・20 判時 2113-107 ………360
東京高判平 23・3・23 判時 2116-32 ………392
東京高決平 23・3・31 判タ 1375-231 ………378
東京高判平 23・5・20 判タ 1351-98 ………641
東京高決平 24・10・4 判例集未登載 ………484
知財高判平 25・1・30 判時 2190-84 ………651
知財高判平 25・4・11 判時 2192-105 ………651
知財高判平 28・6・22 判時 2318-81 ………103

地方裁判所

大阪地判昭 29・6・26 下民 5-6-949 ………101
東京地判昭 29・11・29 下民 5-11-1934 ……570
東京地判昭 30・12・7 下民 6-12-2569 ……468
長崎地判昭 31・12・3 判時 113-24 …………528
東京地判昭 32・7・25 下民 8-7-1337 ………192
大阪地決昭 34・7・3 下民 10-7-1453 ………734
神戸地竜野支判昭 37・12・10 下民 13-12-2468
………………739
東京地決昭 38・1・31 ジュリ 272-6 ………735
奈良地判昭 39・3・23 下民 15-3-586 ………621
東京地判昭 40・5・27 下民 16-5-923 ………80
京都地判昭 40・7・31 下民 16-7-1280 ……517
東京地判昭 40・8・25 下民 16-8-1322 ……716
京都地判昭 40・9・21 下民 16-9-1429 ……718
東京地判昭 40・9・27 下民 16-9-1449 ……527
名古屋地決昭 40・9・30 判時 435-29 ………284
京都地判昭 44・6・3 判時 576-72 ……712,715
大阪地判昭 45・5・28 下民 21-5=6-720
………………538,540
新潟地判昭 46・9・29 下民 22-9=10 別冊 198
………………412
福岡地決昭 46・11・12 下民 22-11=12-1138
………………741
名古屋地判昭 47・5・6 判時 678-93 ………716
大阪地判昭 47・9・11 判時 701-93 …………532

大阪地中間判昭 48・10・9 判時 728-76 ……195
東京地判昭 49・3・1 下民 25-1〜4-129 ……322
名古屋地豊橋支判昭 49・8・13 判時 778-80
………………621,622
大阪地中間判昭 50・3・31 判時 779-26 ……450
東京地決昭 50・10・30 下民 26-9〜12-931 …83
東京地判昭 52・11・30 下民 28-9〜12-1183
………………283
大阪地判昭 52・12・22 判タ 361-127 ………501
東京地判昭 55・9・29 判タ 429-136 ………189
東京地判昭 56・9・14 判時 1015-20 ………492
東京地判昭 59・2・15 判時 1135-70 ………195
東京地判昭 60・8・29 判時 1196-129 ………189
東京地判昭 60・12・27 判時 1220-109 ……179
東京地決昭 61・1・14 判時 1182-103 ………88
大阪地判昭 61・5・28 判時 1209-16 …358,360
釧路地決昭 61・10・17 判タ 639-236 ………57
広島地決昭 61・11・21 判時 1224-76 …380,381
東京地判昭 62・1・23 判時 1223-93 ………283
横浜地判昭 62・3・4 判時 1225-45 …………71
東京地判昭 63・12・20 判時 1324-75 ………512
東京地中間判平元・5・30 判時 1348-91 ……195
東京地中間判平元・6・19 判タ 703-246 ……195
東京地判平元・9・29 判タ 730-240…………512
東京地判平 2・10・5 判時 1364-3 …………354
名古屋地決平 2・10・16 判時 1378-61 ……361
東京地判平 3・1・29 判時 1390-98 ………195
東京地判平 3・8・27 判時 1425-94 ………179
東京地判平 3・8・27 判時 1425-100 ………179
東京地判平 3・9・2 判時 1417-124 ………191
東京地判平 3・9・17 判時 1429-73 ………555
東京地判平 4・1・31 判時 1418-109 ………471
仙台地判平 4・3・26 判時 1442-136 …563,565
東京地判平 5・6・1 判時 1529-93 …………281
仙台地判平 6・1・31 判時 1482-3 …………306
佐賀地判平 6・8・26 判タ 872-292 ………497
大阪地判平 8・1・26 判時 1570-85 ………192
東京地決平 9・3・31 判時 1613-114 ………479
東京地判平 9・6・27 判タ 960-281 ………191
東京地判平 9・7・24 判時 1621-117 ………168
東京地中間判平 10・11・27 判タ 1037-235
………………195
大阪地決平 11・1・14 判時 1699-99 ………84
東京地判平 11・1・28 判タ 1046-273 ………195

判 例 索 引

東京地決平 11・3・17 判タ 1019-294 ………84
東京地決平 11・4・1 判タ 1019-294 …………84
浦和地判平 11・6・25 判時 1682-115 ………738
東京地判平 11・8・31 判時 1687-39 ………392
東京地判平 12・5・30 判時 1719-40 …………28
東京地判平 13・8・31 判タ 1076-293 …187, 189
名古屋地判平 13・10・25 判時 1784-145 ……28
東京地判平 14・10・15 判タ 1160-273 ……348

福岡地判平 15・7・18 労働判例 859-5 ……556
東京地判平 15・10・17 判時 1840-142 ……712
東京地判平 15・11・17 判時 1839-83 ……712
東京地判平 16・9・16 金法 1741-46 ………190
大阪地判平 18・7・7 判タ 1248-314 ………187
大阪地決平 19・9・21 判タ 1268-183 ………360
大阪地判平 23・1・14 判時 1504-119 ………638

事 項 索 引

あ

相手方による援用のない自己に不利益な事実
　の陳述 ……………………………………319
安全配慮義務 ……………………………………403

い

異　議 ……………………………………………631
　支払督促に対する── ……………………736
　受命・受託裁判官の処置に対する──
　　……………………………………………63, 684
　少額訴訟判決に対する── ………………729
　手形判決に対する── ……………………717
　弁論の指揮に対する── …………………243
遺言執行者 …………………………………130, 177
違式の裁判 ………………………………………636
意思説（当事者の確定の）………………………92
意思無能力者 ……………………………………112
移　送………………………………85, 658, 678
　──の裁判 …………………………………88
　──の申立権 ………………………………85
一応の推定 ………………………………………390
一期日審理の原則 ………………………………725
一事不再理 ………………………………………494
一部請求 …………………………………………49
　──と残額請求 ……………………………190
　──の既判力 ………………………………521
　──の訴訟物 ………………………………49
一部認容判決 ……………………………………470
一部判決 …………………………………………453
一節的訴訟物理論…………………………………42
一般管轄 …………………………………………73
一般公開 …………………………………………256
違法収集証拠 ……………………………………385
イン・カメラ審理手続 …………………………374
印紙の貼用 …………………………………51, 482
引用文書 …………………………………………360

う

訴　え………………………………………………29
　──の交換的変更 …………………………562

　──の種類………………………………30
　──の追加的変更 …………………………561
訴え提起の予告通知 ……………………………324
訴え提起前の照会 …………………………303, 326
訴え提起前の証拠収集 …………………………323
訴えの提起…………………………………………46
　──の効果 …………………………………185
　──の方式 …………………………………46
訴えの取下げ ……………………………………417
　──の擬制 …………………………283, 423
　──の合意（契約）………………………159, 419
訴えの併合
　客観的併合 …………………………………550
　主観的追加的併合 …………………………592
　主観的併合 …………………………………577
　主観的予備的併合 …………………………589
　選択的併合 …………………………41, 554
　単純併合 ……………………………………553
　予備的併合 …………………………………553
訴えの変更 ………………………………………560
訴えの利益 ………………………………………155
　客体についての── ………………………159
　主体についての── ………………………175

え

営業秘密 …………………………………………257
ADR ………………………………………………7
疫学的証明 ………………………………………389

お

応訴管轄 …………………………………………76, 84

か

外交使節………………………………………71, 136
外国（人）
　──に対する裁判権………………………72
　──の訴訟能力 ……………………………113
　──の当事者能力 …………………………103
外国判決 …………………………………………501
外国法人 …………………………………………103
外国法の証明（調査）…………………………311

事 項 索 引

回　避 ………………………………64, 69
下級裁判所 ……………………………61
確定責任 ………………………………397
確定判決
　——の効力 …………………………491
　——の変更を求める訴え …………487
確認訴訟 ………………………………31
　——の訴訟物 ………………………44
　——の予防的機能 …………………32
確認訴訟原型観 ………………………37
確認の訴え …………………………31, 163
確認の利益 ……………………………164
確認判決 ………………………………459
過去の法律関係の確認 ………………168
家事事件手続法 ………………………11
家事調停 ………………………………6
仮定抗弁 ………………………………409
家庭裁判所 ……………………………61
家庭裁判所調査官 ……………………235
仮執行宣言 …………………………492, 735
仮執行宣言付支払督促 ………………735
簡易裁判所 ……………………………61
簡易訴訟　→略式訴訟
管　轄 …………………………………78
　——の合意 ………………………75, 82
　——の固定 …………………………85
　——の調査 ………………………77, 85
管轄区域 ………………………………80
管轄権 …………………………………69
管轄違いの抗弁 ………………………84
管轄配分説 ……………………………72
間接事実 …………………221, 310, 386
　——の自白 ………………317　→自白
間接主義 ………………………………260
間接反証 ……………………………391, 410
鑑　定 …………………………………348
鑑定証人 ……………………………335, 350
鑑定人 ………………………………335, 349
関連裁判籍 ……………………………81

き

期　間 …………………………………240
　——の種類 …………………………240
　——の不遵守 ………………………241

期　日 …………………………………236
　——の延期 …………………………238
　——の指定 ………………………54, 237
　——の続行 ………………………238, 253
　——の変更 …………………………238
　——の呼出し ……………………55, 237
擬制自白 ………………………………322
起訴　→訴えの提起
羈束力 …………………………………491
起訴前の和解 ………………………432, 434
規範分類説 ……………………………92
既判力 ………………………………491, 494
　——の客観的範囲（物的限界）……510
　——の作用 …………………………496
　——の時的範囲（限界）……………502
　——の主観的範囲（人的限界）……523
　——の双面性 ………………………497
　——の標準時 ………………………503
　——の本質 …………………………494
　——を持つ裁判 ……………………500
　形成判決の—— ……………………500
忌　避 ………………………………64, 66
　——の簡易却下 ……………………69
忌避権の濫用 …………………………68
逆推知説 ………………………………72
旧々民事訴訟法 ………………………18
旧実体法説 ……………………………40
旧訴訟物理論 …………………………40
給付訴訟 ………………………………31
　——の訴訟物 ………………………41
給付の訴え ……………………………31
　現在の—— ………………………31, 161
　将来の—— ………………………31, 163
給付判決 ………………………………459
旧民事訴訟法 …………………………19
求問権 …………………………………229
境界確定訴訟 ………………………34, 466
強行規定 ……………………………21, 245
強制執行 ……………………………6, 31
行政庁 ………………………………103, 136
共同所有関係 …………………………581
　——と必要的共同訴訟 ……………581
共同訴訟 ……………………………576, 577
　——の種類 …………………………578

事 項 索 引　761

──の発生 …………………………588
同時審判を求める── ………590
共同訴訟参加 ……………………592
共同訴訟的補助参加 ……………606
共同訴訟人独立の原則 …………584
共同代理 …………………………132
共有物分割の訴え ……………34, 36
許可抗告 ………………636, 682, 689
許可代理 …………………………140
挙　証 ……………………………264
挙証責任　→証明責任
挙動説……………………………92
禁反言……………………………27

く

国 ………………………………103, 136
クラス・アクション ………109, 595

け

計画審理 ……………………246, 262
経験則 ………………………311, 388
──の違反 ……………………394, 663
形式的確定力 ……………………486
形式的形成訴訟…………………34
形式的証拠力 ……………………355
形式的当事者概念………………89, 170
形式的不服説 ……………………637
刑事・少年事件関係分書 ………372
形成原因…………………………45
形成権の行使 ……………………273
形成訴訟…………………………32
──の訴訟物…………………45
形成の訴え………………………32, 168
形成の利益 ………………………171
形成判決 …………………………459
形成要件…………………………45
形成力……………………………34, 492
係争中の訴え……………………30
係争物の譲渡 …………………208, 626
継続審理主義 ……………………261
欠席判決 …………………………281
決　定 ……………………………448
──の既判力 …………………502
原因判決 …………………………450

厳格な証明 ………………………309
現在の給付の訴え　→給付の訴え
検　証 ……………………………377
顕著な事実 ………………………312
現地和解 …………………………436
憲法違反 …………………………662
原　本 ……………………………353
権利抗弁 …………………………264
権利根拠規定 ……………………400
権利実在説 ………………………494
権利自白 …………………………320
権利主張…………………………38
権利主張参加 ……………………612
権利障害規定 ……………………400
権利消滅規定 ……………………400
権利侵害（詐害）防止参加 ……611
権利推定 …………………………406
権利能力者 ………………………102
権利能力のない社団・財団 …103, 135
権利の濫用 ………………………28
権利文書 …………………………360
権利保護
──の資格 ……………………156
──の利益ないし必要 ………157
権利保護請求権説………………13, 156

こ

合意管轄 …………………………75, 82
合一確定 …………………………580
公開主義 …………………………256
公開停止 …………………………257
合議制……………………………62
攻撃防御方法 ……………………263
争点整理手続後の── ………300
独立の── ……………………449
後見監督人 ………………………132
後見人 ……………………………132
抗　告 …………………………635, 681
──できる裁判 ………………682
──の種類 ……………………681
抗告期間 …………………………681
交互尋問 …………………………344
公示送達…………………………57
──と追完 ……………………241

更新権 ……………………651	――の合意……………………75
更正決定 ……………………478	国際的訴訟競合………………77, 194
更正権 ………………147, 154	個別代理人 …………………125
公正迅速の原則 …………24, 25	固有期間 ……………………240
公正手続請求権 ……………215	固有必要的共同訴訟 ………176, 580
控 訴 ………………635, 639	
――の提起…………………643	**さ**
――の取下げ………………646	
控訴権 →上訴権	債権者代位訴訟 ……………177, 188
控訴状 ………………………643	再抗告 ………………636, 682, 687
控訴審	最高裁判所……………………61
――の構造…………………649	財産管理人 …………………176
――の終局判決……………652	財産権上の請求………………52
――の審判…………………648	最初の抗告 …………636, 682, 684
――の弁論…………………652	再 審 ………………632, 694
控訴不可分の原則 …………645	――の訴訟物………………705
公知の事実 …………………312	――の手続…………………703
口頭起訴………………………46	――の補充制………………701
高等裁判所……………………61	再審事由 ……………………697
口頭主義 ……………………258	再訴の禁止 …………………424
行動説…………………………92	財 団 ………………………105
口頭弁論 ……………………249	裁定期間 ……………………240
――の意義…………………252	再度の考案 …………………685
――の一体性………………253	裁 判 ………………………447
――の再開…………………275	――に対する不服申立て …631
――の実施…………………262	――の種類…………………447
――の終結…………………253	――の脱漏…………………458
――の準備…………………286	――の評議・評決…………473
――の制限・分離・併合 …275	――を受ける権利…12, 13, 58
上告審における―― ………674	裁判外紛争処理 ………………7
本質的―― …………………299	裁判官…………………………61
口頭弁論期日………………252, 253	――の交代…………260, 334
口頭弁論終結後の承継人 …525	――の私知…………………311
口頭弁論調書 ………………277	裁判権…………………………69
交付送達………………………56	裁判所…………………………61
公文書 ………………………353	――に顕著な事実…………312
抗 弁 ………………………408	――の構成…………………61
公法人 ………………………136	――の事務分配……………53
公務秘密に関する証言 ……337	裁判上の自白 →自白
公務秘密文書 ………………367	裁判上の和解 …………………6
公務文書 ……………………363	裁判所外の和解 ……………436
小切手支払督促 ……………734	裁判所書記官…………………62
小切手訴訟 …………711, 719	裁判所調査官…………………62
国際裁判管轄…………………72	裁判資料 ……………………216
	裁判籍…………………………80

事 項 索 引　　763

裁判長 ……………………………53, 63
裁判費用…………………………59, 481
裁判を受ける権利 ………………215
債務不存在確認訴訟の訴訟物………45
裁量中止 …………………………212
詐害防止参加 ……………………611
差置送達…………………………57
差戻し ……………………………657, 678
参加承継 …………………………626
参加的効力 ………………………603, 607
三審制 ……………………………635
暫定真実 …………………………407
三当事者訴訟 ……………………610
残部判決 …………………………458

し

私鑑定 ……………………………350
時機に後れた攻撃防御方法の却下 ……255
識別説……………………………49
事 件
　── の配付……………………53
　── の呼上げ …………………237
時効の完成猶予 …………………185, 197
自己拘束力 ………………………491
事後審制 …………………………650
自己利用文書 ……………………369
事 実 ……………………………220
事実上の推定 ……………………387
事実推定 …………………………406
事実認定 …………………………305
使 者 ……………………………123
死者を被告とする訴え……………97
失 効 ……………………………28
執行官……………………………62
執行力……………………………31, 492
実質的証拠力 ……………………355
実体的不服説 ……………………638
実体法……………………………22
指定管轄…………………………85
指定代理人 ………………………136
自 白 ……………………………312
　── の撤回（取消し）…………316
　間接事実の ── ………………317
　裁判外の ── …………………313

裁判上の ── …………………313
　文書成立の真正の ── ………318
　補助事実の ── ………………318
支払督促 …………………………733
　── に対する異議　→異議
　── の管轄 …………………733
　── の申立て …………………733
自 判 ……………………………657, 678
事物管轄 …………………………78, 79
私文書 ……………………………353
司法行政 …………………………69
司法請求権説 ……………………13
氏名冒用訴訟 ……………………95
釈 明 ……………………………255
　消極的 ── ……………………230
　積極的 ── ……………………230
　判決による ── ………………228
釈明義務 …………………………231
釈明権 ……………………………228
釈明処分 …………………………233
社 団 ……………………………103
宗教団体の内部紛争………………16
終局判決 …………………………447
自由心証主義 ……………………382
　── と上告 ……………………393
従たる当事者 ……………………601
集中証拠調べ ……………………253, 331
集中審理主義 ……………………261
自由な証明 ………………………309
重複訴訟
　── の禁止 ……………………186
　── の処理 ……………………195
主観的証明責任 …………………397
主観的追加的併合 ………………592
主観的予備的併合 ………………589
受給権 ……………………………41
受 継 ……………………………210
主権免除 …………………………70
主権免除法 ………………………71
取効的訴訟行為 …………………265
取材源の秘匿 ……………………342
受託裁判官 ………………………64
主たる当事者 ……………………597
主 張 ……………………………213, 267

事項索引

主張共通の原則 ······················222, 398
　　共同訴訟人間の── ················588
主張事実 ·····································226
主張責任 ····························222, 398
出訴期間 ·····································185
受命裁判官 ···································63
主要事実 ····························220, 310
準再審 ·······································695
準当事者 ·····································233
準備書面 ·····································289
　　──の記載事項 ·····················290
　　──の直送 ··························291
準備的口頭弁論 ·····························294
準備手続 ·····································286
準文書 ·······································352
少額訴訟
　　──制度の創設 ·····················720
　　──における支払猶予判決 ··········727
　　──の性質 ··························722
　　──判決に対する異議 ··············729
　　──利用回数制限 ··················723
消極的確認の訴え ····························32
承継人 ·······································531
　　──に関する実質説・形式説 ········532
証言拒絶権 ···································336
証　拠 ·······································305
　　──の申出 ··························329
　　違法に収集した── ················385
証拠価値 ····························307, 385
証拠共通の原則 ·····················330, 386
　　共同訴訟人間の── ················587
上　告 ······························635, 659
　　──の提起 ··························670
上告権　→上訴権
上告受理
　　──の決定 ··························672
　　──の申立て ··················635, 669
上告状 ·······································670
上告審の審判 ·································673
上告提起通知書 ·····························670
上告理由 ·····································660
上告理由書 ···································670
証拠契約 ·····································384
証拠結合主義 ·································332

証拠決定 ·····································330
証拠原因 ·····································307
証拠抗弁 ·····································264
証拠調べ
　　──の開始 ··························329
　　──の結果 ··························384
　　──の実施 ··························331
証拠資料 ····························222, 307
証拠制限
　　少額訴訟における── ··············726
　　手形訴訟における── ··············716
証拠説明 ·····································394
証拠能力 ·····································307
証拠方法 ····························307, 384
証拠保全 ·····································379
証拠力 ······························307, 385
証書真否確認の訴え ·························164
上　訴 ·······································631
　　──の種類 ··························636
　　──の不可分 ·······················645
　　──の要件 ··························636
　　──の利益 ··············637, 641, 659
　　独立当事者参加（訴訟）における── ··616
上訴期間 ·····································636
上訴権 ·······································638
　　──の放棄 ··························636
　　──の濫用 ··············638, 641, 660
上訴制限 ·····································634
上訴制度 ·····································634
　　──の目的 ··························634
証　人 ·······································335
証人義務 ·····································336
証人尋問 ·····································335
証人能力 ·····································335
消費者裁判手続特例法 ·········109, 173, 596
消費者団体訴訟 ·····················109, 596
抄　本 ·······································353
証　明 ·······································308
証明責任 ·····································395
　　──の転換 ··························405
　　──の分配 ··························399
証明度 ······························308, 388
　　──の軽減 ··························392
証明妨害 ····························386, 405

事 項 索 引　　765

将来の給付の訴え　→給付の訴え
嘱託送達……………………………57
職分管轄……………………………78
職務期間……………………………240
職務上顕著な事実…………………312
職務上の当事者……………………176
書　証………………………………352
除　斥……………………………64, 65
除斥期間……………………………185
職権主義……………………………213
職権進行主義………………201, 236, 248
職権送達主義………………………55
職権探知主義………………………216, 234
職権調査事項………………………235, 462
処分権主義…………………29, 418, 466
処分証書……………………………353
書面主義……………………………258
書面尋問……………………………345
書面による準備手続………………296
自力救済……………………………12
信義誠実の原則……………………24, 26
信義則………………………………518
審級管轄……………………………78
審級代理の原則……………………144
審級の利益…………………………635
親権者………………………………132
進行協議期日………………………203, 300
人事訴訟……………………………33, 115
　　──における対世効……………542
真実義務……………………………233
新実体法説…………………………43
新種証拠……………………………352
人　証………………………………307
心証度………………………………389
審　尋………………………………251
　　参考人の──……………………334
審尋（問）請求権……………15, 26, 215
真正期間……………………………240
新訴訟物理論………………………41
審判権の限界………………………16
新民事訴訟法………………………19
尋問代用書面………………………345
新様式判決…………………………475
新様式判決書………………………287

審　理………………………………213
　　五月雨型──……………………286
　　漂流型──………………………286
審理計画……………………………246
審理の現状に基づく判決…………284
審理不尽……………………………667

す

随時提出主義………………………254
推　定………………………………406
　　事実上の──……………………388
　　法律上の──……………………383, 406

せ

請　求………………………………30, 37
　　──の拡張………………………561
　　──の基礎………………………563
　　──の原因………………………49, 450
　　──の減縮………………………561
　　──の趣旨………………………48
　　──の数額………………………450
　　──の選択的併合………………554
　　──の単純併合…………………553
　　──の単複異同…………………40
　　──の特定………………………39
　　──の認諾………………………426
　　──の併合………………………551
　　──の変更　→訴えの変更
　　──の放棄………………………426
　　──の目的物の所持人…………535
　　──の予備的併合………………553
請求原因……………………………49
請求原因事実………………………49
請求権競合…………………………41
請求適格……………………………155, 732
制限訴訟能力者……………………115
制限付自白…………………………409
製造物責任訴訟……………………405
正当な当事者………………………170
成年被後見人………………………114, 116
正　本………………………………353
責問権………………………………244
　　──の放棄・喪失………………245
積極的確認の訴え…………………31

事 項 索 引

積極否認 ……………………………408
絶対的上告理由 …………………665
宣言認証付私署書証 …………353
先行行為に矛盾する挙動の禁止……27
先行自白 …………………………312
宣誓供述書 ………………………353
専属管轄 …………………………75, 78
専属的合意管轄…………………83
選定者 ……………………………594
選定当事者 ………………………594
全部判決 …………………………453
専門委員 …………………………301

そ

相殺の抗弁 ………………409, 507, 512
── と重複起訴の禁止 …………192
争訟性 ……………………………16
相続財産管理人 …………………130, 179
送　達 ……………………………55
── 場所の届出……………………57
争点及び証拠の整理手続 ………294
争点効 ……………………………514
争点整理 …………………………286, 293
── の結果確認…………………299
── の結果陳述…………………299
争点整理手続 ……………………253, 288
双方審尋主義 ……………………709
双方代理 …………………………127
訴　額 ……………………………51, 79
即時抗告 …………………………681
続審制 ……………………………649
訴　権 ……………………………12, 156
訴　訟 ……………………………3
── の移送………………………85
── の開始………………………29
── の終了………………………415
── の目的………………………51
── の目的物の価額　→訴額
訴　状
── の記載事項…………………47
── の審査………………………53
── の送達………………………54
訴訟委任 …………………………142
── に基づく訴訟代理人 ………139, 141

訴状却下命令……………………54
訴訟救助…………………………58
訴訟記録 …………………………278
訴訟係属 …………………………185
── に伴う効果…………………185
訴訟契約 …………………………267
訴訟行為 …………………………264
── と私法法規…………………270
── と条件………………………272
── の種類………………………265
── の追完………………………241
── の評価………………………269
訴訟告知 …………………………607
訴訟参加 …………………………576
少額訴訟における ── …………725
手形訴訟における ── …………715
督促手続における ── …………736
訴訟指揮（権）…………………67, 243
訴訟終了宣言 ……………………449
訴訟障害事由 ……………………462
訴訟承継 …………………………623
── の効果………………………624
── の種類………………………624
訴訟承継主義 ……………………626
訴訟上の救助 ……………………58
訴訟上の合意 ……………………267
訴訟上の請求 ……………………30, 37
訴訟上の和解 ……………………432
── と解除………………………444
── の法的性質…………………437
── の無効・取消し……………442
訴訟資料 …………………………222
── と証拠資料の峻別…………319
訴訟信託の禁止 …………………178
訴訟代理人 ………………………126, 139
── の種類………………………139
── の地位………………………147
訴訟委任による ── ……………125
法令による ── …………………125
訴訟脱退 …………………………618
訴訟担当 …………………………536
訴訟追行権 ………………………170
訴訟手続
── に関する異議権 ……………244

事 項 索 引 767

――の受継 ……………………210
――の中止 ……………………211
――の中断 ………………205, 625
――の停止 …………………67, 205
訴訟当事者…………………………89
訴訟能力 ……………………………112
――を欠く場合の取扱い………116
訴訟判決 ……………………………459
――の既判力 …………………501
訴訟引受け …………………………626
訴訟費用 ……………………………58
――の裁判 ……………………481
――の担保…………………59, 485
――の負担 ……………………481
訴訟物………………………………37
――の特定………………………39
訴訟物論争…………………………40
訴訟法………………………………22
訴訟法説……………………………41
訴訟法律関係………………………3
訴訟法律行為………………………265
訴訟無能力者………………………114
訴訟要件 ……………………………460
――と本案要件の審理順序……465
――の調査 ……………………462
――の判断の基準時 …………464
即決和解 ……………………………434
続行命令 ……………………………211
疎 明 ………………………………309
損害額の認定………………………391
損害賠償命令の申立て……………4

た

大規模訴訟…………………………63, 246
第三者の訴訟担当 ………………123, 176
第三者の訴訟引込み………………593
胎 児 ………………………………102
代償請求 ……………………………553
対世効 ………………………………181
対席判決主義………………………281
代表者
国等の―― …………………136
法人等の―― …………………135
代表取締役 …………………………135

代理権 ………………………………126
代理人 ………………………………123
――の種類 ……………………125
多数当事者訴訟……………………576
脱 退 ………………………………618
単純否認 ……………………………408
単純併合 ……………………………553
団体の内部紛争……………………182
単独制 ………………………………62

ち

父を定める訴え……………………34
知的財産権訴訟……………………81
地方公共団体………………………136
地方裁判所…………………………61
中間確認の訴え……………………574
中間の争い…………………………449
中間判決 ……………………………449
仲 裁 ………………………………7
仲裁合意 …………………………7, 159
仲裁判断 ……………………………7
中 止 ………………………………211
抽象的管轄権………………………69
中 断 ………………………207, 625
調査嘱託 ……………………………379
調書判決 …………………………477, 727
調 停 ………………………………6
調停前置主義………………………6
直接事実 ……………………………220
直接主義 …………………………260, 333
直 送 ………………………………56
陳述擬制 ……………………………281
陳述書 ………………………………346

つ

追加判決 ……………………………458
追 完 ………………………………241
追貼命令 ……………………………54
追 認 ………………………………117
通常期間 ……………………………240
通常共同訴訟………………………578
通常抗告 ……………………………681
通常訴訟 ……………………………4
――への移行（少額訴訟から）………723

事項索引

──への移行（手形訴訟から）‥‥‥‥714

て

定期金賠償 ‥‥‥‥‥‥‥‥‥‥487
手形厳正 ‥‥‥‥‥‥‥‥‥‥711
手形支払督促 ‥‥‥‥‥‥‥‥734
手形訴訟 ‥‥‥‥‥‥‥‥‥‥711
──の終局判決 ‥‥‥‥‥‥717
手形判決 ‥‥‥‥‥‥‥‥‥‥717
──に対する異議 ‥‥‥‥‥717
適格消費者団体 ‥‥‥‥109, 173, 596
適時提出主義 ‥‥‥‥‥‥‥‥253
手数料 ‥‥‥‥‥‥‥‥‥‥51, 482
手続上の過誤 ‥‥‥‥‥‥‥‥665
テヒョー草案 ‥‥‥‥‥‥‥‥18
電子情報処理組織 ‥‥‥‥‥‥266
──による支払督促手続 ‥‥‥741
天　皇 ‥‥‥‥‥‥‥‥‥‥102
伝聞証拠 ‥‥‥‥‥‥‥‥307, 336
電話会議システム ‥‥‥‥295, 296

と

ドイツ民事訴訟法 ‥‥‥‥‥‥18
統一的請求権説 ‥‥‥‥‥‥‥44
等価値陳述の理論 ‥‥‥‥‥‥320
当事者 ‥‥‥‥‥‥‥‥‥‥89
──の確定 ‥‥‥‥‥‥‥91
──の欠席　→当事者の欠席
──の表示 ‥‥‥‥‥‥‥47
──の表示の訂正 ‥‥‥‥100
──の不熱心訴訟追行 ‥‥‥279
──の変更 ‥‥‥‥‥‥‥620
──の申立権 ‥‥‥‥‥‥244
当事者権 ‥‥‥‥‥‥‥‥9, 214
当事者公開 ‥‥‥‥‥‥‥‥257
当事者恒定主義 ‥‥‥‥‥‥‥626
当事者主義 ‥‥‥‥‥‥‥‥213
当事者照会 ‥‥‥‥‥‥‥‥303
当事者尋問 ‥‥‥‥‥‥‥‥346
──の補充性 ‥‥‥‥‥‥346
当事者適格 ‥‥‥‥‥‥‥‥170
──の訴訟上の意義 ‥‥‥‥183
当事者能力 ‥‥‥‥‥‥‥‥102
──を欠く場合の措置 ‥‥‥111

当事者の欠席 ‥‥‥‥‥‥‥‥279
一方の── ‥‥‥‥‥‥‥280
双方の── ‥‥‥‥‥‥‥283
当事者費用 ‥‥‥‥‥‥‥‥481
当事者変更 ‥‥‥‥‥‥‥‥620
同時審判共同訴訟 ‥‥‥‥‥‥590
同時提出主義 ‥‥‥‥‥‥‥‥254
当然承継 ‥‥‥‥‥‥‥‥‥624
当然中止 ‥‥‥‥‥‥‥‥‥211
答弁書 ‥‥‥‥‥‥‥‥‥‥290
謄　本 ‥‥‥‥‥‥‥‥‥‥353
督促異議 ‥‥‥‥‥‥‥‥‥736
督促手続 ‥‥‥‥‥‥‥‥‥732
特定適格消費者団体 ‥‥‥‥‥173
特別委任事項 ‥‥‥‥‥‥‥‥144
特別管轄 ‥‥‥‥‥‥‥‥‥74
特別抗告 ‥‥‥‥‥‥‥‥‥682
特別裁判籍 ‥‥‥‥‥‥‥‥80
特別上訴 ‥‥‥‥‥‥‥‥‥632
特別訴訟 ‥‥‥‥‥‥‥‥4, 33
特別代理人 ‥‥‥‥‥‥‥‥130
特別の事情による訴えの却下 ‥‥‥76
独立裁判籍 ‥‥‥‥‥‥‥‥80
独立当事者参加（訴訟）‥‥‥‥610
──と上訴 ‥‥‥‥‥‥‥616
──の審判 ‥‥‥‥‥‥‥615
独立附帯控訴 ‥‥‥‥‥‥‥‥648
土地管轄 ‥‥‥‥‥‥‥‥‥79
トリオフォン ‥‥‥‥‥‥‥‥295

な

内部文書 ‥‥‥‥‥‥‥‥‥370

に

二重起訴の禁止 ‥‥‥‥‥‥‥186
二節的訴訟物理論 ‥‥‥‥‥‥42
二当事者対立訴訟 ‥‥‥‥‥‥576
二当事者対立の原則 ‥‥‥‥‥90
任意管轄 ‥‥‥‥‥‥‥‥‥79
任意規定 ‥‥‥‥‥‥‥‥21, 245
任意訴訟の禁止 ‥‥‥‥3, 22, 268
任意代理人 ‥‥‥‥‥‥‥‥125
任意的口頭弁論 ‥‥‥‥‥‥‥250
任意的差戻し ‥‥‥‥‥‥‥‥658

事 項 索 引　　　769

任意的訴訟担当 ……………………………178
任意的当事者変更 ……………………100, 620
認証謄本 ……………………………………353
認定事実 ……………………………………226
認定司法書士 ………………………………140

の

ノンリケット ………………………………395

は

破　棄 ………………………………………677
破棄判決の拘束力 ………………………679, 658
判　決 ………………………………………447
　　――による法的性質決定の拘束力 ………521
　　――の言渡し ……………………………476
　　――の確定 ………………………………486
　　――の確定時期 …………………………486
　　――の確定証明 …………………………487
　　――の羈束力 ……………………………491
　　――の既判力　→既判力
　　――の形成力 ……………………………492
　　――の更正 ………………………………478
　　――の効力 ………………………………491
　　――の自己拘束力 ………………………491
　　――の執行力 ……………………………492
　　――の種類 ………………………………448
　　――の成立 ………………………………473
　　――の送達 ………………………………477
　　――の反射効 ……………………………544
　　――の付従的効力 ………………………493
　　――の不当取得（詐取）………………499, 694
　　――の変更 ………………………………479
　　――の法律要件的効力 …………………493
　　――の無効 ………………………………480
　　審理の現状に基づく―― ………………284
判決原本 ……………………………………474
判決効の拡張 ………………………………175
判決三段論法 ………………………………2
判決事項 ……………………………………466
判決事実 ……………………………………475
判決主文 ……………………………………474
判決書 ………………………………………473
　　――の記載事項 …………………………474
判決理由 ……………………………………475

――中の判断 ………………………………510
反射効 ………………………………………544
反　証 ………………………………………409
反　訴 ………………………………………570
　　控訴審における―― ……………………572
　　少額訴訟における―― …………………725
　　手形訴訟における―― …………………715
反対尋問 …………………………………344, 336
判断の遺脱 …………………………………459
判断の過誤 …………………………………665

ひ

引受承継 ……………………………………626
引換給付判決 ………………………………470
非財産権上の請求 …………………………52
被参加人 ……………………………………597
非訟事件 ……………………………………9
非訟事件手続法 ……………………………10
筆界特定 ……………………………………36
必要的共同訴訟 ……………………………579
　　共同所有関係と―― ……………………581
必要的口頭弁論 ……………………………249
必要的差戻し ………………………………657
否　認 ………………………………………408
非判決 ………………………………………480
非弁護士 ……………………………………151
　　――の訴訟関与 …………………………141
被保佐人 ……………………………………115
被補助人 ……………………………………115
評価根拠事実 ………………………………225
表見証明 ……………………………………390
表見法理 ……………………………………137
表示説（当事者確定の）…………………92

ふ

不意打ち防止（禁止）………………219, 227, 235
付加期間 ……………………………………241
付加的合意管轄 ……………………………83
不起訴の合意 ………………………………159
武器平等の原則 …………………………90, 250
覆審制 ………………………………………650
複数請求訴訟 ………………………………549
副　本 ………………………………………47
不控訴の合意 ……………………487, 641, 642

事項索引

不在者の財産管理人 …………130
付従的効力 ……………493
不上訴の合意 …………636
不真正期間 ……………240
附帯控訴 ………………647
附帯上告 ………………672
附帯上告受理申立て …………672
普通裁判籍………………80
物　証 …………………307
不熱心訴訟追行 ………279
不変期間 ………………240
不要証事実 ……………312
不利益変更禁止原則 …654
文　書 …………………352
　　──の成立の真正 …………355
文書提出義務 …………359
文書提出命令 …………356
文書の送付嘱託 ………354

へ

併行審理主義 …………261
併合請求の裁判籍 ……75,81
併合の訴え………………30
変更判決 ………………476
弁護士 …………………139
弁護士強制主義 ………121,124,141
弁護士代理の原則 ……139,141,179
弁護士付添命令 ………121
弁護士費用 ……………60,483
弁護士法違反の代理行為 ……147
片面的独立当事者参加 ………614
弁　論 …………………214,252
　　──の更新 …………649
　　──の再開 …………277
　　──の実施 …………262
　　──の準備 …………286
　　──の制限 …………277
　　──の全趣旨 ………387
　　──の分離 …………277
　　──の併合 …………276
弁論権 …………………215,235
弁論兼和解 ……………287,296
弁論主義 ………………216
　　──の根拠 …………217

弁論準備手続 …………294
弁論能力 ………………121
弁論の全趣旨 …………323

ほ

包括代理人 ……………125
報告証書 ………………353
法条競合 …………………41
法　人 …………………102
　　──の訴訟能力 ……113
　　──の代表 …………137
法人格のない社団・財団 ……103
法人格否認の法理………98,546
法人の内部紛争 ………181
妨訴抗弁 ………………461
法定管轄…………………78
法定期間 ………………240
法定証拠主義 …………382
法定証拠法則 …………382
法定序列主義 …………254
法定訴訟担当 …………175
法定代理人 ……………125,129
　　──の地位と権限 …131
法定当事者変更 ………620
法的観点指摘義務 ……232
法務大臣…………………80,136
法律関係文書 …………361
法律上の主張 …………263
法律上の推定 …………406
法律上の争訟 …………16,77
法律扶助…………………60
法律要件的効力 ………493
法律要件分類説 ………399
法　令
　　──解釈の誤り ……664
　　──適用の誤り ……664
法令違反 ………………662
　　上告理由としての── ……661
法令による訴訟代理人 ………139,151
補佐人 …………………153
保佐人 …………………115
補充送達…………………56
補助参加 ………………597
　　──の要件 …………597

事 項 索 引　　　771

——の利益 ……………………598
　共同訴訟的—— ………………606
補助参加人 ……………………601
　——に対する判決の効力 ……603
　——の上訴期間 ………………602
補助事実 …………………221, 310
　——の自白 ……318　→自白
補助人 …………………………115
補正命令 …………54, 119, 126, 644
本　案 ……………………84, 252
　——の申立て …………………263
本案判決 ………………………459
本案判決請求権説 ………………13
本　証 …………………………409
本人訴訟 ………………………121
本人訴訟主義 …………………124, 141

み

未成年者 …………………114, 115
密行主義 ………………………256
民　事 ……………………………3
民事裁判権 ………………………69
　——の人的範囲 ………………70
　——の物的範囲 ………………72
　——の免除 ……………………70
民事執行法 ………………………19
民事訴訟 …………………………1
　——の目的 ……………………12
民事訴訟規則 ……………………21
民事訴訟法 ………………………18
　——の立法史 …………………18
民事調停 …………………………6
民事保全法 ………………………19
民衆訴訟 ………………………177
民法上の組合 ……………110, 179

む

無効判決 ………………………480

め

命　令 …………………………448

も

申立て …………………………266

申立権 …………………………244
申立事項 ………………………466
黙秘義務 ………………………339
模索的証明 ……………………358

ゆ

唯一の証拠方法 ………………331
郵便に付する送達 ………………57
有理性 ……………………………30

よ

要急行為 …………………………67
要件事実 …………………23, 221
要証事実 ………………………310
与効的訴訟行為 ………………265
呼出し ……………………55, 237
予備的相殺の抗弁 ……………273
予備的反訴 ……………………570
予備的併合 ………………553, 589
予備的申立て …………………272

ら

ラウンドテーブル法廷 …………287

り

利益文書 ………………………361
利益変更禁止原則 ……………654
立証責任　→証明責任
立証の必要 ……………………397
略式訴訟 ………………………709
理由記載説 ………………………49
理由齟齬 ………………………666
理由付否認 ……………………408
理由不備 ………………………666

る

類似必要的共同訴訟 …………579

れ

連絡担当訴訟代理人 …………143

ろ

労働組合 ………………………183
労働審判 …………………………7

論理則 ……………………………………387

わ

和解条項
　―― の書面による受諾 ………………436
　裁判所等が定める―― ……………433, 437

■編者紹介

中野貞一郎（なかの ていいちろう）
1925年　大阪市に生まれる。
1949年　東京大学法学部卒業
1962年〜1989年　大阪大学教授
2017年2月　逝去
著　書　訴訟関係と訴訟行為（弘文堂），強制執行・破産の研究（有斐閣），判例問題研究強制執行法（有斐閣），過失の研究（弘文堂），民事手続の現在問題（判例タイムズ社），民事訴訟法の論点Ⅰ,Ⅱ（判例タイムズ社），民事執行法〔増補新訂6版〕（青林書院），民事裁判入門〔第3版補訂版〕（有斐閣），民事訴訟・執行法の世界（信山社）など。

松浦　馨（まつうら かおる）
1929年　徳島県に生まれる。
1952年　東京大学法学部卒業
現　在　名古屋大学名誉教授
著　書　条解 民事訴訟法〔第2版〕（共著・弘文堂），現代仲裁法の論点（共編・有斐閣），倒産手続と保全処分（共編・有斐閣）
論　文　「処分禁止仮処分の許容性」兼子博士還暦記念・裁判法の諸問題（上）（有斐閣），「宗教団体の自律的結果承認の法理」三ケ月先生古稀祝賀・民事手続法学の革新（中）（有斐閣），「仲裁法上の保全処分制度について（立法論）」名城法学50巻別冊（法学部創立50周年記念論文集）など。

鈴木正裕（すずき まさひろ）
1932年　東大阪市に生まれる。
1955年　京都大学法学部卒業
1970年〜1995年　神戸大学教授
2019年3月　逝去
著　書　近代民事訴訟法史・日本，日本2（有斐閣），近代民事訴訟法史・ドイツ，オーストリア（信山社），注釈民事訴訟法（全9巻）（共編・有斐閣），民事執行法の基本構造（共編・西神田編集室），民事保全法の基本構造（同）
論　文　「形成訴訟の訴訟物」民事訴訟雑誌5号，「抗告できる裁判の範囲と問題点」中野先生古稀祝賀・判例民事訴訟法の理論（下）（有斐閣）など。

新民事訴訟法講義〔第3版〕　　　　　　　　　　　〈有斐閣大学双書〉

1998年4月20日　初版第1刷発行
2000年3月30日　補訂版第1刷発行
2004年4月30日　第2版第1刷発行
2006年3月31日　第2版補訂第1刷発行
2008年5月20日　第2版補訂2版第1刷発行
2018年2月10日　第3版第1刷発行
2020年3月10日　第3版第2刷発行

編　者　中野貞一郎
　　　　松浦　馨
　　　　鈴木正裕

発行者　江草貞治

発行所　株式会社 有斐閣

東京都千代田区神田神保町2-17
電　話（03）3264-1314〔編集〕
　　　（03）3265-6811〔営業〕
郵便番号 101-0051
http://www.yuhikaku.co.jp/

印　刷　株式会社精興社
製　本　大口製本印刷株式会社

© 2018, 中野俊一郎・松浦馨・鈴木綾子. Printed in Japan
落丁・乱丁本はお取替えいたします。
★定価はカバーに表示してあります。
ISBN978-4-641-09379-9

[JCOPY] 本書の無断複写（コピー）は，著作権法上での例外を除き，禁じられています。複写される場合は，そのつど事前に，(一社)出版者著作権管理機構（電話03-5244-5088，FAX03-5244-5089，e-mail:info@jcopy.or.jp）の許諾を得てください。

本書のコピー，スキャン，デジタル化等の無断複製は著作権法上での例外を
除き禁じられています。本書を代行業者等の第三者に依頼してスキャンや
デジタル化することは，たとえ個人や家庭内での利用でも著作権法違反です。